高齢者のこころとからだ事典

日本老年行動科学会　監修

中央法規

はじめに

　ここに、日本老年行動科学会監修の『高齢者のこころとからだ事典』を皆様のお手元にお届け致します。この事典は、2000年に刊行された日本老年行動科学会監修の『高齢者の「こころ」事典』をその出発点にしています。刊行以来、10年以上が過ぎ、高齢者に関わる各領域でのさまざまな動きや変化、研究の進展等も著しいことから、新しい事典を刊行しようと企画が進んでいきました。そして、前版ではなかった「からだ」の領域も含めて、「こころ」と「からだ」の領域から高齢者の理解や対応に役立つ新しい事典をつくることを目標にして、各編者が集まって何度も編集会議を重ねる中で、章や項目の構成が固まりました。そして、原稿依頼、執筆者による原稿執筆、編者による様々な編集作業を経て、初版の刊行から15年ぶりに完成したのが本事典です。

　本事典は、「こころの加齢」「自己」「知的機能」「こころの病」「こころのケア」「認知症」「健康と運動」「身体の病」「高齢者を取り巻く環境」「家族」「生活と活動」「支援」「性・セクシュアリティ」「終末期と死のケア」の14章より構成されることになりました。項目としては245項目、執筆者も実に146名に及びます。

　目次の各項目のタイトルをご覧いただくと、高齢者のこころとからだに関わる実に幅広い範囲の領域を本事典がカバーしていることをおわかりいただけると思います。各項目の執筆は、日本老年行動科学会に関係する精鋭の研究者や実践者にお願いしました。本学会は、「ケアと研究の出会いと実践の場」をキャッチフレーズにしていますが、まさに高齢者に関わる多領域、多職種の執筆者が出会い、その連携・協働によって完成したのが本事典ということになります。

　これらの精鋭の執筆者によって書かれた各項目は、その領域における最新の「動向」「知識」「情報」「理論」「知見」等が、エビデンスや根拠を重視する方針のもと、系統だって解説されており、充実した内容になっているかと思います。また、ご一読いただけるとおわかりになるかと思いますが、その中には、

執筆者の高齢者に対する思いを垣間見ることもできます。是非、各項目に込められた執筆者の思いも読み取っていただければと思います。

各項目は、「見開き2頁」「どの項目にも、内容がイメージできるサブタイトルをつける」「キーワードをつける」「必ず図表を入れる」「2色刷りにする」等、読みやすさにも配慮してあり、内容も含めて、類を見ない事典に仕上がっているものと自負しています。

高齢者の「身体」「心理」「行動」「能力」「高齢者を取り巻く社会や現象」「環境」「認知症」「介護」「心理療法」など、多面的視点から高齢者に対する理解を深めるために、また、高齢者の心理や身体に関してちょっとした疑問や困りごとがあったとき、気軽に本事典を手にとって読んでいただければと思います。

最後になりましたが、本事典の刊行に関わり中央法規出版の編集者の方には本当にお世話になりました。刊行まで時間を要したこともあり、相原正己さん、そして、現在の担当の有賀剛さんにかかわっていただきました。

特に有賀さんには、企画から刊行に至るまで、編集作業を協働で進めていただきました。一緒に編集作業をしながら、何度、研究室の窓から季節の移り変わりを見てきたことでしょう。ここに改めて心よりお礼を申し上げる次第です。

2014年8月

編者を代表して　大川　一郎

高齢者のこころとからだ事典　Contents

序

1　こころの加齢

総論 …… 2
- 1-1　老いの心理・社会的影響 ── ライフイベントと適応 …… 6
- 1-2　年齢 ── 暦年齢だけではわからない …… 8
- 1-3　老性自覚 ── 内からの自覚と外からの自覚 …… 10
- 1-4　生涯発達 ── 人は生涯にわたって発達する …… 12
- 1-5　個人差 ── 個人差はどこからうまれてくるのか …… 14
- 1-6　知覚（視覚・聴覚）── 見えづらさ、聞こえづらさを感じながら …… 16
- 1-7　知覚（嗅覚・味覚・皮膚感覚）── 生活の質に関わる感覚 …… 18
- 1-8　感情・情緒 ── その発達的変化 …… 20
- 1-9　性格 ── 年をとると性格は変わるのか …… 22
- 1-10　百寿者のこころ ── 加齢低下に対するこころの適応 …… 24

2　自己

総論 …… 28
- 2-1　老年観・老いの受容 ── 老年観の変化と現代における老い …… 32
- 2-2　サクセスフル・エイジング ── 加齢に伴う変化に適応する …… 34
- 2-3　プロダクティブ・エイジング ── 社会で活躍する高齢者 …… 36
- 2-4　アクティブ・エイジング ── WHOによるQOL促進運動 …… 38
- 2-5　主観的幸福感 ── 高齢期の幸福感とは …… 40
- 2-6　高齢者のQOL ── その概念と測定 …… 42
- 2-7　老年的超越 ── 高齢期を新たに見直す視点 …… 44
- 2-8　SOC理論 ── 高齢期の適応を理解するための視点 …… 46
- 2-9　世代性 ── 次世代への関心と相互作用 …… 48
- 2-10　自分史・人生の受容 ── 自己形成と自己一貫性 …… 50

3 知的機能

総論 54
3-1 脳・神経機能 —— 生理的加齢と補償 58
3-2 認知機能 —— 認知的加齢モデル 60
3-3 前頭葉機能 —— 脳のコンダクター 62
3-4 注意 —— その役割と維持・改善 64
3-5 問題解決能力 —— 実験室的問題 vs 日常的問題 66
3-6 知的能力 —— 加齢変化と可塑性 68
3-7 創造性 —— 新しいものを生み出す力 70
3-8 知恵 —— 知性と感情の調和 72
3-9 言語能力 —— その特徴と障害の様相 74
3-10 熟達化と可塑性 —— 知的機能の生涯発達と可変性 ... 76
3-11 記憶のメカニズム1 —— その神経科学的な基礎 78
3-12 記憶のメカニズム2 —— その心理的基礎 80
3-13 日常生活の中の記憶 —— さまざまな記憶の特徴 82
3-14 記憶の方法 —— 記憶機能を向上させるためには 84
3-15 認知機能の改善 —— 改善のためのいくつかの方法 ... 86

4 こころの病

総論 90
4-1 脳と精神機能の局在 —— 大脳の局所病変と精神神経症状 ... 94
4-2 適応と不適応 —— 生きるための術 96
4-3 ストレスと病気 —— ストレスの意味とメカニズム 98
4-4 幻覚・妄想状態 —— 幻覚・妄想が生じる背景 100
4-5 うつ状態 —— 診断・治療の鍵は原因を見極めること ... 102
4-6 神経症 —— 治療の基本は患者を理解すること 104
4-7 高次脳機能障害 —— 認知症との違い 106
4-8 睡眠障害 —— 積極的な予防と治療を目指して 108
4-9 意識障害 —— その発見と対応の原則 110
4-10 てんかん —— その特徴と対応 112

5 こころのケア

総論 ……………………………………………………………………………………… 116

- 5-1 中途障害のこころのケア── 生活の再構築に向けた関わり ……………… 120
- 5-2 医療におけるこころのケア── 多職種でサポート ……………………… 122
- 5-3 看護におけるこころのケア── 日常の看護活動のなかで癒されるこころ …… 124
- 5-4 リハビリテーションにおけるこころのケア── 生活機能としての支援 ……… 126
- 5-5 心理療法── 心理的側面への支援 ……………………………………… 128
- 5-6 カウンセリング── 心を傾けて聴く ……………………………………… 130
- 5-7 行動分析学（行動療法）── 行動と環境との随伴関係に基づく行動の理解 …… 132
- 5-8 回想法── 思い出を語り自己を見つめる …………………………………… 134
- 5-9 音楽療法── 認知症高齢者を中心とした効果 ……………………………… 136
- 5-10 芸術療法── 表現活動と自己の再構築 …………………………………… 138
- 5-11 臨床動作法──「からだ」から「こころ」に働きかける ……………………… 140
- 5-12 園芸療法── 療法としての園芸活動 ……………………………………… 142
- 5-13 アニマル・セラピー── 動物がもつ癒しの効果 …………………………… 144

6 認知症

総論 ……………………………………………………………………………………… 148

- 6-1 アルツハイマー病── 脳変性疾患・最も多い認知症 ……………………… 152
- 6-2 脳血管性認知症── 全身管理と予防の重要性 ……………………………… 154
- 6-3 前頭側頭型認知症・ピック病── 人格障害、行動障害などを伴う認知症 …… 156
- 6-4 レビー小体型認知症── 幻覚、パーキンソン症状を伴う認知症 …………… 158
- 6-5 若年性認知症── 発症が早い認知症がもたらすもの ………………………… 160
- 6-6 慢性硬膜下血腫・正常圧水頭症── 治療可能な認知症 ……………………… 162
- 6-7 中核症状（記憶障害・見当識障害・実行機能障害）
  ── それぞれがもたらす生活機能への障害 ………………………………… 164
- 6-8 BPSD── 認知症に伴う行動と心理症状 …………………………………… 166
- 6-9 診断（アルツハイマー病・血管性認知症）── その特徴と診断基準 ……… 168
- 6-10 診断（レビー小体を伴う認知症、前頭側頭型認知症（ピック病））
  ── その特徴と診断基準 …………………………………………………… 170
- 6-11 スクリーニング（日常生活）── 心理的手法による評価 …………………… 172
- 6-12 スクリーニング（認知機能）── 心理的手法による評価 …………………… 174

v

6-13	認知症の人の心的世界 ── 当事者が吐露する光と陰	176
6-14	医学的な対応（薬物療法）── 慎重かつ適切な治療を心がけて	178
6-15	医療以外の対応（BPSDを中心として） ── 対象者の多側面的理解に基づいた対応の重要性	180
6-16	症状別（記憶障害・見当識障害）── その具体的な対応	182
6-17	症状別（幻覚・妄想状態）── その背景にある要因と対応	184
6-18	症状別（徘徊）── その背景にある要因と対応	186
6-19	症状別（暴力）── その背景にある要因と対応	188
6-20	症状別（異食）── その背景にある要因と対応	190
6-21	症状別（不安・訴え）── その背景にある要因と対応	192
6-22	症状別（不潔行為）── 不快感とストレス理解の重要性	194
6-23	軽度認知障害（MCI）・加齢関連認知低下（AACD） ── 認知症の前駆状態と正常老化の延長としての機能低下	196
6-24	認知症予防（1次予防・2次予防・3次予防） ── 次元に応じた日常生活上のさまざまな工夫	198
6-25	日本老年行動科学会・ステップ式仮説検証型事例検討 ── 多職種連携・協働による試み	200
6-26	認知症ケアのセンター方式 ── 本人本位のケア実践を導く共通ツール	202
6-27	認知リハビリテーション ── 認知機能の改善・維持を求めて	204
6-28	学習療法 ── 音読・計算・コミュニケーションのもたらすもの	206
6-29	応用行動分析（行動療法）── 不適応行動の改善	208

7 健康と運動

総論		212
7-1	ライフスタイルと健康 ── 健康余命の延長を目指して	216
7-2	正常老化と異常老化 ── 臓器に現れる老化	218
7-3	身体的特徴（体格・身体組成）の加齢変化 ── 加齢によるからだの変化	220
7-4	体力・運動能力の加齢変化 ── 高齢者に必要な体力・運動能力	222
7-5	高齢者のADLと生活自立 ── 自立を支える生活習慣のあり方	224
7-6	高齢者の体力・身体機能の検査法 ── さまざまな体力測定の方法	226
7-7	介護予防と運動 ── 筋肉量を維持するための運動	228
7-8	アンチエイジング ── 健康長寿実現の切り札	230
7-9	長寿と健康寿命 ── その背景にある要因	232

7-10	高齢者の健康概念 —— 健康の現状と対応	234
7-11	運動・スポーツの心理社会的効果 —— 心の健康に果たす役割	236
7-12	運動・スポーツ・身体活動の生理的効果 —— 身体の健康に果たす役割	238
7-13	高齢者に適した運動・スポーツ種目 —— 健康維持と楽しむための工夫	240

8　身体の病

総論		244
8-1	観察の基本 —— ケアに活かすために	248
8-2	身体症状（咀嚼障害）—— 咀嚼障害の症状と対応	250
8-3	身体症状（嚥下障害）—— 安全に食べるために	252
8-4	身体症状（食欲不振・体重減少）—— 栄養状態の改善に向けたケア	254
8-5	身体症状（下痢・便秘）—— 症状の理解と対応	256
8-6	身体症状（頻尿・排尿障害）—— 症状の理解と対応	258
8-7	身体症状（脱水）—— 脱水の危険性と対応	260
8-8	身体症状（発熱）—— 発熱の特徴と対応	262
8-9	身体症状（かゆみ）—— 症状の理解と対応	264
8-10	身体症状（腰痛・膝関節痛）—— 症状の理解と対応	266
8-11	身体症状（不眠）—— 安眠のためのケア	268
8-12	身体症状（難聴）—— 聞こえを補うための方法	270
8-13	身体症状（白内障）—— ライフスタイルに合わせた手術の選択	272
8-14	疾患・概論 —— 老化による機能低下と疾患への移行	274
8-15	疾患（脳：脳卒中ほか）—— 脳卒中の治療とケア	276
8-16	疾患（心臓：不整脈ほか）—— 不整脈の原因と救命処置	278
8-17	疾患（心臓：狭心症・心筋梗塞ほか）—— 虚血性心疾患と治療の動向	280
8-18	疾患（呼吸器系：肺炎・肺気腫・ぜんそく）—— 症状の理解と対応	282
8-19	疾患（風邪・インフルエンザ）—— 身近な呼吸器疾患への対応	284
8-20	疾患（食中毒）—— 高齢者に発症しやすく重症化しやすい感染症	286
8-21	疾患（高血圧症）—— 症状の理解と対応	288
8-22	疾患（腎臓）—— 排泄機能と排泄トラブル	290
8-23	疾患（消化器・泌尿器）—— 大腸・膀胱などの排泄トラブルとストーマ	292
8-24	疾患（呼吸器）—— 呼吸困難への対応	294
8-25	疾患（関節リウマチ）—— 診断基準と治療法の進展	296
8-26	疾患（糖尿病）—— 食事と運動による治療と予防	298

8-27	状態（転倒・転落・骨折）── 転倒・転落の予防と対応	300
8-28	状態（褥瘡）── 褥瘡の予防と対応	302
8-29	状態（拘縮）── 拘縮の特徴と対応	304
8-30	状態（廃用症候群・生活不活発病）── 早期発見・予防に向けたケア	306
8-31	障害・概論 ── 障害の多面的理解	308
8-32	障害・身体障害（視覚障害）── 原因疾患と生活への適応	310
8-33	障害・身体障害（聴覚障害・言語障害） ── 音声コミュニケーション障害の理解	312
8-34	障害・身体障害（運動機能障害） ── 運動機能障害の理解と生活への適応	314
8-35	障害・身体障害（内部障害）── 生活への適応と課題	316
8-36	障害・精神障害 ── どのように接し、支えていくのか	318
8-37	障害・知的障害 ── 知的障害者の高齢化に伴う課題	320
8-38	服薬（薬の飲み方、効用、副作用）── 安全で効果的な服用の工夫	322
8-39	口腔ケア ── 高齢期を健やかに過ごすために	324
8-40	歯のケア・義歯のケア ── 口腔の衛生のためのポイント	326
8-41	メタボリック症候群 ── その理解と対応	328

9　高齢者を取り巻く環境

総論		332
9-1	高齢者文化 ── 老化の文化的側面	336
9-2	高齢者のイメージ ── イメージをもたらすもの・規定するもの	338
9-3	高齢者とジェンダー ── 女と男の老いの暮らし	340
9-4	高齢者への偏見・差別 ── エイジズムをもたらすもの	342
9-5	エイジング教育 ── 福祉教育の求められる背景	344
9-6	高齢者にやさしい街 ── WHO プロジェクトからの報告	346
9-7	こころのバリアフリー ── 共に生きる社会を目指して	348
9-8	ユニバーサルデザイン ── 普遍性と多様性の追求	350
9-9	便利な自助具・補助具 ── 自立した安全で快適な生活を送るために	352
9-10	高齢者の移動手段 ── 公共交通機関の大切さ	354
9-11	高齢者のための住環境 ── 自立とつながりを支える住まい	356
9-12	高齢者と情報機器 ── ICT 機器利用に影響する要因	358

10　家族

総論 ·· 362

- 10-1　家族のライフサイクル ── 個人の一生と家族の一生 ······················ 366
- 10-2　高齢者の世帯構成 ── 増える「一人暮らし」と「夫婦世帯」 ············ 368
- 10-3　多世代同居（4世代同居）
　　　　── 3世代同居の減少と4世代・5世代同居の出現 ····················· 370
- 10-4　家族意識（世代間の違い）── 社会変動による揺らぎと多様化 ········ 372
- 10-5　家族内コミュニケーション ── 家族のなかの孤立と孤独 ················ 374
- 10-6　老年期の夫婦関係 ── 影響する要因と離婚 ···································· 376
- 10-7　単身高齢者 ── 抱える問題と支援 ·· 378
- 10-8　老年期の親子関係（年老いた親と子）── 親子関係の変容 ············· 380
- 10-9　嫁姑関係 ── その時代的変遷 ·· 382
- 10-10　祖父母と孫の関係 ── 孫との関係、子との関係 ····························· 384
- 10-11　家族としてのペット ── ペットとの関係、そしてペット・ロス ······· 386
- 10-12　ソーシャルサポートネットワーク ── 高齢者を取り巻く社会資源 ··· 388
- 10-13　老親扶養 ── 変わり始めた子の扶養 ··· 390
- 10-14　老親介護 ── 大人と大人の関係 ·· 392
- 10-15　老老介護 ── 支えるシステムの重要性 ·· 394
- 10-16　配偶者の介護 ── 夫を介護する妻、妻を介護する夫 ····················· 396
- 10-17　家族・介護ストレス ── 超高齢社会がもたらすもの ····················· 398
- 10-18　家族による虐待 ── 高齢者虐待の実態と対応 ······························· 400

11　生活と活動

総論 ·· 404

- 11-1　定年前教育 ── 退職準備プログラム ··· 408
- 11-2　定年・定年後の就労 ── 65歳現役社会に向けて ····························· 410
- 11-3　職業からの引退 ── 就労意欲、就労環境と引退 ······························ 412
- 11-4　日常生活の状況 ── 各種調査にみる高齢者の現況 ·························· 414
- 11-5　社会参加 ── 活発化する高齢者の社会参加活動 ······························ 416
- 11-6　生涯学習 ── 健康で充実した生活のために ···································· 418
- 11-7　リカレント教育 ── 生涯にわたる学びのシステム ·························· 420

11-8	老人大学 —— 地域における学びと交流の場づくり	422
11-9	趣味 —— 生活の活性化と自己実現	424
11-10	高齢者の旅行 —— その効用と実現に向けてのポイント	426
11-11	レクリエーション —— 自由時間を上手に過ごすために	428
11-12	老人クラブ —— 地域を豊かにする社会貢献活動	430
11-13	地域福祉活動 —— 生活課題に対応する小地域福祉活動	432
11-14	ボランティア —— 支える側に廻る高齢者	434
11-15	海外での長期滞在 —— 定年後に海外で生活するということ	436
11-16	消費者としての高齢者 —— 消費者被害の現状と対策	438
11-17	食生活 —— その特徴と対応	440
11-18	友人関係 —— 発達上の特徴とその意義	442

12　支援

総論		446
12-1	ケアマネジメント —— 目的とその展開	450
12-2	アセスメント —— 高齢者を知るための方法	452
12-3	エンパワメントとストレングス視点 —— 主体性を引き出す支援	454
12-4	高齢者の尊厳と自己決定 —— 自己決定の支援に必要な視点	456
12-5	コミュニケーション技法 —— 他者との関係構築、維持、発展のために	458
12-6	チームケア —— 多職種連携・協働の必要性	460
12-7	ケアワーク —— 尊厳あるケアを目指して	462
12-8	こころに働きかける介護 —— 意欲や行動への動機づけ	464
12-9	からだに働きかける介護 —— そのポイントと根拠の重要性	466
12-10	環境に働きかける介護 —— 自立した生活支援のためのプロセス	468
12-11	ケアの提供の場（施設ケア）—— 時代のニーズに応じた施設ケアの変遷	470
12-12	ケアの提供の場（在宅ケア）—— 在宅ケアを支える支援	472
12-13	地域包括ケア —— 在宅生活を支えるサポートシステム	474
12-14	ケースワーク —— 人格的成長という視点	476
12-15	グループワーク —— その実践原則と展開過程	478
12-16	高齢者の権利擁護 —— 悪徳商法と成年後見制度	480
12-17	家族支援 —— 介護者の現状と支援	482
12-18	支援者を育てる（スーパービジョン） —— パラレルな関係の中で生じるダイナミックス	484

13　性・セクシュアリティ

総論 ……………………………………………………………………………………………488
- 13-1　性の心理学 —— 性的発達とジェンダー、アイデンティティ ………………………492
- 13-2　性機能の加齢変化（男性）—— 男性更年期障害・ED …………………………494
- 13-3　性機能の加齢変化（女性）—— 内分泌機能の変化 ……………………………496
- 13-4　セクシュアリティをめぐる男女差 —— 求める性的関係の乖離 ………………………498
- 13-5　夫婦のパートナーシップとセクシュアリティ —— 豊かな夫婦生活に向けて ……500
- 13-6　老婚：老年期の結婚・性をめぐって —— 老婚のもつ意味 ……………………502
- 13-7　在宅高齢者の性のケア —— その実態と対応 ……………………………………504
- 13-8　施設入居者の性とケア —— 性的行動の背景にあるこころ ……………………506
- 13-9　女性性・男性性の尊重 —— 女性性・男性性を支えるケア ……………………508
- 13-10　性と死 —— 看取りのなかの性 ……………………………………………………510

14　終末期と死のケア

総論 ……………………………………………………………………………………………514
- 14-1　高齢者にとっての死 —— 死生観と終末期医療 …………………………………518
- 14-2　どのように死を迎えるか —— 死にゆく人の心理 …………………………………520
- 14-3　死にゆく人の心のケア1 —— 最期まで"その人らしく"あるために …………522
- 14-4　死にゆく人の心のケア2 —— QOLと尊厳ある死 ………………………………524
- 14-5　死への準備 —— 弔い、遺言 ………………………………………………………526
- 14-6　配偶者の死 —— 喪失と回復の揺らぎ ……………………………………………528
- 14-7　病いと向き合う —— 苦悩と折り合う力 …………………………………………530
- 14-8　医療が向き合う死 —— 緩和ケアと望ましい死 …………………………………532
- 14-9　在宅での死 —— 穏やかな最期を迎えるために …………………………………534
- 14-10　施設におけるターミナルケア —— そのあり方と要件 …………………………536
- 14-11　孤立死 —— コミュニティの重要性 ………………………………………………538
- 14-12　自死（自殺）—— その背景と対応 ………………………………………………540
- 14-13　安楽死・尊厳死 —— 少子高齢社会における「死に方／死なせ方」の政治学 ……542
- 14-14　エンゼルケア・死後のケア —— その人らしい死への旅立ちを装う …………544

文献一覧
索引
編集代表・編集・執筆者一覧

1 こころの加齢

　　総論
1　老いの心理・社会的影響
2　年齢
3　老性自覚
4　生涯発達
5　個人差
6　知覚（視覚・聴覚）
7　知覚（嗅覚・味覚・皮膚感覚）
8　感情・情緒
9　性格
10　百寿者のこころ

1 こころの加齢

佐藤 眞一

● 「こころの加齢」という概念

　本章の題名は「こころ（心）の加齢」である。ところで、「からだ（体）の加齢」という概念は成立するのだろうか。普通、からだについては「老化」と考える。そして、老化の反対概念が「成長」である。高齢期のからだの変化を成長ではなく老化と捉えるのは、高齢期に身体的成長のみられる部分があったとしても、それが生物学的にはほとんど重要とならないからであろう。高齢期のからだの変化を「老化」と捉えることに問題がないのなら、なぜ高齢期のこころの変化に対して「加齢」という言葉を新たに作る必要があったのだろうか。

　こころというのはからだと異なり実態がないので、自分のこととはいえこころの状態を言語化するのはなかなか困難である。ましてや他者のこころは、その相手の言動などから推定するほかはない。

　心理学や社会学を含む社会老年学は、高齢期のこころの状態やその変化と個人の社会生活の関係に注目して研究が続けられてきた。初期の研究は、こころをも「老化」という観点から捉えようとしてきた。からだの老化に伴ってこころも老化する。記憶は低下するし、感情は鈍くなる、他者への配慮は低下するし、利己的傾向も増してくる、というようなネガティブな評価がなされることが多かった。しかし、一方でわが国には高齢者のポジティブな面を評価する文化的伝統も確かにあった。老いて円熟し、知識の豊富な老賢者のイメージである。だが、これらも「老化」による「枯れた」「いぶし銀」の側面であった。したがって、ネガティブな面もポジティブな面もともに「老いのなせる技」と考えられていたのである。

　では、なぜ「加齢」という概念が必要になったのか。それは、従来、「老化」や「老い」という言葉で表現されてきた高齢者の実態に何らかの変化があったからと考えるべきであろう。つまり、高齢者の数的増加に伴う高齢社会の進展によって、特にその精神生活の多様さのなかに、「老化」や「老い」という言葉ではくくることのできない側面を見出したからではなかろうか。高齢期を余生としてではなく、青年期、成人期と同様に、独自の意味と内容を付与することの可能な年代として捉えようとする積極的な意義が、成人期から高齢期への変化を「加齢」と呼ぶことには内包されていると考えてよいのではなかろうか。

　「加齢」は、良い ― 悪いという評価の次元の欠如した概念である。高齢期には「老化」という言葉に付きまとうネガティブなイメージが確かにあるが、反面、社会的束縛から自由であり、かつ人生をまっとうするチャンスでもある。「こ

ころの加齢」とは、善悪、清濁が混沌とした極めて人間らしい年代にふさわしい概念であろう。そして、この言葉をさらに「発達」という概念に取り込むことによって、人の生涯にわたる変化のなかに高齢期を位置づけることが可能になるものと思われる。

●老年心理学の位置

こころの加齢を対象とする主要な領域は老年心理学である。老年心理学は、欧米においても確立した領域とは言い難い。例えば、老年心理学の英語表記には未だ確定したものがないという事実がその一面を示している。アメリカやイギリスでは老年心理学に関する教科書や著書が数多く出版されているが、これらの書籍の「老年心理学」を示す題名表記にはいくつか種類がある。"psychology of aging" または "geropsychology" の2つが比較的よく用いられており、日本語ではこれらをともに老年心理学と訳している。前者は、直訳すれば「加齢の心理学」となる。

ところで、高齢期や老化・加齢現象を研究対象とする学際的研究分野は「老年学（gerontology）」と呼ばれている。老年学は、医学、生物学、生理学、工学などの自然科学系をはじめ社会学、社会福祉学のみならず、経済学や法学、政治学など多様な人文・社会科学を含んでおり、心理学もその重要な一分野と認識されている。また、社会科学的な老年学の諸分野を特に「社会老年学（social gerontology）」と呼び、「社会に存在する高齢者」の研究分野とされている。そして、老年学はそこに含まれる各独立諸科学が共同して高齢期の問題解決に当たる応用的学問分野でもある。

老年心理学も老年学の一分野として、現実的問題の解決という応用的側面が求められて発展してきた。特に、社会老年学に共通した命題として「幸福な老い（successful aging）」の実現のためには何が必要な条件なのか」という問いは、それに関わる諸科学における加齢研究の進歩と拡大に大きく寄与した。

老年心理学は、まずこのような応用分野として、また学際的研究領域における一分野として位置づけることができる。

一方、心理学には発達心理学という領域がある。これは、こころの研究に時間軸を持ち込んだ唯一の領域である。子どもを単に未熟な人間と考えるのではなく、成人期とは質的に異なる児童期に独自の意義を見出すことによって20世紀初頭に成立した児童心理学から始まり、青年心理学の成立をみた後に老年心理学という言葉が用いられるようになった。そして、1970年前後からドイツのバルテス（Baltes, P.B.）を中心に、受精から死に至るまでの人の発達変化を対象とする生涯発達心理学（life-span developmental psychology）という研究領域が定着するようになってきた。老年心理学は、したがって生涯発達心理学の一領域としても位置づけられることになる。老年心理学を社会のなかに生きる人間に関する実際的問題解決のための一分野と考えるだけでなく、このように生涯という時間軸のなかの発達的存在としての人間の諸側面を探求する分野でもあると位置づけることによって、「こころの加齢」を研究対象とする意義が一層明らかになるのではなかろうか。

●老年心理学成立に至る歴史

老年心理学が本格的に開始された時期は、研究の最も盛んなアメリカで1940～50年頃、わが国では1970年代に入ってからと考えられる（表参照）。

科学的方法を用いた老年心理学の源流としてゴンペルツ曲線によって死亡を定式化したイギリスのゴンペルツ（Gonpertz, B.）やベルギーのケトレー（Quetelet, A.）が1835年に著した「人間に就いて」（原題：「人間とその諸能力の発達について、もしくは社会生物学論」）が挙げられる。

ゴンペルツの死亡曲線は、人口学的死亡研究の基礎を与え、さらに近年、百歳を大きく超える超高齢者の死亡曲線が予測値と異なることなど、百寿者研究の源流としても改めて見直されている。

　ケトレーは、身長と体重に基づく体格の指標であるケトレー指数の作成者として今日にその名を残しているが、社会現象に自然科学の計量法を適用するという方法を示した彼のこの著作は、統計学および推計学に基づく当時のヨーロッパの人々に関する新しい人間論ともいえる成果である。資料のなかには高齢者に関するものも多数存在する。

　ダーウィン（Darwin, C.）の進化論は、生殖可能年齢を超えてなお人間が長命を維持するという謎を残しているが、その従兄弟であるイギリスのゴールトン（Galton, F.）が1884年にロンドンで開催された国際保健博覧会において行ったさまざま指標による人体測定は、心理測定の源流の1つにも数えられているが、対象に多くの高齢者を含んでいたという点で老年心理学の歴史にもその名を残しておく必要があるだろう。

　発達心理学者が著した本格的な老年期に関する著作は、1922年にアメリカの児童心理学の父と呼ばれるホール（Hall, G.S.）が晩年に残した「老年期 ― 人生の後半」("Senescence: the Last Half of Life")といわれている。これには質問紙法によって捉えられた成果が、当時78歳であった彼自身の体験に基づく洞察とともに記載されている。この著作のなかでホールは老いゆく過程を「初め橋を渡っていくと、それがゆっくりと細くなって丸太となり、やがてそれはロープになり、ついには糸の上を歩いてゆくようなもの」であるが、「しかし、それが切れるかバランスを失って落ちてしまうまで歩き続けなければならない」と悲観的に捉えているものの、一方で老年期は過去を基礎としてさらなる洞察力を獲得し、挑戦を続けていく発達段階であり、停滞ではなく新たな発達のスタートでもあると、老いの積極的な面を認め、高齢期における発達的観点についての示唆を与えている。

　その後、マイルス（Miles, W.R.）がスタンフォード老年成熟研究を開始し、ソーンダイク（Thorndike, E.L.）による学習・記憶に関する研究やターマン（Terman, L.M.）による知能研究が開始される。また、ビューラー（Bühler, Ch.）が1933年に著した「心理学の課題としての人間の生涯」は、生涯発達に関する最初の論文と位置づけられている。

　1944年にはアメリカ老年学会が設立され、高齢期の諸問題や老化・加齢のメカニズムに関する学際的研究が進展していくことになる。翌年、アメリカ心理学会の第20部会として老年部会が創設され、老年心理学が心理学の一分野としても認められるようになった。米国国立保健研究所（NIH）に創設された老年学ユニットには心理学部門が設置され、このユニットは後に米国老化研究所（NIA）に発展する。専門学術雑誌としては、老年学会の"Journal of Gerontology"が1946年に創刊されるが、心理学会のそれは1986年創刊の"Psychology and Aging"まで待たなければならなかった。しかし、この雑誌を契機に老年心理学の基礎研究が活発化することになる。

　そして、1950年に国際老年学会が設立され、老年学研究は世界的レベルで発展していくことになる。翌年には、心理学領域において重要と考えられる分野の研究展望が掲載される"Annual Review of Psychology"誌に老年心理学の展望論文が初めて掲載され、心理学の世界でも実質的に独立した分野としての認識が確立してきた。さらに、NIH老年学ユニットの老年心理学部門長であったビリン（Birren, J.E.）は、"Handbook of Aging and Individual"を編集し、これが後に今日も出版され続けている"The Handbook of Aging"全3巻に発展することになる。

わが国では、日本に初めて実験心理学を導入した東京帝国大学教授・元良勇次郎の弟子の松本亦太郎が1925年に著した「智能心理学」において、早くも高齢者に関する記述が認められる。それは極めて素朴な表現ではあるが、この時期にわが国において老年心理学の萌芽がみられたことは特筆に値する。しかも松本亦太郎のさらに弟子の橘覚勝が、真の意味で、わが国で初めて本格的かつ実証的な老年心理学研究を始めることになる（1930年より刊行が始まる「浴風園調査研究紀要」に発表）。その成果は、1971年に大著「老年学」として結実するのである。

　1958（昭和33）年には日本老年学会が創設され、一部の研究者グループにより行われていた老年学研究の学会活動が開始されることになる。しかし、研究が本格化するのはわが国が高齢化社会に突入する1970年以降のことであった。

　1970年にわが国が高齢化社会に突入した直後の1972（昭和47）年に東京都老人総合研究所が設立され、自然科学、社会科学を中心にした総合的な観点から実証的な研究が開始されることになった。心理研究室も設置され、老年学の一翼を担うべき本格的な老年心理学研究がここに始まったといえるであろう。米国国立老化研究所（NIA）との協力も開始され、また世界保健機関（WHO）の指定研究施設となるに及んで、いよいよわが国の老年学研究も国際的な場で認められるようになった。それを象徴するように、1978年にわが国において国際老年学会が開催されたことは、その後の研究のメルクマールともいえる出来事であった。

　1995（平成7）年には国立中部病院内に長寿医療センターが設立され、2004（平成16）年に国立長寿医療センターとして独立し、2012（平成24）年には念願の老年学・社会科学研究センターも設置された。

　本章で「こころの加齢」をテーマとするに当たって、1-1〜1-5では老年心理学の基本的な考え方について論じることにした。そして、1-6〜1-9は心理学の基礎的領域に関するこれまでの成果を示すことを心掛けた。そして、1-10では急速に増加している百歳を超える超長寿者に関する知見から、寿命の限界に迫る真の長寿の特徴を検討した。

■老年心理学の成立と発展の歴史

欧米	1825	Gonpertz, B.	「人間の死亡の法則に関する関数表現の性質について」
	1835	Quetelet, A.	「人間に就いて」
	1859	Darwin, C.	「種の起源」
	1884	Galton, F.	ロンドン国際保健博覧会で人体測定
	1922	Hall, G.S.	"Senescence: the Last Half of Life"
	1927	Miles, W.R.	スタンフォード老年成熟研究開始（〜1931）
	1928	Thorndike, E.L.	高齢者の学習・記憶についての研究
	1928	Terman, L.M.	知能研究（縦断研究を含む）
	1933	Bühler, Ch.	「心理学の課題としての人間の生涯」
	1944	米国老年学会設立	
	1945	APA第20部会として老年部会設立	
	1946	Journal of Gerontology 創刊	
	1946	米国立保健研究所（NIH）老年学ユニット設立（後の国立老化研究所NIA）	
	1950	国際老年学会（IAG）設立	
	1951	Annual Review of Psychology に老年心理学の展望論文が掲載される	
	1959	Birren, J.E.	"Handbook of Aging and the Individual" 刊行（後に "The Handbook of Aging" 全3巻 (Biology, Psychology, Social Science) に引き継がれる）
日本	1925	松本亦太郎 「智能心理学」の中で高齢者に言及	
	1958	日本老年学会設立	
	1959	日本老年社会科学会設立	
	1970	日本　高齢化社会になる	
	1971	橘 覚勝 「老年学」	
	1972	東京都老人総合研究所設立　心理・精神医学部心理研究室設置（2009年東京都健康長寿医療センターに統合）	
	1978	日本で国際老年学会開催	
	1995	国立中部病院内に長寿医療センター開設（2004年に独立、2010年独立法人化、2012年に老年学・社会科学研究センター設置）	
	2000	介護保険制度実施	
	2009	東京大学高齢社会総合研究機構設立	

出典：佐藤眞一「高齢者と加齢をめぐる心理学的考察の歴史と展望」権藤恭之編『高齢者心理学』朝倉書店, 1-22頁, 2008. をもとに作成.

1-1 老いの心理・社会的影響
― ライフイベントと適応 ―

Keywords ▶▶▶ ライフイベント／活動理論／離脱理論／継続性理論

●老年期のライフイベント

私たちは人生の途上でさまざまな出来事を体験する。そのなかでも多くの人々が共通して遭遇する出来事をライフイベントと呼ぶ。

老年期に経験しやすいライフイベントとしては、退職、子の独立、孫の誕生、自分や家族の病気、配偶者との死別、一人暮らし、子との同居などを挙げることができる。

これらのライフイベントを体験することによって、人は程度の違いはあれ、不安、悲嘆、孤独などの否定的な感情、あるいは喜び、安心、幸福などの肯定的感情を経験するものである。

辛いライフイベント体験は、否定的感情とそれによる精神的苦痛、さらには重大な不適応状態を引き起こすといわれている。

●老年期への適応に関する心理・社会的理論

老年期に出遭うこうしたさまざまな困難に適応しながら、さらに豊かな老年期を迎えることは誰しも望むところであろう。このような、あるべき望ましい老後の生き方を「幸福な老い ― サクセスフル・エイジング (Successful Aging)」と呼び、そのためにはどのような生活の仕方が望まれるかについて理論的検討がなされてきた。

①活動理論 (activity theory)

職業は成人期の個人生活の多くを占めており、個人に役割を与え、対人的交流や能力を発揮する機会を与えてくれる。個人はそのような場面でこそ喜びや生きがいを感じることができる。すなわち、職業は、人に生きる意味を与えてくれる重要な生活の場である。したがって、職業からの引退は、その後の生活における不適応の直接的原因であるから、職業において得ていたものを引退後も継承すること、つまり、活動の継続こそ老年期の幸福感を維持させるもの、ということになる。

この理論の主要な提唱者としては、一般に、ハヴィガーストとアルブレヒト (Havighurst, R.J., & Albrecht, R., 1953) が挙げられている。

活動理論によれば、引退後もさまざまな活動を活発に行うことで職業活動の埋め合わせを行い、失った友人も新たな社交によって他の友人を得ることで埋め合わせるというように、特に引退前の対人関係における活動水準を維持することによって老年期の生活への適応が可能となるという。

②離脱理論 (disengagement theory)

活動理論に対して、引退のもたらす個人の活動量の低下と対人接触の減少は、加齢に伴う自然で避けられない過程であり、それは産業上の世代交替、あるいは社会の機能を保つという意味で必然的なことであるばかりでなく、個人の人生を職業生活や他者との関係にのみ結びつけずに、自分自身の内なる世界、個人的な価値や目標の達成に費やすための時間として個人が望むものである、と主張して離脱理論を提唱したのがカミングとヘンリー (Cumming, E., & Henry, W.H., 1961) であった。

離脱理論によれば、社会への参加水準が低いほど個人の幸福感は高いと考えられている。そして、個人が離脱を受け入れるのは、

自分に死が近づきつつあり、残された時間がもうそれほど長くはないと感じたとき、自分の生活領域が以前と比べて縮小してきたと感じたとき、さらに自分の内から湧いて来る力が衰えたと感じたときであるといわれる。

離脱理論が提唱されて以来、数多くの研究者によってその実証化が試みられてきたし、活動理論と対立するこの理論に対する多くの反論も主張されてきた。結論的にいえば、その当時の一般的な見解は活動理論に有利なものであったといえよう。しかしながら、離脱理論が引き起こした論争によって、老年研究が刺激され、発展したことを考えると、その貢献は大きいといえる。近年では、「老年的超越」の理論的根拠の1つと考えられている。

③継続性理論（continuity theory）

離脱理論に対する反論の1つに、社会的離脱によって老年期に適応できるか否かは、個人の性格によって異なる、という主張があった。継続性理論（または連続性理論）とは、老年期にある個人も、発達心理学的観点からみれば、その前段階からの変化が継続しており、その変化もまた個人が選択してきたものである、と主張したニューガーテンら（Neugarten, B.L., Havighurst, R.J., & Tobin, S.S., 1968）やアチュレイ（Atchley, 1971）の考えに対して名づけられた理論である。

ニューガーテンらによれば、老年期の適応に対しては活動理論も離脱理論もともに適切ではない。老年期に至った人々は、自分の力では如何ともし難い社会環境やからだの変化のなすがままになっているわけではなく、各人が長い人生のなかで確立してきた要求に沿って環境を選択し続けるのである。したがって、活発な社会活動を維持し続けることで幸福感を得る人もいれば、逆に社会活動を抑制することによって老年期に適応する人もいることになる。この理論においては、性格は人それぞれの加齢パターンや社会的活動と人生に対する満足度の関係を規定する重要な次元とされている。

活動理論と離脱理論が、活動をし続けるか、あるいは社会から離脱していくか、という一方向的な観点に立って老年期の適応を説明しようとしたのとは対照的に、継続性理論は、老年期に適応し幸福な老いを実現するにはいろいろな方向があり、それは個人の性格に依存すると考えるのである。　　　（佐藤眞一）

■ライフイベントの予測および統制可能性

		予測可能性	
		予測事態	不測事態
統制可能性	可能	子との同居・別居 経済的低下 転居	施設入居 夫婦関係のトラブル 友人・知人とのトラブル
	不可能	子の独立（空の巣） 定年退職 失業	親しい人の死 病気やケガ 暮らし向きの急変 事故・犯罪被害 孫の誕生

出典：佐藤眞一「老人の人格」井上勝也・木村周編『新版 老年心理学』朝倉書店，68頁，1993.

1-2 年齢
— 暦年齢だけではわからない —

Keywords ▶▶▶ 暦年齢／機能年齢／主観年齢／年齢アイデンティティ

● 暦年齢と現代社会

社会には、人生のプロセスを年齢という「ものさし」で測る慣習がある。わが国では 20 歳で成人式、60 歳で還暦を祝うという通過儀礼としての慣習ばかりでなく、6 歳で小学校、12 歳で中学校への入学、65 歳から年金受給などというような社会制度にも年齢基準が用いられることが多い。これらは、人生の節目であるばかりか、当人に対する周囲の扱い方にも影響する。このようないわゆる実年齢のことを、特に暦年齢（Chronological Age）と呼ぶ。暦年齢は、暦が変わった回数、つまり、出生からの時間経過を物理的に示す指標である。人間は、時間経過に伴って成長・老化するので、暦年齢と人生プロセスが関連づけられるのである。

ところが、人間の成長は物理的な法則ではなく、生物学的な法則に従っており、時間の経過のような直線的な変化ではない。そこには、いわゆる発達のテンポが存在する。しかも、発達のテンポは詳細にみれば、個人に特有のテンポすら存在するので、すべての人間が同じスピード、同じテンポで成長・老化を示すわけではない。

暦年齢が高くなると個人差が大きくなるので、社会的制度や慣習から逸脱する者の数が増えてくるし、そのことが社会の変化を招くこともある。近年の結婚年齢や就職年齢の多様化は著しい。かつて一般的であった「適齢期」は、今や生物学的な側面だけを意味するものになってきているし、退職年齢の多様化は年金制度や定年制度の変化に伴ってますます進展するであろう。それに続く老後の過ごし方もさまざまな模索が始まっている。

現代社会は、すでに標準的なライフサイクルが崩壊しており、個々に異なる極めて個性的な人生プロセスが提示され始めたといえる。学校、結婚、就職、出産、退職などの人生の節目の選択は、暦年齢の束縛から自由になってきている。

● 暦年齢と機能年齢

乳幼児期や児童期は相対的に個人差が小さいので、暦年齢を発達の「ものさし」とすることにも意義がある。身体発達ばかりでなく言葉や社会性の初期発達は、暦年齢を基準として査定されるし、小学校入学に伴う集団教育への適応性の判断のために開発された知能検査では、精神年齢（Mental Age）によって暦年齢からの逸脱が測定される。

しかし、年をとるほど個人差は大きくなるので、暦年齢を基準として個人の逸脱度を特定することはあまり意味をなさなくなる。中・高年者では、暦年齢は同じでも容貌の老化ばかりでなく、視力、体力などあらゆる側面が、まさに「一人ひとりが異なる」といえるほどである。（ただし、高齢者同士を比較する際にも、集団的な検査や調査のデータに用いられる平均値などの代表値では個人差は相殺されてしまうので、用い方によっては暦年齢の指標が有効になることもある。）

特定の側面の個人差を問題にする場合に、暦年齢による標準値との比較が行われること

がある。例えば、体力年齢はその指標としてよく話題になる。さまざまな標準的な体力測定を行い、その値を年齢標準値と比較して「〇〇歳の体力」と表示する。これは、まさしく体力の個人差を示す指標であり、本人の暦年齢で体力の程度を示してもあまり意味のないことを表していることにほかならない。

このような年齢基準のことを機能年齢（Functional Age）と呼んでいる。機能年齢は、体力、視力などの生理的指標を基準にした生物学的年齢、記憶、認知、興味などの心理学的年齢、社会的役割や評価、期待などを指標とする社会学的年齢に分類することができる。

● 年齢アイデンティティと主観年齢

以上のように、暦年齢は、特に高齢者にとっては、個人の加齢の程度を示す指標としては極めて大まかなものといえよう。しかし、われわれは、周囲の人々からは年齢相応の行動をとることが期待されてもいる。それは、日頃の態度や言葉遣い、さらには身につける衣服や髪型などの外見から金銭の使い方にまで及んでいる。高齢者がそのような期待から外れた行為をすると「年甲斐もない」とか「年寄りの冷や水」などと非難されることさえある。

だが、自分の感じる年齢感覚が実際の暦年齢と一致しないことは普通ではないだろうか。

佐藤ら（1997）は、こうした主観的な年齢感覚を主観年齢（Subjective Age）と呼んで、実際の暦年齢とのズレを8歳の子どもから94歳の高齢者まで約1,500名を対象に測定した。その結果を模式化して図に示す。3種類の主観年齢の平均値をみると、子どもの頃は暦年齢より主観年齢の方が高く、子どもは実際の年齢よりも自分は大人だと感じているが、20歳代の前半にはその関係は逆転し、30歳代では男性で2～3歳、女性で3～4歳ほど暦年齢よりも若く感じており、さらに40歳代では4～5歳、50、60歳代では6歳、70、80歳代では6～7歳と徐々に主観年齢と暦年齢の差は大きくなる傾向にあった。これが各年代の年齢アイデンティティである。

私たちは、他者からは年齢相応の行動をとることを期待されているが、一方で、自分の年齢アイデンティティは実際の年齢よりもかなり若いのである。年齢アイデンティティは、商品開発などにおいてターゲットとする世代の特性分析をする際の重要な要因と考えられるようになっている。

（佐藤眞一）

■主観年齢の加齢変化

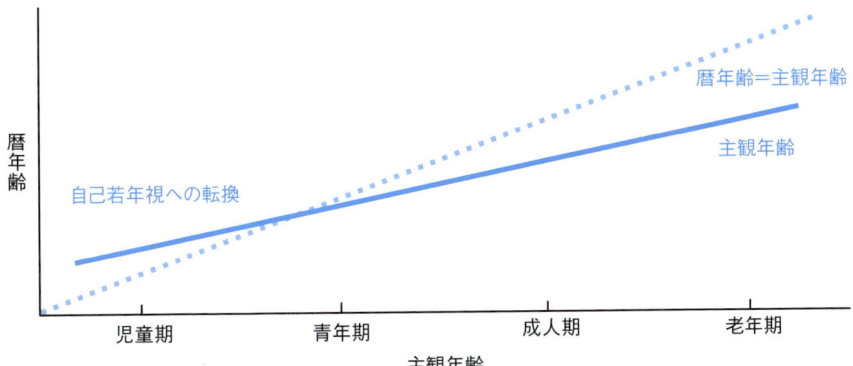

出典：佐藤眞一ほか「年齢アイデンティティのコホート差、性差、およびその規定要因：生涯発達の視点から」『発達心理学研究』8, 88-97頁, 1997. をもとに作成.

1-3 老性自覚
―― 内からの自覚と外からの自覚 ――

Keywords ▶▶▶ 内からの自覚／外からの自覚／否定的自覚／肯定的自覚

●老いの自覚

　私たちは、ある日「老い」を自覚するようになる。自分自身の老いを自覚することを「老性自覚（Awareness of Age）」と呼ぶが、自覚をもつきっかけは人によりさまざまである。また、早くから自覚が芽生えるものもあれば、そうではないものもある。例えば、近くの文字が読みづらくなったというようなことから、いわゆる「老眼」を意識し始める人もいるだろう。老眼は、早い人では40歳ぐらいから始まるとされる。また、がむしゃらに働いてきた企業人が60代に入り、定年退職まで、あと数年ということに改めて気が付き、自分自身の老いを自覚することもあるだろう。このように、老性自覚を促すきっかけはさまざまであり、そのきっかけにより自覚をもち始める年齢も異なる（表参照）。

　老性自覚を促すきっかけは、大きく2種類に分けることができる。それは、内からの自覚と外からの自覚である。

●内からの自覚

　内からの自覚（内性自覚）は、身体的徴候や認知的徴候、精神的減退などによって促進される。このうち、身体的徴候には、先述の老眼をはじめとした感覚機能にみられる自覚や、体力の低下を感じるといったものが含まれる。また、しわやたるみの増加、白髪や薄毛などの頭髪の変化といった外観に関わることも含んでいる。さらには、視力の低下などの実際に測定される数値の低下に加えて、これまでできたことができない、例えば、脂っこい食べ物が苦手になった、酒の摂取量が減ったといった主観的感覚の変化による機能低下の自覚も含まれる。

　また、物覚えが悪くなった、人の名前が出にくくなってきたなどは、認知的徴候の変化として捉えることができる。認知的徴候は、記憶能力低下にも密接に関係している。特に、高齢期になると、記憶能力の低下に伴い、記憶の失敗経験が増えてくるため、老いの自覚とともに、将来認知症になるのではないかと不安を感じる人も少なくない。また、新しい機械や道具の使い方を習得することに時間を要するようになったりすることも、本人に老いの自覚を促す要因になると考えられる。

　さらに、精神的減退とは、意欲が湧かなくなったり、何をするにもおっくうになったり、集中力が続かなくなってきたなどを指す。精神的減退は、場合によっては抑うつのような症状を呈したり、家にとじこもりがちになったりといったことにもつながりかねない。

●外からの自覚

　外からの自覚（外性自覚）は、定年退職、引退、離別、死別といった社会的な経験や出来事によって引き起こされる。すなわち、ライフイベントに深く関連していると考えられる。しかし、仕事に関係したライフイベントは、社会の状況やその人の社会・経済的地位などの影響を強く受けるため、定年退職や職業生活からの引退が老性自覚に与える影響は、人により異なる。近年は、大学を終えて初めて就職した会社に定年退職まで在職することは少なくなってきているし、会社の倒産などにより転職を繰り返さざるを得ない状況も増えている。そして、正社員

としての定年退職をした後も、臨時採用や期限付き採用などが増加しつつある。その意味では、これまでの年功序列制、明確な定年退職制度は崩れてきているといえるであろう。しかし、このように状況が変化するなかでも、引退が職業生活の節目として、老いの自覚を促すきっかけの1つとして変わることはないだろう。

また、離別や死別の問題も、老いを自覚する契機の1つとして大きな問題である。職業に絡んだ社会生活に伴う友人・知人との離別もさることながら、自分自身の親との死別、長年連れ添った配偶者との死別、気心の知れた人との死別など、さまざまな別れがある。特に、自分と年齢がさほど変わらない人との死別は、本人にとってショックは大きい。さらに、自分が若かった頃にファンであった有名人や著名人が高齢となり、訃報を耳にする機会も多い。こうしたことからも老いの自覚が促されるだけではなく、場合によっては死への意識をもつきっかけとなる可能性すらある。

なお、一般的には、内からの自覚によって自分自身の老いを自覚する人が多いようである。そして、高齢期は個人差が大きい年代でもあり、身体面でも、認知面でも、その能力の変化は人により大きく異なる。また、経済状況や社会的状況も人それぞれである。そのため、老性自覚をもち始めるきっかけも、年齢もさまざまであると考えられる。

●老性自覚と肯定的自覚

前述してきたように、人が老いを自覚するということは、どうしてもネガティブな側面ばかりに偏りがちである（否定的自覚）。しかし、老いを自覚した人がみな精神的に参ってしまっているかというと、そうではないことは経験的に知られている。できないことが増え、それに伴ってネガティブな状況に置かれたとしても、高齢者は老いに適応して生きているようにみえる。これに関して、佐藤（2011）は、高齢者は「外の環境を変えるだけの力が自分に残されていないことを自覚しているため、現実の世界に合うように自分の考えを変化させる術をもっている」としている。これがなければ、老いの自覚により、できないことやネガティブなことばかりを意識してしまい、ストレスフルな状況に置かれてしまうだろう。しかし、高齢者は、老いの自覚に対する適応力、すなわち、自分の置かれた状況を肯定的に自覚する力をも持ち合わせていると言えるのかもしれない。

（島内　晶）

1 こころの加齢

■暦年齢（実年齢）と3種類の主観年齢（自覚年齢）

	暦年齢（実年齢） (Mean & SD)	実感年齢 (Mean & SD)	体力年齢 (Mean & SD)	脳年齢 (Mean & SD)
中年期 （50～64歳）	57.8 (4.2)	54.9 (5.5)	54.9 (6.6)	53.7 (8.1)
前期高齢者 （65～74歳）	69.2 (2.7)	65.5 (4.7)	64.9 (5.4)	64.9 (6.1)
後期高齢者 （75～90歳）	78.9 (3.1)	75.8 (5.2)	73.4 (6.2)	72.0 (8.2)

対象者数：中年期244人、前期高齢者263人、後期高齢者104人
実感年齢：自分の年齢を何歳くらいだと感じていますか？
体力年齢：自分の体力を何歳くらいに感じていますか？
脳　年　齢：自分の頭の働き具合は何歳くらいと感じますか？
【どの年代でも暦年齢（実年齢）よりも3種類の主観年齢は若く、老性自覚の自己若年視が認められる。特に、脳年齢は後期高齢者では実年齢よりも約7歳若く感じている。】

出典：Sato, S. Subjective Age and Aging: An Aspect of Psychological Gerontology. DIJ（Deutsches Institut für Japanstudien) International Workshop: Consumption and Well-being in the Aging Society Advancing Research on Older Consumers, Tokyo, Japan, 2011.

1-4 生涯発達
── 人は生涯にわたって発達する ──

Keywords ▶▶▶ 標準年齢的要因／標準歴史的要因／非標準的要因／生涯発達の研究モデル

● 生涯発達とは

　人は、この世に生を受け、そして死を迎えるその時まで、変化し続ける存在である。しかし、従来の発達心理学における認識では、人生初期にみられる急速で顕著な成長・発達変化は青年期の終わりにピークに達すると考えられていた。つまり、青年期以前にみられる変化は、「成長（growth）」と「成熟（mature）」という側面が強く、成熟のピークは「完態（perfect state）」をもって発達過程の終局状態と仮定されてきた。すなわち、成人期以降にみられる変化は、「発達（development）」ではなく、「減退（decline）」または「老化（aging）」とされてきたのである。

　しかし、成人期および老年期は、青年期までの人生の2倍、3倍と長い期間を占める。さらには、全人口中に占める比率は、成人期以降の者が青年期以前の者よりも多く、その増加率は著しいことから、成人および高齢者の社会における役割は増大していると考えられる。そして、児童期・青年期の心理特性は、成人期や老年期との比較があってその独自性が明らかになるため、青年期以前に関する心理学は、全生涯との関わりを前提として成立するのである。

　生涯発達心理学（life-span developmental psychology）は、受胎・出生から始まり、死までの一生（ライフスパン）を対象とし、人間の全生涯に生起するすべての心理学的な発達変化の記述と説明を目的とする。そして、人生のさまざまな時点で生じる変化の形態と特徴を突き止め、その時間的順序や相互関係を明らかにすることを課題とする。

● 生涯発達に影響を及ぼす要因

　バルテスら（Baltes, P.B., et al., 1980）は、人の発達に影響を及ぼす要因として、「標準年齢的要因」「標準歴史的要因」「非標準的要因」に分けて整理し、各要因の及ぼす影響力の、各年代における変化をまとめている（図参照）。

　「標準年齢的要因」は、生物的影響と社会化の影響に分けられる。児童期など発達初期には遺伝的規定性が強いために最も影響力が高く、その後は低下していくが、老年期には、死に向かって組み込まれている遺伝的プログラムに従うために再び影響力が高まる。このような生物的影響とともに、進学・経済的自立・結婚・家族のライフサイクル・職業的地位の変化など社会慣習を含む社会的影響もこの要因に含まれる。

　「標準歴史的要因」は、歴史上のある時点でさまざまな世代に同時に影響を与えるような出来事や社会的・環境的変化による要因である。具体的には、①社会の近代化に伴う物質的・環境的・社会的変化、②人口統計学上の年齢分布・社会階層の構成比・家族構成・職業構成などの変化、③戦争・経済不況のような社会変動、④大規模な疫病の流行・天災・災害、⑤その他の世代差などを挙げることができる[1]。

　なお、同時代の同じ地域に生まれた集団をコホート（cohort）と呼ぶが、標準歴史的影響は、青年期に特に強力に影響するものの、異なる年齢コホート間ではその影響力も異なるものと考えられる（コホート効果）。

　「非標準的要因」は、個人特有の人生上の重要な出来事（ライフイベント）を指し、入学、就

職、失業、結婚、離婚、入院、施設入所、事故、予想外の幸運（宝くじ当選・受賞）など人生上の転機となるようなさまざまな出来事を含む。この要因の相対的な影響力は、ネガティブなライフイベント体験が加齢とともに増加するため、老年期が最も大きいと考えられる。しかし、同じライフイベントでも、イベントに対する感受性には、年齢差があると考えられている[2]。

● 生涯発達の研究モデル

成人期以降の人の生涯過程は、生物学的要因以外にもさまざまな要因が影響する。どのような要因あるいは側面に注目するかによって、研究のモデルは異なる。以下に代表的なモデルを挙げる。

「発達段階モデル」は、人生を数段階に区分して、各段階の特徴と解決すべき課題を明らかにし、その課題解決の仕方が次の段階に影響を与え、それが積み重なることを通じて人の発達に意味づけを行おうというモデルである。

「ライフサイクルモデル」は、人が辿る標準的な人生モデルを仮定し、そのプロセスのなかで生じる問題や危機をテーマとして扱う。しかし、現代社会では、進学や就職、結婚等に関して、選択パターンが増えているため、標準的な人生モデルを適用することが難しくなっている。

「ライフイベントモデル」は、人生のなかで遭遇するさまざまな出来事、そのなかでも、生活環境の変化を引き起こすような重要な出来事（ライフイベント）に関して、その影響を分析するモデルである。高齢期になると、死別などのネガティブなライフイベントを経験することが多くなり、その内容によっては、実存を揺るがすほどの重要な意味をもつことがある。

「ライフコースモデル」は、社会的・歴史的な出来事が個人の人生および発達に与える影響を分析する社会学的モデルである。このモデルは、生物的成長という普遍性に加えて、同時代性（歴史性）と個人の人生の独自性を含む研究法と位置づけることができる。

人は、さまざまな要因の影響を受けながら、発達し続けながら生きて、そして死を迎える存在である。ポジティブな変化だけではなく、ネガティブな変化に対してどう向かい合い、どう乗り越え、受容していけるか、人にはこうした課題が課されている。死を迎えるその瞬間まで、人はその課題と向き合い続ける存在であるがゆえに、発達をし続けるのかもしれない。

（島内　晶）

■ 各要因の相対的な影響力の発達的変化

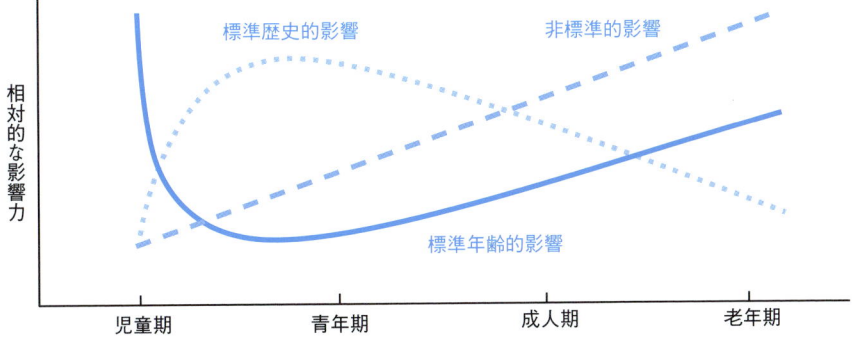

出典：村田孝次『生涯発達心理学の課題』培風館, 51頁, 1989.（Baltes, P.B., et al. Life-span developmental psychology. Annual Review of Psychology, 31, p.77, 1980.）

1-5 個人差
— 個人差はどこからうまれてくるのか —

Keywords ▶▶▶ 個人内差／個人間差／法則定立的方法／個性記述的方法

●「個人内差」と「個人間差」

　高齢期は「個人差」の年代といわれることがある。これは、高齢になればなるほど個人差が広がっていくという経験的事実を示しているものと考えられる。確かに、同じ年代の人であっても、元気はつらつと活動的な人もいれば、歩くこともおぼつかない人がいたり、外見も若々しい人がいる一方で、実年齢以上に老けこんで見える人がいたりもする。高齢期には、いよいよ個性が増してくるといえるのかもしれない。

　個人差は、個人の内で生じる「個人内差」と、他者と比較して明らかになる「個人間差」とに分けることができる。個人内差とは、同じ個人内において、視覚機能は加齢の影響が著しいが、聴覚機能は比較的に維持されているといったことである。もう一方の個人間差は、加齢に伴って自覚しやすい視聴覚などの五官の機能（五感）などの違いばかりでなく、他者と比べて体力年齢が若い、同年代の人よりも経済的収入があるといったことも含まれる。加齢は、個人の心身機能が一様に変化する現象でもなく、また、すべての人が同じスピードで変化していく現象でもないのである。

●エイジング研究の基礎的な考え方

　エイジング（加齢）を学術的に記述する際には、大きく分けて2つの方法がある。それは、法則定立的方法と個性記述的方法である。前者は、ある事象やある集団において見出される法則を明らかにする方法であるのに対して、後者は、個人にみられる特性を記述する方法である。例えば、老眼になるといった感覚機能の低下や、物忘れがひどくなるといった認知機能の低下などは、加齢に伴って万人に共通して生じるものである。しかし、低下が始まる年齢には差があり、60代から現れる人もいれば、80代になって初めて現れる人もいる。加齢に伴って現れる特徴は、遅かれ早かれ高齢者に共通して生じるものであるが、その発現のタイミングや速度、テンポ、形態などには個人差がある。したがって、高齢期を生きる人々の特徴を理解するためには、この2側面から捉えて初めて可能になるといえるであろう（図参照）。

●生物学的観点からみる個人差

　人によって、成長や老化のタイミングや速度は異なる。成長に関していえば、思春期にみられる第2次性徴の訪れの早い人と遅い人というような個人差が認められる。老化に関しても、早くから老眼鏡や補聴器などが必要になる人もいれば、そうではない人が存在する。これは、遺伝子に組み込まれたプログラムによりみられる個人差と推定される。しかしながら、遺伝子に組み込まれたプログラムの発現のパワーは大きいとしても、環境との相互作用の影響もあると考えられる。パソコンやスマートフォンなどの画面を見て目を酷使するということが続けば、やはり遺伝子の発現に対してマイナスの影響があるであろう。一方で、体質改善につながるような生活習慣を送るように心掛けた場合には、プラスの影響がみられることは多くの研究によって明らかになっている。

●心理学的観点からみる個人差

　高齢期を心理学的にポジティブに過ごすこと

ができている人と、そうではない人がいる。この個人差は、元来もつパーソナリティ傾向に加え、主観的幸福感や自己有能感などを維持できているかなどによって生じてくると考えられる。自分自身の「老い」を受容できているか、そしてやがてやってくる「死」に対する準備としての死生観を有しているか、そのようなこともこの側面の個人差を生む要因につながっていると思われる。高齢期には「うつ」の問題などが深刻であるため、このような個人差は高齢期における重要な心理学的問題であろう。

● 社会老年学的観点からみる個人差

個人に特有な出来事（ライフイベント）との遭遇による影響は、歳を重ねるにつれて増大していくと考えられる。この影響は、バルテスら（Baltes, P.B., et al., 1980）の示す「非標準的影響」として捉えることができる。ライフイベントには、さまざまなものが含まれるが、それを経験しているかいないかで、その後の人生のありようは変わってくる。例えば、結婚しているか、していないかによっても、家族の形態や居住形態、場合によっては就労形態なども異なるであろう。そして、そのライフイベントをいつ経験するかによっても影響は異なる。また、同じライフイベントを経験した人が、みな同じような影響を受けるとは限らない。すなわち、人により、ライフイベントから受ける影響力は異なるため、それが個人差を生む要因となっていると考えられる。

自分には個性がないと嘆く若者がいる。特に、他者と比べられるような場面、例えば、就職面接などの場面ではなおさらである。しかし、人は歳を重ねるにつれ、個人差が大きくなり、良くも悪くも独自性をもつようになっていく。個人差が大きくなっていくということは、より自分らしくなっていくということなのかもしれない。もちろん高齢者自身が望んでそうなっていくわけではないが、若い時から自分らしさを求め、数々の出来事を懸命にこなし、年月を過ごしていくなかで生じるこの差は、人にとって重要な意味をもっていると考えられる。このことに関連して、ユング（Jung, C.G.）は、40歳代を人生の正午としており、それ以降の時期は、自己実現という「個性化」の過程の開始の時期としている。つまり、人生後半は、それまでに抑圧してきた自己の真の姿を発見する時期でもあると考えられるのである。

（島内　晶）

■ 感覚機能と認知機能の加齢と個人差

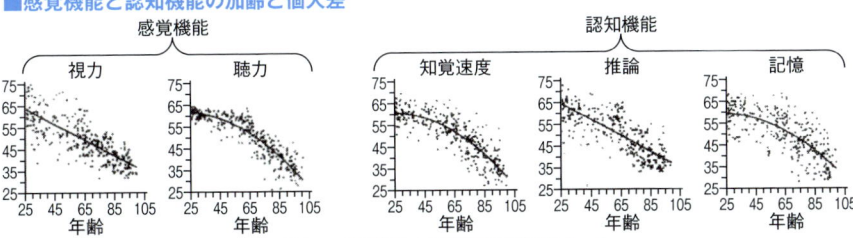

【感覚機能では聴力よりも視力の個人差が大きい。認知機能では記憶の個人差が大きい。】
出典：Baltes, P.B. and Linenberger, U.K. Emergence of powerful connection between sensory and cognitive function across the adult life span: A new window to the study of cognitive aging? *Psychology and Aging*, 12. p.15, 1997.

■ 知恵の個人差

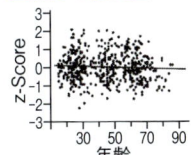

【記憶の個人差に比べて知恵の個人差は大きく、加齢の影響も少ない。】
出典：Baltes, P.B. and Staudinger, U.M. Wisdom: A metaheuristic (pragmatic) to orchestrate mind and virtue toward excellence. *The American Psychologist*, 55, p.128, 2000.

1-6 知覚（視覚・聴覚）
― 見えづらさ、聞こえづらさを感じながら ―

Keywords ▶▶▶ 感覚／知覚／視覚／聴覚／加齢変化への関わり

●感覚・知覚とは

　感覚・知覚とは、視・聴・嗅・味・触の5つの感覚器官を通じて身の回りや自分の状態を捉える心理過程である。光や音などの物理的刺激は視神経や聴神経など末端の感覚神経を興奮させ、細胞の電気活動によって脳に伝達される（感覚）。それらの情報は脳の中枢で処理されて心理的なイメージとして再認識され、記憶と結びつくことで私たちは周囲の状況を認識する（知覚）。この一連の過程は感覚器官の特性や中枢神経系の活動に依存しているため、私たちは外界や自己の状態を忠実に捉えているわけではない。たとえ刺激が存在していても感覚神経の興奮が生じなければ知覚されることはなく、同じ刺激が脳に送られたとしても脳の処理が異なれば見間違えや聞き間違えは十分起こり得るのである。

●感覚・知覚の加齢変化による影響

　私たちは、感覚・知覚過程を通じて、話し相手の微妙な表情を読み取ったり、繊細な音色の違いを聞き分けたり、のどごしを味わって食事を愉しんだりする。このように、生活を豊かに過ごすうえで感覚・知覚の役割は大きいが、高齢になると若い頃のように素早く的確に情報を取り込むことが難しくなる。さらに、加齢に伴って脳の活動が鈍くなったり、情報をトップダウン形式で処理しやすくなることで知覚過程に問題が生じる。例えば、視覚に関しては細かい文字を読んだり手元の細かい作業がわずらわしくなり、外出や家事仕事が面倒になったり、夜の運転で道路標識を見間違えて交通事故を起こしてしまうかもしれない。聴覚に関しては、茶話会で話が聞き取れず人と話すのがおっくうになったり、クラクションの音にすぐ反応できず事故に巻き込まれるかもしれない。また感覚・知覚の問題は、周囲の人へも不自由さをもたらし得る。例えば、視聴覚の問題を抱えた高齢者の代わりに家族が読み書きをしなければならなかったり、テレビの音量でもめてしまいお互いがイライラすることもある。つまり、感覚・知覚の加齢変化の影響は高齢者本人だけではなく、一緒に生活する家族や身近な人にも及ぶ可能性がある。

●視覚の加齢変化

　正常な加齢変化によって、水晶体の混濁や硬化、毛様体筋力の低下が起こり視力は低下する。そのため40歳頃から、手元の作業や小さい文字を見る場合に焦点が合いづらくなる（老眼）。その他にも、本など文章を読むのに時間がかかるようになる（視覚情報処理速度）、暗がりや薄明かりで物が見えづらくなる（明るさに対する感度）、電光掲示板の流れる文字や、動く物を目で追うのが困難になる（動体視力）、電車の路線図から目的地を探すことが困難になる（視覚探索）、視野が狭くなる（周辺視野）、物の位置関係がわかりにくくなる（奥行き知覚）、立体的な知覚が悪くなる（立体視）などが高齢者の経験する視覚の問題として知られている[1,2]。また、加齢だけが原因ではないが、白内障、緑内障、加齢性黄斑変性、糖尿病性網膜症など眼の疾患罹患率

16

も年齢とともに増加する。

視覚の加齢変化はさまざまであり個人差も大きいが、多くの人が眼鏡やルーペによって視力低下や乱視を矯正することができる。また白内障の場合、人工の水晶体を挿入する手術によりほとんどの場合症状が回復する。

●聴覚の加齢変化

聴力は音の大きさ（音圧：dB）と高さ（周波数：Hz）の2次元で評価される。難聴の原因は一様でないが、空気の振動を伝える外耳や中耳の障害によって起こる伝音難聴、外耳・中耳を通して伝えられた音を感じとる内耳の障害によって起こる感音難聴の2種類がある。加齢に伴う難聴は老人性難聴と呼ばれ、感音難聴の1種である。聞こえづらさには個人差があるが、高齢になるほど、小さい音と高い音が聞き取りにくくなる。このような聴覚の加齢変化は普通の会話や電話での会話、騒がしい部屋での会話などさまざまな会話場面で問題となりやすい。その他にも、ドアのひらく音、チャイム、電話の呼び出し音などの高周波数の非言語音の聞き取りが日常生活における聴覚の問題として報告されている[3]。

現在の医療では、伝音難聴であれば手術による改善が期待できるが、感音難聴の場合有効な治療が確立されていない。そのため、補聴器が主な補助具となるものの、老人性難聴者が補聴器を装用していない割合が高く[4]、補聴器の装用に対して消極的または否定的な人が多い[5]。その背景の一因として、補聴器は高価であり、性能は進歩しているが、購入後すぐに思い通りに使えるわけではなく、本人の努力が求められることが考えられる。図には難聴高齢者の補聴器への順応プロセスを示す[6]。今後は機器の進化とともに使用への心理的適応プロセスの解明が望まれる。

●視聴覚の加齢変化への関わり

このような加齢による視聴覚機能の変化は、個人差はあるものの誰にでも生じる。したがって、安全で快適な生活を送るために、眼鏡や補聴器などの補助具を用いて機能を矯正したり、身の回りの環境を整えたりすることが望まれる。また、周囲の人が加齢による視聴覚の変化をよく理解し、加齢変化の特徴をふまえ、コミュニケーションや環境面に配慮することで、お互い円滑な生活を維持することができるであろう。　　　　（石岡良子）

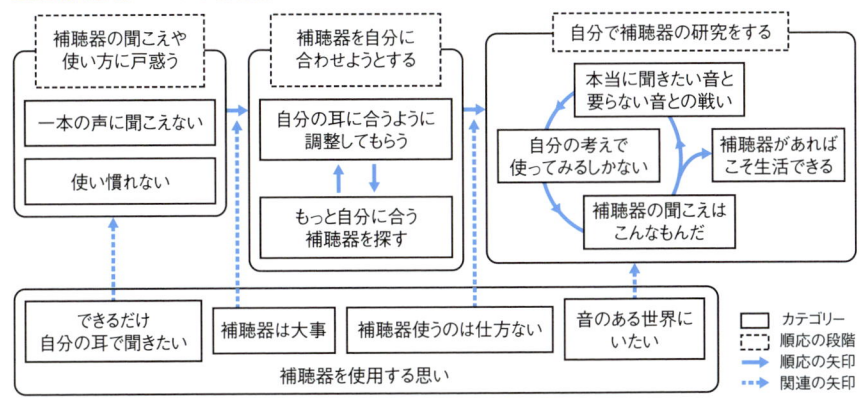

■難聴高齢者における補聴器への順応のプロセスの構造図

出典：大島・泉・平松「老人性難聴をもつ高齢者における補聴器への順応のプロセス」「老年看護学」11(2), 98頁, 2007.

1-7 知覚（嗅覚・味覚・皮膚感覚）
― 生活の質に関わる感覚 ―

Keywords ▶▶▶ 嗅覚／味覚／皮膚感覚／QOL

●健康や生活の質の維持に関わる機能

　高齢期になると、感覚器の機能障害が高率に発生し、著しい生活の質（QOL）の低下が引き起こされる。視覚、聴覚などは物理的刺激を感受する感覚であり、味覚、嗅覚は化学物質を感知する感覚である。嗅覚・味覚は他の感覚器障害と比較して重要視されてこなかったが、生活の質の低下とともに、生活における健康と安全の面からも重要な問題となっている。

●嗅覚

　嗅力は30歳頃をピークとして加齢とともに漸次低下し、50歳を過ぎるとさまざまな匂いに対して検知能力や認知能力が低下するといわれている[1]。

　嗅覚障害が日常生活に及ぼす影響は大きく、風邪を引いたときのように何を食べてもおいしくない。また、もともと食が細いため、食が進まず栄養失調へとつながるケースもある。さらに体臭や腐敗臭、焦げやガスの臭いがわからないと衛生や安全面での問題も生じてくる。花や草木の匂いがわからず、四季の移り変わりが実感としてわからないなどの情緒に関わる問題が発生することもある。

　高齢者の嗅覚障害の原因としては、アレルギー性鼻炎や頭部外傷は少なく、薬剤や神経疾患などが多い。その薬剤は、抗癌剤、抗甲状腺薬、降圧薬、抗うつ薬、抗ウィルス薬、インターフェロン造影剤などを挙げることができる。また、煙草の煙は嗅覚障害を引き起こす代表的な有害物質となる。さらに、種々の金属化合物、有機・無機化合物、粉塵などの有毒物質が嗅覚障害を引き起こすことも報告されている。

　すべての外的要因を排除して加齢自体による純粋な影響をみることは難しいが、嗅覚系には形態学的に明らかな加齢変化がみられる。例えば、加齢とともに嗅上皮はその厚さも面積も減少し、嗅神経細胞の総数が相当数減少する。また、嗅上皮表面を保護し、匂い分子と嗅覚受容体との結合に重要な役割を果たす粘液を産生しているボーマン腺も加齢とともに減少していることがわかっている。

●味覚

　味覚障害は、食事を楽しむことをできなくするだけでなく、ライフスタイルに合わせた各栄養素の消費と摂取のバランスをくずし、活動性を低下させる。加えて通常健常人では口にしないような食物、腐敗による酸味や苦味を呈するアルカロイドなどの毒物の混入に気づかずに摂取する可能性が増大する。

　生理的な加齢現象によって味覚機能は衰えるが、高齢者で併発しやすい全身疾患や、それに対する薬物療法などのほうが影響が大きいと推測されている。加齢変化は、味覚受容器に関わる味細胞の減少、味細胞自体の変化、味細胞の周囲組織の変化などをもたらすとされているが、その研究結果は一定ではない。また、味覚の伝達神経に加齢変化が生じることで中枢へと伝えられる情報量が減少することが考えられる。さらに、味覚閾値（味覚を感じることができる最小の濃度）の変化の程

度や味覚の種類によって結果に差があることから、味覚閾値に個人差はあるものの、加齢に伴う味覚閾値の上昇を報告しているものもみられる[2]。その他の要因として、内分泌疾患、ウィルス感染などが味覚機能に悪影響を与え、脳梗塞や脳出血に伴う中枢神経障害は加齢によって増加し、脳卒中の部位によっては味覚が障害される。また、多種類の薬剤がどのような機序で味覚障害を起こしているか不明であるが、向精神薬、降圧薬、胃腸薬などが味覚障害をもたらす。高齢になるほど服用薬剤の種類が増加し、長期に渡って服用する傾向があるため、薬剤の副作用が味覚機能に与える影響は大きい。さらに、義歯などによる咀嚼能力の低下、味覚刺激で分泌される唾液量の減少や唾液中に含まれる酵素活性の低下による消化機能の低下も個人差はあるが味覚障害が生じる原因の1つである。

● 認知症と嗅覚・味覚の関係

パーキンソン病やアルツハイマー病、多発性硬化症などの神経疾患にしばしば嗅覚障害が伴う。特に、アルツハイマー病の初期では認知閾値（その臭いが何であるかがわかる閾値）のみ低下し、進行するにつれて検知閾値（臭いがしていることがわかる閾値）も低下する。

なお、このことは、認知症の早期診断に役立つとする報告もある[3]。認知症が進行すると認知能力が全体的に低下し、味覚感覚の認識力が衰える。さらに、高齢者によくみられるうつ状態は食事への意欲を失わせ、臨床的に食物の味がないなどの訴え、食欲の低下による栄養状態の悪化などが味覚障害を生じさせる一因ともなっている。

● 皮膚感覚

痛覚は生体を傷害や危害から守るための警告システムともいえる。転倒や転落時に痛みを訴え、助けを求める認知症患者は極めて少数である。後頭部に皮下血腫ができ、打撲で立ち上がれない状態でも悲鳴をあげることがないなど、強い刺激でないと痛さを感じなくなる。

触覚は、からだの各部位によって触覚閾に違いがあるが、比較的敏感な眼およびその周辺の触覚閾の年齢的変化を測定した結果によると、触覚は50歳頃までは加齢による変化がみられず、50歳代の半ばを過ぎると急激に鈍化することがうかがえる[4]。温点、冷点が加齢とともに減少することが知られている。

（北川公路）

■ 臭覚・味覚・痛覚の加齢変化

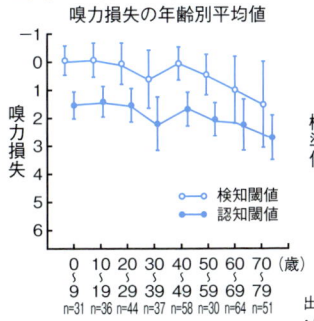

出典：浅賀英世「高齢者の嗅覚」亀山正邦 監修『別冊総合ケア 高齢者の日常生活と「ありふれた病気」』医歯薬出版、18頁、1994．

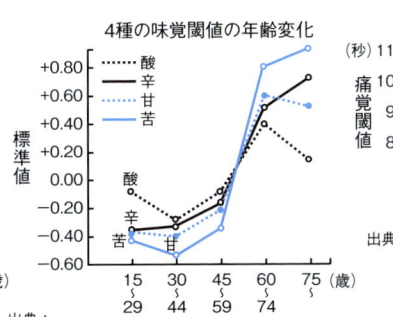

出典：
・Cooper, R.M., Bilash. l. and Zubek, J.P.: The effect of age on taste sensitivity. Journal of Gerontology. 14, pp.55-58, 1959.
・Shiffman, S. and Pasternak, M.: Decreased discrimination of food odors in the elderly. Journal of Gerontology, 34, pp.73-79, 1971.

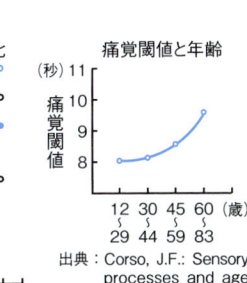

出典：Corso, J.F.: Sensory processes and age effects in normal adults, Journal of Gerontology, 26, pp.90-105, 1971.

出典：一番ヶ瀬康子監、下仲順子・中里克治編著『高齢者心理学』建帛社、62-63頁、2004．

1-8 感情・情緒
— その発達的変化 —

Keywords ▶▶▶ 感情／記憶／社会情動的選択性理論／ポジティビティ・エフェクト／感情調整

●感情の発達的変化

　感情の発達的変化に関する研究から、人は3歳頃になると自発的に感情をコントロール（感情調整）し始め、4歳までに他者のみかけの感情と本当の感情が区別できるようになり、小学生になると感情の表出を調整することができるようになる[1]。つまり、発達とともに感情のコントロールや適切な感情表出、他者の感情の正確な認知を段階的に身につけていく。

　それでは、高齢期にもこのような感情に関する発達的変化がみられるのであろうか。人は誰でも高齢になると、健康の喪失、配偶者や友人など人間関係の喪失、定年による社会的役割の喪失、というような大きな喪失体験を経験する。このような喪失体験を経験する高齢期は、他の発達段階と比較してもストレスの多い時期だといえる。しかし、高齢者が幸せを感じていないかといえば、そうではない。高齢者の主観的な幸福感や心理的安寧は若い時と比較しても差がなく、むしろ若年者と比較して気分も安定していることが報告されている[2]。高齢期には喪失体験を多く経験するにも関わらず心理的な幸福感が保たれる、というこのような現象は「エイジング・パラドックス」と呼ばれている。

●社会情動的選択性理論

　エイジング・パラドックスがなぜ生じるのかを解明することは、老年学において大きなテーマである。最近、このパラドックスを説明する理論として注目されているものに、社会情動的選択性理論（socioemotional selectivity theory：以下SST）がある[3]。

　SSTは、将来の時間的な見通しによる動機づけの変化によってエイジング・パラドックスを説明しようとする理論である。この理論では、高齢者は残された時間が限られていると認識する結果、感情的に価値のある行動をするよう動機づけられるとしている。そして、高齢者がストレスフルな状況でもポジティブな人生を歩むことができるのは、高齢者が感情をコントロールすることや、感情的な満足感を重視し、それらを得るために認知的あるいは社会的資源を投資するからだと説明している。一方、高齢者とは異なり、時間が無限にあると認識する若年者は、知識の獲得に対して動機づけられているため、将来に焦点を当て、新しいことに価値をおき、情報を獲得し、視野を広げることに時間とエネルギーを投資する。

●ポジティビティ・エフェクト

　高齢者は本当に感情的な満足を得ることに動機づけられているのであろうか？　人を含めた動物にとって、ネガティブな感情を伴った情報は、生命の維持に欠かせないものであり、私たちは危険や困難な状況を回避するためにネガティブな情報に対して心理的・社会的資源を費やす必要がある。実際、若年者を対象とした研究では、ポジティブな情報よりもネガティブな情報に注意を向け、記憶することが報告されている[4]。若年者にみられるこのような傾向は、ネガティビティ・バイアスと呼ばれている。ところが、興味深いことに、

高齢者ではネガティビティ・バイアスがみられないことが報告されている。

チャールズら（Charles, S.T., et al., 2003）は若年者（18〜29歳）、中年者（41〜53歳）、高齢者（65〜80歳）の3群を対象に、ポジティブな感情を喚起する写真、ネガティブな感情を喚起する写真、感情を喚起しない中立な写真を用いた記憶実験を実施した。実験の結果、若年者、中年者ではポジティブな写真とネガティブな写真の記憶成績が中立な写真の記憶成績より優れていたのに対して、高齢者ではポジティブな写真の記憶成績が他の写真よりも優れているという結果が得られた（図参照）。若年者とは反対に、高齢者がポジティブな情報を重視するこのような現象はポジティビティ・エフェクトと呼ばれ、記憶だけでなく、注意や意思決定についてもみられることが報告されている[5]。

そしてこのポジティビティ・エフェクトに関する一連の研究は、高齢者が感情的な満足感を重視するように動機づけられている、とするSSTを支持している。

● 社会情動的選択性理論と文化

SSTは、エイジング・パラドックスの説明だけでなく、ポジティビティ・エフェクトのような高齢者の情報処理の特徴を理解するうえでも有用な理論として現在注目されている。しかしながら、中国の高齢者と若年者を対象とした顔の表情に関する実験では、高齢者は幸福のようなポジティブな表情から注意をそらし、恐怖のようなネガティブな表情に注意を向けていた。ファングら（Fung, H.H., et al., 2008）はこの理由として、文化差の影響を指摘している。つまり、自立や自主性、独自性に価値をおくアメリカでは楽観主義や自尊心を維持、向上するためにポジティブな情報に、一方、グループの中で適応し、他人に対する負担を避けることが良いとされる中国のような東アジアの文化では、ネガティブな情報に注意を向けると考察している。このように、高齢者が感情調整のために重視する情報は、文化によって異なる可能性がある。加えて、高齢期の感情の変化に関する研究は、個人差の影響が大きいこと、縦断的な研究が少ないこと、日本人高齢者を対象とした研究が少ないことからまだ不明なことが多く、今後の研究が期待される。　　　　（増本康平）

■ 感情を喚起する写真の記憶成績

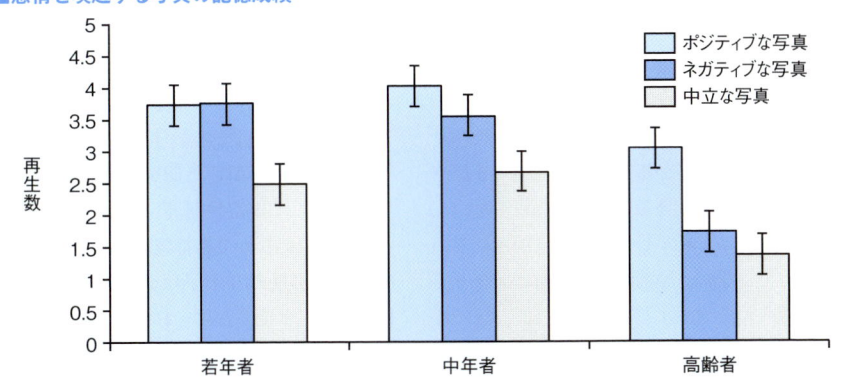

出典：Charles, S.T., Mather, M., & Carstensen, L.L. Aging and emotional memory: The forgettable nature of negative images for older adults. J Exp Psychol Gen, 132(2), pp.310-324, 2003. より抜粋。

1-9 性格
― 年をとると性格は変わるのか ―

Keywords ▶▶▶ 性格／パーソナリティ／加齢変化／適応／長寿

●性格とは

年をとると性格は変わるのであろうか。これは日常生活や高齢者のケアに関わる問題であるとともに、老年心理学・生涯発達心理学における重要なリサーチ・クエスチョンでもある。この問題を検討するには、性格の定義を確認する必要がある。

個人を特徴づける持続的で一貫した行動様式を性格という[1]。性格（character）の原語は、ギリシア語で「刻みつけられたもの」「彫りつけられたもの」を意味することはよく知られており、語義的な観点から、個人特徴のなかでも基礎的で固定的な面を指すこともある。一方、類似の概念で「仮面」（persona）を語源にもち、人格とも訳されるパーソナリティ（personality）は、人の、広い意味での行動（具体的な振る舞い、言語表出、思考活動、認知や判断、感情表出、嫌悪判断など）に時間的・空間的一貫性を与えているものと定義される[2]。パーソナリティは、より包括的な個人差を示す概念で性格・知能なども含み、個人がもつある種の統一性を意味するともいえる[3]。

性格は個人差を強調する際に用いられ、人格は個人が保っている統一性を強調する際や環境への適応を捉える際に用いられるという違いもあるが、必ずしも明確に区別されているわけではない。加齢変化の検討にあたっては、個人差を強調する立場もあれば、統一性を強調する立場もある。

●性格の加齢変化

年齢や発達に伴う性格の変化については、一定の所見が得られているわけではない。日常生活においては、高齢者の性格的な特徴について、「硬さ」「保守的」「頑固」などに代表されるステレオタイプ的な見方がされることもあるが、最近では年をとると誰でも同じような傾向がみられるのではなく、性格の個人差や個性が維持されるということは、一般においても理解されるようになってきたと思われる。研究においても、安定や変化における個人差の問題を扱う重要性が指摘されている[4]。しかし、個人差だけではなくコホートの影響も考えられるため[5]、性格の加齢変化を明確に捉えることは難しい。横断的方法か縦断的方法か、また性格を測定する尺度として何を用いるかといった研究の方法論の問題も関係しているからである。これは生涯発達心理学に共通する方法論上の問題である。

しかしながら、性格には加齢の影響を受けて変化が生じる側面と、加齢の影響を受けにくく安定的な側面があることがわかってきている[6]。神経症傾向、外向性、経験への開放性、調和性、誠実性からなる性格のビッグファイブ（Big Five：五因子説）に基づくNEO-PI[7]やNEO-PI-R[8]を用いた研究が蓄積されているが、概して安定性が高いこと[9)10]、ビッグファイブのなかでも神経症性、外向性、経験への開放性の3因子は加齢の影響を受けにくいことが明らかにされている[11]。ただし、ここでいう安定性は、集団内の相対的位置の安定性である[12]。また、青年前期から老年期にかけて性格がどのように変化するかをメタ

分析した研究[13)14)]によれば、性格は縦断的には安定性を示すと同時に、平均値レベルでは変化がみられることが示されている（表）。ここでいう変化は、加齢に伴う集団の平均水準の変化を指している[12)]。つまり、性格の加齢変化が生じることは明らかであるが、個人間の相対的な関係を覆すほど大きなものではなく、相対的な位置の安定性は高まり、老年期の性格は変わりにくくなると考えられる[12)]。

● 老年期の性格と適応

性格の加齢変化には遺伝的要因やライフイベントの要因、身体的・健康的要因、社会的要因などが影響していると考えられる。一方、性格と老年期の適応の問題については、古くはライチャードら（Richard, S., et al., 1962）[15)]のタイプ理論がよく知られている。円熟型、安楽椅子型、装甲型、憤慨型、自責型の5つに性格を類型化し、最後の2つを不適応的なタイプとしている。老いをうまく受容できず、他者のせいにして敵意や攻撃を示すタイプ（憤慨型）と自分のせいにして自らを責めるタイプ（自責型）である。装甲型は老いを否定するために、むしろ積極的に活動するタイプである。また円熟型は過去と現在の自分を受け入れているタイプ、安楽椅子型は依存的で安楽に過ごそうとするタイプであり、適応的なタイプもひと通りではない。

適応的な老年期を過ごすことが長寿をもたらすと考えられるが、そこには性格も関連している。性格と健康行動やストレス対処といった心身の健康との間に相関関係がみられ、性格は長寿にも関連すると考えられる[12)]。ビッグファイブでみると、神経症傾向の高い人や誠実性の低い人は、そうでない人に比べて死亡のリスクが高いことが示されている[16)]。また、下仲（2002）[17)]は国内外の研究をレビューして、長寿者の人格特徴をビッグファイブに則って整理している。それによれば、長寿者の特徴として、神経症傾向の低いこと、外向性のよい面が機能していること、調和性と誠実性が維持されていることを指摘している。

研究面においては、性格の加齢変化についてより多くの研究を蓄積していくことが必要であるが、高齢者の個別的なケアに際しては、性格傾向をよく把握したうえで、対応を工夫することが大切であるといえよう。

（川﨑友嗣）

■ Big Five による性格特性と加齢変化

性格特性		下位次元	横断研究 18～80歳	縦断研究 成人前期 20～40歳	縦断研究 中年期 40～60歳	縦断研究 老年期 60歳以上
神経症傾向	不安が高い、敵意を抱きやすい、抑うつ的、自意識が強い、衝動的である、傷つきやすい		−	−	−	0
外向性	親しみやすい、人付き合いを好む、支配的、活動的、刺激を多く求める、陽気で楽観的	社会的支配性	+	+	+	?
		社交性	−	−	−	−
経験への開放性	空想好き、美を愛する、感情豊か、新規なものを好む、知的好奇心が強い、異なる価値観を受容する		−	+	0	0
調和性	他人を信用する、実直、利他的、協力的、謙虚、優しい			+	+	+
誠実性	有能感を持つ、几帳面、約束や人の期待を裏切らない、目標達成のためにがんばる、仕事を最後までやり遂げる、慎重で注意深い		+	+	+	+

※＋は「発達的な増加」、−は「発達的な減少」、0は「変化なし」、？は「よい研究が必要」を示す。

出典：増井幸恵「性格」権藤恭之編『高齢者心理学』海保博之監『心理学講座15』朝倉書店，136頁の表8・1，2008．および 成田健一「感情・性格のエイジング」谷口幸一・佐藤眞一編『エイジング心理学 — 老いについての理解と支援 —』北大路書房，127頁の表8-2，2007．をもとに作成（一部改変）．

1-10 百寿者のこころ
― 加齢低下に対するこころの適応 ―

Keywords ▶▶▶ 認知機能／幸福感／自立／虚弱

●百寿者研究の現状

　人間の寿命の上限は、120歳ぐらいだと考えられており、近年110歳以上まで生存する人も稀ではなくなってきている。また、わが国においても、百寿者人口は2013年には5万人を超え、めずらしい存在ではなくなってきた（図左参照）。それでも近年、百寿者（centenarian）は注目され、世界各国で研究されている。残念なことに、これまでの研究の多くは百寿者の生物学的側面に注目してきた。特に近年は長寿遺伝子の探索を目的とする研究が中心で、心理的な側面に注目した研究は少ない。また、以下で紹介するように百寿者の多くは心身機能の虚弱が進行しており、そのことが百寿者のこころの研究を困難にしている。

●百寿者の機能状態

　加齢に伴って身体機能は低下する。また、認知機能も低下し、認知症の有病率も高くなる。百寿者のなかには、発言がマスコミで紹介されたり、本を出版したり、100mを30秒台で走破したり[1]するなど諸機能を高く保った個人が存在する。またIADL（手段的日常生活動作）が自立し一人暮らしを送ることができる百寿者も存在する。しかし、全体的に見るとADL（日常生活動作）の低下は顕著で虚弱者が多い。

　東京の百寿者を対象に行われた研究では、全体的な機能状態を視聴覚、認知機能、身体的機能の3側面から総合的に評価した。その結果、3つの側面にまったく問題がない極めて健康群（2％）、視聴覚に問題はあるが身体、認知機能に問題がなく自立と考えられる健康群（18％）、認知機能もしくは身体機能に問題がある虚弱群（55％）、両機能ともに問題がある非常に虚弱群（25％）に分類でき、心身ともに問題がなく自立した生活が可能である百寿者はわずか20％であった（図右参照）。なお、機能状態には大きな性差があり、健康と分類される者の割合は男性で39％、女性で14％と男性で機能状態が高かった。このように機能状態に関して女性で低い傾向は多くの国や地域で観察されるが、人口比でみると女性が圧倒的に多い（例えば日本では男性1に対して女性6）。このことは、非常に興味深い現象であるがその原因は明らかになっていない。

●百寿者の認知機能

　百寿者の認知機能の特徴は認知症の有病率が高いことである。研究によって45～100％と幅があるが、おおむね60～70％程度と考えられている[2]。また、認知症に罹患してない場合も全体的に機能低下がみられる。CDR（Clinical Dementia Rating：臨床認知症評価法）の1を認知症の罹病基準とし、MMSE（Mini-mental state examination：精神状態短時間検査）のカットオフポイントを検討した研究では、一般高齢者の23/24よりも低い17/18であったと報告されている[3]。

　ただし、百寿者は視聴覚機能の低下も顕著であり、その影響を考慮することができないため認知機能が不当に低く評価されている可能性もある。認知症のない百寿者では日常知能の低下は認められないという知見は、その可能性を支持する結果だといえる。認知課題の得点は

加齢に伴って低下する。しかし、認知症のない百寿者において認知課題の得点がどの程度低下するのか、資料は少なく明確ではない。今後、百寿者や超高齢者を対象に視聴覚機能の低下を考慮した認知機能の評価方法の開発および、標準得点の設定が必要である。

● 百寿者の感情

百寿者の感情面の研究はあまり行われていない。これまで、ネガティブな感情が高いという報告もあるが、日本での研究を含め複数の研究で主観的幸福感、主観的健康観、などが高いことが指摘されている。高齢者研究において、身体の自立や健康は精神的な健康と関連していることが指摘されているが、身体機能、認知機能が低下している百寿者において、主観的な健康観や幸福感が高くなることは興味深い[4]。

その背景として2つの可能性が指摘できる。第1は、ポジティブ感情が高く、精神的健康が良好な個人が長寿を達成しやすい可能性である。医学・生理学的な側面からみると、100歳まで大病を経験しなかった個人が19％、80歳までだと62％と、百寿者は高い年齢まで健康を保つことができていたと報告されている[5]。また、糖尿病の罹患者が少ないことが知られており、長い人生において、精神的健康に影響するような健康障害が少なく健康不安を感じる経験が少なかった可能性が高い。

第2は、年齢が高くなるにつれてポジティブな感情を感じやすくなる可能性である。加齢と感情の関係を検討した研究では、加齢に伴ってポジティブ感情が増加することが知られている。また、第9段階や老年的超越と呼ばれる心理的な発達が超高齢期以降も継続するとも指摘されており、その変化が百寿者まで継続する可能性は大いにある[6]。

なお、百寿者の感情状態に影響するその他の要因として、認知機能、ソーシャルサポート、経済状態の良さなどが挙げられている[7][8]。これらの要因は虚弱が進行し、自分自身の意思でコントロール可能な範囲が制限され、自分自身の精神的健康を支える外的な資源が減少する百寿者では、ポジティブ感情を維持するためには重要な要因だといえる。つまり、百寿者においては、資源自体の量は減少することは避けられないが、数少ない資源の質を維持することが、精神的健康の維持に重要となるといえる。

（権藤恭之）

■ 百寿者人口の推移

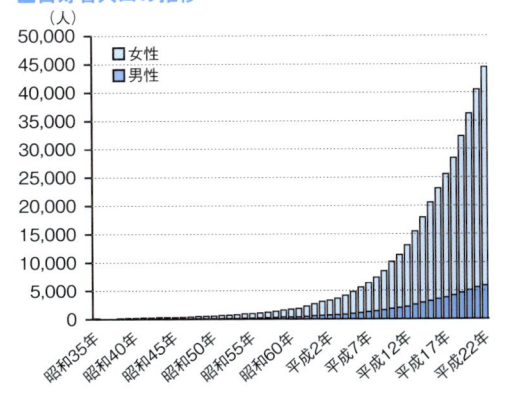

出典：国立社会保障・人口問題研究所「人口統計資料集」をもとに作成。

■ 百寿者の機能状態

視聴覚：認知：身体機能からの評価

	非常に優秀	優秀	虚弱	非常に虚弱
女性	32	135		69
男性	24	32		7
合計	56	167		76

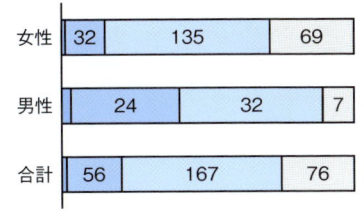

出典：Y. Gondo, N. Hirose, Y. Arai, H. Inagaki, Y. Masui, K. Yamamura, K. Shimizu, M. Takayama, Y. Ebihara, S. Nakazawa, K. Kitagawa: Functional status of centenarians in Tokyo, Japan: developing better phenotypes of exceptional longevity. J Gerontol A Biol Sci Med Sci, 61(3), pp.305-310, 2006.

2 自己

総論
1 老年観・老いの受容
2 サクセスフル・エイジング
3 プロダクティブ・エイジング
4 アクティブ・エイジング
5 主観的幸福感
6 高齢者の QOL
7 老年的超越
8 SOC 理論
9 世代性
10 自分史・人生の受容

2　自己

佐藤　眞一

● 引退後の居場所と自己

　企業を定年退職した夫たちに居場所がないという。職場だけでなく、家庭ですら彼らにとっては居場所ではなくなってしまった、ということも示唆される言葉である。
　ところで、居場所とは何であろうか。単なる物理的な空間を指すのでないことは明らかだし、また、心のなかだけの問題でもなさそうである。読書が大好きで、1日中本を読んでさえいられれば幸せだという人がいたとする。その人が、家で本を読んでいると家族に邪魔にされるので、毎日図書館に行き、そこで1日のほとんどを1人で過ごしているとする。このような人のことを、他者は「居場所のない人」と言い、本人も「自分には居場所がないから図書館に行くのだ」と言うかもしれない。家庭が居場所になっていない、というわけである。
　居場所とは、自分1人で何かをしている場所やそこでの行為を指すのではなく、誰かとともに居て何事かを為している場所のことなのである。誰かとともに居るためには共有する空間が必要であり、それを「場所」と呼ぶ。つまり、人との関わりを前提にした言葉だということがわかる。したがって、インターネット上の仮想空間も、確かにある種の人々には居場所となり得るのであろう。
　では、居場所の「居」とは何だろうか。「居」とはその人の「存在」が明確であることを指す言葉である。私がそこにいることが明らかであること。これが「存在」であり「居」の意味するところなのである。
　こう考えていくと、「定年退職後の夫に居場所がなくなる」ということは、かつては職場に居たはずの自分の存在を、その意味や意義とともに明確に認識してくれる誰かが、今の自分の生活空間のなかにはいない、ということを意味している。また、現役でバリバリ働いていたときは、家庭は安らぎの場としての居場所であったはずが、退職とともに家庭もそのような居場所ではなくなったということをも意味しているのである。
　さて、居場所が単なる空間ではなく、自己の存在の意味や意義を認めてくれる誰かと共有する場所だとすれば、居場所を求める定年後の夫たちは、果たしてそこに何を求めているのだろうか。
　心理学者のマズロー（Maslow, A.H.）は、人がこの世で生きていく際に求めるものを5つに分けて示した。
　まずは、生きていくために必要な「生理的欲求」と「安全の欲求」である。定年後の夫た

ちが「居場所」に求めているのが、このようなものでないことは明らかであろう。

次の段階で、「愛と所属の欲求」が生じるという。人には、心の通い合う家族や友人との親しい関係、そして、そのような人々のなかに自分がいるという帰属意識が必要になる。会社という、自分の半生を捧げ、家庭をも犠牲にしてきた対象を失った今、これに代わる帰属感をもたらしてくれる場所はどこにあるのだろうか。そのような人々にとって、すでに犠牲にしてきてしまった家庭は、もはや会社の代わりになる場所ではないのかもしれない。

家庭や友人関係に愛情や帰属意識をもてたとしても、職場のように、自分の能力を背景とする存在の意味や意義を評価してくれる場所になるとは限らない。人は、次に他者からの「承認」を求めるからだとマズローは言う。定年退職者のなかに、生きがいの意味として他者の役に立つこと、すなわち「有用感」を挙げる者の多いことは、私たちの研究でも明らかになっている[1]。

定年退職後に居場所を求める夫たちの心理は、まずは、帰属感のもてる対象の欠如、次いで、自己の存在証明となるような有用感の欠如がもとになっている。

私たちの研究では、定年後に新たな居場所を見つけ出せる人と、そうでない人には違いのあることがわかってきた。社会的地位や家族関係、以前の職務内容、退職後の生活環境などさまざまな要因はあるものの、その人の自己の特徴が生きがいの有無と強く関与していることが明らかとなったのである。

特に、「親和性」という他者との関係を楽しめる人と、チャレンジ精神が旺盛で、リーダーになることもいとわない「積極性」の高い人ほど生きがい感が強く、退職後の居場所づくりが上手であることがわかった。

しかし、こうした自己の特徴は簡単には変えることはできない。人との関係づくりに時間がかかったり、少数のごく親しい仲間とでないとリラックスできない人もいる。また、何事にも慎重で、新しいことを始めたり、人の先に立って何かをするということが苦手な人もいる。実際に、「ボランティア活動をして人の役に立ちたいが、人間関係が下手だし、そもそもどうすればボランティア活動に参加できるのかがわからない」と言って行動しない人の数は想像以上に多い[2][3]。

愛情と帰属意識を満足させ、他者からの承認を十分に受けることのできた人は、次に、それを超えたところで「自己実現」に向かう、とマズローは結んでいる。これが私たちの最後のステージなのである。

● 生活の志向性と適応

個人の人生は、その個人が主体的に選択し獲得してきた結果である、ということを基本的な前提として私たちは個人の生活上の志向性、すなわちその個人がどのような生活のスタイルを望んでいるかということを個人変数として設定し、その個人差が中高年期の生活における適応状態にどのように影響しているかを調べた。

生活の志向性は、活動性と対人関係について各個人が求めているスタイルを、行動的志向性と対人的志向性と名づけた2尺度から測定した。自己の2側面と言い換えることもできる。行動的志向性は、日常の行動が達成的・活動的・指導的な方向に動機づけられているのか（積極志向）、安楽的・安定的・受動的な方向に動機づけられているのか（平穏志向）を測定し、対人的志向性は、他者と協調的・融和的・社交的であることを望むか（親和志向）、他者に煩わされるよりも自分のペースを守り、自律的・孤高的な生活を望むか（独自志向）を測定した。

ところで、個人の生活への適応状態を測定する場合、対人関係、仕事、健康、経済など特定の対象や環境に対する満足感や幸福感を測定しようとするアプローチと、全体的、総括的に自己の生活を評価したときの満足感や幸福感を捉えようとするアプローチとがある。私たちは、研究の最終的な目的を老後の適応に関する資料にすることにおき、この目的を達成するために適応の指標を個人の日常生活の大部分を包含する「仕事」と「家庭」と「余暇・社会活動」の3つの生活領域に限定して評価した。

さらに、QOL（Quality of Life：生活の質）は必ずしも主観的な幸福感情のみによって規定されるのではなく、特に客観的生活環境や心身の状態に問題がある場合には、これを高め、維持していくことの困難な場合もあることを考慮して、老年期へのよりよい適応を達成するための個人的資源として心理的・健康的・社会的な3要素を測定した。

以上に関する研究の結果、中・高年期における生活への適応状態に対する志向性の影響は、生活領域ごとに異なることが明らかになった。すなわち、仕事の領域での適応性には行動的志向性が関係しており、積極志向が平穏志向よりも適応度が高かった。家庭の領域では、逆に対人的志向性が影響を与えており、独自志向よりも親和志向の適応状況の方が良かった。余暇・社会活動の領域の適応性には両志向性がともに強く影響していた。この結果から、適応に影響する志向性の次元は生活の領域によって異なることが明らかとなった。

したがって、個々の高齢者の適応状態を評価したり、適応への援助をしたりする際には、本人を取り巻く環境条件や個人的な能力だけでなく、適応の場である生活領域がどのようなものであるかということや、その個人の自己の諸特徴がどのように影響しているかということについても考慮していく必要がある。

●自己の成熟と老年期

自己の成熟は、老年期のより良い適応状態、すなわち生きがいのある老年期を達成するために重要な要素である。

リフ（Ryff, C.D., 1989a,b）は、人生を送るうえでのポジティブな心理機能を検討するにあたり、諸研究者の研究内容を吟味し、そこに共通してみられる6種の要素を備えることが老年期への適応にとって重要であると考えた。

①自己を受容すること

これは精神的健康、自己実現、適切な機能、成熟といった概念の中心を成している。生涯発達の立場からも、自己の受容あるいは過去の人生を受容することが心理的成熟にとって重要であることが強調されている。また、自分自身に対して肯定的態度をもつことは、肯定的な心理機制にとっても重要な要素である。

②他者との肯定的・積極的な関係を維持すること

これは愛する能力（精神的健康）、共感性と友好（自己実現）、他者との暖かい関係（成熟）、他者との親密性と世代継承性に関係している。これらを達成するためには、配偶者や子どもの有無あるいは友人の多少といった量的なことに捉われるのではなく、対人関係の質を深めて利害を越えた関係を維持していける特性を備えることが重要である。

③自律的であること

これは自己決定、独立性、行動の制御、評価の内的統制、因習からの解放としての個性化に関係している。生涯発達の視点からは、日常生活を支配するさまざまな規範から解放されていることを意味する。自律性を保つことは、すなわち自己の内面を日常生活に反映させることにほかならない。

④環境を調整すること

自己の心理的条件に合致するように、環境を選択または創造する能力が適応にとって必要であり、これが可能であることは精神的に健康であることの特徴でもある。また、自己の外側にある何らかの意味ある領域へ参加するという観点から捉えると、これは社会的な成熟性に関係している。生涯発達の立場からは、複雑な環境を操作し制御する能力と考えられ、適切かつ柔軟にこれを行えることが老年期の生活にとって重要となる。

⑤人生に目標があること

精神的に健康であるということが、生きることには目的と意味があるという感情を与える。また、成熟の過程には自らの意志が反映し、それに規定された方向性がある。それが人生に目標を抱くことにつながるのである。生涯発達の立場では、1つの目的や目標に固執せず、それを状況の変化に伴って多様に変化させることの重要性が示唆されている。したがって、成熟した性格を備え、積極的に生きようとしている人は、人生に対して目標と意志と方向性を有しており、それらすべてが、人生とは意味深いものであるという感覚に寄与しているのである。

⑥成長への意志があること

自己の潜在能力を発展させ、人として成長し拡大することが、最適な心理的機能を維持するために必要である。例えば、過去の経験や因習に捉われることなく新たな経験に対して開放されており、現実の困難に立ち向かい挑戦していく態度が、成熟した性格を形成していく。

本章では、まず、「2−1 老年観・老いの受容」において、老いゆく自己に対する自他の評価とその関係性を検討し、次いで、自己の適応に関する老年学の研究枠組を概観するために、「2−2 サクセスフル・エイジング」、「2−3 プロダクティブ・エイジング」、および「2−4 アクティブ・エイジング」の代表的な3つを取り上げる。「2−5 主観的幸福観」と「2−6 高齢者のQOL」では、これら諸理論の示す自己の適応度を測定する理論と方法を示す。「2−7 老年的超越」、「2−8 SOC理論」、「2−9 世代性」では、近年、老年期への適応理論として注目されている心理学的諸理論を紹介し、最後の「2−10 自分史・人生の受容」では、超高齢社会に生きる私たちの人生の統合とは何かを考える。

■生活の志向性と適応

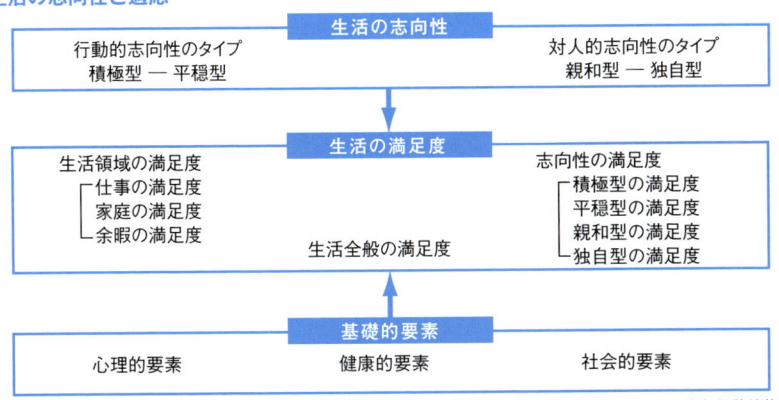

生活の志向性

行動的志向性のタイプ	対人的志向性のタイプ
積極型 ― 平穏型	親和型 ― 独自型

↓

生活の満足度

生活領域の満足度	志向性の満足度
┌仕事の満足度 ├家庭の満足度 └余暇の満足度	┌積極型の満足度 ├平穏型の満足度 ├親和型の満足度 └独自型の満足度

生活全般の満足度

↑

基礎的要素

心理的要素	健康的要素	社会的要素

出典：佐藤眞一「老いの生活への適応過程」佐藤眞一・大川一郎・谷口幸一編著『老いとこころのケア ― 老年行動科学入門』ミネルヴァ書房，123頁，2010．

2-1 老年観・老いの受容
― 老年観の変化と現代における老い ―

Keywords ▶▶▶ 老いのイメージ／老いの自己観／敬老精神／超高齢社会の老年観

●老いのイメージと老いの自己観

若い世代に「老い」のイメージを尋ねると、暗い、悲しい、退屈などの否定的な回答が多くみられる。いきいきとしている、楽しそうなどの肯定的な回答はごくわずかである。老いに対するこのようなイメージは、容貌の衰え、病弱、認知症などが連想される高齢者像と関連している。こうしたステレオタイプ化した老年観は、若年世代の「長生きはしたくない」という老いへの拒否感を形成し、また、中年世代には健康食品から美容整形に至るまでのさまざまなアンチエイジング活動を促進させる一因にもなっている[1]。

若年世代の否定的な高齢者像は、また、高齢者自身の自己観にも影響し、高齢者をストレスフルな精神状態に追い込むきっかけにもなっている。高齢者自身が無能、非効率、社会から引退すべき存在などの自己観をもつことによって、社会的接触を拒否する原因になってしまうこともある。

●老年観の変遷～古代から高度成長期まで～

古代から近代にいたる西欧およびわが国の老年観の変遷を検討した橘(1978)によれば、西欧においては、高齢者に対して絶大な敬意の念を示した古代ヘブライ人を別にすると、古代ギリシアや古代ローマでは、青年優位の思想によって高齢者を重荷と感じるような否定的老年観が中心だったという。

中世になると老化過程は病理現象として捉えられるようになり、近・現代に至るまでの間に養老・保護の対象としての老年観が発展してきた。しかし、その根底に否定的な老年観が潜んでいたことは否めない。

わが国の場合には、古代においては「翁(おきな)」「媼(おうな)」の概念に認められるように、高齢者は畏敬・畏怖の対象であった。したがって、尊敬の対象ではあったものの、もう一方では、姨捨(うばすて)のような殺老・棄老の伝説も生まれた。

青春謳歌の時代だった中世の貴族社会においては、高齢者は「すさまじきもの(興ざめなもの)」(枕草子)であったが、その後は「命長ければ恥多し」(徒然草)と老いを否定することによって同情の対象となり、次いで能楽にみられるような長老尊重の思想が、やがて高齢者の内面的な「幽玄性」に対する尊敬の念へと向かうことになる。そして、近世、徳川時代の儒教的啓蒙が、敬老精神を社会的に一般化するための大きな役割を果たすことになるのである。

明治期以降、第二次世界大戦後に至るまで、儒教精神に支えられた敬老思想は、少なくとも表面的には日本人の老年観だった。しかし、戦後の科学技術の発展、高度経済成長に伴う産業化、および旧来の家族制度の否定による核家族化のなかで、副田(1978)の指摘したごとく、敬老思想はタテマエとなり、経済的生産性を失った高齢者に対する否定的イメージがホンネと意識されるようになった。

●超高齢社会における老年観

「現代人にとって、高齢者に対する新たな関心が高まっている」と指摘したのは、古代

からルネサンスまでの西洋の老いの歴史を詳細に検討したミノア（Minois, 1996）であった。古代まで遡って検討しても、人類史上において、かつて高齢者がこれほど問題になったこともないし、人々がこれほど高齢者に関心を寄せたこともないからである。

タテマエであったとしても言葉として成立していたわが国の敬老精神は、儒教精神の衰退と時を同じくして起きた高齢者人口の著しい増加によって、もはやそれさえも失われてしまったように感じられる。年金制度や健康保険制度の維持を困難にする存在としての高齢者への否定的な態度と、保護し養護すべき社会的存在としての高齢者への肯定的態度とが、政策レベルでもまた個人レベルでも葛藤状態に陥っているわが国の現状においては、純粋で絶対的な敬老精神は失われているとみるべきであろう。

また、かつて過去の経験は貴重な情報として、高齢者を通じて社会に還元されていた。つまり、困難な問題を解決する知恵を授けてくれる賢者としての高齢者という老年観が、敬老意識と結びついていたのである。しかし、現在のグローバル化した複雑な情報社会にあっては、過去の経験は価値のない古びた情報とみなされて重要視されないばかりか、高齢者はデジタル・デバイドと呼ばれる情報格差における弱者とされ、ここでもICT（情報通信技術）から取り残された保護すべき存在とみなされている。

しかしながら、現代社会は、老いはすべての人々がわが身に起きる事実として意識せざるを得ない時代でもある。高齢者は現実的な社会経済的問題の源泉として意識されるとともに、長寿の大衆化によって、すべての人々にとって老いは、人生そのものにおいて解決すべきさまざまな問題群を内包する重要な課題となった。高齢者をタテマエとして敬うのではなく、科学的知識として「老い」を知り、福祉や医療ばかりではなく、自らが「老いを生きる」ことの意味を問うということが、超高齢社会を生きる私たちにとって必要になってきているのである。そして、こうした問いについて考えることによって、敬老精神に代表されるような従来の若年者から見た対象としての老年観ではなく、自分自身の人生を捉えるための主体的な老年観が、新たに創出されるべき時代なのである。　　（佐藤眞一）

■戦後の日本人の老年観の構造的変化

	タテマエ	ホンネ
客体としての高齢者についての意識	敬老思想	高齢者への蔑視意識 高齢者への無関心
主体としての高齢者についての意識	枯れた高齢者 賢者としての高齢者	子どもに帰った高齢者 愚者としての高齢者

出典：副田義也「老年―性愛・労働・学習」「主体的な老年像を求めて」「現代のエスプリ」No.126, 至文堂, 11頁, 1978.

2-2 サクセスフル・エイジング
— 加齢に伴う変化に適応する —

Keywords ▶▶▶ 喪失体験／適応理論／SOCモデル／操作的定義

● 高齢期における適応

　高齢期になると、若い頃にはあまり経験しなかった加齢・老いによる影響を実感することが多くなる。例えば、「年をとって足腰が弱くなった」「病気してから生きがいだった旅行に行けなくなった」「愛する配偶者に先立たれた」などである。高齢になると、誰しもが少なからずこうした心身の健康、生きがい、社会的つながり、経済基盤など、さまざまな喪失を体験することになる[1]。加齢に伴う喪失体験は、より高齢になるほど経験しやすく[2]、また抑うつなどの精神的健康にネガティブな影響を及ぼすこともある[3]。生涯発達的視点から見ると、高齢期では適応能力の獲得よりも喪失の方が上回るとの見方もある[4]。果たして、高齢者は加齢に伴って直面するさまざまな喪失体験にどう対処し、いかに適応を維持していくのであろうか。本項では、高齢期の適応に関する諸概念のなかで、最も古くからの概念であるサクセスフル・エイジング（successful aging）を取り上げ、高齢期の望ましい老いのあり方がこれまでにどのように捉えられてきたかについてみていくことにする。

● 高齢期の適応に関する理論・モデル

　サクセスフル・エイジングは、高齢者が引退後に社会においてどうあるべきかという社会的適応理論の枠組において60年代頃から盛んに論じられてきた。代表的な理論として、中年期の活動や態度を、引退後も継続することが望ましいとする活動理論[5]と、それに対して引退後は活動的な生活から離脱するプロセスを受け入れ、さらに個人がそれを望むことがよいとする離脱理論、さらに引退前の対処方法を引退後も継続させることで適応が促進されるという継続性理論[6]がある。また最近の動向としては、急増している超高齢者層や虚弱高齢者のサクセスフル・エイジングの付加要因の1つとして、離脱理論から発展した老年的超越が注目されてきている[7][8]。

　高齢者が自らの加齢の変化や喪失にどう適応していくかという老いのプロセスに焦点を当てたサクセスフル・エイジングの代表的なモデルに、バルテスとバルテス（Baltes, P.B., & Baltes, M.M.）のSOCモデル（selective optimization with compensation）がある[9]。このモデルでは、生涯発達的視点から獲得と喪失のバランスを捉えた場合、人生の後期は喪失が多い時期ではあるものの、「選択」「最適化」「補償」という3つの積極的なストラテジーを用いることでサクセスフル・エイジングの達成が可能になると考える。例えばマラソンランナーは、他の活動を減らしたり（選択）、トレーニングの時間を増やしたり、生活リズムや食事療法の影響といった最適な条件についての知識を増やしたり（最適化）、機能的な喪失への影響を減らすためにマラソン技術の専門家になる（補償）ことで、高齢になっても高水準のパフォーマンスを維持することができると考えられている。

● 操作的定義

　サクセスフル・エイジング評価基準や条件

にはさまざまな考え方がある。例えば医学モデルの代表としてローヴェとカーン（Rowe, J.W., & Kahn, R.L.）は病気や障害がなく、またそのリスクファクターが低いこと、認知的・身体的機能の能力を高いレベルで維持していること、積極的な対人関係や社会的な活動に従事していること（生活への積極的な関与）という3条件を挙げている[10]。これら以外にも、人生満足や主観的な幸福感、精神的健康、適応に寄与するパーソナリティの特徴を有するなどの心理・精神面、さらには環境や経済的安定といった面も定義として挙げられることがある[11]。サクセスフル・エイジングは、身体・認知面、社会・環境面、心理・精神面といった多次元的側面から評価されてきたといえる（図）。

一方、当事者の高齢者自身はサクセスフル・エイジングとは何かという問いにどう答えるのであろうか。さまざまな面接調査によって明らかになった高齢者の定義には、研究者の定義に加え、食事や運動、喫煙といった生活習慣や遺伝的要因、心配事やストレスがないこと、加齢に伴うさまざまな変化を受容する、スピリチュアリティ、あるがままに老いを受け入れるような態度などさまざまな構成要素が抽出されており[12][13][14][15][16]、高齢者の定義が研究者の定義以上により複雑で多次元的であると同時に、高齢者独自の定義が存在することが明らかとなっている。

● 高齢期に適応するとは

高齢期の適応概念としてのサクセスフル・エイジングを概観してきたが、サクセスフル・エイジングは、加齢に伴って直面するさまざまな喪失体験や制約の多い人生の後期において、高齢者自身がそれらに対処しながら再適応を図ろうとする心理的そして社会的プロセスであると言えるだろう。しかしながら、近年サクセスフル・エイジングの対象として虚弱高齢者や超高齢者[7][8]、障害をもつ高齢者[17]に焦点が当てられつつあり、病気や障害をもつといった加齢に伴う喪失そのものがサクセスフル・エイジングの決定要因とはならないと考えられるようになってきた。今後は、こうした加齢に伴う喪失によって身体的、社会的制約を経験している高齢者にとってのサクセスフル・エイジングモデルを追求することがより求められているといえる。

（田中真理）

■ サクセスフル・エイジングの構成要素

心理・精神面
- 主観的健康
- 精神的健康
- パーソナリティ
- 人生・生活満足
- 主観的幸福感

身体・認知面
- 長生き
- 認知機能の維持
- 病気がない
- 障害がない
- 身体機能の維持
- 自立

社会・環境面
- 社会的・生産的活動への参加
- 対人関係・社会的つながり
- 経済的安定

サクセスフル・エイジングの構成要素

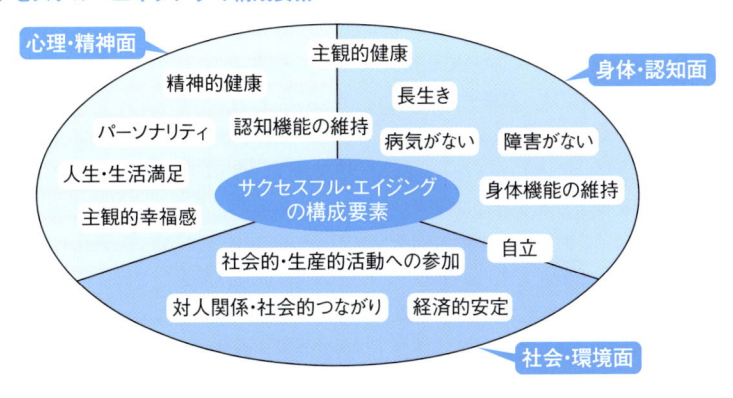

出典：田中真理「サクセスフル・エイジング」佐藤泰正・渡邉映子・大川一郎編『高齢者の心理』おうふう, 140頁, 2011. を一部改変.

2-3 プロダクティブ・エイジング
― 社会で活躍する高齢者 ―

Keywords ▶▶▶ プロダクティブ・アクティビティ／社会的貢献／ボランティア活動／バトラー

● 社会貢献する高齢者の存在

　近年、身近な場所でボランティア活動に従事する高齢者の姿を見る機会は珍しくなくなってきた。内閣府[1]が実施した「社会意識に関する世論調査」によると、社会のために役立ちたいと思っている60代の割合は、1983年の46.6％から2006年の64.4％へと、年々増加してきたことが示されている。また、50代以降の労働者も実に8割が、高齢期も何らかの形で働き続けたいと回答している[2]。つまり、ここ数十年で高齢者の社会貢献への意欲は高まり、今後も現在の高い水準は維持されるであろうことが示唆されている。このような高齢者の社会貢献活動を考えるためのキーワードとして、プロダクティブ・エイジング（Productive Aging）という言葉が近年注目されるようになった。

● プロダクティブ・エイジングの誕生

　1970年代から1980年代のアメリカ社会では、60、70代になっても、50代のときのように健康で活動可能な人が増加してきた。しかし、当時のアメリカでは、高齢者は弱く、役に立たない存在であるというステレオタイプ、つまり年齢差別（ageism）が存在し、高齢者が社会的役割を得ようとするには障害が大きかった。そこで、このような年齢差別を払拭するためのスローガンとして、バトラー（Butler, R.N.）が提唱した考え方がプロダクティブ・エイジングであり、この言葉は社会的役割を担うような高齢期の生き方を表現している。

● プロダクティブ・エイジングの意味

　プロダクティブ・エイジングは「生産的老後（老い）」と翻訳されることが多いが、この訳はプロダクティブ・エイジングが本来もっている意味の一部しか表現していない。それは、「プロダクティブ」を「生産」という意味のみで捉えると、この言葉は経済的価値と強く結びつき、収入のある仕事を行う場合を強調してしまうためである。これでは、経済的価値を生まない人間を排除する類の差別とほぼ同義となってしまい、プロダクティブ・エイジングが本来意図した年齢差別の払拭には必ずしもつながらない。

　ただし、この問題は翻訳自体の問題ではなく、スローガンであったがためにバトラー自身も「プロダクティブ」の意味を明確にしなかったことに根源があると考えられる。そこで、バトラーや後続の研究者は「プロダクティブ」の意味に関して明確にするために、プロダクティブ・エイジングを具体化するうえで重要な概念であったプロダクティブ・アクティビティ（Productive Activity）の定義についてのさまざまな議論を重ねてきた[3]。その結果、「収入のあるなしによらず、社会的に価値のあるモノやサービスを生産する活動」という1つの代表的な定義が導き出された[4]。その具体的な活動としては、仕事などの有償労働、ボランティア活動やNPO活動などの無償労働、介護、家事、庭仕事、子どものケアなどの家庭内無償労働が挙げられ、経済的な対価の有無や大小は問わず、誰かのために

なる活動、社会的に価値をもつ活動がプロダクティブ・アクティビティと考えられている[5]。また、上記定義の枠外にはなるが、将来的には社会的貢献を目指した学習活動もプロダクティブ・アクティビティに含むべきであるとする考え方もある。このようなプロダクティブ・アクティビティを行っている高齢者が、プロダクティブ・エイジングを実現している高齢者ということであろう。

● サクセスフル・エイジングとの関係

サクセスフル・エイジングはすべての高齢者の幸福、あるいは高齢期の適応のプロセスを考える概念である。一方で、プロダクティブ・エイジングは、すべての高齢者にとっての理想の高齢期を表現しているわけではないことに注意を払う必要がある。すなわち、何らかのプロダクティブ・アクティビティに対して意欲があり、健康状態などが良好な高齢者にとっては、その活動の実現が最もサクセスフルであるのに対して、強いられたプロダクティブ・アクティビティへの従事は幸福とは言い難い。より具体的に述べるならば、高齢者自身が望んだうえで、ボランティア活動を行うと、さまざまな心理的側面に良好な影響がある（例えば、抑うつの低減、生活満足度の向上、主観的幸福感の向上）。しかし、認知症高齢者への強いられた介護は心理的側面に悪影響を及ぼす（例えば、抑うつ状態の悪化、ストレスの増加）場合が多い。前者を中心に捉えるならば、プロダクティブ・エイジングはサクセスフル・エイジングの1つの型ということになるが、後者まで含めるならばサクセスフル・エイジングの枠組みでは捉えきれない。

以上から、プロダクティブ・エイジングは高齢者すべてに対して促進を促すものではないが、プロダクティブ・アクティビティに対して意欲があり、それを生きがいとすることのできる高齢者に対しては、活動の機会を提供することが重要であるという結論を導き出すことができる。とはいえ、プロダクティブ・エイジングという言葉は、これから人口構造上でのマジョリティとなる高齢者自身に対して、自身の幸福のみを考えるのではなく、社会に目を向け、超高齢社会を自ら創造していく役割があるということを暗にメッセージとして含むものでもあると思われる。

（中原　純）

■プロダクティブ・アクティビティの影響に関する概念図

個人の価値観・認知の仕方による

【プロダクティブ・アクティビティ】
・有償労働
　雇用労働、自営業など
・無償労働
　ボランティア活動、NPO活動など
・家庭内無償労働
　介護、子育て支援など

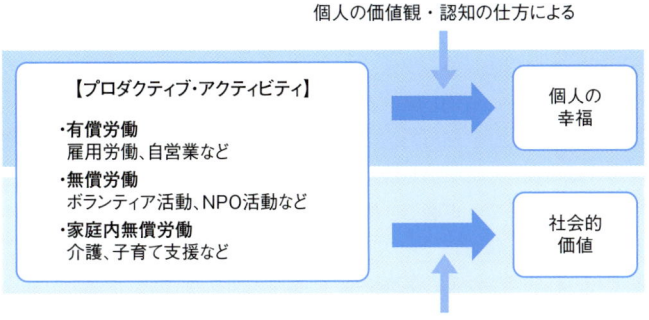

→ 個人の幸福

→ 社会的価値

プロダクティブな活動であるための前提条件

2-4 アクティブ・エイジング
― WHOによるQOL促進運動 ―

Keywords ▶▶▶ 社会参加／QOL／自立性／自律性／高齢者に優しい街

●アクティブ・エイジング運動

　1999年の国際高齢者年に、国連は高齢者の権利として①自立、②参加、③ケア、④尊厳、⑤自己実現という5つの「高齢者のための国連原則」を定めた。そして、高齢者の社会参加を促すために、アクティブ・エイジング運動（Active Ageing Movement）を開始した。

　アクティブ・エイジングとは、「人々が年齢を加えるにしたがって生活の質を向上させるために健康・参加・安全の機会を増大させるプロセス」（WHO, 2002）と定義される。すなわち、QOL（Quality of Life：生活の質）を高めるために健康と参加と安全のための機会を最適化するプロセスであり、それによって生涯にわたる身体的、社会的、精神的なウェルビーイングと社会参加を実現することが可能になる。単に寿命が延びるだけでは人類の進歩とはいえない。より良い長寿を手に入れるための国際的な運動として、国連機関の1つである世界保健機関（WHO）が各国の関連機関や団体と連携をしながら進めている。

　ここでいう「アクティブ」という言葉は、単に身体的に活発であるとか、労働し続ける能力があるということではない。経済的、文化的、宗教的あるいは市民として参加し続けることを意味する。したがって、退職者、あるいは病気や障害を抱えた高齢者であっても、世代間の団結と相互扶助によって、家族や地域や社会に対して積極的に貢献し続けられる存在であることが、アクティブ・エイジング運動では重要になる。そのために、アクティブ・エイジング運動は、各個人の健康寿命（healthy life expectancy）とQOLの拡大を目指している。そして、そのゴールは、高齢者の自立と自律を維持することなのである。

●自立性とは

　WHOは、自立性と自律性を定義している。それによると、自立性（independence）とは、一般的に日常生活に関連する諸機能を遂行する能力であり、他者の援助無しに、またはわずかな援助のみで、在宅生活を独立して行える能力を指す。この能力は、ADL（Activities of Daily Living：日常生活動作）やIADL（Instrumental ADL：手段的日常生活動作）によって測定することができる。

　ADLは、私たちが生きていくために必要な最低限のことが自分自身でできるのか、それとも介助が必要なのかの基準である。一般には、移動、食事、排泄、入浴、着替え、整容（身だしなみ）、意思疎通などの自立度を測定する。IADLは、買い物、食事の支度、金銭の管理、掃除・洗濯、交通機関の利用など、社会生活を送るうえで必要とされる能力の自立度を測定する。自立度が低い場合には、何らかの援助が必要になるので、介護必要度の指標として使用される。

●自律性とは

　一方、自律性（autonomy）とは、人が自分なりのやり方（rule）や選択（preference）にしたがいながら、一日一日をどのように生きていくかということに対して感じているコントロール（自己制御）と処理と自己決定の主観的

能力と定義される。自立性が身体的側面から判断されるのに対して、自律性はその人の個性的な生き方に関連しているといえるであろう。その意味では、極めて心理的な側面といえる。しかし、自律性の側面をADLやIADLのように測定することは容易でないため、アクティブ・エイジングのゴールとしては、当初は除外されてしまった。

身体的側面である自立性は、健康度を高め、他者の介護を受けない状態をできる限り長く維持することを、運動の実施目標にすることが可能である。現在、日本の介護政策として「介護予防」が重視されているが、アクティブ・エイジング運動における自立の維持に対応している。

ところが、自律性は極めて個人的であり、しかも心理的要素を背景にしているため、一律の指標で測定することは困難だと考えられていた。しかし、自律性は、たとえ自立性が低下して、何らかの援助や介護を受けるようになったとしても、維持することが可能な側面である。例えば、自分で食事をすることができなくなった要介護者であっても、「食事をする」という意思をもち、それが食事をすることの動機づけとなるのであれば、その人の自律性は保たれていると考えることができる。たとえ疾病や障害をもってしまっても、また、引退によって社会的役割の一部を失った人でも、自律性を保った生活は可能である。その意味でも、アクティブ・エイジングにとって、自律性は不可欠な要素といえる。

しばらくは棚上げにされていた自律性であるが、WHOが開発しているQOL尺度の一環として検討が続けられ、WHOQOL-OLDなどにおいて自律性を測定しようとの努力がなされている。また、介護場面では、要介護者の個別的な事例検討を通して自律性を検討するという手法も必要であろう。

● 高齢者に優しい街

WHOでは、アクティブ・エイジング運動の一環として2006〜2007年にかけて「高齢者に優しい街プロジェクト（Age-Friendly Cities Project）」として世界22か国34地域で、高齢者に優しい街の特性に関する調査を実施した。その成果は「高齢者に優しい都市ガイド（Global Age-Friendly Cities Guide）」（WHO, 2007）として公開されている。　（佐藤眞一）

■ 要援護高齢者の日常生活動作における自立と依存

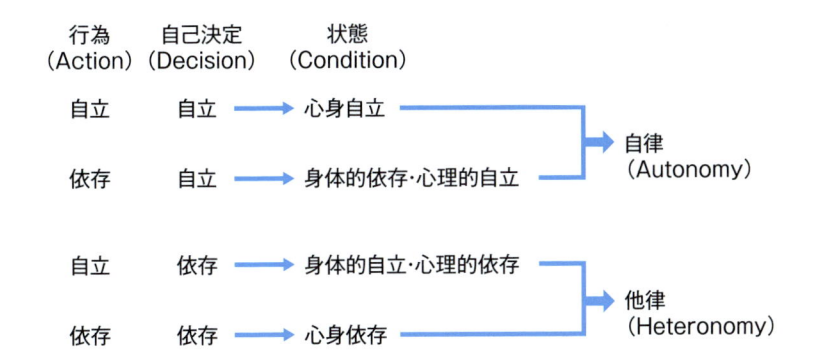

行為（Action）	自己決定（Decision）	状態（Condition）	
自立	自立	心身自立	自律（Autonomy）
依存	自立	身体的依存・心理的自立	
自立	依存	身体的自立・心理的依存	他律（Heteronomy）
依存	依存	心身依存	

2-5 主観的幸福感
― 高齢期の幸福感とは ―

Keywords ▶▶▶ 感情的側面／認知的側面／幸福感のパラドックス／文化差

● ポジティブな側面としての主観的幸福感

「幸せとは何か」、「幸せになるにはどうしたらよいのか」という命題は、心理学のみならず人間科学の重要なテーマの1つである。従来の心理学の研究では、抑うつや不安といったネガティブで精神病理的な側面に焦点が当てられてきたが、近年、人間のよりポジティブな側面が関心を集めるようになってきた。加えて、社会指標のような客観的指標だけでなく、個人の主観的判断や心理的側面も重視されてきており、そのような流れのなかで主観的幸福感（subjective well-being）という概念が注目されるようになってきた[1]。主観的幸福感は、欧米では1960年代前後からすでに研究され始めていたが、日本では80年代前半から老年学の分野で盛んに研究されるようになり、近年では青年期を含めた生涯発達心理学の観点から研究が進められている[1]。ここでは、主観的幸福感に関する概念と尺度を概観し、高齢期の主観的幸福感の特徴についてみていくこととする。

● 主観的幸福感の概念規定と尺度

多くの哲学者や科学者が幸福感（happiness）やより良い状態（well-being）について議論してきたが、ディエナー（Diener, E）はこれまでの幸福感やより良い状態の捉え方について、長所などの何らかの望ましいものがあるという外的・客観的な指標による定義、人生満足（life satisfaction）といった主観的な指標による定義、そして快感情といった感情状態を強調する定義という3つに整理している[2]。また近年では、多くの研究知見によって、主観的幸福感の構造は楽しい、悲しいといったポジティブとネガティブな感情的側面と満足感などの認知的側面から構成されることが示されている[3]。

主観的幸福感を測定する尺度はこれまでに多く開発されている。先述した感情的側面を測定する代表的な尺度として、ポジティブ感情とネガティブ感情の2つの下位尺度からなるPANAS（Positive and Negative Affect Schedule）[4]があり、日本語版でも因子構造の安定性が確認されている[5]。また認知的側面を測定する尺度としては、人生満足度尺度A（Life Satisfaction Index A：LSIA）がある。この尺度は、ニューガルテンら（Neugarten, B.L., et al.）によって開発された尺度であり「人生に対する熱意」、「決断」、「願望と達成した目標の一致」、「肯定的な自己概念」、「気分」の5つの要素から構成されている[6]。ただし、日本語版LSIAでは、その因子構造が再現されないなどの問題点も指摘されている[7]。他にも全般的な主観的幸福感を測定する尺度のうち高齢者を対象に比較的よく使われている尺度である改訂モラール・スケールは、ロートン（Lawton, M.P.）によって開発された。この尺度は「心理的動揺」、「老いに対する態度」、「孤独感・不満足感」の3つの下位尺度の17項目から構成される[8]。また、生活満足度尺度K（LSIK）は、既存尺度の項目から主観的幸福感に関する項目を抽出して作成された全9項目から構成される尺度であり、「人生全体についての満足感」、「楽天的・肯定的気分」、「老いについての評価」の3次元から構成されている。この尺度は、信頼性と妥当性のみなら

ず、日本人高齢者における因子構造の安定性も実証されている[9]。

● **高齢期における主観的幸福感の特徴**

では、高齢期は他の年代と比較して主観的幸福感にどのような特徴があるのであろうか。

高齢期は加齢に伴うさまざまな喪失を経験しやすいという特徴を前提とすると、それらが主観的幸福感にネガティブな影響を与えるだろうという予想を抱くかもしれないが、実は主観的幸福感は加齢に伴い維持・上昇することがこれまでの研究から示されている[2)10]。日本人を対象にした研究においても、30歳代から70歳代を対象に主観的幸福感の生涯発達を検討し、壮年期や中年期と比較して高齢期が最も主観的幸福感が高いことが示されている[11]。また身体的機能の低下が顕著な超高齢期においても、主観的幸福感がある程度維持されることがわかっている[12]。

こうした現象は、幸福感のパラドックス（Paradox of well-being）と呼ばれており、高齢者は加齢とともに残された時間が限られたものであることを知覚するため、情動的な満足を追求するようになり、ネガティブな感情よりもポジティブな感情に注意を払うようになると考えられている[10]。これらの現象の背景には、積極性効果というポジティブ情報の処理を意図的に促進するような認知的な統制メカニズムが存在すると考えられている。これはカーステンセン（Carstensen, L.L.）の社会情動選択性理論やバルテス（Baltes, P.B.）のSOCモデル、さらには老年的超越とも関連する現象といえる。

● **幸福観の文化差**

幸福観は、文化によってその意味合いが異なってくることが明らかとなっている。例えば北米では文化における幸福観には、幸せは増大・上昇し続けるものであるという増大的幸福像があり、幸福はポジティブなものとして捉えられる。一方、日本では、幸せは変化し得るもので、良いこともあれば悪いこともあるというバランス志向的幸福像がみられ、ネガティブさの内包として捉えられることが指摘されている[13]。

すなわち、日本文化における幸福観は海外で議論されてきている幸福観とは異なる側面が含まれている可能性がある。ここで紹介してきた研究知見や尺度は、ほとんどが海外の知見をベースに展開、議論されてきているが、今後は日本文化における幸福観を見据えた研究の蓄積が望まれている。

（田中真理）

■ **LSIK（生活満足度尺度K）の質問項目**

あなたの現在のお気持ちについてうかがいます。あてはまる答の番号に〇をつけてください。

（1）あなたは去年と同じように元気だと思いますか	1. はい	2. いいえ
（2）全体として、あなたの今の生活に、不幸なことがどれくらいあると思いますか	1. ほとんどない　2. いくらかある	3. たくさんある
（3）最近になって小さなことを気にするようになったと思いますか	1. はい	2. いいえ
（4）あなたの人生は、他の人に比べて恵まれていると思いますか	1. はい	2. いいえ
（5）あなたは、年をとって前よりも役に立たなくなったと思いますか	1. そう思う	2. そうは思わない
（6）あなたの人生をふりかえってみて、満足できていますか	1. 満足できる　2. だいたい満足できる	3. 満足できない
（7）生きることは大変きびしいことだと思いますか	1. はい	2. いいえ
（8）物事をいつも深刻に考えるほうですか	1. はい	2. いいえ
（9）これまでの人生で、あなたは求めていたことのほとんどを実現できたと思いますか	1. はい	2. いいえ

下線部の選択肢を選ぶと1点が与えられる。
出典：古谷野亘・柴田博・芳賀博・須山靖男「生活満足度尺度の構造 —因子構造の不変性—」『老年社会科学』12, 102-116頁, 1990. をもとに作成。

2-6 高齢者のQOL
― その概念と測定 ―

Keywords ▶▶▶ QOL／主観的評価／WHOQOL-OLD／主観的ウェルビーイング

● QOLとは何なのか

QOL（Quality of Life：生活の質）という言葉や生活の質という訳語は、1960年代から1970年代にかけて、がん治療の場面で重視されるようになり、現在では、医学領域のみならず、一般の人々に広く認知される言葉となった。しかし、具体的にQOLが高いとはどういうことであるかを問うと、「病気にならないこと」「認知症にならないこと」といった身体的・認知的な良好さから、「幸せだと思うこと」「他者と積極的に交流すること」などの心理的・社会的な良好さまで多様な回答が返ってくる。このように、QOLは状況、場面、文脈などのさまざまな条件によって、非常に幅広く使用される概念であり、言葉としての単純さ以上に理解するのは困難な言葉でもある。

また、QOLは個人の評価、すなわち主観を重視するものでもある。例えば、客観的に測定される認知機能が同じ状態にあったとしても、個人の評価の仕方次第でQOLは異なる。そのため、測定に際しても主観的な回答が重視されるという特徴をもつ。

現在においても、QOLの構成概念や定義が統一されているとは言い難いが、ジョージ（George, 2006）[1]は、概念の定義と測定方法によって、2種類の捉え方に分類している。

●客観的な特徴を主観的に評価するQOL

1つ目は、QOLを客観的な特徴と主観的な評価の組み合わせで考えるものである。この捉え方では、医学者や心理学者などの研究者がQOLを定義し、日常生活全般からそのQOLに該当する複数の領域を抜き出して捉えるものである。代表的なものとしては、1980年代に行われた医療分野の大規模な研究（Medical Outcome Study：医療アウトカム研究）によって提案された健康関連QOL（SF-36）[2]や、WHO（World Health Organization：世界保健機関）によって提案されたWHOQOL[3]がある。以下では、WHOによるものを紹介する。

WHOによると、QOLは「個人が生活する文化や価値観のなかで、目標や期待、基準および関心に関わる自分自身の人生の状況についての認識」と定義される。そのうえで、高齢者のQOLは身体的領域、心理的領域、社会的関係、環境領域、高齢者特有の領域に全体の評価を加えた5＋1の領域が提案され、それぞれを個別に測定するための尺度であるWHOQOL-OLD[4]が開発されている。身体的領域は、身体の痛みや苦痛の程度（痛みと不快）、日常生活動作の良好さなどであり、心理的領域は、自分自身への受容の程度（自己評価）、肯定・否定的感情の程度などで成り立っている。また、社会的関係とは、自身の人間関係への満足度（人間関係）、他者からのサポートへの満足度（社会的支援）などであり、環境領域は、毎日の生活への安全性（自由・安全と治安）、居住環境への満足度などである[4]。さらに、高齢者特有の領域としては、聴覚や視覚などの感覚の損傷による日常生活への影響度（感覚能力）、人生のなかで成し遂げたこと、これから成し遂げたいことへの機会への満足度（過去・現在・未来の活動）、死

42

ぬことへの恐怖（死と死にいくこと）などが挙げられる。1つ目の捉え方では、これらが良好であることが、QOLが良好であることと同義であると考える。

● 主観のみで考えるQOL

2つ目は、QOLを主観的ウェルビーイング（well-being）そのものであるとし、主観的な評価のみでQOLを捉えるものである。主観的ウェルビーイング自体もその構成概念に関して議論の余地を残すものではあるが、高齢者を対象とした場合には、生活満足度（Life Satisfaction）[5]やモラール（Morale）[6]が広く扱われる概念であり、それぞれを測定するための尺度も開発されている。その他、主観的ウェルビーイングの感情的側面を表す、ポジティブ感情やネガティブ感情、自己概念の中心とされる自尊感情、自殺などとも関連すると言われる抑うつ状態などもQOLとして扱われることがある。

1つ目のQOLとの違いとして重要であるのは、2つ目のQOLの捉え方では、身体的健康や社会関係などのいくつかの客観的な特徴は、QOLと関連するものではあるが、同義ではないという前提に立っている点である。言い換えると、客観的な特徴はQOLの要因にはなり得るが、QOLそのものではないということである。サクセスフル・エイジングに関する研究においても、客観的な特徴と主観的ウェルビーイングの因果関係は広く扱われてきたが、これらの文脈では、高いQOL、良好な主観的ウェルビーイング、加えてサクセスフルであることはほぼ同義であろう。ただし、主観的ウェルビーイングは個人のパーソナリティと結びついていることも指摘されており[7]、純粋なQOLとして解釈することの是非は今後も議論が必要である。

● その他のQOLの捉え方

ここまで説明したQOLは全般的なQOLである。これら以外に、特性的なQOL（例えば、介護者のQOL、がん患者のQOL、認知症患者のQOL）は多数存在しており、それぞれに尺度も開発されている。また、認知症患者のように、自身の主観を自身で評価できない場合は、身近な他者が評価できる尺度も開発されている。このようにQOLは捉え方も測定方法も多様であるため、用語の使用や測定の際には、細心の注意を払うべきである。

（中原　純）

■ WHOQOL-OLDの各領域と下位項目

領域	下位項目
身体的領域	日常生活動作、医薬品と医療への依存、活力と疲労、移動能力、痛みと不快、睡眠と休養、仕事の能力
心理的領域	ボディ・イメージ、否定的感情、肯定的感情、自己評価、スピリチュアリティ、思考・学習・記憶・集中力
社会的関係	人間関係、社会的支援、性的活動
環境領域	金銭関係、自由・安全と治安、健康と社会的ケア、居住環境、新しい情報獲得の機会、余暇活動への参加と機会、生活圏の環境、交通手段
高齢者特有の領域	感覚能力、威厳、過去・現在・未来の活動、社会参加、死と死にゆくこと、他者との親密さ
全体	生活の質・全体、健康状態への満足・全体

出典：加藤芳朗・畑田けい子・田崎美弥子ほか「WHOQOL-OLDフィールド調査票による量的調査 ― 社会背景因子と既存QOL調査票との関連について ―」『老年精神医学雑誌』16(9), 1057-1067頁, 2005. をもとに作成.

2-7 老年的超越
― 高齢期を新たに見直す視点 ―

Keywords ▶▶▶ 超高齢期／喪失／Eriksonの第9段階／語り

●超高齢期を生きるとは

　先進諸国を中心に平均寿命の伸張が続いている。さらに、70歳代までは健康で活動的に過ごす者が増えているとされる。しかし、85歳以上の超高齢期には、身体機能の低下が避け難いことが明らかになっている。今後、喪失を伴う超高齢期をいかに尊厳をもって生きるかが重要な課題になると考えられる[1]。

　超高齢期には喪失が避け難い一方、喪失を引き換えにした肯定的側面があるという見方もできる。自立が困難になって人のありがたさに気付くことや、幼い頃の思い出や死者との絆が新たに生きる支えになることがあり得るだろう。超高齢期のこうした肯定的側面を捉える見方として、高齢期の発達理論である老年的超越（gerotranscendence）[2]が注目されている。

●Eriksonの第9段階としての老年的超越

　老年的超越に注目した1人が、発達段階理論で知られる心理学者エリック・エリクソン（Erik Erikson）の妻ジョアン（Joan）である。彼女は夫の死後に増補改訂した著作[3]の中で、高齢期における発達段階を第8段階から第9段階に拡張し、超高齢期における発達課題を明確にする必要があると論じた。超高齢期に克服を迫られる発達課題は、身体機能の低下に伴う自律性の喪失である。しかし、自分のからだを思うように動かせないなかでも、第1段階で獲得された基本的信頼感が希望となり、人に喪失を生き抜く強さをもたらし得るとされる。そして、第9段階に人は老年的超越に向かって発達するとジョアンは論じた。

　老年的超越とは、トレンスタム（Tornstam, L., 1989）によれば「物質主義的で合理的な世界観から、宇宙的で超越的な世界観への、高次の見方の変化」[2]と定義される発達的変化を指している。理論が提唱された初期の段階では、老年的超越は以下の変化とされた。

・自然のなかのあらゆるものとのつながりの感覚が増す。
・時間、空間、物の感じ方が変わる。
・生きること、死ぬことへの感じ方が変わり、死への恐れが少なくなる。
・過去、そして未来の世代に親しさを感じるようになる。
・表面的な付き合いに関心を持たなくなる。
・物質的な事柄に興味がなくなる。
・一人で考え事をする時間が増える。

●老年的超越を示す高齢者の語り

　老年的超越はいかなる考え方や振る舞いとして現実に生きる高齢者に表れているのだろうか。

　トレンスタム[4]は、高齢者の語りに着目し、老年的超越を「宇宙的次元」、「自己の次元」、「社会的・個人的関係の次元」という3つの変化に分類した。

　まず、過去や未来の世代との関係性や死生観といった自己を超えた領域に関わる変化は「宇宙的次元」に分類される。人生に対する見方の変化を自覚した女性は次のように語った。

　「例えるなら、以前の私は川に放り出されて、自分にはどうすることもできない流れに

さらわれていました。岸に行こうとしても、どうすることもできませんでした。良いことにも悪いことにも自分を見失っていたのです。でも、今はその川みたいな感じがします。私自身がその川みたいなのです。良いことも悪いことも一緒に含んだ川の一部のような気がします」

さらに、からだや自己の内面に関わる変化は「自己の次元」に分類される。先述の女性は容姿へのこだわりがなくなったと語った。

「全部自分中心だった。子どもの頃を思い出すと、浜辺に寝そべって自分自身に触れているの。肌に触れたり、口づけしたり。友達の髪で遊んだり。自分が大好きだった。これはかなり変わりました。おなかとか、ひどい肌とか、顔のしわとか、全然気にならないの。そんなこと、私には何の意味もないのです。全くね」

最後に、人付き合いや社会活動といった他者との関係性に関わる変化は「社会的・個人的関係の次元」に分類される。先述の女性は日々の楽しみが変わったと語った。

「以前は映画館に行ったり、食事に出かけたり、旅行に行っていたかもしれない。思いがけないことが起こってほしかった。（今）一番楽しい時は、台所の玄関に座って、ただいる時です。つばめが頭の近くを弓矢みたいに飛んでいったり。こんな春の日にイラクサ畑に行って、スープ用に摘んで来ることができる時とか」

高齢期の否定的側面にだけ目を向けるならば、上述の語りは諦めや退屈の表れと捉えられるだろう。一方、老年的超越の視点から語りを見直せば、人生の困難をあるがままに受け止めること、老いていくからだにこだわらないこと、些細な日常のなかに喜びを見出すことといった、高齢期の肯定的側面を捉え得るだろう。

しかし、年齢を重ねるだけでは老年的超越は発達しないことが示されており（図参照）、超高齢期に老年的超越が発達するかは明らかではない。逆に、年齢が高くなると、老年的超越が後退することを示唆する研究もある。58歳から89歳の人を3年に渡り追跡した結果、75歳以上では1回目の調査より2回目の調査で宇宙的次元が低くなったと報告された[6]。今後更なる検討が待たれる。

（中川　威）

■高齢期における老年的超越の変化

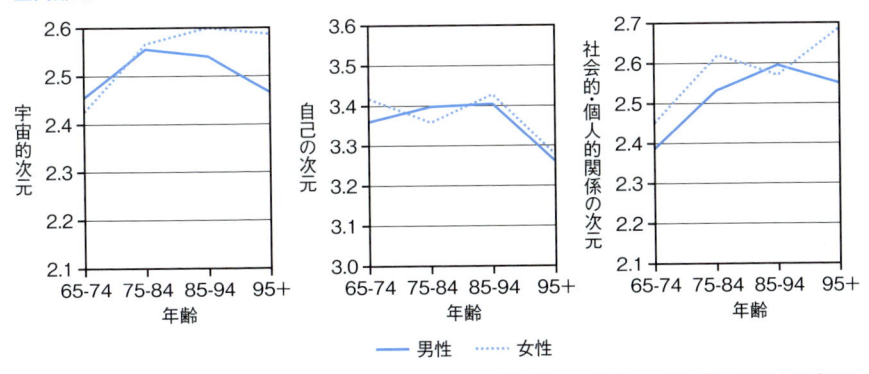

出典：Tornstam, L. Gerotranscendence from young old age to old old age. Online publication from The Social Gerontology Group, Uppsala, pp.1-20, 2003. [cited 2010 Nov 29] Available from: http://www.soc.uu.se/research/gerontology/pdf/gtransoldold.pdf.

2-8 SOC理論
― 高齢期の適応を理解するための視点 ―

Keywords ▶▶▶ 適応／ライフマネジメント／生涯発達／ポジティブ・エイジング

● SOC理論とは

　高齢期には、視聴覚、記憶などの能力の衰えや、退職して収入が減る、付き合う人の数が減るなど、自分を取り巻く環境やもてる資源も縮小する。バルテスら（Baltes, P.B., et al.）が提唱したSOC理論とは生涯を通じた能力や環境資源の変化に対して、どのように生活をマネジメントし、適応を果たしていくかを論じるものである。

　SOCとは、Selection（選択）、Optimization（最適化）、Compensation（補償）の略号であり、獲得することと喪失することの相互作用によって進行する適応システムに関する概念および理論である[1]。SOCは、これまで獲得してきたさまざまな能力や機能、自分を取り巻く環境が低下もしくは悪化し、従来行ってきたやり方では適応できないことが想定される高齢期において特に重要である。バルテスは、そのような状況に陥った時に高齢者は、自分が取り組むべき行動や場面を絞ったり新しい目標に切り替えることにより目標選択を行い（Selection）、それらがうまくできるようになるまで努力したり、やり方を工夫する（Optimization）とした。そして、その際には、自分の能力や遂行を補償するような外部リソースやこれまで行ってなかったような方略を積極的に導入する（Compensation）、と考えた[1]。

　SOCの実例として、80歳代になっても演奏活動を続けたピアニスト、アルトゥール・ルービンシュタイン（Arthur Rubinstein）がいる。彼は、高齢になってからのコンサートでは演奏する作品を厳選し（Selection）、その分、若い時よりも時間をかけ十二分な練習を行い（Optimization）、これまでに行っていなかった手法、例えば、速いフレーズの前ではゆっくりと演奏することで速い部分を速いように印象づけるといった手法を取り入れる（Compensation）、というSOC方略により高齢での演奏活動を成功させたとされている[2]。

● SOC方略の使用および機能に関する発達的変化

　1990年代以降、さまざまな実証研究が行われ、SOC方略使用の実態やその特性が明らかになりつつある。まず、SOC方略の使用は適応的な心理状態と関連することが報告されている。質問紙により4つのSOC方略（表参照）の選好を測定した研究では、SOC方略の選好はポジティブ感情や心理的ウェルビーイング（well-being）と正の相関を示していた[3]。また、資源や能力が制限されたり、減少した場合に、心理的適応とポジティブな関係をもつ。中国人高齢者を対象とした研究では、経済的に非常に困難であっても、目標の選択方略や、目標達成のための方策の探索と努力といった最適化方略を高頻度で用いる人は、生活満足度が損なわれにくく、経済的困難さのネガティブな影響を緩和する可能性が示されている[4,5]。

　次にSOC方略使用の発達的変化について、4つのSOC方略の選好を若年群、中年群、高齢群で比較した研究では、高齢群よりも中年

群の方が、最適化方略、補償方略、そして目標の切り替え方略をよく選んでおり、高齢群の方が多かった方略は目標の絞り込み方略だけであった[3]。その理由として、自らの能力や資源を効率的、効果的に用いるSOC方略をとることは、そのこと自体に一定の能力や資源が必要であるためである。したがって、工夫をして新しい方略を取り入れるといった補償や新しい目標に切り替えるという選択方略は、高齢期には困難であり、目標を絞る選択方略だけが増加すると考えられている。この結果と解釈は、SOC方略は高齢期により使用されるようになるという当初の単純な予測とは異なるものであった。しかし、逆に、資源や能力の残存の度合いによって、有効な適応方法を選び出していくというSOC理論の基本とは一致するものと言えよう。

● 生涯を通じた包括的な適応理論としてのSOC理論

資源や能力の変化に応じた適応方略の変化については、二重課題遂行時の外的補助（補償）の使用に関する研究においても報告されている[5]。実験参加者は、単語の記憶課題を行いながら、狭い道を歩くという二重課題を行わなければならない。ただし、その際に、記憶に関する補助手段（提示時間の延長）と歩行に関する補助手段（手すり）の2つを自由に使うことができた。若年群と高齢群で2つの補助手段の使用頻度と課題成績を比較したところ、若年者は記憶補助を利用することで記憶課題の成績を最適化し、高齢群では歩行補助を利用することで歩行課題の最適化を行っていた。この結果は、若年者も高齢者も、機能の状態に応じて、リスク（例えば、高齢者における転倒）を最小限にし、かつ遂行レベルを最大限にするよう、力を入れる（最適化する）課題や外部からの補償手段を選択する、SOC方略を用いていることを裏づけるものであった。

このように、SOC理論は、個人がもつ能力や資源をどのように配分し、適応を図るかというプロセスに対して、年齢や、課題内容を越えて、統合的な枠組みで検討できる視点を与えるものである。生涯発達を包括的に検討する理論として非常に強力な枠組みであると言えるだろう。

（増井幸恵）

■ SOCの4つの方略

方略の名称	方略の内容
目標の絞り込みによる選択 （Elective Selection：ES）	複数の目標から大事な目標を1つ選び、それのみに注意を向けること。
目標の切り替えによる選択 （Loss-Based Selection：LBS）	目標の重要性を再考したり、新しい目標を設定し直すこと。
最適化 （Optimization：O）	練習を重ねたり、新しい技術を習得するなどの努力を重ねることで、目標達成に近づくこと。
補償 （Compensation：C）	目標達成のため、外部からの援助や補助、これまで行っていなかった方法などを導入すること。

出典：Freund, A.M., & Baltes, P.B. Life-management strategies of selection, optimization, and compensation: Measurement by self-report and construct validity. Journal of Personality and Social Psychology, 82, pp.642–662, 2002.

2-9 世代性
― 次世代への関心と相互作用 ―

Keywords ▶▶▶ Generativity ／次世代への関心／若者との相互作用／ポジティブなフィードバック

● 「Generativity（ジェネラティビティ）」とは何か

中年期以降になると、家庭内での子育てや職場での部下の指導などを通して、次世代を担う若い世代への関心が高まると言われている。こうした関心を、エリクソン（Erikson, E.H., 1950）は「Generativity」と名づけ、中年期の心理社会的発達課題とした。近年では長寿化や晩婚化などの社会的背景の変化に伴い、「Generativity」は中年期のみならず、高齢期においても重要な発達課題となっている。

エリクソンは「Generativity」を、「次世代を導き、確立することへの関心」と第一義的に定義した。「generate」はラテン語源で「生み出す」という意味であり、「generation」は「世代」、「generative」には「生殖」という訳語が用いられている。わが国では、こうした語源と第一義的な定義を重視した見解から、「生殖性」という訳語が多く用いられてきた。後にエリクソンは新たな概念を加え、「Generativity」を「自分自身の更なる同一性の開発に関わる一種の自己 ― 生殖も含めて新しい存在や新しい製作物や新しい概念を生み出すこと」と再定義した。ここでは、「Generativity」が生殖のみを指す概念ではなく、広く次世代を育て世話するという概念を含むものとする立場から、「世代性」という訳語を採用することとする。

● 「世代性」の概念構成と発達

マックアダムスとアウビン（McAdams, D.P., & Aubin, E.S., 1992）は、エリクソンの文献を詳細に検討し、7つの心理社会的要素を用いて「世代性概念構成図」を作成した（図参照）。この概念モデルによると、まず世代性の動機づけとして、内的希求（inner desire）と文化的要請（cultural demand）の2局面が存在する。前者は、「永続的な個としての実現を希求すること」といった個人の内面を突き動かす強い希求性を意味し、後者は各々特定の文化において、個人が期待される社会貢献や社会的責任を果たそうとする動機を表す。これらに動機づけられ、成人個人は「世代性の関心（concern）」が喚起させられる。そしてこうした関心が、人間として受け継がれてきた規範としての「信念（belief）」や、「世代性」の具体的な取り組みに影響し、行動（action）へと導く。そして、最終的にはそれら一連の流れについて内省し、物語ることで、「世代性」を個人のなかで意味づける。さらに、マックアダムスとアウビンは、「世代性」の関心について5つの下位領域が存在することを明らかにした。5つの領域とは、次世代を担う若年世代を世話することへの責任を感じる「次世代の世話と責任」、自分の住む地域や近所の人に貢献しようとする「コミュニティや隣人への貢献」、次世代に自身のもっている技術や知識を伝えていくことへの関心である「次世代のための知識や技能の伝達」、次世代のためになるものを自身の死後も残したいという「永く記憶に残る貢献・遺産」、そして新たなものを作り出すことへの意欲である「創造性・生産性」である。

「世代性」の概念範囲は、年齢とともに拡

大するとされている。高齢期になると、身体的な生殖性の喪失や責任ある公的地位からの退職により、次世代を育成することへの直接的な責任を越えた新たな「世代性」の側面が芽生える。例えば30代では自身の子育てに強い関心をもっていた人も、自身の子育てが一旦落ち着いた40代から50代にかけては、地域内での社会活動や職場でのリーダーシップへと関心が移行し、さらに60代以上では社会の存続や自身の死後の世界の存続へと関心が移行する。つまり、中年期においては自分自身の子どもや孫、職場の部下などに対する関心にとどまるのに対し、高齢期においてはそうした次世代全般や、次世代を取り巻く環境へと関心が広がると考えられる。

● 若者との相互作用

これまでの研究では、「世代性」は個々人のなかで年齢に伴い発達するとされてきた。しかし近年、中高年者の「世代性」の発達には、他の世代との相互作用、特に若者との間の相互作用が非常に重要であることが指摘されている。チェン（Cheng, S.T., 2009）は高齢者を対象に研究を行い、「世代性」の高い高齢者でも、若者からポジティブなフィードバックを受け取らなければ、「世代性」が継続的に発達しないことを報告している。つまり、例えば高齢者が「世代性」の高まりにより何らかの形で若者の手助けをしたとしても、その行為に対して若者が感謝の言葉を返したり、笑顔で行為を受け取ったりといったポジティブな反応を示さなければ、高齢者の「世代性」が低下してしまうということである。

中高年者による「世代性」に関連した行為、例えば自分自身の経験から得た知識や知恵を部下に伝えたり、子育てに関する助言をしたりといった行為が、常に若者に好意的に受け取られるとは限らない。時には、せっかくの行為が逆に迷惑と受け取られ、拒否される場合もある。そうした場合は、中高年者の行為が若者にとっては心理的な負担となり、また中高年者にとっては心理的発達の阻害となり、双方にとって悪影響をもたらす可能性がある。両世代の相互作用がよい影響をもつためには、中高年者が若者に対して行う行為の内容を若者のニーズになるべく沿ったものにしたり、若者が行為を受け取る際に意識的に感謝の意を示したりといった工夫が必要であろう。

（田渕　恵）

■「世代性」概念構成図

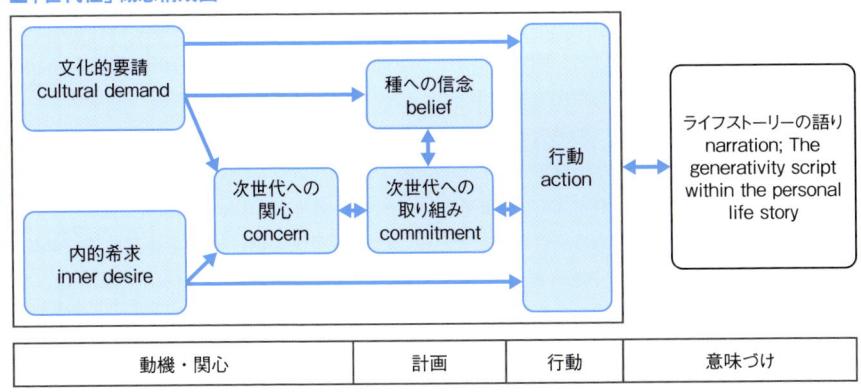

出典：丸島令子『成人の心理学』ナカニシヤ出版，13頁，2009.

2-10 自分史・人生の受容
― 自己形成と自己一貫性 ―

Keywords ▶▶▶ 自伝的記憶／自己／記憶の再構成／人生の受容

● 人生の受容（統合と絶望）

エリクソン（Erikson, E.H.）の心理社会的発達段階によれば、高齢期の発達課題は「統合」とされている。統合とは、高齢期になり死を意識した者が、これまでの人生を振り返り、自分の人生に意味づけを行うことで、人生を受容し死を受け入れることをいう。統合がうまくいかず人生を受容できない場合、人生を修正するための時間的な猶予が残されていないため、罪悪感や絶望感に苛まれるという。

ところで、人生を振り返るとき、その基となるのは過去の思い出、つまりは「記憶」である。受験合格、結婚、出産、昇進といった良い思い出や、いじめ、失恋、死別といった辛い思い出は極めて個人的な、しかし現在の自己形成に影響している重要な記憶である。このような自分史に関する記憶は、自伝的記憶と呼ばれている。

● 自伝的記憶の特徴

自伝的記憶の想起は、その出来事を何歳の時に経験したかに影響を受ける。図は、高齢者が人生のどの年齢で経験した出来事をよく思い出すのかを検討した4つの研究結果を示している。横軸は思い出した出来事が起こった年齢を、縦軸はそれぞれの年代の自伝的記憶が全体の自伝的記憶に占める割合を表している。これまでの研究から、自伝的記憶には、10代後半から30代前半に起こった出来事がよく想起されるレミニセンス・バンプや、0歳から5歳までの出来事はほとんど想起されない幼児期健忘といった現象がみられること

が明らかにされている[1]。加えて、良い思い出か嫌な思い出か、といったその思い出がもつ感情価も自伝的記憶の想起に影響する。例えば、自分史のなかでも特に重要な出来事を思い出してもらうと、良い思い出、嫌な思い出、どちらでもない中立な思い出の割合はおおよそ5：3：2となる。一方で、繰り返して想起される思い出は、良い思い出よりも嫌な思い出であることが多い[2]。また、幸福な出来事の思い出にはレミニセンス・バンプがみられ、トラウマや悲しい出来事の思い出にはレミニセンス・バンプがみられない[3]。

● 自伝的記憶の機能

自伝的記憶の機能として、自己機能、社会機能、方向づけ機能を挙げることができる[4]。自己機能とは、自己の連続性や一貫性を支え、望ましい自己像を維持するための機能である。社会機能とは、対人コミュニケーション場面において、過去の経験を話すことによる会話の促進や、共通した経験を共有することで他者との関係を維持する機能を指す。方向づけ機能は、これまでの経験に基づいて、さまざまな判断や行動の方向性を決定づける機能である。このなかでも特に、高齢期の人生の受容と関連するのは自己機能である。

自伝的記憶の自己機能を検討するために、コンウェイら（Conway, M.A., et al.）[5]は、エリクソンの心理社会的発達理論の各発達課題と自伝的記憶の関連性を検討している。彼らの実験では、高齢者が想起した自伝的記憶と発達課題が対応しているのかを分析した。そ

の結果、0〜9歳の出来事として想起された自伝的記憶は、信頼／不信に関連するものが多く、10〜19歳は同一性／同一性拡散、20〜29歳は親密感／孤独感、30〜59歳は世代性／停滞性に多く分類され、60歳以降の想起内容の多くは、統合／絶望に分類されることを明らかにした。この結果は、経験したことが一様に自伝的記憶に蓄えられるのではなく、経験はそれを経験した時点での自己の目標にしたがって蓄えられ、過去や現在の目標にしたがう経験が自伝的記憶として想起されることを示している。このように、自伝的記憶には、経験を目標にしたがって意味づけし、目標にそった情報へのアクセシビリティ（利用のしやすさ）を高め、蓄えられた情報を目標にしたがって再構成する働きがある。

● 自分史の再構成

自伝的記憶として思い出された記憶は、必ずしも客観的事実ではない。例えば、第一志望の学校には入学できなかったとしても、その後、その学校で良い経験ができれば、第一志望に落ちたという嫌な思い出も、良い思い出として再構成される。驚くことに、人生の印象的な出来事を思い出した後、1か月後にもう1度思い出させると50％以上が他の出来事と入れ替わるという実験結果もある[6]。このように、自分史の内容や良い思い出、嫌な思い出といった評価はその後の経験や時間の経過によって変化する。

自伝的記憶の再構成に加齢が及ぼす影響を検討した研究[7]は、高齢者は若年者と比べて、良い出来事を思い出す傾向にあること、また客観的にはネガティブだと考えられる思い出であっても、高齢者はそれをポジティブな出来事として思い出していることを明らかにした。この理由としては、高齢者は情動的な満足を追求することに動機づけられているため、過去の嫌な思い出であっても良い思い出として再構成することで心理的安寧や幸福感を得ているという解釈（社会情動的選択性理論）がなされている。

高齢期に人生を受容できず絶望感にうちひしがれても、自伝的記憶をもう一度意味づけし直す（再構成する）ことは可能である。実際、これまでの人生を意味のあったものとして受容するために、回想法やライフレヴューと呼ばれる心理的な介入が行われている。

(増本康平)

■ 想起された出来事が起こった年代と想起割合

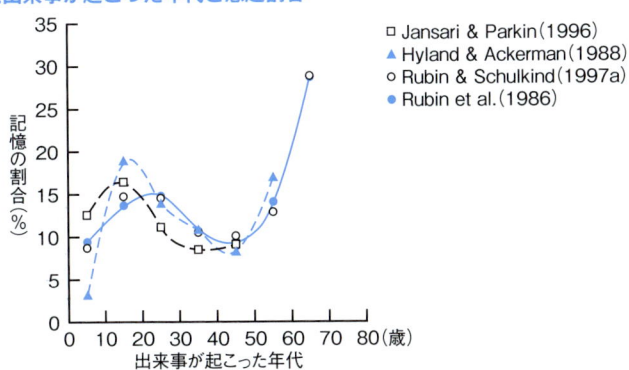

出典：Rubin, D.C., Rahhal, T.A., & Poon, L.W. Things learned in early adulthood are remembered best. Memory & Congnition, 26, pp.2-19, 1998.

3 知的機能

　　総論
1　脳・神経機能
2　認知機能
3　前頭葉機能
4　注意
5　問題解決能力
6　知的能力
7　創造性
8　知恵
9　言語能力
10　熟達化と可塑性
11　記憶のメカニズム1
12　記憶のメカニズム2
13　日常生活の中の記憶
14　記憶の方法
15　認知機能の改善

3 知的機能

大川 一郎

●さまざまな知的機能

　人は、児童期、青年期においては、主に家庭、学校で、その後の成人期においては、職場、家庭でさまざまな問題解決場面に日常的に遭遇する。「今度の試験までにこれだけ覚えなくてはならない」「友達とけんかしたどうしよう」「この仕事をどうこなしていこう」「上司との折り合いをどうつけていこう」「子ども夫婦が孫の進学のことで悩んでいる。なんとかしてあげられないか」などなど。

　このような日常生活の中での問題解決には、「認知機能」「前頭葉機能」「注意」「問題解決能力」「知的能力」「創造性」「知恵」「言語能力」「記憶」等のさまざまな知的な能力が大きく貢献することになる。本章では、上記の能力を総称して「知的機能」ということにする。

　本章で取り上げている項目は、「脳・神経系機能」「注意」「前頭葉機能」「認知機能」から、「知恵」「創造性」に至るまで多岐に渡り、幅が広い。

　それぞれがいろいろな機能を有するが故に重なりもあり、厳密に分類することは難しいが、最も生理的な機能として「脳・神経系機能」、基礎的な「認知機能」として「注意」「記憶」「前頭葉機能」「認知機能」「言語能力」、そして、より高次な機能として「問題解決能力」「知的能力」「創造性」「知恵」などに分類することができる。

　以下、本概論においては、各項目に触れながら、知的機能の全体像を示していくことにする。

●知的機能の加齢に伴う変化

　「知的機能は加齢変化に伴い、どのような加齢変化を示すのだろうか」という素朴な問いに対して、心理学はどのような答えを提供してきただろうか。

　知的機能の加齢変化について、1920年代〜1950年代頃までは、人間の知的機能は、20代をピークに加齢とともに低下していくと考えられていた。しかし、その後、キャッテル（Cattell,R.B.）やホーン（Horn,J.H）、ウェクスラー（Whechsler,D）、シャイエ（Schaie,K.W）、バルテス（Baltes,P.B）にはじまるさまざまな研究上の知見が蓄積される中で、私たちの知的機能は生涯に渡り変化、発達する側面があることが明らかになってきている。

　本章で扱っている項目は、上記をふまえた現代的知見をもってどのような回答を示しているだろうか。

　知的機能の中で、「外界からの情報を受け取り、それを処理・加工し、ある種の判断をしたうえで実際の行動を遂行する精神機能」

である基礎的な認知機能に焦点を当てると、例えば、「3-3 前頭葉機能」においては、高齢になると抑制機能が低下し、指示された課題に対する処理能力の低下が示されている。そして、背景にある生理学的要因として、脳の上前頭回での加齢に伴う神経細胞の著しい減少と前頭前野における血流量の選択的な減少が指摘される。

「3-4 注意」においては、一度に二つ以上の課題に注意を払い、適宜、それぞれへの注意を切り替えるなど注意資源の適切な配分にかかわる分割的注意においては、加齢に伴う低下は顕著であること、目的に関連する情報への選択的注意は、一般的には加齢に伴い低下するが、注意の向け方を工夫することによってその差を軽減できるということが指摘されている。

これらの加齢に伴う認知機能の低下を説明する理論として、「3-2 認知機能」では、加齢に伴う低下については、「普遍的遅延仮説（加齢に伴う全般的処理速度の低下）」「処理容量低下仮説（器の容量が加齢に伴い少なくなる）」「抑制機能低下仮説（注意が不必要な情報に向くようになり処理の効率が低下）」の3つのモデルが紹介されている。

記憶についてはどうだろうか。「3-12 記憶のメカニズム2」「3-13 日常生活の中の記憶」では、記憶情報の保持、処理する機能を果たす作業記憶においては、加齢の影響が顕著であり、課題の複雑性が増すほどその傾向がさらに大きくなることが示されている。短期記憶貯蔵庫から長期記憶貯蔵庫へ移行した記憶情報の中でも、言葉やイメージで説明することの難しい非宣言的記憶は、高齢になっても比較的維持され、加齢の影響が少ないことが示されている。具体的には、自転車に乗ったり、ピアノを弾いたりという「技の記憶」ともいわれる手続き的記憶がそれにあたる。

一方で、長期記憶における言葉やイメージの記憶である宣言的記憶は、どこで何をしたのか、時代的に何があったのかという個人的な出来事や経験にかかわるエピソード記憶では、加齢の影響は顕著である。しかし、一般的な知識に関する意味記憶においては、加齢の影響は大きくない。将来についての記憶と言われる展望記憶については、加齢の影響についての一貫した見解は現在のところ、得られていない。

「3-9 言語能力」については、加齢に伴い想起する語彙数が減少する傾向にある一方で、語彙数は増加するという一見矛盾する現象が示されている。この説明としては、脳内に貯蔵されている語彙情報へのアクセスの効率の問題、反応速度の低下の影響が指摘されている。文の理解については、老人性難聴による聞き取りにくさに伴う聴覚的理解の低下が指摘される。

読みの理解については、短文・文法的な単純な構造の文よりも長文・複雑な構造の文の方がより理解が困難になる傾向が示されている。その理由として、ワーキングメモリの能力低下や容量低下の関連が指摘されている。

これらの認知機能を基礎におくよりより高次の機能として、知能検査により測定される「3-6 知的能力」の加齢変化については、脳の神経学的・生理学的機能に依存する流動性知能の加齢に伴う低下が示される一方で、教育や日常的に経験により獲得される結晶性知能の維持が示されている。

「3-5 問題解決能力」については、研究者の統制の下、制限時間内で特定の問題の解決が求められる実験室課題では、一般的な傾向として加齢に伴い低下が示されている。一方で、社会文化的・生態学的文脈を考慮した日常的な問題を用いた研究では、若い人との差はあまりみられていない。

「3-7 創造性」では、作品や論文等、生産的側面（量）では、ピークを境に上昇・下降を示すが、その年齢や上昇・下降の傾きは活動領域によって相違があること、高齢期でも高い生産性を示す人が少なくないことを示している。代表作等の質的側面では、作品や論文が生み出される時期は年齢と関係ないことが示されている。「3-8 知恵」については、その獲得は加齢とともに上昇するという単一なものではなく、多様で複雑な発達曲線を示すことが説明されている。

これらの加齢変化の多様性を説明する枠組みとして、バルテス（Baltes,P.B）らは、メカニクスとプラグマティクスという分類を提案している[1]。

メカニクスには、生物学的な要因と関連し、処理の速度や正確性など、基礎的な情報処理に関わる機能が分類される。生物学的な要因を基盤としているため、加齢に伴う変化が顕著である。プラグマティクスには、より実践的で社会や文化などの要因と関連し、技能や技術、教育で受けた知識、日常生活の問題を解決する能力が分類される。社会、文化等の経験に関わる要因と関連するため、かなりの高齢になっても維持、成長への変化がみられる[2]。

●知的機能の加齢変化の背景にあるもの

上記でみてきたように知的機能の加齢変化、特に、メカニクスに分類される記憶や注意などの基礎的な知的機能の加齢変化の大本にあるのは、生物学的な変化、その中心となるのは、脳・神経機能の加齢に伴う変化である。

脳の加齢に伴う構造変化については、「3-1 脳・神経機能」「3-11 記憶のメカニズム1」において、健常加齢における、神経細胞の減少を伴う脳全般の皮質の萎縮、および、萎縮の速度の部位間での違い（前頭葉の外側や側頭葉全部大きく、後頭葉で非常に少ない）を指摘している。アルツハイマー病等における病的な加齢の場合、脳の萎縮の部位と認知機能の明確な関連が示されている。正常な加齢の場合、例えば、前頭前野や海馬を含む側頭葉の萎縮が、エピソード記憶やワーキングメモリの記憶成績の低下に結びついていることがそれまでの研究により示唆されているが、他の認知課題では一貫した結果は示されておらず、むしろ、大脳皮質間の情報の交換に重要な役割を果たす脳の白質における病変の進行との可能性が示唆されている。

機能変化に関しては、2つの代表的なパターンとしてHAROLD（高齢者における半球の非対称性の減少）とPASA（加齢に伴う前後方のシフト）が紹介されている。現時点で、明確な答えは出ていないものの、これらは加齢に伴う脳の機能低下の補償によりもたらされたものではないかということが示唆されている。

●知的機能低下の補償

高齢者の日常生活を考えたときに、これまでみてきたような知的機能の変化、特に、低下はどのような生活上の支障をもたらしているだろうか。

実際には、疾病等により異常な老化の状態に置かれない限り、高齢者の多くは、それ以前と比べても、日常生活上の支障を感じることはほとんどない。これには、先に見た社会や文化等、経験により獲得された知識、技能等、プラグマティクスに分類される能力によることが大きい。つまり、メカニクスに分類される知的機能の低下を経験の蓄積によって獲得された能力が補っているのである。

補償にかかわるもう1つの機能として、自動化過程を挙げることができる[2,3]。日常生活での複雑な行動であっても、これまで繰り返し何度も経験していることは、自動化され意識を向けなくても行動できてしまうのであ

る。これは、認知的資源への負荷を最小限にすることによる補償ということができよう。

上記以外でも、私たちはさまざまな日常生活上の工夫をすることによって、その機能低下を補っている。「3-14 記憶の方法」においては、日常生活において記憶力の低下を補うさまざまな方略について紹介されている。

● 知的機能の可塑性

知的機能の可塑性については、「3-10 熟達化と可塑性」において、認知リハビリテーション等の介入の効果、すなわち、可塑性について研究例も含めて紹介されている。特に運動のもつ効果が強調されている。「3-15 認知機能の改善」においても、改善をもたらす介入方法の研究のレビューがなされており、「栄養と食生活」「運動」「人との関わり」「知的活動」「認知機能のトレーニング」等のもたらす効果が示されている。

これらの知的機能の可塑性の神経科学的な説明概念として、「3-1 脳・神経機能」「3-11 記憶のメカニズム 1」では、「認知の予備力（Cognitive Reserve）」を指摘している。脳にもたらされる新たなさまざまな刺激が、新たな神経ネットワークを作り出し、可塑性をもたらすと解釈されている。

● 生涯発達のダイナミクス

知的機能低下の補償や可塑性は、脳・神経系の機能も含めて、人という生物の適応性の高さを示すものでもある。バルテス（Baltes, P. B.）は、生涯発達のダイナミクスについてのメタ理論を表に示す8つにまとめている[4]。ここには、知的機能に代表されるような発達のダイナミクスが示されている。

鈴木（2008）は、知的機能に関する内外の研究を展望し、そのダイナミクスについて次のように指摘する。

「発達のダイナミズムは、『年をとるにつれてどうなるか』ということに加えて、『年をとるにつれて自分でどうするか』という問いによってこそ明らかにされる」。

人は加齢変化に伴う知的機能の低下をただ受け入れ、それに対してただ適応しているだけの存在ではない。鈴木の指摘するように経験により積み上げてきたものも含めて、今あるリソースを最大限に用いて自分にとっていい状態を作り上げようとする優れて能動的な存在なのである。

■バルテスによる生涯発達心理学のメタ理論

① 発達は障害のすべての時期で生じるのであり、ある時期が特別に重要ということはない。
② 生涯発達は生物学的発達と文化的発達（サポート）との間のダイナミクスの過程である。
③ 生涯発達はリソースの割りあて方が変化する過程である。
④ 発達においては、適応能力の選択（selection）と、その最適化（optimization）、および機能低下に対処する補償（compensation）のプロセスが相ともなって生じる。
⑤ 発達とは獲得と喪失のダイナミクスである。
⑥ 発達は生涯を通じて可塑性を持つ。その範囲と加齢にともなう変化を明らかにすることが発達研究の大きなテーマである。
⑦ 発達は、標準的な年齢変化に沿ったもの（学校への入学や定年退職など）、標準的な歴史的変化によるもの（不況や戦争）、非標準的なもの（大きな事故に遭うなど）、という3つの影響要因のシステムからなる。そのうちどれが優勢になるか、互いにどのように作用し合うかは、社会文化的条件（発達的文脈）によって異なる（文脈主義：contextualism）。
⑧ 人間は SOC をうまく協応させることで、「上手に」歳を取るべく発達を制御している。

出典：鈴木忠「生涯発達」高橋惠子・湯川良三・安藤寿寿・秋山弘子 編『発達科学入門1　理論と方法』162-163頁，東京大学出版会，2012．をもとに作成．

3-1 脳・神経機能
― 生理的加齢と補償 ―

Keywords ▶▶▶ 認知の予備力／補償／健常加齢／病的加齢

● 脳・神経系の基礎

心理的な加齢に影響する要因には、社会的側面の変化、身体機能の生理的変化などがあるが、大脳を中心とした中枢神経系（Central nervous system）の生理的な変化の影響も無視できない。近年、MRI（Magnetic Resonance Imaging：核磁気共鳴画像法）やPET（Positron Emission Tomography：ポジトロン断層法）等を利用し、脳の構造を立体像として観察したり、酸素や糖の代謝や伝達物質の分布を測定する技術が発達した。その結果、加齢に伴う脳の形態的変化や活動状態の変化などが明らかにされつつある[1]。

脳の中でさまざまな精神活動を中心的に司る大脳皮質は、脳の表面に分布する神経細胞の灰白質と脳の内側に位置し灰白質をつなぐ神経線維からなる白質から構成される。灰白質は、前頭葉、側頭葉、頭頂葉、後頭葉の大脳皮質の領域、小脳、大脳基底核の表面を覆い、それぞれ異なった心理的機能と関連する。

● 脳・神経系の加齢変化

脳の加齢は、健常加齢と病的加齢に分類される。前者よりも後者で脳の加齢が進行しやすいとされるが、その境界は明確ではない。健常加齢で最も顕著な変化は皮質の萎縮であり、神経細胞の減少を伴う。萎縮は脳のほぼすべての領域で観察されるが、進行速度は部位間で異なり、前頭葉の外側や側頭葉前部で大きく、頭頂葉で中程度、後頭葉では非常に少ない。脳の容量からみると萎縮は10年で2%程度進行する[2]。なお、白質における萎縮は灰白質に比較して小さいが、神経線維を覆うミエリンが加齢とともに減少する。病的な変化は、脳梗塞や脳溢血により、周辺の神経細胞が破壊される器質的な変化と、アルツハイマー型神経原線維変化に代表される、脳の細胞そのものの変性に分かれる。なお、大脳皮質の大部分は神経細胞の機能や形態が異なる6層構造からなるが、病的な加齢ではこの6層構造が崩れると指摘されている[3]。

● 脳の加齢と精神活動の関連

加齢に伴った心理的変化は、脳の加齢と関連すると考えられており、構造変化と機能変化の両面からその影響が検討されている。構造変化に関しては、萎縮部位と認知機能の関連が検討されている。認知症等の病的加齢では、萎縮との関連が明確に観察される。しかし、健常加齢では脳の萎縮と認知課題との関連は一貫していない。むしろ白質における病変の進行の影響が大きい。この結果は、白質が大脳皮質間の情報の交換に重要な役割を果たしているためだと解釈されている。

機能変化に関しては、課題実行中の脳の活動を若年者と比較することで検討されている。これまで、HAROLD（Hemispheric Asymmetry Reduction in OLDer adults：高齢者における半球の非対称性の減少）[4]とPASA（Posterior-Anterior Shift with Aging：加齢に伴う前後方向のシフト）[5]が2つの代表的なパターンとして知られている。前者は主に若年者では右前頭葉のみの活動が観察される認知課題において、高齢者では若年者と同様の活動に加え

て逆側の活動も観察されること、後者は高齢者では若年者よりも前頭葉の活動が高く、後頭葉の活動が低いことを指している。これらの活動の違いが脳の構造的変化に対して補償的に機能するのか、機能低下を反映しているのかに関しては、未だ結論づけられていない。しかし、エピソード記憶、作動記憶や知覚運動課題などで、成績の悪い高齢者では、若年者と同様に右前頭葉の活動のみが観察される一方で、成績の良い高齢者では左前頭葉が活動することなどから、補償的な役割をもつのではないかと考えられている。図は記憶検索時の HAROLD の例を示す。

また、脳内にはさまざまな神経伝達物質が存在し、心理的な機能と関わっている。そのなかでも加齢に伴うドーパミン（Dopamine）の減少は認知との関係が[6]、性ホルモンの減少は、うつ傾向などの感情と関連[7]することが指摘されている。

● 脳と心の加齢を抑制する要因

すでに述べたように脳の萎縮と認知機能との間の関係は直接的ではない。脳の病理的診断では認知症が高度に進んでいても、認知機能が低下しない個人が存在し、同じ病理知見でも学歴が高いほうが認知機能が保たれているといった現象等が知られている。これらの現象は認知の予備力（Cognitive Reserve）[8]と呼ばれている。1つの仮説では、人生における認知的に複雑な作業の経験の積み重ねが、脳の神経ネットワークを複雑で予備力を持つものとし、神経細胞の不全に対して耐性が高くなるのではないかと考えられている。

一方で生活環境や健康状態の個人差が脳・神経系の加齢速度と関係すること、エアロビクス等の介入トレーニングが海馬の萎縮を抑制することなどが報告され、生活習慣の改善によって生理的に脳・神経系の加齢を抑制できることが示されている。

近年の測定技術の発展に伴って、脳・神経機能の加齢と心理的な加齢の関係に関する知見が蓄えられている。しかし、これらの知見の多くは横断研究の結果であり、縦断的な研究はまだ少数である。また、初期の病的加齢と健常加齢の対象者が混在した状況で実施されている研究も多く、今後、より詳細な研究知見の積み重ねが必要とされている。

（権藤恭之）

■ HAROLD の実例

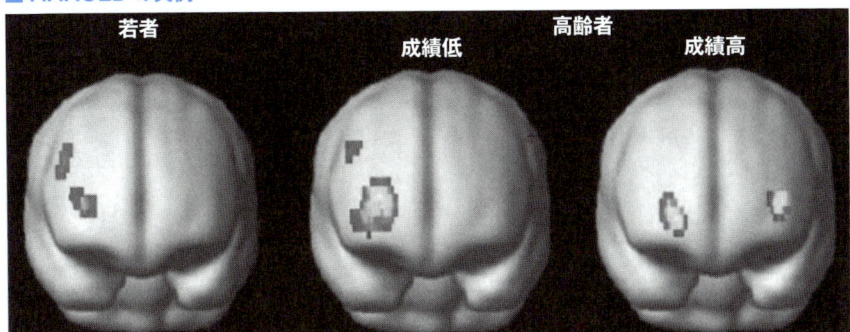

記憶想起中の脳の活動の様子。若年群では右前頭部の活動のみが観察される。高齢者群では、成績の低い群では若年群と同じ右前頭のみの活動が観察されるが、成績の良い高齢者群では、左前頭葉の同じ部分が活動している。

出典：Cabeza R. Hemispheric asymmetry reduction in older adults: the HAROLD model. Psychology and aging. 17(1): pp.85-100, 2002.

3-2 認知機能
― 認知的加齢モデル ―

Keywords ▶▶▶ 認知機能／普遍的遅延仮説／処理容量低下仮説／抑制機能低下仮説／可塑性

● 認知機能とは

　認知機能とは、外界からの情報を受け取り、それを処理・加工し、ある種の判断をしたうえで実際の行動を遂行する精神機能の総称である。認知機能の加齢の影響については、一般的には、3つの仮説（モデル）が提起されている。簡単に説明すると、1つは、加齢に伴い全般的な処理速度が低下してしまい、それがさまざまな認知機能に影響するのではないかと考えるモデル。2つ目は情報処理に「器」のような容量を想定して、その「器」の容量が低下してしまうと考えるモデル。3つ目は不必要な情報に注意を向けてしまい、結果的に処理の効率が落ちてしまうと考えるモデルである。この章では代表的な3つのモデルについて解説する。

● 普遍的遅延仮説

　この仮説では、高齢者における反応時間の遅れは、神経システム内での処理スピードの全般的な低下を反映したものであると考える[1]。そして、この全般的な反応の遅れが課題の難しさに対する加齢効果にも影響すると考える[2]。高齢者と若年者を対象としたさまざまな研究でメタ分析的に観測され、この仮説が検討されてきた。メタ分析（多数の先行研究の結果の分析）の結果は、横軸に若年者の反応時間、縦軸に高齢者の反応時間をとり、両者に実施した各課題（条件ごと）の反応時間をプロットしたグラフのなかで表わされる[3]。このようなグラフをブリンリープロット（Brinley plot: Brinley, 1965）という

（図参照）。例えば若年者で反応にそれほど時間がかからなかった課題（例えば500ms）については、高齢者でも比較的短時間で処理できたとする（例えば1,000ms）。一方、若年者で1,000ms反応にかかった課題は高齢者で2,000msかかったとする。見掛け上、簡単な課題では若年者と高齢者の差は500msの差だったものが、難しい課題では1,000msの差に拡がっている。しかし、比率を考えると、簡単な課題では高齢者の反応時間は若年者の2倍、難しい課題でも2倍である。このように課題ごとに比率で考えていくと、その関係はほぼ直線的なものであることが仮定されている。高齢者の反応時間と若年者の反応時間の関係は、比率（グラフでいうと「傾き」）の問題なのであり、その影響は課題の難易度にかかわらず一定の関係にあることが推定されている。

　また、普遍的遅延仮説では、このような処理速度の遅れが他の認知機能の問題を引き起こすとも考えられている。例えば、一度に複数の課題を、限られた時間で処理しなければならないときに、特定の課題の処理の遅れで、特定の処理が未処理のまま残り、そのことが他の情報処理に影響してしまうというものである。

● 処理容量低下仮説

　この仮説では、処理資源や注意の容量が年齢とともに少なくなると考える[4]。若年者と比較すると、高齢者では認知課題を処理するために用いられる注意資源の低下が指摘さ

れている。比較的単純な課題においては、注意資源をそれほど使用しないので（十分余裕があるので）、高齢者でも困難を示さないが、複雑な課題においては必要とする処理資源が、高齢者の持っている処理容量を超えてしまい、処理の効率が悪くなり、不正確になると考えている。

多くの研究がこの仮説に関わって検討されてきた。しかし一方で、「処理の容量」をどのように定義づけし、測定するのかという点で、曖昧な点がある。また、注意の処理資源が年齢に伴って低下するというならば、処理資源の限界がどのように認知機能に影響するのか、そのメカニズムを特定するような研究の必要性も指摘されている。

●抑制機能低下仮説

この仮説では、高齢者になると抑制機能が衰退し、指示された課題とは無関連な刺激に注意を向けてしまい、結果的に指示された課題に対する処理能力が落ちると考える[5]。

この仮説は、もともと作業記憶の問題を念頭において、提起されたものであった。抑制機能が衰退することにより、目的とは無関連な情報が作業記憶の中に入り込み、その情報を排除することができず、作業記憶の効率が落ちるというものである。近年の研究から、抑制機能が関連していると思われるさまざまな現象のなかでも、加齢の影響を受けやすいものと、そうでないものとがあることが示されつつある。抑制機能は単一の機能として考えるのでなく、複数の種類があり、それらの一部が加齢の影響を受けやすいのではないかと考えられるようになった。

●認知機能の可塑性

認知機能は一般的に、加齢に伴い低下することが想定されている。しかし、近年、その機能の可塑性（消失した機能が補填、回復すること）に注目する研究も見られるようになった。鈴木（2008）は、シャイエ（Shaie, K. W.）のシアトル縦断研究やバルテスら（Baltes, P. B., et al.）による研究結果をまとめ、高齢者の認知機能の可塑性について、主体と環境の相互作用の視点から捉え直している。「年をとるとどうなるか」という視点ではなく、「年をとるとどうするか」という視点から、自分自身でマネージメントする対象として加齢の問題を提起している。生涯発達心理学のなかでの新しい視点といえよう。　　　（土田宣明）

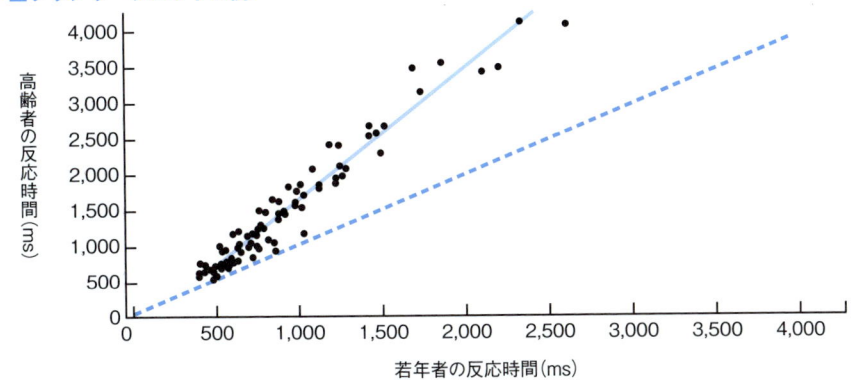

■ブリンリープロットの例

出典：Slawinski, M.J., & Hall, C.B. Constraints on general slowing: Using hierarchical liner model with random coefficients. *Psychology and Aging*, 13, p.169, 1998.

3-3 前頭葉機能
― 脳のコンダクター ―

Keywords ▶▶▶ 抑制機能／プログラミング／遂行／FAB

●前頭葉とは

　前頭葉とは、大脳半球中心溝より前の部分を指す（図参照）。ヒトの前頭葉の大きさは、全皮質表面の24〜33％と算定されており、他の高等霊長類のなかでもひときわ大きい[1]。

　この前頭葉の神経回路の形成は発達的に時間のかかる領域の1つである[2]。ところが、この領域が逆に加齢による影響を受けやすく、一番早く老化衰退していく。これは「last in, first outの原理」と呼ばれている現象である。この原理は、あくまで神経生理学のレベルのものであり、それを直接、心理学のレベルに対応させることは危険であろう。しかし、前頭葉で司っている機能が加齢の影響を受けやすいという仮説を検討する価値は十分あるものと思われる。

●前頭葉機能

　前頭葉で司っている機能とは何か。この点については、まだ不明な点が多い。前頭葉機能の謎、前頭葉のパラドクスなどと言われ、神経心理学においても不明な点の多い部位である。次々に生起する事柄を記憶の中で組織化し、適切な行為をプログラミングし、それに基づいて組織的な反応を遂行する。さらに、文脈によって適切な反応を切り替えたり、不必要な反応を抑制したり、将来を予測、期待するというようなさまざまな知的能力に関係することが示されている[3]。

　このような多岐にわたる機能のなかで、近年注目を集めているのが、前頭葉の中の、特に前頭前野と抑制機能との関連である。前頭前野と抑制機能の関連を指摘する研究は、主に3つのレベルの研究から指摘されてきた。1つは、前頭前野の損傷に伴うヒトの臨床研究であり、2つ目は、動物を対象にした破壊実験、3つ目はニューロン活動・伝達物質の研究である。

　ヒトの前頭前野の損傷に伴う障害で、特徴的なのは、脱抑制と固執である。状況に合わせて適切に行動を変化させることができなくなり、頑なに一定の方法にこだわるようになる。習慣化したり、前に行った行為を抑制できない状態である。

　動物を対象にした前頭前野の破壊実験からも同様の結果が得られている。前頭前野を破壊したサルでは、Go / No-Go 弁別学習が困難になる。この課題では、ある信号（Go信号）には反応し、別の信号（No-Go信号）には反応しないことが課される。信号に応じて、行動を始動また抑制することが要求されるものである。前頭前野が破壊されたサルでは、この課題においてNo-Go信号でも反応してしまう誤りが増える[4]。

　さらに、このような課題を行っている時のニューロン活動をみると、No-Go信号提示で、反応を抑制している時に、前頭前野に特異な電位が現れる[5]。また、近年、神経伝達物質のレベルで、行動の抑制と深く関与すると予想され、前頭前野に豊富に含有されるドーパミンとγ-アミノ酪酸（GABA）が注目を集めている。

　このように、前頭葉、特に前頭前野は行

為の抑制と強く関連していることが予想される。そして、この部位を含む上前頭回で、加齢に伴う神経細胞の減少が著しいという指摘や加齢とともに前頭前野における血流量が選択的に減少するという指摘がある[6]。

● 抑制機能

抑制の問題に最初に注目したのは、ルリヤ（Luria, A. R.）である。ルリヤはランプの点灯に合わせて、バルブを押したり（Go）、押さなかったりする（No-Go）課題を用いて、抑制の能力がどのように発達するのかを明らかにした。また、脳損傷患者のリハビリテーションの場面でさまざまな実験を行い、抑制の問題を検討した。ただし、ルリヤが検討した抑制の問題は、意図と行動が乖離する場面で顕在化する問題であり、運動コントロールの側面に注目していたといえる。

高齢者にみられる認知情報処理の能力の低下に関わって、この抑制の問題に注目したのは、ハッシャーとザックス（Hasher, L., & Zacks, R.）であった[7]。彼女らは、高齢になると抑制の機能が衰退し、指示された課題とは無関連な刺激に注意を向けてしまい、結果的に指示された課題に対する処理能力が落ちると考えた。現在、選択的注意、言語理解の分野など広範囲にわたり、この仮説の検討が進められている。例えば、言語理解の領域では、高齢者は、刺激文の中で無視するように指示されても、その部分を読んでしまい、結果的に文章の意味理解が妨害されやすいこと。また、同音異義語の解釈を含むような実験では、高齢者は、課題とは不適切な意味を抑制できずに、適切な意味への反応が妨害されやすいことなどが明らかになってきた。

● 機能の評価方法

前頭葉の機能をみる検査は数多く存在する。ウィスコンシンカード分類テスト、ストループテスト、トレールメーキングテストなどが代表的なものである。機能が多岐にわたる前頭葉の機能をアセスメントする簡易版の知的機能検査に FAB（Frontal Assessment Battery）がある[8]。FAB は 6 つの検査項目から形成されており、それぞれの項目は前頭葉の機能をよく表している。6 つの検査項目とは、①抽象化、②語の流暢性、③運動プログラミング、④葛藤、⑤ Go/No-Go、⑥環境依存性課題である。

（土田宣明）

■ 前頭葉の部位

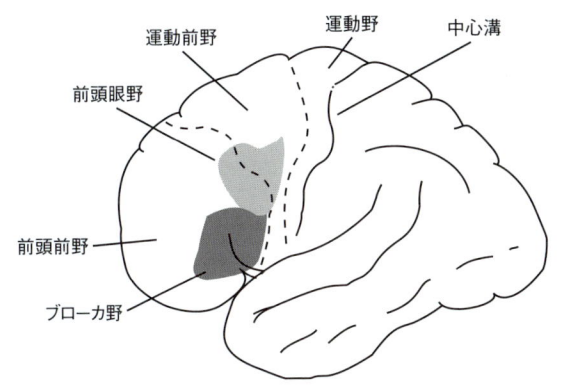

3-4 注意
— その役割と維持・改善 —

Keywords ▶▶▶ 認知的加齢／選択的注意／抑制機能／分割的注意／有酸素運動

● 注意機能の加齢変化

「注意」には、複数の情報のなかから処理すべき情報を選択する際に働く選択的注意、目的と関係のない情報の処理や不適切な行為を抑える抑制機能、2つ以上の対象や課題を並行して処理する際に働く分割的注意など、さまざまな機能がある。注意機能に生じる加齢変化を議論するためには、注意以外の機能に生じる加齢の影響と注意機能そのものに生じる加齢の影響との切り分けが重要となる。

注意機能の加齢変化を扱った研究により、高齢者の注意機能のどのような側面に若年者との差が生じるのかが検討され、加齢に伴って低下する機能と比較的維持される機能があること、加齢の影響の現れ方には個人差があることなどが明らかにされてきた[1)2)]。また脳活動においても加齢に伴う2つの特徴的な変化が明らかになっている[3)]。ひとつは、前頭領域での活動が増加し、後頭領域での活動が低下すること（PASA）、もうひとつは、高齢者では脳活動の半球非対称性が減少すること（HAROLD）である。

以下では、選択的注意と分割的注意に焦点を絞り、加齢の影響について紹介する。

● 選択的注意

目的に合った情報を効率的に獲得するためには、目的に関連する情報に対して選択的に注意を向ける過程と、目的に無関連な情報を抑制する過程の両方が必要となる。視空間情報に基づく注意の選択特性を検討する代表的な方法の1つに視覚探索がある。視覚探索課題では、標的以外の複数の視覚刺激（妨害刺激）のなかから事前に指定された標的の有無判断が求められ、探索画面の提示から実験参加者が反応するまでの時間（反応時間）を計測する。妨害刺激の個数を操作し、妨害刺激数に対する反応時間をプロットした探索関数は一次関数となることが知られている。視覚刺激が入力されてから反応するまでの処理過程のなかで、探索関数の傾きには妨害刺激からの標的の選択に関与する注意過程のみが反映される[4)]。妨害刺激の個数が増加しても反応時間がほとんど増加しない場合を効率的探索、妨害刺激の個数の増加に伴って反応時間が増加する場合を非効率的探索と呼ぶ。

標的が複数の特徴（例えば、色と形）の組み合わせによって定義された非効率的探索を用いた研究では、高齢者における探索効率（探索関数の傾き）の低下が指摘されている[5)]。一方、効率的探索を用いた研究では、若年者に比べて高齢者の反応時間は増加するものの探索効率には年齢差が認められていない[5)6)]。探索効率にみられる高齢者と若年者との差は、妨害刺激数の増加や標的と妨害刺激の類似性の増加などによって標的の顕著性が低下した場合に認められる。そのため、標的が提示される空間位置や標的の特徴などに関する情報を事前に与え、標的の顕著性を高めることによって、高齢者の探索効率が向上するという結果も報告されている[6)7)]。

● 分割的注意

複数の課題を効率的に遂行するためには、

各課題の難易度に応じて容量限界のある注意資源を適切に配分することが必要となる。高齢者における分割的注意の機能低下は、加齢に伴う注意資源の減少を仮定することによって説明可能である。

セクラーら(Sekuler, A.B., et al., 2000)は、中心視野と周辺視野とで二重課題を行う有効視野課題を用い、15歳から84歳までの176名を対象に有効視野を計測した。その結果、加齢に伴う有効視野の機能低下が示され、機能低下はすでに20歳代から始まっているとする興味深い結果が報告された[8]。視野内のある注視点の周りで情報処理が可能な範囲を示す有効視野の縮小は、高齢運転者の自動車事故の問題を最もよく説明することが知られている[9]。分割的注意は、高齢者が長期間にわたって訓練を積んできた日常的な課題(歩行)の遂行にも影響を及ぼすこともある[10]。

分割的注意に生じる加齢の影響に関するこれらの知見は、自動車運転や転倒など高齢者の日常生活における危険性を理解するうえでも非常に重要である。

● 老年期における注意機能の維持・改善

老年期のQOLを考えるうえでは、自立した日常生活を送るための基礎となる身体機能や認知機能をできるだけ長期にわたって維持していくことが重要となる。最近の認知的加齢研究では、加齢に伴って低下した機能の維持・改善を目指した研究への関心が高まっている[11]。

クレイマーら(Kramer, A.F., et al., 1999)は、60歳から75歳までの124名の高齢者を対象に、6か月間の有酸素運動(ウォーキング)が抑制機能をはじめとした注意機能を選択的に向上させることを明らかにした[12]。また、定期的な有酸素運動は、加齢に伴う脳体積の減少を抑えること、さらには脳体積の増加につながることを示した研究成果も報告されている[13]。

若年者を対象とした研究ではあるが、アクションビデオゲームが注意・遂行機能に及ぼすポジティブな効果も報告されている[14]。高齢者でも若年者と同様の効果が期待できるのかは現時点では定かではないが、加齢に伴って低下した注意機能を維持・改善するための新たな手段として今後さらに研究が進んでいくことが期待される(図参照)。　　(石松一真)

■ 注意機能の加齢変化パターン(モデル)

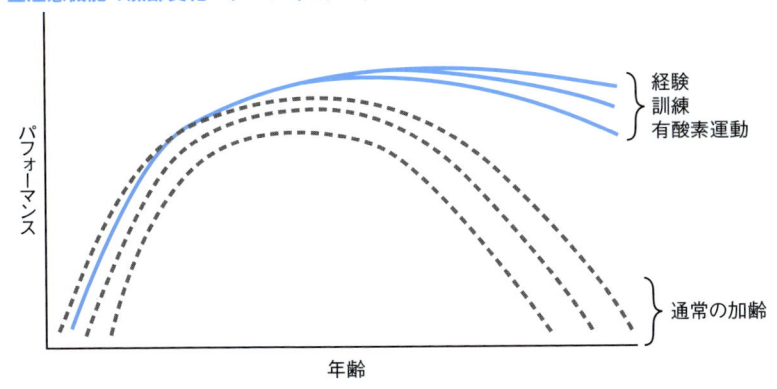

出典:Craik, F. I. M., and Bialystok, E. Cognition through the lifespan: mechanisms of change. *Trends in Cognitive Sciences*, 10(3), p.133, 2006. を一部改変.

3-5 問題解決能力
── 実験室的問題 vs 日常的問題 ──

Keywords ▶▶▶ 実験室的問題／日常的問題／コラボレーション／社会的歴史的文脈

●問題解決能力 (problem-solving ability) とは

「問題解決」とは非常に広い意味をもつ用語である。人間の認知的な働きのほとんどは問題解決に結びつくとも考えられる。心理学では一般に、問題解決は「人間がある欲求を満たすために、満たされていない状況（問題状況や初期状況と呼ばれる）から満たされた状況（目標状況）へ移行する活動」として定義される。したがって問題解決では、対象となる高齢者が「どのような状況下で」「どのような問題を遂行するのか」を明確にすることが重要である。問題解決についての心理学的研究は、伝統的に実験室の中で研究者によって統制された問題（実験室的問題）を用いて行われてきた。しかし近年では、日常的な状況のなかで被験者にとって馴染み深い問題（日常的問題）を用いた研究も盛んに行われるようになっている。

●実験室的問題による測定

実験室的問題とは、「研究者の統制下で一定の制限時間内に被験者がある目標を達成しようとする、目標へ向かって収束する構造を持つ問題」を指す（収束型問題）。具体的には、ピアジェ（Piaget）の保存課題、概念学習課題、ジグソーパズルや故障発見課題といった言語または非言語による探索課題、ことわざの解釈のような言語を用いた推論課題、物体の配置を推理させる視覚空間的課題、計算課題、創造性テストなどがその例である。これらの課題は、いずれも1人の被験者の論理演繹の過程を対象とした、抽象的な課題の遂行能力に焦点を当てている。一般的な傾向としては、老年期では青年期などの他の年代と比較して成績が低く、加齢に伴う能力の低下・欠如が指摘されている[1]。

一方で成人、特に高齢者においては、時間間隔をあけて単純な反復練習や訓練を行うだけでその成績がしばしば劇的に向上するなど、このような心理測定課題に対する反応は常に一定というよりも変化することが知られている[2]。また、こうした心理測定の測度は、成人向けに作られているにもかかわらず、無批判に高齢者に適用されているという意見もあり[3]、高齢者には高齢期の特徴を反映した課題を用いて研究を行うべきという反省も生じている。さらに技術職など専門性を要する活動を対象にした研究から、ある個人固有の経験が問題解決に大きく影響すること（熟達化）が近年知られており、その個人の生活内で意味をもつ特定の経験が、知的活動や精神機能にどのように影響するかを検討する必要性も指摘されている。

●日常的問題を用いた研究

以上の反省から、問題が発生している実際の環境下で問題解決過程を検討する、社会文化的・生態学的文脈を考慮した研究が近年盛んになっている。こうした日常的問題を用いた研究では、正解が複数であったり、問題そのものが複数の下位課題から構成されるように、実験室的問題に比べて複雑な構造をもつ。また、被験者が単独で問題を遂行するだけではなく、他者とのコラボレーションを通して

問題を解決していく過程を研究の枠組みに積極的に取り入れているのも、その特徴である。

研究例としては、日常的な刺激を用いて実験室的課題を解決させるもの（例：刺激として食べ物を用いて概念学習課題を解く）[4]、日常的課題を設定して解決させるもの（例：独り住まいの高齢者が自力で離れた病院に行く方法を推理する）[5]、日常場面に近い状況として他者とともに課題を解決させるもの（例：提示された物語の内容を夫婦で協力して想起する[6]、介護者と一緒にブロック課題を行う）[7]、などがある。このうち日常的な刺激を用いて実験室的課題を行う研究では、抽象的な刺激よりも日常的な刺激を用いた場合の方が、高齢者の課題遂行においてよい結果が得られた。日常的課題を用いた研究では、高齢者の遂行能力は青年群のものと比較的差がなく、経験の影響が推察された。また身近な他者との問題解決では、熟練した協力体制によって高齢者夫婦が青年群と同等の成績を修めたり、介護者のヒントの与え方によって認知症高齢者の課題遂行に変化がみられた。

● 展望と課題

実験室的問題と日常的問題は、以上のように対照的な特徴をもつ（表参照）。そして最近の実験室的問題から日常的問題へという問題解決研究の流れは、これまで心理学が注目してきた、問題解決が個人の能力のみによって達成されるという考え方から、その個人が置かれている社会的歴史的文脈も考慮すべきであるという認識の変化を反映している[8]。これは多くの高齢者が、長年培った自身の経験や身近な他者の援助を通して、さまざまな問題に対処している現実を鑑みても、また鈴木[9]が論じるように、人間は一方的に与えられた問題（環境）を処理するだけでなく、問題意識や仮説をもって問題を修正あるいは再構成（創造）する存在であることからも、より意義のある変化といえるのではないだろうか。

しかし、日常的問題を対象とする問題解決研究は、海外でも比較的新しい分野であり、国内の研究も非常に少ないのが現状である。高齢者の経験世界を明らかにし、その能力を正しく評価し、得られた知見から実験室的問題の再評価や臨床への適用を行うためにも、今後さらなる研究が求められる分野といえよう。

（小野寺涼子）

■問題解決研究における実験室的問題と日常的問題の特徴

	実験室的問題を用いた研究	日常的問題を用いた研究
対象者	個人	個人間（他者との関係性を含む）
問題の構造	よく構造化された単一の課題	十分に構造化されていない、複雑に絡み合った課題
問題遂行の時間	制限された時間枠	比較的制限されていない時間枠
問題の解	唯一の正解	複数回答可
研究者と対象者の関係	不均等 （対象者は研究者の統制下）	均等 （対象者は研究者の統制から比較的自由）
高齢者研究での特徴	加齢に伴う能力の低下に焦点化	能力測定時の社会的歴史的文脈に焦点化

出典：Meacham, J.A., & Emont, N.C. The interpersonal basis of everyday problem solving. In J. D. Sinnott. (eds.). Everyday problem solving: Theory and applications. New York: Praeger. p.15, 1989. を一部改変.

3-6 知的能力
— 加齢変化と可塑性 —

Keywords ▶▶▶ 加齢パターン／流動性知能／結晶性知能／可塑性

●問題によって異なる加齢パターン

知能は、1つの能力で代表し得るような単一の能力ではない。異なる機能を持ったいくつかの能力が組み合わさり、互いに作用し合って1つの知的活動がなされていく。

成人用の個別式の知能検査（WAIS）を開発したウェクスラー（Wechsler, D., 1972）[1]をはじめとしたさまざまな研究によって、問題によって異なる加齢パターンがあることが明らかになってきた。ウェクスラー（1972）は、高齢者と若年成人を比較し、同程度の達成度が挙げられる問題と差が出る問題をそれぞれ、「保持される下位検査（hold subtests）」と「保持されない下位検査（don't hold subtests）」に分類している。サンズら（Sands, L.P., et al., 1989）[2]によると、WAISの下位問題では、「知識」「理解」「単語」において保持傾向が、「符号」「積木模様」において保持されない傾向が、「絵画完成」では易しい問題では保持、難しい問題では保持されないという混合した傾向がみられている。

●キャッテルとホーンによるモデル化と加齢変化

このような現象に着目し、理論化されたのが、キャッテルとホーン（Cattell,R., & Horn,J.）による流動性知能（Fluid intelligence：Gf）と結晶性知能（Crystallized intelligence：Gc）の理論である[3][4][5]。

流動性知能とは、脳の神経学的・生理学的機能と関連しており、「いかに速く」「いかに正確に」「いかに柔軟に」というように情報処理の速さや正確さ、柔軟性によって現される能力であり、個々人のもつ生来的な要因が強いとされる。一方、結晶性知能とは、教育や日常的に経験したことにより獲得された知識やスキルが蓄積された能力であり、個人が社会によって文化化（accuturarion）された結果を反映している。

ホーン（1991）[6]によると、流動性知能は「数字、アルファベットなどの系列を用いた帰納的推理」「視覚パターンを用いたマトリックス（行列）の推理」「分類」「集合（認識）に基づく連言推理」などの課題によって測定される。一方、結晶性知能は、「一般的な知識」「問題の定義」「日常の中での議論とその根拠の評定」「言葉の関係性による類推」「三段論法的推理」などの課題によって測定される。

キャッテル（1987）[7]は、図のようなそれぞれの知能の理論上の加齢変化のモデルを示している。

流動性能力は、脳の神経学的・生理学的機能の加齢に伴う低下に伴い、20歳頃までは延びていくが、それ以降は、徐々に低下していく。結晶性能力は、流動性能力と異なる加齢変化を示し、20歳以降も生涯を通して伸び続けるとするものである。

●キャッテル-ホーンのGf-Gc理論の評価

それまで観察されていた特有の加齢変化について、生涯発達的視点から理論化を試みたという点、また、経験上の説得力を持っていた（年をとれば衰える面も出てくるが、博識、賢さという面は伸び続ける）という点、さらに、先に記述したようにそれぞれの知能を測

定するためのテスト課題が具体的に特定されているという点において[8]、キャッテル-ホーンのGf-Gc理論は知能研究の領域のみならず、生涯発達研究の領域においても、広く紹介され、普及するに至った。

しかし、このモデルの示す加齢変化については、縦断研究と横断研究のもたらす結果の違い等、方法論上の点からいくつかの問題提起もなされている[9]。

●知能維持の可能性

流動性知能、結晶性知能に限らず、記憶能力や反応時間など、認知に関わるさまざまな機能において加齢に伴いその個人差が大きくなっていくことが多くの研究によって明らかにされている[10]。つまり、人によって低下の度合いが違うのである。しかも、その度合いは、年をとるほどに広がってくる。

どのような要因がこの個人差に関わってくるのだろうか。この個人差に関わる要因を探ることによって知的能力を維持する生活上のヒントが得られる可能性がある。

シャイエ（Schaie, K.W., 1978）のシアトル縦断研究では、健康との関わりで心臓に疾患のある人は平均以上に衰退が早いということが示されている。これ以外に、結婚生活の充実、刺激的な環境にあること、成人期を通じて文化的教育的な施設、機会を利用しているなどの要因も指摘されている。

しかし、これらの要因の因果関係の判断には、注意が必要である。相互に影響し合っているのではないかと思われるが、知的機能が維持されていることによってそれらの活動を行っているという逆の関係も想定されるのである。

特定の知的能力を訓練することによって、その能力の維持、向上を図ろうとする研究もある。鈴木（2008）[9]は、それまでの高齢者を対象とした研究を概観し、訓練によって知能得点が向上し、その効果は数年にわたって維持され、知能がすでに低下傾向にある場合でも回復可能性があることを指摘している。

このように知能維持の可能性は高く、高齢者に限らず、人の知的能力は可塑性に富んだ機能であるということがいえよう。今後の課題としては、何をどのように行ったらいいのかという研究上の知見を、高齢者の日常生活レベルにどのように落とし込み、実施していくのかということになろう。　　　　　（大川一郎）

■生涯における知的能力の理論上の変化

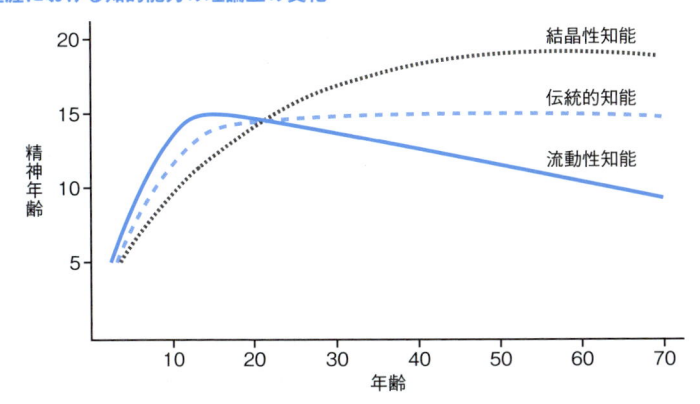

出典：Intelligence: Its structure, growth and action, Catell, p.206, 1987.

3-7 創造性
― 新しいものを生み出す力 ―

Keywords ▶▶▶ 生涯発達／生産性／個人差／サクセスフル・エイジング

● 創造性

　創造性とは、新しい作品や著作を創作する、質が高い創作物を世に出す、あるいは解決すべき課題に対して適切な何かを生み出す能力である[1]。私たちの日常は創造性から生み出されたものに満ちていて、創造的活動は人間の諸活動のなかで最も重要で、かつ多くの人が楽しんでいる活動である[2]。生活に楽しみをもたらす小説、映画、ゲーム、漫画、あらゆるジャンルの音楽、ファッション、私たちの生活を快適にしてくれるインテリアやさまざまな家電製品、通信機器等々、すべてが創造的活動から生み出されたものである。

● 量的側面からみた創造性の生涯発達

　しばしば創造性、または創造的な活動は高齢期になると著しく低下するという先入観や偏見がもたれることがある。しかし、高齢期の創造性、あるいは生涯を通じた創造性の発達・変化を捉えた研究からは、高齢期にも多彩な創造性があることが示されている。

　ある特定の期間、あるいは生涯を通じてどれだけ多くの作品や論文等を世に生み出してきたか、その数から測定される創造性は生産性とも呼ばれる。一般的な傾向として、生産性は青年期から成人期にかけて加齢とともに比較的早いスピードで上昇し、ピークに到達した後、比較的緩やかに時間をかけて低下する傾向があることが報告されている[3]。

　しかし同時に、生産性には多様性が存在する。第1の特徴として、生産性の発達曲線は前述した曲線を示す傾向があるが、いつ頃ピークが来るかは活動領域によって異なり、また曲線の傾きも活動領域により違いを示す。つまり比較的急な発達曲線の傾きを示す領域もあれば、緩やかな傾きを示す領域もある。例えば、比較的人生の早い時期にピークが訪れ、ピーク後の低下するスピードも他領域と比較すると速い傾向がある領域としては、数学などが指摘されている。一方、哲学や歴史などの領域では、生産性がピークに達する時期は他の領域と比較して相対的に遅く、その後の生産性の低下スピードも緩やかで、高齢期においても生産性はあまり低下せず、維持される傾向があることが報告されている[4]。

　生産性にみられる多様性の第2の特徴は、個人差が大きいという点である。高齢期になると生産性が低下する者がいる一方で、高齢期においても高い生産性を維持し続ける者もいる。例えば超高齢期とも表現される80歳代、90歳代においてもなお、精力的に作品や業績を生み出している芸術家や研究者は数多く存在する。ダンテは80歳で神曲を完成させ、エジソンは84歳まで研究室で発明を続けたと言われている。他にも、画家の小倉遊亀、指揮者の朝比奈隆、映画監督の新藤兼人など80歳代以降も創造的な活動で多くの人たちを楽しませ、感動を与えてくれた（くれている）人たちは数多くいる。

● 質的側面からみた創造性の生涯発達

　一方、創造性の質に視点を転じると、代表作と呼ばれる質の高い作品や論文が生み出される時期は年齢と関係ないことが報告されて

いる。サイモントン（Simonton, 1990）は特定の期間に生み出された作品や業績の総数に対して、代表作や傑作と評価されている作品や業績の数の割合を調べたところ、その割合には加齢と連動した変化はないことを明らかにした[6]。サイモントンはこれを成功確率一定モデル（代表作や傑作が生まれる確率はどの年齢時点でも一定している）と呼んでいる。このモデルは、多くの作品が生み出される時期には、多くの代表作も生み出されることを示している一方で、同時に、高齢期も含めてどの年齢時期にも代表作が生まれる可能性があることを示している。

● 高齢期の創造性とその効果

超高齢社会になり、絵画や陶芸、写真、俳句、文筆、発明など自ら創造的な活動を楽しむ高齢者は増加している。高齢期に創造的な活動をすることは、高齢者の生活にさまざまなポジティブな効果をもたらす。例えば、遊び心や好奇心をもって創造的な活動をすることを通じて、日常の生活満足度が高められたり、生きがいを感じたり、有能感、自己成長感が高められたりする[7][8]など、さまざまな効果が報告されている。さらに、創造的な活動をすることを通じて、病気に対する過度な防衛的態度が低下したり[9]、自分の人生を受容したり、若い時と比べると身近に感じるようになる死に対して、過度に不安に思う気持ちが低減したりする効果があること[10]も示されている。これは創造的な活動が直接的、あるいは間接的にサクセスフル・エイジングを促す重要な要因のひとつになっていることを示している。

高齢期は成人期までとは異なり、家庭や職場での責任や制約が次第に軽減してくる時期である。そのため実は高齢者は若い時よりも自由にユーモアの感覚や好奇心、遊び心を発揮して、創造的な活動をすることができる時期とも考えられる。

さらに創造性には認知能力やパーソナリティ特性、モチベーション、そして環境が大きく関わると言われている。特にまだ若い高齢期の前半では身体機能や認知機能、そして活動意欲も高く保たれている場合が多く、創造性を発揮するためのリソースは十分にある。生涯発達的な視点に立つと、高齢期は創造性を自由に発揮させることができる可能性を秘めた時期でもあるのである。（髙山　緑）

■ 生産性とキャリア年数 ── 個人差の観点から

創造性の潜在能力

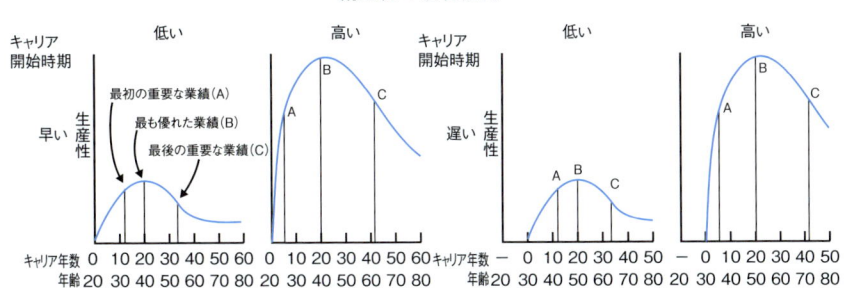

出典：D,K Simonton, Developmental Psychology,1991,27,p.121 をもとに作成.
＊Copyright©1991 the American Psychological Association
＊出典タイトル："Career Landmarks in Science：Individual Differences and Interdisciplinary Contrasts"

3-8 知恵
— 知性と感情の調和 —

Keywords ▶▶▶ 認知／人格／生涯発達／熟達化

●知性と人格の成熟としての知恵

　成人期以降、年齢を重ねることによって身につく肯定的な特性は何か。かつてヘックハウゼンら (Heckhausen, J., et al., 1989)[1] が行った研究で得られた結果は、知恵と威厳であった。知恵は成人期以降、人が獲得する肯定的な能力、すなわち成人・高齢期の発達のポジティブな側面を代表するものとして生涯発達研究のなかで注目されてきた。

　洋の東西を問わず、知恵、あるいは知恵が身についている人に対して、私たちはかなり明確な共通のイメージをもっている。知恵をイメージするとき、人は知性に関わる要素としては、教育などによって育成される知識や認知能力（学習知）とともに、人生経験から培われる豊かな経験知があること、これらの知識に裏づけられた、優れた理解力、洞察力、判断力、そして行動力があり、必要な場合は他者へ助言を与えることもできることを想定する。同時に、知的に優れているだけでなく、人格の成熟という側面から、他者への共感・配慮ができ、内省的に自己を冷静に見つめ、受容することができる力がある人を知恵のある人と認識している[2]。つまり、知恵は学識豊かであるばかりでなく、人徳があり、自然と善い行いができる力が備わっていることを指す。クルツマンとバルテス (Kunzmann, V., & Baltes, P.B., 2005)[3] は、これを「知性と感情の熟達化」と表現し、知的能力の発達と人格の成熟が調和し、それが反映された行動をとることを望み、知識をその方向へ活かし、実際に実行していく力と定義している。

●加齢と知恵

　生涯発達的視点に立ち、人の機能や能力の発達・変化を捉えるとき、知恵は時には知的機能が生涯を通じて発達するなかで、最終的に到達する知的機能の理想的な最終形態として[4]、また時には人格の生涯発達のプロセスのなかで最終段階において到達するもの[5][6]として捉えられ、モデル化されてきた。

　しかし、私たちは知恵は多様な人生経験を積むことが必要であることを理解しつつ、年齢を重ね、経験を積みさえすれば身につくものでないことも直感的に感じている。この感覚と符合するように、知恵の実証研究からは、知恵の獲得は単に加齢とともに上昇するような単一的な直線によって描かれるのではなく、もっと多様で複雑な発達曲線を描くことが示されつつある。つまり、知的機能の発達とともに、人格の成熟が関わり、両者の成長が相互に影響を与えながら知恵は形成されていく。そのため知恵のどの要素に焦点を当てるかによって、知恵の形成プロセス（発達曲線）は多様な姿を見せる。例えば、知恵にとって必要な知識の獲得という視点から知恵を捉えると、人生の相対的に早い時期、すなわち青年期頃から知恵に関わる知識の獲得が進み、成人期から高齢期を通じて安定して保持されていることが複数の研究から報告されている[7]。しかし、例えば自分が体験した人生経験を、より広い視野をもって理解したり、その経験を他の人生の文脈の中でも活かせる

能力は青年期よりも成人期以降に鮮明になってくる[8]。また、知恵の別の側面である人格の成熟や内省する力に焦点を当てた研究からは、青年期、成人期、高齢期と年齢が上がるとともに知恵が形成されていくことを示唆する結果が報告されている[9]。

これらの結果は、知恵には相対的に人生の早い時期から基礎が築かれる部分がある一方で、より長い時間と経験を要する部分があることを示唆している。

● 知恵の形成プロセス

知恵を身につけるには経験が必要であることは繰り返し強調されているが、どのような経験が知恵の形成に関わるのだろうか。最近の研究では、特定のライフイベントが知恵を形成するというよりも、困難な問題に対して、どのように向き合い対処したかが重要であることが示されてきている[2]。例えば、知恵の得点が高い人は困難な問題から逃避せず、主体的に解決しようと努力し、そこから何かを学ぼうとする対処行動が見られる[10]。

さらにこのような体験とともに、さまざまな心理社会的な要素—例えば開放性のような性格特性、次世代への関心(世代性)、優れたメンター(指導者・助言者)との出会い、自分自身のメンターとしての経験、他者の幸福への関心、自分を成長させたい、あるいは洞察力を深めたいというような動機づけなどが互いに関連しながら、知恵は形成されることがこれまでの研究から示唆されている[3]。こうして知恵を身につけた者は、例えば葛藤場面で特定の立場に固執せず妥協点を探ったり、他者と議論しながら解決策を探る行動をとることができ[11]、豊かな感受性があると同時に、それを適切に抑制することにも長けている[3]。

知恵は簡単に手に入れられるものではないかもしれない。実際バルテスらは知恵に関わる課題を実施し、知恵を測定した結果「知恵がある」と判定できる得点に達した高齢者の割合は必ずしも高くないことを示している[12]。知恵を身に付けたいと願う気持ちとは裏腹に、簡単に手に入るものではない、そんな知恵の獲得の難しさを、彼らは「知恵はある意味ユートピア」と表現している。しかし知恵は簡単ではないけれど生涯を通じて人は発達する可能性をもっていることを示してくれている。

(髙山　緑)

■ 知恵の定義と知恵の形成に関するモデル

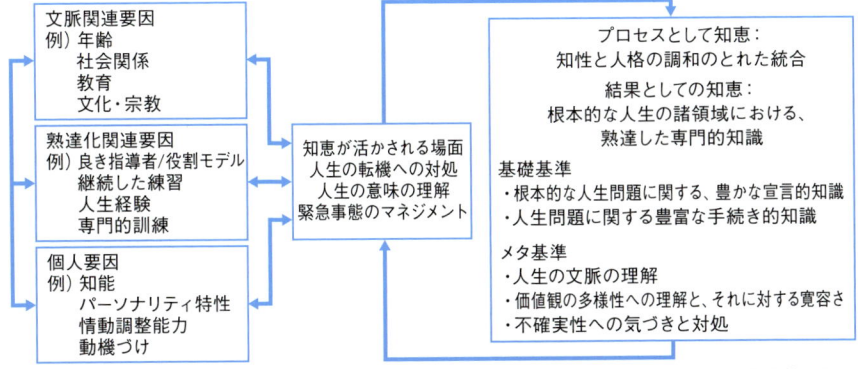

文脈関連要因 例)年齢 　　社会関係 　　教育 　　文化・宗教		プロセスとして知恵： 知性と人格の調和のとれた統合 結果としての知恵： 根本的な人生の諸領域における、 熟達した専門的知識
熟達化関連要因 例)良き指導者/役割モデル 　　継続した練習 　　人生経験 　　専門的訓練	知恵が活かされる場面 人生の転機への対処 人生の意味の理解 緊急事態のマネジメント	基礎基準 ・根本的な人生問題に関する、豊かな宣言的知識 ・人生問題に関する豊富な手続き的知識
個人要因 例)知能 　　パーソナリティ特性 　　情動調整能力 　　動機づけ		メタ基準 ・人生の文脈の理解 ・価値観の多様性への理解と、それに対する寛容さ ・不確実性への気づきと対処

出典：Kunzmann, U., & Baltes, P. B.. The Psychology of wisdom: Theoretical and empirical challenges. In R. J. Sternberg & J. Jordan (Eds.) A handbook of wisdom – Psychological perspectives, New York: Cambridge University Press. p.120, 2005. をもとに作成.

3-9 言語能力
── その特徴と障害の様相 ──

Keywords ▶▶▶ 喚語困難／tip-of-the-tongue／語彙数／老人性難聴

● 言語の処理過程

　言語は、人間同士の意思を伝達するための最も効率のよいコミュニケーションツールである。まず、言語を用いたコミュニケーションの過程とはどのようなものか、二者の会話場面を想定した「ことばの鎖（Speech chain）」をもとにこのプロセスについて解説する（図参照）。

　言語の表出の過程では、「話し手」は伝えたい内容を想起し、大脳皮質の言語野においてその内容に見合った単語を選び出す。次にそれらを並べて文を構成しながら音声に変換するための音韻列をつくる（言語学的レベル）。そして、この情報は運動神経を介して口唇・舌などの発声・発語器官に送られ、肺からの呼気をエネルギーに喉頭の音源を使って音声として発せられる（生理学的レベル）。「話し手」が発した音声は、物理的な音波として空気中を伝播する（音響学的レベル）。

　言語の理解の過程では、この音波が「聞き手」の耳に入力され、中耳、内耳、聴神経を経由し音響分析がなされ（生理学的レベル）、大脳皮質の言語野に到達し、単語の同定と文法的な解読の処理が行われて「話し手」の意図が理解される（言語学的レベル）。

● 表出面における加齢の影響

　表出面については、「言語学的レベル」、つまり大脳皮質の言語野とそれに関連する領域で起こる加齢変化について多くの研究がなされている。言いたい言葉が出てこない現象を喚語困難と言うが、その中でもよく知っているはずの言葉が喉まで出かかっているのに出てこないという現象を特に「TOT（tip-of-the-tongue）」と言う。TOT は加齢とともに増えることが広く知られているが、特に人名などの固有名詞で顕著に現れる。

　絵を見てその名称を言う呼称課題や一定時間内にどれだけ多くの語が想起できるかをみる語想起課題において、高齢者は若年者に比べ成績が不良であることが多く報告されている。このうち語想起課題には、英語圏では「A」の頭文字で始まる語、日本語では「か」のつく語を列挙するといった語頭文字（音）を使用するものと、動物、乗り物などの意味カテゴリーを使用するものがあるが、いずれにおいても高齢者は想起できる語彙数が減少する傾向にある。

　一方で、年をとればとるほど語彙数は増加するという報告も多い。これらは一見矛盾しているようであるが、呼称や語想起課題での成績低下は、脳内に貯蔵されている語彙情報へのアクセスの効率の問題や反応速度の低下の影響によるものと考えられている。

　書字言語についての研究は少ないが、日記への表記内容を材料にした研究があり、若年者に比して文法的形態が単純になることが指摘されている[1]。これには文作成時におけるワーキングメモリの能力低下が関与していると考えられている。

　生理学的レベルについては、一般的に加齢とともに発話速度は低下すると言われる。これは喚語困難があることに加え、発話運動機

能の加齢による変化(筋力や巧緻性の低下)の影響もあるためと考えられる。

●理解面における加齢の影響

理解面における最も大きな加齢変化は生理学的レベルで起こる聴力の低下、すなわち老人性難聴である。40代より高音域が聞き取りにくくなる現象が始まり、この傾向は徐々に中音域、低音域にも広がっていく。これにより、高音域の成分を含む子音の聴取が最初に低下してくる。

例えば「さかな(魚)/sakana/」と「たかな(高菜)/takana/」というような音の聞き誤りが増え、コミュニケーションに支障を来すようになる。また音響分析能力の低下により多人数での会話場面や雑踏での聞き取りも悪くなる。

文の理解においては、聴覚的理解の方が読解よりも困難になるが、これには先に挙げた老人性難聴の影響が考えられる。また文の構造に着目すれば、短文・文法的に単純な構造の文よりも長文・複雑な構造の文の方がより理解が困難になる傾向がある。これにもワーキングメモリの能力低下や短期記憶の容量低下が関与していると考えられる。

●高齢期に起こる言語障害

高齢者が罹患しやすい疾患として脳出血や脳梗塞などの脳血管障害があるが、その後遺症のひとつとしてことばの障害が挙げられる。これには言語学的レベルの障害である「失語症」と生理学的レベルの障害である「運動障害性構音障害(構音障害)」がある。

失語症は、大脳の言語野の損傷によって起こる言語を操作する機能の障害であり、ことばの想起に問題が生じたり、聞いて理解することが困難になったりする障害である。他方、構音障害は、発話に関する神経や筋の損傷によって起こる声や発音の障害である。言葉を想起すること自体には問題がないが、それを音声化して伝えようとする際に、声の大きさや質に異常が生じたり、スピードやリズムのコントロールができなくなったりするために聞き取りにくい発話になってしまう。

これら2つの障害は「言語障害」として一括りにされることが多いが、上記のように障害のメカニズムが異なり、障害をもつ人と会話をする際の適切な対応法も大きく異なってくるので注意が必要である。　　(植田　恵)

■ことばの鎖

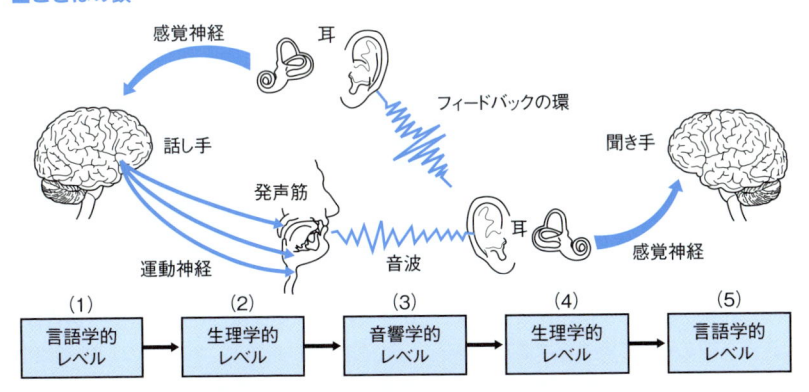

(1)	(2)	(3)	(4)	(5)
言語学的レベル	生理学的レベル	音響学的レベル	生理学的レベル	言語学的レベル

出典:ピーター・デニシュ,エリオット・ピンソン 著,切替一郎・藤村靖 監修『話しことばの科学:その物理学と生物学』東京大学出版会,4頁,1966.

3-10 熟達化と可塑性
― 知的機能の生涯発達と可変性 ―

Keywords ▶▶▶ 生涯発達／熟達者／介入効果／サクセスフル・エイジング

●生涯発達と知的機能

　従来の単一的、一方向的に捉える発達観に対して、生涯発達は発達・加齢変化の多次元性、多様性、可塑性を仮定する発達観である。また、誕生から死までのプロセスのなかで、生物学的要因と環境要因の相互作用から人生の前半期だけでなく、後半の成人期、高齢期においても発達の可能性があることを想定している[1]。熟達化、可塑性はそういった生涯発達観を具体的に理解するうえでも最適な概念であり、現象である。

●熟達化

　専門的な訓練や実践的な経験を通じて、特定の領域における優れた知識や技能をもっている人を熟達者（エキスパート）と言う。熟達者という用語はベテランの医師や科学者などの経験豊かな専門家や、芸術やスポーツなどさまざまな領域で、優れたパフォーマンスをする個人に対して使われる。そして、初心者が熟達者へと変化していく過程、すなわち、ある領域で専門的な訓練や実践的な経験を通じて、その領域における優れた知識や技能を獲得し、優れた成果を挙げていくメカニズムを熟達化という。

　熟達化は高齢期に限定されるものではないが、熟達者に至るまでには長期にわたる（多くの場合10年以上の）練習と実践的経験が必要である[2]。そのため児童期、青年期だけではなく、成人期を通じて熟達化は進み、専門的な技能や知識は磨かれる。そして高齢期になって他の基礎的な認知機能は低下しても、熟達化した領域の能力はあまり低下しないことが知られている[3]。

　さらに他者理解や対人関係など社会場面で、高齢者は若者よりも優れた能力を発揮することが報告されている。例えば、ヘス (Hess, T.M., & Auman, C., 2001)[4] は20代から80代の成人を対象に、架空の人物の行動が書かれている文章を読ませ、その人物がどんな人間か判断させる課題を実施し、社会場面での推論における年齢差を検討した。その結果、高齢者は目はひくが、さほど重要でない行動には惑わされず、その人物の本質を判断するのに役立つ行動に焦点を当て、若い世代よりも正確に特徴を把握する傾向が示された。この結果について、ヘスは多様な人と関わる経験を通じて、他者の行動の原点に関する知識が蓄積され、次第にそれを他者理解の際に手続き的知識として活用するようになり、高齢者が社会的な領域で熟達者になることを示しているのではないかと指摘し、これを社会領域の熟達化と表現している。このように熟達化は成人期以降にも獲得・上昇する側面があることをわれわれに示してくれる。

●可塑性

　一方、高齢期の知的機能は比較的短期間の介入（訓練）によって機能が維持されたり、改善されたりする、つまり可塑性があることが多くの研究から報告されている。例えば、シャイエ (Schaie, K.W., 2005)[5] は64歳以上の高齢者を対象に帰納的推論と空間認知に関する5時間の介入プログラムを実施したとこ

ろ、3分の2にあたる参加者に改善が見られた。特に、介入前の14年間に知的機能に明らかな低下が認められた参加者をみると、約40％が14年前の低下前のレベルまで機能が改善した。この介入プログラムは、7年後、14年後に追跡調査が実施され、第1回目の介入前に知的機能の低下を示していたプログラム参加者はトレーニングを受けていない対照群と比較して良い成績を維持していた。14年間、訓練を受けた参加者は第1回目の事前テストから最後の事後テストまで、帰納的推論能力が維持され、空間認知能力も対照群と比較すると低下が緩やかであった。

このような介入効果は80代、90代とより高齢になると効果があまりみられなくなることも明らかにされている[6]。しかし、介入効果の存在は、多くの高齢者が自身の知的機能を未だ最大限には活用していないことを示唆するとともに、生涯を通じて知的機能の変化・改善があり得ることを示唆している[1]。また、高齢期にみられる認知機能の低下は認知的活動に関わる生理学上の損失・機能低下から引き起こされるよりも、むしろ高齢期になって認知機能を積極的に使用しなくなることから引き起こされている可能性を示唆している[5]。

●可塑性における運動の効果

近年、知的機能の可塑性は訓練による介入だけではなく、身体運動によってももたらされることが報告されている。コルコムとクレイマー（Colcombe, S.J., & Kramer, A.F., 2003）[7]は心臓血管系の機能を高める有酸素運動をすることで、健康だが普段あまり体を動かさない高齢者の認知機能が活性化されるかを検討するため、1966年から2001年までに発表された18の研究をメタ分析した。その結果、認知機能の種類によって効果の程度は異なるが、認知課題の種類やトレーニング方法、参加者の個人的属性にかかわらず、いずれも効果があることが示された。さらに、コルコムら（Colcombe, S.J., et al., 2004）[8]は心臓血管系を高める運動をすることで、認知機能の注意能力に関連する脳の領域が活性化することを明らかにした。これはこのような運動をすることにより、脳の可塑性が促進される可能性を示唆するとともに、脳と認知機能の加齢による低下を抑制する可能性を示している。

（高山　緑）

■認知課題ごとにみたエクササイズの効果

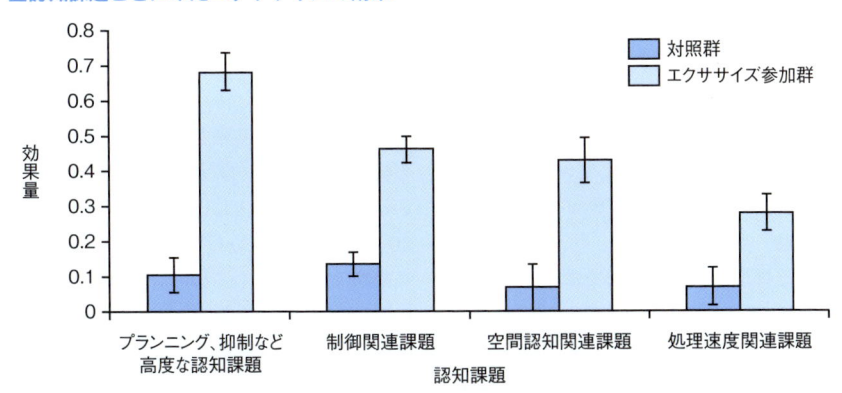

出典：Colcombe and Kramer (2003) Fitness effects on the cognitive function of older adults. Psychological Science, 14, 2, p.129 の図をもとに作成。

3-11 記憶のメカニズム 1
― その神経科学的な基礎 ―

Keywords ▶▶▶ 脳／記憶／加齢／認知の予備力／脳の可塑性

● 記憶と脳

なぜ、年をとると記憶機能が低下するのだろうか。その主な原因として、加齢に伴う脳の萎縮といった脳生理学的な変化を挙げることができる。ここでは、加齢による脳の変化と記憶機能の低下の関連性について説明する。

胃は食べ物を消化し、心臓は血液を全身に送るという働きがあるが、脳はこれらの臓器とは異なり、その働きを簡潔に述べるのは難しい。脳の構造は、脳の働きの多様性を反映するように複雑である。脳は1,000億個以上の神経細胞からなり、それぞれの神経細胞はシナプスによって何万という神経細胞と結びつき、情報のやり取りを行っている。

脳を外側からみると、大脳、小脳、脳幹の3つの主要な部分に分かれる。脳は部位によって担う役割が異なり、特に記憶機能と関わりが強いのが大脳である。大脳は、右半球と左半球の2つに分かれており、それぞれの半球は前頭葉、頭頂葉、側頭葉、後頭葉の4つに区分される（図左）。また、脳を内側からみると海馬や視床、扁桃体と呼ばれる部位があるが（図右）、側頭葉内側のこれらの部位は大脳の中でも記憶と密接に関係している。

● 脳の変化と記憶機能の低下

出生時、人の脳の重さは、約400g程度である。それが20～30歳までに1,200gから1,400gに増加し、40～50歳以降は加齢とともに次第に減少していく。しかしながら、加齢による脳の萎縮は、脳全体で均質にみられるわけではない。特定の脳部位の体積を計算し、年齢と萎縮の程度を検証した研究は、一次感覚野（一次視覚野、一次運動野、体性感覚野）が加齢の影響をほとんど受けないこと、前頭前野の体積は、年齢と最も高い負の相関を示し（r = −.56）、次いで、海馬を含む側頭葉（r = −.37）、頭頂葉（r = −.20）、後頭葉（r = −.19）の順に加齢とともに萎縮が認められることを明らかにしている[1)2)]。

高齢期には、エピソード記憶やワーキングメモリの記憶成績が顕著に低下する。前頭前野や海馬は、エピソード記憶を担う重要な脳部位であるため、この部位の加齢による変化が、記憶成績の低下を引き起こすと考えられている。ワーキングメモリの低下も、前頭葉の萎縮と関連している。逆に、知識の記憶である意味記憶は、複数の脳部位にまたがるネットワークによって保持されており、手続き記憶やプライミングと関連する大脳基底核、帯状回、小脳といった脳部位は加齢の影響が比較的小さい。そのため、これらの記憶機能に関しては加齢による低下がほとんどみられない[3)]。

また、脳は大脳皮質を形成するニューロンの細胞体である灰白質と神経繊維が集中している脳内部の白質とに区別される。灰白質は20代から50代にかけて萎縮がみられるが、高齢期は安定しているのに対して、白質は若い時に増加し、成人期、中年期では変わらず、60歳を過ぎた高齢期に急速に低下するという逆U字曲線を示す[2)]。白質は脳神経間の連結の効率性を反映していると考えられてお

り、エピソード記憶やワーキングメモリのパフォーマンスと白質の体積に関連性が認められている[4]。

しかしながら、加齢による脳変化と認知機能の低下の関連性については、研究が始まったばかりであり、大きなサンプルサイズを用いた研究や、縦断的研究も少ない。加えて、特定の脳部位の変化と、限られた認知機能指標の単純な相関関係をみた研究が多く、脳機能の変化が記憶機能にどのように影響しているのか結論をくだす段階にはない[5]。いずれにしても、加齢とともに記憶機能全般が低下するのではなく、萎縮が認められた脳部位が担う記憶機能において、選択的に低下がみられることに注意が必要である。

● 脳の可塑性と認知の予備力

加齢に伴い低下した記憶機能の改善や記憶機能の低下の予防は可能なのであろうか。その可能性を示す現象として、「脳の可塑性」と「認知の予備力」がある。

脳の可塑性とは、脳疾患により脳に損傷を負っても、その損傷した脳神経が担う機能を別の脳神経で代償するプロセスを指す。1990年代まで、可塑性は、成人期ではみられないと考えられていた。しかし、運動機能や言語機能において、成人における可塑性を示す研究が報告され、成人以降も適切な刺激や環境を与えることで、脳機能の損傷や低下を改善できる可能性が見出された[6]。

認知の予備力とは、情報処理に必要な能力をどれだけ蓄えているか、低下した機能を適切な方略によって代償することが可能か、といった個々人が有する認知（脳）機能の質や量を意味する[7]。予備力が高いほど、加齢の影響を受けにくく、アルツハイマー病を罹患したとしても認知障害が発現しにくいと考えられている。

可塑性は、脳の脳解剖学的な変化によって記憶機能が低下しても、訓練によって新たな神経ネットワークを構築し、その低下を補うことが可能であることを、予備力は、豊富な脳神経ネットワークを構築することによって、加齢による記憶機能の低下を予防することが可能であることを示唆している[8]。このような背景があり、現在、記憶機能の維持・向上や認知症予防を目的としたアプローチが注目されている。　　　　　　　　（増本康平）

■ 脳の構造

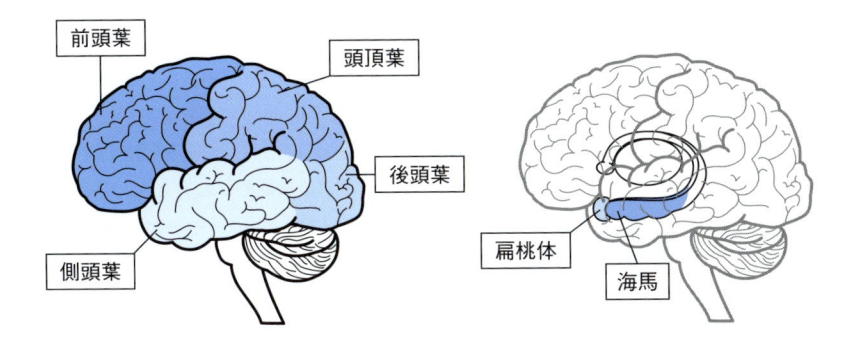

3-12 記憶のメカニズム2
― その心理的基礎 ―

Keywords ▶▶▶ 短期記憶／作業記憶／長期記憶／宣言的記憶／非宣言的記憶

●記憶の過程（プロセス）

私たちは記憶をうまく働かせることによって、過去と現在、未来を結びながら日常生活を円滑に過ごしている。それでは、私たちの生活に重要な記憶とはどのようなものなのであろうか。

心理学において記憶は、情報を入力し、その内容を保持し、必要な時に出力するまでの過程とされている。このような記憶の過程は、「記銘（符号化）→保持（貯蔵）→想起（検索）」という3つに分けることができる。記銘は情報を取り入れること、保持は取り入れた情報を維持すること、想起は取り入れた情報を取り出すことである。すなわち、「覚える→覚えておく→思い出す」という一連の流れすべてが記憶なのである。記憶の失敗、つまり、思い出せない、あるいは忘れるということは、この3つのどこかで、あるいはすべてで何らかの問題が生じたと考えられている。

●記憶の測定

記憶を測定する場合、どのように思い出すか（想起するか）によって、いくつかのテスト方法が区分される。代表的なものは、学習した（入力した）情報をそのまま再現する方法であり、再生と呼ばれている。また、学習した情報と学習しなかった情報などを見せられた時に、そのなかから学習した情報を選択するという方法もあり、再認と呼ばれている。

●記憶の分類

記憶にはさまざまな特性があり、多くの種類に分けられている。

アトキンソンとシフリン（Atkinson, R.C., & Shiffrin, R.M., 1971）は、情報を貯蔵しておく時間の長さによって記憶を分類し、短期貯蔵庫と長期貯蔵庫という2つの貯蔵庫を仮定する記憶システムのモデル（2重貯蔵モデル）を提唱した。そのモデルでは、各感覚器官によって入力された情報は、初めにわずかの間、感覚登録器にとどまり、そのなかで注意が向けられたものが、短期貯蔵庫へと転送されていくと考えられている。

短期貯蔵庫は短期記憶（Short-term memory）と呼ばれ、情報が数秒から数分間だけ保持されるものである。例えば、授業中に先生が黒板に書いたことをノートに写すような場合が相当する。黒板に書いてあることをノートに写し終わるまで覚えておくということは、一時的に情報を保持することにあたり、短期記憶として考えられる。このような短期記憶では、加齢の影響はごくわずかしか見られないとされている。

短期記憶のうち、その動的な側面に注目した場合には、その記憶の仕組みを作業記憶（working memory）と呼んでいる。ここで言う動的な側面とは、情報を保持すると同時に、処理をする機能のことを言う。つまり、短い間情報を貯蔵するだけでなく、平行して意識的に何らかの認知的「作業」「操作」を頭の中で行うことを指している。具体的には、聞いた数字を反対から順に言う（「4-3-2-1」と聞いたら「1-2-3-4」と言う）数の逆唱や、繰り上がりのある計算、読書、翻訳などが挙げられる。

この作業記憶では、多くの研究において若年者よりも高齢者の成績が低くなることが示唆されており、加齢の影響が顕著であると言われる。加えて、課題の複雑性が増すほど、加齢の影響が顕著に認められることも明らかにされている。

一方、長期貯蔵庫は長期記憶（Long-term memory）と呼ばれ、短期記憶から送られてきた情報を長期間保持でき、その容量には制限がないとされる。また、長期記憶に貯蔵された情報は必要に応じて短期記憶で利用されているとも考えられている。長期記憶は、さらに内容の観点から宣言的記憶と非宣言的記憶に分類され、加齢の影響に関する詳細な研究が行われている。

●宣言的記憶と非宣言的記憶

長期記憶のうち、宣言的記憶とは言葉やイメージで表現することが可能なものであり、非宣言的記憶とは言葉やイメージで説明することが難しいものを指す。宣言的記憶に関しては、次項3-13で説明する。ここでは非宣言的記憶について述べる。

非宣言的記憶は、過去に経験した情報を確かに保持しているのだが、その内容を自分で思い出したり、表現したりせず自然に行っていることが含まれる。身近な例で言えば、自転車に乗るという行為である。幼い頃、自転車に乗る練習をし、自転車に乗る技能を獲得しているが、その練習や自転車の乗り方（How to）を逐次思い出して乗っている大人はいない。思い出したり、考えたりすることなく、「自然に」自転車に乗っているのである。自転車に乗ること以外には、水泳、ピアノの演奏、スキーなどの技能や習慣が含まれる。このような、いわゆる「体」で覚えた技能などの記憶については、手続き記憶とも呼ばれている。これまでの研究において非宣言的記憶は、高齢者になっても比較的維持され続けることが多く、加齢による影響が小さいとされている。

また、過去の経験を思い出しているという意識がない（想起意識を伴わない）記憶は、潜在記憶（implicit memory）と呼ばれている。他方、何かを意識的に（思い出そうとして）思い出す、つまり想起意識を伴う記憶は顕在記憶（explicit memory）と呼ばれている。前述した記憶の測定法の再生や再認は、顕在記憶に相当する。

（河野理恵）

■記憶の2重貯蔵モデル

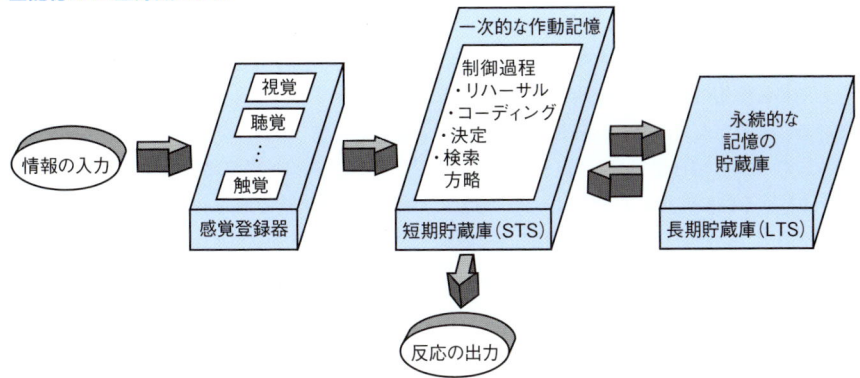

出典：森敏昭・井上毅・松井孝雄共著『グラフィック認知心理学』サイエンス社，19頁，1995．
　　　Atkinson, R.C., & Shiffrin, R.M., 1971. The control of short term memory. Scientific American, 225, pp.82-90.

3-13 日常生活の中の記憶
― さまざまな記憶の特徴 ―

Keywords ▶▶▶ エピソード記憶／自伝的記憶／意味記憶／展望的記憶／メタ記憶

●エピソード記憶と自伝的記憶

心理学における従来の記憶研究では、「単語」や「数字」などを覚えることが求められ、さまざまな変数が統制された実験室研究が主流であった。しかしながら近年、日常生活の中の記憶に注目が集まり、盛んに研究が行われている。

前項で触れた宣言的記憶は、タルヴィング (Tulving, E., 1972) がその内容から、エピソード記憶と意味記憶に区分している。エピソード記憶とは「昨日、友達と映画に行った」のような個人的な出来事や経験に関する記憶のことである。自分がいつ、どこで何をしたのかというプライベートな生活についての記憶や社会的出来事についての記憶が含まれる。これまでのエピソード記憶研究において、若年者よりも高齢者の成績が劣ることが明らかになっている。すなわち、エピソード記憶に対する加齢の影響は顕著であることが示唆されている。

エピソード記憶のうち、とりわけ過去の自己に関わる情報の記憶は自伝的記憶と呼ばれている。高齢者を対象とした研究では、個人の生まれてから現在までの時間（ライフスパン）における自伝的記憶の分布は一様ではなく、次の3つの顕著な特徴が見られる。

1つ目は、自伝的記憶の全想起数における割合が高いのは、最近の出来事であるということである。これを新近性効果と呼ぶ。とりわけ、現在から過去10年間の記憶の想起に該当すると言われている。

2つ目は、10～30歳の出来事の想起数が比較的多いということである。この時期の想起の表れ方が、山のように隆起していることからこれをレミニセンス・バンプと呼んでいる。なぜこのようなレミニセンス・バンプが生じるのかという代表的な説明の1つとして出来事の新奇性や示唆性という観点がある。つまり、この10～30歳という時期は、就職や結婚など新しいことや人生の重要なことを経験しやすいため、よく思い出されるのではないかと考えられている。

3つ目は、0～5歳くらいまでの記憶の想起が非常に少ないということである。これは幼児期健忘と呼ばれており、脳、言語、自己意識などにおけるさまざまな発達的観点からその理由が説明されている。

また高齢者の自伝的記憶に関係したものに、回想法がある。これは、高齢者に過去を想起するように促し、回想をする行為、その情動反応に着目するものであり、情動の安定や自尊心の回復などの心理的効果を導くものである。

●意味記憶

意味記憶とは、「日本の首都は東京である」「みかんは果物である」のような社会全般に通じる知識や物の名前などに関する記憶である。一般的に知識と呼ばれるものに近い。これまでの研究において、意味記憶では加齢の影響はあまり見られないとされている。

キャッテル (Cattell, R.B., 1963) は、知能を大きく流動性知能と結晶性知能に分類してい

るが、そのうち言葉の意味や一般的な常識などを測定する結晶性知能は意味記憶が関係しているとされる。この結晶性知能においても、やはり加齢の影響は顕著ではなく、高齢者になってもその知能は比較的維持されることが明らかになっている。

●展望的記憶

一般的に記憶と言えば、以前に覚えた情報や過去に経験した出来事を思い出す、または利用するといった「過去と現在の関係」だと考えられている。これまで述べてきたようなエピソード記憶や意味記憶などがこれに含まれ、回想的記憶と呼ばれる。しかしながら記憶には、「現在と未来の関係」についてのものも存在する。今後しなければならないことや予定、約束などが含まれ、展望的記憶と呼ばれている。例えば、「明日の10時に公民館に行く」「1週間後にビデオを返却する」などが挙げられる。

高齢者における展望的記憶研究では当初、高齢者の方が若年者よりもよい記憶成績であったことから、記憶研究者の注目を集めた。しかし現在では、加齢の影響が見られる研究も認められており、一貫した結論が得られて

いるとは言いがたい状況である。

●メタ記憶

私たちは自分自身の記憶を評価したり、判断したりすることができる。このような自己の記憶能力に対する評価や記憶に関する知識はメタ記憶のひとつの側面である。

高齢者は、若年者と比較すると記憶能力が低く、加齢とともに記憶能力が低下すると感じていることが報告されている。他方、高齢者に自分の記憶能力を評価してもらうと、「過去（30歳代）と比較した場合」には、ほとんどの高齢者が自分の記憶は衰えたと評価している。しかしながら、「同じ年の他者と比較した場合」には、ほとんどの高齢者が自分の記憶能力はよい（衰えていない）と評価することが報告されている[1]。そして後者の評価理由として、"老人会の会長をしている""高齢者になっても認知症になっていない"などが挙げられている。高齢者になると、客観的な記憶テストなどをする機会がほとんどなくなる。そのため、高齢者は自分の日常生活を基に主観的な記憶の解釈を行い、誰しもが「年の割には自分の記憶力はいい」と評価しがちなのではないかと推測される。　（河野理恵）

■高齢者の自伝的記憶の分布

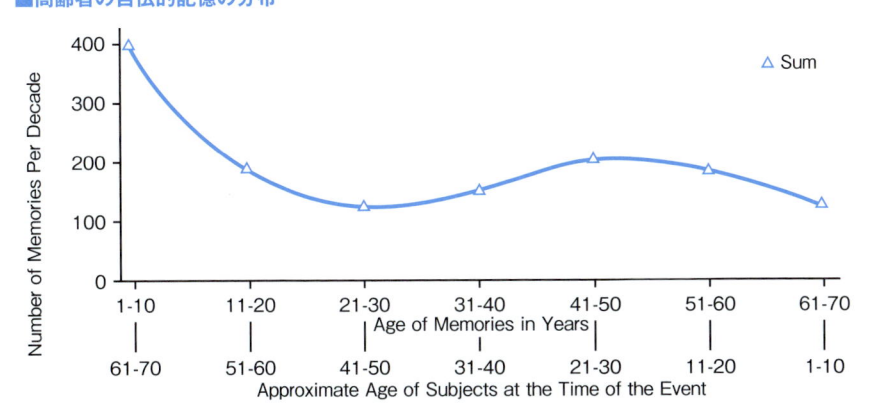

出典：Rubin, D. C., Wetzler, S. E., & Nebes, R. D.. Autobiographical memory across the life span. 1986.

3-14 記憶の方法
― 記憶機能を向上させるためには ―

Keywords ▶▶▶ 記憶機能向上方略／日常生活と記憶機能／エクスペリエンスコープス／般化

●記憶機能向上方略

　記憶能力の低下に対して、高齢者は不安を抱く。記憶能力を維持するにはどうしたらよいのだろうか。

　そもそも、記憶情報を維持するためには、短期記憶に入力された情報を長期記憶化することが必要である。長期記憶化する際に、その方法を工夫することによって、記憶能力の低下が認められる高齢者でも、改善することができるのではないかと考えられている。

　記憶機能を向上させる方法として、スターンとフォグラー（Stern, L., & Fogler, J., 1988）は、関連性をもたせて覚える、頭の中で覚えたいことを思い描く、積極的に観察する、口に出して言ってみる、環境を変化させる、メモをとる、聴覚による注意、復習効果、物語性をもたせる、グループ化する、分類する、リズムで覚える、「場所法」を利用する、五十音順に探す、最初の文字をヒントにする、といったことを挙げている。

　関連性をもたせたり、グループ化したりするということは、記憶したい情報をチャンク化（まとまりに）して、覚えやすく、また想起しやすくすることにつながる。口に出して言ってみる、分類する、復習効果、リズムで覚えるということも、私たちがよく用いている方法である。メモをとるといった外的記憶方略も、記憶の補助手段として有効である。特に記憶が衰えてきたという自覚を持ち始めた際には、この手段を用いることで記憶の失敗経験を減らすことはもちろんのこと、失敗経験による自分自身へのネガティブな感情を抱くことが避けられる。特定の場所と覚えたいことを関連づける場所法や五十音順に探すという方法、最初の文字をヒントにするというような方法も、もし万が一思い出すことができない時に、記憶を呼び起こすヒントとして、活用することができる。このように記憶の方法と一口に言っても、記憶する際により鮮明な記憶として記銘する方法と、思い出す際のヒントになるような方法などいろいろな側面が含まれることがわかる。

　また、高齢期になると、注意の能力が低下することがある。そうすると、注意を必要な情報に向けることができなかったり、同時に注意を分散しなければならないことができずに、結果として、記憶の能力の低下につながることもある。そのため、環境を整理するということも大切である。一方、人間は高齢者に限らず、環境に馴化してしまう（慣れ）ということがある。環境への馴化は、注意機能を低下させてしまう。したがって、環境を変化させて、刺激を与え、慣れによる記憶低下を防ぐことも有効な方略となる。

●日常生活と記憶機能の向上

　例えば、ストレス、うつ、不活動、疲労、何らかの疾病なども記憶機能低下を招くことがある。薬物も、高齢者には効き過ぎてしまったり、副作用が出やすかったりすることもある。また、視力や聴力低下のために、そもそも正確に情報を入力することができず、誤った記憶情報を入力してしまうことがある。過

剰なアルコール摂取や、栄養失調なども、記憶に影響を及ぼす要因として挙げられる。記憶機能低下が認められる際には、これらのことにも注意が必要である。こうして考えると、記憶を含む認知機能の維持・向上のためには、日常の生活そのもののあり方が関わってくると言えるだろう。

どのような毎日を過ごすかによって、つまり生活の仕方によって、認知機能に影響がみられるというのであれば、環境やライフスタイルを変化させることで、認知機能の加齢低下を予防できる可能性がある[1]。このような考えのもとに種々の介入研究が行われている。その1つであるエクスペリエンスコープス（Experience Corps）は、小学校の教育現場を利用して、認知的側面だけではなく、身体的活動や社会的活動の側面にも働きかけるものである（図参照）。この活動では、高齢者が小学校の図書室などでボランティアとして活動を行う。そのなかで、高齢者自身が読書活動をすることで認知的側面を活性化させたり、小学校に通うことや活動そのものを行うことで身体的活動を活発化させたり、子どもや教師、同じ活動を行う高齢者、関係職員などとの人間関係を築いたり、そこで生じる諸問題を解決するといった社会的な活動の側面に働きかけを行うことができる。こうしたさまざまな活動が、脳の働きを高め、記憶や実行機能などの認知能力の働きを促し、そのことが日常生活機能の維持につながると考えられている。

ところで、一般に、認知機能に対するトレーニングは、「般化」しないということが知られている。つまり、トレーニングした特定の機能のみにトレーニングの効果はみられるものの、同時にその他の認知機能も向上する、ということにはつながらないことが多い。このようなことから、記憶機能向上のための方略としては、記憶の側面に働きかけてこそ有効に働くと考えられる。しかし、人の高齢化に伴う諸機能の同時的低下という問題を考慮した場合、記憶の側面あるいは認知機能の側面のみに働きかけるのではなく、社会的側面、身体的側面まで広く含んだ働きかけをすることが、予想を超えた種々の機能の維持・向上に有効である可能性もある。こうした参加型の実践研究は、今後ますますその重要性を増すであろう。

（島内　晶）

■ Experience Corps（EC）プログラム

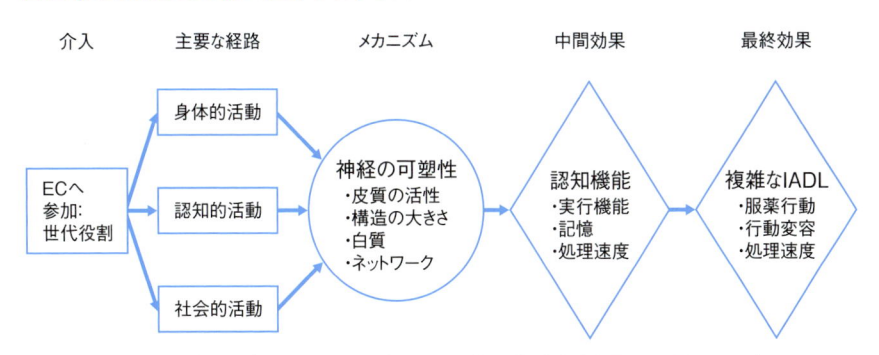

出典：日本認知心理学会 監修『現代の認知心理学7 認知の個人差』北大路書房、241 頁、2011.（Carlson, M.C., Saczynski, J.S., Rebok, G.W., Seeman, T., Glass, T.A., McGill, S., Tielsch, J., Frick, K., Hill, J., & Fried, L.P. Exploring the effects of an "everyday" activity program on executive function and memory in older adults: Experience Corps. *Gerontologist*, 48, p.795, 2008.）

3-15 認知機能の改善
— 改善のためのいくつかの方法 —

Keywords ▶▶▶ 栄養と食生活／運動／人との関わり／知的活動／認知機能のトレーニング

●認知機能の改善、認知症予防

認知機能には記憶力、注意・集中力、計画、思考、判断、実行、問題解決、処理速度、言語能力など、さまざまな能力が含まれる。

高齢者を対象にした認知機能の改善に関するこれまでの研究において、認知症の予防、および認知機能の低下の抑制、さらに認知機能を向上させることが可能であることが確認されている。そして、これらの研究において認知症予防、および認知機能の改善に有効であると考えられるいくつかの要因が明らかにされている。以下、それらの要因について概観していく。

●栄養と食生活

コリーら (Coley, N., et al.) は[1] 66件の認知機能と栄養素の関連に関する研究を概観し、認知症の予防、および認知機能の低下の抑制に有益な栄養素としてビタミンB_6、ビタミンB_{12}、葉酸と抗酸化物質と一価不飽和脂肪と価不飽和脂肪を挙げている。これらの栄養素が多く含まれる食べ物を、表に示す。これらの栄養素以外で食生活においては、魚を多く摂取する食生活が有益であることも指摘している。

ただし、食の効果は複雑であり、これらの栄養素のみを摂取すればいいという単純な話ではないことは留意しておくべきである[1]。

●運動

厚生労働省が2012（平成24）年公開した認知機能低下予防・支援マニュアル[2]では運動の有効性が注目されている。運動する人と運動しない人を比較した研究では、運動する人は認知症の発症および認知機能の低下傾向が数年遅くなっていることが明らかにされている[1]。さらに6か月間の無酸素性運動と有酸素運動を比較した研究[3]では、有酸素運動をした人のほうが認知機能の改善がみられている。また、有酸素運動するときに、1回について最低30分以上の運動量が有効である[4]ことも明らかにされている。

●人との関わり

「人との関わり」は認知症の予防に効果的な要因である[1]。ホスズマンら (Holtzman, E.R., et al.) は[5]、連絡を取り合っている家族、友人や隣人などの人数、連絡する頻度、および得られた情緒的な支援といった量と質の両方で「人との関わり」を測定している。そして、関わりのある家族、友人を含む他者の人数が多いほど、認知機能の低下や認知症の発症を遅らせる要因となること、また、「人との関わり」から得られた情緒的な支援の多い方が認知機能の低下や認知症の発症を遅らせるという結果が得られている。

●知的活動

ギスレッタら (Ghisletta, P., et al.)[6] は日常生活のなかのさまざまな活動を「情報媒体 (Media)」「余暇 (Leisure)」「手芸・園芸 (Manual)」「運動 (External-physical)」「外出 (Social)」「宗教 (Religious)」といった6種類に分け、それぞれの活動の従事する時間と知覚速度を測定する課題の得点を比較した結果、テレビ鑑賞・ラジオ聴取・本や雑誌等の

活字を読むなどの「情報媒体」の活動と、クロスワード・パズルや卓上盤ゲームなどの「余暇」活動の方が他の活動より知覚速度の低下を抑制することを指摘している。

しかし、一方で、ワンら（Wang, J.W.J., et al.）は[7]、テレビ観賞だけを多く行っている場合、認知機能が低下することも明らかにしている。卓上盤ゲームのような活動をするときのように認知機能を多く使っていることが大事な要因であるとしている。

● 認知機能のトレーニング

認知機能の改善においては、「記憶力」、「推論能力」、「処理速度」、それぞれに焦点化したトレーニングを行うことにより、各能力に改善がみられている[8]。また、トレーニングの継続性の研究において、トレーニングから11か月後、追加トレーニングを施し、1年後、2年後と測定を行った結果、効果は小さかったが、追加トレーニングを行った参加者の方が1年後の査定の結果は優れていた。しかし、2年後の査定では、1年後の結果と比べ、悪くなっていた。これらの結果はトレーニングを継続することの重要性を示唆している。

認知機能のトレーニングでは、上記のような特定の認知機能だけではなく、認知機能全般に焦点を当てた研究も行われている[9]。認知機能全般に対する訓練の1つに、カワシマら（Kawashima, R., et al.）が[10]開発した学習療法がある。この訓練法は音読と計算を中心とする教材を用いた学習を、学習者と支援者がコミュニケーションを取りながら行うことで、学習者の認知機能やコミュニケーション機能、身辺自立機能などの前頭前野機能の維持・改善を図るものである[11]。ウチダとカワシマ（Uchida, S., & Kawashima, R.）が[12]在宅高齢者を対象にし、訓練プログラムを実施した結果、認知機能の改善がみられている。

● 多様な認知機能の改善方法

脳の可塑性は実証されてきているが、認知機能を改善する方法についての決定的な答えはまだない[3]。どのような方法でどれくらいの頻度や量が最も有効であるかの究明についてはこれからの課題である[15]。しかし、改善のための有益な方法は先述したように、いくつか明らかにされてきている。これらの方法を日常生活のなかにどのように積極的に取り入れていくのかという、生活上の工夫が重要となってこよう。

（Lin Shuzhen）

■ 本文で紹介した認知機能を改善するための有益な方法をまとめた一覧表

領域	具体的な内容
食生活	● ビタミンB_6、ビタミンB_{12}、葉酸が多く含まれる食べ物[1]（例えば、果物[14]、レバー[14]、緑黄色野菜[15]など） ● 抗酸化物質が含まれる食べ物[1]（例えば、果物、野菜、豆類、穀類など）[16] ● 一価不飽和脂肪酸が含まれる食べ物[1]（例えば、植物油など）[17] ● 多価不飽和脂肪酸が含まれる食べ物[1]（例えば、豆類、魚など）[17] ● 魚食[1]
生活習慣	● 最低30分の有酸素運動[4] ● 他者と関わる[1] ● 余暇活動や知的活動への従事[6]
認知機能の訓練	● 個別の認知機能を中心にトレーニングする[8] ● 認知機能全般を対象にしてトレーニングする[9]

※）内は引用文献を示す。

4 こころの病

　　総論
1　脳と精神機能の局在
2　適応と不適応
3　ストレスと病気
4　幻覚・妄想状態
5　うつ状態
6　神経症
7　高次脳機能障害
8　睡眠障害
9　意識障害
10　てんかん

4 こころの病

大山 博史

●こころの病の現れ方

　こころの病、すなわち精神障害とは、生来的に、またはある時期から、異常な精神現象を呈するに至った状態をいう。このとき、精神現象の異常と正常に関する判断は、精神医学を拠り所としている。

　精神医学では便宜的に、精神機能を、意識、知能、記憶、知覚、思考、感情、自我と自我意識、意欲と行動に分けて、個々の領域の異常、すなわち精神症状の有無を吟味する。精神現象の異常（精神症状）は、単一の領域に限定して現れることは少なく、多くの場合、複数の領域に及んでおり、また、同時に出現する精神症状は特有の組み合わせパターンを示すが、これが精神症状群（状態像）を構成している。

　高齢者によく見られる状態像には、心気・不安状態、抑うつ状態、幻覚・妄想状態、せん妄、認知症がある。

●こころの病の原因

　精神障害の原因は、身体的原因（身体因）と精神的原因（心因）の2つに大別され、身体因はさらに外因と内因に分けられる。①外因（身体的外因）は、精神障害との因果関係が明らかなものを意味する。②内因（身体的内因）は、身体因のうち外因以外の原因不明なものを指し、素因が想定されている。③心因は、心理社会的ストレス、葛藤、環境変化などによる精神的な原因が発症に大きく関与する状態である。パーソナリティ障害や精神遅滞、発達障害はこれらとは別に扱われている（表参照）。

　精神障害は、上記の各要因が単独でも発病するが、しばしば複数の要因が関与して発症する。とりわけ、高齢者ではこの傾向が強い。

●精神障害の分類

　精神障害の分類法には、これまで多くの試みがあるが、これらは次の2つに大別できる。1つは病因的分類を試みるもので、日本で慣用されてきた病因的分類である。上述した3つの病因を想定したうえで精神障害を疾患単位的に捉えて、外因性精神障害、内因性精神障害、心因性精神障害に大別し、さらに細分化していく方法をとる。

　他方、精神障害の病因は不明なものが少なくないとの立場から、現象としての精神症状の臨床的特徴に重点を置いた分類法がある。近年の主な国際的診断分類は後者に属しており、WHO（1993）が作成した国際疾病分類第10版（International Classification of Disease：ICD-10）や米国精神医学会（2013）による精神障害の分類と診断の手引き第5版

(Diagnostic and Statistical Manual of Mental Disorders：DSM-V）がある。

● 慣用の病因的分類と ICD-10

わが国では、慣用の病因的分類に基づいて、介護やこれと関連の深い精神科看護における知見が集積され、また、福祉に関わる法整備がなされてきたが、近年、ICDの併用が推奨されている。ここでは、慣用されている病因的分類にしたがって、ICD-10と対応させながら、精神障害を概説する（表参照）。

＜外因性精神障害＞

外因性精神障害とは、外因により直接的に脳に侵襲が及び、あるいは二次的に引き起こされた脳機能不全のために精神症状が発現したものを指す。これは、さらに脳器質性精神障害、症状性精神障害、中毒性精神障害の3つに分類される。

ICD-10では、脳器質性精神障害と症状性精神障害は、「F0 症状性を含む器質性精神障害（F00～09）」としてまとめられている。また、症状性精神障害に属する産褥性精神障害は「F53 産褥に関連した精神および行動の障害、他に分類できないもの」に含まれている。中毒性精神障害は、「F1 精神作用物質使用による精神および行動の障害」に分類されている。

脳器質性精神障害は、脳自体の器質性病変により精神症状を呈する疾患群である。器質性病変は種々の原疾患により生じるが、これらに共通する症状と経過の特徴は、①びまん性（広い範囲で境目のはっきりしない）の病変が慢性的に出現する場合、経過は緩徐進行性であり、進行とともに、高次脳機能障害、性格の変化、感情面の変化を生じることが多い、②病変が塊状に急激に生じた場合、急性期には意識障害が出現するが、慢性期には意識障害は回復し、その後、病変の部位に応じた精神神経症状を残す、③いずれも病変が進行性に出現する疾患では認知症を発症することである。代表的な疾患に、脳の変性（神経細胞の脱落）によるものとして、アルツハイマー病、レビー小体型認知症、ピック病、ハンチントン舞踏病などがある。また、脳血管障害による血管性認知症、感染性脳炎によるものに、クロイツフェルト-ヤコブ病、エイズ認知症コンプレックス、進行麻痺などがあり、さらに頭部外傷や脳腫瘍に伴う精神障害がある。正常圧水頭症、慢性硬膜下血腫などの脳外科的治療が可能な疾患もこれに含まれる。

症状性精神障害は、脳以外の身体疾患によって、脳の機能が二次的に障害された結果起こる精神障害である。多くの原疾患に引き起こされ得るが、高齢者では、内臓疾患（肺炎、尿毒症、肝不全など）や内分泌・代謝疾患（脱水、低血糖、糖尿病性昏睡など）が多い。原疾患にかかわらず、共通する症状と経過の特徴は、①急性な発症、②「外因反応型」と呼ばれる意識障害を中心とした症状群を呈する、③回復期には通過症候群（意識障害のない、可逆的な状態）が出現することが多い、④身体疾患が治癒すると症状性精神障害も消失することである。

中毒性精神障害は、精神作用物質の摂取により引き起こされた精神障害を総称する。さらに、急性中毒、薬物乱用、薬物依存、離脱（禁断）症状、物質特有の精神病性障害、残遺性・遅発性障害（フラッシュバックや人格変化など）に区別される。このうち、急性中毒と薬物乱用はどの精神作用物質でも生じ得るが、離脱症状は身体依存を形成する物質のみに、また、薬物依存は精神依存を形成する物質のみに生じる。高齢者ではアルコール性精神障害がしばしば問題となるが、アルコール依存症は専門的治療が必要であり、アルコールせん妄やアルコール幻覚症などの精神病性障害を来すことがある。

＜内因性精神障害＞

　内因性精神障害に属する疾患は、今のところ原因が解明されておらず、特異的な病理組織学的所見も見出されてはいない。これには、統合失調症と気分障害（躁うつ病）が含まれる。ICD-10では「F20 統合失調症」「F3 気分（感情）障害」に分類されている。

　統合失調症は、青年期に好発する疾患であり、40歳を越えて初発することは少ない。多くは幻覚や妄想を伴って再発を繰り返し、慢性的経過を辿って感情平板化（喜怒哀楽が乏しくなる）、意欲低下、連合弛緩（非論理的な思考）などの陰性症状を残す。また、嫉妬妄想、心気妄想（重大な病気に罹ったと確信する）、被害妄想などの妄想だけが唯一持続しており、他の症状がないものを妄想性障害と呼び、これは中高年に初発する事例が多い。

　気分障害は、青年期以降に見られ、さらに、うつ状態のみの再発を繰り返す単極型と、うつ状態と躁状態の再発が見られる双極型に分けられる。いずれも再発後、病前のレベルまで回復（寛解）する。統合失調感情障害とは再発時、躁状態・うつ状態と幻覚・妄想が見られるものの、完全寛解しやすい疾患であり、慣用的分類の非定型精神病にほぼ該当する。

　一般に、老年期には、統合失調症の場合、病状が固定化し再発しにくくなる。一方、気分障害ではうつ状態が出現しやすくなり、その経過も遷延化する傾向がある。

＜心因性精神障害＞

　心因性精神障害は、心理的原因に起因して精神的な異常反応を呈する疾患群を指す。原則的には、①精神症状の内容は心因から了解でき、②経過は心因の後に発現し、③心因が解決すると回復するが、例外も少なくない。これはさらに、心因性精神病と神経症が含まれる。

　ICD-10では、心因性精神病の大半は「F43 重度ストレス反応および適応障害」「F24 感応性妄想性障害」または「F23 急性一過性精神病性障害」に該当する。神経症は「F4 神経症性障害、ストレス関連障害および身体表現性障害」に分類されている。

　心因性精神病（狭義の心因反応）は、異常反応として精神病レベルの症状、例えば、幻覚・妄想などが一時的に出現するものを指すが、経過は良好である。

　神経症は、症状が軽く、現実検討能力や病識は保たれており、精神病レベルの症状は見られない。性格や養育状況が関与している場合が多く、慢性的経過を辿るのが一般的である。経過中はその症状が一定しており、下位の病型（カッコ内はICD-10における病名）として不安神経症（パニック障害、全般性不安障害）、恐怖症（恐怖症性不安障害）、強迫神経症（強迫性障害）、心気神経症（身体表現性障害）、ヒステリー（解離性障害、転換性障害）、離人神経症、抑うつ神経症（気分変調症）に分けられる。

＜パーソナリティ障害＞

　パーソナリティ障害は、行動パターンが通常人と異なっており、長期にわたり、人間関係が保てず、社会的機能に制約がある状態を指し、他の身体因性精神障害とは区別される。その逸脱は青年期から顕著となり、中年期から老年期以降は目立たなくなる傾向がある。

　性格・行動特徴から、さらに下位に分類され、古典的にはシュナイダーの精神病質の類型があったが、近年はICD-10の「F6 成人の人格および行動の障害」やDSM-Vの人格障害の類型などに基づいて分類されている。

＜知的障害（精神遅滞）＞

　知的障害（精神遅滞）とは、①全般的な知的能力が低く（IQ70未満）、②低い社会能力のために不適応を有し、③この状態が発育中に始まっているものを指し、後天的に知能低

下を来す認知症とは区別される。ICD-10では、「F7 精神遅滞」の項で、IQにより軽度、中等度、重度、最重度に分類されている。先天性代謝異常、染色体異常、出産時外傷などが原因となるが、約半数は原因不明である。

● 高齢者におけるこころの病の特徴

高齢者におけるこころの病の特徴は、①外因、内因、心因が複合して精神障害が発病する傾向があり、身体、心理、経済、社会状況などが関与して症状を形成している、②症状が多彩であり、経過が長引く傾向にある、③その精神症状が身体機能低下の影響を大きく受けることである。

高齢者では、心身の老化に対する対処に際して、心理的に種々の適応（防衛）機制が用いられるが、「4-2 適応と不適応」では、これについて説明されている。また、老年期には、喪失体験をはじめ特有の心理社会的ストレッサーが存在するが、「4-3 ストレスと病気」ではストレスの機序と関連する疾患について概説されている。

次に、高齢者にしばしば見られる各種の精神障害や状態像を取り上げ、これらについて、主たる症状、原因・発現機序ならびに一般的な治療について概説し、その後に具体的な対応法をまとめた。このうち「4-6 神経症」と「4-8 睡眠障害」は、現実検討能力（空想と現実を区別する能力）を損なうことがなく軽症な疾患と言える。一方、「4-4 幻覚・妄想状態」と「4-5 うつ状態」は現実検討能力が損なわれており、治療とともに保護を要する状態像であるが、予後は原因によりさまざまである。「4-7 高次脳機能障害」と「4-1 脳と精神機能の局在」は脳器質性病変により生じた精神神経症状を残す病態である。最後に、意識混濁を伴う病態として、「4-9 意識障害」および「4-10 てんかん」を取り上げたが、両者は治療可能で、可逆的な病態と言える。

援助者が介護の立場から、こころの病をもつ高齢者に対してケアを実践するとき、①こころの病の原因のうち、どの要因に働きかけるのか、②その働きかけを、どのように展開するのか、③その結果生じた心理・行動上の変化は何かといった点に留意しながら、介護、医療、心理および福祉の立場から、実践されたケアの影響を包括的に吟味すべきであろう。

■ 精神障害の分類

Ⅱ. 国際疾病分類第10版（ICD-10）第5章「精神および行動の障害」*

F0　症状性を含む器質性精神障害
　F00　アルツハイマー病
　F01　血管性認知症
　F02　その他の疾患の認知症
　F05　せん妄、アルコールその他の精神作用物質によらないもの
　F06　脳損傷、脳機能不全および身体疾患による他の精神障害
　F07　脳疾患、脳損傷および脳機能不全による人格および行動の障害
F1　精神作用物質による精神および行動の障害
　F10　アルコール
　F12　大麻
　F16　幻覚剤
F2　統合失調症、統合失調型障害および妄想性障害
　F20　統合失調症
　F22　持続性妄想性障害
　F23　急性一過性精神病性障害
　F25　失調感情障害
F3　気分（感情）障害
F4　神経症性障害、ストレス関連障害および身体表現性障害
　F40　恐怖症性不安障害

F41　他の不安障害
F42　強迫性障害［強迫神経症］
F43　重度ストレス障害および適応障害
F44　解離性（転換性）障害
F45　身体表現性障害
F46　他の神経症性障害
F5　生理的障害および身体的要因に関連した行動症候群
　F50　摂食障害
　F51　非器質性睡眠障害
　F52　性機能不全
　F53　産褥に関連した精神および行動の障害、他に分類できないもの
F6　成人のパーソナリティおよび行動の障害
F7　知的障害（精神遅滞）
F8　心理的発達の障害
F9
　F90-F98　小児期および青年期に通常発症する行動および情緒の障害
　F99　特定不能の精神障害

* ICD-10は全21章より成り、このうち第5章が「精神および行動の障害」にあたる。コード番号の最初の1文字が疾患群または障害を示し（第5章は"F"）、第2桁数字は障害の大きな群を表示している。第3桁数字は特定の障害や疾患を示すが、表には本文中に記載のあったもののみを提示した。

出典：融道男ら訳『ICD-10 精神および行動の障害 ― 臨床記述と診断ガイドライン ―』医学書院，1993.

4-1 脳と精神機能の局在
― 大脳の局所病変と精神神経症状 ―

Keywords ▶▶▶ 失語／失行／失認／半球側性化

●脳と精神機能の局在

　大脳皮質の局所的な損傷は、その部位によって特有の精神神経症状をもたらすが、これを精神機能の局在という。しかし、このことは必ずしも特定の精神機能が局所的な脳部位のみによって担われることを示すわけではなく、実際には、その精神機能に広範な脳部位が関与していることが多い。

　脳の局所病変と主な高次脳機能の関連について、古典的な神経心理学の立場から、各脳葉と基底核に分けて概説する（図参照）。

●前頭葉

　中心溝から前の部分に運動野があり、対側の随意運動に関与している。言語優位半球にある運動性言語中枢（ブローカ中枢）が障害されると運動性失語症が出現し、言語表出が障害されて発語量が減少する非流暢な発話となり、言葉理解は比較的障害が軽い。

　前頭葉は意欲や意志にも関与している。前頭葉背側部の損傷では、自発性が低下して周囲に無関心となり、また、前頭葉底部の損傷では抑制の欠如が生じ、反社会的行為が出現する傾向がある。さらに、前頭葉と皮質下の損傷により遂行機能障害が出現し、作業をする際に、目標設定、計画立てと手順による処理、周囲への配慮、作業の持続などが困難となる。

●頭頂葉

　中心溝からの後の部分に感覚野があり、対側の身体から体性感覚を受ける。また、感覚情報を統合して空間や身体の認知を行い（視空間機能）、目的ある動作を遂行する機能（高次行為）を担う。

　頭頂葉の障害では、運動麻痺がないのに目的どおりの行為ができなくなる失行が認められ、これは高次行為の障害である。言語優位半球の頭頂葉の損傷により、読み書き障害や計算障害が出現するが、これに加えて、失書、失算、左右障害、手指失認の4主徴が揃ったものをゲルストマン症候群と呼ぶ。また、言語の劣位半球（ほとんどの人では右半球）の損傷では、対側の空間の刺激に気づかず反応しなくなる半側空間無視が出現する。

●側頭葉

　側頭葉では、情動、記憶および視覚認知に関係する統合が行われている。サルの両側側頭葉を切除した後には、口唇傾向（あらゆる物を口に運ぼうとする）、精神盲（通常は拒否反応を示すようなものに平然と接する）、視覚性過敏反応（あらゆる視覚刺激に対して反応する）、性行動の亢進、情動変化を認め、これらはクリューバー‐ビューシー症候群と呼ばれ、人でも同部位の損傷により同様の症状が見られる。また、言語優位半球には感覚性言語中枢（ウェルニッケ中枢）があり、その損傷により、言葉の理解ができず、錯語（単語の言い間違い）の混じった流暢な発話をする感覚性失語症になる。

●後頭葉

　対側の視野から網膜を経て視覚情報を受け取り、視覚情報の処理に関わる。両側の後頭葉が損傷されると、見えている物品が何かわ

からないが触れるとわかるといった視覚失認が出現する。言語優位半球の損傷では、文字を見ても読むことができず、指でなぞると読めるといった純粋失読が出現する。

●辺縁系

辺縁系は、帯状回、梨状葉、海馬、島などの皮質と扁桃核、視床下部などからなり、記憶、情動、本能、嗅覚、自律機能などに関与している。海馬が損傷されると、新しい出来事を覚えられず記憶の障害を来す。クリューバー‐ビューシー症候群に見られる性行動の亢進や情動変化は、辺縁系損傷の症状である。

●大脳基底核

大脳半球の髄質の中にある神経核は大脳基底核と呼ばれる。大脳基底核を構成する主な核は、尾状核、被殻、淡蒼球、扁桃核などである。このうち、尾状核、被殻と淡蒼球は、視床や黒質、赤核とともに錐体外路系の中枢をなし、骨格筋の動きと筋緊張を調整する不随意運動を担っている。大脳基底核に病変が存在すると、舞踏運動を呈するハンチントン病や、振戦、固縮および寡動を呈するパーキンソン症候群など、特有な不随意運動が出現する。

●精神機能の大脳半球側性化

一部の高次脳機能には、その機能局在が左右いずれかの大脳半球に偏在することが知られており、この現象を大脳半球側性化と呼ぶ。機能の偏在側を優位半球、対側を劣位半球という。半球側性化は、利き手をはじめとする個人の特性によって異なるパターンを示す。言語、高次行為および視空間機能は半球側性化を来す代表的な機能である。

右利き者の大半では、失語や典型的な失行は左半球損傷により出現し、右半球損傷ではその出現は稀である。一方、半側空間無視や相貌失認などの視空間障害は右半球損傷により出現し、左半球損傷後の出現は稀である。すなわち、右利き者の多くは言語と高次行為の優位半球は左半球であり、視空間機能の優位半球は右半球となるパターンを示す。

これに対して、非右利き者では、言語機能は右半球に移動している者が相当数に上るものの、高次行為や視空間機能は右利き者と同様の半球側に局在を示す者が多く見られる。右利き者と機能局在が左右逆となる鏡像パターンを示す者は、実際には稀であることが知られている。

（大山博史）

■大脳の機能局在

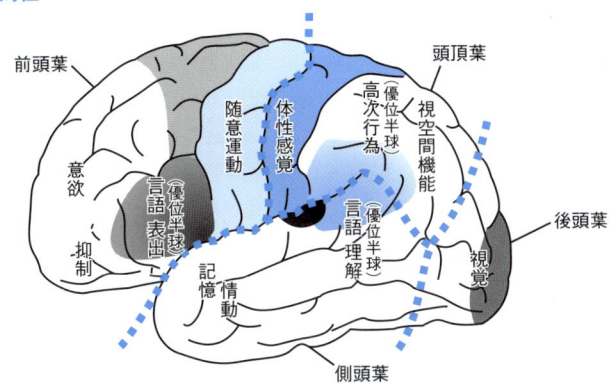

出典：大山博史「第1章 精神医学概論」日本精神保健福祉士養成校協会編『新・精神保健福祉士養成講座 1 精神疾患とその治療』中央法規出版、2-25頁、2012. をもとに作成。

4-2 適応と不適応
― 生きるための術 ―

Keywords ▶▶▶ 環境／欲求不満／適応（防衛）機制／人格特性／適応パターン

●適応とは何か

適応とは、人と自然的・社会的環境との間に好ましい関係が維持され、個人の欲求がそれらの環境と調和し、満足を感じている状態を言う。

しかし、欲求は常に充足されるとは限らず、阻止されたり制限されることも多い。欲求の満たされない状態を欲求不満といい、不満や不安が生じる。この不満や不安から自分を守り、この解消のためにとられる心の動きが、適応機制（防衛機制）として知られている。

一方、高齢者においては、その適応過程が人格の特性に大きく支配されていることが最近の研究により明らかにされつつある。

●適応機制（防衛機制）

一般に、適応機制（防衛機制）は、判断力や内省力の状態により、成熟型、神経症型、未熟型、および精神病型に分類される（図参照）。

成熟型は、精神的に健康な成人が通常用いるもので、これには他人への援助により満足を得る「利他行為」や「ユーモア」、芸術やスポーツなど社会的に承認されている行動に変える「昇華」、衝動的欲求を意識的に延期したりして抑える「抑制」がある。

神経症型は、健常成人がストレスにさらされている時に起こりやすい。不都合な欲求や感情を無意識的に現れないようにし、一時的な安定を得る「抑圧」、高価な品物を安いもので我慢するといった代わりの目標物に欲求を移す「代償」、不快な場面や緊張する場面から逃げ出すことにより安定を得る「逃避」、好きな人に無関心を装ったり、憎んでいる人をことさらに世話するといった「反動形成」、性衝動に対して性に関する知識を追求することで満足を得るといった「知性化」がそれに含まれる。

未熟型は、学童および青年前期までは普通に見られるが、成人では人格障害レベルの者に見られる。これには、その場の状況にそぐわない無関係な行動をとる「解離」、責任を自分以外の者や出来事のせいにする「外在化」、過度に美化し、とても自分の手に入らないものとして諦めようとする「理想化」、自分のなかにある認めたくない感情や欲求を他者に属するものとみなす「投射」、他者の注意をひくために、あるいは不満、不安の解消のために自傷、破損などの行為に至る「行動化」がある。

精神病型は、幼児期や成人の夢に普通に現れるが、覚醒した成人では精神病レベルの者のみにしかみられない。代表的なものとして、自分の行為を認めない「否認」、事実を実際とは違う状態と受けとめる「歪曲」などがある。

成人期にある個人では、特定の適応機制を用いる傾向があり、このことが人格を特徴づける大きな要因となっている。

●老年期の適応と人格

老年期の適応と人格特性に関する研究が、リチャードら（Reichard, S., et al., 1973）によって行われている[1]。

老年期を順調に送り、人生を全うすることをサクセスフル・エイジング（successful aging）というが、それを得ることができるかどうかはその人の人格が重要となる。年老い

ていくなかで、適応の良し悪しと関係する人格特性について、リチャードらは5つの型を見出している。

すなわち、「円熟型」は、建設的に暮らそうと努力し、積極的によい人間関係を築こうとする特性であり、「ロッキングチェアー型」は、責任から解放されて楽に暮らそうとする特性である。さらに、「防衛型」は老化することに対する不安が強く、何らかの活動により防衛できると考える特性である。「外罰型」は、人生で目標を達成できなかったことを恨み、その原因を他人のせいにして非難する特性であり、「内罰型」は、自分の人生に対して自責態度をとり、他人への関心が薄く、孤立しやすい特性である。このうち、「円熟型」「ロッキングチェアー型」「防衛型」は好ましい適応であるが、「外罰型」および「内罰型」は不適応な型とされる。

● 現代におけるライフサイクルと適応

エリクソン（Erikson, E.H.）は、人格構造とその段階的発達を精神的・社会的な視点で体系化している。老年期は、それ以前の課題の1つひとつを達成し、自我の統合性を獲得すること、そして、統合とその影である絶望を均衡させることにより「英知」を獲得し、経験を統合した「知恵」を獲得することが発達課題であると述べている[2]。また、初老期・老年期は、自然的、生物的、個体的に内から生じている面と、社会的、制度的に外から引き起こされている面が影響しており、内からの因子と外からの因子は相互に絡み合っていると指摘されてもいる[3]。

現代のわが国では、平均寿命が、男性が80歳、女性が86歳前後となり、最も高齢化が進んだ国になっている。2000（平成12）年から導入された介護保険制度により多くの利益がもたらされた反面、老老介護による精神的、身体的負担から殺人・傷害を含めた刑事事件が後を絶たないのも現状である。また、わが国の高齢者の自殺率は、高い割合で推移し続けており、生物学的・精神医学的要因のみならず心理・社会的要因の関与が示唆されている。

老老介護の負担による殺人・傷害は「外罰型」として、自殺は「内罰型」としての最悪の不適応であるが、これらの不適応に対する予防策の立案と実行が求められている。

（田中　治）

■適応機制の階層

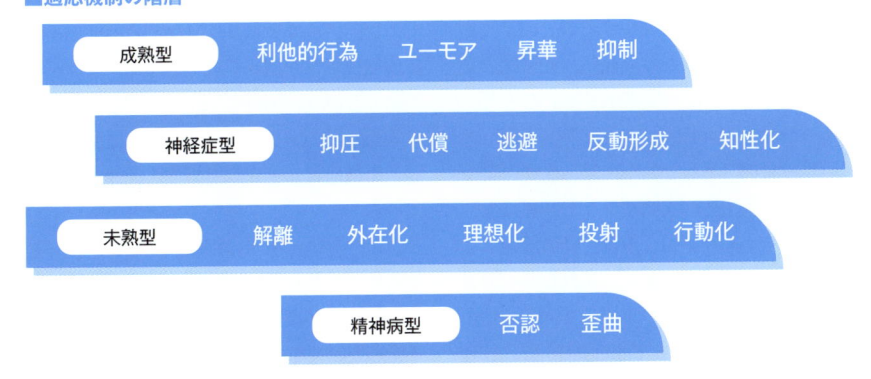

成熟型	利他的行為　ユーモア　昇華　抑制
神経症型	抑圧　代償　逃避　反動形成　知性化
未熟型	解離　外在化　理想化　投射　行動化
精神病型	否認　歪曲

出典：Trzepacz, P.T. & Backer, W.T. The Psychiatric Mental Status Examination. Oxford University Press. 1993, 田中訳.を一部改変.

4-3 ストレスと病気
― ストレスの意味とメカニズム ―

Keywords ▶▶▶ ストレス／ライフイベント／ストレス関連疾患／QOL（Quality of Life：生活の質）

●ストレスとは

人は人生のなかでさまざまなストレッサーに直面して対処するが、うまく対処できないと身体症状や精神症状が出現する。近年は、長引く不況や産業のグローバル化による過当競争などの社会情勢の変化に伴い、ストレッサーに直面する機会は増加している。

ストレスという言葉は、元来、圧力に対して金属内に生じる弾性を表す用語で物理学で用いられていた。これを医学に取り入れたのがセリエ（Selye, H., 1935）である。セリエは外的刺激をストレッサー、その生体反応をストレス反応として反応経過を示した。

●ストレス反応

ストレッサーが生体に加わると視床下部―下垂体―副腎皮質（HPA軸）系が賦活され、副腎皮質刺激ホルモン、コルチゾールが放出される。また、脳内でノルアドレナリン、ドーパミン、セロトニンが放出され、フリーラジカルやサイトカインが発現することにより痛みを感じやすくなったり、発熱、疲労感、食欲不振などのストレス反応が出現する[1]。

●心理社会的ストレッサー

心理社会的ストレッサーには、仕事の質や量、上司や部下との人間関係など職場に関連したものや、夫婦不和、養育、経済問題など家庭に関連するものがある。これらライフイベントのストレッサーについて、1967年ホームズら（Holmes, T.H., & Rahe, R.H.）は、社会的再適応評価尺度を発表し、健康障害発症との関連性を示した[2]。人生最大のストレッサーは「配偶者の死」（100点）であり、「離婚」（73点）、「別居」（65点）、「家族の死亡」（63点）と続く。

●ストレス関連疾患

代表的なストレス関連疾患を表に示したが、個々は独立しているのではなく併存することが多い。

例えば、糖尿病ではストレッサーが加わると過食や飲酒量が増大し、抑うつから運動量が減って血糖コントロールが乱れ、HPA系が亢進してインスリン抵抗性が増大し、ますます高血糖となる。糖尿病患者では健常者よりもうつ病の併存率が高いが、近年、糖尿病治療とうつ病治療を組み合わせた治療法が、予後やQOL向上に効果があることが指摘されており[3]、精神疾患、身体疾患、QOLが相互に関連していることを示唆している。

メタボリック症候群との関わりも深い。慢性ストレス負荷時では脳内神経回路でのセロトニン、ノルエピネフリンなどの神経伝達物質の機能異常が認められているが、ヅツェパンスカら（Szczepanska et al., 2010）は、心血管疾患などのメタボリック症候群においても同一の機能異常を来している可能性を指摘している[4]。

また、身体疾患への罹患がストレッサーとなる場合もある。慢性呼吸不全患者では基礎疾患の治癒が不可能であることが多く、呼吸不全のために倦怠感や不眠が生じ、在宅酸素療法を導入した場合は日常生活が制限され、二次的な抑うつ症状が出現する[5]。

●高齢者のストレス

　老年期には、身体疾患に罹患しやすく、身体機能の衰えから心気的になりやすくなる。例えば、加齢に伴う疲れやすさ、ふらつき、摂食量減少などが、癌や脳梗塞などの重大な病気の兆候ではないかと考えて医療機関を受診することもある。また、成人期に発症していた糖尿病、高血圧、腰痛などが老年期になると悪化することもある。

　加齢によって脳の器質的な脆弱性も進み、認知機能が低下し、ストレス耐性は弱まる[6]。さらに、定年退職、収入減少、近親者の死、子の独立などさまざまな喪失体験を経験する。特に配偶者との離別は、ホームズの社会的再適応評価尺度では人生のなかで最も強いストレッサーである。

　近年の核家族化によって高齢夫婦のみの世帯、高齢単身者の世帯は増えている。高齢者が高齢者の介護をしなければならないという老老介護の問題も生じており、高齢者虐待では、介護疲れ、経済的負担、家庭問題などが絡み合っており社会問題にもなっている。また、かつては地域で個人や各家庭を互いに支え合ってきた地域コミュニティは、社会構造の変化に伴って希薄化してきており、社会的孤立を招いている。

　このように身体的、経済的、心理的、社会的な要因が重なり、心理支持基盤が弱まることで、孤立感は強まり、不安や抑うつが高まっていく。

　老年期は退職などに伴って社会交流が乏しくなりやすく、単調な生活となりやすい。したがって、それまでに携わってきた仕事や趣味などを通して高齢になってもさまざまな社会活動を充実させる、あるいは、デイサービスや訪問介護などの社会資源を導入して孤立を防ぐことは、ストレス軽減に役立つ。

　ところで、ストレスをゼロにすることが人生において最善ということではない。セリエは、「ストレスは人生のスパイスである。」と述べている。過度のストレス反応が持続すると、疲弊するが、まったくストレスのない生活が望ましいわけでもない。個人の状況に合わせて、軽度の運動、人や地域の交わりなどは、人生の良き調味料となり、QOLの向上につながる。適度な匙加減のストレスと付き合っていくことが大切である。　　（富永敏行）

■ストレス関連疾患

精神疾患	適応障害、うつ病、不安障害、身体表現性障害
神経・筋疾患	筋緊張性頭痛、片頭痛
呼吸器疾患	気管支喘息、過換気症候群、神経性咳嗽
循環器疾患	本態性高血圧症、狭心症、心筋梗塞
消化器疾患	逆流性食道炎、胃炎、消化性潰瘍、過敏性腸症候群、機能性腸症候群
内分泌・代謝疾患	糖尿病、脂質異常症、甲状腺機能亢進症
皮膚疾患	アトピー性皮膚炎、円形脱毛症、蕁麻疹
膠原病	関節リウマチ、線維筋痛症
耳鼻科疾患	アレルギー性鼻炎、めまい症、耳鳴り、メニエール病、舌痛症
その他	更年期障害、不明熱、慢性疲労症候群

出典：村上正人「ストレスと心身医学」『運動とストレス科学』杏林書院、109‒121頁、2003．をもとに作成．

4-4 幻覚・妄想状態
― 幻覚・妄想が生じる背景 ―

Keywords ▶▶▶ 生物心理社会モデル／感覚遮断／身体疾患／社会的孤立

●生物心理社会モデル

　アルツハイマー病の症例を初めて報告したアロイス・アルツハイマー（Alois Alzheimer）や、レビー小体型認知症の名称のもとになったフレデリック・レビー（Frederick Lewy）の師匠であり、近代精神医学の基礎を築いた、エーミール・クレペリン（Emil Kraepelin）は、約100年前に、「初老期精神病の領域は現在おそらく精神医学全体のなかで最も不明な領域である」と述べている[1]。

　現在でも、幻覚・妄想の病態について十分には解明されておらず、不明な領域であるが、生物心理社会モデルを用いる考え方がある。生物心理社会モデルは、生物学的、心理学的、社会的要因が互いに影響し合っているとするものであり、ほとんどの精神科疾患に当てはまる。特に高齢者における幻覚・妄想状態は個人の身体的状況、心理的要因、社会における関係が複雑に絡んでいると考えられている。

●幻覚・妄想を促進する状態

　高齢者で幻覚・妄想が生じやすい原因として以下のようなものがある。①感覚遮断。加齢に伴い、聴力、視力などの感覚入力が障害されることにより、社会的接触から遮断されて、孤立しやすくなる。孤独な環境は老年期の種々の喪失体験を深刻化させ、幻覚・妄想などのさまざまな精神症状を生じやすくする、②慢性疾患、重い病気などの身体疾患による疲弊、③なじみのない環境、④身体疾患の治療薬、⑤疑い深い性格。

つまり、孤独で社会的に孤立した環境下で、対人的な接触が乏しくなり、加えて一方で、視聴覚機能の障害により感覚入力が減少して外界との接触性が欠乏状態に陥ると、特有の病前性格をもち、柔軟性に乏しい高齢者に幻覚・妄想が生じやすくなる。

　幻覚・妄想の原因となる疾患はさまざまである[2]。以下に幻覚・妄想の原因となる代表的な疾患についてまとめる。

●認知症

　初期～中期の認知症患者が、自分の経験している混乱を他に説明のしようがなくて、自尊心を保つために幻覚・妄想状態となり、他者を責めることは稀ではない。例えば、認知症患者でよく認められる、「私の物が盗まれた」などの物盗られ妄想は、自分の記憶障害を否認し、他人を非難するために投影の防衛機制が使われていると考えられている。認知症の幻覚・妄想は、比較的了解可能であり、系統立っておらず、作話に近いという特徴がある。認知症が進行するにつれて徐々に幻覚・妄想も消滅していく。

●せん妄

　せん妄になると、注意や意識レベル、思考や知覚に影響があり、夢の中にいるように周囲の世界を知覚している。妄想は変化しやすく、体系化しておらず、錯覚や幻覚といった知覚障害に付随して生じる傾向にある。せん妄の治療により、幻覚・妄想も改善する。

●脳器質性、中毒性、症状性精神病

　脳損傷などの脳疾患、アルコールや麻薬な

どの薬物、身体疾患といった特定の生物学的要因により、幻覚・妄想が生じることもある。生物学的要因が改善されると、幻覚・妄想も改善することが多い。

●統合失調症

統合失調症の妄想は、被害的な内容が多く、系統立っていることが多く、また幻覚（多くの場合は幻聴）を伴うことも多い。

統合失調症の一部は、中年や老年期にも発症することがある。早期発症の統合失調症と違って、遅発性の場合は女性に多いと言われている。妄想は、しばしば被害的で、精巧に体系化されていたり、奇妙であったりする。幻覚を伴う場合もある。地域においては、近隣住民などに対して執拗に苦情を申し立てたりして、警察や行政を巻き込むこともあるが、社会的には引きこもりや孤立が見られるかもしれない。感覚障害があれば、被害妄想を強め、さらに孤立を招き得る。

●妄想性障害

この疾患は、持続的でよく体系化された妄想が特徴である。たいていの場合は被害妄想であるが、さまざまな妄想主題が起こり得る。時には、嫉妬妄想が生じて、原因なく配偶者が浮気をしていると信じ込むことがある。また、重要人物に愛されていると確信する妄想をもつ場合もある。身体的なタイプの妄想性障害では、自分が悪臭を放っているとか、寄生虫がついているといった妄想がある。

●気分障害

幻覚・妄想は、うつや躁でも生じることがある。その場合、たいていはその時の気分と一致している。重度の抑うつ状態の場合、自分が罰せられるとか、迫害される、あるいはこれまでの罪深い行いのために貧困になるといったことを信じ込んでしまう。いらいらして誇大な主題の妄想は、躁でみられ、周囲の人たちが自分を妬んでおり、害を与えようとしているという信念に関連している。幻覚・妄想は、たいていの場合背景にある気分障害を治療することで改善する。

●妄想性人格障害

この障害に罹患している人は、生涯にわたって他者を信頼したり親密な関係を築いたりすることが困難である。周囲から離れ、疑り深く孤独を好み、すぐに攻撃的となり妬みを抱きやすい。ストレス下で幻覚・妄想状態になりやすい。

（松岡照之）

■幻覚・妄想の原因となる疾患

認知症	せん妄	脳器質性精神病
中毒性精神病	症状性精神病	統合失調症
妄想性障害	気分障害	妄想性人格障害

出典：Conn,D.K, Herrmann,N, Kaye,A, Rewilak,D, Schogt,B. Practical Psychiatry in the Long-Term Care Home. Hogrefe & Huber Publishers, pp.183-202, 2007. をもとに作成.

■認知症にみられる幻覚・妄想と関連している神経病理学的変化

・海馬台前野（presubiculum）の老人斑の増加
・前頭皮質（frontal cortex）の神経原線維変化の増加
・前頂葉（parietal lobe）における細胞外の神経原線維変化の密度の増加
・後頭葉（occipital cortex）のニューリティックプラークの増加

出典：International Psychogeriatric association 2012. The IPA Complete Guides to Behavioral and Psychological Symptoms of Dementia, 3.8. をもとに作成.

4-5 うつ状態
― 診断・治療の鍵は原因を見極めること ―

Keywords ▶▶▶ うつ状態／不定愁訴／焦燥感／心気妄想／うつ病性仮性認知症

● 「年だから」と片づけない

　「長生きしてね」と年少のものは無邪気にそして心からそう思う。しかし、歳を重ねて生き抜いていくというのは、時として大変なこともある。いやでも体力や気力の衰えに気づかされ、社会的役割が変化し、同世代の人々の死に直面する。そんななかで元気がなくなったり、食欲が減退し体重が減少したり、眠れなくなることもあるかもしれない。ショックの後に鬱々とした気持ちになるのは誰もが経験することである。しかしそれが2週間以上持続的に続いているのならば、精神科への受診が必要となる。うつ状態は、特に高齢者の場合いろいろな原因が絡み合っていることが多いため、精神的、身体的、環境要因など分別整理することが大変重要であり、それこそが早期発見、早期治療の鍵となる。

● うつを見分ける

　その「うつ」のような状態はどこから生じているのか。何か思い当たるきっかけがあるのか。その「うつ」は気分転換や休養、周りの人の関わりで改善するのか。など、まず「うつ」に至る経緯や変動を詳細に把握することが必要である。

　配偶者や近親者の死を含めた喪失体験、退職や収入の低下など経済的問題、社会や家族からの孤立も大きな誘因となる。また高齢になると高血圧や糖尿病などに対する多種の薬を飲んでいることも多く、それらの薬が「うつ」を引き起こすこともある[1]。さらに脳梗塞後[2]や心臓疾患の影響も「うつ」と関連が深く、悪性腫瘍の前駆段階での疲れやすさや食欲不振を「うつ」と間違えられることもある。甲状腺機能低下症を代表とする内分泌疾患、ビタミンB群欠乏症や亜鉛などミネラル不足も注意しなければならない。食生活の情報は大切である。

　さらに、「うつ」と認知症の鑑別は大変重要かつ難しいことも知られている。アルツハイマー病の初期には「うつ」の合併例が多いと言われている。パーキンソン病では振戦（ふるえ）などの神経症状が出現する前に「うつ」が先行することも周知である[3]。高齢者で見落としてはならないのが、意外にもアルコール依存の問題で、アルコールに惹起される不眠と抑うつは重篤になりやすい。

　何か「うつ」を起こすようなストレスがあったにせよ、抑うつ気分が2週間以上持続的に続き、生活の喜びが失われ、好きだったことも楽しくない、眠れない、ご飯がおいしくないのであれば、「うつ病」を疑い、躊躇せず医師への受診が必要である。問診に加え、頭部の画像診断、採血や全身の診療が不可欠であるが、そのうつ状態の原因を見極め、もし原因が明らかになれば根本的治療を開始することができる。そしてうつ病であれば、自殺の危険に十分注意を払いながら、治療につなげていけるのである。

● 高齢者のうつは、若い人のうつと違うのか

　高齢者のうつ病では、若年者のうつ病と比較し、多くの症状の相違点が指摘されている（表1参照）が、圧倒的に身体的不定愁訴が

多い。不眠(寝つきの悪さや中途覚醒、早朝覚醒や熟眠感のなさ)やからだの痛み、活動の低下、便秘、入れ歯が合わないなど口腔内症状、食欲低下と体重減少も出現頻度が高い。また、それらが高じて「がん妄想」に発展することもある。

感情面では若年者と比べ悲哀感を訴えることが少なく、むしろ無気力、意欲低下、不安焦燥が顕著である。おそらく加齢による脳機能の低下も影響しているのだろう。時に「激越型うつ病」と呼ばれ、興奮や錯乱、強い不安や妄想を伴った希死念慮を抱く病態を呈することもある。また、集中力低下ややる気のなさから、簡単な質問にも投げやりに「もう何もわからなくなった」「頭がおかしくなった」などと言うことから認知症と間違われる症状も見られ、鑑別には十分な検討が必要となる。

治療の面では抗うつ薬の副作用が出やすく、せん妄も出現しやすい。

● 認知症との難しい鑑別

高齢者のうつ状態は、一見認知症に見えてしまうことがあり、「うつ病性仮性認知症」と表現されることもある。反対に、認知症の前駆症状としてうつ状態が先行する場合があり、鑑別は大変重要だが、必ずしも容易ではない。それでも大切な点は、うつ病であれば、治療により軽快し症状が改善する可能性があるということである。確かにうつ病から認知症へ移行する例が知られているが、それでも治っていくうつ病のほうが多い。

詳しくは表2にも挙げたが、特徴的なのは、認知症は物忘れに対し病識が乏しい一方、うつ病では自覚的であること、また、知能テストへの取り組み方が、認知症の場合取り繕いの回答が多いが、うつ病では考える努力をせず、「わかりません」と静かに拒否的であることが挙げられる。

● うつを治そう

近年メディアなどでうつ病に対する啓発が進んでいる一方、高齢者の自殺は大きな社会問題となっている。「年だからしょうがない」、「酒飲んだら気分も晴れる」とか「自分はうつなんかにならない」など思いこまず、身体症状の裏に潜んでいる「うつ」を見逃さないことが重要である。身体の疾患、認知症と鑑別し、治せるうつはきちんと治し、心豊かな生活を取り戻していただきたいというのが精神科医の切なる願いである。

(小林博子)

■表1 若年層と比較した高齢者うつの特徴

* 典型的なうつ病の精神症状より、身体愁訴が優位になる傾向
* 精神運動抑制が目立たず、不安焦燥、苦悶の動きが多い
* 不快気分や悲哀感を否定することがある
* 無関心、無気力、集中力低下、不安、引きこもり傾向
* 自責感、自尊心は乏しい
* 結果として主観的な記憶障害や認知障害が生じる

出典:文献1)4)を一部改変.

■表2 うつ病性仮性認知症と認知症の鑑別

	うつ病性仮性認知症	認知症
初発症状	気力の低下、気分の落ち込み	物忘れ
物忘れ	自覚的、誇張的	病識欠如、無関心
集中力	保たれる	障害される
言語機能	返答が遅延「分からない」とすぐ言う	失名詞取り繕いが多い
気分	抑うつ感、不安焦燥	多彩
妄想	心気妄想、貧困妄想身体変容感	物盗られ妄想嫉妬妄想、誤認妄想
日内変動	朝方に症状悪化	個人により異なるが夕方から夜悪化傾向

出典:文献5)6)7)8)を一部改変.

4-6 神経症
― 治療の基本は患者を理解すること ―

Keywords ▶▶▶ 葛藤／不安／心因／喪失体験／精神療法

●神経症とは

神経症は、心因性に生じる精神症状および身体症状の総称である。この場合の身体症状は原則として機能的なものを指し、器質的身体症状が出現した場合は心身症として区別される。精神的な健康とは、個人の精神内界（心のなかで働く力）と環境とが均衡している状態であり、個人が変幻きわまりなく変動する状況に柔軟に対応して行動することを意味する。逆に、精神病理とは精神内界と環境との間の不均衡状態である。この不均衡がもたらす精神内界の葛藤により不安が生じる。自我は安定を保つために無意識的な働きをして葛藤を和らげようとするが、時にこれは症状をもたらす背景となる。何が心因となるか、それがどのような反応を引き起こすかは個人の要因によってさまざまである。

WHOの国際疾病分類ICD-10では、神経症概念と関連する病態は「神経症性障害、ストレス関連障害および身体表現性障害」として包括されている。ICD-10では、下位分類として恐怖症性不安障害、その他の不安障害、強迫性障害、重度ストレス反応および適応障害、転換性（解離性）障害、身体表現性障害、他の神経症性障害が挙げられている。

●老年期の神経症の特徴

老年期は青年期と並んで精神的な問題を生じることが多い年代である。身体的にもさまざまな疾患や問題を伴う場合が少なくなく、現れる症状は複数の要因を背景とした多彩なものになることが多い。また、老年期はさまざまな喪失を体験する時期である。老年期の心性の基底には喪失体験による抑うつが流れている。そこに新たに実生活のなかで不安や葛藤などの心理的負荷が加わると心的統制を失って神経症やうつ病あるいは妄想などの反応を生じることになる。

これらに加えて加齢に伴う脳の器質的な変化は、注意集中の持続性低下、意欲の減退などの精神的な疲弊しやすさを招く。そのため判断力や認知能力は低下して身辺の事象についての錯覚や誤解、曲解が生じやすくなる。このような状態は心理的反応を惹起しやすく、その結果本来の性格を反映して抑うつ状態に陥ったり、妄想を形成することになる。

●診断と治療

神経症は、非器質性であること、精神病症状や反社会的行動がないこと、人格および現実検討能力が保持されていることによって診断される。状態像を正しく捉えるとともに、環境および性格要因の検討により心因の存在を明らかにすることが重要である。この作業は、治療過程を通して行われることになる。治療の基本は、患者が心理・社会的に適応すること、すなわち患者と環境の間の適応を擁護することである。したがって、個人と社会の両面を視野に入れて精神療法や薬物療法等を用いて治療にあたる必要がある。精神療法とは、患者を理解し、介入するあらゆる言語的治療方法を指す。抗不安薬、抗うつ薬、睡眠導入剤などの向精神薬を用いた薬物療法も症状の改善や不安の軽減に対して有用である

が、例えば抗不安薬による傾眠や転倒のリスクなど、高齢者の特徴を考慮する必要がある。

ところで、症状出現の背景に、例えば「家族内の人間関係」といった現実的問題の存在がわかってきた時にどのように対応すればよいだろうか。介入して、一挙に問題を解決しようとすると、その背景が単純でないだけに治療者の独善に陥りやすい。具体的な行動を保留し、ひたすら患者の話に耳を傾ける態度それ自体が治療的である。実際、からだの不調や家族への不満を述べるとき、必ずしも患者はその解決を求めているわけではない。身体症状を訴える形でコミュニケーションをもとうとしたり、自分の立場の共感者、理解者を求めたりするのである。このような場合、治療者が相手の言葉を字義通り受け取り、直ちに解決に乗り出すことで、かえって問題をこじらせてしまうこともある。

精神療法の基本は患者の苦悩を受け止め、共感し受容する立場をとること、「わかった」というメッセージを伝えること、そして患者がその支えのなかで喪失や現実の葛藤状況に順応したり、問題を解決するのを「見守り」、適応を「期待する」ことである。現実的な問題の解決に乗り出すことは精神療法とは別である。特に、家族内の人間関係の葛藤が関与している場合には家族の力動に深く入りすぎるべきではない。しばしば高齢者は自分だけが特別に辛い目にあっていると主張して、客観的な状況を主観的な苦痛にふさわしく脚色する。このことをふまえずに、家族に対して「問題点」を軽率に指摘することで、それまで葛藤を内在させながらもそれなりに平衡を保っていた家族関係を混乱させることもある。それは、患者にとっては「秘密」を打ち明けた治療者の背信と映り、家庭の平和を乱したと受け止めるだろう。治療や介護にあたる者はまず、脚色してまで自らの悲哀を語ろうとするその「心」を受け止めることが必要であって、いたずらに事実関係の調査に走り、小手先の解決を図ったり、正義感による審判者たることは慎むべきである。葛藤状況をあえて知ろうとしない態度が必要になることもある。あまりに深刻な解決し得ない状況に直面することの苦痛は、症状のそれをはるかに上回るかもしれない。何でも知ろうとすること、知らしめようとすることは専門家として自戒すべきであろう。

（田崎博一）

■老年期神経症の臨床像の特徴

①状態像は非定型的。心身の衰退や身体疾患が加わると、いっそう多彩で複雑な病像を呈する。

②身体症状の訴えが多く、基底に不安や抑うつ気分が存在する。

③身体症状は概して多訴的、不定愁訴的。中でも、睡眠障害と消化器症状が多い。

④身体症状が慢性化すると、依存的傾向や疾病逃避的傾向を示すことがある。

⑤医原的な要因が発病や増悪因子として関与しやすい。

出典：藍澤鎮雄「神経症・心身症・人格障害」長谷川和夫監『老年期精神疾患治療のためのストラテジー』ワールドプランニング，286-287頁，1994. を一部改変．

4-7 高次脳機能障害
― 認知症との違い ―

Keywords ▶▶▶ 失語／失行／失認／認知症／行政用語としての高次脳機能障害

● 高次脳機能障害とは

　高次脳機能とは高次大脳皮質機能とも呼ばれ、人間行動の基礎となる神経機構を研究する学問である神経心理学の主要なテーマとなっているものである。言語・行為・認知能力が関与する抽象思考、問題解決能力、習熟した道具の操作、算数問題などは最も高次の脳機能と言える。こうした高次脳機能は、外界に対する十分な注意、出来事についての認識、自分の置かれている状況に関する見当識などにも関連する意識水準や感情状態、さらに意欲や記憶などのより全般的な精神機能の土台の上に成立するものである。したがって高次脳機能障害の診断や評価には、患者の全体像の把握が極めて重要で、認知症や軽い意識障害などとの鑑別が必要となる。図に原田（1976）の所説を参考にした意識障害、認知症、巣症状としての高次脳機能障害（失語、失行、失認など）の見分け方を示した[1]。意識障害とは脳の高次機能、より要素的な運動・感覚機能といえる低次機能、およびそれらが出没する"場"を含め脳の働き全体が曇っている状態である。認知症とは大脳の広範な病巣による多種の高次機能の低下（低次機能は障害を免れる）を言う。したがって単一あるいは数個の高次機能障害のみでは認知症とは言わない。実際の臨床場面ではこれらの鑑別が困難なことも多く、特に軽度の意識障害を来し高次機能の低下が認められる場合、これを認知症や失語、失行、失認と即断してはならない。

● 失語、失行、失認の定義とその特徴

　失語症は、局所性の大脳病変に基づく一旦習得された言語記号系の操作能力の（一次性）障害で、その障害は通常、発話、理解、読字、書字といった表出性および受容性のすべての言語様式に及ぶ。したがって精神症状に伴う言語障害である緘黙（言語能力があるにもかかわらず、心理的要因によって言葉を発しない状態）や言語錯乱（論理性を欠いた支離滅裂と多弁、あるいは常同的な同語反復など特に慢性の統合失調症にみられるもの）、言語表出の前提となる運動系の障害である構音障害（音声器官の運動障害などによって音の変形が生じた状態）、あるいは発達過程での言語習得障害といえる発達性言語障害などからは区別される。自発話の分析が失語症状把握の第一歩であり、これをもとに流暢性失語と非流暢性失語に分類し、次いで言語理解、表出、復唱、呼称、読み書きの評価を行って各失語型に細分類することになる。この作業は言語訓練の治療的アプローチにも係わる重要なものである。一般にブローカ失語などの非流暢性失語は左半球前方病変を、ウェルニッケ失語などの流暢性失語は左半球後方病変を有する。

　失行症とは、局所性大脳病変に基づく一旦習得された熟練した運動行為の遂行障害である。運動器官に麻痺、失調、不随意運動などの異常を認めず、遂行すべき行為を十分理解している（認知面の障害がない）ことが前提となる。障害される行為水準により、肢節運動

106

失行（運動が拙劣になる）、観念運動失行（動作の模倣やジェスチャー表出ができない）、観念失行などが、行為の形式により、構成失行（簡単な幾何学模様・図形、3次元の図形などの構成ができなくなる）、着衣失行、歩行失行などが、また症状出現部位により、口部顔面失行、躯幹下肢失行、開眼・閉眼失行などが分類されているが、恣意的で真の失行とは言い難いものもある。また、観念失行についてはこれを行為系列の障害とみなすもの、物品使用の失認とするものがある。

失認症とは、局所性病変に基づく1つの感覚様式に限定された後天性の対象認知障害で、要素的感覚障害や失語、認知症などでは説明できないものである。その感覚様式より、視覚失認、聴覚失認、触覚失認、身体失認や空間失認などに分類される他、認知の水準から統覚型失認（知覚を形態にまとめられない）と連合型失認（形態とその意味が結びつかない）に分類される。

●高次脳機能障害者への対応

大事なことは失語症であれ失行症、失認症であれ認知症ではない（多くの高次脳機能が保たれている）ということである。つまり、患者は病識欠如や無関心、多幸などを示す少数例を除き急性期を過ぎるとともに自分の置かれた状況を理解するようになり、同時に不安や苦悩を呈することが多い。特に失語症ではコミュニケーションの手段を奪われてしまうので、周囲との接触を避け自閉的になったり、意思疎通ができず神経症的反応や衝動行為、破局反応を呈することが多いので注意が必要である。

●行政的見地からの高次脳機能障害

頭部外傷などの脳損傷（特に前頭葉損傷）の後遺障害として、記憶障害、注意障害、遂行機能障害、社会的行動障害などが生じ、このために日常生活・社会生活への適応が困難になった場合を、行政的な用語で「高次脳機能障害」[2]と呼んでいる。社会適応が不良で、職場や家庭への社会復帰ができないにもかかわらず、それまでの社会福祉行政制度では障害認定が困難な一群の患者に対し、この「高次脳機能障害」という用語が用いられている。ここでは上記の巣症状としての失語・失行・失認は除外されており、少なからず混乱が生じているので留意する必要がある。

（北條　敬）

■意識障害と認知症および高次脳機能障害の関係

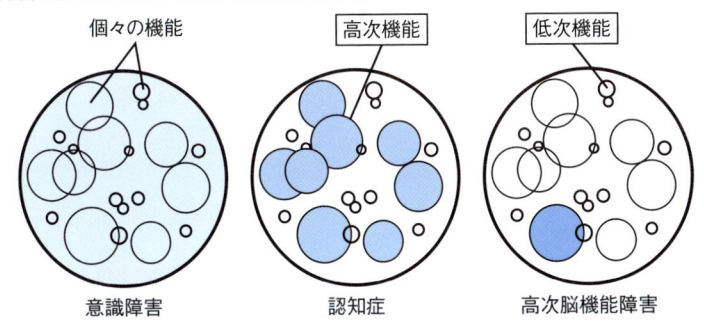

意識障害　　　　認知症　　　　高次脳機能障害

意識障害は脳の機能が全般的に侵された状態で、認知症は高次機能（図の大きな円で示す）が全体的に侵され、低次機能（図の小さな円で示す）が保たれている状態、巣症状としての高次脳機能障害は単一（あるいは数個）の高次機能が選択的に侵された状態であることを示す。

出典：原田憲一『器質性精神病』医学図書出版，1976．を一部改変．

4-8 睡眠障害
― 積極的な予防と治療を目指して ―

Keywords ▶▶▶ 睡眠構造／メラトニン／睡眠習慣／睡眠薬

● 高齢者の睡眠の特徴

　昔から高齢者は早寝早起きになることが知られている。このような変化は、現在では加齢により生じる睡眠構造の変化が原因であることがわかっている。睡眠障害は日中の活動に支障を来すだけでなく、メタボリック症候群や糖尿病などさまざまな病気と関連していることが報告されている。治療には睡眠習慣の指導と薬物療法が行われるが、睡眠薬は高齢者で特に副作用が出やすく注意が必要である。

● 加齢による睡眠構造の変化

　睡眠はノンレム睡眠が第1段階から第4段階までとレム睡眠に分類されている。若年者では、浅い睡眠である第1段階から始まって深い睡眠である第4段階まで進み、レム睡眠に至るというパターンを一晩のうちに4〜5回繰り返す。ところが、高齢者では、睡眠が2時間程度前にずれるだけでなく、深い睡眠である第3、4段階やレム睡眠の時間が短くなり、途中で目覚めてしまうことも多くなる。また、睡眠時間自体も短くなる。このような変化は睡眠を誘発する物質であるメラトニンの分泌量が加齢とともに低下してくることが関係していると考えられている。

　また、睡眠構造の研究によれば午後2時ごろに眠気が強まることもわかってきている。眠気が強まる時間にシエスタという昼寝の習慣をもつ国もあり、逆に日本のように昼寝をタブー視する文化もあるが、この時間帯に眠るほうがよいのかどうかについては結論が出ていない。高齢者では上記のように夜間の睡眠効率が低下していることから日中の眠気も強くなることがわかっている。加えて社会的な拘束が緩むことから昼間の睡眠時間が長くなりがちだが、夜間眠れなくなったり、中途半端な睡眠になってせん妄を起こしたりする原因になる危険性がある。

　このような睡眠構造の変化は、アルツハイマー病などの認知症性疾患で顕著であり、特にアルツハイマー病では概日リズムを司る視交叉上核と松果体の機能が障害されることで、日中の傾眠傾向や夕方から夜間にかけて覚醒度やイライラが高まる日没症候群と呼ばれる現象が生じることがわかっている[1]。意欲低下による日中の活動性低下も加わって昼夜逆転やせん妄が起こりやすいので注意が必要である。

● 良い睡眠習慣とは

　不眠は苦痛なだけでなく日中の眠気を誘って事故を招く場合もあり、社会的な損失が大きい。表は研究の成果をまとめたもので、一般の人への睡眠に関する正しい知識の普及を目指して作成された。このような指針を守って生活することで睡眠の質が改善することが報告されている[2]。

　高齢者の場合、特に注意が必要なのは先に述べた昼寝の制限と日中の活動の確保である。日中集中して取り組むことがない場合、退屈して横になって過ごしてしまいがちであるが、そのような生活習慣は不眠を招くことになる。

●不眠の治療

生活習慣の工夫でもうまくいかない不眠に対しては薬物療法が行われる。不眠はうつ病の一症状として現れることも多いため、他の精神疾患が隠れていないかを鑑別したうえで睡眠薬を処方することが重要である。従来はベンゾジアゼピン系の睡眠薬が広く用いられてきた。しかしながら、このタイプの睡眠薬はふらつきや転倒、認知機能低下といった副作用があり、特に高齢者では注意が必要である。最近の調査では、入院患者においてベンゾジアゼピン系薬剤を服用している患者のほうが、服用していない患者と比較して約2倍転倒が多いことが報告されている[3]。また、反跳性不眠と呼ばれる現象が中止の際に生じるため不眠の改善後もなかなか中止することが難しい。

最近、高齢者で低下してくるメラトニンの受容体を刺激するタイプの睡眠薬が発売された。ふらつきや過鎮静などの副作用が見られないのに加え、高齢者で減少する第3、4段階のノンレム睡眠を増やして睡眠の質も改善することがわかっており、画期的な薬として期待されている。

●睡眠時無呼吸症候群とレストレスレッグス症候群

睡眠時無呼吸症候群は、睡眠に関連して生じる呼吸障害で、肥満などで気道が閉塞しやすくなって生じる閉塞性と原因不明の原発性があり、睡眠ポリグラフ検査で診断できる。原発性は高齢者で頻度が高くなる。閉塞性に対しては、在宅持続陽圧呼吸療法（Continuous Positive Airway Pressure：CPAP）が用いられる。レストレスレッグス症候群は、下肢を中心に夜間睡眠時に不快な感覚が生じてじっとしていられなくなる病気で、治療にはドパミン作動薬が用いられる。

●他の病気との関連

最近睡眠障害との関連が注目されている病気として糖尿病がある。糖尿病患者の多くに睡眠障害、特に睡眠時無呼吸症候群が合併することが報告されている。また、逆に睡眠障害のある人では肥満や糖尿病の割合が多いことも報告されており、その原因として、不眠によりインスリン感受性が低下することや、食欲を抑制するホルモンであるレプチンを低下させ、食欲を亢進させるグレリンを上昇させることが関連していると推定されている[4]。

（成本　迅）

■睡眠障害対処の12の指針

1. **睡眠時間は人それぞれ、日中の眠気で困らなければ十分**
   睡眠の長い人、短い人、季節でも変化、8時間にこだわらない。歳をとると必要な睡眠時間は短くなる。

2. **刺激物を避け、眠る前には自分なりのリラックス法**
   就寝前4時間のカフェイン摂取、就床前1時間の喫煙は避ける。軽い読書、音楽、ぬるめの入浴、香り、筋弛緩トレーニング。

3. **眠たくなってから床に就く、就床時刻にこだわりすぎない**
   眠ろうとする意気込みが頭をさえさせ寝つきを悪くする。

4. **同じ時刻に毎日起床**
   早寝早起きでなく、早起きが早寝に通じる。日曜に遅くまで床で過ごすと、月曜の朝がつらくなる。

5. **光の利用でよい睡眠**
   目が覚めたら日光を取り入れ、体内時計をスイッチオン。夜は明るすぎない照明を。

6. **規則正しい3度の食事、規則的な運動習慣**
   朝食は心と体の目覚めに重要、夜食はごく軽く。運動習慣は熟睡を促進。

7. **昼寝をするなら、15時前の20～30分**
   長い昼寝はかえってぼんやりのもと。夕方以降の昼寝は夜の睡眠に悪影響。

8. **眠りが浅いときは、むしろ積極的に遅寝・早起きに**
   寝床で長く過ごしすぎると熟睡感が減る。

9. **睡眠中の激しいイビキ・呼吸停止や足のびくつき・むずむず感は要注意**
   背景に睡眠の病気、専門治療が必要。

10. **十分眠っても日中の眠気が強いときは専門医に**
    長時間眠っても日中の眠気で仕事・学業に支障がある場合は専門医に相談。車の運転に注意。

11. **睡眠薬代わりの寝酒は不眠のもと**
    睡眠薬代わりの寝酒は、深い睡眠を減らし、夜中に目覚める原因となる。

12. **睡眠薬は医師の指示で正しく使えば安全**
    一定時刻に服用し就床。アルコールとの併用をしない。

出典：厚生労働省「精神・神経疾患研究委託費：睡眠障害の診断・治療ガイドライン作成とその実証的研究班　平成13年度研究報告書」。

4-9 意識障害
― その発見と対応の原則 ―

Keywords ▶▶▶ せん妄／意識混濁／身体的ケア／Japan Coma Scale

●意識の概念

意識とは、外界からの刺激を受け入れ、自己を外界に表出する心的機能を指す。覚醒していて外界と自己の認知が正常に保たれていることを意識清明と呼び、この機能が低下したものを意識障害と呼ぶ。

●意識障害の症状

意識障害の中核は意識の清明度（覚醒レベル）の低下であり、これを意識混濁と言う。これに、さらに異常な精神症状が加わることもある。意識障害の指標として、注意集中の低下、見当識の障害、理解力の低下、記銘力低下と回復後の健忘、脳波の徐波化が挙げられる。

高齢者の臨床では、意識混濁とせん妄が重要である。意識混濁は一般に、軽度（刺激なしで開眼している状態）、中等度（閉眼しているが刺激で開眼する状態）、重度（刺激でも開眼しない状態）に分けられる。最近では知覚刺激に対する反応によって分類するJapan Coma Scale（ジャパン・コーマ・スケール）が用いられる（表参照）。せん妄は、軽度意識混濁があり、これに、錯覚・幻覚や興奮が加わった状態を指すが、病態や対処は意識混濁と同様である。

●発現機序と原因

意識を調節する神経系は、脳幹網様体から視床を経て大脳皮質に広範に投射する経路（上行性網様体賦活系）と、視床下部から大脳辺縁系へ投射する経路（視床下部賦活系）の2つがあり（Magoun, H.W., 1952）、これらの経路の一部でも障害されると意識障害が出現する（図参照）。具体的には、脳幹や視床・視床下部が直接損傷を受けた場合や、大脳半球が広範囲に損傷を受けたり、広範に機能が抑制された場合に意識障害が出現することが多い。また、これらの経路は睡眠覚醒リズムとも関連が深い。

上記の神経経路に直接損傷を及ぼす原因疾患には、脳の血管障害、炎症、外傷、腫瘍などの脳器質性病変がある。これにはさまざまな原因があるが、一般に急性に生じた塊状の病変のほうが意識障害を起こしやすい。一方、慢性的にびまん性に生ずる病変（例えば、アルツハイマー病やピック病における神経変性）は、末期までそれ自体で意識障害を起こすことはない。

大脳半球の機能を広範囲に抑制する原因は多様であるが、高齢者の場合には体液性の要因が多く、これには種々の内臓疾患（肝不全、腎不全、肺低換気、心疾患など）や代謝性疾患（脱水、電解質異常、低血糖、糖尿病など）、ショック状態、感染症、薬物中毒が含まれる。また、てんかん発作やナルコレプシーなどの発作性の疾患も原因となる。

●意識障害への対処

①意識障害の発見

中等度意識障害では傾眠、重度意識障害では昏睡が見られるため、その発見は比較的容易である。軽度意識障害（せん妄を含む）の場合には、覚醒レベルにあっても見当識障害や注意集中困難、記憶欠損、言語の障害を伴

い、行動に一貫性を欠く。加えて、症状が日内で変動する傾向がある。認知症がある場合にはこれらの症状がわかりにくいため、これらの認知機能障害の時間的変動に注目するとよい。せん妄がある場合には、幻覚・興奮が前景に立つものの、背景にある意識混濁に着目すべきである。

②原因疾患の究明とその除去

意識障害が疑われる場合には、医学的診察により原因疾患を解明し、それに対する治療を行う必要がある。

せん妄の場合、精神症状への対処よりも、意識混濁を引き起こしている身体疾患・脳器質性疾患の対応が優先されるため、精神科病院よりも総合病院の一般科において身体医療と精神医療の連携を図りながら治療を行うことが望ましい。原因疾患によっては、必ずしも入院を要しない病態もある。

③身体的ケア

いずれの原因であっても身体的ケアを集中的に行う。まず、栄養・水分摂取の確保が不可欠であり、摂取が困難な場合には点滴などにより補給する。脳循環・代謝改善薬の投与を行うこともある。次いで、意識障害では種々の合併症が新たに発生するリスクが高く、これらの予防的対応を要する。高齢者施設では医学的措置とともに、清潔保持、保湿・保温、排泄管理に配慮する必要がある。

④精神症状への対応

軽度意識障害の場合には、不安・恐怖、幻覚・妄想、興奮などが併存していることが多く、十分な観察と保護が必要となる。また、薬物療法の適応として、身体的ケアの確保とストレス状態の緩和のために最小限の鎮静を図る必要がある場合や、睡眠覚醒リズムを維持する目的で、少量の向精神薬を投与することがしばしばある。しかしながら、高齢者では薬物代謝の低下から向精神薬を継続的に服用すると、薬物が体内に蓄積しやすい。このため、高齢者では服用開始から遅れて向精神薬の副作用が発現する傾向にあり、病態を悪化させるリスクも高く、慎重に行うべきである。

高齢者施設では、安心感を与えることが重要となり、なじみの環境でサポートすることが望ましい。また、睡眠覚醒リズムを回復するために、居室の照明や日中の適度な刺激にも工夫をする余地がある。　　　　（坂下智恵）

■ Japan Coma Scale（3-3-9度方式）

Grade Ⅰ (1桁の障害)	Ⅰ．覚醒している 　（delirium, confusion, senselenssness） 　1．大体清明だが、今ひとつはっきりしない。 　2．見当識障害がある。 　3．自分の名前、生年月日が言えない。
Grade Ⅱ (2桁の障害)	Ⅱ．刺激で覚醒する 　（stupor, lenthargy, hypersmnia, drowsiness） 　10．普通の呼びかけで容易に開眼する。 　20．大きな声または身体をゆさぶることにより開眼する。 　30．痛み刺激を加えつつ呼びかけを繰り返すと辛うじて開眼する。
Grade Ⅲ (3桁の障害)	Ⅲ．刺激で覚醒する 　（deep coma, coma, semicoma） 　100．（痛み刺激を）はらいのける動作をする。 　200．（痛み刺激で）少し手足を動かしたり、顔をしかめる。 　300．痛み刺激にまったく反応しない。

R：restlessness（不穏）、I：incontinence（失禁）、
A：akinetic mutism（自発性喪失）　　例）100-Ⅰ、20-RI

出典：太田富雄・和賀志郎・半田肇ほか「急性期意識障害の新しいgradingとその表現法」（いわゆる3-3-9度方式）『第3回脳卒中の外科研究会講演集』61－69頁, 1975. をもとに作成.

■意識を調節する神経系

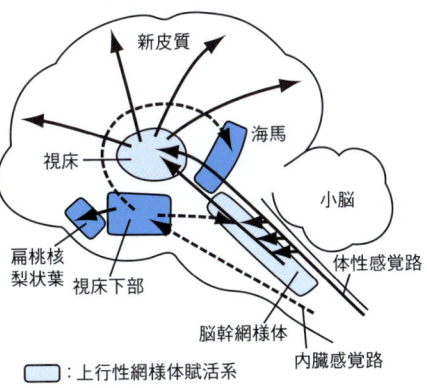

（図：脳の模式図。新皮質、海馬、小脳、視床、扁桃核・梨状葉、視床下部、脳幹網様体、体性感覚路、内臓感覚路が示されている。凡例：□：上行性網様体賦活系、■：視床下部賦活系）

4-10 てんかん
— その特徴と対応 —

Keywords ▶▶▶ 高齢初発てんかん／病因／発作症状／薬物療法

● 高齢者のてんかん

てんかんは小児期に最も多く発症すると考えられがちであるが、実際は老年期に最も高率に発症することを示す一連の報告がある（図参照）。

高齢初発のてんかんは症状、病因において若年者のそれとは異なる特徴があり、薬物の代謝や反応性にも相違点があるため、診断および治療においてはこの年代の特性を十分理解しなければならない。また、人口の高齢化に伴い若年発症のてんかん患者も高齢化しており、その治療においては高齢初発の患者と同様の配慮および治療の見直しが必要になる。

● 病因

高齢初発てんかんの病因は脳血管障害が最多であり、次いで脳変性疾患（アルツハイマー病など）、頭部外傷の順である。脳腫瘍によるものは少ない。脳血管障害は無症候性の場合もあるため、診断には画像診断（特に頭部MRI）が欠かせない。

● 発作症状

高齢初発のてんかんの発作症状は軽微で、特異性に乏しいため、診断確定に時間を要することが稀ではない。焦点発作（発作が脳の限局した部位から起始するもの）が多いが、側頭葉以外（前頭葉起源が多いといわれる）から生じる発作が多い。そのため、側頭葉てんかんのような特有の症状を示すことは少なく、短時間の凝視を伴う意識障害のみで自動症を欠くことがしばしばである。前兆は少なく、あっても非特異的（めまいなど）である。二次性全般化は若年者ほど多くない。

また、発作後もうろう状態が遷延しやすく（数時間、ときに1週間以上）、てんかん以外の病態（何らかの精神疾患、脳血管障害、認知症など）と誤診される可能性がある。脳波の感度は若年者より低く、てんかん波を欠くことも少なくないため、複数回の脳波検査あるいはビデオ脳波モニタリングによる発作の確認が重要になる。類似の症状を呈する種々の疾患（せん妄、認知症、一過性脳虚血、心血管系の種々の疾患、低ナトリウム血症、低血糖、高血糖などの代謝障害など）および薬剤の副作用などとの鑑別も必須である。また、けいれん重積状態の場合はてんかん発作の前歴なしに発症することが多く、重症化しやすく致死率も高い。

● 薬物治療

高齢初発のてんかんは若年者と比較して治療への反応性は一般に良好である。ただ、治療にあたっては高齢者特有の薬物動態学と薬力学に特に配慮する必要がある。

例えば、加齢とともに肝クリアランスの低下、腎機能の低下が起きるため薬物血中濃度は上昇しやすい。また、血清タンパク（主にアルブミン）が低下するため、タンパク結合の強い古い世代の抗てんかん薬（フェニトイン、カルバマゼピン、バルプロ酸など）は遊離型が増加して副作用を生じやすい。肝代謝性の他の薬剤（ベンゾジアゼピン、抗精神病薬、抗うつ薬、ワーファリンなど）を併用し

ている場合は相互作用に注意が必要である。したがって、併存する身体疾患の治療薬は常にチェックしておく必要がある。

これらの理由から、高齢てんかん患者の治療には古い世代の抗てんかん薬よりも新規抗てんかん薬（ガバペンチン、トピラマート、ラモトリギン、レベチラセタム）が望ましいとされている（ただし、本邦ではこれら新規抗てんかん薬はいずれも単剤治療薬としてはまだ認可されていない）。

一般に、高齢者では抗てんかん薬の副作用が低濃度でも出現する傾向があり、それが高い中断率をもたらしているとされる。したがって、低用量から開始し、漸増するのが処方の原則である。若年者と比較して低用量で発作がコントロールされることが多いので、若年者標準の通常用量や血中濃度にとらわれず、副作用に注意しながら用量調整することが肝要である。

● 精神症状

高齢てんかん患者にはうつ病が多いことが指摘されている。うつ病は、QOL（生活の質）を低下させる大きな要因であるが、注目もされず治療に至っていない例も多い。精神状態のきちんとした見極めと適切な治療・ケアがこの年代のてんかん患者には必要である。また、てんかんに対するスティグマ（偏見）やいつ発作が起きるかわからないという不安から引きこもりがちになったり、自信喪失し、自立意欲をなくして施設入所を求める傾向も指摘されている。

● 転倒・骨折

高齢者の生活で話題になる転倒・骨折であるが、てんかん発作による外傷も無視できない。運動不足、カルシウム不足等に加え、抗てんかん薬による骨密度の低下も指摘されている。

高齢者人口の増加に伴い、高齢てんかん患者が今後さらに増加することが見込まれる。しかし、非定型的な発作症状ゆえに未診断あるいは誤診の例が少なくないと考えられる。高齢者の意識障害においてはてんかん発作の可能性を認識して診療にあたる必要があろう。また、てんかんをもつ高齢者にはこの年代特有の身体的・心理的状況が背景にあることを常に念頭に置くべきであり、総合的視野からの観察と適切な対処が望まれる。

（齋藤文男）

■年齢別てんかん発症率（10万人での発生率）

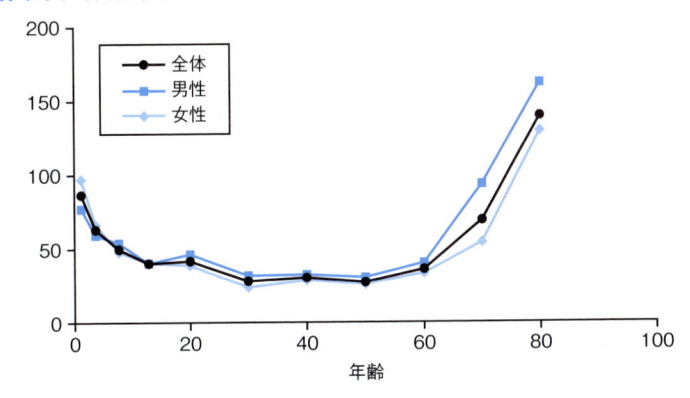

出典：Hauser. W.A.: Seizure Disorders: The Changes With Age. Epilepsia 33（Suppl.4） S6-S14, 1992.

5 こころのケア

総論
1. 中途障害のこころのケア
2. 医療におけるこころのケア
3. 看護におけるこころのケア
4. リハビリテーションにおけるこころのケア
5. 心理療法
6. カウンセリング
7. 行動分析学（行動療法）
8. 回想法
9. 音楽療法
10. 芸術療法
11. 臨床動作法
12. 園芸療法
13. アニマル・セラピー

5 こころのケア

佐藤 眞一

●こころのケアと老年行動科学

　老年学（Gerontology）は、異常な老化と正常な老化とをどのように識別するかを命題として、ロシアの食菌（ヨーグルト）の研究者であるイリア・イリッチ・メチニコフ（Ilya Ilyich Mechnikov）によって1903年に開始された学問領域である[1]。したがって、老化に関わる生物学的諸側面を検討するという意味で、生命科学の諸分野が中心を担っていた。また、臨床応用という意味では、臨床医学の寄与するところが極めて大きかった。

　一方で、人は社会的存在である。その意味で人の諸問題を解決するためには、社会科学的なアプローチは不可欠となる。社会老年学（Social Gerontology）は、そもそもの始まりでは老年学に意図されていた分野ではなかった。しかし、老年学は単なる生命の終わりに関わるだけの学問領域ではなく、メチニコフが老年学と同時に提起した死学（Thanatology）が、現在は死生学と訳されるようになったように、社会的存在である人間の加齢過程、すなわち「生」に在る諸問題の解決のための学際的分野であると認識されるようになった。

　例えば、認知症に関しては、患者の認知機能の特徴や脳機能の異常との関連性についての老年医学や認知科学への期待は大きい。しかし、一方で認知症者の行動への対応に困難を抱える介護状況においては、認知障害の理解をするだけでケアがうまくいくわけではない。認知症者をより適応的な行動変容へと導くことが重要となる。徘徊を繰り返す認知症者の不安を理解し、そのうえで、不安を解消するための行動科学的方法によって、徘徊行動を減少させることが必要となる。つまり、ケアという社会老年学上の課題においては、老年医学や認知科学とともに行動科学的な方法によって行動変容を実現するアプローチが求められている。老年行動科学における「こころのケア」とは、このことを意味する。

●ケアに活かす老年行動科学

　ケアを実践していくなかで、対応困難な問題点が現れてくる。問題を分析し、考察するためには原因と結果および心理的変化に注目することが必要となる。そのためにまず、問題となる事実を明確にしなければならない。食事量が少ない、排泄量が少ないなどの身体的問題、歩き回りじっとしていない、介護拒否がある、暴言、暴力があるなどの精神的問題など、いずれの場合もその問題を客観的事実として捉えなければならない。

　ケアにおける対応困難な問題点は、何らか

の原因によって引き起こされた結果であることは明らかである。したがって、問題を把握するためには、原因と結果を明確にする必要がある。しかし、原因は必ずしも1つに限定されるわけではない。同様に、結果が1つになるわけでもない。例えば、食事摂取量が減っている原因を考えたとき、便秘による食欲低下が推測できたとしても、それだけが原因とは限らない。さまざまな行動上の意欲減退から生ずることもあるし、何らかの疾患が関連しているかもしれないからである。麻痺による飲み込みの悪さかもしれないし、環境の変化かもしれない。また、変化に敏感な性格が作用していることもある。しかも、これらが同時に生じていることが普通であり、それが人間の特徴ともいえよう。

生じた問題に対処するために、まず考えなければならないのは、その原因を取り除くことは可能かどうかである。可能であれば取り除くための対策が講じられるはずであるが、認知症や慢性疾患、あるいは対応できない環境上の問題、性格や育った歴史などが原因の場合、それを取り除くことは困難となる。このような場合には、問題（結果）の原因によって引き起こされる心理的変化を知り、それに対応することが必要となる。例えば、認知症が原因で徘徊が生じている場合、認知症による外界認識の低下による「不安感」はケアによって軽減することが可能である。こころのケアの核心は、ここにある。なぜなら、ケアの対象となる解決困難な問題の多くは、取り除くことの不可能な原因が、心理的変化と同時に種々の問題を引き起こしているからである。その場合のケアのアプローチは、原因によって引き起こされているネガティブな心理的変化を安定化へと導くことである。

原因としての条件変化、結果としての行動変化、およびそれと同時に生起する心の変化の例を挙げたが、行動科学的には、それぞれ「独立変数」「従属変数」「媒介変数」という一般化可能な専門用語で表すことができる。また、独立変数と従属変数である原因と結果の要因は、観測可能な実体概念である。つまり、観察された事実として言語化が可能である。しかしながら、こころの変化はそれ自体を観察することはできない。統制された環境での行動変化や視点を定めた観察による行動特徴から推察される構成概念である。孤独や不安は、こころの状態の行動上の特徴（発せられた言葉も含む）からつくり上げられた概念であり、しかもそれが人の行動を説明するために妥当性を有し、同じ条件であれば繰り返し同じ行動が観察されるときに、それは構成概念として定立される（図参照）。

● **ホリスティックな態度とこころのケア**

要介護者に対して、ケアをする側は「この方は、○○の障害があるから××ができない。だから△△の介助が必要だ」という方針で望むことが多い。確かにこれは、自立を阻害している要因の代替としての援助という観点からは必要なことである。

しかしながら、「できないことを介助する」という観点からだけのケアでは不十分である。というのは、実際の場面では、普通、要介護者個々に対して単純に「××ができない」という判断を下すことはないからである。例えば、排泄に関して「便意・尿意はあるが、歩行に困難があるのでトイレに遅れてしまい、失禁する」というような評価をするのであって、単に「排泄ができない」という評価をすることはない。「尿意・便意がある」のであれば、はじめからオムツをしてしまうようなケアはよいケアとは言えないであろう。オムツをしたことで「尿意・便意を伝える」必要がなくなれば、何としてもトイレに行こうという気持ちは徐々にそがれてしまい、結果的に

オムツによる介助が障害のレベルを悪化させてしまうことになるからである。

　要介護者に対しては、このように「できないことを援助する」という態度だけでなく、この人は「何ができるのか」を介護者側が十分に把握し、それを活かすケアが必要となる。尿意・便意があるのであれば、介護者側が排泄リズムを把握し、早めに声かけをしてトイレ誘導を行う、というケアが可能になる。その際のオムツの使用は夜間など最小限にとどめることができる。「何ができないか」というケアから「何ができるか」を知るケアに視点を変換することが必要であろう。

　こうしたケアは、本人に内在する力を引き出し、自立レベルを高めようとする態度である。こうしたホリスティック（holistic）な態度が対人援助には求められる。それが、こころのケアの実践につながるのである。

　また、施設や在宅でのケア（care）は、医療施設での治療・キュア（cure）とは根本的に異なる。対象者の身体的・医療的な情報だけでなく、本人の心理面や家族などの社会関係をも含む全体的・全人的援助でなければならない。対象者がどのような価値観を持ち、どのような内面的特徴をもつのかを、その生活史から十分に把握してケアに活かす必要がある。

　例えば、糖尿病のため栄養や水分の摂取に制限があり、毎日のインシュリン注射が必要な高齢者が援助対象となる場合に、ケア困難な事例がよくある。

　医療の現場では、医療的判断を第一に優先して治療に当たる。したがって、患者の要求は第二義的となるので、治療効果以外に医療者側にとって困難な問題はあまりない。

　しかし、施設や在宅のケアの現場では、緊急医療が必要ないと判断された者が生活を送る場であるから、対象者の要求はよりよいケアを実現するための重要な判断基準となる。生活習慣病といわれる糖尿病の場合、患者のなかには厳しい自己規制を自分に課すことのできない者もある。食事や水分の制限を守ることができずに隠れ食いや隠れ飲みをしたり、薬の服用を決まった時間に行えないのである。「食べたいものも食べられないのなら生きていてもしょうがない」と開き直る者もいる。

　だが、こうした人たちへのケアに、医療の論理を取り入れて徹底的に管理を行うことが必ずしもよいケアとは言えない場合がある。制限しても隠れ飲み・食いが止まなければ、本人の罪悪感は高まるだろうし、介護者との信頼関係も崩れてくる。したがって、医療的管理と要介護者の要求が相反した場合に、どのように折り合いをつけるかという判断がケアの場では重要になる。そのためには、要介護者のこれまでに形成された生活習慣や性格、行動規範などを全人格的に捉えておかなければうまくいくものではない。

●認知症者へのこころのケア

　認知症は「生活の障害」とも言われるように、健常であれば誰にでも普通にできるはずの日常生活に支障を来すようになる。したがって、家族や周囲の者は、「何もできなくなった」のだから「何もわからない」はずであるとの思い込みから対応してしまうことが多い。

　しかし、認知症者は「何もわからない」のではない。現実とのズレに戸惑い、苦痛とストレスを感じているのである。BPSD：Behavioral and Psychological Symptoms of Dementia と呼ばれる認知症の行動・心理症状の背後には、認知症者独特の心性が働いている。その心理状態を十分に理解した援助であるか否かで、認知症者の状態が良くも悪くもなるのである。

認知症者へのこころのケアにおける基本的態度として、以下に4点を挙げる。

①無条件の受容

異常な行動や対応困難な行動にも、何らかの理由があり、認知症者独自の世界の論理がある。行動や言葉を否定したり、制御したりするのではなく、認知症の世界の論理に共感し、それに合う方法を工夫する必要がある。

②個別的な援助

認知症者も、かつてはみな、立派な人生を送ってきた極めて個性的な人格をもつ人であったことを忘れてはならない。認知症になっても、過去の人生は色濃く残っている。したがって、決まり切った手続きだけではケアは成り立たない。

③創造的な援助

ケアは、それ故に創造的な活動である。トイレのドアにはわかりやすい色やマークを工夫したり、食事の際にどのような話し掛けをすれば口を開けてくれるかなどの小さな知恵の積み重ねが、スムーズでよりよいケアを可能にするのである。

④寝かせきりにしない

脳血管性認知症では身体麻痺があって、臥床しがちな者が多いし、アルツハイマー病でも重度化するにしたがって寝たきりになりやすい。しかしながら、高齢者は臥床状態が長期になるだけで廃用症候群と呼ばれる関節拘縮、沈下性肺炎、尿路感染などのさまざまな障害を発症するだけでなく、最終的には無感情・無反応の人間性の崩壊とも言えるような状態に陥ることさえある。心身の活動への意欲を保つ工夫は、こころのケアにとって極めて重要な意味をもつ。

本章では、心理学的治療の概念、理論、方法、効果評価などを解説する。

5-1～5-4では、医療、看護、福祉、リハビリテーションなどの専門職に必要とされるこころのケアへの考え方や試みを紹介する。ケアへの取り組みは、家庭や介護施設に限られるものではないし、近年は、回復の困難な傷病者や認知症者へのケア的態度の重要性が見直されているからである。5-5～5-7では、こころのケアとして実践される心理学的理論と方法の代表的なものを紹介する。そして、5-8～5-13では、わが国の医療機関や介護施設で実践されている主な心理臨床を背景とする治療法を解説する。

■媒介変数としてのこころの変化

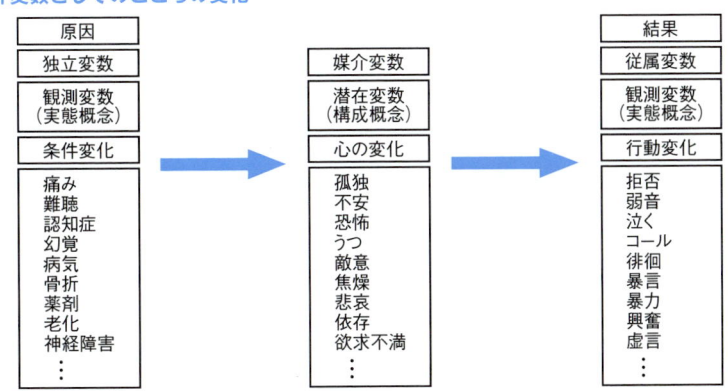

原因	媒介変数	結果
独立変数		従属変数
観測変数（実態概念）	潜在変数（構成概念）	観測変数（実態概念）
条件変化	心の変化	行動変化
痛み 難聴 認知症 幻覚 病気 骨折 薬剤 老化 神経障害 …	孤独 不安 恐怖 うつ 敵意 焦燥 悲哀 依存 欲求不満 …	拒否 弱音 泣く コール 徘徊 暴言 暴力 興奮 虚言 …

出典：佐藤眞一「行動科学と高齢者ケア ── 行動科学の意義と役割」『高齢者のケアと行動科学』16, 12頁, 2011.

5-1 中途障害のこころのケア
― 生活の再構築に向けた関わり ―

Keywords ▶▶▶ 中途障害者／障害受容／急性期リハ／回復期リハ／維持期リハ

●中途障害とは
　高齢者の中途障害とは、出生時に身体機能的問題はなく、成長とともに獲得された機能が、疾病や事故などのために障害を有するようになった場合を言う。

　障害の原因や内容はさまざまであるが、現実に、日常生活に障害が生じ、また障害をもつ前の健常だった機能に対する意識や記憶があるために、自己の障害についてさまざまな葛藤が生じることになる。

●中途障害者の障害受容（障害受容論）
　突然に起きる障害は、身体の不自由さに加えて、こころのバランスを崩す。ある日、突然に到来した自分自身の心身の機能の低下や喪失から、これまで生活してきた場所や環境下でこれまでと同じような役割が担えず、自己の存在価値（ネガティブイメージ）などで悩む。また、入院などの生活環境の変化から、環境への適応が多くのストレスとなる。その際に生じてくるのが、こころのバランス障害である。

　障害を受容できるかどうかの議論は別にして、障害受容において広く知られているのが、コーン（Cohn）の段階理論で、障害受容に至る段階を、①ショック、②回復への期待、③悲嘆、④防衛、⑤適応に分けて説明している。しかし、このような画一的な段階をとる症例は少ないことも知られている。

　また、高齢者は脳血管障害などの脳の器質的障害によって精神症状の出現や高次脳機能障害を伴うことで、こころの状態が解かりにくい場面も少なくない。

　本人は喪失した部分にのみ視点が向いて悩む。そして、家族も同様に悩み、相互の交流に障壁が生じる場合もあり、さらなる苦悩が生じる。表に示したように、こころのバランスを崩すのは、障害者だけでなく、家族を含めた健常者でも起こり得ることである。これらは適応するための反応であるとの理解が大切である。障害受容とは、いくつかの段階を経て自己肯定感を取り戻すプロセスということができる。

●リハビリテーションの各段階での対応
　入院患者の多くが、うつ症状などの精神症状を合併することが報告されており、入院当初からの「こころのケア」が必要である。しかしながら、疾病に罹患し、入院治療直後から開始される急性期リハビリテーションでは、リスク管理と心身機能の低下を予防し、機能の回復を促す内容が中心である。そのため、スタッフ側が対象者の心理状況を把握する場面が少なく、障害の程度や、発症からの時間経過で心理的な安定を得られると期待している場合が少なくない。

　また、脳の器質的病変に伴い、判断力低下や遂行機能の障害、失行、失認、失語などの高次脳機能障害、記憶障害、認知症などの影響を受ける場合があり、心理的変化として捉えにくい。心理的な苦痛を感じていても訴えないこと（訴えられない）もあるので、この時期においては些細な行動面の変化に注意する必要がある。

回復期リハビリテーションにおいては、機能回復訓練を進めると同時に、日常生活活動や社会参加などの生活機能全般の改善を目指した訓練が行われる。この時期は脳の器質的病変に伴って生じた心身の障害が明らかになり、その改善に取り組む時期であると同時に、本人と家族が障害と向き合う時期でもある。したがって、障害は両者にショックや諦め、葛藤などの複雑な心理的変化をもたらすことになる。

回復期リハビリテーションにおける「こころのケア」で重要なことは、本人と家族が抱える（内面にある）、悩みや苦しみを表出できるように傾聴と共感的態度で接し、何に悩んでいるのかを整理することと、本人には障害の部分（マイナス面）と、そうでない部分（プラス面）が存在し、その部分（プラス面）の活用によって、生活機能が拡大（プラス面の拡大）することを、本人と家族の心理的状況に配慮しながら整理・確認し、目標を持ってリハビリテーションサービスに参加してもらうように努めることである。したがって、基本的には両者の「こころのケア」に配慮して、関わることが望まれる。

次の段階の維持期リハビリテーションでは、回復期リハビリテーションで改善した生活機能を維持するために、本人の機能を維持し、生活する場の環境整備と社会参加による活動性の向上および生活の質の向上を目指したサービスが提供される。生活の場には、家庭へ戻る場合とそれ以外の福祉施設などがある。この生活の場の決定には本人と家族の能力に加えて、環境的要因が関係する。このため、社会資源や家屋環境調整といった諸サービスの提供と活用が行われる。

このように、入院から、生活の場を決定するまでの場面では、本人および家族において生じる心理的変動に対して対応（支援）を行う。このような相談やアドバイス、環境調整は、身体的機能への支援と同様に並行して行われることが大切である。

また、障害者に関わるスタッフ間のカンファレンスなどで、対象者の心理的ケアの必要性について検討することで、治療的環境や、かつ教育的な機能を発揮し、より一貫した支援体制も確立できる。　　　　　　（金城徳明）

■種々の段階理論

報告者	対象疾患	推理方法	段階内容
Cohn（1961）	ポリオ	洞察	ショック→回復への期待→防衛→適応
Drotar（1975）	先天障害のある子の親	面接結果からの推論	ショック→否認→悲しみと怒り→適応→再編成
Weller（1977）	脊髄損傷者	印象	ショック→否認→怒り→抑うつ

出典：福井圀彦・前田真治『老人のリハビリテーション　第5版』医学書院，271頁，1999．

5-2 医療におけるこころのケア
― 多職種でサポート ―

Keywords ▶▶▶ コンサルテーション・リエゾン／医学教育／多職種チーム／生物心理社会モデル

●こころのケアへの注目

　医療技術の高度先進化に伴い医師が病気や場合によっては臓器だけを診て患者を診なくなったという批判がなされるようになって久しい。特に高齢者の医療においては、単に身体疾患を治療して症状を改善させるだけではなく生活の質（QOL：Quality of Life）への配慮が求められることから、患者や家族の希望や置かれている環境に配慮して治療を進める必要がある。また、身体疾患による精神症状が出現しやすいことから、こころのケアへの注目が高まっている。

●コンサルテーション・リエゾン

　アメリカで開発された臨床モデルであり、身体疾患により入院中の患者に対して精神科医が治療チームに加わり、直接治療に当たったり、または主治医へのコンサルテーションを通じて間接的に治療に参画したりすることを指す。精神科医に求められる役割には、患者の精神科的問題の治療だけでなく、チームスタッフの精神面への配慮や教育、患者や家族の立場に立った治療方針決定への参加なども含まれている。日本には1977（昭和52）年に加藤[1]によって紹介され、1988（昭和63）年の総合病院精神医学会設立とともに全国の総合病院に普及している。対象疾患は、せん妄やうつ病、身体疾患に対する適応障害など幅広い。特に近年では入院患者の高齢化や、手術技術の向上により体力の低下した高齢者に対しても手術が行われるようになったことと関連して、せん妄への対処が比重を増す傾向にある。また、認知機能が低下した高齢者に対する医療においては、同意能力の有無の判定や意思決定のサポートも重要になってくるものと予想される。がん患者では、高い頻度でせん妄やうつ病を合併するため、がんに特化した精神腫瘍学（サイコオンコロジー）が発展し、緩和ケアチームが精神科によるコンサルテーション・リエゾンとは独立して設置されるようになっている。

●医学教育におけるこころのケア

　医療におけるこころのケアが重視される流れのなかで、2004（平成16）年から開始された新たな医師臨床研修制度では、精神科研修が必修となり、医学生に対する教育でも内科、外科、小児科、産婦人科とならんでコア科として位置づけられている。実際、精神科以外の一般科受診患者の多くが精神疾患、とりわけうつ病を合併していたり、うつ病による症状で受診していたりすることが報告されている。特に高齢者では、抑うつ気分や意欲低下などのうつ病の典型的な症状よりも身体症状を訴えて一般医を受診することが多いことから、高齢者を診療する医師にとってうつ病を診断するための精神科的知識は必須のものとなっている。しかしながら現状では精神科医以外の医師がうつ病を診断する能力は十分とは言えず、特に老年期のうつ病については中年期のうつ病と比較して診断が困難であることが報告されている[2]。

　この点に関しては、医学生や研修医への教育に盛り込まれているだけでなく、現役の医

師に対しても生涯教育の一環として「かかりつけ医うつ病対応力向上研修事業」が行われている。自殺者の多くがうつ病を患っていることから、自殺対策においても重要な課題である。今後は、身体疾患の治療のなかでこころに配慮したケアができ、適切なタイミングで精神科と連携できる医師が養成されることが期待される。

●多職種チーム

一方で、医療の高度先進化のなかで医師に求められる業務が増えるなか、医師のみで包括的に患者をサポートすることは不可能であることも事実である。このような状況を受けて、多職種協働モデルが提唱されている。高齢者においては、多くの身体疾患を合併し、リハビリテーションを必要とするなど多くの科にまたがった連携が必要であるだけでなく、さまざまな喪失体験による心理的要因、家族関係や経済的問題などの社会的要因が関連することから、それぞれの問題にアプローチできる専門家が協働することの意義は特に大きい。

チームのメンバーとしては、医師、看護師に加えて、心理士、作業療法士、理学療法士、薬剤師、栄養士、ソーシャルワーカーなどが想定される。情報の共有が重要であるが、情報共有シートの活用やICT（Information and Communication Technology）による新しい情報共有ツールの利用が試みられている。

●生物心理社会モデル

多職種チームで包括的な医療を行うにあたって用いられるモデルに生物心理社会モデルがある。これに基づいて評価や介入を行うことにより、さまざまな要因から生じるこころの問題をもれなく扱うことが可能となる。

表に老年期うつ病患者において想定される生物学的、心理学的、社会的要因を挙げる。生物学的要因に対しては薬物療法を中心とした医学的対応がとられ、心理学的要因には精神療法を中心とした介入がなされる。社会的要因に対しては、ソーシャルワークによる介入が考えられる。現時点では諸外国に比べてこのような多方面からのアプローチは日本では不十分であるが、福祉との連携に対して診療報酬の算定が可能になったり、多職種チームの設置が緩和ケアの診療報酬算定の施設基準に定められたりしたことも手伝って急速に普及しつつある。　　　　　　　（成本　迅）

■生物心理社会モデル（老年期うつ病の一例）

	生物学的	心理学的	社会的
準備因子	脳梗塞、気分障害の遺伝負因	人生早期の喪失体験	孤立
発症因子	転倒による骨折	死別反応	夫との死別
持続因子	疼痛	自責的な思考パターン	ホームヘルパーとの関係

5-3 看護におけるこころのケア
— 日常の看護活動のなかで癒されるこころ —

Keywords ▶▶▶ ニーズ／個別看護／自己開示／洞察力／コミュニケーション能力

●高齢者看護の特性

　高齢者の看護において重要な点は、患者が治療すべき疾病や外傷の他に、加齢に伴う心身の機能低下の影響を受けることである。したがって、常に老年症候群、特に廃用症候群や合併症などに留意する必要がある。つまり、症状の改善を図ると同時に、日常生活全般の機能低下を予防することが必要になる。

　具体的には、疾病の治療により日常生活上の制限や安静臥床を余儀なくされることで、全身の筋肉の萎縮や関節拘縮、骨密度の低下などを来し、姿勢維持や歩行困難など日常生活動作（ADL：Activities of Daily Living）の低下につながることも少なくない。また、加齢による免疫機能の低下も懸念され、さらなる疾病や二次障害を来す危険性があることを忘れてはならない。

　疾病のこころへの影響についても、治療や看護・介護への不安をはじめ、行く先の不安、自立への不安、喪失感や孤独感など高齢者特有の心理的反応が現れることも多い。加えて、さまざまな不安や心配事を言語的・非言語的に表現する能力や方法にも問題が生じる傾向にある。さらに、日常生活の制限による外部からの刺激などが減少することで、理解力や判断力などが低下してしまったり、うつ状態や周囲への無関心で自ら反応しなくなる無為性認知症を発症したりすることも起こり得る。

●個別看護

　看護師は病院や在宅など看護の場がどこであれ、最新の高齢者看護の知識と技術を適用し、対象者の個別事情を配慮して看護を実践することが使命である。高齢患者は一人ひとりの個人差が大きく、異なる価値観や環境に身を置いている。長年営んできた生活歴に支えられ、その人らしさを保持した人間性豊かな存在である。それゆえ、常にその人にとって最善の看護が実践できるように、言葉遣いや態度にも気を配り、自尊心への配慮が重要となる。温かい思いやりのある態度で接し、知覚・認知や行動にも個々のペースがあることを理解して、高齢患者に合わせたペースで援助することが大切である。

●看護過程

　看護実践は歴史的にもさまざまな看護理論を発展させた。環境論、ニード論、適応論、システム論、セルフケア論などが代表的である。いずれも看護過程を通して、看護診断を支える科学的根拠を明確にすることが重視される。また、一定の基準や技術を担保する必要性から、アセスメントツールの開発と看護行為のマニュアル化へと発展してきた。

　看護活動ごとにチェックシートが作成され、身体状態、心理状態、社会・環境状態のアセスメントが総合的にでき、看護行為が正確に実施できるように、情報収集と看護行為の手順が示されている。

　事故や疾病により、心身に障害を抱えている高齢患者のさまざまなニーズに対応して、必要な看護が提供される。先述したように、提供される看護には一定の基準や技術が存在する。しかしながら、どのような場面でも同

じ質的レベルの看護が保障されるわけではない。看護を提供する看護師の個性や、それを受ける側の患者の個性に影響され、相互作用による結果としての看護実践が表現されるのである。

● 患者 ― 看護師関係

実際の看護場面は、看護師と患者（家族など）の間で分かち合う体験として存在する。看護場面での出会いとも言える。看護実践を通してお互いに知り合っていくプロセスであり、相互に自己開示していくプロセスである。看護師は患者の世界へ一歩踏み入れる勇気を必要とし、患者側は自分の世界へ看護師を受け入れる信頼性の容認が要求される。

しかし、このような関係を円滑につくり出すのは大変難しい。まず、専門職としての看護師に必要なことは、積極的に関わる能力、つまり人間関係能力を身につけることである。そして、看護師としての自己への深い洞察力を自覚できるように、内省力を鍛練することも有効である。

看護場面の対応には、看護・医学知識などの科学的知識を始め、個人的、経験的、倫理的知識を注ぎ、看護される人の状態に合わせた臨機応変さが重要になる。

● コミュニケーション能力

患者（家族）は、看護師によりその表現を使い分けることが少なくない。患者のさまざまな不安や悩みを聴いて受け止めてくれる看護師を求めている。その時々のアドバイスや状態の説明をして欲しいと思っている。しかし、忙しく活動している看護師に聞く勇気が持てない場合やどのように表現しようか迷っているうちに、聞きそびれることもある。

日常の看護活動のなかで、①何気なく発する患者の言葉に、その意味や背景を熟慮すること、②何も言わない患者の表情や行動を気に留めること、③患者の小さな変化に気づくこと、④患者の認識と看護師の認識にずれがないか確認すること、⑤ずれがある場合にはその認識の違いをはっきりさせ、患者に歩み寄ることが大切である。看護師は自身の認知スタイルと価値観を知ることが、患者に近づく第1歩となる。このような結果として、脈拍を測る看護師の手に、清拭をする看護師の手に、患者を気にかける思いが伝わる。看護活動はこのような意味で、こころを癒す目的を有している。

（秋山美栄子）

■ 看護実践と患者 ― 看護師関係

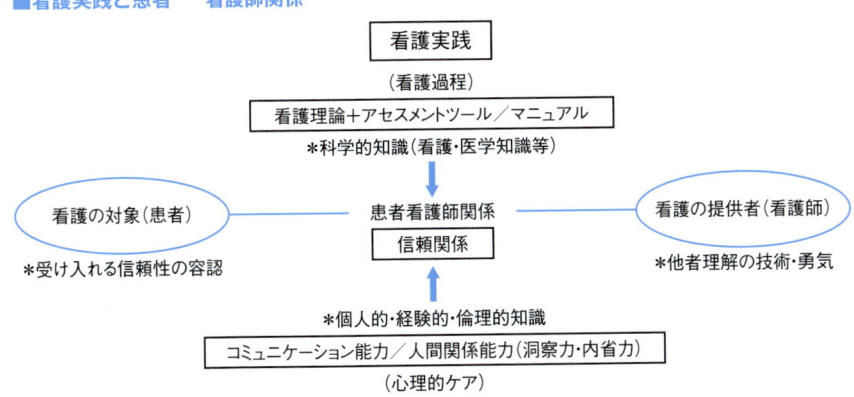

5-4 リハビリテーションにおけるこころのケア
― 生活機能としての支援 ―

Keywords ▶▶▶ リハビリテーション／国際生活機能分類(ICF)／第1次活動／第2次活動／第3次活動

●リハビリテーションとは

　1942年にニューヨークで全米リハビリテーション評議会が開催され、そこで「リハビリテーションとは、障害を受けた人を、その人のなし得る身体的、精神的、社会的、経済的な能力を有するまで回復させることである」とするリハビリテーションの目標とするところが採択された。その求めるところは、身体障害などの機能回復のみを目指すのではなく、障害をもった人のなかには、これを期待できない人も存在することも前提に、対象者の自立的な生活能力を高められるように支援することと、生活の質の向上である。

●高齢者のリハビリテーションの対象は

　以下の3つがリハビリテーションの対象として挙げられる。
① 明らかな障害を有する高齢者（脳血管疾患、パーキンソン病、頭部外傷、骨折の後遺症、切断など）
② 著明な障害を有しない慢性疾患をもった高齢者で放置すれば二次的な障害を起こす可能性のある者（例えば、肺疾患、心筋梗塞などの心血管障害）
③ 著明な疾患を有しない虚弱高齢者

　上記にしたがえば、ほとんどの高齢者がリハビリテーションの対象となるが、実際には医療・保健・福祉の領域で限定された高齢者に対してリハビリテーションサービスが提供されているのが現状である。高齢期の特徴として、生理的な老化によって身体や精神機能が低下する加齢変化に加えて、疾病などへの罹患率も増し、結果的には病的老化が加わる。

　そして、疾病への罹患や障害をもった不自由さなどのストレスによって、反応性のうつ症状が増えていく。

　したがって、訴えをよく聴取し、受容的態度で接することが大切である。また、このような時期に関わるスタッフが簡易なうつ尺度などを利用することで、対象者の心理状況の把握と専門家（精神科医や心理士など）の介入時期を検討する際にも有効に活用できる。

●高齢者の生活を支援する（ICF活用）

　今日のリハビリテーションは施設や病院からの家庭復帰にとどまらず、何らかの役割を担うことを視野に入れた社会参加や地域参加を目指している。2001年に制定された国際生活機能分類（以下ICF）では、国際疾病分類（ICD-10）の医学的診断の視点と、本人中心の生活機能の視点を体系化している。そこでは、疾病や機能障害の回復に重きを置いていた医療の立場から、障害者が能動的に「送る生活」を個人生活と社会生活の立場で再構築している。そして、誰もが理解可能な共通言語で概念が整理され、これを用いることで、当事者と社会全体が一体化した支援策を提供することを想定している。

　人間の生活時間の構成要素を見ると、以下の3つの活動に分類される。

　第1次活動は、睡眠、食事などの生理的に必要な時間で、日常生活活動などが含まれる（ICFでは活動または活動制限の部分）。第2次活動は、仕事、家事などの役割で、社会生

活を営むうえで義務的性格を含む活動などである（ICF では参加または参加制約の部分）。第 3 次活動は、個々人が自由に使用できる時間における活動で、余暇活動などが挙げられる（ICF では参加または参加制約の部分）。

総務省統計局社会生活調査では、高齢者の生活時間の特徴として、第 1 次活動に時間を要し、つまり動作がゆっくりとなり、第 2 次活動の仕事などの役割活動が減少し、第 3 次活動の余暇活動時間が増大することが示されている。つまり、生活において ICF の参加または参加制約の部分の時間的配分が増えるのである。この生活部分を充実させることが必要となる（図参照）。

ICF の生活機能から高齢者を捉える視点は、心身機能（構造）と活動と参加を総合的に捉え、各人がこれまで過ごしてきた生活と、送りたい生活とのギャップを見る視点であり、機能障害のような正常とのギャップを見る視点とは異なる。

例えば、障害の結果、これまで行ってきた庭での園芸が行えず、あるいは能力があっても、段差などの諸事情で実際に行えない（参加制約）場合には、段差をなくすなどの環境因子の調整を行い、活動への参加を促すことになる。以前に行っていた園芸ができる環境になったとしても、園芸活動を行った結果、各人にもたらされる感情や満足度は異なり、楽しさや達成感を感じる人もいれば、以前のようにうまく道具を扱えないことに不満をもつ場合もある。そこで大切なことは、活動目標の設定場面で、本人の意向を尊重（送る生活を重視）して行うことと、あらゆる場面で、本人の「できる部分」が存在することの自己認識を促すことが、こころのケアにつながる。そして、自己有用感が高まるような成功体験を増やすことが大切である。

したがって、この ICF を活用することの意義は、これまでの「マイナス面の減少および改善」の視点から、できることや、していることを増やす「プラス面の増大」を目指すリハビリテーションサービスの視点へと転換できることである。当事者にとって安心安全で、安楽ではなく（活動性が低下するので）、達成感のある能動的な生活（活動参加）が環境因子を工夫することにより、実行されることを目指すのである。
　　　　　　　　　　　　　　（金城徳明）

■ ICF 概念図と高齢者

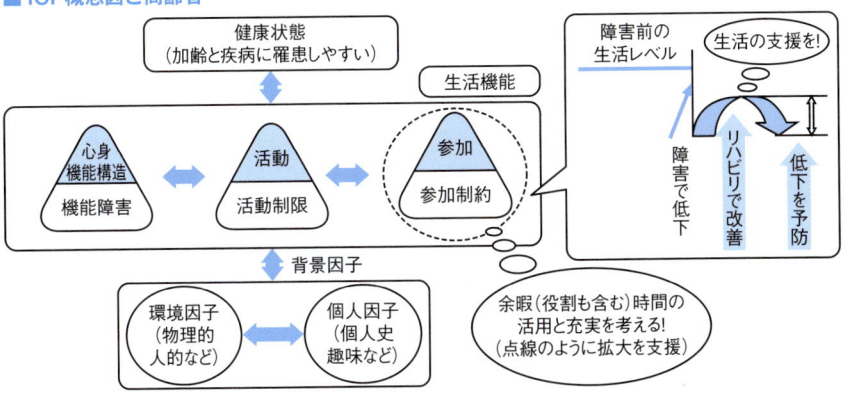

5-5 心理療法
— 心理的側面への支援 —

Keywords ▶▶▶ 適応／予防／気分障害／行動障害／認知行動療法

●老年期の心理療法の目的

　老年期の心理療法は、老年期の加齢に伴うさまざまな変化に適応的に対処し、個人が望む人生を送ろうとする過程を心理的側面から理解し支援する手法である。その目的は、高齢者の心理的問題の解決と、老年期の精神的な健康の維持・増進である。

　老年期の心理療法の適用の範囲は、認知症や精神・神経症性疾患への対応、喪失を伴うライフイベントを乗り越えるための支援、生活上の悩みやストレスへの対処、加齢に伴うさまざまな変化への対応など幅広い。

　老年期の心理療法は他の世代と基本的に異なるものではないが、高齢者の過ごしてきた時代的背景や、老年期の認知発達、身体機能の加齢変化への配慮は不可欠である。また、老年期の心理的な問題には、複数の要因が相互に関連し影響を及ぼしているという特徴がある。そのため老年期の心理療法では、心理的側面だけでなく、高齢者の生活全般を包括的に捉える視点が求められる。

●老年期の心理療法の有効性

　高齢者への心理療法は、老年人口の増加に伴う高齢者の心理的支援のニーズの高まりを背景に、1980年代頃より盛んになり、1990年以降にはその有効性についての報告が多くなされるようになった。

　現在では老年期の心理的問題の解決や予防に心理療法は有効であり、高齢者が若い成人や中年期の人々と同じ心理療法を受けた際に、高齢者も他の世代と同様の効果が期待できることが明らかにされている[1][2]。高齢者を対象とする心理療法の効果には、年齢よりもむしろ認知機能や身体機能が反映されやすく[3]、対象者の心身の状態の正しい把握が心理療法の実践にあたって重要である。

　さまざまな心理療法のなかで、一定の基準に基づいて症状別に心理療法の有効性を確認した結果から、認知行動療法や行動療法が、特に認知機能の障害の少ない高齢者や介護者において有効性が高いことが示された。一方、認知症などの認知機能に障害のある高齢者には、行動の記録の客観的な分析に基づいて、行動の変容を促す行動的技法を中心とした介入が有効であることが明らかにされている[4]（表参照）。

　効果が実証されている心理療法には、認知行動療法に代表されるように、対象者の現在直面する具体的な問題に焦点づけて個々の問題への対処技術の修得と向上に重点を置く解決志向の高い心理療法が多い。介入の過程が構造化され、解決にかかる時間が比較的短い心理療法は、対象者の改善への動機づけを高めるとともに、再発の予防に対象者自らが取り組みやすいという利点がある[5]。

●老年期の気分障害への心理療法

　うつや不安などの心理的問題は、老年期にはその問題特有の典型的な症状よりも他の症状が目立ちやすく、症状の現れ方が非定型である。そのため、たとえ気分の変調があったとしても年のせいとして見過ごされたり、身体疾患と間違われたりして、心理療法が行わ

れるまでに時間がかかることがある。

特に近年では、診断基準に当てはまらない軽度の抑うつ状態を示す高齢者が増加しており、症状の早期発見と対応が高齢者の心身の健康の維持のためにも急務とされている。

こうした軽度のうつ症状や不安障害の改善・予防・再発防止には、薬物療法と並行した心理療法による介入が効果的とされる[6]。

気分障害への心理療法に含まれる要素の1つに、対象者への心理教育がある。気分障害のある対象者への心理教育の主な目的は、心理的問題への理解を深め、心身両面からの治療の必要性の認識やセルフ・マネジメント能力を高めることである。

高齢者の気分障害の背景要因には、高齢者自身がもつ老年期の加齢変化への否定的なステレオタイプがある。高齢者が自らの能力を否定的に捉え社会活動を制限したり、将来を悲観して気分が落ち込むなど、誤った先入観から心理的問題に発展することがある。こうした誤ったステレオタイプを修正し、加齢についての正しい知識を身につけることで高齢者の抱える問題を軽減するためにも、心理教育が役立てられる[7]。

● 認知症の行動障害への心理療法

軽度認知機能障害を含む認知症の初期の段階には、記憶障害の進行と抑うつが問題となりやすい。この段階の心理療法では、身体機能の向上や情緒の安定、記憶の改善を目的に、身体活動の調整を行う活動療法や記憶と集中力に働きかけるリアリティー・オリエンテーション、環境調整と楽しみを取り入れた日課の設定などを含む行動療法が適している。

認知症の行動障害が顕著になる中期には、問題とされる行動の減少や情緒の安定、中期から後期にかけては、高齢者の身体的自立が心理療法による介入の主な目的とされる。

音や匂い、光を用いた高照度光療法などの感覚刺激を用いた介入は、認知症高齢者の認知機能の低下による混乱を低減させ情緒を安定させるうえで有効である。

認知症の行動障害への対応としては、問題とされる行動の出現を個人と環境の相互作用で捉え、高齢者だけでなく介護者への支援などで高齢者を取り巻く環境を改善することで、高齢者のADLの向上と、高齢者の行動障害に対する介護者の負担感が軽減されることが報告されている[8]。　　　　（日下菜穂子）

■ 高齢者に適用される心理的介入

対象者の状況	心理療法	
認知機能の障害が少ない高齢者		
精神的問題を抱える高齢者 　　（うつ・不安・不眠など）	認知行動療法 行動療法 短期精神分析療法 対人関係療法	リラクゼーション訓練 回想法 読書療法 心理教育　等
身体的問題を抱える高齢者	認知行動療法	心理教育
認知機能の障害のある高齢者		
認知症の行動障害	行動的技法による問題解決療法 活動療法・運動療法　等	
記憶の障害	リアリティー・オリエンテーション 記憶訓練	
介護者	認知行動療法 ストレス・マネジメント	自助グループ 心理教育　等

5-6 カウンセリング
― 心を傾けて聴く ―

Keywords ▶▶▶ カウンセラー／クライエント／問題解決／自己実現／受容

●カウンセリングとは
　カウンセリング（counseling）は、一般的に「相談」を意味する言葉であるが、心理学では、指導・助言による援助活動から専門的な治療活動まで広く使われている用語である。「言語的および非言語的コミュニケーションを通して、行動変容を試みる人間関係である[1]」「なんらかの適応上の問題をもち他者の助力を必要とする個人と、心理学的な訓練を受けて助言者としての資質を備えた人が、主として直接面接し、望ましい人間関係を基盤として、言語的あるいは非言語的な方法により問題解決を目指す援助過程である[2]」などと定義されている。

　助言を必要とする個人をクライエント、心理学的な訓練を受けた助言者をカウンセラーと呼ぶことが多い。

　カウンセリングと心理療法は、共通点も多く混同して理解されていることが多いが、主にカウンセリングは教育や産業分野において、普通の人の適応の問題を扱い、心理療法は精神医療において、精神疾患などの問題を抱える人の治療的対処を行うといった区別がなされている。

●カウンセリングの目的
　カウンセリングの目的も、具体的な問題解決から、人間的成長、発達を目指すものまでさまざまであり、現実の生活における悩み、人付き合い、職業、家族などの具体的問題解決を目指すもの（問題解決的カウンセリング）、まだ現実には問題は起きていないが、実際に起きる前に予防的に行われるもの（予防的カウンセリング）、特に悩みや心配事があるわけではないが、より自分らしく充実した人生を送るために行われるもの（開発的カウンセリング）などがある。

●カウンセリングの考え方
　日本ではアメリカの心理学者であるロジャース（Rogers, C.R.）の考え方に基づいた人間観や技法を導入したものが多い。ロジャースによると、人間は元来「建設的な自己実現に向かう傾向を持つ」ものである。クライエントはその成長過程においてさまざまな障害や困難によって不適応に陥っているが、どのような問題があり、何を望んでいるかを知っているのはクライエント自身であり、準備された援助状況下で、自らの潜在能力を十分発揮することにより再び自己実現へと向かうと考えられている。よって、無力な状態のクライエントに助言・指示を与えるという指示的な関わりではなく、クライエントの主体性を尊重し、自己決定を導き出す非指示的な態度が求められる。

　それには、カウンセラー自身が、役割にとらわれずありのままの自分自身を受け入れ、変に身構えることなくクライエントの前に居ること（純粋性あるいは自己一致）、クライエントに対し評価や批判をせず無条件に、大切な存在としてあるがままに受け入れること（無条件の肯定的配慮）、クライエントの体験している世界をあたかも自分自身のもののように感じとり、しかし「あたかも」という性

格を忘れず巻き込まれないこと（共感的理解）の３つが重要な要件となってくる。

●高齢者のカウンセリングで留意すること

近年、医療機関の臨床場面に限らず、施設入所や一人暮らし高齢者、認知症などの疾病をもつ高齢者、などへのカウンセリングの需要が高まっている。以下、高齢者を対象とした場合の留意点を示す。

①事前の説明を丁寧に行う

高齢であればあるほど「カウンセリング」とは何をするものなのか知らなかったり、カウンセラーが若年者であったりすることもあり、不安、警戒心を感じてしまうことがある。本題に入る前に、カウンセラーがその役割や目的について丁寧に説明し、年長者を尊重する態度を示すことが必要である。

②高齢者の心身の状況を把握し、配慮する

高齢者によっては、長時間の座位が身体に負担になったり、難聴のためコミュニケーションが難しいなど、ハンディキャップを抱えている。そのため場所や時間、コミュニケーション方法などに工夫が必要である。

難聴のある場合は、聞こえやすい位置で、適切な声の大きさ、高さで、ゆっくり明確に短文で話すこと、沈黙を恐れず答えを急かさないこと、繰り返し話すことを厭わず、よりわかりやすく伝えること、身振り、手振りといった非言語コミュニケーションや筆談など、高齢者が理解しやすい方法を取り入れることなどが挙げられる。

③事実確認より感情の受容を重視する

加齢に伴う記憶力低下や認知症などの疾患により、話の内容が事実と異なり辻褄が合わないこともある。しかしカウンセリングでは、本人がどのように現実を受け止め、どのように感じているかを知り、それに耳を傾け、受容することが重要であり、その場で否定、訂正してはならない。高齢者のあるがままを認め、相互コミュニケーションのなかで安心感をもってもらえるような態度が必要である。

孤独に陥りやすい高齢者にとって、「心を傾けて」聴いてくれる存在は、自己効力感を取り戻すよい機会を提供する。また、他者と会話することによりコミュニケーションスキルの維持、向上も図れる。会話を楽しみ、人とつながる心地よさを実感し、生きる喜びを見出すことが期待されるのである。

（佐藤美和子）

■カウンセリングの種類

目的別	予防的カウンセリング・開発的カウンセリング・問題解決的カウンセリング・クリニカルカウンセリング・危機介入
対象別	個別カウンセリング・グループカウンセリング・ファミリーカウンセリング・夫婦カウンセリング
職域別	学校カウンセリング・教育カウンセリング・産業カウンセリング・矯正カウンセリング・福祉カウンセリング
トピック別	キャリアカウンセリング・ヘルスカウンセリング・高齢者カウンセリング・終末期カウンセリング・グリーフカウンセリング・スポーツカウンセリング・薬物依存カウンセリング・結婚カウンセリング・異文化カウンセリング・留学生カウンセリング

出典：國分康孝監『現代カウンセリング辞典』金子書房，13-61 頁，2001．をもとに作成．

5-7 行動分析学（行動療法）
— 行動と環境との随伴関係に基づく行動の理解 —

Keywords ▶▶▶ 行動分析学／強化／消去／罰／行動変容

●依存行動と介護環境・対応

　自分でできる能力があるにもかかわらず、介護場面で「あれをしてくれ、これをしてくれ」と頻繁に求めてくる高齢者に遭遇することがある。このような高齢者の行動について、介護者は「依存的な性格」「自分でする気がない」などと高齢者の「性格」や「やる気」の問題と理解し、「高齢者の性格ややる気は変わりにくいから」と手助けしていることがよく見られる。はたしてこれは本当に高齢者の「性格」や「やる気」の問題なのだろうか。

　バルテスら（Baltes, M.M., et al., 1980）が高齢者介護施設で行った調査では、高齢者が自立的な行動を行った場合には介護スタッフからの注目や関わりが少なく、逆に依存的な行動を行った場合には注目や関わりが増加していたことが明らかにされた。少数の介護スタッフが多数の高齢者を介護する施設では、一人ひとりの高齢者への注目が慢性的に不足するため、個人的な関わりは特別扱いといった魅力的な対応となり得る。そのうえ、高齢者が自立的な行動を行った場合には個人的な関わりが少なく、逆に依存的な行動を行った場合には個人的な関わりが増加するといった介護環境ともなれば、高齢者が依存的な行動を行うほどに特別扱いを受けるといった利得が増加することが推測される。

　このことは、高齢者の依存行動が高齢者自身の「性格」や「やる気」の問題ではなく、実は介護スタッフの対応という介護環境側の影響を強く受けており、介護環境を工夫すれば依存行動が改善するかもしれないといった可能性を強く示唆するものである。

●行動分析学とは

　人を含めた動物の行動を、実験心理学的な研究結果から導き出された行動変容の原理に基づいて、環境との随伴関係を検討して客観的に理解しようとする方法論を行動分析学という。これは心理学者であるスキナー（Skinner, B.F.）によって体系化された学習理論に依拠するものであるが、行動分析学の知見によって行動の予測や制御が可能となったことから、教育や医療、介護など多方面にわたって応用され、大きな成果を上げている。なお、この応用は一般的には応用行動分析と呼ばれるが、特に障害児教育場面では行動療育、医療における治療やリハビリテーション場面では行動療法と呼ばれることもある。

　以下に基本的な行動変容の原理である強化、消去、罰について概説する（図参照）。

●強化

　個人的な関わりが乏しくなりがちな高齢者介護施設では、介護スタッフから個人的に受ける注目や関わりは特別扱いとなる極めて心地よい刺激となり得る。このため、ある高齢者が依存的な行動を行った際に介護スタッフからの注目や関わりが増加すれば、その高齢者は介護スタッフの姿を見つけると依存的な行動を行う可能性が高くなる。逆に、その高齢者が少しでも自立的な行動を行った際に、介護スタッフから賞賛やねぎらいの言葉をかけてもらうような注目や関わりが増加すれ

ば、その高齢者は介護スタッフの前で進んで自立的な行動を行う可能性が高くなる。このように、人間や動物が何らかの自発的行動を行った直後に快事象が随伴される経験をすると、以降、類似の状況下では当該の自発的行動は生じやすくなる。このような行動変容の原理を強化という。

● 消去

強化の原理によって自立的な行動が増加した高齢者に対して、介護スタッフが注目や関わりを止めてしまうと、次第にその高齢者は自立的な行動を行わなくなる可能性が高くなる。逆に、強化の原理によって依存的行動が増加した高齢者に対して、介護スタッフが注目や関わりを控えると、一時的に依存的行動は増加することもあるが、その後は次第に減少する可能性が高くなる。このように、これまで強化されていた行動に対して、強化の随伴性が停止されると、当該の自発的行動は強化される以前の状態にまで減少する。このような行動変容の原理を消去という。

● 罰

高齢者が自立的な行動を行った際に介護スタッフから「危ないから自分で勝手にしないで！」などと叱責されると、急激にその高齢者は自立的な行動を行わなくなる可能性が高くなる。ただし、叱責した介護スタッフに反発したり、見つからないように隠れて行動しやすくなる。逆に、高齢者が依存的な行動を行った際に介護スタッフから「それくらい自分でやってください！」などと叱責されると、その場は自立的な行動を行おうとする可能性が高くなる。ただし、反発して叱責した介護スタッフを避けたり、別の介護スタッフに依存的な行動を行いやすくなる。このように、自発的な行動の直後に不快事象が随伴されると、以降、類似の状況下では当該の自発的行動は生じにくくなる。このような行動変容の原理を罰という。

人間や動物は社会生活を営んでおり、その行動は多分に環境の影響を受けている。よって、行動を正しく理解するためには、主観的洞察や個人的な経験に基づく心理状態の解釈ではなく、実験的研究によって導き出された行動変容の原理をふまえて、環境との随伴関係を客観的に検討すること、すなわち応用行動分析学的なアプローチを導入することが不可欠だと考える。　　　　（宮　裕昭）

■ 強化、消去、罰の随伴性

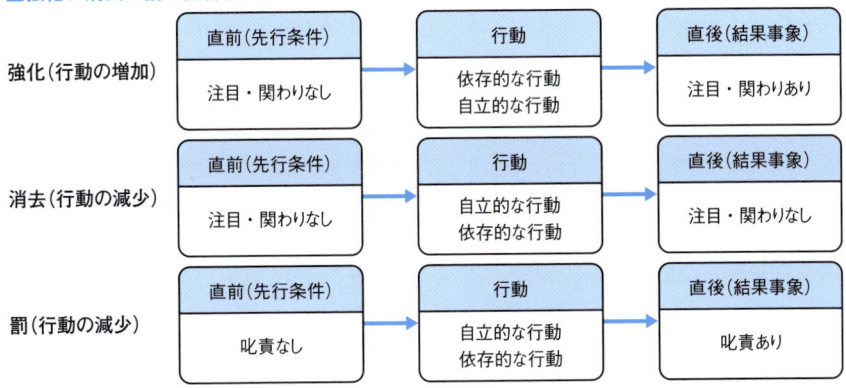

	直前（先行条件）	行動	直後（結果事象）
強化（行動の増加）	注目・関わりなし	依存的な行動 自立的な行動	注目・関わりあり
消去（行動の減少）	注目・関わりなし	自立的な行動 依存的な行動	注目・関わりなし
罰（行動の減少）	叱責なし	自立的な行動 依存的な行動	叱責あり

5-8 回想法
― 思い出を語り自己を見つめる ―

Keywords ▶▶▶ 回想法／ライフレヴュー／自我の統合／評価すること／よい聴き手

●回想法とは

　回想法（Reminiscence Therapy）は、高齢者に過去を想起して語るよう促すことにより、自尊心の回復や抑うつ感情の軽減などさまざまな心理的効果を導く対人援助手段である。

　高齢者が過去を語ることによる心理的意義は、アメリカの精神科医であるバトラー（Butler, 1963）によって指摘された。バトラーは、高齢者が行う回想は過去を懐かしんで逃避したいという欲求の現れだとする従来の否定的な受け止め方に対して、回想は「過去の未解決の葛藤の解決を促す自然で普遍的な心的プロセス」と考え、この心理プロセスをライフレヴュー（Life Review）と名づけた。

　老年期における回想の意義はエリクソンの漸成的発達理論[1]でも指摘されている。それによれば、老年期に直面する課題とは「自我の統合（integrity）対 絶望」という相反する感覚により生じる心理的葛藤を克服することだとされる。そしてそのための具体的な手段として、過去の人生のさまざまな経験を想起して再吟味し、それらの感覚の折り合いをつけることが挙げられている[2]。

　その後、回想法が持つ有用性は欧米を中心に広く注目を集めた。日本においても、野村（1998）や黒川（2005）らを中心としてその研究、実践が進められ、今日では高齢者の介護・福祉・臨床などの実践場面において、臨床心理士（心理職）や医師、看護師、介護福祉士などさまざまな職種の人々によって実践されている。

●回想法の効果と分類

　これまでの研究から、一般の高齢者に対して行う回想法には、過去の葛藤の解決と自我の統合の促進、抑うつ感情や不安感情の軽減、自尊感情の回復、人生満足度の増加などの心理的効果や、対人関係の促進などの社会対人的効果が指摘されている[3]。近年では、認知症の予防に対する有効性が注目を集めており[4]、その実証的検討が期待されている。また認知症高齢者に対して行う回想法には、情動機能の回復や問題行動の軽減、対人交流の増加などの効果が指摘されている[5]。このように一般高齢者と認知症高齢者のいずれにも効果が期待できることは、回想法の大きな特徴の1つと言える。

　今日広く国内外で実践される一般的回想法と、バトラーが指摘したライフレヴューとはいささか異なる概念だと考えられている。両者はその目的、理論的背景、聴き手と話し手の役割、プロセス、効果の観点から相違があるとされている[6]。例えば一般的回想法の主な目的は、楽しみを提供して心理的ウェルビーイングを高めることであるのに対し、ライフレヴューの最終的な目的は自我の統合を促進することだと考えられている。ハイト（Haight, B.K.）は、ライフレヴューがもつ重要な特徴は過去の出来事がもつ意味を評価すること（evaluation）だと指摘している。

　なお、一般的回想法とライフレヴューは実践場面では複雑に交差して表出されやすく、

両者を厳密に区別することは必ずしも適切ではない。野村（1998）はこれらの相違に個人回想法とグループ回想法の相違、そして一般高齢者と認知症など特殊なニーズのある高齢者の相違を加えた3つの次元から回想法を理解することを提案している（図参照）。

● グループ回想法の実施方法

ここでは今日広く実践されているグループ回想法の方法についておおまかに紹介する。

グループ回想法は通常6～10名程度の高齢者に対して、およそ1時間のセッションを週1回程度のペースで継続して行う。グループの参加者を適宜入れ替えながら何年間も継続して行うこともあるが、6～8セッションをひとまとまりに行うことが一般的である。

各回のセッションの進行は、（必要な場合には）誘導、はじめの挨拶、自己紹介、材料の提示、参加者による回想、終わりの挨拶などからなる。各セッションでは通常緩やかなテーマを設定する。テーマは発達段階ごとに時系列にしたがって設定するもの（子ども時代、青春時代など）や、実施する時期に相応しいもの（節分、花見、夏祭り、月見など）がある。一般に参加者の回想を促すためにさまざまな材料が利用される。懐かしい音楽や玩具、当時の写真など五感を刺激するものが望ましい。

スタッフはセッションの司会進行を行うリーダー1名と、主にADLや視聴覚の機能が低下している参加者のサポートを行うコ・リーダー1～2名で行う。スタッフは必ずしも心理の専門職が行う必要はないが（むしろ職種の異なるスタッフが連携して取り組むことが望ましい）、高齢者の語ることをありのままに受容、尊重できる「よい聴き手（therapeutic listener）」になることが重要だとされる[7]。

回想法を実践するために習得すべきスキルはさまざまにあるが、なかでもアイビイ（Ivey, A.E.）のマイクロカウンセリングの技法の理解は有効であると考えられる。

回想法の詳しい実践方法については前述した野村（1998）や黒川（2005）を参照されたい。なお、回想法の実践方法はテキストなどの所定のルールに忠実にしたがって行うよりも、実践場面の事情や参加者のニーズに応じて柔軟なやり方を選ぶほうが望ましい。

（野村信威）

■ 一般的回想法とライフレヴューの対象と方法

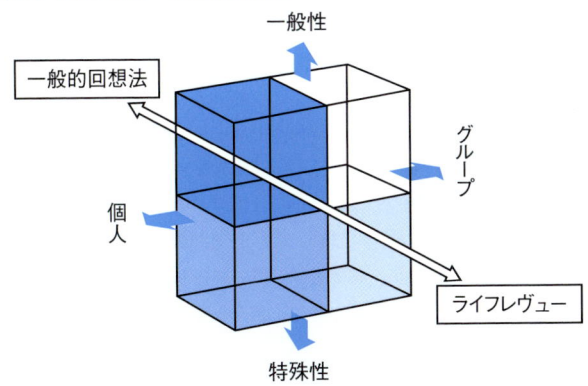

出典：野村豊子『回想法とライフレヴュー ── その理論と技法』中央法規出版，9頁，1998.

5-9 音楽療法
― 認知症高齢者を中心とした効果 ―

Keywords ▶▶▶ 音楽療法／認知症高齢者／音楽療法効果／認知症予防／ベル活動

●音楽療法とは何か

日本音楽療法学会（2004）の定義[1]によると、「音楽療法とは、音楽のもつ生理的、心理的、社会的働きを用いて、心身の障害の回復、機能の維持改善、生活の質の向上、行動の変容などに向けて、音楽を意図的、計画的に使用すること」となっている。また音楽を使った心理療法でもあり、言葉では表現できない何か、言葉を超える何かをクライエントと共有し、そのことでクライエントが成長し、またはそのことでクライエントの自己治癒力が増進する、またはクライエントのQOL（Quality of Life：生活の質）が向上するのが音楽療法ともいえよう。

●高齢者を対象とした音楽療法

音楽療法の対象は「認定音楽療法士に関する調査（2004）」によれば、高齢者領域が35.3％で一番多く、児童領域32.9％、成人領域25.8％、その他、総合病院が6％となっている。最近ではホスピス病棟でのセッションも増加している。日本の高齢者領域の音楽療法は、特別養護老人ホーム、老人保健施設、有料高齢者施設など、施設内で行われ、多くがセッションを集団で行う。

また、音楽療法の形態は「鑑賞する」「演奏する」「音楽に合わせて身体を動かす」「創作する」と大きく4つに分類できるが、高齢者の場合は「演奏する」「身体を動かす」が中心となる。

高齢者を対象とした音楽療法のほとんどを占めるのは「認知症高齢者のための音楽療法」で、プログラムは「挨拶」から始まり、「ウォーミングアップ体操」「呼吸法」「発声」「歌唱」「合奏」などがワンセットになっている。参加高齢者をアセスメントしその情報を基盤に、歌唱、合奏曲を5～6曲選曲している。プログラムはグループセッションで行うため唱歌、童謡、演歌、民謡などのジャンルから偏らないように選曲し、ワンセットを約1時間程度で行っている場合が多い。

「歌唱」は簡単にできる「演奏する」方法で、認知症がかなり進んでいても、旋律が流れると、歌詞を見ないでも歌える人が多い。特に「なじみの歌（好きな歌、よく歌った歌、思い出のある歌）」を歌唱した後には、その歌を歌っていた当時の記憶や感情が戻り、音楽で回想法を楽に行うことができる。このような回想音楽療法は軽度、中度の認知症高齢者に対して盛んに行われている方法で、歌唱後、高齢者の活動レベルが向上することがわかっている[2]。

●高齢者を対象とした音楽療法の効果

高齢者の「歌唱」や「身体を動かす」「合奏」では心理的効果はもちろんであるが、単純に運動効果も示す場合も多い。高橋ら（2006）[3]は重度、中度認知症患者に対する1年間ないし2年間の音楽療法の長期効果を生理学的指標で評価したが、音楽療法参加群は、加齢による収縮期血圧の上昇が不参加群に比べて有意に抑制されていた。これは週1回音楽療法に参加した人は、しなかった人に比べて収縮期血圧が上昇しなかったということで、外で

運動をしているのと同じような効果であったことを示している。

2007年以降の研究からは、認知症高齢者に対する音楽療法の不安、うつの軽減効果を無作為抽出で行った研究[4]や、興奮行動（agitation）の改善は音楽療法群のみならず介護者の興奮行動も改善するとした研究[5]、および、音楽療法効果は中度、重度の認知症患者にしばしば出現する知覚や思考内容、気分あるいは行動の障害（BPSD：Behavioral and Psychological Symptoms of Dementia）を減じるとした研究[6]、バックグラウンドミュージックがかかっているときは、興奮行動が有意に減少し、積極的、社会的行動が有意に増加したとする研究[7]など、認知症高齢者の行動に関しての音楽療法の効果研究が多くなされている。

また、最近では認知症予防のための音楽療法も行政主導で行っているところが多い。認知症予防プログラムでは歌いながらリズムを叩き身体活動を行う、また歌いながら楽譜を読みベル演奏活動を行うなど、2つ、3つのことを同時に行うことで、認知レベル低下を防ぐことを眼としている。

高橋・高野（2010）[8]は、後期高齢者のための「ベル活動を中心とした認知症予防のための音楽療法」で、半年間週2回のセッションに参加した参加群は、非参加群に比べてMMSE（Mini-Mental State Examination：認知症のスクリーニングに使用されている全般的な認知検査）の低下が有意に抑制されていたと報告している。つまり参加しなかった人が半年間でMMSEが下がったのに対して、参加した人はほとんど下がらないままでいたのである（図1）。また他の指標についても図2、3、4で説明する。

認知症以外では、リズムを使ったパーキンソン病患者の歩行改善効果が以前から証明されており、日本では「365歩のマーチ」とともに歩行訓練をしているところが多い。また、失語症で全く話すことができなくても歌は歌える場合があり、メロディック・イントネーション法（失語症の人たちに、ダメージを受けた左脳言語野の代わりに右脳を用い、旋律に乗せた言葉の発語訓練を行う）は最近、効果が期待されている方法である。このように高齢者を対象とした音楽療法の効果は、着々とそのエビデンスを構築しつつある。（高橋多喜子）

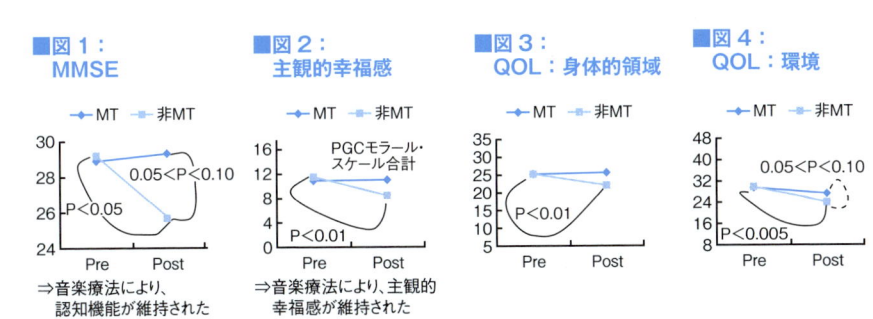

■図1：
MMSE
⇒音楽療法により、認知機能が維持された

■図2：
主観的幸福感
⇒音楽療法により、主観的幸福感が維持された

■図3：
QOL：身体的領域

■図4：
QOL：環境

高橋・高野の研究[8]では主観的幸福感、Quality of Life（QOL）についても検討された。図2のように、音楽療法により主観的幸福感が維持される結果になった。またQOLに関しては、身体的領域と環境下位尺度において音楽療法の効果を検出した（図3、4）。

今後、音楽療法は認知機能に直接影響を及ぼしたのか、主観的幸福感とQOLの維持により認知面も維持されたのか要因間の因果関係を特定するような研究が必要となろう。

出典：高橋多喜子・高野裕治「認知症予防に関する音楽療法の効果 ― ベル活動を中心として ―」日本音楽療法学会誌10(2)、202-209頁，2010．

5-10 芸術療法
— 表現活動と自己の再構築 —

Keywords ▶▶▶ 非言語的表現／創造性／共感／生きなおし／自己の再構築

●芸術療法の定義とその歴史

　芸術療法（Art Therapy）とは、芸術的あるいは創造的な表現活動を通して、人間のイメージや表象機能のもつ自己治癒力を支え導き出し、心身の安定を図る治療法である。「芸術」とはもともと絵画や彫刻を意味しており、現在では広く、俳句・詩歌などの文学表現から、箱庭・コラージュ（切り貼り）・絵画・写真・陶芸・音楽・演劇・ダンスなど多岐にわたる表現活動全般を指すことが多い。狭義では、アート作品としての意味合いが強調され、音楽やダンスなどの他の様式を用いたものとは区別される。

　芸術療法の歴史は、リード（Read, H.）[1]やヒル（Hill, A.）[2]らによって、２つの流れが同時に展開されてきた。１つは啓発的な美術教育分野に起源をもち、芸術における表現、想像力、自発性といったものが重要視された。また１つは、戦争による心的外傷を負った兵士たちの治療といった医学分野に起源を発する。他方で、以前からの治療理論として表現精神病理学や病跡学、すなわち精神疾患患者や傑出した芸術家が表現した作品と病理や創造性との関連についての研究分野が展開されてきた。そこでのフロイトら精神分析家の流れを引き継ぎ、「力動的アートセラピー」を提唱したナウムバーグ（Naumburg, M.）[3]が、芸術療法家のパイオニアとされている。

　彼女は自由連想を通してなぐり描き（Scribble）法などの技法を用いて、絵に表現された無意識の葛藤の内容を明らかにしていった。その後、情緒障害児への適用など全米で芸術療法が浸透し、芸術のもつコミュニケーションや治療としての可能性、つまり人間の意識と無意識の間の架け橋としての役割に着目されるようになった。

●芸術療法の効果と意義

　芸術活動が心身の健康の回復、維持に寄与できる背景には、①言語の限界から生じてきたイメージによって自己の内面を表現することで、内的葛藤が解放されるカタルシス効果、②作品に対する投影法的な作用により無意識が明らかになり、治療の手がかりとなる効果、③創造活動がリハビリテーションとなり、心身機能が回復する効果などがある。

　しかし芸術療法本来の意義は、イメージを形作る過程と、仕上がった作品を治療状況の範囲内でどのように受け止めるかが基本にある。セッションの進行過程で重要な場面では、クライエントが制作過程を通して自己の内面と対話し、沈黙が支配している場合が多く、関（2008）[4]はこの時間を守ることの重要性を指摘している。また、素材を表現媒体として外在化され創り出された作品は、自己の延長である。制作過程でサポートされ葛藤解決の方法を学び、完成作品をふり返ってみるなかで共感され受容される体験をもつことで、クライエントは守られるのである。

　つまり芸術療法で重要な点は、癒しが生じるような設定と、以前に抑圧し分裂し失った自己の側面とのつながりを再建できるような関係を提供することにあり、結果として無意

識への気づきや自我の拡大・強化に至るのである。

● 芸術療法の高齢者への適用と課題

今日では芸術療法の適用対象は、言語表現が十分でない子どもから、知的障害者や精神疾患患者、認知症患者まで幅広い。

高齢者にとって芸術療法の意味は、心身の老化・疾病・別離・死など、老年期における種々の喪失体験、あるいは自分の過去の重要な体験を生きなおすことにある[5),6)]。そして、その時の感情を1人ではなくセラピストや他の人の見守りや共感のなかで再度感じることが、自己の再構築につながる。このような肯定的な創造性の表現はスピリチュアリティの再生を促し、生と人間関係の質を高め、エリクソン（Erikson, E.H.）のいう自我の統合への一助となり得よう。

高齢者に対する芸術療法の適用においては、認知症患者を対象としてコラージュや絵画療法を集団あるいは個人で用いた報告が多い[7),8),9),10)]。患者の重症度により目指すところは異なるが、周辺症状改善のためのレクリエーション効果のみならず、残存機能を引き出すリハビリテーション効果として、特に軽度障害の場合には、右脳の活性化による認知機能や知能検査得点の改善[9),11)]、また人格の成熟度や開放性指標の上昇がみとめられたとの報告もある[12),13)]。

そこでは、作品を制作し完成させる喜び、自己表出による気持ちの解放、美意識の満足感、さらにはメンバー同士でのコミュニケーションの喜びを得ることが重視される。ただしセッションへの誘導に際しては、個々の人生史や価値観に応じて柔軟な対応が必要である。芸術や表現活動自体が高尚なものとして認知され、防衛反応として、例えば「長年専業主婦でやってきた私にはとても…」といった具合に、抵抗をみせる場合もあり、セラピストは適用を慎重に考える必要がある。

今後の課題として、健常高齢者も含め幅広い対象への実証的研究の積み重ねが求められる。また認知症患者に対しては、コラージュなど比較的簡便で適用範囲も広く、生きなおしや回想的意義のある手法を、回想法など他の技法と組み合わせる試みや、継続的な効果を見通し、重症度に即して構造化された介入など、個々に合わせた、より有用なプログラムを考える必要がある。

（森本美奈子）

■ 高齢者への芸術療法における内的過程

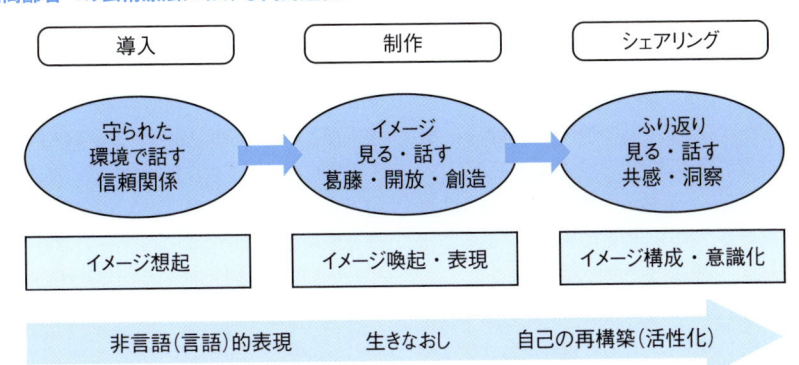

導入	制作	シェアリング
守られた環境で話す 信頼関係	イメージ 見る・話す 葛藤・開放・創造	ふり返り 見る・話す 共感・洞察
イメージ想起	イメージ喚起・表現	イメージ構成・意識化

非言語（言語）的表現　　生きなおし　　自己の再構築（活性化）

5-11 臨床動作法
―「からだ」から「こころ」に働きかける―

Keywords ▶▶▶ 動作課題／こころの活性化／主体的活動／共同作業体験

● 動作は生き方そのもの

臨床動作法は、「動作」からクライエントの心的問題を把握し、「動作」に働きかけることによって、身体の持ち主である主体に働きかける心理療法である。

動作にはクライエントの生き方がそのまま現れていると理解し、クライエントが自分の「からだ」の状態に気づき、自分で自分の「からだ」に働きかけて動作を変容させていく体験は、こころの主体的な活動の仕方の変容につながると考えられている。

● 脳性まひ児から始まった

1960年代に九州大学の成瀬悟策を中心に開発された当初は、臨床動作法は脳性まひ児のための援助技法であった。

脳性まひ児に催眠暗示をかけると、それまで動かなかった腕が動き、暗示を解くと元に戻ってしまうという現象から、脳性まひ児の身体の動かなさは機能的な問題だけではなく、心理的な問題が存在すると考えた。「動かない」のではなく、「意図したように動かせない」のである。このような心理的過程に直接働きかける方法として動作法は発展し、脳性まひ児の動作改善に大きな効果を示した。それと同時に、表情が生き生きし、積極性が増すなどこころの活性化にも有効であることがわかり、教育現場で広まっていった。

その後、自閉症児に実施したところ、自傷・他害行動が減少し、他者と視線が合うなどの行動上の変化が見られた。神経症、統合失調症、うつ病、心身症への心理治療にも有効であることが実証され、現在では臨床、教育、高齢者福祉、スポーツ、被害者・被災者支援、消防士や教職員のストレスマネジメント、乳児・幼児への発達支援などさまざまな分野で用いられている。

● 高齢者への臨床動作法

高齢者を対象とした臨床動作法は、心身に問題を抱えた人だけでなく、健康な高齢者にも介護予防法あるいは健康法の一種として導入されている。言語でのやりとりを必須としない臨床動作法は、認知症や失語症の人にも実施が可能である。

仮に、認知症の高齢者で、肩をいからせながらいつも動き回り、「ここにいていいの？」と尋ね歩いている人がいるとする。同じことを何度も尋ねるが、相手からの返答は耳に入らず、コミュニケーションがなかなか成り立たない。認知症ゆえに見当識が低下し、自分の居場所に確信が持てず、不安・緊張感が強い状況にいる。

臨床動作法では、まず導入目的を明確にし、動作課題を設定する。援助者は、その課題に本人がどのように取り組もうとしていくのか、そのプロセスを丁寧に扱いながら、本人が自分で自分のからだに気づき、からだを動かすことを援助していく。このケースの場合は、少しでも「自分はここにいていいんだ」と思えるような自己安定感の確立、不安感の低減が主とした導入の目的となる。

動作課題としては数種類が想定されるが、まず肩の緊張に着目し、「この肩を上に動か

してみましょうか」と声をかける。声かけだけではなかなか気持ちがからだに向かない場合は、目の前で援助者自身が肩を上げて見せたあと、軽く肩に触れ動きの方向を示すことも必要である。初めは援助者からの働きかけにぴんとこない様子であるが、援助者とのやりとりのなかで、だんだんと自分でからだに注意を向けていくようになる。自分が意図したように動かないことに、まず気づくことが最初の段階である。

援助者との共同作業体験を通して自分のからだと向き合い主体的に働きかけていくことは、日常生活場面における積極性の形成、自己存在感・安定感の確立、不安感の低減につながっていく。まさに、「こころの活性化」が生じるのである。

本ケースでは肩の動きを最初の課題としたが、実際には腕挙げ、座位や立位課題など多種にある課題を、相手の状態に合わせて設定していく。共通しているのは、援助者ではなく本人自身が、ゆっくりとからだの感じに注意を向けながら動かすことである。

動作の改善ではなく、働きかけを受け入れ、自分で動かし、動かす感じをじっくり味わうといった主体的な活動を引き出すことに主眼を置いている。臨床動作法は、理学療法や体操とは全く目的が異なっているのである。

●認知症の高齢者と臨床動作法

認知症の高齢者は、自分という存在が不確かになり、自分の世界と現実とのズレのなかでストレスを感じていることが多い。自分の不安や悩みを言葉で伝えることも難しく、不穏や暴力あるいは引きこもりとなって表現されることも多い。臨床動作法によって確かな自分を実感することは、認知症ゆえの生き辛さを援助することにつながっているのではないだろうか。また、妄想の激しい対象者に動作で関わる場合、"今ここ"での動かしづらさや自分のからだの感じといった現実的な事柄に気持ちを向け、援助者とやりとりをすることになるので、妄想の訴えが減少し、現実検討力が改善するといった結果も報告されている。言葉での関わりは無視することもできるが動作での関わりは無視しがたいということも、この技法の特徴のひとつである。

臨床動作法の実施に際しては、実施する側は実技研修を受け自ら実感を持って導入することが望ましい。

（川瀬里加子）

■肩のリラクセーション

椅子：頭からお尻まで、まっすぐになるように座りましょう。

車椅子：車椅子には寄りかかって座りがち。背中がまっすぐになるように注意しましょう。

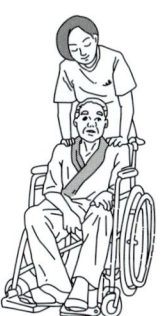

出典：川瀬里加子「病院でおこなう動作法の実際」「おはよう21」8月号，中央法規出版，60頁，2001．

5-12 園芸療法
― 療法としての園芸活動 ―

Keywords ▶▶▶ 定義／歴史／効果／喜び

●園芸療法とは何か

園芸療法についてはさまざまな見解があり、その定義は多様な状況にある[1)2)3)]。

療法という側面を意識して定義づけをすれば（狭義）、園芸療法の対象者は、医療機関で治療を受けている人や、養護施設で生活している人およびリハビリテーションを受けている人など健康に障害をもつ人である。そのような人に対し、治療目的を明確にしたうえで、社会的、教育的、心理情緒的、身体的に環境に適応するように促したり、心身の諸機能や感情面の回復や成長を図るための媒体として園芸を療法として用いていく。

つまり、狭義には、「園芸療法とは、園芸によって変化を期待するという明確な目的の基に実施される療法であり、基本となる知識・技術を持った資格を有する者によってなされる行為」と定義することができる。

しかし、実際には、対象者、実施者、場所などを大きく限定することなく、「植物のもつ"癒し"などの力を活用し、園芸を通して、さまざまな面から心身の健康の維持・増進を図ること」と広義にも捉えられている。

●園芸療法の歴史

園芸やその成果である植物が心身の健康に効果的な役割を果たしていることについては、すでに古代エジプト時代にも認められていた。欧州では19世紀初めに、精神病患者への園芸による治療効果が強調され、米国では第二次世界大戦後、傷病軍人の職業訓練や身体障害者のリハビリテーションに活用されるとともに、1977（昭和52）年に園芸療法士の資格制度も生まれた。

日本においては、70年前から精神病院における作業療法という形で園芸活動が行われていたが、系統的なものではなかった。近年、"ストレス社会""癒し"という言葉で示されるような社会状況のなか、園芸療法への関心が高まり、1995年から日本園芸療法研修会、1999年には兵庫県立淡路景観園芸学校が開校、2002年には人間・植物学会内に園芸療法研究部会が設置され、2008（平成20）年には日本園芸療法学会設立となった。このように組織的な活動が全国的に行われ、同時に「園芸療法士資格認定」の制度化も進み、「自然」と「人間」の関係性の充実が図られてきている。

その対象は高齢者のみならず、薬物依存患者、受刑者、視覚障害者などと幅が広い。日本においても園芸療法のさらなる推進が求められる。

●園芸療法から得られる効果

松尾（1998）は、園芸療法の効果として、①経済的効果、②環境的効果、③心身の健康に対する効果、④身体機能的・生理的効果、⑤教育的効果の5つを挙げている。

③「心身の健康に対する効果」とは、「収穫した植物（野菜・果物など）が栄養供給源になり得る」「心理的な不安や緊張を軽減させるなどの癒しの効果も持つ」などのことを意味している。また、④「身体機能的・生理的効果」とは、「園芸という全身の運動によって、運動不足から生じる筋力や体力の衰えを予

防する効果」「植物を育てるためにいろいろと調べたり、さまざまな工夫をこらすことによって、結果的に脳に刺激を与えることになり、認知症を予防することにもつながる」などのことを意味している。

● 園芸療法と高齢者

高齢者が生き生きと暮らしていくためには、健康で自立し人間らしく生きがいをもつことが必要である。園芸はそのもつ効用により、十分こうした手段となり得る。

実際に園芸活動を趣味とする高齢者は多い。活動の内容は、盆栽であったり、野菜づくりであったり、また、仏壇に供える花づくりであったり多様である。これらの活動は個人的楽しみとして行われている場合が多いが、先に見た効果だけではない、さまざまな心理面・身体面・物質面での波及効果を園芸活動は有している。

園芸活動の喜びは何よりも、今までの自分の苦労がひとつの成果として目に見える形で目の前にあることにあろう。そのことの喜びと充実感、そして、野菜や果物だった場合、一緒に食すことでその気持ちを家族や知人と共有することができる。

また、穫れた野菜や果物、花などを周囲の人に分けることで、喜んでもらえ、喜んでもらえたことの満足感を自分のなかで感じることができる。さらに、その気持ちが人のために自分が役立っているという実感をもたらし、人間としての誇り、自尊心を高め、ひいては生きがいの創造にもつながっていく。

その他にも園芸を行うことによって、わからないことを人に尋ねたり、自分のつくった農作物を人にあげたりすることから、コミュニケーションの輪が広がるなど社会的側面においても効果がある（図参照）。

● 高齢者に対する園芸療法の方向性

広義に園芸療法を捉えるならば、上述のように、個人的には趣味の一環として園芸活動がなされ、結果的にそれが高齢者に対しさまざまな効用をもたらしているのである。しかし、狭義の「療法としての園芸」については、高齢者を対象とした組織的な形での取り組みは、訪設整備や継続的に対応するための人的資源の確保が難しいなど課題は多い。しかし、その効用の大きさを考えたとき、今後、高齢者施設などでも積極的に導入されることを期待したい。

（箕浦とき子）

■園芸を通して人間は成長する

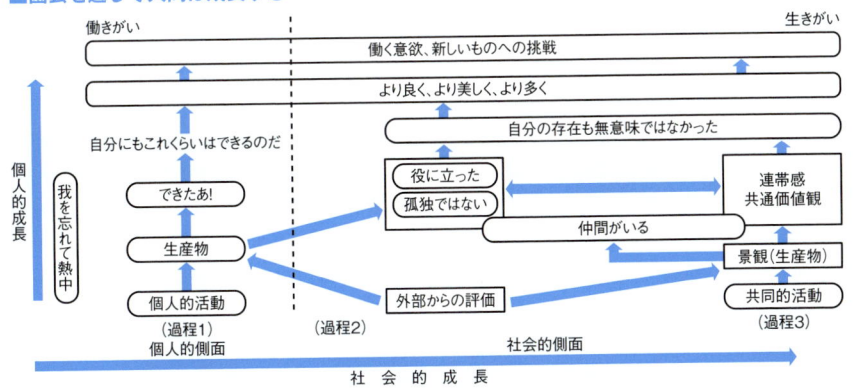

出典：松尾英輔『社会園芸学のすすめ』農文協，65頁，2005．

5-13 アニマル・セラピー
― 動物がもつ癒しの効果 ―

Keywords ▶▶▶ 動物介在療法／動物介在活動／癒し／心理的効果／社会的効果

●動物の癒しの効果

　動物がもつ癒しの効果を積極的に利用した活動や治療を「アニマル・セラピー」と言う。
　セラピーというと、動物が何かの病気を治すというイメージがあるが、動物が治すわけではなく、動物が治療をアシストするというものである。人だけではうまくできない治療場面を、動物がいることによってなごやかな雰囲気に変えてくれるなど、動物の力をうまく活用して、精神科の医師や心理療法のセラピストなどが治療に役立てるという意味である。
　アニマル・セラピーは、厳密にいうと、「動物介在療法（AAT：animal assisted therapy）」と「動物介在活動（AAA：animal assisted activity）」の2種類に分けられている。最近では、「動物介在教育（AAE：animal assisted education）」という、教育場面において、動物を使って子どもたちの教育の支援を行うという活動もあり、動物を介した試みを細かく分類すると3種類になる。

●動物介在療法と動物介在活動

　このうち、動物介在療法と動物介在活動は明確に区別されている。この分野において先進的な試みがなされているアメリカでは、デルタ協会（Delta Society）という団体によって、動物介在活動は、「生活の質を向上させるための動機づけ、レクリエーションや教育の機会を提供する活動であり、十分な訓練を受けた専門家やボランティアがある基準を満たした動物と共同して、病院や施設などのさまざまな場所において行われる活動である」と定義されている。特別養護老人ホームやグループホームなどで、高齢者の人たちがホールに集まって動物と触れ合いながら、楽しかった、癒されたというような事例である。
　一方、動物介在療法は「人に対する治療プログラムのある段階で、前もって設定された目的を達成するために、不可欠な役割として特別な基準を満たした動物を介在させて、その効果を活用する治療（的介入）であり、医師や看護師、作業・言語療法士、臨床心理士など医療等の専門家によって実施および指導されるものである」と定義されている。また、「その具体的な目的は、対象者の身体的機能、社会的機能、情緒的機能や認知機能の改善・向上を促進することであり、治療のプロセスは詳細に記録され、その結果は厳密に評価されなければならない」と決められている。
　動物介在療法は治療になるので、通常、医師（精神科など）や看護師、心理学の専門家などの医療側のスタッフと、獣医師、動物を連れてくるハンドラー（動物の扱いに関して、知識と技能、経験を有する人）などの動物側のスタッフがチームを組んで実施する。対象となる人のどのような症状を改善するかというターゲットを設定し、その症状を改善するためにどのようなプログラムが有効か、ミーティングを開いて検討する。実施後には、症状の改善が見られたのかをチェックし、有効であったところや反省点などについて整理する。症状改善が見られないのであれば、その

対象者に合うような形でプログラムの変更を検討する。

治療場面に動物が複数いる場合もあるが、治療の対象となる人は1人で、動物とは1対1で関わる。ただし、動物たちにも負担がかかるので、1頭の動物が治療に関わる時間は30分程度、動物が疲れたら休ませる、などの規定も設けられている。例えば、作業療法士が障害のある高齢者の動作能力改善のために、犬とその飼い主であるハンドラーを治療プログラムの一部に関わらせるなどの例が考えられる。

動物介在療法や動物介在活動の対象者は高齢者や子どもである場合が多い。例えば、施設に入所している認知症高齢者で、スタッフや他の入所者に対して暴力的な行動が多く、うまくコミュニケーションがとれない人が、動物を介在した活動に参加し、少しずつ動物とコミュニケーションをとっていくうちに、まわりの人に対する態度も落ち着き、攻撃的な行動が減少したという事例が報告されている。認知症の高齢者が生活する場面をうまく構成するための1つの要素として、動物とのふれあいが高齢者のQOL（Quality of Life：生活の質）の向上（アニマル・セラピーの効果については表参照）につながるということを示唆するものであろう。

●日本におけるアニマル・セラピー

日本での動物介在療法や動物介在活動は、主にアメリカで行われている基準を取り入れて行われている。しかし、広い意味での人間と動物の関係性は、欧米と日本でかなり違いがある。その違いを解明しながら、日本の状況に合った内容にしていく必要があるだろう。すなわち、人間側と動物側の双方にとって、どのようなプログラムが有効で適切かという実践的な研究である。

また、動物介在療法は、医療側スタッフ、動物側スタッフ、そして、治療の場となる施設の管理者など、立場の異なる複数の職種が関わる活動である。そのため、それらの職種をうまく連携させるコーディネーターの存在も不可欠である。さらに、動物介在療法や活動に活用できる介在動物（主に「犬」）の数も十分ではないので、組織的な育成が必要である。アニマル・セラピーの効果は明らかにされてきているので、今後の発展が大いに期待される。

（安藤孝敏）

■アニマル・セラピーが人間に及ぼす効果

生理的効果	
1) 病気の回復・適応、病気との闘い 2) リラックス、血圧やコレステロール値の低下	3) 神経筋肉組織のリハビリ

心理的効果	
1) 元気づけ、動機の増加、活動性（多忙）・感覚刺激 2) リラックス、くつろぎ作用 3) 自尊心・有用感・優越感・責任感などの肯定的感情、心理的自立を促す 4) 達成感 5) ユーモア、遊びを提供する	6) 親密な感情、無条件の受容、他者に受け入れられている感じの促進 7) 感情表出（言語的・非言語的）、カタルシス作用 8) 教育的効果（子どもに対して） 9) 注意持続時間の延長、反応までの時間の短縮 10) 回想作用 11) 自分の境遇と重ね合わせる

社会的効果	
1) 社会的相互作用、人間関係を結ぶ「触媒効果・社会的潤滑油」 2) 言語活性化作用（スタッフや仲間との） 3) 集団のまとまり、協力関係	4) 身体的、経済的な独立を促進する（盲導犬・聴導犬など） 5) スタッフへの協力を促す

出典：横山章光『アニマル・セラピーとは何か』日本放送出版協会，53頁，1996.

6 認知症

総論
1. アルツハイマー病
2. 脳血管性認知症
3. 前頭側頭型認知症・ピック病
4. レビー小体型認知症
5. 若年性認知症
6. 慢性硬膜下血腫・正常圧水頭症
7. 中核症状（記憶障害・見当識障害・実行機能障害）
8. BPSD
9. 診断（アルツハイマー病・血管性認知症）
10. 診断（レビー小体を伴う認知症、前頭側頭型認知症（ピック病））
11. スクリーニング（日常生活）
12. スクリーニング（認知機能）
13. 認知症の人の心的世界
14. 医学的な対応（薬物療法）
15. 医療以外の対応（BPSDを中心として）
16. 症状別（記憶障害・見当識障害）
17. 症状別（幻覚・妄想状態）
18. 症状別（徘徊）
19. 症状別（暴力）
20. 症状別（異食）
21. 症状別（不安・訴え）
22. 症状別（不潔行為）
23. 軽度認知障害（MCI）・加齢関連認知低下（AACD）
24. 認知症予防（1次予防・2次予防・3次予防）
25. 日本老年行動科学会・ステップ式仮説検証型事例検討
26. 認知症ケアのセンター方式
27. 認知リハビリテーション
28. 学習療法
29. 応用行動分析（行動療法）

6 認知症

成本 迅・大川 一郎

● 認知症とは

　認知症とは一旦獲得された認知機能が後天的に低下し、それにより生活機能が障害された状態と定義されている。一旦獲得されたという点で、知能が十分発達しなかった知的障害と区別される。また、生活機能が障害されるという点で、正常加齢による認知機能低下と区別される。

　日本における65歳以上人口に占める認知症患者の割合は調査によってばらつきが大きく3〜15%と報告されている。85歳以上では急激にその割合が増えて約25%に達することから、認知症者の数は85歳以上人口の割合によって大きく左右される。また、久山町における地域住民を対象とした調査（Sekita A, et al ;2010）[1]によれば、年齢や性別を調整したうえでの65歳以上人口における認知症の有病率は、1985（昭和60）年が6.0%、1992（平成4）年が4.4%、2005（平成17）年が8.3%と増加していることが報告されている。これには食生活の欧米化やライフスタイルの変化による運動量の減少を背景としたメタボリック症候群の増加などが関係していると推測されている。

● 認知症の原因

　原因疾患としては、アルツハイマー病が約50%を占め、続いて脳血管性認知症、レビー小体型認知症がそれぞれ10〜20%、前頭側頭型認知症が約5%と報告されている。日本においては、脳血管性認知症が占める割合が減少し、アルツハイマー病が増加する傾向にある。アルツハイマー病、脳血管性認知症、レビー小体型認知症は互いに合併し合うことがあり、混合型認知症と総称される。慢性硬膜下血腫や正常圧水頭症、甲状腺機能低下症などのいわゆる治る認知症は、頻度は低いが確実に診断することが必要で、早期診断が重要である。

　アルツハイマー病、レビー小体型認知症、前頭側頭型認知症は神経細胞が徐々に変性して脱落していくことが特徴で変性疾患と総称される。アルツハイマー病とレビー小体型認知症は合併例が見られるだけでなく、臨床症状と脳病変が必ずしも一致しないことなどから生前の診断と死後の病理診断との一致率は必ずしも高くない。また、変性疾患に脳梗塞や脳出血が合併して症状を修飾することもある。このため、生前診断はあくまで暫定の診断であるが、臨床症状や画像から診断をつけることでその後の経過や注意すべき症状を予測することがある程度可能であるため、診断が重要であることにかわりはない。

● 認知症の症状・中核症状と周辺症状

　従来、脳障害から直接生じる認知機能障害を中核症状と呼び、認知機能障害によって環境への適応がうまくいかなくなることにより生じる精神症状を周辺症状に分類してきた。

　中核症状としては、記憶障害、日時や場所などがわからなくなる「見当識障害」、理解や判断力の低下、計画を立てて、手順を踏んで物事を実行していく「実行機能の障害」、物の使い方、服の着方がわからなくなる「失行」、知っている、わかっているはずのものや家族の顔などが認知できない「失認」、言葉に関する理解、読字、書字ができない「失語」などが挙げられる。これらは、脳のダメージと直接かかわる部分であるが故に、病気の進行とともにその症状も重くなり、日常生活への障害も大きくなっていく[2]。

　周辺症状として、「不安・焦燥」「抑うつ」「意欲・関心の低下」「睡眠障害」「せん妄」「幻覚・妄想」「異食・過食・拒食」「不潔行為」「興奮・暴言・暴力」「徘徊」などの行動もみられるようになってくる。ただ、これらの周辺症状は、それらの症状を示す人の置かれた人間関係も含む環境要因や生活史等に因るところも大きく、極めて個人差が大きなものでもある。

　また、昨今の脳研究の進歩とともに、うつや幻覚、妄想などの精神症状も脳障害と関連していることが明らかになりつつあり、必ずしも従来からのこの分類通りではないことがわかってきている。しかしながら、認知症の症状を理解するうえで、なお有効な分類であることはまちがいない。

　なお、周辺症状については、精神症状や問題行動などさまざまな呼称が用いられていたため、1996年の国際老年精神医学会において Behavioral and Psychological Symptom of Dementia（BPSD）という呼称に統一することが申し合わされ、日本では「認知症の行動・心理症状」という訳語が用いられている。認知症患者の約8割以上で経過中に何らかのBPSDがみられると報告されている。

● 認知症の経過

　変性疾患や脳血管性認知症は時間とともに徐々に進行していく。このため、本人と家族はその都度状態に応じて生活スタイルや介護方法、住環境を変えていくという非常に難しい作業を強いられている。参考のため各進行段階での主な課題を表に示す。本人と家族をサポートする専門職や地域住民が認知症の経過と症状を理解することで的確なサポートを提供できる。

　また、脳障害の進行を反映した変化だけでなく、BPSDの悪化により生活機能や家族との関係に悪影響が及び、本来の認知症の程度以上に生活機能が低下する過剰障害を来したり、早期の入所につながったりすることがある。認知機能の低下に伴い活動の減少や社会とのつながりが失われることで廃用性に機能低下がみられることも多い。現時点ではアルツハイマー病を代表とする変性疾患や脳血管性認知症で脳障害そのものを回復させる手段はないが、治療やケアにより過剰障害や廃用性機能低下を予防したり改善させたりすることができる余地がある。

● 認知症のアセスメント

　認知症に関わる医学的診断は、一般的には、「家族や付き添いからの情報収集」「患者への問診」に始まり、「内科検診（血液検査等）」「運動機能や神経の動きの検査（手足の麻痺、こわばり等）」「生化学的検査（脳脊髄液検査等）」「認知機能の検査（MMSE, 長谷川式認知症スケール等）」「脳の画像検査（CT, MRI, PET等）」「医師による診断」という流れを辿る[2]。

　これらの診断を経て、原因疾患が特定された場合、適宜、医療的治療がなされることになる。

ただ、非薬物療法やケアという視点から認知症に対応していく場合、認知症の疾患の診断は出発点であり、対応の方針を明確にするためには、そのアセスメントは心理社会的側面も含めて、総合的に行われる必要がある。

東京都健康長寿医療センター研究所（2012）[3]では、認知症高齢者のための総合機能評価（CGA-D:Comprehensive Geriatric Assessment for Dementia）として、「認知症疾患」「認知機能障害」「生活機能障害」「身体合併症」「精神症状・行動障害（BPSD、せん妄）」「社会的問題」等の領域を挙げている。

アルツハイマー病、脳血管性認知症、レビー小体型認知症等の「認知症疾患」の特定に始まり、それらの疾患が、近時記憶障害、時間失見当識、遂行機能障害等、どのような「認知機能障害」をもたらしているのか、その認知機能障害が、基本的日常生活動作能力（ADL）や手段的日常動作能力（IADL）などの生活機能にどのような障害をもたらしているのかも押さえる。さらに、高血圧があるのか、糖尿病を持っているのか等、身体疾患や先にみた「BPSD（認知症に伴う心理・行動症状）」や当該の認知症者が抱えるであろう介護者の問題（介護負担、健康、経済状況等）や病院や施設等の利用の困難等の「社会的問題」についても把握するのである。

この総合的評価は、多職種連携の中で行われるが、一人の対象者に対して医療面からだけでなく、多面的に評価を行うことで、対象者のもつ問題が全体の比較の中でクローズアップされる。これらの問題に対し、優先順位を決めて適宜対応することによって、医療的対応や生活へのケアを連続かつ総合的に提供することが可能になるのである。

● 認知症への対応

認知症への対応については、大きく分けると薬物療法等を中心とした医学的対応とそれ以外の対応に分かれる。

医学的対応では、慢性硬膜下血腫や正常圧水頭症、甲状腺機能低下症などのように治療可能（treatable dementia）な認知症もある。

アルツハイマー病の場合、薬物療法が中心となる、塩酸ドネペジルなどのコリンエステラーゼ阻害薬が有効である。しかし、これらは多少進行を抑える効果はあるが、病気の根治をもたらす治療薬の開発には現時点では至っていない。

認知症に限ったことではないが、服薬において起こり得る問題についても留意しておく必要がある。高齢者の場合、老化に伴う生理機能の低下により、代謝や排泄がうまくいかず、薬効が強く出過ぎるということも起こり得る。また、多剤多量併用による薬同士の相互作用による効果の低下や効き過ぎる可能性もある。

いずれにしろ、家族や介護者の観察による情報等により投薬に伴う対象者の行動の変化を慎重に見極めたうえで、薬の調整がなされる必要がある。

さて、認知症の実際の対応にあたっては、薬物療法等の医学的対応と非薬物療法が並行してなされることになる。現在、心理学等の手法を援用した方式もさまざまに開発され、用いられている。ただ、先述したように、これらの対応は対象者にかかわる多職種が連携・協働する中で、総合的なアセスメントのもと、連続かつ総合的に行われる必要がある。

● 認知症の予防

認知症の予防にあたっては、まず、一次予防として原因疾患の予防が重要である。

脳血管性認知症においては、いわゆる動脈硬化等の血管の老化の予防、アルツハイマー病においては、高血圧や糖尿病の予防、罹患した場合はそれらの管理が重要となってくる。

いずれも生活習慣病等にかかわることであ

り、運動や食生活等の日常生活のあり方が長期にわたり体に影響し、それらが認知症の発症をもたらす病気への罹患の可能性を高めているといえる。

魚や野菜、肉等のバランスのとれた食事、適度な運動の重要性が研究レベルで明らかになってきている。また、外出や人とのコミュニケーション、音読・計算、ゲームなどによる脳への刺激も重要であることも明らかになってきている。

● 本章の構成

本章では、まず、認知症の疾患として、「6-1 アルツハイマー病」「6-2 脳血管性認知症」「6-3 前頭側頭型認知症・ピック病」「6-4 レビー小体型認知症」「6-5 若年性認知症」について、その症状、診断、治療、ケア、予防等を説明する。また、治療可能な認知症として「6-6 慢性硬膜下血腫・正常圧水頭症」等の疾患にも触れる。

そして、認知症によりもたらされる障害として「6-7 中核症状」と「6-8 BPSD」を取り上げ、その内容、治療、対応について説明する。さらに、認知症のそれぞれの疾患ごとにその「診断」の詳細について概観する（「6-9 診断（アルツハイマー病・血管性認知症）」「6-10 診断（レビー小体を伴う認知症、前頭側頭型認知症（ピック病））」。また、「6-11 スクリーニング（日常生活）」「6-12 スクリーニング（認知機能）」において、それぞれの領域での「スクリーニング」の手法を紹介する。

さらに、「6-13 認知症の人の心的世界」を垣間見たうえで、認知症に対する「6-14 医学的な対応」、「6-15 医療以外の対応」を概観し、6-16〜6-22において、「記憶障害・見当識障害」「幻覚・妄想状態」「徘徊」「暴力」「異食」「不安・訴え」「不潔行動」など、主な症状別にその背景要因と対応について考察する。そして、「6-25 日本老年行動科学会・ステップ式仮説検証型事例検討」をはじめとして、「6-26 認知症ケアのセンター方式」「6-27 認知リハビリテーション」「6-28 学習療法」「6-29 応用行動分析」等、いくつかの対応の方式を紹介する。

また、6-23では、認知症の前駆状態としての「軽度認知障害（MCI）・加齢関連認知低下（AACD）」、6-24では「認知症予防（1次予防・2次予防・3次予防）」について触れる。

■図　中核症状と周辺症状

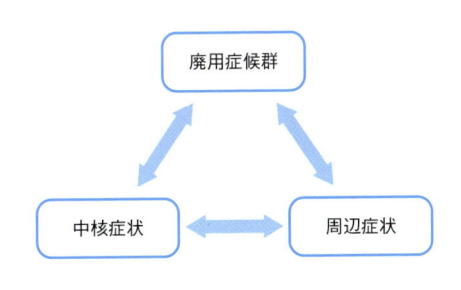

廃用症候群 ⇔ 中核症状 ⇔ 周辺症状

■表　認知症の経過と課題

段階	課題
前駆期	早期発見と治る認知症の鑑別
初期	病名告知と疾患教育、悪徳商法などからの保護、進行を遅らせる治療、生活指導、BPSDの予防、介護保険認定とサービス利用
中期	BPSDの予防、社会参加の継続、活動量の確保
後期	身体疾患の予防、施設入所、成年後見制度の利用

6-1 アルツハイマー病
― 脳変性疾患・最も多い認知症 ―

Keywords ▶▶▶ βアミロイド／タウ／近時記憶／FAST stage／アセチルコリン仮説

●アルツハイマー病とは

　高齢化が進むなか、認知症患者は増加の一途を辿り、認知症のなかで最も患者数の多いアルツハイマー病は多くの人々にとって関心事となっている。早ければ40代、50代で発症することもあるが、70代、80代になっての発症が多い。従来、65歳未満での発症をアルツハイマー病、65歳以降での発症をアルツハイマー型老年痴呆（簡単に略して老年痴呆）と区別していた時期があったことも影響して、今も一般市民の間には「アルツハイマー」と「老人性痴呆」とは違うものであるという認識が少なからず残っているが、今では両者を併せてアルツハイマー病と総称するのが普通である。

　アルツハイマー病は、ドイツの精神科医アロイス・アルツハイマー（Alois Alzheimer）が1906年に1症例を報告したのがその名前の由来である。アウグステDと呼ばれるその患者は51歳の時に嫉妬妄想などで受診し、数年の経過を経て死亡。病理解剖にて、老人斑と神経原線維変化という2つの特徴を持ち、脳萎縮を来していた。その後の研究で、マイネルト基底核（前脳基底部無名質にあるニューロン群）から大脳皮質に投射するコリン作動性神経の変性・脱落が目立つこと、老人斑の主な構成成分がβアミロイドと呼ばれるアミノ酸40個ほどのペプチドであること、神経原線維変化の主な構成要素が細胞骨格に関係するタウという蛋白が異常にリン酸化し、重合した線維であることなどが解明され、病態の理解と治療薬開発につながっている。

●主な症状と診断

　アルツハイマー病の初期段階では通常、新しいことを覚える能力（近時記憶）の低下が目立つ。その結果、同じことを何度も尋ねる、約束したことを忘れているなどの症状が見られる。病状が進行すると、手足の麻痺はないにもかかわらず服を着ることができない（着衣失行）、簡単な道具の使い方がわからない、料理の手順がわかりにくくなる、複雑な指示を理解することができないなどの症状が見られ、兄弟と子どもの区別がつかないなど人物見当識の障害も出てくる。これらの症状の進行は、初期には海馬、側頭葉内側部に病変が見られ、病気が進行するにつれ頭頂葉や前頭葉に病変が広がるという病変部位の拡がりと相関すると考えられる。ライスバーグ（Reisberg, B.）らによって示されたFAST（Functional Assessment Staging）を参照すると、アルツハイマー病の全体像が理解しやすい。

　従来、FAST5やFAST6の段階で認知症の診断や介護が行われることが多かったが、最近では早期からの対応を目指して早期発見、早期診断が行われるため通常の会話や街中での場面では病気であると悟ることが難しいFAST3やFAST4の段階で受診・相談することが増えている。患者本人が自らの記憶や認知能力の低下を心配し医療機関を受診する場合もある。

　実際の診断場面では、本人および家族など

本人の日頃の様子を知る人からの病歴聴取が重要で、それに加え、認知機能低下を来す内科的疾患や脳外科的疾患の除外のため血液検査、CT/MRI など頭部画像検査が行われる。

● 治療薬の現状とケア

　当初、アセチルコリン仮説に基づき脳内のアセチルコリンの補充あるいはアセチルコリンの分解を抑制するための治療薬開発が行われ、その結果、4種類のアセチルコリン分解酵素阻害剤が市販されるに至った。また、グルタミン酸による神経毒性を緩和する目的でグルタミン酸受容体の部分的拮抗剤も市販された。これらの薬剤は服用することにより、認知機能および日常生活動作の改善、あるいは低下を抑制することが示されている。しかし、これらの薬剤はアルツハイマー病の根本的原因であるβアミロイドの集積、タウ蛋白のリン酸化・重合を抑制するものではなく、そこを焦点に治療薬の開発が続いている。

　アルツハイマー病の治療として、病気の進行を抑制するだけでなく、病気の経過中に現れる被害妄想、物盗られ妄想、興奮、易怒性、昼夜逆転などの周辺症状（最近では BPSD: behavioral and psychological symptom of dementia と呼ばれることが多い）への対応が重要である。

● 危険因子、遺伝、予防

　アルツハイマー病の研究の途上で、ごく一部のケースに遺伝が見られることが明らかにされ、アミロイド前駆体蛋白、プレセニリン1、プレセニリン2という3種の原因遺伝子が同定された。これらの遺伝子産物はβアミロイドの基となる蛋白やβアミロイドを生成するための酵素蛋白である。この解明は病態の理解に大きく寄与したが、大部分の患者は遺伝歴のない自然発症であり、なぜ病気を発症するのかは不明な部分が多い。近年、長期の疫学的研究により、高血圧、糖尿病およびその管理不足が危険因子となることが明らかとなり、運動や知的活動、社会的交流が防御因子となることが明らかになってきた。アルツハイマー病の予防は簡単ではないが、少なくとも一部は予防可能とわかり、予防的活動も行われている。しかし、個人レベルの予防よりも、認知症になっても安心して過ごせる社会を作るという方向がより大事である。

（武地　一）

■ FAST stage 分類の概要

FAST 1	正常	
FAST 2	年齢相応	複雑な仕事も可能で正常な老化以外の状態は見られない。
FAST 3	境界状態	重要な約束を忘れることがある。買い物や家計の管理、よく知っている場への旅行などは可能。
FAST 4	軽度アルツハイマー	買い物で必要なものを必要なだけ買うことができない場合がある。服を着たり、入浴、近所への外出はできるが、社会的生活では支障を来すことがある。
FAST 5	中等度アルツハイマー	家庭での日常生活の自立もできず、買い物を一人ですることもできない。服を適切に着ることが難しくなる。入浴を忘れる。
FAST 6	やや高度のアルツハイマー	着衣、入浴、トイレなどに介助が必要。尿失禁や便失禁が見られる。
FAST 7	高度のアルツハイマー	会話が難しくなり、いくつかの単語を用いたごく単純な発語のみとなる。

出典：Reisberg B et al. Ann NY Acad Sci 435: pp.481-483, 1984. を一部改変.

6-2 脳血管性認知症
― 全身管理と予防の重要性 ―

Keywords ▶▶▶ 脳梗塞／脳出血／高次脳機能障害／危険因子

●脳血管性認知症とは

　脳血管性認知症とは、脳の血管障害、すなわち脳梗塞、脳出血などに起因する認知症のことである。かつて日本では脳血管性認知症が認知症のなかで最も多いとされていた。しかし、その後、高血圧管理の向上、食生活の改善などにより脳出血が激減し、高齢化の進行によるアルツハイマー病の増加も相まって認知症の原因疾患として2番目となっている。国際的に広く知られているNINDS-AIREN（アメリカ国立神経障害脳卒中研究所　アルツハイマー病関連障害協会）の分類によると、脳血管性認知症はさらに下記の6つに細分される。①多発梗塞性認知症（太い脳血管の閉塞によるもの）、②小血管病変による認知症（ビンスワンガー病を含む）、③認知症の成立に重要な部位の単一梗塞、④低灌流性脳血管性認知症（心停止などによるもの）、⑤脳出血性脳血管性認知症、⑥その他（遺伝性、その他）である。なかでも小血管病変による認知症のなかの多発ラクナ梗塞（ラクナとは、ラテン語で小さな空洞を意味する）に起因するものが最も多い。

　脳梗塞といえば半身が麻痺する片麻痺や、言葉が話しにくくなる失語症を思い浮かべることが多い。しかし、脳梗塞が起こる部位や起こった回数により、認知症を伴わない脳梗塞後遺症になるか、脳血管性認知症となるかが決まる。単発の小さな脳梗塞であっても記憶に大事な部位に梗塞が起これば脳血管性認知症の病像を示すことが知られている（上記、認知症の成立に重要な部位の単一梗塞）。同じように前頭葉の一部に脳梗塞が起こることで著明な遂行機能障害を来すことがある。この場合、近時記憶が比較的保たれていれば、脳梗塞による高次脳機能障害という状態になる。すなわち、脳卒中により、①片麻痺や感覚障害、視野障害など道具的な機能障害のみが残った場合は脳卒中後遺症、②遂行機能障害や失語などの認知機能低下は伴うが認知症の診断基準を満たさない場合、脳卒中による高次脳機能障害、そして、③認知症の診断基準を満たす場合は、脳血管性認知症と分類することもできる。

　アルツハイマー病と比較すると脳血管性認知症は、男性に多いこと、50〜60歳代の若い年齢層に多いこと、脳血管障害の反復により階段状の進行が見られることが指摘されているが、発症年齢については人口の高齢化や危険因子の管理改善により発症年齢の高齢化が起こってきており、以下にも述べる両者の混合を考える必要性が増している。

●脳血管性認知症の診断

　脳血管性認知症の診断は、上記のように脳血管障害がどのように起こったかにより症状が多彩であるため、画一的に診断を行うことは難しい。診断基準としてもICD-10、DSM-V、NINDS-AIRENなどの基準があり、どの診断基準を用いるかによって診断も変わるため、注意が必要である。共通した点としては、脳血管障害に起因して記憶障害があること、記憶以外の言語や視空間機能などの複数の障害があること、神経学的所見や画像診

断により脳血管障害が裏づけられること、せん妄などは除外できることなどにより診断が行われる。最近の画像診断の進歩もあって、原理的には病歴、神経学的所見および神経画像などから、それらの所見の相互関係や認知症症状発症との時間的関連を捉えれば基本的な診断は可能である。また、以前は脳血管性認知症と変性型で最も多いアルツハイマー病の診断が相いれないものとされていたため診断上悩むことも多かった。最近では、両者の病理的な混在や、アルツハイマー病の病理を持っているところに脳血管障害が加わると認知症が発症しやすくなることなどの疫学的データが確認されるようになり、病像の把握と診断という点では理解しやすくなった。高齢者の場合、脳血管障害も変性型の認知症も頻度的に増えるため、どのような危険因子を持つか、脳血管障害と認知症発症の時間的順序がどのようであるかなどを詳細に把握し、診断を行っていくことが望まれる。

●脳血管性認知症の治療・ケア・予防

脳血管性認知症では、さまざまな動脈硬化の危険因子を持つ場合が多い。単に認知症の症状だけでなく、その他の神経障害による症状や病態、すなわち、誤嚥、肺炎、パーキンソン症状、転倒、骨折、抑うつ、尿失禁、寝たきり、褥瘡などを伴うことが多い。そのため基本的日常生活動作（ADL：Activities of Daily Living）の低下が目立つ傾向にある。脳血管性の治療とケアにおいては、それらを総合的に進めていく必要がある。具体的な治療方針としては、背景に伴うことが多い高血圧、糖尿病、脂質異常症、心房細動などの不整脈の治療を強化しつつ、病型により脳血管障害の再発を防ぐための抗凝固薬や抗血小板薬を用いる。また、上述した脳血管障害に派生するさまざまな症状に対してのそれぞれの治療も行いつつ、リハビリテーションや清潔面、食生活などへの介護保険サービスの導入などを行っていく。

一度生じてしまった脳血管障害そのものを治療することは難しく、脳血管性認知症そのものへの確立した治療は少ない。このため、予防が大切になってくる。脳血管障害の危険因子となる高血圧、糖尿病、脂質異常症、心房細動などの不整脈、肥満、喫煙、運動不足、アルコール多飲などへの治療、指導が重要である。

（武地　一）

■アルツハイマー病と脳血管性認知症に対する最近の考え方

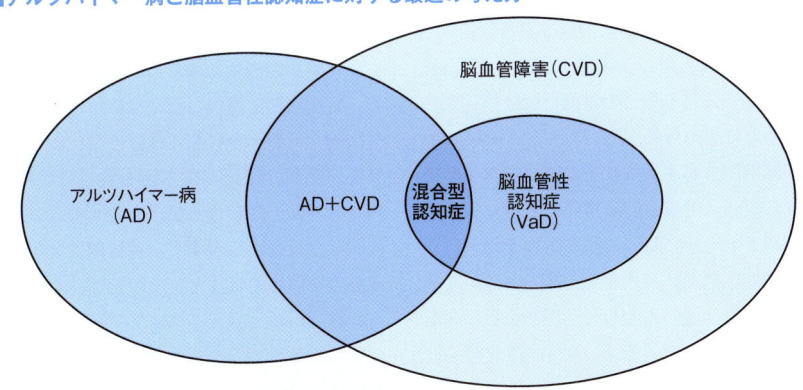

出典：長田乾「血管性認知症」『老年医学の基礎と臨床Ⅱ』ワールドプランニング，81頁．を一部改変．

6-3 前頭側頭型認知症・ピック病
― 人格障害、行動障害などを伴う認知症 ―

Keywords ▶▶▶ 前頭側頭型認知症／ピック病／前頭側頭葉変性症／精神症状／行動障害

●前頭側頭葉変性症、前頭側頭型認知症とは

前頭側頭葉変性症（frontotemporal lobar degeneration；FTLD）は、前頭葉、前部側頭葉を中心に変性を来し、著明な人格変化や行動障害、失語症などを主徴とする変性性認知症を包括する疾患概念であり、従来はピック病と呼ばれてきた。1998年にニアリーら（Neary, D., et al.）により提唱されたFTLDの疾患分類では、前頭側頭型認知症（frontotemporal dementia, FTD）、進行性非流暢性失語（progressive non-fluent aphasia, PA）、意味性認知症（semantic dementia, SD）の3型に分類される[1]。

●前頭側頭型認知症の症状

前頭側頭型認知症（FTD）は前頭葉が主として冒される疾患であり、症状としては精神症状と行動障害が前景に立つ。一方で、脳の後方領域が保たれるため、病初期には記憶や構成、視空間認知は障害されず、基本的日常生活動作（ADL）そのものに問題は生じにくい。

FTDでは病初期より病識は乏しい。毎日決まった椅子に座るなどの常同行動は病初期から高頻度に認められ、アルツハイマー病（AD）との鑑別にも有用な症状である。日常生活では同じコースを歩き回る常同的周遊が目立つことが多い。同じ時間に同じ行為を毎日行う時刻表的生活も病初期から認められる。礼節や社会通念、他の人からどう思われるか等をまったく気にしなくなる、"わが道を行く行動（going my way behavior）"が特徴的である。そのため、本人には悪気はないが万引きや盗食などの反社会的行為まで出現することがある。脱抑制のため衝動的に暴力行為に及ぶこともあるが、暴力は常に見られるわけではなく、自らの行動、特に同じ行動を繰り返し行う常同行動を制止された時に出現しやすい。

注意の転導性が高まるため、何の断りもなく突然部屋を出て行ってしまう立ち去り行動がしばしば観察される。また、被影響性が高まるため、例えば、検査時、検査者が真似しないように指示していても検査者がチョキの形の手を見せると反射的に真似をしてしまうなどの模倣行動が見られる。質問に対してよく考えずに返答したり無視したりする考え不精と言われる症状も見られる。自発性の低下も病初期から見られるが、一日を無為に過ごす一方で時間がくれば毎日散歩に出かけたりするなど、病初期には常同行動や落ち着きのなさと共存して見られることが多く、病状の進行に伴い自発性の低下が顕著になる。

食行動異常も病初期から高頻度に認められる。病初期には過食と濃厚な味付けの料理や甘い物を好むようになる嗜好の変化が観察される。また、特定の食べ物を食べ続けたり、同じメニューを料理し続けたりするという常同的な食行動が出現する。進行期には手に取るものを口に運ぼうとする口唇傾向も出現する。常同行動と並んでADとの鑑別に有用な症状である。

●前頭側頭型認知症の治療

前頭側頭型認知症（FTD）は上述のような精

神症状や行動障害のため、ケアを含めたマネジメントが著しく困難な疾患である。

根本的な治療薬はなく、以前は暴力や興奮、行動障害に対して抗精神病薬の投与が中心であった。近年、抗うつ薬である選択的セロトニン再取り込み阻害薬 (selective serotonin reuptake inhibitor：SSRI) の1つであるフルボキサミンが、セロトニン神経系の機能低下と考えられている脱抑制や常同行動、食行動異常に効果があったとの報告や、間接的セロトニン再取り込み阻害薬であるトラゾドンが食行動異常、興奮、焦燥、抑うつに効果があったとの報告がある[2)3)]。

非薬物療法に関しては、疾患特性を考慮して行うことが重要である。毎日、同じ場所で同じ受け持ちスタッフによるケアを繰り返し行うことによりデイケアに常同的に参加するようになる場合がある。知覚・運動機能、視空間認知機能、手続き記憶などが保たれており、これらと常同性を利用して作業療法を導入し、患者本人の過去の趣味や仕事に関係する行為を取り入れ日課を固定すると、疾患の特徴である固執傾向によりその行為を熱心に行うようになる場合がある（ルーティン化療法）[4)]。

窃盗や私有地への立ち入りなど、社会通念上許されない行為が常同化している場合では、短期間の入院を行い、問題の少ないパターン化された行動が新たに形成されるようにスタッフが誘導する。これを常同化させることで、適応的な常同行動を形成するといった試みを行う（短期入院療法）[5)]こともある。

● ポイント

FTLDは病識の欠如や脱抑制、わが道を行く行動、食行動異常や語義失語と呼ばれる独特の言語症状など、典型例では容易に臨床診断がつく場合もある。しかし、脱抑制や病識欠如から統合失調症と診断されたり、語義失語をエピソード記憶障害として、アルツハイマー病と診断されている場合もあるため、認知症臨床においてFTLDの病候学を理解することは極めて重要である。

なおFTLDでは万引きがよくみられるという誤載がされているが、万引きとは意識や意図のある行為であり、FTLDは物を盗むという意識や理解がなく行動しているため、病識の有無をきちんと把握することが重要である。

（井関 美咲・上村 直人）

■ 前頭側頭型認知症（FTD）の臨床診断特徴

性格変化と社会的接触性の障害が病初期から全疾患経過を通して優勢な特徴である。認知、空間認知、行為、記憶などの道具的機能は正常か比較的良好に保たれる。

Ⅰ．中核的診断特徴（すべて必要）
　A．潜行性に発症し緩徐に進行する
　B．社会的対人行動の早期からの障害
　C．自己行動の調整の早期からの障害
　D．早期からの情意鈍麻
　E．早期からの病識の欠如

Ⅱ．支持的診断特徴
　A．行動障害
　　1．自己の衛生や整容の障害
　　2．思考の硬直化と柔軟性の消失
　　3．注意の転導性の亢進と維持困難
　　4．過食、口唇傾向と食行動変化
　　5．保続的行動と常同的行動
　　6．使用行動
　B．発話および言語
　　1．発話量の変化
　　　a．自発話の減少と発話の簡素化
　　　b．発話促迫
　　2．常同的発話
　　3．反響言語
　　4．保続
　　5．無言症
　C．身体所見
　　1．原始反射　2．失禁　3．無動、筋強剛、振戦　4．低く不安定な血圧
　D．検査所見
　　1．神経心理学的検査：重度の健忘・失語・空間認知障害を伴わない明らかな前頭葉機能検査の異常
　　2．脳波検査：臨床的に明らかな認知症症状があるにもかかわらず通常の脳波検査では正常
　　3．脳画像検査（形態および/または機能画像）：前頭葉および/または前部側頭葉の著明な異常

Ⅲ．支持的特徴
　A．65歳未満の発症：第一度親族に同様の疾患の家族歴
　B．球麻痺、筋力低下および筋萎縮、筋線維束攣縮（少数の患者では運動ニューロン疾患を伴う）

出典：Neary D, et al.：Frontotemporal lober degeneration; A consensus on clinical diagnostic criteria. Neurology51：pp.1546-1554,1998. を一部改変.

6-4 レビー小体型認知症
― 幻覚、パーキンソン症状を伴う認知症 ―

Keywords ▶▶▶ レビー小体／幻覚／パーキンソン症状／認知機能の動揺性／自律神経障害

●レビー小体型認知症（DLB）とは

レビー小体型認知症（Dementia with Lewy Bodies：DLB）は、小阪憲司が1976（昭和51）年に最初に報告した特異な認知症疾患である。幻覚、パーキンソン症状を特徴とする。大脳皮質、脳幹等の神経細胞にレビー小体という封入体（蛋白質の凝集体）が多くみられるため、レビー小体型認知症と命名されている。最近注目されるようになってきており、以前に考えられていたよりも高頻度（臨床例では5～30％、剖検例では10～40％）に見られ、アルツハイマー病に次いで二番目に多い変性性の認知症疾患であると言われている。

●症状の特徴と臨床診断基準

1996（平成8）年に提唱された臨床診断基準を表に示した。中心となる症状（コア症状）としては、認知機能の動揺性、具体的な内容が繰り返される幻視、特発性のパーキンソン症状（薬物など他の原因によるものでないパーキンソン症状）の3つがある。また、それ以外に診断を支持する症状として、繰り返される転倒、失神、一過性の意識喪失、抗精神病薬への過敏性、系統的な妄想、他の幻覚が挙げられ、精神症状、自律神経障害と関連した症状がDLBの症状の特徴と考えられる。ここでは、内容が複雑になるため1996年の臨床診断基準のみ示したが、2005（平成17）年に改訂版が出されており、後述する検査内容を含めたより詳細な内容になっている。

具体的な症状は下記の通りである。

① 認知機能障害：大脳皮質の障害に関連した皮質性認知症と大脳皮質よりも内側の皮質下核に関連した皮質下性認知症の両方の特徴を示すことがある。皮質性認知症としては、記憶障害はアルツハイマー病より軽度であるが、描画がうまくできないなどの視覚構成機能、視覚認知機能の障害が見られる。また、皮質下性認知症としては精神緩慢（反応が遅くなる）、注意の障害（注意移動の障害）がみられる。

② パーキンソン症状：パーキンソン病に特徴的な症状で、筋強剛（関節の抵抗が強い）、振戦（ふるえ）、無動（動き出しにくい）、動作緩慢（動作が遅い）、姿勢反射障害（バランスが悪い）といった症状がみられる。

③ 幻覚：幻覚のなかでも視覚性幻覚（幻視）が特徴的である。人や小動物といった具体的で鮮明な幻視がみられる。

④ 他の精神症状：うつ症状、睡眠障害（特にレム睡眠時に見られる異常行動：RBD：REM sleep behavior disorder）、妄想（「妻が偽物に入れ替わった」「すでに亡くなった人がいる」といった誤認妄想）、錯視（吊るしてある服が人に見える）などが認められる。

⑤ BPSD（behavioral and psychological symptoms of dementia）：認知症で問題となる精神症状、行動障害のことである。一般に認知症ではアルツハイマー病に特徴的な記憶障害が強調されるが、レビー小体型認知症（DLB）ではむしろBPSDが、初期から症状の中心となってくる。

⑥ **自律神経障害**：起立性低血圧、便秘、排尿障害などがみられる。
⑦ **抗精神病薬への過敏性**：ハロペリドールなどの定型抗精神病薬により副作用が出現しやすい。

●検査

脳MRI検査では、アルツハイマー病は側頭葉内側部（海馬）の萎縮が特徴とされているが、DLBはそれに比べて脳の萎縮があまり目立たないといわれている。一方で、脳血流シンチグラフィーでは後頭葉の血流低下を認め、MIBG（^{123}I-MetaIodoBenzylGuanidine）心筋シンチグラフィーでは心筋の集積低下を認めることが多い。2014（平成26）年に認可されたSPECT検査によりパーキンソン症状と関連したドーパミンニューロンの障害の評価も可能となった。

●治療

① **認知機能障害に対して**：レビー小体型認知症（DLB）ではアセチルコリン系の神経細胞が障害されやすい。このため、脳内のアセチルコリン量を増加させる塩酸ドネペジルをはじめとするコリンエステラーゼ阻害薬（現在保険適応外）の投与により、認知機能が改善することが報告されている。
② **BPSDに対して**：定型抗精神病薬により副作用が出現しやすいため、漢方薬である抑肝散、非定型抗精神病薬（クエチアピン、オランザピンなど）が治療に使われ、有効性が確認されている。しかし、認知症に対する抗精神病薬の使用については保険適応外であり、死亡率の増加に関する報告もあり慎重を要する。
③ **パーキンソン症状に対して**：レボドーパ、ドーパミンアゴニストなどの抗パーキンソン病薬が投与される。ただし、抗パーキンソン病薬は精神症状を悪化させることがあるので少量から慎重に処方する。
④ **非薬物療法**：認知症以外に身体的な症状もみられるため、疾患についての理解、環境整備、看護、介護の工夫が重要であり、神経内科と精神科の連携が特に必要である。

●予後

レビー小体型認知症（DLB）は、通常はパーキンソン病よりも運動障害、自律神経障害の進行が速く、アルツハイマー病よりも認知機能障害の進行が速い。発症後の平均生存期間は10年未満といわれている。

（近藤正樹）

■**レビー小体型認知症（DLB）の臨床診断基準**

1. 進行性認知機能の低下
2. 以下のコア症状のうちの2つ（probable DLB）または1つ（possible DLB）
   a. 認知機能の動揺性
   b. 具体的な内容が繰り返される幻視
   c. 特発性のパーキンソン症状
3. 診断を支持する症状
   a. 繰り返される転倒 d. 抗精神病薬への過敏性
   b. 失神 e. 系統的な妄想
   c. 一過性の意識喪失 f. 他の幻覚

出典：McKeith I, Galasko D, Kosaka K, et al：Consensus guidelines for the clinical and pathological diagnosis of dementia with Lewy bodies（DLB）. Neurology 47：pp.1113-1124, 1996. をもとに作成。

6-5 若年性認知症
― 発症が早い認知症がもたらすもの ―

Keywords ▶▶▶ 若年性認知症／有病率／原因／介護／取り組み

●若年性認知症とは

　認知症は高齢者に多い病気であるが、年齢が若くても発症することがある。厚生労働省では65歳未満で発症した場合を「若年性認知症」と定義している。日本認知症学会では、18歳から39歳までに発症した場合を「若年期認知症」とし、40歳から64歳までに発症した場合を「初老期認知症」とさらに細かく分類しているが、本項では、65歳未満で発症した場合を「若年性認知症」として扱う。

　若年性認知症は、高齢で発症する認知症とは異なるさまざまな社会的、家庭的問題を引き起こすことが多い。

●若年性認知症の原因は

　最新の調査結果(朝田、2009)[1]では、若年性認知症の基礎疾患は、脳血管性認知症とアルツハイマー病の2つが半数以上を占め、高齢者や欧米における調査結果と異なり、脳血管性認知症が最多であった。その他は頭部外傷後遺症、前頭側頭葉変性症、アルコール性認知症、レビー小体型認知症などがある(図参照)。

●若年性認知症の早期の症状

　家族が最初に気づく症状としては、もの忘れの他、行動の変化、性格の変化、言語障害などが挙げられる。

　アルツハイマー病、レビー小体型認知症、前頭側頭型認知症などの変性疾患が関与する場合では、必ずしも記銘力障害や見当識障害などの典型的な症状とは限らず、実行機能の障害による作業能率の低下、抑うつ、意欲低下、性格変化、行動様式の変化等々多岐にわたる。

　脳血管性認知症が関与する場合では、急性期後の残遺障害への注意が必要である。

　療養中には目立たなかった認知機能障害や性格変化などが、職場復帰を契機に顕在化することが少なくない。

●若年性認知症の有病率

　若年性認知症者数は全国で3.78万人と推計されている。同年代の人口10万人当たりに換算すると47.6人で、男性では57.8人、女性では36.7人と男性の方が多い傾向がある。30代前半では人口10万人当たり5.9人だが、年齢が5歳増えるごとにほぼ倍増し、60代前半では189.3人にまで増加する(表参照)。また、推定発症年齢の平均は51.3歳で、男性51.1歳、女性は51.6歳である。

●若年性認知症の介護

　働き盛りの年代の人が認知症になると、家族への精神的、経済的負担が強くなる。アンケート調査によると、家族介護者の約6割が抑うつ状態にあり、また若年性認知症発症後、約7割が収入減少したと報告している。また多くの介護者が、経済的困難に対する援助、若年性認知症に特化した福祉サービスや専門職の充実が必要であると回答している。

●若年性認知症への取り組み

　近年、認知症についての医療やケア、行政などにおける取り組みは進展しつつあるが、若年性認知症については十分な対策、連携がとられていないのが現状であった。そこで、

厚生労働省は、各行政部局が連携し、若年性認知症者一人ひとりの状態に応じた適切な支援ができるよう、2009（平成21）年3月に通知を発出し、若年性認知症の対策を推し進めている。

若年性認知症の患者・家族の支援に活用可能な現行施策は、①認知症疾患医療センターにおける確定診断や、自立支援医療（精神通院医療費）による健康保険の自己負担軽減等の医療的な支援、②精神障害者保健福祉手帳の取得による支援、③障害基礎年金等による経済的な支援、④就労移行支援事業や就労継続支援事業等の日中活動、行動援護等の訪問、ケアホーム等の居住等障害福祉サービスによる支援、⑤障害者雇用率への算定、障害者雇用納付金制度に基づく助成金の支給、職業リハビリテーションサービス等障害者雇用施策による支援、⑥40歳以上の若年性認知症者に対する認知症専用のデイサービスやグループホーム等のサービスを提供する介護保険サービスによる支援など多種多様である。そのためこれらの担当部局が緊密に連携し、各サービスを有機的に組み合わせ、若年性認知症者が一人ひとりのその時の状態に応じたサービスを利用できるようなサービス提供体制の構築が急務となっている。

このような背景から、2009（平成21）年度より若年性認知症に関する相談体制や関係者の連携体制の強化、介護保険施設等の若年性認知症者の受入れの促進を積極的に図ることを目的とし、①若年性認知症に関して、誰でも気軽に相談できる若年性認知症コールセンターの開設（平成21年10月開設）、②地域包括支援センターに配置された認知症連携担当者が、若年性認知症者一人ひとりの状態や本人・家族等の要望をふまえ、適切な支援施策の活用の支援、③若年性認知症の患者の発症初期から高齢期までの各期において、適切な支援につなぐため、都道府県等に若年性認知症自立支援ネットワークを構築するとともに、活用可能な施策等について広報・啓発の実施、④若年性認知症の身体機能やニーズにあったケアの研究のための若年性認知症ケア・モデル事業の実施、⑤介護報酬改定において、若年性認知症を受け入れた介護保険施設・事業所を評価する「若年性認知症利用者受入加算」の創設などが実施されている。

（柴田敬祐）

■年齢階層別若年性認知症有病率（推計）

年齢	人口10万人当たり有病率（人） 男	女	総数	推定患者数（万人）
18-19	1.6	0.0	0.8	0.002
20-24	7.8	2.2	5.1	0.037
25-29	8.3	3.1	5.8	0.045
30-34	9.2	2.5	5.9	0.055
35-39	11.3	6.5	8.9	0.084
40-44	18.5	11.2	14.8	0.122
45-49	33.6	20.6	27.1	0.209
50-54	68.1	34.9	51.7	0.416
55-59	144.5	85.2	115.1	1.201
60-64	222.1	155.2	189.3	1.604
18-64	57.8	36.7	47.6	3.775

■若年性認知症の基礎疾患の内訳

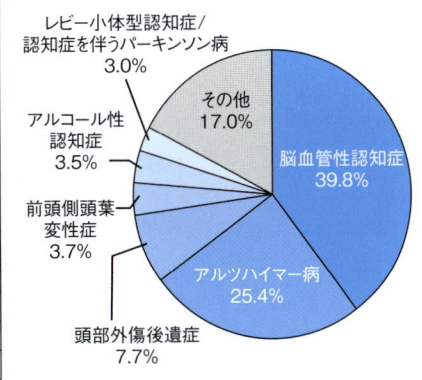

- 脳血管性認知症 39.8%
- アルツハイマー病 25.4%
- 頭部外傷後遺症 7.7%
- 前頭側頭葉変性症 3.7%
- アルコール性認知症 3.5%
- レビー小体型認知症／認知症を伴うパーキンソン病 3.0%
- その他 17.0%

出典：朝田隆「若年性認知症の実態等に関する調査結果の概要及び厚生労働省の若年性認知症対策について」厚生労働省，2009．

6-6 慢性硬膜下血腫・正常圧水頭症
― 治療可能な認知症 ―

Keywords ▶▶▶ 治療可能な認知症／慢性硬膜下血腫／正常圧水頭症／甲状腺機能低下症

● 治療可能な認知症とは

アルツハイマー病を代表に、認知症は一般的に慢性的でかつ進行性であり、不可逆的な脳の障害を伴い回復は難しい。しかし、治療により回復が期待できる認知症もある。これを「治療可能な認知症（treatable dementia）」という。報告によりばらつきはあるが、認知症と診断された患者のうち約1割弱が「治療可能な認知症」と考えられる[1,2]。

「治療可能な認知症」の原因となる疾患はいろいろあるが（表参照）、その中でも、診断が比較的容易で、有効な治療法があるものについて以下に述べる。

● 慢性硬膜下血腫

脳実質は、外側から硬膜、くも膜、軟膜の3層で覆われている。転倒や打撲といった、軽微な頭部外傷後に徐々に硬膜下に血腫が形成されていき、種々の身体、精神症状が出現する。

受傷直後は無症状であることが多い。血腫は徐々に増大していくことが多く、おおよそ受傷から1か月ほど経過すると、血腫の増大による脳実質への圧迫から、歩行障害、尿失禁、頭痛、嘔吐といった身体症状や、記銘力障害や時間場所などの見当識障害といった認知機能障害、意識障害といった精神症状が生じ得る。

頭部CTやMRIでは、三日月形の血腫が認められる（図1参照）[3]。ただし、受傷直後は、無症状であるだけでなく、画像でも異常所見を認めないことが多い。

頭部外傷直後は無症状でも、後から症状が出現することがあるので注意が必要である。また、認知症患者では転倒したこと自体を忘れてしまう可能性があるので、介護者による観察が必要である。

外科的治療が有効であり、脳実質を圧迫している血腫を除去する。また、症状が軽く血腫が大きくない場合は、自然消失を期待して保存的治療とすることもある。

● 正常圧水頭症

歩行障害、認知症、尿失禁を3主徴とし、脳室の拡大を伴う治療可能な症候群である。

くも膜下出血や髄膜炎などに続発する二次性正常圧水頭症と、原因が明らかでない特発性正常圧水頭症がある。

頭部CTやMRIでは、脳室やシルビウス裂の拡大、高位円蓋部の脳溝とくも膜下腔の狭小化を認める（図2参照）[4]。診断は、上記の3主徴と画像所見から当疾患を疑い、髄液排液試験（CSFタップテスト）を実施し、症状の改善の程度から総合的に行う。

治療は、外科的手術による髄液短絡排除法（シャント術）が主体である。シャント術としては、脳室―心房シャント術、脳室―腹腔シャント術が行われる。

● 甲状腺機能低下症

甲状腺は、頸部、気管の前に位置するホルモンを産生する臓器の1つである。甲状腺ホルモンは新陳代謝を調節する非常に重要なホルモンでヨードを材料として作られ、多すぎても少なすぎても体に重大な影響を及ぼす。

甲状腺機能低下症はその働きが足りなくて引き起こされるさまざまな症状の総称である。

代表的な症状としては、疲れやすい、寒さに弱い、体がむくみやすい、眉がうすくなる、体重増加などが挙げられる。また、精神症状として、記憶力の低下、集中力の低下、動作の緩慢などがあり、うつ病や、特に高齢者では認知症と診断されることがある。

血液検査で甲状腺ホルモンを測定し、低下があれば甲状腺機能低下症と診断される。

治療は、甲状腺ホルモンの補充療法を行う。投与量は徐々に増やして正常に戻すようにする。高齢者では、慎重に治療の必要性の検討および投与量の調整を行う。また、治療は甲状腺ホルモンの補充であり、内服を中止すれば再発するので、いったん治療を開始したら、その継続が必要である。

●ビタミン B_{12} 欠乏症

ビタミン B_{12} は水溶性のビタミンである。原因として大部分は胃切除後であり、吸収不良、甲状腺機能障害、妊娠時にも出現する。

症状としては貧血が重要であるが、脊髄および脳への障害、末梢神経障害も起こる。精神症状として、記憶障害、刺激への過敏性があり認知症様状態を認める。

診断は、血液検査でビタミン B_{12} 低下の確認を行う。治療としては、バランスの良い食事を心がけ、ビタミン B_{12} を含む食品（レバー、貝類、赤身の魚類、卵類、乳製品など）の摂取による予防が重要だが、重度の欠乏症または神経症状や徴候がない患者には、ビタミン B_{12} の大量経口投与を行い、より重度の欠乏症には血液学的異常が改善するまでビタミン B_{12} を数週間、筋肉内への注射による投与を行う。その後、同用量を1か月に1回投与する。血液学的異常は通常、6週間以内に改善するが、神経症状の改善にはさらに時間を要することがある。

●薬剤に伴う認知機能障害

高齢者では、多くの薬剤を服用していることが少なくない。また、老化に伴い薬物動態や代謝が変化し副作用が出やすくなっていることが多い。睡眠薬、強心薬、一部の降圧剤や抗生剤、胃薬では認知機能障害が起こり得るので、薬剤性の認知機能障害を疑ったら有効性を検討したうえで処方の変更、減量、中止を検討すべきである。　　　　　（谷口将吾）

■「治療可能な認知症」の原因疾患の一部

- ●頭蓋内異常：硬膜下血腫、正常圧水頭症、脳腫瘍、脳炎、頭部外傷
- ●身体疾患：肝性脳症、尿毒症、電解質異常、呼吸不全
- ●欠乏症：ビタミン B_1 欠乏症、葉酸欠乏症、ビタミン B_{12} 欠乏症、ペラグラ
- ●内分泌疾患：甲状腺機能障害、クッシング病　●アルコール
- ●感染：進行麻痺、髄膜炎、脳膿瘍、エイズ　　●膠原病

■図1　慢性硬膜下血腫のMRI画像

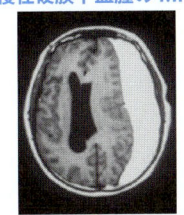

出典：Neuroinfo Japan、日本脳神経外科学会、2005.

■図2　正常圧水頭症のMRI画像

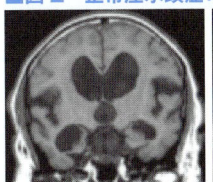

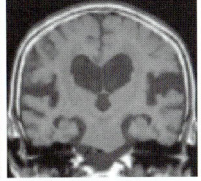

出典：日本正常圧水頭症学会『特発性正常圧水頭症診療ガイドライン〔第2版〕』メディカルレビュー社、2011.

6-7 中核症状（記憶障害・見当識障害・実行機能障害）
― それぞれがもたらす生活機能への障害 ―

Keywords ▶▶▶ 評価法／脳障害／生活機能／廃用性低下

●中核症状とは
　認知症の症状は従来から中核症状と周辺症状の二つに分類されることが多い。このうち中核症状は脳の障害により直接生じてくる症状と定義されている。障害される脳の部位により生じる症状はさまざまである。主な中核症状の内容と関連する脳領域を表に示す。

●評価法
　中核症状の評価は診察室での観察や検査と介護者などのその人の生活をよく知る人からの情報聴取を組み合わせて行われる。不安やうつなどの周辺症状は検査成績に大きく影響することから、同時に評価しておく必要があり、正確に中核症状を評価するには周辺症状を治療して改善を図ったうえで評価する必要がある。

●記憶障害
　記憶障害は多くの場合、側頭葉の内側にある海馬の機能が低下することで生じる。認知症の中でも最も頻度の高いアルツハイマー病では海馬を中心に障害が見られることから、記憶障害（物忘れ）は認知症の代表的な中核症状となっている。認知症では近い過去の記憶である近時記憶が障害されることが多い。このため、記憶の評価には単語や物品の遅延再生テストが用いられる。ただし、このような近時記憶を評価するテストは集中力や注意力の低下により記銘が障害されている場合でも成績が低下するので注意が必要である。
　近時記憶の障害により、同じことを何度も話す、予定を忘れるといった行動が見られるようになり、認知症発症に気付かれる最初の症状となることが多い。

●見当識障害
　見当識とは、時間、場所、人といった情報に関する認識のことである。日付や現在いる場所、身近な人の名前を問うことで評価でき、長谷川式認知症スケールなど認知症のスクリーニングに用いられる検査にはこのような質問が含まれている。
　進行に伴って時間、場所、人の順序で障害されることが多い。日付を頻繁に確認したり、道に迷ったりといった症状が見られるようになり、記憶障害と同様に認知症に気付かれるきっかけとなる。せん妄状態などの意識レベルが低下した状態の時にも生じる。

●実行機能障害
　実行機能とは、いくつかの手順を必要とする作業を一貫して行うために必要な、計画、作業がうまくいっているかの監視と目的から外れた時の修正といった機能のことを指す。
　料理を例にとると、その日つくるメニューをもとに用意する食材を決定し、買い物に行き、下ごしらえをして調理し、味付けをして盛り付けるといった複数の作業を順序通りこなしていくことが必要であるが、実行機能はこのような作業に最も必要とされる。アルツハイマー病や血管性認知症といった認知症性疾患だけでなく、うつ病などの精神疾患でも低下することが知られている。
　認知症の診断には認知機能障害により生活機能が病前のレベルと比べて低下しているこ

とが必要であるが、この実行機能は生活機能の障害に密接に結びついているため、記憶障害よりも重視する研究者もいる[1]。実際、ヘルペス脳炎などにより海馬のみが障害された患者では著明な記憶障害を呈するが、メモや記憶補助装置をうまく用いることで生活機能には影響が及ばないことがある。実行機能が障害されている患者では、このような代償手段をうまく利用することができず生活に支障を来してしまう。

前頭葉や前頭葉と線維連絡をもつ皮質下領域の障害により生じることから、このような領域に出血や梗塞などを生じた血管性認知症で特に顕著に見られる。無気力と相まってセルフケアや服薬管理ができなくなり生活機能全般を低下させることがあるので注意が必要である。

● 失行・失認・失語

失行は、運動機能は保たれているが、指示された動作や物品の使用ができなくなる症状である。自発的な動作はできる場合もある。失認は、感覚機能は保たれているが、対象が認識できない状態である。失語は、声を発する機能や聴覚は保たれているにも関わらず、言葉を話すことができなくなったり、理解することができなくなったりする症状である。

● 治療

脳障害そのものの治療については、アルツハイマー病におけるコリンエステラーゼ阻害薬など、疾患ごとにさまざまな治療法が開発されている。一方で、中核症状が及ぼす生活機能への影響を最小限に食い止めるべくさまざまな代償手段や対応法が検討されている。

認知症の経過においては進行とともに新たな中核症状が出現したり、程度が強くなったりする。このため、定期的に中核症状の評価を行い、本人と介護者にフィードバックして生活に支障を来さないようサポートする方法を指導する。例えば、実行機能障害については、作業工程をいくつかに分割してその都度指示を与えることでカバーすることができる。認知症では1つの機能障害のために他の機能も使わなくなり、廃用性に機能が低下することがよく見られる。それぞれの機能障害にあったサポートにより残存機能を活用することでこのような廃用性の低下を避けることができる。

（成本　迅）

■ 主な中核症状のリスト

症状名	内容	関連する脳領域
実行機能障害	いくつかの手順を必要とする作業を一貫して行うために必要な計画を立てること、作業がうまくいっているかの監視、目的から外れた時の修正といった機能の障害。	前頭葉
記憶障害	情報をいったん保持してから再生する機能の障害。アルツハイマー病では近い過去の記憶である近時記憶が障害される。	海馬
見当識障害	時間、場所、人に関する情報が想起できないこと。	海馬
失行	運動機能は保たれているが、指示された動作や物品の使用ができなくなる状態。歯みがきをする真似をさせる検査などが用いられる。	頭頂葉
失認	感覚機能は保たれているが、対象が認識できない状態。視覚、聴覚、触覚といったすべての感覚で起こり得る。人の顔が認識できなくなる相貌失認や、周囲の物と自分の空間的位置関係が認識できなくなる視空間失認などがある。	認識できなくなる対象により異なる。例えば相貌（人の顔）失認では右後頭葉。
失語	声を発する構音機能など運動機能は保たれているが、言語機能の中枢が障害されることにより「聞く」「話す」「書く」といった言語機能が障害された状態。理解はできるが発話ができなくなる運動性失語と発話はできるが理解ができなくなる感覚性失語に分類される。	90％以上の人で言語野は左半球に存在。下前頭回後部にあるブローカ領域の障害で運動性失語が生じ、上側頭回後部にあるウェルニッケ領域の障害で感覚性失語が生じる。

6-8 BPSD
― 認知症に伴う行動と心理症状 ―

Keywords ▶▶▶ 認知症／行動・心理症状／周辺症状／薬物療法／非薬物療法

● BPSDとは

　アルツハイマー病や脳血管性認知症に代表される認知症疾患は、記憶障害などの中核症状に加えて、幻覚や妄想、徘徊などさまざまな周辺症状が出現することが多い。しかし、すべての認知症者に同じように現れるものではなく、彼らのそれまでの生活歴やパーソナリティー、現在の生活環境や人間関係などの心理・社会的要因も大きいと考えられている。また、中核症状が器質性の障害を基盤とし治癒が難しいのに対し、これらの周辺症状は、薬物療法などによって治療が可能なものも少なくない。認知症を理解するためには、中核症状だけでなく、周辺症状を的確に把握し適切な対応をすることも重要である。

　1996年国際老年精神医学会（IPA）において、それまで精神症状、随伴症状、問題行動、行動障害などさまざまな用語で言い表されてきたこれらの周辺症状を、共通認識の下で研究するために、「認知症の行動・心理症状（BPSD：behavioral and psychological symptoms of dementia）」という用語で表すことが合意された。日本においても、近年、BPSDという用語を使用するようになった。

● BPSDの定義と分類

　IPAによる定義では、BPSDとは、「認知症患者に頻繁に見られる知覚・思考内容・気分または行動の障害による症状」であり、「患者あるいは家族の面接によって知ることのできる心理面での症状：不安、うつ、幻覚・妄想など」と、「患者の行動の観察によって知ることのできる症状：攻撃、徘徊、不穏など」に分けられている。また、心理症状、行動症状のそれぞれについて対処の困難さにより「厄介で対処が難しい症状」「やや処置に悩まされる症状」「比較的対処しやすい症状」の3つのグループに分けられている。しかし、現実には非常に数多くの症状があると想定される。

● 認知症疾患に特有なBPSD

　アルツハイマー病のBPSDでは、頻度の高い症状として妄想（特に物盗られ妄想）が挙げられる。初期には意欲低下、うつ状態が、中期以降には徘徊などの行動障害が多く見られている。脳血管性認知症のBPSDでは、アパシー（無気力、無感動）と抑うつの出現頻度が高く、アルツハイマー病に比べて興奮、不安といった感情障害や情動失禁、易興奮性が多い。前頭側頭型認知症では、初期から人格変化が見られ、常同行動のほかに「わが道を行く行動」「でまかせ応答」「立ち去り行動」と呼ばれる独特の臨床症状が見られ、レビー小体型認知症では、幻視・妄想・抑うつが特徴とされる。

　また全体に、対応の難しいBPSDとしては、攻撃的行動（暴言・暴力）、拒否（入浴拒否・拒食）、興奮などが挙げられる。在宅においては、睡眠障害（不眠・昼夜逆転）も家族に大きな負担を与える。

● BPSDの治療と対応

　BPSDに対し適切な治療や対応を行うためには、まず原因となる認知症疾患や影響を与える身体疾患を特定することと、直接

BPSDを引き起こすきっかけとなるような心理的、環境的要因を特定することが必要である。BPSDは一要因のみで起きるものではないため、これらに対し、薬物療法、非薬物療法、対人的ケア、環境調整などを組み合わせ、BPSDの緩和を目指す。

薬物療法

介護負担が大きいBPSDに対しては薬物療法に頼りがちな反面、過鎮静や自発性の低下などの副作用を恐れて敬遠する介護者も少なくない。介護者も、薬物の効果と副作用等について知識を持ち、医師との綿密な連携の下で調整を行う必要がある。また、高齢者は多種の医療機関で薬物を処方されていることが多いため、一括管理も必要である。

非薬物療法

非薬物療法には、光療法、行動療法、回想法、音楽療法、芸術療法、動作法、園芸療法、動物介在療法などさまざまなものがあるが、広くどの医療機関でも受けられるというものでもない。特に施設入所高齢者は専門的な治療の機会が少ないと考えられる。近年、BPSDに対して効果が明らかになってきた療法もあるため、医療機関、老人福祉施設等で広く普及されることが望ましい。

対人的ケア

BPSDのなかには、人との関わりがきっかけとなるものも多く（興奮、拒否、攻撃行動など）、逆に人との関わり方によって緩和できるものも多いと考えられる。介護においては、近年パーソン・センタード・ケアの考え方が導入されてきているが、BPSDに対しても最初から「どうやって止めさせるか」といった抑制的な対処ではなく、「なぜそのような症状・行動が起きるのか」を認知症者本人の立場から考え、その感情や欲求を理解したうえでの対応が求められている。

環境調整

居住地域、生活空間、家具・日用品・道具類などの配置など、環境を調整することによって、対処可能なBPSD（徘徊・器物破損・異食・収集癖）も少なくない。また、物理的環境だけでなく人的環境（人員配置・関わる人数など）にも配慮する必要がある。

BPSDの起きる要因を、認知症者の立場に立って多面的に理解し、それに応じた多面的なアプローチで対応する必要がある。

（佐藤美和子）

■ IPAによるBPSDの分類

■負担が極めて大きく、対応が難しいBPSD
　妄想 (delusions)　　幻覚 (hallucinations)　　誤認 (misidentifications)
　抑うつ (depression)　　不眠 (sleeplessness)　　不安 (anxiety)

■上記に加えて、対処すべきその他のBPSD
　身体的攻撃 (physicai aggression)　　徘徊 (wandering)　　不穏 (restlessness)

■比較的よくみられるが、対応に苦慮するBPSD
　焦燥 (agitation)　文化的に不適切な行動 (culturally inappropriate behavior)
　性的脱抑制 (sexual disinhibition)　行ったり来たりする (pacing)　叫ぶ (screaming)

■よくみられ、混乱させられるが、対応しやすく、施設入所になりにくいBPSD
　泣き叫ぶ (crying)　　ののしる (cursing)　　無気力・無関心 (apathy)
　繰り返される質問 (repetitive questioning)
　つきまとい／ストーキング (shadowing/stalking)

出典：International Psychogeriatric association 2012. The IPA Complete Guides to Behavioral and Psychological Symptoms of Dementia, 2.2. をもとに作成。

6-9 診断（アルツハイマー病・血管性認知症）
― その特徴と診断基準 ―

Keywords ▶▶▶ エピソード記憶／NINCDS-ADRDA／意欲低下／NINDS-AIREN／皮質下血管性認知症

●アルツハイマー病

臨床的な特徴

アルツハイマー病の認知機能障害の中核は、エピソード記憶の障害である。時間や場所の見当識障害も初期から目立つ。患者は生活に関する記憶を想起できず、家族が発病に気がつくきっかけになることが多い。家族との会話や旅行に出かけた経験などが想起できない。記憶障害に関する病識を失い、平然としている場合もある。実行機能の障害も初期から出現する。献立が考えられない、仕事の段取りが悪くなるなどの行動を認める。意欲低下も初期から認め、これまでに関心のあった趣味や仕事に無関心となる。患者の半数近くに被害妄想が出現する。

診断基準

一般には、1984年に発表されたNINCDS-ADRDA（アメリカ国立神経障害・脳卒中研究所　アルツハイマー病関連障害協会）[1]による診断基準が用いられる（表）。しかし剖検による検討では、この診断基準の感度（異常の判別力）は49〜100％、特異度（正常の判別力）47〜100％とばらつきが広いと報告されている[2]。2007年にNINCDS-ADRDAを改定した診断基準[3]が提唱された。この診断基準は脳画像や髄液所見も示唆所見として含まれているが、信頼性と妥当性はまだ十分に検討されていない。

NINCDS-ADRDA[1]では、MMSEなどの簡易認知機能評価尺度で異常を認め、二つまたはそれ以上の認知領域で欠陥があると規定されている。上述したようにアルツハイマー病の認知機能障害の中心は顕著なエピソード記憶の障害である。改定されたNINCDS-ADRDA[3]では、この点が強調され以下のように定義された。すなわち、①緩やかで進行性の6か月以上に及ぶ記憶力の低下、②記憶検査による客観的なエピソード記憶の障害、③エピソード記憶の障害は孤立して生じるか、他の認知機能変化と関連する可能性がある、の3点である。記銘と保持の段階に障害があるので、手がかりや再認などによっても記憶検査の障害は改善しない。遅延再生が困難となる。エピソード記憶の障害に比較すると、意味記憶や手続き記憶は初期には保たれる。失語や失認、失行は、中期から後期にかけて目立つ。一方、実行機能の障害は初期から目立ち、病初期の6割程度に認める。意欲低下とも関連し、記憶障害と実行機能障害は患者の日常生活機能に大きな影響を及ぼす。

●血管性認知症

臨床的な特徴

血管性認知症では、アルツハイマー病ほどエピソード記憶の障害は顕著ではない。想起の過程に時間がかかるため、記憶に問題があるようにみえるが、手がかりや再認により改善する。むしろ、実行機能の障害が初期から目立つ。意欲低下も顕著であり、入浴や食事などの基本的な日常生活も面倒になることが多い。皮質下血管性においては、意欲低下と実行機能低下が症候の特徴である。脳梗塞の障害部位によっては、失語や失行などが出現

することもある。抑うつや情動失禁などの情動面での障害と仮性球麻痺による嚥下障害、神経学的な徴候も認める。

診断基準

DSM-ⅤやICD-10以外に、ADDTC（アルツハイマー病診断・治療センター）[4]やNINDS-AIREN（血管性認知症診断基準）[5]といったいくつかの診断基準がある。皮質下血管性認知症に関しても、診断基準が提唱されている。この診断基準では、実行機能の障害と画像所見による脳血管病変の同定および神経学的な徴候も重視されている。これらの診断基準間の一致率は低い。認知機能障害と脳血管障害との時間的な因果関係が十分に立証できないために、一致率が低いと言われている[6]。

NINDS-AIREN[5]は、血管性認知症の診断基準として最も厳密である。この診断基準では、認知症と脳卒中との時間的な因果関係が3か月以内、あるいは認知症の突然の障害か動揺性の経過に関しての証明が必要である。皮質下血管性認知症の診断基準を除けば、実行機能障害を認知機能障害の中核として重視していない。NINDS-AIREN[5]は、剖検による研究では特異度は高いものの（64～98％）、感度は高くない（20～89％）。したがって、脳血管障害と認知機能障害との時間的な関係、実行機能障害やアルツハイマー病とは異なる記憶障害の存在、白質病変の定義などは、血管性認知症の診断に関して今後十分な検討が必要な課題であろう。画像所見における血管性障害を根拠に、安易に血管性認知症の診断を下さない注意が必要である。

●事例

アルツハイマー病と血管性認知症の具体的なケースを示す。

71歳男性（アルツハイマー病）：会社経営者であったが、数年前に、会議中に自分が発言した内容を会議後にまったく思い出せないことに気づいた。秘書から仕事の内容に関しての伝言を受けとっても、忘れてしまうことが多くなった。この頃、家族と出かけた旅行先で迷子になった。

76歳女性（血管性認知症）：74歳の6月頃に突然、右半身の麻痺、しびれが出現した。数日間で麻痺、しびれは改善したが、物忘れ、失禁などの症状が出現した。家事などの行動が面倒になり、一日中ぼんやりしている。情動失禁も出現した。（仲秋秀太郎・阪野公一）

■ NINCDS-ADRDAによる臨床的確診アルツハイマー病の診断基準 [1]

1. 臨床的確診（Probable AD の診断）
   - 臨床的検査および Mini-Mental Test, Blessed Dementia Scale あるいは類似の検査で認知症が認められ、神経心理学的検査で確認される
   - 2つまたはそれ以上の認知領域で欠陥がある
   - 記憶およびその他の認知機能領域で進行性の低下がある
   - 意識障害がない
   - 40歳から90歳の間に発病し、65歳以降が最も多い
   - 記憶および認知の進行性障害の原因となる全身疾患や他の脳疾患がない
2. Probable AD の診断は次の各項によって支持される
   - 特定の認知機能の進行性障害：言語の障害（失語）、動作の障害（失行）、認知の障害（失認）など
   - 日常生活動作の障害および行動様式の変化
   - 同様の障害の家族歴がある。特に神経病理学的に確認されている場合
   - 臨床検査所見
     髄液所見：通常の検査で正常
     脳波所見：正常あるいは徐波活動の増加のような非特異的変化
     CT：経時的検査により進行性の脳萎縮が証明される

出典：博野信次『臨床認知症学入門 改訂 第二版』金芳堂, 74-75頁, 2007. を一部改変.

6-10 診断(レビー小体を伴う認知症、前頭側頭型認知症(ピック病))
— その特徴と診断基準 —

Keywords ▶▶▶ 幻視／変動性／パーキンソン症候群／人格変化／常同行為

● レビー小体を伴う認知症

臨床的な特徴

レビー小体を伴う認知症では、幻覚や特異な妄想（誤認妄想）の出現頻度が高い。抑うつ症状の併発を認めることも多い。したがって、老年期うつ病や遅発性の統合失調症と誤診される場合もある。しかし、幻聴の出現頻度は少なく、統合失調症に出現するような体系化された妄想も稀である。幻覚や妄想の出現は、注意や覚醒レベルの変動を伴い、最も良い時と悪い時の病像の差異が激しい。

診断基準（中核的な特徴）

1996年にマッキースら（Mckeith, I.G., et al.)[1]により臨床診断基準が発表された（表）。このときの診断基準の中核的な特徴は、①注意や覚醒レベルの明らかな変化を伴う認知機能の変動、②詳細で具体的な内容の幻視、③特発性のパーキンソン症候群の3つである。しかし、この診断基準は、前方視的な剖検（コーキート辞典）による検討[2]によれば、特異度が高いものの、感度は低い。そのため、後述するように2005年に発表された新たな診断基準[3]では、示唆的な症状が追加された。

幻視は約半分の患者で、全経過のいずれかの時点で観察される[4]。アルツハイマー病のおよそ2倍近くの頻度で出現する。人物の幻視が多く、虫や動物などの幻視が出現する場合もある。特発性のパーキンソン症候群は、25〜50%の患者に認める[4]。

示唆的特徴

2005（平成17）年の診断基準[3]に含まれた示唆的な特徴の1つは、REM睡眠障害である。REM睡眠障害とは、抗重力筋の筋活動の低下がREM睡眠時に起こらないために、夜中に大声をあげたり、突然起きたりするなどの異常行動である。レビー小体を伴う認知症の発病の5〜10年前から生じるとも言われている[5]。レビー小体を伴う認知症では、抗精神病薬の投与により、悪性症候群やパーキンソン症状の悪化や意識消失などが起こる危険性がある。

具体的なケース

73歳男性。数年前から、奇妙な幻視が出現した。部屋の中に赤い服を着た子どもが立っていると訴え、天井裏に誰かが住んでいると疑うようになった。ご飯の上に小さな虫がのっていると食事を拒否し、窓の外に立っている警官を追い払うようなしぐさをした。このような幻覚の出現は変動が激しく、幻視がなく穏やかに過ごしているときもある。

● 前頭側頭型認知症（ピック病）

臨床的な特徴

人格変化と行動面の変化が症状の主体であり、早期から出現する。エピソード記憶や見当識は保たれる。人格変化は、脱抑制的行動や多幸性が目立ち、意欲低下も併存している。意味もなく笑っていたり、状況にそぐわない不適切な冗談をとばしたりすることもある。しかし、統合失調症とは異なり幻覚や妄想の出現頻度は低い。他の認知症で出現する物盗られ妄想や誤認妄想も出現することは稀である。行動面の変化は、特定の行動を特定の時

間や場所で行うパターン化した常同行為を認める。

診断基準

ピック病は1980年代から概念が拡大してきたが、臨床病像に混乱があった。そこで、1996年にマンチェスター大学のグループ (Lund and Manchester Groups) が前頭側頭葉変性症 (fronto-temporal degeneration：FTLD) という包括的な概念を提唱し、この概念による前頭側頭葉変性症の臨床診断基準[6]が一般に用いられている。行動障害が目立つタイプは前頭側頭型認知症 (fronto-temporal dementia：FTD) と呼ばれ、言語障害が目立つタイプは進行性非流暢性失語 (progressive non-fluent aphasia：PA) と意味性認知症 (semantic dementia：SD) に分類されている。PAは表出言語に障害を認め、SDは意味記憶の障害が主体である。病理学的な背景が曖昧にもかかわらず、この診断基準の剖検による検討は感度85%、特異度99%と高い妥当性が証明されている[7]。

中核的特徴の社会的な対人関係の低下や情動の障害などは初期の約6割近くに認めるのに対して、認知機能低下は初期の2割以下にしか認めない[8]。社会的な対人関係の低下は、意図的な反社会的な行動ではない。倫理的な規範に無頓着になるために、万引きや自動車事故などを繰り返したりする。このような行動を起こすにもかかわらず、自己の行動には無頓着であり病識が欠如している。周囲への共感や情緒的な優しさも損なわれる。

常同行為も3割から5割の患者に出現[9]し、前述したように時間や場所、あるいは食行動へのこだわりも認める。食行動の変化も、他の認知症とは異なり、極端に嗜好性が変化し甘いものや味の濃いものなどを毎日食べ続けることも稀ではない。

具体的なケース

47歳男性。45歳の頃に不注意による信号無視で交通事故を起こした。この頃から、仕事先にいってもすぐに帰宅するような集中力低下が目立った。46歳の頃から毎日朝10時になると近所の喫茶店に行き、同じ席に座り、同じ種類のパスタばかり食べるようになった。時間はデジタル時計で確認していた。コンビニで万引きを繰り返し、警察に逮捕された。

（仲秋秀太郎・阪野公一）

■ **DLB international workshop のレビー小体を伴う認知症の改正臨床診断基準**[8]

1　**中心的特徴**（probable DLB や possible DLB の診断に必須）
　　正常な社会的または職業的機能に障害を来す程度の進行性認知機能障害と定義される認知症がある
　　著明なあるいは遷延性の記憶障害は病初期には必ずしも生じないが、進行すると通常認められる
　　注意・実行機能・視空間機能検査の障害が特に目立つこともある

2　**中核的特徴**（2つで probable DLB、1つで possible DLB と診断できる）
　　注意や覚醒レベルの著明な変化を伴う認知機能の変動
　　繰り返す、典型的には具体的で詳細な幻視
　　特発性のパーキンソン症候群

3　**示唆的特徴**（1つ以上の中核的特徴に、1つ以上の示唆的特徴が加われば probable DLB と診断できる　中核的特徴が全くなく、1つ以上の示唆的特徴があれば possible DLB と診断できる　probable DLB は示唆的特徴のみに基づいては診断できない）
　　REM 睡眠行動障害
　　重度の抗精神病薬への過敏性
　　SPECT や PET により示される基底核のドパミントランスポーターの取り込み低下

出典：博野信次『臨床認知症学入門　改訂　第二版』金芳堂, 84-85頁, 2007.

6-11 スクリーニング（日常生活）
― 心理的手法による評価 ―

Keywords ▶▶▶ 日常生活動作／活動性／生活障害／生活自立度

● 認知症に随伴する生活障害

　認知症は、脳の加齢性変化に器質性の脳疾患が加わることで引き起こされる、一連の症候群である。

　障害される高次脳機能は、記憶、見当識、言語、知識、行為、認知、感情、人格など一旦成人として正常に発達した知的機能である。アルツハイマー病など疾患によっては心理・行動症状（behavioral and psychological symptoms of dementia；BPSD）をみるものもあり、病気が進行するに従い、次第に、自立した日常生活を営むことや、社会的役割を果たすことができなくなるいわゆる"生活障害"が顕著となってくる。

　つまり、認知症の重要な特徴は、認知症状（cognitive symptoms）はそれぞれの原因疾患に影響され一様ではないが、知的機能の低下に伴って、日常生活上の動作の障害が、本人にも周囲にもわかる形で確実に進行することである。

　したがって、果たしてこの状態は認知症なのか、認知症であればどの程度に進んでいるのか判別するスクリーニングには、認知機能（知的機能）の評価とともに日常生活機能を十分にアセスメントすることが重要である。ここでは、認知症のスクリーニングとしての日常生活動作（Basic Activities of Daily living；ADL）の評価法を紹介する。

● 認知症スクリーニングの ADL 評価法

　認知症の多様性をふまえ、なおかつ「見当識障害」や「失行」、「失認」等の認知機能障害要素が測定されることが重要である。日本では、以下のスケールがよく使われる。

① N式老年者用日常生活動作能力評価尺度
　（Nishimura's scale for rating of activities of daily living of the elderly；N-ADL）

　「大阪大学方式」と呼ばれるもののひとつで、小林ら（1988）によって精神状態評価尺度（NM スケール）とともに開発された。したがって NM スケールも同時に実施することが望ましい。長谷川式認知症スケール（HDS-R）など知能検査の認知機能ともよく相関する（r = 0.863）。

　評価項目は、日常生活動作能力を＜歩行・起座＞＜生活圏＞＜着脱衣・入浴＞＜食＞＜排泄＞の5項目に分けて評価している。各項目について「正常：自立して日常生活が営める」に 10 点、「境界：自立して日常生活を営むことが困難になり始めた初期状態」に 9 点、「軽度：日常生活に軽度の介助または監督を必要とする」に 7 点、「中等度：日常生活に部分介助を要する」に 5 点／ 3 点、「重度：全面介助を要する」に 1 点／ 0 点を配し、7 段階に分類する。

　総合点による介護の難易度をみるというより、障害がより進行している生活動作を判別評価する。

② 手段的日常生活動作（Instrumental Activities of Daily Living；IADL）

　ADL 以上に高度な認知機能を要求する生活動作、道具使用、あるいは社会的活動能力を評価する。ロートン法（Lawton, 1969）が最

も一般化されて使用されている。

評価項目は、日常生活機能を＜買い物＞＜調理＞＜家事＞＜金銭管理＞＜服薬管理＞＜電話使用＞＜洗濯＞＜外出活動＞の8項目について、3～5段階に分け、それぞれに0点か1点を配し、総合点0～8点で評価している。

一時このスケールは、男女性差による違いが指摘され、男性には＜調理＞＜家事＞＜洗濯＞の評価を削除して、0点から5点で採点されていた時期があった。しかし、現在ではそれらの性差は撤廃されている。

③日常生活動作能力

（Physical Self-Maintenance Scale：PSMS）

ラヴェンザール（Lowenthal M.F., 1964）により開発された古典的な日常生活の活動性を評価するスケールである。＜排泄＞＜食事＞＜着替え＞＜身繕い＞＜移動能力＞＜入浴＞の6項目を5段階評価する。

④認知症のための障害評価票

（Disability Assessment for Dementia：DAD）

ゲリナスら（Gelinus, E., et al., 1998）により在宅のアルツハイマー病患者のADLの障害を測定する目的で開発された。介護者の面接によって施行する。

質問項目は、「これまでの2週間で、○○さんは助けや支持なしで体を洗おうとしたり、あるいはお風呂に入ろうとしましたか」と尋ね、答えは「はい＝1点」「いいえ＝0点」「該当せず＝NA」で点数化される。

特徴は、本人に該当しない項目は省かれ、すべての項目で＜自発性＞＜計画と段取り＞＜有効に行う＞の3つの要素を確認するための質問が設定されていることである。

●認知症におけるADL低下の実際

中野（2007）は、N-ADLを使って施設で生活する60歳から97歳の男女の中等度～重症の認知症高齢者56名について、7か月間の参加観察法を行い、日常生活動作能力を測定・記録した。

図はその結果で、全対象者の平均値による項目間の比較では、ADL自立度の低下には大きなばらつきが見られることが明らかとなった。最も自立度が落ちていなかったのは＜食事＞で、次に＜歩行・起座＞＜排泄＞＜入浴／着脱衣＞と続いた。この結果は、生命維持機能への優先性を示唆しており、興味深い。

（中野雅子）

■認知症高齢者の日常生活動作能力（N-ADL）

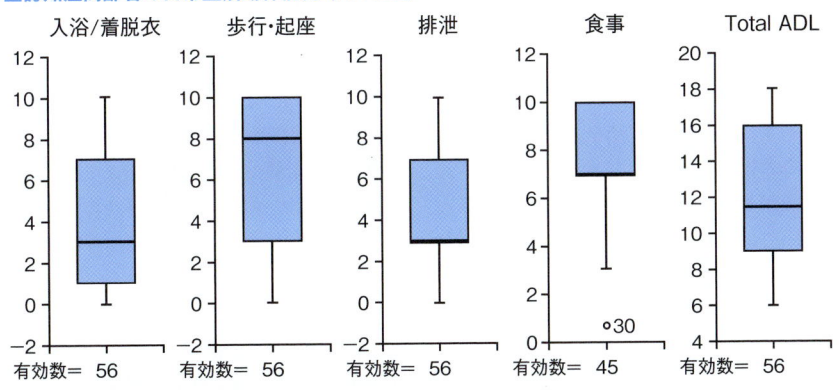

入浴/着脱衣　有効数＝56
歩行・起座　有効数＝56
排泄　有効数＝56
食事　有効数＝45
Total ADL　有効数＝56

出典：中野雅子「認知症高齢者の"その人らしさ"に関する — 考察 — コミュニケーション活動とADL評価から」「京都市立看護短期大学紀要32号」73-80頁, 2007.

6-12 スクリーニング（認知機能）
― 心理的手法による評価 ―

Keywords ▶▶▶ 記憶障害／知的機能／神経心理検査／MCI

● 認知症の認知機能のスクリーニング

　老年期にさしかかると、誰しも記憶力の低下を自覚する。「最近人の名前が出てこない」「買う物を一度に憶えることも大変だ」等々。しかし、これらのことは多くの場合、多少は気になりつつも、特に大きな問題には発展しない。

　老年期の"物忘れ"すなわち記憶における想起困難、記銘力、保持能力の低下は、その大半は加齢による良性の健忘（Age-associated memory impairment；AAMI）である。

　しかし近年"物忘れ外来"を訪れる人が増えており、そのなかにはアルツハイマー病の前段階を含む軽度認知障害（Mild Cognitive Impairment；MCI）や、ごく初期の認知症患者も含まれている。

　図は、健常者から認知症に至るまでの中間的概念で、いわば認知症と健常の中間の"グレーゾーン"を模式化して示している。

　当然のことではあるが、このゾーンにある人は図が示すように、認知症として病状が進むのか、認知症とまではいかず、健常者として経過する日々が続くのか、現時点で予測は全くできない。

　したがって、検者側には対象者にとってスクリーニングそのものが心理的な負担感が大きいことへの理解や、スクリーニングの結果が必要以上に過剰な情報とならないような配慮が必要である。

　ここでは、わが国で一般化され認知症高齢者を対象によく使用されている知的機能評価スケールを、質問形式と観察形式に分けて紹介する。

● 質問形式による認知機能評価

① Mini-Mental State Examination（MMSE）

　フォルスタインら（Folstein, M.F., et al., 1975）によって開発され、国際的にも最も使用される、簡易で、標準的な質問形式のスケールである。日本語版も作成されている。

　＜時間の見当識＞＜場所の見当識＞＜言葉の記銘と遅延再生＞＜計算＞＜物品の名称＞＜文章の反復＞＜口頭指示による動作＞＜文章の指示による動作＞＜文章を書く＞＜図形の模写＞の11項目で構成され、各項目に5点から0点、3点から0点を配し、合計30点満点とし、カットオフポイントは23／24点で設定している。

② 長谷川式認知症スケール（Hasegawa's Dementia Scale for Revised：HDS-R）

　このスケールは、長谷川ら（1974）によって報告され、その後改訂版（1991）が発表された質問紙形式のスケールであるが、2005年より現名称となった。

　＜年齢＞＜日時の見当識＞＜場所の見当識＞＜記銘＞＜計算＞＜数字の逆唱＞＜言葉の遅延再生＞＜物品の記銘と再生＞＜言語の流暢性＞の9項目で構成されている。各項目1～5点を配し、合計30点満点でカットオフポイントは20／21点である。

● 行動観察による認知機能評価

① アルツハイマー病の病期分類（Functional Assessment Staging：FAST）

アルツハイマー病の重症度を評価する目的でレイズバーグら（Reisberg, B., et al., 1984）により開発されたスケールで、病状の進行を"病期"として分類し、『FASTにおける特徴』や『臨床的特徴』で説明している。

例えば「Stage1：認知機能の障害なし（臨床診断：正常）」は「FAST：主観的および客観的低下は認められない／臨床的特徴：5〜10年前と比較して職業あるいは社会生活上、主観的および客観的にも変化はまったく認められず支障を来すこともない」と説明される。以下も同様に認知機能の低下を「非常に軽度」「軽度」「中等度」「やや高度」「高度」「非常に高度」と分類し、『臨床的特徴』で詳細に説明している。

②柄澤式「老人知能の臨床的判定基準」

柄澤（1989）により開発され、家庭内や、社会的活動に関する日常生活能力について、本人をよく知る人からの情報を聴取して実施する。測定手法は観察法で、横軸が「判定」「日常生活能力」「日常会話・意思疎通」「具体的例示」の4項目、縦軸が「正常／（−）（±）」「異常衰退／軽度（＋1）、中等度（＋2）、高度（＋3）最高度（＋4）」の6基準に分割された表を用いて判定する。総合点による評価や比較分析はできない。

③臨床認知症評価法（Clinical Dementia Rating：CDR）

モリス（Morris, J.C., 1993）により開発され、近年の認知症診療の場で早期診断の補助として使用されるようになり、日本版も作成されている。米国では、医師、臨床心理士、看護師らによって広く利用されている。まず、本人に質問する前に、家族などに予め生育歴や個人史歴等必要な情報を聞いておく。その後本人への質問紙調査を行う。

項目は、＜記憶＞＜見当識＞＜判断力／問題解決＞＜社会適応＞＜家庭状況／趣味・関心＞＜パーソナルケア＞の6項目であり、それぞれの項目を、健康（CDR 0）、認知症の疑い（CDR 0.5）、軽度認知症（CDR1）、中等度認知症（CDR2）、重度認知症（CDR3）の5段階で評価する。項目には基準となる状態の説明が付されている。

各項目の評価間にばらつきがある場合は、総合的CDRに注意を要し、3位、4位の評価に注目し、総合的CDRと考える。

（中野雅子）

■認知症と健常の中間（グレーゾーン）

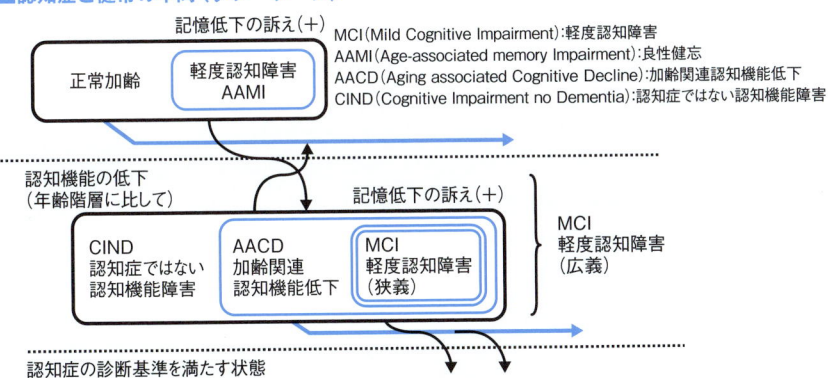

MCI（Mild Cognitive Impairment）：軽度認知障害
AAMI（Age-associated memory Impairment）：良性健忘
AACD（Aging associated Cognitive Decline）：加齢関連認知機能低下
CIND（Cognitive Impairment no Dementia）：認知症ではない認知機能障害

出典：武地一「MCIにおける認知機能の評価」『日常診療に活かす老年病ガイドブック7　高齢者への包括的アプローチとリハビリテーション』メジカルビュー社，79頁，2006．を一部改変．

6-13 認知症の人の心的世界
― 当事者が吐露する光と陰 ―

Keywords ▶▶▶ 当事者／アイデンティティ／記憶障害／自尊感情

● 認知症に対する誤解

「認知症になると何もわからなくなる」「認知症は人格や感情を失う」「認知症の人は病識（病気の自覚）がない」。一昔前は、そんなことを言われるのが当たり前の時代であった。現在、そうした誤解は薄らいだものの、私たちはまだ、認知症の当事者（本人）たちの心的世界を十分に理解するまでには至っていない。

認知症の人が、何を思い、何を考え、認知症とともにどう生きているのか。ここでは、認知症の人自身が吐露した言葉をもとに、①アイデンティティ、②記憶障害、③自尊感情の三つの側面からその心的世界について考察する。

● アイデンティティ喪失に対する恐れ

がんや難病などの重大な病いを宣告されたとき、あるいはそれがわかったとき、人は激しい心理的動揺・葛藤を来す。病気や障害を受容するまでの道のりは険しい。キューブラ・ロスによる死の受容プロセスと同様に、「否定」「怒り」「取引き」「抑うつ」などの段階を行きつ戻りつし、ようやく受容に辿り着くのが一般的である。

認知症の場合、家族がそれと気づく以前に、本人は自らの知的能力に異変を感じたり、「認知症という病気である」と確信をもったりする。そして、大きな恐怖や不安を抱え、一人で葛藤する。

右の五線紙にしたためられた詩は、認知症になったIさんによるものである。認知症発症2年後の55歳頃に書かれた。「帰って来てくれ　僕の心よ　全ての源よ」のセンテンスが象徴するように、「自分が自分でなくなる（であろう）」ことに怯える心情が吐露されている。

この例が示すように、認知症の人が抱く恐怖心や不安感の源として、一つには「アイデンティティの喪失」があると言われる。認知症は、他の疾患や障害と比してその比重が高く、病いを受容していく過程にも多大な影響を与えることになる。

● 記憶障害に対する困難

認知症になると、経時的に種々の認知機能が低減していき、普通にできていた生活上の行動が困難になっていく。

数ある認知機能のなかで、初期から中核的に見られる障害が「記憶障害」である。認知症のその特徴は、短期記憶、記銘力が強く障害されることである。

一般的な加齢に伴う物忘れの場合、ヒントがあれば思い出すのに対し、認知症のそれは、体験自体をそっくり忘却してしまうため、想起することが難しい。

ある認知症の人は、自らの記憶障害を「記憶が定着しない」「瞬間的に消えてしまう」と言い、またある人は「（いったん忘れると）二度と戻ってこない」と表現する。

このように、認知症の人にとって、認知症による記憶障害は普通の物忘れと比較して大きな心理的負担をもたらす。私たちは加齢とともに「最近物忘れが多くなった」と感じる機

会が多くなるが、認知症の記憶障害はそのレベルではないと言えよう。

また、こうした記憶障害は、過去・現在・未来が一本の線上にあるという当たり前の感覚（安心感）にも大きな影を落とすことになる。

「健康な人は思い出せるという確信がある」「過去の記憶がないと、明日に自信がもてない」。ある認知症の人が口にした言葉であるが、記憶障害の影響力の大きさを十分に言い表している。

● 矜持（自信や誇り）に対する希求

認知症は、こうした深刻な記憶障害など、さまざまな認知機能の低下を抱えている一方で、喜怒哀楽や快・不快、好き嫌いなどの感情（いわゆる心）は豊かなまま維持され、最後まで失いにくいとされる。

あらゆる感情のなかで、認知症の人において表出されやすいものの１つが、「自尊感情」である。それは、認知症の人のこうした言葉に込められている。「できることがたくさんある」「全部がダメになったわけではない」「できることは自分でしたい」「もっている力を見くびらないでほしい」。

ただしこれは、自尊感情が突出して高くなるということではない。認知症の人を取り巻く場面では、他者がそれを傷つけたり、ないがしろにしたりすることが少なくないのが一因と思われる。

また、できなかったり、失敗したり、思い出せなかったりというとき、認知症の人には「とりつくろい」や「ごまかし」が見られると言われてきた。しかしながら、これらも認知症の人に特有な事象というわけではない。ましてや周辺症状と言われるものでもない。矜持（自信や誇り）を有する大人であれば、そのような場面において、誰もが当たり前に行う振る舞いでしかない。

いずれにしても、認知症の人は、自尊心をもち、主体的に、自己決定をしながら生きたいと願っている。ただし、それを言語化できなかったり、心理的に口にすることを躊躇したりする認知症の人は少なくない。その意味では、認知症の人自らが有する力や思いを十分に発揮できるよう、周囲の者には、その力を見極め、発揮できる環境を用意することが求められている。

（尾崎純郎）

■ 認知症のＩさんが五線紙に書いた詩

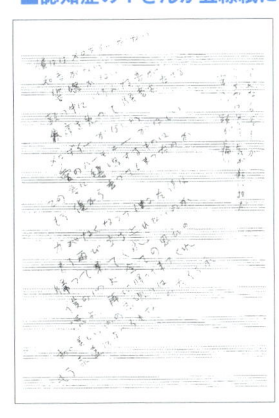

僕にはメロディーがない
和音がない
響鳴がない
頭の中にいろんな音が
秩序を失って騒音をたてる
メロディーがほしい
愛のハーモニーがほしい
この音に響鳴するものは
もう僕から去ってしまったのか

力がなくなってしまった僕は
もう再び立ち上れないのか
帰って来てくれ
僕の心よ　全ての思ひの源よ
再び帰って来てくれ
あの美しい心の高鳴りは
もう永遠に与へられないのだろうか

いろんなメロディーが
ごっちゃになって気が狂いそうだ
苦しい　頭が痛い

出典：長谷川和夫『認知症ケアの心』中央法規出版，19頁，2010.

6-14 医学的な対応（薬物療法）
― 慎重かつ適切な治療を心がけて ―

Keywords ▶▶▶ BPSD／抗認知症薬／抗精神病薬／抗うつ薬／ベンゾジアゼピン系薬

●認知症に対する薬

これまで、日本で認知症に対して保険適応のある薬はアルツハイマー病の認知機能障害に対するドネペジルのみであった。2011年にはドネペジルと同じコリンエステラーゼ阻害薬であるガランタミンとリバスチグミン、NMDA受容体アンタゴニストであるメマンチンが日本でも使用可能になった。しかし、これらの薬は認知症の根治薬ではなく、あくまで認知機能障害の進行を遅らせる薬である。

●薬物療法の対象となる症状

認知症患者で他に薬物療法が考慮される症状としては、妄想、抑うつ、不眠など認知症の周辺症状であるBPSD（behavioral and psychological symptoms of dementia）がある。しかし、BPSDに対する治療の原則としては、まず非薬物療法を行い、それでも効果が不十分で、対応困難な中等度～重度のBPSDに対してのみ薬物療法を行うように心がける必要がある。また、抗精神病薬はBPSDの治療に対して効果はあるが、近年、認知症患者に対する抗精神病薬の使用が死亡率を少し高めると報告されているため注意が必要であり、効果とリスクとを十分に評価してから薬物療法を行う必要性がある[1]。特にレビー小体型認知症は抗精神病薬への過敏性があるため、注意が必要である。

薬物療法を行うと判断した場合でも、非薬物療法を併用しながら、少ない投与量から開始し、症状が改善し、安定していれば漸減中止するよう心がけ、できるだけ長期間は使用しないようにする必要がある。

●薬物療法が効く可能性のあるBPSD

BPSDのすべてにおいて薬物療法が有効であるわけではなく、効果のあるものとないものとがあるため、BPSDの内容の評価が重要であり、薬物療法の適応の有無について考慮する必要がある[2]（表参照）。また、一人の患者に複数のBPSDを認めることもよくあり、どの症状に対して薬物療法を用いるのかを決定する必要がある。そして、薬物療法の対象となっている症状が、薬物療法によりどのように変化しているかを評価し、治療継続の必要性について定期的に評価をしなければならない。

以下に薬物療法が効く可能性のある症状についてまとめる。

●妄想、幻覚、興奮

妄想、幻覚、興奮を認める場合、介護者がそのターゲットとなることも多く、介護負担が増大し、しばしば非薬物療法のみでは対応が困難な場合がある。薬物療法としては、抗精神病薬がよく用いられている。抗精神病薬には以前からある定型薬と比較的新しい非定型薬がある。どちらも手の震え、歩行困難などの錐体外路症状や口をもぐもぐさせたり、体をねじったりするジスキネジアなどの副作用があるが、非定型薬の方がより出現頻度が少ないと考えられている[1,3]。興奮に対してはバルプロ酸やカルバマゼピンなどの気分安定薬や鎮静作用の強い抗うつ薬であるトラゾドンが用いられることもある。妄想、幻覚に

対しては、ドネペジルなどの抗認知症薬が有効な場合もあり、特にレビー小体型認知症の幻視に対して有効な場合が多い。しかし、コリンエステラーゼ阻害薬の副作用で興奮が悪化する場合もある。興奮に対しては、メマンチンが有効な場合もある。最近では、漢方薬である抑肝散が、副作用も少ないため、広く用いられるようになっている。

●抑うつ

抑うつを併発すると、ADL低下や認知機能障害の悪化を認めるようになり、また場合によっては希死念慮も認めることもあるため治療が必要になる。薬物療法としては、抗うつ薬がよく用いられている。その中でも選択的セロトニン再取り込み阻害薬（selective serotonin reuptake inhibitor；SSRI）は、副作用が比較的少ないため、認知症患者に対してよく用いられている。SSRIの副作用には、悪心、吐気が多く、また、肝臓の薬剤代謝酵素を阻害する作用があるため、併用により他剤の血中濃度を変化させ、予期せぬ副作用が発現する可能性がある。その他の抗うつ薬としては、三環系抗うつ薬があるが、副作用として起立性低血圧、尿閉、便秘などが生じやすいため高齢者には使いづらい。抗うつ薬は効果が出るまでに時間がかかるため、数週間後に効果を評価する必要がある。

●不安、不眠

不安や不眠による昼夜逆転が生じると介護負担が増大し、薬物療法の対象になることがある。薬物療法としては、ベンゾジアゼピン系薬がよく用いられているが、副作用としては眠気、転倒などがあるため、認知症患者には注意が必要である。また、薬を突然中止した時に、不眠、不安、振戦、頻脈などの離脱反応が生じることがあり、重度の場合、せん妄、精神病症状、痙攣が出現することもあり注意が必要である。ゾピクロンやゾルピデムはベンゾジアゼピン系薬よりも高齢者において安全であると考えられている。メラトニン受容体作動薬であるラメルテオンや、非ベンゾジアゼピン系抗不安薬であるタンドスピロンは、鎮静作用がなく、嗜癖性もないため高齢者には使用しやすい。前述のトラゾドンを不眠に対して使用することもあるが、起立性低血圧などの副作用には注意が必要である。

（松岡照之）

■薬物療法が効くBPSDと無効なBPSD

薬物療法が効く可能性のある症状	薬物療法が無効な可能性が高い症状	
妄想	徘徊	物を盗む、隠す
幻覚	性的脱抑制	異食
乱暴な言動	性格傾向に基づくケアの拒否	自傷行為
気分高揚	収集行動	唾を吐く
奇異な行動	弄便などの不適切な排泄行動	物をちぎる、トイレに流す
悲しみ	同じ言葉を繰り返す	繰り返し物を叩く、触る

出典：Groulx,B. Assessment and Approach of Patients with Severe Dementia. The Canadian Review of Alzheimer's Disease and Other Dementias, 8(3) pp.10-13, 2006. をもとに作成。

6-15 医療以外の対応（BPSDを中心として）
― 対象者の多側面的理解に基づいた対応の重要性 ―

Keywords ▶▶▶ 対象者理解／環境調整／身体面／精神面／心理社会面

● BPSDへのケア的アプローチ

認知症の心理・行動症状であるBPSDの多くは、本人としては目的や意図があるものの、状況に合っていない不適応行動の結果であると考えられている[1]。こうしたBPSDは介護者や対象者本人のQOLを低下させる原因となるうえに、介護者にとっても対応が難しい症状である。なぜならばその出現は、極めて個別性が高く、対象者が置かれた環境、健康状態、個性、生活歴、人間関係などさまざまな要因からの影響を強く受けるからである[2]。こうした認知症高齢者のBPSDの対応には、薬物療法以外の非薬物療法としての心理療法やリアリティ・オリエンテーション、音楽療法、レクリエーション療法といった専門的アプローチ[3]と対象者個人に焦点を当てたケア的アプローチがある[1]。

ここでは特に日常のケアという視点から、BPSDを対象者本人と環境の相互作用の結果と捉えた対象者の多側面的理解に基づく環境調整に焦点を当てる。この「環境」には、対象者が生活している物理的な空間環境の調整だけでなく、介護者や周囲からの働きかけ（対応）による環境刺激も含まれる。環境調整では、対象者のBPSDの背後にあるさまざまな要因、さらにはBPSDを誘発している要因を概観・分析するといった対象者理解に基づいた対応が必要となる。ここでは、人の行動に影響を与える内外の背景要因を身体、精神、心理社会の3側面に大別し、それらに基づいた対応のあり方について述べる。

● 身体面からの理解

身体面で押さえておくべきポイントは、対象者の身体疾患の既往歴や健康状態、身体症状、服薬などの医療情報、ADLやIADLといった身体的自立度などである。こうした情報は介護現場ではすでに十分にアセスメントされていると思われるが、特に薬の影響については注意が必要である。副作用の問題や飲み合わせの問題など薬の影響によって、BPSDが増悪している可能性もあることを念頭に置いておかなければならない。また対象者のBPSDに身体症状やその時の健康状態が影響することもある。例えば、身体的な痛みが不穏や苛立ちをもたらすことも多い。

● 精神面からの理解

精神面では、うつ病や不安障害といった精神疾患の既往歴と認知症などによる認知機能レベル低下などが挙げられる。特に認知機能の適切な評価は、対象者が低下している能力だけでなく保持・残存している能力を把握することで、特性に応じた日常生活での対応が可能になる。例えば、「聴覚情報よりも視覚情報の方が処理が得意であるため視覚情報を活用する対応を取り入れる」「対象者の得意もしくは興味関心が高い作業や課題と似た課題を日常生活に取り入れる」「音に敏感であるが静かな場所であれば落ち着いて取り組めるため、生活空間を工夫する」といったことである。

また、精神疾患の既往歴がある対象者に対しては、その疾患の一般的な特徴や症状を把

握し、そしてそれらが現在の対象者のBPSDや心理状態に影響を与えている可能性はないかなどについて検討する必要がある。

● 心理社会面からの理解

　心理社会面には、現在の対象者の社会環境、社会関係だけでなく、ライフヒストリー（生活史）に基づいた個人特性も含まれる。対象者の社会環境や社会関係は大いにBPSDに影響を与え得る。対象者と環境との相互作用を把握するためには、行動観察に基づく情報収集が重要となる。ターゲットとなっているBPSDが出現する時間帯や頻度、前後の状況、逆にターゲットとなる行動が見られない状況などについての詳細な記録とそれに基づく分析は、ターゲット行動への対応を検討するうえでの一助となる[4]。

　一方、長年生きてきた人生や生活のあり方を知ることは、現在の対象者の人となりや行動を理解するうえで重要なポイントとなる。ライフヒストリーから読み取れる対象者の人物像の把握、対人関係のあり方の特徴や、パーソナリティの把握といった視点も有効であろう。特に現在だけでなく、過去も含めた生活歴からの対象者理解、認知症発症前はどんな人だったのか、どんな人生を歩んできたのか、何を大切にしていたのか、その人のアイデンティティやプライドの源泉となるような仕事、役割、生きがいなどをみると、現在の対象者に対する介護者側の理解がおのずと深化し、対象者の捉え方が変わってくることもある。

● 多側面的対象者理解による対応

　こうした多側面的な対象者理解の重要な点は、BPSDという不適応行動が必ずしも「不適応」でないと介護者側に気づきをもたらすという点にある。よくよく観察していくと、対象者がそう行動せざるを得ないという介護者側の気づきが得られることがある。こうした介護者側の理解や気づきが対象者への対応に変化をもたらし、結果として不適応行動や問題視される行動が軽減する場合もある。

　また多側面的理解に基づく環境調整では、多領域の専門家による知識や技術を統合させながらの多職種との連携・協働がより有効である。介護専門職、看護、医療、ソーシャルワーク等認知症高齢者に関わるさまざまな領域の専門家による連携・協働が今後ますます必要とされてくるであろう。

（田中真理）

■ ライフヒストリー（生活史）による対象者理解の視点

時代背景	社会・経済的背景、大きなイベント
年齢	
ライフイベント	結婚、転居、施設への入所等
心理社会面：家族	家族関係の情報：出産、離別、死別等
心理社会面：仕事	キャリア情報：就職、転職、退職等
心理社会面：その他	家族や仕事以外の情報
既往歴	

6-16 症状別（記憶障害・見当識障害）
― その具体的な対応 ―

Keywords ▶▶▶ 認知症／記憶障害／見当識障害／介入

● 認知症に見られる記憶・見当識障害

　私たちの生活は記憶に支えられている。頭の中には出来事や知識、行動の記憶が蓄えられており、私たちはそれを適時適切に思い出すことをほぼ無意識に行うことができる。しかし認知症になると、これらのことが容易にはできなくなり日常生活の遂行に支障が生じるようになる。患者の家族や周囲の人が認知症を疑いだすのは、上記のような記憶に基づいた行動、言動の整合性の欠如がきっかけとなることが多い。このため、記憶障害は認知症の象徴的な症状と言うこともできる。

　認知症（特にアルツハイマー病）では、記憶に中心的な役割を担っている海馬周辺、側頭葉の病的変化が特徴的に出現することが明らかになっている。この結果、病初期には、近時のエピソード記憶障害が大きな問題となり、即時記憶の低下も見られるようになる。病状の進行に伴い、エピソード記憶も逆行性に障害され、また、意味記憶、遠隔記憶も低下するようになる。一方、手続き記憶は比較的保持されると考えられている（記憶の概念については表を参照）。

　見当識とは、今の時間的概念（季節、日付、時間）、空間的・社会的概念（場所、人、役割）などを認識し、現在の自分のいる環境・状況を理解する能力のことで、記憶と密接に関係する。認知症では近時記憶の範囲が徐々に狭まるが、その過程の中で自分と周囲との関係を正確に捉えることが困難となり見当識障害が生じる[1]。個人差はあるが、一般的には、初期には時間概念が欠如し、さらに病状が進行すると場所、人物の概念も障害されるという経過を歩むことが多い[2]。

● 記憶障害に対するケアにあたって

　認知症の人は病識の乏しさがあると言われているが、記憶・見当識障害によって「自分が何者であるのか」と言うアイデンティティが徐々に薄らいでいく不安・恐怖は計り知れないものがあると思われる。対応の際には、この不安・恐怖感にも十分な配慮をすることが必要である。

　また、記憶障害が重篤になっても感情の記憶は残ることはよく知られている。このため、認知症の人の自尊心をむやみに傷つけないよう、配慮ある丁寧な対応を心がけることも重要である。

　いずれにしても、認知症における記憶障害は不可逆的な経過を歩むため、ケアの目標は、進行に応じて生活の質（QOL）を可能な限り維持・向上するということになる。

● 記憶・見当識障害への具体的な対応

　記憶・見当識障害に介入する際には、①障害されていない能力（残存能力）の活用、②代償手段の利用、③環境調整、④生活リズムの安定、などが考えられ、症状に応じて、これらを単独で、または組み合わせて具体的ケアを検討することが重要である。以下では、これら4つについて、主な対応を紹介する。

　意味記憶、遠隔記憶が比較的保持されている時期に、自叙伝的内容や日常生活に必要な語彙・表現などを含んだメモリーブックを作

成しておくなどが挙げられる。これを日常的に使用することを定着させることによって、症状が進行した際、自尊心を保つためのツールとして、意思疎通の際の代償手段として使用できる可能性がある[3]。

人的・物理的環境を症状に応じて適度に調整することも非常に重要である。初期段階から、動線の目につくところに、十分に見やすい形状の時計・メモ・カレンダーを置き、常に予定を確認できるようにしておくことは安心感をもたらす。また、頻繁に使う物や日常的に行く場所（例えば、自室や便所など）の入口に、色を付けるなど視覚的な手がかりを明示しておくことも記憶障害の助けとなる。

会話場面では、即時記憶の低下による繰り返し発話（質問や要求など）が多くなる。これについては、すぐに否定や訂正をせず、まずその訴えを傾聴する姿勢が求められる。また、複数のことを同時処理することが困難となるため、会話時には伝達する情報量は少なくすること（例えば、1発話につき1つの内容）、文字や写真・イラストと一緒に情報を伝えるようにする方法も考えられる。

見当識障害への介入にはリアリティ・オリエンテーション（RO）がある。これは、日付や場所、関連人物について繰り返し確認する中でその定着を目指し、現状に対する見当識を高めることを狙いとしている[4]。見当識障害が重度になると、時間感覚が低下し、昼夜逆転といった行動・心理症状が出現する可能性が高まる。これを予防し安定した生活リズムを構築するために、早い段階から活動性の維持を図ることが重要である。具体的には、家事への参加、趣味活動の継続、また、適度な運動などが挙げられる。これらの活動を行うことは、記憶障害の進行を遅らせることや自尊心の維持・向上にもつながると考えられている[5]。

認知症の記憶障害の様相は、その背景にある原因疾患によって異なる。また、表現される具体的な症状も個人差は大きい。このため、実際のケア場面では、原因疾患を理解し、認知症の人の生活歴を把握したうえで、その人に応じた介入方法を検討する必要がある。そして、決して無理強いはせず、成功体験、達成感を積み重ね、自信を取り戻せるような方法で介入を試みることが望まれる。

（玉井　智）

■認知症に関連する記憶の種類

分類	種類	定義
時間	即時記憶	直前（数秒程度）の情報を保持する記憶
	近時記憶	数分〜数日前の情報を保持する記憶
	遠隔記憶	数週間またはそれ以上、年単位で情報を保持する記憶
内容	意味記憶	知識、一般的事象、または概念の記憶
	エピソード記憶	自分自身のこれまでの歴史に関する記憶（自伝的記憶）
	手続き記憶	動作、行動または技能に関する記憶

出典：山口晴保『認知症の正しい理解と包括的医療・ケアのポイント（第2版）』協同医書出版社，67頁，2010．を一部改変．

6-17 症状別（幻覚・妄想状態）
― その背景にある要因と対応 ―

Keywords ▶▶▶ 認知症／幻覚・妄想／特徴／心理的背景／心理的ケア

●老年期全般に見られる幻覚・妄想の特徴

　幻覚・妄想の症状は、認知症だけではなく、統合失調症や気分障害などさまざまな精神疾患によって引き起こされる。それは脳の器質的な要因だけではなく、心理的・社会的・環境的な変化によっても生じる症状である。

　若年期と比較すると、以下のような老年期における幻覚・妄想の特徴がある。①妄想の材料として、若年期では架空、空想のものが多いが、老年期では実際に身近にあるものが取り上げられる、②妄想の対象は、若年期では想像上の他者が選ばれることが多いが、老年期では現実の他者が出現することが多い、③妄想の内容として、若年期では現実性に乏しい荒唐無稽な内容が特徴的であるが、老年期では実際に起こるかどうかはともかく現実にあり得る内容、具体的には住宅や財産が扱われることが多い[1]。

　つまり、老年期の幻覚・妄想はより生活に密着した具象的な対象が選ばれるのであり、若年よりも日常生活の環境が及ぼす影響が大きいことがわかる。

●認知症の幻覚・妄想の種類と出現頻度

　認知症の幻覚・妄想は意識障害の有無によって異なり、明らかな意識障害がある場合にはせん妄となる。図に高齢者の幻覚妄想状態の鑑別フローチャートを示す。

　さて、幻覚は、幻視（人、動物、小人等）、幻聴、幻嗅（嫌なにおい等）、身体幻覚（異常で奇異な皮膚感覚等）、その他の幻覚に大別され、出現頻度は幻視が最も多く、幻聴、幻嗅の順である。アルツハイマー病では、初期から幻覚が見られる頻度は3.3～9.1％と低いが、中期以降になると20％と増える。レビー小体型認知症（DLB）では、アルツハイマー病に比べると幻覚・妄想が多くなる[2]。

　妄想は、被害妄想（物盗られ妄想、侵入妄想等）、不実・嫉妬妄想（事実でないパートナーの浮気の確信等）、妄想的誤認症候群（カプグラ症候群：身近な人が姿は変わらないが他の人と入れ替わっている等）の3つに大別される。妄想の出現頻度は16～70％と幅があり、種類としては被害妄想と妄想的誤認症候群が多い。妄想的誤認症候群には、「屋根裏に人が住みついている」といった幻の同居人症状がある。幻の同居人症状は、必ずしも被害的な観念が伴うわけではなく、特に感情を伴わない中立的なものや、会いたいと願っている孫などを対象とした願望充足的なものまであり、他の妄想とは一線を画す特徴を持つ。

●認知症の幻覚・妄想の心理的背景

　脳の器質的な障害と幻覚・妄想との関係は、幻視については意識水準や視覚障害、大脳萎縮、頭頂葉の血流低下との関連、アルツハイマー病の妄想ではグルコース代謝の左下側頭回における亢進、左中後頭部における低下との関連など、部分的な報告はあるものの、認知症そのものとの直接的な関連は明らかにされていない。

　心理学的な立場では、例えば、小澤（1997）[3]が、物盗られ妄想について「喪失感に基づく依存欲求と依存を受け入れ難い心性との相克

によって生じる対象への攻撃性という抜き差しならない窮地が痴呆老人の行動の自由と現実対処能力を奪い、物盗られ妄想という構造を獲得することによって歪んだ形ではあっても『ゆらぎ』からの回復がようやく可能になる」と説明している。また、須貝（1998）は「援助する者、される者という関係にならざるを得ず、対等な関係が崩れる。日常些末な行為に介護者が入り込む」といった関係性の変化を指摘し、「このことに対する戸惑いや不安はやがて警戒感に変わり、心理的には常に緊張した状況に置かれる」としている。このように対象喪失と関係性の視点から幻覚・妄想が語られることが多い。

● 認知症の幻覚・妄想に対する心理的ケア

　幻覚・妄想が激しく、ケアに抵抗感を強める認知症患者への対応は、家族や職員にとって大きな負担となる。対象者の怒りや拒否的な態度に日常的に接して強いストレスを感じ、「症状だから」と半ば諦めがちになることもあるだろう。しかし、薬物療法のアプローチ以外では心理的アプローチも有効である。例えば「ケアを拒否するのは、威厳のある仕事をしてきた人だから、世話をやかれることでプライドが傷つくのかもしれない」「周りの人に苛められると怒っているけれど、本当は寂しく感じているのかもしれない」と推測した時、一人の人間としての患者の生き様が見えてくることがある。このことが対象者を理解しようとするケアの態度へとつながり、間接的に対象者の心理的安定をもたらす。傾聴や共感といった基本的なカウンセリングスキルだけでなく、このように相手を一歩踏み込んだところまで理解して情緒的な関係を持とうとする心理態度をもつことが重要である。

　なお、家族や職員がこのようなカウンセリング的な態度をもつためには、家族や職員自身のメンタルヘルスが重要であり、もしも患者に対してネガティブな感情が湧いてきて辛さを感じるようであれば、それが心理的ケアの限界のサインである。ネガティブな感情を見ないようにすればするほどその感情にとらわれて距離感が取れなくなることもある。事態を深刻にする前に、周囲の職員や友人に助けを求め、さらに精神保健の専門家に相談してコンサルテーションや心理的援助を受けることが必要である。自分の内的な感情に気づき自分自身をケアすることも重要となる。（津村麻紀）

■高齢者の幻覚妄想状態の鑑別フローチャート

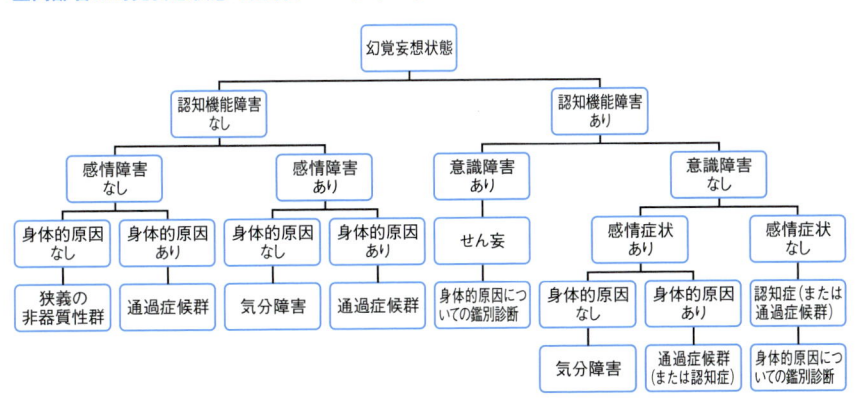

```
                          幻覚妄想状態
              ┌───────────────┴───────────────┐
         認知機能障害                      認知機能障害
            なし                              あり
      ┌──────┴──────┐              ┌──────┴──────┐
   感情障害      感情障害         意識障害       意識障害
    なし           あり             あり           なし
  ┌──┴──┐     ┌──┴──┐                      ┌──┴──┐
身体的   身体的  身体的   身体的              感情症状  感情症状
原因     原因    原因     原因                 あり     なし
なし     あり    なし     あり    せん妄    ┌──┴──┐
  │       │      │       │        │      身体的 身体的   認知症（または
狭義の   通過   気分    通過    身体的原因に  原因   原因   通過症候群）
非器質   症候群 障害   症候群    ついての     なし   あり
性群                              鑑別診断    │      │
                                           気分   通過症候群  身体的原因に
                                           障害   （または    ついての
                                                  認知症）    鑑別診断
```

出典：古茶大樹「高齢者の幻覚・妄想」「日老医誌」49 巻 5 号, 556 頁, 2012.

6-18 症状別（徘徊）
― その背景にある要因と対応 ―

Keywords ▶▶▶ BPSD／徘徊／記憶障害／見当識障害

●徘徊とは

徘徊はBPSDの1つとされており、多くの介護者を悩ます不適応行動である。「徘徊」の辞書による定義は、「①目的もなくうろうろと歩き回ること。②葛藤からの逃避。精神病・認知症などにより、無意識のうち目的もなく歩き回ること。」（大辞林第3版）である。本来の意味は①のように、認知症の有無には関係のない、一般的な行動である。介護保険導入後10年以上を経過した現在においては、②のような定義もかなり浸透してきており、介護にはあまり関わりのない人々の認知度も高まっている。

しかし、BPSDの1つである徘徊は、「無意識のうち目的もなく」ということはなく、多くの場合、認知症高齢者なりの理由や目的がある行動である。徘徊に至る目的を介護者が理解できないことや理解できたとしても、その行動をコントロールしにくいことが、介護における大きな障壁になっている。

●徘徊の分類

徘徊の理由は、いくつか挙げられる。

①見当識の障害によるもの

自分の現在いる場所が認識できず歩き回る。外出先で帰路がわからなくなったり、屋内においては自室やトイレの場所などがわからなくなってしまう。多くの場合、「帰る場所が見つからない」「今、何処にいるかわからない」ことによる不安や焦燥を伴っている。

②記憶の障害によるもの

「仕事に行く」「子どもが待っている」などと言いながら徘徊しているが、実際は、すでに会社を退職して20年近くが経っていたり、孫がいたりする。このように、過去の記憶と現在の記憶が混乱し、過去のことであっても、本人にとっては現在進行形のことであり、そのことが徘徊という行動に結びついている。現実にはない場所や人を求めての徘徊であるから、本人には強い切迫感や焦燥感が伴っていることが少なくない。

①と②は混在している場合もある。これら以外に、薬物療法の副作用（静かに座っていることができない）、幻覚や妄想に起因する場合もある。

●徘徊のもたらすもの

個人差はあるが、「徘徊」は時間と場所を選ばない。そのため、家庭であれば保護者、高齢者福祉施設であれば施設スタッフの目が届かないことも多く、徘徊者自身が危険に遭遇してしまう。

交通ルールを認識できなくなった場合など、交通事故に巻き込まれる可能性は高い。また、いわゆる「行き倒れ」になってしまうこともあり、冬場など凍死していた例もある。身体能力が落ちていたり、また、自分の身体状態の自覚に乏しい認知症者の徘徊では、足腰がおぼつかない状態であるにもかかわらず休むことなく歩き続けたり、骨折しているのに歩き続けたりするケースもみられる。

さらに、病院や高齢者福祉施設など他に多くの利用者がいる場合、自室の場所を捜してか、他人の部屋に迷い込み、喧嘩や言い争い

などの対人トラブルに発展することもある。

このように徘徊という行動により、認知症高齢者本人にとって好ましくない状態がもたらされる可能性は高い。

介護者にとってはどうだろうか。外に出ないように、出た場合も事故等に遭わないようにと、常に気を配っておき、また、即座に対応する必要もある。在宅の場合、マンパワーは限られている。そのような行動に振りまわされることで、介護者にかかるストレスは過大になり、生活は大きく乱されることになる。

徘徊する高齢者を抱えた家族が、家から出ないよう厳重に施錠をしたり、場合によっては自室に閉じ込めてしまうなど、虐待の事例も報告されている。一人の人間による対応には自ずと限界がある。このような事態に陥らないようにするため、介護者への支援体制や環境整備が肝要である。

● 徘徊への対応

介護者を困惑させ、疲弊させる徘徊であるが、対症療法的な対応がとられていることが多いのが現状である。敷地や家屋内から出られないように施錠するなど物理的な対応をとったり、過剰な投薬によって行動を制限するなどの対応もいまだに後を絶たない。

個別の対応事例であるが、井上ら（2007）は、「徘徊」に対してより積極的なアプローチを試みている。その中で、「他者（人）が、話しかけたり、一緒に歩いたりと、何らかの関わりをもつことで、徘徊をコントロールできる」可能性が示唆されている。徘徊により居所がわからなくなったときを想定しての対応としては、幼児の「迷子札」のように住所・氏名等の情報を衣類に貼り付けておくというような対応や最近ではGPS機能を搭載した携帯電話を活用した警備会社等の探索システムの活用などがある。

国際老年精神医学会（2003）は、「自分はどこにいるのか、何故そこにいるのかについて安心感をもたせることが必要」「知的機能がある程度保たれている場合、『落ち着いてその場を離れない』『電話番号を書き、家に電話をする』など簡潔な指示の書いてあるカードをポケットに入れる」などの方法を提案している。

また、地域としての対応として、図に示すような地域ネットワークが構築されている事例もある。

（佐々木伸行）

■ 行方不明者に対する地域ネットワークのイメージ（神奈川県の例）

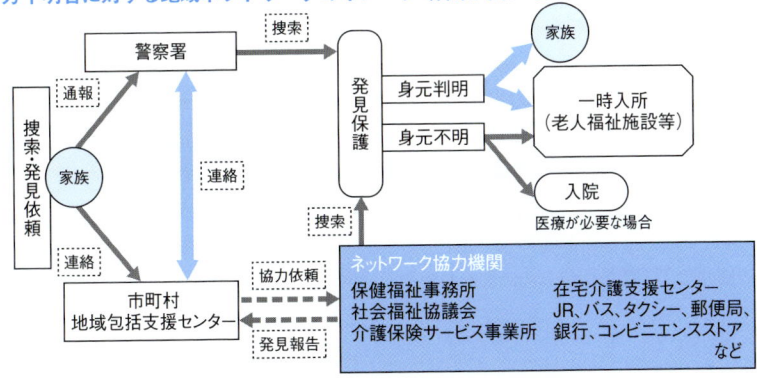

出典：永田久美子・桑野康一・諏訪免典子 編『認知症の人の見守り・SOSネットワーク事例集 — 安心・安全に暮らせるまちを目指して』中央法規出版、107頁、2011.

6-19 症状別（暴力）
― その背景にある要因と対応 ―

Keywords ▶▶▶ BPSD／心理的反応／原因／環境要因／省察的実践

●認知症に伴う暴力とは

「『興奮して手がつけられない。大声を出して他の人たちを攻撃している。みんなを別室に避難させている状況です』。壁に向かって拳を上げて、『やるならやってみろ』と暴れているという。電話の向こうからもその声が聞こえてくる。獣の唸り声のようだ。翌日、かかりつけの精神科医に私は相談にいった。アルツハイマー病の場合は、器質的に急激な変化を来すことはなく、不安定になる原因の多くは環境要因によるものが多いというのが医師の意見であった」[1]。

これは、夫が認知症になった妻の立場からその体験を綴った「夫が認知症になった」の一文である。

認知症の周辺症状、すなわち、BPSD（認知症に伴う行動と心理状）のひとつに「暴力」がある。図に竹内（2007）による周辺症状の分類を示す。ここにみるように暴力は「葛藤型」に大きくは分類される。

先の引用で出てきた文章から「興奮」や「大声」「拳を振り上げる」「暴れる」「唸り声」等の一連の連続した行為を総称して「暴力」あるいは「暴力行為」という。「粗暴行為」「不穏行動」「迷惑行為」等といわれることもある。また、最近では上記の身体的なことに加えて、精神的暴力など、精神面を含めた使われ方も多くなっている。

●暴力の原因

暴力はいきなり始まるのではない。「意味もなく突然殴られた」ということもあるが、よくよく考えれば、殴られた原因、あるいは殴る理由があるはずである。つまり、すべての行動には原因や理由があると考えることから、認知症ケアは始まる。

国際生活機能分類（ICF）の構成要素である「環境」の分類には「支援と関係」「態度」が含まれ、支援する人や他の人々の態度が障害や生活機能に影響を与えると説明している。

「不安定になる原因の多くは環境要因による」という前提に立てば、暴力行為の原因を「中核症状である認知機能の障害により、状況がわからなくなり、その状態の中で外界（環境）からの刺激に対して反応している」と考えることができる。暴力という行動につながるのは、本人の心理的反応としての怒りや不安、不快感、焦燥感等である。そして、その心理的反応をもたらしたのは、人的な環境も含めた直接的、間接的な環境要因からの刺激であると考えるのである。

先の体験談の続きには、「そう言われれば重なる要因は多い。同じユニットの中でも死亡や転所でかなりメンバーが入れ替わった。その中で新しく入った女性に、夫は自分の連れ合いと間違われて『おとうさん、おとうさん』と付きまとわれていた。『違いますよ。あなたは何か勘違いしているのではないですか』そのたびに否定するのに夫がエネルギーを使っていることもわかった」と、夫の不穏状態（暴力を伴う一連の行動）の原因を推論している。

環境という言葉からは、物理的な環境（自

然界の動植物、建物や家の構造、街並み等）を考えがちであるが、環境には人的環境も含まれる。この場合の環境要因は、「ユニットメンバーの入れ替わり」や「新しく入った女性」との関係を含む人的環境からの刺激が、間接あるいは直接の原因と想像できる。このように、BPSDのひとつである暴力は、家族や介護者による本人への対応が原因で起こることも多い。

●介護者の対応を振り返る

例えば、介護施設の申し送りで、「朝、認知症の利用者さんを起こしに行ったら、突然殴られた」という報告があったとする。介護者の立場からすると、「私は介護職員として決められた職務を遂行しただけであり、殴られるのは理不尽である」と考えているかもしれない。しかし、「自分は悪くない、悪いのは相手である」という論理に縛られてしまうと、暴力行為等への理解は進まない。

必要なことは、介護者の視点から理由を考えるのではなく、認知症である本人の気持ちになって考えてみることである。突然の行動とはいえ、何らかの理由があるはずである。「気持ちよく寝ているのに起こされた」「無理やり蒲団をはがされた」等の理由に基づく行為であったかもしれない。暴力という行動は、介護職員の関わりの結果発生したことであると考え、その過程を今一度振り返り、原因を推察し対応策を講じることは、介護の質の向上や職員教育の場としても有効である。このように、介護者が自分の対応を振り返りながら実践する行為は、省察的実践とよばれている。

●かかりつけ医に相談する

適切な介護を行えば、暴力はなくなるかといえば、必ずしもそうとはいえない。認知症の理解が進んだとはいえ、介護保険施設等の多くはまだまだ介護職員の数も十分とはいえず、一人ひとりに寄り添った介護の提供を困難にしている現状もある。人の行動や感情は一義的なものではなく、絶えず揺れ動いている。それは介護者も同じである。

「認知症の人と家族の会」では、①よりよい介護環境、②適切なケア、③薬による治療、の３つが認知症の進行をやわらげることに役立つと説明している。暴力行為が激しい時には、かかりつけ医と相談し、医療面での適切な診断と治療、そのうえでの適切なケア方法を検討することが大切である。　　（峯尾武巳）

■周辺症状の分類

葛藤型
状況に対して異常な反応をもって応える。
「興奮」「拒否」「粗暴」、
はては「物集め」「異食」などが含まれる。
状況と葛藤しているという意味。

遊離型
ぼんやりして、周囲の働きかけに
反応しない（反応が少ない）。
「無関心」「無感動」
「寡動（動きが少ないこと）」などが含まれる。
心身ともに状況から遊離している
という意味。

回帰型
その人の過去のよき時代に戻ってしまう。
（若い頃に暮らした）
家に帰ろうとする「徘徊」、
人形相手の「育児」などがある。
古きよき時代へ回帰した症状
という意味。

出典：竹内孝仁「中核症状から周辺症状へ」「りんくる」No.13, 中央法規出版, 46頁, 2007.

6-20 症状別（異食）
― その背景にある要因と対応 ―

Keywords ▶▶▶ 脳器質障害／異食症／精神的情緒不安／安全と尊厳／医療との連携／環境の整備

●異食について

　栄養的にみて意味のないもの、正常な人が口にしないような物（紙、土、虫など）や拒否するもの（強酸や辛さ）に対し、異常な食欲や嗜好を示すことを異食、あるいは異食症と言う。発達的には乳幼児に多く見られる未分化な現象であり、病的な現象としての異食はさまざまな精神障害や精神発達遅滞・栄養障害などによって生じる。この異食行為は乳幼児期に多く見られることから乳幼児期への退行現象（類退行行動）と言われることもある。

　異食の背景には、脳の器質障害と生活能力の低下があり、精神的、心理的ストレスなどの影響が大きく関与していることがこれまでの研究で解っている。異食が継続するのは数か月といわれるが惰性や習慣化により長くなるケースもある。この間の最大の課題は、生命の安全を確保することである。医師その他専門職と連携を図り、異食の原因や行動の背景・現状を分析し、ケアの方法を策定し、環境を整えることが重要である。

●異食症とは

　医学的には、「通常食物とは考えられない非栄養物を反復的、あるいは継続的に摂取する摂食障害」を異食症（Pica）と定義している[1]。さらに異食の対象物によって土食症、糞食症などに分類される。DSM-Ⅴによる異食症の診断基準を表に示す。

　異食症はさまざまな病因によって引き起こされていることがわかる。杉田ら（2001）[2]は表に示されるように危険因子を挙げ、特に精神疾患や脳器質障害など基礎疾患のある場合は、治療実績から鉄欠乏性貧血の合併を疑う必要があると強調している。

●認知症と異食

　認知症の人になぜ異食行為が起こるのだろうか。濱中ら（1995）[3]の調査、研究によると、認知症高齢者のうち異食の見られた15名（平均年齢80歳）中14名がアルツハイマー型、1名が混合型であった。それらの人の認知能力の評価ではHDR2.0、MMSE平均6.3と認知症が高度であり、身辺処理能力（ADL）はBarthel indexが平均26.0と低下していた。頭部CTでは両側側頭葉萎縮の症例が多く、一部に前頭葉萎縮の症例も認められた。また、高野ら（2000）[4]による食糞のあった剖検例では大半がアルツハイマー型で、多発梗塞症は一例であり、共通して両側側頭葉に極端な萎縮や軟化が確認されている。異食の人に共通して側頭葉萎縮などの器質障害が認められたことになる。

　異食の内容は、トイレットペーパー、ごみ、石鹸、洗剤、芳香剤、土、ビニール、時に便など日常生活で身近なもので、頻度も月に数回から一日中続くものもある。食欲は亢進しているものが多かった。食行動の異常と味覚、嗅覚の研究（西本ら、1995）[5]によると、味覚は保たれているが、嗅覚の低下との関連性については明らかではない。

●ケアと生活環境

　異食は認知症の中度から高度の人に多く見られ、精神的、情緒不安などが異食の発症

に強く影響を与え、その生活環境や心理的要因がその行動を修飾していることが多い。

異食は、対象物に毒性があるものや通過障害を起こすものなどがあるため、その対応は緊急を要する場合が少なくない。ケア計画を考える際には医療との連携をとりながら異食の背景（原因）とその状況を知り、生命の安全を図ることが重要である。このことと同時に人の尊厳について十分配慮することが求められる。

異食の対象物は人によって一定の傾向があることがある。その対象物は何か。本人は異食をどう認識しているのか。その時の精神的、情緒的状態はどうなのか（孤独な状態に限らず、楽しい会話中にもあることがある）。それらを含めて日常生活行動を観察し、異食の軽減の対策について分析し、考えていく。危険性を取り除き、高齢者としっかり向き合いながら不安や不満の根拠、真のニーズを把握する。そのプロセスが情緒的安定をもたらし、異食行為が改善した事例も多い。

しかし、治療的環境が必要なケースもある。一定期間、専門的ケアが受けられる施設を利用することが最善の場合もある。

● 異食の対応と治療

基本的な対応方針について示す。

1. **直接的対応**：①健康管理─体調の変化、特に下痢、便の状態、発熱。②基本的欲求の充足。③孤独、孤立にさせない。周囲の人との交流と気分転換、楽しい生活。④ストレスの解消。⑤生活のリズムを整える。特に食事の時間は満足が得られるように働きかける。⑥異物を口に入れた時は、無理に取り上げないで他の物と交換する。危険物の時はそれを持参し救急車で病院へ行く。⑦食べられるものまたは害にならないものを口に入れておく。おしゃぶり、昆布、スルメ等。
2. **生活環境を整える**：危険と思われるものは視野に入らないように片づける（洗剤、石けんなど）、危険なところは鍵をかける、介護者との信頼関係を形成する、専門的対応が可能な施設の利用等。
3. **専門職との連携**：医師、看護師、心理療法士、ケースワーカー、介護福祉士、ケアマネジャー等。
4. **治療、その他**：精神科医等、精神、心理療法、行動療法等。

（菅山信子）

■ 異食症（Pica）診断基準─（DSM-Ⅴ）

A. 少なくとも1カ月間にわたり、非栄養的非食用物質を持続して食べる。
B. 非栄養的非食用物質を食べることは、その人の発達水準からみて不適切である。
C. その摂食行動は文化的に容認される慣習でも、社会的にみて標準的な慣習でもない。
D. その摂食行動が他の精神疾患〔例：知的能力障害（知的発達症）、自閉スペクトラム症、統合失調症〕や医学的疾患（妊娠を含む）を背景にして生じる場合、特別な臨床的関与が妥当なほど重篤である。

出典：日本精神神経学会（日本語版用語監修），髙橋三郎・大野裕 監訳『DSM-5 精神疾患の診断・統計マニュアル』323頁，医学書院，2014．

■ 異食症の危険因子

1. 鉄欠乏性貧血 2. 栄養障害（亜鉛欠乏、低ナトリウム血症など） 3. 精神疾患、脳器質障害、精神遅滞、脳炎後後遺症、精神分裂病（統合失調症）など 4. 妊娠 5. 心理的要因（劣悪な社会家庭環境、愛情遮断症候群など） 6. 文化的・民族的習慣

出典：杉田完爾「異食症（pica）の病態とその対策」日本臨牀，59巻，3号，561-565頁，2001．をもとに作成．

6-21 症状別（不安・訴え）
― その背景にある要因と対応 ―

Keywords ▶▶▶ 不安／訴え／Godot症候群／認知機能の障害

● 不安の背景にある要因

外林（1963）[1]は、不安の状態について下記のように述べている。「不安は漠然とした恐怖であるといってよい。…中略… 不安の場合には、なんとなく心配で気持ちが落ち着かないのであるから、どんな方法で対処していいかわからない。そのため、不安によって引き起こされる行動は非常に複雑になってくる。不安は、要求や欲望が強くなったときに起こる。心理的葛藤が激しくなったときにも起きるし、社会的に孤立し、支持をなくしたときにも起きる。そして、多くの場合、罪の感情を伴う」。

さて、以下、認知症者の不安・訴えについて考えていくことにする。

認知症は中核症状として、新しいことが覚えられない、覚えていたはずのことが思い出せないなどの「記憶障害」が挙げられる。この記憶の障害に伴い、①失語；言葉の意味がわからない、言葉を正しく使えない、②失認；日時・季節・場所がわからない、人を識別できない、品物を見てもなんだかわからない、目で見たものの位置関係がわからない、③失行；服の着方がわからない、道具が正しく使えない、家電や自販機が使えない、④実行機能の障害；前もって計画を立てることができない、目的に合わせた段取りがうまくできない、手順が頭の中で考えられない、などさまざまな認知機能の障害が起こってくる。

そして、このような障害により、食事、排泄、入浴、着替えなど、判断をして行動するといった日々暮らすために必要な基本動作がうまくできなくなり、日常生活にも支障を来すようになる。

直前の出来事を忘れ、忘れたことに気付かないでいる。そのために同じ話を繰り返すとか、同じ行動を繰り返す。ここが何処だかわからない、自分がここにいて良いのかどうかわからない、何をしたら良いのかわからないという「わからない」状態の連続でもある。また、人とコミュニケーションをとりたくても、うまく通じない。

このような状態が、程度の違いはあっても、認知症者の生活のなかでは、毎日のように続いているのである。

このような状況にあることが、認知症者の不安を誘発し、その不安故にさまざまな行動をもたらす大きな背景要因となる。

● 訴えの背景にある要因

認知症者の不安は、どのような行動をもたらすのだろうか。表にオランダの認知症特別治療室（59か所）におけるBPSDの出現率（週1回以上）を示す[2]。

認知症の人は、認知の障害故に、不安の原因に対して合理的に問題解決を行い、不安の解消に至ることは難しい。不安の気持ちをどうしていいかわからず、この気持ちから逃れるために、「ののしり（言語的な攻撃）」「繰り返しの質問」「訴え」などの行動へと結びついているものと推測される。

特に、不安と結びついている行動として、「Godot症候群」を挙げることができる。これ

は、自分の将来のことについて、繰り返し、繰り返し質問する行動である。その背景には、認知機能の低下から残存している思考能力を生産的なことに向けることができなくなったことにある[3]、とする認知機能の障害からの解釈もある。

施設等で目にすることの多い「訴え」という行動がこれらの行動と重なってくる。「訴える」という行動の背景には、認知の低下という障害、そこから起こってくる不安という心理状態が大きく関わっているのである。

● 不安・訴えへの対応

訴えの行動が改善されたいくつかの事例を紹介する[4]。

「統合失調症の既往があり、排便と排尿に関する過剰な不安と心配を背景とした頻繁な訴えの見られたAさん（70代前半、女性）。精神科医と連携をとりながらキーパーソンを決めて対象者の生活全般を考慮して対応した結果、訴えが激減した。心が開き、特定のことだけに固執していた気持ちが外部に対して向けられるようになった結果ではないかと推察される。」

「自分の身体の状態に対し過度な心配をして、大丈夫かという心気的訴えの多い独居のBさん（70代後半、女性）。ヘルパーが定期的に訪問し、傾聴に徹することにより、今まで『認められていない』『大切にされていない』と不安に思っていたことが、『認められた』『大切にされた』という実感を持つことによって精神的安定が得られ、訴えが激減した。」

● 事例からみえてくる対応の方針

佐藤・米山（1996）は、「不安・訴え・心気症状」をみせる19の事例に対して次のような分析を行っている。

①不安の背景として、孤立・孤独、施設不適応、身体不安が多い。②介護における根本的な問題が背景となっていることが予想される。③対応においては、対象者を孤立させたり孤独感を抱かせないようにすることが重要。④施設という集団生活においては、予想される諸問題が起きないようにすること、安心感を抱いてもらうように心がけることが重要。

この分析の背景にあるキーワードは、「生命」「生活」である。英語では、「ライフ（life）」という一語に集約される。不安の要因、その対応のポイントも、基本的に対象者のライフの中にあるのである。　　　　（米山淑子）

■オランダの59の認知症特別治療室におけるBPSDの有病率

有病率が10％以上のCMAIのBPSD項目	少なくとも週1回の有病率（％）	有病率が10％以上のCMAIのBPSD項目	少なくとも週1回の有病率（％）
全般的な不穏状態	44	変な音（strange noises）をたてる	20
ののしりまたは言語的攻撃性	33	不適切な衣服の着脱（robing/disrobing）	18
常に注目されることを求める	32	不適切な物の取り扱い	18
拒絶症（Negativism）	31	違う場所に行く（Get to different place）	16
繰り返される言葉／質問	30	叩く	13
行ったり来たりする（Pacing）	29	叫ぶ（Screaming）	13
反復して行われる癖	28	物を貯め込む（Hoarding things）	12
不平・不満を言う（Complaining）	26	物を隠す（Hiding things）	10
つかむ（Grabbing）	24		

出典：International Psychogeriatric association 2012. The IPA Complete Guides to Behavioral and Psychological Symptoms of Dementia, 1.7. をもとに作成。

6-22 症状別（不潔行為）
― 不快感とストレス理解の重要性 ―

Keywords ▶▶▶ 便／不快感／放尿／ストレス／行動の理由／対応のポイント

●不潔行為の意味

厚生省（現・厚生労働省，1998）の「平成10年度高齢者介護サービス体制整備支援事業調査の介護サービス調査票（基本調査）」においては「不潔な行為を行うこととは、弄便（尿）など、排泄物を弄ぶ、尿を撒き散らす場合をいう。身体が清潔でないことは含まれない」と定義している。「便を弄ぶ」という具体的な行動としては、「便に触る。便をこねる。便を布団や壁や廊下に塗りつける」「便を口に入れる」などが挙げられよう。

●不潔行為の原因

不潔行為の基本的な原因は、認知症に伴う物事に対する認識や判断能力の低下と考えられる。しかし、これは不潔行為の原因となった大もとの要因であり、その行為に直接的に結びつく原因は別にある。以下、その原因となるものをいくつか挙げる。

①残便（尿）による不快感：排便、排尿がきちんとできず、残便（尿）があると、その不快感から便を取り出そうとする。

②便秘による不快感：便秘による不快感から便を取り出そうとする。

③蒸れや暑さによる不快感：オムツ着用による蒸れ、暑さによる不快感から便を弄ぶ。

④掻痒感：皮膚疾患などによる掻痒感から便を弄ぶ。

⑤排便後の後始末ができないストレス：排便はしたものの、後始末が確実にできず、衣類を汚してしまったりした場合に、その汚れをとろうとして、壁に便をこすりつけるなどの行為になる。

⑥排泄の失敗に対する叱責：排泄の失敗を叱責され、失敗をしたことへの羞恥心やプライドから、かえって便をなすりつけたり、隠したりする。

⑦ケアに対する反発：職員や家族のケアに対して不満（ストレス）があり、その反発として弄便などの行為をする。

⑧生理的要因：トイレまで間に合わず、廊下の隅などに放尿してしまう。

⑨誤認：室内のトイレ以外の場所で放尿してしまう。

⑩空間失認：排泄場所の認識ができなくなり、放尿、放便を行う。

このように、不潔行為の原因を探ってみると、それは対象者にとって意味のない理由のない無意図的な行動ではない。その行動に至るには、本人なりの何らかの理由があり、結果として、周りがいうところの「不潔行為」へと結びついているのである。

●不潔行為への対応のポイント

それでは、このような不潔行為にどのように対応すべきであろうか、基本的には、先に挙げた理由で示されるように、「対象者の行動の理由・原因」を追求していくことがまず第1となる。そして、その原因を解消するような対応を考えていくことである。その際参考になるものとして、以下のような対応法が考えられる。

①排泄前または排泄時に水を飲んだり、腹部をマッサージする、温かい布を当てるなど

して刺激を与え、残便を出す。
②オムツに便が残らないように配慮する。
③排（尿）便のリズムをみつけ、トイレ誘導を行い、定期的に排泄ができるようにする。
④トイレであることがすぐに認識できるように、「便所」などの文字やトイレのマークなどを表示する。
⑤便座に座ったら、すぐにトイレットペーパーを渡す。
⑥排便後は、早めに水を流すようにする。
⑦原因となる皮膚疾患を治療する。
⑧オムツが蒸れないよう、排泄時以外にも通風を行う。
⑨適切な排泄姿勢を確保する。座位バランスを確保する。
⑩排泄の失敗を叱ったり、軽蔑するようなことを言わない。逆に「出てよかった。すっきりしましたね」などと肯定的な言葉をかける。
⑪自分で処理しようとした行為を認める。
⑫放尿・放便しそうな場所へ鳥居（⛩）の印をつけておく（罰があたるという意識が働き、避けることがある）。
⑬介護者の対応に問題がないか考え、あった場合には別の対応を試みる。

これらの対応以外に、「スキンシップの機会を多くし、人間関係をよくする」「会話の時間を多くする」など、接触の機会を増やし、対象者の心理的な安定を図ることで不潔行為の軽減がなされることもある。また、レクリエーションなどにより排便・排尿にできるだけ注意がいかないように配慮することも1つの方法である。

●介護保険上の取り扱い

介護保険の認定調査項目に問題行動の項目がいくつかあるが、「不潔行為」については特には項目としてはないが、問題行動の1つではあるので、特記事項欄に記載されることが多くなっている。

問題行動がある場合の介護保険におけるケアプランには、「何が問題なのか」「なぜ問題なのか」が明確にされているかどうかがポイントになることは当然である。

また大事なことは、高齢者本人の生活歴を知っておくことである。本人がどのような生活スタイルであったかを知ることによって原因を探れたり、対応のヒントを得られることが多いからである。

（島村俊夫）

■不潔行為の原因

①残便（尿）による不快感	⑥排泄の失敗に対する叱責
②便秘による不快感	⑦ケアに対する反発
③蒸れや暑さによる不快感	⑧生理的要因
④掻痒感	⑨誤認
⑤排便後の後始末ができないストレス	⑩空間失認

出典：井上勝也監，菅山信子・川崎友嗣編『事例集2 高齢者のケア（痴呆症状と生活の障害Ⅱ）』1995．

6-23 軽度認知障害（MCI）・加齢関連認知低下（AACD）
― 認知症の前駆状態と正常老化の延長としての機能低下 ―

Keywords ▶▶▶ 認知症／前駆状態／正常老化／AAMI／amnestic MCI（aMCI）

●加齢関連認知低下（AACD）

　MCI とは Mild Cognitive Impairment が略されたものであり、わが国では軽度認知障害と訳されることが多い。これに対して、AACD とは Aging-Associated Cognitive Decline が略されたものであり、加齢関連認知低下と略されることが多い。これらの言葉は主に高齢医療の分野において使用されることが多く、ともに認知機能の低下あるいは障害を示す類似した概念であるが、その背景は異なっている。

　1960 年代、クラル（Kral, V.A.）は認知症のような病的で悪性の物忘れ（malignant forgetfulness）に対し、良性で正常老化の延長と考えられる物忘れ（benign senescent forgetfulness）を仮定した。その後、同様の物忘れに相当するものとして、1986 年にアメリカの国立精神保健研究所のクロックら（Crook et al.）のグループが、age-associated memory impairment（AAMI：加齢関連記憶低下）という用語を提唱した。やがて、1994 年に国際老年精神医学会のレビーら（Levy et al.）のグループにより、記憶の面にとどまらず認知機能全般に着目した正常老化の延長としての機能低下の概念として、AACD という用語が提唱された。具体的に言えば、AACD とは 6 か月以上にわたる緩徐な認知機能の低下が本人や家族などから報告され、客観的にも認知評価上に機能低下を認めるが、認知症には至っていない状態である。ここで言う認知機能低下は、「記憶・学習」「注意・集中」「思考（例えば問題解決能力）」「言語（例えば理解、単語検索）」「視空間認知」のいずれかの面が年齢と教育年数を考慮した平均値に比べ 1SD 以上下回っている場合のことを指している。

●軽度認知障害（MCI）

　1990 年前後から、認知機能低下の背景に病的な問題（クラルの病的で悪性の物忘れに相当）を仮定し、正常と認知症の境界域を示す概念が提唱されるようになった。そして、そのような境界域は、やがては認知症に移行すると仮定された。その代表例が MCI（軽度認知障害；Mild Cognitive Impairment）である。この言葉はライズバーグら（Reisberg, B., et al.）が 1980 年代後半に開発した Global Deterioration Scale（GDS）の中で用いたのが最初とされている。GDS では、全く認知機能低下の見られない正常の段階から認知症の各重症度に応じた 7 つの段階が仮定されているが、認知症の初期の段階の直前に当たる stage 3 を示すものとしてこの用語が使われている。その後、MCI についてさまざまな研究者により複数の定義が提唱されたが、その中で最も影響を与えたものはピーターセンら（Petersen, R.C., et al.）のものである。彼らは 1990 年代後半に、①主観的な記憶低下の訴えが見られる、②日常生活上に支障はない、③全般的な認知機能は正常である、④年齢的に正常とは考えられない程度の記憶低下が見られる、⑤認知症には至っていないという点を MCI の診断基準として示した。この中で、4 点目の記憶低下が年齢的に正常と考え

られないと判断する基準に関しては、専門的な記憶検査や認知機能尺度の記憶に関する下位検査で年齢ノルムの平均を1.5SD以上下回る場合とされている。これまでMCIについて広く浸透している定義は、この診断基準に関するものであり、特に記憶機能低下が目立っているものを指すことが多い。しかし、その後、ピーターセンらはMCIの定義を広げ、先に示した記憶機能低下が目立つタイプのMCIをamnestic MCI (aMCI) とし、記憶機能の低下が見られないタイプのMCIをnonamnestic MCI（naMCI）と定義した。さらにaMCIの下位分類として、記憶機能の低下のみが見られるタイプと記憶機能の低下だけではなく他の認知機能の領域にも低下が見られるタイプの2つを挙げ、naMCIに関しても、下位分類として、1領域のみに認知機能の低下が見られるタイプと複数の認知機能の領域に低下が見られるタイプに分類した。図はピーターセンらによって新たに提言されたMCIの4タイプに診断するためのフローチャートを示している。

●認知症の早期発見・介入とMCI、AACD

ところで、高齢医療の分野において、MCIやAACDの概念が注目されるようになった背景には、抗認知症薬の開発によって早期診断に基づく治療効果が期待されるようになったことが挙げられる。近年では、さらに進んだ考えとして、認知症の病初期だけではなく、発症リスクのある人を探し出し、予防的介入を行うことが期待されている。そのため、MCIが本当に認知症の前駆状態であるかどうかを検証することがより重要な課題となっている。研究では、どれくらいの期間で、またどれくらいの割合の人々が、どのようなタイプの認知症に移行するのか検討されている。例えば、フィッシャーら（Fische, P., et al.）は、特定地域の居住者で1925年5月から1926年6月までの間に生まれた75歳の高齢者を30か月間追跡調査した結果、aMCI、naMCI、健常であった高齢者のうち、それぞれ、48.7%、26.8%、12.6%がアルツハイマー病に移行したことを報告している。

なお、MCIの概念が拡大されたことにより、今ではMCIとAACDは類似したものになっている。また、DSM-ⅤのMild Neurocognitive Disorderの診断カテゴリーは、MCIにほぼ相当するものとされている。　　　　（山中克夫）

■ MCIの診断のためのフローチャート

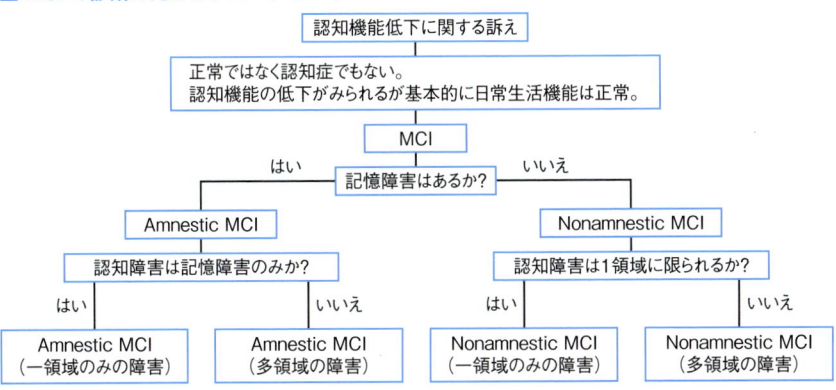

```
          認知機能低下に関する訴え
                 │
   正常ではなく認知症でもない。
   認知機能の低下がみられるが基本的に日常生活機能は正常。
                 │
                MCI
          記憶障害はあるか?
        はい ┤          ├ いいえ
   Amnestic MCI      Nonamnestic MCI
   認知障害は          認知障害は
   記憶障害のみか?     1領域に限られるか?
   はい   いいえ      はい   いいえ
  Amnestic Amnestic Nonamnestic Nonamnestic
   MCI      MCI        MCI         MCI
  (一領域の (多領域の  (一領域の   (多領域の
   みの障害) 障害)    みの障害)    障害)
```

出典：Petersen et al, Arch Neurol, 62, p.1161, 2005.

6-24 認知症予防（1次予防・2次予防・3次予防）
― 次元に応じた日常生活上のさまざまな工夫 ―

Keywords ▶▶▶ 啓発／危険因子／早期発見・早期治療／認知機能の維持

● 認知症予防とは

　予防とは広い概念であり、単に疾病の発生予防のみにとどまらず、疾病の全経過にわたって行われるべきものである。通常、1次予防（発症の予防）、2次予防（早期発見・早期治療）、3次予防（機能の維持）に分類される。わが国では、2006（平成18）年度の介護保険法の改正に伴って介護保険制度が改定され、認知症についても予防事業が推進されつつある。

● 1次予防（発症の予防）

　健常高齢者が認知症予備軍にならないようにすること（1次予防）は極めて重要である。そのためには、認知症発症の危険因子や認知症の知識を地域に普及・啓発し、地域住民が認知症に関して正しい認識を持てるようにすること、高齢者本人が生活習慣を変えていくことなどが必要となる。地域住民の認知症予防を支援する立場にある保健・医療・福祉関係者への啓発も欠かせない。

　特に認知症の原因疾患の大部分は血管性認知症（Vascular Dementia: VaD）とアルツハイマー病（Alzheimer's Disease: AD）とで占められているため、この2つの疾患を予防することが課題といえよう。

　血管性認知症（VaD）は脳血管障害で起こるため、脳血管障害の発現と再発を予防することが重要である。危険因子として、高血圧症、高脂血症、脳卒中の既往、糖尿病、心疾患、運動不足や肥満、喫煙習慣、過度の飲酒、過度の塩分摂取などが挙げられる。アルツハイマー病の危険因子に関しては、高年齢、認知症の家族歴やアポリポ蛋白E（apolipoprotein E：ApoE）ε4遺伝子などの遺伝的要因が知られている。さらに、近年の疫学的研究からは食生活、運動、知的活動、社会的ネットワークといった環境因子の重要性も指摘されている。食生活では魚の摂取や野菜・果物の摂取、ワインの摂取量などが関係していることがわかっている。週に3日以上の運動習慣[1]、読書やチェス・ゲームなど知的な刺激をもたらす活動[2]、楽器の演奏やダンスなど運動と知的活動が組み合わさった余暇活動がADの防御因子であることが報告されている[3]。対人的な接触頻度も認知症発症の抑制に関わっていることや[4]、教育水準の高さがADの発症率を低減させるということも指摘されている[5]。

　2009（平成21）年には、厚生労働省から「認知症予防・支援マニュアル（改訂版）」[6]が公表され、地域高齢者を対象にした認知症予防アプローチが提言されている。軽度認知障害（Mild Cognitive Impairment: MCI）をもつハイリスクの人たちを対象とするハイリスク・アプローチと地域全体の高齢者を対象として事業を行うポピュレーション・アプローチ（一般高齢者政策）が設定されている。さらに、後者は対象によって①生きがい型、②目的型、③訓練型の3つに分類され、それぞれに応じたプログラムが考案されている（表）。

● 2次予防（早期発見・早期治療）

　認知症の原因疾患の中には早期発見・早期治療によって治療可能な場合や、認知症

の進行を和らげることが可能な場合があるため、早急な原因疾患の診断と治療が欠かせない。スクリーニングは早期発見のための1つの手段であり、従来からのMini-Mental State Examination：MMSE[7]や長谷川式認知症スケール（改訂長谷川式簡易知能評価スケール）[8]に加え、集団式認知機能検査のファイブ・コグ検査[9]や手段的日常生活能力（Instrumental Activity of Daily Living: IADL）[10]などが知られている。そして、家族や地域住民、保健・医療・福祉関係者などが認知症状を見逃さず早期に介入し、原因疾患を診断できる専門医へとつなげていくことが重要となる。

さらに、2次予防では、MCIレベルの多くの人たちが抱える心理的問題や生活問題への援助も考えるべきである。認知症の告知の有無に関わらず、認知症を抱える本人は失敗や混乱を体験するたびに不安や焦燥感を募らせていく。①そのような心理的状態を支える支援、②メモやアラームといった外的補助の利用など認知機能の低下に対する適応への具体的なアドバイス、③成年後見制度の利用、運転免許の返上など今後予測される問題への対応準備などを含めた総合的な支援が求められる。

● 3次予防（機能の維持）

認知症の3次予防として、個人、介護者・家族、地域へのそれぞれの対応を展開していくことが必要である。

個人に対するアプローチとして、薬物療法、回想法、音楽療法、芸術療法、運動療法、見当識訓練などの非薬物療法があり、認知機能の維持による認知症の進行遅延、行動・心理症状（Behavioral and Psychological Symptoms of Dementia: BPSD）の改善、Quality of Life（QOL）の向上などが期待される。

また、介護者・家族に対する心理教育プログラムを充実させて介護に伴う心理的疲労を和らげることや、家族介護教室などによって介護方法や技術を習得することで家族内の問題解決能力を高めていくことも欠かせない。

地域では、公的な機関や関係団体、地域住民が地域ぐるみで認知症者を支援するネットワークの構築が進められている。「認知症になっても安心して暮らせる町づくり」をキーワードにさまざまなキャンペーンも展開され[11]、今後の活動がますます注目されている。

（加藤佑佳）

■認知症予防・支援におけるハイリスク・アプローチとポピュレーション・アプローチ

	生きがい型のポピュレーション・アプローチ	目的型のポピュレーション・アプローチ	訓練型のポピュレーション・アプローチ	訓練型のハイリスク・アプローチ
対象	主として健康で認知症予防に関心をあまり持たない高齢者	認知症予防に関心をもつ健康および軽度認知障害の高齢者	認知症予防に関心をもつ健康および軽度認知障害の高齢者	認知症予防に関心をもつ軽度認知障害の高齢者
例	・囲碁、将棋、麻雀 ・園芸・料理・パソコン・旅行 ・ウォーキング、水泳、ダンス、体操、器具を使わない筋力トレーニング	・認知症予防に特化した園芸、料理、パソコン、旅行プログラム ・ウォーキング、水泳、ダンス ・食習慣改善プログラム ・回想法プログラム ・芸術療法プログラム	・認知機能訓練を目的とした計算ドリル、ゲームなど	・日常生活動作訓練 ・認知機能訓練 ・記憶訓練 ・計算訓練 ・有酸素運動 ・体操
長所	動機付けが容易 自立的な長期の継続がしやすい 指導者など既存の社会的資質が利用できる プログラムを比較的多くの人たちに普及させることができる 健康な人たちの軽度認知障害への移行を予防する可能性がある	動機付けが容易 自立的な長期の継続がしやすい 要求される指導技術が高くない プログラムを比較的多くの人たちに普及させることができる 健康な人たちの軽度認知障害への移行を予防する可能性がある　…など	動機付けが容易 自立的に取り組める 要求される指導技術が高くない プログラムを比較的多くの人たちに普及させることができる 健康な人たちの軽度認知障害への移行を予防する可能性がある…など	プログラムが均一化しやすい
短所	個人的な生きがいに応じたプログラムの多様性が求められる	個人的な生きがいに応じたプログラムの多様性が求められる 指導技術をもつ人材を育成する必要がある	長期の継続が困難 指導技術をもつ人材を育成する必要がある	生活習慣の変容が困難 動機付けが困難 自立的な長期の継続が困難 専門的指導者が必要…など

出典：本間昭『認知症予防・支援マニュアル（改訂版）』厚生労働省, 15頁, 2009. を一部抜粋.

6-25 日本老年行動科学会・ステップ式仮説検証型事例検討
— 多職種連携・協働による試み —

Keywords ▶▶▶ 仮説検証／多職種連携・協働／エビデンス／ステップ式

● 学会における事例検討の歴史

　日本老年行動科学会では、本学会の前進である「老年行動科学研究会」の設立(1998年)以来、さまざまな高齢者を対象として事例検討会を行ってきた。この事例検討会は、本学会のなかでは、高齢者事例研究会(Association for Case Studies of the Elderly：通称ACS(アックス))として位置づけられてきた。一連の事例検討の成果は、中央法規出版より刊行された、7巻よりなる『事例集 高齢者のケア』につながっている[1]。

　この事例集の構成は、「どんな問題が起こったか」「プロフィール」「これまでの経緯」「問題の理解」「問題解決のための目標と方法」「ケアの取り組み」「目標の達成は？」「コメント」等、問題の焦点化に始まり、その理解、対応、評価となっており、事例検討の一連の流れを押さえたものであった。

　しかし、研究会の設立以降、2010年までほぼ毎月行われていた事例検討会(ACS)を実施するなかで、「行動科学という方法論をどこまで、事例検討のなかに導入できているのか」「事例検討会のなかで『理解』『目標と方法の設定』が中心となっており、肝心の『ケアの取り組み』以降の実践の部分が不十分なのではないか」。また、「理解と実践に対する行動科学的アセスメントが十分になされていないのではないか」等々の反省がなされるようになった。

● 事例検討にあたっての基本的要件

　これらの反省のもと、日本老年行動科学会では、2009年から、実際に事例検討を重ねるなかで、これまで学会で行ってきた方法論の見直しを行った。結果として、事例集に示されるような事例検討の原点に立ち戻ることになった。

　事例検討を行うにあたっての要件として大きく以下の3点を挙げることができる。

　①エビデンスを重視すること：対象者の言動を記述した質的データや数値化した量的データを仮説生成や具体的対応の考案、仮説検証のための土台とする。②仮説検証型であること：客観的情報を集め、その情報に基づき、仮説(理解)を立て、その仮説(理解)に基づき具体的な対応を考え、そして、実際にその対応を対象者に実施してみる。その結果、どうなったかについて、客観的情報を収集し、仮説(理解)の検証を行い、また、対応の適否についても評価する。③専門家(身体面、精神面、心理社会面、実践面)による連携・協働を行うこと：実践者、研究者の連携・協働によって事例検討を進める。

　上記の3点は、有機的に結びついている。「仮説検証型」であるためには、当然、仮説の生成においても、仮説の検証においても、データに基づくエビデンスは必要不可欠である。また、この取り組みは、一人の力では到底成し得ず、複数の、多職種のメンバーの協力が不可欠であり、多職種間の連携・協働なしでは、何もできないし、進んでいかない。

　さて、仮説検証型事例検討の進め方であるが、具体的には、実践者チームと研究者チー

ムの2チームの合同で事例検討を進めていく。実践者チームは、当該の対象者の利用する高齢者施設等の多職種のスタッフによって、研究者チームは、心理臨床、医療、社会福祉等を専門とする研究者・実務者によって構成される。また、適宜、身体面、精神面、心理社会面において専門的知見を有する研究者・実務者等のアドバイスを求める（図参照）。

●ステップ式仮説検証型事例検討の流れ

さて、この2チームによる合同の事例検討は、ステップごとに行われていく（図参照）。

まず、実践者チームサイドでこれまでの事例についてのまとめ（入所などの介護サービスの利用開始に至る経過、身体面、精神面、心理社会面での時系列での変化、見立て、対応等）をしたうえで［ステップ1］、両チームの検討のなかで、身体面（疾病、服薬の効果と副作用、ADLの状態等）、精神面（精神疾患、認知症の程度と原因疾患、服薬の効果と副作用等）、心理社会面（現在の人的環境も含めた生活環境、ライフヒストリー等）の多面的な側面から、必要に応じて、改めて対象者に関するデータを収集し、それぞれの側面から対象者の分析を行う。また、このステップのなかで、疾病等やBPSD等における最近の研究の知見も押さえておく［ステップ2］。上記のステップを踏んだうえで、いよいよ対象者の気になる行動に焦点を当て、新たに情報も収集していく。さらに、そのうえで、睡眠、食事等の「生活上の行動」、他の利用者との会話、笑顔等の「ポジティブな行動」、他の利用者に対する暴言など「気になる行動」他についての行動観察による査定を2週間ほど行い、対象者の行動上の特徴について分析を行っていく［ステップ3］。そして、それらの行動のなかから変容可能な行動をターゲット行動として特定し、ターゲット行動が起こる理由について仮説を立て、その仮説に基づき対応を考える［ステップ4］。その対応を実際に実施し、同時に、対象者の行動についての査定を行い、客観的なデータを収集する［ステップ5］。仮説の検証として、対応の前後での対象者の行動に関するデータを比較しその効果を検討する［ステップ6］。ステップ2以降は、多職種による2チームの連携・協働のなかで検討が進められていく。事例の詳細については、大川・田中ら（2011）[3]、田中・大川ら（2013）[4]に詳しい。

（大川一郎）

■ステップ式仮説検証型事例検討における多職種チーム構成

■ステップ式仮説検証型事例検討の流れ

ステップ1	現時点での事例の概要
ステップ2	対象者の多面的（身体面・精神面・心理社会面）情報の収集・整理と分析
ステップ3	対象者の気になる行動の情報の収集・整理と分析
ステップ4	ターゲット行動の選定、理解（仮説生成）、対応の検討
ステップ5	理解に基づく対応（介入）の実施と査定（2週間程度）
ステップ6	ターゲット行動の理解・対応に関する仮説検証

出典：日本老年行動科学会事例検討委員会報告「多機関・多職種連携・協働による事例検討の試み － 連携・実践・実行」日本老年行動科学会第16回大会，2013.

6-26 認知症ケアのセンター方式
― 本人本位のケア実践を導く共通ツール ―

Keywords ▶▶▶ 本人の声／サイン／アセスメント／本人本位／チームケア

●「本人本位」、そしてチームケアに向けて

　認知症ケアの実践には、本人の体験や意向を大切にし、生活歴や経過、心身の状態、物的・社会的環境、周囲の関わり方等に基づく全人的なアセスメントが重要である。そのため、生活場面での本人の声や表情・全身のサインをキャッチすることが不可欠となる。

　さらに本人に関わる家族、医療・介護・福祉の専門職などが、本人本位のチームケアを継続的に行うためには、情報や気づきの共有、支援の方針や具体策の統一を図ることができ、誰もが使える共通方法が必要になる。

●センター方式とは

　本人本位のケアを多様な立場や職種の人々が共同で実践するための共通方法として開発されたのがセンター方式である（正式名称は「認知症の人のためのケアマネジメント・センター方式」）。現場のケア職員のアイデア、実践成果をもとに、認知症介護研究・研修センター（東京、仙台、大府）が中心となって共同開発され、2004（平成16）年度の全国調査で有効性が実証され、2005（平成17）年度より地域・施設・病院等での普及と活用が広がっている。

　センター方式では、本人本位のケアを漠然とした目標で終わらせずに、今支援している「その人にとって何が大切か」、関係者が視点を統一しながら実践できることを一緒に見つけていくために、以下に列挙した「共通の5つの視点」を重要な指針としている。

　①その人らしいあり方
②その人の安心・快
③暮らしの中での心身の力の発揮
④その人にとっての安全・健やかさ
⑤なじみの暮らしの継続（環境・関係・生活）

●センター方式シート：本人本位の共通ツール

　共通の5つの視点を基盤に本人を全人的にアセスメントするために、A～Eの5領域、計16種類のシートによって構成されている。シートは文字や数値に加え、図やグラフ、マップでビジュアルに記入する形式のため、情報をコンパクトに関係者で共有・伝達できる。

【A 基本情報シート】1. 基本情報、2. 自立度経過、3. 療養（医療等）、4. 支援マップ

【B 暮らしの情報シート】1. 家族、2. 生活史、3. 暮らし方、4. 生活環境

【C 心身の情報シート】1-1. 心と身体の全体的な関連、1-2. 私の姿と気持ち

【D 焦点情報】1. 私ができること・できないこと、2. 私がわかること・わからないこと、3. 生活リズムパターン、4. 24時間生活変化、5. 私の求めるかかわり方

【E 24時間アセスメントまとめ・ケアプラン導入シート】（各シート名は略称で記載）

●センター方式の多様な機能：過程で活かす

　センター方式は、本人に向き合い、事実や情報・気づきを集め、本人本位のアセスメント・ケアプランを立案・実践・モニタリングしていく一連の過程で、下記のような多様な機能（活用方法）がある。

今ある情報・気づきの集約：各シートには明確な「ねらい」がある。例えば「B-3 私の暮

らし方シート」のねらいは、「私なりに築いてきたなじみの暮らし方があります。継続できるよう支援してください」となっている。「ねらい」に向けた関連項目がシートに用意されており、各自が把握していることを持ち寄り記入することで情報や気づきが集約された共通財産となる。

関係を育てるコミュニケーションツール：シートは、本人の個別かつ具体な情報を記入する項目が多いため、把握していないことを知るには、本人や家族、ケア職、医療職相互で、聴き取ることや記入の依頼が必要になる。シートを仲立ちにして関係やコミュニケーション・共通認識が深まるきっかけとなる。

本人本位での人・チームの育成ツール：シート名や「ねらい」の『私』とは、認知症の本人である。シートにそって本人の声やサインに関する事実情報を集め、整理していく過程で、本人を知り、本人の視点に立って考え、話し合うことで、ともに動く人・チームが育っていく。シート記入時に書ける点や書けない点が明らかになるので、各自がどの程度、認知症の本人に向き合い理解しているかセルフチェックができる。センター方式による、学生、新任・現任者のスキルアップ研修などが各地で展開されている。

職場・異業種、地域との連携・協働の促進：本人を取り巻く関係者が、日々の情報発信や申し送りに活用し、カンファレンスでもシートを中心に検討すれば、情報や認識、方針、ケア方法のずれ等が補正され、連携・協働、ケアの効率化が促進される。本人に接しているケア職員や家族が、シート（D-3,4など）にメモして、医師に渡し診断や服薬調整の成果を上げる例が増えており、シート活用は栄養士、OT、PT、ST、薬剤師、PSW等、多様な専門職に広がっている。また、多職種研修や事例検討などの共通フォームとして使用する場合、チーム力やスキルを相互に磨き合うための実践的連携ツールとなる。

その他センター方式は、中高年者が認知症に備えるために使用したり、施設入所に伴う反応の予防、家族支援、成年後見の基礎資料など、さまざまな目的にかなうツールとして多様に活用（機能）が広がっている。

（長澤かほる）

■活用事例

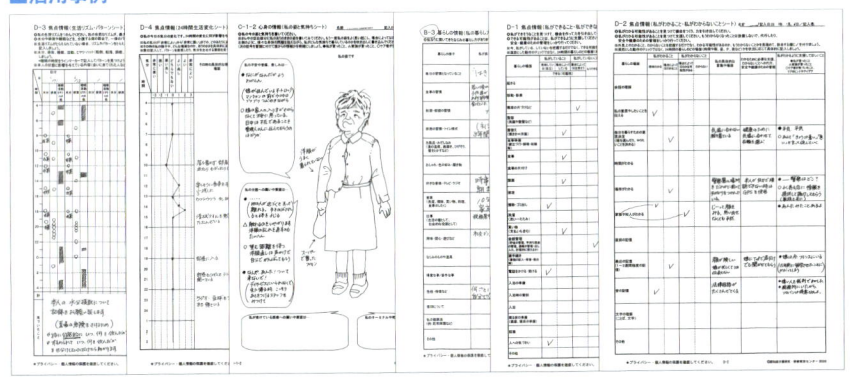

6-27 認知リハビリテーション
― 認知機能の改善・維持を求めて ―

Keywords ▶▶▶ 回想法／芸術療法／記憶訓練／リアリティ・オリエンテーション／学習療法

● 認知リハビリテーションとは

認知リハビリテーションとは、注意、知覚、記憶、視空間認知などといった認知機能に障害を抱えている高次脳機能障害の患者を対象とした機能回復訓練である。その目的は、機能回復、残存能力の活用と、日常生活、社会生活における困難を軽減させること、もしくはこれを代償するスキルの獲得にある。

● 認知症高齢者に適用された認知リハビリテーション

近年になって、認知リハビリテーションが、認知症高齢者にも適用されるようになった。認知リハビリテーションによって、認知症高齢者の認知機能や日常生活の質がある程度改善されることが期待されている[1]。現在、認知症高齢者に行われている主な認知リハビリテーションについて、以下で説明する。

① 回想法

回想法とは、バトラー（Butler, R.N., 1963）によって創始された心理療法である。主に高齢者を対象とし、人生の経歴や思い出を語ってもらい、受容的共感的な態度で聞くことが基本的姿勢として求められている。回想法は、個人回想法とグループ回想法に分かれているが、認知症高齢者の場合、グループ回想法を用いて行われることが多い。回想法は、認知症予防の効果も期待されることから、現在世界各国の高齢者施設、地域、病院等で広く用いられている。回想法には、抑うつ感、引きこもり傾向、苛立ち感を減少させる効果、さらに、情動や意欲、周囲への興味関心と状況に応じた感情表出などを増加させる効果が期待される。また記憶、見当識などの認知機能の改善または維持にも効果があったとする報告もある（図参照）[2]。

② 芸術療法

芸術療法とは、絵を描く、詩や俳句、短歌をつくる、写真を撮る、歌を歌う、楽器を演奏する、音楽を聴く、演劇をするなどの芸術活動を通して、精神的な障害の改善を目指すものである。芸術療法には、絵画療法、音楽療法、物語療法、詩療法、コラージュ療法、舞踏療法、演劇療法、造形療法、箱庭療法など多くの手法が含まれているが、認知症高齢者に最も適用されているのは、音楽療法である。音楽療法は、歌唱や演奏を行う能動的音楽療法と音楽を聴くなどの受動的音楽療法の2つに分かれている。認知症高齢者に対して、グループで音楽を聴くという受動的音楽療法は、比較的よく実践されている。現在、音楽療法は、認知症予防の効果も期待され、老人病院、老人保健施設、特別養護老人ホーム、デイケア等のさまざまな場所で実践されるようになった。活動性が向上し、情動が安定し、他の参加者とのコミュニケーションが促進されるなどの効果が期待される。

③ 記憶訓練

記憶訓練は、反復練習によって記銘や想起などの記憶過程を強化しようとするものである。反復訓練、顔や名前の記憶課題で利用される視覚イメージ法のような内的記憶戦略法、メモや目印などの外的補助手段によって

記憶過程を代償しようとする外的代償法、周囲の環境を修正、改変することで記憶に依存した行動を減少させ、生活上の困難を解消しようとする環境調整法などがある。

④リアリティ・オリエンテーション

リアリティ・オリエンテーション（現実見当識訓練）は、1968年フォルソン（Folsom, J.）の提唱から始まった。今日は、何月何日なのか、今の季節は何かといった時間や今いる場所等が判らないなどの見当識障害を解消するための訓練であり、現実認識を深めることをねらった介入手法である。このリアリティ・オリエンテーションは、個人情報に関する質問に始まり、今居る場所や日付などの質問を繰り返す。また、日常生活で当たり前に行ってきた動作を通じ、対人関係・協調性を取り戻すことや、残存機能に働きかけることで認知症の進行を遅らせることを期待するものである。

⑤学習療法

学習療法とは、音読と計算を中心とする教材を用いた学習を、学習者と支援者がコミュニケーションを取りながら行うものである。この療法を通して、学習者の認知機能やコミュニケーション機能、身辺自立機能などの維持・改善、また前頭前野機能の維持・改善を図ろうとするものである。このアプローチの前提となったのは、川島（2002）の「簡単な音読・計算課題を遂行すると、脳の前頭葉が活性化する」という発見にあった。この脳科学から見出された研究結果に基づいて、認知症高齢者を対象に、簡単な計算・音読課題を実施し、認知機能や記憶能力に及ぼす効果を確認しようとする研究が行われ、音読・計算の有効性が確認されつつある。

●今後の展望

上記に述べた、さまざまな認知リハビリテーションは、記憶・注意力・遂行機能障害などに直接影響するものとして有用なものである。特に反復訓練を行うことで認知の情報処理が促進されることもあり、今後さらに広い領域での取り組みが期待される。一方で、どのような側面に効果があるのか、あるいはないのか、科学的なエビデンス（証拠）を積み重ねていく必要性がある。さらに、認知症高齢者だけでなく、介護予防として、健康高齢者への今後の取り組みもますます期待されるところである。

（孫 琴）

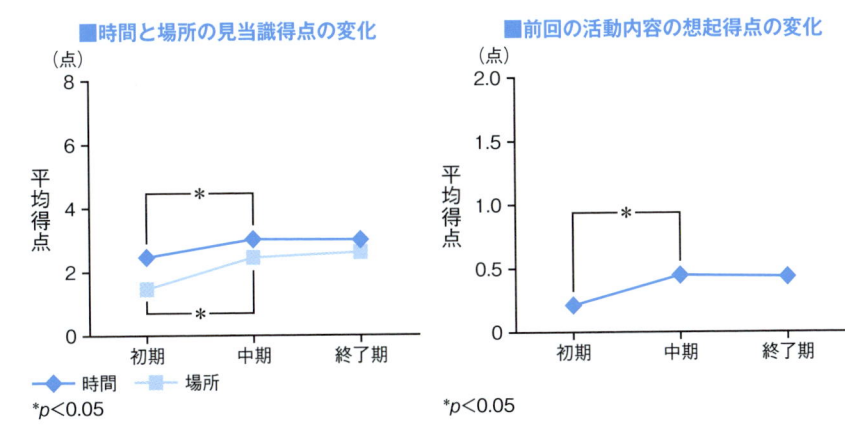

■時間と場所の見当識得点の変化

（点）／平均得点／初期・中期・終了期／◆時間 ■場所／*$p<0.05$

■前回の活動内容の想起得点の変化

（点）／平均得点／初期・中期・終了期／*$p<0.05$

出典：相星さゆり・浜田博文・稲益由紀子ほか「老年期痴呆患者に対して現実見当識訓練（RO）法と回想法を併用した心理的アプローチの結果」『老年精神医学雑誌』12（5），509頁，2001．

6-28 学習療法
―音読・計算・コミュニケーションのもたらすもの―

Keywords ▶▶▶ 学習療法／認知訓練／前頭葉／認知機能

● 学習療法とは

学習療法とは、川島隆太（2004）が提唱している考え方と方法で、その基本は、脳科学の知識や技術を応用して、考案された認知訓練の1つである。「学習療法とは、音読と計算を中心とする教材を用いた学習を、学習者と支援者がコミュニケーションを取りながら行うことで、学習者の認知機能やコミュニケーション機能、身辺自立機能などの前頭前野機能の維持・改善を図るものである」と定義されている[1]。

● 基本となる考え方

なぜ小学生が行うような音読や計算の遂行が、認知機能などを改善するのだろうか。川島（2002）は、＜ 6 ＋ 9 ＞といった簡単な課題や＜ 54 ÷（0.51 － 0.19）＞の複雑な課題を遂行している際の脳活動をfMRIで撮影した。常識的には、複雑な課題を遂行しているときが脳は活発に動くと信じられているが、脳内では、その常識とは正反対の過程が進行していた（図1参照）。さらに、人が文を読む際には、黙って読む。声に出して読むのは、せいぜい小学校1〜2年生までぐらいである。川島は、黙読と音読との比較も行い、音読をしているときは脳のより広い領域、特に前頭前野が活動していることを見出した。

脳が活動する・賦活するということで脳細胞同士を連絡する道が拡大し、また細胞間の情報伝達も速くなる。脳細胞の賦活は、その領域がコントロールしている認知活動を含めてさまざまな活動を活性化するというメカニズムとして仮定されている[2]。

ここで、脳の前頭葉、特に前頭前野は、どのような認知機能を支配しているかが問題となる。典型的な機能としては、考える、計画する、記憶する、注意する、抑制する、意欲を持つなどの機能である[2]。人として最も基本的で重要な機能を支配しているのが、前頭前野ということになる。筋肉をつけようと思えば、筋トレを実践することで可能となるが、「自分の脳となるとそうはいかない」というのがこれまでの考え方であった。しかし先に示したように、川島の研究から、脳、特に前頭前野を鍛錬する手がかりが得られたことになる。つまり、難しいこと、複雑な課題を遂行することが、前頭前野を賦活するという常識ではなく、らくらくと遂行できる計算や音読などの課題が、側頭葉や頭頂葉のみならず前頭前野を大きく賦活することがわかった。

● 学習療法の認知機能への効果

学習療法は、現在さまざまな高齢者施設で実践されており、効果があるという実践報告がなされている（学習療法シンポジウム 2010 in 東京）。ただそれらは、実践報告であるので、ここでは実験的な研究を紹介して、その効果を見ることにする。基本的な大まかなメカニズムとして、［音読や簡単な計算の遂行］→［前頭前野の賦活］→［認知機能の改善］というプロセスが考えられる。

まず音読などの遂行が、特に高齢者の脳を賦活するかどうかを検証する。この音読や計算を行うために立命館大学高齢者プロジェク

トに週に3回ほど通っている高齢者（年齢＝71.4歳）を対象に検討した。まず、脳賦活については、NIRSを用いて検討したが、この活動に参加している年数が1年から3年へと長くなるほど、作業記憶課題を遂行中の脳活動が明らかに増大するという結果が得られている[3]。

それでは、脳活動の賦活が増大すると、認知活動も改善するだろうか。これについては、やはり立命館大学の高齢者プロジェクトに参加している高齢者を対象にした研究が、答えは「yes」であることを示している[4]。その研究では、活動に参加している高齢者48人を対象にして研究を行ったが、比較のためにこうした活動に参加していない51人を対照群として設定した。1年半にわたる介入を4期に分けてそれぞれの時期ごとに作業記憶課題や抑制機能課題などの査定を行った。作業記憶に関する結果が、図2に示されている。ここから明らかなように、音読や計算を遂行しなかった人は、作業記憶の能力が低下している（これが通常の加齢の過程である）。しかし、活動を継続した人は、通常は低下する能力であるのに、作業記憶の能力が向上していたのである。

●学習療法の日常生活への効果

さて、認知機能が向上しても、高齢者の日常生活の質が改善しなければ、あまり意味がないだろう。そこで、学習療法を実践している施設の入居者を対象にした研究[5]を紹介しよう。この研究には認知症高齢者が参加したが、日常生活は、老研式活動能力指標、高齢者生活活動評定尺度などで査定された。半年間に及ぶ介入を実施し、そうした介入を受けなかった対照群との比較を行った。その結果、活動能力の指標では、対照群ではわずか半年で明らかな能力の低下が見られたが、介入群では、明らかな改善が見られた。また高齢者のADLやコミュニケーションといった側面でも、同様の結果が確認された。

こうして、音読や簡単な計算を中心にした学習療法による介入は、高齢者の脳機能を賦活し、また認知機能の向上をもたらし、さらに日常生活機能も改善することが実証された。この効果は、健常の高齢者にのみ適用できるものではなく、認知症高齢者でも確認されている。

（吉田　甫）

■図1. 簡単な計算（上図）と複雑な計算（下図）の遂行中の脳活動

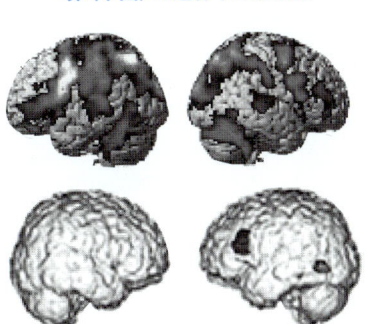

出典：川島隆太『高次機能のブレインイメージング』医学書院, 2002.

■図2. 作業記憶課題での遂行の変化

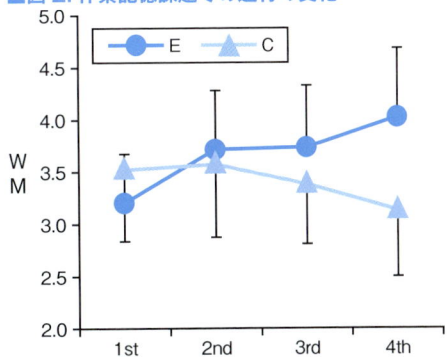

出典：Yoshida, H., Furuhashi, K., Okawa, I. et al. Effect of performing arithmetic and reading aloud on memory tasks in the elderly. 29th International Congress of Psychology, July, Berlin, 2008.

6-29 応用行動分析（行動療法）
― 不適応行動の改善 ―

Keywords ▶▶▶ 行動分析学／不適応行動／徘徊／介護拒否・抵抗

● 認知症と不適応行動

　アルツハイマー病や脳血管障害に代表される脳疾患、あるいは頭部打撲や内科疾患によって後天的に脳が障害されたことで、記憶を含む種々の知的能力が損なわれ、慣れ親しんだ日常生活が困難になった状態を認知症という。認知症になると徘徊など、種々の不適応行動を生じることが多いが、一般的にはこの不適応行動は認知症の症状であり、「認知症が重度なのだから仕方がない」などと、あたかも認知症の重症度に依存するかのように理解されていることが多い。しかし、実際には同程度の認知症患者間でも不適応行動の出現には差異があり、認知症の重症化に伴う不適応行動の変化も一律ではない。それどころか、誰が対応したのか、どのように対応されたのか、どこで対応されたのかなど、環境要因によって不適応行動の内容や出現頻度が大きく変化することも一般的な知見である。

● 応用行動分析と不適応行動

　応用行動分析とは、行動分析学、すなわち、心理学者であるスキナー（Skinner, B.F）によって体系化された学習理論の知見を応用して、日常生活場面における不適応行動の改善を支援する方法論のことである。最も大きな特徴は、不適応行動が繰り返される原因を不適応行動の背景因（例えば認知症）だけに求めようとするのではなく、不適応行動を生じた結果（対応を含む環境変化）に求め、それを操作することで不適応行動を改善しようとするところにある。高齢者への適用については、わが国での実践は乏しいが、欧米では1973年から介護施設での取り組みを中心に多くの発表がなされるようになり（芝野, 1992）[1]、多大な成果を上げてきた。

● 徘徊への適用

　ハードとワトソン（Heard, K., & Watson, T.S., 1999）は施設入所中の認知症高齢者4名に見られた徘徊行動に対し、対象者が徘徊しているときには介入者はあえて関わりを控える一方で、座っているときこそ関わりを増したり、興味を持つものや好物の甘い食べ物などを与えたりする介入を行った。これは不適応行動以外の行動に報酬を随伴することで不適応行動を減じる、他行動分化強化と呼ばれる介入技法の応用である。二度にわたって介入効果を検討した結果、すべての対象者が介入期には徘徊行動が減少したことから、このような介入の有効性が確認された（図参照）。

　ドワイヤームーアとディクソン（Dwyer-Moor & Dixon, 2007）は施設入所中の認知症高齢者1名に見られた徘徊行動に対し、対象者が徘徊しているときには介入者は部屋で待って関わりを控える一方で、徘徊していないときには30秒ごとに介入者が話しかける関わりを行い、セッションの開始時には対象者が望む活動（パズルやドミノ、絵を描く、チェッカー、テレビ観賞）ができるように環境を整えた。これは不適応行動以外の行動が生じている場合に、時間に応じて報酬を随伴することで不適応行動を減じる、非随伴性強化と呼ばれる介入技法の応用である。二度に

わたって介入効果を検討した結果、介入期には徘徊行動が減少したことから、このような介入の有効性が確認された。

● 介護拒否・抵抗への適用

ミシャラら（Mishara, B.L., et al., 1973）は「服を着るな」といった幻聴に従って頑なに着衣を拒否していた入院中の高齢者1名に対し、2〜3分でも着衣をしたら好物のビールを提供するといった介入を行った。これは増加したい適応行動に報酬を随伴することでその行動を増加する、強化と呼ばれる介入技法の応用である。介入前後で着衣の頻度を比較した結果、介入以降は徐々に着衣する行動がみられるようになり、数か月後には介入を行わずとも終日着衣するようになったことから、このような介入の有効性が確認された。

ベームら（Boehm, S., et al., 1995）は、施設の介護スタッフを対象に、行動分析学の知見に基づいて高齢者の不適応行動への対応方法を指導した。そして、入浴介助や髭剃り介助時に暴力的な介護抵抗を示した施設入所の認知症高齢者2名（うち1名は55歳）に対する実践を通して、その効果を検証した。この対応の趣旨は、介護スタッフが穏やかな態度で対象者に入浴を促し、対象者がそれに応じて穏やかに入浴したら、好物の甘い食べ物や動物のぬいぐるみを提供したり、穏やかな声かけや賞賛を行う、といった強化の技法であった。二度にわたって介入効果を検討した結果、両者ともに介入期では暴力的な介護抵抗が減少した。このことから、強化による対応の有効性、および、介護スタッフを対象とした、行動分析学の知見に基づく対応方法の指導の有効性が確認された。

これらの他にも自傷行動、食行動異常（食事摂取量の低下・異食）や食事方法の不良、不適切な言動、暴力、放尿、頻回な要求行動、性行動、禁止場所への侵入、発言の乏しさ、失禁など、認知症高齢者の健康被害を招いたり、必要な介護の継続を困難にするような多様な不適応行動の改善例が報告されている。これらのことは、認知症に伴う不適応行動の多くが対応を含めた環境の影響を多分に受けていることを示している。そして、たとえ認知症の治療は困難であっても、不適応行動を生じている環境を行動分析学の視点で操作することで、不適応行動が改善できる可能性があることを示唆している。

（宮　裕昭）

■ 4名の認知症高齢者の徘徊行動に対する他行動分化強化の効果

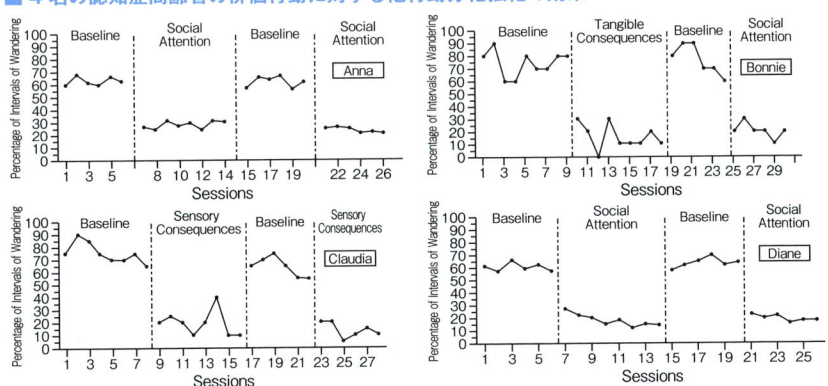

出典：Heard. K, Watson, T. S. Reducing wandering by persons with dementia using differential reinforcement. *Journal of Applied Behavior Analysis*, 32, pp.381-384, 1999.

7 健康と運動

総論
1 ライフスタイルと健康
2 正常老化と異常老化
3 身体的特徴（体格・身体組成）の加齢変化
4 体力・運動能力の加齢変化
5 高齢者のADLと生活自立
6 高齢者の体力・身体機能の検査法
7 介護予防と運動
8 アンチエイジング
9 長寿と健康寿命
10 高齢者の健康概念
11 運動・スポーツの心理社会的効果
12 運動・スポーツ・身体活動の生理的効果
13 高齢者に適した運動・スポーツ種目

7 健康と運動

谷口 幸一・安永 明智

● ライフスタイル

ライフスタイル（Life style）という用語は、アドラー（Adler, A., 1929）によれば、個人のもつものの見方や考え方、生き方を指す。それは、その人の目標志向性や独自性、自己決定の内容を表すものである。他方、社会学者のマックス・ウェーバー（Weber, M.）は、ライフスタイルを、ある文化や集団に所属したり、ある趣味や価値を志向する人々の生活・行動様式として用いている。

今日、ライフスタイルは、個人の生活習慣を指して使われることが多くなってきた（森本，1991）。生活習慣病の多くが、ライフスタイルと深く関わっていることはよく知られている。米国のブレスローとエンストロム（Breslow, L. & Enstrom, J. E., 1980）は極めて早い時期に生活習慣病（life-style related disease）の予防の観点から重要な生活習慣に注目して、健康的な生活行動が習慣となっている人は、健康状態が良く、かつ以後の死亡率も明らかに低いことを発表している。彼らは、1965年に、米国・カリフォルニア州アラメダ地域の約7,000人の30歳以上の住民について7つの健康習慣を調べ、9年後の死亡率との関係を検討している。取り上げた「7つの健康習慣」は、①喫煙しない、②定期的にかなり強い運動・スポーツをする、③深酒をしない、または酒を飲まない、④規則的に7～8時間の睡眠を取る、⑤適正体重を維持する、⑥朝食を毎日食べる、⑦間食をしない、である。この結果、健康習慣得点が高いほど、9年後の死亡率も低いこと、また初回と9年後のライフスタイルの間には、高い相関があることを明らかにしている（Breslow, et al., 1980）。このことは一度身についた健康習慣は持続性があることを示している。

わが国の一大企業の従業員約7,000人を対象とした10年間にわたる健康調査の結果から、健康に寄与する好ましい生活習慣として「8つの健康習慣」（森本，1991）が抽出されている。これらは、既述のブレスローらの7つの健康習慣とほぼ同様な項目群からなっているが、適正体重が除かれ、「労働時間（1日、10時間以下）」と「適正レベルのストレスの維持」の2項目が新たに加えられている。健康習慣度についてのわが国の高齢者の性別比較では、加齢とともに好ましい健康習慣得点は男性で増加し、女性では特に肥満傾向と運動の減少が特徴として挙げられる。

以上、健康習慣に関する国内外の調査研究に示されるように、運動の習慣化は健康維持に有効な資源であることが明らかである。

● 運動の加齢サイクル

　身体が自由に動き、自分の行きたいところに自由に行ける生活こそが、人の基本的で最も重要な身体的条件である。しかし、高齢になると歩行は何とかできても、一人暮らしなどの自立した生活を送る生活能力に支障が出てくる人が多くなってくる。移動の不自由さは、体力低下や生理機能の減退に止まらず、心理・社会的活動にも支障が生じてくるという悪循環を生む（閉じこもり現象など）。バーガー（Berger, 1989）の提唱した「運動の加齢サイクル」というモデルによれば、加齢につれて日常生活に占める運動量が減少すると、肥満、筋力低下、精力減退が起こり、さらに老いの自覚が増し、ストレスや不安・抑うつの増加と自尊心の低下が起きる。このような心身の不調は、一層の身体活動の減少を導き、やがて予備体力の減退から心臓病、高血圧、各種の身体の痛みなどの慢性病（生活習慣病）が発症すると解説している。このような加齢につれて生じやすくなる「運動の悪循環」を断ち切る個人的努力とともに社会的な啓蒙・指導（運動環境の整備、友人・知人との交流など）が必要とされる。老いるほど日々、からだを動かさなくなり、運動不足に陥るが、意識レベルではさほどの運動不足感は感じていない傾向が認められる。それ故に、意図的に運動への動機づけを高めることが重要である。

● 運動の効果 ―本章の構成―

　本章では、健康習慣のなかでも、特に運動が健康に及ぼす効果について、今日までの研究の成果を紹介する。「7-1 ライフスタイルと健康」では、生活習慣病の実態とその予防に有効な5つの健康習慣について、アンチエイジング医学（抗加齢医学）の立場から、その重要性について述べている。「7-2 正常老化と異常老化」では、加齢に伴い心身に生じる現象を、正常（健康）か異常（病気）かに区別する生理学的、病理学的基準や加齢とともに変化する医学的な健康概念についてまとめられている。「7-3 身体的特徴（体格・身体組成）の加齢変化」では身長、体重、筋肉の加齢変化とそれらの指標から得られる体格指数（BMI：Body Mass Index）や脂肪量、筋肉量、骨密度の加齢変化の様相とその背景となる影響因子について、運動生理学の立場からまとめられている。「7-4 体力・運動能力の加齢変化」では体力の一般的な分類法に従えば、行動体力よりも防衛体力の意義、高齢期に要求される体力概念、高齢者に必要な生活自立度に関与する体力（生活体力、機能的体力）の測定法、ならびに体力・運動能力の加齢変化の実態と特徴について体力科学の立場から述べられている。「7-5 高齢者のADLと生活自立」では日常生活動作能力（ADL：Activities of Daily Living）の分類法（PADL, IADL）、高齢者の生活自立度に関与する行動評価の項目とその意義について述べられている。「7-6 高齢者の体力・身体機能の検査法」では、加齢に伴う体力の変化を捉える測定法とその意義は、その目的に応じて異なること、生活の質を維持するという意味では、歩行能力などの持久力の測定が有益であること、ADL対応型の体力測定の意義、日常の生活でのトレーニングによる能力向上の可能性、最大酸素摂取量、筋力（握力）と総死亡リスクの関係について体力科学の観点からまとめられている。「7-7 介護予防と運動」では、加齢に伴う筋肉量の変化、特に加齢性筋肉減弱症（サルコペニア）とADL、QOL（生活の質）との関連について解説し、筋肉減弱症の予防・改善に役立つ身体活動としてウォーキングや筋力トレーニングが推奨されること、さらには栄養補給（サプリメント）と運動を組み合わせた介入が筋力強化には有益であることが述べられている。「7-8 アンチエイジング」は、病的老化の進

行を予防・治療して、病気を未然に防ぐという「健康長寿」に導くことを目的とした新しい医学の分野であること。アンチエイジングがサクセスフルエイジングに結びつくこと。そのためには、食生活の管理、身体管理としての運動、メンタル管理のあり方が重要な要因であることが強調されている。「7-9 長寿と健康寿命」では、単なる寿命の延長ではなく、QOLも重視する観点から、心身ともに自立・自律した活動的な状態で生存できる「活動的平均余命」あるいは「健康寿命」という考え方について解説し、さらに健康寿命を計る取り組みに地域間格差がみられることから、その格差の縮小が課題であることが述べられている。「7-10 高齢者の健康概念」では、若い世代の健康概念とは異なり、高齢者の健康を日常生活機能の自立水準で判断すべきこと、そのためには介護予防にもつながる身体機能の維持とともにメンタルヘルスの維持管理の重要性について解説されている。「7-11 運動・スポーツの心理社会的効果」では、世界保健機関（WHO）の高齢者のための身体活動ガイドラインに基づき、日々の身体活動の実施に伴う生理的効果、社会的効果、心理的効果について、その短期的恩恵と長期的恩恵について明らかにされている。「7-12 運動・スポーツ・身体活動の生理的効果」では、運動・スポーツの実施ならびに運動トレーニングによって持久性体力を増進させること、その指標としての最大酸素摂取量の意義について述べている。「7-13 高齢者に適した運動・スポーツ種目」では、健康の維持と運動自体を楽しむ工夫について述べられており、安全性を確保するためのルールの変更、用具の工夫によっては、高齢者に適したスポーツとして限定する必要もないことなどが強調されている。

以上のように、身体活動（生活活動、運動・スポーツ）が、人の生涯にわたる各世代の健康維持に有益な手段であることは今日まで幾多の知見から明らかにされている。特に近年では、認知症の発症予防に日々の生活において実施される運動が有効であることも実証されている（矢冨, 2008）。しかし、日常生活に占める運動行動の実態は、必ずしも国が推奨しているレベルまでには達していない現状にある（健康・体力づくり事業財団, 2013）。

●「健康フロンティア戦略」の展開

このような背景をふまえて、国は、2004（平成16）年に「健康フロンティア戦略」を策定した。これは、「健康寿命」を2年間延ばすことを目標としたもので、介護予防、生活習慣病、特に、がん、糖尿病の予防を重視した戦略であった。この目標達成のための方略として、国民各層を対象として、①働き盛りの健康安心プラン、②女性のがん緊急対策、③介護予防10ヵ年戦略、④健康寿命を延ばす科学技術の振興推進、を掲げていた。2007（平成19）年には、引き続き「新健康フロンティア戦略」を策定し、特に子どもの健康力、女性の健康力、メタボリックシンドローム克服力、がん克服力、こころの健康力、介護予防力、歯の健康力、食の健康力、スポーツ力の9つの対策を進めていくことになった（健康・体力づくり事業財団, 2013）。

この健康フロンティア戦略の一環として、21世紀における国民健康づくり運動（「健康日本21」）という第三次国民健康づくり対策が策定された（2000～2010）。さらに、その継続として、「健康日本21」（第二次：厚生労働大臣告示）が2013年から10年間の国民健康づくり対策として、新たにスタートした。この運動の二大目標は、「健康寿命の延伸」と「健康格差の縮小」である。特に住民の健康寿命の延伸に対する各自治体の自主的な取り組みに温度差が見られることから、その都道府県の健康格差（現状では男性で2.79

年、女性で2.95年の格差がある）を縮小する試みが求められる。そのなかで、食生活と並んで運動行動の推進は、健康長寿を推進するための重要な資源として位置づけられている、表に運動行動の年代別目標値（1日の総歩数）が示されている（例：20～64歳：男性9,000歩／日；女性8,500歩／日）。運動を習慣化するための本人の努力向上もさることながら、ここには、住民が運動しやすい運動環境整備（環境づくり）が重要であることも示されている。

● 運動に関する行動変容を促すための方策

健康維持に対する運動の重要性は十分にわかっているが、運動は楽しくない。だから運動をする気になれないという国民の多くが抱いている運動への態度をいかにして改めさせていくかが課題である。今日多くの行動変容理論が構築されているが、個人の行動（喫煙、飲酒、性行動、食行動、運動行動など）の変容に役立つ代表的理論に汎理論的モデル「TTM理論」（Transtheoretical Model：TTM）（Prochaska et al., 1992）がある。TTMは精神療法における300以上の理論を系統立てて検討したものを新たに統合して提唱されたモデルであり、①変容ステージ、②変容プロセス、③意志決定のバランス、④セルフエフィカシー（自己効力感）の4つの要素より構成されている包括的モデルである（畑・土井，2009；健康・体力づくり事業財団, 2012）。人の日常生活での運動行動のレベル（運動変容ステージ）を把握して、そのステージに応じて運動習慣化に向けて自らの行動の改善をしていくべく、広義の認知行動療法的アプローチを行う方法である。TTMの4つの理論のうち、①は行動変化の時間軸を示す理論で、無関心期、関心期、準備期、実行期、維持期の5つのステージの変化が設定されている。どのステージにあるかによって次の②、③、④の理論の用い方も異なる。行動変容の生じやすいステージは、特に関心期、準備期の段階にある人であると言われている。

④の理論はバンデューラ（Bandura, A., 1977）の提唱した概念に基づいている。つまり、自分にとって利のある保健行動を実行することが自分にはできるのだという自信のことである。運動指導者の資質として、このような実践的な運動促進を図る指導法の習得が望まれる。

■ 生活習慣の改善に資する身体活動・運動の目安

食生活と並んで健康を維持するために大切なのは、適切な運動です。からだを動かすことは生活習慣病の予防・改善に役立つだけではなく、高齢者の認知症やロコモティブシンドロームの予防にもつながります。まずは1日15分（1,500歩）、多く歩いてみませんか。

項目			現状	目標
①日常生活における歩数の増加	20～64歳	男性	7,841歩	9,000歩
		女性	6,883歩	8,500歩
	65歳以上	男性	5,628歩	7,000歩
		女性	4,584歩	6,000歩
②運動習慣者*の割合の増加 ＊1回30分、週2回以上の運動を1年以上継続している者	20～64歳	男性	26.3%	36%
		女性	22.9%	33%
	65歳以上	男性	47.6%	58%
		女性	37.6%	48%
③住民が運動しやすいまちづくり・環境整備に取り組む自治体数の増加			17都道府県	47都道府県

出典：健康・体力づくり事業財団 監修『第二次・健康日本21』サンライフ企画，9頁，2013, を一部改変.

7-1 ライフスタイルと健康
― 健康余命の延長を目指して ―

Keywords ▶▶▶ 生活習慣病／ヘルシーピープル／健康日本 21 ／健康余命

●ライフスタイルと病気の関係

毎日なにげなく繰り返しているライフスタイルは、私たちの健康に大きな影響を与えている。日本人の 3 大死因であり、かつては成人病と呼ばれた癌、心筋梗塞、脳卒中などの疾患は、誤ったライフスタイルが原因となっている場合が多いことがわかり、現在では生活習慣病と呼ばれている。例えば癌は、かつては遺伝がその発症に大きなウェイトを占めていると考えられていたが、近年のハーバード大学の研究者らによる調査から、遺伝の関与は癌全体の 5 ％に過ぎず、大部分は食生活やそれに関連する肥満、喫煙などのライフスタイルが原因であることがわかっている[1]。このように私たちの健康は、まさにライフスタイル次第と言っても過言ではない。

●生活習慣病を防ぐライフスタイル

では、どのようなライフスタイルを送るようにすれば、生活習慣病を回避することができるのであろうか。近年のさまざまな調査研究結果をまとめると、生活習慣病予防と健康維持に最も効果があると考えられるライフスタイルは、以下の 5 つに要約される[2]。

① 肥満を防ぐ：ただし、痩せも生活習慣病の原因となるので、痩せ過ぎない注意が必要である。BMI（BMI：Body Mass Index ＝ 体重（kg）÷ ｛身長（m）×身長（m）｝）にして 22 のあたりを維持するように心がけることが、生活習慣病予防の観点からは望ましい。

② なるべく体を動かす：有酸素運動と筋肉トレーニングの併用が推奨される。有酸素運動は、ウォーキングとしては毎日 30 分程度の早歩きが望ましい。筋肉トレーニングは、寝たきりを回避するうえでも重要である。特に、加齢とともに腹筋と大腿部前側筋肉の萎縮が顕著となるため、これらの筋肉を重点的にトレーニングすることがより効果的である。

③ 地中海食風食生活を実践する：地中海食とは、豊富な野菜・果物、豆類・ナッツ・種子、全粒粉穀物、オリーブオイル、魚などを主体とする食事スタイルで、近年、世界的にその生活習慣病予防効果が注目されている。和食と近い部分が多いので、日本人は実践しやすいと考えられるが、その際、減塩を心がける必要がある。

④ 喫煙をしない：日本の喫煙人口は徐々に低下してきているが、世界レベルでみるとまだまだ高い（男性 34.1 ％，女性 9.0 ％，全体 20.7 ％：平成 24 年厚生労働省「国民健康・栄養調査」）。受動喫煙にも気をつける必要がある。

⑤ 少量の飲酒をする：適量の飲酒（アルコール量にして男性 46g/ 日まで、女性 23g/ 日まで）を習慣にしている人のほうが、死亡率が低く長生きであることがさまざまな調査からわかってきている。ただし、日本人は体内でアルコール代謝に重要な役割を果たすアルデヒド脱水素酵素（ALDH2）の活性が低い人や、活性がない人が多く、その場合、アルコール代謝の過程で生じた発癌作用のあるアセトアルデヒドの影響を受

けやすいので、飲酒の習慣をもたない人やもてない人が取り入れるべき習慣ではない。

以上の5つのライフスタイルに当てはまるものが多い人ほど、生活習慣病の罹患率や生活習慣病による死亡率が低くなることが多くの研究からわかっている。

● ライフスタイルの社会的インパクト

米国では、「国民の一人ひとりが健康であればそれだけ医療費が減るだろう」という考えのもと、1979年より「ヘルシーピープル」という健康政策をつくって、老後のための健康づくりを実践している。これは個人個人の生活習慣の改善による健康の実現に重きを置いたもので、生活習慣病の予防のうえで科学的エビデンスのあるさまざまな事柄について目標を年代別に設定し、国民全体で目標の達成を目指したのである。その結果、10年間で介護を要する高齢者の数を100万人以上も減らすことができた。

そこで日本でも、これを手本として2000（平成12）年度より「21世紀の国民健康づくり運動（健康日本21）」という健康増進のための新たな計画がスタートした。その基本理念は、「すべての国民が健康で明るく元気で生活できる社会の実現」である。生きているうちで健康な状態で生活することができる期間を健康余命といい、「健康日本21」ではこの健康余命の延長を重要視した。しかしながら、「健康日本21」の開始後も、男性肥満者の割合はむしろ増加しており、国民全体の塩分摂取量や脂肪摂取量なども改善しているとは言い難いのが現状である[3]。

かつて、日本一長寿であった沖縄県男性の平均寿命は、いまや全国平均以下にまで低下した。これは、戦後に欧米型のライフスタイルが沖縄で普及したためである。一方で、かつて脳卒中が多く比較的短命であった長野県男性は、県民一丸となって減塩対策に取り組んだ結果、日本一の平均寿命を誇るまでになっている。このように、毎日のライフスタイルが私たちの人生に及ぼす影響はとても大きい。

現在、生活習慣病にかかる医療費は、全体の約3分の1を占めている。また、国民の死亡原因の約6割が、生活習慣病となっている。

今後、高齢社会がますます進行する日本において、さらなるライフスタイルの是正による生活習慣病の予防は、急務と言えよう。

(川田浩志)

■「健康日本21」の中心課題は、健康寿命をのばすこと！

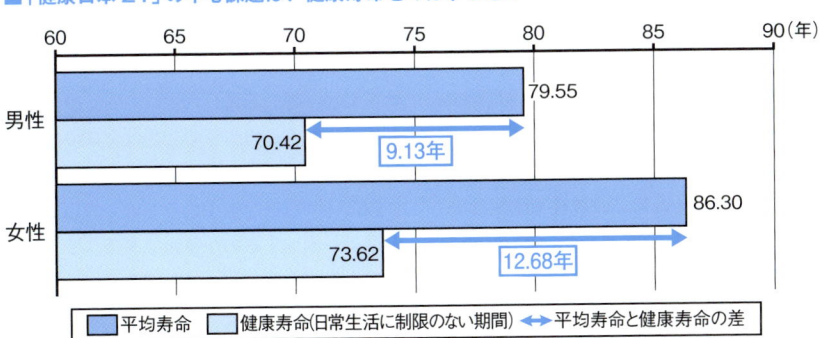

男性　平均寿命 79.55　健康寿命 70.42　差 9.13年
女性　平均寿命 86.30　健康寿命 73.62　差 12.68年

■ 平均寿命　■ 健康寿命（日常生活に制限のない期間）　⇔ 平均寿命と健康寿命の差

資料：平均寿命（平成22年）は、厚生労働省「平成22年完全生命表」
　　　健康寿命（平成22年）は、厚生労働科学研究費補助金「健康寿命における将来予測と生活習慣病対策の費用対効果に関する研究」
出典：厚生労働統計協会「図説 国民衛生の動向 2012/2013」。

7-2 正常老化と異常老化
― 臓器に現れる老化 ―

Keywords ▶▶▶ 神経変性／動脈硬化／性ホルモン分泌低下／老人肺

● 老化に伴う臓器の変化

　老化とは、加齢に伴う体細胞の減少と心身の機能変化に基づく臓器の縮小と組織の退行性変化を指す。老化は、一般に、生理的老化（正常老化）と病的老化（異常老化）に分けられるが、前者は、老年期以前から始まる各臓器の生理的な機能変化を指し、普遍的かつ不可逆的な現象である。一方、病的老化は、疾病などに伴う加速された老化現象によって臓器が病的状態に陥った変化を指す。両者の老化を基盤とした加齢性変化が高齢者の臓器に生じている。

　以下に、運動機能に関与する臓器系統別に、形態・機能の加齢性変化を概説する。

● 脳・神経系

　脳神経系の老化性変化には、生理的なものから病的意義の高い変化まで連続的に移行している。一般に、病的意義を帯びた神経系変化であっても健常高齢者にも少数ながら見られるため、病的か否かはその数の異常な増加として判断されることが多い。

　生理的な変化として、まず、神経細胞数の軽度減少と樹状突起の増加がある。神経細胞は年齢を追うごとに減少し、80歳代後半には大脳皮質や小脳皮質などの神経細胞数は20歳代の約半数にまで減少するが、神経細胞数の生理的減少のみで神経麻痺などの病的神経機能異常を来すことはない。老年期には一部の神経細胞では樹状突起が著しく増加し、神経回路網が密に形成されている。このことは加齢に伴い神経回路の伝達効率が増すものの、1つの細胞への負担が大きくなっており、予備能が低下する要因となる。この他、リポフスチン（神経細胞中の黄褐色顆粒でフリーラジカルによる過酸化脂質から生成される）、軸索ジストロフィー（神経細胞の軸索の一部が膨瘤した変化で延髄後索に見られる）、小脳トルペドー（小脳プルキンエ細胞の軸索の一部が膨瘤した変化）、アミラセア小体（グリア細胞の突起の膨大性変化）、マリネスコ小体（黒質細胞の核内に見られる小体）が生理的な変化に近い変性として知られている。

　一方、病的に近い神経系の変化としては、アルツハイマー神経原線維変化、老人斑、血管アミロイド変性、および、レビー小体の出現がある。これらは健常高齢者にも少数ながら見られる変化であるものの、これらが増加している脳では、同時に神経細胞の著しい減少が認められる。このため、アルツハイマー病やびまん性レビー小体病などの大脳変性疾患の発病に深く関与する退行性変性と考えられている。

● 循環器・呼吸器系

　加齢に伴う心血管系の変化は全身の血管に見られる。このうち、心臓では、他の臓器が加齢に伴い重量を減少させるのに対して、その重量が増加するのが特徴である。これは拡張期血圧の上昇に抗って血液を送出して左心室が肥大するためである。心筋にはコラーゲンが増えて弾性力が低下し、弁膜には肥厚や石灰沈着が見られるが、これらの加齢性変化のみでは障害は起こさず、心拍出量も低下す

ることはない。刺激伝導系にも生理的変性が生じるため、心拍数が安静時に減少するとともに、運動時にも増加しにくくなり、一過性の不整脈や稀に心房細動の原因となる。

　動脈の主な変化は血管壁の弾性低下と肥厚である。動脈壁には、エラスチン（弾性繊維）の断裂とその跡への石灰沈着、コラーゲン（膠原繊維）の増加、不溶性脂質の沈着・蓄積が見られる。時に血管内壁への不溶性脂質沈着は血管内腔に盛り上がり粥状硬化をつくるが、これによって血管内で血液滞流が生じて血栓や塞栓ができる。一般に、動脈硬化は大動脈で40歳代から、冠動脈で50歳代から、脳血管で60歳代から生じる。高齢者では血管の弾性が低下し、収縮期血圧が上昇する。

　加齢に伴う呼吸器系の変化のうち、肺では気管支・気管支腺の萎縮、肺胞拡張、および、気管支内粘液減少が生じるため、肺が弾性低下と含気量増加を来して、いわゆる老人肺を認めるが、これのみでは肺気腫などの病理は生じない。また、呼吸筋力低下や胸壁硬化により肺活量減少を来す。これらの変化は最大酸素摂取量を減少させるため、高齢者の動作時息切れの原因となる。

●内分泌・代謝系

　性ホルモン、レニン、アルドステロンは、加齢に伴い基礎分泌が減少する。女性では、更年期に卵巣機能が消失するため、エストロゲンとプロゲステロンは分泌が激減し、更年期障害の一因となる。更年期の「のぼせ」、膣乾燥、尿失禁、乳房下垂、骨粗鬆症およびLDLコレステロール増加はエストロゲン欠乏が関与し、その補充により軽快する場合が多い。男性ホルモンも老年期にはその分泌が低下する。

　一方、性腺刺激ホルモンは、閉経後卵巣からのエストロゲン分泌減少に反応して分泌が亢進する。副甲状腺ホルモンは、加齢に伴うビタミンD活性低下による血中Ca濃度低下に反応して分泌が亢進し、骨からCaを放出させるが、これが骨粗鬆症の一因となる。また、副腎髄質からカテコールアミンも分泌が増加する。

　加齢によっても分泌に変化が見られないホルモンには、副腎皮質ホルモン、甲状腺ホルモン、インスリンなどがあり、いずれも生命維持に不可欠なホルモンである。（大山博史）

■老化に伴い基礎分泌が減少するホルモン（↓）とこれに反応して分泌が増加するホルモン（↑）

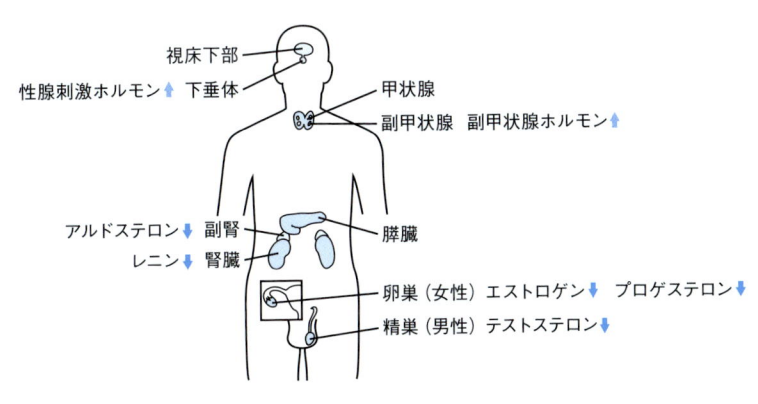

- 視床下部
- 性腺刺激ホルモン↑　下垂体
- 甲状腺
- 副甲状腺　副甲状腺ホルモン↑
- アルドステロン↓　副腎
- レニン↓　腎臓
- 膵臓
- 卵巣（女性）エストロゲン↓　プロゲステロン↓
- 精巣（男性）テストステロン↓

7 健康と運動

7-3 身体的特徴（体格・身体組成）の加齢変化
― 加齢によるからだの変化 ―

Keywords ▶▶▶ 筋肉量／脂肪量／骨密度／体格指数

●体格（身長、体重、BMI）の加齢変化

　加齢に伴い身体的特徴は変化する。特に、身長、体重、筋肉や脂肪の付き方は、自覚的、肉眼的にも変化を容易にみてとることができ、簡易的に加齢の程度を評価することができる。近年では、二重エネルギーX線吸収法（dual-energy x-ray absorptiometry：DEXA）に代表されるように、分析・解析技術の発達により、脂肪重量や筋肉重量を上肢や下肢に分類し、それぞれ厳密に数値化できるようになってきている。

　身長と体重は、最も基本的な体格を表す指標である。これらの値から体格指数［BMI：Body Mass Index ＝体重（kg）÷身長（m）^{2}］が算出でき、22を標準とし、25以上を肥満としている。図1は、日本人の身長、体重、BMIの加齢に伴う変化を示したグラフである。身長は、12歳まで男女とも同等に増大していくが、その後、女性の伸びが緩やかになる。身長の増大は、骨の成長（長育）に依存する。女性で16～18歳、男性で18～21歳で骨の長育が完了するといわれている。身長は男女とも20歳代でピークを迎え、その後、大きな変化は見受けられないが、50歳代以降から徐々に減少し、90歳までの間に平均で2.4％減少する。これは、脊椎の彎曲や椎体骨の扁平、椎間板軟骨の萎縮など脊柱の変形によるものが主因であると考えられる（小坂井ら、2007）。

　体重は、総脂肪重量および除脂肪重量（脂肪以外の重量）の総和量であり、これら重量の変化に影響される。後述するが、加齢に伴う体重の減少は、総脂肪重量および除脂肪重量の両方の減少に起因する（図2）。体重もまた、身長と同様な加齢変化を辿る。体格指数であるBMIは、一般的に肥満度を評価するために頻繁に用いられている。男性では20歳以降、多少の増減はあるものの70歳代に至るまで大きな変化は見受けられない。一方、女性では、20歳代に標準値（22）を下回り、20～40歳代においては低体重（やせ）の傾向が認められるが、その後、加齢に伴い増加していく（図1参照）。

●骨密度の加齢変化

　骨強度は骨の構造や量、構成成分によって規定されており、なかでも量的因子であるミネラル（骨塩）量が骨強度を決定する主要な因子である。一定の容積当たりの骨塩量は、骨密度として評価されており、骨強度を評価する際に広く用いられている。

　20～30歳前後で最大に達した骨密度は、性別や年齢に大きく影響を受ける。一般的に女性は、閉経後の最初の数年で骨密度が大きく低下し、その後、加齢に伴い低下していくと言われている。一方、男性でも、加齢に伴い骨密度は低下していくが、女性と比較して相対的に高い骨密度レベルを維持すると言われている。

　図2にDEXAを用いた40歳以降の日本人の骨密度の加齢に伴う変化を示した。加齢変化は上肢と下肢に分けた場合でも同様に生じる。女性では、40歳代から10年ごとに約

5％程度低下していき、80歳代に至るまで約20％程度低下する。一方で、男性は、40代から10年ごとに約2％程度低下していき、80歳代に至るまで約8％程度低下する。

このように女性の方が加齢の影響を受ける要因として、性周期に関与するステロイドホルモンの一種であるエストロゲンが考えられる。エストロゲンは骨形成に関わる骨芽細胞の働きを促進し、骨吸収に関与する破骨細胞の働きを抑制する。そのため、閉経後に認められるエストロゲン分泌の減少により、相対的に骨形成の抑制と骨吸収の促進が生じ、急激な骨量減少がもたらされる。

●総脂肪重量、除脂肪重量の加齢変化

体重を構成する総脂肪重量、除脂肪重量もまた加齢の影響を受ける。図2にDEXAを用いた日本人の総脂肪重量および除脂肪重量の加齢に伴う変化を示した。総脂肪重量は、男女とも50歳代をピークに80歳代まで同じように減少していき、その数値もまた男女ともほぼ同等である。しかしながら、女性では男性と比較してもともとの総脂肪重量が比較的大きい。この男女差は、体重の性差が生じ始める12歳以降から顕著に現れ、その機序としてエストロゲンの分泌の増加が考えられている。エストロゲンは、骨代謝同様、脂質代謝にも深く関わっている。そのため、閉経後のエストロゲン分泌の減少により、総脂肪重量にも骨密度のような急激な減少が予想されるが、日本人女性の場合、40〜80歳までに全身の総脂肪重量の低下は7.7％である。

除脂肪重量は、特に筋肉量の変化に影響される。欧米人を対象とした報告では、30歳代を過ぎると10年ごとに約5％前後の割合で減少し、60歳代からその減少率は加速することが知られている（Lexell et al., 1988）。

日本人男性では、40歳代から80歳代までに上肢および下肢とも23％減少する。

一方で、日本人女性では、40歳代から80歳代までに上肢で15％、下肢で11％減少する。筋肉を構成するタンパク質は、常に合成と分解が繰り返されており、そのバランスが釣り合うことで維持されている。加齢に伴う筋肉量の減少は、筋タンパク質の合成と分解のバランスが崩れ、筋タンパク質分解が合成を上回ることで引き起こされているものと考えられている。

（町田修一）

■図1　身長、体重、BMIの加齢に伴う変化

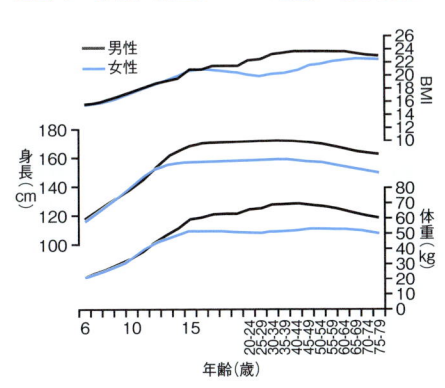

■図2　脂肪重量、除脂肪重量、骨密度の加齢に伴う変化

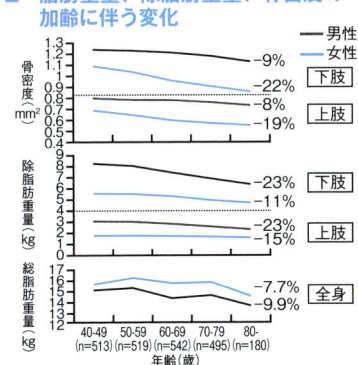

かっこ内は対象者数を示す。右端の数値は、40歳代を基準にした場合の低下率である。

出典：文部科学省「2009年度体力・運動能力調査」をもとに作成.
出典：国立長寿医療研究センター予防開発部第6次調査をもとに作成.

7-4 体力・運動能力の加齢変化
— 高齢者に必要な体力・運動能力 —

Keywords ▶▶▶ 生活体力／機能的体力／体力評価／日常生活動作能力（ADL）／個人差

●高齢者に必要な体力とは

体力は、行動体力と防衛体力に大別される。行動体力は、筋力や筋パワーなどの行動を起こす能力、筋持久力や全身持久力などの行動を持続する能力、平衡性、敏捷性、巧緻性、柔軟性などの行動を調整する能力から構成される。一方、防衛体力は、健康や生命を脅かすようなさまざまなストレスや浸襲に対して抵抗する能力である。私たちが、一般に体力を指す場合、行動体力であることが多い。

池上（1990）[1]は、健康の視点から体力を捉えた場合、「体力が高水準にあるかどうかということよりも、自分が持っている力をフルに発揮してもどこにも異常や支障を来すことのないと言うことの方が重要である」と述べており、行動体力が強ければ強いほど健康的であることにはならないことを指摘している。谷口（1997）[2]は、高齢者に必要な体力について、「日常生活動作能力（ADL）を基本として自分の生活をどれだけ維持する能力があるか、生活を楽しむ余力があるかということが重要な意味を持つ」としている。

このようなことからも、高齢者に必要な体力は、健康維持や自立した日常生活を送るために必要な身体機能で捉えることが重要であり、そのための体力水準を維持していくことが重要となる。

●高齢者の体力の評価

高齢者の健康維持や日常生活の自立に必要とされる体力は、「生活体力」や「機能的体力」といった概念で表されてきた。生活体力は、「機能的に自立して日常生活を支障なくすごすための身体的な動作能力」[3]、機能的体力は、「苦労なしに安全かつ自立して日常生活を遂行するために必要とされる身体的な能力」[4]と定義されている。

厚生労働省は、介護予防施策において、生活機能の低下した特定高齢者を決定するために、生活機能を評価する基本チェックリストとともに、「握力」「開眼片足立ち」「10m歩行速度」の3つの運動機能測定項目を実施している。また文部科学省も、国民の体力の現状を明らかにし、体力の向上と健康の維持・増進を推進することを目的に「新体力テスト」を行っている。65歳以上の高齢者を対象としたテストでは、健康に関連する体力と歩行能力に重点を置いた測定項目として、「握力」「上体起こし」「長座体前屈」の全年代に共通した項目に加えて、「10m障害物歩行」「開眼片足立ち」「6分間歩行」が実施されている。他にも、高齢者の生活体力や機能的体力を測定するフィールドテストとしては、「生活体力テスト」（1996）[3]や「AAHPERD（アメリカ保健・体育レクリエーション・ダンス連合）式高年者用機能的体力テスト」（1995）[5]などがある。

これらのテストに共通する特徴は、若年層のように体力を運動能力と同義に捉えるのではなく、日常生活に必要な体力要素を評価するための項目で構成されていることである。

●体力・運動能力の加齢変化

体力は、10歳代後半から20歳前後でピー

クに達し、それ以降は加齢とともに低下する。高齢期においても、日常生活を円滑に遂行するために必要な体力の低下が進行することが確認されている。また中年期以降では、定期的に運動・スポーツを実施している者の体力水準は、しない者と比較して、5歳から10歳程度若い体力水準にあることも示されている（表参照）[6]。

古名ら（1995）[7]は、地域高齢者を対象に、体力・運動能力の加齢変化について横断的に検討した結果、「握力」「開眼片足立ち」「自由速度歩行」「最大速度歩行」「最大タップ頻度」のすべての体力・運動能力の検査項目で、男女ともに加齢に伴う低下が認められることを報告している。また、検査項目により程度は異なるものの、高齢者は、若い世代と比較して、歩行能力などの体力・運動能力の個人差が大きくなることも指摘している。

体力などの加齢変化を検討する場合、同一の対象者を追跡調査していく縦断的な方法が望ましい。しかしながら、わが国において、代表的なサンプルを用いて高齢者の体力に関する縦断的な加齢変化を検討した研究成果の蓄積は少ない。数少ない研究の1つとして、杉浦（1998）[8]らが、秋田県の地域在住の高齢者を対象に実施した研究が挙げられる。地域在住高齢者510名の歩行能力を4年間にわたる追跡調査によって検討したこの研究では、①加齢に伴う歩行能力の低下は、縦断的手法を用いても確認されること、②歩行能力の相対的低下率は70歳以上で高くなり加齢変化が加速されること、③1年目の最大歩行速度で示される歩行能力の低い高齢者は、4年後の死亡率や手段的ADLの低下の割合が高いことなどが明らかにされている。

●ロコモティブシンドローム（運動器症候群）

ロコモティブシンドローム（運動器症候群：通称ロコモ）は、加齢に伴う筋肉や骨、関節などの低下によって運動器の機能が衰え、要介護や寝たきりになる危険性の高い状態を示す。ロコモティブシンドロームは、2007（平成19）年に日本整形外科学会が国の健康施策に沿って提唱した言葉であり、現在、厚生労働省は、筋力トレーニングやバランストレーニングなどの適切な運動の実施により、運動器の低下を防ぐための対策（ロコモ対策）に力を入れている。

（安永明智）

■体力テスト合計点の加齢に伴う変化：20歳から79歳

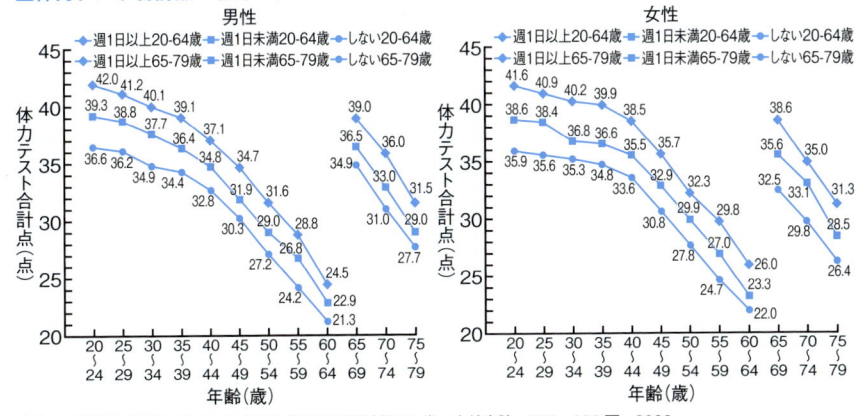

出典：西嶋尚彦「新体力テストとADL」「体育の科学」第50巻，杏林書院，880-888頁，2000.

7-5 高齢者のADLと生活自立
― 自立を支える生活習慣のあり方 ―

Keywords ▶▶▶ 高齢者の健康／生活の自律と自立／ADL／IADL

● 高齢者の健康度

WHO（World Health Organization：世界保健機関）（1984）は、高齢者の健康を「病気の有無ではなく、生活機能が自立していること」と定義している。これは、たとえ疾患や障害を有していても、通院や服薬を続けながらも自力で生活を維持することができれば、そのような状態も健康の内に組み入れようという意味である。生活の自立度から高齢者の健康度を示すと、図1に示すように、健康度において恵まれた高齢者が20％、平均的健康度のレベルにある普通の高齢者が60％、何らかの援護を必要とする高齢者が15％、寝たきりや障害があり、介護が必要な高齢者が5％と試算されている[1]。

このような高齢者の健康度分布をどのような健康度指標で測るかの定説はない。現在では、ADL（Activities of Daily Living：日常生活動作能力）の自立（independence）レベルから高齢者の健康度を決めることが多い。WHO（2002）によると、高齢者の自立度は身体的ADL（Physical-ADL）と手段的ADL（Instrumental-ADL）によって測定される。他方、自立と密接に関連した用語に自律（Autonomy）という概念がある。これは、「人が自分なりのやり方や選択に従いながら、日々をどのように生きていくかということに対して感じている自己統制感、課題の処理能力、自己決定の能力」であるが、その概念規定やそれに基づく測定が複雑であり、単一の簡便な尺度では測れないので、健康度の指標としては除外されることが多い。

● ADLについて

高齢者が自立した生活を送るために必要な活動能力を測る物差しとして、「身体的自己維持」能力のための身体的ADL尺度と手段的自立度を測るための手段的ADL尺度がある[2]。

身体的ADLは、基本的な身体的自己維持能力を測るためのスケールであり、手段的ADLは、社会的活動能力を測るためのスケールである（表）。前者は、心身の機能障害が高い頻度で生じる後期高齢者層（75歳〜）で問題となるADLであり、老化指標としての感度はやや低いといえる。後者は、前期高齢者層（65歳〜）で、社会的活動能力に若干の不利が生じる場合の障害の程度を測るADLであり、老化指標としての感度は高いといえる。

これらのADLスケールは、介護老人福祉施設（特別養護老人ホーム、ケアハウスなど）や老人保健施設などの入所判定や公的介護保険制度の利用者の要介護度を知るための「身の回り」の査定にも用いられており、居宅介護、施設介護のための量的・質的判定や、デイサービスやデイケアなどの通所型介護・保健サービスにおける活動能力の査定に有効なスケールである。

高齢者の健康状態を評価するためには、ADLよりも高次の活動を評価する必要がある。前述のロートン（Lawton, M.P.）のモデルに基づくと、4番目の「身体的自立」の次に高次な生活機能は手段的日常生活動作（IADL：instrumental activities of daily living）である。

IADLは、地域社会のなかで自立した生活を送るために必要な動作である。わが国でも、このような考え方に沿って作成された指標に「老研式活動能力指標」[3]がある。

　この指標は、13項目から構成され、13点満点の総合評価として用いられる。またIADLに相当する「手段的自立」（5項目）、ロートンの状況対応に相当する「知的能動性」（4項目）、さらにロートンの社会的役割に相当する同名の「社会的役割」（4項目）の3種の下位尺度に分けて使用することもできる。なお、この指標は対象者の「できるかどうか」の能力（competency）を評価するものであり、実際にしているかどうかを評価するものではないことに留意する必要がある。特に、退職した男性高齢者の場合は、食事の準備、日用品の買い物、病人の見舞いなどの行動は、実際に「していない」割合が高いことが推定される。実際の生活レベルでは、「できるかどうかの能力」よりも、現実に「しているか否か」が重要であるという指摘もある。今日、この指標は、新体力テスト（文部科学省, 1999）の60歳以上の高齢者向け体力テストを実施する際の評価項目にも加えられている[4]。

● 認知症とADL

　人生の後半では、日常の問題解決の能力、意思決定の能力がおおむね低下することは、従来の多くの研究からも明らかである。日常の問題解決能力の測定を行うことによって、個人が経験する機能的障害の低下や認知機能の障害（健康管理、お金の使い方、栄養管理など）を知る初期の兆候として使える可能性が指摘されている。機能的障害の指標であるIADL（手段的ADL）、基本的な日常生活の活動障害であるPADL（身体的ADL）の障害は、認知症の後期の段階へと進んで初めて大きな問題となる。

　認知症に関連した変化として認知的なIADL障害の微妙な臨床的サイン（日常の問題解決能力の測定から得られる結果）を知ることは有用である。近年、認知症の前駆症状である「軽度認知障害」（MCI：Mild Cognitive Impairment：認知症でない微妙な前臨床的変化）を知るための「ファイブ・コグ・テスト」（Five Cognitive Test）[5]や75歳以上の高齢者が行う運転免許更新時に義務づけられたスクリーニングテストなどがある。　　（谷口幸一）

■図　高齢者の生活機能（老化度）の分布モデル

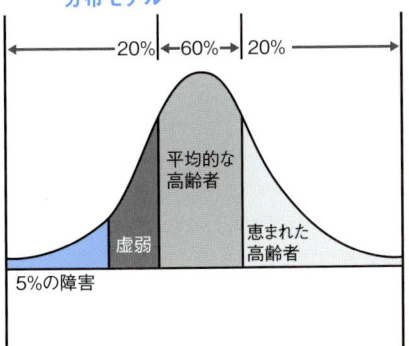

出典：生活・福祉環境づくり21・日本応用老年学会 編著『ジェロントロジー入門』社会保険出版社, 19頁, 2013.（Schrock, 1980のモデルを日本に合わせてアレンジ・柴田博）

■表　ロートンの生活機能の7段階の階層モデル

(1) 生命維持（Life Maintenance）
(2) 機能的健康度（Functional Health）
(3) 知覚−認知（Perception-Cognition）
(4) 身体的自立（Physical Self-Maintenance）
(5) 手段的自立（Instrumental Self-Maintenance）
(6) 知的能動性（Effectance）
(7) 社会的役割（Social Role）

出典：生活・福祉環境づくり21・日本応用老年学会 編著『ジェロントロジー入門』社会保険出版社, 36頁, 2013.（Lawton, M. P. 1969, 柴田博）をもとに作成.

7-6 高齢者の体力・身体機能の検査法
― さまざまな体力測定の方法 ―

Keywords ▶▶▶ スポーツ／介護予防／ADL／トレーニング

●体力とは

「体力とは、身体の力、身体の作業・運動の能力または疾病に対する抵抗力（広辞苑　第六版）」とあるように、体力の一般的な概念はかなり広い。行動体力と防衛体力に分類することもある。さらに、最近では、この行動体力をスポーツ競技成績に関係の深い競技関連体力と健康との関連の深い健康関連体力と分類することもある。

高齢者の体力の低下は一様でない。20歳時の値を100％とした場合、70歳時の握力は75〜80％であるが、持久力の指標である最大酸素摂取量や垂直跳び、脚筋力は50％、腕立て伏せや閉眼片足立ちは20％程度まで低下する。また、同じ筋力（筋量）でも、大腿四頭筋などの大腿全部の筋（筋量）よりもハムストリング（大腿後部の筋（筋量））の方が、早く減少することも知られている。したがって、1つの体力指標のみを測定すれば良いというのではなく、日常生活に必要な体力は目標（アウトカム）ごとに詳細に測定する必要がある。

また、高齢者、特に70歳以上の高齢者の体力の個人差が若年者に比べて大きいので正確な体力測定を行った後に、運動トレーニングを始めることが肝要である。

高齢者の免疫機能は若年者よりも低い傾向があることにより、免疫力を含む高齢者の防衛体力が重要である。また、健康づくりのための運動基準2006で示されたように持久力の指標である最大酸素摂取量が、循環器病や脳卒中などの発症に関係が深いことが示されており健康体力という観点も大切である。

●体力測定

一般に体力測定というと、作業体力の基本として作業を行う体力として、エネルギー産生能という観点から、最大酸素摂取量（有酸素性エネルギー供給速度の指標）、最大酸素借（無酸素性エネルギー供給量の指標）や筋力の測定、さらに敏捷性や反応速度等が測定される。しかし、このような体力は、例えば最大酸素借などは高齢者の測定に安全性が担保されないものも含まれるので、若年者で測定しているものをすべて高齢者で測定することはできないし、する必要もない。そこで、高齢者が軽いスポーツ活動を生活のなかに取り込み、生活の質を維持するという意味で持久力等の測定が重要となる。

一方、最低限の高齢者の生活の質を維持することを目的にADL（Activities of Daily Living）を測定することがある。測定の内容は、食事、椅子とベッド間の移動、整容、トイレ動作、入浴、移動、階段昇降、更衣、排便自制、排尿自制などである。

また、介護予防事業において生活機能低下の早期把握と介護予防の事業のアセスメントの評価を目的に体力測定を行っている。測定項目は握力、開眼片足立ち、歩行テスト、下肢筋力、ファンクショナルリーチ（バランス能力）、Timed up & goテスト（複合動作能力）、長座位体前屈である。閉眼片足立ちは若年者を対象として、平衡能力の評価に用いられているが、高齢者の開眼片足立ちは大腿骨骨折

予知という観点から、転倒予防に必要な筋力の測定という意味合いもある。

● トレーナビリティー

トレーナビリティー（トレーニングによる能力向上の可能性）という観点からは、一般的に高齢者は若年者と絶対的および相対的に同一強度でトレーニングを行った場合の能力の向上の程度は低いと考えられている。

しかし、最大酸素摂取量の増加も強度を高く保てば、若年者と同等に最大酸素摂取量が増加するという報告もある。また、従来、神経系の協調性の向上のみであると考えられてきたレジスタンストレーニング（いわゆる筋力トレーニング）が適切に計画されて実施されれば、筋量の増加も期待できるという最近の研究もある。このように、トレーニングに対する高齢者のトレーナビリティーの可能性は十分にあると考えられる。

● 生物学的老化と活動量の減少

高齢化による体力の低下は、加齢による不可避な生物学的低下と、それを維持してきた活動を高齢者が行わなくなったことによる社会的な理由がある。高齢者において最高心拍数は生物学的加齢により必ず低下するので、最大酸素摂取量の低下は高齢者全体としては防ぐことができない。また高齢者では、握力のように高齢者でも日常的に使用する筋力の低下に比べて、垂直跳びのように日常的に行うことの少ない種目の成績の低下が著しいことも報告されている。

最近のデータによると、1970年代に比べて現代人の最大酸素摂取量は多くの年代で低くなっているが、女性の50歳から60歳代はやや高めとなっている。最大酸素摂取量と日常の歩数に関係があることが知られていることから、これらの年代の女性の社会活動が増加したことによる歩数の増加が、最大酸素摂取量を高めている可能性がある。

● 筋力と総死亡リスク

図は、中高年男性の総死亡リスクと握力の関係を示している（健康づくりのための運動基準2006）。各点は、握力が最も低い群に比べて統計的に有意に総死亡リスクが低くなる値（境界値）を示している。このように握力は総死亡の要因になる多くの生活習慣病発症とも関連が深い。最近では、このように総死亡リスクという観点から握力測定がなされている（範囲は普通と評価される値）。（田畑　泉）

■全死亡リスクを有意に低下させる筋力水準と年齢との関係（男性）

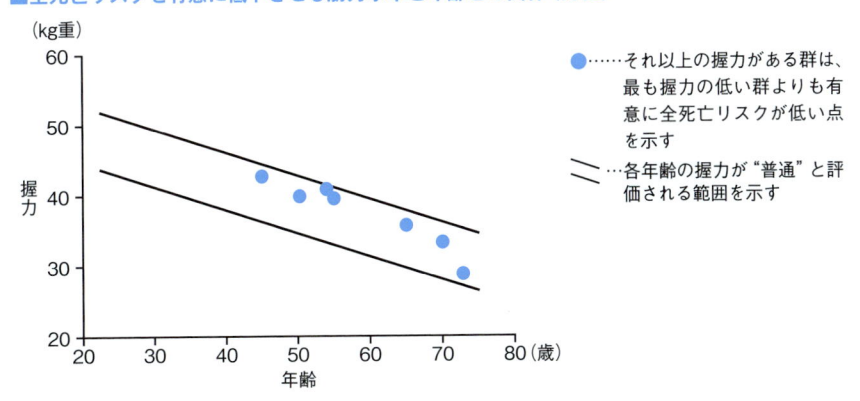

● ……それ以上の握力がある群は、最も握力の低い群よりも有意に全死亡リスクが低い点を示す

／／…各年齢の握力が"普通"と評価される範囲を示す

出典：厚生労働省「健康づくりのための運動基準2006」をもとに作成．

7-7 介護予防と運動
── 筋肉量を維持するための運動 ──

Keywords ▶▶▶ 廃用症候群／サルコペニア／筋力トレーニング／筋線維タイプ

● **介護予防における筋肉の重要性**

　2010（平成22）年の厚生労働省国民生活基礎調査によれば、介護が必要となった主な原因を要介護度別に見ると、重度の要介護者では「脳血管疾患（脳卒中）」が最も多く、次いで「認知症」、さらに「高齢による衰弱」「骨折・転倒」と続く。一方、要介護度が軽度の要支援者では「高齢による衰弱」「関節疾患」「骨折・転倒」が約半数を占めている。「膝痛・腰痛」や「骨折・転倒」によって、からだを動かす機会が減り、それが原因で筋肉が衰えたり骨がもろくなり、からだの機能がさらに低下して動けなくなる恐れがある（廃用症候群）。廃用症候群を防ぐためには、からだを動かすことが重要である。

　人が生涯にわたって健康で自立した生活を営むためには、日常動作の基盤となる筋肉量を維持することが必要不可欠である。しかしながら、筋肉量は加齢に伴い低下することが知られている。そのため、この加齢性のサルコペニア（筋肉減弱症）を予防することが重要となる。

● **サルコペニア（筋肉減弱性）の特徴**

　人では、30歳を過ぎると10年ごとに約5％前後の割合で骨格筋量が減少し、60歳を超えるとその減少率は加速することが報告されている[1]。高齢者の介護予防として、ウォーキングが推奨・実践されている。実際、ウォーキングは心臓病、高血圧症、糖尿病、肥満症などの生活習慣病の予防・改善に効果的であることに疑う余地がない。しかし、ウォーキングだけの運動によってサルコペニアの予防・改善に効果が期待できるかと問われれば、必ずしも答えは「Yes」とは限らない。

　私たちのからだの動きは、400個以上の骨格筋の働きによって産み出されている。体重の約50％を占め、大きな固まりに思える骨格筋は、実は毛髪と同じような細く長い細胞（筋線維）がたくさん集まってできている。筋線維は、その収縮特性から速筋線維（タイプⅡ線維）と遅筋線維（タイプⅠ線維）に分類される。サルコペニアの場合、速筋線維に選択的な萎縮が認められることが大きな特徴である。

　立つ、歩く、そして走る、これらの動作の主動筋である太ももの骨格筋（大腿四頭筋）には、速筋と遅筋の2つのタイプの筋線維が個人差はあるが約50％ずつ混在している。骨格筋では、各動作ごとに、すべての筋線維タイプが使われる（動員される）わけではない。すなわち、立つ、歩く、走るという動作をする際、酸素摂取量や筋力で表される運動の強さ（運動強度）によって、動員される筋線維タイプが異なる。例えば、歩く場合には遅筋線維が優位に動員されるが、スピードが高まり運動強度が増加するにつれて速筋線維が動員される。そのため、遅筋線維を優位に利用するウォーキングのみの運動習慣では、サルコペニアで認められる速筋線維の萎縮を抑制する効果が期待できない可能性がある。

● **介護予防としての筋力トレーニング**

　長期間の筋力トレーニングによって骨格筋に肥大が生じることはよく知られている。し

かし、すべての筋力トレーニングによって筋肥大が認められるわけではなく、トレーニング時の負荷強度が重要である。実際、筋肥大を目的とした場合、最大筋力［最大挙上重量（1RM）］の70〜90％もしくは最大反復回数が4〜12回になる負荷強度が用いられていることが多い。このことは、速筋線維を動員させるには大きな筋力発揮が必要であること（図参照）、トレーニングによって肥大するのが主に速筋線維であることから説明できる。

サルコペニアの予防・改善に有効な手段として、一定強度以上の筋力トレーニングが効果的であるとされている。実際、平均年齢87歳の高齢者を対象に実施した筋力トレーニングにおいても、筋の増加と筋肥大が確認されたとする報告がある[2]。

しかしながら、高齢者を対象とした筋力トレーニングで効果が認められた報告では、トレーニング強度が1RMの80％程度と高く設定されているため、専門の運動指導員や特別な監視下で実施された研究報告が多く認められる[3]。そのため、一般の高齢者を対象に筋肥大を目的としてトレーニングを実施する場合、上述したような効果が認められた研究報告のトレーニング内容を参考にするには注意が必要である。

● 介護予防を目的とした介入プログラムの開発

高齢者に対する筋力トレーニングの効果は、筋肉量・筋力の増加率は若年者に対するものに比べて弱いものの、トレーニングに伴う骨格筋タンパク質の合成は促進される。例えば、平均年齢74歳の高齢者に対して筋力トレーニングを週3回、12週間実施した場合、毎回のトレーニング2時間後にタンパク質と糖質を含む栄養物の補給を行った群では大腿四頭筋の筋肥大が認められなかったのに対し、トレーニング直後に栄養補給した群では、有意に筋肥大が認められたことが報告されている[4]。

この結果は、タンパク質を含む栄養補給を筋力トレーニング後できるだけ速やかに行うことによりトレーニング効果を高めることを示している。したがって、高齢者が筋力トレーニングを行う際は、トレーニング強度だけでなく、栄養補給の内容やタイミング、そして休養の取り方もトレーニング効果に影響を及ぼすことを念頭に置くべきである。

（町田修一）

■ 筋力発揮レベルと筋線維タイプの動員様式

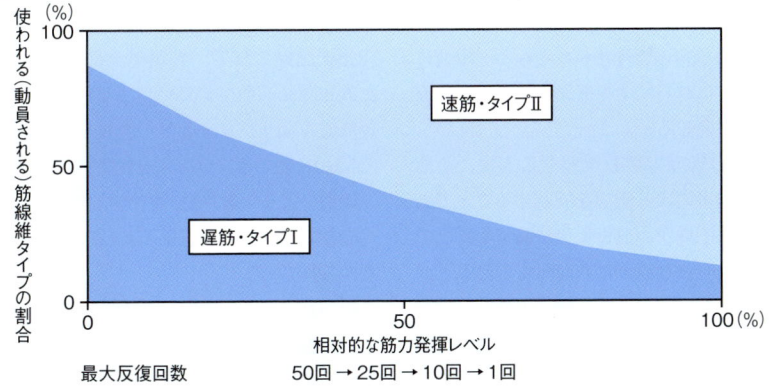

出典：町田修一「スポーツ選手の骨格筋機能」樋口満編『スポーツ現場に生かす運動生理・生化学』市村出版，56頁，2011．の図5-6を一部改変．

7-8 アンチエイジング
― 健康長寿実現の切り札 ―

Keywords ▶▶▶ 抗加齢医学／健康長寿／サクセスフルエイジング／サーチュイン

●アンチエイジングとは

　アンチエイジングとは、アンチエイジング・メディスン（抗加齢医学）から派生した言葉である。抗加齢医学は、病的な老化の進行を予防・治療して病気を未然に防ぐことによって、人々を健康長寿に導くことを目的とした新しい医学の一分野である。病的な老化を阻止することができれば、老化の進行を最小限に抑えることができる。日本抗加齢医学会は、抗加齢医学を「元気で長寿を享受することを目指す理論的・実践的科学」と定義している。アンチエイジングの実践によって、病気にならずに、いつまでも健康で若々しく年齢を重ねられること、すなわち健康長寿を実現することをサクセスフルエイジングと呼ぶ[1]。

　アンチエイジングにおいて最も重要なのは、ライフスタイルの管理である。誤ったライフスタイルを回避したり、是正したりすることによって病的な老化の進行を防ぐわけであるが、そのためには①食生活、②身体、③メンタルの3つの管理が基本となる。場合によっては、これらにホルモン療法などの医療が加わる場合もある。

　食生活の管理で最も重要なことは、摂取カロリー過多による肥満を回避することである。近年、肥満が心血管疾患や脳卒中だけでなく、癌の主要な原因にもなっていることがわかってきている。一方で摂取カロリーの制限は、これらの生活習慣病を予防するだけでなく、生活習慣病関連遺伝子の発現にも影響を与えて健康長寿を実現する可能性が高くなることがわかってきている。野菜・果物の積極的な摂取も重要である。

　身体管理で最も重要なのは、運動である。運動には、カロリー制限と同様に癌をも含めたさまざまな生活習慣病の予防効果のあることがわかってきている。また、有酸素運動だけでなく筋肉トレーニングも併せて行って筋萎縮を防ぐことが"寝たきり"になるのを防ぐ鍵となる。

　メンタル管理では、孤独を避ける工夫がいちばん重要である。なるべく活動性の高い人間関係の輪のなかに積極的に身を置くようにすることが、精神面を若々しく保つことにつながることが科学的にもわかってきている。また、喫煙習慣をもたないように（あるいは断ち切るように）することも重要である。

●人は何歳まで生きられるのか

　上述のようにアンチエイジングでは健康長寿を目指すが、ではいったい人はどのくらいまで生きることが可能なのだろうか。

　公式記録として、人類史上最も長く生きた人と認められているのは、1997年に122歳で亡くなったジャンヌ・カルマン（Jeanne Calment）というフランス人女性である。

　以上のような事実や、生物学的な検討から、今のところ人間の最長寿命は120歳前後だと考えられている[2]。

　現在、日本人の平均寿命は栄養や衛生状態の改善、それに医療レベルの向上などに伴ってどんどん延びてきている（2012年の時点で男性79.94歳、女性86.41歳）。100歳以上

の百寿者の人数も、すでに5万人を超えていて、今後もますます増えていくと予測されている。

しかし、100歳まで生きられる人は増えてきたが、105歳以上生きられる人となると、その数は実はかなり少なくなる。そのため、105歳以上生きられる人は何らかの長寿遺伝子を持っていて、それによって、より長生きできるのではないかと考えられている。例えば、先ほど名前の出たカルマン女史にしても、彼女の家族が平均寿命のはるかに短かった19世紀の生まれでありながら大変長生きだったことから（兄は97歳、父は94歳、母は86歳まで生きた）、彼女が非常に長生きであったのは、やはり親から受け継いだ何らかの長寿遺伝子の働きが関与したのではないか、と推測されている。

とはいえ、人では明確な長寿遺伝子というのは残念ながらまだ同定されていない。

●最新のアンチエイジング研究

寿命に関わる遺伝子の発現を調節している仕組みに関しては、近年になって少しずつ明らかになってきている。

例えば、遺伝子の発現を調節しているヒストンというものに変化を与える酵素（ヒストン脱アセチル化酵素）の遺伝子には、サーチュイン（sirtuin）と呼ばれているものがある。そして、特に哺乳類では、そのうちのsirt1が寿命やさまざまな病気に関わる遺伝子の発現に関係していることがわかってきており、これを活性化することで寿命延長や生活習慣病の予防効果がもたらされる可能性があるとして注目されている[3]。

現在のところ、摂取カロリーの制限や有酸素運動によってサーチュインを活性化できることがわかっている。さらに、食品などに含まれているさまざまな物質でもサーチュインを活性化できるのではないかと、今さかんに研究が行われている。

したがって、特別な長寿遺伝子を持っていないとしても、日々積極的にアンチエイジングに励んで、サーチュインなどをもっと活性化すれば、サクセスフルエイジングが実現できるかもしれない。

さらに、今後の科学の進歩次第では、今のところ生物学的に限界と考えられている120歳の壁さえも乗り越えることができるのではないかと期待される。

（川田浩志）

■抗加齢（アンチエイジング）医学とは

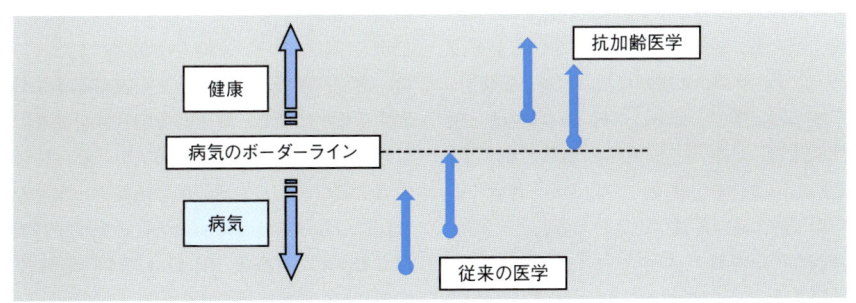

抗加齢医学は、主に病的老化の兆候を、できるだけ早期に診断し、病気になることを予防して、人々を健康長寿へ導くことを目的とする新しい医学の一分野である。

出典：川田浩志『サクセスフルエイジングのための3つの自己改革』保健同人社，132頁，2007.

7-9 長寿と健康寿命
― その背景にある要因 ―

Keywords ▶▶▶ 加齢と疾病構造／国民の医療費／健康寿命の性差／運動がQOLに及ぼす影響

● 中高齢者の疾病構造

　45歳以降の中年世代になると、受療率（外来・入院ともに）が急増する。このような背景には、長年のライフスタイル（健康習慣）のあり方に起因する生活習慣病やストレス性疾患などの精神的不調に陥っている人々など、多様な健康レベルの人々の存在が認められる。

　厚生労働白書2011（平成23）年度によると、特に生活習慣病に分類される疾患のうち、循環器系疾患の入院受療率は、75～80歳を境に急増している。心臓や血管に関わる循環器系の生活習慣病については、高齢期になると受療率が上昇し、さらに後期高齢期に入院に転化していく様子をうかがうことができる。さらに高齢者の有訴者の症状を見ると、腰痛、肩凝り、目のかすみ、手足の動きが悪い、便秘といった症状が多くなる。高齢者の通院者の傷病を見ると、高血圧症、腰痛症、肩凝り、目の病気などが特に多い。国民の死亡原因は、癌、心疾患、脳血管疾患が上位3位までを占め、以下、肺炎、不慮の事故、自殺、肝疾患、結核の順で多い。他方、高齢者の場合は、悪性新生物、心疾患、脳血管疾患などが多く、それらに次いで、肺炎・気管支炎、老衰、不慮の事故、高血圧性疾患などが多い。

● 国民の医療費

　日本人の死亡率が低下し、「人生80年時代」と言われるほどの長命社会になった背景には、健康な高齢者の増加とともに病虚弱高齢者も増加しており、その分、国民医療費も膨大になっているという事実がある。1994（平成6）年には、国民医療費は約26兆円、国民所得の約7％に達した。そのなかで、老人医療費はおよそ8兆円で、国民医療費の約32％を占めていたが、2011（平成23）年度においては、国民医療費は38兆円を超え、そのなかで老人医療費（後期高齢者）はおよそ13兆円で国民医療費の約35％を占めている。高齢者は病気に罹りやすく、一旦病気になると治りにくく、また入院などの費用がかさむ結果となる。老人医療費の急騰の背景には、このような虚弱高齢者の増加がある。

　図1は、1950～2008年の期間における国民1人当たりの社会保障給付費の推移を示している。「福祉・その他」の経費に比べて、「医療費」と「年金」の経費が急増している。2010年度の予算ベースでは、1人当たり年間105万円を超えており、そのなかでも「年金」の割合が5割、医療費が3割を占めている。特に、高齢者の増加は、その傾向にますます、拍車をかけている。平均寿命を延ばすだけでは、虚弱高齢者や寝たきり・障害高齢者も増加することになる。健康寿命の延伸を図るには介護予防対策の充実が不可欠である。特に栄養失調の防止、生活運動の活性化、人との交流につながる社会参加の活動が重要な対策になる。また医療費の削減には、終末期医療のあり方も大きな要因である。

● 健康寿命

　健康寿命とは、単なる寿命の延長ではなく、QOL（Quality of Life：生活の質）も重視する

観点から、「日常生活に介護を必要としない、心身ともに自立・自律した活動的な状態で生存できる期間」と定義され、「活動的平均余命」とも称される[1]。WHOは、2000年からこの指標を国際比較に用いるようになった。2010年現在の日本の健康寿命は、男性70.4歳、女性73.6歳である。平均寿命と健康寿命が一致することが理想的であるが、男性の場合はその差が約9歳、女性の場合はその差が約13歳である。このように自立度の高い高齢者が増加する一方で、その内実は病虚弱高齢者も急増しており、そのことが国民医療費の増加の大きな原因になっている。このように医療費という社会保障経費の削減という国家的課題のみならず、個人のQOLや個人の死の迎え方（尊厳死、満足死）という人生課題もクローズアップされてきた。

● 個人のQOL

一般の自立能力の高い高齢者の身体的健康状態と生活満足度（主観的QOLの一面）との関係は複雑であるが、虚弱高齢者においては両者の関係はさらに複雑な要素がからんでくる。

高齢者は、自立能力の低下につれて、他者にわが身の世話を委ねる機会が増える。病院や施設に生活の場を移すことで、「社会死」を迎えやすく、施設での生活が長引くほど「生活死」を迎えやすくなる。完全寝たきりの状態は、「生物死」に近くなる。個人のQOLを維持するためには、たとえ施設生活においても、他者と交流を図り、コミュニケーションを維持することによって、生活死にならないことが重要である[2]。

運動やスポーツに参加することで、心身機能に改善が認められるという証拠は多い（図2）[3]。老化の過程に（一時的にしても）逆行する証拠と言える。この逆行の機制（anti-aging）を説明することは、老化自体の過程に対して大きな洞察を与えることになる。

身体的に活発な生活スタイルを求め続けている高齢者は、個々の生活満足が高く、社会的にも有益な関わりを続けており、たとえ虚弱状態になってもIADL機能の自立度も高く、高いQOLを有している傾向がある。生活行動を意図的な身体活動として位置づけることは、高齢期においては、QOLの維持に有効な手立てとなると思われる。　　　（谷口幸一）

■図1　社会保障給付費の推移

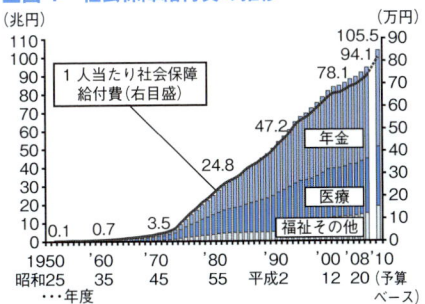

資料　国立社会保障・人口問題研究所「平成20年度社会保障給付費」、2010年度（予算ベース）は厚生労働省推計
（注）図中の数値は、1950, 1960, 1970, 1980, 1990, 2000, 2008, 2010年度（予算ベース）の社会保障給付費（兆円）である。
出典：「国民福祉の動向, 2011/2012」厚生労働省統計協会, 2012.

■図2　「運動の加齢サイクル」モデル

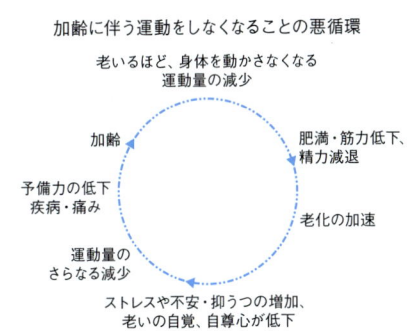

加齢に伴う運動をしなくなることの悪循環

老いるほど、身体を動かさなくなる運動量の減少 → 加齢 → 肥満・筋力低下、精力減退 → 老化の加速 → 運動量のさらなる減少 → ストレスや不安・抑うつの増加、老いの自覚、自尊心が低下 → 予備力の低下、疾病・痛み

出典：Berger, B.G. et al. Exercise, Aging and Psychological Well-being. Benkmark, 1989. を一部改変.

7-10 高齢者の健康概念
― 健康の現状と対応 ―

Keywords ▶▶▶ 健康寿命／自立／介護予防／メンタルヘルス

● 高齢者の健康

　高齢者の健康の指標を，生死や疾病の有無から日常生活機能の自立の水準で判断すべきという世界保健機関（WHO：World Health Organization）によるパラダイムチェンジは，高齢者の健康の目標を，単に長寿を全うすることから，日常生活機能の自立した健康寿命の延伸へと大きく変えるものであった（WHO，1984）[1]。超高齢社会に突入し，老人医療費を含めた社会保障給付費の抑制が国家的課題とされるわが国でも，国民の健康寿命の延伸に向け，予防を重視した健康づくりを行うことは喫緊の課題である。このような背景から，2000（平成12）年に施行された介護保険制度においても，2006（平成18）年4月より要介護状態になることの予防および要介護状態になった者の自立支援に重点を置いた介護予防事業が導入され，生活機能の維持・向上を積極的に図り，できる限り自立した生活を送れるように援助する方向となった（図参照）[2]。さらに，2009（平成21）年に示された総合的介護予防システムについてのマニュアル（改訂版）[2]では，介護予防の目指す目標として，「心身機能の改善」を基盤とし，「生活行為」や「参加」など生活機能全般を向上させることにより，「自己実現」「生きがい」を支えること，そして国民の健康寿命をできる限り伸ばすとともに，真に喜ぶに値する長寿社会を創成することが掲げられている。また，「健康日本21（第2次）」（2013）においても，健康寿命の延伸に向けて，運動器の低下（ロコモティブシンドローム），認知症，うつ，閉じこもりの予防，そして社会参加の促進などが高齢者の健康づくり対策の柱として設定されている。

　このように，高齢者にとっての健康は，日常生活を円滑に送るために必要な身体機能の自立や心身の健康状態をより積極的に保ち，高い水準で生活の質（QOL）を維持・増進していくことが目標となるであろう。

● 高齢者の健康の現状

　高齢期は，社会的には，人生の完成期で余生を楽しみ，豊かな収穫を得る時期である。一方，身体的には老化が進み，健康問題が大きくなる[3]。厚生労働省が実施した国民生活基礎調査データ[4]から65歳以上の高齢者の健康状態について見ていくと，2010（平成22）年における有訴者率（人口1,000人当たりの「ここ数日，病気やけが等で自覚症状のある者（入院者を除く）の数」は，男性444人，女性493人と全体の約半数の高齢者が何らかの自覚症状を訴えている。さらに，健康上の問題で，日常生活動作，外出，仕事，家事，学業，運動などに影響のある者（入院者を除く）の数は，人口1,000人当たり209人と，高齢者の4人に1人は日常生活に何らかの支障を抱えている[5]。また，老人医療費の増加は財政を圧迫する切実な問題となっており，2010（平成22）年度の1人当たりの国民医療費は，65歳未満の年間16万9,400円に対して，65歳以上では70万2,700円，75歳以上では87万8,500円と，それぞれ約4倍，5倍の額となっている[4]。要介護認

定者数の推移についても、介護保険制度の施行以来、増加の一途を辿っており、2001（平成13）年に218万人であったものが、2012（平成24）年には533万人と2.5倍以上の伸びを示している[4]。前項でも述べたように、1次予防を重視した健康づくり政策を推進し、社会保障給付費の伸びを抑制していくことがわが国の国家的課題である。

一方で、60歳以上の高齢者を対象とした健康についての意識に関する国際比較（内閣府）[6]では、日本の高齢者は、アメリカ、ドイツ、フランス、韓国の4か国と比較して、「健康である」と考えている者の割合は、64.4％で最も多い。次いで、アメリカ（61.0％）、フランス（53.5％）、韓国（43.2％）、ドイツ（32.9％）の順となっており、日本の高齢者の自覚的健康度は、他の先進諸国と比較して良いことが明らかとなっている（内閣府，2009）。

● メンタルヘルスの維持・増進

年間の自殺者が3万人を超えるわが国において、メンタルヘルスを良好に保つための支援方法の確立は、健康政策の重要な柱の1つである。喪失に関連したさまざまなストレスにさらされる高齢期において、サクセスフル・エイジングを実現していくためにも、寿命の延伸や必要な身体機能の維持と同時に、メンタルヘルスを良好に保つことが重要となる。うつ病などによるメンタルヘルスの悪化は、単に精神面だけでなく、健康管理や日常生活への消極的な態度につながり、身体面にも悪影響を与えることがわかっている。このように、高齢者のメンタルヘルス対策は、生活習慣病予防・進展防止、ひいては要支援・要介護高齢者を少なくするためにも重要になってくる[7]。

このような背景から、介護予防の分野でも、うつ予防支援のマニュアルが作成されており、①うつに対する正しい知識の普及啓発を行い、心の健康の維持とうつ対策を行うようにすること、②地域自治会、老人クラブ、地域などで、高齢者の生きがいや孤立予防につながる活動を行い、主体的な健康増進とうつ予防を目指すこと、③住民と行政および専門職、地域の医療機関が連携して、うつ病をはじめとする心の健康問題に関する相談やうつのスクリーニングおよび受診体制を整備すること、などが支援目標として掲げられている。

（安永明智）

■ 介護予防における高齢者の健康づくり

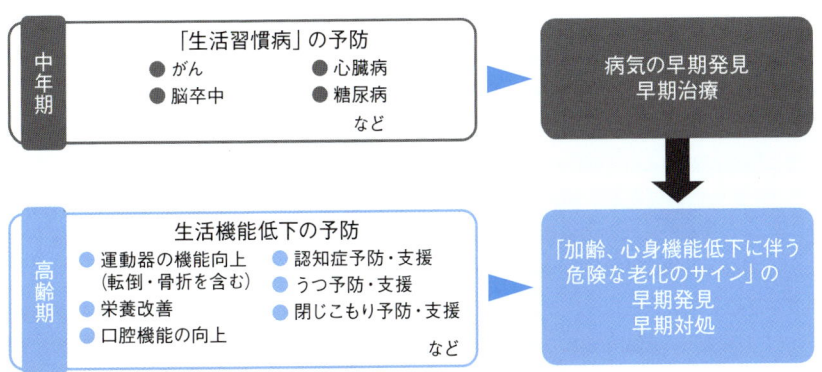

中年期　「生活習慣病」の予防
● がん　● 心臓病
● 脳卒中　● 糖尿病
など

→ 病気の早期発見 早期治療

高齢期　生活機能低下の予防
● 運動器の機能向上（転倒・骨折を含む）
● 認知症予防・支援
● うつ予防・支援
● 栄養改善
● 閉じこもり予防・支援
● 口腔機能の向上
など

→ 「加齢、心身機能低下に伴う危険な老化のサイン」の早期発見 早期対処

出典：厚生労働省「介護予防マニュアル（改訂版）について」http://www.mhlw.go.jp/topics/2009/05/tp0501-1.html

7 健康と運動

235

7-11 運動・スポーツの心理社会的効果
― 心の健康に果たす役割 ―

Keywords ▶▶▶ 不安・うつ／有酸素運動／筋力トレーニング／ウォーキング

● 高齢者の心の健康と運動・スポーツ

高齢期において、運動やスポーツを定期的に行い、活動的なライフスタイルを構築していくことは、高血圧や糖尿病、心血管系疾患などの生活習慣病の予防や身体機能の保持だけでなく、心の健康の維持・増進に貢献することが報告されている。世界保健機関（WHO：World Health Organization）の高齢者における身体活動ガイドラインでは、高齢者の身体活動が個人にもたらす心理的恩恵として、短期的には「リラクセーション」「ストレスや不安の減少」「気分の高揚」、長期的には「全般的な幸福感の向上」「精神的健康の改善」「認知機能の改善」「運動統御とパフォーマンスの向上」が示されている[1]。

2007年にアメリカスポーツ医学会（American College of Sports Medicine）とアメリカ心臓学会（American Heart Association）が共同で提言した「高齢者の身体活動と健康」のガイドライン[2]においても、運動習慣の有無や身体活動量の多少は、生活習慣病の罹患率や死亡に関連する危険因子だけではなく、不安や抑うつなどの心の健康や認知機能の良し悪しと非常に関連が高いことが報告されている。そして、生活習慣病罹患率や危険因子を減少させ、心身の健康を維持・増進するために、定期的な運動・身体活動（1回30分以上の中強度の運動を週に5日以上、または、1回20分以上の高強度の運動を週に3日以上）を実施することが推奨されている[2]。また、わが国の健康施策である「健康日本21（2次）」の中でも、身体活動・運動は、「生活習慣病の予防のほか、社会生活機能の維持及び向上並びに生活の質の向上の観点から重要である」ことが明記されている。

● 心の健康と運動・スポーツ種目

心の健康を維持・増進していくためには、どのような運動・身体活動を実践すればよいのだろうか。先行研究では、ジョギングやウォーキングなどの有酸素運動が、心の健康の維持・増進に大きな効果をもつことが報告されている。高齢者を対象に運動介入の心理的健康への効果をメタ分析によって検討した研究[3]では、有酸素運動は、筋力トレーニングや柔軟トレーニングと比較して、大きな効果サイズを示し、心の健康を改善するための介入効果が最も大きいことが明らかにされている。同様に、日本人を対象とした研究においても、1日の平均歩数が多い活動的な高齢者は、不活発な高齢者と比較して、健康関連QOL[4]、うつ指標で評価された心の健康[5]、認知機能[6]が良いことが報告されている。有酸素運動の代表的な種目であるウォーキングは、わが国で最も親しまれている運動・スポーツであり、比較的安全で手軽なものであることから、体力水準の低い高齢者や運動習慣のない人々にとっても取り組みやすい運動・スポーツといえる。

一方、心の健康への筋力トレーニングの効果に関しては、有酸素運動の効果と比較して一貫していない。しかしながら、身体機能の低下した高齢者の心の健康の改善に対する筋

力トレーニングの有効性を報告した研究は多い。例えば、骨密度の低い高齢女性を対象とした無作為化対照比較研究[7]では、筋力トレーニングや敏捷性トレーニングによる運動介入は、腰痛やそれに関連する障害を軽減させること、そして腰痛や関連する痛みの軽減は、健康関連QOLの改善を導くことが明らかにされている。先述した高齢者の心理的健康と運動介入についてのメタ分析[3]では、心肺機能、筋力、柔軟性、そして機能的体力に向上が示された高齢者は、示されなかった者と比較して、心の健康の改善効果がより大きいことが明らかにされている。特に機能的体力の向上に対する心の健康への効果サイズは他の体力の向上よりも大きく、体力水準の低い高齢者や痛みや障害を伴った人たちに対しては、筋力トレーニングによって日常生活に必要な身体機能の向上や回復を図ることは、心の健康の増進につながっていくだろう。

● 高齢期の発達課題達成と運動・スポーツ

バーガー（Berger, 1989）は、高齢期の発達課題達成において、運動・スポーツは、体力や健康の減退に適応することや満足のいく身体生活条件を発達させることなどの身体的側面への役割をもつこと、それと同時に、新たな社会的役割の獲得や親密な人間関係を築いていくことなどの心理・社会的側面への役割ももつことを指摘している（表参照）[8][9]。

このように、積極的な運動・スポーツ活動への参加は、同年齢の集団や世代を超えた集団との交流につながり、仲間との友好的な関係づくりに役立つ。また、高齢者は、一方的なソーシャル・サポートの受領者になるだけでなく、他の人にサポートを与える主体であること、そしてその授受のバランスが偏らないことが、生きがいや心の健康を高めることにつながる。自ら経験してきたスポーツなどの知識や技能を若い世代に伝えることやスポーツの審判などを積極的に引き受け、高齢者自身が、サポートの提供者となることは、新たな社会的役割の獲得につながり、生きがいの形成につながるのである。

以上のことからも、高齢期における定期的な運動・スポーツの実践は、体力や身体機能の改善に役立つだけではなく、心の健康や認知機能の維持増進、社会関係の充実にも貢献することが明らかであろう。　　　　（安永明智）

■ 高齢期の発達課題を達成するために、運動・スポーツが果たす役割

老年期の発達課題を達成するために、運動（エクササイズ、スポーツ）が果たす役割
① 体力や健康の減退に適応すること 運動の定期的な実践は、筋力を増加させ、加齢に伴うさまざまな体力的消耗を少なくすることができる。 運動によって、高齢者は心肺機能の効率を高め、血圧を低下させ、筋力の持久性を高め、骨の老化（骨粗鬆症など）を防止することができる。
② 柔軟な方法で、社会的役割を選択し、その役割にうまく合わせること 退職前の勤労者としての労働の代わりに、ウォーキング・水泳・エアロビクス教室などの新しい身体活動を選択することができる。
③ 同じ年齢集団の仲間とフランクな関係を確立すること 教会・高齢者デイサービスセンター・高齢者スポーツ集団などは、同じ年齢集団の仲間とフランクな関係を確立するために必要な機会を多く提供する。
④ 退職や収入の減収に適応すること 退職した個人にとって、かつての仕事における責任を、その他の価値ある活動に置き換えることは重要なこととなる。運動の実践は、達成欲求や生産活動に関心の高い高齢者にとっては、特に価値のある活動のひとつといえよう。
⑤ 配偶者の死に適応すること 生活の伴侶を失うことは、情緒的支えを奪い取られることになる。運動は、高齢者の気分の高揚に役立つという実証的研究は多い。適度な運動の実践によって通常の安定した感情状態に戻す効果が期待できよう。
⑥ 満足のいく身体的生活条件を発達させること 高齢者は、成人した自分の子どもたちに負担をかけることを好まない。買い物・通院・服薬管理・友人交際・レクリエーション活動に対する容易な手段を必要としている。 運動によって、彼らの身体的能力を維持・向上させることは、自分の好みにあった活動的な生活条件を確立するのに役立つ。

出典：谷口幸一編著『成熟と老化の心理学』コレール社，156頁，1997．

7-12 運動・スポーツ・身体活動の生理的効果
― 身体の健康に果たす役割 ―

Keywords ▶▶▶ 生活活動／体力／健康／アクティブガイド

●運動・トレーニングの効果

「骨格筋の収縮を伴い安静時よりも多くのエネルギー消費量を伴う身体の状態である」（健康づくりのための運動基準2013～身体活動・運動・体力；厚生労働省，平成18年）と定義される身体活動のなかで、運動は「特に体力（競技に関連する体力と健康関連する体力を含む）を維持・増進させるために計画的・組織的で継続性のある」ものである。

組織的な運動である有酸素性トレーニングは中高年から高齢者の生活の質を維持するために必須な体力や持久力の指標である最大酸素摂取量を向上させる。最大酸素摂取量の維持は日々の生活における身体活動量を高めるばかりでなく、生活習慣病の発症を抑える。さらに、最大酸素摂取量の高低は、多くの脳卒中や循環器病のような高齢期に起こる疾病の発症と関係が深く、脳卒中からの快復率にも影響を与える。

有酸素性トレーニングは、多くの生活習慣病の発症と関係の深い体脂肪量および内臓脂肪量の減少をもたらす。また有酸素性トレーニングは、骨格筋の糖代謝を高め、糖尿病の予防や治療に効果的である。これは、運動により骨格筋の糖処理能力を決めているGLUT4（glucose transporter 4：筋細胞外から筋細胞内にブドウ糖を取り込む機能をもつタンパク質）が増加することによる。GLUT4の増加は運動強度に関係していることより、血圧等が病的に高くない場合では中高年から高齢者でも、スポーツを含むより高い強度の運動を行うことも推奨されている。

最近、わが国の中高年男女における癌、特に大腸がんの発症例が増えている。動物実験の段階であるが、組織的な運動トレーニングは、多段階発症過程を辿る大腸がん発症の最初の段階である大腸内皮細胞における異常腺窩（内皮細胞が肥大し、他の細胞より濃く染まる細胞）の発生数を制御することが明らかにされており[1]、身体運動トレーニングに大腸がん発症予防効果があることが示唆されている。

一方、組織化されたレジスタンス・トレーニング（いわゆる筋力トレーニング）は高齢者においても筋量・筋力、筋パワーの向上をもたらす。積極的なトレーニング介入により要介護者が減少するという研究成果に介護予防事業において筋力向上のためのレジスタンストレーニングが実施されている。

また習慣的な身体活動は、高齢者の免疫能を高めるというような報告もある。さらに身体活動・運動・スポーツは体力向上の効果にとどまらず、認知症、アルツハイマー病、うつ病という高齢者の精神疾患にも抑制効果の可能性を示唆するような研究成果が報告されている。閉経後の高齢女性における骨粗鬆症の予防、特に代謝の高い大腿骨頸部のような海綿骨の骨密度に対して、速歩や水泳運動のような大腿骨頸部に衝撃刺激を与える運動・トレーニングは効果的である。

これらの多くの運動・トレーニング・身体活動の生理学的効果により平均余命も延びる

ことが期待される。

● 健康づくりのための身体活動指針
（アクティブガイド）

　健康づくりのための身体活動指針（アクティブガイド）（厚生労働省）では、身体運動を"骨格筋の収縮を伴い安静時よりも多くのエネルギー消費を伴う身体の状態"、運動を"身体活動の一部であり、特に体力（競技に関連する体力と健康に関連する体力を含む）を維持・増進させるために行う計画的、組織的で継続性のあるもの"と定義し、18歳から65歳の国民には、糖尿病、心疾患、がん等の生活習慣病発症予防に必要な身体活動量を1週間に23メッツ・時（1日に歩行（3メッツ）以上の強度で1時間）、運動を1週間に3メッツ以上の強度で4メッツ・時（1時間）とした。従来の、若年から中年に対する運動指導がスポーツ中心であったこととは異なり、日常生活における身体活動、すなわち生活活動（身体活動のうち、運動以外のものと定義）をより推奨している。

　また65歳以上に対してロコモティブシンドローム・認知症の予防に必要な身体活動量を1週間に10メッツ・時（強度を問わずに1日40分）とした。

　最後にアクティブガイドでは＋10（プラステン）という標語が最も重要視されている。これは、すべての国民力や"つながって"、一緒に＋10（10分間の身体活動）を行うことにより、確実に、1メッツ・時というわずかな身体活動量の増加で、生活習慣病の発症リスクが0.8％減少するというエビデンスを根拠としている。若者でも、高齢者でも、"まずは10分いつもより歩きましょう。できれば一緒にやりましょう"というメッセージである。

　持久力、筋力とも総死亡リスクとの関係が深い。したがって、中年期から体力向上に励む運動をすることが必要である。一方、特別に高い強度のトレーニングを行わなくても、3メッツ未満の強度の身体活動量と最大酸素摂取量との間に相関関係が観察されることが報告されており、中等度の強度の運動に加えて比較的低い強度の生活活動の重要性が体力という観点からも見直されている。

（田畑　泉）

■身体活動・運動・生活活動とは

血糖・血圧・脂質に関する状況		身体活動（生活活動・運動）※1		運動		体力（うち全身持久力）
健診結果が基準範囲内	65歳以上	強度を問わず、身体活動を毎日40分（＝10メッツ・時／週）	今より少しでも増やす（例えば10分多く歩く）※4	―	運動習慣をもつようにする（30分以上・週2日以上）※4	―
	18〜64歳	3メッツ以上の強度の身体活動※2を毎日60分（＝23メッツ・時／週）		3メッツ以上の強度の運動※3を毎週60分（＝4メッツ・時／週）		性・年代別に示した強度での運動を約3分間継続可能
	18歳未満	―		―		―
血糖・血圧・脂質のいずれかが保健指導レベルの者		医療機関にかかっておらず、「身体活動のリスクに関するスクリーニングシート」でリスクがないことを確認できれば、対象者が運動開始前・実施中に自ら体調確認ができるよう支援した上で、保健指導の一環としての運動指導を積極的に行う。
リスク重複者又はすぐ受診を要する者		生活習慣病患者が積極的に運動をする際には、安全面への配慮がより特に重要になるので、まずかかりつけの医師に相談する。

※1 「身体活動」は、「生活活動」と「運動」に分けられる。このうち、生活活動とは、日常生活における労働、家事、通勤・通学などの身体活動を指す。
　　また、運動とは、スポーツ等の、特に体力の維持・向上を目的として計画的・意図的に実施し、継続性のある身体活動を指す。
※2 「3メッツ以上の強度の身体活動」とは、歩行又はそれと同等以上の身体活動。
※3 「3メッツ以上の強度の運動」とは、息が弾み汗をかく程度の運動。
※4 年齢別の基準とは別に、世代共通の方向性として示したもの。

出典：厚生労働省「健康づくりのための運動指針2006〜生活習慣病予防のために〜＜エクササイズガイド2006＞」「身体活動・運動・生活活動」2006. http://www.mhlw.go.jp/bunya/kenkou/undou01/pdf/data.pdf

7-13 高齢者に適した運動・スポーツ種目
― 健康維持と楽しむための工夫 ―

Keywords ▶▶▶ 健康維持／個人差／安全への配慮／ルールの工夫

●運動・スポーツ実施の高まり

近年、高齢者の運動・スポーツの実施は増加傾向にある。社会生活基本調査（平成23年）[1]をもとに、20歳以上の人について1週間のスポーツ時間を年齢階級別にみると、60歳以上が最も長く1時間57分である[2]。25年前と比較して44分増加し、約1.6倍となっている（図参照）。スポーツライフ・データ2010[3]においても、週2回以上の運動・スポーツの実施率は60歳代が62.8％と最も高く、70歳以上でも55.0％と高齢者における積極的な運動実施と習慣化がうかがえる。

●高齢期の健康を支える運動

高齢者が運動を始めた主なきっかけとして最も多いのは「健康の維持・増進」である。運動・スポーツを定期的に実施している活動的な高齢者では、不活動な高齢者に比べて、身体機能の低下や心血管系疾患などの疾病、さらには認知症の発症が抑制されることが報告されている[4]。また、メンタルヘルスにも好ましい影響を及ぼすことから、高齢期の健康づくりにおいて運動は重要な役割を果たすと考えられる。健康づくりのための身体活動基準2013[5]では、高齢者を対象に「横になったままや座ったままにならなければどんな動きでもよいので、身体活動を毎日40分」の基準が示されている。これらのことから考えると、わが国で多くの実施者がいるウォーキングは、道具も必要なく、いつでも始められる気軽さや安全性に加えて、歩行機能の維持や認知症のリスク低下も報告されていること

から、最適な運動種目であるといえるであろう。また、自立機能の保持という点から、筋萎縮の予防や筋力向上のためのレジスタンストレーニングや転倒予防につながるバランストレーニングも推奨される。不活動な高齢者や虚弱高齢者においては、ウォーキングを始める前に下肢筋力の向上が必要な場合もあるであろう。個々人のレベルに合わせた実施が重要である。

●実施スポーツ種目の多様化

スポーツライフ・データによれば高齢者が1年間に実施した運動・スポーツ種目の1位は「ウォーキング・散歩」であるが、1996（平成8）年と比較して、2010（平成22）年では実施種目が豊富になっている。60歳代では37種目（1996）から61種目（2010）に、70歳代では19種目（1996）から45種目（2010）に増えている[6][7]。高齢者のスポーツ活動が多様化し、単に健康の維持・増進のためだけでなく、スポーツそのものを楽しむ高齢者が増加していることを物語るものである。

●運動・スポーツを楽しむために
　　―安全性の確保―

高齢者のなかには、60歳代、70歳代、80歳代でスポーツを始め、シニアアスリートとして活躍しチャンピオンになる者もいる[8]。こうした高齢者の存在は、運動・スポーツを始めるのに年齢は関係なく、適切なトレーニングを実施することで競技者としての活躍も可能であることを示すものである。しかしながら、高齢者の運動やスポーツの実施に何ら

かの危険性が伴うことは否めない。高齢者では、体力や予備能力が低下し、内科疾患や運動器の疾患のある者も多く、個人差が大きい。安全性が高いとされるウォーキングであっても、歩数計をつけて歩き始めたら、しばらくして膝が痛くなったというのはよくある話である。このような事態を回避し安全に運動を継続するためには、事前のメディカルチェックは必須であり、運動器の評価や運動処方、障害予防のためのアドバイスを受けることが可能なサポート体制も必要である[9]。

また、高齢者のスポーツ活動の安全性を向上させるためには、競技ルールの変更や工夫も必要になってくる。シニアラグビーでは、ユニフォームのパンツの色が40歳代は白、50歳代は紺、60歳代は赤、70歳代は黄、80歳代は紫、そして90歳以上は金という具合に年代で分けられており、試合における安全対策が講じられている[10]。外傷が多く危険なイメージがあるラグビーであるが、高齢者においては外傷の発生は減少するとの報告があり[11]、その背景には、こうしたルールの工夫があると考えられる。高齢者のスポーツ人口が増加するなかで、さまざまなスポーツにおいて、競技時間の短縮や競技場所への配慮（土ではなく芝のグラウンドを使用するなど）、用具や勝敗決定方式を工夫するなど、高齢者が安全にスポーツ活動を楽しめるよう柔軟な対応が必要となってくるであろう[12]。先述のラグビーのように競技特性を損なわず、なおかつ事故を未然に防ぐようなルールの変更であれば、若い頃から長年そのスポーツに親しんできた高齢者にとっても違和感なく安全に楽しむことができると考えられる。このことは、生涯現役プレーヤーとしての活躍を可能とするものであり、高齢者の生きがいという観点からも重要であろう。

今後も高齢者数が増加していくなかで、心身の健康のみならず、社会との交流という点からも高齢者の運動・スポーツはさらに重要性が高まっていくと思われる。事前にメディカルチェックを受け、個々人の体力や身体機能および技術レベルに応じて実施すること、安全性に十分な配慮をすることなどを徹底すれば、高齢者であってもさまざまなスポーツを楽しむことは可能である。あえて適したスポーツとして限定することは必要ないと言えよう。

（畑山知子）

■年齢階級別1週間のスポーツ時間の推移（昭和61年〜平成23年）−20歳以上−

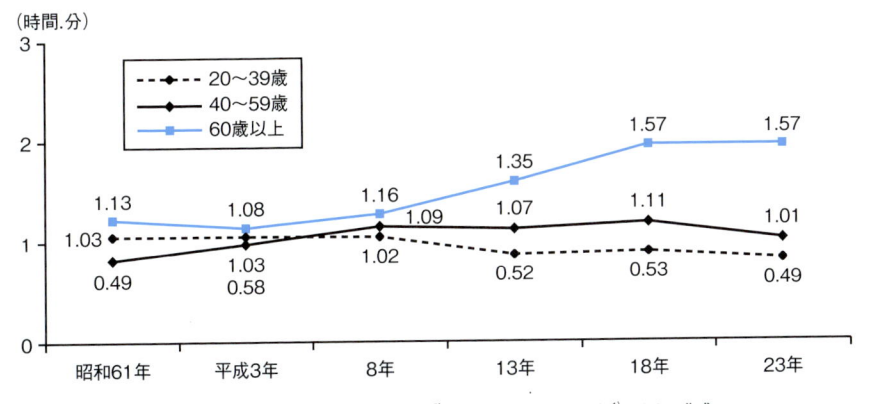

出典：総務省統計局「社会生活基本調査」平成18年結果資料[2]および平成23年統計表[1]をもとに作成.

8 身体の病

総論
1 観察の基本
2 身体症状（咀嚼障害）
3 身体症状（嚥下障害）
4 身体症状（食欲不振・体重減少）
5 身体症状（下痢・便秘）
6 身体症状（頻尿・排尿障害）
7 身体症状（脱水）
8 身体症状（発熱）
9 身体症状（かゆみ）
10 身体症状（腰痛・膝関節痛）
11 身体症状（不眠）
12 身体症状（難聴）
13 身体症状（白内障）
14 疾患・概論
15 疾患（脳：脳卒中ほか）
16 疾患（心臓：不整脈ほか）
17 疾患（心臓：狭心症・心筋梗塞ほか）
18 疾患（呼吸器系：肺炎・肺気腫・ぜんそく）
19 疾患（風邪・インフルエンザ）
20 疾患（食中毒）
21 疾患（高血圧症）
22 疾患（腎臓）
23 疾患（消化器・泌尿器）
24 疾患（呼吸器）
25 疾患（関節リウマチ）
26 疾患（糖尿病）
27 状態（転倒・転落・骨折）
28 状態（褥瘡）
29 状態（拘縮）
30 状態（廃用症候群・生活不活発病）
31 障害・概論
32 障害・身体障害（視覚障害）
33 障害・身体障害（聴覚障害・言語障害）
34 障害・身体障害（運動機能障害）
35 障害・身体障害（内部障害）
36 障害・精神障害
37 障害・知的障害
38 服薬（薬の飲み方、効用、副作用）
39 口腔ケア
40 歯のケア・義歯のケア
41 メタボリック症候群

8 身体の病

箕浦 とき子・秋山 美栄子

●老化による生理機能の変化

平成22（2010）年に厚生労働省が実施した「国民生活基礎調査」によると、65歳以上の高齢者の半数近くが何らかの身体症状を訴えている。加齢に伴って症候数は増加し、80歳以上の高齢者の2人に1人は何らかの病的症状を有しているという。そしてこのことは、高齢者の日常生活に大きく影響し、年齢が高くなるほどその影響は大きくなる。

このように、高齢によりさまざまな健康への影響が生じるわけであるが、高齢者に起きている身体的な変化である「老化」の影響が大きく、結果的に健康障害を来しやすい。

広辞苑（第六版）では『老化』を「年をとるにつれて生理機能が衰えること」、『老化現象』を「老化によって体に起こるさまざまな変化」と説明している。

このような加齢や老化現象が起きる理由についてはさまざまな学説があるが、概ねプログラム説（遺伝的因子）と環境因子説（遺伝外因子）に大別される。プログラム説では、動物によって固有の最大寿命があること、遺伝子が老化を制御しているなどのことが提唱されている。環境因子説では、放射線／紫外線障害、化学物質などによるDNAの損傷などの摩耗説、活性酸素（フリーラジカル）による細胞への損傷という活性酸素説、胸腺の縮小や免疫機構の破綻の自己免疫説などが提唱されている。

年齢による生理機能の変化について、1963年にショック（Shock, N.W.）は、30歳の成人を100％とした場合、加齢とともに神経伝導速度をはじめとする9つの生理機能〔神経伝導速度、基礎代謝力、細胞内水分量、心係数、肺活量、標準糸球体濾過率（イヌリン）標準腎血流量（ダイオドラスト）、最大呼吸容量、標準腎血漿流量（PAH）〕が年齢とともに低下する状況を発表している。このなかで特に腎血漿流量や最大呼吸容量の低下は著しく、神経伝導系、基礎代謝や細胞内水分量の低下は比較的緩やかである。つまり、機能によって低下の速度が異なる。このことは、加齢による生理的機能の低下が、高齢者の疾病との関係が大きいことを示している。

一般的に老化には以下の4つの特徴があるとされている。生理的老化は誰にでも生じ、不可逆的で進行性で、生命に有害的に作用するという考えである。

①普遍性 universality：種によって差はあるものの、生命体のすべてに起こる現象
②内在性 intrinsicality：その原因は主として内因性であること

③進行性 progressiveness：徐々に累積的に進行し、元には戻らない
④有害性 deleteriousness：個体の生存に対し有害的に起こってくる

　以上、高齢者の生理的機能変化について述べたが、具体的にはどのような変化がみられるか説明を加える。

●加齢に伴う身体的変化

　加齢に伴う身体的変化について以下、概説していく。

　外見上の変化については、一般的には前屈姿勢が多くなり、頭髪は薄くなり、白髪が増加する。皮膚は皮脂腺と汗腺の機能低下により、乾燥しやすく掻痒感が生じやすい。

　感覚器の変化については、視覚では、水晶体の老化と毛様体筋の調節力が低下することによる老視と、水晶体の混濁による視力低下（白内障）が特徴である。また、明順応・暗順応の低下や視野狭窄などがみられ、転倒や交通事故に遭遇しやすいなど危険な状況が生じやすい。色覚も加齢とともに低下し、特に水晶体の老化は短い波長の光を見えにくくすることから、寒色系の青色・緑色は見にくくなる。視覚から得る情報は、人間が生活するうえでの情報の多くの部分を占め、高齢者のQOLに大きな影響を与える。

　聴覚は、加齢に伴い高音域（1,000～8,000Hz）が聞き取りにくいことから始まり、徐々に会話時の声も聞き取りにくくなる。そのため人と会う機会を避ける傾向がみられ、次第に孤立した生活に移行する危険性を含んでいる。

　味覚は個人差が大きいものの、一般に加齢に伴い舌の味蕾の数の減少により味覚が低下するといわれている。特に塩味に対する味覚が低下し、塩分摂取量が多くなることで健康に影響を及ぼすことが注意点として挙げられる。

　嗅覚は人間の生活のなかで情緒や潤いのうえで欠かせない感覚であるが、これも加齢によって低下する。腐敗臭やガス漏れなど、危険を回避する感覚として重要である。

　呼吸器系の変化については、加齢により脊柱の変形・肋軟骨の仮骨化や胸壁の支持組織の線維化が起こる。そのことにより、胸郭運動は低下する。さらに、呼吸に関連する筋力（肋間筋・横隔膜）の低下に伴い、最大換気量が減少し残気量が増加する。

　また、咳嗽反射（のどにある異物を咳をして外に出そうとする反応）・嚥下反射（物を飲み込もうとする反応）も低下することから、気道内に分泌物が貯留しやすく、誤嚥性肺炎を起こしやすい。

　心・血管系の変化については、加齢により、心筋の弾性線維の減少とアミロイド沈着によって心筋の収縮力が低下し、心拍出量が減少する。血管系では大動脈血管内腔の石灰化の進行により弾力性が低下し、狭心症や心筋梗塞などの虚血性心疾患を起こす危険性が高くなる。血管の弾力性低下は収縮期血圧の上昇にもつながる。

　また、高齢者では造血機能の低下により、赤血球と血色素の減少がみられ、消化管の吸収能力低下も加わり、鉄欠乏性貧血が起こりやすくなる。

　消化器系の変化については、唾液分泌量の減少や歯牙の欠損による食物の咀嚼─嚥下の問題に加え、食道の蠕動運動（伝播性の収縮運動）の低下により、胸やけの自覚症状が出現する。胃粘膜が萎縮し胃底腺が減少することにより、胃液分泌量が減少し消化機能が低下する。また、大腸壁の萎縮による蠕動運動機能の低下により、便秘や下痢に傾きやすいのも特徴である。

　神経系の変化については、老化に伴い神経細胞の脱落と萎縮とともに、シナプスの減少、脳循環血液量が減少する。末梢神経の伝達速度の低下が起こり、さまざまな運動機能の低

下が生じる。

　運動器系の変化については、高齢者の骨は、カルシウム不足・運動不足・女性ホルモン分泌減少により、骨代謝バランスが崩れ、骨粗鬆症を背景とする骨折が増加する。関節軟骨の老化・関節液の減少などにより、各関節に変形性関節症を起こしやすく、関節痛によって可動域が狭められる。また、筋線維が細く脆弱になり、歩行や階段昇降時に転倒しやすくなる。さらに、重心動揺の距離が長くなることによって、立位時にふらつきが起きやすく、転倒につながりやすい。

　腎・泌尿器系の変化については、腎血管の動脈硬化により、糸球体濾過値やクレアチニン・クリアランスが著しく低下する。その結果、老廃物の排泄や水分の再吸収力が低下し、排尿回数の増加、塩分の喪失や脱水を来しやすい。また、加齢とともに膀胱は萎縮し膀胱容量が減少することで、夜間の排尿回数が多くなる。尿道括約筋の機能低下に伴い尿失禁が起きやすく、男性の場合は前立腺肥大による排尿時間の延長がみられる。

　内分泌系の変化については、内分泌系は身体の恒常性を維持し、生命維持や身体調節を行っているが、加齢による変化は比較的少ないとされている。しかし、女性は閉経とともにエストロゲンの低下が著明で、更年期障害、骨粗鬆症、動脈硬化の進行にも影響する。

● 高齢者の健康

　高齢者は外来・入院ともに他の年代よりも医療サービスを利用する頻度は高い。

　主な傷病をみると、入院では「脳血管疾患」「悪性新生物」（がんなどの悪性腫瘍）が多く、外来では「高血圧性疾患」「脊柱障害」が多い。

　また、高齢者の死因となった疾病をみると、死亡率（高齢者人口10万人当たりに対する死亡者数の割合）は、平成22（2010）年において、「悪性新生物（がん）」が最も高く、次いで「心疾患」「肺炎」の順になっており、これら3つの疾病で高齢者の死因の約6割を占めている。

　高齢者の健康状態が日常生活へのどのような影響を及ぼしているかについてみると、「日常生活動作」（起床、衣服着脱、食事、入浴など）、「外出」と高く、次いで「仕事・家事」や「運動」となっている。

　また、健康状態に関する意識を年齢階級別にみてみると、高齢になるにしたがって、健康状態が「よい」「まあよい」とする人の割合が下がり、「よくない」「あまりよくない」とする人の割合が上がる傾向にある。

● 高齢者の身体的側面の特徴と疾病との関係

　高齢者の身体的機能は年齢とともに徐々に低下するが、高齢者の多くが健康で自立した生活を送っている。しかし、転倒や疾患により急激な機能低下がみられ、さらに寝たきりに移行することも少なくない。これは身体の生理機能を正常に保とうとする作用が弱まっていることによるものである。この作用とは、体内、体外を問わず、あらゆる環境の変化や刺激に対応して、常にからだの内部の機能をある正常範囲に維持しようとする能力である。すなわち、ホメオスターシス（恒常性）の適応能力や有害な刺激や異物を阻止しようとする防衛力の低下、いったん逸脱した状態から本来の状態に戻ろうとする回復力などの低下に起因する。以上のように、高齢者は少しの変化に遭遇することで、これまで普通に生活していた人がバランスを崩し健康を害することになり、また疾病に罹患すると回復しにくく、慢性化しやすいのも特徴である。そのような意味からも、特に高齢者では疾病の予防の視点が重要となる。

● 老年症候群という捉え方

　以上述べてきたように、老化に伴う生理機能低下は誰にでも起きてくる現象である。た

だ、その当たり前の現象は、生理機能の低下で起きてくる症状なのか、あるいは何かの疾病に関連する症状なのか、見極めは大変難しい。さまざまな症状があっても年齢だけで「歳のせい」と片づけるには問題が多く、症状の根本にある原因に目を向ける必要がある。また、高齢者は前述したように、複数の疾患をもっている場合が多いので、単に一つの疾患による健康状態ではなく、いくつかの機能低下や疾患との関連に留意する必要がある。

このように老年症候群は、高齢者を全体像として捉えるための視点として重視されるものである（図参照）。見落としやすい症状をチェックリストとして点検することによって、思わぬ見落としを防ぐことになる。また高齢者の多病変、多症候は、日常生活動作の低下をもたらし、特に後期高齢者では40％近くに服薬管理、食事管理などに不自由な状態が生じる。

以上、「身体の病」の総論として、老化の生理的現象とそれらに付随する高齢者の身体的な特徴について述べてきた。各論では高齢者に起こりやすい症状および疾患について概説する。そのなかでは、高齢者はいったん疾患に罹患すると回復しにくいという特徴をふまえ、予防の視点を強調することに心がけ、ケア実践時に活用しやすい内容とした。

本章においては、まず高齢者と接するうえで基本となる「観察の基本」について説明している。そのうえで、高齢者に多くみられる「身体症状」について、「嚥下障害」「脱水」「かゆみ」「不眠」など12の症状を取り上げて解説している。また、「疾患」については、「脳卒中」「心疾患」「高血圧症」「関節リウマチ」など13の項目から解説している。

さらに、加齢変化に起因することで高齢者に出現しやすい失禁、寝たきりなどの「状態」や、疾患により引き起こされる障害を、「身体障害」「精神障害」「知的障害」などの3つの観点から解説している。加えて、高齢者の日常生活のなかで行われる基本的で予防的なケアである、「服薬」「口腔ケア」「歯のケア・義歯のケア」について記述するとともに、「メタボリック症候群」についても詳述している。以上、本章において解説している項目は、41項目に及ぶ。

■ 3つの老年症候群

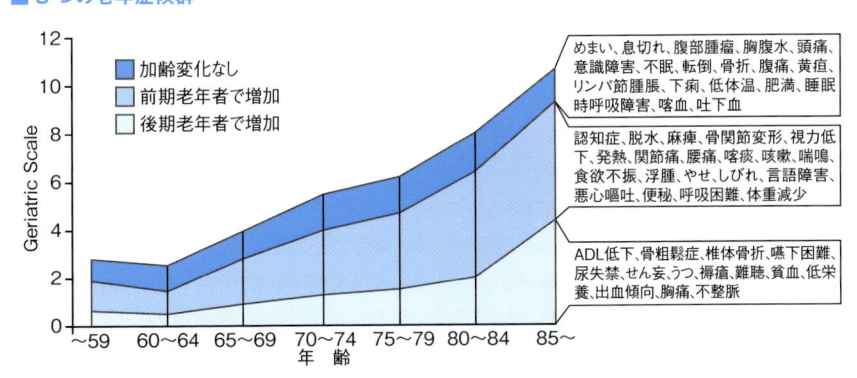

出典：鳥羽研二「老年症候群」大内尉義 監『日常診療に活かす老年病ガイドブック1 老年症候群の診かた』メジカルビュー社，4頁，2005.

8-1 観察の基本
― ケアに活かすために ―

Keywords ▶▶▶ 観察の目的／観察項目／観察方法／倫理的配慮／観察の工夫

●観察（observation）とは何か

　人間を対象とした臨床活動において観察は、不可欠な手段、方法であり、ケア行為のプロセスのすべてで行われる。すなわち観察の目的は、必要なケア行為を決定するための情報収集・アセスメント、ケアプロセスが適正に展開されているかの評価、実施したケア行為の評価をする情報を得るために行われる。

●何をどのように観察するか

　例えば医療、福祉、看護など臨床活動に携わる者は、対象のQOL（Quality of Life）の維持や向上を目指したケア行為を実践するために、対象者や対象者を取り巻く環境の事象について観察する。そして、その個人の気持ちや考え、行動など（言語、表情、動作など）の情報を分析することにより、課題や問題を明らかにし、より良い方向に向けた対策を講じることになる。このように、観察は、分析をする情報を得るための重要な手段となる。

　観察の方法には、自然観察と実験観察[1]、定量的観察と定性的観察など、いくつかの種類に分けられる。

　自然観察は、対象を拘束することなくありのままに観察して、記述する方法である。この方法の長所は、対象の自然な行動が観察でき、言語的表出の十分でない乳幼児や障害者や動植物にも可能である。短所は、対象の観察したい事象の生起を待つ必要があること、再現性が不可能であること、プライバシーに関連する行動の観察は困難であること、観察の視点や解釈が観察者の主観に左右されるなどが挙げられる。

　実験的観察は、目的に沿って対象や環境の事象の条件を整え、統制してある行動を人為的に起こしたり、組織的に変化させて観察し、記述する方法である。この方法の長所は、対象に関連する環境要因を操作することで影響要因や因果関係などを明らかにできる、再現性が可能であることなどが挙げられる。短所は、人間や動物を対象にする場合に、生態学的条件の統制を適正に設定することが困難であること、対象への拘束や危害などリスクが考えられ倫理的課題が生じ得ることなどである。

　定量的な観察は、「観測」あるいは「測定」などと呼ばれる。「観測」は、対象となる現象の変化や移り変わりを、装置や機器などを用いて量的に測る（測定する）ことである。

　定性的な観察は、対象の発する言葉や行動などを観察し、その背景にある心理や動機、価値観などの質的な側面に注目し観察することである。これらの観察方法は、目的に応じて単独に、あるいは組み合わせて活用されるが、それぞれの長所と短所を理解し、観察技法の十分な訓練をしておく必要がある。

●良いケアにつながる観察とは

　観察は、観察する立場の人間の「認識」というプロセスが含まれている。このために観察者は、「認識」によって起こり得る先入観や認識のずれ・歪み（中心特性と周辺特性、ハロー効果、寛大化エラー、中心化傾向エラー、対比的エラーなど）などの問題が潜ん

でいることを理解しておく必要がある。また観察内容は前述の観察法による長所や短所、観察者の観察技法や使用する装置や機器の精度・使用法などにより影響される。ケアの質は観察法の長所を十分に活かし、短所をできる限り少なくして適正な観察から資料を得ることで確保される。

● 高齢者ケアに活かす観察の工夫

高齢者ケアに活かす観察は、身体的・生理的側面、心理的側面、社会的側面、スピリチュアル的側面、生活・総合的な側面などから行われる。一般的に観察された内容は、必要に応じて高齢者本人の言語を通して確認することが可能である。確認する方法は、個別的・集団的な面接(インタビュー)や、自由な記述、質問紙形式のアンケートなどがある。この場合、高齢者は、加齢による生理的・心理的機能の低下に伴い、言語的、非言語的なコミュニケーション能力に多様な影響を受けており、年齢差や個人内・固体内差がある[2]。

表に高齢者の主要症候の評価方法を一覧で示す。これらの評価は、観察を中心にインタビュー、質問紙など、さまざまな手法を駆使して行われることになる。インタビューや質問紙の実施の際には、老人性難聴には低音で話しかけたり、補聴器などを使用し、視力低下には老眼鏡を使用する。認知機能低下の場合には、集中力や記憶を呼び戻せるような静かで落ち着ける時間・空間や観察者の対応、排泄なども済ませ、平易で理解しやすい言葉を使用するなど心身への配慮や環境の工夫が大切である。

また、観察は、目的によるが単発的・単一的でなく、反復したり、複数スタッフにより行われる必要がある。このように確認された観察内容であっても、あくまで高齢者の顕在的な意識や潜在的な意識の表層の側面に限られていること、さらに、潜在的な意識の側面を引き出すにはより専門的な訓練が必要となる。

● 観察における倫理的配慮

観察するにあたっては、対象者の不快・不自由・不利益への説明は十分か、身体拘束など危害を加えていないか、安全の確保や自己決定の権利への配慮、プライバシーへの配慮、情報を知る権利への配慮、情報漏えいの阻止の対策が十分であるかなど、倫理的配慮を忘れてはならない。

(奥野茂代)

■ 高齢者主要症候の評価方法

症候	評価方法	症候	評価方法
意識障害	Japan Coma Scale	認知症	MMSE, NPI, CDR
せん妄	DSM-V	不眠	頻度, 一日睡眠時間, 薬剤依存度
うつ症状	GDS Scale	めまい	頻度持続時間, 合併症状
言語聴覚視力障害	症状, 理学所見	骨関節変形	変形性関節症変形度分類
骨粗鬆症	YAM＜70%, 慈大式分類	骨折	腰椎圧迫骨折基準
転倒	転倒スコア, Up&Go テスト	夜間頻尿	回数
尿失禁	頻度, 失禁量, 便失禁の合併有無	誤嚥	SSPT, RSST, 水飲みテスト, VF
便秘, 下痢	頻度, 薬剤依存度	脱水	症状, 理学所見, BUN/Cr
発熱	頻度, 慢性感染症の存在の有無	低体温	体温＜35℃
浮腫	局在, 圧痕有無, 程度	肥満, 瘦痩	BMI, W/H 比, Cr-Height Index
低栄養	Mini Nutritional Assessment	褥瘡	Shea の分類, 色分類
喘鳴, 喀痰・咳嗽	症状, 理学所見	呼吸困難 (呼吸器)	Hugh Jones
呼吸困難 (循環器)	NYHA 基準	手足のしびれ	頻度, 強さ, 局在
間欠性跛行	出現距離, API	動脈硬化	眼底, PWV, %FMD
不整脈	理学所見, 心電図分類	痛み (頭胸腹腰関節)	頻度, 強さ, 薬剤依存度
出血傾向, 吐下血	症状, 理学所見	ADL	BADL, IADL

出典：日本老年医学会 編『老年医学テキスト 改訂第3版』メジカルビュー社, 67頁, 2008. を一部改変.

8-2 身体症状（咀嚼障害）
― 咀嚼障害の症状と対応 ―

Keywords ▶▶▶ 咀嚼／嚙む／食塊／唾液／口腔ケア

● 咀嚼と咀嚼運動

普段私たちは、咀嚼や嚥下などの機能を使って食物を摂取している。「咀嚼の第一義的な機能は、食物を小さく嚙み砕き唾液と混和し、嚥下しやすいように食塊を形成すること」であり[1]、この一連の過程には、歯や顎の筋肉、舌など多くの器官が相互に関わり合っている。咀嚼する時の顎の運動を咀嚼運動といい、「口を開ける」「口を閉じる」「嚙みしめる」の3つの運動によって、「摂取した食物を咀嚼しやすいように咬断する咀嚼準備期、臼歯部で食物を粉砕する粉砕期、嚥下しやすいように食塊を形成する嚥下準備期」[2]にそのプロセスを分けることができる。

● 咀嚼が身体に及ぼす影響

「よく嚙んで食べなさい」と言われるように、咀嚼することは、全身の機能にさまざまな影響を及ぼす。

「食物を嚙むための力はさまざまな刺激となり、歯・歯周組織だけでなく、顎骨や関節、さらに顔・頭・頸部全体の筋肉や骨格に伝わり、口腔顔面構造の成長発達にも強く関連していることがわかってきている」[3]（図参照）。また、食物の摂取に大きく機能する嚥下にも、多大な影響を及ぼす。咀嚼機能の一つとして、嚥下しやすいように食塊を形成することがあるが、この食塊形成がうまくいかないと、食物が塊になりきらないうちにそのまま飲み込むことになったり、少量ずつ流し込み続けることになるため、嚥下に及ぼす影響も大きい。

高齢者において十分咀嚼能力が確保されていることが、健康余命の延伸に寄与することを示唆している研究もあり[4]、咀嚼は、全身の機能だけにとどまらず、生命にも影響することが明らかになっている。

● 高齢者の咀嚼障害と対応

一般的に加齢に伴う身体機能の低下とともに、骨格筋も萎縮して筋力が弱くなる。咀嚼筋も例外ではない。しかし、咀嚼筋は「健康な高齢者の場合は、日常生活のなかで咀嚼という行動を通していつも訓練されているため、足腰の筋肉ほど衰えることはない」[5]。

それでは、高齢者の咀嚼障害には原因として何が考えられるのだろうか。

原因として、加齢に伴う歯の喪失が大きく、口から食物を摂取しない高齢者では、咀嚼筋や舌の筋力の低下が大きいということがまず挙げられる。先に述べたように、咀嚼機能は食物を小さく嚙み砕き唾液と混和し、嚥下しやすいように食塊を形成することにある。そのため、歯の喪失は、食物を小さく嚙み砕くことを障害し、歯が欠損しているところから食物が頰側へ流れて舌の上に食片が集めにくくなるため、食塊の形成をも障害する。また、咀嚼筋や舌の筋力の低下は、唾液分泌の低下や食塊の形成を障害する。このような咀嚼障害が発生すると、食物を十分に嚙みこなさないで粗いままで嚥下する結果、消化器系の負担が増し、胃腸障害を招くだけでなく、食物の消化や吸収能率が低下して、全身の健康にも影響する可能性も指摘されている[6]。

しかし、歯の喪失で食物を小さく嚙み砕く

ことや食塊形成が障害されるのであれば、義歯やインプラントなどの治療で改善することができる。また、咀嚼筋や舌の筋力の低下で唾液分泌の低下や食塊形成が障害されるのであれば、それらの筋に対するマッサージを行い、筋力や唾液分泌を向上することで改善することができる。どちらの場合でも、口腔ケアと密接に関連しているため、咀嚼障害への対応には、口腔ケアを切り離して考えることができない。

● 食事の工夫

食物を摂取することにより、咀嚼機能だけではなく嚥下機能も働くが、ここでは咀嚼に問題があることを前提に食事の工夫を述べていく。

調理する時には、適度な軟らかさと粘り、口の中でばらばらにならない（食塊を形成しやすい）ことに注意する。また、タンパク質が不足すると歯肉が痩せて義歯も合わなくなるため、十分摂取できるように注意する。

小さく噛むことが難しい、あるいは、義歯を装着しているため噛む力が弱くなっている場合には、焼いたり炒めたりするより煮る方が噛みやすい。食物は、ある程度の厚みがあった方が噛みやすいので、安易に細かく刻まずに、軟らかさを工夫する。硬いものは刻んでも硬いので、軟らかくすることが必要である。そのため、噛みにくい食材には、隠し包丁を入れるなどして繊維を切ったり、厚みを出したい時には、薄い物を重ねるなどの工夫も必要である。

咀嚼筋や舌の筋力が低下している場合は、唾液分泌の低下や食塊の形成が障害されているので口の中でばらばらにならず、食塊を形成しやすくする工夫が必要である。油脂を混ぜたりとろみをつけると、適度に水分も含まれて口の中でまとまりやすくなる。また、噛むことで唾液の分泌も促進されるため、軟らかくても少しずつでも噛んで食べることを促す。

食事は、多くの人が楽しみとしている。単なる生命を維持するためのエネルギーを摂るだけでなく、口から食物を摂取することは、食欲を満たし、味を楽しみ、コミュニケーションの場ともなる。そのため、できる限り口から摂取することができるように食事全体に工夫することが必要であり、口から食べることを支えることが重要である。　（小嶋美沙子）

■咀嚼の刺激

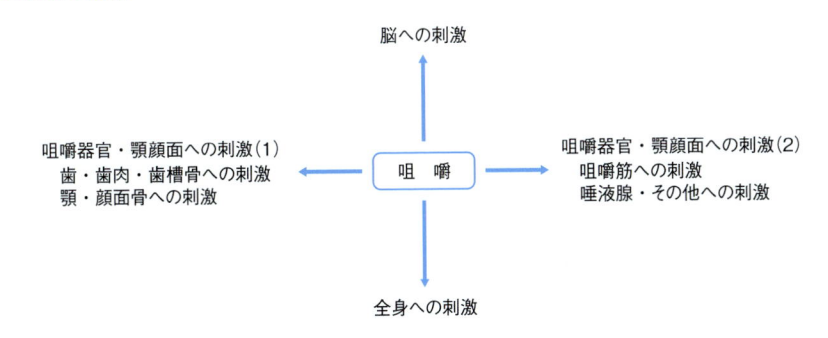

```
                    脳への刺激
                        ↑
咀嚼器官・顎顔面への刺激(1)      咀嚼器官・顎顔面への刺激(2)
 歯・歯肉・歯槽骨への刺激  ← 咀 嚼 →  咀嚼筋への刺激
 顎・顔面骨への刺激                    唾液腺・その他への刺激
                        ↓
                    全身への刺激
```

出典：井出吉信編『咀嚼の事典』朝倉書店，95頁，2007．

8-3 身体症状（嚥下障害）
― 安全に食べるために ―

Keywords ▶▶▶ 嚥下反射／脳血管障害／嚥下訓練／調理の工夫

●嚥下時は無呼吸の状態

　気道内に飲食物が間違って入ってしまった時、「むせ」が起こり、強く咳込む。これを咳嗽反射という。気道から飲食物を外に排出しようとする正常な生体の反応であるが、この「むせ」を繰り返す場合には嚥下障害を疑う。

　口腔と鼻腔は咽頭でつながり、その先で気道（前方）と食道（後方）に分かれている。呼吸時には気道が開き食道は閉鎖し、嚥下時には食道が開き喉頭蓋が気道の入り口を塞ぐ。具体的な嚥下のメカニズムを以下に示す。

①口腔期：口腔内で咀嚼し形成した食塊を舌根の運動によって咽頭へ送り込む。

②咽頭期：軟口蓋が挙上し鼻咽腔が閉鎖する。舌骨上筋群が収縮し舌骨と喉頭（甲状軟骨）が前上方に引き上げられることで喉頭蓋が倒れて気道を閉鎖する。そして、喉頭が前方に移動するのに合わせて輪状咽頭筋が緩んで食道が開口する。さらに、咽頭の筋群が上から下へ順に収縮し食物塊を食道へ送り込む。

③食道期：食道に食塊が入ると蠕動運動（消化に伴って起こる胃腸の動き）によって胃へ運ばれる。

　口腔期は随意運動であるが、咽頭が刺激された時に一旦呼吸を止めて唾液や食物を飲み込むという一連の運動は不随意に起こる。これを嚥下反射という。

●なぜ嚥下障害が起こるのか

　高齢者の場合、嚥下障害の原因としては、脳血管障害やパーキンソン症候群などの神経筋疾患が多い。脳血管障害では、大脳での脳出血や脳梗塞など延髄より上位の障害であれば嚥下反射は保たれていることが多く、嚥下に関わる筋力と協調性の低下が問題となる。また、延髄の嚥下中枢が障害されると、嚥下反射が消失もしくは低下し、食道入り口の輪状咽頭筋の弛緩も障害される。

　ただし、こういった疾患がなくても、高齢者では筋力の低下から喉頭および舌骨の位置が下がり、特に70歳以上になると咽頭期に喉頭を十分に引き上げられなくなるため、気道の閉鎖や食道の開口が十分ではなくなる。また、舌根や咽頭の運動も不十分で嚥下運動に時間がかかるとともに食物が残りやすい。さらに嚥下時の無呼吸が長びくことで、次の呼吸は吸気から始まりやすく、その際に咽頭に残った食べかすを吸い込む危険性が高くなる。また、高齢者では咳嗽反射の低下や呼吸機能の低下から誤嚥物を咳とともに出す力も弱くなり、誤嚥性肺炎を起こしやすくなる。

　誤嚥性肺炎を疑う症状は、①37.5℃以上の発熱、②呼吸状態の悪化、③痰の増加、④炎症所見（WBC：白血球数、CRP：C反応性タンパクの上昇）である。

●嚥下障害の評価

　まず嚥下障害の徴候として、発熱や脱水、体重減少に注意する。また、食事の前に、覚醒の状況、座位を保持できるか、指示を理解できるか、舌の動きや唾液の嚥下はどうか確認しておく。

　食事中には、咳（むせ）、ガラガラ声やのど

のゴロゴロという音、痰の増加、食べ方の変化（上を向いて飲み込む、食べ物が口の中に残るなど）、食事時間の延長はないかについて観察する。なお、高齢者では反応が低下して、誤嚥しても咳がない場合や10秒以上咳が遅れる場合もあるため注意する。食後には、バイタルサインの変化や嘔吐による食物の逆流がないか観察する。

嚥下障害の診断のために、専門の施設では嚥下障害の診断に嚥下造影（VF）や嚥下内視鏡検査（VE）が行われるが、設備が利用できない状況であれば、反復唾液嚥下テストや改訂水飲みテスト（MWST）等によっても嚥下機能を評価することができる。

● 嚥下訓練

脳血管障害等で経口摂取が困難となった場合、機能訓練によって経口摂取が可能かどうか評価し目標を設定する。経口摂取を目標とする場合、経管栄養法を実施しながら摂食・嚥下訓練を進め、機能の改善に合わせて経口摂取へと移行していく。経管栄養法には、経鼻経管栄養や腹壁から胃内に直接カテーテルを留置する胃瘻などがあり、長期にわたる場合には後者が選択される。

嚥下訓練には食物を用いずに行う間接訓練と、実際に食物を用いる直接訓練があるが（表参照）、直接訓練は安全を考慮して嚥下反射が確立してから導入する。

● 食べやすくする工夫

お茶や汁物は口腔内での保持が困難で咽頭へ流れ込んでしまうため、嚥下反射が間に合わず気道へ入りやすい。その他、食べにくい食品は、口の中でまとまりにくいもの（肉、イカ、豆など）、水分の少ないもの（パン、イモ類）、口の中に付着しやすいもの（のり、青菜、もなか）、粘り気が強いもの（もち）、また固形物と液体が混じったものや吸って食べるもの（めん類）などが挙げられる。

逆に、食べやすいのは、柔らかくまとまりやすいものや均質なもの（ゼリー、卵豆腐など）である。したがって、ゼラチンや片栗粉、マヨネーズ、増粘剤（トロミ調整剤）を使用してまとまりやすくするとよい。例えば、芋や茹で野菜はマヨネーズであえてサラダにする。煮魚であれば煮汁に水溶き片栗粉でとろみをつけると身がバラバラになりにくい。ひと手間の工夫で安全に、楽しく食べられるようにすることが大切である。　　（服部直子）

■嚥下訓練

間接訓練	アイスマッサージ	凍らせた綿棒を水につけ、前口蓋弓（ぜんこうがいきゅう）や舌根部等を軽くなでたり押したりする。氷水につけたティースプーンの背を用いてもよい。
	舌の運動	①舌を出したり引っ込めたりする。 ②舌先を出し軽く噛んだ状態で唾液を飲み込む。
	首の運動	①首をすくめるように両肩を上げ、だらりと力を抜く。 ②首を前後、左右にゆっくり倒して数秒間保持する。 ③ゆっくり首の旋回運動をする。
	頭部挙上訓練	仰臥位で両肩を床につけたまま、足先を見るように頭部のみを挙上する。
直接訓練	嚥下の意識化	食物を噛む、舌で後方へ移動、「ゴクン」と飲み込むといった動作を意識させる。周囲の音を少なくして嚥下に集中させる。
	息こらえ嚥下	飲み込む前に鼻から息を吸い、息を止めてから飲み込む。その後、口から息を吐く。

8-4 身体症状（食欲不振・体重減少）
― 栄養状態の改善に向けたケア ―

Keywords ▶▶▶ 食事／食欲不振／体重減少／低栄養

●食事

　食事は単に栄養をとるための行為にとどまらない。準備から片付けまでを含めた一連のプロセスは、食によってもたらされるさまざまな機能を担っている。例えば、その季節の旬の材料で季節（感）を知り、3度の食事により日常生活のリズムが形成され、食事の準備の様子を見たり調理の音やにおいなどを感じて食欲がわいてくる。また、食事の場で会話を楽しみ、明るく楽しくにぎやかさのある食事、ちょっと気取って緊張しながらゆっくり雰囲気を楽しみながらの食事など、食事は日常生活のなかの一部であり、食欲を満たして満足感を与えるだけでなく、生活に潤いを与えるという大きな意味をもっている。

　このように、さまざまな機能をもつ食事であるが、よい食事をとるためには加齢が食事に及ぼす影響を的確にアセスメントし、対応していくことが必要である[1]（図参照）。

●低栄養とは

　厚生労働省の介護保険制度改革において、予防重視型システムへの転換の方向性が示され、新たに「栄養改善」が加わった。このサービスは介護予防の観点に立ち、「食べる楽しみ」を重視して、「食べること」によって低栄養状態を予防あるいは改善し、高齢者の栄養の質の改善を目的としている。

　一般的に加齢とともに脳、筋肉や肝臓などの臓器重量が減少すること、同じ活動レベルであっても高齢者の動きは緩慢であることから、一見成人と同様の身体活動レベルであっても高齢者の活動に必要なエネルギー量が低下する[2]。そのため、高齢者の活動に適した栄養を摂取することが必要となる。高齢者の場合、その人に必要な栄養量が低下し、栄養状態が低い、すなわち、低栄養が問題となってくる。

　高齢者の低栄養で考えられる原因は、一人暮らしなどの環境要因、ストレスなどの精神的要因、経済的要因などから生じた食欲不振に伴う食事摂取量の減少が大きく、その結果として体重減少もみられる。

●食欲不振とは

　食欲には、私たちが生命を維持するための本能的な食欲と、視覚、味覚、触覚、嗅覚、聴覚など感覚器からの刺激によって生じるものがある。お腹が空いたと感じて身体の熱量が不足し、全身で空腹を感じることで生じる食欲を本能的な食欲といい、料理を見たり、調理している時のにおいから感覚を刺激されて食欲が増す。一般的に「食欲不振とは、食物を摂取したいという生理的な欲求の食欲が低下あるいは消失した状態を指す」[3]が、特に高齢者では、食欲に密接に関わる視覚、味覚、触覚、嗅覚、聴覚など感覚器の機能低下が、いっそう食欲不振を増強させる。

●体重減少とは

　体重の減少および増加は、健康な私たちでもよくみられることであるが、体内の水分、脂肪組織量、筋肉、骨などの質量の増減によって生じる。体重の減少、すなわちやせは、体内の脂肪組織および除脂肪組織が減少し、体

重が著明に低下した状態をいう[4]。

● 考えられる原因と観察ポイント

先に述べたように、食事は、食欲を満たして満足感を与えるだけでなく、生活に潤いを与えるという大きな意味をもっている。口から食物を摂取することの意味は大きいため、食欲不振の場合にはできるだけ原因を追求するとともに、食べられるための工夫を怠らないことが重要である。そのためには、原因をよく考えることが大切である。

食欲不振が考えられる原因としては、消化器系の疾患や特定の臓器（呼吸器、内分泌、脳血管、腎臓）の疾患によるものや精神疾患などさまざま挙げられる。そのなかでも、高齢者に「よくある原因として、肺炎、うつ、便秘による腹部膨満、歯牙の問題などが挙げられる。また、せん妄に対する治療として用いられる抗精神病薬など、薬剤により食欲低下を来すことも多い」[5]。また、高齢者の場合は、これらの原因が複数重なることもある。

体重減少が考えられる原因としては、食事摂取量の低下、消化器疾患、内分泌疾患、悪性腫瘍などが挙げられる。

食欲不振や体重減少が生じた時の観察ポイントとして、①食事摂取量の確認、②食欲不振以外に身体に気になる症状がないか、③生理的な問題や食事・環境に起因する問題はないか、④人間関係に問題はないか、⑤体重減少や意識状態などの身体的異変がないかなどが挙げられる[6]。

食欲不振や体重減少がみられた場合は特に脱水に注意し、十分な水分を摂取することができているか確認する必要がある。また、一時的な体重減少ではなく少しずつでも体重減少が進行している場合には、体重を測定し、どのくらいの期間で、どの程度体重が減少したのかを把握しておく。

● ケアのポイント

食欲不振や体重減少がみられた場合のケアのポイントは、①食欲に密接に関わる感覚機能の低下を眼鏡や補聴器の使用、口腔ケアなどを行って保持すること、②水分を摂取して脱水にならないようにすること、③食べられそうな物から少しずつ食べてもらうこと、④食事環境を整えることなどが挙げられる。

食事のもつ意味は大きいことから、症状をよく観察して原因を考え、できる限りの工夫やケアを行うことが大切である。（小嶋美沙子）

■ 加齢が食事に及ぼす影響

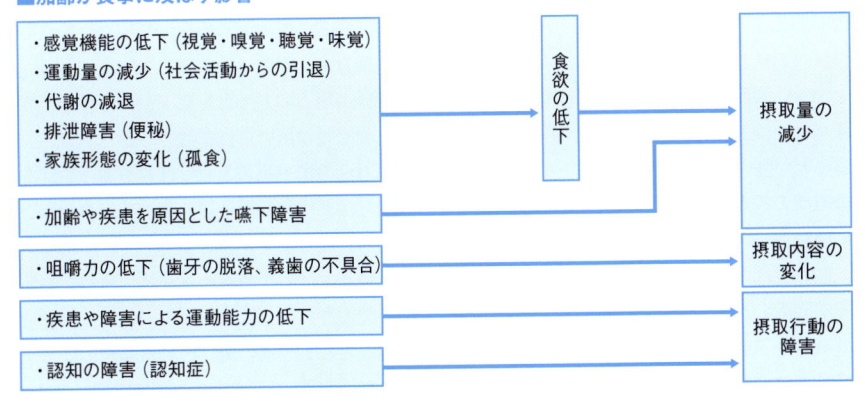

- ・感覚機能の低下（視覚・嗅覚・聴覚・味覚）
- ・運動量の減少（社会活動からの引退）
- ・代謝の減退
- ・排泄障害（便秘）
- ・家族形態の変化（孤食）

↓

- ・加齢や疾患を原因とした嚥下障害

↓

- ・咀嚼力の低下（歯牙の脱落、義歯の不具合）

↓

- ・疾患や障害による運動能力の低下
- ・認知の障害（認知症）

→ 食欲の低下 → 摂取量の減少

→ 摂取内容の変化

→ 摂取行動の障害

出典：田中マキ子編著『老年看護学』医学芸術社、130頁、2006.

8-5 身体症状（下痢・便秘）
― 症状の理解と対応 ―

Keywords ▶▶▶ 下痢／便秘／交代性（交替制）便通障害

● 加齢による便通の変化

高齢者は加齢に伴い、腸粘膜の萎縮や消化液の分泌の減少などにより消化に伴って起こる腸の蠕動運動が低下し、腹圧も弱くなるため便秘になりやすい。その一方で、消化吸収障害を起こしやすく、下痢を起こすこともある。便秘と下痢のいずれかが出現することもあるが、便秘と下痢が交互にみられる交代性（交替制）便通障害の場合も多い。長期の便秘は腸閉塞や腸管損傷などを引き起こすおそれもあり、習慣性の便秘として安易に見過ごすことがないよう、正しいアセスメントと対応が必要である。

● 分類と原因

便秘は機能性便秘と器質性便秘に大別される。それぞれの分類と原因を表に示す。

下痢には消化不良によるもの、アレルギーによるもの、神経性のものなどがあるが、高齢者は便秘傾向のため下剤を服用している場合が多く、下剤の飲み過ぎによる下痢や、他の薬剤の副作用として下痢が生じていることもある。病原性細菌への感染や食中毒に伴う細菌性下痢も、抵抗力に弱い高齢者にみられることが多い。

● 観察の視点

＜便秘＞

便の性状、量、回数などをアセスメントし、腹部膨満の有無、腸蠕動の確認を行う。直腸の触診や摘便を行う場合もあるが、高齢者の腸粘膜は非常に傷つきやすく、出血、腸管損傷を起こす危険もあるので、慎重に行う必要がある。

普段の排便習慣と、便秘に対する決まった対処方法があるか確認し、以後の対応のヒントとする。トイレの環境についてもアセスメントが必要である。自宅と病院や施設とではトイレの様式が異なり、慣れないため便秘を引き起こしがちになることもある。

尿失禁や頻尿のために水分摂取を控えている高齢者もおり、そのために便秘になることもあるので、水分摂取量の把握も行う。

＜下痢＞

便秘と同様、便の性状、量、回数などをアセスメントし、腹部膨満の有無、腸蠕動の確認を行う。下痢の場合には特に脱水に注意し、口唇・舌や皮膚の乾燥がないか、意識の混濁がないかなどを観察する。また、頻回な排便や便の拭き取りにより肛門周辺にびらん、ただれが生じ、排便の際に痛みを伴うことも多いため、温水洗浄便座の活用などにより肛門周辺の皮膚の保清に努める。

● 援助方法・対応

便秘の場合の対応として下剤や排便を促す座薬や浣腸が用いられる場合が多い。しかし、対応方法の第一選択としては対象者の生活を見直し、非侵襲的な便秘の解消を試みるべきである。腰背部・腹部の温罨法（患部を温める治療法）およびマッサージは、腸の蠕動運動が促進され排便につながる。ただし、便秘の原因として腸管の炎症がある場合には禁忌であり、医師の指示に従う必要がある。また、臥位での生活は便の直腸への貯留を困難にす

る。ベッドをギャッジアップするか車いすに移乗し座位になる時間を設けることで、解剖学的に便の直腸への移行が促され排便につながることもある。温水洗浄便座で肛門括約筋を刺激することで、排便を促すこともできる。

便秘の予防としては、水分摂取、食物繊維の豊富な食事の提供、離床や散歩の促しを行う。便意を我慢することが便秘の原因ともなるため、対象者の排便パターンを把握してトイレに誘導するなど、排便習慣を確立することが有効である。

便秘が原因で便失禁がみられるときは、速やかに不快感を取り除く。特に認知症高齢者の場合は、不快感を取り除くために弄便（便を手で拭い取ったり、その便を壁や家具などになすりつける行動）に至る場合があるので注意が必要である。

下痢の場合には十分な水分補給を行い、脱水を起こさないように対応する。電解質入り飲料の補給は脱水予防に効果的である。経口摂取が困難な対象者には輸液が施行されることもある。細菌性・感染性の下痢の場合には食事内容や摂取量を確認し、医師の指示により、隔離や食事の中止、薬物療法などの治療が行われる。このような場合には病院、施設、家庭内での感染の拡大を引き起こす可能性があるため、排泄物の処理にも十分な注意を要する。また、脱水傾向により発熱や頻脈が起きるため、十分な観察と早期の適切な対応が必要である。

在宅で暮らす高齢者の場合、味覚の低下や認知機能の低下などにより腐敗の進んだ食品を食べて消化不良、ひどい場合には食中毒を起こし、下痢になることもある。このような場合には、食品の管理状況や適切な調理支援のためのサービス利用の検討が必要となる。

下痢は脱水を引き起こし、体力が消耗し疲労感が強くなる。このことが転倒・転落につながる危険性もあるため、下痢が認められる高齢者の行動には慎重な観察が必要である。

下痢が頻回な場合にはポータブルトイレの設置を検討するが、部屋に便臭が残ることを嫌がったり、病院・施設においては同室者への配慮や羞恥心から使用したくないといった場合もあるので、対象者と相談のうえ、設置を検討する配慮が必要である。　　（千田睦美）

■便秘の分類と原因

＜機能性便秘の分類と原因＞
①弛緩性便秘＊：腸の蠕動運動の低下が原因。
②直腸性便秘＊：直腸に便が貯留しても排便反射が生じないため、便意がない。
③痙攣性便秘　：過敏性腸症候群などが原因。
④薬剤性便秘　：抗コリン剤、制酸剤、麻薬、抗うつ剤など、腸蠕動を抑制する作用を持つ薬剤の服用により二次的に引き起こされる便秘。
＊高齢者の便秘の多くを占めるのが①弛緩性便秘と②直腸性便秘である。

＜器質性便秘の分類と原因＞
①腫瘍や炎症による腸管通過障害。
②中枢神経系・内分泌・代謝疾患による便秘。

出典：介護医療予防研究会編『高齢者を知る事典』厚生科学研究所，219頁，2000.を一部改変．

8-6 身体症状（頻尿・排尿障害）
― 症状の理解と対応 ―

Keywords ▶▶▶ 頻尿／排尿障害／尿失禁／過活動膀胱

●分類と原因

　頻尿とは排尿回数が増加した状態を示し、個人差があるが昼間排尿回数が7～8回以上、夜間排尿回数が3回以上のことをいう。

　排尿障害は、蓄尿障害と排出障害に大別され、蓄尿障害とは頻尿や尿失禁など膀胱に尿を貯留できない状態を指し、排出障害は排尿困難、尿閉などの尿排出が困難な状態をいう。排尿障害の原因として男性では前立腺肥大症を認めることが多く、尿路の閉塞による尿失禁が生じやすい。女性は腹圧性尿失禁を認めることが多い。

　高齢者のQOLにおいて大きな問題となるのが尿失禁である。尿失禁は国際禁制学会（ICS：International Continence Society）で「尿が不随意に漏れるという愁訴である」と定義されている[1]。

　また近年注目されている過活動膀胱は、尿意切迫感を伴う排尿障害である。過活動膀胱（Over Active Bladder：OAB）は尿意切迫感と頻尿が主症状で、神経因性のものと、非神経因性のものがある。脳血管障害やパーキンソン病、前立腺肥大症、骨盤底筋の脆弱化などにより起こる。

　尿失禁はその原因によって表に示されるような種類に分類されるが、高齢者の場合これらの尿失禁の種類が単独ではなく、混合して認められる場合も多いので注意が必要である。尿失禁の治療としては、腹圧性尿失禁の場合には骨盤底筋訓練が有効であるケースが多い。また、尿失禁や頻尿の治療として、その原因によって、抗コリン薬、β3刺激薬、膀胱平滑筋弛緩薬などの薬物療法も行われる。

●観察の視点

　まず排尿のアセスメントと分析のためのデータ収集を行う。尿意の有無、排尿感覚、尿量、排尿に失敗した場合には、場所などの排尿および尿失禁に関する情報と水分摂取量を経時的に記録し、排尿パターンを把握する。

　記録内容と、尿失禁前後の言動（飲水・食事摂取状況、排尿に関連すること以外の訴え、不穏や徘徊の有無）や内服薬の種類・服用時間などの情報も合わせてアセスメントすることで、頻尿や尿失禁に至る経緯と要因を多面的に判断することが可能になり、尿失禁の回避と排尿の成功につながる情報をみつける手がかりになる。普段の排尿習慣や自宅のトイレの様子などもアセスメントの視点として取り入れ、援助につなげていくことも有効である。

　残尿感を訴える場合には、残尿測定を行う場合もある。導尿や超音波膀胱容量測定装置を用い残尿を測定し、一般的に50ml以上の残尿がある場合には排出障害の可能性があるので注意が必要である。

●援助方法・対応

　尿失禁の治療としては、薬物療法、骨盤底筋訓練、排尿自覚刺激行動療法などがある。場合によっては外科的療法が行われることもある。

　尿失禁がある場合には不快感を取り除き、

陰部の清潔に努める。失禁したことを言い出せず隠している高齢者も多く、汚染した下着をはき替えずに着用していたり、脱いだ下着を隠してしまったりする場合もあるため、高齢者の羞恥心に配慮し援助しなければならない。汚染されたオムツや下着、衣類を長時間着用しているとその後のスキントラブルや感染の要因となるので、陰部および衣類の保清に努める。

排尿パターンの記録から得られた情報を排尿誘導、排尿介助の具体策につなげる。排尿誘導や排尿介助が困難な場合にもオムツの安易な使用は避け、困難である理由を精査し、排泄の自立を援助し、高齢者の尊厳を守る必要がある。しかし、頻尿がある場合には、トイレに間に合わず失禁するのではないかと不安になり、さらに頻回にトイレに行くことになる場合も多くみられるため、対象者の不安軽減のために失禁パンツや尿取パッドなどを使用することが有効な援助となる場合もある。

尿失禁により自尊心が傷つき、水分摂取を控える傾向にある高齢者も多い。高齢者は脱水を起こしやすいため、水分摂取を促しながら尿失禁への対処を行うことを忘れてはならない。

特に認知症高齢者は、尿意や失禁を他者に伝えられず、徘徊や不穏な言動として表れることがある。落ち着きがない様子がみられたら、トイレ誘導や尿失禁がないか確認することで、失禁を未然に防ぎ、早期の対応につながることもあり、重要なケアの視点である。

尿路感染により頻尿、残尿感が生じている場合は、その治療を行うことで症状が消失する。腹圧性尿失禁が認められる場合には、骨盤底筋訓練が有効であるが、効果が出るまで数か月またはそれ以上の期間を要するため、継続することの重要性を説明し理解を得たうえで取り組むことが必要である。

排尿行動の自立度が高いことは、介護予防や在宅での介護負担の軽減にもつながることから、高齢者の排尿の自立を支援することは非常に重要である。

ポータブルトイレの設置、脱ぎやすい下着の着用など、排尿しやすい用具・環境の工夫が大切である。また、本人の歩行能力を考慮したうえで、トイレに近い部屋を選択するとよい。

（千田睦美）

■器質性・機能性尿失禁の分類

1) **腹圧性尿失禁**
咳込んだ時、くしゃみがでた時、立ち上がる際など腹圧がかかった時に認められる。加齢の他に出産経験や尿道周囲の筋組織の弾力低下などが原因となること、また解剖学的な尿道の長さの差から、男性より女性に多くみられる。

2) **切迫性尿失禁**
急に強い尿意をもよおし、自分の意思とは関係なく膀胱の筋肉が収縮を起こし尿失禁が起こる。原因として中枢神経疾患、脳血管疾患後遺症、前立腺肥大、膀胱炎などが多いとされている。

3) **溢流性尿失禁**
膀胱内の尿があふれて少量ずつ尿失禁が起こる。前立腺肥大などの尿道閉塞の存在や、末梢神経障害のための膀胱収縮障害が原因となることが多い。

4) **機能性尿失禁**
ADL障害や認知症などの存在により、膀胱や尿道に異常を認めないにもかかわらず尿失禁が起こる場合。例えば、尿意があって排尿しようと思っても麻痺のためズボンを下ろすのが難しく間に合わない、トイレの場所がわからない、尿意を伝えられずに失禁してしまう、というような場合である。高齢者はこの機能性尿失禁が介護上の問題となることが多い。

5) **反射性尿失禁**
中枢神経の損傷などが基礎疾患として存在し、そのため尿意を伴わない不随意の膀胱収縮が起こり尿失禁がみられる。尿閉は、膀胱に尿が貯留しているにもかかわらず排出されない状態である。前立腺肥大などの物理的な要因により排尿が困難になる場合も含まれる。

8-7 身体症状（脱水）
― 脱水の危険性と対応 ―

Keywords ▶▶▶ 水分減少／乾燥／活動低下／予防

●なぜ高齢者は脱水を起こしやすいのか

高齢者が他の世代と比べて脱水を起こしやすい理由として、大きく次の5つを挙げることができる。

①体内水分量の減少

高齢者は若年者と比べ筋肉細胞の減少や脂肪の増加により、体内の水分割合が低下しているため、脱水を生じやすい。一般的に高齢者の体内水分量は、若い頃と比べ10％減少して50％といわれている。特に水分を貯蔵している細胞内液が減少することで、容易に脱水を起こしやすくなる（図参照）。

②口渇感の自覚が乏しい

加齢によって、視床下部の渇中枢の機能が低下しのどの渇きを自覚することが少なくなり、水分補給が減少する。

③腎機能の低下

高齢者は腎臓での水分の再吸収力が弱まることに加え、Na（塩分）の保持機能が低下している。そのため、老廃物を排出するためにはより多くの尿量が必要になるため、身体の水分も失われやすくなる。

④利尿剤の影響

高齢者は代謝機能が低下しているため、薬物の影響を受けやすくなる。また、高血圧や心不全などの循環器疾患をもち、利尿薬の服用により、水分が過剰に排泄される。

⑤水分摂取の制限

高齢者のなかには、失禁や夜間排尿などを気にして飲水を制限することもある。また、麻痺があるなど身体機能が低下していたり、嚥下障害により水分摂取が困難になったり、意思疎通が取りにくくのどが渇いていても水分を摂取する行動が取れない場合がある。

●高齢者の脱水の特徴

高齢者の場合、脱水の特徴的な症状が出現しにくく、発見が遅れやすい。日頃から皮膚の乾燥が見られるため、自覚症状が少ないことや、周囲への遠慮や認知障害などにより伝えられないということも発見の遅れにつながっている。そして、もともと体内の水分量が少ないため重症化しやすい。

近年、室内での熱中症による脱水が問題視されているが、特に高齢者の場合、脱水の初期の段階では本人も周りの家族なども異変に気づきにくく、突然意識が失われ救急搬送されることが多い。

●脱水の観察の視点

一般的に脱水になると、口渇、皮膚・粘膜の乾燥、尿量減少、全身倦怠感などが出現するが、高齢者はそういった特徴的な症状がわかりにくい。ぼんやりしている、会話が噛み合わない、食欲が低下するといった活動性の低下や意識の鈍化など「普段と何か違う」と感じたら脱水を疑う。

高齢者の脱水の身体的指標としては、通常湿っている部位である舌・口腔粘膜の乾燥や腋窩（腋の下）の皮膚乾燥が有用である。

検査項目では、若年者で脱水の鑑別に有用とされる血液ヘモグロビン値（Hb）、ヘマトクリット値（Ht）、血清総タンパク濃度、BUN、血清クレアチニン値（Cre）であるが、高齢者

では背景にある貧血や低栄養から、脱水による血液濃縮が起こり、数値の上昇が顕在化しない場合がある。つまり、見かけは基準値となることがあるため、脱水前の数値との比較がないと判断しづらく注意が必要である。

● 脱水への対応策

軽症であればまず食事をきちんと摂り、手近に飲み物を置き、いつでもすぐ飲めるようにする。下痢や嘔吐、多量の発汗では、水分だけでなく電解質も失っているため、両者を補給するイオン飲料を摂取した方が望ましい。

脱水の急性期には輸液療法と安静を確保する。脱水状態にある表皮は弾力がなく、刺激に対して損傷を受けやすいので皮膚を保湿する。口腔内は唾液分泌の減少により粘調度が増し不潔になりやすいので、口腔ケアが必要となる。また、起立性低血圧や四肢脱力感により歩行が不安定になる場合もあるため、転倒などにも注意が必要である。

● 脱水を防ぐには：予防

① 必要水分量を摂取する

高齢者の必要水分量の簡易計算式（体重別）は、25～30ml×体重（kg）である。

飲み物だけで必要水分量を補うのは難しく、水分量の多い食品を心がける。口当たりがよく水分を多く含む食品として、おかゆ、豆腐、ゼリーなどがある。食事から摂取する水分量は、経口摂取する全水分量の3分の1を占めるため、十分な食事の摂取が脱水予防や回復の基本となる。

② 飲み物をすぐ飲めるように工夫をする

手が届く場所にいつも飲み物を用意する。嚥下機能に合わせて、飲みやすい形態（とろみ）や種類（好みや温度）を工夫する。

③ 摂取する時間に考慮する

一度にたくさん飲めないので、口渇感がなくても飲水を計画的に生活習慣に入れてもらうようにする。特に、入浴中や就寝中は発汗が多くなるので、入浴前後や就寝前、起床時などは必ず水分補給をするようにする。

④ 家族も含めて水分摂取の必要性を理解する

夜間排尿を避けるため水分摂取を控える高齢者には、臥床による腎血流の増加など夜間の尿が増加しやすい背景があることを理解してもらう。高齢期の体のしくみや水分制限による危険を理解し、適切に水分摂取をしてもらえるよう高齢者にも家族にも伝える。

（吉川美保）

■ 加齢による身体構成の変化

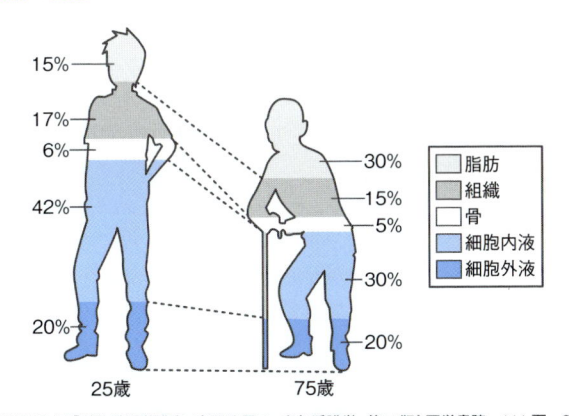

出典：萩野悦子「脱水」北川公子 編『系統看護学講座 専門分野Ⅱ 老年看護学 第7版』医学書院, 111頁, 2010.

8-8 身体症状（発熱）
― 発熱の特徴と対応 ―

Keywords ▶▶▶ 体温調節／非典型的な症状／脱水症／感染症予防

●発熱はなぜ起こるのか

恒温性動物であるヒトの体温は、視床下部にある体温調節中枢により体から失われる熱と産生される熱のバランスをとり、37℃前後の一定の値に維持されている。

感染症、悪性腫瘍などの影響による内因性や外因性の発熱物質の影響を受けると、体温調節中枢の設定温度が正常より高くなり、その温度と一致するよう体温を高める機構が働き、発熱が起こる。

●高齢者の発熱

高齢者では、加齢に伴い代謝の低下や発熱物質産生能の低下、さらに視床下部の体温調節中枢の反応も低下してくるため発熱が起こりづらく、発熱の程度と原因疾患の程度が相関しないことが多い。また、腰痛・関節痛などで消炎鎮痛剤や副腎皮質ホルモンの投与を受けて発熱症状がマスクされ熱が出にくい場合もある。体温1℃の上昇で酸素消費量が13％上昇するといわれており、発熱の持続は高齢者に多大なストレスとなり、心不全、脱水、不整脈、精神状態の変化など二次的合併症を容易に引き起こす。高齢者においては、発熱の程度がそれほどひどくないからといって軽症と判断してはならない。

高齢者の発熱を来す疾患を、表に示す。高齢者の場合、感染症が原因となる発熱が最も多い。なかでも呼吸器系、尿路系、胆道系の感染症の頻度が高い。

●観察の視点

高齢者の発熱の場合、感染症であるか非感染性疾患であるかを念頭に観察することが重要である。前述のとおり、高齢者ではそれほど高い発熱が起こりづらい。高齢者の場合、体温37.2℃以上もしくは平熱から1.3℃以上の体温上昇があれば発熱状態で、37.8℃以上では重症の可能性があると考え対応した方が賢明であるとする研究もある。また、感染症であっても感染病巣に特徴的な局所症状を認めない場合も多く、食事を摂らなくなる（食欲低下）、なんとなく元気がない（全身倦怠感）、急におかしなことを言う（せん妄）、普段できていたことができなくなった（ADL低下）などの平素の様子の変化として現れることも多い。

そのため、発熱だけに目を向けるのではなく、全身状態の観察、生活全般の様子の変化も合わせて観察し総合的に判断していくことが求められる。加えて、発熱により容易に脱水症などを引き起こしやすいため、発熱後も食事や水分摂取ができているか、尿量は減っていないかなども観察していく必要がある。

以下に、発熱の観察のポイントをまとめる。

①発熱状態の程度と経過
- 何度の発熱か、平熱と比べ何度の上昇か
- 発熱の始まった日時と持続している期間
- 発熱の始まりは突然か、次第に体温が上昇したのか
- 発熱のパターン（疾患によって特徴的なパターンを示すものがある）
- ふるえや鳥肌の有無

②発熱に伴う随伴症状

- 咳や痰などの呼吸器症状、下痢、便秘などの消化器症状
- 痛みの有無（咽頭、胸痛、腰痛、排尿時痛など）
- 意識・精神状態の変化など

③日常生活の変化
- 食事のむせ込みの有無
- ADLの変化の有無など

●発熱への対応

①発熱や、それに伴う随伴症状の出現している急性期では、安静を保ちできる限り体力の消耗を少なくする。安静が保持できる安楽な体位を工夫したり、安静に過ごせる環境を整える。

②体熱放散を促進させるため、氷嚢や氷枕を用いて冷却する。腋窩動脈、大腿動脈など、身体の表面を走る大動脈付近の冷却が効果的である。ただし、高齢者の場合、冷却を好まない場合もあるため、無理強いはしない。また、普段から衣類を厚着する高齢者では、体熱放散が妨げられて熱が上昇する場合があるので、うつ熱に注意する。

③解熱剤や抗生物質の使用は、主治医の指示通り確実に行う。解熱時には、大量の発汗が起こるため、吸湿性の高い衣類やリネン類を使用し、適宜交換する。

④発熱により食欲低下を伴うことも多く、脱水症状を来しやすいため、高齢者の好みを聞きながら、消化がよく栄養価の高い食事や水分摂取を工夫して促す。

⑤発熱とともに、呼吸機能（酸素飽和度など）の低下、意識レベルの低下、脱水などの随伴症状が出現した場合は重篤な状態であり、急性期病院への搬送を考慮する。

●感染症の予防

感染症に対する予防を行うことが、結果として高齢者の発熱を減らすことにつながる。

高齢者の栄養状態の改善や身体の清潔に努める、環境整備を行うなど、感染しやすい要因の排除に努めることや、ワクチン投与によって免疫力を高めることが挙げられる。高齢者における感染症の予防ワクチンとしては、インフルエンザや肺炎球菌ワクチンの有用性が明らかにされている。

病院・介護施設においては、医療従事者の手洗いや感染症対策に基づいた感染症伝播経路の遮断などを徹底することが、高齢者の発熱の予防につながる。

（小野塚元子）

■高齢者の発熱の鑑別疾患

感染性疾患
　一般細菌感染症：肺炎、気管支炎、扁桃炎、胸膜炎、肝膿瘍、胆道感染、腸炎、虫垂炎、腎盂腎炎、尿路感染症、卵巣膿腫、骨盤内炎症、髄膜炎、感染性心内膜炎、敗血症、腹膜炎など
　結核感染症：肺結核、粟粒結核など
　ウイルス感染：上気道感染症、肺炎、髄膜炎、帯状疱疹など
　その他感染症：マイコプラズマ感染、真菌感染など

非感染性疾患
　炎症性疾患
　　膠原病と類縁疾患：慢性関節リウマチ、SLE、多発性筋炎、大動脈炎症候群など
　　悪性腫瘍：リンパ腫、各種腫瘍、広範囲な転移がん、ホジキン病、急性白血病など
　　関節炎：痛風、偽痛風など
　非炎症性疾患
　　内分泌疾患：甲状腺機能亢進症、副腎クリーゼなど
　　高体温：脱水症、脳血管障害など

出典：望月論「Ⅴ．急性期状態の高齢者の特徴・鑑別・介入　3．発熱」葛谷雅文・秋下雅弘編『ベッドサイドの高齢者の診かた』南山堂，175頁，2008．

8-9 身体症状（かゆみ）
― 症状の理解と対応 ―

Keywords ▶▶▶ 皮膚の乾燥／保湿／基礎疾患によるかゆみ／疥癬／かゆみ誘発因子の除去

●かゆみの原因

かゆみ（掻痒感）とは、掻きたくなる不快な感覚で、皮膚の浅層、鼻粘膜、眼瞼の内側などの浅い部分に起こる。かゆみのメカニズムは十分に解明されていないが、かゆみを誘発する刺激が表皮と真皮の境界部にあるかゆみの受容体に伝わるためと推測されている。かゆみを誘発する刺激には、物理的刺激と化学的刺激があり、両者は相乗的に作用する。物理的刺激には、温熱、摩擦、電気などがある。化学的刺激には、ヒスタミン、セロトニン、ブラジキニン様物質などのさまざまな化学伝達物質（起痒物質）がある。また、かゆいと思うとますますかゆくなることは誰もが経験していることであるが、かゆみは心理的影響を強く受ける。さらに、ストレスによる心因反応や精神神経症でもかゆみは生じる。

かゆみの原因で最も多いのは、皮膚の表皮表面を覆う角質層の乾燥（乾燥肌）である。角質層は外からの刺激を防ぐバリアの働きがあるが、乾燥のためバリア機能が破綻し、さまざまな刺激に対して敏感になり、かゆみが起こる。そのため空気が乾燥する冬場は特に起こりやすい。

●高齢者のかゆみ

かゆみは、さまざまな皮膚疾患および全身性疾患の症状の一つとしてみられる。高齢者では、皮膚に特別な変化がなく、かゆみを起こす全身性疾患の既往もないのに、全身にかゆみを訴えることがある。これは、加齢（老化）現象により、皮脂量の減少、角質細胞間脂質（セラミド）の減少、角質細胞内の天然保湿因子の減少、発汗の減少などにより皮膚の水分保持能が減少し、皮膚が乾燥化して起きる。また、高齢者は石鹸の過度の使用、熱いお湯、長時間の入浴などを好むため、これらが皮膚の乾燥を増悪させる要因ともなる。特に、外界の湿度が低下する冬季によくみられる。

かゆみは、イライラするなど情緒を不安定にし、不眠、集中力の低下や食欲低下などの問題に発展していくため、かゆみの緩和に努めることが大切である。

●疥癬

高齢者に多くみられる皮膚疾患であり、夜間の睡眠が障害されるほどの激しいかゆみが特徴である。疥癬虫（ヒゼンダニ）が皮膚の角質層に寄生することによる感染症で、主な症状はかゆみと皮疹（皮膚に現れる発疹）である。特に高齢者施設などで集団発生する場合があり注意を要する。潜伏期間は1か月で、発症後数日で全身に広がる。肌の直接接触や衣類、寝具を介して感染する。

●観察の視点

かゆみの程度を把握するためには、皮膚の状態や精神状態、かゆみの訴え方を注意深く観察することが必要である。特に、認知症や失語症のある高齢者では、かゆみを訴えない場合でも、皮膚を掻いた跡、衣類についた血液、爪の間の汚れ、部分的な脱毛などが観察されるときはかゆみの存在が推測される。

高齢者のかゆみの原因のなかには、薬物による影響や高齢者にみられることの多い基礎

疾患によるものもある。特に基礎疾患が原因の場合、疾患の悪化がかゆみの悪化につながるため、疾患の症状の増悪の有無についても観察していく必要がある。高齢者のかゆみを伴う疾患を表に示す。

●援助方法・対応

高齢者の皮膚の特徴から考え、かゆみは容易に起こることが考えられる。かゆみが生じた場合、かゆみの緩和はもちろんであるが、普段の生活のなかで、かゆみを誘発させる因子の除去に努めることも大切である。以下にそのポイントを挙げる。

①**過度の清潔行為や環境による皮膚の乾燥を防ぐ**：入浴時、熱すぎないお湯（37〜39℃）にゆったりつかる、低刺激の弱酸性石鹸を使用する、刺激の少ない柔らかい布やタオルでからだを洗い、こすりすぎない。冷暖房は身体に直接送風が当たらないよう調節し、冬季は加湿器などを使用し湿度を40％以上に保つ。下着は木綿か絹製のものを使用する。

②**皮膚の保湿に努める**：普段から積極的かつ定期的な保湿剤の使用を勧める。ローション、クリーム、入浴剤など多様にあり、本人の好み、皮膚の状態に合わせ使用する。硫黄入りの入浴剤は、皮脂の分泌抑制作用があるため使用を避ける。ローションなどを塗る場合、入浴後の皮膚が乾燥する前の塗布が効果的である。入浴後の皮膚は、水分を吸い込んでいるため、それが蒸発する前に保湿剤を塗布することで、皮膚に水分をとどめることができる。

③**皮膚を清潔に保つ**：失禁のある高齢者では、排泄物の皮膚への付着が刺激となり、かゆみを招くため、撥水性のあるスプレーやクリームを使用し皮膚を保護するなど、排泄ケア用品も活用し皮膚を清潔に保つ。

かゆみの感覚は、皮膚の毛細血管の拡張によってより敏感になる。したがって、血管拡張をもたらす温熱刺激はかゆみを増強する。夜間、温まるとかゆみが増強するため、就寝前に冷却すると効果的である。かゆみが強い場合、本人がほとんど無意識に掻いていることも多い。その結果、すり傷などの皮膚病変が生じ、持続した場合は細菌感染の危険も生じる。皮膚を傷つけることを防止するため、爪は短く切っておく必要がある。

（小野塚元子）

■高齢者に生じるかゆみ

○発疹がみられないもの
・老人性乾皮症
・老人性皮膚掻痒症（老人性乾皮症を基盤とする）
・汎発性皮膚掻痒症
・閉塞性黄疸、原発性胆汁性肝硬変　・肝、胆嚢、膵臓などのがん
・慢性腎不全、腎透析　・糖尿病、痛風、甲状腺機能低下症
・多血症、ホジキン病、白血病　・多発性硬化症、脊髄癆
・寄生虫妄想、神経症、ストレス　・薬剤、食品（ヒスタミン含有）などによる
・限局性皮膚掻痒症（陰部、肛囲など）
○発疹がみられるもの
・湿疹および皮膚炎（皮脂欠乏性、接触性、脂漏性など）
・蕁麻疹・痒疹
・薬疹（紅斑丘疹型、滲出性紅斑型など）
・真菌症（白癬、カンジダ）
・動物性皮膚症（疥癬、虫刺症）
・その他

出典：種井良二「老人性乾皮症，皮膚掻痒症，湿疹，皮膚真菌症，帯状疱疹，疥癬」大内尉義監『日常診療に活かす老年病ガイドブック6　高齢者に多い疾患の診療の実際』メジカルビュー社，244頁，2005．

8-10 身体症状（腰痛・膝関節痛）
― 症状の理解と対応 ―

Keywords ▶▶▶ ADLの低下／痛みの評価尺度／原因／対応／適度な運動

●高齢者の腰痛・膝関節痛の原因

腰痛・膝関節痛を訴える高齢者は多い。腰痛、膝関節痛は、ADL（日常生活動作）の低下を招き、高齢者の生活に大きな支障を及ぼす。さらに、高齢者では加齢に伴う退行性変化により、痛みは慢性化しやすく生活の質の低下にもつながりやすい。

腰痛・膝関節痛の原因は多岐にわたる。

①腰痛の原因

腰痛は、骨を含めた運動器と運動器以外でその原因を特定するが、原因が明らかでない非特異的腰痛も多い（表）。高齢者の場合、加齢による骨粗鬆症や椎間板変性を基盤に起こることが多い。

骨性腰痛：骨性腰痛の原因の1つに、骨粗鬆症による脊椎圧迫骨折がある。急性の腰背部痛で発症する場合と、徐々に進行し、身長の短縮化や背部の変形（円背や亀背）、それらに伴う慢性の腰痛で発症する場合がある。

椎間板性腰痛：椎間板性腰痛も頻度が高く、椎間板の変性、椎間板ヘルニアなどが主な原因である。加齢に伴う関節の変形を背景とするものは椎間関節性腰痛である。加齢に伴い腰椎を支持している靭帯や筋肉の衰えによって起こる筋肉性腰痛もある。

内臓性腰痛：腰痛の原因となる運動器以外の疾患で、重要なのは循環器疾患と消化器疾患である。特に、血圧低下を伴い急激に発症した腰痛では、解離性動脈瘤が疑われる。また、腹部の悪性腫瘍の一症状として腰痛を訴えることもある。

心因性腰痛：慢性の腰痛では、明らかな器質的疾患を有しないものもあり、各種のストレスが腰痛の原因となることがある。

②膝関節痛の原因

高齢者の膝関節痛の大部分が変形性膝関節症によるものである。加齢に伴う関節軟骨の変性が基盤となり生じる。変性した軟骨は関節運動で摩耗する。また、変性によって軟骨の弾性が低下し、関節軟骨に加わった負荷が軟骨下の骨に伝達されやすくなり、その刺激が骨の増殖を促し、関節の変形を引き起こす。その結果、膝関節に痛みが生じる。痛みは、関節の運動や体重負荷によって増強する。

●観察の視点

高齢者は、「他者への遠慮や迷惑をかけてはいけない」「弱音を吐いてはいけない」と考えて痛みを我慢する傾向がある。したがって、訴えだけでなく行動も注意深く観察して痛みを評価していく必要がある。

①痛みのアセスメント

痛みはいつからか、どこが痛むか、どのように痛いか（痛みの種類）、姿勢・動作との関係はどうか（動いたときに痛いのかなど）、どのようなときに一番痛いかなど、痛みの状態を把握する。また、痛みの程度をより客観的に評価するため、視覚的評価スケール（VAS：Visual Analogue Scale）、数値評価スケール（NRS：Numerical Rating Scale）などのスケールを用いて継続的に評価する。

②随伴症状

腰痛の場合、下肢のしびれや痛み、間欠性跛行（しばらく歩くと痛みが現れ、休むと楽になる）の有無など運動器に関連した症状を観察する。加えて、急性発症あるいは経過とともに痛みが増強するような場合は、がんの転移などによる腰痛も疑われるため、発熱や貧血、腹痛など運動器以外の症状にも注意して観察する。

膝関節痛の場合、関節の腫脹、水腫、変形、拘縮、筋力低下など痛みのある膝関節の観察を行う。

③日常生活への影響

腰痛や膝関節痛は、日常生活の自立度低下につながる。痛みのために動かない（動けない）と、ますます体の活動性が低下し筋力低下や筋萎縮が起こる。動かないことは体重増加にもつながり、活動がさらに不安定になり、腰・膝部への荷重も増す。そして、痛みの持続、増強という悪循環に陥る。このため、痛みの評価とともにそのときのADLの状態を細かく観察する。また、普段の生活スタイルや環境が腰・膝部の負担につながっている場合、高齢者は動きたくても動けず活動の意欲が低下していく。そのため、腰・膝部に負担となる生活かどうかも合わせて観察する。

●援助方法・対応

①安静

急性筋肉性腰痛症（ぎっくり腰）、骨粗鬆症に伴う脊椎圧迫骨折などの急性発症の腰痛や、膝の腫脹、熱感を伴う強い膝関節痛では、局所の安静が必要である。荷重がかからない安楽な体位をとる。しかし、過度の安静臥床は廃用症候群を招くため、回復に合わせて計画的に離床を図っていく必要がある。

②温・冷刺激の活用

腰・膝部を温めることは血流を増し、筋の緊張や痛みの緩和につながる。温罨法としてホットパック（体を温める医療用具）を用いることが多い。高齢者は、加齢による知覚機能の低下から、熱に対する感受性が低下しているため、熱傷を起こさないよう温度管理と皮膚の観察が重要である。

炎症がある場合は、患部を冷却する。

③適度な運動

痛みの持続、増強の悪循環を断ち切るためにも、腰背筋や腹筋の強化のための腰痛体操や膝関節を支える大腿四頭筋等尺運動を継続して行うよう促す。

（小野塚元子）

■腰痛の原因疾患

運動器疾患
骨　　　　性：骨粗鬆症による脊椎圧迫骨折、悪性腫瘍の骨転移、骨髄炎
椎 間 板 性：変形性脊椎症、椎間板ヘルニア
椎間関節性：加齢に伴う関節の変形、脊椎圧迫骨折に伴うもの、変形性脊椎症に伴うもの
筋　肉　性：疲労性、加齢に伴う筋力低下に伴うもの

運動器疾患以外
機能性（姿勢性）
内臓性：消化器疾患、循環器系疾患（解離性動脈瘤を含む）、泌尿・生殖器系疾患
心因性

出典：細井孝之「慢性疾患に付随する老年症候群　腰痛」大内尉義監『日常診療に活かす老年病ガイドブック1　老年症候群の診かた』メジカルビュー社，195頁，2005.

8-11 身体症状（不眠）
― 安眠のためのケア ―

Keywords ▶▶▶ 睡眠障害／概日リズム／睡眠薬／安眠ケア

●高齢者の睡眠障害の種類と特徴

　高齢者の睡眠障害には、不眠、過眠、眠気、概日リズム睡眠障害（circadian rhythm sleep disorders）などがある。なお、概日リズム睡眠障害は、以前、睡眠・覚醒リズム障害と呼ばれていたが、睡眠障害国際分類（American Sleep Disorders Association, 1990）によって、概日リズム睡眠障害という用語が国際的に用いられるようになり、現在に至っている。

　高齢者の不眠は、その眠りの深さと量に変化を来すことによって現れる。成人期では、就寝後30分から1時間ほどで1日のなかで最も深い眠りである徐波睡眠に到達するが、高齢者の睡眠は、老化による睡眠の変化により徐波睡眠が減少し、夜間の総睡眠時間も短くなる。また、その他にも高齢者の不眠の原因には、日中に酷使された脳を休ませる防御機能の低下や、日中の活動量の低下による体温変化の減少、夜間のメラトニン（睡眠と覚醒のリズムを調整し、眠りを促すホルモン）分泌の低下などが挙げられる。

●高齢者に多い睡眠パターン

　概日リズム睡眠障害の種類では、「睡眠相前進症候群」「不規則型睡眠・覚醒パターン」が高齢者に多いとされる。「睡眠相前進症候群」は、夕方の眠気や早い時刻からの入眠、望ましい時間より早い時間に覚醒するのが特徴である。「不規則型睡眠・覚醒パターン」では、睡眠と覚醒が昼夜を問わず現れ、1日3回以上の睡眠が見られる。いずれにしても、加齢による睡眠・覚醒リズムの障害によって概日リズムが不明瞭になることにより、睡眠と覚醒の区別がはっきりしなくなることが問題となる。

　加齢に伴う概日リズムの変化は、睡眠覚醒の位相の前進（早朝覚醒）、睡眠深度が浅くなる（熟眠障害）、睡眠時間の短縮（量的不眠）、覚醒水準の低下（意識障害せん妄）等をもたらす。

●不眠を訴える高齢者への援助

　高齢者の不眠の原因には、夜間頻尿などの身体的要因もある。夜間に4～5回以上トイレに起きる頻尿は不眠（中途覚醒）の原因となる。このような場合は、頻尿の原因を追究し過剰な水分やアルコールの摂取を控えめにする。なお、不眠に対するアルコールの摂取は、レム睡眠とノンレム睡眠で構成された睡眠単位のバランスを崩し、かえって不眠を招くと言われるので過剰な摂取は控えるように指導する。高齢者の不眠の原因で心理的なものには、喪失体験、健康不安などもある。不眠に対しては、これら心身両面からの個別的対処が大切である。

　高齢者が不眠を訴えた場合は、まずその不眠がどの程度日常生活や健康状態に影響するのか正確に判断する必要があり、安易に睡眠薬を用いるのは危険である。睡眠薬の適用の前には、まず日中の活動状況や日光への曝露状況などを把握する必要がある。閉じこもりがちな生活をしている高齢者には、日中できるだけ散歩やレクリエーションなどに積極的に参加できるように働きかけることが大切で

ある。また、規則正しい生活をすることで、社会的リズムを強化することができる。日中に照度数千ルクス以上の明るい場所で覚醒して過ごすことは、メラトニンの概日リズムにメリハリをつけ、理想的な睡眠を目指すうえで重要な点であると言われる。場合によっては、高照度光療法を利用するという方法もある。なお、昼間の眠いときの30分程度のうたた寝は、眠気を覚ますのに有効であり、夜間睡眠に影響しないと言われている。

● 睡眠薬の服用と注意点

必要と判断された場合、熟眠障害、中途覚醒のある場合は、超短時間型、短時間型などの睡眠導入薬が処方される。うつ病の不眠などでは、中間型や長時間型の睡眠薬が処方される。高齢者は、長期間の服用で依存性が出現することや、急激な中断による離脱症状（禁断症状、苦痛の症状）などの異常が出現することがあるので注意が必要である。

50歳代以上になると、薬物の副作用頻度は急激に高まるので、長時間型などの服用でふらつきによる転倒の原因になることもある。鎮静作用や筋弛緩作用のある薬物投与はできるだけ避け、使用時には十分な観察と配慮が必要である。

症状によってより強い効果のある抗精神病薬などを使用した場合は、通常の3倍肺炎を起こす危険性が高いと言われており、よく観察をし、嚥下反射や咳嗽反射（異物が気管に入ったときに出そうとする反応）の程度にも留意すべきである。

● 安眠のためのケア

安眠を促すためには、日中に適度な活動をする生活パターンを送るほか、下記のようなケアを効果確認しながら行う。

① **入眠前の身体の保温**：入浴、足浴、四肢・背部・肩部のマッサージ、少量の温かい飲み物の摂取など。
② **睡眠環境整備**：快適な室温、静けさへの配慮、照明の調整など。
③ **症状の緩和**：疼痛などの身体的症状がある場合は、それらの症状を和らげることが先決である。
④ **不安の緩和**：心配事、悩み、怒り、寂しさ等をため込まないように傾聴する。
⑤ **睡眠儀式**：好みの毛布や香り、寝る前の準備など。

（宮園真美）

■ ヒトの睡眠リズムと年齢との関係

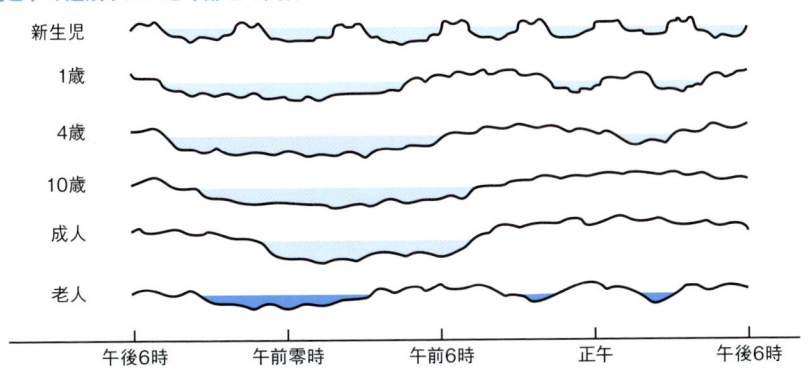

出典：大熊輝雄『睡眠の臨床』医学書院, 12頁, 1977.

8-12 身体症状（難聴）
― 聞こえを補うための方法 ―

Keywords ▶▶▶ 加齢／聴覚障害／補聴器／コミュニケーション

●難聴とは
　難聴には大きく分けると外耳・中耳に原因がある伝音難聴、内耳や中枢に原因がある感音難聴、伝音難聴と感音難聴が同時に起こる混合難聴の3つに分類される。難聴の度合いは一般的に軽度難聴・中度難聴・高度難聴に分けられる。いずれにしても聴力障害はコミュニケーション活動など社会生活を維持するうえで重要な感覚障害のひとつである。

●耳の構造と難聴
　図のように耳は外耳・中耳・内耳の3つの部分から構成されている。空気の振動である音は外耳道を通じて耳の中に入り、その奥にある鼓膜を振動させる。鼓膜の振動は耳小骨へと伝達され、そこで振動が増幅されてさらに内側の蝸牛に伝えられる。蝸牛はその振動を電気信号に変え、聴神経を経由して脳に届ける。
　これらの聞こえの経路のうち、特に加齢（老人）性難聴と関係が深いのが、老化による蝸牛の機能低下に伴う感音難聴である。蝸牛の中には音を感じるアンテナの役割である毛の生えた細胞（有毛細胞）が規則正しく並んでいるが、年をとると毛が折れたり細胞自体が剥がれ落ちたりして十分に音を捉えられなくなる。いったん壊れた有毛細胞は元に戻ることはなく、老人性難聴に対する有効な治療法はまだ見つかっていない。
　一方外耳道や鼓膜、耳小骨に異常があって音がうまく伝わらないのが伝音性難聴である。耳垢が外耳に溜まった場合や中耳炎などで膿や浸出液が中耳に溜まった場合にも鼓膜がうまく振動せず難聴になる。鼓膜の外傷も同様である。伝音性難聴では多くの場合手術などの適切な方法により難聴を治療することができる。

●老人性難聴の経過
　老人性難聴は一般的には50歳代くらいから症状がみられるようになるが、個人差が大きい。初期には、高い声や体温計などのデジタル音のような高音域が聞こえにくくなり、次第に進行し難聴の範囲が中音域、低音域へと広がる。高音の耳鳴りを伴うこともあり、症状はふつう両耳に起こる。音がこもったように聞こえ、そのため会話の声は聞こえても言葉として聞き取りにくい、ということが起こってくる。特に聞き間違いが多いのは高音域に属する「カ行、サ行、ハ行」を含む音で、このような子音が聞き取れないと日常のいろいろな場面で不便を感じるようになる。

●難聴の人への対応
　加齢に伴う聴覚障害の克服は、豊かな高齢期を送るうえで大きな意義をもつ。しかし、老人性難聴は進行性で、聴力を改善できる有効な治療法はまだない。したがって補聴器を調整して使いこなすことが重要となる。
　補聴器の種類は、ボックス型、耳かけ型、耳穴型、眼鏡型補聴器などに大別され、症状や使用する人のニーズによって使い分けられる。上手に補聴器を使いこなすためには、①短時間でも毎日使う、②音源に近づく、③話し手の身振りや表情を観察する、④騒音のな

い環境を工夫する、⑤話者にはっきり、ゆっくり話してもらうなどが推奨されるが、本人の工夫のみでなく周囲の人が補聴器の使用方法について知り、補聴器を使用している人が安心してコミュニケーションできるように協力していくことが重要である。

● 周囲の配慮

聴力の低下は他の感覚障害と異なり、周囲に指摘されないとなかなか気づかない。話が聞こえないことによりいつのまにかコミュニケーションが滞るようになり、社会性も損なわれる。高齢者は難聴による話の行き違いを経験すると他人との会話が嫌になり、ついには家人とも話をしなくなる。家庭の団欒から遠ざかり孤独にもなる。だんだん頑固になって猜疑心も生まれ、時には認知症も加速する。

難聴は見えない障害であるため、他の障害にはない心理的あるいは社会的な問題が大きい。また聞こえが悪くても補聴器を使いたがらない高齢者も少なくない。補聴器だけで聴覚障害を克服することは困難であるため、本人と周囲の人が聴覚障害を理解したコミュニケーションを築くことが重要である。

具体的には以下のような点に注意して、高齢者にわかりやすいコミュニケーションを心がけたい。

① やや低めの声ではっきり話す。
② 単語・短い文章で、聞きなれた言葉で話す。
③ 身振り・手ぶりなどの非言語的コミュニケーションを活用する。
④ 周囲の騒音がない、静かな場所で話しかける。
⑤ 人間関係が阻害されないように、皆の会話に参加するよう働きかける。

高齢者に多い老人性難聴をそのまま放っておけば日常生活や仕事上でさまざまな支障が出てくることが考えられる。耳から入る刺激や情報が少なくなることで脳の老化が進んでしまうことも心配される。コミュニケーションがうまくとれず、つい人との付き合いを避け、家にこもりがちになってうつ状態や認知症につながっていく危険性もあるだろう。

老人性難聴は周囲の人が先に気づくことの多い疾患である。家族など親しい人が医療機関への受診を勧めることが、難聴による二次障害を防ぐことにもつながるため、徴候に気づいたら放置せず、前述の点に留意して適切に対処することが重要である。　（野本ひさ）

■ 耳の構造と難聴の種類

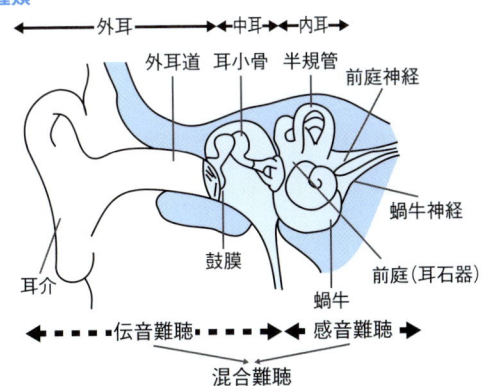

出典：飯田順『高齢者のからだと病気シリーズ　耳鼻咽喉科の病気』日本医学館，19頁の図1，2004．を一部改変．

8-13 身体症状（白内障）
― ライフスタイルに合わせた手術の選択 ―

Keywords ▶▶▶ 加齢／視力障害／白内障手術／術後のケア

●白内障とは

　白内障は眼球の中にある水晶体が混濁する病気である。水晶体は眼球の中でレンズの役割をするもので、その厚みを増減することにより光の屈折力を変えて調節機能の働きをする。この水晶体が何らかの原因で濁ってしまった状態が白内障で、発生原因には加齢性、先天性、他の疾患に併発、薬剤の副作用、外傷などがある。このうち加齢に伴う白内障を「老人（加齢）性白内障」という。程度や進行具合に差はあるものの、すべての人に生じる老化現象のひとつである。

　白内障の主な症状は視力低下と羞明感（まぶしさ）である。視力低下は水晶体の濁りのために光が通りにくくなることにより起こり、ぼやけて二重、三重に見え、どんなに調整しても眼鏡が合わなくなる。羞明感は混濁した水晶体を通って眼内に入ってきた光が錯乱し、まぶしく感じてしまうことにより起こる。

●加齢と白内障

　白内障の原因で最も多いものは加齢によるもので、程度の差はあれ50歳代では約半数、60歳を超えると6～8割の人に白内障がみられ、80歳代ではほとんどの人に白内障があると言われている。ただし、水晶体の周囲に少し濁りがある程度の白内障から、水晶体の全体に濁りのある状態までさまざまである。

　目の外傷、アトピー性皮膚炎、糖尿病、栄養失調などでは若いうちからの発病が多い。加齢に伴う疾患であるため予防することは難しいが、偏食を避けバランスの良い食事を心がけ糖尿病などの白内障の原因となる病気を防ぐあるいは紫外線を避けるなどの生活習慣に留意したり、点眼薬、内服薬などの薬物療法で進行を遅くすることは可能である。現在は予防よりも手術による治療が格段に進歩している。

●白内障の治療

　初期の老人（加齢）性白内障には進行防止のための点眼薬や内服薬が有効である。ただし、水晶体の混濁が少ない初期（視力にはほとんど影響のない時期）には白内障の進行を予防できるが、水晶体の混濁を改善することはできない。

　白内障が進行し視力障害を感じるようになれば、手術療法が適応となる。白内障の手術治療は近年飛躍的に進歩してきており、大きく分けて嚢内摘出術、嚢外摘出術、超音波乳化吸引術の3種類がある。

　嚢内摘出術は濁った水晶体を全部取り出す方法で、嚢外摘出術は混濁した水晶体の中心部だけ取り出し残った皮質の混濁を吸引する方法、超音波乳化吸引術は水晶体の中身を超音波で細かく砕きながら吸引する手術方法である。いずれも視力を出すために水晶体の代わりになる眼内レンズの挿入が必要であり、現在はほとんどの手術で眼内レンズが適応されている。

●生涯"見える"生活のために

　加齢による視力障害のもうひとつの代表に老眼がある。老眼は水晶体の柔軟性が失われ、近くを見るときに十分に厚みを出すことがで

きなくなるために起こる症状で、40歳代後半頃から始まり、65歳をすぎる頃に進行が止まる。老眼は目のレンズのピント調整の劣化によって起こるものなので眼鏡の使用により視力を保つことができるが、白内障はレンズの混濁が原因のため、混濁を取り除かなくては視力を維持することができない。70歳をすぎて急に視力が低下する場合は白内障が原因である場合が多い。

手術の確実性が保証されなかった頃は、目の前が見えなくなるまで我慢してから手術に踏み切っていたが、現在は生活に支障を感じてきた時が手術の時期であると言われている。その時期も個人のライフスタイルに合わせて決定することが可能である。例えば新聞の小さい字が読めないくらいの視力（矯正視力）の時に手術を考えるのが一般的な目安とされているが、車の運転がしたい、本をたくさん読みたい、テレビを観たいというその人なりのライフスタイルを重視した生活の質を保証するためには、本人が生活に支障を感じてきた時に手術を考えるのが望ましい。

●手術後の暮らし

眼内レンズを入れる手術は技術が進歩したために短時間で済み、体への負担も軽くなっている。日帰りから4日程度の入院が一般的である。手術の負担は少ないが術後は特に清潔を保つことが必要であり、その他にも目の圧迫や急激な運動を避けるなどの注意点がある。感染や炎症を防ぐために点眼薬を使用するが、自分で点眼する場合には必ず手を洗うなど、清潔を維持する必要がある。図に示す正しい方法で清潔に点眼するよう心がけ、誤った点眼方法で細菌感染を起こさないようにする。

手術により水晶体の混濁が取り除かれ新たな眼内レンズを入れても、人工のレンズはピントの調整はできない。そこでライフスタイルに合わせて眼内レンズの度数と使用する眼鏡の種類を選ぶ必要がある。例えばデスクワークなど生活のなかで近くを見ることの多い人は、眼内レンズは近くにピントを合わせるものにし眼鏡は遠近両用のレンズを使う、車を運転することの多い人なら眼内レンズは遠くにピントを合わせ、眼鏡は近くに合わせたものにする。眼鏡を作るのは手術から2〜3か月経ち、視力が安定した頃が望ましい。

（野本ひさ）

■正しい点眼方法

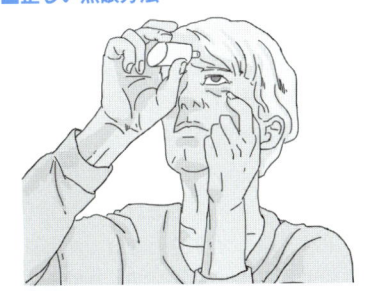

・点眼の前に石鹸と流水で手を洗う。
・点眼は1滴で十分。
・点眼後は1〜5分ほど目を閉じる。
・2種類以上の点眼薬を使用する場合には5分以上間隔を開ける。

■誤った点眼方法

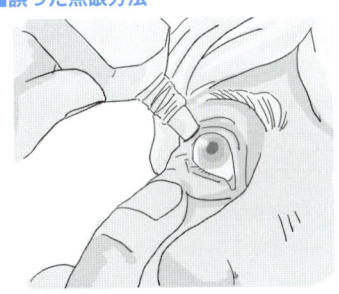

・容器の先を目に近づけすぎる。
・容器の先がまぶたのふち、まつ毛などに触れる。
・点眼後、頻回にまばたきをする。
・何滴も入れる。

8-14 疾患・概論
― 老化による機能低下と疾患への移行 ―

Keywords ▶▶▶ 臓器の老化／多臓器障害／全人的視点／老年症候群

● 高齢者のからだ

主な生理機能の加齢に伴う変化を図に示し、臓器系別の老化について概説する。

① 循環器系

高血圧などの疾患がなくとも加齢に伴い心筋の肥大や重量の増加が見られ、「硬い心臓」となり、拡張能が低下する。心臓のβ受容体の反応性が低下し、心拍上昇の程度や心筋収縮能も低下する。刺激伝導系の障害のために洞結節や房室結節の伝導障害、右脚や左脚のブロックなども出現しやすくなる。また、作業心筋にも線維化などが起こるため期外収縮等の不整脈が上室、心室ともに多くなる。大動脈、冠動脈の動脈硬化も進行し、収縮期血圧の上昇傾向、心筋血流の減少により心予備能が低下する。圧受容器の調節も低下し、血圧が変動しやすくなる。

② 呼吸器系

高齢者は肺活量、一秒率（吸い込んだ空気を1秒間で吐き出すことのできる割合）、肺拡散能、動脈血酸素分圧などが加齢とともに減少・低下していく。また、肺の弾性低下（コンプライアンスの低下）のために残気量は増大する。これに喫煙や肺結核後の後遺症などでさらに呼吸機能は低下する。呼吸筋の筋力低下で呼吸運動そのものが小さくなり、換気が低下する。

③ 消化器系

消化管の粘膜に萎縮がみられ、消化液の分泌や消化管運動は低下する。肝臓、胆道系は老化による障害は少ないといわれている。

④ 腎・泌尿器系

腎機能は加齢とともに直線的に低下する臓器の一つである。腎動脈硬化による腎血流の低下に加え、糸球体の萎縮、ネフロンの減少のために糸球体濾過率（GFR）は30歳代の50％前後まで低下する。また、尿の濃縮能、希釈能のどちらも低下し、尿細管のNa保持能も低下する。この結果、水・電解質摂取が困難となる病態の時に、高齢者では容易に脱水を来す。

⑤ 内分泌・代謝系

副腎皮質ホルモンのなかでは糖質コルチコイド（コルチゾル）、ミネラルコルチコイド（アルドステロン）が主体であり、男性ホルモンは微量である。生命の維持に不可欠なコルチゾルの分泌に加齢による影響は少ないが、アルドステロンはレニン・アンギオテンシン・アルドステロン系による調節の低下により、基礎分泌量が低下し、立位負荷などに対して反応性が低下している。また、抗利尿ホルモンは水分を身体に貯留し、尿を濃縮するが、腎臓の反応性が低下し、希釈尿が出てしまう。成長ホルモンは睡眠中に多く分泌されるが、加齢により漸次減少する。甲状腺ホルモンはサイロキシン（T4）が転換されて活性型のトリヨードサイロニン（T3）となって作用するが、高齢者ではT3が低下する。性腺ホルモンは男性でテストステロン、女性ではエストロゲンである。男性では加齢とともに漸減し70歳代で20歳代の70％程度になるが、女性では50歳前後の閉経とともに激減し、閉

経後は閉経前の10〜30％程度に減少する。いわゆる更年期障害を呈することが女性に多いのはこのためである。カルシウム代謝には副甲状腺ホルモン、カルシトニン、エストロゲン、ビタミンDなどが関与するが、カルシウム吸収障害のために副甲状腺ホルモンが上昇し骨粗鬆症を促進している。

⑥免疫系

加齢に伴い胸腺の萎縮でリンパ球のうちT細胞系が減少する。この結果、易感染性や、がん抑制能の低下が引き起こされると推測される。B細胞系や腸管免疫能の低下は少ないといわれている。

⑦感覚器系

聴覚、視覚、味覚、皮膚感覚（触覚、温冷覚、痛覚など）すべての感覚器系の機能低下が見られる。

● 高齢者の疾患の特徴

高齢者は生理的範囲内であっても多臓器の機能低下や予備能の低下がある。このために青壮年者にとっては小さな外界からの刺激であっても、高齢者ではそれによって恒常性を保てなくなり連鎖的に多臓器疾患が引き起こされる。高齢者のこのような状態は個人差が大きく、年齢の影響にとどまらない。

このような諸器官の機能低下や運動能力の低下に伴い、老年症候群といわれる高齢者特有の病態が生じる。すなわち、認知障害、移動能力障害、排泄障害、感覚障害、経口摂取障害がその5大徴候であり、高齢者の健康を阻害し、介護やケアが必要となる症候群である。これらの障害は、さらに互いに悪循環をもたらし疾患の治癒を困難とする。

さらに、高齢者の場合、身体に異常を来していても自覚的、他覚的にその症状や徴候が現れにくく、疾患の早期発見が遅れる原因となっている。また、薬物治療に際しては潜在的な腎臓機能低下があるため、腎排泄の薬物は若年成人投与量より減量して使う必要がある。侵襲的な治療（外科治療、機器植込による治療、抗がん剤など）を行っても高齢者の場合、生命予後を改善しないことも多い。個人の心身の状態、社会的環境（家族、経済的状況など）までも含めた全人的視点から診療を行い、必要最小限の治療による見守りも患者の生活の質（Quality of life：QOL）や日常生活動作（Activities of daily living：ADL）を維持するうえでは重要である。　（樗木晶子）

■生理機能の年齢による変化

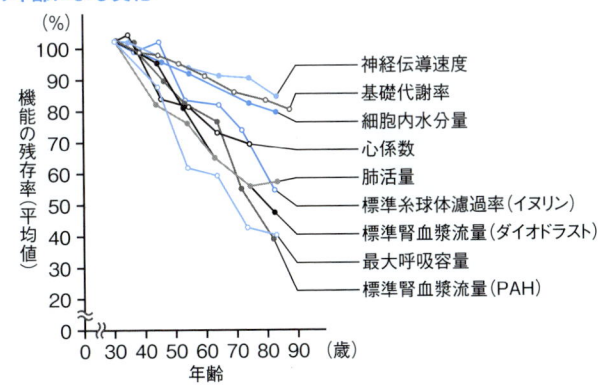

（グラフ：機能の残存率（平均値）(%)を縦軸、年齢（歳）を横軸に、神経伝導速度、基礎代謝率、細胞内水分量、心係数、肺活量、標準糸球体濾過率（イヌリン）、標準腎血漿流量（ダイオドラスト）、最大呼吸容量、標準腎血漿流量（PAH）の加齢変化を示す）

出典：Shock NW：The Biology of Aging. vedder CBed：Gerontology, A Book of Reading, p.277, spriagfield, 1963. を一部改変.

8-15 疾患（脳：脳卒中ほか）
― 脳卒中の治療とケア ―

Keywords ▶▶▶ 脳梗塞／脳出血／くも膜下出血／早期治療／後遺症／リハビリテーション

●脳卒中とは
　脳卒中は、脳の血管が詰まる、破れるなど、脳の血流が障害されて起こる病気の総称で、脳梗塞、脳出血、くも膜下出血の大きく3つのタイプに分けられる。

●脳梗塞とその治療
　脳梗塞は、何らかの理由で脳の動脈が詰まる病気である。「脳血栓」と「脳塞栓」の2つに分けられる。動脈硬化が原因で動脈壁に沈着したアテローム（粥腫）により血栓が起こる「アテローム血栓性脳梗塞」、不整脈など心臓の疾患が原因で生成した血栓が流れてきて塞栓が起こる「心原性脳塞栓症」、穿通動脈に直径1.5cm未満の小さな梗塞が起こる「ラクナ梗塞」の3つのタイプがある。
　脳梗塞急性期の治療は発症後数時間以内の超急性期に適切に行われるかどうかが、予後を決定するうえで重要である。したがって脳梗塞が疑われる患者は直ちに救急車で24時間対応で緊急CTやMRIが行える専門施設へ搬送する必要がある。

●脳出血とその治療
　何らかの原因によって、脳の血管が突然破れ頭蓋内に出血した状態が脳出血である。症状は出血した部位と程度により、以下に示すように大きく異なる。

脳出血の部位別分類
①被殻出血：大きな出血では、一般に弛緩性片麻痺、半身の感覚障害、失語・失認などがみられる。
②視床出血：発症時にしびれ感を訴えることが多く、半身の感覚障害と片麻痺が起こる。左の視床出血では失語症が起こる。
③皮質下出血：一般に数分のうちに発症し、頭痛を伴い、けいれん発作を起こすことがある。
④小脳出血：典型的なものは、突然激しい回転性めまい、頭痛、反復する嘔吐に始まり、平衡障害のため起立歩行ができない。
⑤橋出血：致命的大出血では、頭痛、回転性めまい、意識障害で発症し、四肢麻痺を来し、急速に昏睡に陥る。

　脳出血の治療には、大きく下記の2つが挙げられる。
①**内科的治療**：バイタルサインの管理のなかで血圧の管理が重要である。脳卒中治療ガイドライン2009[1]では、収縮期血圧180mmHg未満または平均血圧130mmHg未満を維持することを目標に管理することが推奨されている。
②**外科的治療**：脳出血の手術療法の主な目的は、脳実質内に形成された血腫を除去することにより、血腫そのものと血腫周囲の脳浮腫による圧迫を取り除く効果や頭蓋内圧亢進による二次的脳損傷を抑制し、予後を改善することである。手術による血腫除去の適応は、血腫の局在が被殻、皮質下、あるいは小脳で、一般に血腫が比較的大きく、意識障害のある場合である。10ml以下の小さい血腫は徐々に吸収されるので、手術の適応とはならない。意識レベルが昏睡の症例も手術適応とはならない。

●くも膜下出血とその治療

髄膜であるくも膜と軟膜の間のくも膜下腔に出血が生じた状態をいう。原因として最も多いのは脳動脈瘤破裂である。典型例では、突然これまで経験したことのない激しい頭痛で発症し、吐き気、嘔吐を伴うことが多い。

脳動脈瘤破裂によるくも膜下出血は脳卒中の中で最も重症で死亡率も高い。急性期には厳重な全身管理、特に再破裂予防のために血圧管理が重要である。動脈瘤の状態によって手術が検討される。

●脳卒中患者のケアの目標と管理

脳卒中には、①命の危険、②後遺症、③再発、④家族への影響の4つのリスクがあるが、脳卒中は寝たきりの最大の原因となり、寝たきりの約4割は脳卒中による。各時期におけるケアの目標とリハビリテーションの管理については、以下のとおりである。

急性期（発症直後から1か月）

急性期のケアの目標はまず救命で、次に梗塞巣、出血巣の拡大を防ぎ、機能障害（後遺症）を最小限にとどめることである。リスク管理のもと、廃用症候群の予防と早期離床を目指して早期にリハビリテーションが行われる。

回復期（1か月～6か月）・維持期（6か月以降）

回復期・維持期のケアの目標は再発予防と社会復帰である。

回復期のリハビリテーションは在宅復帰を目指してリハビリテーション機関などで集中的・包括的リハビリテーションが行われる。

維持期のリハビリテーションは回復期に獲得した能力を維持し、生活の安定社会復帰を目指してリハビリテーションが継続される。

脳卒中患者はさまざまな障害をもちながら再発予防のために疾病を管理し、生活の再構築を目指してリハビリテーションを生涯継続していくので、患者、家族が目標をもって社会資源を活用しながら前向きに取り組めるよう支援していくことが大切である。

●脳卒中の予防

脳卒中を予防するために最も大切なのは、高血圧症や糖尿病を防ぐことである。そのためには適性カロリーの摂取と適切な運動を継続することで肥満を防ぎ、喫煙や過度の飲酒に注意するなど、生活習慣の是正が必要である。また、不整脈、心房細動などの症状を自覚した場合は、直ちに受診することが求められる。

（石川みち子）

■脳卒中の医療体制

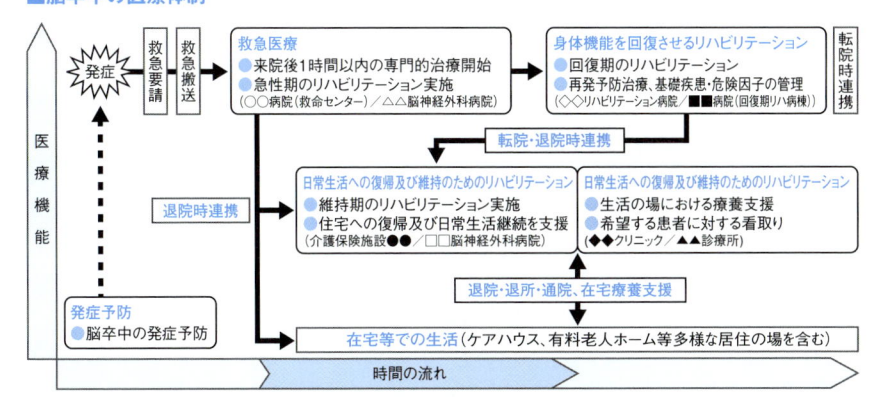

出典：中央社会保険医療協議会 診療報酬基本問題小委員会（2007年10月31日）資料．

8-16 疾患（心臓：不整脈ほか）
― 不整脈の原因と救命処置 ―

Keywords ▶▶▶ 心臓の役割／心調律／刺激伝導系／AED

● **心臓の役割**

高齢者の心疾患として不整脈は生命に直接影響を与える重篤なものである。これらの疾患を理解するには心臓のメカニズムと機能などを知る必要がある。

心臓は心筋と呼ばれる筋肉でできており、心臓の周りには冠動脈と呼ばれる血管が張りめぐっている。心筋は、冠動脈に流れる血液から酸素と栄養を受け、収縮と拡張を規則的に繰り返している。この収縮と拡張により、心臓は全身に血液を送り出すポンプの役割を果たしている。全身を流れている血液量は、体重の約12分の1といわれている。個人差はあるが、一般に、加齢とともに心拍出量は低下する傾向がある。

心臓は1日約10万回規則正しく収縮と拡張の拍動をし続けている。一生で30億回も拍動するといわれている。この拍動のリズムを心調律と呼び、正常洞調律と不整脈に大別される。刺激伝導系には、洞結節、心房内伝導路、房室結節、ヒス束、右脚、左脚、プルキンエ線維が存在する。

正常の心臓では、心臓の拍動の指令は、すべて洞結節から発せられる。洞結節が歩調取り、すなわちペースメーカーとして規則正しい調律をつくっている。洞結節は自ら刺激を生成する自動能を持つ。心房内には、3つの心房内伝導路が確認されており、洞結節でつくられた刺激は心房を収縮させる一方、心房内伝導路を伝わり、心房と心室との境にある房室結節へ到達する。さらに刺激は房室結節の下にあるヒス束から左室に行く左脚前枝と左脚後枝、右室に行く右脚に分かれ、プルキンエ線維へと伝導され、心室が収縮する。

心電図は、心筋が興奮することによって起こる電気現象を記録するものである。洞結節でつくられた興奮が心房に伝わり、心房筋が興奮すると心電図ではP波が描かれる。心室が興奮するとQRS波が描かれ、心室の興奮がさめるとT波が描かれる。T波の後のU波については、その成因はよくわかっていない。

● **不整脈**

不整脈は、心臓の調律に異常がみられる病態の総称で、脈が遅くなる徐脈性不整脈と、脈が速くなる頻脈性不整脈、脈が飛ぶ期外収縮に分類できる。

加齢に伴い、刺激伝導系や周辺組織の変性、線維化、石灰化が起こり[1]、不整脈の出現は増加する。

不整脈の種類としては、以下のものがある。

① **洞房ブロック・洞停止**：洞結節からの刺激が心房へ伝導されない、または遅延する状態を洞房ブロックという。また、洞結節の自動能が一時的に停止し、興奮が発生しない状態を洞停止という。洞房ブロックの程度が高じて、洞結節の刺激が心房に伝えられない休止期が長くなると失神発作を生じる。これをアダムス・ストーク症候群という。

② **房室ブロック**：心房から心室への伝導が遅延または途絶する状態。刺激伝導の障害の程度によって第1度から第3度に分類され

る。高度なブロックではペースメーカー挿入の適応となる。刺激伝導障害のなかでは一番よくみられる。

③期外収縮（心房性・心室性）：基本調律の正常の心拍の時期よりも、早期に収縮が出現するもの。その起源が心房にあるものを心房性（上室性）期外収縮、心室から発生したものを心室性期外収縮という。期外収縮は不整脈のなかでも、最も頻度の多い不整脈であり、若年者にもみられるが、高齢者ほど多い。

④心房細動：心房壁のいたるところが頻繁に、無秩序に興奮して、速く不規則なリズムを形成する状態。心房の刺激頻度があまりにも速いため、すべての刺激が心室へ伝わらず、不規則になる。期外収縮に次いで多い不整脈。

⑤発作性頻拍（発作性上室頻拍）：突然発生し突然終了する頻拍。心房性と房室接合部性がある。両者の区別は困難なことが多いので、臨床的にはしばしば発作性上室性頻拍と呼ばれる。

⑥心室細動：不整脈のなかでは最も危険で重篤。心室筋の興奮性が異常に高まり、全く無秩序に刺激を発生している状態。心室はただ震えているだけで、ポンプ機能を果たせなくなる。唯一の治療手段は、電気的除細動（電気ショック）であり、心拍が回復しなければ死に至る。

●日常生活の注意点

不整脈は心臓自体に異常があって起こる他、ストレス、睡眠不足、過労、喫煙、嗜好品（コーヒー、タバコ、アルコール）などにより起こることもある。ストレス解消、適度な運動、食生活の改善など、規則的な生活を心がけるように注意が必要である。

●救命処置

心室細動の際に自動的に解析を行い、必要に応じて電気的除細動を与えるAED（自動体外式除細動器）が、2004（平成16）年から一般市民も使用可能となっている。公共施設のみならず、人が集まる場所やイベントなどにおいても広く活用されている。使用にあたっては、AEDに内蔵されているガイダンスに従って操作することで、救命することが可能になる。AEDの使用目的と方法を熟知し、緊急時には安全に使用できることが期待される。

（木内千晶）

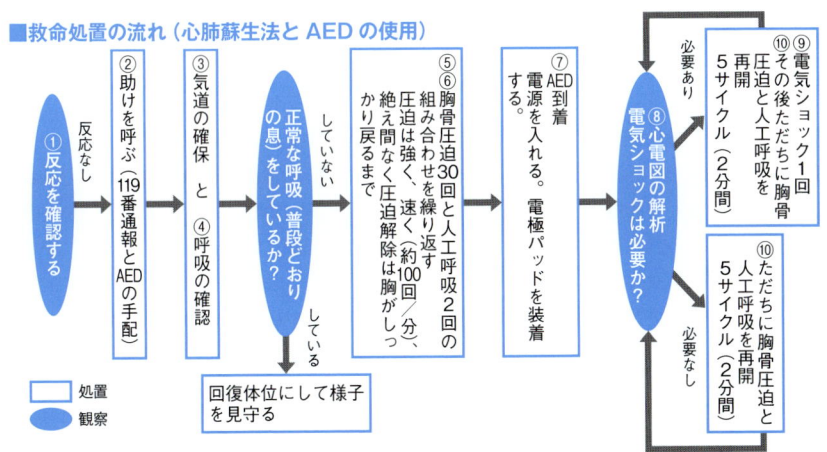

■救命処置の流れ（心肺蘇生法とAEDの使用）

①反応を確認する → 反応なし → ②助けを呼ぶ（119番通報とAEDの手配）→ ③気道の確保と④呼吸の確認 → 正常な呼吸・普段どおりの息をしているか？

していない → ⑤胸骨圧迫30回と人工呼吸2回の組み合わせを繰り返す 圧迫は強く、速く（約100回/分）、絶え間なく圧迫解除は胸がしっかり戻るまで → ⑥ → ⑦AED到着 電源を入れる。電極パッドを装着する。→ ⑧心電図の解析 電気ショックは必要か？

している → 回復体位にして様子を見守る

必要あり → ⑨電気ショック1回 ⑩その後ただちに胸骨圧迫と人工呼吸 再開5サイクル（2分間）

必要なし → ⑩ただちに胸骨圧迫と人工呼吸を再開 5サイクル（2分間）

□処置　●観察

出典：「JRC（日本版）ガイドライン2010」．をもとに作成．

8-17 疾患（心臓：狭心症・心筋梗塞ほか）
― 虚血性心疾患と治療の動向 ―

Keywords ▶▶▶ 冠動脈／虚血性心疾患／経皮的冠動脈インターベンション／冠動脈バイパス術

● 虚血性心疾患

　高齢者に最も多くみられる心疾患として代表的な虚血性心疾患について説明する。

　虚血性心疾患は、主として冠動脈硬化を基盤として心筋虚血を生じる疾患群の総称である。一般に、心筋虚血は心筋の酸素の需要と供給のバランスが破綻したために出現する。その病型は原因や病態、発生機序などによりさまざまあり、これまでに、ISFC（国際心臓連合）／WHO（世界保健機関）分類（1979）（表参照）など、いくつかの分類が発表されている。狭心症と心筋梗塞は、虚血性心疾患の代表である。

　高齢者の虚血性心疾患の特徴は[1)2)]、①非典型的症状で無症候性心筋虚血が多い、②石灰化を伴ったびまん性冠動脈病変や左冠動脈主幹部病変、3枝病変など重症冠動脈病変が多い、③女性の割合が増加し、それまであった男女差が無くなる、④全身に広範に動脈硬化性変化を有する場合が多いため多臓器（脳血管障害、腎障害など）の合併症が多い、などが挙げられる。冠動脈疾患において、加齢は独立した危険因子である[3)]。

　狭心症は、主として動脈硬化による冠動脈狭窄により、心筋の代謝に必要な血液が供給されず、心筋が一過性に虚血に陥るために生じる。狭心症の発作では、胸の中央部から胸部全体に漠然とした痛みや不快感が生じ、肩、頸部、左腕、下顎、歯などにも痛みや、しびれを感じることもある。症状はふつう、数十秒から数分で治まる。

　狭心症の分類にはいくつかの種類があるが、発生状況による分類では、発作が労作時に出現するものを労作性狭心症、安静時にも出現するものを安静狭心症という。病状による分類では、一定の労作で発作が起こり、頻度と痛みが一定範囲内で安定しているものを安定狭心症、発作になる頻度が不安定で、心筋梗塞へ進行する可能性が高いものを不安定狭心症という。また、発生原因による分類では、動脈硬化によるものを冠動脈硬化性狭心症、冠動脈の攣縮によるものを冠攣縮性狭心症という。

　心筋梗塞は、冠動脈の粥状硬化病変（動脈壁にコレステロールや脂肪、マクロファージと呼ばれるカルシウムや線維性結合組織を含んだ細胞などが沈着し、粥状の塊ができ内腔が狭くなる状態）が基盤となって血栓が形成され、急激に冠動脈に高度の狭窄または閉塞を生じ、心筋壊死を起こす病態である。病因としては血栓性の閉塞が主体であるが、その他にも冠攣縮性（冠動脈が異常に収縮する）など種々の病態で発症する。

　急性心筋梗塞は多くの場合、胸部の激痛、絞扼感（こうやくかん）（絞めつけられる感じ）、圧迫感が生じる。胸痛の部位は前胸部、胸骨下が多く、下顎、頸部、左上腕、心窩部に放散して現れることもある。痛みの強さは狭心症とは比較にならないほど強烈で、30分以上続く。随伴症状として呼吸困難、意識障害、吐き気、冷や汗などを伴うこともある。

　高齢者では胸痛を伴わない場合もあり、息

切れ、吐き気などの消化器症状を示すことも少なくない。

● 虚血性心疾患の治療

治療方法は、「薬物療法」「経皮的冠動脈インターベンション」「冠動脈バイパス術」の3つが代表的である。

薬物療法では、硝酸薬、カルシウム拮抗薬、β遮断薬、抗血小板薬などが使用される。

経皮的冠動脈インターベンション（PCI）は、局所麻酔を用い、カテーテルを大腿動脈や橈骨動脈から穿刺により挿入し行われる。以前は、バルーンカテーテルを用いて、風船で冠動脈の狭窄を広げる治療（PTCA）が主流であったが、1990年代にはステントと呼ばれる網目状の金属の筒を狭窄部位に挿入する治療が主流となった。しかし、このステント治療においても、30％前後の再狭窄が認められていた[4]。現在では、細胞増殖を抑える薬物（免疫抑制薬や制がん薬）をステントに染み込ませた薬物溶出ステントが使用可能となり、再狭窄は劇的に減少している。この他に、小さな刃を回転させ、動脈硬化部を切り取る動脈硬化切除術（アテレクトミー、ロタブレーター）もあり、病変により最も適した方法が選択される。

冠動脈バイパス術（CABG）は、狭窄したり閉塞している冠動脈の先に別の血管をつなげ、バイパスをつくる手術である。バイパスに使用される血管には、内胸動脈、胃大網動脈、橈骨動脈、大伏在静脈などがある。

● ケアと予防

心筋梗塞の発作時には、酸素吸入を行い、速やかに心筋への酸素と血流を補い、心筋の壊死範囲を最小限に抑えることが重要である。そのため、強い胸痛が出現したら、すぐに救急車を呼び病院へ搬送する。また、これらの症状は死への恐怖心を強めるもので、安心感をもてるような配慮が必要である。

心筋梗塞の予防は、これまでの生活習慣を見直すことから始める。まずは動脈硬化を予防することが基本である。そのためには食生活の改善に心がける。低脂肪、低カロリー、低塩、豊富なミネラルなどバランスの良い食事を規則正しく摂取する。ストレスの解消、適度な休息と睡眠や運動、禁煙とアルコールの飲み過ぎには注意が必要である。

（木内千晶）

■ 虚血性心疾患の分類　ISFC／WHO 分類（1979）

① 原発性心停止		
② 狭心症	1）労作性狭心症	・新規労作狭心症 ・安定労作狭心症 ・憎悪労作狭心症
	2）自発性狭心症	
③ 心筋梗塞	1）急性心筋梗塞	・明確な心筋梗塞 ・可能性のある心筋梗塞
	2）陳旧性心筋梗塞	
④ 虚血性心疾患における心不全		
⑤ 不整脈		

出典：「虚血性心疾患の分類」ISFC/WHO, 1979.

8-18 疾患（呼吸器系：肺炎・肺気腫・ぜんそく）
― 症状の理解と対応 ―

Keywords ▶▶▶ 感染性呼吸疾患／閉塞性呼吸疾患／非定型的症状／リモデリング

● 肺炎

　肺炎は、わが国の死因第3位であり、死亡のほとんどを65歳以上の高齢者が占める。その理由は、加齢による免疫機能の低下や咳嗽反射（異物により気道内に刺激が加わると異物を排除する生体防御反射）の弱化、他の慢性疾患の存在、全身の衰弱、さらには診断の遅れである。肺炎は肺実質の炎症でありいくつかの観点から分類される（表参照）。

　原因微生物により、細菌性肺炎と細菌以外の病原微生物の感染による非定型肺炎に分類される。形態学的分類では、肺胞腔に炎症を起こした肺胞性肺炎と、肺胞壁およびその周辺の間質に炎症を起こす間質性肺炎である。一般にいわれる「肺炎」とは、肺胞性肺炎であり、炎症が肺の一葉を占める大葉性肺炎と気管支に沿って病原微生物が増殖する気管支肺炎がある。肺炎の発症場所による分類では、病院の中か外かで主な病原微生物が異なるため、市中肺炎と院内肺炎に分類される。

　一般に肺炎の初期症状は、急激な発熱、喀痰を伴う咳、呼吸困難や白血球の上昇などに代表されるが、高齢者の初期症状は発熱よりもむしろ「いつもとちょっと違う」「なんだか変だ」と感じる程度である。徐々に精神状態に変化がみられ、さらに重症化すると脱水症状や突然意識を消失するなど、極めて不定な症状を呈する。発熱や呼吸器症状から高齢者の肺炎を疑うことは困難であり、身近に高齢者と関わっている者が、明らかにいつもに比べて元気がないと感じた時には肺炎を疑う必要がある。

　高齢者肺炎の多くは嚥下性肺炎である。加齢に伴い遅延する嚥下反射により、高齢者には誤嚥が起こりやすい。その誤嚥には、食事中にむせるなどの症状がみられる摂食嚥下障害である顕性誤嚥と、夜間睡眠中などに無意識に鼻咽腔の分泌物が気道内に流れ込む不顕性誤嚥があり、これらを明確に分類してケアを実施することが重要である。

　肺炎の診断後は、起炎菌の同定・抗生剤投与による原因療法と、解熱、去痰、酸素吸入による対症療法を行う。また、安静、保温により体力の消耗を防ぎ、栄養や水分補給を十分に行うことで回復を助ける。

● 肺気腫

　肺気腫は、気腔を構成する肺胞壁の破壊により肺胞の弾性力、収縮力が低下して大きな空間をつくり、末梢気道の虚脱状態が呼気の排出を制限する疾患である。進行すると、肺胞が拡張と破壊を繰り返してブラ（BULLA：肺胞内に空気が溜まり、隣り合う肺胞癖が壊れて風船状に膨らんだ組織）を形成し、肺全体が膨張して横隔膜を押し下げたり、心臓を圧迫するようになる。

　肺は、空気中の酸素を取り入れて二酸化炭素を排出する働き（ガス交換）がある。その役割を円滑に行うためには、肺胞の周囲が血管でとり囲まれていることが重要であるが、肺胞壁の破壊によりこの構造が崩れてガス交換の効率が低下する。また、細気管支の周りに付着した肺胞壁が破壊されると、肺胞の弾

力性・収縮力が低下して気管支が広がらず、呼気による外圧で閉塞して呼気困難感を自覚する。初期には「ちょっと走る」「急いで階段を駆け上がる」などの体動時の息切れを自覚する。徐々に普通に仕事や家事などでも軽い息切れを自覚し、さらに進行すると安静時でも呼吸困難を自覚する。他覚的には、肺が膨張して胸郭の前後径が増大し、ビール樽状になる。胸鎖乳突筋や斜角筋など呼吸補助筋の拡大や口すぼめ呼吸をする。また、ガス交換の悪化によりチアノーゼを認めるようになる。肺胞が破壊される代表は喫煙であり、肺気腫患者の約8割が喫煙者であるとの報告がある。慢性気管支炎を伴うと慢性閉塞性肺疾患（COPD）としてまとめられる。

　一旦破壊された肺胞は不可逆であり、残された呼吸機能を維持するために喫煙や感染による病態の増悪を予防する生活指導と、気道閉塞や呼吸困難を改善する薬物療法（気管支拡張薬、ステロイド吸入、酸素）により、QOLの向上を目指すことが第一である。

●ぜんそく（気管支喘息）

　気管支喘息は、乳幼児から高齢者まで全年齢層にみられる病気である。最近の研究により、喘息発症の背景には、複数の発症因子（アトピー、抗原、環境因子）による慢性的なアレルギー性気道炎症があることがわかってきた。喘息の長期化で気道上皮下の線維増生、平滑筋の肥厚、粘膜下腺の過形成などからなる気道リモデリングにより気流制限や気道過敏性が亢進し、アレルゲンや呼吸器感染症、過度の運動など誘因・増悪因子が加わることで容易に喘息発作を引き起こすことになる。喘息症状は表面に表れた症状であり、水面下には気道の炎症、気道過敏性、気道閉塞状態が常に存在している。喘息発作時の症状は若年者と高齢者で違いはなく、反復性の呼吸困難、喘鳴、発作性の咳がみられる。聴診により高調性連続性副雑音（wheeze：ウィーズ）を聴取する。

　喘息は、薬物療法による気道の炎症の抑制と気道拡張により、気道過敏性と気流制限を改善させることや、包括的呼吸リハビリテーションを適切に行うこと、また、生活環境の整備により誘因・増悪因子を排除することで、喘息を良好にコントロールし、QOLの改善が望める。

（奥田泰子）

■肺炎の分類

原因微生物による分類	形態学的分類	発症の場所による分類
細菌性肺炎 非定型肺炎 　　ウイルス性肺炎 　　マイコプラズマ肺炎 　　真菌性肺炎　　など	肺胞性肺炎 　大葉性肺炎 　気管支肺炎 混合性肺炎 間質性肺炎	市中肺炎 院内肺炎

8-19 疾患（風邪・インフルエンザ）
― 身近な呼吸器疾患への対応 ―

Keywords ▶▶▶ かぜ症候群／インフルエンザ／合併症／予防対策

●かぜ症候群（cold syndrome）

かぜ（風邪：common cold）は、医学用語では「感冒（かんぼう）」と表すが、臨床的には「（急性）上気道感染症」または「かぜ症候群」等と表現することが多い。

かぜ症候群とは、呼吸器感染症のうち最も頻度の高い、上気道粘膜の急性カタル性炎症の総称である[1]。上気道とは、空気の通り道となっている鼻腔から喉頭までの部位を指し、カタル性炎症とは、粘膜の表層に生じた急性の炎症によって分泌液が増加した状態をいう。

以前は、鼻閉や鼻汁などの「普通感冒」から全身症状の強い「インフルエンザ（詳細は後述）」までさまざまなものが含まれていたが、最近では「かぜ症候群」と「インフルエンザ」を区別して取り扱う傾向にある。

かぜ症候群の80％以上はウイルスによる感染であり、その他一般細菌、マイコプラズマ等（真性細菌の一属）が後に続く。ウイルスでは、季節の変わり目に流行しやすいライノウイルスが最も多く、冬場に多いコロナウイルスと合わせると約半数を占める。

感染経路は、咳やくしゃみなどの飛沫に含まれたウイルスを吸い込み感染する「飛沫感染」や、空気中を漂っているウイルスによる「空気感染」、手指を介した「接触感染」が主である。

<症状>

かぜ症候群は、ウイルスや一般細菌などの種類、侵される部位によって鼻汁、鼻閉、咽頭痛など特有の症状を示す。しかし、なかには、同じウイルス感染であっても同様の症状を示さないこともあるため、特に高齢者は、普段との違いや変化を見逃すことのないよう観察することが重要となる。

<治療>

かぜ症候群は、有効な抗ウイルス薬がないため対症療法が中心となる。非ステロイド性消炎鎮痛剤（NSAIDs）などのほか、症状に応じて鎮咳薬、去痰薬などが用いられる。また、二次的感染による合併症の予防に抗生物質も適宜投与されるが、水分補給とともに保温、安静が重要となる。

●インフルエンザ（influenza）

インフルエンザとは、インフルエンザウイルスによって引き起こされる流行性感染症のことである。ウイルスは抗原の違いから、大きくA型、B型、C型の3型に分類される。日本では、例年11月上旬から春先にかけて流行することが多く、かぜ症候群と同様に、多くは咳やくしゃみなどの飛沫に含まれたインフルエンザウイルスを吸い込むことで感染する（飛沫感染）。

<症状>

インフルエンザウイルスの潜伏期間は24～48時間といわれており、その後、突然38.0℃を超える高熱、頭痛、倦怠感、筋肉痛など全身症状が出現する。また、それに引き続き鼻汁、咳嗽などの上気道炎症状が現れる。

合併症は、高齢者では細菌性肺炎が最も多く、その危険因子として、血清アルブミン値

の低下がいわれている[2]。特に、心臓、肺、腎臓に基礎疾患を持つ者は重篤化しやすく、死に至ることもある。インフルエンザによる死亡者の約80％以上は高齢者であり、高齢者施設の集団感染など、インフルエンザは高齢者にとって社会的脅威となっている（図参照）。

また、インフルエンザはRNA型のウイルスのため突然変異を生じやすい。これまでも世界的大流行を繰り返し、多くの死者を出してきた。今後も変異を繰り返した新型インフルエンザウイルスによる世界的流行（パンデミック）が懸念されている。

<治療>

ウイルス抗原を短時間で検出する診断キットが開発され、鼻腔や咽頭の拭い液を用いて迅速に容易に判定できるようになった。

また、抗インフルエンザウイルス薬を発症後2日以内に服用することで、症状を軽くし罹患期間の短縮も期待できるようになった。現在、日本で使用されている抗インフルエンザウイルス薬には、点滴、内服薬、吸入薬がある。

特に高齢者は、典型的な症状が出にくく、肺炎などの合併症を起こしやすい。よって、早めに対処することが大切であり、薬物療法のほか脱水による体力低下に注意し、水分補給、十分な睡眠、保温などが重要である。

<予防>

現在、ワクチン接種や抗ウイルス薬の予防投与などさまざまな対策が行われている。ワクチン接種は、高齢者では、インフルエンザの発症および重症化の防止など有効性の高いことが確認されている。

2001（平成13）年の予防接種法改正により、65歳以上の高齢者等へのインフルエンザワクチンが、一部公費負担で接種できることになった[3]。ただし、予防効果の発現まで約2週間を要し、また有効な予防レベルの持続期間は5か月であるため、流行前の計画的な接種が望ましい。

流行時期には、十分な休養とバランスのとれた栄養摂取を心がけ、人混みや繁華街への外出を控える。また、外出時のマスク着用や帰宅時の手洗い、うがいの励行が重要であり、適切な室温と湿度（50～70％）を保ち、定期的に換気を行うことが大切である。

（棚﨑由紀子）

■季節性インフルエンザによる死亡者数

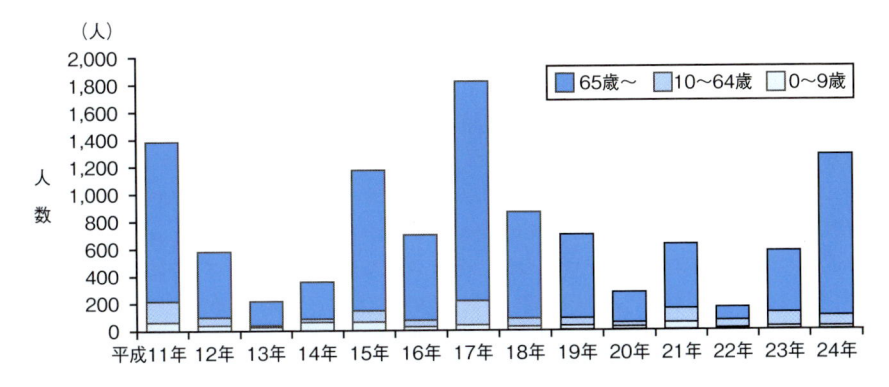

出典：厚生労働省「インフルエンザの基礎知識」平成19年12月に厚生労働省「人口動態調査」、平成19年～平成24年を追加。

8-20 疾患（食中毒）
― 高齢者に発症しやすく重症化しやすい感染症 ―

Keywords ▶▶▶ 感染症／脱水症状／下痢・嘔吐／二次感染

● 食中毒とは

　食中毒とは、有害・有毒な微生物や化学物質等の毒素を含む食品（飲食物や水）を食べたり飲んだりすることにより、神経症状、下痢や嘔吐や発熱などの症状が出てくる中毒性疾患の総称である。病原微生物によるものと、自然毒（フグ、毒キノコなど）によるもの、化学物質（農薬、殺虫剤など）によるものが挙げられる。原因によって、①細菌性食中毒、②ウイルス性食中毒、③化学性食中毒、④自然毒食中毒に大別される。食品（飲食物や水）に含まれる有害・有毒な物質が毒物として直接作用する場合を毒素型食中毒、原因物質が細菌やウイルスといった病原微生物であり、増殖することによって感染症を発症するものを感染型食中毒と呼ぶ。化学物質や自然毒は毒素型であり、細菌性とウイルス性のものは、感染型とボツリヌス菌のように毒素を発生して食中毒を起こす毒素性のものがある。

● 高齢者に発症しやすく重症化しやすい感染症

　人は年齢とともに免疫力が低下するため、高齢者では若年者と比べて感染型の食中毒に感染しやすく、発症すれば重症化しやすい傾向が強い。感染型食中毒として腸炎ビブリオ、サルモネラ、O157（腸管出血性大腸菌）の細菌性食中毒感染型と、ウイルス食中毒の感染型として高齢者に発症が多いノロウイルスが挙げられる。表にそれぞれの原因物質と特徴を示す。

● O157（腸管出血性大腸菌感染症）

　O157（腸管出血性大腸菌感染症）は、O157という腸管出血性大腸菌がつくるベロ毒素と呼ばれる毒素によって起こる感染症である。O157はもともと牛の腸管内に住みついている大腸菌であり、牛の糞から、水や糞を肥料とする野菜などに汚染が広がり、加熱が不十分な牛肉料理（焼き肉やハンバーグ）や汚染された野菜などから感染した例がある。1982年にアメリカのオレゴンとミシガン州で、ハンバーガーによる食中毒事件の患者のふん便から原因菌として見つかった。初夏から初秋にかけての発生が多い。腹痛を伴う下痢と血便が特徴である。対応が遅れると毒素により急性の腎不全症状（溶血尿毒症症候群：Hemolytic Uremic Syndrome）を起こし、意識不明の重体となる場合がある。特に子どもと高齢者に起こりやすい。

● ノロウイルス

　ノロウイルスは、比較的近年（1972年）に病原体が確認された。新しいウイルスと思われがちだが古くから存在したウイルスである。1968年に米国オハイオ州ノーウオークという町の小学校で集団発生した患者のふん便からウイルスが検出された。2002年8月、国際学会で「ノロウイルス」と命名された。症状がある場合の患者のふん便や嘔吐物に1gあたり100万から10億個もの大量のウイルスが含まれる。100個以下の微量でも人に感染し発症する。極めて感染力が強いので注意が必要である。2012（平成24）年の食中毒発生状況調査（厚生労働省）によると、食中毒総事件数1,100件中416件（37.8％）、総患

者数 26,699 名中 17,632 名（66.0％）で患者数件数ともに第1位であった。

ノロウイルスは、ヒトの腸管のみで増殖するため、すべての汚染はヒトから排泄されたウイルスによる。感染者のふん便中に排泄されたノロウイルスが下水を経て河川から海に運ばれ、その水域で生息する大量に海水を取り込む二枚貝にウイルスが蓄積される。感染は二枚貝の生食や、感染者が十分に手を洗わず汚染されたまま調理しその食品を食べた人が感染する。さらに、感染者のふん便や嘔吐物を不適切に処理し、手についたり飛沫を吸い込むことにより感染する。嘔吐と下痢が主症状であり毎年秋から冬にかけて流行する。毎年冬になると高齢者施設等でノロウイルスによる感染症の集団発生が頻発する。

施設内への感染を防ぐためには、第一に、従事者等が十分な手洗いの習慣をつけるなど感染予防の心構えを持つことが基本である。ノロウイルスには、アルコールベースの速乾性手指消毒方法は効果が十分でないため、石鹸と水の力で洗い流すことが重要となる。さらに、感染者の嘔吐物、ふん便の処理は、適切な方法で迅速かつ確実に行う必要がある。感染した嘔吐物、ふん便中のウイルスが空気中に漂い人の口に入らないよう、嘔吐物は発見したら直ちにペーパータオルや布で拭き取りビニール袋に入れて密閉処分する。汚染した周囲は 0.1％の次亜塩素酸ナトリウムで確実に消毒する。その際処理する人が感染しないよう、使い捨て手袋、マスク、ビニールエプロンやガウン等を着用して処理を行い、処理後は十分な手洗いを行う。

●食中毒症状（下痢や嘔吐）の対応と感染予防

下痢による脱水症状にならないように、スポーツドリンク等で水分補給が大切である。また、下痢はウイルスや菌や毒素を体外に排出する体を守るしくみでもある。O157による下痢の場合も含め、下痢止めは使用しないことも重要となる。

家庭での一般的な予防としては、厚生労働省は菌を「つけない（手洗い等）」「増やさない（冷蔵庫保存等）」「やっつける（加熱等）」という3原則を推奨している。また、感染拡大を予防するためには、手洗いの徹底と、排泄物・嘔吐物の適切迅速な処理、次亜塩素酸ナトリウム消毒液（ピュラックスやミルトンなど）による殺菌が重要である。（齋藤泰子）

■食中毒を起こす病原微生物の特徴

病原体の種類、大きさ、感染源となる食材など	潜伏期間	食中毒症状	大切な対応
O157（腸管出血性大腸菌） 1000分の2ミリ程度の細長い細菌（大腸菌） 牛の腸に常在する（牛肉や汚染された野菜・水など）	3日～5日 胃酸に強くわずかな菌数で発症する	腹痛を伴う下痢・血便	＊下痢は止めずに水分補給 ＊感染予防 ＜病原体をつけない＞ 手洗い・食材もよく洗う 調理器具の消毒（熱湯） 生で食べない（加熱） ＜病原体を増やさない＞ 早めに調理し、十分に加熱して早めに食べる ＜殺菌と感染者の隔離＞ トイレや嘔吐物の適切な殺菌
ノロウイルス 10万分の3ミリ程度の小さな球形ウイルス ヒトの腸の細胞内で増殖する（汚染された二枚貝・食材・水・嘔吐物）	1日～2日 ごく少量で感染する	下痢・嘔吐・腹痛 頭痛やのどの痛みなど風邪のような症状	
サルモネラ菌 1000分の2ミリ程度の細長い細菌 細胞の中に入り込む（汚染された生卵など）	5時間～2日 ごく少量で感染する	腹痛と水様便 38℃から40℃の発熱	
腸炎ビブリオ 1000分の2ミリ程度の細長い細菌 温かい塩水で増殖する（汚染された魚介類の刺身・寿司など）	2時間～24時間	激しい腹痛・下痢	

出典：竹田美文 監修『身近な感染症のケア―見えないものたちとのつきあい方』アイカム，22-31頁，44-45頁，2009．を一部改変．

8-21 疾患（高血圧症）
― 症状の理解と対応 ―

Keywords ▶▶▶ 血圧のしくみ／動脈硬化／生活習慣／予防

●血圧が上がるしくみと高齢者の高血圧

　血圧に影響する要因は図のように心室の収縮力、大血管の硬さ、末梢血管抵抗、循環血液量である。さらに、これらの要因と関連する因子として自律神経（特に交感神経）、加齢、塩分摂取量、遺伝的素因が挙げられる。

　収縮期血圧は左心室から血液が駆出されたときに大動脈に及ぼす圧である。交感神経亢進による心室収縮力の増大や大動脈壁硬化による血管壁弾性の低下があると、収縮期に血圧が上昇する。また、末梢血管抵抗の上昇は血管内に充満した血液が滞るため、拡張期血圧が上昇する。腎機能障害や過量な塩分摂取などによる循環血液量の増大は、収縮期血圧・拡張期血圧ともに上昇する。

　高齢者では加齢に伴い大動脈硬化が進行するので収縮期高血圧が特徴的で、拡張期は正常範囲のことも多い。したがって脈圧（収縮期血圧と拡張期血圧の差）が大きくなり、心疾患合併のリスクをさらに促進すると言われている。また、高齢者の血圧は変動が大きいことも特徴の一つである。精神的緊張（白衣高血圧など）や体動による交感神経活動の亢進は著明な血圧上昇を惹起するが、リラックスや安静で速やかに血圧は元に戻る。血圧調節系の一つである圧受容器反射等も低下しており、起立性低血圧や食後低血圧も増加する。通常、夜間就寝中は血圧は低下するが、睡眠時無呼吸を合併している高齢者には夜間高血圧が見られることが多い。

　このように、高齢者においては大血管の血管壁が硬いため血圧の変動が緩衝されにくいこと、自律神経系の調節が低下しているため血圧の変動が大きいことが特徴であり、治療においても注意を要する。

●高血圧の疫学

　2012（平成24）年には65歳以上の高齢人口が3,000万人を超え、この数はますます増えていくことが見込まれている。65歳以上の高齢者の約60％が高血圧をもっていると言われており、高血圧人口の増加を軽減することが重要である。また、高血圧は高齢者におけるさまざまな合併症の原因となり、生命予後の悪化を来すことが疫学的に明らかとなっている[1]。

●高血圧の診断

　日本高血圧学会高血圧治療ガイドラインJSH2014では140かつ90mmHg以上が高血圧であり、至適血圧は120かつ80mmHg未満と示された[2]。75歳以上の高齢者においても青壮年と同様に、至適血圧が120/80mmHg未満であるか否かは議論のあるところである。血圧の変動が大きいので、高血圧の診断は複数回、条件を変えて血圧を計測する必要がある。家庭での血圧測定値が参考になる。

●高血圧の合併症

　高齢者は生理的範囲内であっても多臓器の機能低下があり高血圧が持続することによる合併症も多岐にわたる。脳卒中（脳梗塞、脳出血、くも膜下出血）、心血管疾患（狭心症、心筋梗塞、高血圧性心臓病、大動脈瘤、閉塞

性動脈硬化症)、腎疾患、その他（網膜症など）の疾患が複数合併することが多い。心血管合併症のリスクは年齢が高いほど、女性より男性の方が高くなる。合併症が起こってからでは生命予後が悪くなるので高血圧の治療が肝要である。

● 高血圧の薬物治療

　高齢者高血圧の薬物療法では、Ca拮抗薬、ARB（アンギオテンシン受容体遮断薬）、ACE（アンギオテンシン変換酵素）阻害薬、少量利尿薬を第一選択薬とし、一般に常用量の2分の1から開始し、降圧効果が不十分な場合はこれらを併用する。薬剤の選択は、患者の病態や合併症、臓器障害、QOLなどを考慮して行う。また、臓器を灌流している動脈の硬化も存在するため、急激な降圧や脱水で臓器血流が低下することがあるので、投与量は少量から徐々に増加し数か月かけて目標値（140/90mmHg以下）に近づける。これまで過度の降圧でイベントが逆に増加するJ型現象が指摘されてきたため、150/90mmHg程度に血圧を維持する治療方針がとられてきた。近年、血圧が低いほど高齢者においても予後がよいという疫学データが出され、できるだけ血圧を下げる治療方針にJSH2014ガイドラインでは変わった。

● 高血圧の予防（生活習慣の改善）

　かつてはどの世代も食塩過剰摂取（昭和初期：約25g）による著明な高血圧がみられたが、2011（平成23）年国民健康・栄養調査結果によると食塩摂取は10.1gに減少し、平均血圧も徐々に低下してきた。これとともに脳卒中死亡率も低下している。近年は青壮年における肥満や糖尿病、メタボリック症候群の増加による高血圧と加齢による種々の生理的変化から来る高齢者の高血圧が増えている。といえどもわが国の高血圧の是正すべき生活習慣は減塩であり、1日6gが推奨されている。食事面では食物繊維や魚の摂取（ω3多価不飽和脂肪酸）、適正体重（BMI＝体重（kg）／身長（m)^2＜25）の維持、運動（中等度の有酸素運動を毎日30分以上）、アルコール制限、禁煙などが推進されているが、在宅高齢者においては若い頃の生活習慣が継続されていることが多い。また、日常生活動作の障害のために運動できない高齢者が多く、高齢者で生活習慣の改善を図ることは困難なことが多く組織的対応が必須である。

　　　　　　　　　　　　　　　（樗木晶子）

■血圧が上がる要因

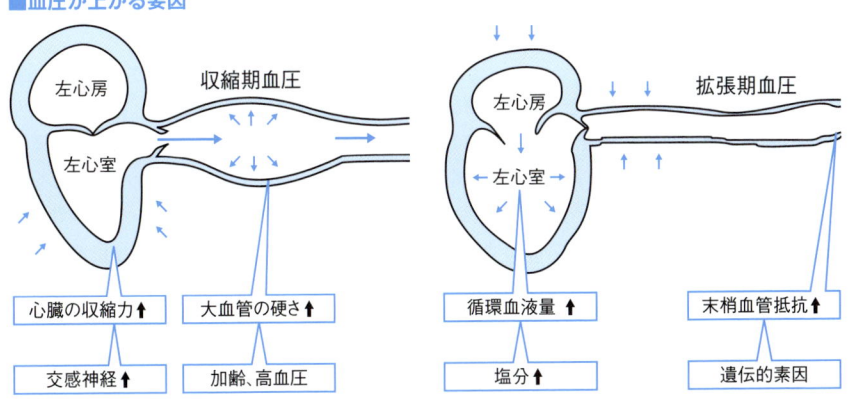

8-22 疾患（腎臓）
― 排泄機能と排泄トラブル ―

Keywords ▶▶▶ 腎不全／薬剤性腎障害／前立腺肥大症／前立腺がん／尿路感染症

● 年をとると起こりやすい排泄トラブル

人のQOL（Quality of Life：生活の質）を高く保つためには、老廃物を濾過した尿が十分生成され、しっかりと溜めて、すっきりと残らず、出しきれるという機能が重要となる。しかし、加齢とともに、尿が出にくいなどの排尿症状、尿が我慢できないなどの蓄尿症状、すっきりと出た気がしないなどの下部尿路症状などの排泄トラブルが増えてくる。60歳以上の高齢者では約8割が症状を有していると言われている。排泄機能が十分に機能し、排泄トラブルに適切な対応が行われないと、疾病の発症、あるいはオムツを使用するなど、高齢者の日々の生活や尊厳などのQOLに大きく影響を与えることになる。

● 年をとるとなぜ排尿トラブルが起こるのか

尿は、老廃物が連続的に腎臓で濾過され、腸管で吸収された水分とともに生成される。この尿は膀胱で貯留され、膀胱内尿量が一定量（150～300ml）を超えると尿意を感じ、尿道を通過して排泄される。

排泄機能としては、まず尿を生成する腎臓の腎機能が重要である。腎臓は尿によって老廃物を排泄するとともに、体液の水分量・電解質・酸塩基の平衡調整を行う機能を持つ。加齢による影響を最も受けやすい臓器は腎臓と言われているが、加齢に伴う糸球体数の減少、腎血漿流量の急激な減少によって、腎臓の濾過率は80歳では20歳代の半分まで落ち込む。高齢者はさまざまな疾患を抱えており、多種多剤の薬物を服用していることが多いので、このように濾過率が低下すると、服用された薬物が排泄されないことになり、腎疾患や副作用出現などの問題が発生しやすくなる。さらに加齢による体液の恒常性維持機能の低下による水分平衡の崩れ、内分泌機能の変化は、腎機能低下に拍車をかけることになる。

排泄トラブルは、膀胱や尿道などの下部尿路器官の加齢に伴う変化によるものが多い。加齢とともに膀胱は萎縮し、蓄尿能力は低下する。尿意機能も低下するので、膀胱に充満するまで尿意を感じないことになり、尿失禁が起こりやすくなる。病的な尿失禁は社会的、衛生的に問題となるような客観的な漏れを認める状態といわれている。尿失禁は個人の尊厳に関わる問題であるため、他者や医療者に訴えにくく、状態が悪化している場合が多い。特に女性の場合は閉経後のエストロゲン枯渇に伴って、骨盤底筋群の収縮力低下による尿失禁が深刻である。

尿道機能の変化として、男性の場合は加齢によって前立腺肥大が起こり、排尿に時間がかかる。またこれらのトラブルは、尿路感染症を発生しやすくする。

● 加齢とともに発生しやすい腎・下部尿路疾患

加齢とともに腎臓および下部尿路器官に起こりやすい疾患には、腎不全、薬剤性腎障害、前立腺肥大症、前立腺がん、尿路感染症などがある。

腎不全は、水分電解質バランスや老廃物の蓄積で起こる病態をいうが、急激に起こる急

性腎不全と予測正常値クラスB以下に分類される慢性腎不全がある。急性腎不全の成因は、腎血流障害による腎前性、腎臓そのものによる腎性、尿路障害による腎後性で分類されるが、70歳以上によく起こる急性腎不全は、水分電解質バランス、手術、低血圧などに起因する。腎後性の急性腎不全は前立腺肥大に起因するものが多く、注意する必要がある（表）。高齢者の急性腎不全は乏尿（尿量の減少）やむくみ（浮腫）などの症状は示さず、無症状に経過することが多い。むしろ、全身倦怠感、食欲不振、不眠、精神症状、せん妄などの非定型的な症状を呈するため、見落とすことになりやすい。慢性腎不全も無症状に経過するが、高齢者の場合、症状が進行しやすいのは糖尿病性である。また、加齢に伴って発症する動脈硬化による腎機能低下や濃縮力の低下は腎不全を起こしやすく、薬物の副作用、脱水は重篤化させる。

腎臓は薬物排泄に重要な臓器であるが、薬剤性腎障害は治療や検査の目的で使用された薬剤によって腎障害を起こした病態である。高齢者は罹患した疾患数が多く、それに伴って服用している薬剤が多いため、高齢者の薬剤性腎障害の発生頻度は高い。抗生物質や非ステロイド性抗炎症薬や検査時の造影剤で起こしやすいと言われている。

加齢とともに発生する前立腺疾患で最も多いのは前立腺肥大症であり、排尿トラブルの原因となる。このほか、前立腺疾患として前立腺がんがあるが、高齢になるとともに罹患率が上がる。初期は無症状で経過するが、この時期での診断がその後を左右するので、50歳以上の男性は検診が重要である。

尿路感染症の発症頻度は、80歳以上の男性では約2割、女性は約2割から5割と加齢とともに増加すると言われている。また、原因も尿路の基礎疾患（腎結石・尿路結石、腎腫瘍、前立腺肥大症、前立腺がんなど）や膀胱への残尿量の増加によるものが多く、発症も比較的に緩やかであり、症状もなく慢性的に経過することが多い。また、加齢による腎機能の低下、弱毒性の薬剤耐性菌が起因することが多いので、難治性であることが多い。

これらの疾患は人間にとって重要な生命維持と生活行動である排泄に影響するので、早期に適切に対応することが重要である。

（川本利恵子）

■ 70歳以上の急性腎不全の原因疾患

原因	男	女	総数	原因	男	女	総数
多因子性の急性腎不全				尿路閉塞			
脱水・電解質不均衡	30	29	59	前立腺肥大	18	―	18
外科手術	17	21	38	膀胱緊満状態	4	5	9
低血圧	13	20	33	急性電撃性閉塞性腎盂腎炎	2	5	7
気管支肺炎	7	6	13	結石	1	3	4
抗生物質	5	4	9	膀胱がん	1	3	4
黄疸	2	4	6	腫瘍による尿管閉塞	0	2	2
敗血症	2	4	6	卵巣悪性腫瘍	―	2	2
利尿薬	3	1	4	子宮筋腫	―	1	1
造影剤	2	0	2				
原発性腎疾患							
腎盂腎炎	1	5	6				
急性糸球体腎炎	0	1	1				
その他	2	1	3				

出典：鳥羽研二「腎・泌尿器系の疾患」『系統看護学講座 専門分野Ⅱ 老年看護 病態・疾患論 第3版』医学書院, 175頁, 2009.

8-23 疾患（消化器・泌尿器）
― 大腸・膀胱などの排泄トラブルとストーマ ―

Keywords ▶▶▶ 尿失禁／消化器系ストーマ／尿路系ストーマ／ストーマケア

● 消化器

　食べ物の消化・吸収に関わっている臓器を消化器という。その過程は、食物の摂取から咀嚼、嚥下、消化、吸収、排泄（排便）に分けられ、口腔、食道、胃、十二指腸、小腸、大腸、肛門からなる消化管と歯、舌、唾液腺、肝臓、胆道、膵臓などの消化を助ける付属器官によって営まれている[1]。

消化管の加齢変化

　歯の欠損や舌の動き、唾液分泌の低下により咀嚼機能は低下する。また、脳梗塞後遺症等の疾患の影響や加齢に伴う喉頭蓋の閉鎖不全により、食べ物が気道に流れ込む誤嚥を起こしやすい。

　食道では、アウエルバッハ神経叢の神経細胞の減少により蠕動運動（消化に伴って起こる胃腸の動き）が低下するため、食物の停滞が起こる。また、下部食道括約筋の機能低下により胃内容物の食道への逆流が起こる[2]。胃では、消化に関与している塩酸やペプシンの分泌能が低下するため、胃もたれや消化不良が生じやすい。

　大腸では、腸管の神経調節機能などが低下するために蠕動運動が減少し、排便反射の低下や肛門括約筋の脆弱化によって便秘になりやすい。

消化器疾患

　高齢者の消化器疾患の割合は増加の一途を辿っている。特に大腸がんは著しく、加齢とともに死亡率が上昇している。

　早期の大腸がん（直腸がんを含む）は無症状のことが多いが、進行がんでは慢性的な出血による貧血や便通異常などがみられる。早期のがんであれば内視鏡による切除が可能であるが、進行がんでは開腹による切除などが行われる。

● 泌尿器

　尿の生成と排泄に関わっている臓器を泌尿器という。尿を生成する腎臓、膀胱までの管を尿管、一時的に尿を貯留する膀胱、体外へ尿を排出する尿道からなる。臨床的には「腎・泌尿器系」と表現することが多く、男性生殖器である精巣（睾丸）、前立腺、陰茎（ペニス）なども含まれることが多い。

泌尿器の加齢変化

　加齢に伴い膀胱は萎縮するため、膀胱容量は減少する。通常よりも少ない量で尿意を感じ、排尿に関わる筋の萎縮と尿の流出力の低下によって排尿回数は増加する。女性では、加齢や出産の影響など骨盤底筋群の脆弱化によって、一過性に腹部に力が加わると尿が漏れる腹圧性尿失禁を生じやすい。男性では前立腺が肥大し尿道を圧迫するため、排尿に時間を要するようになる。特に、尿失禁などの排泄障害の影響はADLやQOLに直結することから、高齢者の自尊心とともにこれまでの生活リズムや習慣に目を向けた関わりが重要となる。

泌尿器疾患

　高齢者にみられる泌尿器疾患には前立腺肥大症、尿路結石症、悪性腫瘍などがある。加齢とともに前立腺がん、膀胱がんなどの罹患

率は高くなっている。

膀胱がんは男性に多く、60歳以降の発症率が高い。血尿や排尿時痛などの症状が出現する。治療は病期（進行度）によって異なるが、経尿道的膀胱腫瘍切除術（TUR-BT）や膀胱全摘術などの外科的手術が行われる。

● ストーマ（stoma）・人工肛門・人工膀胱

ストーマとは、ギリシャ語で口を意味する。医学的には消化管または尿路を人工的に腹壁上に造設した排泄口のことであり、便が排泄される「消化器系ストーマ」と、尿が排泄される「尿路系ストーマ」に大別される。

消化器系ストーマ：人工肛門

直腸がんの部位が肛門に近い場合には、直腸と肛門を一緒に摘出する腹会陰式直腸切除術が行われ、肛門機能を失うために人工肛門（ストーマ）の造設が必要となる。人工肛門は、自分の意志とは関係なく腸の動きに合わせて便が排出するため、ストーマ装具（パウチ）を使用して管理する。現在では、ライフスタイルに合わせて選択できるさまざまな装具が開発されている。

尿路系ストーマ：人工膀胱（ウロストミー）

膀胱がんなどによって膀胱を全部摘出した場合、尿を排泄する管を再建する尿路変更術が行われる。尿路系ストーマも消化器系ストーマと同様に排尿のコントロールができないため、常時尿をためる装具（パウチ）が必要となる。

ストーマケア

ストーマの保有者のことをオストメイト（Ostomate）と呼ぶ。皮膚・排泄ケア認定看護師などによって、術前のストーマサイトマーキング（ストーマの位置決め）からストーマ周辺の皮膚のただれの処置や、必要に応じての灌注排便方法の習得、社会生活への復帰に至るまで、オストメイトの日常生活に対する継続的なケアが提供されている。

患者自身がストーマを受容し日常生活を送れるようになるには、患者の思いや生活に合わせた個別ケアが重要である。特に、高齢者では加齢変化や障害などによりセルフケアの困難な場合が多いため、身体的、精神的、社会的なあらゆる側面から装具の選択や装着方法などストーマケアに関する教育を家族とともに実施することが大切である。

（棚﨑由紀子）

■消化器系および尿路系ストーマ

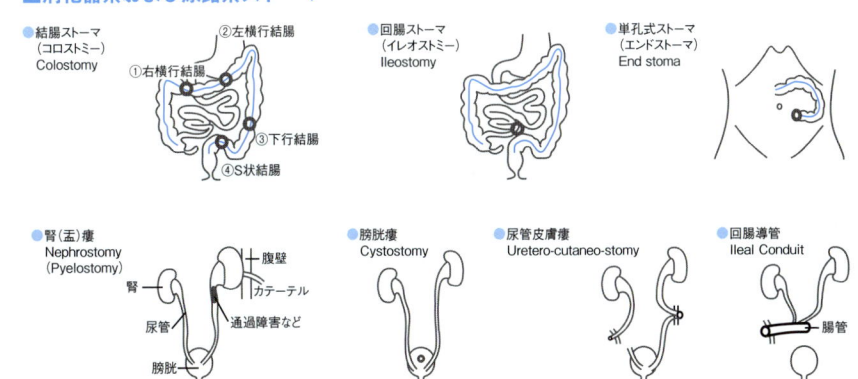

●結腸ストーマ（コロストミー）Colostomy
②左横行結腸
①右横行結腸
③下行結腸
④S状結腸

●回腸ストーマ（イレオストミー）Ileostomy

●単孔式ストーマ（エンドストーマ）End stoma

●腎（盂）瘻 Nephrostomy（Pyelostomy）
腹壁
カテーテル
腎
尿管
通過障害など
膀胱

●膀胱瘻 Cystostomy

●尿管皮膚瘻 Uretero-cutaneo-stomy

●回腸導管 Ileal Conduit
腸管

出典：株式会社エム・ピー・アイ「STOMA CARE PRODUCTS GUIDE Vol.4」．

8-24 疾患（呼吸器）
― 呼吸困難への対応 ―

Keywords ▶▶▶ 呼吸不全／労作時呼吸困難／Hugh-Jones／在宅酸素療法

● 呼吸器の疾患

　呼吸器疾患は、肺炎、気管支炎、気管支喘息、気管支拡張症、慢性閉塞性肺疾患（COPD）、間質性肺炎、膠原病肺、じん肺症、肺循環障害、肺腫瘍と内因的にも外因的にも多種多様である。近年、呼吸器領域疾患の患者数や死亡者数の増加により、社会的重要性が増加しつつある。なかでも、高齢者に多く見られる慢性閉塞性肺疾患、肺炎、肺がん、さらには肺結核などによる死亡者数の増加が危惧されている。

● 呼吸器の加齢変化

　呼吸器系は、肺、気管支、胸壁など呼吸に係わる臓器・器官により構成されている。呼吸器系の生理機能としては、換気機能、ガス交換による酸素化とホメオスタシス（生体恒常性）の維持および肺胞のクリアランス機能（気管内の分泌物を除去してきれいにする機能）が重要である。加齢に伴って呼吸筋の低下、胸壁の硬化、肺弾性収縮力の筋力低下などいわゆる「老人肺」により呼吸機能は低下する。また、呼吸筋の筋力低下による咳嗽反射の減弱と気管の繊毛の減少によりクリアランス機能も低下する。換気機能の検査項目である動脈血ガス分析では、動脈血酸素分圧（Pao_2）の低下を認める。呼吸機能検査では、スパイログラム（肺気量分画）での肺活量（vital capacity：VC）、一秒量（forced expiratory volume in one second：$FEV_{1.0}$）、一秒率（$FEV_{1.0}$％）が低下する。最大酸素摂取量は加齢とともに低下するが、高齢者の通常の日常生活では自覚することは少ない。しかし、肺感染症や運動などのストレスが加わると労作時の呼吸困難を自覚する。

● 呼吸不全

　加齢に伴う呼吸機能の低下から、高齢者はガス交換障害による呼吸不全に陥りやすい。呼吸不全とは、動脈血中の酸素が不足している状態であり、医学的には「呼吸器の障害により動脈血酸素分圧（Pao_2）の低下や動脈血炭酸ガス分圧（$Paco_2$）の上昇を来し、それが一定期間続くために生体が正常な機能を営むことができない状態」と定義されている。動脈血酸素分圧の低下による組織の酸素欠乏で生体維持が困難になり、血液中の炭酸ガスが過剰に蓄積することで酸塩基平衡が崩れて、生体の維持ができなくなる状態である。

　呼吸不全は、空気吸入時の動脈血酸素分圧が60Torr以下と定義されており、動脈血炭酸ガス分圧が45Torr未満（余分な炭酸ガスが溜まらない）のⅠ型と45Torr以上（炭酸ガスが溜まる）のⅡ型に分類される。さらに、呼吸不全が1か月以上続くものを慢性呼吸不全とし、その代表として、慢性閉塞性肺疾患としてまとめられる肺気腫と慢性気管支炎がある。また、近年増加傾向にあり、高齢者の発生頻度が高いものに肺結核後遺症がある。慢性呼吸不全では血中酸素分圧の異常に対し生体がかろうじてバランスをとっている状態であり、呼吸器感染症などで容易に急性増悪（意識状態の低下や生命の危機など急激な症状の悪化）を引き起こすため、注意が必要である。

● 労作時呼吸困難の重症度分類

　呼吸不全のひとつの症状に呼吸困難がある。また、呼吸困難は主観的症状であり、すべての呼吸不全患者に見られるものではなく、呼吸困難を訴える患者がすべて呼吸不全ではない。しかし、呼吸困難はしばしば主訴となる。呼吸不全のためにどれくらいの日常生活動作に制限があるかを示す指標にヒュー・ジョーンズ（Hugh-Jones）の分類がある（表）。

● 酸素療法

　いずれのタイプであろうと呼吸不全は体内の酸素が不足している状態であり酸素補給が必要となる。酸素療法は、体内の酸素が不足した場合、体内に取り込む吸入気の酸素濃度を高め、組織への酸素不足を補うことが目的である。酸素流量は原因疾患や呼吸不全の程度によって異なり、特に炭酸ガスが蓄積するⅡ型呼吸不全での酸素投与は慎重に行う必要がある。

　慢性呼吸不全に対する治療法で、科学的にその効果が実証されているものに在宅酸素療法（home oxygen therapy：HOT）がある。HOTは、薬物療法を実施してもなお低酸素血漿が持続する場合に適応され、その適応基準は、安静時の動脈血酸素分圧が55Torr以下、あるいは、60Torr以下で睡眠時または運動負荷時に著しく低酸素血漿を来すものとされている。HOTの導入により、慢性呼吸不全患者は、運動負荷による呼吸困難、それに伴う不安や運動制限、急性増悪による入退院の繰り返し等が改善される。HOTを適切に行うことで、日常生活動作だけでなく生活全般の行動が拡大しQOLの向上が望める。HOT導入に際しては、患者や家族が使用方法を十分に理解し、安全に自己管理ができるように酸素使用上の注意を含めて指導することが重要である。また、導入後は定期的受診により呼吸状態を管理することを怠らないことが肝要である。

● 呼吸不全急性増悪の予防

　急性増悪の原因で最も多いのは呼吸器感染である。日常口腔内の清潔に努め、呼吸器感染の予防を心がける必要がある。インフルエンザなどのワクチン接種も予防の効果がある。また、個体の体力増強で急性増悪を予防するように日々の栄養や睡眠、適度な運動を心がけることが重要である。　　　（奥田泰子）

■労作時呼吸困難の分類（Hugh-Jones）

Ⅰ度（正常）	同年齢の健康者と同様に労作可能で、歩行、坂道や階段の昇降も健康者と同様にできる。
Ⅱ度	同年齢の健康者と同様に平地歩行できるが、坂や階段を昇ると息切れする。
Ⅲ度	平地を急いで歩くと息切れするが、自分のペースでなら1.6km以上歩ける。
Ⅳ度	平地をしばしば休みながらでなければ、一度に50m以上は歩行できない。
Ⅴ度	話したり、着物の着脱にも息切れする。息切れのため外出できない。

出典：後藤里江・木田厚瑞「慢性呼吸不全」日野原重明ほか監修『看護のための最新医学講座［第2版］第17巻 老人の医療』中山書店，275頁，2005．

8-25 疾患（関節リウマチ）
― 診断基準と治療法の進展 ―

Keywords ▶▶▶ 高齢発症リウマチ／治療法の変化／薬剤の副作用／リハビリテーション／QOLの維持

● 関節リウマチとは

　関節リウマチは多発関節炎を主症状とする自己免疫疾患である。関節リウマチの場合、関節（滑膜）を攻撃する因子ができるために関節に炎症が起き腫脹・増殖が起こる。好発年齢の20〜40歳代では男女比1：7と女性に多いが、高齢者では男女比1：2と性差は少ない。わが国の患者数は70万人以上、年間1万人が新たに発症していると推定されている。

● 関節リウマチの症状

　関節リウマチの診断用として、世界的には、2009年にアメリカリウマチ学会の改正分類基準（表参照）が用いられている。

　関節リウマチの初期症状で最も多いのは朝のこわばりであり、進行すると関節の変形（図参照）を来す。関節リウマチの関節外症状は、皮下結節、貧血、末梢神経炎、強膜炎・虹彩炎、間質性肺炎・肺線維症、胸膜炎・心外膜炎、血管炎などがある。特に血管炎があり重篤な病態を伴う関節リウマチを悪性関節リウマチと呼び、厚生労働省特定疾患（難病）に認定されている。

　他の自己免疫性疾患を合併することも稀ではなく、橋本病、シェーグレン症候群などを合併していることも多い。生命予後に影響する合併として、感染症、間質性肺炎、アミロイドーシス（アミロイドと呼ばれる蛋白が全身の臓器の細胞外に沈着する疾患）などがある。

　発病を予防する有効な手段は今のところない。約10％の人が完全に寛解（症状が落ち着いて安定した状態）するが、大半は寛解と増悪を繰り返し徐々に進行する。近年、関節リウマチは発症2年以内に骨破壊が始まることが明らかとなり[1]、早期に適切な治療を開始する必要性が強調されている。

● 高齢者関節リウマチ患者の特徴

　高齢者関節リウマチ患者は、成人発症関節リウマチ患者が高年齢になった場合と、高齢発症関節リウマチの場合がある。

　以前はステロイド投与開始時から骨粗鬆症治療薬を併用する概念がなかったため、成人発症関節リウマチ患者が高齢化した場合では骨粗鬆症が非常に進んでいることが多く、関節リウマチによる関節破壊も加わり、日常生活動作（ADL）の低下が認められることが多い。

　また、60歳以上で発症した関節リウマチを高齢発症関節リウマチというが、リウマチ反応が出にくく、急性発症が多い[2]という特徴をもつ。また、指・足趾関節炎は少なく、膝・肩関節などの大関節炎が多い傾向にあり、関節外症状では体重減少、筋肉痛、リウマチ性多発筋痛症様症状が多い[3]。

● 関節リウマチ患者への対処

　関節リウマチでは、疼痛の緩和と関節変形を抑えるために、①基礎療法、②薬物治療、③理学療法が行われる。すでに著しい変形を来してしまった場合は、④手術療法が考慮される。

　基礎療法には、①教育、②安静療法、③温熱療法、④食事療法などがある。関節リウマチ患者は生涯病気とともに歩むことになるた

め、患者・家族への教育は特に重要となる。また、長期にわたる治療を支える心理的アプローチ、ストレス緩和のための生活指導や自己成長モデルからのアプローチが必須で、リラクセーション技法や認知行動療法を取り入れることも有用とされている[4]。さらに、療養期間が長期となるため社会資源の活用を促すことも重要である。

原則的には安静が必要であるが、炎症のない関節は適度に動かし、良い姿勢を保つ。また、基本的には保温に努めるが、関節に強い炎症がある時は局所を冷却する。食事では、貧血や骨粗鬆症予防のため、蛋白質、カルシウム、ビタミン、鉄分を多く含む食品を摂るように勧める。肥満は下肢の負担になるため、標準体重を守るように促す。

薬物療法に使用する薬剤には、①抗リウマチ薬、②非ステロイド性消炎鎮痛薬、③副腎皮質ステロイド薬、④生物学的製剤（日本では2003年より承認）などがある。従来の治療は、効き目の弱い薬②から開始して、炎症が抑えられなくなったら強い薬に切り替えていくピラミッド療法が基本であった。最近では、早期から①や④を用いた強力な治療が重要とされているが、高齢者は副作用による感染症が出現しやすいため、注意を要する。

また、①の効果が十分に発揮されるまでの間、即効性のある②や③が使用されるが、高齢者は胃・十二指腸潰瘍の発症が多いため注意が必要である。

リハビリテーションには、①理学療法（物理療法・運動療法）、②作業療法、③装具療法がある。

リハビリテーションは発症早期からの実践が推奨されており、疼痛除去と腫脹軽減、筋力低下防止と増強、変形の予防と矯正などを目的としている。自宅でできる「リウマチ体操」も考案されている。自助具を使用して関節に負担をかけない動作を心がけることも重要である。

手術治療には、①滑膜切除術、②関節形成術、③人工関節置換術などがある。近年、早期に手術を行う方針へ転換し、QOLの向上を目指した治療が選択できるようになった。

関節リウマチは、不治の病で寝たきりになるという認識から、早期に適切な治療を行えば良好なQOLを維持できる疾患に変わりつつあるのが現状である。　　　　（木下由美子）

■アメリカリウマチ学会の改正分類基準

関節病変	
中・大関節に1つ以下の腫脹または疼痛関節あり	0点
中・大関節に2〜10個の腫脹または疼痛関節あり	1点
小関節に1〜3個の腫脹または疼痛関節あり	2点
小関節に4〜10個の腫脹または疼痛関節あり	3点
少なくとも1つ以上の小関節領域に10個を超える腫脹は疼痛関節あり	5点
血清学的因子	
RF、ACPAともに陰性	0点
RF、ACPAの少なくとも1つが陽性で低力価	2点
RF、ACPAの少なくとも1つが陽性で高力価	3点

滑膜炎持続期間	
<6週	0点
≧6週	1点
炎症マーカー	
CRP、ESRともに正常	0点
CRP、ESRのいずれかが異常	1点
スコアの合計6点以上=RA確定例	

中・大関節：肩関節、肘関節、股関節、膝関節、足関節
小関節：MCP関節、PIP関節、第2〜第5MTP関節、第1IP関節、手関節
血清学的因子：陰性＝正常上限値以下、陽性・低力価＝正常上限値の1〜3倍まで、陽性・高力価＝正常上限値の3倍より大
滑膜炎持続時間：評価実施時に存在する滑膜炎に関して、患者自身の報告に基づく滑膜炎症状（疼痛、腫脹、圧痛）の持続時間
炎症マーカー：正常／異常の基準値は各施設で採用しているものに準ずる

出典：ACR/EULAR RA分類／診断基準2009．

■慢性関節リウマチにみられる特徴的な関節変形

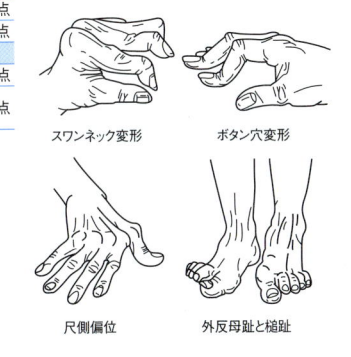

スワンネック変形　　　ボタン穴変形

尺側偏位　　　外反母趾と槌趾

出典：Rheumatology：Diagnosis and Therapeutics. J.J.Cush編. Williams & Wilkins. 1999.

8-26 疾患（糖尿病）
― 食事と運動による治療と予防 ―

Keywords ▶▶▶ 血糖値／インスリン／三大合併症／食事療法／運動療法

●糖尿病の人はどれくらいいるか

2011（平成23）年の患者調査でわが国の糖尿病の総患者数（継続的に医療を受けている者）は、270万人である。しかしながら、2007（平成19）年の国民健康・栄養調査結果から、「糖尿病が強く疑われる人」は約890万人、「糖尿病の可能性を否定できない人」を合わせると、全国で2,210万人いると推定されている。男女とも高齢になるほど多くなる。また、医師から糖尿病と言われたことがある人（「境界型」「糖尿病の気がある」「糖尿病になりかけている」「血糖値が高い」等のように言われた人を含む）の36.5％がほとんど治療を受けたことがないとされている。

糖尿病が原因で死亡する数は年間約1万4,500人（2012（平成24）年人口動態統計）であり、さらに合併症の糖尿病性腎症が悪化して、人工透析を始める人は年間約1万5,000人、糖尿病性網膜症による視覚障害も年間約3,000人が発症し、中途失明の原因第1位となっている。

●糖尿病とは

糖尿病は、血糖をコントロールするインスリンの作用の不足により慢性的に高血糖状態となることを主とする代謝疾患群である。病態には、インスリン分泌不全とインスリン作用の障害がある。糖尿病となる因子は多様で、遺伝因子と環境因子が関与する。高血糖が長く続くと、糖尿病に特有の細小血管合併症として糖尿病性網膜症、糖尿病性腎症、糖尿病性神経障害の三大合併症が出現する。さらに大血管障害として動脈硬化が促進され、心筋梗塞、脳梗塞、壊疽、下肢閉塞動脈硬化症が起こる。成因によって、1型糖尿病（インスリンをつくる膵臓のβ細胞の破壊によって発症する）、2型糖尿病（インスリン分泌低下によって起こるもの、インスリン感受性が低下しインスリンの作用が悪くて起こるもの）、遺伝子の異常や他の病気が原因となる糖尿病、妊娠糖尿病（妊娠中にはじめて発見発症したもの）の4種類に分類される。

糖尿病の診断には、慢性高血糖（持続性高血糖）があることに加え、特有な症状として、①口渇、多飲、多尿がある、②多食であるにもかかわらず比較的短期間で体重が減少する、③糖尿病性網膜症があるなどが基準となる。糖尿病の検査には、①普段の血糖値を測る、②朝何も食べていない時の血糖値を測る（早朝空腹時血糖値の測定）、③ブドウ糖を飲んだ後の血糖値を測る（経口ブドウ糖負荷試験75g OGTT）があり、この3つのどれかに異常値が出ると、別日にもう一度検査をする。再度異常値が出ると糖尿病と診断される。さらに糖尿病を疑われる場合は、HbA1c（ヘモグロビンエーワンシー）を測定して確定診断とする。表に空腹時血糖値および経口ブドウ糖負荷試験75g OGTTによる判定基準を示す。

●糖尿病の治療は食事療法と運動療法が基本

治療は、食事療法と運動療法が基本である。必要に応じて経口糖尿病薬やインスリンを用いて血糖値のコントロールを図る。合併症の

重症度を把握しながら病状に応じた治療を進める。生活習慣の改善で、体重の減少や血糖値の改善が図れると薬剤の減少や中止が可能となる場合がある。つまり、食事を減らし運動を行うことにより改善される。

糖尿病と診断されたら、自分の消費エネルギー量（身体活動）と摂取エネルギー量（食事）のバランスを考えた規則的な食事習慣を守ることが必要となる。摂取エネルギー量は、標準体重×身体活動量で求める。標準体重は、〔身長（m）〕^{2}×22で計算する。身体活動量の目安は、「デスクワークが主の軽労作の人＝25〜30kcal/kg×標準体重」「立仕事など適度な労作の人＝30〜35kcal/kg×標準体重」「力仕事が多いなど重労作の人＝35〜kcal/kg×標準体重」である。

運動療法は、①エネルギー消費の増加による高血糖、肥満の是正、②インスリン感受性の改善、③高血圧、脂質異常の改善、④心肺機能を高める、⑤精神的な健康維持に効果がある。毎日30分程度の散歩を継続的に行うことでより効果が出ることが実証されている。糖尿病は自己管理が非常に大切な疾患である。たとえ糖尿病になってしまっても生活習慣を見直し改善を行い、食事療法、運動療法、必要時の薬物療法の治療の三本柱で、代謝の安定と合併症の予防、健康維持を図ることができる。

● 高齢者の糖尿病

高齢（おおむね65歳以上）の糖尿病患者は、全身の機能が低下することや認知症による血糖コントロールの悪化が問題となることがあり管理や指導に注意を要する。高齢者の糖尿病患者の特徴として、①口渇など自覚症状の訴えが少なく高血糖により脱水になりやすい、②動悸や冷感などの低血糖症状が出現しにくい、③動脈硬化性疾患（虚血性心疾患、脳血管障害、閉塞性動脈硬化症）の合併が多い、④合併症により理解力や日常生活動作（ADL）が低下している人が多い、⑤加齢に伴い体脂肪率が増加し筋肉量が減少することによりインスリン拮抗性が亢進している患者が多い（血糖コントロールが難しい）などが挙げられる。血糖、血圧、体重、血清脂質を良好な状態にコントロールし、低血糖や高血糖による糖尿病昏睡を起こさないで健康高齢者と同じようなQOLを維持するための配慮が必要である。

（齋藤泰子）

■ 空腹時血糖値および75g OGTTによる判定区分と判定基準

血糖値 （静脈血漿値）	血糖測定時間		判定区分
	空腹時	負荷後2時間	
	126mg/dl 以上	◀ または ▶ 200mg/dl 以上	糖尿病型
	糖尿病型にも正常型にも属さないもの		境界型
	110mg/dl 未満	◀ および ▶ 140mg/dl 未満	正常型

正常型であっても、1時間値が180mg/dl以上の場合は、180mg/dl未満のものに比べて糖尿病に悪化する危険が高いので、境界型に準じた取り扱い（経過観察など）が必要である。

出典：日本糖尿病学会編・著『糖尿病治療ガイド2014-2015』文光堂，18頁，2014.

8-27 状態（転倒・転落・骨折）
― 転倒・転落の予防と対応 ―

Keywords ▶▶▶ 転倒後不安症候群／アセスメントツール／予防具／骨粗鬆症

●高齢者と転倒・転落

高齢者にとっての転倒・転落は、生活の質を根底から変えてしまうことになる可能性がある深刻な問題である。転倒に伴う外傷や骨折が、身体の可動性や活動性を低下させることで、引きこもりや寝たきりとなったり、後遺症のために家族の介護の負担が大きくなったりする。最悪の場合には、転倒・転落による受傷が生命の危機をもたらしてしまう。

また、転倒後不安症候群（転倒・転落を経験したことにより、自信を喪失し、歩行に不安を抱き、日常の活動性が低下したり、活動範囲が狭くなったりする病的症状）などの転倒恐怖感によっても、活動性が低下し、さらに身体機能が低下するなどの悪循環に陥る場合がある（図参照）。

●転倒・転落の要因

要因を大別すると内的要因と外的要因に分けられる。

内的要因
・加齢変化
・感覚・運動機能障害
・認知能力の低下
・薬物の使用

外的要因
・物理的環境（屋内、屋外）
　明るさ、障害物、滑りやすさ、天候など
・人的環境
　家族、看護師や介護士など
　援助方法や援助技術など
・補助具、装具、自助具
　車いすや杖の調節、不適切な方法での使用
　眼鏡や装具などの調整
・転倒防止設備
　ベッド柵、離床センサーなど
・被服環境
　履物の種類、ズボンや袖の丈の長さなど

●転倒・転落と薬物

転倒の要因となる薬物を大別すると、眠気や注意力低下などの精神機能に作用する薬物と、脱力や筋緊張低下などの運動機能に作用する薬物の2つに分けられる。

高齢者では腎機能や肝機能の低下のため、薬物の作用や排泄が遅延することもあり、常用量や低用量であっても副作用が発現する場合がある。多剤併用による影響や、減量や中断による離脱反応が見られることもあるので、投与には慎重な検討や評価が必要である。また、抗血栓薬や凝固因子に作用する薬物は、転倒による出血の重症化を招くこともあるため、転倒後の全身状態には特に注意が必要である。

●転倒・転落アセスメント

現在の基本動作能力や日常生活状況などの情報を収集して、転倒・転落の危険性がある要因をチェックし、総合的に判断することが、転倒・転落アセスメントである。転倒の危険性を高くしている要因がわかることで、個々に合った適切な防止対策をとることができる。転倒・転落は複数の要因が関連した結果起こることが多いため、一つひとつの要因を細かくアセスメントしておくことが重要で

ある。現在さまざまなアセスメントツールが開発されており、それぞれに特徴があるため、ツールをよく知ったうえで現状にあったものを使う必要がある。

●転倒した高齢者への対応

転倒・転落した高齢者を発見したら、どのような状況であるのか（発見時の身体・意識状態、周囲の環境、転倒の様子など）をよく見て、必要であればすぐに、助けを呼ばなければならない。転倒・転落によってどのような影響があったのか、外見ではわからないこともあるため、できるだけ速やかに医師の診察を受けることが望ましい。また、転倒直後は気が動転しており、本人に尋ねても痛みなどの症状の自覚が遅れたり、基礎疾患によって症状の発現が遅れたりすることがあるため、一見何もなかったように見えても、注意深く全身の観察を続ける必要がある

●転倒・転落による骨折

高齢者は加齢変化により骨粗鬆症を発症しやすく、骨の強度が低下しているため、通常より小さな衝撃でも骨折しやすい状況にある。転倒では、大腿骨の頸部や転子部（脚の付け根に近い部分）の骨折、脊椎の骨折などの頻度が高い。高齢者では骨癒合など回復にも時間がかかるため、筋力が低下したり、関節の可動域に障害が残ったりして、骨折により以前と比べて日常生活動作能力が低下することも少なくない。

●転倒の予防

転倒を予防するために運動トレーニングを行うことは、とても効果的である。また同時に、行動する範囲の環境整備を行わなければならない。普段から整理整頓を行ったうえで、段差の解消、滑り止めのついたマットの使用、手すりの設置や照明器具の調整など、場所に合わせて転倒予防具の設置を行う。

また転倒・転落の多くは、自身が動くことによって発生する。特に認知能力の低下した高齢者では、危険を予測することが難しく、注意力が低下しているため、転倒しやすい状況にある。予防するためには、不用意に動かないようにすることも一つの手段と考えられるが、ベッド柵や離床センサーなどの転倒・転落予防具は、十分検討したうえで過度の抑制とならないよう適切に使用することが必要である。

（温水理佳）

■転倒後不安症候群

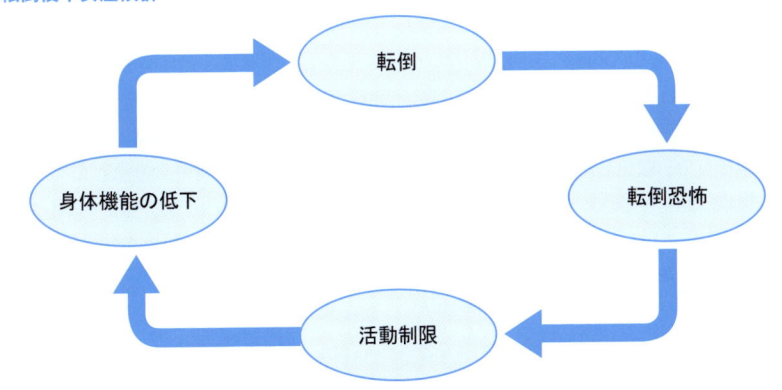

転倒 → 転倒恐怖 → 活動制限 → 身体機能の低下 → 転倒

出典：泉キヨ子 編『エビデンスに基づく転倒・転落予防』中山書店，114頁，2006.

8-28 状態（褥瘡(じょくそう)）
― 褥瘡の予防と対応 ―

Keywords ▶▶▶ 褥瘡リスクアセスメント／好発部位／ドレッシング材／ラップ療法

●褥瘡(じょくそう)とは

褥瘡とは身体の同じ部分に長時間の圧迫がかかり、皮膚あるいは皮下脂肪組織（まれに筋肉を含む）の循環障害が起こり、皮膚や皮下組織が壊死することである。以前から日本では一般に「床ずれ」と呼ばれて、広く知られている皮膚潰瘍である。

褥瘡は、低栄養状態、貧血や低アルブミン血症（血漿中のアルブミンの濃度が異常に低い状態）、血流の循環不良、浮腫、身体可動性や活動性の減少、知覚・運動障害、皮膚の湿潤状態などがある時に、骨突出部などが限局的に長時間圧迫されることで局所の循環が障害され、組織の壊死が起こることにより発生する。特に寝たきりの高齢者は褥瘡の原因となる関節拘縮や低栄養状態などに陥りやすく、発生しやすい状況にある。

●褥瘡のリスクアセスメント

褥瘡の予防や治療を効果的に行うためには、褥瘡が発生したり悪化したりするリスク（危険性）を予測する必要がある。褥瘡リスクアセスメントとは、基礎疾患や基本的動作能力、日常生活状況や栄養状態など、あらゆる情報収集を行い、収集した情報を整理・分析して、褥瘡の発生や悪化のリスクを判断することである。

アセスメントを行う際に、リスクアセスメント・スケールを活用することで、観察視点が統一されて継続的に観察や評価をすることができる。

スケールには「ブレーデンスケール」や「OHスケール」などいくつかあり、それぞれに特徴がある。ブレーデンスケールは「知覚の認知」「湿潤」「活動性」「栄養状態」「摩擦とズレ」の6項目を1〜4点で評価し、合計点6〜23点で採点する。点数が低いほど褥瘡が発生しやすいことを示しており、病院においては14点、施設や在宅では16〜17点が褥瘡発生予測点とされている。予防や治療に関わる医療スタッフ間で用いる場合には、情報が共有できるように同じスケールの使用が望ましい。またスケールのみに頼るのではなく、褥瘡の発生要因を十分理解したうえで、危険因子を見逃さないように日々注意する必要がある。

●褥瘡の早期発見

早期発見のためには、常に全身の皮膚状態に目を配らなければならないが、褥瘡の好発部位には特に注意が必要である（図参照）。褥瘡の発生初期に見られる皮膚変化として、発赤が観察されることが多い。

しかし、すべての発赤が褥瘡というわけではなく「反応性充血」という一時的な発赤である場合もある。そのため、どのような発赤であるか見極める簡便な方法として、「指押し法」や「ガラス板圧診法」などが知られている。発赤がある場合は経過を慎重に観察する必要がある。

●褥瘡の治療

褥瘡を発見したら、できるだけ早く医師に相談し診察を受けなければならない。そして発生した褥瘡がどの程度であるか分類

（NPUAP病期分類など）を行い、段階にあった適切な処置方法を検討し実施する。

褥瘡の治癒のためには、褥瘡部位の圧迫解除と血流の増加、治癒に必要な栄養素の摂取と栄養状態の改善、基礎疾患の治療、創傷の感染予防などを行う必要がある。また全身状態と創傷の状況に合わせて、適切な外用薬剤やドレッシング材（創における湿潤環境形成を目的とした創傷被覆材を指す）を選択して用いる。創傷被覆材にはそれぞれ機能に特徴があり、一般に単価が高価なものが多く保険適用も異なるため、生活状況や褥瘡の状態、使用範囲、使用期間や頻度など、さまざまな面から考慮して選択する必要がある。

褥瘡処置の経過は必ず毎日記録し、褥瘡の治癒状況の評価と処置方法の検討を繰り返し継続して行い、治癒を目指す。

●ラップ療法とは

ラップ療法は2000（平成12）年に鳥谷部が発表した方法で、創傷治癒のために必須の環境である湿潤環境を保つ湿潤療法のひとつである。身近な材料を使用して低コストで処置ができることから、主に介護施設などを含む在宅医療の現場で用いられることが多い。

しかし不適切な使用法により、感染や過剰な浸軟状態（皮膚が水分を含み軟化すること）などを起こす恐れも指摘されている。2010（平成22）年3月に日本褥瘡学会から、いわゆる「ラップ療法」に関する見解が表明されたが、今後も各方面での検証が必要な治療法である。

●褥瘡の予防

褥瘡を予防するためには、褥瘡リスクアセスメントを活用した全身状態の観察と、基礎疾患の治療を行う。

また局所への圧力の排除、摩擦やずれ力の排除、体圧の分散、良肢位を保つポジショニング、関節などの拘縮予防、スキンケア、栄養状態の改善などが必要である。また日中多くの時間、車いすへ移乗し座位で過ごす高齢者に褥瘡が発生する場合もあるため、高齢者の座位能力や座位時間、使用する車いすの形状や材質などにも注意が必要である。

基礎疾患を抱え治癒能力が低下した高齢者では、褥瘡の悪化が生命に影響を及ぼしたり、褥瘡の治癒にかなりの時間を要したりすることがある。そのため、褥瘡は発生させないことが最も重要である。

（温水理佳）

■褥瘡の好発部位

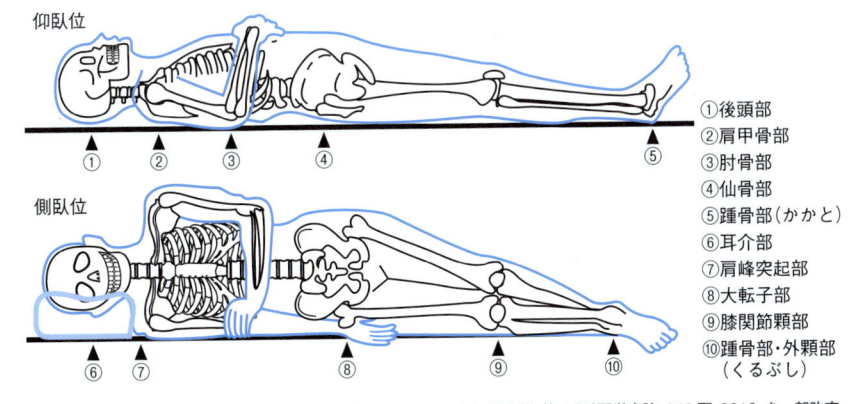

仰臥位
①後頭部
②肩甲骨部
③肘骨部
④仙骨部
⑤踵骨部（かかと）

側臥位
⑥耳介部
⑦肩峰突起部
⑧大転子部
⑨膝関節顆部
⑩踵骨部・外顆部（くるぶし）

出典：長瀬亜岐「褥瘡」北川公子編『系統看護学講座 専門分野Ⅱ 老年看護学 第7版』医学書院, 258頁, 2010. を一部改変.

8-29 状態（拘縮）
― 拘縮の特徴と対応 ―

Keywords ▶▶▶ 片麻痺／日常生活動作／関節可動域／抗重力筋

●拘縮（contracture）とは

　拘縮とは、皮膚や筋肉などの軟部組織に変化が起こり、何らかの関節可動域が制限され、関節の伸縮性が失われた状態である。関節可動域とは、関節の伸縮によって動く範囲のことでROM（Range of Motion）ともいう。

　拘縮の状態は、高齢者自身の状況によってさまざまであり、関節の不活動状態が続いた後、自動的にも他動的にも関節可動域が縮小し始めている状態、動かすと痛みを伴う状態、極度の可動域制限で四肢等に変形を起こしている状態などがある。小泉ら（2008）[1]が行った拘縮に関する実態調査（表参照）からも、拘縮は疾患に関係なく起こり、私たちの姿勢や歩く、座るなどの基本動作能力などに悪影響を与え、食べる、排泄するなどの日常生活活動能力を低下させる要因となっている。一度拘縮が生じると改善が困難な場合も多く、生活やQOL（Quality of Life）を制限する因子になると考えられる。

　半田（2008）[2]は、先述した定義では不十分であり、拘縮は「軟部組織の変化により何らかのROMが制限された状態」「それが原因で基本動作やADLに支障を来している状態」「保存的治療で回復の可能性がある状態」と捉えている。先述した四肢等に変形を起こしているような、関節に極度の可動域制限がある場合は「強直」と定義し、「保存的治療で回復の可能性が全く認められない」としている。

●拘縮はなぜ起きるのか

　拘縮は、骨関節疾患（外傷、炎症、軟骨の変性、破壊など）により引き起こされる場合や、中枢神経疾患（脳卒中など）により片麻痺となり、長期臥床で動かない場合（長期不動）、そして治療目的でギプスなどによって関節を固定したり安静を強いられるなどされた場合（持続静止）などによって起こる。

●拘縮予防の重要性

　拘縮の回復には、不活動状態にあった期間の何倍もの長い期間を要する。関節の不活動状態が2～3日続くことで関節への血流が悪くなり、4日目頃から可動域制限が出現し、早ければ2週間、多くの場合は3～4週間で拘縮となる。この期間は高年齢や、末梢の循環障害や浮腫（むくみ）の有無も関連する。そして日常的な生活をするにも、他者より介護を受けるにも大変な状態になっていく。不活動状態に気づいた段階で、できるだけ早い時期により適切なケアをすること、拘縮が起こってしまう前に予防することが重要となってくる。

　病気や外傷で安静を余儀なくされた場合や麻痺がある場合は危険信号であり、そのようなときには周囲の人、特に保健医療福祉の専門職チーム（医師、看護師、理学療法士、作業療法士、介護職など）の関わりが必要であり、専門職の担う役割は大きい。特に高齢者となると、その生活は身体的にも心理的にも、社会的にも複雑に絡み合ってくる。拘縮が起こらないよう予防していくためには、専門職チームが具体的な情報を共有し合い協働していく必要がある。

● 脳卒中片麻痺患者における拘縮の特徴

① 上肢の関節拘縮：肩関節内転・内旋、肘関節屈曲、手関節掌屈、手指屈曲
② 下肢の関節拘縮：股関節の屈曲、外旋、膝関節屈曲、足関節尖足
③ ROM 制限：急性期において 35%、回復期、維持期においてはほぼ 90% の人に ROM 制限は認められる[3]。

● 日常生活動作（以下 ADL）に視点を置いた拘縮予防のケア

① 適切なポジショニングを行う

　どのような姿勢でもバランスを保つために、体幹の下側の抗重力筋群の微妙な収縮が絶えず行われている。同じ姿勢をとり続けると、特定の抗重力筋のみが活性化し、それが原因で筋は萎縮し筋力低下を来す[4]。予防のためには、抗重力筋群の緊張を和らげるよう同一の姿勢でいる時間を少しでも短くすることや、枕や体位分圧寝具等を有効に活用し、良い姿勢の維持に努めることが重要である。

② 座位姿勢をとる

　片麻痺で上肢に拘縮がある人が臥床していると、上肢の重力で呼吸にまで影響を及ぼしてしまう。しかし、座位姿勢をとると、その重力が下方にはたらき、上肢が押し下げられることで、屈曲部位が自然に、やや広げられることになり、拘縮の予防ともなる。ただし、重力により肩関節を脱臼する可能性もあるので、注意が必要である。

③ 拘縮した指の浸軟の予防

　手指の拘縮で、各指が密着し、指間の皮膚が浸軟（皮膚が湿りふやけた状態）して創傷ができる場合がある。手を清潔にすることはいうまでもないが、皮膚同士の密着を避けるために裏返した手袋の着用も有効である。手の内側の保清のために手指を開こうとする場合は遠位にある手首を掌の方向へ屈曲し、手関節に余裕をつくると手関節を曲げたままではあるが指も開くことができる。

④ ADL のなかでの拘縮予防

　食事動作、整容動作、更衣動作は上肢の ROM を確保、維持するには重要な行為である。食事は食堂で、排泄はトイレで行い、移乗時にはしっかりとした立位をとり関節を伸ばすといった対応が行われることで、拘縮の予防となる。入浴動作はさまざまな動作が複合的に行われ、心理的にも緊張感がとれるなどの効果も期待できる。

（松波美紀）

■ 拘縮の特徴

1. 測定した全関節の約 7 割、全運動方向の約 5 割に制限があり、すべてのものに何らかの制限がある。
2. 制限のある関節は、体幹、股関節、頸部などの順で多い。
3. 制限角度は、体幹、頸部、下肢、上肢の順で大きく、関節別では体幹、頸部、股関節、足関節などの順で大きい。
4. 体幹と頸部では、側屈の制限角度が最も大きい。
5. 上肢の大関節では、肩関節外転・屈曲・外旋、手関節掌屈の制限角度が大きい。
6. 下肢の大関節では、股関節内旋・外転、足関節背屈の制限角度が大きい。
7. 年齢が高いほど制限角度が大きい。
8. 疾患に関係なく、体幹、頸部、下肢、上肢の順で制限角度が大きい。
9. 発症後の期間が長いほど制限角度が大きい。
10. 動作能力が低いほど制限角度が大きい。
11. 歩行が自立でも下肢の関節可動域に制限がある。
12. 歩行能力が低いほど下肢の制限角度が大きい。
13. 非麻痺側にも制限があり、麻痺側の方が制限角度が大きい。
14. 肩・肘・前腕・手・足関節は、非麻痺側と麻痺側の制限の差が大きい。
15. 麻痺側では、足・股・手・肩関節の制限角度が大きい。
16. 麻痺が重度であるほど上下肢の制限角度が大きい傾向。
17. 亜脱臼があるほうが上肢の制限角度が大きい。

出典：小泉幸毅ほか「拘縮の実態」奈良勲・浜村明徳編『拘縮の予防と治療 第 2 版』医学書院，17 頁，2008．

8-30 状態（廃用症候群・生活不活発病）
― 早期発見・予防に向けたケア ―

Keywords ▶▶▶ 廃用症候群の悪循環／日常生活不活発病／予防／「持てる力」に注目

●廃用症候群とは

　高齢者は、加齢現象に伴う体力低下や疾病に罹患することで、ある程度の安静が必要となる。従来、「安静臥床は疾患を治療していくために必要なこと」と考えられてきた。しかし、安静を守りすぎ、身体を使わなかったりすると『廃用症候群』とよばれる合併症が起こってくる。廃用症候群とは、心身の活動の減少によって引き起こされる身体的・精神的諸症状の総称である。高齢者の場合、疾病がなくても日常の生活での活動の状況が影響する。身体を動かさなければ、動けなくなる。当然、日常の生活範囲は狭まり、そのうちに動く必要もなくなってくるので動かない。このような現象から「日常生活不活発病」ともいわれる。

●廃用症候群の主な症状とその悪循環

　「筋肉は使わない状態におくと、1日に5％ずつ筋力が失われるとされ、1か月の安静でほとんどの高齢者は自力歩行が困難になる」[1]。筋力の低下は筋萎縮や関節拘縮、褥瘡など局所症状だけにとどまらず、起立性低血圧や心肺機能の低下、誤嚥性肺炎、知的機能の低下、姿勢の変化など全身に及ぶ。これらの症状は単発的に起こるのではなく、諸症状が複雑に絡み合い悪循環を起こし、寝たきり状態をつくり出す。

　悪循環は身体面だけでなく、精神・心理面にも及ぶ。行動範囲も狭くなると、外からの刺激も少なくなり、自然に周囲の出来事にも鈍感になる。自ら何かをしようとする自発的な行動も少なくなる。また、何らかの疾病で障害が残ったり、大切な人を亡くしたりという喪失経験が重なってくると抑うつなどの精神的な症状も起こってくる。時には、食べよう、生きようという意欲さえなくすこともある。

　高齢者の周囲の人的環境（介護力など）、物理的環境が、高齢者の能力に見合ったものでない限り、過剰であっても不足していても、高齢者は影響を受け、悪循環を起こす（図参照）。

●廃用症候群の予防に向けたケア

　廃用症候群は、高齢者ほど起こりやすく、一つのちょっとした出来事（軽い風邪、けがの痛み、寒い日の朝寝坊など）を発端に起こり、重篤な疾病に結びつくこともある。いったん起こると改善することは難しいので、日常的な高齢者との関わりのなかで予防していかなければならない。以下、そのポイントを挙げる。

①苦痛、不快な思いの除去

　加齢に伴い身体各部の変調が起こり、さまざまな苦痛が生じてくる。高齢者は足が痛いだけでも楽な姿勢をとり横になったままの生活になってしまう。「苦痛のために動けない・できない・したくない」ということはないようにしておく。罹患している疾病や障害に関連する疼痛や倦怠感などの苦痛の除去はいうまでもないが、その人が訴える苦痛、不快については、しっかりと聞き、周りからも「受け止めているよ」というメッセージを返すことが大切である。そして、微妙な変化を見逃

さないように全身状態を観察する。また、その苦痛、不快な状況の直接的な除去はできなくても、握る、撫でるなど手を添え応えることは重要である。

② 「持てる力」を発見する生活アセスメント

高齢者の生活のなかでその不自由さは数限りなくあると言っても過言ではない。また、その不自由さは全面的に解決できるわけでもない。その不自由さを日常的に補っているその人の「持てる力」に注目したい。「持てる力」は単に「今できること」をいうのではなく、その人が今までに「やってきたこと」、これから「したいこと」を含む。その中にはその人なりの生活の知恵が多く詰まっており、不自由さを補うヒントが多くある。

③ 早期離床を進め、まずは座位へ

長期臥床となることだけは避けたい。可能な限り、ギャッジベッドや補助具などを利用してでも正しい座位姿勢ができるようにする。座位にすることで、身体機能のバランスが良くなることはいうまでもなく、視野が広がり、心も動くようになる。洗面、食事、排泄あらゆる場面を活用して座位となる機会をつくる。

④ 生活リズムの調整

ある程度安静を犠牲にしても、身体を動かす機会をつくることは重要なことである。しかし、加齢による身体的負担を考慮すると、活動と休息をバランスよくとることはなかなか難しい。人により健康状態も生活も異なる。活動の時間と休息の時間のバランスをよくしていくために、その人の希望や家族の意向をもとに日課表を作成するのも一つの案である。

⑤ 心が動くような活動を取り入れる

その人が輝いていた時代の経験を活かし、その人の心が、快の感情や好奇心で満たされるような活動を生活のなかに取り入れる。その活動の積み重ねが「自分でもやりたい」という気持ちを引き出し、その人の「持てる力」を伸ばすことにもつながる。

高齢者が自分自身の生き方、日々の過ごし方を自己決定することは大切であり、専門職はその意思を尊重していかねばならない。「動きたくない」という高齢者の意思、そこをしっかり汲み取りながら、将来のことを考えると「動かなくてはならない」という専門職の判断を、上手く伝えながら介入していくことが重要である。

（松波美紀）

■ 廃用症候群につながる悪循環

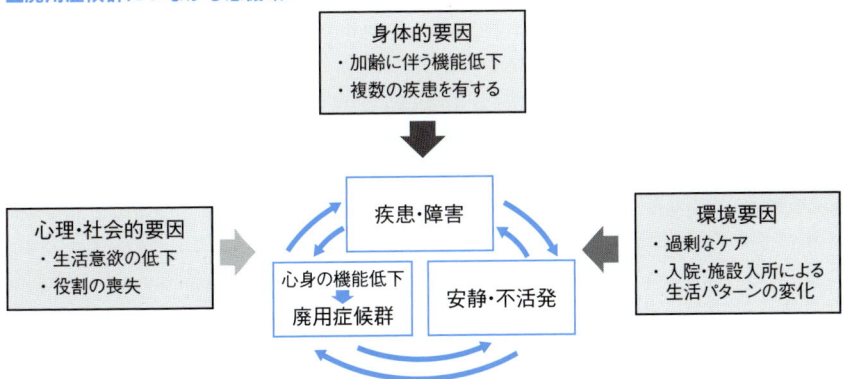

出典：北村有香「廃用症候群のアセスメントと看護ケア」北川公子編『系統看護学講座　専門分野Ⅱ　老年看護学　第 7 版』医学書院，144 頁，2010．

8-31 障害・概論
— 障害の多面的理解 —

Keywords ▶▶▶ 医学モデル／社会モデル／国際生活機能分類（ICF）／体験としての障害

● 障害の客観的次元

障害を多面的に見る障害観は、1980年に世界保健機関（WHO）によって定められた国際障害分類（ICIDH：International Classification of Impairments, Disabilities and Handicaps）によって明確にされた。

ICIDHでは、障害を次の3つのレベルで捉えている。まず、外傷を含む疾患から生じてくるもので、生物学的なレベルで捉えた障害であり、身体的または精神的な機能、または形態の何らかの異常を指す機能・形態障害（Impairment）。そして、機能・形態障害から生じる人間個人のレベルで捉えた障害であり、与えられた地域的・文化的条件下で通常当然行うことができると考えられる行為を実用性をもって行う能力の制限あるいは喪失を指す能力障害（Disability）。さらに、疾患、機能・形態障害、能力障害から生じる社会的存在としての人間のレベルで捉えた障害であり、疾患の結果として、かつて有していた、あるいは当然保障されるべき基本的人権の行使が制約または妨げられ、正当な社会的役割を果たすことができないことを指す社会的不利（Handicap）の3つのレベルである。これらの「機能・形態障害」「能力障害」「社会的不利」を合わせた全体を障害としている。

このように障害を3つの次元で考えた場合に、機能・形態障害のレベルでのみ捉える障害観を医学モデルという。医学モデルでは、障害を個人の問題として捉え、病気・外傷などから直接的に生じるものであり、専門職による個別的な治療という形で医療などの援助を必要とするものと考える。

一方で、3つの次元全体を包括する概念としての障害観を社会モデルという。社会モデルでは、障害を、主として社会によってつくられた問題とし、その多くが社会的環境によってつくり出されたものであると考える。

障害者基本法（2011（平成23）年）における「社会的障壁」とは、この社会的不利にあたるものと考えられ、医学モデルとして捉えていた障害観が社会モデルへと移行したものといえる。

● ICFの分類

2001年のWHO総会において、ICIDHの改訂版として、国際生活機能分類（ICF：International Classification of Functioning, Disability and Health）が採択された。

ICFでは、生活機能を、生命のレベルとしての心身機能・構造（Body Functions and Structure）、日常生活行為や社会生活上必要な行為、余暇活動等の生活レベルとしての活動（Activity）、人生のさまざまな状況に関与し、そこで役割を果たす、人生レベルとしての参加（Participation）の3つのレベルで捉え、これらのプラスの側面を生活機能としている。そして、これらのマイナス面がそれぞれ機能障害（Impairment）、活動制限（Activity Limitation）、参加制約（Participation Restriction）であり、これらを包括したものが障害（Disability）としている。それぞれがICIDHにおける機能・形態障害、能力障害、

社会的不利に該当する。

障害あるいは障害者を支援するにあたっては、障害のそれぞれのレベルでの理解が必要となる。

まず、疾病・健康状態および機能・形態障害、心身機能・構造に焦点を当てた視点から、視覚障害、聴覚障害・言語障害・音声コミュニケーション障害、運動機能障害、内部障害、精神障害、知的障害といった、各障害の原因疾患および障害の特徴についての理解が必要である。高齢者への支援を考えた場合には、加齢変化との関連といった視点も重要となる。

また、能力障害・活動制限や社会的不利・参加制約に焦点を当てた理解と支援の観点からは、生活への適応の問題として、必要なリハビリテーションや生活課題、さらにはこれらを補う支援の一手段として、福祉用具の活用についても、理解が必要であろう。

● 障害の主観的次元

障害を負うことは、人に大きな心理的な影響を及ぼす。障害を負った当事者が自らの障害をどのように捉えているかは、その後の生活に大きな影響を及ぼす。

上田（1983；2005）は、ICIDH や ICF における3つの客観的次元とは別に、障害あるいは生活機能の主観的次元として「体験としての障害」の理解が重要であると指摘している。

体験としての障害とは、障害者自身の、認知的・情動的・動機付け的な心理状態であり、マイナスの側面とプラスの側面がある。まず、マイナスの側面は、健康状態、客観的次元の障害（機能障害、活動制限、参加制約）、および不適切な環境因子のすべてに対する障害者自身の主観の反映であり、障害体験によって生じた障害に対するネガティブな態度といえる。一方、プラスの側面とは、障害体験を克服するために、意識的あるいは無意識的な障害者本人の努力によって、心理的コーピングスキルを獲得することである。

体験としての障害は、障害者自身の立場から捉えた生活機能の障害であり、それは受動的なものではなく、その人の人格的特徴、障害に関する価値観、自己像、理想、信念、目的、従来のコーピング体験等に基づいた能動的な反応といえる。
　　　　　　　　　　　　　　　（山本哲也）

■ ICF と障害体験

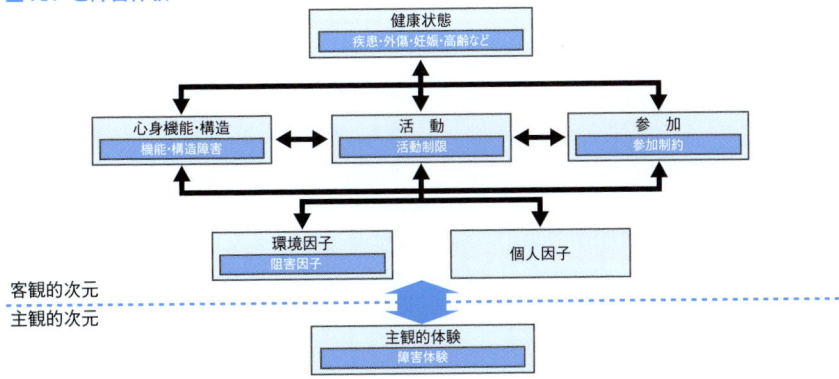

出典：上田敏『ICF（国際生活機能分類）の理解と活用―人が「生きること」「生きることの困難（障害）」をどうとらえるか』
　　　きょうされん，35 頁，2005.

309

8-32 障害・身体障害（視覚障害）
― 原因疾患と生活への適応 ―

Keywords ▶▶▶ 中途失明／緑内障／糖尿病性網膜症／加齢黄斑変性症／リハビリテーション

●視覚障害とは

　視覚障害とは、視機能が永続的に低下している場合を指す用語で、治療などにより短期間に回復する場合には視覚障害とはいわない。視機能には、視力、視野、光覚、屈折、調節、両眼視などの機能がある。このうち、日常生活や社会生活等に大きな支障を及ぼすものは視力と視野であり、これらに対する障害をそれぞれ視力障害、視野障害という。

　視覚障害といっても、見え方は人それぞれである。そのため、視覚障害は、盲（補助具を活用しても文字が認識できず、主として触覚や聴覚を活用しなければ日常生活が送れない場合）と弱視（補助具の活用により普通の文字を常用するなど、主として視覚を用いた日常生活や学習が可能な場合）に分類される。さらに盲には、全盲（光も影もわからない状態）、光覚弁（明暗がわかる状態）、手動弁（眼前の手の動きがわかる状態）、指数弁（眼前の指の数が数えられる状態）が含まれる。

　視覚障害というと、全盲が多いとの印象があるが、その7割は弱視である。また、失明の時期により、先天盲（先天性視覚障害）と中途失明に分けられる。

●失明原因

　中江ら（2006）が、2001～2004年に視覚障害と認定された障害者を対象に行った調査によれば、失明の原因は緑内障が最も多く、次いで糖尿病性網膜症、網膜色素変性症、黄斑変性、高度近視、白内障であった。

　年齢層別に失明原因をみると、18～59歳では網膜色素変性症、糖尿病性網膜症、緑内障の順に多いが、60～74歳では緑内障、糖尿病性網膜症、網膜色素変性症の順に多く、75歳以上では緑内障、加齢黄斑変性症、糖尿病性網膜症の順となっている。

　高齢になるにしたがって緑内障と黄斑変性症が増加し、網膜色素変性症は減少している。

●緑内障

　緑内障は目の神経の病気で、経過は病型によりさまざまである。原発閉塞隅角緑内障の急性発作では、数日から2週間くらいで重大な視機能障害が生じる。一方、正常眼圧緑内障などの慢性緑内障では10年から数十年の経過を辿り、光を感じなくなるまで悪化することはごく少なくなっているが、社会的に視覚障害と認定される程度の進み方を示すことは多くみられる。このような緑内障は、医療的管理と治療により、有用な見え方を永く残すことができる病気である。

●糖尿病性網膜症

　糖尿病は、合併症が生じるまではそれほど不都合を感じることはない病気である。そのため、糖尿病が強く疑われながらも、治療せずに放置する患者は多い。こうした場合に眼に生じる合併症のうち、失明にまで至る可能性のある最も深刻なものが糖尿病性網膜症であり、糖尿病患者の20～30％に認められる。糖尿病性網膜症の経過は、通常は患者本人が気づかないような軽微な変化が現れ、数年から数十年かけてゆっくりと進行していく。10年で20％、20年で70％の患者に糖尿病性

網膜症が認められると言われている。このような糖尿病性網膜症の進行は、糖尿病の治療等により止めることができる。

● 加齢黄斑変性

加齢黄斑変性は、加齢により網膜の中心にある黄斑が変性してしまう病気である。加齢黄斑変性は、日本では男性に多くみられ、50歳以上の約100人に1人が発症するという報告がある。加齢黄斑変性を引き起こす可能性のある因子で、最も重要なものは喫煙である。他に紫外線、高血圧、血清ビタミンや亜鉛の低値などさまざまな報告がある。

加齢黄斑変性には、滲出型(脈絡新生血管が生じ、出血しやすい)と萎縮型(変性の範囲により急激な視力低下をもたらす)があり、頻度は滲出型の方が多く見られる。

滲出型では、光線力学療法などにより視力の悪化を食い止められるようになってきたが、萎縮型に対する治療は現在のところない。

● 生活への適応

私たちは、周囲から得る情報の80%を視覚に依存しているといわれており、視覚障害は、移動やコミュニケーションをはじめ生活全般にわたって影響を及ぼす。このため、生活への適応には、リハビリテーション(機能回復訓練)が必要となる。視覚障害者の訓練内容には、歩行(行動)訓練、コミュニケーション(書字、読書、電話など)、日常生活訓練(掃除・洗濯・貨幣の使用方法・その他身辺処理／食事とテーブルマナー・調理／裁縫・衣服の手入れなど)、職業訓練がある。

これらの訓練を、残存する視機能を最大限に活用しながら、それぞれの見え方にあった補助具を使用することで生活への適応を目指すことになる。そのため、補助具の選定も含め、本人の視機能の評価が重要となる。

● 福祉用具

視覚障害者のための補助具(福祉用具)は、歩行に用いる白杖や盲導犬、コミュニケーションを補助する弱視レンズや拡大読書器、点字をはじめ、日常生活で活用できるさまざまなものが開発されている。これらの補助具には、弱視レンズや拡大鏡のような残存する視機能にあったものの選定が必要なものや、白杖による歩行のように専門的な訓練が必要なものもあり、視覚障害者福祉センター等での視能訓練士等の関わりが必要となる。

(山本哲也)

■ 原因疾患別視覚障害者の現状(年齢別)

原因疾患	全体	18 - 59 歳	60 - 74 歳	75 歳以上
緑内障	20.7%(1位)	8.4%(3位)	12.1%(2位)	49.9%(1位)
糖尿病網膜症	19.0%(2位)	22.9%(2位)	19.2%(1位)	13.7%(3位)
網膜色素変性	13.7%(3位)	24.9%(1位)	9.8%(3位)	8.5%(5位)
黄斑変性	9.1%(4位)	2.6%(5位)	4.8%(5位)	24.2%(2位)
高度近視	7.8%(5位)	5.4%(4位)	6.5%(4位)	12.8%(4位)

出典:高度障害者手帳新規交付者 対象:18歳以上の2043名 (調査年度:平成13年度－平成16年度)
厚生労働科学研究費科学研究費補助金 難治性疾患克服研究事業網脈絡膜・視神経萎縮症に関する研究
平成17年度総括・分担研究報告書, 263 - 267頁, 2006. をもとに作成。

8-33 障害・身体障害（聴覚障害・言語障害）
― 音声コミュニケーション障害の理解 ―

Keywords ▶▶▶ 感音性難聴／老人性難聴／感覚失語／運動失語

●聴覚障害

　音声は文字とともにコミュニケーションの重要な手段である。聴覚障害・言語障害は末梢もしくは中枢いずれかの障害により、音声言語コミュニケーションが困難となった状態である。高齢となってからのコミュニケーション障害は強いストレスを生み、生活に大きな困難をもたらす。高齢期の音声言語コミュニケーション障害を代表する疾患に老人性難聴と失語症がある。

　聴覚障害は聞こえの程度により軽度難聴（平均聴力レベル31～50dB）、中等度難聴（同51～80dB）、高度難聴（81～100dB）、100dB以上でも聞こえないレベルの聾に区分される。dB（デシベル）は、聞こえに問題のない20歳前後の人の聞こえはじめを0dBとした音の強さ（音圧）の単位である。通常ささやき声が約20dB、普通の声が40～50dB程度、大声で60～70dB前後、100dB以上の騒音としては電車の通るガード下や間近のジェット機の爆音などがある。

　聴覚障害は障害の部位により伝音性難聴と感音性難聴に分けられる。伝音性難聴は鼓膜に穴が開いたり、耳小骨が動きにくくなったりなどの外耳または中耳の障害によって生じる。多くは中耳炎などにより、音が全般的に聞こえにくくなる。聞こえの程度は軽度～中度である。感音性難聴は内耳から聴神経・脳にかけての障害である。胎生期風疹症候群、はしかやおたふく風邪などの感染症、突発性難聴などがある。長年にわたる騒音暴露も難聴の危険因子である。加齢に伴う老人性難聴も感音性難聴の一種である。

　感音性難聴は聞こえの程度が周波数によって異なる。一般に高音域が低下するので母音は聞き取れるが、子音が聞き取りにくくなる。カ行やサ行、タ行、パ行など破裂音、摩擦音の語音明瞭度が下がる。したがって大声を出されても聞き取りやすくなるとは限らない。また、女性や子どもの声のように高音域のかん高い音が特に聞き取りづらくなる。少しの音の変化に、急に大きくなったように感じることもある（補充現象）。

●老人性難聴

　老人性難聴は聴覚器官の生理的な年齢変化のうち聴力低下の大きいものを言う。65歳以上で4人に1人が発症する。原因は動脈硬化による毛細血管の機能低下である。危険因子としては糖尿病や腎臓病、虚血性心疾患がある。両耳に起こり、最初に高音域が低下、次第に低音域に及ぶ（図参照）。耳鳴りを伴うことが多い。

　老人性難聴は進行を押さえることは難しいので補聴器によって聴力を補うことになる。ただし、補聴器を使っても会話をよく聞き取れないことがある。高齢者は補聴器を使いたがらないこともあるので、装用にあたっては丁寧なフィッティング（補聴効果の調整）が必要である。言語能力は学習によって形成されるので先天性や乳幼児期からの聴覚障害は補聴器の効果的装用がないと言語障害をもたらすが、老人性難聴では獲得されている言語（発話）は障害されない。

●失語症

　高齢になって多くなる高血圧、糖尿病、心疾

患などを原因とする脳血管障害（脳梗塞や脳内出血）によって起きる言語障害が失語症である。頭部外傷や脳腫瘍による場合もある。失語症はいったん獲得された言語能力が、大脳半球の限局的損傷により、音声、文字の理解・表出に障害を来した状態である。難聴による言語理解の障害や、運動機能低下による麻痺性構音障害、あるいは精神障害などによる言語障害は失語症と区別する。日本人の多くは言語野が左半球にあり、左半球損傷により失語症となるので、右半身麻痺の障害と合併することが多い。

失語症は聴く、話す、読む、書くのすべての言語機能面に障害が及ぶが、言葉が完全に失われることは稀で、使用頻度の少ない単語から障害され、日常的な挨拶語、「ばか」などの感情語は多くの場合残存語として残る。自分の考えを筋道立てて話すようなことは困難になる。失語症患者ではほとんどの場合、言語機能のほか、脳損傷の結果としての運動麻痺や視野障害、知能障害や性格変化などを伴う。性格変化はコミュニケーションの困難に対する心的葛藤の現れの場合もある。

失語症の症状は脳損傷の様態と結びついており、一般的には次のように分類される。

左側頭葉聴覚言語野（ウエルニッケ中枢）の損傷によって起こる感覚失語は、話し言葉の聴覚的理解が障害される。発話は流暢で多弁、内容に一貫性がなかったり、時には意味のないジャルゴンスピーチとなる。左前頭葉運動言語野（ブローカ中枢）に病巣がある運動失語は、発話障害がひどく、言い誤りや発音不明瞭を伴うため、意思表示が困難である。一方、聴覚理解や読解はある程度可能である。ウエルニッケ中枢とブローカ中枢を結ぶ弓状束に病巣がある伝導失語は、発話や理解が比較的保たれているのに復唱が著しく障害される。逆に言語機能の障害にもかかわらず、復唱能力のみ保たれている状態を超皮質性失語という。左半球の広範囲な損傷は言語能力全般が損なわれる全失語をもたらす。健忘失語は失語症の中では最も軽く、語健忘（喚語困難）を主症状とする。病巣の局在は必ずしも明確ではない。

失語症の回復は多くの場合全失語という重い状態から感覚失語、もしくは運動失語を経て健忘失語（喚語困難）というプロセスを辿るが、年齢や病因により回復の程度はさまざまである。

（谷口　清）

■聴力の年齢変化

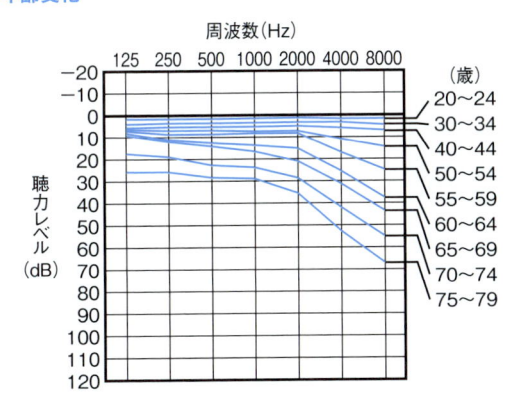

出典：日本聴覚医学会『聴覚検査の実際』南山堂，24頁，2009.

8-34 障害・身体障害（運動機能障害）
― 運動機能障害の理解と生活への適応 ―

Keywords ▶▶▶ 肢体不自由／片麻痺／バリアフリー新法／補装具

●運動機能障害と肢体不自由

医学、介護用語事典等によると、運動機能障害は、脳の運動中枢から下位運動神経細胞までの範囲で起きる病変により、四肢および体幹に生じる機能障害である。

福祉領域においては、四肢・体幹の運動機能障害により、長期にわたって日常生活に支障を来す状態を肢体不自由と定義し、その程度やサービス等を身体障害者福祉法に規定している。

肢体とは四肢（手・足）と体幹のことを指し、運動や動作、姿勢に関わる部分である。四肢は、左右の上肢と下肢からなる。上肢は肩関節から手指まで、下肢は股関節から足指までの部分である。体幹は、頸部、胸背部、腹臀部から成り、脊柱を中軸とする上半身である（内臓器官は除かれる）。

不自由とは障害のことで、神経、骨関節、筋などの運動器官の変形や損傷による器質的障害と運動器官本来の役割を果たせなくなる機能的障害がある。

●障害の現れ方

①運動麻痺：力が入らない、または動かない状態。以下の4タイプに分類される。①四肢麻痺：両上・下肢の麻痺　②片麻痺：右半身か左半身のいずれかの麻痺（脳血管害の場合に起きやすい）　③対麻痺：両上肢か両下肢のいずれかの麻痺　④単麻痺：片側の上肢か下肢の麻痺。麻痺の性状は痙性麻痺（筋肉の緊張が増した状態）、弛緩性麻痺（力が入らずダランとした状態）がある。

②知覚障害：知覚麻痺。痛み、熱さ、冷たさなどの感覚がなくなる（脱失）、鈍くなる（鈍麻）、過敏になる状態。

③変形：骨や関節の外形が変化した状態。尖足、内反足、X脚、O脚、関節リウマチによる手指のスワンネック・ボタンホール変形など。

④関節拘縮：関節の正常な可動範囲が制限される状態。屈曲拘縮（曲がったままで伸ばせない状態）、伸展拘縮（伸びたままで曲げられない状態）がある。

⑤筋萎縮：筋肉がやせてしまう状態。

●運動障害の分類と実態

在宅身障者の生活実態とニーズを把握するために、5年に1度実施されている厚生労働省「平成23年生活のしづらさなどに関する調査（全国在宅障害児・者等実態調査）」によると、全国の65歳以上の在宅身体障害者総数は2,680,000人と推計され、そのうち肢体不自由は1,124,000人（42％）である。

肢体不自由の原因疾患では、脳血管障害が最も多く、次いで骨関節疾患の順であり、結果的には高齢者の脳血管障害の割合の高さを反映している。

障害の程度は身体障害者全体では1級（26.4％）の割合が最も高く、次いで4級（18.2％）であるが、肢体不自由の場合は4級（25.8％）の割合が最も高く、次いで3級（24.2％）、2級（23.6％）、1級（15.3％）である（8-35の表参照）。

以上のように、運動機能障害の分類には部

位別分類、起因疾患別分類、原因別分類、程度による分類などがある。

●生活への適応

運動機能障害の部位と程度により、移動手段や残存機能にも違いが生じ、日常生活や社会生活における不自由の程度も個人的・環境的レベルで差異が大きい。

同調査によると、日常生活のしづらさが生じ始めた年齢について65歳以上の者は、全体の過半数が65歳以降に「生活のしづらさが生じ始めた」と回答している。また、生活のしづらさの度合いの変化について65歳以上の者は、過半数が「生活のしづらさが大きくなっている」と回答し、その頻度について同じく65歳以上の者は、「毎日」と回答している。要するに、運動機能障害による日常生活への影響をまとめると、65歳以降に生活の不便が出始め、年々その度合いが大きくなり、その頻度も毎日不便を感じるようになるということがわかる。

日常生活動作別の介助の必要度は、全介助と一部介助の割合が高く、特に日常の買物や外出に不便を感じており、身の回りの掃除、整理整頓、洗濯などの家事や食事の支度や後片付けなどIADLに関する動作において介助を必要とする割合が高い。また、入浴、衣服の着脱、排泄、室内の移動というADL項目にも不便を感じていることが報告されている。以上のように、介助がないと日常生活への適応にも困難さが大きい。

運動機能障害者のQOLを向上させるためには、上記のADLの具体的支援とともに所得保障の充実や医療費の負担軽減などの社会的措置も欠かせない条件である。また、機能訓練、ショートステイ、ホームヘルプサービスなどの充実、住宅の整備、および2006年に成立したバリアフリー新法による道路、交通機関、公共施設などへのアクセスの充実が重要である。

●福祉用具の活用

補装具は身体障害者福祉法などに基づいて交付され、身体の部分的な欠損や機能の障害を補う物で、種目により医師の処方や適合判定が行われる。肢体不自由者の使用する主な補装具の種目は、車いす、装具、義肢、電動車いす、歩行器、座位保持装置などである。

(秋山美栄子)

■障害の部位別にみた肢体不自由の内訳（平成23年65歳以上）

	平成23年（単位：千人）	構成比（％）
身体障害者総数	2,680	
肢体不自由	1,124	(100.0)
肢体不自由（上肢）	398	(35.4)
肢体不自由（下肢）	580	(51.6)
肢体不自由（体幹）	99	(8.8)
肢体不自由（脳原性運動機能障害）	46	(4.1)

出典：日本聴覚医学会『聴覚検査の実際』南山堂，2009．

8-35 障害・身体障害（内部障害）
― 生活への適応と課題 ―

Keywords ▶▶▶ 内臓機能障害／身体障害者手帳／医療の継続／自己管理

● **内部障害とは**

内部障害は内臓機能の障害であり、身体障害者福祉法に定められた以下の7つの障害が該当する。①心臓機能障害 ②腎臓機能障害 ③呼吸器機能障害 ④膀胱または直腸機能障害 ⑤小腸機能障害 ⑥ヒト免疫不全ウイルス（HIV）による免疫機能障害（AIDS）⑦肝臓機能障害（2010年に追加された）。また、これらの内臓機能障害が長期的に持続し、日常生活に著しい制限を受けると認められることを条件として、内部障害と認定される。

● **身体障害者手帳**

障害の程度については、身体障害者障害程度等級表により、以下のような基準がある。①自己の身辺の日常生活動作が極度に制限されるものは1級、②家庭内での日常生活動作が著しく制限されるものは3級、③社会での日常生活動作が著しく制限されるものは4級。ただし、ヒト免疫不全ウイルスによる免疫機能障害と肝臓機能障害は、日常生活がほとんど不可能なものが1級、日常生活が極度に制限されるものが2級、3・4級は同様。

実際には上記の6つの機能障害以外にも、他の内臓機能障害の永続により、日常生活に支障を来している場合があり、今後はさらに多くの疾患が内部障害の対象になり得ると考えられる。

● **内部障害の分類と実態**

「2011年在宅身体障害児・者の実態調査」によると、65歳以上の高齢者の場合、内部障害者数は722,000人で身体障害者全体の約27％を占める。その内訳は、心臓疾患による心臓機能障害の割合が最も高い。

● **生活への適応と課題**

内部障害の状態像は疾患により異なるが、現代の医療事情では障害された内臓機能は元の健康な状態には戻せない。そのため、病状の回復や維持向上には、治療のための生活制限を伴い、苦痛やストレスも多くなる。さらに運動制限や健康管理は生涯にわたって継続される必要がある。以下に内部障害の種類別にみた特徴と課題などを簡潔に述べる。

①心臓機能障害：動悸、息切れ、眩暈、疲れやすさなどの症状や体力低下がみられる。薬物療法、手術、ペースメーカーの埋め込みなどの治療が行われ、継続した医療ケアのもとで自己管理が必要である。心臓移植や医療費の問題など、医療環境の整備が課題となる。

②呼吸機能障害：慢性的な呼吸困難、チアノーゼ、咳、痰などがあり、常に息苦しい状態である。薬物・吸入・酸素・理学療法などの治療が行われる。病気の進行や予後不安が大きく、急変に対する恐怖やストレスが強い。情報提供やいつでも相談に応じるなどの社会的・精神的サポート態勢の整備が課題である。

③腎臓機能障害：浮腫、高血圧、尿量の減少、全身倦怠感、疲労感などの症状がある。保存療法（安静・食事・薬物）、透析、腎移植などの治療が行われる。透析の場合には、旅先などでも安心して実施できるように、

医療機関の整備と手続きの簡便化が課題である。

④ **膀胱・直腸機能障害**：排泄機能の障害があり、排尿や排便のコントロール、ストーマのケア、食事・薬物療法などが必要となる。排泄コントロールが困難な場合やオムツ使用時、ストーマでは外出制限や汚物の処理などの問題がある。腹部に人工的に造設されたストーマにショックを受け、排泄物の漏れや臭いなどにも不安を感じている。心理的サポートと社会的な環境整備が課題である。ストーマ用の装具は身体障害者手帳の申請により、補装具として交付の対象になる。

⑤ **小腸機能障害**：栄養の消化・吸収が困難で食事の経口摂取に制限がある。経管栄養や中心静脈栄養などが行われる。医療的生活環境の整備や心理的サポートが課題である。

⑥ **ヒト免疫不全ウイルスによる免疫機能障害**：免疫機能が障害されるため、感染症や二次障害に罹りやすい。薬物療法が中心である。世間の誤った知識や偏見により、好奇の目に傷つけられ、プライバシーに不安を感じている。正しい知識の普及と偏見の排除が課題となる。

⑦ **肝臓機能障害**：倦怠感、食欲不振、皮下出血、食道静脈瘤、黄疸、意識障害などの症状が強くなり、肝硬変や肝不全で肝臓移植が必要となる。肝臓移植や移植後の医療費の自己負担が軽減され、身体障害者手帳の交付を受けると障害者雇用率制度の対象になる。また、移植された肝臓の拒絶反応を防ぐために、免疫抑制剤を服用し続ける必要があり、通院と重労働や過労に対する職場での理解や配慮が課題である。

先述の実態調査によると、ADL介助の必要度は、各項目とも1〜2割に満たない。この結果から、内部障害者の多くは日常生活で自立しており、問題がないように解釈されやすい。しかし、実際には疾患による体調不良や疲労感など特有の諸症状があり、ちょっとした運動や労作による息苦しさや疲れやすさなど、生活上の困難を抱えている。また、外見的には障害がわかりにくいため、周囲の理解を得ることが困難な側面が多く、遠慮や不快な思いをしがちである。このように情報が少なく一般にはまだ周知されていない。快適な社会生活を可能にするには、社会全体の理解とサポートが必須である。　　　（秋山美栄子）

■ **障害の種類別にみた身体障害の程度（65歳以上身体障害者）**

(単位：千人)　（　）内は構成比（％）

	総数	1級	2級	3級	4級	5級	6級	不明
平成23年身体障害者	2,680	707	378	461	489	118	108	419
	(100.0)	(26.4)	(14.1)	(17.2)	(18.2)	(4.4)	(4.0)	(15.6)
内訳								
肢体不自由	1,124	172	265	272	290	96	29	―
	(100.0)	(15.3)	(23.6)	(24.2)	(25.8)	(8.5)	(2.6)	
内部障害	723	466	3	118	136	―	―	―
	(100.0)	(64.5)	(0.4)	(16.3)	(18.8)			

出典：厚生労働省「平成23年生活のしづらさなどに関する調査（全国在宅障害児・者等実態調査）」第7表 身体障害者手帳所持者数、身体障害の種類・障害等級別．をもとに作成．

8-36 障害・精神障害
― どのように接し、支えていくのか ―

Keywords ▶▶▶ 外因性／内因性／心因性／精神障害者保健福祉手帳／成年後見人制度

●精神障害とは

精神障害とは、「精神医学的に問題となる状態にあり、その精神機能の障害により、自らの異常に悩み、自らを傷つける（自傷行為）とか、周囲に迷惑をかける（迷惑～他害行為）といったレベルに至ったものすべてを含み表す用語」と定義されている[1]。

また、精神障害を抱えて生きている人、精神障害者は、「精神保健及び精神障害者福祉に関する法律」第5条（1950）において、「統合失調症、精神作用物質による急性中毒又はその依存症、知的障害、精神病質その他の精神疾患を有する者」と定義されている。

●精神障害の原因

精神障害は、さまざまな問題が複雑に関係して発症すると考えられているが、原因の重点をどこに置くかによって、外因性、内因性、心因性の三つに大きく分けられる。

外因性精神障害：脳の病気などの身体的外因によって起こる。交通事故などによる頭部外傷、脳腫瘍や、梅毒などの感染症、栄養障害などが原因となって起こる。中毒性精神障害、器質性精神障害などがあてはまる。

内因性精神障害：個人の遺伝的、環境的な素質が関係していると思われるが、現在のところではその原因がよくわかっていない。統合失調症や躁うつ病があてはまる。

心因性精神障害：心理的な原因によって起こる。親や恋人の突然の死など、急激で強烈な心理的ショックから生じる急性の心因反応と、比較的長期間にわたる虐待的な養育や、学校でのいじめなどの精神的なストレスによって慢性的に生じる神経症がある。

●高齢者の精神障害、その対応

高齢者に多くみられる精神障害としては、認知症を中心とした器質性精神障害、統合失調症、気分障害（うつ病性障害、双極性障害）、神経症、などが挙げられる。

松下（2009）[2]は、その豊かな臨床経験から、高齢者の精神科診療における基本姿勢を表のようにまとめている。これは、医師だけでなく、精神障害を抱えている高齢者と接するすべての専門職に通じるものと考えられる。

まず、患者となる高齢者自身が語った言葉だけでなく、表情、姿態、態度、身体などを通して、言葉に出せない心のなかの声まで留意すること、患者が乗り越えてきた長い人生に敬意を表した言葉遣い、態度で接するように心がけることは重要である。

また、記憶機能検査、神経心理学的検査などの心理学的検査に加えて、脳波検査、さらにCT、MRIの脳構造画像、SPECTの脳機能画像の検査を行うことが必須である。また、脳の機能や心理的な要因のみならず、身体的状況についてチェックすることも重要である。

さらに、患者自身への病名の告知に加え、家族へのインフォームド・コンセントに十分配慮することで、長期にわたる家族の協力、参加が可能となり、精神障害を抱えた高齢者患者の診療が成り立つのである。

●生活への適応

精神障害の症状は、歳を重ねるにつれて個

人差が大きくなってくる。この精神障害の経過・回復の度合いに加え、就労できていたかどうか、家族との関係性、経済状況などの影響を受けるため、取り巻く生活状況もさまざまである。

そのため、精神障害を抱えた高齢者を支援する際には、単なる疾患別の対応ではなく、個々の患者の心身の状態、生活状況を十分にアセスメントしたうえで、適切な支援を考えていく必要がある。以下に、主要な制度や施策を挙げる。

日常生活自立支援事業：精神機能の障害のために、単独では福祉サービスを十分利用できない人々を対象に、社会福祉協議会などが契約に基づいて、福祉サービスの利用援助や日常的な金銭管理サービスなどを行う制度である。

精神障害者保健福祉手帳：精神障害のため、長期にわたり日常生活または社会生活への制約がある人を対象に交付されるものである。この手帳があることで、税制上の優遇措置や在宅福祉サービスなどが受けやすくなり、より自立した生活が可能となる。

障害年金制度：病気やけがによって、日常生活や就労の面で困難な状況が多くなった場合に受け取ることができ、精神の障害も、支給の対象となっている。

介護保険制度：高齢者の介護を社会全体で支え合うこと、自立を支援すること、サービスの民間化などを目的に創設されたものである。契約を結ぶのは、利用者である高齢者であり、その自己決定、自己選択を原則としている。地域では地域包括支援センターが設立され、介護予防や相談支援、高齢者虐待防止などの役割を担っている。

成年後見人制度：精神障害などの理由で判断能力が不十分な人々を保護し、支援するために制定された権利擁護に関する制度である。家庭裁判所の審判によって決定される法定後見制度と、任意後見制度の二つに分かれる。法定後見制度は後見・補佐・補助の3つの類型に分かれており、判断能力の程度などに応じて制度を選択するようになっている。介護保険などのサービスを主体的に選ぶ自己決定を支援し、本人の能力を尊重しながら財産上での不利益を被らないように保護する制度である。（萩原裕子）

■ **実際の診療の場における基本姿勢**

1．病識のない患者の受診行動への対応	6．身体機能への関心
2．「患者の声や心を聴く」ことの大事さ	7．脳画像検査の重要性
3．診察時の言葉遣い、「人生経験豊かな患者」	8．病名の告知、治療の可否
4．診察時の目線	9．家族へのインフォームド・コンセントと医療への参加
5．神経学的検査、神経心理学的検査	

出典：松下正明「第3章　高齢者診療の基本姿勢」日本老年精神医学会『改訂・老年精神医学講座；総論』ワールドプランニング，49-56頁，2009．をもとに作成．

8-37 障害・知的障害
― 知的障害者の高齢化に伴う課題 ―

Keywords ▶▶▶ 知的機能／加齢変化／高齢化への支援／家族の問題

● 知的障害とは

知的障害とは知的機能の障害である。知的障害のある人は、生活年齢（CA）に比べて発達年齢（DA）あるいは精神年齢（MA）が低い。

知的機能は、発達指数（DA）や知能指数（IQ）で評価される。知的障害の基準のひとつに、世界保健機関が定めている国際疾病分類（ICD-10）がある。ICD-10では、知能検査によって測定されたIQにより、軽度（おおよそIQ69～50）、中度（IQ49～35）、重度（IQ34～20）、最重度（IQ19以下）に分けられる。

IQによる分類には多くの批判があった。そのため、全米精神遅滞協会（American Association on Mental Retardation：AAMR）は、IQに加え、その人が所属する社会への適応状況を加えて知的障害の状態を評価することとした。そして、知的障害を、「知的機能および適応行動（概念的、社会的および実用的な適応スキルで表される）の双方の明らかな制約によって特徴付けられる能力障害である。この能力障害は、18歳までに生じる」[1]と改めて定義した。

● 知的障害の原因疾患

知的障害の原因には、染色体異常（ダウン症候群、プラダー・ウィリー症候群、ウィリアムズ症候群など）、代謝性疾患（レット症候群、ミトコンドリア異常症など）、内分泌疾患（先天性甲状腺機能低下症：クレチン症など）、胎生期の感染や薬物の影響、分娩時の低酸素状態や外傷、出生後早期の感染症（脳炎など）などがある[2]。

● 知的障害と高齢化

知的障害者の高齢化の実態を厚生労働省が1990年より5年ごとに実施している「知的障害児（者）基礎調査」で概観してみる。在宅の知的障害者のうち、60歳以上の老年期にある者の推計値は、1990年（平成2年）は、283,800人中4.1％（11,600人）であったが、1995年（平成7年）は4.6％（297,100人中13,700人）、2000年（平成12年）は4.5％（329,200人中14,800人）、2005年（平成17年）は6.0％（419,000人中25,000人）であった。また、「平成23年生活のしづらさなどに関する調査（全国在宅障害児・者等実態調査）」（厚生労働省）によれば、療育手帳所持者のうち老年期にある者の推計値は、13.5％（621,700人中84,000人）であり、少しずつ増加している。

● 知的障害者の加齢に伴う変化

健常者の場合、65歳以上が高齢の年齢基準になることが多いが、知的障害者の場合、健常者と比べて老化の速度が早いこと、40歳以降は重度である程、早期に老化現象が現れることが明らかになっている[3]。

具体的には、外見の老化や脳の萎縮が進み、諸々の機能の低下や意欲の低下がみられ、悪性腫瘍や認知症を合併するリスクも高くなり、摂食機能や呼吸機能の障害も進行することが指摘されている[4]。40歳からの対応が求められる所以である。

春日井ら（2006）は、知的障害者施設に在籍する利用者（知的障害、ダウン症、自閉症）

の担当職員を対象に、障害者の加齢に伴う変化についての調査を行っている。図に年代ごとの変化に関するモデルを示す。

個人差はあるが、40代になるとそれまでに比べて、体力の減退から、疲れやすくなり、生活のリズムに影響が出てくる、50代になると感覚器官に変化が生じてくる、60代になると運動機能の衰えがADL等日常の動作に影響を及ぼす。そして、それらが、最終的に、性格の変化や対人関係の変化に結びついていくとするモデルである[5]。

知的障害者は一般の人よりも寿命が短く、突然死が起きやすいことも明らかになっている[6]。この理由として、大野（2007）は、①知的障害による適応能力の欠陥（コミュニケーション、自己管理、社会的/対人的技能、自律性、健康や安全などの領域）による健康の問題、②知的障害の原因となった脳の損傷の広がりによるてんかん、行動異常と関連する健康の問題、③生活環境の違いによる健康の問題、④知的障害の原因となった症候群に起こりやすい健康の問題、を挙げている[7]。

●高齢の知的障害者への支援

滋賀（2012）は、入所施設における知的障害者の高齢化への支援として、①生活習慣病の予防と健康管理：年齢に配慮した検査項目を加味した健康診断の受診と日常生活の変化に関する丁寧な記録をとる等、②機能の低下に相応しい生活作り：機能低下に伴う排泄の失敗や転倒によるけが等のリスクに対応し、生活のあり方を徐々に無理のないプログラムに変更していく等、③介護と医療的な支え：心身の顕著な低下に伴う、摂食・嚥下への対応、栄養・水分補給、排泄の調整、廃用症候群への予防・対応、入院とターミナルケア等、を指摘している[8]。これらの実現が、在宅の知的障害者も含めた今後の重要な課題となろう。

●高齢の知的障害者と家族の問題

知的障害者の高齢化に伴い、彼らを支える家族も高齢化してくる。髙林（2013）は、双方の高齢化の結果として、例えば、家族の定年退職等に伴い、知的障害者は45歳以上で世帯収入が激減し、55歳以上では親による扶養・世話が困難になり、生活の苦しさの中で高齢の家族と本人の疾病状態が悪化するという実態を指摘し、障害者本人や家族に対する社会保障の拡充の必要性を訴えている[9]。

（山本哲也）

■知的障害者の加齢に伴う変化領域の移り変わり（モデル）

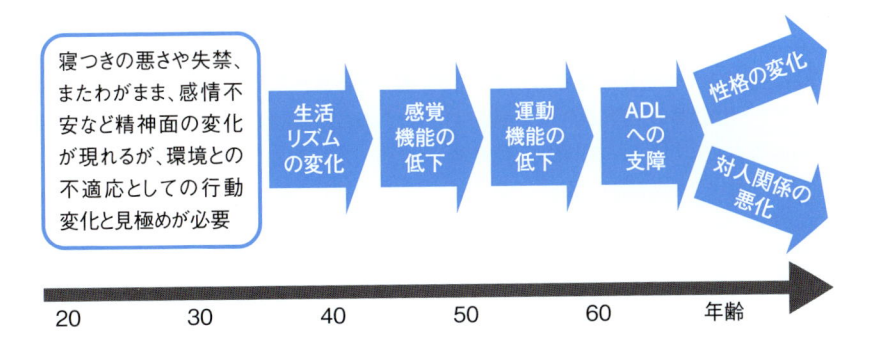

寝つきの悪さや失禁、またわがまま、感情不安など精神面の変化が現れるが、環境との不適応としての行動変化と見極めが必要 → 生活リズムの変化 → 感覚機能の低下 → 運動機能の低下 → ADLへの支障 → 性格の変化／対人関係の悪化

20　30　40　50　60　年齢

出典：春日井宏彰・菅野敦・橋本創一・桜井和典・片瀬浩「成人期知的障害者の加齢変化の特性に関する研究」「東京学芸大学紀要　総合教育科学系　第57集」492頁，2006．を一部改変．

8-38 服薬(薬の飲み方、効用、副作用)
― 安全で効果的な服用の工夫 ―

Keywords ▶▶▶ 薬の作用・副作用／服薬管理／一包化／お薬手帳／飲み忘れ防止

●年をとると薬が増えてくる理由

年をとると身体の自覚症状を訴える人や病気の人が増えてくる。腰痛、手足の関節痛などの自覚症状のある有訴者率は55歳以上で30〜40％を超え、高血圧などの循環器系の病気で外来を受診する人は、60歳以上になると急速に増加する。高齢者の疾病の特徴として、「一人の人が複数の病気や障害をもつ」「慢性的で長期の経過を辿る典型的な症状が出にくい」「治療しても完治せず障害を残すことが多い」などが挙げられる。そのため、他科受診が増え、対症療法の機会が多くなる。また例えば、認知症の高齢者が転んだことが発端で、骨折して、寝たきりになり、食事が取れずに、低栄養状態になり、肺炎を起こすなど、連鎖反応的な状態を起こしやすく、多剤かつ長期の服用につながりやすい。

現在、医師が薬物療法を始める前に、①薬効が確立しているか、②訴える症状すべてに処方していないか、③慢性疾患に観察期間を設けているか、④症状、所見、検査値から総合し、与薬適応の優先順位を考えているか、⑤薬物療法以外の手段はないかを確認するようになった。しかし、65歳以上の高齢者では6種類以上の薬剤を服用している人が20％以上という報告もあり、高齢になればなるほど投薬数が増加する傾向がある[1]。

●飲んだ薬の効き方と有害事象

多くの内服薬は、体内に入った後に胃で溶解され、小腸で吸収されて、血液中に取り込まれる。胃や腸で吸収された薬の多くは血液とともに肝臓に流れ込み、一部は肝臓で分解・代謝されるが、大部分の薬は血流にのって全身へと運ばれていく。薬の多くは脂溶性であり、体内の脂肪組織に溶け込んで貯留すると毒性を生じる危険性があるので、肝臓で体外に排泄しやすい水溶性の物質へとつくりかえられる。そしてその後、薬を体外に出すために、血流に乗せて腎臓へ運び、尿とともに体外へ排泄される。

腎臓は加齢によって直線的に機能低下が起こるが、腎臓の機能が低下すると体内からの薬の排泄が遅くなるため、血中濃度が高くなり薬の作用が強く出がちである。肝臓の血流量や肝機能の低下では、肝臓で代謝されるべき薬が体内に貯留し、血中濃度が高くなる。高齢者は体の水分量が少なく、体の脂肪量が多いため、水溶性の薬を使用すると血中濃度が高くなりやすい一方、脂溶性の薬は体内に蓄積しやすく作用時間が長くなりがちである。

本来、薬は身体にとって利益になるものとして使われるが、過敏反応、中毒反応、薬物相互作用などの有害反応(副作用)を生じることもある。例えば、一人の人が2つ以上の薬を併用した時に、単独では問題のない薬が相互に影響し合い、薬効の増強や減弱(薬物相互作用)がみられることがある。①薬物有害反応は6つ以上の服薬で急激に増加すること、②成人では皮膚症状、肝機能障害、消化器症状など比較的軽い症状が大半を占めるが、高齢者では、血液障害、精神神経障害、循環器障害、腎障害など多臓器に重い症状を示すこ

とが報告されている。服薬数の多い高齢者の有害反応には注意が必要である。また、このような作用は食物やサプリメントでも起こる可能性がある。例えばワーファリン（血栓予防の抗凝固薬）は、納豆や緑黄色野菜を食べることで効果を弱めることが知られている。

● 高齢者の服薬

高齢者では、認知機能の低下によって、「薬の効果や服用方法が理解できない」「飲み忘れる」などのことが起こる。視力低下によって薬袋の字が読めない、聴力低下によって説明が聞き取りにくい、嚥下機能低下によって飲み込みが悪い、手指の細かな動作の困難さによって薬の袋を切る、錠剤を取り出すなどの動作が難しくなることがある。「高齢者が自分を病気と思っていない」「自己判断で薬を飲まない」「過去の医療不信や薬の副作用の体験があると薬を受け取っても服用しない」などの可能性もある。

高齢者では薬の種類や数が多くなりがちで、1回1錠とは限らず時間ごとに異なる組合わせがある場合も多く、飲むのを忘れがちになる。現在、薬の一包化が進んでいるが、薬剤数が多い高齢者には非常に良い方法である。週や日の飲み忘れ予防法には、カレンダーをつくって○をつける、ピルケースを使用するなどがある（図）。時間ごとの飲み忘れ防止には、時計のアラームをセットする、食後の歯磨き時の確認メッセージを貼っておくなども役に立つ。また、薬は、カプセルは喉に詰まりやすく、顆粒は入れ歯などの隙間に入りやすく、粉薬は飛散しやすい等の特徴があるので、飲んだ薬がきちんと胃へ入るように、なるべく体位を起こしてコップに準備した水とともに飲むことが必要である。

薬は、高齢者自身が理解、納得して服用する必要がある。介護が必要な場合は、家族などの介護者の理解や協力が欠かせない。医師や薬剤師、看護師は、繰り返し具体的にわかりやすく説明を行う必要がある。また、処方された薬とともに説明書が渡されるので、それを「お薬手帳」に貼って、説明を忘れた時に確認することや、他の病院受診時に手帳を出して情報提供することで、重複投与や相互作用の危険性が避けられることも説明する。また、薬の服用の目的に沿って、個々のライフスタイルに応じた安全で確実な服薬を工夫することが大切である。

（中尾久子）

■ 高齢者の服薬の工夫

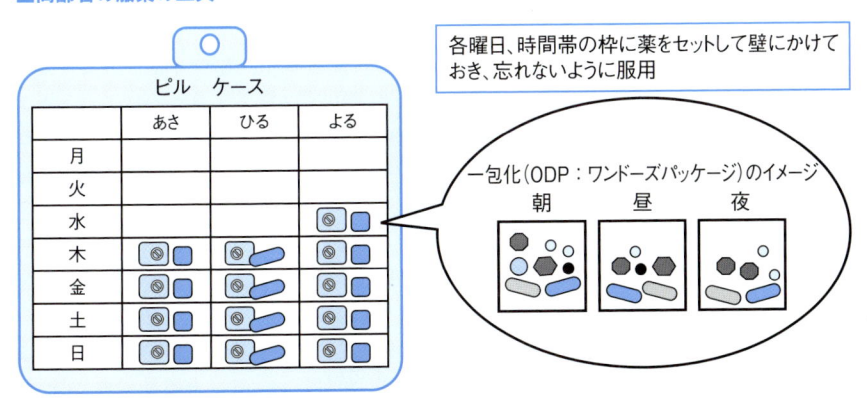

各曜日、時間帯の枠に薬をセットして壁にかけておき、忘れないように服用

一包化（ODP：ワンドーズパッケージ）のイメージ

8-39 口腔ケア
― 高齢期を健やかに過ごすために ―

Keywords ▶▶▶ 口腔内の清潔保持／唾液の分泌／口腔内細菌／口臭予防

●口腔ケアとは

口腔ケアは、高齢者ケアの場面において非常に関心が高まっており、よく聞かれる言葉であるが、捉え方はさまざまである。

日本口腔ケア学会[1]（2013）では、口腔ケアを「口腔の疾病予防、健康保持・増進、リハビリテーションによりQOLの向上を目指した科学であり技術である。具体的には、検診、口腔清掃、義歯の着脱と手入れ、咀嚼・摂食・嚥下のリハビリ、歯肉・頬部のマッサージ、食事の介護、口臭の除去、口腔乾燥予防などがある」と定義している。また、口腔ケアは、狭義の口腔ケアと、広義の口腔ケアに分けるという考えがある。狭義の口腔ケアは、口腔を清潔に保つためのケアであり、歯磨きやうがい、義歯の清掃を指す。一方、広義の口腔ケアは、狭義の口腔ケアに加えて、口腔のもつさまざまな機能を補って健全に保ち、それを支えるケアを指す。

●口から食べていなくても口腔ケアは必要か

口からの食事を摂取できなくなり、経管栄養や胃瘻あるいは点滴などの他の方法に切り替えた場合に、口から食べていないので口腔ケアは必要ないと判断するのは危険である。通常、口から食事を摂取する場合、食物が口の中に入ると咀嚼運動とともに唾液が分泌される。唾液にはさまざまな作用があるが、なかでも大切な作用は、「唾液が口の中を流れて、歯や粘膜についた汚れを洗い流し、口の中を清潔に保つ」と言うことである。口から食べていない人は、身体機能や免疫力が低下し、要介護状態であることが多いため、健康な人と同じような唾液作用が発揮されるとは限らない。内宮（2010）は、口腔内細菌数について、「朝食前から朝食後、昼食前から昼食後、夕食前から夕食後に有意な減少を認めた」[2]と述べている。

口から食物が入らないため、咀嚼運動がなされず、唾液の分泌が少なくなり、「口の中を清潔に保つ」ことができずに細菌が繁殖しやすくなると考えられる。そのため、たとえ口から食べていなくても、食べていないからこそ、口腔ケアの必要性が増すといえる。

●なぜ高齢者の口腔ケアが必要なのか

一般的に加齢に伴い、少しずつ身体機能の低下が現れ、歯の本数が減り、入れ歯や部分的に歯がない状態となる。それは、要介護高齢者に限ったことではない。しかし、入れ歯や部分的に歯がない状態では、歯がそろっている状態よりも衛生を保つことが難しくなるため、口腔ケアの必要性が大きくなる。

平成23年度の日本人の死因別死亡率を見ると、第3位が肺炎となっており、65歳以上の高齢者が90％以上を占めている[3]。この年に肺炎が脳血管疾患を上回り、順位が逆転した。日下ら（2007）は、高齢者肺炎の発症で留意すべきは、むせない誤嚥、すなわち不顕性誤嚥であるとし、口腔ケアの重要性を述べている[4]。誤嚥の場合、食べ物をきちんと飲み込めない明らかな誤嚥（顕性誤嚥）にまず目が向く。しかし、高齢者、特にADLの低下した要介護高齢者は、寝ている間などに

少量の唾液を飲み込んでしまう不顕性誤嚥を起こしていることが多い。加齢に伴う全身の機能低下に伴い、高齢者は唾液の分泌量が減少し、口腔内細菌が繁殖しやすい状況にあるため、口腔の清潔が保たれにくい。口腔の清潔が保たれないところで唾液を飲み込むと、一緒に口腔内細菌を飲み込むので、免疫力が低下している高齢者は、肺炎を発症しやすくなる。ところが、少量の唾液の誤嚥では誤嚥の存在自体に気づきにくく、しかも肺炎が発症してもいつ発症したのか始まりがわかりにくいため、気づいたときには重症化しているということになりがちである。

入退院を繰り返すことも多い高齢者にとって、場所を変えても口腔ケアが途切れることなく実施されなければ、それまでしっかり口腔ケアを実施していても効果は消失してしまう。そのため、生活の場が変わりやすい高齢者にとっては、日々の口腔ケアの積み重ねが重要となる。

●口腔ケア時の注意点

口腔ケアの定義がQOLの向上を目指していることから、口腔ケアを実施する時には、いかなる場合でも高齢者の安全と安楽を守らなければならない。そのためには、実施前に意志の疎通を図ったうえで十分に説明し、高齢者本人の納得と同意を得ることが必要である。しかし、口腔ケアに対する理解と協力が得られない高齢者に遭遇することもある。口腔ケアの拒否に対応するためには、まず口腔ケアを拒否する理由を知ることが重要である[5]（図参照）。理由を知ることができたら、その理由を取り除くように関わることで、納得と同意につながっていく。

口腔内の清掃では、適切な姿勢を保持し、基本的には本人に歯磨きを実施してもらうが、身体の状態によっては十分に歯磨きができないこともある。その場合は、介護者が歯磨きを実施する必要がある。また、食物が口腔内に残ると細菌が繁殖しやすく、誤嚥をした時に肺炎を引き起こすリスクが大きくなるため、義歯を装着している場合には必ず取り外して清掃することも大事である。

口腔ケアは、口腔内を清潔に保ち歯科疾患を予防するだけでなく、歯科疾患からの二次感染をも予防する。また、口臭予防や生活リズムを獲得するなどにもつながり、良好な人間関係にも影響する。　　　　（小嶋美沙子）

■口腔ケアを拒否する患者の病態マップ

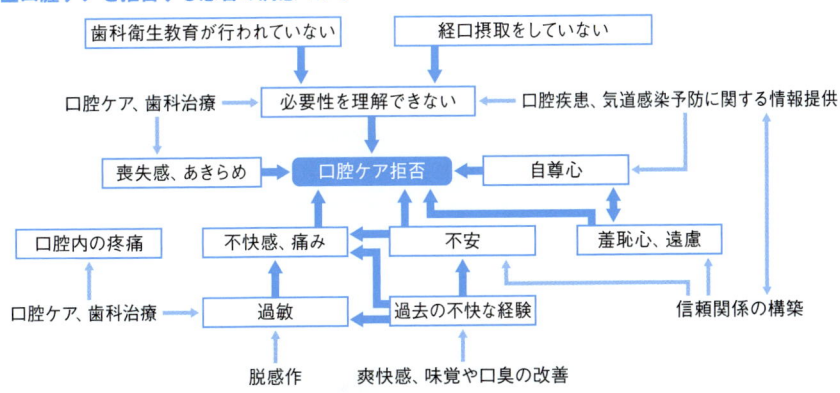

出典：菊谷武 監修『基礎から学ぶ口腔ケア 第2版』学研メディカル秀潤社，87頁，2013．

8-40 歯のケア・義歯のケア
― 口腔の衛生のためのポイント ―

Keywords ▶▶▶ う蝕／歯周病／定期健診／誤嚥性肺炎

● 歯の役割と欠損の原因

歯の主な役割は、食べ物を捕食し、切断、咀嚼することで、飲み込める状態の「食塊（しょっかい）」を形成することである。栄養維持という命の維持にとって重要な役割を歯は担っている。

歯を失う原因の大半は口腔の細菌が糖から産出した酸で歯が溶ける（脱灰（だっかい））う蝕と、細菌や歯ぎしりなど種々の要因で歯肉や歯根膜、歯槽骨などの歯周組織に炎症を来して、歯の動揺などを引き起こす歯周病である。

● 歯の管理

まず、残存している歯を大切にケアすることが重要であるが、前述したように歯周炎の進行による歯槽骨の吸収などにより歯根部の露出も多くなってくる。したがって歯と歯の隙間も大きくなり、歯ブラシだけでなく歯間ブラシやデンタルフロスなどを使う必要がでてくる。

以下、口腔ケアの用具と留意事項を記す。

歯ブラシ：持ちやすい把持部と口に合ったヘッド（先端）、毛の硬さを選ぶ。「表側・裏側・咬む面」の３面と「歯の溝・歯間部・歯と歯ぐきの境目」の３部位を意識して行う。

電動歯ブラシ：適切な使用法により短時間で効率良く磨くことができる。介護の場面でも有用である。

歯間ブラシ：歯間のあいた高齢者では使用頻度が高いが、歯と歯の隙間を磨くためのブラシでサイズを選び使用する。

デンタルフロス：毛先の届かない歯と歯の接する部位の歯垢を除去する細い繊維の束。歯肉を傷つけないように気をつける。

スポンジブラシ・舌ブラシ：セルフケアや経口摂取の困難な方の剝離上皮や舌苔を清掃する器具。スポンジ部の脱落に注意が必要。また、舌ブラシは強く擦りすぎない。

歯磨剤・洗口液：フッ素配合の物や知覚過敏に対応したものなど多種。要介護者ではアルコールの添加された含嗽剤（がんそうざい）（うがい薬）の誤飲、誤嚥に注意が必要である。

● 義歯の構造

何らかの理由で歯を失った場合、歯の欠損を人工物で補う（補綴）必要がある。一般に義歯は、歯の部分「人工歯」と歯肉の部分でボディーをなす「義歯床（ぎししょう）」で構成される。部分床義歯では義歯をつなげる「連結装置」といわゆるバネ「クラスプ」が組み込まれる。義歯床の多くはピンク色の樹脂が使われており、金属フレームで構成された金属床義歯もある。部分床義歯は左右同時に着脱を行わないと歯に負担がかかるため、着脱ができないようになっている。

● 義歯の清掃方法と管理

これまでみてきたように、高齢期になると口腔内には義歯やブリッジなどの修復物が多くなる。歯と同様に種々の細菌が義歯にも付着し、歯科疾患や粘膜の疼痛、口臭の原因となるため、食事ごとに外し清掃を行う必要がある。義歯清掃用のブラシは細かな部分の清掃もしやすい工夫がされている。流水下で清掃を行い、清掃後は義歯洗浄液に浸漬すると消毒効果が大きい。なお、手に麻痺がある人では、吸盤

付きのブラシを流しに装着することでセルフケアができる。

　義歯の破損に対して修理を行うが、そのような場合だけでなく、適合の確認やメンテナンスのために、定期健診が望まれる。体重の減少などで顎堤（歯の喪失後の顎骨と粘膜による堤状の高まり）が痩せて合わなくなった際には、義歯の内面を適合する（義歯床裏装）必要がある。

　入院や施設入所を契機に義歯の管理がおろそかになってしまうこともあり、注意や配慮が必要である。

　装着している場合の留意点であるが、1日中、義歯を装着していると、顎堤粘膜が圧迫され血行が悪くなる。そのため就寝時には義歯を外して粘膜を休ませることが基本となる。しかし残存歯が少なく、義歯を装着しないと歯で粘膜を傷つけてしまう場合や残存歯の動揺が強い場合、また、嚥下障害があり夜間の唾液誤嚥が懸念される場合には、嚥下時の下顎の固定のために、装着したまま就寝した方が良いこともある。その場合には就寝前の清掃が重要となってくる。

　また、義歯を数日から数週間装着しないでいると、残存歯が移動して装着できなくなることもあるため、長期間義歯をしないようにするときには、注意や配慮が必要である。

　紛失したり義歯の所在がわからなくなってしまうことも少なくない。施設での管理や紛失防止のために義歯に名前を入れること（デンチャーマーキング）も必要に応じて考慮しておきたい。

● 高齢期における口腔のケア

　加齢に伴う唾液分泌量の減少は口腔内の自浄作用を低下させ、う蝕や粘膜疾患の一因となる。また加齢や疾病による免疫能の低下により通常であれば体と病原体との間で保たれていたバランスが崩れ、病原性の低い常在菌の増加による症状「日和見感染」を引き起こし、口腔カンジダ症などの粘膜疾患も増える。

　また、歯周病原菌が歯肉の血管から体内に入り、細菌の産出する内毒素によって動脈硬化などを引き起こすことで、心疾患、脳梗塞、糖尿病などさまざまな疾病に影響しているとされる。

　このように口腔の清潔は、健康を保つうえでも非常に重要であり、「全身の健康は口腔から」という意識をもつことが望まれる。摂食・嚥下障害を有する場合、口腔衛生管理によって、誤嚥性肺炎の予防が期待されている。（飯田良平）

■義歯の手入れのポイント

- 毎食後取り外してブラシで清掃した後に水洗する。
- バネの部分は重点的に清掃する。
- 固い流しや浴室で落下すると破損することもあるので、水を張った洗面器などの上で清掃する。
- 清掃後に義歯洗浄剤に漬け、使用時は十分に水洗する。
- 保管時には水を張ったコップや湿らせたガーゼを入れた義歯ケースなどに入れ、湿潤させておく。

8-41 メタボリック症候群
― その理解と対応 ―

Keywords ▶▶▶ 腹囲／内臓脂肪蓄積／インスリン抵抗性／耐糖能異常／生活習慣

●メタボリック症候群の概念

　生活習慣の変化および超高齢社会の進展とともに、動脈硬化性疾患（脳梗塞、虚血性心疾患など）による死亡ががんに次いで死因の上位を占めている。これらの疾患は高齢者の生命や機能の予後を悪くするものであり、若年時からの発症・再発予防はますます重要である。動脈硬化性疾患は危険因子（高血圧、脂質異常症、糖尿病、肥満、喫煙など）が重なるほど、その発症率が高くなることは1980年代からシンドロームXや死の四重奏として知られていた。

　一方、メタボリック症候群は内臓脂肪の蓄積がインスリン抵抗性を惹起し、耐糖能異常、脂質異常症、血圧上昇の共通する病因的基盤となっている。このためにわが国では、内臓脂肪蓄積の指標として、腹囲が診断基準の必須項目となったメタボリック症候群の診断基準が、2005（平成17）年日本内科学会を中心に関連8学会合同で示された。内臓肥満（男性85cm, 女性90cm）を必須項目とし、①血圧高値（＞130/85mmHg）、②耐糖能異常（血糖：＞110mg/dL）、③脂質代謝異常（高中性脂肪血症：150mg/dLまたは低HDLコレステロール血症：＜40mg/dL）の3項目中2項目以上を重積した状態とされていた。久山町研究グループは腹囲として男性90cm、女性80cm以上を提案していたが、わが国の腹囲の基準と国際糖尿病連合（IDF）、米国立心肺血液研究所（AHA/NHLBI）やその他の組織が提案する数値がそれぞれ異なる。

　メタボリック症候群診断基準の国際統一化の動きも見られていた。国際糖尿病連盟など国際6学会による2009年の共同声明に基づき、以下の5つの基準のうち3つ以上を満たす場合にメタボリック症候群と診断するという新たな基準が提案されている。

　①腹部肥満：腹囲が男性≧90cm、女性≧80cm　②血圧高値：血圧≧130/85mmHgまたは降圧薬服用　③高トリグリセリド血症：トリグリセリド値≧150mg/dl　④低HDL-C血症：HDL-C値が男性＜40mg/dl、女性＜50mg　⑤血糖高値：空腹時血糖≧100mg/dlまたは治療中[1) 2)]。

●メタボリック症候群の病因・病態

　先進諸国の過剰栄養摂取と運動不足に象徴される生活習慣がもたらす肥満、耐糖能異常、脂質異常などが重積すると個々の病態が重症でなくても動脈硬化性疾患の発症頻度が極めて高いことが明らかにされてきた。病因に関して、松澤らは数多くのホルモン（アディポサイトカイン）を分泌している内臓脂肪の増大がインスリン抵抗性や動脈硬化惹起リポ蛋白異常、血圧上昇を引き起こすとしている[3)]。しかし、WHO基準はあくまでも耐糖能異常によってインスリン抵抗性が引き起こされ、これに高血圧が加わるという複数の生活習慣病の合併であるという概念に立っている。

●高齢者の体格とメタボリック症候群

　2008（平成20）年国民健康・栄養調査結果から成人肥満者（BMI≧25）は男性28.6％、女性20.6％で、70歳以上の高齢者では男性

25.5％、女性26.8％と逆転する。男性は平均BMI 23.5で、40歳代をピーク（24.2）に減少し、70歳代になるとBMIは23.2と減少しているが、女性の平均は22.4で60歳代まで増え続け（23.0）、70歳以上でも23.0である。痩せ（BMI＜18.5）の割合は70歳代以降の男性では5.3％以上、女性は9.2％となる。高齢者といえども肥満者の割合の方が高く、痩せは男性では肥満の5分の1、女性は3分の1にすぎない。一方、図のように現在の日本の診断基準に基づいたメタボリック症候群が強く疑われるものと予備群は、男性では60歳代をピークに70歳以降は減少しており、女性では70歳以上でも増加している。強く疑われるものは1,070万人、予備軍は940万人と推定されている。

● 特定健康診査・特定保健指導

特定健康診査は2008（平成20）年4月に始まった40～74歳までの公的医療保険加入者全員を対象とするメタボリック症候群に着目した保健指導制度である。より早期に生活習慣病の予備群を抽出し、生活習慣を見直す指導により生活習慣病の発症予防を期待している。都市部のコホート研究では、60歳以下の就労世代の男女ではメタボリック症候群が心血管疾患発症に関連しており、メタボリック症候群があるとない群に比べ、男性で2.9倍、女性で6.3倍の循環器疾患発症率の増加が見られているが、高齢者においてはその関連が弱くなることが報告されている[4]。これは年齢を考慮した特定保健指導の必要性を示唆している。

● 予防と治療：生活習慣の改善

メタボリック症候群では、個々の危険因子の予防や治療というより、原因となる肥満や内臓脂肪の蓄積を来さないような食事と運動に重きを置いた生活習慣を維持することが重要である。メタボリック症候群の有所見者には食事と運動により内臓脂肪蓄積を解消することに重点が置かれる。世界的には、腹囲を必須項目としない流れであるが、今後、病因や病態が明らかにされることにより、この混乱も解消されていくと考えられる。また、高齢者においては痩せより適度の肥満が長寿であることも知られている。生き延びてきた高齢者においては、適度の肥満は栄養状態が良い健康レベルを反映しているのであろう。

（樗木晶子）

■ わが国のメタボリックシンドロームの現状

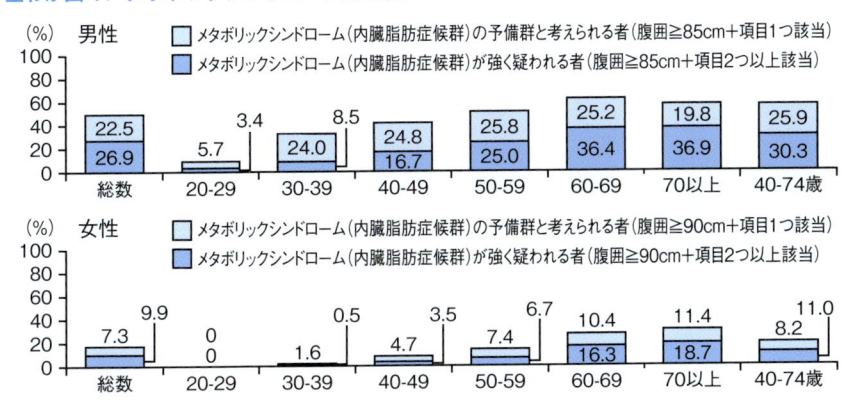

男性
- メタボリックシンドローム（内臓脂肪症候群）の予備群と考えられる者（腹囲≧85cm＋項目1つ該当）
- メタボリックシンドローム（内臓脂肪症候群）が強く疑われる者（腹囲≧85cm＋項目2つ以上該当）

	総数	20-29	30-39	40-49	50-59	60-69	70以上	40-74歳
予備群	22.5	3.4	8.5	24.8	25.8	25.2	19.8	25.9
強く疑われる	26.9	5.7	24.0	16.7	25.0	36.4	36.9	30.3

女性
- メタボリックシンドローム（内臓脂肪症候群）の予備群と考えられる者（腹囲≧90cm＋項目1つ該当）
- メタボリックシンドローム（内臓脂肪症候群）が強く疑われる者（腹囲≧90cm＋項目2つ以上該当）

	総数	20-29	30-39	40-49	50-59	60-69	70以上	40-74歳
予備群	7.3	9.9	0.4	3.5	6.7	10.4	11.4	11.0
強く疑われる	0	0	1.6	4.7	7.4	16.3	18.7	8.2

出典：厚生労働省「平成19年国民健康・栄養調査」．

9 高齢者を取り巻く環境

総論
1 高齢者文化
2 高齢者のイメージ
3 高齢者とジェンダー
4 高齢者への偏見・差別
5 エイジング教育
6 高齢者にやさしい街
7 こころのバリアフリー
8 ユニバーサルデザイン
9 便利な自助具・補助具
10 高齢者の移動手段
11 高齢者のための住環境
12 高齢者と情報機器

9 高齢者を取り巻く環境

岡本　多喜子

● 世界的な高齢化

　高齢者数の増加に伴い総人口に対する高齢者の割合は、世界的に増加の一途を辿っている。人口の高齢化は21世紀における世界的な動向であるとともに、先進国も開発途上国もそれぞれの国において、高齢者を巡る社会的・経済的、文化的な対応を迫られている。医学の進歩、栄養の改善、衛生状態の向上、生活環境の改善などで各国の平均寿命は徐々に長くなっている。長寿社会の出現は、人類にとって本来喜ぶべきことである。

　しかし、社会保障制度がある程度整備されている先進国では、高齢者に係わる社会保障費支出が国の財政に大きな負担を強いており、一方開発途上国では高齢者の経済的な生活の保障、健康の維持のための仕組みづくりが課題となっている。

　人口全体の動向では、どの国においても都市部の過密と地方の過疎が問題となる。主に労働の場とよりよい収入、生活の便利さなどを求めて、多くの若者が都市へと流入し、そこで家族を形成して定着するため、過疎地には多くの高齢者が残される傾向が見られる。過疎化と高齢化は同時に起こっているのである。しかし、先進国、開発途上国にかかわらず、高齢者人口の多くは都市部に集中する。それは都市が、高齢者が生活を送るのに適した要素をもっているためである。

　若者が都市に集中するのと同じ理由により、都市には生活の基盤が整っているために高齢者も都市での生活を求める傾向がある。農山村部に比べると働く場所もある。たとえ、ある地域で食料が不足していても、都市には食料が豊富にある。交通の便も良く、医療機関も整っている。これらの条件を考えると、高齢者は都市で生活することを好む理由がわかる。一方、若い時代に都市に移り住んだ若者も、都市で年齢を重ね、高齢者となる。

　日本においては、故郷に残した親が高齢になり介護が必要になった場合は、都市に親を呼び寄せることもある。呼び寄せた親が、都市部での生活に馴染めずに故郷に帰っていく場合もある。また親が都市への移動を拒む場合は、親の介護のために都市で生活していた子どもが故郷に戻る場合もある。都市で家族を形成した子どもでは、家族と別居して故郷に帰ることもある。また独身の子どもが兄弟を代表して故郷に帰り、親の介護にあたることもある。しかし都市部での仕事を辞めて親の介護で戻っても、故郷には仕事は少ない。そのため、自分が高齢者になったときの年金受給に関しては不安な状態になる。

都市部に親と子が住んでいても親に介護が必要になったときに、子が親と同居する割合は減少している。そもそも三世代同居は減少の一途を辿っている。そのため、親の介護に週末だけ通う子、逆に週の大半は親の家から職場に通い週末を自分の生殖家族と過ごす子など、日本の高齢者とその子どもを取り囲む環境は多様である。それぞれが、親の心身の状況、経済力、子ども世代の状況を判断して対応しているのが現状である。その判断のなかには、高齢者施設への入所という判断も含まれている。この傾向は多様な高齢者の住まいとしての各種有料老人ホームの増加となって現れている。

何故、子ども世代はここまでして親世代である高齢者の世話をするのであろうか。そこには日本の家族観が存在している。家父長制と「家」の意識である。太平洋戦争の敗戦により、民法は改正され、憲法が改正されて70年近くが経っているにもかかわらず、人々の意識のなかには「子どもが親の世話をするのが当たり前」という考えが残っているように思える。親を呼び寄せることや、親の介護のために仕事を辞め、自分の家族から離れて生活をするという行動は、近代家族の愛情原理のみを理由に親の世話をしているとは思えない状況である。

高齢者人口の増加にも係わらず、現代社会における高齢者の社会的な地位は高いとはいえない。第1次産業が労働の中心であった時代では、高齢者の経験は役に立った。そのため高齢者の社会的な地位は、今日よりは高かったと考えられている。しかし現代では第1次産業においても科学技術が導入され、その科学技術は日々変化しており、高齢者の経験による知識が役立つ機会は減少している。そのため、農山村部においても地域社会のあり方は大きく変化し、共同作業や行事を通した地域共同体は解体されつつある。そのようななかで、高齢者の受け継いできた文化も衰退しているのが現状である。

●高齢者が暮らしやすい環境

高齢者は正常な老化の過程においても、心身機能は徐々に低下をする。しかし心身機能の低下が、他者からの支援や介護を必要とする状況に直結するとはいえない。高齢者が生活する環境により、同じように心身機能が低下しても他者からの支援や介護を必要とする程度は変わる。高齢者の多くは、自立した生活の継続を望んでいる。そのためには、高齢者の心身機能の低下に合わせた社会環境の整備が必要になる。

公共交通機関が発達していない地域では、高齢者の歩行能力の低下や病気やけがによる後遺症が、高齢者の外出機会の減少につながる。しかし公共交通が発達し、エレベーターやエスカレーターが建物に設置されていれば、障害を得た高齢者でも外出できる範囲は拡大する。高齢者が生活しやすい環境は、身体障害者や子育て中の親にとっても生活しやすい環境となる。車いすやベビーカーでの外出が自由にできることは、社会参加の機会の増加に直結する。社会的な生活を送るための障壁を排除するというバリアフリーの考えは、多様な人々が生活する地域社会の改善に役立つが、物理的な改善だけでは限界がある。そこで、町づくりを考える場合や新たに建物を建てる場合などは、当初から誰でもが使い勝手の良いデザインを検討する必要がある。それがユニバーサルデザインである。

しかしユニバーサルデザインを推進し、バリアフリーで改善を推進しても、多様な人々の要求のすべてを満足させることは不可能である。世界中のすべての坂道や階段にエレベーターを設置することは不可能である。ユニバーサルデザインでもなく、バリアフリー

でもない環境で生活する高齢者は、社会参加の機会がなくなるのであろうか。自立した生活は送れないのであろうか。

そこでは支援を受けながらの自立が大きな意味をもつ。いつもは電車で立っていられるが、たまに体調が悪く立っているのが辛くなる、スーパーマーケットでの買い物で、高いところにある品物が届かないなどは、高齢者でなくとも経験することである。このように、たとえバリアフリーの環境であっても、心身機能が目に見えて低下していない高齢者であっても、日常的に高齢者や障害者ではない人々の支援が必要となる。その時、手伝ってくれる人や席を譲ってくれる人がいると、安心して外出ができる。そのような人がいないと外出が不安になる。支援があることにより、自律した生活が送れるのである。

今日の日本の高齢者の多くは、誰かに迷惑をかけることを嫌う。それは日本社会のなかにある価値観による。「人に迷惑をかけてはいけない」という価値観は親から子へと伝えられてきた。助けを求められないプライドの高さは、自律した生活をおびやかすことにつながる。自分の状態を判断し、必要な時は他者に支援を依頼することは、自律した生活を損なうものではないという意識を高齢者にもってもらうことが必要である。

病気では予防が重視されており、高齢者は日常的に医療的な管理がなされるであろう「一病息災」が望ましいとされている。同じように自分の生活環境を判断し、支援を頼むことは生活の知恵でもある。

● 高齢者への偏見・差別

一般的に偏見や差別は知識不足によって生じる。高齢者をあるがままに理解することが、高齢者への偏見・差別を無くす一番の方法である。しかし高齢者は社会環境によって生活の状態が異なる。老齢年金を始めとした社会保障制度が整備されている国では、高齢者の貧困問題は、それらが整備されていない国と比較すれば深刻さが異なるであろう。しかし絶対的貧困に陥ることは少ないかもしれないが、相対的な貧困による高齢者自身の不安や不満は深刻であるかもしれない。

平均寿命の差により、高齢者問題は女性問題であるとも言われている。高齢者女性は高齢者であるという年齢差別と女性であるという性差別の二重の差別を受けることになる。この点をふまえ、WHOは2002年4月にスペインのマドリッドで開催された第2回国際連合高齢者問題世界会議に「アクティブ・エイジング ― その政策的枠組み」（Active Ageing : A Policy Framework）を提出した。

そこでは、図に示したように、「アクティブ・エイジング」の横断的な決定要因として文化とジェンダーを提起している。「文化はすべての個人と集団を取り巻いており、アクティブ・エイジングのその他すべての決定要因に影響を与えるため、私たちの年のとり方を決定するものである」（WHO, 2007）とし、さらに「ジェンダーは『レンズ』であり、これを通して、政策上のさまざまな選択肢が適切かどうか、それらが男女双方の福祉にどのような影響を与えるかが検討される」（WHO, 2007）としている。そして、文化とジェンダーの影響を受けながら、6つの決定要因によってアクティブ・エイジングは成立するとしている。それら6つとは、「経済的決定要因」「保健・社会サービス」「行動的決定要因」「個人的決定要因」「物理的環境」「社会的決定要因」である。

その後、この枠組みを実践レベルに落とした具体的な活動として「高齢者にやさしい街」（Age-Friendly Cities）を創るためのガイドラインとチェックリストを作成し、全世界で展開している。その詳細は「9-6 高齢者にやさ

しい街」で述べられている。

　さて、本章では、「9-1 高齢者文化」で文化人類学からみた高齢者像の違いについて考える。そして「9-2 高齢者のイメージ」ではその測定方法や高齢者自身が縛られている高齢者イメージを検討する。「9-3 高齢者とジェンダー」では社会のなかに存在するジェンダーがもはや通用しなくなっている日本の現実を示し、「9-4 高齢者への偏見・差別」では、エイジズムの解消について考察する。高齢者を理解するための1つとしての「9-5 エイジング教育」、高齢者が生活しやすい社会を創るための指標を提示している「9-6 高齢者にやさしい街」では、高齢者が社会のなかで生活するうえでどのような点に注意をすればよいかについて調査項目を示している。

　さらに「9-2 高齢者のイメージ」で述べた、高齢者への偏見のなかには高齢者に対する社会的な偏見を反映して、高齢者自身による自分自身への偏見も存在することをより深く検討したのが「9-7 こころのバリアフリー」である。高齢者自身が自分から壁（バリア）を造ってしまうことは、現実社会のなかでは仕方がない場合もあるが、その壁を崩していく

努力も必要となる。どのようにすれば高齢者自身が自分のなかにある文化やジェンダーに対する偏見・差別を克服できるかを考えることは、高齢者の差別や偏見を考える際の新しい視点と言える。

　また、高齢者は心身の機能低下によって社会的な活動が制限される可能性が高いが、それへの対策として「9-8 ユニバーサルデザイン」を普及させることで、高齢者のみではなくすべての人々が生活しやすい社会が出現する可能性があることを示す。そのうえで、近年の科学技術の発展は、高齢者に限定されることなくさまざまな障害をもった人々の生活を支援する道具が存在すること、その道具を活用することで生活の快適さを取り戻せることを「9-9 便利な自助具・補助具」「9-10 高齢者の移動手段」「9-11 高齢者のための住環境」で検討する。最後にIT社会のなかで、高齢者がどのように情報機器と付き合っていくのかについても「9-12 高齢者と情報機器」で考察している。

　本章を通じて、高齢者が社会のなかの一員として生活を送るための社会的な整備について、理解を深めていただければと考える。

■**アクティブ・エイジングの決定要因**

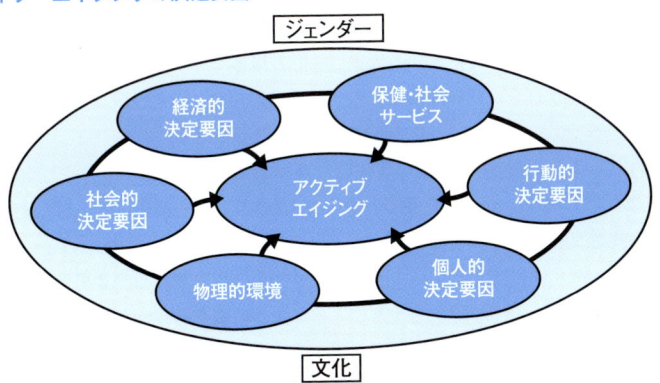

ジェンダー

経済的決定要因／保健・社会サービス／社会的決定要因／アクティブエイジング／行動的決定要因／物理的環境／個人的決定要因

文化

出典：WHO "Active Aging" 日本生活協同組合連合会 医療部会『WHO「アクティブ・エイジング」の提唱』萌文社, 30頁, 2007.

9-1 高齢者文化
― 老化の文化的側面 ―

Keywords ▶▶▶ 老化のプロセス／年齢と文化／未亡人の文化／老後適応

● 高齢者・老化の文化的側面

　老化は身体的、心理的変化であると同時に、文化的プロセスでもある。つまり、人が年をとることは、身体的、心理的なさまざまな変化をもたらすが、その変化の程度や意味、内容は文化によって一様ではない。例えば、日本の女性は年をとるにつれて服装が地味になり、メーキャップも控えめになる傾向があるが、米国の女性は逆に60代、70代になるにつれて派手な服装をし、濃いめの化粧をするようになる。

　また、白髪や顔のしわが老いによる衰退を意味する文化もあれば、一方でそのような身体的変化が深い知識と経験の象徴として尊敬の対象となる文化もある。

　このような老化の文化的側面はこれまでほとんど研究されてこなかったが、極言すれば人の老化のプロセスは、その寿命でさえ文化的にプログラムされているといえよう。

● 年齢と文化

　どのような社会にも高齢者に相当する人はいるし、高齢者というカテゴリーはある。しかし、誰が高齢者であるかを年齢で規定している社会はむしろ少なく、それは極めて近代的、西欧的な概念であり、多くの社会で「高齢者」はその機能や地位、役割などによって規定されている。例えば、極北のエスキモー（イヌイット）社会では、高齢者（男性）とは年間を通じて、特に厳寒の冬場に狩猟ができなくなった人であった。

　また、マレー半島のセマイ族は表に示すように、生殖能力（子どもを産み、産ませる能力）と子どもの有無という二つの基準で人生を4区分している（表1参照）。

　すなわち、生殖能力がなく子どもがいないのが「子ども」、身体的生理的に生殖能力はあるがまだ結婚を許されないのが「青年」、両方ともにあるのが「大人」、子や孫はいるが既に生殖能力を喪失しているのが「高齢者」であるとして、暦年齢によらずに人の一生を見事に4つに区分しているのである。

　しかし、100年ほど前から西欧を中心にさまざまな権利義務関係が暦年齢（絶対年齢）によって規定されるようになってきた。例えば、学校への入学、選挙権、自動車の運転、飲酒、定年などが年齢を基準に定められるようになった。特に多民族社会の米国では、1つの文化的基準を全人口に適応できないため、絶対年齢によらざるを得ない状況があり、1935（昭和10）年の社会保障法で公的年金制度をつくった時に65歳を尺度としたため、その後多くの社会で65歳が高齢者を区分する年齢基準の1つとして採用されるようになったのである。

● 高齢未亡人の文化

　どの社会でも高齢になればなるほど未亡人が多くなる。その理由として、①女性の方が男性より長寿である、②男性は自分より若い女性と結婚する傾向が強い、③男性は配偶者を亡くしても再婚する率が高いのに対して女性は再婚率が低い、ことが考えられる。

　したがって、このような多数の高齢の女性

をいかに処遇するかが大きな社会問題になってくる。例えば、19世紀までインドのヒンズー社会では、「サティー」といわれる寡婦殉死の習慣があり、夫を亡くした妻は、亡夫を火葬する薪の上に自ら身を投げて焼身自殺することが理想的な姿であるとされた。

このように、老年期には多くの女性が夫に先立たれる。このことは女性のライフサイクルとさえ思えるのに、その割にはこのような高齢の未亡人に対する研究が少なく、これもまた男性中心の社会を反映したジェンダーギャップからきているものと言えよう。

● 老後適応への文化的条件

加齢とともに起こる社会関係の離脱、子どもの親からの独立（エンプティ・ネスト）、職業生活からの引退、収入の減少、配偶者の死、心身の衰えなどを速やかに受け入れ、老後生活にうまく適応していくには、それなりの作業が必要であり、その内容はそれぞれの文化によって異なる。日本の村落で見られた隠居慣行は、次世代に責任を委譲し自発的に生活領域を縮小するという老後適応のための作業に他ならない。

米国の老年学者、クラークら（Clark, M., et al., 1967）は老後生活への適応、不適応の違いを米国文化の価値構造との関わりで分析し、青年時代・壮年時代の価値なり人生目標をそのままの形で老後も持続させようとする者たちは、不適応反応を起こしやすいと結論づけた[1]。すなわち、米国のような高度産業社会で、価値志向が生産・労働・業績・若さなどにある社会において、高齢者がうまく老後生活に適応していくには、これまでの人生目標を一段下げるなり、肉体的・精神的衰えを素直に認めて行動範囲を狭めたり、仕事や責任の量を少し減らすなどの「老後適応のための作業」が必要であり、それはまさに老後への文化化であるとしたのである[2]（表2参照）。

どの文化もその成員に対して各年齢段階、性別に応じてそれぞれにふさわしい行動の仕方なり考え方を用意しており、われわれは少年、青年、中年、老年と歳を重ねていくにつれて、無意識のうちにそれぞれの年齢にふさわしい行動様式をとるようになる。それが文化的老化であり、特に日本は「年相応」を強調する文化であるので、衣服や言葉遣い、態度などによってその人の年齢がほぼ正確に推定されるのである。　　　　　（片多　順）

■表1　セマイ族の人生区分

人生区分＼基準	生殖能力	子どもの有無
子ども	×	×
青年	○	×
大人	○	○
高齢者	×	○

出典：Dentan, R.N.,The semai : A nonviolent people of Malaya. Holt, Rinehart & Winston. p.66, 1968. より作図.

■表2　老後適応のための作業

1	老化に伴う変化を受け入れ、物理的制約を規定すること（肉体的精神的能力の変化を素直に受け入れるなど）
2	身体的・社会的生活空間の再規定（小さな家に移ったり、仕事の一部をひとに譲ったりするなど）
3	欲求ー満足の選択肢をとりかえる（映画に行っていたのをテレビですますなど）
4	自己評価の基準を査定し直す（仕事だけが生きがいではないと考え直すなど）
5	価値と人生目標の再統合をはかる（家族との団らんという価値を友人との交わりに求めるなど）

出典：Clark, M., & Anderson, G.A., Culture and aging : An anthropological study of older Americans. Charles C Thomas. pp.392-414, 1967. をもとに作成.

9-2 高齢者のイメージ
― イメージをもたらすもの・規定するもの ―

Keywords ▶▶▶ 新老人／ポジティブイメージ／ネガティブイメージ／SD法

● 一般的な高齢者イメージ

　高齢者のイメージは、時代や文化・社会的な背景により変化や相違が見られる。長寿国の日本においても、社会にさまざまな問題を提起し続ける日野原重明に代表されるように、新しい高齢者像が定着しつつある。100歳を迎えた日野原が提唱する"新老人"とは、①愛し愛されること、②創めること、③耐えることの3つをスローガンに掲げ、若い世代に経験を伝える新たな社会参加を目指す75歳以上の高齢者のことである。

　さて、内閣府の2003（平成15）年度における「年齢、加齢に対する考え方に関する意識調査」を見ると、高齢者のイメージは「心身が衰え、健康面での不安が大きい」が72.3％と最も高く、次いで「経験や知恵が豊かである」が43.5％、「収入が少なく、経済的な不安が大きい」が33％と続く（図参照）。

● 先行研究と方法

　高齢者のイメージに関する研究は、日本においては1952年以降に、海外においては、1950年代に推進された[1]。研究方法は、SD法（Semantic Differential Method）が多用され、文章完成法（SCT：Sentence Completion Test）、イメージマップ・テスト法、自由記述法、半構成的面接法などがある。

　先行研究の多くから明らかなように、高齢者のイメージは肯定的な面（ポジティブ）と否定的な面（ネガティブ）の両面で捉えることができる。ポジティブイメージは「温かい・優しい・尊敬できる・経験豊か・賢い・穏やか・思慮深い・役に立つ・価値のある・プライドが高い」など高齢者のもつ円熟性、有能性、自尊心の高さなどを表している。

　一方、ネガティブイメージは「さびしい・暗い・悲しい・かわいそうな・弱い・頑固・保守的・みじめ・不活発・依存的・不健康」など高齢者を孤立、保守的、非活動的存在として表現している。

● 若年者による高齢者イメージ

　金田（2006）は、学童保育を利用する小学生を対象にした研究で、祖父母と高齢者は必ずしもイコールでないこと。低学年の児童の高齢者イメージは、外見的にもマイナスであるが、高学年ではプラス面が追加されること。しかし、体験からくるイメージではないので、高齢者を理解できていないと指摘している[2]。

　桑原ら（1997）は、高齢者のイメージは児童から中学、高校、大学へと進むにつれ、肯定的な見方からプラス面もマイナス面も見られるようになる。自分が高齢者に近くなるほどマイナスのイメージや高齢者の生活に不安をもつようになる傾向を指摘した[3]。また、渋谷（1998）は、ショーンフィールド（Schonfield, 1982）の高齢者イメージ調査の結果を引用して、若い世代ほど高齢者イメージが固定しており、高齢者に対しての社会通念や先入観に縛られている人が多いと指摘している[4]。

　このような若者がもつ高齢者のイメージを規定する要因に関して、高齢者や高齢者問題への関心、高齢者との交流・接触の有無や頻

度、年齢、教育水準、職業、社会階層、マスコミの影響などが指摘されている。

● 高齢者自身が縛られる高齢者イメージ

　高齢者自身の高齢者イメージは、彼らの生きてきた時代背景のなかで、顕在化あるいは潜在化していた高齢者や老いに対する偏見、社会的価値観に影響を受けつつ、家族形態や家族の価値観および個人の社会的な地位と立場から形成されたものである。換言すれば、個々の高齢者が歩んできた人生経験と生き方から、その人の高齢者イメージが規定されてくるとも考えられる。

　堀（1995）は、高齢者による高齢者イメージの形成要因として、社会のなかでの高齢者の扱われ方、老父母との付き合いに対する姿勢、過去の職業・学歴の3つを示唆している。また、大学生と高齢者のイメージを比較すると、大学生は高齢者がポジティブに評価した項目はよりポジティブに、高齢者がネガティブに評価した項目はよりネガティブに評価する傾向がある。そして、高齢者による高齢者イメージは、「人としての円熟性」の評価が高いか否かが重要視され、大学生によるイメージでは、「尊敬でき、役に立つ存在」としての評価が重要視されていると指摘している[5]。

　高齢者イメージが否定的な高齢者のなかには、高齢者をステレオタイプ的な、例えば経済的不安定、不健康、孤独、変化を嫌う、肉体的・精神的力に欠けるなどのネガティブな見方で捉え、老年期を不活発、関心の欠如、役割の喪失など衰退・消滅期としてみしている場合がある。また、女性より男性の方が、過去の職業では社会的地位や収入の高い方が、ネガティブな高齢者イメージを抱いている。趣味や関心事など生きがいをもっている者は、比較的ポジティブな高齢者イメージを抱く傾向があるとの報告もある。

　福本ら（2008）によると、主観的高齢感の度合いが生活観の形成に影響し、高齢感の強弱とQOL（Quality of Life：生活の質）の関係には負の相関があるという[6]。

　このように、高齢者のイメージは個人の環境により影響を受ける傾向が強い。そのため、個性的で自由な生き方をしている高齢者を多く知ること、老いに対する正しい知識をもつこと、多くの人々と積極的に関係をもつことなどが、高齢者のイメージの正確さと改善につながる。

（秋山美栄子）

■ 高齢者のイメージ（平成15年）

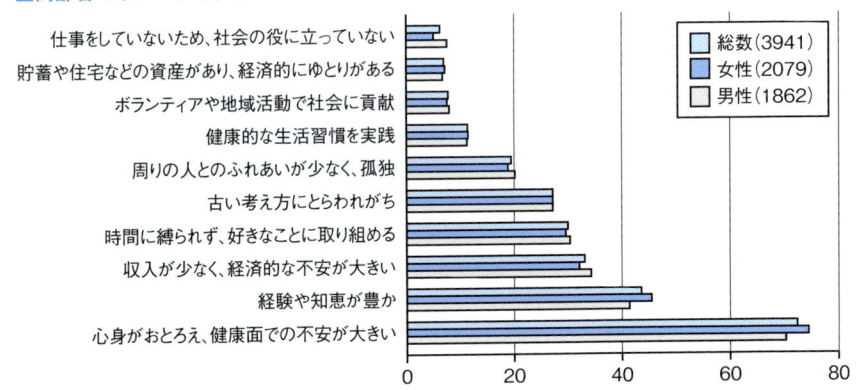

項目（上から）：
- 仕事をしていないため、社会の役に立っていない
- 貯蓄や住宅などの資産があり、経済的にゆとりがある
- ボランティアや地域活動で社会に貢献
- 健康的な生活習慣を実践
- 周りの人とのふれあいが少なく、孤独
- 古い考え方にとらわれがち
- 時間に縛られず、好きなことに取り組める
- 収入が少なく、経済的な不安が大きい
- 経験や知恵が豊か
- 心身がおとろえ、健康面での不安が大きい

凡例：総数（3941）、女性（2079）、男性（1862）

出典：内閣府　高齢社会対策に関する調査 ―「平成15年度年齢・加齢に対する考え方に関する意識調査結果」をもとに作成．

9-3 高齢者とジェンダー
― 女と男の老いの暮らし ―

Keywords ▶▶▶ ジェンダーロール／両性性／予期的社会化／男性介護者／ロールモデル

● 人の一生とジェンダー

ジェンダー（gender）とは、歴史的・文化的・社会的につくられた性別を意味し、生物学的な性別を表すセックス（sex）とは区別して用いられる。

人の一生は、乳幼児期、学童期、青年期のパーソナリティ形成期に家庭や学校において「性役割（sex role）の社会化」が行われ、成人期には「男は仕事、女は家庭」という性別役割分業による生活が自明のこととして営まれている。このようなジェンダーロール（gender role）による分業は、単なる役割分業に留まらず、男性の女性への支配という権力関係である家父長制（patriarchy）による性差別（sexism）として捉えられている。

ベン（Bem, S.L., 1974）[1]のジェンダーロールと適応についての研究では、「女性性」と「男性性」をともに多く備えた両性性（androgyny）が最も適応的であることを若年世代と成人世代で実証している。また、日本における下仲ら（1990）[2]の研究によると、高齢期の男性では両性性が、女性では女性性が多くみられたが、両性性が最も自尊感情が高く、心理的適応が良好であった。

● 高齢期とジェンダー

高齢期のジェンダー問題を中年期との関連で見ると、中年期までのジェンダー関係の影響を大きく受ける一方で、性別役割分業のあり方は流動化せざるを得ない。自らが常勤の仕事を続けた女性以外の既婚女性の場合には、生活の基盤である年金や住宅などの資産形成は夫の職業経歴により格差が生じ、高齢期の年金受給状況に影響を与える。さらに、高齢期には、職業からの引退、健康状態の悪化、配偶者との死別などのライフイベントに遭遇することにより、夫婦単位の家庭経営が困難となり、シングル単位の生活へと移行せざるを得ない。

岡村（1998）[3]によると配偶者死別後のシングル期への適応は、女性の方が男性よりも良好である。その理由として、第1に、高齢期の生活は家庭・地域での生活が中心であり、女性にとっては生活変化が少ないこと、第2に、妻が夫を看取るという平均的ライフサイクルが描かれており、予期的社会化（anticipatory socialization）が可能であることが挙げられる。退職直後には男性のリタイアメントショック（retirement shock）、女性の「主人在宅ストレス症候群」（黒川、1993）[4]がみられるが、一般的に地域社会の人間関係が豊かな女性は男性よりもこのような状況への適応が良好であるといえる。

● 女性高齢者の生活問題

1980年代までは高齢者問題は男性よりも女性の方が深刻であった。その理由は、第1に、女性の年金権が確立されておらず離婚によって無年金となることがあり、また遺族年金の給付は夫生存時の2分の1であり、高齢女性の貧困化をもたらしていた。第2に、加齢とともに女性の有配偶率が低くなり、平均余命と婚姻年齢の男女差により寡婦期間が長い。第3に、介護する側も介護される側も女

性が多く介護問題が深刻であったことなどが挙げられる。

これらの状況は、1985（昭和60）年の年金改革による国民基礎年金制度の導入により厚生年金の遺族年金給付が夫生存時の2分の1から4分の3へと引き上げられ、2006年4月からは離婚時年金分割が実施されたこと、また、2000（平成12）年の介護保険法の施行などにより介護の社会化が進んだことなど、不十分ではあるが改善されつつある。

● 男性高齢者と新たなジェンダー問題

これまで男性高齢者にとっては定年後の社会参加が大きな課題であった。現在では男性においても妻や子ども世代に依存しない自立が生活全般において求められているが、女性はいつまでも家事労働からは引退できないという現状である。しかし、妻が病弱、要介護、死別などの場合には、「男の家事」、「男の介護」にみられるジェンダーロールの流動化が進んでいる。

家庭における男性介護者は増大し、高齢者虐待においては男性加害者が増えている。春日（2009）[5]によると、1990年代における被害者は既婚子（息子）と同居する女性高齢者、虐待加害者は介護を担う息子の妻（嫁）が多く見られたが、現在では加害者として男性が増えている。厚生労働省（2012）[6]の調査では虐待件数の増加がみられるとともに、加害者の続柄は、「息子」が40.7％と最も多く、次いで「夫」17.5％、「娘」16.5％、「息子の配偶者（嫁）」6.7％、「妻」5.2％であった。

また、80歳以上の単独世帯の約8割は女性であるが（表参照）、自殺、孤独死・孤立死は男性高齢者に多く見られる。家族、職場、地域社会から孤立しがちな「無縁社会」という言葉も生まれ、厚生労働省（2008）[7]による「『孤立死』予防型コミュニティづくり」への提案がみられる。

石田（2011）[8]は男性が孤立化する要因のひとつとして、女性に比べて配偶者以外の友人や、親、子ども、その他の親族からのサポートに明確な差がみられ「関係弱者としての男性」として捉えている。津止ら（2007）[9]は、男性介護者の実態調査を実施し、「男性介護者と支援者の全国ネットワーク」を結成しているが、男性の社会関係のあり方は重要なジェンダー問題といえよう。　（岡村清子）

■ 性別人口、有配偶者割合、単独世帯数

	人口総数			人口性比（女性＝100）	有配偶者割合（％）注		単独世帯数		
	計	男性	女性		男性	女性	計（4791千世帯）	男性（1386千）	女性（3405千）
65歳以上	29,245,685	12,470,412	16,775,273	74.3	80.6	48.4	100.0（％）	28.9（％）	71.1（％）
65〜69	8,210,173	3,921,774	4,288,399	91.5	82.6	70.7	1.121.702	41.7	58.3
70〜74	6,963,302	3,225,503	3,737,799	83.3	83.6	61.7	1.076.452	32.0	68.0
75〜79	5,941,013	2,582,940	3,358,073	76.9	82.4	48.4	1.081.942	24.6	75.4
80〜84	4,336,264	1,692,584	2,643,680	64.0	77.6	31.9	873.133	21.1	78.9
85歳以上	3,794,933	1,047,611	2,747,322	38.1	63.9	11.3	637.539	19.3	80.7

注）人口総数は配偶関係不祥を含む。
出典：総務省統計局「平成22年国勢調査」をもとに作成．

9-4 高齢者への偏見・差別
― エイジズムをもたらすもの ―

Keywords ▶▶▶ 否定的エイジズム／性愛・結婚への偏見／ジョーク／エイジズムの解消

●エイジズム

エイジズム（ageism）とは、高齢者がただ年をとっているというだけの理由で、さまざまな差別待遇を受けたり、世間の偏見にさらされるような事象を指す。これは、米国の老年学者バトラー（Butler, S.L.）が 1968 年に提唱した概念である。具体的には年齢を理由に退職させられたり、運転免許を取り上げられたり、あるいは高齢者はセックスには無関係だなどと決めつけられたりすることがそれである。

また、老年社会学者のパルモア（Palmore, E.B.）は、例えば高齢者にのみ医療費を無料にするような、高齢であることを条件に優遇することもまたエイジズムであるとして、前者を否定的エイジズム、後者を肯定的エイジズムとして区別している。

しかし、一般的にはエイジズムの本質は、高齢者への偏見や差別であり、これは人種差別（racism）、女性差別（sexism）に次いで米国社会の第 3 のイズム（差別主義）であるとされている。したがって、米国では「アフリカ系で女性の高齢者」は三重の差別を受けていると言われる。

●エイジズムの内容

エイジズムの具体的内容には、まず第 1 に高齢者の心身の能力に対する否定的見方がある。仕事が遅い、不正確である、非生産的である、あるいは高齢者の多くは病気であり、衰弱し、ねたきりで呆けているといった見方である。しかし現実には、彼らの大多数は健康であり、記憶力も判断力も正常であることが証明されている。

第 2 に心理的側面として、高齢者は頭が固くて古くさく、頑固で涙もろいなどの見方がある。しかし、これらのことは個人的性格傾向の影響が強く作用し、すべてが年齢によって生じる心理的変化とはいいがたい。

第 3 に高齢者の多くは貧しくて経済的に困っているとの見方があるが、平均的に見ると、むしろ彼らは 65 歳以下の人々より多額の可処分所得を有していることがわかる。

第 4 に言葉によるエイジズムがある。例えば高齢者を指して、「耄碌じじい」「オールドミス」「くたばりぞこない」などと表現することがそれにあたる。このような言葉によるエイジズムは小説や歌、テレビや CM、映画などにも多くみられる。

●高齢者の性愛や結婚への偏見

第 5 に、パルモアはこれが最大のエイジズムであるとしたが、高齢者の恋愛や結婚、性行為に対する偏見や差別である。性的な欲求や関心は高齢者には無縁のことであり、年をとってからの恋愛や結婚は恥ずべきことであるとの考え方がどの社会でも根強くみられる。しかし、男女の性愛や恋愛感情は一生を通じて持続し続けるものであり、さまざまな調査研究がその事実を証明している。

このような高齢者の性関係へのエイジズムは、特にジョークのなかによく出てくることをパルモアは指摘している。その 1 つが次の類である。

《年寄りの男が妻に苦情を言った。「わしらがセックスをすると、ある時はとても熱く、ある時は冷たく感じるんだ」。妻：「それは当然でしょう。年に2回しかしないんですから。1回は夏に、もう1回は冬に」。》

● エイジズムをもたらす要因

人々が高齢者に偏見をもち差別する要因は、何より高齢者の真の姿を知らないことにある。高齢者に対する固定観念やステレオタイプな見方は、ほとんどがその実態への無知からきている。このような高齢者に対する偏見などは、核家族化や都市化によって若者世代と高齢者との接触、交流が少なくなり、また定年退職や引退によって高齢者の活動の場が狭まっていることにも起因している。

高齢者がもつ長い経験や深い知識を活用することなく、エイジズムによって高齢者を無為に遠ざけているこのような状況は、社会全体にとって大きな損失であると言えよう。

● エイジズムの解消法

したがって、エイジズムを解消するには（表1参照）、第1に高齢者とできるだけ多くの交流、接触の機会と場をもつことである。幼稚園と老人ホームの併設などはエイジズムを解消する好例である。

第2に、高齢者の多くはたとえ仕事のスピードは遅くても若者より正確であることも多いなど、その実態をよく知ることである。高齢者という存在を正確に伝え、エイジズムを解消する役割が老年学（ジェロントロジー）に求められているところでもある。

第3に、テレビなどのメディアを通じて高齢者の活動の状況や老年期の利点を周知させることである。例えば、77歳の宇宙飛行士ジョン・グレン氏が9日間の宇宙飛行を終えて、元気に地球に降り立った姿などはアメリカ人のエイジズム解消に大きなステップとなっている。また、双子の百寿者キンさん、ギンさんの明るく元気な姿を見た多くの日本人は年をとるのも良いものだと思ったという。

なお、パルモアはエイジスト（高齢者への偏見をもち、差別する人々）を4つのタイプに分類し（表2参照）、タイプⅣ（首尾一貫した差別主義者）からタイプⅡおよびⅢへの移行、そして究極的にタイプⅠ（全天候型リベラル）へと変化させていく方策として、このようなメディアの力が多大であることを指摘している[1]。　　　　　　　　　　（片多　順）

■表1　エイジズムの減少につながる近年の動き

1	老化についての知識の増大
2	老化に関する科学的研究の増加
3	高齢者の健康の増進
4	教育の向上
5	経済的豊かさの増大
6	高齢者福祉への予算の増大
7	女性差別の改善

■表2　エイジストの分類

	高齢者への差別的行為を行わない	高齢者への差別的行為を行う
高齢者への偏見をもっていない	Ⅰ	Ⅱ
高齢者への偏見をもっている	Ⅲ	Ⅳ

出典：Palmore, E.B. 著．奥山正司・秋葉聰・片多順・松村正道訳『エイジズム ― 優遇と偏見・差別』法政大学出版局，188-190頁（上図），241-244頁（下表），1995. をもとに作成．

9-5 エイジング教育
― 福祉教育の求められる背景 ―

Keywords ▶▶▶ 高齢社会の福祉教育／老いに関する教育／義務教育課程／福祉科教員

●戦後の福祉教育の2つの流れ

わが国の高齢社会を背景に行われてきた福祉教育活動は、第二次世界大戦後の荒廃期（昭和25年度）に、貧困からの脱却という流れのなかで行われた活動とは別に、昭和45年頃を境に、改めて新たな理念のもとに福祉教育の必要性を訴えてきた。

その背景には、①高齢化社会の進展と福祉教育、②障害者と共に生きる街づくり、③こども・青年の発達の歪みと社会体験、④地域の連帯力の喪失と政治的無関心、⑤国際化時代における飢えと飽食などの要因が挙げられている[1]。このような時代的要請のもとに、高齢者や高齢社会に関する教育の必要性が叫ばれるようになってきた。

●学校で加齢（エイジング）について学ぶことの意義

子どもは自分が老化しているとは考えていないが、自分が変化しているという自覚は持っている。子どもたちにとっては自分の身体が最も大切なものであり、永遠に成長し成熟に向けて発達し続けるものと錯覚しており、加齢・老化はすべての人に起こるということに思い至らない。教育の目的は、このような現象が将来自分の身に起こることのために備えるということである。そして、加齢に付随する衰退と社会からの隔離というマイナスのイメージを除去し、年をとっても家族や地域に参加し、生涯を通じて獲得してきた知識を分かち合えるような高齢期となり得るという、強力でポジティブなイメージへと変えていくことが必要である[2]。「大切なのは、人生のなかで幾年を過ごしてきたかではなく、その幾年のなかで過ごしてきた人生である」（Lincoln,A）という言葉に含まれる意義を噛みしめて、子どもたちが価値ある人生を、加齢というプロセスのなかに加えることができるように教育していくことである[3]。

学習心理学の第一人者である米国のスキナー（Skinner, B.F.）は、その80歳代の晩年に「老いについての勉強は、若い時から始めるのがよい。なぜなら老いを楽しく過ごすために準備できることがたくさんあるからであり、老いについて学ぶのに若すぎるということはない」と述べている。エリクソン（Erikson,E.H）は、心理社会的発達段階説の最終段階として、「老年期」を位置づけ、その段階に「命の循環の節目として、若い世代へ信頼をおくこと」の意義を説いている[4]。日本では、人のエイジングと生涯学習・成人教育との対話の学問として教育老年学を構想して、その展開が図られている[5]。堀（2006）の教育老年学は、エイジング・プロセスの理解、エイジングと学習能力・学習行動との関連の理解、高齢者の学習の成立条件の理解を3つの柱としている。

●義務教育におけるエイジング教育

わが国の義務教育課程では、特定の教科目（生活科、道徳、社会科公民分野、家庭科、保健体育、総合的学習の時間など）において、人口の高齢化を招来した要因（産業化、都市化など）やその結果新たに生じた社会的問題

（年金、医療、介護など）や個人的生活課題（家族形態の変化、家族問題、余暇や生きがい活動、世代間交流など）に関する教材やテーマが配置されている[6)7)]。わが国の義務教育課程では、特定の教科目（道徳、社会科公民分野、家庭科、保健体育など）において、「老いることの教育」（エイジング教育）の内容が、教材として位置づけられている。

国際長寿センター（1997）では、全国の小学校・中学校の現役教師750人を対象としてエイジング教育に関する調査を行っている。その結果、授業教材として、どのような内容を活用するかなど基本的な知識が現役の教師に少ないこと、エイジング教育に対する認知度も全体の2割にも満たないこと、また、教師の高齢者（老人）に対するイメージも、一般大学生や高校生の老人イメージとほぼ類似しており、全体的に否定的なイメージが多いこと、などが明らかにされている。その後に同様の全国規模の実態調査は行われていないが、高齢化率の急増（1994：14％、2010：21％）に伴い、超高齢社会の現在（2013：25％）では、義務教育課程の学校教師にも大きな変化が生じていることは想像に難くない。

● 高等教育機関におけるエイジング教育

高齢社会を支える将来のさまざまな職業層に対して、学校教育の間に高齢者・障害者の生活実態に触れることを目的とした高齢社会の現実を認識するため、以下に挙げるような各種の教育的な体験学習が行われている[8)]。

① 2001年度からの学習指導要領の改定に伴い、小学校の「総合的学習の時間」に「福祉分野（高齢者福祉を含む）」の授業が位置づけられたこと、② 少子化に伴う空き教室に開設されている高齢者の保健・福祉施設（デイサービスなど）での利用者と児童生徒たちとの交流の実践、高校の家庭科が男女必修共修（家事・介護の教材内容も盛り込まれている）となっていること、③ 2001（平成13）年度から一部の高等学校に開設されている「福祉科」の専科教員の養成が大学の教職課程においてスタートしたこと、④ 現行の教職課程においても、すでに介護ボランティア実習の義務化（高齢者・障害児者施設での計7日間の実習体験）、医学部教養課程における社会福祉の施設・機関や介護現場での見学実習（early exposure）が推奨されていることなどである。

（谷口幸一）

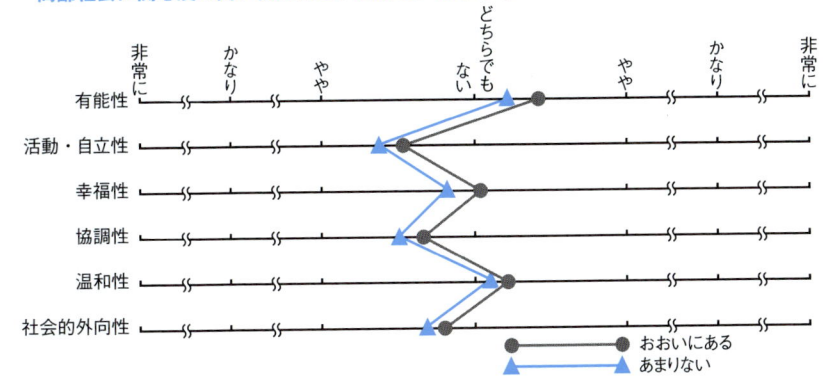

■ スケールに基づく老いのイメージ図（学校教師の結果）
—高齢社会に関心度の高い教師ほど、高齢者に対するイメージも良い—

出典：国際長寿センター監修「地域社会における高齢者に関する福祉教育に関する調査研究」1995.

9-6 高齢者にやさしい街
― WHO プロジェクトからの報告 ―

Keywords ▶▶▶ WHO 健康の定義／social well-being／アクティブ・エイジング／高齢者にやさしい街

● WHO 健康の定義

1946 年の WHO 健康の定義は、それまで身体面のみが重視されていた健康観に social well-being を加え、健康は身体の条件が生活において統合されることによって成り立つとする画期的な概念であった。social well-being について田中 (1973) は、社会においてその人なりの役割を十分に果たせ、社会生活が営める水準であるとした。近年では、医療技術の急速な進歩や人々の生活に対する価値観の多様性により健康の概念も多義的になり、病気や障害をもちながらもいかに生活の質を高めるかが課題となっている。

今日に至っても高齢者や障害者が社会生活を営むにあたって、安全、可動、参加の機会を妨げる物理的障壁、情報面での障壁、他者からの不適切な対応や偏見など、social well-being を阻害する要因は多数存在する。歳を重ねても自立し活動的な生活を送ることができるための方策を見出すため、まず阻害要因を特定し、あるべき社会の姿を示すことは高齢者や障害者のみならず、すべての人の social well-being を確保するために必須となる。

●高齢者にやさしい街プロジェクト

高齢者にやさしい街の理念は、2002 年 WHO がスペインのマドリッドで開催した第 2 回国際連合高齢者問題世界会議において提示した「アクティブ・エイジング～その政策的枠組み」(Active Ageing：A Policy Framework) を基礎としている。アクティブ・エイジングは、歳を重ねても生活の質が向上するために、健康、参加、安全の機会を最適化するためのプロセスである。その背景には世界的な人口の増加、高齢化、都市集中化がある。とりわけ途上国の高齢化は急速に進み、ほとんどの先進国が数十年かけて人口が高齢化することに対し、途上諸国ではこのプロセスが短縮されている。急速な高齢化は、働き手の移動や働き方を大きく変化させるとともに家族の役割や地域生活にも影響を与える。

高齢者にやさしい街プロジェクトは、第 18 回世界老年病学会議 (2005) で発案され、アクティブ・エイジングをもとに、高齢者にやさしいコミュニティの実現に向けた主要な指標を明らかにしようとした。同プロジェクトでは、「高齢者はさまざまな能力や資源をもっていることを認める」「高齢化に関連するニーズや嗜好を先取りし柔軟に対応する」「高齢者の意思決定やライフスタイルの選択を尊重する」「最も脆弱な人々を保護する」「地域生活のすべての分野での高齢者の包摂と後見を推進する」との観点で、高齢者が利用しやすく参加しやすい制度やサービスを調整する街を高齢者にやさしい街とした。

● WHO におけるプロジェクト研究

WHO の協力者によって世界の 33 都市で、60 歳以上のフォーカスグループに対し都市生活の 8 つの領域、①野外スペースと建物、②交通機関、③住宅、④尊敬と社会的包摂、⑤社会参加、⑥コミュニケーションと情報、⑦市民参加と雇用、⑧地域社会の支援と保健サービス、についてどのような優位性と障壁

があるかのインタビュー調査が行われた。併せて公共部門・ボランティア・NPO・介護者・サービス業者のフォーカスグループからインタビューを行い高齢者の調査結果を補完した。調査の目的は、さまざまな能力とニーズをもつ高齢者が利用しやすく参加しやすい理想的な街の特質を明らかにすることである。対象となった都市は、1,000万人以上の大都市が6つ、首都、地域の中心都市、小都市が含まれており現在の都市環境の多様性を反映したものであった。

プロジェクト参加者の意見をまとめると、自然環境や人工的な環境を平均的な人間に合わせて設計するのではなく、さまざまな能力を持った利用者を見越したものにする。また公共の場・商業サービス・雇用環境・介護環境においては、個人への尊重と配慮が大きな価値となる。そして世代間や地域社会内の結束を強化し、社会的孤立の恐れのある高齢者には直接支援を行う。そして多くの高齢者が経験する経済的・言語的・文化的障壁を最小化すること、これらが高齢者にやさしい街の特徴とされた。

この調査結果に基づいて高齢者にやさしい街に関するチェックリストが作成された。このチェックリストを含めた調査研究報告は、WHO「高齢者にやさしい世界の都市ガイド」（Grobal age-friendly cities：a guide）として2007年10月1日に公表された。公表後、英語、フランス語、ポルトガル語に翻訳され出版された。わが国でも日本生活協同組合連合会医療部会が「Active Ageing：A Policy Framework」と合わせた『WHO「アクティブ・エイジング」の提唱～政策的枠組みと高齢者にやさしい都市ガイド』[2]を出版している。

●日本における展開

2009年10月秋田市でIFA（International Federation on Ageing：国際高齢者団体連盟）が「IFA国際フォーラム-Ageing in Place & Age Friendly Cities」をテーマとした世界会議を開催した。①高齢者が住み慣れた地域で生きがいと尊厳を保ち幸せに暮らす、②高齢者にやさしい街づくり、③上記①②を実現するためのテクノロジーの3点について、世界21か国の専門家、行政関係者、市民代表などが参加し、各国の高齢社会の現状報告と今後の社会政策についてディスカッションがなされた。

（高橋佳代）

■ WHO調査質問（高齢者グループ）

項目	質問
野外スペースと建物	・散歩時、買い物、訪問時、家の外の空間をどのように感じるか ・公共施設、商店、マーケットなどのあるビルは利用しやすいか
交通機関	・公共機関を利用した時のあなたの経験 ・車の運転はしやすい地区か
住宅	・自宅の状況について ・住居を変更するとなれば、どの地区を選ぶか
尊敬と社会的包摂	・サービスの提供は高齢者に敬意を払った方法であるか ・地域の一員として考えられているか
社会参加	・地域社会にとけ込むことが容易な地区か ・教育・文化・レクリエーション・精神的安定を得る活動などに参加しているか
コミュニケーションと情報	・必要とする情報は、どのような方法で入手しているか
市民参加と雇用	・ボランティア活動に参加しているか ・収入を伴う仕事をしているか、または収入を伴う仕事を探しているか
地域社会の支援と保健サービス	・高齢者への各種支援サービスを利用した経験はあるか

出典：Age-Friendly Cities Project Methodology, Vancouver Protocol, Ageing And Life Course Programme, WHO, 2006. 岡本多喜子訳から筆者が質問内容の概要を表記した.

9-7 こころのバリアフリー
― 共に生きる社会を目指して ―

Keywords ▶▶▶ コミュニケーション／内なる偏見／SST（Social Skills Training）／共生

● 高齢者への偏見

「高齢者」に対する見方として、例えば「頑固になる」「融通が利かない」「気難しい」と言われることがある。確かに歳を重ねると、経験からくるものの考え方から抜け出せないこともある。しかし年齢に関係なく、企業にも趣味のサークルにも地域にも「頑固者」や「融通が利かない」「気難しい」人は存在する。世代間のギャップはあるにせよ、「高齢者だから」とひと括りで見るのは、決めつけになってしまう。

このような決めつけが生じる原因の1つとして、高齢者に関するマスコミの伝え方や、高齢者全体を見るのではなく、突出した点を強調して見る人々の認識の歪みが挙げられる。この歪みのため、高齢者をありのままの姿で見ることが難しくなり、偏見が生じるようになる。この偏見の背景には、社会のなかにあるバリア（障壁）の存在を無視できない。

バリア（障壁）は物理的バリア、制度的バリア、文化・情報バリア、心のバリアに分けることができる。これらのうち前三者のバリアは社会によって取り除くことが比較的可能であるが、心のバリアは他者への決めつけ・偏見として強く残る。

さらに、心のバリアは高齢者自身にも存在する。「高齢者だから～である」「高齢者なのに～をするのはおかしい」「周囲の人々は自分が高齢者だから～するのだ」などの高齢者自身がもつ高齢者像の決めつけ・偏見は高齢者自身の生活を縛ることにもなる。高齢者自身がもつこのような決めつけ・偏見は、社会のなかでの高齢者への見方を反映していることが多い。高齢者が、自らが生活を送る社会のなかにある決めつけ・偏見を自らの行動規範としてしまうことで、社会のなかにある決めつけ・偏見をより強化してしまうという悪循環が生じてくる。

● 対処レパートリーを増やす

社会が抱く高齢者への偏見、高齢者自身がもつ高齢者観の偏りや周囲の人々への決めつけや偏見を解消することは可能だろうか。

解消のための方法の1つに、高齢になることで生じる心身機能の低下や高齢者に関する知識を高齢者自身も含め、人々に知ってもらうことがある。例えば、小学校や中学校の教育の1つとして、正確な高齢者像を理解するような情報を提供する教育が必要となる。

他の方法としては、身近にいる高齢者との関わりのなかで、周囲の人々と高齢者が互いに相手を肯定的に見てコミュニケーションをとることである。互いに相手を肯定的に見ることで、お互いの理解を促進することができる。具体的に高齢者への誤ったイメージを変えるためには、「高齢者だから」という固定観念をもつ人の偏見という心のバリアを取り払うことである。その方法の1つとして、身近にいる高齢者の良いところを探す方法がある。その人のいいところを見つけたら、次に声に出して言ってみる。この「よいところを見つけてほめること」は、認知行動療法などにも取り入れられている。

また統合失調症などの精神疾患をもつ人のための療法として始められた、認知行動療法の1つであるソーシャルスキルトレーニング（SST：Social Skills Training）では、認知の歪み（考え方の歪み）を修正し、新しい行動パターンを試すことによって、今までにはない対処のレパートリーを獲得することが可能となる。SSTはグループで行うことが多いので、グループの構成メンバーの数だけ、対処のレパートリーが示されることが多い。自分だけでは思いつかなかったたくさんの対処法を知ることができる。変わるのは相手ではなく、自分自身であり、柔軟な対応力を身につけることにもなる。

● こころのバリアフリー宣言

　厚生労働省は2004（平成16）年3月に、心の健康問題の正しい理解のための普及啓発検討会報告書として、下に示したような「こころのバリアフリー宣言」を発表した。これは「精神疾患を正しく理解し、新しい一歩を踏み出すための指針」とされているように、精神障害者理解のための宣言である。しかしこの宣言の中にある「精神疾患」の部分を「高齢者」と置き換えても、違和感はない。この宣言は、精神疾患だけではなく、また高齢者だけではなく、私たちの誰にでも当てはまる内容ではないだろうか。さらに認知症の高齢者を考えてみると、この宣言は認知症高齢者の理解の促進に役立つ内容といえる。

　私たちは自分の現状を肯定的に受け入れられないために、他者に対して自分が作り上げた壁が高くなり、苦悩が続いてしまう。高齢者は自分が老化によって、または病気やけがによって他者からの支援が必要な状況となったとき、自分自身で壁を作ってしまいがちである。その壁と対峙する支援者は、高齢者への対応に苦慮し、高齢者への偏見を抱き、偏見を強化してしまうことにつながる。「こころのバリアフリー宣言」は、私たちに自分自身の偏見を取り除くきっかけを与えてくれる。

● 共に生きていくこと

　先に述べたように、「高齢者だから」という固定観念を開放し、高齢者に抱くイメージをほんの少し変えてみることである。高齢者自身も、例えば希望をもった柔軟な対応力を身につける、などといった思考や行動パターンが多様になれば、互いが心を開き歩み寄れるきっかけになる。

（田村陽子）

■ こころのバリアフリー宣言 －精神疾患＜高齢者＞を正しく理解し、新しい一歩を踏み出すための指針－

［あなたは絶対的に自信がありますか、心の健康に？］
第1：精神疾患＜高齢者＞を自分の問題として考えていますか（関心）
第2：無視しないで、心も身体も（予防）
第3：気づいていますか、心の不調（気づき）
第4：知っていますか、精神疾患＜高齢者＞への正しい対応（自己・周囲の認識）

［社会の支援が大事、共生の社会を目指して］
第5：自分で心のバリアを作らない（肯定）
第6：認め合おう、自分らしく生きている姿を（受容）
第7：出会いは理解の第一歩（出会い）
第8：互いに支えあう社会づくり（参加）

出典：厚生労働省『心の健康問題の正しい理解のための普及啓発検討委員会報告書』2004年3月．を一部改変．

9-8 ユニバーサルデザイン
― 普遍性と多様性の追求 ―

Keywords ▶▶▶ 多様性／バリアフリー／思想／実践活動

● ユニバーサルデザインとは

　ユニバーサルデザインという言葉と考え方は、1980年代に、米国の障害者の権利運動の流れのなかで、ポリオ後遺症を抱える建築家ロナルド・メイス（Ronald, L. Mace）によって提唱されたと言われている。

　先行する類似概念にバリアフリーがあるが、バリアフリーが障害者の社会参加に障壁（バリア）があることを前提に、それをなくしていく発想であるのに対し、多様な人々すべてにとって使いよいものをはじめからつくり、障壁をつくらないようにしていこうとするのが、ユニバーサルデザインの考え方である。駅の階段を例に挙げると、車いす専用昇降機を付設するのがバリアフリー、あらかじめエレベーターやエスカレーターも設置し、誰もが特別視されることなく自分に合ったものを選択利用できるようにしておくのが、ユニバーサルデザインである。

　メイスらによるユニバーサルデザインの定義は「可能な限り最大限に、すべての人々が使いやすく、改造の必要がなく、また特別扱いでもない製品や環境のデザイン」[1]というもので、より平易には「年齢、性別、能力、環境にかかわらず、できるだけ多くの人々が使えるよう、最初から考慮して、まち、もの、情報、サービスなどをデザインするプロセスとその成果」[2]と言い換えることができる。

　しかし実際には、あらゆる人にとって使いやすいものや環境をつくるということは不可能である。したがってユニバーサルデザインとは、ある特定のデザインを示す言葉というよりは、既存のものとの比較において、より「ユニバーサル」なものを追求するという思想であり、実践活動であると言えよう。

　ユニバーサルデザインを追求するプロセスにおいて、作り手が考慮できることには限界がある。したがって、よりよいものをつくるためには、年齢、性、障害、言語、民族、宗教、経済状況などの異なる多様な人々が、使い手として主体的に追求プロセスに参加していくことが必要とされる。

● ユニバーサルデザインの7原則

　ユニバーサルデザインを説明するのによく用いられるものに、メイスら（Mace, R.L., et al.）による7原則がある[3]（表参照）。これらの原則は、あるデザインがどれだけユニバーサルであるのかを評価する尺度ではなく、製品や環境をデザインする際に、指針やヒントを与えるものである。

● ユニバーサルデザインの実践

　ユニバーサルデザインの実践活動は、以下に例示するように、広範囲にわたる領域で試みられている。

①都市環境・公共施設：街路、駅、ターミナル、バス、電車、病院、学校、美術館、ホール、スポーツ施設、公園、商店街、スーパー、ホテル、案内表示など

②公共機器：エレベーター、自動販売機、ATMなど

③家電製品・情報機器：洗濯機、テレビのリモコン、携帯電話、パソコン関連機器、電

子辞典、ICタグなど
④住宅設備：空間設計、建具、階段、浴室、トイレ、キッチン、家具、収納設備、温熱環境など
⑤生活用品：自動車、食器、衣服、日用品、文房具、玩具、ゲーム、本、包装、容器など
⑥情報・サービス：図書館、テレビ放送、ウェブサイト、ソーシャルメディアなど
⑦社会参加：教育、就労、スポーツ、旅行、まちづくりなど

　ユニバーサルデザインの実践活動の例として、電話を取り上げてみよう。

　テレホンカードは、公衆電話の利用時に小銭を用意しスロットに挿入するという手順を不要にした。さらに縁に切り込みがつけられたことによって、従来の使い勝手は維持しながら、視覚障害をもつ人にもカードの挿入方向や表裏がわかるものになった。公衆電話が、車いす使用者にも接近しやすく使いやすい場所に設置されるようになった。やがて携帯電話の普及とともに、聴覚や発語に障害のある人たちはメールで、カードの挿入や受話器を持つことができない人たちはマイクつきイヤホンで、会話することが可能になった。番号入力などの操作が難しい人たちには、特定の相手にならワンプッシュで電話できる機能の付いた機種が好まれている。さらにスマートフォンのタッチパネルや音声の文字変換機能は、従来型携帯電話に不便を感じていた人たちに、新たな選択肢をもたらすこととなった。

●日本社会とユニバーサルデザイン

　社会の高齢化は、日本におけるユニバーサルデザインの最大の推進力である。加齢に伴うニーズをあらかじめ考慮し、しかも"老人専用"ではない、一般向けの製品や環境を用意することが、高齢者が多数を占める社会では、経費的にも効率的であるからである。

　しかし一方で、少数派の人たちのニーズを最大限とりこぼさずに、というユニバーサルデザインの考え方の根本が、日本ではまだ浸透していないという指摘もある。少数派の人たちを特別扱いも無視することもなく、社会の一員として認める手段としてのユニバーサルデザインと、人々の多様性が認められる社会の実現が、決して無関係ではないことを、私たちは認識しなければならない。

（浅海奈津美）

■ユニバーサルデザインの7原則

原則1：誰にでも使用でき、入手できること（Equitable Use）

原則2：柔軟に使えること（Flexibility in Use）

原則3：使い方が容易にわかること（Simple and intuitive Use）

原則4：使い手に必要な情報が容易にわかること（Perceptible Information）

原則5：間違えても重大な結果にならないこと（Tolerance for Error）

原則6：少ない労力で効率的に、楽に使えること（Low Physical Effort）

原則7：アプローチし、使用するのに適切な広さがあること
　　　（Size and Space for Approach and Use）

出典：North Calolina State University, The Center for Universal Design, The Principles of Universal Design Ver.2.0, 1997. 川内美彦訳『ユニバーサル・デザイン　バリアフリーへの問いかけ』学芸出版社, 151頁, 2001.

9-9 便利な自助具・補助具
── 自立した安全で快適な生活を送るために ──

Keywords ▶▶▶ 日常生活／自立／安全・快適／補う

●生活を送りやすくする道具

私たちは食事、更衣、整容、排泄、入浴、移動など、いろいろな動作を組み合わせ、それらの動作を繰り返すことによって生活している。これらの動作が疾病やけがによって、あるいは、加齢によって日常生活上困難となった場合、他人の助けを借りずに可能な限り自分自身でできるよう、またより快適な日常生活を送ることができるよう、補助するために工夫した道具を自助具という。また、自助具のほか、車いすや介助用具、介助機器を総称して補助具という。

●自助具のいろいろ

ビンのふたやペットボトルなどのキャップが開けづらかった時、ボトルのふたをお湯につけたり、輪ゴムを巻いたり、ゴム手袋を使い滑りにくくしてそれを開けたりすることがある。この輪ゴムやゴム手袋は私たちの身近なところにある補助具の1つであるといえる。

食事の場面では、皿やコップ、スプーン、フォーク、箸などの形状を変えた自助具がある。形状を変えることで、すくいやすい皿、こぼしにくい皿や食器、飲みやすいコップになる。柄の太さを変えることでスプーンやフォークが持ちやすくなる。持ちやすくなることで口に運びやすくなる。先端の角度を変えることで食物を口に入れやすくなる。最近では、簡単に成型でき、形状記憶ができるものもあり、より個別に対応できる製品が多くなっている。また、こぼした食物をポケットで受けとめるポケット付きのエプロンや、茶碗やコップが倒れても、食物がこぼれないようにするための滑り止めマットも便利な製品の1つである。

調理の場面では、持ち手の角度を変えることで使用しやすくなる包丁やナイフ、小さい力で切ることのできるハサミや、材料を滑らないように固定できる皮むき器、容器のふたを固定して開けやすくするボトルオープナーなどの調理器具が挙げられる。

整容の場面では、片手で同側の手のつめを切ることができる片手用つめ切り、長い柄のついた歯ブラシ、裏に吸盤がついていてタイルなどに固定できるハンドブラシなど、つめ切り、歯みがき、手洗い、髭剃り、洗髪・整髪、化粧などの行為の不自由さを補うものもある。

更衣の場面でも、指先を使わずにボタンをかけられるボタンかけや手が足先に届かなくても靴下を履くことのできる補助具など、洋服の着脱をしやすくするものもある。

これらの自助具は自立支援を促すことばかりでなく、介護者の負担を軽減するものでもあり、支援を必要とする人の日常生活には欠かせないものとなっている。また、最近は自助具として使用されているものが、日常生活上の便利グッズとして介護用品を扱っている専門店の他、デパート、量販店で容易に手に入れることができるようになってきた。

●車いすや歩行補助具

歩行を補い安定させるための機器として、車いすや杖、歩行器がある。これらの補助具は、介護保険制度や障害者の日常生活および

社会生活を総合的に支援するための法律により貸与または給付を受けることができるものもある。車いすには自走型と介助型があり、自走型は手動と電動のものがある。杖や歩行器にも種類があり、Ｔ字型の杖や４つの支点で支える四点杖、キャスター付きの歩行器や持ち上げながら使用する歩行器などである。

　いずれの補助具も医師をはじめ理学療法士や作業療法士、福祉用具専門相談員などの専門家に相談し、使用する人の状態に合った、使いやすいものを選ぶことが望ましい。補助具を使用することは、安全でより快適な生活を送るために、使用する人はもちろん、介助者にとっても介護の負担を軽減する意味で大切なことである。

●補装具

　歩行補助具については前述したが、他に義肢、下肢装具や左右の脚長差を補うための補高靴などが挙げられる。これらは、補装具といわれており、医師の指示により作られるものである。

　補装具は、他に、胸腰椎圧迫骨折などの際に使用する体幹を固定するためのコルセット、首の動きを制限する頸椎カラーなどがある。

●ユニバーサルデザイン

　自助具・補助具・補装具は生活するうえで障壁となるものを利用者側の工夫と努力で改善していくものである。しかし、ユニバーサルデザインは別の概念によって生まれた。

　子どもから大人まで、性、年齢、身体的状況、国籍を問わず、すべての人々に障壁のない製品や環境をつくろうという概念のもとにできたデザインがユニバーサルデザインである。可能な限り、すべての人に対して使いやすいものを設計するという考え方で、アメリカのロナルド・メイス（Ronald, L. Mace）が提案したものである。この考え方には、①公平性、②自由度、③簡単、④明確さ、⑤安全性、⑥持続性、⑦空間性という７つの原則がある。つまり、障壁があるものを取り除くというバリアフリーの考え方ではなく、最初から障壁をつくらずに、設計していこうという考え方である。

　近年、ユニバーサルデザインが身近なところで見られるようになってきている。すべての人にやさしいデザインは、高齢化が進むわが国にとっても、人々の生活に必要とされ、今後増えていくことが望まれる。（岡田尚子）

■いろいろな補助具

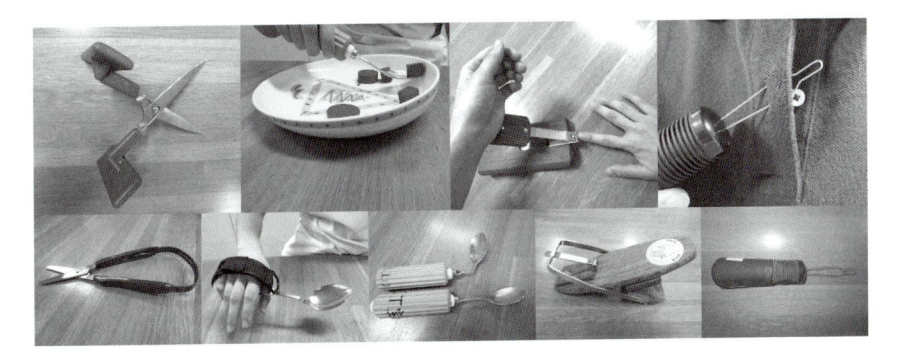

9-10 高齢者の移動手段
― 公共交通機関の大切さ ―

Keywords ▶▶▶ 生活圏／移動手段／公共交通機関／社会参加／自立生活

●高齢者の生活圏

　高齢者の日常の生活圏は、文化的な背景と身体的な能力も含めた各種の能力の状況によって変化する。生活圏とは、日々の生活のなかでの必要を満たす行動範囲を意味する。その意味では、高齢者が求める生活の必要が満たされていれば、広いか狭いかは大きな問題とはならない。しかし、生活圏が狭まることは、活動範囲が狭くなることを意味する。活動範囲が狭くなると、身体機能の低下を招くことにつながる。高齢者にとっては、日々の生活のなかでの活動が身体的な能力の維持には欠かせない。そのため、活動範囲の低下が心身能力の低下を原因とした場合、活動範囲の低下がさらなる心身機能の低下を招くという悪循環を引き起こす。

●社会参加

　高齢者の孤立・孤独が話題となることが多い。高齢者の社会参加の機会として、老人クラブがあるが、その加入率は低下の一途を辿っている。それは60歳からという参加年齢が現在の高齢者では若すぎること、地域で集まるよりは自分の趣味や関心に合ったグループでの活動を優先させたいと考える高齢者が増加していることなどが理由と考えられる。しかし交通機関の確保がなければ、高齢者は趣味の会や関心のある集まりに参加することはできない。高齢者の社会参加を促進するには、移動手段の充実が必要となる。都市部においては、また75歳以上の後期高齢者にとっては、公共交通機関の充実が社会参加を促進するうえでの重要な条件となる。

●移動手段の保証

　内閣府が2010（平成22）年11月に実施した『高齢者の住宅と生活環境に関する意識調査結果』（内閣府政策統括官共生社会政策担当）から、高齢者の外出手段について見てみる。都市規模別で外出手段を見ると、大都市では「徒歩」が最も高く、次いで「自分で運転する自動車」「電車」「バス」となる。しかし中都市では「徒歩」「自分で運転する自動車」「自転車」「家族などが運転する自動車」となる。小都市と町村は1位と2位は同じで、1位は「自分で運転する自動車」、2位は「徒歩」である。しかし3位と4位を見ると、小都市では「家族などが運転する自動車」「自転車」の順であるが、町村では逆転する。

　この調査結果からもわかるように、高齢者の公共交通機関の利用は、日本全体での傾向を見るとそれほど高くはない。それは都市部以外では、公共交通機関が減少しているという日本社会の特徴を反映している。それはまた自家用車の発達と関係が深い。都市部以外では日本は車社会である。地域によっては家族人数より所有する車の台数のほうが多いこともある。一方で、日本では70歳以上の高齢ドライバーに運転免許の返納を勧めている。これは高齢者の交通事故を未然に防ぐための措置であるが、免許を返上した高齢者は、これまでの生活圏が確実に狭くなる。家族などが高齢者の生活圏の維持のために協力することを前提とすることはできない。生活圏は

自分の能力で行動できてこそ意味がある。高齢者が希望する場所への移動手段を確保するために、常に家族や友人に移動手段を依頼することは現実的ではない。

同じ調査で男女別と年齢別の外出手段を見たのが、下記の図である。外出手段としての「徒歩」は女性に多く、70歳後半までは年齢が高くなるにしたがい高い割合を示す。「自分で運転する自動車」の割合は男性に多く、年齢が高くなるにしたがいその割合は低下する。「電車」は年齢が高くなると利用する割合が低下するが、「バス」は70歳代後半が最も高い割合を示している。「自転車」は60歳代、70歳代前半までは有効な外出手段といえる。「家族などが運転する自動車」は85歳以上では半数近くが外出手段として挙げている。

このように高齢者の年齢により、また生活する地域により、外出する手段は異なる。一番重要なのは自らの足で歩くことである。徒歩の範囲に日常生活に必要な機関がそろっていると、高齢者の外出機会は増えることが予想される。公共交通機関としては「バス」が年齢が高くなっても利用しやすいこともわかっている。

● **自立した生活**

公共交通機関は、地域に生活する人々が自分の意思で気兼ねなく外出をし、自分の生活圏を維持するために必須のものといえる。都市部では、高齢者に対して無料や低額で公共交通機関を利用できるパスを発行している。東京都はバスと都営の交通機関を対象にパスを発行している。これは高齢者の生活圏の維持・拡大に大きな意味をもつ。この制度は例えば、ロンドンではバスの無料パスとして、ソウルでは地下鉄の無料パスとして、世界各地に存在する。

しかし過疎化や利用者の減少により、地域の公共交通機関は赤字となり、廃止に追い込まれることが多い。それらの地域の人々が自分たちの力で新しい公共交通機関を提供し、成功している事例が日本各地に見られる。例えば京都市醍醐地区などのコミュニティバスである。

今後はオンデマンド（要求に応じた）のコミュニティバスの運行も含め、高齢者だけではなく、地域の人々全体にとって、生活圏の拡がりを保証するものとして、公共交通機関の重要性を検討することが必要であろう。　　（岡本多喜子）

■ **高齢者の外出手段**

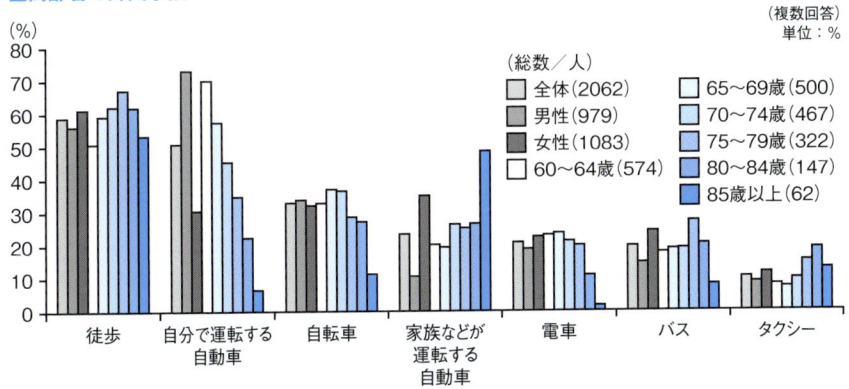

出典：内閣府『高齢者の住宅と生活環境に関する意識調査』平成22年3月．

9-11 高齢者のための住環境
― 自立とつながりを支える住まい ―

Keywords ▶▶▶ 加齢変化／生活空間／施設／地域生活

●高齢者と住まい

　住まいとは誰にとっても必要な「生活の基盤、拠点」であり、「普通、建造物としての住宅（独立した居室を含む）があり、そこを中心として生活が営まれる。」[1]ところである。

　日本ではこれまで、住まいが先に存在し、その住まいに合わせて人が暮らすという考え方が一般的であった。しかし、心身機能の低下や社会的活動の縮小を来した高齢者が生活の自立性を維持するためには、「暮らしに合わせて住まいや住み方を工夫する」[2]という発想も必要である。

　住まいや住み方の工夫について、住まいのハードウェアの部分である住環境に関して言えば、①現在の住環境を高齢期の変化に合わせて整える、②高齢期の変化に対応した住環境に住み替える、という2つの方向が考えられる。多くの高齢者は、住み慣れた現在の住宅に住み続けることを望んでいるが、近年、高齢者専用の集合住宅や、グループリビング、有料老人ホームなど、自宅と従来型施設の中間に位置する、高齢者向けの構造やサービス・ケア付きの各種住宅が増えており、住み替えも高齢者の住み方の工夫の選択肢になりつつある。

●加齢変化への対応

　高齢者のための住環境整備は、①基本となる予防的環境整備、②機能低下に即した個別の環境整備、の2段階に分かれる。

　予防的環境整備とは、誰でもが高齢期に直面する加齢変化に対応し、病気や事故の予防に役立ち、個別の環境整備が必要となったときに効率よく対応できるよう、住環境を整えることである。高本（2008）は、その際の考慮および配慮事項を以下のようにまとめている[3]。

　考慮事項は、①ワンフロアで生活が完結すること、②短い動線、少ないドア、少ない温度差、③プライバシーの確保（視線、匂い、音、光）、④維持管理が容易であること、⑤家族関係の重視（共用・専用をどうするか）、⑥福祉用具の活用、⑦費用への支援体制（介護保険、助成制度）、⑧機能的であること（手の届く範囲に器具・設備・収納がある、操作しやすい）、⑨安全性（地震・火災、転倒・転落・ぶつかる・挟まれる・溺れるなどの家庭内事故）、⑩清潔（日照、採光、通風、換気、温湿度など）の10項目である。

　配慮事項は、①不要な床段差の除去、②手すりの設置や必要時に付けられる下地、③スペースの確保（車いすでの移動や回転が可能なスペース、介助者のスペース）、④照明（明るくなく、まぶしくなく）、⑤冷暖房（部屋、廊下、脱衣室、トイレ、浴室の間での温度の急激な変化をさける）の5項目である。

　次に代表的な加齢変化と、それらに対応する住環境整備の例を表に示す[4]。

●要介護状態への対応

　心身機能の低下により、それまで日常的に行っていた生活活動の遂行に援助が必要とされる状態になった高齢者の場合、高齢者の自立度をできるだけ保ち、介護が必要な部分については介護者の負担軽減を図る1つの手段

として住環境整備が行われる。具体的には高齢者の機能と予測される変化、居住環境（物理的環境、持ち家か借家か、集合住宅かなど）、生活スタイル、家族状況、介護サービスの利用、経済状況などを考え合わせながら、個別に対応することとなる。

要介護状態に対する住環境整備というと、移動能力や動作バランスの低下への対応にのみ関心が集まりがちであるが、高齢者の場合、感覚機能（視聴覚、嗅覚、皮膚感覚など）や認知機能の低下も視野に入れる必要がある。児玉ら（2003）[5]は介護家族への調査結果から、認知症高齢者の場合に特徴的な在宅環境支援の方向性として次の点を挙げている。

- 安全性の確保：外から鍵を開けられるなど
- わかりやすさ：表示や物の置き方など
- なじみの環境：慣れた環境や物を使うなど
- 家庭生活の保全：貴重品の管理の工夫など
- 失禁への対応：掃除しやすい床・消臭など
- 徘徊への対応：外出への感知装置など

●施設における住環境

外山（2003）[6]は、自宅で生活できなくなった高齢者の移り住む先が「再び個人としての生活領域が形成され生命力が萎むことがない」生活の場になるならば、施設であっても「自宅でない在宅」になり得ると主張している。そのためには生活空間が、①個室（プライベートゾーン）、②入居者同士の交流の場（セミ - プライベートゾーン）、③職員のコントロール下にある場（セミ - パブリックゾーン）、④地域住民にも開かれた場（パブリックゾーン）の四領域に分かれていること、なかでも①②が不可欠であることを指摘している[7]。

●地域生活と住環境

高齢者が住まい周辺の地域とのつながりを保って生活し続けるためには、高齢者の外出や人の来訪を妨げない住環境であることが望ましい。移動しやすさのほか、溝口ら（2005）[8]は、いざという時に助けてもらえる関係づくりに役立つ住環境として、①ほどよく開放されている、②他人が入ってきやすい、③どんな人が住んでいるかがわかりやすい、の3点を挙げている。

プライバシーや防犯機能を手離さず、かつ地域の人々と良好な関係を結ぶチャンスも多い住環境に住まうことは、家族とのつながりが希薄化するこれからの高齢者にとって、重要な生活課題となると思われる。（浅海奈津美）

■具体的な病気をもっていない高齢者の身体機能の変化と住まいの工夫

身体機能の変化		日常生活への影響	住まいの工夫の例
記憶力 思考力	・物忘れが多い ・思い込みがある	・モノをどこにしまったかわからなくなることがある	・見やすく整理できる収納 ・出し入れしやすい位置に収納する
見る	・老眼 ・老人性白内障 ・順応力が衰える	・まぶしさを感じやすくなる ・明暗の対応に時間がかかる	・光源が直接見えない器具を選ぶ ・ゆっくり、明るくなる照明 ・階段の段差がはっきり見えるよう照明を設置する
嗅ぐ	・嗅覚が低下する	・ガスもれに気付かないことがある	・ガス感知装置付設備
聞く	・聞こえにくくなる	・ベル音が聞こえない ・人とのコミュニケーションがもちにくくなる	・光で知らせる電話・インターホン
皮膚感覚	・感覚が鈍る ・皮膚が乾燥する	・暖房機で低温やけどをしやすい ・暑さ寒さの調整がうまくいかず体調をくずすことがある	・床暖房、パネルヒーターの活用
握る	・手先がきかない ・握力・指先の力が弱る	・小さい取手がつかみにくい ・蛇口をしっかり止められない	・ハンドル型の取手 ・レバーハンドル
座る 立ち上がる	・足腰が弱る	・立ち上がりに時間がかかる	・高さ深さを調節できるいすで、安定した座面をつくる
歩く	・バランスが悪くなる ・足先がきかない	・段差がのぼりづらい ・滑る、つまずく心配がある	・不安定になる場所に手すりを設置する ・状況にあわせた床材を選ぶ
排泄する	・回数が多くなる	・夜中に何度もトイレに行く	・寝室の近くにトイレを配置する ・足元灯の設置

出典：高齢者住環境研究所・バリアフリーデザイン研究会著『バリアフリー住宅読本』三和書籍、18－19頁、2009. を一部改変．

9-12 高齢者と情報機器
― ICT 機器利用に影響する要因 ―

Keywords ▶▶▶ 情報通信（ICT）機器／デジタル・デバイド問題／コホート／個人差

●情報機器の普及とデジタル・デバイド問題

現在、インターネットや携帯電話に代表される、さまざまな情報通信技術（ICT：Information and Communication Technology）、またそれらを利用するための機器が普及している。ICT 機器の利用によりわれわれの生活は豊かで便利なものとなり、技術の進歩や機器性能の向上は生活の質（QOL：Quality of Life）の向上や幸福感の上昇に貢献してくれるものと期待される。

しかし、その一方で、ICT 機器の普及によるマイナスの側面、すなわちデジタル・デバイド（Digital divide）問題が取り沙汰されている。デジタル・デバイド問題とは、ICT 機器を利用できるかどうかによる格差が社会的・経済的な格差に拡大し、固定化してしまう問題のことを指す。特に、高齢者はそうした機器の恩恵を受けられない代表的な集団と考えられがちである。わが国を始め、ICT 技術の進歩が著しい先進国の多くは、同時に高齢化が進んだ国でもあるため、高齢者におけるデジタル・デバイド問題が今後深刻化するのではないかと危惧されている。

●高齢者の ICT 機器の利用実態

実際に高齢者はどのくらい ICT 機器を利用しているのだろうか。

図は、総務省（2010）[1]の発表をもとにパソコン、携帯電話の利用率を年齢別に示したものである。これを見ると、パソコンでは 60 歳代以降、携帯電話では 70 歳代以降に利用率が落ちていることがわかる。

また、東京都老人総合研究所（現：東京都健康長寿医療センター研究所）が 2005（平成 17）年に 65～89 歳までの高齢者を対象に行った調査[2]では、性別や年齢により利用率が異なることが示された。ICT 機器は女性に比べ男性で利用者が多かった。また、家電製品（テレビや洗濯機など）、準家電製品（ビデオやファックス、ATM、携帯電話など）に比べると、どの年齢でも利用率が低めであるが、特に 70 歳代以上の年代ではほとんど使われていなかった。

同研究所が、5 年後の 2010（平成 22）年に一部の機器について同一対象者集団に利用率を追跡した結果、携帯電話の利用率が約 20 ポイント（37.4％→57.4％）増加していたのに対し、パソコン（ワープロを含む）は約 5 ポイント（16.6％→22.1％）増えたにすぎなかった。ただし、年齢による違いが見られ、60 歳代に比べ 70 歳代、70 歳代に比べ 80 歳代で低くなることが示された。このことは、現在の 60 歳代が 70～80 歳代になった時には、今の 70～80 歳代より ICT 機器の利用率が高くなっていることを予見させる。

●高齢者の ICT 機器利用に影響する要因

高齢者の ICT 機器利用にはさまざまな要因が影響を及ぼしている。前項で示した通り、性別や年齢によって利用率は異なる。また、追跡調査によって明らかになったのはコホートの影響である。すなわち、機器の普及した頃の利用者の年齢がその後の機器利用に影響している可能性が考えられる。例えば、

358

パソコンが普及した1990年代後半頃、現在の60歳代の高齢者は、年齢的には中年期にあり仕事などで高齢期に入る前に機器の利用を開始していたと考えられるが、70歳代以上の高齢者は、普及期には既に高齢期にあり、利用を開始する機会や必要性が乏しかったり、新しい機器の使用法を身につけるのが困難であったと考えられる。このように、年齢と時代背景が切り離せない1つの要因（コホート）として、ICT機器の利用に影響を与えていると考えられる。

個人の心理的特性によっても利用が異なることがわかっている。先の東京都老人総合研究所調査では、認知機能や高次生活機能（IADL：Instrumental Activity of Daily Living）との関連や、性格、ストレス対処法との関連が検討された。認知機能やIADLとの関連について、ICT機器利用者では記憶課題や注意課題で成績が良く、IADLも高いことが示された[3]。また原田（2006）は、高齢者が情報機器の利用に困難さを示す原因に関して三層モデルを提起し、高齢者における情報機器に対する知識やメンタルモデルの欠如、またそれらの獲得困難性との関連性を指摘した[4]。

これは、機器利用促進のための学習支援やインターフェースのデザインのために有益な視点を提供するものである。

性格との関連では、好奇心が強く新しい価値を受け入れやすい性格（「開放性」が高い）の高齢者でICT機器の利用率が高く[5]、また、開放性や他者との交流を好む性格傾向（外向性）が高い高齢者が携帯電話などを新たに利用し始めていることが示されている[6]。

また、ストレス対処行動との関連では、ストレス事態に感情的な対応をせず、問題に直接向き合って合理的解決を模索する傾向にある高齢者で、利用する機器の種類が多く、かつ利用頻度も高かった[5]。

これらの結果は、高齢者とICT機器の関係において「高齢者だからICT機器が使えない」といった単純な図式は成り立たないことを示している。今後も社会のICT化は進行するであろうが、高齢者とICT機器の問題を考える際には、個人個人の心身機能の状態や性格、行動様式といった個人差、またその高齢者の生きた時代背景などをよく考慮する必要があることが、これらの報告から示唆される。

（稲垣宏樹）

■パソコン、携帯電話の年齢別利用率（総務省、2010）

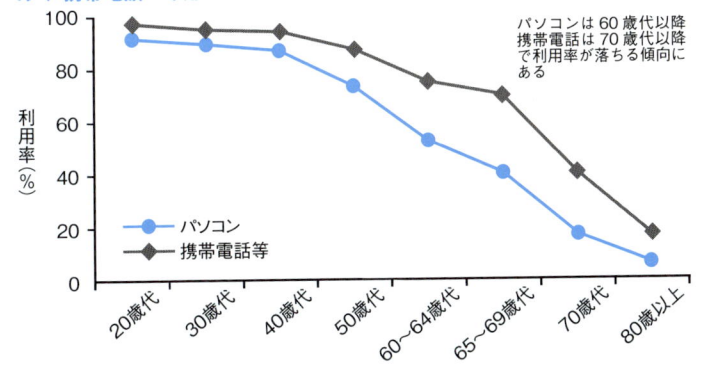

パソコンは60歳代以降
携帯電話は70歳代以降
で利用率が落ちる傾向にある

出典：総務省　平成21年通信利用動向調査「過去1年間に利用した情報通信機器」2010. をもとに作成．

10 家族

総論
1 家族のライフサイクル
2 高齢者の世帯構成
3 多世代同居（4世代同居）
4 家族意識（世代間の違い）
5 家族内コミュニケーション
6 老年期の夫婦関係
7 単身高齢者
8 老年期の親子関係（年老いた親と子）
9 嫁姑関係
10 祖父母と孫の関係
11 家族としてのペット
12 ソーシャルサポートネットワーク
13 老親扶養
14 老親介護
15 老老介護
16 配偶者の介護
17 家族・介護ストレス
18 家族による虐待

10 家族

岡本 多喜子

●高齢者と家族

　人口高齢化は社会的な課題を提起するとともに、個人的な課題も提起している。

　社会的な課題としては、少子高齢化である。合計特殊出生率が人口置換水準（人間が増加も減少もしない均衡な状態になる水準）の2.1を下回る少子化が進み、一方で平均寿命は長くなり、総人口は減少し、総人口に占める高齢者の割合が高まっている。将来の生産年齢人口は減少するにもかかわらず、医療・年金・介護の分野での高齢者への支出が増大する点を社会問題として提起する考え方である。

　個人的な課題としては、親世代、祖父母世代が長生きするために、定年後も長い老後生活を送る家族員が増える点である。親世代や祖父母世代に経済的なゆとりがあれば、子世代や孫世代にとっては「4つのポケット」以上のポケットによって経済的な支援が期待できた。一方、上の世代が高齢化するなかで、個々の家族内での高齢者扶養の問題が出現するようになる。しかし、21世紀の今日の日本では、高齢者と同居する家族は減少し、高齢者の単独世帯や夫婦世帯が増加している。この点も扶養という視点からみると個人的な課題でもあり、社会的な課題となっている。

　今日の日本社会では、高齢者は子ども世代や孫世代に経済的な扶養、身体的な扶養、精神的な扶養を期待することは困難になっている。公的年金制度が充実しているために、65歳以上高齢者の多くは公的年金を受給している。しかしその金額は、必ずしも生活を送るのに十分な額とは言えない場合もある。不足分は生活保護の生活扶助や医療扶助を受給していることもあるが、生活扶助費以下の年金額であっても年金のみで生活をしている高齢者がいる。そのような高齢者も含めて、家族が高齢者に仕送りをする割合は少ない。

　65歳以上者のみで構成されるか、またはそれに18歳未満の未婚の者が加わった世帯分類である高齢者世帯の所得状況を「国民生活基礎調査」（2013年）でみてみる。全世帯の平均は537.2万円なのに対し、高齢者世帯は309.1万円で、そのうち68.5％が公的年金による収入である。仕送り・個人年金などからの収入は5.4％である。稼働所得は18.0％、財産所得は7.2％を占めている。また、平均所得以下の高齢者世帯は全体の90.1％を占めている。しかし、高齢者世帯の平均貯蓄額は1,268万円で、全世帯平均の1,047万円より多くなっている。

●人口高齢化

　高齢者の世帯構造から高齢者が置かれてい

る状況を考えてみる。2014（平成26）年1月1日現在の日本の総人口は1億2,722万人で、そのうち65歳以上人口は25.2％である。このうち、前期高齢者である65歳以上75歳未満の人口は1,647万人で全人口の12.9％、75歳以上の後期高齢者は1,564万人で全人口の12.3％を占めている（総務省統計局）。2012（平成24）年の「簡易生命表」（厚生労働省）によると平均寿命は男性が79.9歳、女性が86.41歳と世界でもトップクラスである。2012年にすでに60歳に達している男性の余命は22.93歳、女性は28.33歳、すでに90歳に達している男性の余命は4.16歳、女性は5.47歳である。また2012年1月の国立社会保障・人口問題研究所の人口中位推計では、2060年には65歳以上人口は39.9％となり、そのうち65歳から75歳未満の前期高齢者人口は13.0％、75歳以上の後期高齢者人口は26.9％となるとしている。全人口の4割は高齢者で、75歳以上が人口全体の3割弱を占める社会がくる。1970（昭和45）年に65歳以上人口が7％を超え高齢化社会に入った日本は、現在においては世界一の高齢社会であり、その後の人口高齢化は世界から注目される存在となっている。

●世帯構造の変化

このような長寿社会となる日本では、当然のこととして家族のあり方も変化する。日本では第1回国勢調査が実施された1920（大正9）年の時点で、すでに核家族世帯が全世帯の半数を超えていた。しかし高齢者を含む世帯に限っては、1980（昭和55）年の時点でも三世代世帯が半数を超えていた。

「国民生活基礎調査」（厚生労働省）によると、2013年時点で総世帯数は5,011万世帯と年々増加傾向を示しているが、世帯人員は1986年の3.22人から2.51人と減少している。世帯規模が縮小するなかで世帯数が伸びているのである。この傾向は65歳以上の高齢者を含む世帯でも顕著である。2010年では、65歳以上者のいる世帯は全世帯の44.7％を占め、そのうち三世代世帯は13.2％である。65歳以上者のみの世帯は51.7％で、65歳以上者のいる世帯の半数は、高齢者のみの世帯となっている。さらに単独世帯が25.6％、夫婦のみ世帯が31.1％である。

先に見たように日本の平均寿命は世界でもトップクラスである。この点を考えると、世代としては三世代、四世代の家族構成は珍しくはないはずである。しかし、それらの世代が同居しているとは限らないために、実際に三世代や四世代の世帯は多くはない。夫婦と未婚の子のみの世帯は19.8％であるが、この世帯においても世帯構成員のすべてが65歳以上ということがあり得る。

年齢が高くなるに従い、人は正常老化であっても心身機能は低下していく。そのために日常生活を送るのに他者の支援を必要とする割合が高まる。しかし「国民生活基礎調査」の2013年の結果を見ると、介護保険制度で要支援・要介護とされた高齢者でも単独世帯で生活をする者は27.4％、夫婦のみ世帯は21.5％、三世代世帯は18.4％である。介護度が高くなるに従い単独世帯の割合は減少し、夫婦のみ世帯や三世代世帯の割合は高まるが、要介護4・5という重度の介護度が認定された高齢者でも単独世帯で生活を送っている。

●家族機能の変化

家族という存在がどのような機能を持つのかは、議論のあるところである。マードック（Murdock, G. P.）による核家族の社会的機能である性的機能、経済的機能、生殖的機能、教育的機能で、今日の家族機能を十分に表すことは困難である。家族メンバーが互いを家族であると意識していることを前提とした主

観的家族などや家族を二者関係で捉えたネットワークとするなど、さまざまな現代家族への見解がある。しかしどれも現実の家族を的確に表してはいない。

かつての家族では、家族員に対する経済的支援機能をはじめとして教育・医療・看護・家事などの機能を有していた。だがこれらの家族機能は徐々に社会化されたことにより、家族に期待する役割は変化している。家族としての究極の機能としては、「愛情」があるとも言われているが、「愛情」の存在はどの家族構成員に対しても相互に存在しているのか、家族員がどのような状況となっても「愛情」が失われることがないのかなどを考えると、「愛情」原理と言われている究極の家族機能も疑わざるを得ない状況がある。高齢者や子どもをめぐるさまざまな事件が頻発している日本の社会を見ると、「愛情」原理の検討を迫られる状況となっている。日本における子どもや高齢者の虐待事件の多発は、両性の合意に基づく家族の形成とその後の発展過程について、理念からではなく、冷静に科学的に、現実のなかで検討する必要がある。

● 多様な家族形態

高齢者をめぐる家族を考える時、その状況を私達はどれだけ認識しているのであろうか。単独世帯の高齢者が増加している事実は数字として掴んでいる。しかし、その生活実態はほとんど明らかにはなっていない。孤立死が発生して初めて、「対策」としての一人暮らし高齢者問題が浮かび上がってくる。高齢な単身世帯の人々がすべて不幸な高齢者ではない。自らの選択として単身生活を送る高齢者もいれば、仕方なく単身生活を送っている高齢者もいる。では高齢者が他の年齢の家族員と一緒に生活を送れば何の問題も生じないのか、というとそれは違う。

家族員が一緒に生活することで発生する軋轢は、時として高齢者虐待に発展し、高齢者自身も同居している家族員も不幸な状況となる。多様な高齢者をめぐる家族の実態の一部を列挙してみる。

介護保険で要介護4や要介護5と認定され、一人暮らしをしている高齢者の多くには家族や親族がいる。それらの家族や親族とは、何年も連絡をとっていないこともある。このような時、連絡をとらない家族・親族を責めることはできない。一人暮らしをしている高齢者がどのような事情で一人暮らしとなり、要介護となったかの理由は単純ではない。

また、要介護高齢者の親と障害のある子ども（年齢は50代以上のこともある）との二人暮らしという家族も多く存在する。親が要介護高齢者となるまでは、障害のある子どもの世話を親が行っていたのである。他に兄弟姉妹がいても、親と障害のある兄弟姉妹との家庭には関わらないという場合も見られる。そのため、親の支援と同時に子どもへの支援が必要となる。親の入院や施設入所と同時に、障害のある子どもの地域での生活への支援が必要となる。

さらに子どもと同居している場合でも、子ども家族とは交流がない場合や子ども家族から虐待を受けている場合もある。子どもたちが複数いても、全員行方がわからない高齢者や離婚した子どもの子ども（高齢者からみると孫）を育てている高齢者もいる。

かつてパラサイトシングルといわれて親に依存して生活を謳歌した20代、30代の子どもは、今や40代、50代となり、親の介護のために仕事を辞めなければならい状況がみられる。仕事を辞めたために自分自身の収入は無くなり、将来の年金額は減少する。将来の低所得高齢者が生まれているのである。

● 本章の構成

日本では、高齢者を中心としてみた家族形

態は多様である。それらの家族のなかには、高齢者が要介護となる以前から、何らかの社会的支援を必要としている場合もある。しかし、自分から支援の必要を訴えることが少ないために、親の介護問題の発生で、初めて家族内の課題が明るみにだされることになる。

日本の社会福祉分野の支援体制では、家族を総合的に支援することは困難である。そのため、高齢者・児童・障害・貧困などのそれぞれの担当部署の職員が、連絡を密に取り合うことで、チームケアを行わない限り、どこかで支援の隙間ができてしまう。このような制度的な問題が存在することを前提として、本章では高齢者と家族のあり方についていくつかの側面からトピックスを取り上げた。

最初に、人の一生をライフサイクルという視点からみたのが、「10-1 家族のライフサイクル」である。「10-2 高齢者の世帯構成」と高齢者が長生きした結果として出現している同居形態を「10-3 多世代同居」で考察した。これまでも多く取り上げられている「10-7 単身高齢者」「10-8 老年期の親子関係」「10-9 嫁姑関係」「10-10 祖父母と孫の関係」「10-13 老親扶養」、さらに高齢者に介護が必要になった場合の「10-14 老親介護」「10-15 老老介護」「10-16 配偶者の介護」「10-17 家族・介護ストレス」を取り上げた。その他には、「10-4 家族意識」「10-5 家族内コミュニケーション」「10-6 老年期の夫婦関係」「10-12 ソーシャルサポートネットワーク」、また近年何かと話題となる「10-11 家族としてのペット」「10-18 家族による虐待」も考察している。

これら18のトピックで高齢者と家族をめぐる議論を網羅しているとは勿論考えてはいない。しかし、これらのトピックは、日本社会の高齢者と家族の現状を知るうえで、有益な示唆を与えるはずである。

最後に下記の表を見ていただきたい。2つの2010年を比較すると、*のない2010年では全世帯に占める65歳以上者のいる世帯の割合は高く、単独世代の割合と65歳以上者のみの世帯の割合は低い。三世代世帯の割合は高くなっている。数値の差はわずかであるが、東日本大震災の被災地域である岩手県、宮城県、福島県は、高齢者は多いが三世代世帯で生活していたという特徴がこのような形で明らかになっている。

■ 65歳以上の者のいる世帯の状況

年次	65歳以上者のいる世帯数	全世帯に占める割合(%)	単独世代(%)	夫婦のみ世帯(%)	親と未婚の子のみの世帯(%)	三世代世帯(%)	その他世帯(%)	(再掲)65歳以上者のみの世帯(%)
1986	9,769	26.0	13.1	18.2	11.1	44.8	12.7	23.9
1989	10,774	27.3	14.8	20.9	11.7	40.7	11.9	28.2
1992	11,884	28.8	15.7	22.8	12.1	36.6	12.8	30.8
1995	12,695	31.1	17.3	24.2	12.9	33.3	12.2	34.4
1998	14,822	33.3	18.4	26.7	13.7	29.7	11.6	37.8
2001	16,367	35.8	19.4	27.8	15.7	25.5	11.6	40.5
2004	17,864	38.6	20.9	29.4	16.4	21.9	11.4	44.0
2007	19,263	40.1	22.5	29.8	17.7	18.3	11.7	46.6
2010	20,705	42.6	24.2	29.9	18.5	16.2	11.2	49.2
2010*	19,759	42.4	24.6	30.2	18.6	15.7	11.0	49.8
2011*	19,422	41.6	24.2	30.0	19.3	15.4	11.2	49.2
2012**	20,930	43.4	23.3	30.3	19.6	15.3	11.6	48.8

出典:厚生労働省「平成24年国民生活基礎調査概況」。
*は岩手県・宮城県・福島県を除いたものである。「平成23年国民生活基礎調査」は前記3県を除いて実施されている。
**は福島県を除いたもの。

10-1 家族のライフサイクル
― 個人の一生と家族の一生 ―

Keywords ▶▶▶ ライフサイクル／子どもの自立／親役割からの離脱／ライフコース

● ライフサイクルとは

　誕生（発生）に始まって成長（変化・増大）し、やがて老化（縮小）・死（消滅）を迎えるというプロセスは、世代を越えて繰り返される。また、繰り返されながら次の世代へと受け継がれて行く。こうした一生のプロセスは、個人や家族だけでなく自然や人口など、広い対象に対して見られる現象であり、その変化を説明する概念として、ライフサイクルという言葉が用いられている。

　個人のライフサイクルに従って、エリクソン（Erikson, E. H.）は一生を8つの段階に分け、精神発達のプロセスを危機と課題によって示した。各段階では、危機を体験しながらもうまくバランスをとり、課題を達成することで結果としてパーソナリティの発達が促されると言われている。8つの発達段階の課題と危機、そして課題を達成することによって得られる「徳」は、以下のとおりである。

幼　児　期	基本的信頼 対 基本的不信	希望
児童初期	自律 対 恥と疑惑	意志
遊　戯　期	自発性 対 罪悪感	決意
学　童　期	勤勉性 対 劣等感	才能
思　春　期	アイデンティティ 対 混乱	忠誠
成年前期	親密性 対 孤独	愛
成年後期	生殖性 対 自己投入	世話
老　年　期	統合 対 絶望	英知

　さらに最近では、エリクソンの妻のジョウン（Erikson, J. M.）が生前の夫との議論に基づいて第九の段階とその課題として「老年期超越（Geron Transcendence）」を提案している。

● 家族のライフサイクル

　個人のライフサイクルは、家族のライフサイクルと切り離して考えることはできない。家族のライフサイクルとは、家族成員によって構成された家族全体を一つの有機体として、その変化プロセスを捉えようとしたものである。例えばロジャース（Rodgers, S. L.）は、以下の7段階を示している。

　第1段階：結婚から子の出生まで
　第2段階：子の出生から末子の入学まで
　第3段階：子が小学校に通う家族
　第4段階：十代の子を持つ家族
　第5段階：子どもたちが家族から離脱する時期
　第6段階：親のつとめを終わる（1）
　第7段階：親のつとめを終わる（2）

　結婚によって新しい家族が成立すると、夫婦は生活習慣や価値観についての心理的な再編成が求められる。子どもの出生によって、さらに親子関係を加えた生活に向けて、時間や場の使い方や夫婦の役割を見直すことが必要となるが、内的には親自身が子どもであった時の親子関係を再認識し、これが大きな土台となる。思春期・青年期に子どもは親から離れ心理的に自立するが、その際親子間で深刻な葛藤が生じやすい。そして成長した子どもが社会的に自立し、家族から分離することによって再び夫婦だけの生活に戻ると、再度生活の建て直し、夫婦関係の建て直しが必要となる。相互扶助を経て、夫婦の一方が亡くなる。その際、配偶者の死は大きな喪失感・

悲嘆をもたらす体験となりやすい。やがて本人も亡くなると、家族は消滅する。

家族のシステムは、時間の流れに伴って安定と変化の時期を繰り返しながらダイナミックに動いている。それを調整するためには、その時々に多大なエネルギーが必要とされるが、必ずしもうまくいかないこともある。しかしながら、こうした家族のライフサイクルの変化を知っておくことは、家族システムに変化が生じた際の適応に役立つであろう。子育ての時期のような親密な親子関係が永遠に続くことはないのであり、老年期には家族に対する責任は軽くなるが、役割の喪失が問題を生じさせることもある。

● ライフサイクルの変化

戦後の教育の影響を受け、特に女性の高学歴化・社会進出が進み、結婚や家庭のあり方も大きく変化してきた。個人や家族のライフサイクルは、平均寿命の伸びや合計特殊出生率（女性が一生のうちに産む子どもの数の平均）の低下、また近代化や価値観の多様化など、さまざまな要因の変化を含んだ時代の影響を受ける。

これまでにも人口学的な資料をもとに、下図に示したような家族のライフサイクルモデルが描かれてきた。ここでも明らかなように、かつては子どもを産み育てることで女性の一生は終わっていた。しかし、この一世紀の変化として出産期間および子ども扶養期間の短縮に対し、子育て後、定年退職後、配偶者との死別後の期間には延長が見られる。そこで、延長した成人期後半から老年期をいかに過ごすかを考えることが必要となり、社会老年学や生涯発達の研究に拍車がかけられた。

ライフサイクルは、先にも示したように世代を超えて繰り返されるプロセスと捉えられる。しかし結婚をしない、あるいは結婚の時期の広がりや離婚・再婚の増大、子どもをもたないなど、典型的なライフサイクルを歩まない人も増えている。個人のライフサイクルの変化に伴って、家族のライフサイクルも、結婚、子の誕生、子育て、子の独立を含んだ典型的なパターンばかりではないことに配慮する必要があろう。人生段階ではなく、個々の生き方や生まれ育った時代（コーホート）を視点とする立場からは、ライフコース・パースペクティブという言葉を用いて検討が重ねられている。

（長田由紀子）

■ 既婚女性のライフサイクルのモデル

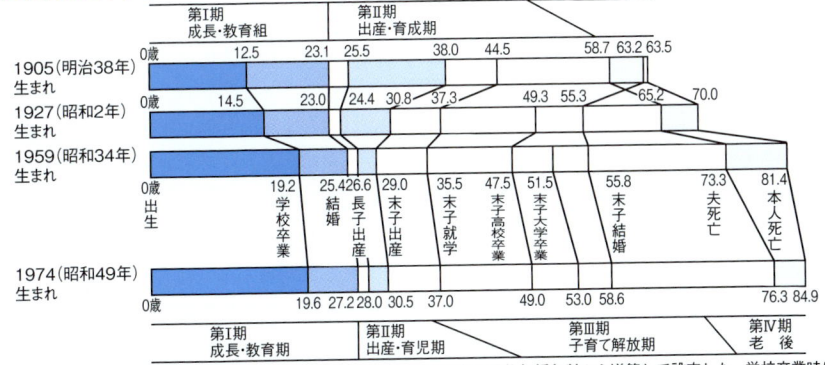

生まれ年	第I期 成長・教育期	第II期 出産・育児期	第III期 子育て解放期	第IV期 老後
1905（明治38年）生まれ	0歳 12.5 23.1	25.5 38.0 44.5	58.7 63.2 63.5	
1927（昭和2年）生まれ	0歳 14.5 23.0	24.4 30.8 37.3	49.3 55.3 65.2 70.0	
1959（昭和34年）生まれ	0歳 19.2 学校卒業	25.4 26.6 結婚 29.0 長子出産 35.5 末子出産 47.5 末子就学 51.5 末子高校卒業	55.8 末子大学卒業 末子結婚 73.3 夫死亡	81.4 本人死亡
1974（昭和49年）生まれ	0歳 19.6 27.2	28.0 30.5 37.0	49.0 53.0 58.6	76.3 84.9

（注）このモデルの出生年は、1928年、1950年、1984年、2001年の平均初婚年齢から逆算して設定した。学校卒業時は初婚年齢の人が実際に進学する年の進学率を用いた。他のライフステージは婚姻時における平均値。

出典：井上輝子・江原由美子編『女性のデータブック〔第4版〕』有斐閣、3頁、2005。

10-2 高齢者の世帯構成
― 増える「一人暮らし」と「夫婦世帯」―

Keywords ▶▶▶ 高齢者の世帯変化／変化する子との同居／一人暮らし／世帯構成で異なる生活課題

● 家族形態

　家族形態には、何人で暮らしているかという家族規模の側面と、どのような続柄の人と暮らしているかという家族構成の側面がある。一般的に家族形態といえば、生活実態が把握しやすいことから、家族構成をみることが多い。

　さて、老年期の家族構成の分類カテゴリーに定型はなく、分析の目的に応じたカテゴリー選択が行われているのが現状である。

● 高齢者の世帯構成の分布

　全世帯に占める65歳以上の者のいる世帯は年々増加し、2012（平成24）年では全世帯の44.7％を占めるに至っている[1]。

　65歳以上の者のいる世帯を世帯構成別にみると、「夫婦のみの世帯」30.3％、「単独世帯」23.2％、「親と未婚の子のみの世帯」19.6％、「三世代世帯」15.3％であり、「夫婦のみ」と「単独」を合わせると約半数になり、「子どもとの同居」は3割強である（図参照）。

● 戦後の世帯構成の変化とその要因

　戦後、高齢者の世帯構成は大きく変化した。1960（昭和35）年頃までは、高齢者は「子どもとの同居」が当たり前であり、その割合は9割弱であった。しかし、産業構造の高度化とともに、子どもとの同居は減少し、それに代わって「夫婦のみ」や「一人暮らし」が増加してきた。

　子どもと同居する世帯が減少した原因には、夫婦家制イデオロギーの浸透、同居を必然とした職業の減少、都市化・産業構造の変化による都市への人口の移動、同居による嫁と姑のトラブルの回避、都市部の住宅条件の悪さなどが指摘されている。

　1975（昭和50）年以降は、高年齢、無配偶者、病気の者に同居率が高いというデータや、同居に関する意識調査の結果を根拠に「戦後の同居率は減少しているものの、"配偶者が死亡したり、健康状態が悪化したりすると子どもと同居するようになる"と推測されるため今後の同居率は急激に低下しないのではないか」との意見も出された。

　しかし実際には、子どもとの同居率は年々減少し続けた。減少には二つの側面がある。一つには、世代が若くなればなるほど、老年期に入った時点で子どもとの同居を選択しない比率が高くなったこと。二つ目には、子どもと別居している高齢者が、配偶者との死別や健康悪化を理由にそれほど同居へと移行しなかったことである。これらの背景には、「子どもに迷惑をかけたくない」という扶養意識の変化や、高齢者世代が豊かになり必ずしも経済的弱者ではなくなったことが挙げられる。

　とはいうものの、アメリカ、ドイツ、フランスの世帯構成と比較すると、子どもとの同居率は高い[2]。

● 子どもとの同居世帯

　子どもと同居するのは、大都市より郡部、前期高齢者より後期高齢者、配偶者のいる者よりいない高齢者、男性より女性に多い。

　また、子どもと同居する理由には、子どもの経済的困窮、住宅事情、子ども夫婦の共働

きに伴う老親の新たな役割の出現、老親の身の回りの世話などがある。

そして、子どもとの同居が当たり前であった頃とはその内実は変化している。第一に、親世代と子世代の生活分離が進んでいる。例えば、台所や風呂や玄関といった住宅の構造上の分離ばかりでなく、家計や近所づきあいに至るまで、それぞれの世代で別々に行われる傾向が強くなっている。第二に、同居する子どもの続柄は、必ずしも長男ではなく、娘との同居も増加している。このように、現代の同居は、親世代と子世代の双方にとって最大の利益と最小のストレスを実現する均衡点を模索した形をとっているといえよう。

●親と未婚の子のみの世帯

三世代世帯は減少している一方で、未婚の子との同居割合は年々増加し、三世代世帯をも上回っている。この背景には、子世代の晩婚化・未婚化がある。

●夫婦のみの世帯

夫婦のみの世帯数は1986（昭和61）年の178万世帯から2012（平成24）年の633万世帯へと3.6倍に増えている。

夫婦のみの世帯では、夫婦関係の再構築をどう育むか、介護が必要になった際に世帯内で介護を抱え込まないようにいかに対処するかが重要な課題として指摘されている。

●一人暮らし世帯

65歳以上の一人暮らし世帯は増加し続けている。1986（昭和61）年には約128万人であったが、2012（平成24）年には3.8倍の487万人に増加し[1]、2030（平成42）年には37.7％にまで上昇すると予測されている[3]。女性の一人暮らしは約350万人、男性は約137万人と、女性は男性の2.6倍であるが[1]、今後は、男性の一人暮らしが増加すると見込まれている。

一人暮らしは、郡部よりも都市部に多い。また、一人暮らし世帯は、他の世帯類型と比較して経済的に問題を抱える傾向にあり（特に女性の場合）、また、持ち家率が低いことから住居の不安定さも指摘されている。さらに、緊急時の対応や身体が不自由になった際の生活については、多くの一人暮らし高齢者が不安を抱えており、その比率は他の世帯構成の高齢者と比べても高くなっている。

（横山博子）

■世帯構成別にみた65歳以上の者のいる世帯数の構成割合の年次推移

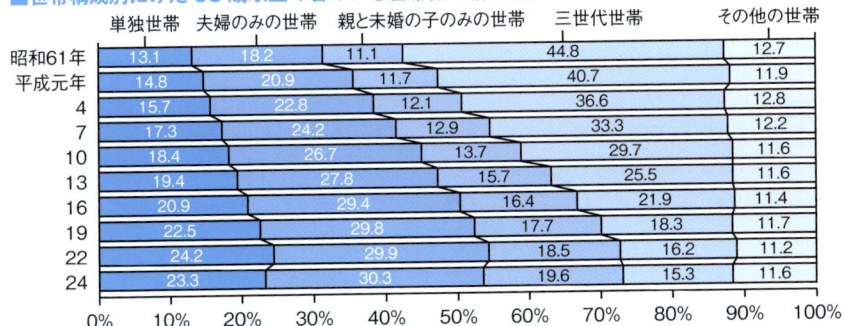

	単独世帯	夫婦のみの世帯	親と未婚の子のみの世帯	三世代世帯	その他の世帯
昭和61年	13.1	18.2	11.1	44.8	12.7
平成元年	14.8	20.9	11.7	40.7	11.9
4	15.7	22.8	12.1	36.6	12.8
7	17.3	24.2	12.9	33.3	12.2
10	18.4	26.7	13.7	29.7	11.6
13	19.4	27.8	15.7	25.5	11.6
16	20.9	29.4	16.4	21.9	11.4
19	22.5	29.8	17.7	18.3	11.7
22	24.2	29.9	18.5	16.2	11.2
24	23.3	30.3	19.6	15.3	11.6

注：1）平成7年の数値は兵庫県を、平成24年の数値は福島県を除いたものである。
　　2）「親と未婚の子のみの世帯」とは、「夫婦と未婚の子のみの世帯」「ひとり親と未婚の子のみの世帯」をいう。

出典：厚生労働省「平成24年国民生活基礎調査の概況」．

10-3 多世代同居（4世代同居）
―3世代同居の減少と4世代・5世代同居の出現―

Keywords ▶▶▶ 世代構造／4世代家族／5世代家族／非伝統的な多世代家族

● 多世代同居の現状

世代構造に影響を及ぼす基本的な要因として、平均初婚年齢、平均寿命、乳幼児死亡率の3つが挙げられる。すなわち、早婚化や晩婚化などの人々の結婚行動、長寿化、乳児死亡率の改善によって、多世代同居の出現可能性は基本的に規定される。現代における現実形態としての多世代同居は、3世代同居が大多数を占めており、次いで4世代同居、そして稀に5世代同居がみられる。また、近年、血縁関係のない者同士、直系ではない親族同士、世代が中抜けしている世帯など非伝統的な多世代同居も出現している。

● 3世代同居割合の減少

『平成25年版高齢社会白書』（内閣府、2012）[1]によると、65歳以上の者のいる世帯のうち3世代同居世帯の割合は1980（昭和55）年には50.1％と過半数を超えていたが、2000（平成12）年には26.5％、2007（平成19）年には18.3％と初めて2割を割り込み、2011（平成23）年には15.4％となった。しかし、「子ども夫婦と同居」している高齢者は、65～69歳の男性で6.7％、女性で9.7％に対して、80歳以上の男性では27.1％、女性では38.9％と高率である（『国民生活基礎調査』、2010）[2]。また、同居率の地域差は現在も維持されており、山形県、秋田県などの東北日本では同居率が高く、鹿児島県、宮崎県などの西南日本では低い[3]。

● 4世代家族の出現

タウンゼント（Townsend, P.）は『The Family of Old People』（1963）のなかで、「4世代の家族が、共通の現象として、世界人口史上に、最初の出現を見るだろう。そこで家族関係の実際的な問題は変化することになるだろう」[4]と予測した。そして1968年には、イギリス、デンマーク、アメリカの3か国老人調査から、産業化社会では、4世代家族がすでに共通の現象として存在している事実を明らかにするとともに、4世代家族の出現は早婚化によって親世代と子世代との年齢間隔が狭められたことによる世代構造の変化であると説明した[5]。ただし、ここでの「4世代の家族」は、4世代が「同居」することを意味していない。

● わが国の4世代同居

わが国では、国勢調査における16世帯分類のうち、4世代同居世帯を「夫婦、子ども、親と他の親族からなる世帯」に分類している。しかし、本分類の「他の親族」には、基準となる夫婦の兄弟やその配偶者なども含まれており、4世代同居世帯のみを量的に把握することは困難である。そこで、中部日本の茶栽培地域において実施した253世帯の追跡調査から4世代同居世帯の出現率をみると、1982（昭和57）年は4.4％（11世帯）、1993（平成5）年は5.6％（14世帯）、2005（平成17）年は6.3％（16世帯）と推移している。また、1982年に4世代同居であった世帯の約4分の3が、23年後の2005年時点にも多世代同居を継続している。従来、わが国では、祖父母（G_1）の死亡後、一時的に父母（G_2）と未婚子（G_3）から成る核家族となり、その後、

G₃の結婚、G₃の子どもの誕生（G₄）によって再び3世代同居に戻るのが、世帯構成の典型的変動パターンであった。しかし、平均寿命の伸長による長寿化によって、G₃の結婚はもとより、G₄の誕生後もG₁が健在の世帯が増えており、同居規範が根強い地域を中心として4世代同居世帯形成の可能性が高まっている。しかし、伝統的に多世代同居の割合が高かった農村地域でも近年は後継ぎの他出、後継者の結婚難、世代間の生活分離や各世代の独立性が高まっており、多世代同居の発生率は抑えられている[6]。

● 5世代家族の出現

アメリカのマイノリティ・グループでは、ティーンエージで妊娠・出産する女性が増加しており、そうした行動傾向が世代間で継承され累積した結果として、5世代家族が出現している[7]。

一方、わが国では、ノバルティス科学振興財団が2000（平成12）年に実施した「すこやか5世代キャンペーン」によって全国で378組の5世代家族が確認された。本財団による5世代家族調査（2001）[8]によれば、元気な第一世代が多く、5世代が同じ県に住んでいるケースが3分の2を占め、5世代が同居している家族は68組（18.0%）であった。また、第1世代から第5世代の平均年齢、最高年齢、最低年齢は図のようになっている。80代で玄孫（やしゃご）がいる第1世代は50人、5世代家族には早婚傾向と「女系家族」の傾向が認められた。

● 多世代家族の特徴

多世代同居は、複数の世代間をつなぐ家族ネットワークを日常的に有し、高齢者による若年世代の就労継続のための孫育てや家事援助、老親に対する経済的援助、身体的介護、情緒的援助に好都合な居住形態である。しかし、世代間で生活時間や生活方針、生活習慣、価値観などに差異があることから、とりわけ義理の親子関係に緊張・葛藤を生じやすく、生活分離の工夫、家族員相互の理解と協力、世代間の調整役が必要とされる[9]。また、多世代同居は、高齢者が同居家族のなかに閉じこもり、家族集中型の生活を送りやすいことから、高齢者による家族外の地域社会や友人とのネットワーク形成が停滞[10]したり、介護の社会化とのバランスが失われたりすることも指摘されている。

（佐藤宏子）

■ 5世代家族における各世代の最高齢、最低齢、平均年齢

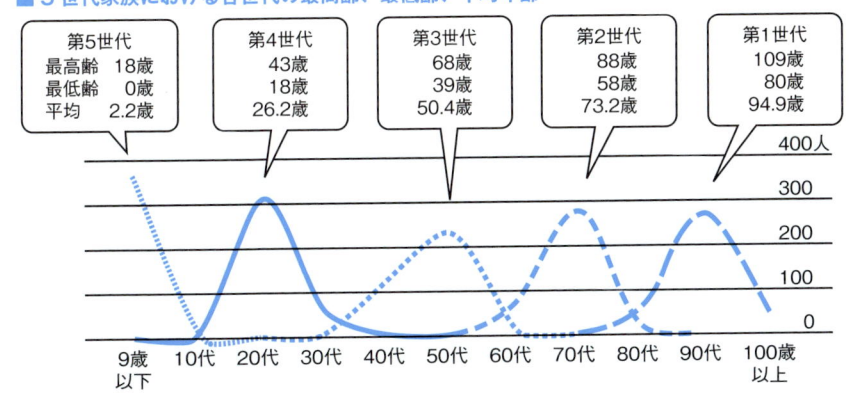

第5世代	第4世代	第3世代	第2世代	第1世代
最高齢 18歳	43歳	68歳	88歳	109歳
最低齢 0歳	18歳	39歳	58歳	80歳
平均 2.2歳	26.2歳	50.4歳	73.2歳	94.9歳

出典：齋藤亮一・大久保博則『にっぽん五世代家族』中央公論新社，4頁，2001．

10-4 家族意識（世代間の違い）
― 社会変動による揺らぎと多様化 ―

Keywords ▶▶▶ 「家」制度／規範意識／世代間比較／援助―非援助関係

●戦後の法的改正と家族意識の揺らぎ

高齢者の家族意識は、第二次世界大戦後の憲法や民法の改正が大きく関係している。戦前の家族は、旧民法のもと「家」制度を前提としていた。すなわち、「家」の存続・繁栄が重視され、個人は「家」という組織への適応が最優先に求められた。家族はタテの結びつきが強く、家長である男性が絶対的な権力を有する封建的構造であった点も特徴とされる。その時代、高齢者は、家系や家業を継承する跡取り（主には長男）に対して、財産を相続させ、老後の生活の保障を得るという相互互恵的な関係が成立していた。

一方、戦後になると「家」制度が廃止され、それまでの封建的な直系家族制から、夫婦のヨコのつながりを基本とする民主的な夫婦家族制へと変容を遂げることとなる。そして、1960年代後半には恋愛結婚が見合い結婚を上回ることとなった。少子化はすでに1950年代のうちに急速に進行し、戦後早い時期に「夫婦と子ども2人」という核家族が一般化していく。そうした戦後世代も高齢者の仲間入りをし始めている。高齢者の家族意識の揺らぎは、人生のどのタイミングで戦後を迎えたかによって大きく異なるものと考えられる。

●家族意識の世代間比較

高齢者世帯の増加に伴い、彼らの子どもとの同居や経済的扶養、介護をめぐる問題が注目されている。実際に双方は、どのような意識を抱いているのであろうか。上記3つの規範意識に関して、高齢者世代とその子どもの年齢にあたる世代の違いに着目した。その結果、子世代が高齢者世代よりも、また性別では男性が女性よりも、規範意識が高いことが示された（表参照）。

子世代の家族意識の高さは、「家」制度に基づく跡取り意識の表れというよりも、親孝行という性質が強いことが考えられる。そのため、子世代の女性の場合であっても、自分の親を想定している可能性は高い。少子化のなか、現実問題として若年夫婦が4人の親のケアをどのように対処するか、動向が注目される。また、高齢女性の家族意識の低さも興味深い。彼女たちは、「家」制度に基づき、夫の親へのケア役割を担う一方で、自分自身は子どもに期待していないことがうかがえる。自分と子世代とで、家族意識の二重構造が垣間見られる。

●援助バランスの逆転

高齢者は、子どもからの援助を受けるばかりではなく、彼らに援助している者も多くみられる。ただし、その援助―被援助関係の構造は、続柄によって異なることが示唆されている。宍戸（2008）は大阪商業大学JGSS研究センターのJGSS-2006（Japanese General Social Sarveys：「第6回生活と意識についての国際比較調査」）のデータを使用し、親との世代間援助における逆転のタイミングを分析した。その結果、「娘夫婦と老親」（実親―娘、義親―婿）の組み合わせの方が、「息子夫婦と老親」（実親―息子、義親―嫁）の組み合わせに比べて、逆転のタイミングが遅いことが明

らかとなった。つまり、「娘夫婦と老親」では、親から子に対して援助する期間が長く継続しやすいことを意味している。その背景には、宍戸（2008）が指摘するように、「娘夫婦」よりも「息子夫婦」の側に、また妻方よりも夫方の親に援助すべきとの規範が存在していると考えられる。そのため、妻方の実家からは援助を受ける割合が高く、反対に夫方の実家には援助する割合が高いという非対称的な付き合いをしている子ども夫婦も少なくないことがうかがえる。

● 子どもによる介護への抵抗感

介護においては、子ども世代からのケアに抵抗感を抱いている者が少なくない。中高年者（50〜70代男女）を対象とした小谷（2006）の研究によると、息子、娘、息子の配偶者、娘の配偶者に対して、それぞれ67.4％、49.9％、84.5％、86.8％の者が、介護者として抵抗感（「非常に抵抗がある」と「やや抵抗がある」の合計）を抱いていた。注目すべきは、「家」制度下では当然視されていた息子の配偶者、すなわち嫁からの介護に抵抗を感じている点である。また男性にとっては配偶者からの介護（22.0％）が、女性にとっては、同性のヘルパーから受ける介護（34.7％）が、最も抵抗感が低いと報告している。若年高齢層や高齢予備軍の女性たちの間では、老親介護の規範意識の弱まりも手伝い、介護の外部化が進展していることがわかる。それに対し、男性の場合は、配偶者からの介護を希望する傾向は引き続きみられている。

● 個人的視点の高まりと家族意識の多様化

高齢者の家族をめぐる意識は、社会変動とともに「家」の存続・繁栄という集団的な視点から、彼ら自身にとっていかに有用であるかという個人的な視点へと推移してきている。ことに同居、経済的扶養、介護などの家族意識においては、高齢者が一様に強いわけではなく、その組み合わせは個々人によってかなり異なる様相を示してきている。それは、高齢者自身の各家族成員との情緒的な結びつきや、生きがい感や充実感の充足における彼らの重要度などによっても大きく左右される。

家族意識は固定的なものと言うよりも、配偶者喪失や自身の要介護状態への移行などに伴い、状況変化への適応方略として、適宜修正を図られていくものだと言えよう。

（宇都宮　博）

■家族意識についての世代間比較

各側面	回答者の年齢・性	あてはまる者の割合（％）※4)
同居意識※1)	33-42歳・男性	59.1
	33-42歳・女性	55.8
	63-72歳・男性	55.5
	63-72歳・女性	45.2
扶養意識※2)	33-42歳・男性	73.8
	33-42歳・女性	69.0
	63-72歳・男性	61.6
	63-72歳・女性	53.7
介護意識※3)	33-42歳・男性	76.3
	33-42歳・女性	69.6
	63-72歳・男性	65.2
	63-72歳・女性	51.3

注1）設問「親が年をとって、自分たちだけでは暮らしていけなくなったら、子どもは親と同居すべきだ」に対する回答。
注2）設問「年をとって収入がなくなった親を扶養するのは、子どもの責任だ」に対する回答。
注3）設問「親が寝たきりなどになった時、子どもが介護するのは当たり前のことだ」に対する回答。
注4）回答のうち、「そう思う」と「どちらかといえばそう思う」を合わせた数値。
出典：日本家族社会学会全国家族調査委員会「第3回家族についての全国調査（NFRJ08）第一次報告書」93頁，2010. をもとに作成.

10-5 家族内コミュニケーション
── 家族のなかの孤立と孤独 ──

Keywords ▶▶▶ 孤立と孤独／会話／家族内役割／個の重視

●コミュニケーションとは
　自分の考えや感情、知識や情報などを伝達し合うことをコミュニケーションという。コミュニケーションの重要性は、それが"双方向"であることにあり、自分が相手に対して発信するとともに相手からの発信を受け取るという、人と人との相互作用を意味している。お互いに情報や感情などを交換したり、共感し合ったりしながら、コミュニケーションを通じて初めて人間は相互に理解を深め合うことができる。

●家族内コミュニケーション
　家族は日々の営みやひいては人生を共有する関係である。したがって、その構成員間で相互にコミュニケーションをとることは最低限必要なことであり、時間と空間を共有する家族員の間でコミュニケーションがない状況は病理的であるともいえよう。

　一方、国際調査（内閣府、2005）[1]によると、「生きがいを感じるのはどのような時ですか」の問いに対し、どの国でも第一位は「子どもや孫など家族との団欒の時」であった。言い換えれば、家族内での良好なコミュニケーションは生きがい感をも生み出すものである。

●個人を重視する家族へ
　戦後の家族は、私事化（公的なものより私的なものを重視する傾向）、個別化（欲求充足を図る活動の単位がより小さくなる傾向）、個人化（生活編成の中心を自分らしく生きたいという個人的価値の実現に重きを置く傾向）したと言われている[2]。例えば、家族員は各自が自分の部屋を持ち、個人の目標を優先して生活するようになった。しかしその結果、戦後の家族の凝集性は弱まったとも言われている。このような現代の家族が、集団としての家族を維持していくためには、家族員のつながりを持たせる必要があり、その1つとして家族内でのコミュニケーションは重要な意味をもつ。

●減少する家族内での会話
　高齢者が家族内でどの程度の会話をしているかを正面から扱った研究はほとんど見当たらないものの、高齢期に発生する特定の問題からは家族内での会話が欠如していることが浮かび上がってくる。

　例えば、都会に住む子どもに呼び寄せられて同居を始めた高齢者の自由記述によると、「嫁が口をきいてくれない」「家族の会話に参加させてもらえない」「邪魔者扱いする」など、家族のなかで孤立し、息のつまる日々が綴られている。一方、呼び寄せた子どもの側からは、「誰とも交流しようとせず、家の中でじっとしている」「忙しくて、かまってあげる時間がない」「生活習慣、性格などがあまりにも違いすぎ、どうしてもうまくいかない。顔を合わせるのも、声を聞くのも苦痛である」と書かれており（高齢者アンケートを読む会、1995）[3]、同じ家に住みながら、基本的なコミュニケーションが図れていない状況が伝わってくる。

　また、在宅で認知症高齢者を介護している

人を対象とした調査[4]では、認知症高齢者と同居していても交流のない家族は少なからず存在しているであろうことを見出している。高齢者と交流しない理由としては、①これまでの元気な状態と認知症になってしまった状態の落差に適応できず、認知症高齢者との交流を拒否することで自らの不安から逃避できると考えるため、②認知症状への対応が負担となることで、高齢者の言動や行為を無視するため、③家族員の生活が多忙であるため、そもそも家族員としての交流や会話がない、ことが考えられるとしている。

また、ほとんど外出をせず自宅に閉じこもっている高齢者を対象とした研究[5]によると、閉じこもりの高齢者は非閉じこもり高齢者と比較して、同居家族との会話が少なく、家族内で担う役割の数も少ないという結果を見出している。

以上のことから、家族内でのコミュニケーションがないことは問題の原因であるとは言い切れないが、少なくとも事態を深刻化していることは確かであろう。

● 家族内での孤立と孤独

高齢者の社会学的研究を行ったタンストール（Tunstall, J.)は、孤独（alone）を独居（living alone)、社会的孤立（social isolation)、孤独不安（loneliness)、社会的植物人間化（anomie：社会的価値から切り離されている感じを持っている）に分けた[6]。いうまでもなく、孤立しているからといって孤独感があるとはいえず、孤独感があるからといって孤立しているわけではない。

高齢者が家族内で孤独感を感じる時は、かつていた配偶者が亡くなったことを再確認する状況や、日常のちょっとした出来事を話す相手がいない時や、自分の役割がなくなり誰からも必要とされていないと感じた時などである[7]。また、老親の孤独感を軽減するものは、誰かがそばにいることの安心感よりも、子どもや子どもの配偶者が示してくれる「思いやり」「信頼」「理解」の方が効果的である[8]ことが明らかにされている。

内閣府の調査（2005）[1]によれば、高齢者は家族のなかの相談相手やまとめ役としての関わりは減少し、高齢者の家族内での果たす役割が「特にない」が増えており（表参照）、家族内での高齢者の存在が希薄になりつつあることをうかがわせる。

（横山博子）

■ 高齢者の家族内での役割

	第1回 (1980年度)	第2回 (1985年度)	第3回 (1990年度)	第4回 (1995年度)	第5回 (2000年度)	第6回 (2005年度)	第7回 (2010年度)
家事を担っている	36.9	37.9	43.5	43.1	40.7	45.1	52.1
小さな子どもの世話をしている	16.1	13.6	15.0	12.5	7.8	4.9	7.1
家族・親族の相談相手になっている	40.8	40.7	42.8	42.5	26.0	27.1	30.6
家計の支え手（かせぎ手）である	26.5	26.6	28.8	29.8	26.6	23.8	28.8
家族や親族関係の中の長（まとめ役）である	33.5	33.1	30.7	30.3	19.3	25.1	22.9
病気や障害をもつ家族・親族の世話や介護をしている					6.4	6.5	7.4
その他	20.1	24.6	25.4	26.7	3.1	2.1	0.8
特に役割はない	6.8	7.2	4.1	4.7	21.7	17.0	14.0

出典：内閣府「第7回高齢者の生活と意識に関する国際比較調査結果」平成22年度．を一部改変．

10-6 老年期の夫婦関係
― 影響する要因と離婚 ―

Keywords ▶▶▶ 定年退職／熟年離婚／配偶者との死別／空の巣

●老年期における離婚

寿命の延長とともに、老年期はもはや余生とは捉えられなくなった。夫婦関係も同様であり、長年連れ添った夫婦による熟年離婚も、珍しくはなくなってきた。子どもの独立によって第二のハネムーンなどと言われるこの時期に何が起こっているのだろうか。

夫婦関係はかなり前に破綻していても、親としての役割を優先させること、仕事など他に打ち込めるものがあること、離婚をするにはかなりのエネルギーがいることなどさまざまな理由から問題を先送りにし、家庭を維持させることは少なくない。だが離婚がそれほど否定的に捉えられなくなった今日では、子どもの独立や夫の定年をきっかけに、義務や責任から解放され残りの時間を自分のために使いたいという結論に達する。あるいは夫婦で過ごす時間が増えたために抑えていた問題が再浮上し、修復不能という結論に達する場合などが考えられる。長期にわたって少しずつ夫婦関係が破綻してきたような場合は、配偶者の思いに気づかず、ある日、思いもよらずに一方的に三行半（離縁状）を突き付けられることもある。

●老年期の夫婦関係に影響をもたらす要因

老年期の夫婦関係に影響をもたらす要因として、子どもの独立と空の巣、定年退職、心身の老化、介護の問題、死別の問題などが考えられる。それらは、長い間バランスがとれ安定していた関係や役割を断絶する危機となると同時に、こう着した、あるいは疎遠となっている夫婦関係に波紋を起こし、親密さを増加させるきっかけにもなり得る。以下では、これらの要因が老年期の夫婦関係に与える影響について述べる。

子どもの独立と空の巣

末子の子どもが独立して家を離れることにより、残された親の抑うつ感情が増す状態は「空の巣症候群」と呼ばれる。親にとっては子どもの成長を喜び一仕事終えた充実感を感じる一方で、親アイデンティティの喪失や目標の喪失を感じる。夫婦中心の欧米家庭に比べて、子どもが家庭の中心となりやすい日本の家庭では、母子密着が強いことが知られている。こうした空の巣は、特に子育てを生きがいとしてきた母親にとって危機となりやすい。「世話を焼く」対象が再び夫に移り、夫婦の親密性が再び深まる場合もある。

定年退職

夫の定年退職は、妻にとっても生活を変えるライフイベントである。退職後の生活を楽しむ夫婦がいる一方で、「長年の仕事から解放されたのだから、あとは家でのんびりと楽をさせてもらう」「今まで家庭サービスができなかった分、これからは夫婦二人の生活を大切に」など、退職後の生活をステレオタイプ的に捉える夫との間に気持ちのずれがあり、イライラをつのらせてゆく妻も少なくない。夫が会社での上司―部下関係をそのまま家に持ち込み妻を支配しようとしたり、長年、夫を支えてきた妻に対して感謝の意を示すこともない場合などは、トラブルが生じやすい。

また妻は、一人でいるときには簡単に済ませていた食事も三食を考え用意しなければならない、夫を家において外出しにくい、外出の際には誰とどこに行って何時に帰るかなどを夫から細かく聞かれたりするなど、それまでの自由な生活が束縛されたと感じることが、ストレスとなる。

仕事以外の友人知人が少ない夫の場合、妻の広いネットワークに嫉妬したり、妻の行動を監視したりすることもある。迷惑がられながらも妻と一緒に行動しようとする夫は、かつて「濡れ落ち葉」などと揶揄された。最近では、適度な距離を保った生活や夫の家事支援をはじめ、定年退職後の生活を楽しむ集まりやアドバイスする講座なども開かれ、退職後の生活も変わりつつある。

心身の老化

心身の生理的な老化が夫婦関係に与える影響のなかでも、性的関係は直接的に夫婦関係に影響を与える要因といえよう。日本性科学会・セクシュアリティ研究会（2002）が実施した調査によれば、望ましい性的関係に関する回答は、男女で違いが見られている（図参照）。加齢によって性行為にトラブルが生じたり、願望にずれが生じた場合、コミュニケーションがうまく行っていれば大きな問題にならなくて済むが、場合によっては不満や不安、疑心を募らせることにもなる。老年期に限ったことではないが、相手を思いやる気持ち、自分の思いを率直に伝える努力が重要である。

介護の問題

夫婦のどちらかに介護が必要となった場合は、配偶者が介護者となることが多い。親密な関係にある夫婦関係だけでなく、疎遠になっていた夫婦でも、介護を通して多くの関わりを持ち、夫婦関係は深まっていく場合が多い。しかしながら積年の恨みが介護の現場でますます強くなっていったり、長年の不満が不適切な介護に結びつくこともあろう。いずれにしても介護という濃密な関係には、それまでの夫婦関係が反映されやすい。

死別の問題

配偶者との死別は、最も大きいストレスの1つと考えられる。男女によって若干違いはあるが、何十年という生活をともにしてきたパートナーを失うことは、心身に大きな打撃を与えることとなる。

（長田由紀子）

■望ましい性的関係は？

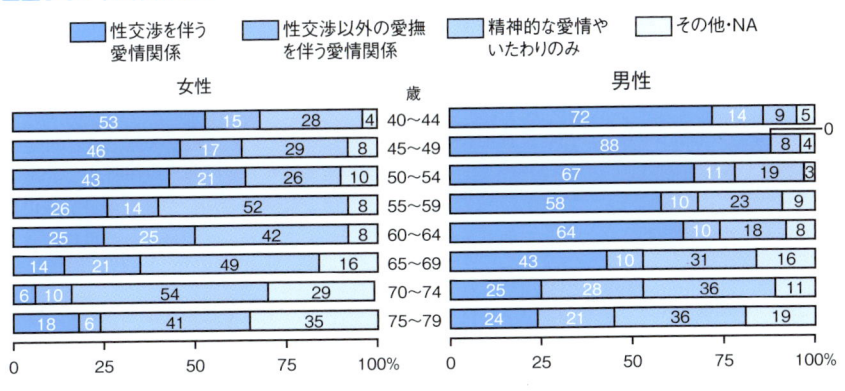

凡例：性交渉を伴う愛情関係／性交渉以外の愛撫を伴う愛情関係／精神的な愛情やいたわりのみ／その他・NA

女性

歳	性交渉を伴う	性交渉以外の愛撫	精神的愛情	その他
40〜44	53	15	28	4
45〜49	46	17	29	8
50〜54	43	21	26	10
55〜59	26	14	52	8
60〜64	25	25	42	8
65〜69	14	21	49	16
70〜74	6	10	54	29
75〜79	18	6	41	35

男性

歳	性交渉を伴う	性交渉以外の愛撫	精神的愛情	その他
40〜44	72	14	9	5
45〜49	88	—	8	4
50〜54	67	11	19	3
55〜59	58	10	23	9
60〜64	64	10	18	8
65〜69	43	10	31	16
70〜74	25	28	36	11
75〜79	24	21	36	19

出典：セクシュアリティ研究会 編『カラダと気持ち ミドル・シニア版』三五館，121頁，2002．

10-7 単身高齢者
― 抱える問題と支援 ―

Keywords ▶▶▶ 社会的孤立／近隣との交流／アウトリーチ／見守りネットワーク

●単身高齢者の抱える問題

核家族の増加など家族の小規模化が進むなか、単身高齢者（高齢者の一人暮らし）は、増加の傾向にある。65歳以上の高齢者の単身世帯は、2010（平成22）年には501万8,000世帯となっている。65歳以上の者のいる世帯のうち、単身世帯が占める割合も1986（昭和61）年では10.4％だったが、2010（平成22）年では24.2％となっている。また単身高齢者世帯を男女別にみると、女性の割合が高く、2010（平成22）年では男性142万世帯に対し女性359万8,000世帯である[1]。

単身高齢者とひとくちにいっても、実態はさまざまである。別居の家族・親族がいるか否か、またその別居家族による支援の有無、近隣・地域との関係、医療・福祉サービスへのアクセスの状況など、社会的支援の必要の有無は個々の状況によって異なる。

一人暮らし＝要支援ではないことは確かである。しかし、例えば近所づきあいが希薄な地域社会のなかでの孤立、経済的不安や疾病・要介護などの健康面の問題が生じたときの対応など、一人暮らしゆえに遭遇しやすい問題も指摘されている。

●社会的孤立の問題

近年「孤独死」問題がマスコミで取り上げられるようになり、高齢者の社会的孤立について関心が高まってきた。内閣府（2009）は60歳以上の男女を対象に実施した「高齢者の生活実態に関する調査」（2009）において、高齢者の社会関係や交流の頻度を調査している。その結果、「会話の頻度」としては、全体の約9割は毎日会話をしている一方、一人暮らし世帯の場合、会話が「2〜3日に1回」以下は男性で41.2％、女性で32.4％という結果であった。また、「困ったときに頼れる人の有無」では、「頼れる人がいない」は全体では3.3％であるのに対し、一人暮らし世帯では男性で24.4％、女性で9.3％が困った時に頼れる人がいないと回答している。また、社会活動への参加においても、全体に比べ一人暮らし世帯は、町内会やボランティア活動の参加において低調であった（図参照）。

●経済や健康面の不安

高齢者世帯における主な収入は公的年金や恩給であり、2010（平成22）年には収入全体の約7割を占めている[2]。前述の内閣府の「高齢者の生活実態に関する調査」において、高齢者の経済状況を聞いた項目では、60歳以上の約3割は暮らし向きが「やや苦しい」・「大変苦しい」と答えているが、苦しい層の割合は、健康状態がよくない者、未婚者、離別者、一人暮らし世帯で相対的に高いという結果がみられた。また、内閣府の男女共同参画局「生活困難を抱える男女に関する検討会」（2008）によれば、貧困者の割合が高齢単身女性世帯で相対的に高くなっていることも指摘されている。

一人暮らしで近隣との交流も乏しく、また困った時に頼れる人もいない場合、病気や要介護になった際の対処は重大な問題であろう。実際一人暮らし高齢者は他の世帯に比べ、

「自分の健康のこと」や「病気のとき面倒をみてくれる人がいない」などの、悩みごとを訴える割合が高いというデータもある（内閣府、2010）[3]。

● 単身高齢者への支援とは

以上のように単身高齢者の抱える問題をみてきたが、それではどのような支援が考えられるのであろうか。まず、社会的孤立に関しては、前述のように近所づきあいや町内会など地域の交流が減ってきており、地域のなかで単身高齢者が孤立しやすい環境にあるといえる。こうした地域における孤立が、病気になったときなど、何か困ったときに頼れる人の不在とつながっているといえる。

このことに関連して、近年各自治体や市町村社会福祉協議会において、見守り活動やサロンの運営、食事会など単身高齢者が地域のなかで孤立しないようなさまざまな取り組みがされている。近所づきあいを再構築した事例として港区芝地区総合支所（東京都）が慶応義塾大学と協働して進める昭和の地域力再発見事業「芝の家」の取り組みが挙げられる。

子どもがのびのびと遊び、井戸端会議では住民同士の親しい会話があり、昭和の時代にあったような人と人とのつながりの創生、拠点づくりを目指す事業である[4]。また2006（平成18）年度より市町村に設置された地域包括支援センターが地域のなかで見守りネットワークの核となって活動している事例もあり、地域のなかで埋もれてしまいがちな潜在的なニーズへの対応が期待される。

何よりも高齢者自身が自ら困難状況を自覚しているとは限らず、周囲が気づいたときには手遅れになる場合もある。そのため、高齢者が自分から訴えるのを待つのではなく、支援側が積極的にアウトリーチしていき、何か困ったときに速やかに支援ができるような体制づくりが必要である。

● 今後の課題

今後一人暮らし高齢者はますます増加していくであろう。そのマイナス要素ばかりが強調されがちであるが、ニーズも多様化していくと思われる。地域のつながりの再構築や社会参加活動等を今後促進していくことで、社会的孤立の防止にもつながってくると思われる。一人暮らしのみならず地域のすべての高齢者が生きがいをもち安心して生活できる地域づくりが望まれる。

（鳥羽美香）

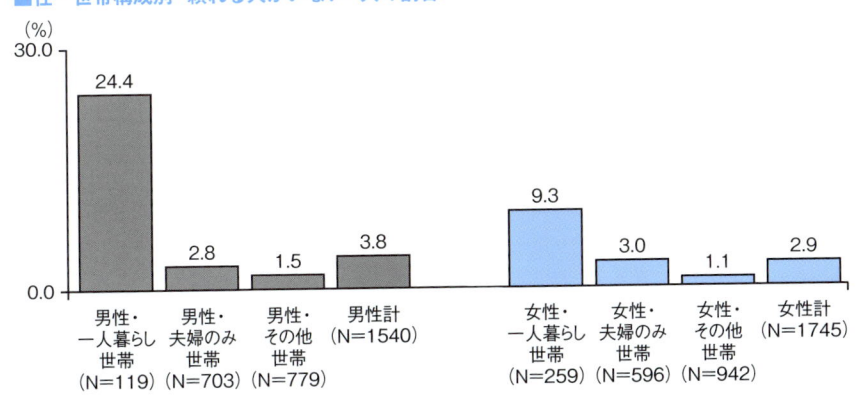

■ 性・世帯構成別"頼れる人がいない"人の割合

区分	割合(%)
男性・一人暮らし世帯（N=119）	24.4
男性・夫婦のみ世帯（N=703）	2.8
男性・その他世帯（N=779）	1.5
男性計（N=1540）	3.8
女性・一人暮らし世帯（N=259）	9.3
女性・夫婦のみ世帯（N=596）	3.0
女性・その他世帯（N=942）	1.1
女性計（N=1745）	2.9

出典：内閣府「高齢者の生活実態に関する調査」平成21年．

10-8 老年期の親子関係（年老いた親と子）
― 親子関係の変容 ―

Keywords ▶▶▶ ライフコース／手段的サポート／情緒的サポート／役割逆転／パラサイトシングル

● ライフコースと親子関係

　親子関係は子どもにとって初めて出会う社会関係（social relations）である。カーンとアントヌッチ（Kahn R.L., & Antonucci T.C., 1980）[1]は生涯にわたり変化し続ける社会関係を、個人を中心としたコンボイ・モデル（convoy model）により説明している。コンボイは護衛隊を意味し、個人のソーシャルネットワークについて親密さの程度を3重の同心円で表している。親子関係は3タイプの人間関係のうち最も親密な「配偶者、近親、親友」に含まれ、長期にわたり継続する安定したネットワークを形成している。コンボイは、個人のライフコースに沿って成長とともに拡大し続けるが、高齢期はライフイベントにより生活圏や社会関係の縮小が進み、夫婦関係や親子関係が大きな比重を占めるようになる。

● 手段的サポートと情緒的サポート

　岡林（2007）[2]によると、アントヌッチ（2001）[3]は社会関係を社会的ネットワークとソーシャルサポート（社会的支援）の2側面から捉えており、ソーシャルサポートは、援助（実質的な手段的支援）、情緒（愛情、行為、配慮）、肯定（人の価値観やものの見方の適切さに対する同意や承認）の3つの側面からなるとしている。これらは手段的サポートと情緒的サポートに分類できる。これまでは妻や娘等が「家事をしながら家族の話し相手になる」という複合的なサポートが多くみられたが、家事や介護等の外部化により、情緒的サポートも家族以外の職員、専門職、ボランティアからの提供が増えている。

● 三世代同居の減少と親子関係の変容

　日本の場合には直系家族規範により欧米諸国にはほとんどみられない長男夫婦との同居が多くみられ「同居は福祉の含み資産」（厚生省、1978）[4]とされた。

　しかし、2010（平成22）年の国勢調査では、一般世帯に占める単独世帯は32.4％（1,678.5万世帯）と、夫婦と子どもの世帯27.9％（1,444万世帯）を超えて最多となった。また「国民生活基礎調査」から全世帯に占める「65歳以上の者のいる世帯」の割合を1975年と2010年で比較すると、21.7％（711.8万世帯）から42.6％（2,070.5万世帯）へと増大している。三世代世帯の割合は54.4％から16.2％へと低下したが、夫婦またはひとり親と未婚の子の世帯は18.5％、夫婦のみの世帯は29.9％、単独世帯は24.2％へと上昇している（表1）。

　以上の世帯構成の変化は老親子関係のあり方に影響し、60歳以上の男女を対象とした内閣府の国際比較調査の結果（表2）に見られるように、日本では「いつも一緒に生活できるのがよい」（59％→33％）が減少して、「時々会って食事や会話をするのがよい」（30％→47％）が増えている。また、「心の支えとなっている人」（複数回答）は、「配偶者あるいはパートナー」（男性78.8％、女性54.0％）と「子ども（養子含む）」（男性48.3％、女性65.0％）が多く、女性では子どもの方が高率である（内閣府、2011）[5]。

　このような家族の変化について安達

(2005)[6]は、「『老親扶養』から『個としての高齢者』」として主体的な高齢者という立場から家族関係を捉えることの重要性を指摘している。また石田(2011)[7]は、既婚者(20〜89歳)の相談相手は配偶者(男性68.0%、女性67.2%)が多く、男性は配偶者に集中し、女性は友人、親、子ども等にも分散している現状を、「関係弱者としての男性」のジェンダー問題として捉えている。配偶者喪失後の孤立のリスクは、男性にとって深刻である。

● 親子関係の役割逆転と多世代の絆

子どもにとって親子関係の変化は、長い年月を経た共通体験のなかで共有した喜びや悲しみ、憎しみや怒りが交錯しながらも、権威をもっていた親が老いていくプロセスを否定しつつ受容していくプロセスである。老親にとっては、子どもと一緒に親子関係を回想することを通じて、子どもが家族を持って親になるという成長した姿を見て、自己肯定感が得られる。また、高齢期の親子関係の役割逆転(role reverse)は、親役割の減少という脱親性から新たな孫の誕生という祖親性を得る時期である。

アチュリーら(Atchely, R.C., & Barusch, A.S., 2004)[8]は、子ども数の減少により家族システムは横には広がらず縦に連なる垂直化をもたらす「豆の木家族」(bean pole family structure)の社会として捉え、核家族を単位とした老親と成人子関係の世代間関係としている。地域社会における「家族の祖父母」から「地域の祖父母」へという家族を超えた三世代関係の再生と[8]、「地域三世代統合ケア」[9]や共生ケアを通じた親密圏での「居場所づくり」が求められている[10][11]。ベンクトソン(Bengtson, V.L., 2001)は多世代の絆の重要性を指摘したが、日本における「次世代育成の危機」は深刻化しており、東日本大震災後の日本社会においては、これまで以上に絆づくりへの関心が高まっている[12]。

● パラサイトシングルの新たな課題

山田は「親同居未婚者」(山田, 2004)[13]について、フリーターの増大とパラサイトシングルの中年化を指摘している。非正規雇用が増え、公的年金の拠出ができず生活費を親の年金に依存せざるを得ない成人子が増えている。親と死別後の高齢期の無年金と「年金不正受給問題」という新たな問題への対応が求められている。

(岡村清子)

■表1 65歳以上の者のいる世帯数—構成割合、世帯構造・年次別

推計数(単位・上:千世帯)(単位・下:%)	総数	単独	夫婦のみ	夫婦と未婚の子	ひとり親と未婚の子	三世代	その他
1975(昭和50)年	7118	611	931	474	209	3871	1023
2010(平成22)年	20705	5018	6190	2412	1425	3348	2313
1975(昭和50)年	100.0	8.6	13.1	6.7	2.9	54.4	14.4
2010(平成22)年	100.0	24.2	29.9	11.6	6.9	16.2	11.2

出典:厚生労働省「平成23年国民生活基礎調査の概況」をもとに作成.

■表2 子どもや孫とのつきあい方

(単位:%)

意見	日本 1980	日本 2010	アメリカ 2010	韓国 2010	ドイツ 2010	スウェーデン 2010
いつも一緒に生活できるのがよい	59.4	33.1	12.6	24.9	15.9	3.7
ときどき会って食事や会話をするのがよい	30.1	46.8	66.5	55.0	65.4	79.7
たまに会話をする程度でよい	7.1	11.2	16.6	14.6	16.3	13.2
全くつきあわずに生活するのがよい	1.1	1.2	0.5	1.4	—	0.3

注)回答者は60歳以上である。なお、「わからない」「無回答」は表記していない。
出典:内閣府「高齢者の生活と意識に関する国際比較調査結果(第1回、第7回)」昭和55年度,平成22年度.をもとに作成.

10-9 嫁姑関係
― その時代的変遷 ―

Keywords ▶▶▶ 「家」制度／新民法／「嫁」「姑」役割規範の不在／母―息子関係

●「家」制度での嫁姑関係

　嫁姑関係といえば、一般的には不仲を意味し、特効薬のない"永遠のテーマ"とも言われる。日本の場合、嫁姑関係の構造や内実は、「家」制度下とそれ以降では異なる。以下に簡単にみてみよう。

　「家」制度下での家族は、「家」の存続と繁栄を第一の目標とし、家長を頂点とした権威構造をつくることでそれを達成しようとした。よって、「家」の構成メンバーにはその権威構造を遵守した行動が求められた[1]。

　「家」への婚入者は、その権威構造のなかで「妻」としてではなく「嫁」として位置づけられた。それは、妻という同一地位に就任している複数の婚入者を、「嫁」と「姑」としてその位置関係を明らかにしたうえで組織化される必要があったからである[1]。姑には主婦権（「家」を構成する一種の職階として、家長と並んで家政を担当する地位[2]）が与えられており、組織の末端に位置する嫁は姑から家風やしきたりを躾けられ、姑に対しては従属的であり忍従することが強く求められた。

　よって、「家」時代の嫁姑関係は、制度的規範に強く裏打ちされた"主―従"関係であった。嫁はこの主従関係にどの程度耐えることができるかが、「家」にふさわしい人物か否かを判断されるものであったために、嫁は構造的に緊張関係に置かれた。

　嫁はやがて姑が死亡するか隠居するなどした場合、主婦権を譲り受け、地位を上昇させた。さらに、新たな婚入者がくると、姑としての地位を獲得した。

　「家」時代の嫁を経験した女性に対する調査（1971（昭和46）年実施）[3]によると、嫁姑間で意見の対立した時には、嫁は「忍従」7割、「反抗」1割、「逃避」1割という方法をとっていた。また、嫁の悩みには、「朝は一番に起き、夜は一番遅く眠る」等（表参照）があり、嫁の生活は、自由を制限されたうえに、過重な家事労働を行っていたことがわかる。そして嫁は、身の回りの品の購入やこづかいなどの経済的な援助を実家から受けていたことも報告されている。

●第二次世界大戦後の嫁姑関係

　第二次世界大戦後、「家」制度は廃止され、同時に姑の権力もなくなった。しかし、すべての人々の行動規範は一夜にして変わることはなく、戦後の嫁姑関係は、「家」時代の家族規範と新しい時代の家族規範が混在するなかで、その関係も変化してきた。

　戦後の嫁姑関係は、嫁が一方的に忍従を強いられる形とは異なり、多様化した。

　増田（1972）は嫁姑間の葛藤が変化してきたとし、次の3つの類型を示した[3]。

　①姑が状況の変化を十分に認識していないか、行動に移せないために生じる葛藤である。この場合、規範による支持がないため、姑の孤立に終わる見込みが多い。②嫁の勢力が圧倒的に強いことから引き起こされる葛藤である。この場合、弱者の立場から姑の反抗が起こるが、結局はのけ者になりたくないという感情が先行して泣き寝入りに終わりやすい。

③姑に対する嫁（嫁を含む核家族）の完全無視から生じる葛藤である。この場合、姑は全く疎外されており対面的には葛藤の状況が見られない。それだけに両者の緊張は強く、とりわけ姑にとってやりきれない状況となる。

こういった葛藤が生まれ嫁姑の逆転現象が現れた原因には、価値観の変化や生活様式の変化に加え、嫁に経済力がついたこと[4]等が挙げられている。

● 依然として残る嫁姑の緊張関係

確かに戦後の嫁姑関係には嫁が優位になるという変化は見られているものの、しかし一方では、依然として、嫁の側もストレスを抱えている。毎年のように出版される嫁姑関係の一般書や悩み相談には、嫁は「姑のいじわるや理不尽な言動」への不満が切々と綴られている。例えば、「結婚後も夫の世話を焼く」とか、「跡継ぎを欲しがる」「子育てに干渉しすぎる」といったものである。そして、不満の最後には、必ずといっていいほど、姑に対して無力な夫のふがいなさが指摘されている。

嫁姑のそれぞれの立場からその地位をどう認識しているかを調査した結果[5]によると、「嫁であること」は「姑であること」よりも「いやだ」という感情に結びつく傾向が強く、「嫁」である不満は情緒的要因に集中し、満足は手段的要因の割合が高い。それに対し、「姑であること」は「よかった」という感情に結びつく傾向が強く、「姑」である不満は手段的要因に、満足は情緒的要因に集中する傾向が見られており、嫁と姑では、全く性質の異なる様相を示している。

以上のことから、「家」制度は廃止され、新たな嫁姑関係の構築が模索されるものの、いまだに、確固とした嫁姑役割は確立せず、その結果として嫁姑関係は、無規範状態のなかで緊張がとけない状況にあると推測される。

● 嫁姑関係のもう1つの側面

嫁姑に緊張が生じる背景として、母親と息子の関係のなかに、新たに女性が入ってくることによる三角関係としても説明されることもある。言い換えれば、一人の男性をめぐる女性の奪い合いの構造である。そこには、文化を超えた母親の息子離れ、息子の母離れという発達課題が横たわっており、それゆえ、嫁姑問題は日本のみならず、他の文化でも存在するとされている。

（横山博子）

■ 嫁の悩み（昭和46年「よめとしゅうとめの調査」） (N=1660、複数回答)

（単位：％）

1	財布を渡してもらえないので、身の回りのものが、自由に買えない。	48
2	病気のとき、なかなか休ませてもらえない。	38
3	姑が、子どもの世話を焼き、嫁がすると気にいらぬ。	25
4	姑には、絶対服従で、意見が言えない。	43
5	朝は一番に起き、夜は一番遅く寝なければならない。	74
6	風呂は一番あとに決まっている。	74
7	少しでものんびりしていると、遊んでいると悪く言われる。	51
8	姑が、嫁の欠点を近所に言う。	38
9	小姑が、姑と一緒になって、女中扱いする。	17
10	夫と親しくすると、評判が悪いので、気がねをする。	26
11	嫁に、新聞や雑誌を読む時間を与えない。	33
12	化粧や髪型について、とやかく言われる。	17
13	よそへお客に行く場合には、姑の許可がいる。	66
14	嫁入り道具が少ないと、ぶつぶつ言われる。	22
15	冷飯、残り物は、すべて嫁が始末する。	47
16	炊事はするが、献立はまかされない。	44
17	食物などがある戸棚を、勝手に開け閉めできない。	22
18	嫁、姑の間の気まずいことで、何度か泣いたことがある。	60
19	姑から、朝から晩まで、がみがみ言われる。	19
20	畑の作物から、日々の仕事の手順まで、姑がする。	34
21	嫁の身の回りの品を、小姑が当然のように使用する。	6
22	嫁は買い物をしてきた所を、姑に見せないと機嫌が悪い。	39
23	嫁のところにきた手紙を、姑に見せないと機嫌が悪い。	13
24	手ぬぐいも、はきものも、自分のものを買う金を生家でもらう。	21
25	子どもが生まれると、実家よりお祝いをもってくることを暗に強要する。	39
26	自分は若い頃、これくらいのことをした、お前はだめだと言われる。	43
27	姑の肩や腰をもむ。	39
28	嫁は座布団をしくことができない。	12
29	嫁は客間のこたつにあたることができない。	21
30	実家の話をすると、喜ばれない。	39
31	風呂で姑の背を流す。	29

出典：増田光吉「家族内のコンフリクト」那須宗一・増田光吉編『講座日本の老人 第3 老人と家族の社会学』垣内出版，277頁，1972年．を一部改変．

10-10 祖父母と孫の関係
― 孫との関係、子との関係 ―

Keywords ▶▶▶ 祖父母／孫／親／心理的関係

●祖父母にとっての孫

エリクソンら（Erikson, E. H., et al., 1986/1990）は、老年期について、「人生を生きる価値のあるものにする大きなかかわりあいは、子どもや孫のことを思い、彼らとの人間関係に参加することである」と指摘する[1]。

高齢者にとって、自分の血を継ぐ子どもや孫は、その人間関係のなかでも特別な存在である。スミスら（Smith, P. K., et al.）[2]は、親が離婚後に孫との面会を拒否された祖父母は、深い悲しみ反応が健康問題と精神障害を引き起こし、人生の充実感が低下した事例を紹介している。いかに孫の存在が祖父母の精神面を充実させているかを示唆するものである。

宮田ら（2013）[3]は、具体的に孫のどのような点が祖父母に影響を与えているのかということについて、祖父母を対象に検討している。その結果、季節行事への関心、日々の生活や気持ちに張りをもたらす「日常生活の充実の糧」、自分にとってかけがえのない存在であり、人生の充実感や生きる力、家族の絆となる「生きる糧」、孫がいることでやる気がでたり、外出の機会が増えるなどの「行動面の促進」、病気や困った時の世話や体調を気遣ってくれる「病気への支援・気遣い」、自分自身の成長や孫への生き方のお手本となる、気持ちが若々しくなるといった「精神面の促進」という要因を見い出している。

このように、孫の存在がさまざまな側面から祖父母を精神的な満足感や幸福感を高める方向へと導いている。

●祖父母と親；共通点と差異点

「祖父母」と「親」の機能的な違いはどこにあるだろうか。

親にとって、子どもは、愛情や家族の結びつきの源泉である。日常の生活のなかで、刺激や笑いや楽しさをもたらしてくれる存在である。人生上のさまざまなイベントの節目（子どもの入学式、卒業式、就職、結婚、孫の誕生等）を作ってくれる存在であり、そしてなにより、自分たち家族（家系）の連続性を体現してくれている存在でもある。

この点においては、心理的なつながりの強い祖父母の孫に対する認識と大きな違いはないものと思われる。

エリクソンは、親世代の課題として、「生殖性」を取り上げている。子を持つ親という限定のなかで、生殖性の意味を考えてみると、子どもを成熟へと導くこと、子どもが社会人として自立できるように子どもの社会化に責任を持つということが、親の子どもに対する大きな課題であるということができる。

このような親の子どもに対する「責任感」と「距離感」が、祖父母と孫のそれとの大きな違いであろう。

一方で、祖父母と孫の親、すなわち自分の子どもとの関係を考えると、祖父母は自分の子どもにとっていいサポーターとなり得る存在でもある。祖父母は親よりも長い人生の経験者であり、子育ての経験者である。日常のちょっとした困り事などは経験から得た知恵をもって答えられることも多く、また、親の

過度の不安を和らげることもできる。

● 祖父母の行動スタイル

祖父母の孫に対する行動スタイルは、どのように分類されるだろうか。祖父母研究の原点ともいえるノイガーデンら（Neugarten & Weinstein, et al., 1964）[4]は、祖父母を対象に面接調査を行い、孫に対する祖父母の行動を次の5つに分類している。①フォーマル：父母と祖父母の役割を区別し、孫に関心を持つが責任は親に任せる、②遊び相手：孫を遊び相手とし、その成長を楽しむ、③親代わり：父母が不在時に子どもの世話をする、④家父長的：祖父母が家族のなかで経済的、地位的にも家父長的である、⑤遠い存在：祖父母と孫は離れていて時々接触するのみである。

日本において、これらのスタイルのなかで、「フォーマル」「遊び相手」が最も多く、そして、「家父長的」が最も少ないという結果が得られている[4]。

● 祖父母の役割

祖父母の側からみた祖父母の役割としてベンクトソン（Bengtson, V.L.）[5]の研究では、家族や世代間をつなぐ役割が強調されている。家族の問題に動じず、家族の連続性を体現し、家族での集まりの中心的な存在としての「安定化装置」、何かの際に保護やケアを求められ、若い世代の経済面での貢献も行う「家族の警備隊・家族の監視人」、家族の第二世代と第三世代の調停人として役立ち、世代間の緊張を和らげ、両親と孫の葛藤の折り合いをつけ、第2世代が行ったことを第3世代に翻訳して伝える「調整・調停人」、家族の歴史家であり、家族の過去と現在を関連づけ、どのように発展してきたかの理解を助ける「家族の歴史の体現者」の4つが、祖父母の役割として見い出されている[5][6]。

孫の側からみた祖父母の機能的役割としては、「存在の受容」「日常的・情緒的な援助」「時間的展望の促進」「世代継承性の促進」「伝統的文化の伝承」「安全基地」「人生観・死生観の促進」が挙げられる[7][8]。祖父母・父母からみた役割と重なっていることが示唆される。

一般的に、老年期は心身の健康、家族や社会とのつながり、役割などが薄らぐ喪失の時期であるといわれている。しかし、祖父母となることは、老年期というこの時期において、さまざまな機能を持つ新たな役割を獲得するということなのである。　　　　（宮田正子）

■ 祖父母と孫の関係：祖父母役割と孫の存在の意味

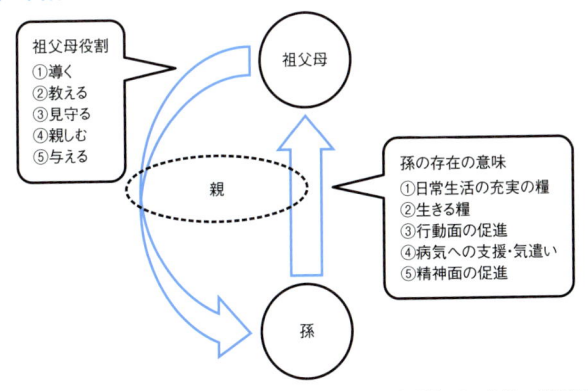

祖父母役割
① 導く
② 教える
③ 見守る
④ 親しむ
⑤ 与える

祖父母

親

孫

孫の存在の意味
① 日常生活の充実の糧
② 生きる糧
③ 行動面の促進
④ 病気への支援・気遣い
⑤ 精神面の促進

出典：宮田正子・大川一郎・土田宣明「孫の存在の意味 ― 祖父母と孫の心理的関係からの分析 ―」「高齢者のケアと行動科学」第18巻, 70頁, 日本老年行動科学会, 2013.

10-11 家族としてのペット
— ペットとの関係、そしてペット・ロス —

Keywords ▶▶▶ ペット／愛玩動物／コンパニオン・アニマル／疑似家族／ペット・ロス

● 人とペットの関係

ペットとは、「明らかな実用的利益や経済的利益を目的とせずに飼育する動物の総称」である[1]。わが国では、この10年「空前のペットブーム」とされ、ペットフード協会（2009）の調査では、犬1,232万頭、猫1,002万頭となり、これは、全世帯数の5件に1件にあたり、他の哺乳類や鳥類、魚類などを入れると総数はさらに多くなる[2]。

そもそもペットと人間との歴史は古い。食糧や衣服の対象とされていた動物が、その本能的特性に焦点が当てられ、狩りの採集や護衛など役割が与えられた。そして、時間や空間をより共有することで次第に愛着が生まれ、かわいがられ、時に慰みの対象など情緒的な役割が求められ、やがて人間社会の家族や友人の一員として変化を遂げた経緯がある。

特に近年、ペットを飼う人口数が増加した背景には、①単身生活や夫婦のみ世帯の増加、②未婚・離婚率の上昇、③家族形態の変化、④人間関係の希薄化など、人との関わりが減少し、生活のなかで生じた空虚感の埋め合わせに、疑似家族や友人としてペットが用いられていることが挙げられる。

例えば、内閣府（2010）の調査では、ペット所有者（34.3％）にその理由を尋ねると、「生活に潤いや安らぎが生まれる《61.4％》」「家庭がなごやかになる《55.3％》」「子どもたちが心豊かに育つ《47.2％》」「育てることが楽しい《31.6％》」「ペットを通じて人付き合いが深まる《23.8％》」などが挙げられている[3]。

この結果からも、本来家族メンバーや友人などから充足されるはずである情緒的機能や養育的機能、社会潤滑機能を、ペットを飼うことで得ようとしているのがわかる。

この人と動物の相互関係から発する精神的な結び付きを「ヒューマン・アニマルボンド≪ヒトと動物のきずな≫」とし、ペットの内、「飼い主との関わりにおいて社会的・心理的に特別な役割を果たしている動物」を「コンパニオン・アニマル《伴侶動物》」と呼ぼうとする動きがある[4]。

● 高齢者にとってのペット

加齢に伴い、生理機能や心身機能や社会関係機能が低下しがちな高齢者は、関係性のなかから相互作用をもたらすコンパニオン・アニマルを飼うことでさまざまな効果がある。例えば、国内外のコンパニオン・アニマルに関する文献研究を行った松田（2005）は、高齢者への効果として、生活リズムの獲得、他とのつながり、情動的関係、精神症状の改善、生理的機能の安定、周囲の人との相互作用の促進などを挙げている[5]。

しかし、現状では高齢者のペット所有率は他の世代と比較すると一様に低い。その理由として、加齢に伴いペットの飼いやすさが変化することが挙げられる。例えば、内閣府（2010）の調査では、30代と70代以上の人はペットを飼わない理由として、半数弱が十分世話ができないからを挙げている[6]。

心身機能が低下した者にとって継続的な世話は1つの問題である。餌やり、散歩など日常

的な世話だけでなく、感染症対策、吠えなどの問題行動への対処、高齢ペットの継続的な介護や看病、反対に、飼い主が入院した際の世話など、どれも高齢者1人での対処は困難となり、周囲のサポートが必要とされている。

ここに、高齢単身者や夫婦のみ世帯はペットを飼うことを諦めざるを得ない現状がある。

一方、実際にペットを飼っている高齢者は、単身者の場合、比較的飼いやすい室内犬や猫、年収の低い者は猫、集合住宅居住者は他の哺乳類や魚類、鳥類などを飼い、個人の生活スタイルに応じた選択を行っている[7]。

● ペット・ロス

高齢者は他の世代と比較するとペットへの愛着や依存度が高く、子育てを終えた女性は特にその傾向が強い。自身の子どものようにペットを擬人化(疑似家族)する傾向にある。

このペットへの愛着や依存度の高さが問題視されるのが、「ペット・ロス症候群」と呼ばれる現象である。ペット・ロスは、死別(bereavement)とそれに伴う悲嘆反応を含めて定義され、「ペット・ロス症候群」は、悲嘆反応の遷延化した場合に認められる心身両面の障害として解釈されている[8]。愛している者の喪失を悲しむのは普通のことであり、それが長年連れ添ったペットであるならなおさらである。しかし、悲しみが深過ぎたり、長過ぎたり、逆に表出がされず後から悲しみが深まる場合には、通常の病的悲嘆(morbid grief)の対象の1つとして解釈される。特に、悲しみが社会的に容認されにくいペットの飼い主は、その悲しみを容易に表出する機会が得られない場合もあり、その結果、病的悲嘆に陥るケースも少なくない。

病的悲嘆の場合、専門家に相談する必要があるが、通常の悲嘆同様専門家につながりにくい現状もある。そのため、周囲の者がペット・ロス・グリーフへの理解を示す必要がある。

悲嘆に陥りやすい対象として、単身生活者や女性、ペットと過ごした期間が長くて密着度が高い者、突然死や安楽死などの死に方を経験した者が挙げられる。特に、飼い主が余儀なくペットの安楽死を選択せざるを得ないこともあり、後悔や罪責感など経験することが少なくない。大切なのは、飼い主は自分の満足のいく形でその死を悲しみ、周囲の者は彼らの気持ちに理解を示し、必要ならば彼らの声に耳を傾けることである。 (越智裕子)

■ ペット飼育がよい理由

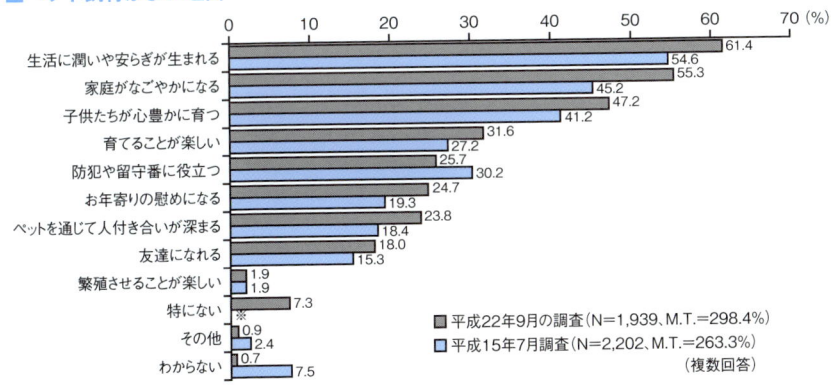

理由	平成22年9月の調査(N=1,939, M.T.=298.4%)	平成15年7月調査(N=2,202, M.T.=263.3%)
生活に潤いや安らぎが生まれる	61.4	54.6
家庭がなごやかになる	55.3	45.2
子供たちが心豊かに育つ	47.2	31.6
育てることが楽しい	41.2	27.2
防犯や留守番に役立つ	25.7	30.2
お年寄りの慰めになる	24.7	19.3
ペットを通じて人付き合いが深まる	23.8	18.4
友達になれる	18.0	15.3
繁殖させることが楽しい	1.9	1.9
特にない	7.3	—
その他	0.9	2.4
わからない	0.7	7.5

(複数回答)

出典:内閣府「動物愛護に関する世論調査」2010.

10-12 ソーシャルサポートネットワーク
― 高齢者を取り巻く社会資源 ―

Keywords ▶▶▶ フォーマルサポート／インフォーマルサポート／手段的サポート／情緒的サポート

●個人を取り巻く支援のつながり

　高齢者の日常生活はさまざまな社会関係のなかで営まれている。野口（1993）は、高齢者の社会関係とは、高齢者がどのような人々と付き合い、それがどのような意味をもつのかという具体的な対人関係を総称した概念であるとしている[1]。社会老年学では、この高齢者の社会関係を構造的な側面と機能的な側面の2つの観点から捉えている。社会関係を構造的に捉えた概念をソーシャルネットワークといい、個人が他者との間に取り結んでいる関係の全体を意味する。そしてそのネットワーク上で交わされるさまざまな支援・援助をソーシャルサポートという。

　ソーシャルサポートネットワークとは、個人の身体的・心理的・社会的欲求を充足するために、個人をサポートすることを目的として、さまざまな社会的な要素がつながりをもって機能している状態をいう。社会的な要素とは、個人の周りに存在するさまざまな人、集団、組織であり、それらは社会資源と呼ばれる。

●コンボイ・モデル

　社会関係の構造を3重の同心円で図式化したものとして、カーンとアントヌッチ（Kahn, R.L., & Antonucci, T.C., 1980）のコンボイ・モデル（convoy model）がある。

　コンボイ・モデルは、人生を船の航路に例え、輸送船が周囲に護送船を張り巡らして進むように、人の周りにはそれを護るように社会資源があり、人はさまざまな社会資源とともに護送船団（コンボイ）となって人生をともに歩んでいくという考え方である。

　コンボイ・モデルでは、図のように、高齢者の最も身近な存在として、まず配偶者・近親・親友など長期にわたって安定的な関係を結んでいるメンバーが取り囲んでいる。この関係は、高齢者との役割関係よりも親密さが軸になり、長期的に変化しない。次に家族・親族・友人などある程度役割に依拠した関係性をもつメンバーが取り囲み、その外側に近隣の人・専門家などの役割関係に依拠したメンバーが高齢者を取り囲んでいる。

●さまざまなソーシャルサポート

　一方、社会関係の機能に注目した概念であるソーシャルサポートは、サポートの担い手によって、家族・親族・近隣住民などが行うインフォーマルサポートと、公的機関の専門家などが行うフォーマルサポートとに区別することができる。老年期の生活では、病気や認知症などインフォーマルな人間関係ではサポートしきれない問題が生じる。保健・医療・福祉の専門的なフォーマルサポートの充実を図り、日常生活のなかで培ってきたインフォーマルサポートと相互に上手く連携・補完し合うことで、ソーシャルサポートネットワークが構築されていく。

　またソーシャルサポートは、具体的なサポート内容によっても区別することができる。金品や物品の援助を提供する経済的サポートや、家事援助や介護を提供する身体的サポート、実体的な支援を手段的サポート、

趣味や会話をともに楽しむ交流や、心の支えとなるような信頼に基づく精神的支援などを情緒的サポートと呼ぶ。

●課題特定モデル・階層的補完モデル

サポート内容の性質（課題）によって、適切なサポートの担い手があると考えるのが、課題特定モデルである。例えば近接性という特徴をもつ近隣の人は緊急性を要するサポートに適し、親族は長期的関与を要するサポートに、友人は類似性を要するサポートに対応するのに適切であると考える[2]。

一方、どんな場合でも、まずは配偶者がサポートし、担いきれない部分を子が補完し、次に専門家のサービスを受けるという順で、サポート提供者には文化を背景として絶対的な優先順位があると考えるのが階層的補完モデルである。

●高齢者のソーシャルサポートネットワーク

現実に誰がどのようなサポートを提供するかの決定過程は複雑であり、ソーシャルサポートネットワークの連携方法は多様である。高齢者のソーシャルサポートネットワークでは、配偶者・子どもによるサポート提供率が高く、手段的サポートにおいては階層補完的な傾向にある。しかし、兄弟やその他の親族、友人、近隣が配偶者や子どもの欠損を補完する能力は低い。また情緒的サポートのうち交流部分は友人に、信頼部分は親族に固有の機能がみられることから、古谷野（1990）は、親族と非親族の間では、課題特定モデルが支持されると指摘している[3]。

●ソーシャルサポートネットワークの必要性

これまで高齢者の社会関係に関する研究は、主として家族の構造や機能について取り組まれてきた。しかし、家族集団の弱体化、サポートにおける専門主義の深化、各種専門機関の分化、財政的見地からの社会的連携と相互支援の必要性が高まり[4]、ソーシャルサポートネットワークづくりの社会的要請が強まっている。特に老年期は、行動範囲の縮小や近親者との死別によりネットワークが縮小する傾向にあるため、ソーシャルネットワークづくりの過程を社会的に支援する必要がある。本人の求めと専門的視点により必要と判断される支援の合意のなかで、社会資源と結びつけ、複数の関係者が効果的な支援を展開するために、多様な連携を図ることが求められる。

（君島菜菜）

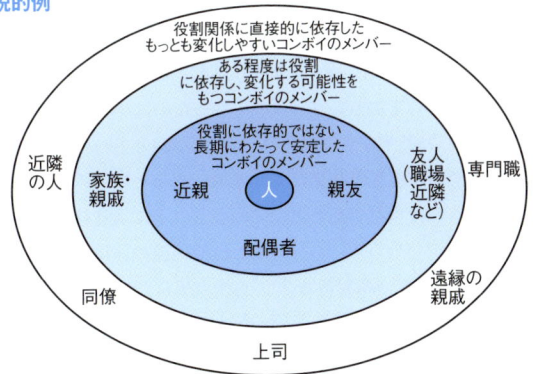

■コンボイの仮説的例

出典：岡林秀樹「高齢期の人間関係」下仲順子編『高齢期の心理と臨床心理学』培風館，123頁，2007．（Kahn, R. L., & Antonucci, T. C. Convoys over the life course : attachment, roles, and social support. *Life-Span Development and Behavior*, 3, pp.253-286, 1980.）

10-13 老親扶養
― 変わり始めた子の扶養 ―

Keywords ▶▶▶ 旧・新民法／経済的扶養／身体的扶養／精神的扶養

● 老親扶養の意味するもの

　老年期の生活は、加齢に伴う心身機能の低下や仕事からの引退などのために、多かれ少なかれ他者からの援助を必要とする。他者からの援助は、援助源の違いによって公的なものと私的なものに分けられる。公的援助には年金や社会福祉サービス、介護保険などがあり、私的援助には家族や親族、近隣などがある。老親扶養とは、いうまでもなく、私的援助であり、そのなかでも、"子ども"の"老いた親へ"の扶養、つまり、老親が生活できるよう面倒をみるということを意味している。

● 旧民法(「家」制度)下での老親扶養

　戦前の日本の家族は、「家」制度のもとにあった。この制度では、高齢者の扶養は家族内において行うものであると定められていた。具体的には、財産を単独相続した家督相続人(主に長男)が、親と同居して親の生活のすべてを保障する方法で行われた。これは、明治民法(旧民法)において明文化されていたのみならず、儒教道徳に基づいた「孝」イデオロギーによっても徹底されており、子どもは親に対して、「育ててくれた恩」や「結婚相手を決めてくれた恩」などさまざまな恩があるので、親に孝行をするのは当然であると説かれた。

　一方、家族によって扶養されない高齢者は、親戚、近隣によって生活の面倒を見てもらうべきであるが、それもかなわないとき、初めて、公的扶養を受ける対象となった。公的な援助を受けることは、「家」に組み込まれていない例外的存在として位置づけられており、かつ、国の世話になること自体が恥ずべきことという観念も根強く存在していた。

● 新民法下での老親扶養

　戦後、「家」制度は廃止された。新しく制定された民法では、「家」の繁栄よりも個人の意志を尊重した、民主的で平等な家族がうたわれた。老親の扶養義務についても、すべての子どもに平等に付された。しかし、その場合は、子どもに経済的余力のある場合に限定された「生活扶助」の義務であり、旧民法で定められていたものと比べると、その内容は軽くなっている。また、子どもに生活扶助の義務があるとはされていても、誰が、どの程度、どのような方法で行うかは、個々の家族に任せられており、結果的には、子どもの扶養義務は曖昧なものになっている。

● 老親扶養の実態

　老親への援助には、経済的側面・身体的側面・精神的側面の3つの側面がある。

　高齢者問題がマスコミ等で指摘されるようになったのは1955(昭和30)年代であるが、最初の問題とされたのが、経済問題であった。老齢になると収入の道が閉ざされるが、戦前のように子による扶養が義務ではなくなったことや戦後の経済変動で貯蓄がなくなった人も少なくなかったため、社会的対応の必要性が指摘されはじめた。年金制度が未成熟なうちは、それでも子どもが同居や仕送りという形で支援していた。しかし、年金制度が成熟するに伴い、その必要性も次第に減少した。

1997（平成9）年に高齢者の主な収入源を調査した結果では、「公的年金」57.1％、「就業収入」21.6％、「子どもの援助」4.2％となっており、子からの経済的支援はわずかなものとなった[1]。一方、子どもの側からみた調査では、別居している親へ仕送りをしているのは1.4％であり[2]、老後の経済的な支援は、いまや、子どもからではなく、公的な年金が主である。

次に、子どもの老親への介護実態をみてみると、介護は「家」時代には嫁が担っていた。戦後もしばらくは状況に変化はなかった。しかし、2000（平成12）年に介護保険制度が実施された後のデータによると、介護者の続柄は、「配偶者」と「子ども（実子）」の割合はほとんど変化がないのに対し、「子の配偶者」の比率は低下しており（表参照）、戦前の老親扶養の担い手であった嫁の介護義務が揺らぎ始めたことがみてとれる。

最後に精神的扶養であるが、これは実態を知ることが最も困難な側面である。例えば、「心の支えになっているのは誰か」を質問した調査（複数回答）（内閣府，2010）[3]では、「配偶者あるいはパートナー」65.3％、「子ども」57.4％となっており、半数の高齢者にとって子どもは重要な存在であった。

● 老親扶養に関する人々の意識

老親扶養意識は、「年老いた親を扶養することをどう思うか」という子どもの立場からのものと、「自分が年老いた時に誰にどのように扶養されたいか」という親の立場からの2つがある。まず前者については、義務としての扶養意識は薄れていることは多くの調査データが示すところであり、特に、若者世代ではこの老親扶養意識は低い。

次に、「自分の老後はどうされたいか」であるが、介護を頼みたい相手を2002（平成14）年と2007（平成19）年に調査[4]したところ、男性では、「配偶者」（14年82.2％→19年80.7％）が最も多く、次いで「子ども（実子）」（40.1％→49.1％）、「ホームヘルパー」（14.4％→28.1％）の順であった。一方、女性では、「子ども（実子）」（64.4％→63.1％）、「ホームヘルパー」（23.4％→45.3％）、「配偶者」（27.2％→35.0％）の順であり、いずれも介護を頼む人として「子どもの配偶者」は姿を消しつつあり、代わって、家族外の人が選ばれるようになってきている。（横山博子）

■ 介護者の続柄

	同居家族				別居している家族	事業者
	配偶者	子ども（実子）	子どもの配偶者	その他		
平成13年	25.9	19.9	22.5	2.8	7.5	9.3
16年	24.7	18.8	20.3	2.3	8.7	13.6
19年	25.0	17.9	14.3	2.8	10.7	12.0
22年	25.7	20.9	15.2	2.3	9.8	13.3
25年	26.2	21.8	11.2	2.3	9.6	14.8

出典：厚生労働省「国民生活基礎調査」平成13年，16年，19年，22年，25年．

10-14 老親介護
― 大人と大人の関係 ―

Keywords ▶▶▶ 介護／介護者／介護負担／リフレッシュ

● 親を介護する

　かつて、長男の嫁が 舅 姑 （しゅうとしゅうとめ） の介護をすることが当たり前だった時代、長男に嫁ぐということは、将来的な介護もついてくるものだった。実際に介護が必要になる以前から、介護者と被介護者が当然のように決まっており、双方にある程度の予想や覚悟があった。当時は平均寿命も現在より短く、介護期間も短かった。そして、被介護者も介護者も現在より介護を開始する年齢が若く、その分、介護者も体力に余力があった。

　今日、平均寿命が伸びたことで、元気な高齢者も格段に増えた。しかし、それは同時に介護開始年齢の上昇でもある。100歳近い老親を、自らもすでに孫がいる70代が介護しているということは珍しいことではなくなった。

　そして、介護期間も長くなった。「ぽっくり逝きたい」は多くの人の望みではあるが、なかなか思い通りにはいかず、双方の不安を増大させている。

● 誰が親を介護するか

　「老親を誰が介護するか」の答えに、かつてのような明白さは薄らいできた。いつかは向き合わなければならないことであっても、いつまでも親には元気でいてほしい、親は元気でいてくれるはずという子どもの側からの思いや、子どもには迷惑をかけたくないという親心ゆえに、必要に迫られるまで向き合わずに過ごしてしまいがちになるためである。そのため、いざ介護が必要になったときに、同居、もしくは近くに住んでいた、独身あるいは子どもが独立し身軽だったなど、それぞれの理由で、家族内の誰かが介護者という役割を担うようになる。図でも明らかなように、同居の場合の介護者の続き柄では、配偶者が26.2％、子が21.8％、子の配偶者が11.2％であり、女性が7割を占めている。

　介護は食事、排泄、着替え、移動などの介助といった身の回りの世話が中心で、育児と類似する面もある。大きな違いは、育児は、子どもが成長するにつれ、だんだん「手がかからなくなる」。また、1歳になる頃には歩けるといったように、成長段階が「予想できる」ことである。それに対し介護は、どんどん「手がかかる」ようになり、いつどうなるか「先が読めない」ことが多い。予想できれば、前もって準備することもできるが、先が読めなければどう備えればよいのか途方に暮れる。

　また、育児はたいていの場合、主に母親が担当するが、介護は配偶者もしくは子ども世代の誰かが担当する。それが、誰になるかはケースバイケースである。

　子ども世代にもそれぞれの生活がある。住宅事情ひとつとっても、介護が必要になったからといって、急に親をひきとり、同居できる人はごくわずかである。有職者であれば、たとえ介護休暇制度があったとしても親の介護のために、仕事をいつまでも休むわけにはいかない。

　兄弟姉妹などの身内がいて、そのなかで介護を分担できれば、負担も分散される可能性もある。しかし、離れて暮らしていたり、経

済的にゆとりがなかったり、なにより親への思い、介護への思いに温度差があったりする場合、担い手の候補者が複数いたとしても、主たる介護者は固定されてしまう。

固定された介護者は、「先が読めない」負担に加え、兄弟姉妹などの近しい存在との役割分担への不公平感、違和感を覚えなから、日々過ごすことになる。これは、介護行為そのものの負担に加え、大きな精神的負担の一つとなる。一人っ子などで介護者として特定されてしまう場合は、一人で親をみていく心細さと同時に、役割分担の不公平感などは感じることはなくなる。介護にかかる負担は、「介護行為そのもの」「時間的拘束」「いつ終わるのか先が読めない」「兄弟姉妹などとの不公平感」などのほか、「お金のこと」もある。介護保険により、デイサービスやホームヘルパーなど介護サービスを利用する場合、費用は原則1割または2割負担である。誰がどう負担、分担するのかはシビアな問題である。

このようなさまざまな負担が重なるなかで、やり場のない思いが被介護者の虐待へつながる可能性もある。虐待が判明したとしても、第三者の介入は容易でないことが多い。

● 譲れない思いにリフレッシュ

介護される老親の側に目を移せば、老親はこれまでできていたことが、できなくなっていくことに常に直面している。その心中は、プライドのゆらぎと申し訳なさと心細さなどの混在である。これまでできたというプライドが、できなくなることで、もどかしさや心細さを覚える。また、子どもに迷惑をかけて申し訳ないという思いもある。介護を受ける老親も、介護する子どもも、老親介護は大人と大人の関係であるため、双方の譲れない思いがある。それにどう折り合いをつけていくか。

変われるとすれば、介護する側の方が可塑性がある。つまり、介護への取り組み方を見直してみるのである。介護とがっぷり四つに組みすぎると、自分だけが大変な思いをしているという自己憐憫に追い込まれやすい。それを回避するには、息抜き、リフレッシュも介護に組み込むことが大切である。介護保険などを活用し、双方が距離を置くことで、少しずつゆとりが見出せるかもしれない。一人で抱え込みすぎずに、他者の手を借り休み、自分の時間をもつことは、親子がいい関係を長く続ける秘訣である。

（山田万里）

■ 要介護者等との続柄別にみた主な介護者の構成割合（平成25年）

- 配偶者 26.2%
- 子 21.8%
- 子の配偶者 11.2%
- 父母 0.5%
- その他の親族 1.8%
- 別居の家族等 9.6%
- 事業者 14.8%
- 不詳 13.0%
- その他 1.0%
- 同居 61.6%

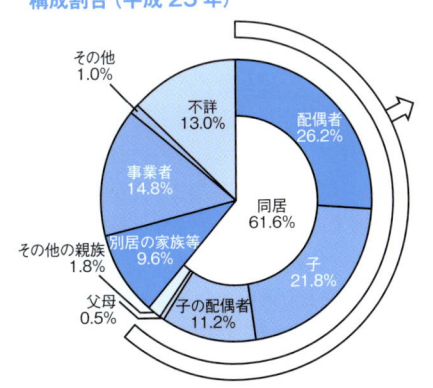

■ 性・年齢階級別にみた同居の主な介護者の構成割合（平成25年）

性	男	女
	31.3	68.7

	40歳未満	40〜49	50〜59	60〜69	70〜79	80歳以上
男	7.6	21.4	27.7	22.6	18.7	2.0
女	8.1	21.4	32.5	25.8	10.2	2.0

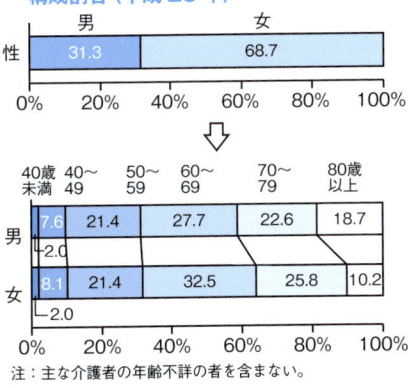

注：主な介護者の年齢不詳の者を含まない。

出典：厚生労働省「平成25年 国民生活基礎調査の概況」「主な介護者の状況」．

10-15 老老介護
― 支えるシステムの重要性 ―

Keywords ▶▶▶ 少子高齢化／高齢化率／高齢化社会／要介護／介護の質

●家族のかたち

　現代社会が抱える問題のひとつとして、少子高齢化社会が挙げられる。老老介護は、少子高齢化社会がもたらす諸問題のひとつとして考えることができる。

　1960年代頃までは、ひとつの家庭が複数の世代で構成されていた。65歳以上の者がいる世帯では、親、子ども夫婦、孫といった三世代で生活する家族が標準的であった。1980年代には全世帯の6割は核家族世帯となった。特に都市部において核家族化が進み、夫婦とその子どもから構成される家族のかたちが一般的となった。65歳以上の者がいる世帯においても、三世代世帯は半数を下回るようになり、1990年には39.5％となる。このように核家族化は、高齢者のみ世帯の増加をもたらした。2013年には65歳以上の者がいる世帯の25.6％が単独世帯、夫婦世帯が31.1％、親と未婚の子のみの世帯は19.8％、三世代世帯は13.2％となっている。

●介護者の高齢化

　夫婦のみ世帯では、一方が要介護となった場合、もう一方の高齢者が介護者となることが多い。また子ども世帯と同居していても、要介護高齢者に配偶者がいる場合には、配偶者が介護者となることが多い。このように高齢者が高齢者を介護する状態が老老介護である。さらに、子ども世代が介護者となっても子ども世代が65歳以上であることも珍しくない。70歳代の高齢者が90歳代の超高齢者を介護するといったケース等である。

　また介護者の高齢化が進むことで、要介護高齢者が認知症でその介護者も認知症という認認介護の増加もいわれている。

　「国民生活基礎調査　平成25年」（厚生労働省）から、要介護者等からみた主介護者の続柄をみると、6割が同居している者となっている。その内訳は「配偶者」が26.2％、「子ども」が21.8％、性別では男性が31.3％、女性が68.7％と女性が多い。

　要介護者等と同居している主な介護者の年齢では、介護者が80歳以上の者は、男性で18.7％、女性で10.2％と、男性の割合が高くなっている。過去3回の調査結果をみても、性別でみると80歳以上では常に女性介護者よりも男性介護者の割合が高くなっている。

　介護者の性別の違いによる介護状況の違いを明らかにすることは難しい。しかし一般的に言われていることは、男性高齢者は家事が不得意であること、不得意な家事に介護が加わることでさらに負担感が高まるということである。女性介護者で長年家事をこなしてきていても、70歳を過ぎると家事が面倒になるという。そのうえ、配偶者の介護が加わると、男性だけではなく、女性においても心身の負担は増加し、精神的な不安が強くなることが考えられる。しかも夫婦世帯で、他には日常的に会話を交わす人がいない状況を考えると、「老老介護の大変さは体験した者にしかわからない」「夫が亡くなり1人になったことの悲しみよりも、介護から開放されたことが一番ほっとしている」と述べた女性高齢

者の言葉が、介護の大変さを表しているように思われる。

●介護の質

　介護者が高齢者であることから身体的能力が低下し、疾病を持っている場合が多い。そのため十分な介護が提供されずに、結果として介護放棄などの高齢者虐待に結びつく危険をはらんでいる。さらに「老老介護」の継続によって当初は健康であった介護者自身も要介護状態となり、2人の要介護高齢者が互いに介護を提供しながら、どうにか「生きている」というケースもみられる。高齢化が進む今後において、この傾向はますます進むであろう。

　要介護高齢者が安心して介護を受けられる社会、提供される介護に安心でき、生活の安全も保障されるような社会が必要であることは、誰も否定できないであろう。老老介護の当事者にとっても同じである。老老介護の場合は、要介護高齢者とその介護者である高齢者をひとつと考えて支援を提供する姿勢が必要である。2人の高齢者への支援ではなく、一組の高齢者への支援を、QOL（生活の豊かさ）を保障するための介護の質の保障という考え方を持って対応することが要求される。

　介護が必要となった者への介護を社会全体で支えていこうという考え方のもと、2000（平成12）年に介護保険制度が施行され、10年以上が経過した。その間、制度の見直しもなされ、今後の高齢化対応も検討されている。65歳以上が人口全体の4割を占める超高齢社会も予測されている今日、「老老介護」を個人で解決する問題として捉えるのではなく、社会全体の問題として捉え、支援していくことが必要となってくる。そのためには予防に関わる事業の充実や介護に関わる専門性の担保、労働力の確保が重要である。

　同時に、居宅での生活が可能か困難かにかかわらず、本人や家族を中心としたケアシステムの構築や医療・介護・福祉が常に連動しているシステム、地域関係機関等を含めたネットワークの構築が必要となる。介護保険制度に組み込まれた介護支援専門員が、どのように2人の高齢者を支援していくか、2人にとって望ましい予防・支援・介護サービスはどのようなものであるかを、本人たちの意向を確認しつつ進める体制ができるかどうかが、今後の「老老介護」の支援課題である。

（岡田尚子）

■男女別介護者の年齢割合の推移（女性介護者）

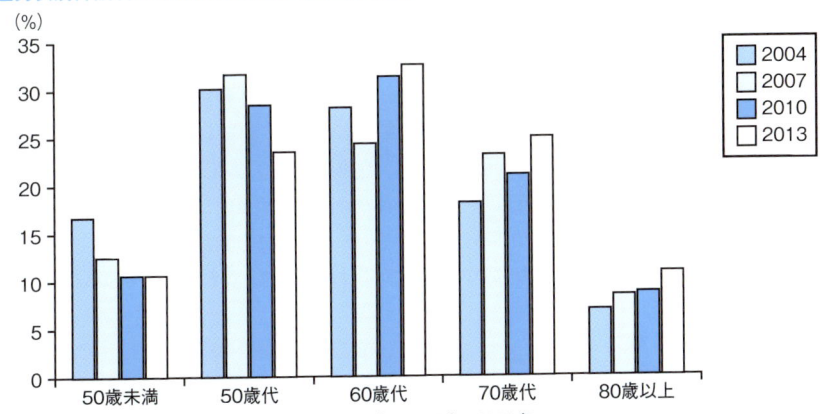

出典：厚生労働省「国民生活基礎調査」2004年，2007年，2010年，2013年．

10-16 配偶者の介護
― 夫を介護する妻、妻を介護する夫 ―

Keywords ▶▶▶ 高齢夫婦世帯／夫婦間介護／男性介護者／高齢介護者

● 高齢者世帯の変化

65歳以上の高齢者の世帯構成を見ると、「三世代世帯」は減少を続け、「単独世帯」と「夫婦のみ世帯」が増加している。この変化を厚生労働省が毎年実施している「国民生活基礎調査」からみていく。1980（昭和55）年と2013（平成25）年を比較すると、「三世代世帯」は50.1％から13.2％と約30年間で劇的に減少している。「単独世帯」は10.7％から25.6％へと2.4倍の増加である。「夫婦のみ世帯」は16.2％から31.1％と1.9倍となっている。「夫婦と未婚の子のみの世帯」は10.5％から19.8％へと、やはり増加している。さらに2013年の調査結果から、世帯員がすべて65歳以上の世帯の割合をみると、51.7％を占めている。

日本の高齢者施策は、高齢者が家族と同居していることを前提に設計されてきた。2000（平成12）年に実施された介護保険制度でも、「家族を含み資産」として考えていると言われている。だが、現実には「家族」を高齢者の介護者として考えるのには無理があると言える。「三世代世帯」や「夫婦と未婚の子のみの世帯」であっても、高齢者が常に誰かと一緒に、1日中生活しているとは考えられない。家族員には仕事があり、学校がある。そのため「日中一人暮らし」高齢者はかなりの数に上ると考えられる。

● 介護者の高齢化

高齢者の寿命が延びたことで、在宅の高齢者の介護者も高齢化している。90歳代の高齢者を70歳代の子どもが介護しているという例は、決して珍しくはない。2013（平成25）年の厚生労働省の「国民生活基礎調査」によると、同居介護者の性別では、女性が68.7％、男性は31.3％で、やはり介護者としては女性が多くなっている。しかし、2004（平成16）年の結果と比較すると、女性介護者は4.8％減少し、男性介護者が6.2％増加している。

同居介護者の年齢を2013（平成25）年の「国民生活基礎調査」でみると、女性では「60歳代」が32.5％と最も高く、次いで「50歳代」21.4％、「70歳代」25.8％となっている。「80歳以上」という介護者も10.2％おり、「50歳代未満」は10.1％である。

男性介護者の年齢をみると、「60歳代」が27.7％と一番高い割合であったのは女性と同じであるが、「50歳代」は21.4％と女性と同じ割合を示し、「80歳以上」は18.7％と女性と比較すると高い割合を示している。そして「70歳代」は22.6％で、「50歳未満」の9.6％よりも多い割合を示した。2004（平成16）年調査の結果と比較すると、同居介護者の年齢は高くなっているといえる。

介護者が「80歳以上」となると、その介護者の健康状態が良いとしても、介護者自身の老化による心身の能力低下により、介護を行うには苦労が伴うことが十分考えられる。

● 誰に介護されたいのか

先に述べた世帯構成の変化は、介護が必要となった場合の同居介護者の続柄に変化をもたらしている。かつて介護は、性別役割分業

意識のなかで、家事・育児と同様に家族内の女性の仕事とされた。介護保険制度が議論されていた1990年代に言われていたキャッチフレーズは「中高年女性の介護からの開放」「介護の社会化」であった。当時、高齢者介護は女性の問題とされてきた。女性の平均寿命は男性よりも長いことから、介護を受けるのは高齢な女性で、介護を提供するのも女性であった。家族内の介護では、母親に介護が必要な場合には、「息子の妻」「娘」が介護の中心となり、父親に介護が必要な場合には、「妻」「息子の妻」「娘」が介護の中心となった。また、社会的な介護もホームヘルパーや施設職員は女性が中心であった。

　しかし、介護保険制度が2000（平成12）年に実施されて以降、高齢者の介護に対する意識にも変化が現れている。表は「誰に介護を頼みたいか」を全国の65歳以上の高齢者約2,000人から回答を得たものである。それによると、2012（平成24）年では男性は85％が配偶者に介護を頼みたいと回答しているが、女性は39％である。ホームヘルパーや訪問看護師を挙げる割合をみると、ホームヘルパーは男性で35％、女性で40％と、配偶者、子どもに次いで高い。訪問看護師も男性で18％、女性で21％となっている。

●夫を介護する妻、妻を介護する夫

　男女ともに「配偶者」に介護を頼みたいとの割合は上昇している。これは日本の夫婦関係が変化したことの現れであろうか。この点は今後の検証が必要と考える。この傾向をもたらす一つの要因として、「子どもの世話にはなりたくない」「子どもに世話をかけたくない」という意識があるといえる。自分たちのことは自分たちの範囲で解決しようとする意識である。この傾向は、ホームヘルパーや訪問看護師という家族以外の専門職に介護を頼みたいという回答の高さからもうかがえる。これを自立した高齢者と捉えるのか、家族関係の希薄化と捉えるのかは意見の分かれるところであろう。

　今後は、夫婦のどちらかが介護を必要とする状況になった場合は、夫婦間での介護が当然視される可能性がある。そのためにも、夫婦は若い頃からお互いのことをこれまで以上に理解していることが必要となり、この点が高齢期により良い介護関係を形成する鍵となるであろう。

（岡本多喜子）

■誰に介護を頼みたいか　　　　　　　　　　　　　　（単位：％）

性別／続柄		配偶者	子ども	子どもの配偶者	ホームヘルパー	訪問看護師
男性	2012年	85.3	48.3	7.2	35.0	18.1
	2007年	80.7	49.1	9.3	28.1	15.6
	2002年	82.2	40.1	15.8	14.4	6.2
女性	2012年	39.3	64.0	16.8	40.2	21.0
	2007年	35.0	63.1	16.1	45.3	21.4
	2002年	27.2	64.4	34.0	23.4	7.2

出典：内閣府「高齢者の健康に関する意識調査」平成14年，平成19年，平成24年をもとに作成．

10-17 家族・介護ストレス
― 超高齢社会がもたらすもの ―

Keywords ▶▶▶ 少子高齢化／世帯構造の変化／要介護高齢者／介護ストレス／認知症

● 家族介護を取り巻く状況

この10年間、高齢者の家族介護を取り巻く状況は大きく変化した。2000（平成12）年、介護保険制度や新しい成年後見制度の施行やわが国初の抗認知症薬の登場など、医療・保健・福祉をめぐる状況は大きく変化し、その変化は家族介護に大きな影響を与えた。加えて、長引く不況やそれに伴う所得格差や失業率の増加、さらには子育てや職場ストレスなどの今日的問題も、家族介護の根幹を揺るがしかねない大きな要因となっている。こうした社会情勢の変化と相まって、少子高齢化と高齢核家族化の進展は、家族介護にさまざまな影響を与えている。

● 超高齢社会の到来が家族介護に与える影響

「平成24年版高齢社会白書」（2012）によると、総人口に占める高齢人口の割合は23.3％に達した。特に、75歳以上の高齢者の増加数は、65～74歳の高齢者を上回る数で推移し、本格的な高齢社会へと突入した。高齢人口の増加は、要介護高齢者の増加のみならず、介護する家族の高齢化という問題も生じさせている。いわゆる老老介護の問題である。介護者自身の老化やそれに伴う病気や障害のリスクの増大は、家族介護の基盤を揺るがしかねない問題である。

少子化傾向も依然として進行している。高齢核家族化傾向と相まって、単身の子が両親の介護の担い手となるケースが増加している。なかには、両親を一人で同時に介護したり、両親と義父母を同時に介護したりする多重介護のケースも少なくない。そもそも要介護高齢者の介護は、その家族介護者にさまざまなストレスをもたらすことが多いが、多重介護ではその負担の大きさは一層増大し、心身の健康面だけでなく、経済面でも介護負担は子世代に一気に押し寄せる可能性がある。

現役世代の子が介護者となる場合には、介護を契機に離職や転職を余儀なくされるケースもある。「平成24年版高齢社会白書」（2012）によると、こうした傾向は、特に、女性に多く、全体の82.3％を占めている。離職や転職は、それ自体がストレスをもたらすライフイベントとなるばかりでなく、収入の減少や将来への不安など、要介護高齢者と自分自身の現実生活の安定を脅かし得る決断を伴う出来事である。こうした現実に直面しつつ、離職や転職をせざるを得ない子世代の葛藤や苦悩は決して少なくない。

世帯構造も大きく変化した。「平成24年版高齢社会白書」（2012）によると、65歳以上の高齢者のいる世帯は増加し、その数は全世帯の42.6％に達した。世帯構造別の構成割合でみると、子と孫の世代と同居する三世代世帯は減少傾向にあるのに対し、単独世帯、夫婦のみの世帯、親と未婚の子のみの世帯は増加傾向にある。高齢者と子どもとの同居率も徐々に低下し、1980（昭和55）年には7割近かった同居率は、2008（平成20）年には44.1％と、半数以下にまで大きく減少した。

世帯構造の変化に伴い、三世代世帯のような伝統的な家族構造を前提とした高齢者介護

の形態は減少した。代わりに、別居しながら高齢者介護を行うケースや、親の介護を契機に同居や転居など、介護のために自らの世帯構造の変化を余儀なくされる子世代が増加した。これは、介護者と被介護者の双方に大きな変化をもたらす。

● 介護ストレスの増大

介護ストレスの増大は高齢者虐待の主要な要因のひとつとなっている。「平成24年版高齢社会白書」（2012）によると、虐待を受けている高齢者の7割が要介護高齢者であった。虐待の加害者は、息子が42.6％と最も多く、次いで、夫が16.9％、娘が15.6％と、家族が加害者となる場合がほとんどである。こうした虐待の背景には、介護疲れや将来への悲観など、介護ストレスに関連したものが少なくない。

要介護高齢者のなかには、認知症の高齢者も含まれる。認知症高齢者の介護では、認知症特有の症状（例えば、同じことを何度も聞かれる、何度説明しても理解してもらえない、物盗られ妄想、徘徊など）への対応が家族にとっての大きなストレスとなりやすい。

ところで、2000（平成12）年にアルツハイマー病の病初期の進行抑制の効果が期待される抗認知症薬が登場して以降、従来以上に、早期発見、早期診断、早期治療の重要性が高まった。その結果、初期ないしは軽度の段階で治療に結びつく患者が増えた一方、こうした人々の心理的な葛藤や苦悩に対する対応が新たな課題となっている。特に、患者の最も身近で日々ともに生活する家族にとっては、根治困難な疾患に罹患したという困難な現実に直面した患者を、どう支えたらよいかという新たな課題が生じている。こうした課題にどう対処したらよいか迷い、試行錯誤する家族も少なくなく、こうした家族に対する心理教育的な支援の充実は、今後の重要課題のひとつとなっていくはずである。

● 介護家族に対する心理教育

心理教育とは、患者や家族の心理的ストレスの軽減を目指す「心理療法的な働きかけ」と、病気の理解や必要なスキルおよび情報の獲得を目指した「教育・啓発的な働きかけ」を統合した援助介入である。換言すれば、「こころを支え、スキルを高めるための支援」である。心理教育は、家族支援の柱のひとつとして期待される。

（松田　修）

■ 超高齢社会の到来と家族介護を取り巻く社会状況

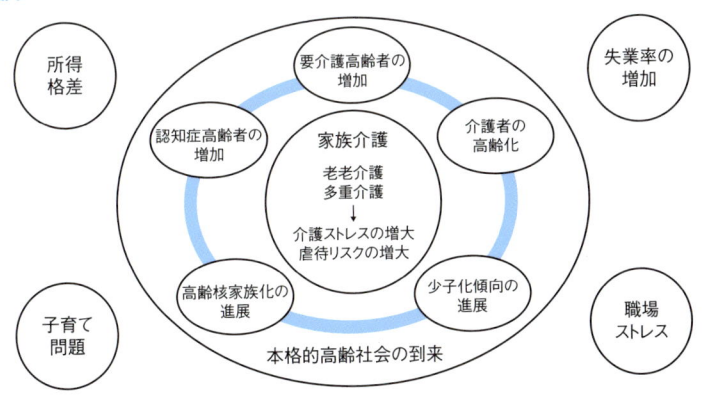

所得格差　要介護高齢者の増加　失業率の増加　認知症高齢者の増加　家族介護　老老介護　多重介護　介護ストレスの増大　虐待リスクの増大　介護者の高齢化　高齢核家族化の進展　少子化傾向の進展　子育て問題　職場ストレス　本格的高齢社会の到来

10-18 家族による虐待
― 高齢者虐待の実態と対応 ―

Keywords ▶▶▶ 高齢者虐待／高齢者虐待防止法／養護者支援／地域包括支援センター

● 高齢者虐待とは

　高齢者虐待とは、親族など主として高齢者と何らかの人間関係のある者によって、高齢者に加えられた行為で、高齢者の心身に深い傷を負わせ、高齢者の基本的人権を侵害し、ときに犯罪上の行為をいう。

　高齢者虐待には、身体的虐待（身体に外傷が生じ、または生じる恐れがある暴行を加えること）、心理的虐待（著しい暴言もしくは拒絶的な対応その他の著しい心理的外傷を与える言動を行うこと）、経済的虐待（高齢者の財産を不当に処分すること、不当に財産上の利益を得ること）、世話の放棄等（ネグレクト：衰弱させるような著しい減食、長時間の放置など養護を著しく怠ること）、性的虐待（わいせつな行為をすること、またはわいせつな行為をさせること）の5つがある。

　身体的虐待は、殴る、蹴るといった暴力行為だけでなく、過剰な身体拘束も含まれる。

● 高齢者虐待防止法

　2006（平成18）年に、「高齢者虐待の防止、高齢者の養護者に対する支援等の法律」（高齢者虐待防止法）が施行され、高齢者を虐待から守り、養護者を支援するための体制が整えられてきている。高齢者虐待は、家族内の問題を含むため、虐待者を罰するためのものではなく、養護者を支援することも目的となっている。市区町村に設置された地域包括支援センターが窓口となり、行政、医療、福祉などさまざまな部署が連携して対応することが求められている。行政には、虐待によって高齢者の心身の安全や命に重大な危険を生じているときは、速やかに事実確認し、高齢者を保護するなどの介入をする権限が与えられている。

● 高齢者虐待の実態

　厚生労働省では、毎年、高齢者虐待防止法に基づく対応状況等に関する調査結果を報告している。法律施行から6年間、共通の状況としては、虐待のなかでは身体的虐待が一番多いこと、被虐待者は女性が8割近くを占めること、要支援・要介護状態の高齢者が大半を占めること、虐待者の大半は被虐待者と同居していること、虐待者の続柄では、息子が一番多く、次いで夫、娘であること、などが挙げられる。

　その他、未婚の子との同一世帯での身体的虐待や経済的虐待が増加傾向にある。

● 高齢者虐待の理由

　虐待される高齢者は、「高齢である」「女性である」「要介護状況である」「認知症がある」といった支援が必要な状況であるとともに、「親戚・近隣との付き合いがない」「引きこもりがちである」「世間体を気にする」など、周囲から孤立する傾向にあることが多い。また、身体的に「逃げられない」状況であるだけでなく、「子どもを見捨てられない」「恐ろしくて逃げられない」というように心理的に束縛されている場合もある。認知症などにより、自ら訴えることができず、事実確認が難しい場合もあり、発見が難しい。

　虐待する養護者は、息子による「身体的虐

待」が圧倒的に多くなっている。この背景には、要介護高齢者の増加や、家族形態の変化によって息子が直接の介護者になるケースが増加していることも挙げられる。また、単身、無職、また心身の疾患により、親への心理的、経済的依存の高いケースも多い。不況による離職など社会情勢の影響が成人男性に大きなストレスを与えていることも考えられる。また介護状況において、介護に関する知識や技術の不足、介護負担の大きさ、協力者がいなくて一人で抱え込む場合も、虐待しやすい状況を生む。養護者自身が孤立し、問題を抱えて支援を必要としている場合も多い。

虐待は、養護者と高齢者が常に顔を合わせ、他者との交流が無い密室化した環境で起きやすい。孤立しているため発見されないまま継続し、深刻化しやすいと考えられる。

●高齢者虐待の見極め

実際の生活のなかでは「これは虐待なのだろうか」と判断に迷う場面も多いと思われる。虐待かどうかを判断するためには、まず「養護者の行為」と「その結果」としての「高齢者の状態」を明確にすることが必要である。そのための事実確認が重要である。高齢者の心身に何らかの異常があっても、その原因が養護者の具体的な行為の結果であることが明確にならなくては、「虐待」とは判断できない。しかし高齢者に何らかの異常がある以上、介入が必要なケースも多い。また、養護者の行為が不適切なものであっても、高齢者の状態に問題がなければ「速やかな介入」が必要なケースとはいえない。だが、放置していては虐待になりかねない。「明らかな虐待」ではなくても虐待予備軍、虐待の疑いのレベルでも把握する必要がある。

●高齢者虐待を防ぐために

高齢者虐待を防止し、介護殺人や心中といった最悪の事態を避けるためには、地域社会の見守りと協力が不可欠である。

虐待が疑われるような状況を発見したときには、窓口である地域包括支援センター等に通報することが義務付けられている。緊急事態になってから介入するのではなく、地域の見守りから危険な状況を早期に発見し、さまざまな地域資源を使って虐待が深刻化するのを防ぎ、高齢者だけでなく養護者を含めた家族の生活を支援することが重要である。

（佐藤美和子）

■高齢者虐待対応の流れ

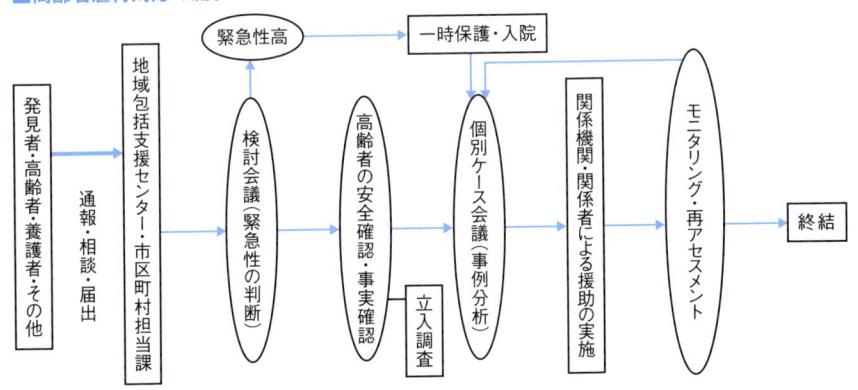

発見者・高齢者・養護者・その他 → 通報・相談・届出 → 地域包括支援センター・市区町村担当課 → 検討会議（緊急性の判断）→ 高齢者の安全確認・事実確認 → 立入調査 → 個別ケース会議（事例分析）→ 関係機関・関係者による援助の実施 → モニタリング・再アセスメント → 終結

緊急性高 → 一時保護・入院

出典：「都道府県・市区町村高齢者虐待の防止マニュアル」をもとに作成.

11 生活と活動

　　総論
1　定年前教育
2　定年・定年後の就労
3　職業からの引退
4　日常生活の状況
5　社会参加
6　生涯学習
7　リカレント教育
8　老人大学
9　趣味
10　高齢者の旅行
11　レクリエーション
12　老人クラブ
13　地域福祉活動
14　ボランティア
15　海外での長期滞在
16　消費者としての高齢者
17　食生活
18　友人関係

11 生活と活動

岡本 多喜子・大川 一郎

● 健康寿命

　高齢者人口が増加するなかで、社会問題としての高齢者問題を論じられることが多くなっている。主に年金・医療・介護の社会保障費用の多くを高齢者が独占しているという視点からの議論が国家財政の破綻状況から論じられている。

　年金保険に関しては制度設計上の問題も含め、確かに高齢者の増加と寿命の伸長への予測を楽観視したことが、ひとつの原因と言える。しかし、年金財源の運用の問題、正確さを欠いた事務の取り扱いというそれぞれの時代の事務担当者の無責任を無視することはできない。

　医療保険に関しては、年齢とともにさまざまな疾患により医療機関で治療することが多くなるという事実と、新たな診断方法・治療方法の開発による費用の増加がある。不治の病が治療可能な病気になるとともに、新たな疾病も見つかっている。しかし、厚生労働省の「健康日本21」施策でもわかるように、高齢者になる前から生活習慣病に注意することで、中高年期の重篤な疾患を避けることも可能となっている。医療の進歩は、不老長寿という人間の願望を叶えるためにも必要とされている。しかし単に長く生きることを望む高齢者は少なくなっている。生活の質を維持しつつ、健康状態をコントロールしながら長生きをするという「健康寿命」の考えが定着しつつある。

　介護にしても、実際に介護保険制度を利用してサービスを受けている者は65歳以上の者の2割弱である。残りの8割強は介護保険制度の利用対象外となる高齢者である。これらの高齢者の生活を支えて要介護状態にならないように予防することが、介護保険制度を破綻させないためにも必要となる。このことは、高齢者自身にとっても生活の質を保証することにつながる。

　正常老化の過程で疾病が生じるのは当然であり、その疾病を医学的に管理することで、他の重篤な疾病の予防につながる。高齢者は「無病息災」ではなく「一病息災」なのである。そして生活を送るうえで少しの不便を生じたときに、適切な支援の提供を受けることで、生活の質を維持しながら社会生活を送ることが可能となる。医療機関にかかっていても、他者からの支援を受けていても、自らが望む生活の質を確保できていればより良い生活を送れるのである。健康寿命を延ばすには、社会性を失わないこと、社会との関わりのなかで生活を継続していくことが大切である。

● **社会との関わり**

　高齢者の生活圏は年齢が上がるに従い狭くなる。その理由としては心身の能力低下と社会的な役割の縮小がある。心身の機能の低下は正常な老化の過程でも生じる。その結果、徒歩での生活圏が縮小し、公共交通機関を利用しての外出の範囲も狭くなる。自らが自転車や車を運転して活動する範囲も縮小する。しかも、けがや病気をすると、その縮小は速まる。心身機能の低下は社会的な役割の縮小の原因の一つとなるが、社会的な活動が減少することで心身機能が低下することもある。この両者には強い相互関係がある。

　社会的な役割の喪失は、高齢者自身の有用感の喪失を招く。自分自身には役に立つことは何もないという意識は、高齢者の生きる意欲を減少させる大きな原因となる。では高齢者の有用感を維持、増大させるためにはどのような方法があるのだろうか。その方法は2つあるといえる。ひとつは他者からの働きかけであり、他のひとつは高齢者自身の自覚的な行動である。

　他者からの働きかけで重要なのは、高齢者になる前からの準備を意識的に中高年者に提供することである。そのひとつとして「11−1 定年前教育」がある。生活のすべてや多くが仕事中心である者は、定年となり仕事がなくなることはこれまでの生活すべてを喪失することと同じとなる。地域社会に自らの活動の場を持つなど、定年後に備え、ある程度の年齢から地域の行事に参加することで、仕事以外の生活の場を確保することである。

　ただ、日本の男性高齢者は、これまでの調査では「仕事」によって「友人関係」をつくりあげてきたために、「仕事」がなくなると「友人」も失うという傾向が指摘されていた。そのために定年後は新たな「仕事」を探すことを必要とした。「仕事」をすることが、必ずしも経済的な理由ではないというのが、日本の高齢者就労の特徴であった。その点は「11−2 定年・定年後の就労」「11−3 職業からの引退」で明らかにされている。

　もう一つの方法は、高齢者自らが自覚的に社会に参加することである。「11−12 老人クラブ」で取り上げているように、かつては60歳以上の高齢者を地域ごとに組織していた老人クラブであるが、今日では組織率が低下している。特に都市部では、高齢者が多いにもかかわらず、老人クラブが解散している地域もある。それは、老人クラブに見られる地域密着型の活動を好まない高齢者層が存在していること、60歳以上という年齢が今日では低すぎることであると言われている。定年年齢も65歳に引き上げられ、70歳定年の可能性も言われている。このことを考えると、今後も「老人クラブ」を維持するためには構成員の年齢を考慮することも必要になるかもしれない。実際に70歳代が「老人クラブ」構成員の中心となっている。

● **高齢者の生活**

　高齢者だけではなく、人は生活を送るうえで「メリハリ」をつけている。日常生活の継続ばかりではつまらなくなり、何か特別なことをしたいと思う。「11−11 レクリエーション」では、高齢者も日常生活に変化をつけて生活を送ることがいかに大切かを述べている。自分で自由に使える時間が増加する高齢者は余暇集団とも言われているが、余った時間をどのように使っていいかわからない高齢者もたくさんいるのではないだろうか。

　高齢者に人気の余暇活用の一つが、生活している場所を変える旅行である。国内旅行だけではなく、90歳以上でも海外旅行は当然という時代となっている。「11−10 高齢者の旅行」では、高齢者にとっての旅行の意味を考えている。さらに自分の気に入った場所で

高齢期の一時期を過ごす選択をし、生活の場を移す高齢者もいる。そのなかには日本を出て海外で生活を送る高齢者もいる。「11－15 海外での長期滞在」では、そのような高齢者について触れている。

余暇集団である高齢者の生活時間をあらためて見ると、年齢が高くなるに従い、その多くは自分の生命を維持するための時間となっている。「11－4 日常生活の状況」でもわかるように、自分のための時間のうち、年齢が比較的低い高齢者は趣味や学習のために時間を使っているが、年齢が高くなると睡眠や食事が多くなる。

また、高齢者は食べることにも関心が強い。しかし食事を自分で作ることは徐々に億劫になる。食事を作り慣れている女性高齢者でも70歳を過ぎると、食事の支度が面倒になるという。しかし栄養価を考えた食生活を送ることは、高齢者の健康の維持に大きな影響を与える。高齢者がどのような食事をしているかは「11－17 食生活」で取り上げた。コンビニやスーパー、ファミリーレストランや宅配のお弁当は、今や高齢者を消費のターゲットとしている。高齢者に多い糖尿病などに配慮した食事も用意されている。高齢者は自らの健康管理を行うためにも、食事に関心を持つことが大切である。

高齢者の生活時間をみると、学習意欲のある高齢者は多くいることがわかる。文部科学省が生涯学習を推進していることから、高齢者が参加できる学習の機会は増加している。「11－6 生涯学習」「11－7 リカレント教育」「11－8 老人大学」の項で、高齢者の学習について概説している。高齢者の学習機会を保障することで、高齢者の学習意欲はより高まっていく。

さらに本章では、「11－5 社会参加」「11－9 趣味」「11－13 地域福祉活動」「11－14 ボランティア」の項目を取り上げた。高齢者によるこれらの活動はさまざまに行われており、その活動範囲は拡大している。自分自身のための学習活動、教養や趣味活動から地域社会のあり方に関心を持ち、さまざまな地域活動に参加する高齢者は増加している。

日本の地域社会を支えているのは高齢者である。日中、地域で生活しているのは小さな子どもとその母親、そして高齢者である。高齢者が地域に関心を持ち、活動をすることで地域社会の活性化が計られていく。さらに自らが地域に不足している事柄を発見し、その解決のためにボランティアとして動くことも起こっている。

地域社会で活動の場を見出すことは、先に述べた高齢者の有用感を高めるためにも有効である。町内会・自治会という活動を支えることも大切であるが、具体的に他者のために必要な活動を行うことで、より有用感は高まっていく。

また自分自身の楽しみのために、仲間とともに行える趣味活動に参加することで他者との関係を新たに構築するか、これまでの関係を継続することも大切である。「11－18 友人関係」では、3割の高齢者に友人がいないという結果から、友人について考察している。友人はいないが、友人を必要としている高齢者は多く存在している。ではどのように友人をつくれば良いのだろうか。その一つが社会的な活動を行うことである。同じ年齢の人との活動も大切であるが、さらに年齢の下の人々と一緒に活動することで、異年齢の友人・知人を得ることができる。

この点は高齢者にとって、とても重要な点である。高齢者の多くが持つ友人・知人は同世代の者が中心となる。しかし同世代の友人・知人は同じように高齢者となり、健康上の理由で活動に参加する機会は減少し、顔を合わ

せる機会も減少する。その結果、活動は停滞し、外出機会も減少することになる。異年齢集団を意図的につくることは案外難しいものである。だが地域活動やボランティアに参加することで、自然と同じような事柄に関心を持つ異年齢の人々と知り合うことが可能となる。そこでの活動は、新しい価値観やこれまでとは異なる刺激をもたらす。時として同一年齢集団では何の問題ともならなかったことが、大きな問題となることもある。しかしそれが深刻な状況に陥らなければ、適度な刺激となる。

●高齢者の落とし穴

今日の日本では高齢者は消費者として重要な位置を占めている。高齢者が消費者として位置づけられる背景には、年金制度の充実が挙げられる。また平均的にみると、高齢者が世帯主となっている世帯の貯蓄額は、他の年齢の世帯主よりも多くなっている。高齢者は自分のためにはお金を使わなくとも、孫や子どものためにはお金を消費する。そこに付け込んだのが「オレオレ詐欺」である。さらに軽度の認知症の高齢者を対象として訪問販売の被害も続出している。

このような犯罪だけではなく、一般的に高齢者の数が増加しているために、高齢向けの商品の需要は増加している。しかし高齢者向けといっても、見るからに「高齢者用」という商品は消費者からは評価されない。さりげなく高齢者が使いやすい工夫がなされた商品が、高齢者には好感を持って迎えられている。さらに介護用品も高齢者が増加したことで活況を呈している分野である。「11-16 消費者としての高齢者」では、高齢者が消費者となったことで生じる問題、その対応策について考えている。

高齢者の生活は社会的な要請もあり、活発な活動を推奨されている。しかし多くの高齢者は時代の変化のなかで、社会がどのような状況に変化してきているのかを十分に把握できないでいる。今日では情報の多くが紙媒体から電子媒体となり、それも日々変化している。高齢者の一人暮らしが増加していくなかで、高齢者に関する必要な情報を高齢者が理解できる形式や方法で届けることが必要である。その役割は公的なシステムのなかで確立していくことで、初めてすべての高齢者に伝わるのではないだろうか。

■高齢者の生活と社会の関連図

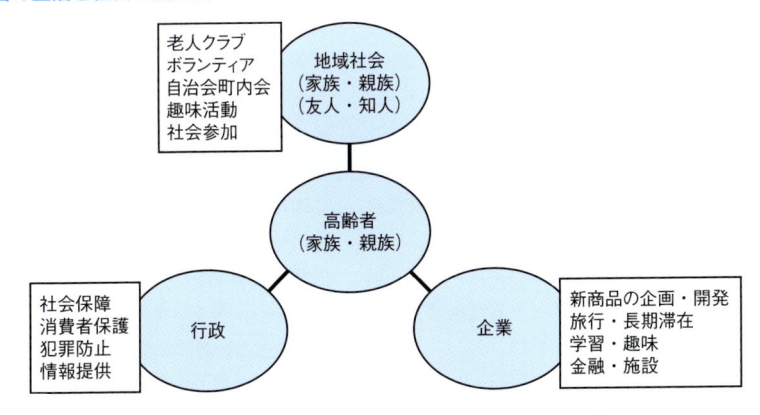

11-1 定年前教育
― 退職準備プログラム ―

Keywords ▶▶▶ 退職準備プログラム／加齢／キャリア／キャリア・コンサルティング

●定年前教育とは

　人生80歳時代に入って65歳以降においても生きがいを持ってそれまでの経験、能力を生かし社会に貢献する必要性が1980年代以降急速に高まった。企業において取り上げられるようになったのは、アメリカにおける「退職準備教育」以降である。その背景には引退の増加、引退過程、引退準備教育の研究と実践が増えたことによる。

　その後ヨーロッパに普及し、国際労働機関(ILO)「高年齢者に関する勧告」、国連総会の決議に基づく「高齢者問題世界会議」の開催などを経て、退職準備は国際的公共政策になった。

　この流れはわが国の企業にも取り入れられ、80年代後半には5,000人以上の大企業での「定年前教育」の普及率は4割以上に達している。65歳までの雇用が保証され、さらには70歳への雇用延長が議論されている今日、退職以前の何らかの形での「退職準備プログラム」は、わが国企業や組織（公務員を含む）で広く行われている。

●事業主の退職前教育の義務

　急速な高齢社会の到来を迎えて、現在わが国では、次のような多様な高齢者雇用就業対策が行われている。
①定年の引き上げ、定年の定めの廃止、継続雇用制度の導入等による高年齢者の安定した雇用の確保
②高年齢者等の再就職の援助・促進
③高年齢者の多様な就業・社会参加の促進

　これらの高齢者対策の基本法は1971（昭和46）年に制定された「高年齢者の雇用の安定等に関する法律」である。退職準備援助を行うことを努力義務として特別に定めている。

　「事業主は、定年退職者等が退職後その希望に応じて職業生活から円滑に引退することができるよう、引退後の生活に関する必要な知識の取得の援助その他の措置を講ずるよう努めなければならない」

　定年前教育を努力義務とはいいながら、企業に対して法律上その実施を義務づけているといえる。援助の内容は、「退職準備プログラム」を実施すること、費用面で援助すること、休暇を与えることなどが中心である。

　しかし、退職直前になって突然準備教育をしてもその効果は限定的である。もともと働く人は若いうちから人生設計を立て、生涯を通じて能力開発と引退過程を生きていかなければならない。2001（平成13）年に技術革新、高齢化の進展などに対応するため職業能力開発促進法の改正が行われ「キャリア・コンサルティング」が開始された。キャリア・コンサルティングとは「労働者が適性や職業経験等に応じて、自ら職業生活設計を行い、それに即した職業訓練、能力開発を受けられるための相談その他の援助」をいう。これは定年前教育を職業生活人生全体に拡大した雇用政策であり、多くのキャリア・コンサルタントが活躍している。

●定年前教育の方法と内容

　「退職準備プログラム」は1980年代アメリ

カで開発されたが、当時の最も代表的な高齢者団体（NACOA：全米高齢化問題評議会）が開発したプログラムがその後各国でモデルとなって今日に至っている。

このプログラムは、次の8つのモジュールによって構成されている。

①ライフ・スタイルの計画（参加者の引退計画を啓発する）
②家計の設計（引退後の家計を設計させる）
③健康づくり（健康の保持・増進のための行動計画を立てさせ、実行を動機づける）
④対人関係（人間関係を豊かにする計画を立てさせる）
⑤コミュニティ・サービス（コミュニティ・サービスをよく理解させる）
⑥住まい（引退後の自分の住まいについて研究させる）
⑦余暇（余暇を豊かに過ごす計画を考えさせる）
⑧引退後の新しいキャリア（引退後にできる仕事をつくり出す計画を立てさせる）

退職準備プログラムを代表とする「定年前教育」は、2000年以降「生涯を通じた個人と企業と一体となった働き方、職業能力開発」に取り入れられ大きな発展を遂げている。

プログラムの実施に当たっては、①経営方針を明確にする、②企業、労働者双方のニーズを把握する、③ガイドブックを作成し、社内に広報する、④セミナーを計画し、担当者、講師等の人選、依頼、受講者の募集を行う、⑤セミナーを実施する。講義、実技、グループワーク、カウンセリングなどを行う、⑥企業側、個人側両面から評価し、問題点を改善する、⑦教育後個人のフォローアップをする等が主要な内容となってくる。

わが国において永年にわたり「退職準備プログラム」の企業などへの普及活動を行っている公的団体は、一般社団法人中高年齢者雇用福祉協会で、毎年、「ないすらいふ情報─豊かな生涯生活設計のために」というテキストを発行し、企業、個人等の退職前教育を活発に行ってきた。

同協会テキストによれば、その内容は、①生涯生活設計の進め、②生涯経済プラン、③心身の健康管理プラン、④キャリア開発プラン、⑤情報ファイル等である（表参照）。

（木村　周）

■退職準備プログラムの例

生涯生活設計	社会の変化と個人の生活 変化への心構え	人生行路を振り返る ライフプランへの挑戦
生涯経済設計	在職中の支出と収入 退職後の収入（年金、退職金、保険など） 暮らしと社会保障 暮らしと税金	退職後の支出 生涯経済計画を立てる 資産の管理と運用 暮らしと法律
心身の健康管理設計	運動、栄養、休養のバランス 心のストレスマネジメント	適正体重、運動、食事の管理 睡眠と健康
キャリア開発設計	仕事とキャリア キャリア開発プランづくり	仕事と家庭生活の両立 快適職場づくり

出典：一般社団法人中高年齢者雇用福祉協会編「ないすらいふ情報」（PREP Pre&post Retirement and Life Planning Program）をもとに作成.

11-2 定年・定年後の就労
― 65歳現役社会に向けて ―

Keywords ▶▶▶ 継続性理論／高年齢者雇用安定法／65歳現役社会／シルバー人材センター

●日本の定年制度

定年退職は高齢期における大きなライフイベントであるが、アメリカにおいては引退をめぐる適応理論として職業から引退するのが良いとする「離脱理論（disengagement theory）」[1]と、続けるのが良いという「活動理論（activity theory）」[2]の考え方がみられた。

活動理論を継承する「継続性理論（continuity theory）」[3]は、これまでの職務や役割を継続することによって活動を続ける方が良いという主張である[4]。小田（2004）は離脱理論や活動理論では説明できない適応方式の多様性について、価値判断を排除して現実に即して説明しようとするのが「継続性理論」であるとしている[5]。

日本の定年制は一定年齢での強制退職（mandatory retirement）の制度であり、日本的労使関係や日本的経営の三種の神器といわれる「終身雇用」「年功序列」「企業別組合」により定年年齢までの雇用を保障するという機能があった。以前は、55歳定年により大企業を退職して、定年制がない中小零細企業に転職するというパターンが多くみられた。

欧米においてはこのような強制退職制度はなく、アメリカでは1967年に年齢差別（エイジズム）を禁止した「雇用における年齢差別禁止法（ADEA）」が成立した。またEUにおいては「雇用及び職業における均等待遇の一般的枠組を設定する指令」（2000/78/EC）が採択され、加盟国は雇用・職業の領域に関して宗教・信条、障害、性的志向に基づく差別と同様に、2006年12月までに年齢差別を禁止することが求められた。

主な国の55～64歳男性の就業率について1971年と2005年の変化を見ると、日本（85.3％→78.9％）、アメリカ（77.3％→67.0％）、ドイツ（77.1％→53.6％）、イギリス（82.9％→65.7％）、フランス（73.0％→43.8％）といずれの国も低下しているが[6]、日本の高齢者の就業率はこれらの国のなかでは、最も高くなっている。

●高齢者雇用政策と定年延長

1971（昭和46）年に成立した「高齢者雇用促進特別措置法」は適職ごとの雇用率制度を定め、1976（昭和51）年の改正法では企業全体として55歳以上の従業員比率を6％と設定することを事業主の努力義務とした。1986（昭和61）年には「高年齢者等の雇用の安定等に関する法律」（以下高年齢者雇用安定法とする）が成立して60歳定年が努力義務となり、1994（平成6）年には60歳定年制が規定された。中小企業においても定年制が普及し、定年年齢と厚生年金の支給開始年齢が一致した。また、1985（昭和60）年の男女雇用機会均等法の成立により女性の若年定年制や男女別定年制は廃止された。

2006（平成18）年4月の改正では、「高年齢者雇用措置」により、2010（平成22）年度末までに①定年の引き上げ、②継続雇用制度の導入、③定年の廃止のいずれかの措置が事業主に義務づけられた。2013（平成25）年4月の改正法では、2015（平成27）年度まで

には65歳までの雇用を義務づけ、「65歳現役社会」という全員参加型社会の実現を目指している。厚生年金の支給開始年齢は2001年度から3年ごとに1歳ずつ引き上げられ2013年度には65歳に、報酬比例部分も2013（平成25）年度から同様に引き上げられ、2025年度には65歳支給となる。

● 「65歳現役社会」と就業状況

1990年代初頭のバブル崩壊以降は、デフレ経済の進行に伴うリストラの増加や非正規比率の上昇に伴い、完全失業率の上昇がみられた。中高齢者の子ども世代に当たる年代の若年層での失業率の上昇が顕著であり、非正規雇用比率の上昇や経済的自立の遅れが親世代にも影響を与えている。

独立行政法人労働政策研究・研修機構（2010）[7]の55～69歳の者を対象とした調査によると、就業率は男性72.2％、女性は48.5％となっているが（表参照）、不就業者のうち男性の就業希望者は55～59歳75.2％、60～64歳46.1％である。就業者の従業上の地位は65～69歳では多様化が進み、男女とも雇用者は5割弱と低下し、「自営業」「シルバー人材センターを通じた仕事」「家業（自営業）の手伝い」の割合がやや増えている（表参照）。複数回答で就業理由をみると、「経済上の理由」（男性78.7％、女性64.4％）や「社会参加のため」（男性19.6％、女性26.1％）が多い。

● 行政による就業機会の提供

高齢者の就業ニーズに対応するために高齢者無料職業紹介所（1963年設置）、高年齢者職業相談室（1974年設置）、ハローワーク等による就労支援が行われてきた。シルバー人材センターは1980（昭和55）年度から国の補助事業となり、1982（昭和57）年には全国組織が発足、現在は高年齢者雇用安定法により公益社団法人全国シルバー人材センター事業協会として規定されている。会員数は1980（昭和55）年の46,448人から2012（平成24）年の743,969人と16倍となったが、この間、女性の割合は32％で変化がみられない[8]。

1998（平成10）年には特定非営利活動促進が成立し、「新しい公共」を目指した新たな分野でのNPOの起業による地域づくりがみられる。また団塊世代の退職者を対象とした自治体による「地域デビュー講座」が実施されている[9]。

（岡村清子）

■中高齢者の就業状況と就業者の従業上の地位

（単位：％）

	全体 ％（人）	就業率 ％	就業者 ％	雇用者	会社経営 役員等	自営業主	近所の人 や会社等 の依頼	シルバー 人材 センター	家庭で 内職を していた	家業の 手伝いを していた
男性（計）	100.0（1764）	72.2	100.0（1274）	63.2	10.1	21.5	1.5	2.1	0.1	1.4
55～59歳	100.0（600）	87.2	100.0（523）	73.7	9.4	16.1	0.4	－	－	0.4
60～64歳	100.0（625）	75.1	100.0（469）	61.2	10.8	22.0	2.1	1.5	0.4	1.8
65～69歳	100.0（539）	52.0	100.0（280）	47.1	10.3	30.9	2.5	6.8	－	2.5
女性（計）	100.0（1838）	48.5	100.0（891）	64.6	4.4	12.5	3.4	1.0	1.9	11.9
55～59歳	100.0（595）	64.9	100.0（386）	73.4	2.5	9.7	2.2	－	1.8	10.0
60～64歳	100.0（632）	46.7	100.0（295）	64.6	4.3	12.7	4.8	1.6	1.2	10.8
65～69歳	100.0（611）	34.7	100.0（212）	48.7	8.0	17.3	3.6	2.2	3.0	16.8

（注）1. 総数について無回答率の0.2％は表示していない。　2.「－」は該当者がないことを示している。　3. 無回答：略
出典：「高年齢者の雇用・就業の実態に関する調査」結果，独立行政法人労働政策研究・研修機構，2010. をもとに作成.

11-3 職業からの引退
── 就労意欲、就労環境と引退 ──

Keywords ▶▶▶ 引退年齢／雇用の安定／職務再設計／雇用継続

● 高齢者の職業からの引退

仕事とは、①生計を維持するための所得をもたらし、②毎日の生活行動を秩序立て、③個人にアイデンティティの感覚を与え、④社会関係の基礎となり、⑤人々に有意義な人生体験をもたらすものである[1]。このような仕事から引退することは、高齢者にとって大きなストレスといえる。また、定年後の男性を指す「濡れ落ち葉」「粗大ごみ」といった否定的な喩えもあるように、引退後の生活に暗いイメージもつきまとう。

しかしながら、自由な時間が増える、職場のストレスから解放されるなどプラスの面もある。例えば、職業からの引退については否定的・肯定的のいずれの影響もないことや、生活満足度を低下させるという明確な関係はないといった研究結果も報告されている[2,3]。

● 高齢者の考える職業からの引退年齢

わが国の高年齢者の就労意欲は非常に高いと言える。独立行政法人労働政策研究・研修機構が2009（平成21）年に実施した高年齢者の雇用・就業に関する実態調査によれば、就業からの引退について「引退を考えたことがある」が34.8％、「年齢に関係なくいつまでも働きたい」が30.3％、「すでに仕事を辞めている」が27.9％であった。「引退を考えたことがある」者の希望の引退時期をみると、「65～69歳」が最も多く46.7％、次いで「70歳以上」が31.4％であった。特に男性の場合は「年齢に関係なくいつまでも働きたい」を含めると「65歳以上まで働きたい」割合が約7割に達する[4]。

実際の就業状況をみてみると、2010年の国勢調査結果によれば、男女とも高齢になるに従い就労者の割合が大幅に減少するものの、65歳を超えて就業している者も一定程度いた（図1、2参照）[5]。つまり、高齢者が職業から引退するのは、自らを非労働力人口の一員と規定したときであるといえる。しかもその年齢は75歳以上かもしれない。実は多くの高齢者は自らを非労働力人口とは考えていないのである。

● 高齢者の雇用安定への取り組み

このような高齢者の就業状況に関しては制度的な後押しがある。また、高年齢者の職業生活の安定と福祉の増進を目的として成立した「高年齢者雇用安定法」が年金改革に相応する形で改正が繰り返され、事業主に対し、65歳までの希望者全員の雇用の確保を求めている。具体的には、65歳未満の定年の定めをしている事業主は、①定年の引き上げ、②継続雇用制度の導入、③定年の定めの廃止のいずれかの措置を講じなければならない。特に、2012（平成24）年8月の改正では継続雇用制度の対象者を限定できる仕組みが廃止され、義務違反の企業に対する公表規定が導入された（施行は2013年4月）。2008（平成20）年7月に政府が発表した「社会保障の機能強化のための緊急対策～5つの安心プラン～」では、高齢者が安心して活力をもって暮らせる社会をつくる一環として、「知恵と経験豊かな高齢者が年齢に関係なく働ける環

境整備、経験を生かした新規事業の立ち上げ支援等」を進める方向性が打ち出された。高齢者の働きやすい環境を整備する方向性が示され、具体的な方策が講じられている。

● 高齢者は引退時期を選べるのか

では、高齢者の雇用が拡大し、高齢者自身が職業からの引退時期を選べる状況にあるのだろうか。

厚生労働省から2013（平成25）年10月に発表された「高年齢者の雇用状況」集計結果によると、92.3％の企業において高年齢者雇用確保措置を「実施済み」としていた。着実に高年齢者の雇用確保措置の導入が進んでいることがうかがえるが、その内訳は、「定年の定めの廃止」が2.8％、「定年の引き上げ」が16.0％、「継続雇用制度の導入」が81.2％となっており、定年制度により雇用確保措置を講じるよりも、継続雇用制度により雇用確保措置を講じる企業が多くなっている[6]。

定年・退職後の就業状況をみると、仕事内容は「定年・退職時の仕事内容を継続」する場合が多いが、雇用形態は、「嘱託・契約社員」「パート・アルバイト」が多くなっており、年収も定年到達時の4〜5割程度に減額されている[7]。

つまり、高年齢者雇用安定法の改正により高年齢者の雇用機会は拡大したが、その多くは、定年制度は据え置きながら再雇用制度を導入しており、しかも再雇用後の雇用形態はコストの安い非正規雇用が多くみられる。わが国の高齢者の就労意欲は高いものの、希望どおりの雇用形態、収入が得られているとは限らない。高齢者に経済的余裕がない場合、高齢者の高い就労意欲は、低賃金労働者としていつまでも職業生活を継続せざるを得ない現状をつくっている。

● 職務再設計の検討

高齢者が働き続けるためには、定年制の延長等の取り組みに加え、物理的な職場環境や作業方法を高齢者に適するように改善するなど職務再設計（job redesign）も必要となる。高齢者を補助的な労働力として位置づけるのではなく、やりがいが持てる仕事の設計や働く場所の創造なども含まれるだろう。

高年齢者の雇用機会が拡大し、職務再設計の検討が進んでこそ、高齢者が主体的に引退の時期を決定できるようになると考える。

（柴崎祐美）

■図1　年齢別就業者の割合（男性）

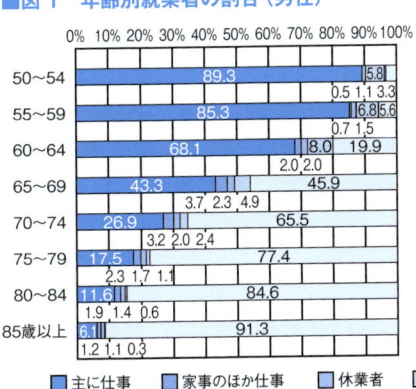

年齢	主に仕事	家事のほか仕事	休業者	完全失業者	非労働力（家事、通学、その他）
50〜54	89.3			5.8	0.5 1.1 3.3
55〜59	85.3			6.8 5.6	0.7 1.5
60〜64	68.1		8.0	19.9	2.0 2.0
65〜69	43.3	3.7 2.3 4.9		45.9	
70〜74	26.9	3.2 2.0 2.4		65.5	
75〜79	17.5	2.3 1.7 1.1		77.4	
80〜84	11.6	1.9 1.4 0.6		84.6	
85歳以上	6	1.2 1.1 0.3		91.3	

■図2　年齢別就業者の割合（女性）

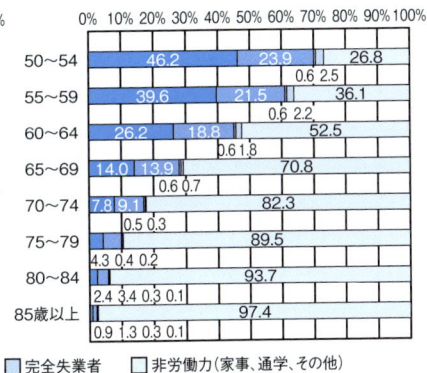

年齢	主に仕事	家事のほか仕事	休業者	完全失業者	非労働力
50〜54	46.2	23.9	0.6 2.5	26.8	
55〜59	39.6	21.5	0.6 2.2	36.1	
60〜64	26.2	18.8	0.6 1.8	52.5	
65〜69	14.0	13.9	0.6 0.7	70.8	
70〜74	7.8	9.1	0.5 0.3	82.3	
75〜79	4.3 0.4 0.2			89.5	
80〜84	2.4 3.4 0.3 0.1			93.7	
85歳以上	0.9 1.3 0.3 0.1			97.4	

出典：総務省統計局「平成22年国勢調査」, 2010. をもとに作成.

11-4 日常生活の状況
― 各種調査にみる高齢者の現況 ―

Keywords ▶▶▶ 健康状態／経済状態／生活時間／生活リズム

● 健康状態と経済状態

内閣府（2009）の60歳以上の高齢者を対象にした「高齢者の生活実態に関する調査」によれば[1]、半数以上が「健康状態が良い」と回答している。ただ、年齢が上がるにつれて、「良くない」と回答する割合は増え、80歳以上ではその割合は4割にのぼっている。60歳以上で、3人に1人が通院しており、75歳以上では約8割が通院している。

経済状況は、「普通」と回答している人は、65.2％、「ややゆとりがある」「大変ゆとりがある」の合計が8.5％で、全体の73.7％が経済状況を「普通」あるいはそれ以上と感じている。一方で、「大変苦しい」「やや苦しい」と訴えている人の割合は26.4％であり、年代が高くなるほど、その訴えは減っている。

これらの状況に対して、高齢者はどのような意識をもっているのだろうか。同じく内閣府で5年ごとに行われている「高齢者の日常生活に関する意識調査」[2]によると、日常生活に不安を感じる人の割合は、2009（平成21）年71.9％であり、これは10年前（1999）の63.6％と比べると、増加している。

不安を感じる内容については、「自分や配偶者の健康のこと」が一番多く、5年ごとの変化でみると68.5％（1999）→ 71.7％（2004）→ 78.7％（2009）と増えている。次に多いのは、「自分や配偶者が寝たきりや身体が不自由になり介護が必要な状態になること」であり、5年ごとの大きな変化はなく、2009年時点で、52.8％であった。その他で不安を感じるとの項目は、「生活のための収入のこと」が、33.2％、「子どもや孫などの将来」が21.3％であった。

このように、現状の健康状態、経済状態についてはおおむね悪くはないものの、将来については、自分だけではなく、子どもや孫についての不安を抱いているということがうかがえる。

● 生活時間の配分と1次活動・2次活動

日本人の生活について総務省で5年ごとに行われている調査に「社会生活基本調査」がある。2011年の調査を中心に、在宅の高齢者の生活の様子をみていくことにする[3]。

図は、生活時間を、1次活動（食事、身の回りの用事・睡眠時間）、2次活動（家事関連・学業・仕事・通勤・通学）、3次活動（積極的自由時間活動、休養等自由時間活動）に分けた場合の年齢の推移に伴う男女別の変化を示している。

1次活動のなかで、「睡眠」時間は、70歳以降は、男女ともに8時間を超え、85歳以上では9時間40分となっている。1日の3分の1以上は、布団（ベッド）の中で過ごしているということになる。

「身の回りの用事」については、全般的に男性（1時間9分）よりも女性（1時間29分）の方が長く、80～84歳でも男性1時間22分、女性1時間39分となっている。なお、別の調査[2]であるが、「おしゃれをしたい」高齢者（60歳以上）の割合は、男性48％、女性は70.3％となっている。また、社会活動に参加

している人の方が、おしゃれに関心を持っている[3]。食事時間については、20〜24歳を下限に（1時間24分）、それ以降、徐々に増えていき、75歳以降は2時間を超える。

2次活動については、有業者の「仕事」時間は、男性では40〜44歳で7時間49分、女性では25〜29歳で5時間46分をピークに減少していく。「家事関連」時間は、男性は42分、女性は3時間35分と大きな差がある。年代別では、女性は、30〜34歳、70〜74歳、35〜39歳の4時間54分を上限に、ずっと4時間以上の従事時間となっている。75〜79歳で3時間45分、80〜84歳で3時間5分と推移し、85歳以上で1時間40分と激減する。男性は、65歳以降は、1時間を超え、85歳以上でも58分となっている。

● 3次活動：自由時間（休養・積極的活動）

3次活動については、「休養等自由時間活動」において、60歳以降、男女ともに4時間を超え、年代が高くなるにつれて増加していく。85歳では男性7時間11分、女性6時間59分となっている。60〜84歳までは、男女差が大きく、最大で1時間7分（75〜79歳）の差がみられる。

テレビ・ラジオ・新聞・雑誌等の活動に特化した場合、50歳以降は2時間を超え、2時間29分（50〜59歳）、3時間10分（60〜64歳）、3時間41分（65〜69歳）、4時間3分（70歳以上）と増えている。休養等自由時間の多くは、これらの活動に当てられていることがうかがえる。

「積極的自由時間活動」については、10〜14歳、15〜19歳が2時間以上を確保しているが、20〜24歳で1時間49分、30〜34歳で57分と1時間を切り、この状態は50〜59歳まで続く。60〜64歳で1時間12分が確保され、65〜69歳で1時間31分とピークに達し、80〜84歳で56分と一時間を切り、85歳以上は38分と年齢段階では最小となっている。

これらの増減に関わる要因は、「学校」「仕事」「家庭」等、ライフサイクルの要因に因るところが大きい。ただ、70歳代を分岐点に、80歳以降は身体面、健康面での要因に因るところが大きく、日常生活は「家」の中での活動が中心となっていく。

（坂口佳江）

■ 男女、年齢階級、行動の種類別生活時間 ― 週全体

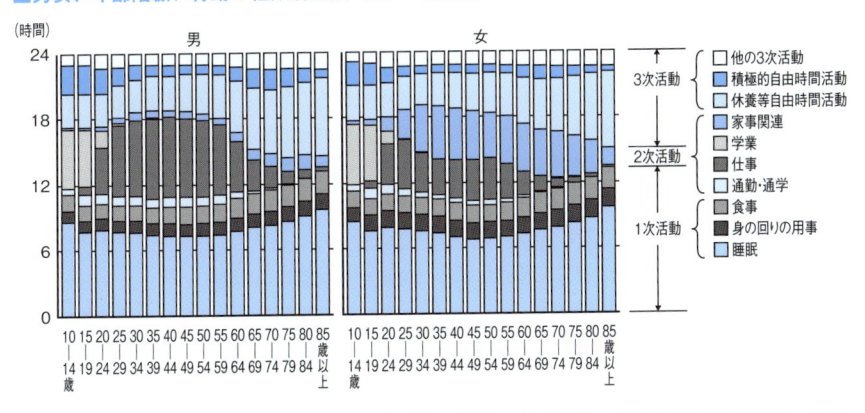

出典：総務省統計局「平成23年社会生活基本調査・結果の概要・調査票Aに関する結果・生活行動に関する結果」5頁，2012．

11-5 社会参加
― 活発化する高齢者の社会参加活動 ―

Keywords ▶▶▶ 老人福祉法／国連原則／社会参加の現状／活動の動機／活動内容

●高齢者の社会参加とは

高齢者の社会参加とは、広義には職業活動を含むが、狭義には職業以外の集団活動への参加をいう。老人福祉法（1963年）の第三条第一項に、「老人は、老齢に伴って生ずる心身の変化を自覚して、常に心身の健康を保持し、または、その知識と経験を活用して、社会的活動に参加するように努めるものとする」とあり、さらに、第二項では、「老人は、その希望と能力とに応じ、適当な仕事に従事する機会その他社会的活動に参加する機会を与えられるものとする」とある。

高齢化する社会情勢のなかで、高齢者の「社会参加」は重要な政策課題として、位置づけられているのである。

●高齢者のための国連原則

国際連合は、1999年を国際高齢者年と定め、5つの基本原理と18の原則を打ち出した。5つの基本原理とは、「自立」「参加」「ケア」「自己実現」「尊厳」のことを言う。「参加（社会参加）」では、3つの原則が述べられている。①高齢者は、社会の一員として、自己に直接影響を及ぼすような政策の決定に積極的に参加し、若年世代と自己の経験と知識を分かち合うべきである。②高齢者は自己の趣味と能力に合致したボランティアとして、共同体へ奉仕する機会を求めることができるべきである。③高齢者は高齢者の集会や運動を組織することができるべきである。

ここでも、高齢者の社会参加の意義が大きく捉えられている。

●高齢者の社会参加の現状

60歳以上の高齢者の約6割が、何らかのグループ活動に参加しており、今後、社会参加したいと考えている高齢者は、約7割いることが、「高齢社会白書」（平成22年版）に報告されている。高齢者の社会参加への意欲の高いことがわかる。

高齢者にとって、高齢期をより豊かに過ごすために、「社会参加」は重要な要素であり、大きな関心事になっている。

●社会参加の動機

高齢者が社会参加する際の動機として、以下の事項が挙げられる。
①自らの健康のため
②趣味における知識や技術修得のため
③教養をさらに広げるため
④社会の役に立ちたいため
⑤地域の人との交流を深めたいため

高齢者が、健康に過ごしていくための手がかりとして、社会参加を、自分の生きがいづくりと位置づけるケースがある。その一方で、人の役に立ちたい、多くの人と交流できる等、高齢者自身が自分もまだまだやれる、という自分の存在意義を確認する場となったり、「社会参加」を自己実現の場と捉える高齢者も多くいる。

●社会参加活動の内容

内閣府「高齢者の地域社会への参加に関する意識調査」（平成20年）によると近所の人たちとの交流について、「親しく付き合っている」が減少する傾向が見られる一方で、「挨

拶をする程度」が増加しており、近所同士の結びつきが弱まっていることがわかる。しかしながら、グループ活動への参加意欲が高いことから、同じ志向を持つ仲間との交流・社会参加を希望していることがうかがえる。具体的な活動についてみると、次の順番になる。

① 「健康・スポーツ（筋力トレーニング体操、散歩、ゲートボール、グランドゴルフなど）」（30.5％）
② 「地域行事（神社の祭り、季節の歳時、バザーなど）」（24.4％）
③ 「趣味（囲碁、絵画、カラオケなど）」（20.2％）
④ 「生活環境改善（公園の清掃、美化活動など）」（10.6％）

その他、「教育・文化（読書会、講演会参加、子育て支援、郷土芸能の伝承など）」「生産・就業（家庭菜園での野菜づくり、ペットの飼育、シルバー人材センターでの仕事など）」「安全管理（消防活動、交通教室への参加など）」「高齢者の支援（話し相手、簡単な世話など）」の活動が挙げられている。

● 高齢者の社会参加の可能性

多くの高齢者は、心身機能が衰えても、仕事や生活上で培った豊富な経験、知識や技術を若い次世代へ伝えたいと考えている。自分自身は自己研鑽に努めながら、社会参加を通して、自己の有能感を確かめたい。すこやかに地域で暮らし続けていきたいとの思いから、健康への関心はきわめて高いことがうかがえる。閉じこもりがちになりやすい高齢者の生活を考えるとき、どのような身体状態であれ社会と接点を持ち、いろいろな世代の人と交流を図り、活動をともに楽しむという生活が、高齢期を豊かにし、生きがいに通じると考えられる。

高齢者の社会参加の場として行政が提供している活動には、老人クラブや老人大学、各種催し物や同好会などがある。また、介護予防の観点から、筋力トレーニングや脳の活性化を図るトレーニングの催しが、増えてきている。

高齢者の社会参加への要望は、多種にわたる。社会と接点の少ない独居高齢者は、情報弱者に陥りやすい。ニーズに合った情報の提供が重要となる。そして、高齢者が身心の状態にあった社会参加を続けることができるような支援が望まれる。

（高橋伸子）

■ 高齢者のグループ活動への参加状況　　（複数回答）

項目	平成10年	平成20年
参加したものがある	43.7	59.2
健康・スポーツ	18.3	30.5
趣味	17.1	20.2
地域行事	12.8	24.4
生活環境改善	6.7	10.6
教育・文化	6.4	9.3
生産・就業	4.1	7.1
安全管理	4.8	7.2
高齢者の支援	5.0	5.9
子育て支援	ー	2.3
その他	ー	0.8

（注1）調査対象は、全国60歳以上の男女
（注2）「高齢者の支援」は、平成10年は「福祉・保健」とされている。

出典：内閣府「高齢者の地域社会への参加に関する意識調査結果」、平成20年.

11-6 生涯学習
― 健康で充実した生活のために ―

Keywords ▶▶▶ 自由時間／積極的余暇／社会参加活動／友人関係／生きがい感

●生涯学習とは

生涯学習とは、生まれてから死ぬまでの生涯を通じた生活のなかで、学習者が主体的に行う学習活動すべてを含む概念である。その学習内容には、スポーツ、文化、趣味、ボランティアなどの社会参加活動も含む。

生涯学習の考え方が世界的に普及する契機となったのは、1965年のユネスコにより提唱されたラングラン（Lengrand, P., 1967）の生涯教育論である。ラングランは、教育の目的に関して、教養のある人間をつくることを重視したため、その内容は、職務教育よりも教養教育を主体とするものであった[1]。

わが国で初めて生涯教育論が導入されたのは、1971（昭和46）年の中央教育審議会答申であり、同年の社会教育審議会答申では、生涯教育の必要性が提唱された。

その後、1984～1986年の臨時教育審議会答申で生涯学習へと転換された。その内容は、ユネスコの影響を受け、教養主義が重視されてきた。

●高齢者と自由時間

平均余命の延長により、「子育て」や「仕事」を終えた高齢者には多くの自由時間がある。「平成23年度社会生活基本調査」（総務省統計局、2011）によれば、65歳以上の高齢者の生理的必要時間（11時間43分）、社会的必要時間（3時間04分）を除いた自由時間は9時間13分であり、これは高齢になるにつれて増加している。

一方で、自由時間の過ごし方をみると、同調査によれば「在宅的余暇」（テレビ・新聞・ラジオ・雑誌・休養・くつろぎ）が「積極的余暇」（学習・研究、趣味・娯楽）を上回っている。また、「高齢者の地域社会への参加に関する意識調査」（平成20年）（総務省高齢社会対策室、2008）によると、地域の社会的活動へ参加したことがある60歳以上の高齢者は59.2%であり、「参加したものはない」高齢者は40.8%である。

内閣府「生涯学習に関する世論調査」（平成20年）によれば、60歳以上の高齢者がしてみたい学習の内容としては、「趣味的なもの」（56.8%）、「健康・スポーツ」（56.6%）、「教養的なもの」（24.9%）、「家庭生活に役立つ技能」（20.5%）「ボランティアやそのための知識・技能」（20.1%）、「パソコン・インターネットに関すること」（17.6%）、「自然体験や生活体験などの体験活動」（13.2%）等となっており、多岐にわたっていることがわかる。

このような生涯学習への多様なニーズに対応するため、種々の形態で生涯学習の機会が提供されている。例えば、高等教育機関が実施する公開講座、放送大学、公民館・図書館等で行われる講座など、民間のカルチャーセンターなどの教室・講座、老人クラブなどでの趣味や学習、老人大学などである。

また、行政は、生涯を通した学びの環境整備、多様な学習機会の提供、学習成果の適切な評価と、その活用のための仕組みづくりなど、生涯学習社会実現に向け取り組んでいる（文部科学省、2011）。

●老年期における生涯学習の効果

　高齢者にとって生涯学習はどのような効果をもたらすのだろうか。

　老年期の生涯学習の効果としては、まず友人関係が挙げられる。親しい友人や配偶者との死別など多くの「喪失」を体験する老年期は、友人関係の再構築が重要課題となる。

　先に紹介した「高齢者の地域社会への参加に関する意識調査」（平成20年）でも、「活動全体を通じて参加して良かったこと」として最も多くの回答があったのが「新しい友人を得ることができた」（57.1％）であった。また、堀（1999）[7]が老人大学参加者を対象に行った調査では、参加者の約7割が5人以上の友人を獲得し、さらに参加者の約7割が受講後の感想で友人関係の形成を高評価していた。このことから、老年期の生涯学習には友人関係の再構築という効果が示唆される。

　老年期の生涯学習には、生きがいの創造、健康維持などの効果もある。

　神谷（1980）[8]は、生きがいを「生きがいの源泉、または対象となるもの」と「生きがいを感じている精神状態」（「生きがい感」）とに区別した。神谷の生きがい論に生涯学習をあてはめれば、学習内容は「生きがいの源泉・対象」であり、学習活動を介して「生きがい感」を得ているといえる。また、先の新しい友人関係の構築も「生きがい感」を得るひとつの手段といえよう。

　では、生涯学習は、高齢者に「生きがい感」や、健康の維持をもたらすのだろうか。

　国立教育会館社会教育研修所（1997）は、「生きがい感」としての「充実感や生活の張り」および健康状態と生活行動との関連について調べている。「学習と社会参加活動」の両方または「学習活動」を行っている高齢者に「充実感や生活の張り」を感じている人が多く、「社会参加活動」「学習と社会参加活動」の両方を行っている高齢者に健康状態が良好である人が多かったとしている（図参照）。

　また、「高齢者の地域社会への参加に関する意識調査」（平成20年）でも、生活に充実感ができた」（47.0％）、「健康や体力に自信がついた」（38.8％）と回答した人が多かった。

　これらの結果は、高齢者にとって生涯学習が、「生きがい感」を得たり、健康を維持したりする重要な要因となっていることを示唆していると言えるだろう。

　　　　　　　　　　　　　　（山本哲也）

■老年期の生活行動と「充実感や生活の張り」「健康状態」との関連

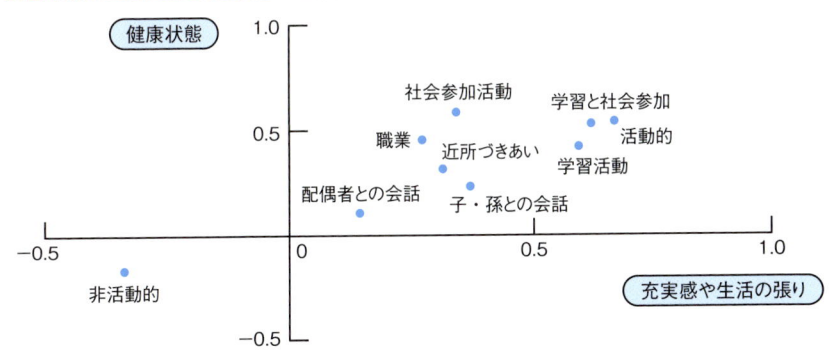

出典：「高齢者の学習・社会参加活動の国際比較．成人教育に関する国際比較調査報告書」国立教育会館社会教育研修所，270頁，1997．

11-7 リカレント教育
― 生涯にわたる学びのシステム ―

Keywords ▶▶▶ 生涯学習／ライフサイクル／教育システム／自己実現

●リカレント教育とは

　リカレント教育とは、1970年代にOECD（経済協力開発機構）のCERI（教育研究革新センター）が提唱した教育改革構想の代表的な考え方の1つである。それは、従来の青少年期という人生の初期に集中していた教育を見直し、個人の全生涯にわたり学習の機会を分配して、必要に応じて繰り返し教育を受けることを可能にし、かつ保障しようとするものである。

　リカレント教育の理念は、人生の隅々まで教育を還流させようという考え方であり、その特徴は教育と労働や余暇活動を交互に行うことにある。つまり、これまでの児童期→教育期→労働期→余暇期という一方向を示すライフサイクルではなく、教育期・労働期・余暇期を自由に個人が組み合わせ、ライフサイクルを自らが柔軟に選ぶことができるということが特徴である。

　例えば、義務教育あるいは基礎教育などの教育期が修了した後、就職による労働期となるが、その労働期を定年までそのまま続けるのではなく、再び教育機関において学ぶ機会を選択する。そして、ある一定期間教育を受けた後、再度職場に戻り労働期を経過し、時には自由に仕事から離れ余暇期を選ぶといった形である。このように、従来の一方向のみのライフサイクルではなく、個人の必要性によってさまざまな組み合わせが可能となる。最終的には、これまで別々に行われてきた学校教育、社会教育（成人教育）、職場（企業）内教育の3つの分野での教育を統合し、制度化するシステムの確立を目指している。

●わが国のリカレント教育

　一般にリカレント教育は、「労働（仕事）と教育との交互のシステム」とされるが、わが国においては、文部科学省が狭義のリカレント教育を「リフレッシュ教育」として推進している。リカレント教育の需要は高等教育の方が多いが、実際はかなり限られている。しかし、青少年人口の減少、国際化や技術革新が急速に進んでいることによる学習のニーズの高まりなどが、リカレント教育の需要を増大させている。そこで中等教育レベルでは、技能連携教育や単位制高校の制度化が、高等教育レベルでは、社会人入学、昼夜開講制度の導入、放送大学、夜間大学院や研究生の受け入れなどが具現化されている。さらに、専修学校などと大学との単位互換や単位累積加算制度が導入され、学位授与機構の創設などもその推進力となっている。

　一方、文部科学省生涯学習審議会においては、リカレント教育を「成人教育」と定義しており、成人期（老年期を含む）にある人に対する一般教養すべてを包括する幅広い捉え方をしている。それは、従来の学歴重視を基盤とした固定的な高等教育ではなく、一生涯にわたって行われる生きた学習を重視するということである。また、過去に学んだことに固執する生き方から現状に即した生き方、あるいは今を生きるための学習と位置づけるという意味では、生き方そのものの転換を可能に

する非常に幅広い考え方としてリカレント教育を位置づけている。

●高齢者とリカレント教育

　高齢者の社会的活動をみた場合、これまでの会社勤務、自営業や自由業の仕事などをそのまま継続したり、退職後に再就職をするなど、仕事を中心とした生活を送っている場合が多い。しかし、その時期を経過すると、多くの高齢者（女性の場合はあまり生活の変化はみられないかもしれないが）は、仕事から離れ、地域での生活が中心となるのが一般的である。

　人生50年であった時代においては、その後の人生を「余生」と言ったが、現在は80～90歳代までの20数年間の長い安定した人生が待っている。したがって、この時間を単なる余った時間と考えるか、あるいは自分にとって意味のある時間と考えるかによって、人生に大きな違いがみられるようになるのである。

　よりよく生きるためには、社会の動きに主体的に対応し、常に学習や教育の必要性を自覚することが大切である。

　リカレント教育は、広い意味で一生涯にわたって行われる生きた学習を重視するものである。そして、高齢者にとってのリカレント教育は、さまざまな状況下における生きるための学習、とりわけ自分らしい生きがいをもって生きるための学習として位置づけることができる。

　個々人が今の自分にとって必要な学習が何であるかを認識・選択しながら、その機会を大学・市民講座・老人大学などのさまざまな場で獲得していくことが可能になってきている。その視点としては、これまでの自分自身の人生を振り返り、自分の生き方を整理するチャンスとしての学習のほか、自立した日常生活を送るために、健康の維持や疾病の予防に関する学習、さらにこれからの自分の生き方の方向性を見出し、自分なりの生活を送るための学習などがある。また、後進に対し先輩として何かを残す（後世に何かを伝える）ことで、自分自身の存在を証明するなど、さまざまな今を生きる学習があるように思われる。これらの学習内容はやがて統合され、最終的には個々人の自己実現に結びつけていくために重要な役割を果たすのである。

（箕浦とき子）

■リカレント教育

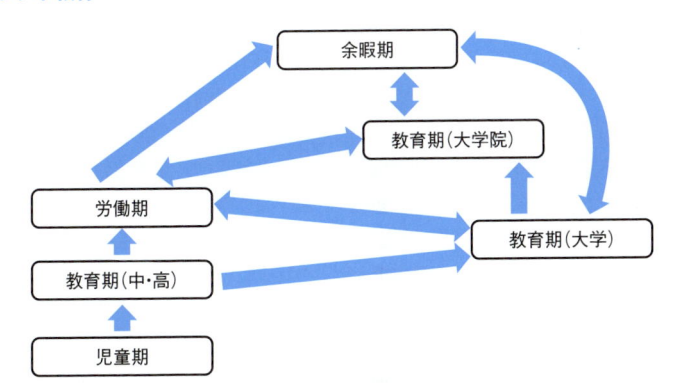

11-8 老人大学
― 地域における学びと交流の場づくり ―

Keywords ▶▶▶ 社会参加／生涯学習／社会貢献／生きがい

●老人大学の意義と経緯

老人大学は、生涯学習の一環として、高齢者を対象とする学びの場、生きがい・社会参加活動の場としての意義をもっている。

1954（昭和29）年に高齢者の社会参加、社会貢献という理念のもと、小林文成が公民館に開いた楽生学園（長野県伊那市）が、わが国における老人学級（老人大学）の最初といわれる。

1963（昭和38）年の老人福祉法制定後、高齢者の余暇活動、教養向上のための活動が徐々に活発化していくなかで、「老人よ、大志をいだけ！」との掛け声のもと初の本格的な老人大学として、1969（昭和44）年にいなみ野学園（兵庫県加古川市）が登場した[1]。いなみ野学園は、カリキュラムとして一般教養、専門学科、クラブ活動を置いた。当初1年制であったが、その後4年制の老人大学として発展した（大学院も設置）点は、画期的な取り組みといえる。

さらに、1977（昭和52）年には、高齢者の学習とともに社会参加・コミュニティづくりへの支援活動が位置づけられた新たなタイプの老人大学として、世田谷区老人大学が誕生した[2]。現在は世田谷区生涯大学として継続されているが、2年間の学習修了後、修了生はふれあいサロン活動や高齢者の相談支援活動など、地域を拠点に自主的な社会活動を行っている[3]。

1980年代には生涯教育における高齢者教育が重視されるようになり、1989（平成元）年から文部省による長寿学園開設事業への補助、1990（平成2）年に生涯学習振興法の制定、さらに1990（平成2）年から始まった「高齢者保健福祉推進十か年戦略」により「明るい長寿社会推進機構」が設置されるようになった。これらの流れにより、現在では主に教育行政系の老人大学（地方自治体教育委員会）と、福祉行政系の老人大学（明るい長寿社会推進機構）が全国で老人大学を展開している状況である[4]。

●老人大学の活動内容

老人大学の利用者の年齢はおおむね60歳以上であり、その活動内容は多様であるが、大きく以下の3つに分けられる。

①学習活動：社会事象の学習、日本・世界の歴史、生活文化、建築・美術、健康維持・管理、生活設計に関する講座、パソコン、能力トレーニングなど。

②趣味・運動などの活動：レクリエーション、健康体操、太極拳、書道、茶道、華道、詩吟、謡曲、民謡、大正琴、コーラス、水彩画、油絵、水墨画、ちぎり絵、絵手紙、フラダンス、古典文学、俳句、川柳、陶芸など。

③社会貢献活動・地域活動：ボランティア活動、福祉制度や福祉サービスについての学習・体験、地域を知るなど。

それぞれの老人大学においては、学習中心型、趣味活動中心型、社会貢献活動中心型、それぞれのミックス型など、地域のニーズに合わせた特徴をもつ内容で授業を行っているのが現状である。

● 高齢者の生活ニーズと老人大学

　少子・高齢社会を背景に高齢者の単身世帯も増え、ライフスタイルの多様化も進んでいる。今後、高齢者の生活ニーズも多様化していくと思われ、老人大学の活動内容もそれらのニーズに合わせて発展していく必要がある。

　こうした時代の流れをふまえ、自治体と大学が協働した新たなタイプの老人大学の例としては、東京都港区の「チャレンジコミュニティ大学」が挙げられる。

　チャレンジコミュニティ大学は、港区が区内にある明治学院大学に業務委託し、2007（平成19）年4月より大学内に開設している。開設の趣旨は、「生きがいのある豊かな人生の創造、学習を通じた個々の能力の再開発」である。サービスの受け手ではなく、新たに地域活動のリーダーとなる人材育成を目的としているところが特徴である。

　1年間のカリキュラムは、社会参加、健康増進、一般教養に分かれ、授業形態は、講義・体験学習・実地見学を基本とし、明治学院大学の教授等が講師となっている。明治学院大学のキャンパスを利用することで、若い学生とのふれあいもあり、大学の施設も利用できる点も受講者には好評である。

　平成25年度末現在約400名以上の修了生がおり、修了後は「チャレンジコミュニティクラブ（CCクラブ）」に登録し、多くの人が「学童クラブへの支援」「福祉施設のコンサート」「ひきこもり高齢者訪問」「港区国際交流協会活動参加」等さまざまな地域活動を通じて社会貢献を行っている[5]。

● 老人大学の今後

　港区の事例にもあるように、老人大学は時代とともに変化していく高齢者のニーズに対応していくことが求められていく。

　従来老人大学は「高齢者の学びの機会」や、「余暇の有効活用」等がその中心的役割であった。今後は老人大学をきっかけにして、高齢者自身がボランティア活動や仲間との交流等に発展させていく可能性もある。このように老人大学は、高齢者が自主的に地域のさまざまな活動へ参加していくための支援機関としても位置づけられるであろう。

　地域において住民、ボランティア、福祉、教育機関等との協働のもと、老人大学が地域福祉への貢献に役立つことが今後ますます重要であると思われる。

　　　　　　　　　　　　　　　（鳥羽美香）

■ 老人大学の類型

対象となる地域 / 行政との関係	広域型	地域密着型
福祉行政系	1. 福祉行政系広域型老人大学（大阪府老人大学など）	2. 福祉行政系地域密着型老人大学（世田谷区老人大学など）
教育行政系	3. 教育行政系広域型老人大学（いなみ野学園など）	4. 教育行政系地域密着型老人大学（鯖江市高年大学など）

出典：「都市型老人大学受講者の実態と意識に関する調査研究 ―大阪府老人大学を事例として―」大阪教育大学生涯教育計画論研究室，63頁，1999．

11-9 趣味
― 生活の活性化と自己実現 ―

Keywords ▶▶▶ 生涯学習／余暇活動／生きがい／自己実現／無趣味

●趣味とは

趣味とは、辞書的には「専門としてではなく、楽しみとして愛好する事柄」（岩波国語辞典，2009）と定義される。区別が難しい言葉として、生涯学習活動、余暇活動などがあり、内容的に共通・類似している[1]。

内閣府「生涯学習に関する世論調査」（2012）によれば、生涯学習活動に取り組む理由として、調査対象者の59.4%が「趣味を豊かにするため」と答えており、趣味につながる手段として生涯学習活動を捉えていることがうかがえる（内閣府，2012）[2]。

●高齢者と趣味

趣味は本来、個人の興味・関心に基づく個別的活動である。しかし、趣味を同じくする者が一堂に会して集団で行う場合には、友人づくりなど成員間交流の効果も期待できる。その意味で趣味は、老年期の友人関係の再構築にも重要な役割を担っている。

総務省統計局「社会生活基本調査」（2011）によれば、過去1年間に何らかの「趣味・娯楽」を行った高齢者は72.1%であり、趣味は高齢者の生活に重要な意味をもたらしていることがわかる[3]。

高齢者の生きがいについて、日本生活学会（1999）は、「仕事、学習、趣味、ボランティア活動」の4点を挙げている[4]。内閣府「高齢者の地域社会への参加に関する意識調査」（2009）によると、「趣味やスポーツに熱中している時」に生きがいを感じると答えた高齢者は51.8%であった[5]。調査結果から、老年期の生活に活かすことができる趣味の発見への援助の視点が重要であり、新たな老年期の生きがいづくりにつながることが示唆されている。

●生活の場における趣味活動

在宅で過ごす高齢者の趣味活動は多岐にわたるが、個々人のADL（日常生活動作能力）の程度によって、必ずしも希望どおりに趣味活動が行えるとは限らない。例えば、高齢者自身の移動能力が低下している場合、趣味活動に必要な施設や機関の利用を制限されることがある。

総務省統計局「社会生活基本調査」（2001）によると、高齢者の余暇活動時間の3次活動（余暇活動など、各人の自由時間における活動）はどの年代よりも長くなっているが、在宅型余暇活動（テレビ・ラジオ・新聞・雑誌・休養・くつろぎ）が、積極的余暇活動（学習・研究・趣味・娯楽・スポーツ・ボランティア活動・社会参加活動）を上回っている[6]。特に70歳以上では、余暇活動時間の80%以上が在宅型余暇活動となっており、これらは、ADLに関係があるといえる。また、経済的余裕が少ない場合も、生活に直接必要と思われる支出が優先されるため、趣味に関連した諸経費などは後回しにならざるを得ないのが現状である。

老人ホームなどの高齢者施設に入所している高齢者の趣味活動は、施設で用意されているメニューに左右されることが多い。具体的な活動には、書道、俳句、民謡、園芸、陶芸、

手芸、生け花、カラオケなどが多い。施設入所高齢者のなかには、趣味活動が生活の充実や生きがいにつながっている人もいる。寝たきり高齢者でも、ベッドのなかで読書やクラシック音楽を聴くことを趣味にしている人もいる。

● 無趣味の高齢者への支援

趣味の楽しみ方はさまざまである。生きがいを感じ前向きに参加している高齢者も多くみられる一方、遊ぶことを罪悪と考える時代背景下で育った高齢者においては、自らを「無趣味」と答える人たちもいる。趣味を"遊ぶこと"と同義に捉える高齢者にとっては、"恥ずかしいもの"として、趣味の実践に否定的になるからである。これは、高齢者の生きてきた社会背景や生活環境に関連するが、こういった高齢者への精神面へのアプローチも忘れてはならない。

● 今後の課題

総務省統計局「社会生活基本調査」の2006年と2011年の余暇活動の変化を表に示した。高齢者の余暇活動は、就業時間の減少とともに増える自由な時間であるが、各年代・男女とも主に「趣味・娯楽」「旅行・行楽」などに費やしている。特筆すべきは「学習・研究」の5年間（2006〜2011）の変化である。総務省統計局「社会生活基本調査」（2011）によると、「パソコンなどの情報処理」を学ぶ高齢者の割合が最も上昇しているとある。こういった結果からも、高齢者は、「趣味・娯楽」といった「習い事」以上の専門性や高度性、「趣味の専門化」を求め始めているものと思われる。

老人大学に入学するのも抽選に受からないと入学できないところも多い。まずは、知的好奇心を十分に満たす老人大学やリカレント教育の充実が急がれる。

高齢者が主体的に生活を送ろうとすれば、趣味活動は自己実現の方法として欠かせない。高齢者が新たなものに挑戦できるような「動機づけ」や「加入への働きかけ」といった意欲を高める援助も重要である。

高齢者の行う趣味活動は、壮年期・中年期から老年期へとつながる人生設計や個人のもつ人生観や死生観にまで及ぶ意義深い生活行動といえる。その意味でも、趣味を手段とした「集団活動プログラムの構築」は、生きがいづくりの視点からみても、各関係機関の担うべき重要な課題である。

（石川眞理子）

■ 高齢者の余暇活動の変化

	スポーツ活動		学習・研究		趣味・娯楽		ボランティア活動		旅行・行楽	
	2006年	2011年	2006年	2011年	2006年	2011年	2006年	2011年	2006年	2011年
男性										
65〜69歳	60.8	63.8	27.6	30.9	79.3	82.1	31.1	28.9	75.3	71.8
70〜74歳	52.2	60.1	22.4	30.4	74.2	77.9	30.0	28.0	69.4	68.2
75歳以上	33.4	39.5	14.4	20.7	58.1	63.1	19.4	17.9	51.3	49.6
女性										
65〜69歳	63.7	60.0	28.2	31.6	80.1	82.8	30.3	28.4	73.6	74.8
70〜74歳	54.6	55.4	22.2	30.0	75.4	77.3	28.1	25.0	68.0	67.5
75歳以上	32.7	36.3	14.3	18.8	57.1	60.9	17.2	15.3	48.8	47.9

(注) 1. 「スポーツ」とは野球（キャッチボールを含む）、ソフトボール、バレーボール等をいう。
2. 「学習・研究」は外国語（英語等）、商業実務とビジネス関係（パソコン等情報処理等）、介護関係、家政・家事関係（料理や裁縫、家庭経営等、人文・社会・自然科学関係（歴史・経済・数学・生物など）、芸術・文化、その他となっている。
3. 「趣味・娯楽」はテレビやDVDなどを除くスポーツ観覧や美術・演芸・演劇・映画等の鑑賞をいう。
4. 「ボランティア」は、健康や医療サービスに関係した活動、高齢者・障害者・子どもを対象とした活動・スポーツ・文化・芸術・学術に関係した活動、街づくりのための活動、安全な生活や自然・環境を守るための活動、災害に関係した活動、その他である。
5. 「旅行・行楽」は日帰りの旅行、1泊2日以上の国内・海外旅行（観光旅行、帰省・訪問、業務出張や研修等）、その他を含む。

出典：総務省統計局「社会生活基本調査」2006-2011. をもとに作成。

11-10 高齢者の旅行
― その効用と実現に向けてのポイント ―

Keywords ▶▶▶ バリアフリー／リフレッシュ／ユニバーサルデザイン／ハンディキャップ

● 高齢者の旅行

　高齢者が、たとえ身体が不自由であっても祖先の墓参りに行きたい。風光明媚な景勝地を訪れたい。そして、たまには温泉でくつろぎたいと思うことは、特別なことではない。旅行は、日常生活の場から移動し、非日常な場で行動する点に意味がある。

● 旅行の環境

　障害者や高齢者が生活しやすい社会は、他の人々にとっても生活しやすい社会である。障害者や高齢者の生活保障のひとつとして、地域社会に存在する物理的障害をなくすことは、生活しやすい社会をつくる第一歩となる。バリアフリーやユニバーサルデザインの普及は、地域社会を誰にとっても過ごしやすい社会へと変化させている。

　1994（平成 6）年の「高齢者、身体障害者等が円滑に利用できる特定建築物の建築の促進に関する法律」をはじめ、2006（平成 18）年の「高齢者、障害者等の移動等の円滑化の促進に関する法律」まで、日本では高齢者や障害者等の移動や施設の利用上の利便性及び安全性の向上を促進してきている。また、車いすや歩行具などの移動や外出のための機器から排泄用品にいたる多種多様な福祉機器・用品の開発や改善がなされてきてもいる。

　さらに、インターネットの普及によって交通機関や観光地の最新情報を手軽に入手できるようになった。こうした社会の変革によって、高齢者や家族がより安心して外出できる環境が飛躍的に整備されてきた。

● 旅行の効能

　旅行の効用に関しては、一般社団法人日本旅行業協会をはじめ、旅行会社などでも調査が行われている。それらの調査のどれもが、「旅行によって日常的な悩み」「ストレス」が解消され、旅行から帰った後にもその効用は続くとしている。

　そこでここでは国土交通省観光庁が 2013（平成 25）年に行った調査結果から、旅行の効用をまとめる。この調査は「ユニバーサルツーリズムにおける効用」として、心身のリラックス効果（心の変化、身体の変化）と行動の変化を検討することを目的に、移動や日常の生活に制約のある高齢者や障害者に着目して旅行の効用を検証している。

　旅行の企画・準備段階から心の変化が現れ、それが行動の変化を促し、身体の変化へとつながり、高齢者や障害者の健康維持・増進に効果をもたらした。まず短期的な効用として、旅行への期待感や旅行先での満足感・幸福感という心の変化がみられる。さらに旅行の企画が決まると体調管理に気を配ったり、リハビリ回数を調整したり、睡眠時間や食事の管理を行うようになる。これは行動の変化である。旅行中はいつもよりも長い距離を歩くこともある。そして身体への変化として、ストレス状態の緩和、身体機能の活発化が生じる。睡液アミラーゼ活性によるストレス診断の測定結果をみてもリラックス効果が認められた。POMS（Profile of Mood States）を用いた気分に関する調査でも、障害者本人のみ

ではなく介助者も気分の良い状況、積極性や前向きな気持ちの向上がみられた。

これらは旅行後も中・長期的効用として現れていた。心の変化では、日常生活への意欲が高まり、外出への自信がつき、次回の旅行を期待するようになる。行動の変化では、外出頻度が増え、継続的にリハビリに取り組むようになり、社会参加・集団行動への参加が増え、通院回数の減少もみられた。身体の変化では、身体機能や歩行レベルの維持、回復、介護レベルの低下、コミュニケーション能力の向上、健康増進などの効用がみられた。

このように非日常である旅行は、旅行者である高齢者や障害者のみではなく、同行した家族や介助者にも効用をもたらすのである。

● 旅行の課題

「玄関から出て玄関に帰るまでが旅行」という言葉があるが、まさに旅行は、安全・安心が基本である。社会のバリアフリー化が進み、安全確認のための情報量や事故対策などは充実してきている。その一方、高齢者は体力の個人差が激しいこと、体調が安定しにくいこと、そして環境変化への順応が容易でないことなどによって、本人はもちろん、旅行の同行者の負荷は大きい。

このような理由で旅行を諦めたり、その機会を放棄してしまう高齢者や家族、福祉施設の職員が少なくない現状がある。

● 実現に向けてのポイント

しかし、旅行は高齢者に活力を与え、生活に潤いを添えてくれる。高齢者の旅行を実現するためにはどうすればよいのか。まず、旅行の障害になっていることを再確認することである。

「高齢者本人が行きたがらない」「家族に時間がない」「経済的に負担である」「事故や病気が心配」「旅行の効能に懐疑的」等々の項目を書き出してみる。介助や介護が必要な高齢者の旅行や外出は、必然的に家族の事情に関わっており、家族の問題と直結している。

次に、どんな旅行なら可能なのか、必要な対応策を追求する。この手順は、人が旅行に出かける時、程度の差こそあれ自然に行っていることである。

高齢者の旅行の実現は、想像するほどの高いハードルがあるわけではない。旅行中や帰宅後の高齢者の笑顔は何ものにも代えがたい素晴らしいものである。　　　　　（田中義夫）

■旅客施設のバリアフリー化の状況（障害者白書　平成24年版）

	1日当たりの平均利用者数5,000人以上の旅客施設数	平成22年度末 段差の解消	平成22年度末 視覚障害者誘導用ブロック	1日当たりの平均利用者数5,000人以上かつトイレを設置している旅客施設数	平成22年度末 障害者用トイレ
鉄軌道駅	2,813	2,401（85.4%）	2,736（97.3%）	2,695	2,245（83.3%）
バスターミナル	37	34（91.9%）	32（86.5%）	27	15（55.6%）
旅客船ターミナル	6	6（100.0%）	5（83.3%）	5	5（100.0%）
航空旅客ターミナル	20	19（95.0%）	20（100.0%）	20	20（100.0%）

注1：バリアフリー法に基づく移動等円滑化基準に適合するものの数字。
注2：1日当たりの平均利用者数が5,000人以上であり高低差5m以上の鉄軌道駅において、エレベーターが1基以上設置されている駅の割合は88.4%、エスカレーターが1基以上設置されている駅の割合は74.3%となっている。
注3：航空旅客ターミナルについてのエレベーター・エスカレーター等の設置は100%達成済み。

出典：内閣府「平成24年版 障害者白書」。

11　生活と活動

11-11 レクリエーション
― 自由時間を上手に過ごすために ―

Keywords ▶▶▶ 自由時間／レクリエーション／レクリエーション活動／高齢者レクリエーション

● 高齢者における生活時間構造

1日24時間での生活時間の一般的構造は、最低限生命維持（睡眠、飲食、排泄など）のための生活必需時間と社会・経済生活を営むために必要な拘束時間、そして主体的・自律的行動をする自由時間と、3領域に大別できる。また、上述の生活時間それぞれが、相互に重複し合い、画然と区別できない場合がある。さらに、個人の年齢、性、環境、曜日などの違いにより、それぞれの構成比率も異なってくる。また3領域の過ごし方は、相互に大きく影響し合う。

高齢者の場合は、生活時間それぞれの比率が一般成人と比較すると大きく変化し、異なってくる。この変化の事実、特に"自由時間の増大"は高齢者の特徴として注目に値する（図参照）。定年退職後の生活必需時間は一日の約3分の2弱、拘束時間は皆無か僅少の状態、社会参加の機会が極度に減少する。身の回りに費やす時間、食事や洗面・排泄に費やす時間を除けばすべて自由時間として実感することになる。これは、個人の生き様や社会の盛衰にとっても大きな課題であろう。

● 高齢者における自由時間の過ごし方

自由時間の増大は、毎日興味・関心のある活動を実践できる機会が豊富にあることを意味する。具体的には、個人にとって健康的・創造的活動、かつ社会的に是認できる、いわゆる上手な活動（趣味を含む）をする機会が多くあるということである。ひいては生活を楽しみ、生きがい感の創出にもつながる可能性が高くなっていく。

あるいは反対に非健康的・非創造的活動、または反社会的活動など、ネガティブな活動（ギャンブル過熱・運動過熱を含む）にのめりこんだりするか、何もしないでぼんやりと過ごすこともあり得る。

高齢者自身の自由時間の過ごし方は、このように両極に分かれて、その選択は高齢者自身に委ねられる。一方、社会的視点に立つと、後者の場合には問題が生じる。例えば無為に一日を過ごす人が増加した場合、社会全体が沈滞し、運動不足による疾病増加を加速させることになる。

このような現象を防ぐためにも、高齢者の自由時間の過ごし方に対して、質の高い支援が必要・不可欠となる。

● レクリエーションとは

レクリエーションは、自由時間と深く関係する。自由時間のみならず、他の生活必需時間、拘束時間にも影響を及ぼす。レクリエーションとは「個人的・社会的に、よりよい自由行動を推進するための働きかけ（自由時間の過ごし方に対する知識・技能・態度の啓蒙・支援、環境整備など）」[1]と説明できる。要するに「自由時間を上手に過ごそう」という啓蒙的考え方なのである。

米国においては1800年代後半、自由時間増加により顕著となった青少年非行問題を発端として、社会的運動としてのプレイグランド・ムーブメント（Playground Movement：遊び・運動広場を確保しようとする啓蒙運動）

が起こった。その後それがレクリエーション・ムーブメント（Recreation Movement：レクリエーションの考え方を広める啓蒙運動）として発展してきた。現在では行政組織のなかにレクリエーション部（局）として位置づけられ、市民生活に大きく貢献している。

日本においては、第二次世界大戦直後（1945）にレクリエーションという考え方がGHQを通して原語のまま導入された。具体的には、敗戦による日本人の貧困生活からの脱却、疎外感を克服するために、生きる喜びや連帯感醸成に適した活動（日本人が経験の少ない集団ゲーム、集団での歌、フォークダンスなど）が紹介・導入された。そして全国において多くの人々が、それらの活動そのものに新鮮さと喜びを感じ、大いに親しまれてきた。当時の時代背景下では、多くの日本人のニーズに合致するものであった。

余暇活動が多様化した現代でも、レクリエーションといえば、前述の活動が強く印象づけられており、ある特定の活動を示す傾向もある。そして今日、連帯感を求めるためのツールとして、それらの活動が見直され、体験ニーズも高まっている。

● 高齢者レクリエーションの意義

下図「高齢者（退職者）の生活時間構造の変化モデル」と前述の「レクリエーションとは」を念頭に置くとすれば、高齢者のレクリエーションの意義は、「高齢者にとって興味ある集団ゲーム・運動・歌・趣味・娯楽・文化・教養・観光・雑談・社交・年中行事などさまざまな活動を通して、楽しさ感や生きがい感をもつように働きかけること」と解釈できる。「教育」「体育」「人間性」などの抽象的概念の類である。

特に要支援・要介護高齢者レクリエーションは、高齢者自身が活動をしたくても、その意思表示ができない、身体が動かない（動かせない）場合もある。活動自体を知らない人もいる。したがって、活動の工夫が求められ、優しさと真の思いやりのあるレクリエーション活動支援が必要となる。それらは人間対人間の関わりであり、利用者個人々には、その人が属している社会にアクノリッジ（認められる・居場所がある）されることが実感されなければならない。これは日常生活には欠かせない、きわめて有意義なことで、高齢者の生きる喜びにつながる。　　　（山崎律子）

■高齢者（退職者）の生活時間構造の変化モデル

成人の生活時間構造：自由時間／拘束時間／生活必需時間

高齢者の生活時間構造：自由時間／拘束時間／生活必需時間

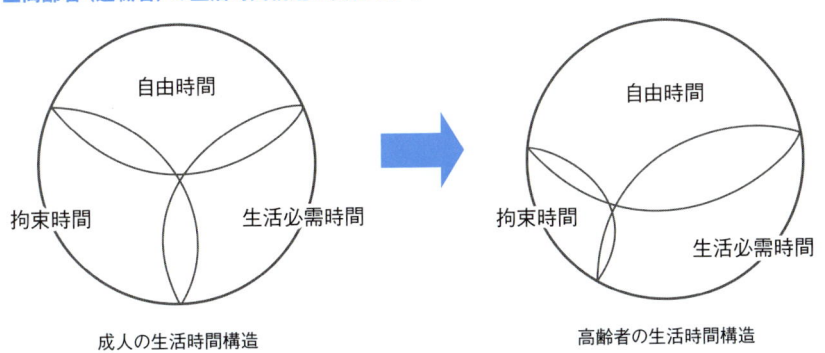

出典：余暇問題研究所 編著『現代人とレジャー・レクリエーション』不昧堂出版、8-9頁、1997.

11-12 老人クラブ
― 地域を豊かにする社会貢献活動 ―

Keywords ▶▶▶ 孤立防止／健康づくり／介護予防／友愛訪問

●孤立防止の活動

　老人クラブでは、健康づくりや介護予防をはじめさまざまな趣味活動などの「生活を豊かにする楽しい活動」や友愛訪問活動、子どもたちの見守りや交流、伝承、美化活動など、「地域を豊かにする社会貢献活動」にも取り組んでいる。

　特に、ここ数年は、悪徳商法被害、孤立死、そして所在不明高齢者の問題など、高齢者の孤立した生活を背景とした事件が大きな社会問題となっていることから、高齢者の「孤立防止の活動」を重点活動として展開している。孤立の問題は、高齢夫婦世帯や単身世帯の増加、近隣との関わりが浅くなっていることに加え、高齢になるにしたがい外出機会が少なくなっていることが挙げられている。

　また、孤立した生活や閉じこもりがちな生活は、寝たきりや認知症の要因として、高齢者の健康にも大きな影響を与えると言われている。2007（平成19）年、全国老人クラブ連合会が80歳以上の会員を対象に行った調査（図参照）では、約8割の人が2日に1回外出しており、主な外出先として最も多かったのが「老人クラブ活動」、次いでスーパー、病院の順であった。一方、「ほとんど外出しない」と答えた人の外出しない理由には、「健康や体力の不安」「出かける用事がない」「誘ってくれる仲間がいない」が挙げられていた。こうしたなか、老人クラブでは、「孤立防止の活動」として取り組んでいるのが「健康づくり・介護予防活動」や「友愛訪問活動」である。

●健康づくり・介護予防活動

　「地域に健康づくり・介護予防の輪を広げよう！」をスローガンに全国運動として取り組んでいる「健康をすすめる運動」では、健康に関する正しい知識の学習、自分にあった健康づくりの実践、自分の現状を知るための点検を柱にし、さまざまな活動が取り組まれている。具体的には「いきいきクラブ体操」や「健康ウォーキング」「高齢者向け体力測定」（文部科学省「新体力テスト」）など、高齢者が自分たちで取り組んでいけるよう、リーダー育成など組織的な普及・啓発も進めている。また、介護予防活動では、地域における介護予防・各種窓口の拠点である地域包括支援センターとの連携を強化するなど、高齢者だけでなく地域の関係機関、団体と連携して取り組むことで、安心・安全な街づくりにもつながる活動となっている。

●友愛訪問活動やサロン活動

　友愛訪問活動は、一人暮らしや寝たきりの高齢者を対象に、声かけや訪問による話し相手を通じて孤独の解消、孤立の防止を図るもので多くの老人クラブが取り組んできた活動である。しかし、近年こうした友愛訪問活動は、個人情報の保護やマンションなどの住宅事情から訪問することが難しく、インターホンや玄関先での対応が増え、取り組みにくくなってきた。一方、一人暮らしや高齢者世帯など外出機会が少ない高齢者は、特に情報が届きにくく、届いていても内容が理解できない人も少なくない。

そこで、老人クラブでは、情報を届ける取り組みとして「生活に役立つ(安全・安心)情報」「仲間を励ます情報」を届ける取り組みを進めている。直接高齢者に届けることで内容を確認し、不明な点は関係機関につなげることもできる。同時に、地域やクラブの行事の案内や励ましは、社会への関心を高めるとともに、仲間とのつながりをつくることができ、孤立感の解消にもつなげていける。

また、「サロン活動」や「認知症や介護予防の学習会」など、友愛訪問活動に加え、特に外出の機会を増やす取り組みも進めている。歩いて通える場所に気軽に参加できる集いの場「サロン」をつくることで、外出のきっかけになり、健康づくりにもつながっている。

いずれの活動においても、「会話によるふれあい」の大切さを重視し、傾聴により自分の話を聞いてもらったという安堵感を与え、また、同じ時代を生きた世代だからこそ共感し合える喜びを感じてもらえるよう働きかけている。

● 老人クラブの概要

老人クラブは、戦後の社会、経済の混乱や家族制度が変化するなか、高齢者が新たな役割を求めて全国各地で生まれた活動で、社会福祉協議会などにより広く全国に広がった。

「老人クラブ」の名前の由来は、「英国老人福祉委員会発行」の「老人クラブ－新設と経営の手引」にあると言われている。その後、1963(昭和38)年の「老人福祉法」施行を契機に国や地方公共団体による老人クラブへの活動助成が始まり、さらに活動が広がっていった。

当初の活動は、身近な地域に住む会員同士の仲間づくりを生かした相互扶助の活動が主であったが、近年は、高齢者が永年培ってきた経験や知識を生かし、地域の高齢者をはじめ地域への社会貢献を目的とする活動へ転換してきている。

老人クラブは、60歳以上の人ならば誰でも会員になれる地域の自主組織である。また、市区町村および、都道府県・指定都市ごとに老人クラブ連合会を設立し、クラブ間の連絡調整や広域での協働事業やリーダー養成を行っている。

現在のクラブ、会員数は110,487クラブ、6,488,740人(平成25年度厚生労働省調べ)である。

(島村糸子)

■ 主な外出先 (複数回答)

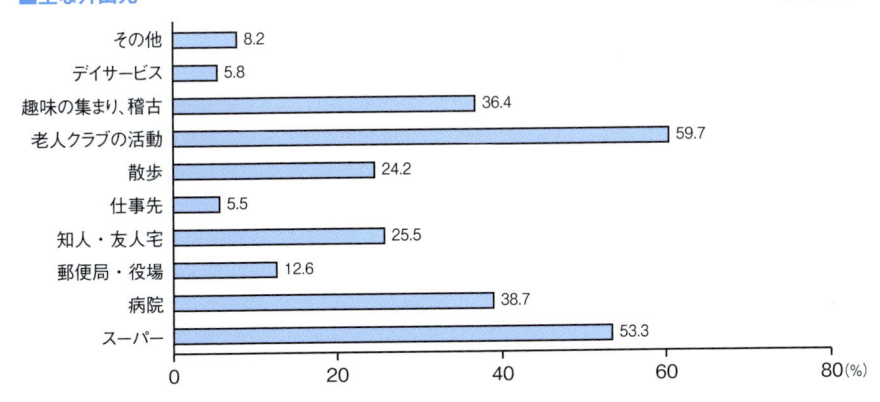

外出先	%
その他	8.2
デイサービス	5.8
趣味の集まり、稽古	36.4
老人クラブの活動	59.7
散歩	24.2
仕事先	5.5
知人・友人宅	25.5
郵便局・役場	12.6
病院	38.7
スーパー	53.3

出典:「80歳以上の高齢者の外出」全国老人クラブ連合会, 2007.

11 生活と活動

431

11-13 地域福祉活動
― 生活課題に対応する小地域福祉活動 ―

Keywords ▶▶▶ 住民主体／小地域福祉活動／ボランティア活動／当事者・家族の活動

●社会福祉法における位置づけ

2000（平成12）年に改正された社会福祉法は、その基本理念の一つとして「地域福祉の推進」を掲げ、「地域住民、社会福祉を目的とする事業を経営する者および社会福祉に関する活動を行う者は、相互に協力し、福祉サービスを必要とする地域住民が地域社会を構成する一員として日常生活を営み、社会、経済、文化その他あらゆる分野の活動に参加する機会が与えられるように、地域福祉の推進に努めなければならない」（4条）としている。また、新たに地域福祉計画の策定も位置づけ、政策への地域福祉の反映を目指している（107条・108条）。民間の取り組みでは、地域福祉計画の法定化以前から地域福祉活動計画の策定も進められている。なお、同法では社会福祉協議会を「地域福祉の推進を図ることを目的とする団体」と明示している（109条・110条）。

●地域福祉を推進する活動

地域福祉の目標は、高齢、障害等のさまざまな事情から福祉的な支援を必要とするようになっても、家族、友人、知人との関係を保ち、また、文化やスポーツ、芸術、趣味などの社会的な活動に参加し、誰もが自分らしく、誇りをもち、一人の市民として普通の生活を送ることができるようにすることである。言い換えれば、地域社会においてノーマライゼーションが実現された状態、あるいは実現を目指す諸活動であるとも言える。地域福祉の実現には地域生活に関わるさまざまな領域の取り組みが必要となるが、特に地域福祉活動は、一般的に地域社会において住民を主体として行われる諸活動を指す。具体的には、①小地域福祉活動、②ボランティア・市民活動、③住民参加型在宅福祉サービス、④当事者組織、⑤その他種々の住民福祉活動、⑥福祉教育・啓発、⑦地域福祉活動財源の造成、助成（共同募金・歳末たすけあい運動含む）が挙げられる。

●地域福祉活動の担い手

地域福祉活動は、そこに暮らす住民が主体となって、自らの地域の福祉を構想するが、住民だけで実現するものではなく、地域社会で生活し、あるいは働く多様な人々が地域福祉の当事者であり、担い手であるといえる。例えば、施設・在宅サービスは地域の重要な社会資源であり、地域福祉を実現するうえでは関係機関との連携・協力も不可欠である。

●生活課題へ対応する小地域福祉活動

厚生労働省による「これからの地域福祉のあり方に関する研究会報告」（2008）では、「現行の仕組みでは対応しきれていない多様な生活課題」に対し、「公的な福祉サービスの充実整備を図るとともに、地域における身近な生活課題に対応する、新しい地域での支え合いを進めるための地域福祉のあり方を検討すること」の必要性、緊急性について述べている。

こうした課題に対応する活動として、小地域福祉活動が進められている。これは地域福祉を推進する活動の一つであり、一般的に、小地域を基礎に行われる住民の福祉活動と理解され、①住民間のつながりを再構築する活

動、②要援助者に対する具体的な援助を行う活動、③地域社会の福祉的機能を高める組織化活動が含まれる。小地域福祉活動は、住民の福祉活動の中に含まれ、ボランティア活動や当事者・家族の活動と一部重なり合う関係にある。

● 地域福祉推進基礎組織

小地域福祉活動が生まれ、活性化していくためには、多様な立場の住民や関係者の合意の下で活動基盤を支える組織を形成することが必要である。具体的には、その機能から地区社協、校区・学区社協、自治会福祉部、まちづくり協議会福祉部等が該当する。

● 小地域福祉活動の諸活動

小地域福祉活動は「日常生活圏域」であることが重要で、以下の活動が挙げられる。

<小地域ネットワーク活動>

一人暮らし高齢者や障害者、一人親世帯等のうち、支援が必要な状況を住民が気づき、ボランティア(多くは近隣住民)等が個別に見守りや訪問、必要な生活支援につなぐ仕組みである。

<ふれあい・いきいきサロン活動>

利用者もボランティアも一緒に楽しい時間を過ごすという住民同士の気軽な交流の場で、情報交換やニーズ発見の場にもなる。

<食事サービス>

配食や会食をボランティアが提供する活動で、利用者の安否確認の意義もある。

<住民参加型在宅福祉サービス>

制度の枠にとらわれず必要なサービスを住民同士が提供する。多くは会員制・有償制で市町村域や小地域での活動である。

<福祉委員>

一定の地域を担当し、要援助者の見守りや相談にあたるボランティア。一律の制度ではなく、呼称もさまざまである。民生・児童委員や地区社協等とともに、地域のニーズ発見と支援に取り組む重要な役割を担っている。

<小規模多機能ホームの支援>

施設の運営・活動への住民参画による地域のケア拠点化への取り組みである。

<相談調整窓口>

「なんでも相談」「地区ボランティアセンター」等の名称で、住民が専門職等と連携して相談窓口を開設。相談をはじめ、ニーズ発見や対応、課題解決のための住民と関係機関の協働の場でもある。 　　　　　(島村糸子)

■ 小地域福祉活動の位置づけ

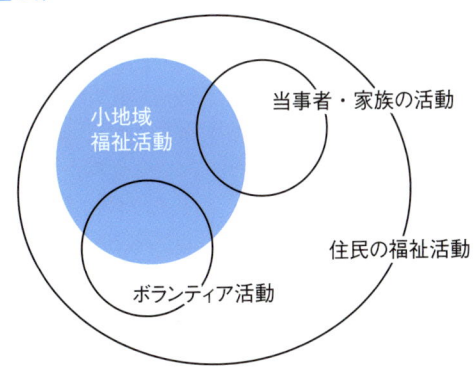

出典:「小地域福祉活動の推進に関する検討委員会報告書」全国社会福祉協議会, 4頁, 2007.

11-14 ボランティア
― 支える側に廻る高齢者 ―

Keywords ▶▶▶ 支える側／支えられる側／高齢者のボランティア活動／海外のボランティア活動

●支える側へ廻る

　これまで高齢社会を巡る議論は、高齢世代を常に「支えられる側」に置き、「支える側」の負担の問題が中心であったといえる。しかし、少子高齢化により「支えられる側」と「支える側」とのバランスは大きく崩れる。この先すべての人がさまざまな形で社会に参加し、支え、支えられながら、相互に尊重し合う共生社会の実現を確実に推し進めなければならない。

　超高齢社会では高齢世代は主流派となり、おのずと高齢者のもつ発想、体験、知識、技術を活かした社会づくりやまちづくりの設計や運営が必要となる。そこで高齢者を「支える側」のキーパーソンとして位置づけ、積極的に「支える側」に廻ることのできる環境をつくることが重要となる。

●ボランティア活動

　2011（平成23）年の「社会生活基本調査報告」（総務省統計局）[1]では、ボランティア活動を「報酬を目的としないで自分の労力、技術、時間を提供して地域社会や個人・団体の福祉増進のために行う活動」とし、活動のための交通費など実費程度の金額の支払いを受けても報酬とみなさず、その活動はボランティア活動に含むとしている。

　ボランティア活動は個人的な水準での自発的な活動であることから、活動形態もさまざまある。同調査報告ではボランティア活動の種類を＜健康や医療サービスに関係した活動＞＜高齢者を対象とした活動＞＜障害者を対象とした活動＞＜子どもを対象とした活動＞＜スポーツ・文化・芸術・学術に関した活動＞＜まちづくりのための活動＞＜安全な生活のための活動＞＜自然や環境を守るための活動＞＜災害に関係した活動＞＜国際協力に関係した活動＞＜その他（人権を守るための活動・平和のための活動）＞と分類している。

　この分類からもわかるように、ボランティア活動は、地域に直接関わる活動からより広域で課題性の高い活動まで、きわめて幅広い活動であるといえる。

●諸外国における高齢者のボランティア活動

　日本、アメリカ、韓国、ドイツ、スウェーデン5か国の60歳以上を対象とした「第7回高齢者の生活と意識に関する国際比較調査」（2011）[4]の中でボランティア活動の国際比較も行われている。

　ボランティア活動の具体的な内容の①第1位、②第2位は、日本では①＜近隣の公園や通りなどの清掃等の美化活動＞②＜地域行事・まちづくり活動＞、アメリカは①＜宗教・政治活動＞②＜自分の趣味や技能を活かした支援活動＞、韓国は①＜宗教・政治活動＞②＜趣味やスポーツ・学習活動などの指導＞、ドイツは①＜宗教・政治活動＞②＜環境保全・自然保護活動＞②＜高齢者や障害者の話し相手や身の回りの世話＞、スウェーデンは①＜地域行事・まちづくり活動＞②＜宗教・政治活動＞となっていた。日本とスウェーデン以外は、＜宗教・政治活動＞の割合が高いことがわかる。

またこれまでに全くボランティア活動に参加したことのない割合は、日本51.7％、アメリカ33.1％、韓国74.2％、ドイツ42.9％、スウェーデン28.3％であった。参加しない理由は、日本以外の4か国で＜関心がない＞が韓国47.6％、アメリカ45.8％、ドイツ37.3％、スウェーデン28.0％であるのに対して日本は15.9％と低い。日本では＜時間的・精神的ゆとりがない＞32.2％、＜健康上の理由、体力に自信がない＞31.5％が、他国と比較して高い割合を占めている。関心があってもゆとりがない、健康上の理由から参加できないということである。

● **日本における高齢者のボランティア活動**

日本にみる近年の地域福祉実践のなかで、社会、地域、住民の構成員として持続可能で活力のある地域や社会づくり、あるいはそのための人材育成に活躍する高齢者の事例が報告されている。先に引用した「社会生活基本調査報告」[2]のボランティア活動率（過去1年間にボランティア活動を行った人の数÷属性別の人口×100）をみると、2011年のボランティア活動総数の活動率は26.3％で、2006年より0.1％上昇している。また、2006年、2011年の年齢別ボランティア行動者率は図のとおりである。2011年は2006年に比し、＜10～14歳＞＜15～19歳＞の低年齢層と60歳以上の高年齢層で行動者率は低下している。

活動形態[3]は、団体等に加入して行っている人では＜地域社会とのつながりの強い町内会などの組織＞が最も多く、次に＜その他の団体＞＜ボランティアを目的とするクラブ・サークル・市民団体など＞＜NPO（特定非営利活動法人）＞の順になっている。このことから、高齢者のボランティアは、町内会や老人クラブ、婦人会、自治会など地縁組織を基盤とした団体での活動が多いのではないかと思われる。地縁組織の具体的な活動は、まちづくり活動、地域のゴミ拾い、地域の伝統芸能や行事、祭りの指導、巡回による地域安全活動、子どもの学校生活を多面的に支援する学校支援活動など幅広い。

このような地域を基盤とした高齢者の活動は、若い世代との交流を活性化し、知識や技能、ものづくりやひとづくりに欠かせない暗黙知の継承となる可能性を秘めている。

（高橋佳代）

■**ボランティア行動者率（2006年、2011年）**

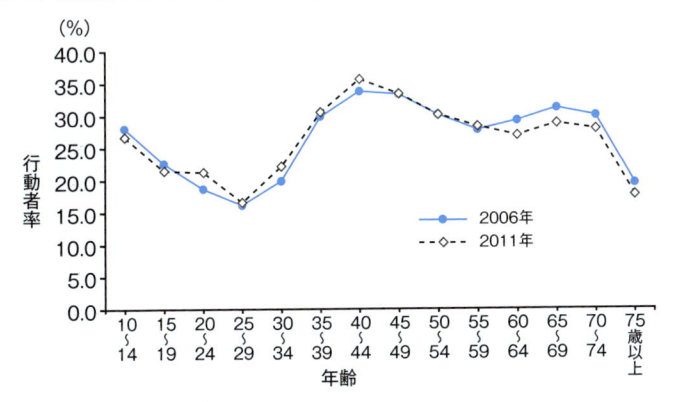

出典：総務省統計局「社会生活基本調査報告」平成18年及び平成23年．をもとに作成．

11-15 海外での長期滞在
― 定年後に海外で生活するということ ―

Keywords ▶▶▶ 定年後の生活／海外での生活／ロングステイ／退職者ビザ制度

●定年後の生活

　定年は人生の大きな節目である。人生が働くことそのものであった時代では、定年は人生からの引退を意味し、定年後の生活といえば健康不安を抱えながら年金で隠居生活というイメージで捉えられていた。近年定年の意味が大きく変化し、定年後の生活を人生の新しいステージと位置づけたライフスタイルを設計する時代に入った。気力、体力ともに充実した多くの高齢者は、定年後の生活を本当にやりたかったことや自分の可能性を試す機会として、人生の幅を広げ多様な選択を積極的に推し進めるようになった。

　その選択肢のひとつに海外での生活がある。かつて海外でセカンドライフを送る高齢者は比較的裕福な人に限られていた。現在では格安航空の利用、インターネットでの情報収集など、より多くの人が容易に渡航できるようになった。定年後の長期にわたる人生を、安いライフコストでゆとりをもって余暇を楽しむことができる海外での生活は、定年後のライフスタイルの一つである。

●ロングステイ

　海外で生活するには、永住と滞在がある。滞在のなかでも名所旧跡を見て回る周遊旅行とは別に、賃貸のアパートや一軒家に生活の拠点を確保し、海外生活を体験することを目的として比較的長期に滞在するロングステイ（長期海外滞在）が注目を浴びている。

　ロングステイをする場合、基本的にはビザの取得が必要で、ロングステイを受け入れる国によってビザの条件は異なる。ロングステイの目的は、新しいことにチャレンジする、趣味を活かす、航空機の操縦やダイビングの免許などの資格取得、語学研修、スポーツを楽しむ、さらにはシニアボランティアとして活動を行うなどさまざまである。各自の目的に沿って、国・期間・費用などを設定し、周遊旅行では味わえない現地生活を体験する。海外での友人との出会いや地元の人たちとの文化交流は、相互理解を深め、その国の文化、歴史、魅力を見つけるとともに日本を再発見するよい機会となる。

　ロングステイ財団主催イベント、セミナー参加者を対象とした意識調査（2013）[1]では、ロングステイ希望国の第1位は2006年から連続してマレーシアがトップを占め、次にタイ、ハワイ、オーストラリア、カナダ、ニュージーランド、インドネシア、フィリピン、台湾、シンガポールの順になっている。上位10か国のうち6か国がアジア諸国であることから、比較的安価で気軽に出かけられることが人気の理由であると思われる。

　また、同調査[2]でのロングステイの目的・動機は、「異文化に興味がある」が最も多く、次に「好きな国に住みたい」「避暑・避寒」「気分転換」「年金の有効活用」「健康上の理由」「親類・縁者がいる」の順になっている。年代別の特徴として、30代未満、30代、40代、50代では、「避暑・避寒」より「好きな国に住みたい」が多かったのに対して、60代では「好きな国に住みたい」より「避暑・避寒」の方が

多かった（表）。シニア層は日本の酷暑、極寒の一時避難策として海外の温暖な地での滞在を選択すると思われる。

● 退職者ビザ制度

退職者ビザ制度は、退職者や年金生活者を対象とした優遇移住制度である。滞在期間や再入国許可制度は国によって違い、取得条件を満たせば期限前に延長することも可能な国もある。現在同制度はオーストラリア、東南アジア他、一部の国で発給されているが、日本が対象国とならない退職者ビザ制度をもつ国もある。また退職者ビザを取得する要件も、申請者の国籍によって取得基準や申請方法が異なり、この要件もしばしば変更されることもある。手続きは通常に比べ簡素化が図られ取得しやすくなっているものの年齢制限、一定額以上の預金残高、健康診断書、無犯罪証明書の提出など取得条件は国によってさまざまであることから事前に在日公館などで情報を詳細に収集する必要がある。

● 介護のための海外での生活

厚生労働省（2009）によると、特別老人ホームの待機者は全国で 42 万人以上[3]存在する。少子高齢化が進むにつれて要介護者は増加する一方、介護の担い手不足の問題はますます深刻化する。最近では一部ではあるが、健康不安を抱える高齢者が物価の安い国で介護を受けるため海外の高齢者施設への入居を希望している。また親を自宅で介護するため人件費の安い国に渡り、ヘルパーを雇いながら介護する例がマスコミで取り上げられている。

● 海外での留意点

海外生活ではさまざまな場面でトラブルに巻き込まれる。テロ活動、感染症の流行、危険情報など各国の安全関連の情報収集は必須で、詐欺、強盗、交通事故、スリ、ひったくり、置き引き、悪徳タクシーなど外国人を狙った犯罪も多い。事前に外務省や滞在国の政府観光局、関連のホームページから情報収集をし、また直接在日大使館を訪ね慎重に検討することも必要となる。旅行会社が実施している海外滞在体験ツアーなどに参加するのも有効な方法である。国情と外国人を受け入れるビザの内容をよく検討し、現地においては自分の身は自分で守るとの心構えで常に警戒心をもち、基本的な防犯対策や安全対策をしっかり心がけ、無理せず暮らせる場所を選ぶことが基本となる。

（高橋佳代）

■ ロングステイの目的、動機 （複数回答）

	異文化に興味がある	好きな国に住みたい	避暑・避寒	気分転換	年金有効活用	健康上の理由	その他	親類・縁者がいるから	無回答
30代未満	88	48	11	46	2	5	8	4	1
30代	122	82	38	62	12	8	19	2	0
40代	229	222	142	112	68	31	39	6	7
50代	501	305	291	218	215	50	33	13	8
60代以上	687	354	522	377	412	81	45	24	36
全体	1723	1083	1061	848	729	184	152	52	94

出典：「ロングステイ調査統計 2013」一般財団法人ロングステイ財団，28 頁，2013．

11-16 消費者としての高齢者
― 消費者被害の現状と対策 ―

Keywords ▶▶▶ 高齢者市場／消費者被害／成年後見制度／消費者契約法

● 消費者市場を支える高齢者

　2010（平成22）年度の国内総生産（名目）における家計最終消費支出は278兆円、その割合は58.0％を占めている[1]。つまり個々の消費者が何をどのくらい支出するかは、企業に対しても、日本経済全体に対しても大きな影響を与え得る力を持っている。

　わが国の総人口は減少傾向を示す一方、高齢者人口は増加を続け2035年には3人に1人が高齢者となる[2]。今後、超高齢社会へ進展していく過程において、近年の高齢者の消費意欲はこれまでの世代に比べて底堅く[3]、高齢者の貯蓄に関しても世帯主が60歳以上の世帯では、貯蓄現在高が2,500万円以上の世帯が約3分の1を占めている[4]。

　また、「国民生活に関する世論調査」（内閣府、2011）では、これからの生活では将来に備え貯蓄等に力を入れるより、毎日の生活を充実させて楽しみたいと考える60歳代が78.1％、70歳代が84.8％と非常に多い。このような状況を背景に、高齢者に「ゆとり・たのしみ」を提供する商品やサービス等の取引の増加が予想される。

　一方、介護を必要とする高齢者は高齢者人口全体の約16％を占め[5]、今後も増加傾向にある。これまで提供されてきた福祉サービスは、2000年に介護保険が導入されたことにより、利用形態が「措置から契約へ」と変化した。そして、民間企業の参入により多様なサービスや商品の提供が行われてきた。厚生労働省の試算によると2020年の介護の市場規模は19兆円を見込んでいる[6]。

　いずれの場合であっても高齢消費者が必要とするサービスや商品を購入することによって、自身の生活が豊かになることが望まれるが、今日の高齢者は安全に安心した消費生活を過ごせているのだろうか。

● 高齢消費者被害の現状

　国民生活センターによれば、契約当事者が70歳以上の相談件数は、2012年度では約16万件を超え年々増加傾向にあり、販売方法・手口別でみると「家庭訪問販売」「電話勧誘販売」が多くみられた。これらの契約は、自宅にいる高齢者を狙い強引で長時間に及ぶ勧誘や虚偽説明で契約させられるなど問題が多い。

　さらに、自宅にいる高齢者を狙い金銭を騙し取る「振り込め詐欺」において、被害者の多くが65歳以上であったオレオレ詐欺では、その被害額は約111億円、還付金詐欺では、約11億円に上った（平成24年警察庁公表）。これらの詐欺に対し、警察庁による取締強化、国民への周知等は行われているが被害がなくなることはない。

　一方、介護を必要とする高齢者の場合、介護保険利用時に発生する事故で、死亡または重傷を負うこともある。消費者庁による公表では高齢者が戸外の移動手段として利用する電動車いす（ハンドル形）による事故、介護ベッド用手すりのすき間に頭や首、手足などを挟む事故の報告がなされている。また、老人ホームをめぐる契約、安全、介護の質など

の問題に関する消費トラブルの相談も寄せられている。

このような消費者被害や事故が発生する背景は、高齢者人口、高齢者世帯の増加によるものだけではない。

●高齢消費者被害の特徴

そもそも事業者と消費者との間には、契約の締結、取引に関する構造的な「情報の質及び量並びに交渉力の格差」が存在し、これらの格差が消費者トラブルの要因となっている。特に高齢期においては、自らの責任においてこれらの格差を少なくすることが難しくなってくる。

消費生活センターに寄せられた高齢消費者被害を分析してみると、①健康上の不安に付け込まれてしまう、②経済的不安を逆手に取られてしまう、③勧められるままに契約してしまう、④親切にされると信用し、情に訴えられると断れなくなってしまう、⑤プライドや諦めが被害を隠し、格好の標的にされてしまうという特徴がみられている[7]。

また、認知症等により判断力不十分な状態にありながらも、地域で暮らしている高齢者の存在も少なくない。このような人は被害に遭っていることに気づけず、周囲の関わりのある民生委員やヘルパーの気づきによって発見されることもある。

●高齢消費者被害への対策と課題

このような消費者被害から、判断力が不十分な状態にある高齢者を守る制度として、成年後見制度がある。しかし、この制度は制限行為能力者制度を採用しているため、自らを能力が乏しい者と認めることに抵抗感のある者や行為能力に問題のない者は対象とならない。

一方、消費者契約法は、すべての消費者を対象としているが、事業者の一定行為により消費者が誤認、困惑したことを主張したり、クーリングオフ制度は知っていても手続きを自ら行える高齢者は少ないと考える。

人口が減少すると同時に人口の高齢化が進む日本社会においては、ますます高齢者をターゲットとした取引が増加することが予測される。このような社会では高齢者を単に社会的弱者として個別支援するだけではなく、もっと広く消費者被害の発見・連絡のための地域の見守りネットワークの構築が必要となろう。

(古屋博子)

■高齢者の消費者被害防止見守りネットワークのイメージ

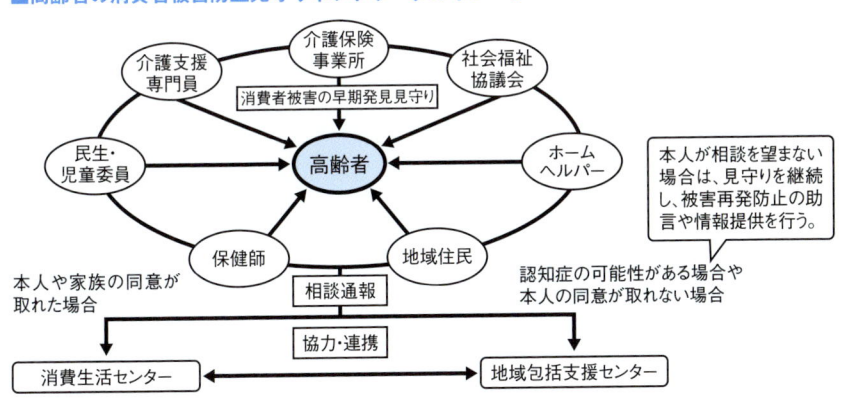

出典：小澤吉徳 編著『高齢者の消費者被害Q&A』学陽書房，25頁，2008. を一部改変.

11-17 食生活
― その特徴と対応 ―

Keywords ▶▶▶ 咀嚼嚥下／低栄養状態（PEM）／低栄養予防／味覚低下

● 高齢期の特徴

　高齢期では、健康増進に日々励む日常活動高レベルの者から心身の疾病による要介護状態の者まで、個人差の幅が大きいことが特徴である。加齢に伴い臓器の萎縮や生理機能の低下、特に視覚、味覚などの感覚機能の衰え、身体的機能低下による日常生活動作の低下などが生じ、さらに、認知症や脳血管障害に合併する摂食・嚥下障害も見られるようになってくる。咀嚼や嚥下機能の低下は、誤嚥性肺炎を引き起こし、高齢者の生死にかかわる問題となる。

● 高齢者の咀嚼嚥下機能

　加齢による咀嚼嚥下機能の変化と問題を挙げると、口腔内では、歯の脱落、咬筋・味蕾萎縮からの咀嚼・味覚力低下、食欲低下などが見られ、義歯の問題、口渇や舌の痛みや味蕾の減少による感受性低下により反射性の唾液分泌量減少などが起きてくる。舌にある味を感じる器官の味蕾は、脳血管疾患の後遺症からも、一部の味蕾が脱落し味を感じなくなることもある。「口の中が苦い」などの味覚異常は、胃液の逆流、歯周病からの排膿や亜鉛摂取不足、唾液量減少による口腔内自浄作用の低下などが原因となる。また、口渇感の感受性低下により、体内水分が欠乏しても口渇を感じられず脱水を起こし、熱発が起き重篤な状態に陥ることもある。こまめな水分補給が必要で、特に認知症がある場合は、水分補給の記録が重要になる。食道では、胃内容物の逆流、食道機能障害、嚥下障害などが見られるようになる。小腸では、消化・吸収力の低下、大腸では、蠕動運動低下から便秘・憩室炎が見られるようになる。肝臓では、栄養処理能力やたんぱく質合成機能の低下などが見られるようになる。

● 栄養的な問題の発生

　高齢期は摂取食品や献立が単一的で食べやすい麺類など糖質が中心の食事となりがちで、栄養のアンバランスが起こりやすくなる。また、味覚低下から、濃い味つけを好み、塩分や砂糖分の摂取量が多くなる。さらに、咀嚼・嚥下困難から、堅い物や繊維質を避けるために、肉・海藻・果物・野菜などが不足がちになる。また淡泊なものを好むために油を使った料理の量が減ってくる。以上のことから、一般的には、水分、良質タンパク質、食物繊維、ビタミン・ミネラル類、必須脂肪酸などが不足がちとなる。

　たとえ、食事を十分に摂っていても、微量栄養素については、高齢になると消化吸収率の低下などから潜在性の栄養欠乏状態に陥ることが少なくないので注意が必要である。食事で摂れない場合は、特別用途食品で補う工夫も必要になる。高齢者用として「嚥下困難者用食品」がある。

　また、高齢期は、軟らかく飲み込みやすい食べ物を好むために食物繊維は不足がちで、それに加え運動不足が重なり便秘が増えてくる。食物繊維の水溶性・不溶性繊維の両方をバランスよく摂ることで便秘を予防することが大切になる。

● たんぱく質・エネルギー低栄養状態は要注意

高齢者（特に身体機能の低下により、他者からの支援や介護を必要とする高齢者）に低栄養状態（protein-energy malnutrition；PEM）が多くみられることが報告されている。

血清アルブミン値が3.5g/dl以下の場合、または体重の減少が1年間に5％以上の場合をPEM（たんぱく質・エネルギー低栄養状態）のリスクがあると指摘される。

咀嚼力低下・嚥下困難や、心理的食欲不振からの食事摂取量の減少や、さらに消化吸収機能の低下や加齢により疾病確率が高まることも原因と考えられている。また、入院生活などによる生理的ストレスも要因になる。

PEMになると、寝たきり状態になりやすく、床ずれからの感染症や合併症を起こしやすくなるなど、本人ばかりでなく家族への負担も増大していく。

● 低栄養予防のための食生活

食生活を通して多くの人とコミュニケーションを取り、健やかな日常生活を送るためには、まず主食・主菜を毎食摂ることが重要である。主食は、大切なエネルギー源と同時にタンパク質源になるので、ご飯は適量を毎食摂ること、主菜となる魚・肉・卵・大豆製品は毎食摂ることに留意したい。なお、乳製品で補うことも可能である（表参照）。

食欲がない時は楽しい雰囲気をつくり、少量でも、食べたいものを食べたい時に口に入れるようにしたい。少しずつでも、何度にも分けて口に入れると、食べられるようになる。それでも、摂取量が減少した時は、栄養補助食品等も利用する。

生理的な加齢の程度や服薬の種類・食習慣・嗜好・性格・家庭環境には個人差がある。個々の状態を把握したうえでの低栄養状態の予防が必要である。

● 咀嚼することの重要性

咀嚼することと、ヒトの生理的生命活動を正常に保つことの関連性が、明らかにされてきている。例えば、入院中の高齢者の多くに、経管栄養や点滴による栄養摂取の切り替え後に認知症状が出現している。その一方、在宅歯科診療の現場では、認知症状のある寝たきり高齢者の歯牙欠損部位を修復改善し、経口摂食を積極的に行うと、QOLの向上や認知症状の軽減が認められる例が多数報告されている。

（大木和子）

■ 低栄養予防のための食生活指針

1. 3食のバランスをよくとり、欠食は絶対さける
2. 動物性たんぱく質を十分に摂取する
3. 魚と肉の摂取は1：1程度の割合にする
4. 肉は、さまざまな種類を摂取し、偏らないようにする
5. 油脂類の摂取が不足しないように注意する
6. 牛乳は、毎日200ml以上飲むようにする
7. 野菜は、緑黄色野菜、根野菜など豊富な種類を毎日食べる。火を通して摂取量を確保する
8. 食欲がないときは、特におかずを先に食べ、ごはんを残す
9. 食材の調理法や保存法を習熟する
10. 酢、香辛料、香り野菜を十分に取り入れる
11. 調味料をじょうずに使い、おいしく食べる
12. 和風、中華、洋風とさまざまな料理を取り入れる
13. 会食の機会を豊富につくる
14. かむ力を維持するために義歯は定期的に点検を受ける
15. 健康情報を積極的に取り入れる

出典：熊谷修也「自立高齢者の老化を遅らせるための介入研究　有料老人ホームにおける栄養状態改善によるこころみ」日本公衆衛生雑誌 46, 11, 1003-1012頁, 1999. をもとに作成。

11-18 友人関係
― 発達上の特徴とその意義 ―

Keywords ▶▶▶ コンボイ・モデル／交流／人生の共有／サポート

● 高齢者の友人関係の現状

　高齢者の多くは、心を許し合える友人関係を希求し、友人とのつきあいに生きがいや充実感を感じている。藤田（2000）によると、老年期の親和欲求は壮年期よりも高く、高齢者は他者との関係性を強く望んでいることが明らかにされている。また、内閣府が毎年行っている「国民生活に関する世論調査」においては、「充実感を感じるときはどのような時か」という質問に対して「友人や知人と会合、雑談している時」と回答する高齢者の割合は増加し続けている。同居家族人数が減少し続け、近所づきあいも抑制的になりつつある現代の日本において、高齢者が適応的で充実した生活を送るうえで、友人関係の重要性は増していると言える。

　一方で内閣府生活統括官（2007）の調査によると、3割程度の高齢者には「友人がいない」ことが明らかにされている。高齢者が満足な友人関係を構築することは、必ずしも簡単なことではない。一般に、生涯で最も友人関係が形成されやすい時期は、児童期や青年期であるといえる。そして、成人期を境に友人関係の構築がされにくくなってくると考えられる。それには以下の4つの理由が挙げられる。

①成人期においては、友人関係構築よりも家族関係構築が重要な課題となる。
②児童期や青年期までは、友人関係の形成がなされやすい学校場面を主な生活環境としているが、成人期以降においては友人関係を形成するために適した環境が少なくなる。
③成人期以降（特に男性）においては、フォーマルな職業的利害関係が形成されやすく、それらの関係はインフォーマルな友人関係として捉えられにくい。
④仕事や結婚等の都合で転居が増し、それまでの友人との関係が希薄になりやすい。

　それでは、高齢者はどのように友人関係を構築しているのであろうか。丹野（2008）によると、老年期に入ると「近所づきあい」「老人サークル」「ボランティア集団」などの場面において、趣味・興味が似た者との接触頻度の多い友人関係を、新たに形成し始める傾向があることが示されている。それと同時に、「同窓会」「年賀状のやりとり」などによって成人期以前（特に青年期以前）からつきあいのある友人と、旧交を温めようとする傾向があることも明らかにされている。高齢者は新たな友人関係の構築と、旧来からの友人関係の維持によって、適応的な友人関係ネットワークを形成しているのである。

● 他の対人関係との比較

　家族関係などに比べたとき、高齢者の友人関係はどのような特徴を持っているのであろうか。カーンとアントヌッチ（Kahn & Antonucci, 1980）は、個人をとりまく対人関係の機能を構造的に示したコンボイ・モデルを提唱している。コンボイ・モデルでは、本人を中心とした同心円上に各対人関係を配置しており、中心近くに配置している対人関係

ほど親密であり、安定しており、生涯を通じて変化が少ないことを示している。それによると、「親友」は「配偶者」「家族」と並んで最も中心に位置する対人関係とされている。

それでは、友人関係の機能と家族関係や配偶者関係の機能や役割はどのように違うのであろうか。カンター（Cantor, M.H., 1970）は、高齢者の対人関係の支援的機能の構造を示した階層的補完モデルを提唱している。階層的補完モデルによると、高齢者の日常生活における手助けや援助といった道具的サポートには優先順位が存在し、「(1) 配偶者 (2) 子ども (3) 兄弟 (4) その他の親族 (5) 友人 (6) 近隣 (7) 公的組織」という順に支援的な役割を果たしている。すなわち、友人関係は日常生活の道具的サポートとしては、家族関係よりも重要度が低いとされている。

その一方でリトワク（Litwak, E., 1985）は、個人が必要とする役割に応じて、適切な対人関係が異なるという課題特定モデルを提唱している。課題特定モデルを踏襲した前田（1992）や西村・石橋・山田・古谷野（2000）は、わが国の高齢者を対象に調査を行った結果、友人関係では他の対人関係に比べて「ふだん一緒に趣味や会話を楽しみ、余暇を過ごす」といった「交流」の役割が果たされていることを示している。

●他の発達段階との比較

友人関係が個人に果たす機能は、発達段階に応じても変化していく。児童期や青年期の友人関係は、つきあいを通じて他者や社会との関わり方を学習したり、友人と自分を比較して捉えることでアイデンティティを構築するといった機能を果たしている。一方で老年期の友人関係においては、これらの機能は乏しい。

高齢者の友人関係特有の機能として「人生の共有」が挙げられる。アラン（Allan, G., 1980）は、高齢者にとって友人は、「長く時間を共有し、昔からの自分を知っている存在」であり、「友人と自分の経験を確認して認め合うことによって、自分の意味や連続性を提供する機能を果たしている」と論じている。丹野（2010）は、高齢者の友人関係の機能として「長いつきあいの友人が自分のことをよく理解して肯定的に受け入れている」ことが人生の肯定的受容に結びついていることを明らかにしている。

（丹野宏昭）

■表1　高齢者の友人の有無の国際比較

(単位：%)

	日本	韓国	アメリカ	ドイツ	フランス
友人がいる	70.1	64.3	84.6	77.8	81.5
同性の友人がいる	50.4	55.1	41.8	29.3	24.0
異性の友人がいる	1.2	1.0	2.7	2.8	2.5
同性と異性の友人がいる	18.5	8.2	40.1	45.7	55.0
いずれもいない	29.9	35.8	15.2	22.0	18.4

＊調査対象はいずれも60歳以上の男女で、施設入居者は含まない

出典：内閣府生活統括官「第6回高齢者の生活と意識に関する国際比較調査」2007．

■表2　老年期にかけての友人の増減

(単位：%)

		増えた	減った
日本	男性	15.1	42.0
	女性	27.2	25.3
アメリカ	男性	23.2	34.5
	女性	22.3	36.2

＊「壮年期に比べて親しい友人の数は増えましたか、減りましたか」という質問への回答

出典：「老人の生活と意識」「第3回国際比較調査結果報告書」総務庁長官官房老人対策室、1994．

11 生活と活動

12 支援

総論
1 ケアマネジメント
2 アセスメント
3 エンパワメントとストレングス視点
4 高齢者の尊厳と自己決定
5 コミュニケーション技法
6 チームケア
7 ケアワーク
8 こころに働きかける介護
9 からだに働きかける介護
10 環境に働きかける介護
11 ケアの提供の場（施設ケア）
12 ケアの提供の場（在宅ケア）
13 地域包括ケア
14 ケースワーク
15 グループワーク
16 高齢者の権利擁護
17 家族支援
18 支援者を育てる（スーパービジョン）

12 支援

峯尾 武巳

● 援助から支援へ

　障害者自立支援法、生活支援員、生活支援、生活支援技術、特別支援学校、災害支援など、「支援」という言葉が多く使われるようになってきた。従来、社会福祉領域では「援助」という言葉が使われてきたが、社会福祉援助技術という用語を除いて、行政通知や新聞メディア等でも援助に代わって、支援という用語に変わってきている。

　援助とは「困っている人に力を貸すこと」のように一方的に助ける行為を指すのに対して、支援とは「力を貸して助けること」であり、何らかの助けを必要とする人の希望や要望（本人の意志）に沿って実施されること、と考えられる。

　用語の変更の背景には、援助者主導型の関係性から、利用者主体という概念の転換があり、その転換点は「社会福祉基礎構造改革（中間まとめ）」（1998年）、や「介護保険法」（2000年）等に求めることができる。社会福祉基礎構造改革の基本理念は、サービス利用者と提供者の間に対等の関係を確立し、契約に基づく自己決定の原則（措置から契約）の導入というパラダイムの転換であった。

● 生活支援

　支援とは、人々の老いや病気、障害等による生活の営みの困難性を、行政や専門職が判断するのではなく、一人ひとりの生活者が判断し、本人の望むことを手助けすることである。そして、生活に対する支援の総体を生活支援と呼んでいる。生活支援について古川（2007）[1]は、「通常、社会福祉の利用者と援助者が対面する局面において展開される援助の領域、そこで適用される知識と技術、そして活動の過程を意味するものとして認識されていることが多い」と説明している。

　黒澤（2010）[2]は、生活支援の基本構造を次の4つの視点から説明している。
①価値：生命の畏敬、ヒューマニズム、人権思想、自由権、生存権、生活支援関係における個別の理念価値・実践価値
②制度：社会福祉法、介護保険法、障害者自立支援法等の関連法制度・施策
③知識：人間関係、こころとからだ、人間と社会、生活支援に必要な知識体系
④方法（技術）：生活支援の展開方法、コミュニケーション、生活支援技術

　そして、生活支援の基本構造の視点から介護保険法第1条「目的」の内容を、①人間の尊厳と自立のためという価値が示されている、②日常生活に関わる行動への支援技術を提供する、③生活支障の個別性に応じた保健、

医療、福祉をシステムとして提供する、④これらの価値、生活支援技術、システムは人間の関係性を基盤として成り立っているの4つに整理している。

● 生活支援の基本視点

生活支援の基本視点として、以下の4つを挙げることができる。

① 人権の尊重と尊厳

人はどのような状態になっても、人生の最期まで個人として尊重され、その人らしく暮らしていきたいと望んでいる。このことは、介護が必要となった場合でも同じであり、また仮に、認知症の状態になったとしても、個人として尊重されたい、理解されたいという思いは同じである。

生活支援技術は人が人に対して行う直接的、間接的な実践の技術である。その技術は支援を提供する支援者の知識や価値を基にして成り立っている。それらは人の手を介した人間性に基づく温かみのある支援を基本とし、支援者としての人間性が何よりも大切である。そして、どのような状態においても個人の人権と尊厳を具体的に配慮できる実践的態度を基本とする。

② 自己実現への支援

加齢に伴う心身機能の衰えや、傷病による機能障害や能力障害、生活障害から要介護状態になった高齢者等に必要なことは、食事、入浴、排泄といった生理的欲求の充足だけでなく、たとえ家族や社会のなかでの役割がなくなったとしても、さまざまな人間関係のなかで関係性を維持し、自分の人格が認められ、安心して生活が続けられることである。

日々できることが減少していく高齢者の役割の最後の砦は、自分の存在を認めてもらえること、家族の一員としての居場所があるということである。人間は社会的存在として、人と人との関わりから自己の存在を肯定的に捉え、他者との関係性から自分の存在意義に気づくことを通して生きる意欲を生み出していると言える。

自立した主体的存在としての個人の欲求は、単なる身体的・経済的な自立だけではなく、精神的自立や主体的存在としての人格の自立、すなわち自分のことは自分で決めたいという当人の自己決定が尊重され、自分らしく生きたいと願う自己実現という人間の基本的欲求へとつながっている。

高齢者への支援の基本は、食事や入浴といった生理的充足の視点や身体機能や日常生活動作(ADL)の視点から捉えるのではなく、社会や家族等との人間関係のなかから考えることである。高齢者への支援では、目に見える現象(身体的な障害や病気、精神の衰え等)にとらわれることなく、高齢者の生活意欲(精神的な躍動感)に働きかける支援が求められている。

ミルトン・メイヤロフ(Milton Mayeroff, 2002)[3]は「ケアの本質」のなかで、「一人の人格をケアすることは、最も深い意味で、その人が成長すること、自己実現を助けることである」と言っている。人間にとって最も嫌なことは「束縛」され、他人に「操作される」ことである。

● 支援のプロセス

支援のプロセスはケアワークにせよ、ソーシャルワーク、ケアマネジメントにおいても共通したプロセスを経て提供される。そのプロセスは、①出会いと相談、②アセスメントと課題分析、③計画、④カンファレンス、⑤サービスの実施、⑥評価、⑦終結またはフィードバックである。

現代社会における各種の生活支援は、それぞれの領域における法制度に基づきシステムとして提供されている。支援が利用者の意志に基づくとはいえ、制度に基づく具体的な

支援サービス内容には社会的合意が必要となる。つまり、支援を必要とする人の希望や支援の内容が、支援を必要としている人や支援者の思いつきや独断ではなく、社会の多くの人々が必要だと認める客観的妥当性を有する必要がある。

支援における客観的妥当性はアセスメントとカンファレンスに求めることができる。

アセスメントは本人や家族の主観的ニーズとしての困りごとの理解から開始される。支援者はそれぞれの専門性に基づく客観的情報の収集と整理、分析を行い、本人や家族の主観的ニーズを考慮しながら専門職としてのニーズ把握を行う。しかし、どんなに専門的視点でアセスメントしたとしても、アセスメントした専門職の主観から逃れることは難しい。そこで、複数の専門職や本人、家族が集まるカンファレンスで話し合い、それぞれの視点に基づく意見から、アセスメント内容とニーズについて検討することが必要となる。カンファレンスによる参加者の合意は、一人の専門職の主観的見解を離れ、相互主観性（間主観性）としての共通認識、すなわち、客観的妥当性を形成する。そして、アセスメントとカンファレンスで導き出された結果から支援計画書（ケアプラン）が作成され、具体的な支援サービスが提供される。

また、支援のプロセスは文書として開示できるようにすることが必要である。そして、カンファレンスや計画作成に本人や家族が参加することや、本人や家族、関係者からの求めに応じて情報開示できる体制をつくることが求められているのである。

● 国際生活機能分類・ICF

生活していくうえで必要な心身機能や能力に障害（狭義の障害）が発生すれば、歩く、乗り物での移動、買い物、調理、食事、入浴、排泄、着替え等、さまざまな生活場面で支障が生じ、社会生活上の不利益（広義の障害）が発生する。障害の発生と生活に伴う支障を具体的に理解するためには、障害を構造的に捉える視点が必要となる。

障害に関する国際的な分類としては、これまで、世界保健機関（WHO）が 1980 年に「国際疾病分類（ICD）」の補助として発表した「国際障害分類（ICIDH）」が用いられ、障害を①機能障害、②能力障害、③社会的不利の 3 つのレベルに分類し、病気やけが、老いなどから発生する生活への影響を総合的に把握するうえで、広く保健、医療、福祉の分野で取り入れられてきた。しかし、障害に大きな影響を与える環境への視点がないなど、いくつかの問題点も指摘され、WHO では、2001 年 5 月の第 54 回総会において、その改訂版として「国際生活機能分類・ICF（International Classification of Functioning, Disability and Health）」を採択した。

ICF は、人間の生活機能と障害に関して、アルファベットと数字を組み合わせた方式で分類するものであり、人間の生活機能と障害について「心身機能・身体構造」「活動」「参加」の 3 つの次元およびこれらに影響を及ぼす背景因子（環境因子・個人因子）で構成されており、約 1,500 項目に分類されている。

国際生活機能分類はこれまで「機能障害」「能力障害」「社会的不利」と、一方向の流れのように整理されていたのに対して、「健康状態」「心身機能・構造」「活動」「参加」「環境因子」「個人因子」の双方向の関係概念として整理された。

国際生活機能分類の最大の特徴は、環境因子という観点を取り入れた点にある。これまでの国際障害分類が身体機能の障害による生活機能の障害、社会的不利を分類するという考え方が中心であったのに対し、これらに環境因子という観点を加え、例えば、バリアフ

リー等の環境を評価できるように構成されている。

また、障害の捉え方には、「医療（医学）モデル」と「社会（生活）モデル」の二つの考え方がある。医療モデルは病気を対象とし、治すことを目指し、健康や今までの生活の維持獲得を目指すという考え方である。一方、社会モデルは障害のある一人の人間を対象とし、一人の人間の生活の充実を目指す。また、障害は社会環境の態度や他の特性によってもたらされた不適切な物理環境によって生み出されたので、障害には政治的な対応も必要と考えられている。国際生活機能分類は「医療モデル」と「社会モデル」の対立するモデルを統合した相互作用モデルである。今後、高齢者や障害児・者への生活支援にはICFに基づき、総合的に障害と生活機能を把握することが求められている。

● 本章の構成

本章では、高齢者への生活支援を18の項目から考察を試みた。

「12-1 ケアマネジメント」「12-2 アセスメント」「12-3 エンパワメントとストレングス視点」「12-4 高齢者の尊厳と自己決定」「12-5 コミュニケーション技法」「12-6 チームケア」では、介護保険制度に伴うケアマネジメントの知識と技術について記述されている。

「12-7 ケアワーク」「12-8 こころに働きかける介護」「12-9 からだに働きかける介護」「12-10 環境に働きかける介護」「12-11 ケアの提供の場（施設ケア）」「12-12 ケアの提供の場（在宅ケア）」では、高齢者支援の中心を担うケアワークについて記述されている。

「12-13 地域包括ケア」では、システムに関する詳細が記述されている。

「12-14 ケースワーク」「12-15 グループワーク」では、生活支援に必要なソーシャルワークの考え方について記述されている。

「12-16 高齢者の権利擁護」「12-17 家族支援」「12-18 支援者を育てる（スーパービジョン）」では、高齢者支援にまつわる課題について記述されている。

もとより、高齢者に対する支援を18項目で語りつくせるものではないが、支援に必要な視点とその実際をうかがい知ることができると思われる。

■ ICFの構成要素間の相互作用

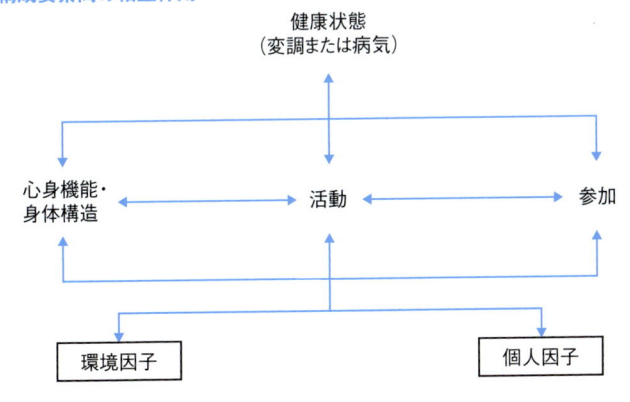

健康状態
（変調または病気）

心身機能・身体構造 ← → 活動 ← → 参加

環境因子　　個人因子

出典：障害者福祉研究会「国際生活機能分類 ― 国際障害分類改訂版」中央法規出版, 2002.

12-1 ケアマネジメント
― 目的とその展開 ―

Keywords ▶▶▶ ソーシャルワーク／介護保険制度／介護支援専門員／家族支援

● ソーシャルワークとケアマネジメント

　人はいつの時代でも老いや病気、餓え、貧困、失業や社会変動等に起因する生活困難を抱えてきた。特に18世紀後半に始まった産業革命に伴う資本主義の発展は、共同体としての農村社会を分断し、労働力として大量の農民を都市部に流入させることになった。

　資本主義社会の誕生は富める者と貧しい者の格差を拡大させた。そして、一方でさまざまな生活困難に対する社会的対応策として、社会保障や社会福祉制度を発展させることにもなった。

　ソーシャルワークは社会福祉援助活動とも呼ばれるが、時代によっては社会事業、専門社会事業ともいわれ、国の社会福祉制度・政策のもとで、専門的な技術・知識を有した支援者によって行われる援助活動をいう。

　日本においては、1987（昭和62）年に制定された「社会福祉士及び介護福祉士法」のなかで、ソーシャルワークは家事援助や食事入浴等の直接的な援助、つまり介護（ケアワーク）とは別のものとして考えられている。そして、社会福祉士をソーシャルワークの専門職として位置づけ「専門的知識及び技術をもって、身体上もしくは精神上の障害があることまたは環境上の理由により日常生活を営むのに支障がある者の福祉に関する相談に応じ、助言、指導その他の援助を行うことを業とする者をいう」と説明している。

　2009（平成21）年の社会福祉士及び介護福祉士法の一部改正による社会福祉士養成カリキュラムでは、相談援助という用語が使われ始めている。

　ケアマネジメントはソーシャルワークの一形態として、1970年代後半からアメリカで精神障害者の地域生活を支援する方法として始まり、在宅生活に必要な在宅サービスを、1つの窓口で一度に提供できるようにサービスを調整する方法として発展してきた。この手法は1992年イギリスのコミュニティケア法の中に制度として取り入れられ、ケアマネジメントの考え方でコミュニティケアを推進し、その中心となる役割をケアマネジャーが担当することとした。

● ケアマネジメントの目的

　白澤（2000）は、ケアマネジメントを「どのような対象者特性であろうと地域生活を支援することを目的としており、そのことが、さまざまな対象者が住み慣れた地域社会のなかで生活を続けていくという『ノーマライゼーション』理念を実現する最適な方法である」と説明している。

　ケアマネジメントは、支援を必要としている人々とサービスを結びつけ、利用者の社会生活を支援し、人々の幸せと自己実現を目指した活動と考えることができる。

● 介護保険制度とケアマネジメント

　日本では1994（平成6）年の厚生省高齢者介護・自立支援システム研究会報告書「新たな高齢者介護システムの構築を目指して」のなかで公的介護保険制度の導入とケアマネジメントによる支援方法の確立が提案された。

2000（平成12）年4月から開始された介護保険制度のなかで、ケアマネジメントを担当する新しい専門職として介護支援専門員（ケアマネジャー）が誕生した。ケアマネジメントは、介護支援専門員による保険サービスの運用ということであり、介護保険制度で利用可能な介護サービスの調整ということが基本となっている点では、ソーシャルワークとしてのケアマネジメントとは若干の違いがある。

　しかし、在宅高齢者の多様化する介護ニーズに対応していくには介護保険制度内のサービスだけでは不十分であり、介護保険以外の他の制度利用や市区町村単独事業、地域のボランティアの活用等、フォーマル、インフォーマルサービスとの調整も必要であり、利用者の多様な介護ニーズに柔軟に対応していくことが求められている。このことは障害者総合支援法における相談支援事業者によるケアマネジメントについても同じことがいえる。介護が必要になった時、市区町村の行政機関や地域包括支援センター、居宅介護支援事業所に相談し、ケアマネジメントが開始されるが、介護保険制度では、介護の必要性について市区町村が実施する要介護認定を必要とする。

　ケアマネジメントの展開過程は、①インテーク（サービスの受理面接）、②アセスメント（情報の収集と分析）、③プランニング（サービス計画原案の作成）、④サービス担当者会議（サービス計画原案に基づくケアチームによる計画の修正と確認）、⑤ケアの実施、⑥モニタリング（サービス進行中状況の点検・評価）、⑦サービス評価（サービスが利用者の生活安定に貢献したかどうか、新たなニーズの発見等）、⑧再アセスメントまたは終結である。

　高齢者が住み慣れた地域で生活を営むためには、保健、医療、福祉等でさまざまな支援が必要となってくる。ケアマネジメントの展開過程をふまえ、対象者の支援を計画的に実施するためには、介護支援専門員は、そのためのネットワークを持っていることが必要となる。現在、在宅での要介護者は増えており、自宅での家族介護者もますます増えていくと予想される。老老介護、老親介護、一人暮らしなどの介護の問題は今後も介護全体の課題である。実践する者は何よりも対象者や家族の幸せのため「こころ」に寄り添い、「こころ」に沿うことが大切である。

（濱田圭之）

■ケアマネジメントのプロセス

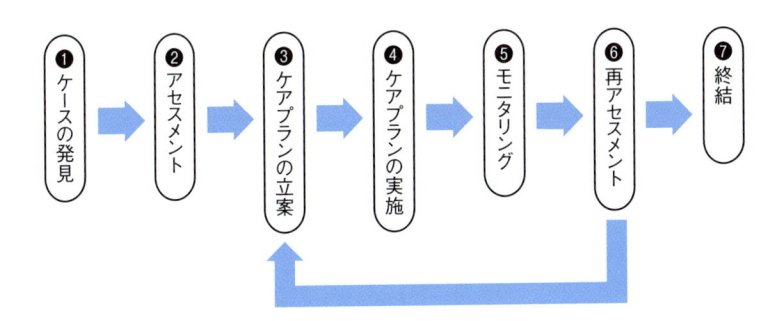

❶ケースの発見 → ❷アセスメント → ❸ケアプランの立案 → ❹ケアプランの実施 → ❺モニタリング → ❻再アセスメント → ❼終結

出典：日本老年行動科学会監修『高齢者の「こころ」事典』中央法規出版，241頁，2000．

12-2 アセスメント
― 高齢者を知るための方法 ―

Keywords ▶▶▶ 生活の質／高齢者理解／高齢者支援／評価

●アセスメントの必要性

　支援を必要としている高齢者に対し、どのようにして適切な支援を提供するかは、専門職にとっても家族にとっても一番重要な点といえる。しかし高齢者自身が望んでいる支援が、必ずしも高齢者にとって必要な支援・適切な支援とは限らない。支援を必要としている者に対して適切に支援を提供するためには、心身の状態を客観的に判断すると同時に、高齢者自身の満足感を満たす安全で安心な支援を提供しなければならない。だが適切な支援の提供は、理屈としては理解できても、実行するとなると必ずしも簡単とはいえない。

　そこで高齢者の心身の状況を客観的に把握するためにアセスメントが行われる。アセスメントは「評価」といわれ、定型化された評価項目と評価方法がいくつも存在する。それらの多くはアセスメントシートとしてまとめられており、高齢者の支援の必要性や支援の範囲などを決定するために用いられている。それらのアセスメントシートは、高齢者の支援を提供しようとする立場によって内容が異なっている。医療・看護領域のアセスメントシートでは、当然のことながら疾病や心身機能に重点が置かれたものとなる。社会福祉領域では高齢者の生活に視点を置いたアセスメントシートが用意されることになる。

　例えば、介護保険制度で用いられる要介護認定調査の質問項目は、介護保険制度の対象者であるかどうかを判断するためのアセスメントシートでもある。

　高齢者の支援を考えた場合、アセスメントシートの多くは、高齢者の身体的な能力がどこまで残されているかを判断するために用いられる。歩行能力、排泄能力、食べ物の咀嚼能力などとともに認知症を始めとする精神疾患の有無や程度、精神的な問題に対する周囲の「困り具合」などを明らかにする。

●アセスメントの意味

　しかしこのようなアセスメントで判断できるのは、支援を必要としている高齢者の現在の状況のみである。高齢者が現在の状況となるに至った背景、高齢者の趣味・興味関心などはアセスメントシートに含まれることは少ない。また、含まれていたとしてもそれらは「はい・いいえ」で答えられるものでもなく、評価の段階を設定して答えられるものでもない。

　支援を必要としている高齢者のアセスメントを行うためには、高齢者自身のことや現在の環境を事前によく知っておく必要がある。高齢者への事前のインタビュー、高齢者の家族へのインタビューは大切なアセスメントであるという認識が必要となる。アセスメントシートだけに頼るのではなく、支援を必要としている人をさまざまな方法を通して理解することが適切な支援を提供するための第1歩となるのである。

　アセスメントにより必要な支援が明らかになった場合には、支援を必要としている高齢者やその家族の納得の下に支援が提供されることになる。支援を必要としている者が納得していない支援は、提供者にとってどれ程重

要な支援であっても、その効果が十分に発揮されないことがある。

そのため、支援を提供する前には、必ず本人およびその家族や後見人との合意が必要となる。本人の理解の程度によっては合意を得ることが難しいこともあるが、その場合でも家族や後見人の合意の下で、支援を提供する時点で本人に理解してもらう努力が要求される。本人の理解の程度を知ることもアセスメントの大切な機能となる。

● アセスメントのプロセス

アセスメントによって支援の必要性が明らかになると、その必要性に対応した具体的な支援方法を検討し、実際に支援を提供することになる。そして支援を提供していく過程で、支援を必要としている者の変化を確認していくことが重要となる。支援を提供していくなかで支援を必要としている者の心身状態が変化していくためである。心身状態が変化した場合は、再度、新たにアセスメントを実施することになる。この関係を示したのが図のアセスメントの流れである。

支援を必要としている者に対し、特定のアセスメントシートなどを用いてアセスメントを実施する（アセスメント assessment：評価または査定）。アセスメントの結果から、支援計画を作成する。支援計画には見直し時期を記載する。見直し期間は2週間程度、1か月程度など支援の内容ごとに設定する（プラン作成 plan：計画）。作成した支援計画に従って、支援を実施する（実行 do：実施）。支援を提供したことによる変化を、見直し時期ごとに確認する。見直し時期以前に変化（プラスの変化の場合も、マイナスの変化の場合もある）が生じた場合はその都度、支援計画が有効かどうかの査定を行う（エヴァリュエーション evaluation：評価または査定）。支援の見直しを行うためには、支援を提供したことによりどのような変化があったのかをふまえ、再度アセスメントを実施し、新たな支援計画を策定する。

このようにアセスメントは一度行えば終了するものではなく、支援を必要としている者の変化に対応して適宜行う。適切な支援計画を策定して実施する前提として、支援を必要としている者を全体として理解するために存在するのがアセスメントである。

（岡本多喜子）

■ アセスメントの流れ

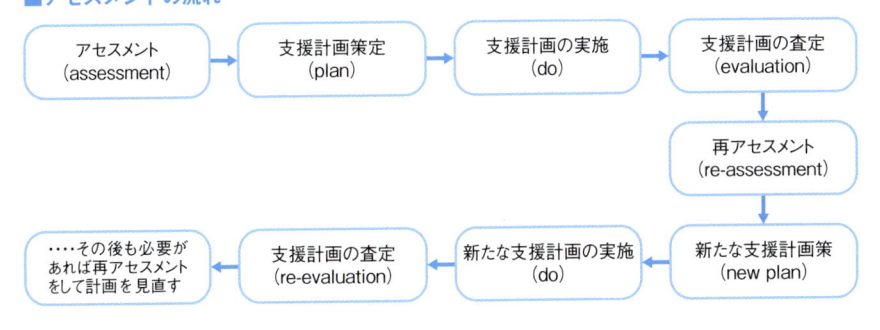

アセスメント（assessment） → 支援計画策定（plan） → 支援計画の実施（do） → 支援計画の査定（evaluation） → 再アセスメント（re-assessment） → 新たな支援計画策（new plan） → 新たな支援計画の実施（do） → 支援計画の査定（re-evaluation） → ……その後も必要があれば再アセスメントをして計画を見直す

出典：日本訪問看護振興財団『アセスメントとケアプラン』36頁，2001. を一部改変.

12-3 エンパワメントとストレングス視点
― 主体性を引き出す支援 ―

Keywords ▶▶▶ エンパワメント／ストレングス／人と環境の相互作用／自己効力感

●エンパワメントとは

　エンパワメントは、社会のなかで、差別や抑圧などにより、権限を奪われ、無力化されてきた人々が、権利や権限といったパワーを取り戻していくことを意味し、1960年代の公民権運動や女性運動などを通して広く知られるようになった概念である。

　エンパワメントを実践理論の基礎として位置づけたソロモン（Solomon, B., 1976）は、「エンパワメントとは、スティグマ化されている集団の構成メンバーであることによって加えられた否定的な評価によって引き起こされたパワーの欠如状態を減らすことを目指して、クライエントもしくはクライエント・システムに対応する一連の諸活動にソーシャルワーカーが関わっていく過程である」と定義した。スティグマとは、社会的な不利益や差別、屈辱感、烙印などを指す。

　現在では、エンパワメントは、人々が、自らの能力や資源に気づき、主体的な選択や決定のもとに、目標を達成することや、望む生活を創造するなど、自己実現のためのネットワークの形成を支援するものとして、医療、社会福祉、公衆衛生、教育、経営、など、さまざまな分野で用いられている。定義も一様ではなく、理論的基盤、実践の枠組みやプロセス、実践の効果、など、さまざまな側面から定義がなされている。これらの定義の共通点を整理すると、以下の3点が挙げられる。

　1点目は、人は、他者や環境との関係性のなかで存在していることから、パワーは、個人だけではなく、社会関係や環境にも生起し、双方向に影響するということである。例えば、個人が自分の力に気づき、あるいは、力を取り戻し、主体性が増すと、他者との関係や社会との関わり方も変わるだろう。グティエーレス（Gutiérrez, L., 1990）は、エンパワメントの方向を、①マクロの方向で、社会的変革を指向する、②ミクロの方向で、個人レベルでのパワーとコントロールが増えたという感情、③中間的方向で、両者の接触面、対人関係のレベル、の3つのレベルから捉えている。そして、これらのレベルは互いに交互作用して関連し合う、としている[1]。

　2点目はエンパワメントがプロセスであることである。それは、個人が自分や他者のなかにある力を見出していくことや、自己効力感を高めていくこと、自分の課題に主体的に取り組んだり、自分の決定に責任をもつこと、集団や地域がネットワークを形成したり、社会活動へとつなげていく過程、などが挙げられる。

　3点目は、エンパワメントの根底にある視点が、人のもつ潜在的な力（ストレングス）に焦点を当て、その力や可能性を信頼する、ということである。ストレングス視点とは、利用者の病理や欠陥を捉えるのではなく、利用者個人の力と利用者を取り巻く社会関係や環境の持つ資源に焦点を当てた援助観であり、エンパワメント実践の基盤となるものである。すべての人は、広範囲にわたる才能、力量、技能、資源、願望を備えている[2]。また、

ストレングスは、個人だけではなく、集団や家族、地域に資源として内在している。人間は、他者や環境との相互作用のなかで、生涯、発達・成長を遂げていく存在であり、ウェイクら（Weick, A. et. al., 1989）は、継続的な成長は、ストレングスの認識と発展を通して得られる[3]、としている。

● 高齢者ケアとエンパワメント

わが国の高齢者へのケアにおいては、介護保険施行後、自立支援や、利用者の主体的な決定、といった理念が普及している。

しかし、身体機能や認知機能が低下し、身の回りのことに何らかの介助を要する高齢者への支援を行う際、利用者のできないことや問題点に目が向けられがちである。支援に従事する者が、利用者個人の内的な面と、社会関係や機会といった外的な環境の両方のわたり、いかに多くのストレングスを見出すことができるかにより、支援の方向性や質が変わるだろう。例えば、他者との交流を試みる意欲、トイレで排泄できること、支えてくれる家族や友人がいること、経済基盤や、活用できる社会保障制度があることなど、普段のケアにおいて何気なく観察し、把握している点も、利用者の貴重なストレングスである。利用者の「できないこと」ではなく、「できていること」に目を向け、利用者の気持ちや希望に基づいて、その力をさらに引き出し、支えていくことや、その力が活きるよう、環境への働きかけを行うことが大切である。日常の些細なことのなかで、利用者が、「自分にはできる」「やればできる」という感覚を重ねていくことや、自分に対する信頼感をもつことは、利用者の主体性を高め、充実感や生きる意欲にもつながっていくだろう。

安梅（2004）は、「エンパワメントとは、元気にすること、力を引き出すこと、そして共感に基づいたネットワーク化」に発展するもの、としている[4]。そして、ケアにおけるエンパワメントの具体的な点について、8つの原則を示している（図参照）。

より良い支援には、利用者のもつさまざまな可能性への信頼や、ストレングスを引き出せるような援助関係の構築とともに、人と環境の相互作用を広く捉え、利用者のストレングスに気づく感性が求められる。

（佃　志津子）

■ ケアにおけるエンパワメントの原則

① 目標を当事者が選択する
② 主導権と決定権を当事者が持つ
③ 問題点と解決策を当事者が考える
④ 新たな学びと、より力をつける機会として当事者が失敗や成功を分析する
⑤ 行動変容のために内的な強化因子を当事者と専門職の両者で発見し、それを増強する
⑥ 問題解決の過程に当事者の参加を促進し、個人の責任を高める
⑦ 問題解決の過程を支えるネットワークと資源を充実させる
⑧ 当事者のウエルビーイングに対する意欲を高める

出典：安梅勅江『エンパワメントのケア科学 ── 当事者主体チームワーク・ケアの技法』医歯薬出版，4-5頁，2004.

12-4 高齢者の尊厳と自己決定
― 自己決定の支援に必要な視点 ―

Keywords ▶▶▶ 個人の尊厳／自立支援／自己決定／多面的視点

● 高齢者の尊厳

わが国の高齢者への福祉サービスは、介護保険法の施行や社会福祉法の制定が大きな転換期となり、現在は、利用者の自立支援と、主体的な決定、という理念が普及している。また、措置制度から契約制度への移行に伴い、判断力の十分でない利用者の保護を目的とした、成年後見制度や地域福祉権利擁護事業（現在の日常生活自立支援事業）も同時期に施行された。これらの法制度は、社会全体で高齢者の尊厳を支える仕組みを志向したものである。その基盤は、個人の尊厳を価値の中核におく日本国憲法であり、第11条に「基本的人権の尊重」、第13条に「生命、自由及び幸福追求に対する国民の権利」、第25条に「生存権」が規定されている。高齢者の支援に従事する者は、このような個人の尊厳を実践の基盤として、利用者が自らの能力を活かし、望む暮らしのあり方に向けて主体的に取り組めるよう支える役割が求められている。

利用者の主体的な選択と決定を支えるためには、支援者が、利用者の希望に耳を傾けるだけでなく、生活上の課題を利用者とともに整理すること、選択と決定に必要な情報の提供を行うことが必要となる。この時、利用者の状態に合わせた説明方法の工夫や、説明内容に対する理解の確認、選択肢ごとの利点・不利点の検討、といった対話技能や、利用者の自己決定を引き出す技術が求められる。

● 自己決定の支援

しかし、何らかの心理的危機への直面や、認知機能の低下した高齢者の自己決定の支援には、配慮を要する。以下に4点を挙げる。

1点目は、利用者の自己決定力、現実検討力についてである。例えば、生活上の課題について、サービスの利用を提案しても、本人が望まない時、利用者の希望をそのまま自己決定と捉えることは、時に、利用者に不利益を招くことにつながる。認知症などの場合、記銘力や判断力の低下が著明である時、利用者自身が生活課題を的確に把握することは困難である。また、記憶や発言が的確に見えても、疾患の後遺症などにより、物を適切に扱えない、物事を手順通りに遂行できない、自分の状態を認識できない、などの障害が残り、日常生活の動作に課題が生じることもある。実際には自立困難な動作を、自分でできると思い込み、サービスの必要性を認識していないこともあるだろう。

バイステック(Biestek, F.P., 1957)は、クライエントの自己決定について「みずから選択と決定を行う自由についてのクライエントの権利と欲求を実際に認めること」としながらも、自己決定の制限について、積極的・建設的決定を行うことのできるクライエントの能力、などを挙げている[1]。支援者は、疾患や既往歴、行動の状態などの情報収集に加え、利用者が生活課題をどの程度、現実的に検討しているかを確認し、利用者が安全に生活できるよう配慮しつつ、生活上の選択と決定を支えることが必要となる。

2点目は、利用者の心理社会的側面への洞

察である。利用者の判断力が保たれており、明らかに支援を要する状態であるにもかかわらず支援を拒む時は、その背景にさまざまな要因が存在すると考えられる。例えば、大切な人との死別や重大な病気の告知など、心理的に著しい負荷がかかると、対処力が低下し、新たな人間関係の構築や生活の変化に取り組む意欲が低下する場合がある。また、他人に経済的な不安や生活背景を語りたくない人もいるであろう。家族や他者の負担になる罪悪感や劣等感、障害を受け容れられない苦しさなどを本人が明確に意識しないまま、他者を拒むこともある。支援者には、利用者の心理社会的状況への洞察力、苦しみや隠れたニーズに寄り添う感性が求められる。

3点目は、利用者の希望が、他者の不利益につながる場合である。例えば、利用者を介護している家族がいる場合、サービスを利用したくないという本人の希望を尊重すると、介護者の身体的・精神的負担の増大につながることがある。また、利用者の希望を叶えるために必要な支出が、その世帯の経済的な面に影響する場合もあるだろう。人は、周囲の人々との相互作用のなかで生活している。支援者は、利用者の自己決定を支援する際、利用者とその周囲の人々との関係性を考慮し、生活の安定に配慮することが大切である。

4点目は、利用者が望むサービスが、受けられない場合である。例えば、制度の適用対象とならない場合や、居住する地域のサービス提供体制の不足などが挙げられる。支援者は、高齢者福祉の施策や、地域の状況など、社会資源との関連のなかで、利用者のニーズを理解し、支援の方法を模索する必要がある。生活の基本的な欲求が充足されず、利用者が不利益を被るような場合は、地域で新たな資源を開発することも求められるであろう。

● 支援に必要な多面的視点

支援者は、利用者を、身体的側面のみならず、個人を取り巻く他者や地域、社会資源など、全体との関係性のなかで、多面的に理解する視点が必要となる、そして、利用者のもつ力に着目し、その力を支持するエンパワメントのアプローチを志向することが大切であろう。高齢者の尊厳は、支援者の日々の実践を通して具現化され、個別性を尊重した自己決定の支援は、利用者の人生の質の向上に寄与する。

(佃　志津子)

■自己決定の支援における多面的視点

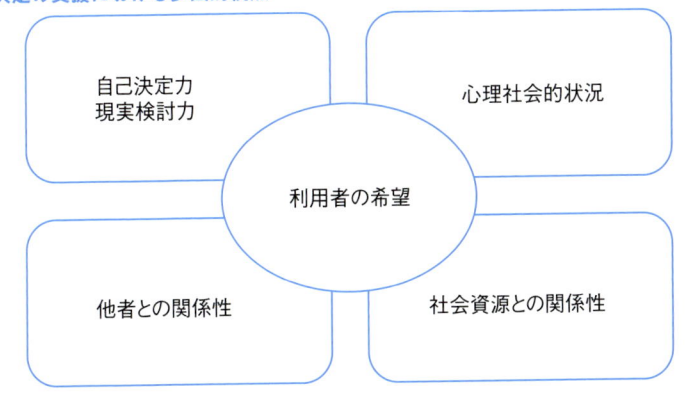

- 自己決定力 現実検討力
- 心理社会的状況
- 利用者の希望
- 他者との関係性
- 社会資源との関係性

12-5 コミュニケーション技法
— 他者との関係構築、維持、発展のために —

Keywords ▶▶▶ 言語・非言語コミュニケーション／自己開示／アサーション／傾聴

●コミュニケーションとは

コミュニケーション（communication）には、当事者がお互いに働きかけ、応答し合う相互作用過程、一方から他方へ意味を伝達する過程、また一方から他方へ影響を及ぼす過程がある。対人コミュニケーションは、対人関係の変化と関係が深く、その発展と崩壊は対人関係に影響を与える。対人援助職は、相手と適切な対人関係を築き、それを維持、発展させるために、対人コミュニケーションについて理解を深め、技術を向上させる必要がある。

●コミュニケーションの種類

言語コミュニケーションの主たる目的は「意味を伝達すること」であり、言語は人が社会生活を営むうえで、自分の欲求、感情、意思など他者に伝えるという機能をもつ。また、言語を使用することにより思考、記憶、学習などが促進される思考機能や、自己や他者の行動を促進したり抑制したりする行動調整機能もある。

非言語コミュニケーションには、身振り（ジェスチャー）、姿勢、表情、凝視などの身体動作、相手との距離のとり方、座席の取り方といった空間行動、言語に付随する声の質（高さ・リズム・テンポ・発音・明瞭性）、声の大きさ、間の取り方、触れる、撫でる、叩くといった身体接触行動、体型、皮膚や髪の色といった身体特徴、また、服装、装身具といった人工物がある。

これらによって、好き嫌いといった対人態度や感情が表出されたり、社会的地位や職業、人格等の情報が提供されたりする。

●対人関係における気づきのモデル

私たちはコミュニケーション場面で、他者に対してさまざまな情報を伝達する。これらの情報のなかで、「特定の他者に対し、自己に対する本当の情報を言語的に伝達する行動」を自己開示と言う。自己開示と対人関係の関連性について「ジョハリの窓」と呼ばれるモデル図がある（図参照）。これは、「私」について自分と他者が気づいているかどうかという視点から見たもので、左上の領域は自分も他人も気づいている領域（開放領域）、右上が他者は知っているが自分は知らない領域（盲点領域）、左下は自分は知っているが他者は知らない領域（隠蔽領域）、右下は双方とも気づいていない領域（未知領域）となっている。自分と他者との自由なコミュニケーションは開放領域において行われ、この領域が広ければ広いほど活発になる。そのためには適切な自己開示と他者からの適切なフィードバックが必要である。

●話す技法

以下の3つがポイントとなる。

①非言語コミュニケーションに気づく。

言葉だけではなく、非言語的表現によっても相手にメッセージを送っていることに気づき、両者が一致するよう調整することは重要である。言葉の内容と口調が食い違っていると、人はその口調から先に感情を読み取る傾向がある。言語理解の難しい障害をもつ人と

の関係づくりでは特に、重要である。
②適切な自己開示をする。

自己開示は、自分のことをさらけ出すことであり、感情を出して浄化したり、自分の考えを明確化したり、他者との関係を発展させたりするのに効果的である。しかし、「秘密」を打ち明けるということにもなるため、関係が悪くなったり、「秘密」がもれたり、悪用される危険もある。場と関係性に則した内容の開示が必要である。

③対人関係を考慮した自己表現（アサーション：assertion）を行う。

アサーションとは、自分のことだけを考えて、相手を無視する攻撃的な自己表現でも、常に相手を優先して、自分のことを後回しにする受身的行動でもなく、自分を大切にするが、相手のことも配慮する自己表現である。相手がどのように受け止めるかに配慮しながら、自分が伝えたいことはきちんと伝えることが大切である。

●聴く技法

以下の３つがポイントとなる。
①全身で、非審判的に聴く（受容）。

アイ・コンタクトやうなづき、相槌などを使い、相手の話を遮ることなく、受容的に聴くことは重要である。話し手は、何を話しても許容されていると感じると、より自由に自分らしく話を続けることができる。
②相手の感情や話の内容など、話のポイントを整理して繰り返す（反射・繰り返し）

話されたことの確認にもなり、話し手自身も、自分の話をきちんと聴いてもらえたという満足感や信頼感を得ることができる。
③効果的な質問をする。

質問には、「はい・いいえ」といった限定的な答えを得るための「閉じられた質問」と「好きな食べ物は何ですか」といった自由に答えられる「開かれた質問」がある。相手が本当に言いたいことを引き出すため、相手を理解するのに必要な情報を得るためにこれらを使い分ける必要がある。基本的に、多くの情報を得るためには「開かれた質問」がよいとされるが、認知症などで言語理解や表現が難しい場合は、閉じられた質問にした方が答えやすいことがある。

援助職は、自分のコミュニケーションの癖を知り、スキルアップするための研修を定期的に受けることが望ましい。　　（佐藤美和子）

■ジョハリの窓

	私が 知っている私	私が 知らない私
他者が 知っている私	開放領域	盲点領域
他者が 知らない私	隠蔽領域	未知領域

出典：Luft, J. Of human interaction. Palo Alto, CA : National Press Books, p.13, 1969.

12-6 チームケア
― 多職種連携・協働の必要性 ―

Keywords ▶▶▶ 多職種連携・協働／在宅／高齢者福祉施設／チームアプローチ／ケアマネジメント

● チームケアの意味と目的

在宅介護や施設介護の現場で、一人の介護者が、要介護者を 24 時間 365 日介護し続けることは至難の業である。また、要介護者の疾病やそれに伴う障害は多様化しており、専門知識や技能が必要とされる場合も多い。さらに、要介護者自身の意識も、「介護される」という消極的な考え方から、「疾病や障害があっても自分らしく生きたい」と願う、積極的な姿勢へと変化してきている。このような状況のなかで、介護者が抱える心身の負担は、より重くなっていると考えられる。また、複雑化し多様なニーズを抱える要介護者の生活支援と QOL の向上を目指すためには、一人の力では限界がある。

このような状況に対応するには、さまざまな専門職が連携することによるチームケアが必要とされる。チームケアとは、ある集団（チーム）が共通の目標を達成するために、個々の構成員が相互に連携・協力しながら取り組むことを指す。また、チームによる関わりはチームアプローチとも呼ばれ、「利用者の全体としての生活を支援しようとするときに、異なる専門職や同一施設等の職員同士が援助チームを組んで援助活動を展開しようとすること」と言われている。

● ケアマネジメントとチームケア

介護保険制度発足以前、特に在宅介護においては、要介護者に対して福祉、医療等の制度によるそれぞれのサービスが、いわば縦割的に提供されていた。

2000 年に発足した介護保険制度は、今までの縦割りによる弊害をなくし、サービスを利用しやすいよう、また、要介護者に関わる保健・医療・福祉のサービスを一体的に提供することを目的に、ケアマネジメントが導入された。そして、このケアマネジメントの中心になる専門職として、介護支援専門員（ケアマネジャー）が導入された。

ケアマネジャーは「介護サービス計画（ケアプラン）」を作成し、要介護者およびその家族、そして複数の専門職との連携を図ることが求められている。ケアプランは、要介護者に関わる複数の専門職をつなぐ「ケアの設計図」としての機能を持っている。ケアマネジャーを中心としたチームケアを機能させるためには、このケアプランが重要な鍵となる。

チームケアのあり方としては、同業種チームと、ケアマネジャー、医師、看護師、介護職員などと連携する多職種チームとの 2 つの形態がある。在宅介護は後者のチーム形態である。施設介護では後者のチーム形態を基本とするが、介護職員が中心となることから前者のチーム形態ともいえる。

● 在宅におけるチームケア

在宅介護に携わる各種サービスや専門職は多岐にわたる。介護保険の給付対象となる居宅サービスだけでも、訪問介護や訪問看護など訪問系のサービス、通所介護・短期入所生活介護など施設利用型のサービス、福祉機器のレンタルや住宅改修なども含め多種多様である。さらに、主治医や医療機関、行政機関、

そして、介護者やボランティア、近隣住民などのインフォーマルな個人や団体もある。

一人の要介護者が、すべての介護保険サービスやインフォーマルな支援を必要とする訳ではないが、健康管理と生活支援を基本に、ケアプランを中心としたチームを構成することに変わりはない。そして、チームとしての機能を発揮するためには、同じ目標や理念の共有化と、目標を達成しようとする意識と情報の共有が不可欠である。

●施設におけるチームケア

施設はもともと介護の専門施設であり、介護を担当する介護職員のほか、看護職員、嘱託医、相談員、栄養士等が配置され、いわば介護サービスがパッケージ化されている。施設介護は、ケアを提供するチームと職場が一体であるため、情報の共有がしやすく統制がとりやすい。反面、組織外の職種・人材の利用に制約もある。

施設におけるケアプランの作成は、計画担当介護支援専門員が担当している。しかし、介護支援専門員の基礎資格はさまざまであり、資格取得に必要な養成教育の内容や、卒後の実務経験もさまざまである。また、同じ専門職同士でも価値観の違いや経験の違いもある。それらはアセスメントの視点や目標に対する価値観の違いとして現れ、チームとしての結束度に影響を与える。

最近では、在宅介護だけでなく施設においても医療的ニーズの高い利用者が増加している。そのため、平成23年10月に介護サービスの基盤強化のための介護保険法の一部を改正する法律が施行され、介護の内容に「喀痰吸引その他のその者が日常生活を営むのに必要な行為であって、医師の指示の下に行われるもの」が追加された。このように介護現場では、ますます医療・看護と介護の連携に基づくチームケアが必要になってきている。チームが共通の目標を確認し達成するためには、多職種のケアにかかわるスタッフが相互に連携・協力しながら取り組むことがますます必要となってくる。このためチームメンバーの調整の役割を担うコーディネーターの存在が重要となるが、介護施設では相談員とケアマネジャーの役割分担が未確立なことも多く、課題が残されている。

（佐々木伸行・峯尾武巳）

■チームアプローチ

＜援助チーム＞
福祉、医療、保健、教育、司法などの異なる専門領域によるチームもしくは、同職種のチームや施設内職員集団

＜チームワーク＞
情報の共有、連絡・調整
援助目標、計画の共有
役割分担の明確化
相互信頼、協働作業

利用者（家族）

出典：黒木保博・山辺朗子・倉石哲也 編著『〈福祉キーワードシリーズ〉ソーシャルワーク』中央法規出版, 50 頁, 2002.

12-7 ケアワーク
― 尊厳あるケアを目指して ―

Keywords ▶▶▶ 身体ケアモデル／認知症ケアモデル／基本的人権／高齢者虐待

●ケアワークの意味

　ケアとは配慮する、気にかける、注意する、世話をする等の意味である。従来、社会福祉領域においてケアワークとは、介助・保護・世話と捉えられ、具体的なケアに従事する介護福祉士、訪問介護員、保育士等をケアワーカーと呼んでいる。

　ケアワークはケアを提供する対人援助である。その原点は、家庭内や身近な地域等で行われていた思いやりに基づく相互扶助としての子育てや年老いた両親等への世話にある。高齢者を対象とする本稿においては、ケアワークを介護と同義語として使用する。

　介護は「身体上または精神上の障害があることにより日常生活を営むのに支障がある者」に対して行う具体的な生活支援行為の総体である。また、介護は人間が生活していくうえで、その人が今まで普通にできていた食事、入浴、排泄等の身の回りの生活動作や意思決定等が、病気や老い、障害等から困難になる辛さや悩みに関わり、その人の生活が今までと同じように継続されるよう、その人や家族その他の関係する人々とともに考え、その人の身体や家庭生活、社会生活に直接関わり支援する活動である。そして、その範囲は、①身体の介護に関すること、②家事に関すること、③相談助言に関することの3つに大別される。

●介護の内容の見直し

　厚生労働省老健局長の私的研究会「高齢者介護研究会」が2003年6月26日にまとめた報告書「2015年の高齢者介護―高齢者の尊厳を支えるケアの確立に向けて―」のなかで介護について次のように報告している。

　「人生の最期まで、個人として尊重され、その人らしく暮らしていくことは誰もが望むものである。このことは、介護が必要となった場合でも同じであり、また仮に、認知症の状態になったとしても、個人として尊重されたい、理解されたいという思いは同じである。(中略)高齢者介護においても、日常生活における身体的な自立の支援だけではなく、精神的な自立を維持し、高齢者自身が尊厳を保つことができるようなサービスが提供される必要がある。」

　そして、3大介護を中心とした「身体ケアモデル」から、尊厳を支える「認知症ケアモデル」への転換が提案された。その後、2007年12月、20年ぶりに「社会福祉及び介護福祉士法」が一部改正され、介護の内容は「食事、排泄、入浴その他の介護」から「心身の状況に応じた介護」へとその定義が改められた。さらに、平成23年10月には、介護サービスの基盤強化のための介護保険法の一部を改正する法律の施行に伴い、社会福祉士及び介護福祉士法の一部が改正され、介護に「喀痰吸引その他のその者が日常生活を営むのに必要な行為であって、医師の指示の下に行われるもの」が追加された。

●高齢者ケアの課題：高齢者虐待

　介護の内容が見直され、尊厳あるケアの提供に努めなければならない背景には、認知症

高齢者の増加、グループホームやユニットケアなどの施設形態の変化、自立支援、個別ケア、権利擁護、心理面へのケア、医療依存度の高い要介護高齢者の増加等が挙げられる。なかでも、高齢者の基本的人権に関わる高齢者虐待の増加が問題となっている。

高齢者虐待防止法（正式名称「高齢者虐待の防止、高齢者の養護者に対する支援等に関する法律」2006年4月施行）では、養護者（親族等）による虐待と養介護施設職員による虐待とに分類されている。厚生労働省による平成24年度の調査によれば、養介護施設従事者等による虐待の相談・通報件数は736件で、うち虐待と判断されたものは155件。内訳は身体的虐待が56.7％、心理的虐待43.7％、性的虐待7.2％と報告されている[1]。

● 基本的人権を守るケア

介護は人間尊重の価値観と科学的知識・技術に基づき、望ましい人間関係を通して行われる実践活動であり、次のような手法を持つ。

① 人間関係形成技術

介護は介護を必要としている人と、介護する人との良好な人間関係に基づく相互理解を必要とする。そのためにはさまざまなコミュニケーション技術が必要となる。

② 観察・アセスメント技術

個別性を理解しその人の思いを理解するためには、その人の生きてきた時代やこころとからだの特性を理解する必要がある。そして、さまざまな情報を分析・判断する経験や知識が必要となる。

③ 生活行為を支援する生活支援技術

介護を必要とする人の体に働きかけるには、骨、関節、筋肉等の力学的相互関係を活用したボディメカニクスの原則に基づいたトランスファー（移動）や残存能力等を活用した、個々に対応できる応用力が必要となる。

④ 家事機能を維持拡大する生活支援技術

調理、掃除、洗濯等の家庭生活への支援。

⑤ その他

生活リズム維持への支援、社会活動支援、医療や他職種とのチームケアへの参加。

介護はこれらの技術を高齢者一人ひとりの状況に応じて応用し、心身の障害から発生する生活の支障を具体的に支援することを通して、高齢者の基本的人権を保障する実践的な活動である。

（峯尾武巳）

■ 介護福祉士養成の到達目標

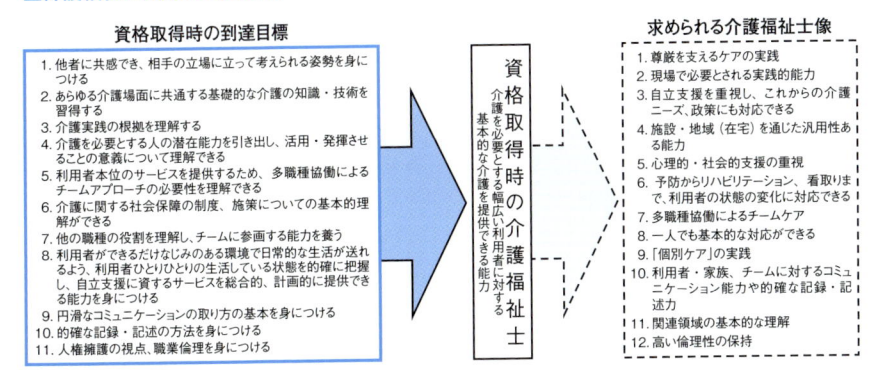

資格取得時の到達目標
1. 他者に共感でき、相手の立場に立って考えられる姿勢を身につける
2. あらゆる介護場面に共通する基礎的な介護の知識・技術を習得する
3. 介護実践の根拠を理解する
4. 介護を必要とする人の潜在能力を引き出し、活用・発揮させることの意義について理解できる
5. 利用者本位のサービスを提供するため、多職種協働によるチームアプローチの必要性を理解できる
6. 介護に関する社会保障の制度、施策についての基本的理解ができる
7. 他職種の役割を理解し、チームに参画する能力を養う
8. 利用者ができるだけなじみのある環境で日常的な生活が送れるよう、利用者ひとりひとりの生活している状態を的確に把握し、自立支援に資するサービスを総合的、計画的に提供できる能力を身につける
9. 円滑なコミュニケーションの取り方の基本を身につける
10. 的確な記録・記述の方法を身につける
11. 人権擁護の視点、職業倫理を身につける

→ 資格取得時の介護福祉士 介護を必要とする利用者に対する基本的な介護を提供できる能力

求められる介護福祉士像
1. 尊厳を支えるケアの実践
2. 現場で必要とされる実践的能力
3. 自立支援を重視し、これからの介護ニーズ、政策にも対応できる
4. 施設・地域（在宅）を通じた汎用性ある能力
5. 心理的・社会的支援の重視
6. 予防からリハビリテーション、看取りまで、利用者の状態の変化に対応できる
7. 多職種協働によるチームケア
8. 一人でも基本的な対応ができる
9. 「個別ケア」の実践
10. 利用者・家族、チームに対するコミュニケーション能力や的確な記録・記述力
11. 関連領域の基本的な理解
12. 高い倫理性の保持

出典：厚生労働省「介護福祉士養成課程における教育内容等の見直しについて」平成19年.

12-8 こころに働きかける介護
― 意欲や行動への動機づけ ―

Keywords ▶▶▶ 関係性／人間の可能性／マズローの欲求／自己実現

●こころに働きかける介護

こころとからだは一体であるといわれる。高齢者の介護には、残存機能を活用し自ら動くことの支援も大切であるが、こころへの働きかけも大切である。

意欲や活力が低下すると、面倒なことは考えたくないと思うようになり、どのように生活するかなどの目標を立て、計画的に過ごすこともできなくなってくる傾向が強い。また、「何のために、誰のために」頑張るのかという目的や目標、動機をなくしてしまったときに生きる意欲や、今何かをしようとする気力を失い、もうどうでもよい、とか、生きていても仕方がない、などと考えるようにもなってしまう。どのようにしたら「意欲」や「やる気」といった、こころに働きかける介護が可能になるのだろうか。

●事例から考える

以下の3つの事例から考えてみる。

①「早く死にたい」というAさんの事例

Aさん（80歳、女性）は脳梗塞後遺症で四肢麻痺となり特別養護老人ホームで寝たきりの生活を送っている。Aさんは「生きていても何の役にも立たない」「早く死にたい」と繰り返している。ある日介護職員が「私たちに"ありがとう"と言って下さるでしょう。その一言で私たちはもっと頑張ろうという勇気をもらっているのですよ」と話しかけた。Aさんは職員の言葉を半信半疑で聞いていたが、その日から、自分自身の「ありがとう」の言葉に微笑む職員の顔を見て過ごした。しばらくすると、Aさんから「早く死にたい」という言葉が減り、笑顔で毎日を過ごすようになった。

Aさんに、どんな変化が起こったのだろうか。「Aさんのこころに起きた変化は何か」という視点から考えてみる。

こころは目に見えないものである。そのため、こころの動きや働きかけを具体的に説明するための概念が理解の助けになる。

例えば、図に示すようにマズローの人間の欲求の5段階説を参考に、欲求をこころの働きと置き換えて考えると、お腹がすいたという欲求や、愛されたいという欲求、安心できる場所が欲しい、認められたい、自分らしく生きたいという欲求を、その人のこころの活動や働きと捉えることが可能となり、どのような支援内容や方法が必要なのか、具体的に考えることが可能になる。

「生きていても何の役にも立たない」と悲観しているAさんであった。しかし、Aさんの発する言葉に、職員が微笑んで反応してくれることで、自分も人の役に立っている、認めてもらっているという感情が芽生え、すなわち、マズローのいうところの「所属と愛情」「自尊と尊敬」の欲求が満たされ、そのことがAさんの毎日の生活の張りや、生きる意欲につながったのではないだろうか。

たとえ介護を必要としていても、人間は互いに支え合う存在であり、人と人との関係のなかで生きている。体を動かすことができない高齢者に対しても、介護者や身近な人々が、その人の存在をしっかりと認め、「所属と愛

情」「自尊と尊敬」の欲求を大事にすることが、こころへ働きかける介護の第一歩といえる。

②障害者Bさんの事例

難病の多発性筋炎で下肢筋力の低下したBさんは、アパートの2階で一人暮らし。寂しさをアルコールに依存していた。要支援状態であり、肝機能も低下しており、医師からは入院を勧められていた。担当していたケアマネジャーはさまざまなサービスと人とをつなぎ、入院し治療が始まったが医師や看護師と喧嘩をし、「出ていく！」と大騒ぎになった。

ケアマネジャーは頻繁に面会に行き「あなたは一人ではない、大勢の人に支えられているのだ」ということを繰り返し話した。そのうちに人が変わったように「漸く自分は一人ではないんだということがわかったよ」と、治療に専念するようになった。治療が始まったことで安全と安定の欲求、自分のことを気遣ってくれる人がいるという所属と愛情の欲求が満たされ、自分のために頑張ってみようという意欲につながったのである。

③認知症のCさんの事例

Cさん（67歳、男性）は、教員を退職すると同時にぼんやりすることが多くなり、「財布がない」「学校に行く」と言いだし、家族を困らせていた。心配した家族に促され病院を受診した結果、アルツハイマー病と診断された。

Cさんは、日々の出来事も忘れることが多くなり、ますます自信をなくしていった。ある日の夕方、奥さんと一緒に散歩中のCさんが、突然夕陽を指差して「きれいな夕焼け」とつぶやいた。それを聞いた奥さんは、認知症の進行とともに失われていく能力が多いなかにも、「夫には、まだ感動する心が残っている」と気が付いた。それからの奥さんは、Cさんの体調の良い時には、二人で近くの公園に出かけては、一瞬一瞬の自然の美しさに目を向け、Cさんに寄り添い、話しかけることに努めた。このように、生活の質（QOL）の向上には、こころに働きかける視点が求められている。

この3つの事例でわかるように、マズローの欲求説から考えれば、介護は基本的欲求を満たす身体面の介護だけではなく、精神面やこころにも働きかけ、最終的には対象者の自己実現までをも射程においた活動といえる。

（米山淑子）

■マズロー5段階欲求階層モデル

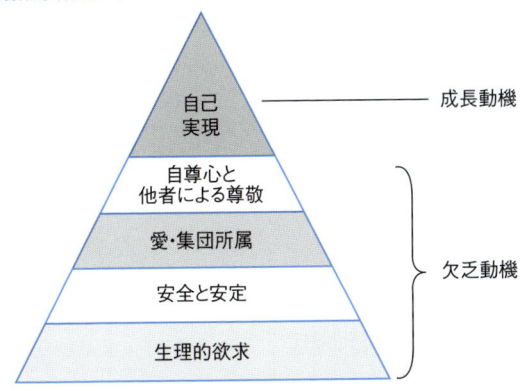

- 自己実現 ── 成長動機
- 自尊心と他者による尊敬
- 愛・集団所属
- 安全と安定
- 生理的欲求

（自尊心と他者による尊敬／愛・集団所属／安全と安定／生理的欲求）── 欠乏動機

出典：フランク・コーブル 著，小口忠彦 監訳『マズローの心理学』産業能率大学出版，1972．を一部改変．

12-9 からだに働きかける介護
― そのポイントと根拠の重要性 ―

Keywords ▶▶▶ 日常生活動作／より良い人間関係／エビデンス／介護過程

●からだに働きかける介護とは

　からだに働きかける介護は、要介護者が日常生活を送るうえで必要としている食事・排泄・入浴・更衣・移動などの日常生活動作（ADL : Activities of Daily Living）への支援を中心に行われる。具体的にはその人の基本的な生活様式を知り、朝の目覚めから夜の睡眠まで、24時間にわたるさまざまなからだの動きとしての生活動作への介護を通して、生活の継続を支援する。

　からだに働きかける介護技術は、介護者と要介護者とのより良い人間関係のなかで実践される。また、介護技術は、「手技として、コミュニケーションとして、そこに存在して利用者を癒す」はたらきがあると言われている[1]。介護技術の実践理念は、「尊厳を保持し、自立・自律を尊重した介護」であり、介護は、要介護者のより良い生活への可能性を広げていく重要な役割を担っている。

●根拠に基づく介護技術

　尊厳を保持し、自立・自律を尊重した介護とは、ただ単に利用者の望むことを提供することではない。心身の低下の予防も求められている。その際、利用者との良好な人間関係を形成し、利用者の訴えや希望を考慮したうえで、どのような状態で、何を求めているのかを専門職としてアセスメントしたうえで、根拠（エビデンス）に基づいた介護方法を説明し、利用者の納得のうえで介護を提供する必要がある。

　根拠に基づく介護技術とは、経験による直感やコツを大切にしながらも、「アセスメントに基づいた利用者理解と生活ニーズの把握」、「介護計画の立案」、「介護の実施」、「評価」という介護過程の展開を基本とする。

●介護技術のポイント

　からだに働きかける、手技としての介護技術の要件には安全性や安楽さ、的確さ、巧みさ、速さなどが挙げられる。また、介護技術の提供時には、介護者が利用者を一方的に介助するのではなく、以下の点に注意することが重要である。

①利用者のもっている能力を引き出す

　たとえ自分で自由に体を動かすことができない利用者であっても、これから行う行為に対し参加できるよう働きかける。つまり、介助の前に声をかけ、利用者の自分で動こうとする意識に働きかけ、これから行う行為に参加できるようにする能力を引き出す。さらに利用者がこれまで行ってきたその人にとって自然な身体の動きを活用する。それにより、利用者が自分の身体の動きを認識でき、身体的な能力を取り戻すことにもつながる。

②自己決定を尊重する

　利用者がこれまで培ってきた生活習慣や生活文化を尊重し、生活様式に沿った日常生活動作を取り入れ、基本的に利用者が提供される介護技術を自分の意思で選択できるようにする。たとえ意思表示ができなくても、利用者の表情や目の動き、反応や動作などを確認しながら行う。

③人間が行うことのできる限界を知る

特に移動・移乗技術では、介護者は人間が一人で持ち上げられる重さの限界を見極め、スライディングボードやリフトなどの福祉用具を積極的に活用し、介護者の身体的負担を減らす。

④利用者の状況に応じた介護

介護を受ける利用者はいつも同じ体調、状態ということはない。1日のうちでも、午前中・午後・夜間では体調やモチベーションは異なる。また、一人の利用者に、毎日同じ介護者が介護を担当するとは限らない。介護者の体格や経験の違いもある。その時々の状況を観察し、提供する介護技術は、基本をもとにその場に応じた工夫や応用が必要となる。

⑤介護者の行為を振り返る

例えば、利用者の食事が進まない時に、すぐに介助するのではなく、何が課題であるのかを考える。つまり、食事内容は本人の嗜好に合っていたか、話しかけ方が適切であったか、テーブルの高さや体の向きはどうだったのか、嚥下機能に問題はなかったか、箸やスプーンの素材はどうであったか、食べる速さやタイミングはどうであったかなどについて検討することは重要である。

また、介護者は利用者の課題解決に向けたアセスメントと同時に、自分自身の態度や方法、環境等に問題はなかったかと振り返って考えてみる必要がある。

●専門性を追求する

介護の専門性を高めていくためには、介護者は自分が行った行為を記録に残すことや、介護者同士、他職種、利用者や家族に説明できることが重要となる。そして、介護を必要としている人に、より適切な介護技術を提供することが求められる。

例えば「Aさんの状態はこうであるから、このような理由により、このような介護技術が必要であると判断する。そして、この介護技術を実施した結果として、このようなことが予測される」と説明できることが求められる。そのためには、個別介護計画や日々のアセスメント、記録に基づく過去の出来事や経験等を検討し、根拠に裏付けされた介護技術を提供し、自らの介護行為を振り返りながら実践していくことが重要である。専門性は与えられるものではなく、絶えず追及していくものである。

（小櫃芳江）

■介護過程の構造

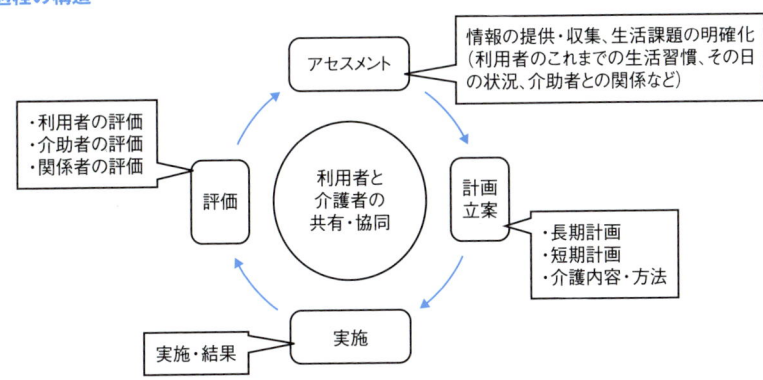

出典：『改訂版　介護教育研究会方式　楽しく学ぶ介護過程』久美出版，42頁，2010．を一部改変．

12-10 環境に働きかける介護
― 自立した生活支援のためのプロセス ―

Keywords ▶▶▶ 段階的援助方法／環境／補装具／日常生活用具

● 介護における5つの段階

　介護を必要とする人々に対し、食事や排泄、入浴といった日常的な行為を援助することは重要である。しかし、それだけで介護を必要とする人々の生活の改善は難しい。

　高齢者や障害者に対する介護の方法には、次の5つの段階がある。

＜機能の回復＞

　第1段階では、加齢により低下した筋力の向上や脳血管障害に伴う麻痺の改善といった身体機能への援助を試みる。ここではリハビリテーションが代表的な方法となる。しかし、対象者の年齢や障害の状態等により、この段階での介入による状態改善には限界がある。

＜動作能力の改善＞

　そこで第2段階として、動作能力への援助が必要になってくる。具体的には寝返りや起き上がり、立ち上がり、立位保持といった起居動作への援助が中心となる。さらに、これらの能力の改善を基にして移乗動作や移動動作（歩行能力）の改善へと援助を展開していくことになる。

　ところが、やはりここでも対象が人間であるために、能力の改善には限界が生じてしまう。そのため、第3段階以降では、高齢者や障害者自身ではなく、その人を取り巻く環境へ働きかけることで、改善には限界のある身体機能や能力を補償することが必要になってくる。

＜住環境の整備＞

　第3段階では住環境の整備を行う。ここではまず、高齢者や障害者が生活する環境の温度や湿度、静かさ、換気効率といった生活していくうえで基本的な条件に対して介入する。これらの安定は、われわれが安全で安心した生活を送るためには欠かすことができない。特に高齢者や障害者においては、自力での体温調節が難しい場合も想定され、温度や湿度の管理には十分に注意する必要がある。

　また、家具の選択や配置は適切に行われているか、室内は整頓されているか、といった環境整備への視点も重要である。例えば、収納家具を手の届きやすい位置に配置したために動線を塞ぎ、かえって移動を妨げてしまうことがある。これ以外にも、長く伸びた電気コードや床に置かれた物につまずいてしまうなど、思わぬ事故を引き起こす要因は健常者の視点からは見えにくい形で潜んでいる。まずは高齢者や障害者の視点に立ち、それぞれの人の特性や生活様式に合わせた環境整備を実施していくことが求められる。

＜補装具・日常生活用具の活用＞

　第4段階は、身体機能や能力の低下を補うための補装具や日常生活用具の活用である。これらの用具はその機能から「情報・コミュニケーション支援機器」と「移動支援機器」の2つに大別される[1]。「情報・コミュニケーション支援機器」とは感覚器障害、認知障害、高齢者などを対象とし、身近なものでは眼鏡や補聴器、義歯もこれに当たる。専門的なものでは人工喉頭や人工内耳、トーキングエイド等がある。

468

一方、「移動支援機器」には障害の状態に合わせた義肢装具やシルバーカー、杖といった歩行の援助を目的としたものから、電動車いすや福祉車両のような機械的なものまで幅広く用意されている。

これらの福祉用具においては、ユニバーサルデザインの視点を忘れてはならない。ユニバーサルデザインとは、あるもの（サービスや環境等も含む）を作成する際に、高齢者や障害者に限らず、どのような人でも使えるようにできるだけ考慮して作成するプロセスのことを指す[2]。前述の福祉用具はこのような視点に基づいて作成されなければならない。

＜住宅設備・リフォーム＞

第5段階は住宅改修である。第3段階では家具の配置換えや生活環境の整頓といった簡易的な介入であったが、この段階ではバリアフリーの視点に基づき、手すりの取り付けや室内の段差を解消するための改修といった、大がかりな介入が行われる。これらは高齢者や障害者の居住環境における活動範囲拡大のためには有用だが、経済的負担の大きさが欠点である。そこで、介護保険制度には「住宅改修費支給」「福祉用具貸与および居宅介護（支援）福祉用具購入費の支給」といった2種類の居宅サービスが用意されている。

● 自立した生活の獲得のために

高齢者や障害者は、加齢や心身機能の低下により、住み慣れた環境で今までと同じように生活していくためにはさまざまな援助や工夫が必要となってくる。しかし「人」への援助だけでは効果に限界があるのも事実である。そこでその人を取り巻く環境へ働きかけることでその人の生活を援助していく、という視点が不可欠となってくる。

ここで重要なのは、主役は援助を必要とする「人」であり、環境とは「人」を中心に成立する、ということである。介護の段階で言えば、先述した第1、2段階での十分な援助を前提として、第3段階以降の援助が行われなければならない。これが環境に働きかける介護の役割である。

そして、この「環境」には先述の杖や車いす、補助具などの物理的環境、家族や友人といった人的環境、経済活動や福祉サービスなどの社会的・制度的環境といった側面がある。これらはすべて個人に影響を与えるものとして環境として捉えられている。　　（林　隆司）

■ 住居改善のレベル

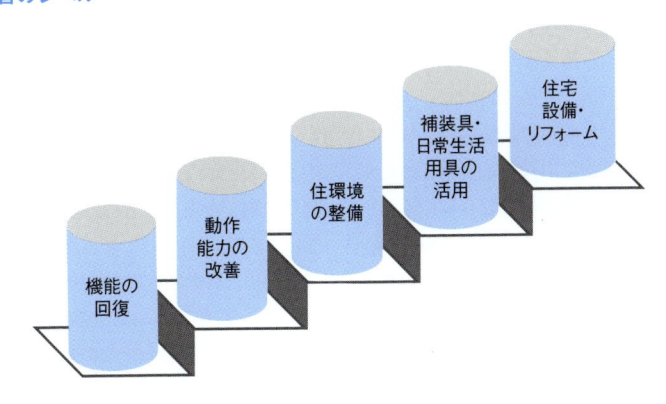

出典：澤村誠志編『最新介護福祉全書4　リハビリテーション論』メヂカルフレンド社，118頁，2006．を一部改変．

12-11 ケアの提供の場（施設ケア）
― 時代のニーズに応じた施設ケアの変遷 ―

Keywords ▶▶▶ 養護老人ホーム／特別養護老人ホーム／老人保健施設／グループホーム

● 施設ケアのモデルによる分類

　高齢者施設は、高齢者を取り巻く時代背景や社会的ニーズに応じその役割を変化させ、発展してきた。それらは現在、「経済モデル」「介護モデル」「医学モデル」「リハビリテーションモデル」「認知症ケアモデル」「地域生活モデル」の6つのモデルに大別される。以下、それぞれ説明する（図参照）。

● 経済モデル

　経済困窮者を保護収容する「養老施設（俗に養老院と呼ばれていた）」は、1929（昭和4）年に制定された「救護法」以降、1950（昭和25）年「生活保護法」、1961（昭和36）年「老人福祉法」では「養護老人ホーム」として引き継がれている。これらは、高齢に伴う疾病や障害、失業、定年、家族との離別、災害、戦争を原因とした経済困窮者を救済する「経済モデル」に対応する施設である。

● 介護モデル、医学モデル

　1963（昭和38）年の「老人福祉法」で、わが国で初めての「介護施設」が誕生した。これは、特別養護老人ホームと呼ばれ、身体・精神上の障害により常時介護が必要な状態になって、かつ家族からの介護を受けることができない高齢者を行政が保護収容して救済する「介護モデル」にも対応した施設である。

　また、終戦後食生活の多様化、薬や医学の進歩による平均寿命の延び、慢性期の長期化を理由とした「医学モデル」に対応した施設でもある。

　その後、適切な医療を受けることもなく、自宅の劣悪な環境のなかで、放置されていた高齢者を救済するために、1973（昭和48）年老人医療費無料化政策がとられ、老人病院が急増した。しかし、治療の必要がなく自宅に戻ることができない高齢者の長期入院は、医療以外にも住環境、介護者の不在、経済問題など在宅復帰を困難にする状況から「社会的入院」といわれ、高齢者医療費の急増などの社会問題となった。

● リハビリテーションモデル

　1958（昭和33）年「(旧) 老人保健法」により誕生した「老人保健施設」は、社会的入院を解消することを目的に医療施設と在宅の中間で高齢者の在宅復帰に向けた「リハビリテーションモデル」に対応した施設である。

　老人保健施設は、高齢者介護支援において、①施設の運営収入が、これまでの措置費や補助金などではなく医療保険により賄われたこと、②3か月を目途に在宅復帰を目指すためのケアプランの導入がなされたことの点において画期的な意味をもつ。

● 認知症ケアモデル

　これまでの高齢者介護は、主に身体介護を中心に行われてきた。ところが、認知症高齢者が急増したことから「認知症ケアモデル」に対応した施設が必要になった。それまで、「認知症」は、高齢者の精神疾患として老人病院や精神科病棟など主に治療の対象とされてきたが、1984（昭和59）年の特別養護老人ホームの開設から認知症ケアが始まった。

　さらに、1985年スウェーデンで誕生した

認知症高齢者向けのグループホームの実践から、環境の改善やケア方法など認知症高齢者への専門的な支援によって行動・心理症状が緩和することが実証された。わが国ではグループホームは1997（平成9）年に制度化され、2000（平成12）年の介護保険法施行以降急増している。

●地域生活モデル

これまで見てきたように、経済、医学、介護、リハビリテーション、認知症ケアモデルに対応した施設は、高齢者固有の生活上の課題を局面的に解決するという意義があった。しかし、例えば、「社会的入院」、「社会的入所」などといわれるように、治療や介護の問題が解決されても、地域での暮らしが可能にはならない。そのため、従来からの入院から在宅復帰を目指すモデルだけではなく、高齢者が可能な限り地域での生活を継続していくための「地域生活モデル」に対応する施設が必要となってきた。

2000（平成12）年介護保険法施行後、施設はこれまでの「措置」から「契約」へと移行している。その結果、高齢者の主体性の尊重や権利意識が高まり、超高齢社会の伸展と介護保険制度の成熟に伴いより在宅志向が強まってきている。これからの施設が地域生活のなかで果たす役割が一層問われることになる。

●今後の方向性

高齢者が必要に応じて、住環境と介護、医療とを組み合わせ、高齢者自身が望む形で生活をしていくには、今後「小規模・多機能・地域密着」が施設のひとつのあり方と言われている。

厚生労働省により2003（平成15）年特別養護老人ホームにおいて、居住費・食費の負担と小規模ケアを組み合わせた「個室ユニットケア」が推進された。2006（平成18）年には「居住」と「小規模ケア」に「地域密着」が組み合わされた「地域密着型介護老人福祉施設」「地域密着型介護老人保健施設」が創設された。

身体介護、認知症ケア、医療だけを提供する旧来からの施設は、利用者のニーズをサービス形態や社会からの要望などに合わせてきた、いわば「問題解決型施設」といえる。しかし今後は、利用者の個別ニーズに応じて施設サービスが柔軟に変える仕組みを備えた「生活重視型施設」へと移行していくものと思われる。

（宮島　渡）

■高齢者施設変遷サービス類型別

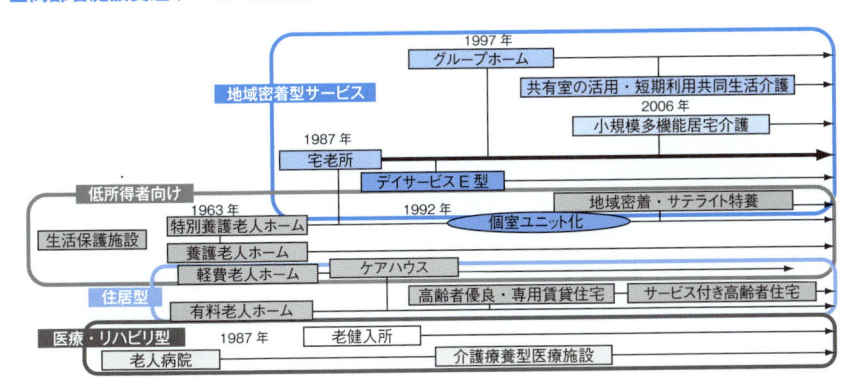

12-12 ケアの提供の場（在宅ケア）
― 在宅ケアを支える支援 ―

Keywords ▶▶▶ 介護保険／地域包括ケア／地域包括支援センター／連携

● 在宅介護の現状

　国民健康保険中央会の統計情報による介護保険被保険者の認定者数推移は平成25年3月：571万人（平成24年3月：540万人）と対前年同月比5.8％増となっている。そのうち、居宅サービスの介護保険受給者数は平成25年3月：343万人（平成24年3月：324万人）と対前年同月比5.9％増となっており、年々増加している。

　在宅で生活する要介護高齢者の疾患や障害、生活環境、そして、本人の思いや関わる家族の思いもさまざまであるため、生活ニーズも複雑、多様化、高度化してきている現状がある。また、社会現象としては、認知症高齢者の増加、高齢者が高齢者を介護する老老介護、医療保険制度改革と在宅医療の推進に伴う医療依存度の高い要介護高齢者の増加が指摘できる。そのため、在宅で生活する要介護者の生活全般の課題を介護保険サービスだけで解決するには困難であり、保健・医療・福祉の連携やボランティア等、さまざまな社会資源を利用しながら在宅生活の継続を支える取り組みが重要となってきている。

● 地域包括ケア

　このような状況を背景に、2005（平成17）年に介護保険制度が改正された。改正の趣旨は、制度の持続可能性を目指し、予防重視型システムへの転換であった。そして、地域を中心とした新たなサービス体系として地域密着型サービスが導入された。また、介護保険給付を中心に、保健・医療・福祉をはじめとするさまざまな支援を必要とする住民のために地域包括ケアを担う中心的機関として地域包括支援センターが創設された。

　このセンターは、地域住民の相談に乗り、公的サービスとボランティアや地域住民等による多様な支援活動を調整し、必要な支援の提供を行うものである。

● 在宅ケア（対象者別）

　以下、「認知症」「末期がん」「難病」という対象者別の在宅ケアをみていく。

①認知症の場合

　認知症の人は、必要と思われるサービスを提案しても、認知力の低下や自分自身の老いや認知症に伴う生活の困りごとを表現することも難しい。「年寄り扱いするな」「今のままで大丈夫」と、周りの人の心配をよそに、本人は支援の必要性を感じていないことも多い。同居の場合でも、家族の助言に耳を傾けないこともある。また、家族介護者が複数いる場合でも、家族それぞれの考え方が異なることも少なくない。このような場合は、本人の「困り感」や家族相互の意向を介護支援専門員がアセスメントし、本人や家族が納得できるよう、時間をかけた支援関係の形成が重要となってくる。

　対象者が介護サービスを受け入れ難い場合は、介護保険サービスにこだわらず、地域の見守り活動等の依頼や民生委員、傾聴ボランティア等を活用し、話し相手や安否確認と精神的安定を図ることも必要である。

　身寄りが無い人は権利擁護の観点から、成年後見制度を利用しながら、対象者の生活を

支える必要がある。そのため介護支援専門員から地域包括支援センターや行政へ相談し、民生委員などとの連携を行うことが重要である。

②末期がんの場合

末期がんのケースの場合、余命数日から数か月と、その状態はさまざまであり、本人だけでなく家族の不安への対応も重要となる。また、同居家族の希望で本人が告知を受けていない場合もあるため、十分な配慮が必要となる。

ケアプランに基づくチームケアでは、医師・訪問看護師・介護支援専門員・各種サービス事業者との連携を取りながら、終末を自宅で安心して迎えられるように配慮する。日々様態が変化するなかで、気持ちが揺らぐのは本人のみならず家族介護者も同様である。家族に対しては、後悔の念が残らぬよう「やれることは十分にした」「良い看取りができた」と、自分自身を認め受け入れてもらえるような周りからの支えが重要である。

③難病の場合

介護保険2号被保険者（65歳未満の16特定疾病該当者）には、難病の対象者も多い。病状もさまざまであり、同じ疾患でも進行が早く、発症数か月で気管切開し呼吸器装着・経管栄養となり寝たきり状態となる事例から、ゆっくりと数年に渡って状態が悪化してくる事例もある。そのため対象者や家族介護者が進行していく病気への「不安」や「戸惑い」をその都度確認しながら関わっていくことが必要となる。特に人工呼吸器装着等を必要とする医療依存度の高い難病患者については、在宅生活を開始するにあたり、退院前に本人や家族介護者を含めて病院スタッフ、在宅支援関係者や行政担当者とでカンファレンスを行い、対象者や家族介護者の不安を軽減する支援を行うことが重要となる。

このように、近年の在宅ケアの現状は、疾患や障害、生活環境、ニーズも多様化しているので、在宅生活を支援するためには、さまざまな社会資源を有効に活用するとともに、独居や同居にかかわらず、対象者の残存能力や家族介護力の見極めも重要となる。

介護保険サービス事業者・医療機関・行政・家族・親族・近隣・ボランティア等を組み合わせ、安心して住み慣れた地域（自宅）で24時間、365日の生活の連続性を「包括的・継続的」に支えていく必要がある。（鞆屋健治）

■地域包括ケアシステムの捉え方

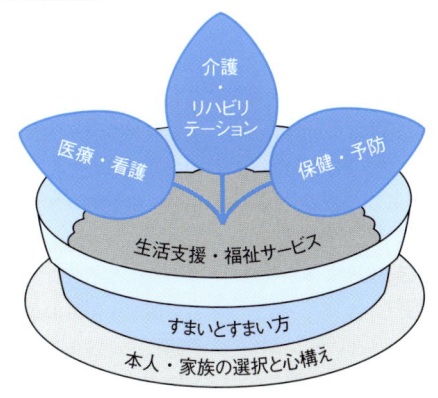

出典：平成25年3月 地域包括ケア研究会報告「地域包括ケアシステムの構築における今後の検討のための論点」.

12-13 地域包括ケア
― 在宅生活を支えるサポートシステム ―

Keywords ▶▶▶ 地域包括支援センター／地域包括ケアシステム／ネットワーク／地域ケア会議

●地域ケアが重視される背景

わが国の65歳以上の人口は、2012年9月現在3,074万人で、初めて3,000万人を突破し、高齢化率は24.1％と「本格的な高齢社会」となっている。戦後一貫して増加が続いた総人口は、少子化の影響によりすでに減少に転じている。こうした急激な高齢化・少子化の進展に伴い、高齢者を中心とした医療費の急激な増加、年金や介護に対する将来の不安など、高齢者の保健福祉のさまざまな場面で、わが国は大きな課題を抱えている。

これらの課題に対応し、住み慣れた地域でその人らしい生活を継続するためには、地域の保健、医療および福祉の関係者が連携、協力して、住民のニーズに応じた一体的なサービスを行う仕組みが必要である。この仕組みを地域包括ケアという。

●地域包括ケアシステム

地域包括ケアとは、地域で生活する人や介護する人に対し、情報を提供し、関係機関が連携し、さまざまな保健医療福祉サービスを統合するケアの考え方である。地域ケアの提供が、途切れなく有機的に連携する仕組みを地域包括ケアシステムといい、医療、介護、生活支援、予防、住まいの5つの視点でシステム構築に取り組んでいる。この仕組みの中核機関として、国は地域包括支援センター（以下、センターと略す）を設置している。

●地域包括支援センター

前述したようにセンターの目的は、地域包括ケアを実現することであり、地域包括ケアシステムの構築に向けて中心的役割を果たすことである。センターは、社会資源を網の目のように相互につなげる地域のネットワーク構築機能、相談からサービスの調整までを1か所で担うワンストップサービス窓口機能、介護支援専門員支援機能などが期待されており、多様なサービスコーディネート機関としての役割を担うことになる。

センターは、市町村または市町村から委託を受けた社会福祉法人や医療法人等に設置され、保健師、社会福祉士、主任介護支援専門員の三職種の配置が定められている。主な事業は、①介護予防ケアマネジメント事業、②総合相談・支援事業、③権利擁護事業、④包括的・継続的ケアマネジメント支援事業の4つである。これらを実践していくためには、センターの三職種が連携しながら、さまざまな機関や団体、個人と重層的・機能的なネットワークづくりを行うことが重要である。

●地域包括支援ネットワーク

一人の高齢者が介護サービス、医療サービス、金銭管理サービスなど多様な課題をもち、入退院やショートステイを繰り返すなど複合的で連続したサービス調整が必要な場合、包括的・継続的ケアマネジメント支援が必要となる。これを実施するには社会資源のネットワーク化が不可欠である。

宮城県柴田町地域包括支援センターの実践を通して地域包括支援ネットワークの構築例を紹介する。センターは地域ケア会議として「地域包括ケアネットワーク連絡会」を発足

し、代表者会議、全体会議、自主研究部会（以下、部会と略す）、研修会、事例検討会を実施している。対象は町在住高齢者にサービス提供しているケアマネジャーを含む介護保険内外の事業所と病院、関係機関である。

代表者会議は各部会代表、民生委員、社会福祉協議会、保険者で構成し、全体会の企画や町の課題を検討する。全体会は年4回開催し、参加者同士の関係づくりを重視してグループワークを工夫した情報交換を行っている。ケアマネジャーと事業所、事業所同士、事業所と関係機関など、さまざまなつながりが構築され情報の共有と意見交換が活発である。部会はケアマネジャー部会、ヘルパー部会、デイ部会、ショートステイ部会、グループホーム部会、訪問看護部会、在宅福祉部会（介護保険外サービス）があり、情報交換や研修、懇親会などを独自に開催し、部会単位で福祉祭に参加、町長との意見交換、先進地視察など活動内容は多岐にわたっている。

連絡会への加入事業所は毎年増加し、センターは事業所の状況や課題を知る機会が増え、支援を要する高齢者の情報収集も容易になってきている。また、協働支援チームがつくりやすく、担当者会議で「お互いが顔見知りで話しやすい」という声も聞かれるなど包括的継続的ケアマネジメントの推進が図られてきている。

● 現状と今後の課題

「地域包括ケア研究会」報告書（2010）は、地域包括支援センターの実践について、地域のネットワーク構築や、包括的・継続的ケアマネジメント業務などが十分に行われておらず機能強化が必要と指摘している。先の柴田町地域包括支援センターの実践は、関係者の相互作用を重視し、センターとケアマネジャーの連携に留まらず、事業所同士を縦横につなぎ、重層的なネットワークを心がけることにより地域包括ケアシステム構築を推進するものである。

昭和22年～昭和24年生まれの団塊の世代が75歳以上になる2022～2024年に向け、住み慣れた地域で、誰もが安心した暮らしを送るためには、地域包括ケアシステムの構築と、関係機関の調整、センターの機能充実が必要である。センターが地域包括支援ネットワークを構築し、地域力を高めることが、地域包括ケアの基本であろう。　　　（大沼由香）

■市町村における地域包括ケアシステム構築のプロセス（概念図）

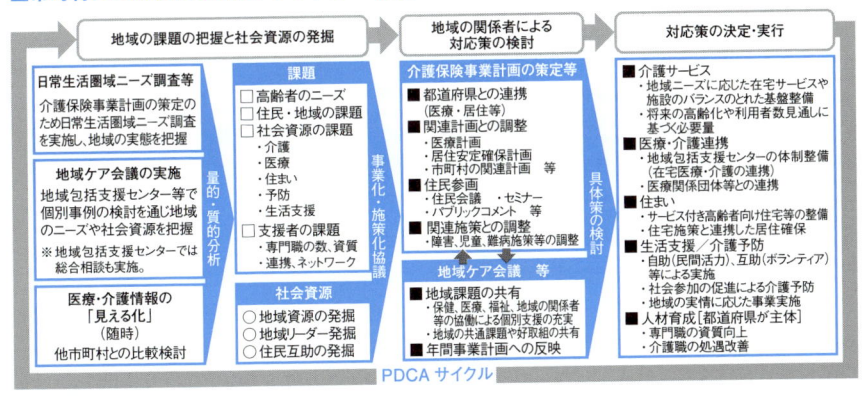

出典：平成25年3月　地域包括ケア研究会報告「地域包括ケアシステムの構築における今後の検討のための論点」.

12-14 ケースワーク
― 人格的成長という視点 ―

Keywords ▶▶▶ ソーシャルワーク／機能／技術／介護支援

●ソーシャルワークとケースワーク

　ソーシャルワークは社会福祉援助活動と訳され、ソーシャルワークの担当者はソーシャルワーカーと呼ばれている。

　ソーシャルワーカーの公的資格として社会福祉士が設けられている。「社会福祉士および介護福祉士法（昭和62年）」第2条によれば、「社会福祉士」とは、第28条の登録を受け、社会福祉士の名称を用いて、「専門的知識及び技術をもつて、身体上若しくは精神上の障害があること又は環境上の理由により日常生活を営むのに支障がある者の福祉に関する相談に応じ、助言、指導、福祉サービスを提供する者又は医師その他の保健医療サービスを提供する者その他の関係者との連絡及び調整その他の援助を行うこと（第7条及び第47条の2において「相談援助」という。）を業とする者をいう」と規定されている。ソーシャルワークを実践する具体的な手法にはケースワーク、グループワーク、コミュニティーワーク、ケアマネジメント等がある。

　人間は人生のさまざまな場面で、生活していくうえでの困りごとに出会う。それは生活費のことであったり、子育てや介護の問題であったりする。ソーシャルワーカーは、困りごとを抱える人と相談（話を聴くこと）をとおして、その人にとって適切な社会資源を探し、サービスを提供しながら一緒に問題解決を図る専門職である。支援を必要とする個人を対象としたソーシャルワークはケースワーク（ソーシャル・ケースワーク・個別援助技術）と呼ばれている。リッチモンド（Richmond, M）は、ソーシャル・ケースワークは、「人とその社会環境との間に個別的に効果を意識して行う調整によって、その人の人格を発達させる諸過程からなる」と定義している[1]。

●ケースワークの機能

　支援を必要とする人の人格的成長を、個人と社会環境との間で高めていくことを目的とするケースワークには、次のような機能が期待される。

①媒介的機能：社会資源を仲介する。
②調停機能：関係者の意見を調停する。
③代弁機能：支援を必要とする人の意見を代弁する。
④資源動員的機能：社会資源を動員する。
⑤連結的機能：公私の社会資源を連結する。
⑥側面支援機能：支援を必要としている人の力を信頼し、側面から支援する。
⑦保護的機能：支援を必要としている人を保護する。
⑧協働的機能：支援を必要とする人も支援過程に参加し、協働して問題解決する。

●ケースワークの技術

　ケースワークの実践においては、下記の技術が適宜用いられる。

①面接：面接はケースワークにおける重要な技術である。面接は支援を必要とする人との良好なコミュニケーションに基づく信頼関係の生成を必要とする。
②アセスメント：アセスメントは情報の収集と分析を含んでいる。情報の収集と分析

には、人間の可能性を信頼するヒューマニティーと科学的な客観性も同時に求められる。

③支援計画作成：面接とアセスメントを経て生活ニーズを抽出し、支援計画を作成するためには関係する他機関や社会資源とを調整し、適切な支援計画を作成する総合的な能力が求められる。

④会議運営：支援計画に基づく支援を展開するためには、関係者と話し合いを行うことが求められる。また、支援結果を評価する時にも、関係者と協議し同意形成の場が必要である。限られた時間を有効に利用し、まとめていくことが求められる。

● 介護支援とケースワーク

特別養護老人ホーム等の介護施設においては、担当の介護支援専門員が作成したケアプランに基づいて主に介護職によって介護支援が提供されている。在宅の場合も含めて、ケアプラン作成、介護支援の提供にあたっては、生活課題として要介護高齢者の食事支援や排泄の支援による日常生活の自立等が優先されがちである。しかし、人間は食事や入浴、排泄の自立のためにだけ生きているわけではない。身体的自立だけでなく、人格的自立を含めた自立の概念が大切であり、介護支援を受けながら社会の一員として、どのような人生を送るのかを考える必要がある。そのためには、基本的な生活構造を理解することが必要である。また、利用者が生活の主人公となれるように、利用者や家族が介護計画（ケアプラン）や介護方針の策定に積極的に関わり、自律的な意識を持って在宅や施設での生活を送れるように支援することが求められる。このためには、訪問介護員や施設等の職員を社会環境・資源として捉え、多職種の連携・協働をもって、利用者の力を引き出し、介護支援の先にある社会とのつながりを意識した支援が必要となる。

このように、要介護高齢者を支援するケアマネジメントも、人格的成長を目指したケースワークの機能や技術を援用した諸過程から成り立っている。「介護支援専門員の資質向上と今後のあり方に関する検討会」（平成24年12月）では、ソーシャルワークとケアマネジメントの知識と技術を有する者による介護保険施設の入所者に対する支援の必要性を訴えているところである。（峯尾武巳・矢花光）

■ 基本的な生活構造の拡がり

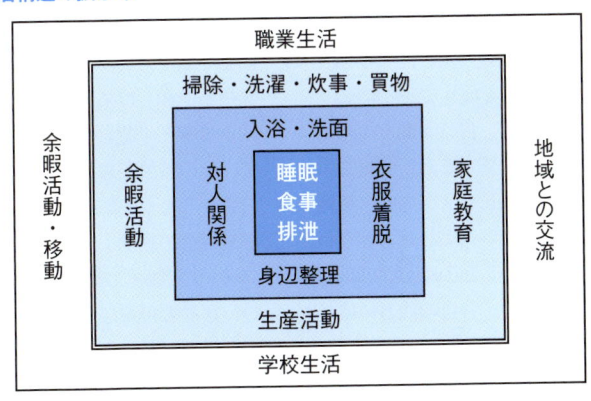

出典：白石大介『対人援助技術の実際』創元社，151頁，1988.

12-15 グループワーク
― その実践原則と展開過程 ―

Keywords ▶▶▶ 実践の原則／展開過程／効果／回想法

● **援助技法としてのグループワーク**

グループワークという言葉は、さまざまな研修や学校現場、レクリエーションや職場内における活動場面でも使われている。福祉分野におけるグループワークは、グループによる単なる活動や作業だけでなく、人々を援助するための方法として、グループを活用して個人の成長や問題の解決を促し、また、地域社会の問題解決に向けても用いられる意図的な実践活動を指し、その活動はソーシャルグループワークと呼ばれている。

● **グループワークの実践原則**

グループワークで使用する技術は、ソーシャルワークや対人援助の原理・原則を共通基盤としている。以下、重要な7つの原則を紹介する。

① 個別化の原則：個々人を正確に理解するため、メンバーごとの相違点を個々別々に捉える。またそのグループも、他のグループとは異なる独自のものとして捉える。メンバー間における個別化は、よりよき他者理解と相互の尊重し合う姿勢を促すことになる。

② 受容の原則：援助者は、自分が個々の利用者を受け入れ、共感しているという気持ちを言葉や行動で積極的に伝えていく。積極的に働きかけてこない利用者には、とりわけ援助者からの働きかけを必要としている。

③ 参加の原則：利用者は、各自の能力に応じたグループへの参加を促される。援助者は、利用者が個々の能力に応じて参加できるような活動を考え、メンバー相互の交流が促進されるような参加を促す働きかけを行なう。

④ 制限の原則：利用者が自分や他人の生命を脅かしたり、人間関係を破壊する行動をとったりすることのないよう、お互いに制限を加え、制約し合うことを根本的ルールとする。援助者は、利用者がこのルールを尊重することを、利用者の成長やグループの発展へとつなげていく。

⑤ 経験の原則：援助者は、メンバー間の多様な交流経験が生まれるように促す。グループ内の問題解決の経験によって、個々のメンバーは、自分自身の存在価値に気づき、自分というものへの洞察へと導かれることになる。こうした経験を、グループ全体でできるよう促す。

⑥ 葛藤解決の原則：葛藤とは、ある目標や目指した行動が妨害されたり、目標に対して反応できない場合、それによって起きた緊張や不安の状態をいう。このような時のいらだちや不安を解消するために、メンバー同士で助け合い、グループ全体でその人の気持ちを和らげるようにする。その人に対する受容・承認の言葉かけや身振りによって、その状態から抜け出したときの実感を得させるようにする。

⑦ 継続評価の原則：メンバーの変化やグループ活動の過程について、継続した評価を行い、援助の目安にしていく。グループワークは継続した一貫性のある活動として行われる。メンバーの自発性、参加度、グループ目標の理解、メンバー間の相互作用の活

発さ、また相互作用の質などについての継続した評価を行いながら援助していく。そのうえで、メンバーの問題解決とグループ全体の目標達成の度合い、またそれへの援助関係についての評価へとまとめられる。

●グループワークの展開過程

グループワークには、個人の成長とその人の社会的な機能や適応能力を高め、発達を促す点に特徴がある。グループワークを円滑に進めるためには、グループワークの展開過程、すなわち、「準備期」「開始期」「作業期」「終結」のそれぞれの過程を理解した取り組みが必要である。表にそれぞれの過程の概要と留意点を示す。

●グループワークの効果

グループワークの効果について、野村(2000)は、①対人交流の機会を提唱し、社会関係の中で体験する孤立感などを軽減する、②社会的役割を持つ機会がグループの役割を通して再現されると同時に、新しい役割を確保することができる、③相互の体験や思いを分かち合うことは、自らの辿ってきた歴史を再評価することにつながる、④参加すること自体が楽しみとなり、さらにはグループの中で行われる各種のプログラムを通して、日常生活に張りが生まれる、等を指摘している。

＜グループワーク実施における留意点＞

介護施設では、介護職員がさまざまなグループ活動を担当していることが多い。グループ活動の設定にあたっては、楽しみを提供するだけでなくグループワークの実践原則を意識的に取り入れることが求められる。

グループワークを担当する職員は、参加メンバーを把握して、①受け入れられている、②個人として認められている、③一人ひとりに役割があること等、参加者に実感してもらえるように進行していくことが重要である。

また、介護施設における認知症高齢者を対象としたグループワークの実践として回想法が取り上げられることが多い。回想法に関する方法論化が進み、その技法のみにとらわれ、目の前にいる利用者の話に単に驚いてみせたり、グループとしての展開や課題遂行ばかりに気が向いているということはないだろうか。

グループワークや回想法の目的は高齢者のこころの支援である。目的を忘れ、方法にのみ心を砕くことは避けなければならない。

(峯尾武巳)

■グループワークの展開過程

①準備期：施設や機関においてグループワークの必要性が生じた時に、メンバーが初めて顔を合わせる前に準備をする段階。援助対象者を決定したり、グループの形成計画を立てる。メンバーについての情報を集める。メンバーへの理解を深めることが今後のグループワークの展開に影響を与える。

②開始期：メンバーが初めて集まってからグループとして動き始めるまでの段階。目標を明確にし、雰囲気を和らげ、メンバー同士が関係を深めていくことができるようにする。グループワークを実施する事になった理由や背景、グループワークの目的と意義、グループに対してワーカーが支援できる内容や責任の明確化。

③作業期：メンバーとグループ全体が、目的達成のために成果が出るように進めていく段階。仲間意識が高まってきた段階ではグループの共有された価値観や暗黙の合意事項をルール化すること、孤立するメンバーを個別的に支援することが重要。

④終結：グループ活動を終わりにする段階。メンバーにとっては新しいスタート・出発となる。一方で、グループの解散による突然の別れによる悲しみや喪失感が生じ、いつまでも心の整理がつかない複雑な感情が生じることもあるので注意が必要。終了後のメンバー一人ひとりへの支援をどのように続けるか、または他の機関に引き継ぐかについて見極めることが重要。

12-16 高齢者の権利擁護
― 悪徳商法と成年後見制度 ―

Keywords ▶▶▶ 成年後見／法定後見／任意後見／財産管理／身上監護

●後を絶たない悪徳商法被害

高齢者、特に独居の認知症高齢者に、1万円程度の壺を30～50万円で買わせたり、必要のないリホーム工事を緊急にしないと大変なことになると思わせて高額工事費を支払わせたりするいわゆる悪徳商法は後を絶たず、大方の被害者は泣き寝入りに終わってしまう。

このような場合に、もし判断能力が低下し始めたその高齢者が成年後見制度を利用していて、後見人なり保佐人なり補助人なりが付いていると、被害に遭いにくく、あってもその回復ははるかに容易である。それはそれら法定後見人等には申立により「同意見」と「取消権」が付与されている場合がほとんどだからである。

●成年後見制度

成年後見制度とは、判断能力が低下した人を法的に支援する制度である。この制度は、「法定後見制度」と「任意後見制度」という2本の柱からなっている。

法定後見制度は、すでに判断能力が低下した人について、本人または四親等内（甥・姪の子まで）の親族等（身寄りのない人の場合は区市町村長による申立もある）の申立で、家庭裁判所が、本人を支援するために能力の低下具合に応じてその重い順に、成年後見人、保佐人、補助人を選任して、本人の法的支援に当たらせる制度である。

一方、任意後見制度とは、まだ判断能力がしっかりしているうちに、将来自分の判断能力が低下した場合にはこの人（または法人）に支援してほしいという人（または法人）を選んで、その人（または法人）と任意後見契約を結んでおくという制度である。

法定後見制度は民法の改正により、任意後見制度は任意後見契約に関する法律という新しい法律により、それぞれ生まれた制度である。前者はドイツの成年者世話法の流れを汲み、後者はイギリスの持続的代理権法の流れを汲んでいる。

法定後見制度には、後見類型では常に、保佐・補助類型では申立により、裁判所の決定で後見人らに同意権と取消権が与えられる。これは前記のリホーム詐欺のような場合に本人が後見人等の同意なしに行った契約等をすぐに取り消すことができることを意味する。

ただし、任意後見人にはこのような取消権はないが、本人との信頼関係の構築により、何かする場合には必ず任意後見人に相談するという関係が確立されていれば、危険は事前に回避されると考えられているのである。

●後見人等の役割

後見人の役割は、「財産管理」と「身上監護」である。財産管理は正に本人の財産を適正に管理することである。財産の増加ではなく、維持がその任務である。したがって、いくら確実に儲かりそうだといっても元本の保証のない株式投資などはもってのほかである。身上監護とは、医療契約、リハビリ契約、福祉サービス契約等の締結、生活費の預金引出し、税金や保険料等の支払、居宅の管理等、要する

に本人の身の回りの世話に関する事項である。

ただし、財産管理と身上監護は画然と分けられるものではない。例えば、居宅の処分は、常に裁判所の許可が必要であることからわかるように、本人の心の支えとなっている部分に着目すれば、それは身上監護事項であるが、同時に財産としての価値の大きさに着目すれば、財産管理事項であることもまた疑い余地のないところである。

成年後見人等は裁判所（監督人が選任されている場合は監督人）に対して後見事務の結果（収支の状況や本人の状態）を、預金通帳の写等を添付し、財産に大きな変動があるときはその理由を説明するなど、詳細に報告する義務があり、裁判所のチェックを受ける。

● 後見人等になる人はどういう人か

資格の制限はない。ただし、本人の財産管理および身上監護を役割とする以上、客観的にその役割をこなす能力に疑問があるようでは困る。例えば、未成年者や責任を負うことが困難な特定の病気に罹患している者、70～75歳以上の老老介護の夫や妻等である。

それ以外の者なら親族でも友人・知人でも弁護士、社会福祉士等の専門家でもよいし、法人も後見人等の適格が認められている。成年後見の受任を目的に設立される法人も増えつつある。

法定後見の場合は裁判所が選任するので問題はないが、任意後見の場合は自分で選んで契約するので、本当にその人その団体でよいかは十分に検討すべきであろう。

● 診断者等

法定後見の申立には医師の診断書が必要である。判断能力の低下が認められるか、どの程度の低下かを裁判所が的確に判断するための貴重な資料である。裁判所ではより判断しやすいように、医師が書きやすいように書式を工夫している。診断書だけでは判断しにくい場合は、改めて鑑定に付される。

● 後見のあるべき姿

成年後見制度は、あくまで、本人のための法的支援制度である。財産の額や介護保険の使用態様のみにとらわれて、いかに本人が平穏かつ安らかに過ごすことができるかという身上配慮を忘れては、制度の趣旨をまっとうできないことを、銘記しなければならない。

高齢化の著しい日本では、さらにその普及に努めなければならない。　　　　（松石献治）

■ 成年後見制度の構成

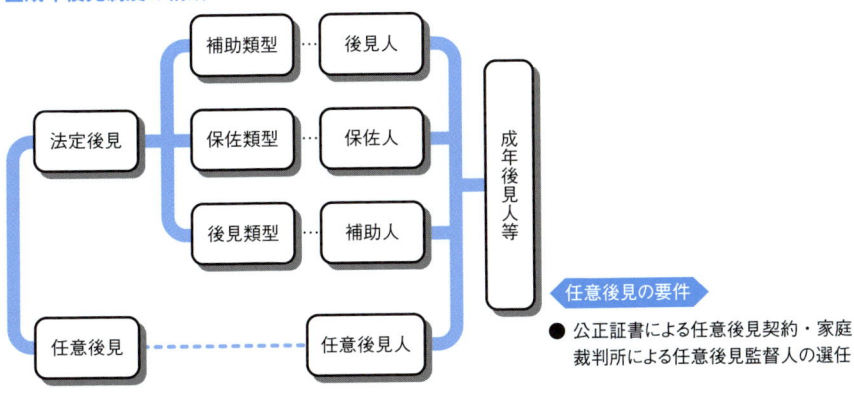

法定後見
- 補助類型 → 後見人
- 保佐類型 → 保佐人
- 後見類型 → 補助人

任意後見 -------- 任意後見人

→ 成年後見人等

任意後見の要件
● 公正証書による任意後見契約・家庭裁判所による任意後見監督人の選任

12-17 家族支援
― 介護者の現状と支援 ―

Keywords ▶▶▶ 介護の社会化／介護者の会／家族を支援する／身近な相談機関

● **介護者の状況と介護の社会化**

厚生労働省「国民生活基礎調査」(2010) によると、65歳以上の要介護者等と同居している主たる介護者の男女比は、女性の割合が約7割と高い。1992年調査と比較して男性の割合も増加している。介護者の年齢別の分布状況をみると、全体として介護者の高齢化が進んでいる。男女別にみると、男性の場合は70歳以上の介護者の割合が約4割と1番高く、女性は60代の介護者の割合が1番高い。その理由として、女性は自分や、配偶者の親を介護する割合が高いのに対し、男性は自分の配偶者を介護する割合が高いことが考えられる。

生命保険文化センターが行った調査によると、介護を行った平均期間は4年9か月で4年以上介護した割合も4割以上となっている[1]。また、認知症高齢者の増加や、65歳以上の単独世帯や夫婦のみの世帯の増加など家族の状況も変わってきている。介護者の高齢化や長期化など家族にとって負担の大きな状況がうかがわれる。

家族の介護負担を軽減し、社会全体で支えること（介護の社会化）を目的の1つとして2000（平成12）年4月に導入された介護保険は、年々利用者が増加している。2009年4月と比較すると導入時の約2.6倍となり、介護事業への民間参入も拡大しサービスの担い手が増加している。介護保険施行前からのサービス利用者に対するアンケート調査では「家族の介護負担が軽くなった」「気兼ねなく利用できるようになった」といった評価が多かったことからも、介護者の負担軽減として一定の成果が得られているといえる。

● **介護者の希望と実際**

一方で、介護保険施行後も介護に対しての不安感は大きい。介護が必要となった場合、家族が困る点として、肉体的な負担とストレスなどの精神的負担の2つが上位との調査結果がある。

「在宅介護に関する意識と実態調査」（老年看護学会、2002）によると、介護者の約8割が、家族・親戚で介護を分担すべき、と考えている。しかし、その約半数が、家族のなかで介護者は自分だけ、と答えている。また、介護者の9割が介護のプロの手を借りたいとしているが、実際に利用しているのは6割程度である。家族のなかで孤立感を感じ、思うようにサービスも利用できない状況から、介護のストレスが高まり体の健康の悪化を感じる人も全体の約6割にのぼると報告している。

● **介護者支援の実際（宮城県柴田町の事例）**

家族の理解を得られない介護者は、気持ちを吐き出す先が無く、ストレスを溜め込んでしまう。この場合、有効と思われるのが介護者同士が集まり、リフレッシュできる機会をつくることである。介護している家族の会が結成される市町村も増えてきており、市町村が実施する地域支援事業においても、任意事業として家族介護支援事業が含まれている。

例えば、柴田町では家族の会が結成され、会員の交流・リフレッシュの場や、研修など

を地域包括支援センターと協力して実施している。家族の会の会員が主体となり実施している取り組みの1つに、月に1回、約10名程度の参加者で、お茶菓子を食べながら自由に話をする会を開催している。事前申し込みは不要であり、センター職員はその時の参加者に応じて進行や情報提供などを行っている。参加者の話には、家族、親族からの理解と協力を得られないというものも多い。家族に理解されず、友人に言って迷惑をかけてしまった、逆に励まされて疲れた、という体験談や、これまでの家族関係から素直に介護する気持ちになれない、自分ばかりどうしてといったつらさを言葉に出し、同じつらさを体験している者同士で共感し、気持ちを認めてもらうことで気持ちが少し軽くなった、という感想もよく聞かれる。

介護サービスが思うように利用できないために、ストレスを感じるといった話題も多い。利用が進まない理由として、介護されている本人の理解が得られないというものや、利用するサービスの情報が正確に得られていないことなどが多い。また、ヘルパーなどのサービス利用に対して、介護のプロとはいえ、他人に介護を頼むことへの本人、介護者それぞれの抵抗感もある。介護者は少なからず葛藤している。話し合いから気持ちの整理がついて、ストレスが軽減されることもある。

参加者のなかには家族が施設入所している人もいる。施設入所後も家族の介護は新たに形を変えて続くものであり、入所したら後はすべて安心ということはない。入所したことに対して、「本当に良かったのか」と悩む介護者もいる。

1人で悩んでいる介護者にとって、知らない人の集まりに参加するのは勇気のいることである。会の案内をずっと広報で見て知っていたが、やっと参加してみたいと思えるようになった、と参加した人もいた。介護サービスや相談先に関する情報を、町の広報や医療機関などの関係機関を通じて常に出し続けることと、専門的な相談機関が身近にあることが重要である。会に参加することで在宅介護で家族が疲弊し動きがとれなくなっている状況に風を入れるきっかけとなり、個別相談につながる場合もある。関係機関が連携して、要介護高齢者だけでなく、介護する家族を支援するシステムづくりが急がれている。　　（小梨　晃）

■性別にみた同居の主な介護者の悩みやストレスの原因の割合

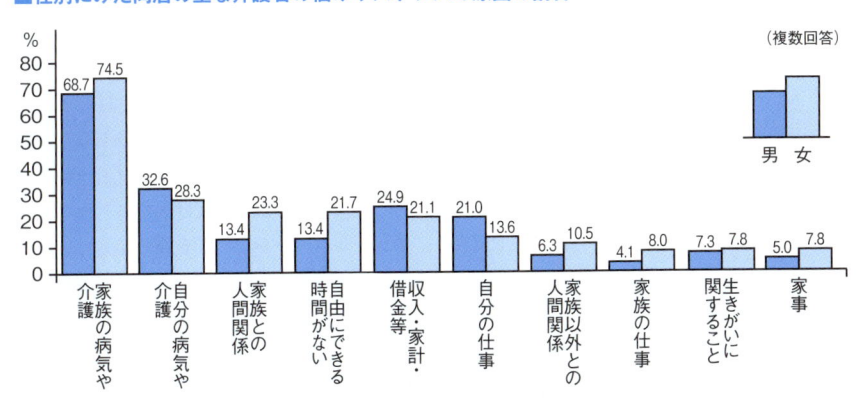

（複数回答）

項目	男	女
家族の病気や介護	68.7	74.5
自分の病気や介護	32.6	28.3
家族との人間関係	13.4	23.3
自由にできる時間がない	13.4	21.7
収入・家計・借金等	24.9	21.1
自分の仕事	21.0	13.6
家族以外との人間関係	6.3	10.5
家族の仕事	4.1	8.0
生きがいに関すること	7.3	7.8
家事	5.0	7.8

出典：厚生労働省「平成22年　国民生活基礎調査の概況」．

12-18 支援者を育てる（スーパービジョン）
― パラレルな関係の中で生じるダイナミックス ―

Keywords ▶▶▶ スーパーバイザー／スーパーバイジー／クライエント／パラレルな関係

●スーパービジョンの意義

スーパービジョン（supervision）とは、一般に臨床心理学、ソーシャルワーク、看護、作業療法・理学療法など専門的な対人援助の仕事に携わるワーカーに対する指導担当者からの指導や助言を意味する。指導を受けるワーカーのことをスーパーバイジー（supervisee）と呼び、指導監督を行う担当者をスーパーバイザー（supervisor）と呼ぶ。

スーパービジョンの意義については図「スーパービジョンにおけるパラレルな関係」に示すように、スーパーバイザー、スーパーバイジー、クライエントの三者関係から捉えることが多いが、「スーパーバイザーがスーパーバイジーに対して1対1で、臨床実践上のアセスメント介入の具体的な方法について、時間と構造を定めて、継続的に教育・訓練を行うこと」[1]として、スーパーバイザーとスーパーバイジーの二者関係を重視する場合もある。

これに対し、ソーシャルワークなどの分野ではスーパーバイザー、スーパーバイジー、クライエントの三者関係に加えて、ワーカーの所属機関や同僚などの環境的要因が重視される。その場合、スーパービジョンの定義に関連して、①ワーカーの自己実現を支える、②教育と評価によるワーカーの技術向上、③利用者へのサービス向上というスーパービジョンの目的に加えて、④ワーカーの技能を活かすための組織のコーディネート、および⑤組織目標達成のためのワーカーの管理といった、ワーカーが勤務する職場の組織体制や業務体制など環境的要因の重要性が指摘されることになる[2]。

●スーパービジョンの機能

スーパービジョンの機能としては、第一には、スーパーバイジーがクライエントに対して、法律や制度の観点から適切な援助を提供することを支える管理的機能が挙げられる。そこでは、スーパーバイジーの援助者としての役割や職責、援助計画の適切性についての評価や指導が行われる。第二には、専門職として必要な知識や技術を高め、職業意識を高めるための教育的機能が挙げられる。この教育機能は新たな知識や技術を教えることに止まらず、援助実践においてどのような援助理論を適応し具体的にどのように活用していくのかという、理論と実践に関するプロセス、およびその効果に関する評価的要素を含む。第三には支持的機能が挙げられる。ワーカーはクライエントとの関係性から発生するさまざまな葛藤やディレンマを体験するとともに、組織内の人間関係や制度間の矛盾などでさまざまな問題を抱え込み悩むことが多い。そのような場合、スーパーバイザーはスーパーバイジーの悩みを受け入れ、スーパーバイジーが自らの力で問題を乗り越えていけるように支持的に支援していくことが求められることになる。この3つの機能以外に、評価機能とコミュニケーション機能を付け加える場合もあるが、評価機能については管理的機能と教育的機能に、コミュニケーション機能

については教育的機能と支持的機能の中に含意されるものと考えられる。

● スーパービジョンの方法

スーパービジョンは、その対象および実施される状況により、①スーパーバイザーとスーパーバイジーが1対1で行う個人スーパービジョン、②一人のスーパーバイザーが複数のスーパーバイジーに対して実施するグループスーパービジョン、③スーパーバイジー同士が互いに支援の状況を確認し合うピアスーパービジョン、④スーパーバイザーがクライエントの前で、スーパーバイジーに対してスーパービジョンを行うライブスーパービジョンなどに区分される。また、スーパービジョンの具体的な手法としては、①スーパーバイザーとスーパーバイジーとの話し合い、②スーパーバイジーによる記録を用いた考察、③事前に利用者の了解を得た録音テープおよびビデオテープの活用、④ロールプレイングの実施などが挙げられる。

スーパービジョンの体制においては図の「スーパービジョンにおけるパラレルな関係」に示すように、スーパーバイジーとスーパーバイザーとの関係性とスーパーバイジーとクライエントとの関係性は時間軸の中でパラレルに進行し、スーパーバイジーはクライエントとの間に生じる問題や葛藤をスーパーバイザーとの関係性と対比し、考察を深めるなかで、自らのクライエントに対する支援のあり方を見つめ直し、適切な援助関係の形成に向けての取り組みが可能となる。

● スーパービジョンとコンサルテーション

コンサルテーションとは、特定の領域の専門家が行う相談や助言を意味し、対人援助の専門職を支援する働きをするという意味ではスーパービジョンに近い概念であるが、一般に、コンサルテーションでは教育機能が重視され、管理的機能は含まないとされる。

● スーパービジョンの課題

わが国の現状では、各専門職の領域ごとに、スーパービジョンの内容や技法に関する一定の合意形成を積み重ねていく必要がある。また、職員の研修・育成の体制におけるスーパービジョンの明確な位置づけとスーパーバイザーの養成への取り組みが重要であり、さらには、スーパービジョンの効果に関する実証的な研究への取り組みが求められている。

(照井孫久)

■ スーパービジョンにおけるパラレルな関係

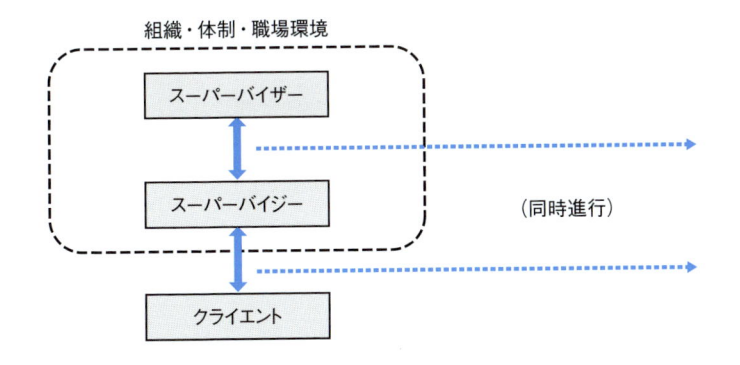

13 性・セクシュアリティ

　　　総論
1　性の心理学
2　性機能の加齢変化（男性）
3　性機能の加齢変化（女性）
4　セクシュアリティをめぐる男女差
5　夫婦のパートナーシップとセクシュアリティ
6　老婚：老年期の結婚・性をめぐって
7　在宅高齢者の性のケア
8　施設入居者の性とケア
9　女性性・男性性の尊重
10　性と死

13 性・セクシュアリティ

荒木 乳根子

●高齢者の性をめぐる社会状況

　性については長いタブーの歴史がある。欧米ではキリスト教の禁欲主義によって、日本では儒教思想に基づく性道徳によって、性はタブー視されてきた。長い間、性は結婚した男女の生殖のための営みとして容認されてきたのである。しかし、第二次世界大戦後、性の解放化は急速に進展した。性はもはや結婚の枠組みの中に閉じ込められることなく、結婚と分離した形で求められるようになってきた。

　しかしながら、われわれの中に長年にわたって染みついた性意識はそう簡単に変わるものではない。生きてきた時代を反映し、祖父母世代、親世代、若者たちの性意識には大きな隔たりがある（図参照）。さらに、性はオープンに話し合うことが難しいだけに、同世代でも個人差が大きい。

　このような状況のなかで高齢者の性についてはどうかと言えば、長い間、性の解放化から取り残され、ほとんど言及されないまま、「老いたら性は枯れる」「老人は性とは無縁の存在だ」という思い込みが続いてきた。

　ただ、現実には高齢者保健福祉の現場では性に関わる問題が生じており、保健師であった大工原が1973（昭和48）年に高齢者の性行動や性意識に関する先駆的な調査研究をしている[1]。当時は、調査にあたって関係者の無理解に直面し、悪戦苦闘したという。しかし、その後、徐々に状況は変化し、高齢者保健福祉の領域では、高齢者にも性欲はあるという事実を認識し、タブー視しないで対応を考える姿勢が生まれてきた。

　遅過ぎた観があるが、厚生省（当時）老人保健福祉局は1999（平成11）年に「訪問介護員養成研修テキスト作成指針」を出し、高齢者の性について盛り込むよう求めている。今後、さらに高齢者にとっても性は重要な意味をもち、QOL（Quality of Life）に関わる問題であると言う認識が浸透し、よりよいケアが模索されることが望まれる。

　また、社会一般でもこの20年間余で、高齢者は性と無縁な存在ではない、性は生きがいに関わる大切な問題なのだという認識が、徐々に浸透してきたように思える。長寿社会を迎え、元気な高齢者たちの内的欲求に後押しされたともいえようが、高齢者の性に対する許容的な社会的風潮が醸成され始めている。新聞、雑誌などのメディアでも高齢者の性に関わる記事が掲載されることが増えてきた。

●高齢者における性の実態

　では、こうしたなかで、高齢者は自らの性をどのように実現できているのであろうか。

まず、結婚生活に目を向けてみよう。

老年期の入り口では子どもの独立や夫の定年を契機に夫婦が自分たちの関係性を築き直すことが求められる。この夫婦関係が揺らぎやすい時期は、妻と夫の性的欲求が大きく乖離しがちな時期でもある。閉経し性交痛が生じやすくなり、性欲が減退した妻と、社会的役割から解放されて余裕が生まれ、妻との性生活を大切にしたい夫と、性を挟んでも葛藤が生じがちである。そして、互いの欲求について話し合い、性障害への対応を工夫することなくセックスレスになってしまう場合が多い。

この10年余でも、夫婦間のセックスレスの増加が目立っている[2]。それは単に生理的問題だけではない。男性本位の性生活で妻としての役割以上の喜びを得てこなかった女性たちが「妻の役割」というジェンダーの縛りから脱却して、今まで以上に「ノー」と意思表示し始めたことも要因だと推測される。

延長された老年期の夫婦関係を豊かなものにするためにも、心身の機能が変化する時期に双方が喜びをもてる性的関係を構築し直す努力をしたい。

高齢者には配偶者を亡くした人も含め単身者が多い。単身者はどのような意識をもっているのか、日本性科学会セクシュアリティ研究会（2012）の調査を参照したい[3]。60～70代の単身者で生きがいとなる趣味や友人、家族との関係をもっている人は多い。しかし、男性は女性以上に配偶者がいない寂寞感（せきばくかん）を抱えており、「交際相手がいる／交際相手を求める人」は男性9割、女性4～5割程度である。結婚まで望む人は減少するが、それでも男性は3～4割、女性は1割前後だった。データは性的に活発な高齢者に偏った嫌いがあるが、老年期になってもパートナーを求めている人は多いことがわかる。

実際、老婚率は増加傾向にある。いまだに高齢者の性に対する偏見が残っているとはいえ、前述したように高齢者の性に許容的な風潮が生まれてきたことを受け、高齢者自身もタブー視しなくなってきたからだと言えよう。

さらに、介護の現場ではどうだろうか。高齢者の性について浸透し始めた認識が現実のケアにどこまで活かされているかというと、まだ一部に留まっているのが現状である。特に、在宅サービスの現場では、対応が訪問介護者個人に委ねられ、「要介護高齢者も性的な関心をもっている」という認識さえないために、性的な表出に戸惑い、嫌悪感を募らせてしまう場合が少なくないように思える。

以上、詳細は各論に譲るが、高齢者の性についてさまざまな問題が浮かび上がっている。

● 高齢者の性についての視点

今後、高齢者の性が偏見に歪められることなく理解され、受け入れられ、また、高齢者自身が自らの性をよりよく実現していくためには、性についての従来の見方が変わっていく必要があると思われる。

① セクシュアリティという考え方

「セックスは両脚の間にあり、セクシュアリティは両耳の間にある」と言われる。つまり、セックスは性器による行為を意味するのに対し、セクシュアリティは両耳の間にある大脳に関わる人間の性を意味している。セクシュアリティは「男であり、女であるすべて」とも言われ、性行動だけでなく、愛情や思いやり、やさしさ、さらには女性性や男性性に関わる事柄も含んでいる。

性機能が衰えていく老年期には、セックスではなくセクシュアリティという視点が特に大切になってくる。たとえセックスが不能になっても、男女ともに異性への関心は保持し、愛し愛されたい、触れ合いたいと願い、自らの男性性、女性性を大切に扱われることを求

める。セクシュアリティは加齢の制約から自由で、深めていけるものなのである。

②心身のコミュニケーションという考え方

性の目的には、生殖、快楽、連帯の3つがあると言われる。生殖を目的としない高齢者は「性行為＝セックス（挿入を伴う性交）」というこだわりを払拭したい。むしろ、「性行為はパートナーとの心と身体を通した会話である」という理解を大切にしたい。

カナダの高齢者の性を取り上げたテレビで、ある高齢女性は「年をとると触れ合うだけで気持ちよいものです。一晩中寄り添って寝ています」と言い、コメントをする医師は「身体全体が喜びの源だと考えればいい。そう考えればこれまでのこだわりから解放される」と述べていた。

閉経以降に女性が性生活から遠ざかるのは、「性行為＝セックス」だからという側面が強い。性機能の衰える老年期は男性もセックスへのこだわりを捨てることによって、むしろ、豊かな性生活を手にできる。さまざまな喪失に遭遇する老年期だからこそ、互いの肌のぬくもりの中に互いの存在を確認し、安心感をもつような性生活を大切にしたい。

老年期の性が市民権を得るためにも、以上のような視点が定着していくことが望まれる。

●老年期の性の意味

老年期の性欲は若い頃と違い、精神的な要素が強くなってくる。性衝動に裏打ちされた生理的性欲というより、心理的性欲の比重が大きくなってくる。それだけに、高齢者の性の表出の背後には、さまざまな心理が見え隠れする。特に要介護状態になった高齢者の性的行動にはさまざまな意味が込められているように思う[4]。

①生きるエネルギーとしての性

フロイト（Freud, S.）は、精神的なものも含めた広い意味での性欲が、人が生きていくうえでの原動力であると考え、生の本能はエロスであると言った。この考えを敷衍すると、老年期にも当然性欲はあり、生きるエネルギーになっていると言えよう。

確かに、高齢者の恋愛事例は性がまさに生きるエネルギーであることを示している。

「好きな人ができて、傍らに行きたいばかりに必死で車いすの操作を学び、移動ができるようになった女性」「妻を亡くしてから抑うつ状態になり、酒におぼれていたのに、再婚してすっかり元気になった男性」など、枚挙にいとまがない。性欲があるのは「元気の印」であり、本人の生命力の活発さを示すものでもあるし、一方で性欲が生命力を賦活するのである。

②親密は関係性の欲求としての性

マズロー（Maslow, A.H.）は欲求階層説を提唱し、人間には低位から高位までの欲求として、生理的欲求、安全の欲求、所属と愛情の欲求、承認の欲求、自己実現の欲求があるとした。現状の福祉現場では、高齢者の生理的欲求、安全の欲求は満たしても、なかなか愛情や承認の欲求に応えられないのが現状であろう。

このような背景も影響していると思われるが、高齢者の性的行動は自分の存在を認めてほしい、温もりのある人間関係が欲しいと言うサインである場合が多いように思う。

介護者の身体に触りひんしゅくをかう高齢者がいる。しかし、彼らは必ずしも性行為そのものを求めているとは思えない。介護者が楽しい会話を増やす、肩を揉むなどのスキンシップをする、家族との面会を増やすといったことが性的言動の解消につながっていくからである。

③癒しとしての性

乳幼児期、子どもは母親に抱きしめられ、適切な世話を受け、その温もりと交流の中で、

人としての基本的な安心感や自他への信頼感を得る。乳幼児期に限らず、私たちは生涯、スキンシップを通して安心を得るのではないだろうか。しかし、挨拶として握手をし、抱き合い、頬ずりする欧米人と異なり、日本人には性を離れるとスキンシップの機会が乏しい。老年期は、子どもが独立し、肉親や配偶者、親しい友人の死など辛い別れに遭遇する、また、心身の健康が失われていく。ある意味では最もスキンシップによる癒しが必要な時期だと言えるのである。

ある末期がんの男性患者は不穏状態が続き、落ち着いて眠ることができなくなっていたが、隣接したベッドで妻に夫の身体に触れながら休んでもらったところ、不穏状態は治まった。老年期は、触れ合うことをより大切に考え、ケアの中にも取り入れたい。

以上、ここでは高齢者の性をめぐる問題の概略を述べ、高齢者の性がよりよく理解され、高齢者自身が自らのセクシュアリティをよりよく実現していくために必要だと思われる考え方について述べた。

● 本章の構成

本章の各論では、一部ここで触れたことがさらに詳細に述べてある。「13-1 性の心理学」ではフロイトの心理・性発達論やジェンダー概念について述べている。それに続く項目では高齢者の性の実際について多面的に取り上げた。「13-2, 13-3 性機能の加齢変化」では男性と女性に分けて、性機能の変化だけでなく、それに関連する問題について言及している。「13-4 セクシュアリティをめぐる男女差」では主に性的欲求の男女差、求める性的関係の相違について、「13-5 夫婦のパートナーシップとセクシュアリティ」では老年期夫婦が良好な性関係をもつうえで大切なことを中心に述べている。単身者については「13-6 老婚」を取り上げ、老婚の効用にも言及している。続く項目は高齢者の性とケアに関わる問題であるが、「13-7 在宅高齢者の性のケア」では訪問介護員への性的行動についての理解と対応を中心に述べている。「13-8 施設入居者の性とケア」では介護者だけでなく他の入居者への性的行動、入居者同士の恋情も取り上げている。「13-9 女性性・男性性の尊重」ではケアの中で男性性、女性性を支える取り組みについて述べている。最後の「13-10 性と死」では死に際しての性のもつ意味を論じている。

■ 性についての考え方～結婚や婚約なしに性的な関係をもつのはよくない

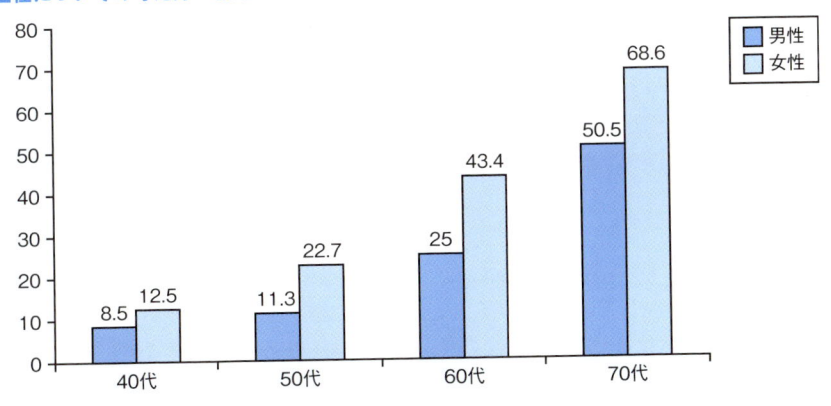

年代	男性	女性
40代	8.5	12.5
50代	11.3	22.7
60代	25	43.4
70代	50.5	68.6

出典：日本性科学会セクシュアリティ研究会「中高年有配偶者セクシュアリティ調査」2012.

13-1 性の心理学
― 性的発達とジェンダー、アイデンティティ ―

Keywords ▶▶▶ ジェンダー／リビドー／ジェンダー・アイデンティティ／性の発達

● セックスとジェンダー

　性に関する心理学の研究は、1950年以前はもっぱら、性差や性役割についてのものであった。しかし、1960年代になるとジェンダー・アイデンティティや性のステレオタイプなどの研究も盛んとなってきた。セックスもジェンダーも日本語訳では「性」であるが、前者は生物学的"性"であり、後者は社会的・文化的"性"を意味する。つまり、セックスは、遺伝学的・解剖学的・生理学的・生物学的に「男」や「女」を特徴づける指標や特徴のことである。一方、ジェンダーは、「男らしい」「女らしい」などと称されて、性格・ふるまい・外見など、文化や社会によって形成されるものであり、変化するものでもある。とはいえ、この二つを厳密に線引きすることは難しい。例えば、セックスの違いとして男性のほうが"体力や腕力がある"ことを挙げるとしよう。しかし、「力仕事は男のするもの」といった社会の風潮や女性よりも運動量が多いことからこの差が生じているとも考えられ、ジェンダーの影響を無視できないのである。つまり、何を問題とするかによってセックスとジェンダーは使い分けられたり、混在化されたりするのである。

● フロイト

　心理学で最初に"性"に注目したのは、フロイト（Sigmund Freud）である。フロイトの精神分析理論（psychoanalytic theory）の骨子は、局所論と構造論の2つからなる（図：心の構造モデル）。前者は、意識・前意識・無意識の3つの局所から性格が形成されるとした初期のものである。後にフロイトは、エゴ（自我）が性格形成の中枢機関であると修正し、1923年に「エゴとイド」を著した。これが構造論である。イドは性的で攻撃的な本能を包含しており、無意識の領域にある。イドはリビドー（性・生産や創造のエネルギー）とタナトス（攻撃・死や破壊のエネルギー）という両方向のエネルギーの源泉である。これは快楽原則に従って働き、欲望を即座に充足させようとする。一方、エゴは現実原則に従い、周囲の環境に鑑みて現実的で合理的な解決策を追求するもので、意識の領域に位置する。スーパーエゴ（超自我）は、無意識と意識の両領域に位置し、良心と自我理想を求めるもので、両性の親の価値観を取り入れて（同一視）発達していくものである。このようにフロイトは、人には性衝動があり、無意識があらゆる行動の原動力であると考えた。また、幼少期の体験が人格形成に影響を及ぼすとも考えた。それが心理・性的発達的観点である。

● 心理的・性的発達

　フロイトの心理・性的発達理論では、子どもは5つの段階を経て人格形成を果たすとしている。①口唇期：0～18か月頃。口唇欲求（食べる、吸う）が満たされることによって基本的信頼感が育ち、満たされないと不信感が形成される。②肛門期：18～36か月頃。肛門領域に関心を持ち、そこから満足を得る。トイレットトレーニング期であり、欲求充足を延期し、自律の完成を目指す。③男根期：

3〜6歳頃。性器が満足感の源泉となる。異性の親に対して性愛の感情を持ち、同性の親に対して敵意や畏怖の感情を抱くエディプスコンプレックス（女児の場合は、エレクトラコンプレックス）を獲得する。やがて同性の親をモデルとして取り入れ、同一化がなされていく。④潜伏期：6歳〜思春期頃。性的・本能的欲求が抑制される、社会化の時期である。スーパーエゴの発達に伴い、帰属する社会のなかで自分への有能観や劣等感が生まれる時期でもある。⑤性器期：思春期開始後〜青年期頃。潜伏期に陰を潜めていた性衝動が再び顕在化し、性器が性的快感の源泉である。エディプスコンプレックスなど幼児期の葛藤も再現されるが、これらを克服して生殖活動のための性器性欲へと統合される。リビドー的発達の最終段階である。そして、成人としてふさわしいスーパーエゴや自我理想を再構成してアイデンティティを確立していく。

● ジェンダー・アイデンティティ

自分は男である、あるいは女であるという性別の認識がジェンダー・アイデンティティである。一般に、生物学的性と一致するものであるが、一致しないと安定した自己概念を形成するのが困難となる。性同一性障害ではこれが一致せず、自分の性に対して不適応感や持続的な不快感を抱くのである。

● ジェンダー（性）役割の発達

両親や周囲の人々は子どもの誕生と同時に、あるいはその前から性別に基づいた期待や働きかけを行う。さらに、仲間集団との遊び、絵本や漫画、テレビなどのヒーローやヒロインを通して自分の性役割を学習し、内在化していく。子どもは所属する文化・社会において認められた性役割を発達させていくのである。性役割の発達メカニズムについては、前述した①精神分析理論の同一視の概念の他に、②社会的学習理論のモデリングや強化説、③認知発達理論のジェンダー恒常性やステレオタイプ説、④ジェンダー・スキーマ理論（性に関する情報に注意を向け、認識し、その枠組みで世界を見ることによって性役割を形成していく）などがある。要するに、性とは生物学的に規定されるだけのものではなく、文化や社会環境、そして自身がどのように性を認識しているかなどさまざまな要因が絡まって育っていくものであろう。　　（中村淳子）

■ フロイトの心の構造モデル

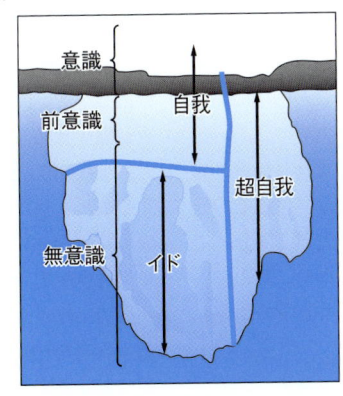

意識
前意識
無意識
自我
超自我
イド

出典：内田一成 監訳『第14版 ヒルガードの心理学』ブレーン出版，596頁，2005.

13-2 性機能の加齢変化（男性）
― 男性更年期障害・ED ―

Keywords ▶▶▶ 性機能／生活習慣病／男性更年期障害／ED

●**性機能の低下**

　男性の性機能は、勃起能・性欲・射精・オーガズムなどの要素がある。これらの能力は徐々に加齢とともに低下していく。このような加齢に伴う性機能の変化は、個人差も大きい。自分の年齢において、どの程度の性機能が標準なのかを気にする人も多いが、性欲や勃起能が低下していくことは、加齢に伴う自然の変化とも考えられる。そのため性機能低下を疾患と考えたり、必ずしも治療の必要がない場合もある。しかし、性機能低下により、クオリティ・オブ・ライフ（QOL：Quality of Life）が大きく損なわれる人もいる。現在では、勃起不全（ED）などにおいては、安全かつ有効な治療法がある。性の問題は、パートナーの協力があり成り立つものであるためパートナーの理解が必要であるが、性機能低下は症状によっては、十分治療可能な病態である。

　性機能のもう一つの重要な側面は、健康のバロメーターになり得るということである。EDは、決して陰茎のみの病気ではなく、全身の疾患である生活習慣病などと密接に関連している。つまり性機能は、全身の健康状態を反映しているとも言える。また、最近、加齢に伴う男性ホルモンの低下が、性機能のみならず、精神的、身体的機能と深く関わっていることが明らかになりつつある。このように、性機能はQOLのみならず健康の問題としても捉えることができる。

●**性機能低下と生活習慣病**[1]

　加齢に伴う性機能の変化は、血管・神経・内分泌（ホルモン）機能の総合的変化により生ずる。陰茎勃起は、海綿体に血液が満たされることにより起こるが、陰茎の動脈硬化などの血管機能の低下により、海綿体に十分な血液を送り込み、血液を貯めることができなくなる。また、これらの血管系の変化は、陰茎の神経や血管内皮から、血管に弛緩を促す物質が放出されることによってもたらされる。加齢等によりこれらの物質の放出が十分でなくなることもEDの原因になる。

　このような血管・神経の変化を引き起こす最も頻度の高い病態に、加齢変化に加えて生活習慣病がある。生活習慣により引き起こされた肥満・高脂血症・耐糖能異常は、EDと同時に高血圧・糖尿病などを惹起する。さらに、将来的な心筋梗塞・脳血管障害という重大な疾患の発生に結びつく。陰茎の海綿体や血管系に動脈硬化が生じた場合には、EDとなり、心血管系に障害が生じた場合には虚血性心疾患に結びつくと考えられる。そして、このような虚血心疾患や脳血管障害に先立って、EDが最も早く症状として現れやすい。つまりEDは、健康状態、特に血管機能のバロメーターと考えられる。EDを自覚して生活習慣を改善することがQOLを改善するのみではなく、健康の維持・回復に役立つと考えられる。

●**男性ホルモン低下と男性更年期障害**

　加齢に伴い男性ホルモン（テストステロン）低下などの内分泌的変化も生ずる。最近加齢に伴う男性ホルモンの低下が、男性更年期障害、加齢男性性腺機能低下症候群（LOH：

Late onset hypogonadism）として注目されている[2]。これは、男性ホルモンの低下が性機能や活力、うつ症状、筋肉・脂肪・骨などの身体の構成要素と密接に関わっている可能性を示唆するものである。必ずしも、男性ホルモンレベルと症状の強さは相関するものではなく、うつ病など他の疾患の除外診断が必要である。

男性更年期障害、加齢男性性腺機能低下（LOH）症候群が強く疑われた場合、前立腺がんがないことを確認のうえ、男性ホルモン補充療法が試みられる。現在のところ男性ホルモンの補充療法の有効性および安全性が確立されているわけではない。しかし、今後の知見の集積により、男性ホルモンの種々の生理作用および有効な症例や症状、そして安全で使いやすい投与方法などが徐々に明らかにされていくものと思われる。

● 勃起不全（ED：Erectile Dysfunction）

EDに対しては、勃起能改善薬（PDE5阻害剤バイアグラ等）が有効である。PDE5阻害剤は、高齢者においても、高い安全性および有効性が示されているというデータもある。処方の約20％は70歳代の人である（図参照）。このように勃起改善薬は高齢者の人でも十分安全に使用することが可能である。

薬剤処方のための特別な検査はなく、合併症および服用中の薬剤につき十分な問診を行うことにより、通常は安全に使用できる。狭心症や心筋梗塞に使用される硝酸剤は併用により血圧低下など重大な副作用を起こすため、併用は禁忌である。合併症の問診においては心肺機能のおおよその状態を把握しておくことが必要である。PDE5阻害薬は、心機能へのマイナスの作用はないと考えられるが、性行為という"運動負荷"に耐えられる心機能を有していることが必要である。一般に1階から3階まで、階段を休まず無症状で登ることができれば、性交渉の運動負荷には耐えられると考えられている。副作用に関しては、頻度的にも重症度の点からも臨床的にはほとんど問題は生じない。効果発現のためには、性的刺激を受けなければならず、この点を十分理解する必要がある。

性機能や性行為を前向きに考えていくことは、パートナーとともにQOLの向上や、健康で活気ある生活を送る大切な要素であるといえる。

（佐藤嘉一）

■ 勃起改善薬（バイアグラなど）処方例の年齢分布

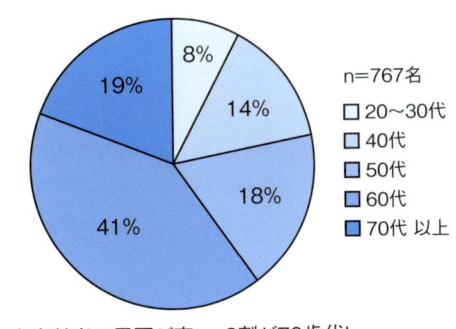

n=767名
- 20〜30代：8%
- 40代：14%
- 50代：18%
- 60代：41%
- 70代以上：19%

中高齢者の需要が高い。2割が70歳代！

出典：三樹会病院データ（http://www.sanjukai.or.jp）

13-3 性機能の加齢変化（女性）
── 内分泌機能の変化 ──

Keywords ▶▶▶ 間脳下垂体卵巣系／卵巣機能の老化／卵胞ホルモンの減少／意欲の低下

●性成熟期の間脳下垂体卵巣系の機能

女性の生殖機能（脳の中枢と卵巣子宮系のはたらき）の加齢による変化も、性をつながりにして人間関係に影響を与えるが、そもそも女性において性機能は加齢に伴い、どのように変化していくのだろうか。

生殖年齢（15〜49歳）の間、大部分の女性では間脳の一部の視床下部から分泌される性腺刺激ホルモン放出ホルモンが下垂体前葉に働いて、性腺刺激ホルモン（FSHとLH）を分泌する。FSH（卵胞刺激ホルモン）は血流に乗って卵巣に達して、いくつかの卵胞を排卵に向けて成熟させると同時に卵胞の顆粒膜細胞で卵胞ホルモン（エストラジオール）を産生させ血液中に分泌する。成熟する卵胞の中の1個が主席卵胞となって数mmから20mm前後へと大きくなるが、それに応じて卵胞ホルモンの分泌量も増加する。子宮に達した卵胞ホルモンは子宮内膜を増殖させる。同時に視床下部に働いて性腺刺激ホルモン放出ホルモンの律動的分泌を促進する。これが下垂体のLH（黄体形成ホルモン）分泌の急激な増加（サージ）を起こす。そのピークから10〜12時間後に成熟した卵胞が破れて排卵が起こる。排卵した後の卵胞の莢膜細胞と顆粒膜細胞から黄体が作られ、黄体ホルモン（プロゲステロン）を分泌する。黄体ホルモンは卵胞ホルモンと協同して子宮内膜を受精卵が着床しやすい分泌期内膜に替えるが、LHサージが終わってLHが10日間以上少ない状態が続くと黄体は萎縮して黄体ホルモンと卵胞ホルモンの分泌低下が起こり、月経が始まる。この二つの性ホルモンの濃度の低下が視床下部のゴナドトロピン放出ホルモンの分泌を促し、次の間脳下垂体卵巣系のサイクルが始まる。卵胞の成熟には10〜20日間必要であり、黄体の寿命が12〜16日であるから月経周期は25〜38日となる。

●加齢による性機能の変化

加齢変化はまず卵巣に起こり、性腺刺激ホルモンに対して卵胞の反応が弱くなり、成熟卵胞にまで変化せず、卵胞ホルモンの分泌量が増えず排卵がみられなくなる。40歳を過ぎると卵胞は急速に閉鎖し数万個あった卵胞の数が急速に減少し10分の1になる。卵巣の重量も性成熟期には2〜13gあったものが急激に減少し、閉経期には2.5g以下になる。これによる変化は、単に女性ホルモンである卵胞ホルモンの減少や排卵が無くなるということに留まらない。男性ホルモン（テストステロン）分泌も減少し、下垂体からの性腺刺激ホルモン（FSHとLH）の分泌が増加する。

加齢による卵巣機能の低下による変化は、排卵が起こらないことによる月経の不順や無月経のほかに更年期障害といわれるさまざまな精神身体的な不調をもたらす。典型的な症状は、自律神経失調による血管運動神経障害で顔のほてり（hot flash）、のぼせ、異常発汗で60〜80％の人に見られ、その他、動悸、めまいなどの症状を示す。精神神経症状として、イライラ、不眠、抑うつ（気分が落ち込む）、やる気が出ないなどが訴えられる。これらが

更年期といわれる卵巣機能が低下していく時期にみられ、日常生活を続けるのに困難を感じるようであれば「更年期障害」と言われる。その後に見られる閉経は日本人では平均50.5歳であり、その前後5年間を更年期と言う。

この時期は、無月経あるいは月経不順による喪失感、年齢的に子どもの独立（空の巣症候群）、家族の病気や死別、自分の仕事上の問題なども起こる時期であり、心理的・社会的にも不安定で心因性要素も関わってくる。

更年期を過ぎれば卵巣で産生される性ホルモンの変動の大きい時期は終わり、副腎から分泌されるアンドロステンディオン（AD）やデヒドロエピアンドロステロン（DHA）とDHAの硫酸エステル（DHAS）などの三種の生物活性の弱い男性ホルモンが分泌されるようになる。しかもアンドロステンディオンが、主として脂肪組織で卵胞ホルモンに転換されるために複雑な症状を呈することとなる。しかし、基本的な症状は卵胞ホルモンの低下による「腟の乾燥感」「外陰部掻痒感」「性交痛」「帯下の増加」「頻尿」「切迫性尿失禁」「やる気の喪失」「性的欲求の低下」「性的興奮の障害」「オルガズムの障害」「骨粗鬆症」「高脂血症」「動脈硬化」などである。

●解決法

基本的には、女性ホルモン（卵胞ホルモン・黄体ホルモン）の分泌低下があるのでホルモン補充療法を行う。泌尿生殖器系の症状は緩和される。骨粗鬆症の進行も止めることができるが、高脂血症や動脈硬化同様日常生活の注意（栄養・運動・規則的な生活習慣）も大切である。5年以上の長期間にわたる女性ホルモンの使用はホルモン依存性のがんの発生を増加させる可能性があるので、定期的な健診は欠かせない。

荒木ら（2012）の調査では、女性自身は高齢になると性的欲求は5～6割ではなくなる、言いかえれば4～5割では若いときよりは弱くなるものの性欲が無くなることはないという。

精神的な意欲や性的欲求の低下に対しては少量の男性ホルモンが有効であるが、副作用としての男性化作用（ヒゲの濃化、脱毛、声の低音化など）が発生する。

また、腟の潤いを補うとか漢方薬で徐々にといった考え方もあり、女性クリニック・婦人科の主治医をもっていることも大事である。

（堀口貞夫）

■加齢による卵巣の原始卵胞数の減少

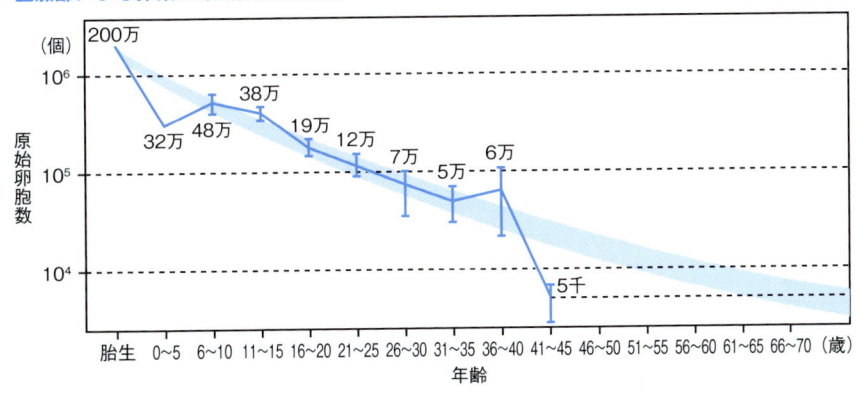

出典：Block, E. Acta. Anat.（Basel）14, 108（1952）を一部改変.

13-4 セクシュアリティをめぐる男女差
— 求める性的関係の乖離 —

Keywords ▶▶▶ セクシュアリティ／性的欲求／性差の要因／単身者の男女交際

●性心理の発達

思春期の性心理の発達をみると、異性近接欲は男女共通であるのに対し、接触欲や性交欲は性差が大きく、男性のほうが強い。オーズベル（Ausubel, D.P., 1975）は性心理の発達を、女性は心理愛情的発達であるのに対し、男性は心理生理的発達であるとした。男女交際において女性は好きな相手と良い人間関係をもつことを求め、性行為は結果としてこれに伴うものと認識しているが、男性は性行為が目的で、これを達成する手段として男女の親しい人間関係を考えるという。大脳新皮質をもつ人間の性は動物と異なり精神的な要因が大きく作用するが、性欲の生理学的な原動力はアンドロゲン（男性ホルモン作用をもつ物質の総称）で男性のほうが多く保有することも影響していよう。この性心理の発達における性差は思春期に限ったものではなく、性を挟んだ男女の相違のベースにあるように思われる。

●性的欲求の男女差

若い頃と比べた性的欲求の変化をみると、女性は50代で性欲が顕著に減少するのに対し、男性の性欲減退は緩やかである。配偶者とどのような性的関係を望むかをみると（図参照）、女性は40代で5割近くが性交渉を求めているが、50代以降は精神的な愛情関係でよしとする人が多数を占め、愛撫を含む性行為を望む割合は年代ごとに減少する。それに比べ、男性は40代で約7割が性交渉を求め、50代以降減少するが、60代、70代でも大差なく、6割近くが愛撫を含む性行為を求めている。50代以降、特に老年期前期は男女の性的欲求が最も乖離する時期といえよう。

互いの性的欲求をどのように満たすかが葛藤の種になることも少なくない。50代でセックスレスになる夫婦も多いが、その最大の理由は女性側の関心の喪失である。老年期に向けての良好な夫婦関係を考えるとき、一方に我慢を強いることのない性的関係をどのように維持するかが課題だと言えよう。

●性的欲求の男女差の要因

「性機能の加齢変化」の項に記載されているように、女性は50歳頃の閉経を境に生殖能力を失う。女性ホルモンが急速に低減し、それに伴い性交痛が生じやすくなる。それに対し、男性も50代後半頃から徐々に勃起力は衰えるものの、男性ホルモンの減少が緩やかで、70歳頃まで授精能力を保持する。この男女の生理的相違は性差の大きな要因である。また、問題なのはこのような加齢変化についての知識が乏しく、互いの性について話し合う習慣もないことである。そのため、性交痛や勃起力の減退に対して、互いへの配慮や、対応・工夫がされないまま、性生活から遠ざかる結果になりやすい。

しかし、性差の要因は生理的なものだけではない。まずカップルの良好な関係性が土台となる。「女のセックスは体よりも心でするものだと思う」「愛情を心で感じられ、その結果、性がついてくる」といった声は女性たちの真情であろう。相手の愛情や思いやりが感じら

れないと性交渉に心が向かわない。また、性交渉自体が女性にとって満足感が得られる魅力的なものになっているかどうかも、女性の性的欲求の維持には大きく影響してくる。

● 男女の心情の違い

フランスの哲学者ボーヴォワール（Beauvoir, S.）は「客体（対象）としての女性が幼少期から彼女の肉体のイメージ全体と自己を同一視するのに対し、男の子は彼のペニスに第二の自我を見出す。彼が恐れる自己愛の損傷、それは彼の性器の衰弱なのである」と述べている[1]。女性は見られる自分が若々しく美しいことにこだわり続け、化粧療法が効を奏する。男性はいつまでも性的に現役であることに拘泥し、バイアグラなどに手を出す。ボーヴォワールの指摘は的を射ているのではないだろうか。男性は性交において、女性を愛する、子どもをつくるというだけでなく、女性を支配し自らの男性性を確認するという意識が強いように思われる。勃起力の衰えは男性にとっては深刻で、精神面への影響も大きい。また、性機能が衰えると女性と同衾できないと考える男性も少なくない。しかし、前述したように女性は性交を望んでいない場合が多い。それより男性が日頃の世話に対する感謝を口にし、愛情を言動で示すことを求めていたりする。挿入へのこだわりを捨て、心身のコミュニケーションを主とする性交渉を選択すれば、人生の終わりまで男女ともに性生活を楽しむことができよう。

● 単身者の男女交際をめぐる性差

60〜70代の単身者対象の調査結果をみると、男性は女性以上に単身の淋しさを感じており、交際相手を求めている者が多い。また、結婚したいという人も男性のほうが遥かに多い[2]。結婚を望む最大の理由は男女とも「精神的な安定」だが、男性は性生活の安定を挙げる人もいる。逆に結婚を望まない理由をみると、男女ともに「自由の束縛」が最多であり、次いで男性は法律的・経済的問題、女性は家事の負担である。老婚が成立するには保守的な性役割意識から開放されて、経済面でも生活面でも自立した個人として出会うことが大切だと言えよう。また、男女交際においては、「男性は70歳を超えても性に行きつくらしい。性は思い出だけでいい」という女性の声に示されるように、やはり求める性関係の相違が問題になっている。　（荒木乳根子）

■ 望ましい性的関係

配偶者との望ましい性的関係

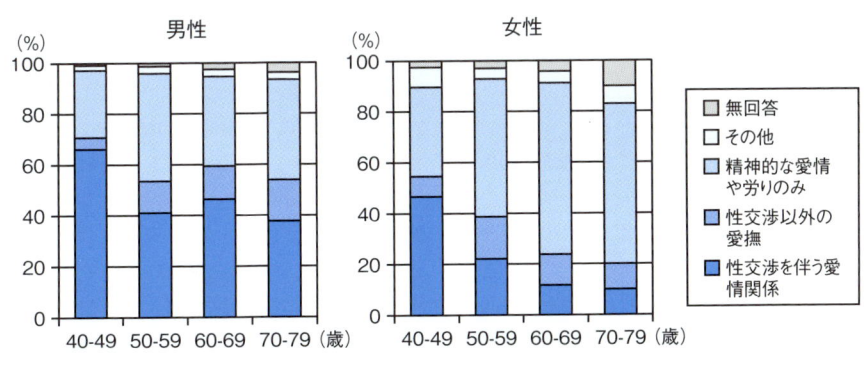

凡例：
- 無回答
- その他
- 精神的な愛情や労りのみ
- 性交渉以外の愛撫
- 性交渉を伴う愛情関係

男性・女性ともに年代別（40-49、50-59、60-69、70-79歳）のグラフ

出典：日本性科学会セクシュアリティ研究会「中高年有配偶者のセクシュアリティ調査」2012.

13-5 夫婦のパートナーシップとセクシュアリティ
― 豊かな夫婦生活に向けて ―

Keywords ▶▶▶ 老年夫婦／パートナーシップ／夫婦の課題／性生活／性障害

● 夫婦のパートナーシップ

　老年期において夫婦は、これまでの人生の中で出会ったさまざまな課題を夫婦でどのように乗り越えてきたかが改めて問われる。

　例えば、老年期の初期は、子どもが独立し夫も定年を迎え、身体的にも加齢変化を意識するようになり、夫婦関係の見直しと再調整を迫られる一つの危機ともいえる時期である。時として、「家庭内別居」や「定年離婚」という破局を迎えることもあるが、この時期を夫婦の新たな関係性を築く好機ととらえ、夫婦としてどのような老年期を過ごすのか、その思いを共有したい。

　セクシュアリティ研究会の調査（2012）[1]では、配偶者間で求める交流として、約8割の人が「日常的会話」を挙げ、次いで、「家庭のことを相談し合う」「趣味などを共にする」「感謝やいたわりの言葉」を挙げている。

　老年期にある夫婦にとって、「夫の家庭内自立化」と「妻の子どもからの情緒的自立化」を成し遂げ、生活体験を共有して会話を増やし、情緒的絆を強める「伴侶性の拡大化」が夫婦の課題となるのである[2]。

● 夫婦の性生活

　「セクシュアリティをめぐる男女差」の項で述べたように、女性の閉経、更年期は性生活の一つの分岐点で、女性は50代になると性欲が「大いに減少した・ほとんどない」という人が8割に達し、それとともにセックスレスになる場合も多い。しかし、夫婦関係が良好で、それまでの性生活が女性にとって魅力的ならば、閉経後は妊娠の心配もなく、子どもも独立し夫婦二人の新しい性生活を作る機会となる。

性生活の実際

　前述の調査では、夫婦の寝室が一緒なのは60〜70歳代で約6割であり、夫婦間の性交頻度は60歳代で「月1回以上」が約2割、「年数回程度」が約2割、70歳代で「月1回以上」が1〜2割弱、「年数回程度」が1割強だった。近年、セックスレス化の傾向が言われているが、老年期も例外ではなく、10年前と比較するとセックスレスが増えてきた[3]。また、配偶者との「身体的触れ合いがほとんどない」という人が、60〜70歳代で4〜5割にのぼり、最も多い触れ合いが「肩もみ・指圧」だった。日本には握手する、ハグする、ほほを寄せ合うなど日常生活で身体的に触れ合う文化がないことも影響していると思われる。しかし、交際相手がいる単身者では身体的触れ合いがほとんど無いという人は女性1割、男性2割であり、関係性のあり様の違いも大きいといえる。

性障害への対応

　男性、女性の「性機能の加齢変化」の項で記載されているが、50歳代から老年期にかけては性機能が低下し、性障害が生じてくる時期である。女性は性交痛、男性は勃起障害が問題となる。性交痛はホルモン補充療法やゼリーの使用で改善する。また、勃起障害にはED治療薬がある。しかし、性障害はある意味、二人の性生活を見直すチャンスでもあ

る。男性は性生活というと「挿入・射精」と思い、それが不能になると男として終わったと思いがちである。しかし、女性が望んでいるのは性交より愛情を込めて抱きしめられることである。性生活は人間であるからこそ相手の心と体を丸ごと受け入れ、精神的な結びつきを深めるような行為を広く含んでいる[4]。むしろそれが前提であろう。性機能が低下する老年期こそセクシュアリティの意識を変える機会である。正しい知識をもつとともに互いの気持ちや身体の状態について伝え合うことが求められる。

● 豊かなセクシュアリティに向けて

図は配偶者との望ましい性的関係として「性交渉を伴う愛情関係」を求める割合と実際に「月1回以上の性交渉」をもった割合を示したものである。望まぬ性交渉を受け入れている女性もいるが、妻との性交渉を望みながら得られていない男性が多い。老年期に男女で性欲の乖離が広がるのはそれまでの二人の関係の現れでもあり、夫婦がともに納得のいく性的関係をどのように築いていくかは、先に述べた「伴侶性の拡大」とともに、もう一つの課題である。両者は深く関連し合ってもいる。

まずは家事も含めて夫婦で生活体験を共有し、会話を豊かにしたい。さらに、前述したように、身体的な触れ合いが乏しいが、愛情をもって相手に触れることは、お互いに精神的な安らぎを得ることができ、言葉以上の思いを伝えるとても大切な行為である。特に、心身の機能が衰え、死を意識するようになる老年期には、肌の触れ合いが一層大切になる。マッサージし合ったり、優しく触れ合ったりお互いを褒めたり、感謝の言葉を掛け合うことは、セクシュアル・コンタクトの第一歩である。

次に、自分や相手の体について正しい知識があるかどうか、相手の状況や気持ちを理解できているかどうか考えてみたい。お互いの欲求に差があり、不満があるならば、それをどのように解消していくか、これらを二人で考えていく。そして、夫婦の理想を手探りで作り上げていくしかない。その際、前述したように挿入にこだわらず、心と体のコミュニケーションとしての行為を大切に考えたい。

（堀口貞夫）

■「性交渉を望む」割合と「月1回以上の性交渉」の有無

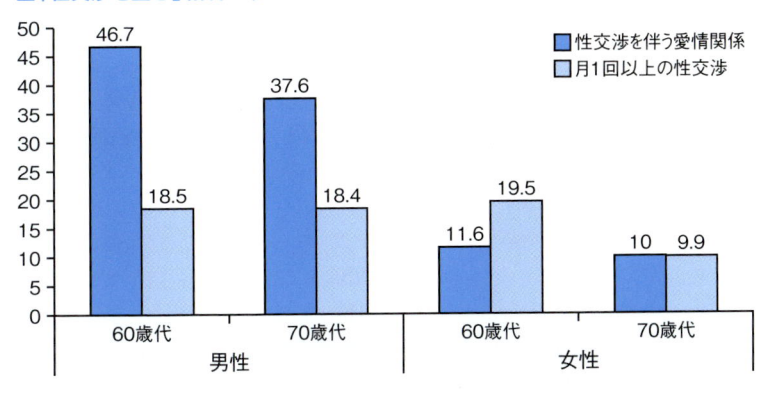

	男性 60歳代	男性 70歳代	女性 60歳代	女性 70歳代
性交渉を伴う愛情関係	46.7	37.6	11.6	10
月1回以上の性交渉	18.5	18.4	19.5	9.9

出典：日本性科学会セクシュアリティ研究会「中高年セクシュアリティ調査」2012.

13-6 老婚：老年期の結婚・性をめぐって
― 老婚のもつ意味 ―

Keywords ▶▶▶ 老婚の実態／5月と12月の結婚／茶のみ友達／老婚に対する障害／別居伴侶

●老婚とは

　男女の恋愛や性的関係、結婚はなにも若者たちだけの特権ではない。男と女が愛し合い、異性を求め合う気持ちは一生を通じて変わらないものである。高齢社会を迎えて一人暮らしの中高年が増えるにつれて、中高年の性や結婚、再婚問題がクローズアップされてきている。

　老年期の結婚には2つの意味がある。1つは老年期の夫婦関係、つまり老年期に夫婦であることの機能や関係を意味しており、もう1つは老年期になって結婚することである。ここではもっぱら後者の意味で用いるが、必ずしも一定の年齢を意図したものではない。

　老年期の配偶関係の大きな特徴は、何よりも男女間の大きな違いにある。図のように、65歳以上の男性の大多数は妻がいるのに対して、女性の半数は夫を亡くしている。この男女差からすると老婚率も女性が高いように思えるが、実態はまったく逆で、一般にどの社会でも男性の老婚率のほうが圧倒的に高い（表参照）。その理由としては、男性は年をとっても若い女性と結婚する傾向が強く、母親の再婚には子どもが反対するなどさまざまである。また、日本の老婚率は、表にみるように西欧諸国と比較すると、男女ともに極めて低い特徴をもっている。

　米国には「5月と12月の結婚」（May-December marriage）という表現がある。若い女性（5月）と高齢男性（12月）の結婚によくこの表現が用いられる。特にそれが有名人やタレントの場合に話題にされる。その背景には米国社会に存在する、このような結婚は「女は金目当てで、男はセックスが目的」という神話的定説があり、さらにまだ一度も結婚していない若い男性たちの嫉妬と恨み、そして揶揄の感情が込められている。

●中高年のための結婚斡旋

　高齢社会が進展するにつれて、独身のまま老いを迎えたり、中高年になって離婚したり配偶者を亡くした人たちの結婚や再婚が大きな問題になってくる。日本には昔から「茶のみ友達」という表現があり、年をとったら静かにお茶を飲んで語り合うような異性関係が望ましいとされてきたが、健康で活動的な高齢者が多い現代では、「老後をともに過ごす、真剣に愛し合える配偶者」を求める傾向が強い。

　このような独身の中高年齢者に出会いの場を提供し、デートから結婚への発展を援助する全国的組織として「無限の会」や「太陽の会」などがある。これらの会では、配偶者を求める中高年の男女が集団見合いなどで出会いを重ね、意中の人があれば会を通して交際し、時間をかけて婚約から結婚へと進展させていく。

　しかし、長い人生を歩んできた高齢者たちの結婚には多くの障害が待ち受けている。世間の偏見、子や孫などの反対、不動産などの財産をめぐるトラブル、遺族年金が結婚によって停止されるなどの年金や住まいの問題、病気や介護の心配など、結婚までにクリ

アすべき難問が山積している。しかし、これらの問題から逃げずに真剣に取り組み、周囲の人々の理解と協力を得た結婚は、茶のみ友達とは異なる意義をもつ。

老婚は必ずしも入籍・同居を伴わないことがある。前述したような障害との折り合いをつけ、老後をともに過ごす配偶者を得る方法として最近増えているのが「事実婚」であり、「別居伴侶」「通い婚」というかたちである。しかし、この場合にも周囲の人々の承認と理解を得て「正式な」夫婦として生活することが奨励されている。

● 老婚の効用

最近、老人ホームなどでもこの点に注目して、これまでタブー視してきた施設内での入居者同士の恋愛や結婚を肯定的に温かく見守り、介護の面でもプラスの影響があることを重視している。例えば、堺市のある養護老人ホームでは、これまでに多くのカップルが誕生してきた。そこでは決まった手続きが必要で、まず本人たちが結婚の意志を園に申し出る。すると、入園者たちの自治会で話し合い、本人同士の気持ちが本物かどうか、他意がないかを仲間たちがチェックし、その了承を受けた後、職員や互いの家族の了解をとる。このようなカップルは結婚前より表情が豊かになり、生活に張りや潤いが出て、充実した毎日を送っているという[1]。

老婚を目指す人々にはいくつかの共通の資質がある。年をとってもいつもおしゃれを心がけている、食事や運動に気を配っている、話題や関心の幅が広い、とりわけ異性に対する興味を持ち続けているといった資質がそれである。

老年学者のショーンら(Schone, B.S., et. al., 1998)の研究によれば、老年期に結婚している人ほど男女ともに日頃から健康に気をつけ、病気にかかりにくい行動をとっていることがわかった[2]。ショーンらは、①血圧などに気をつけて医師にかかる、②運動を心がける、③タバコを吸わない、④車ではシートベルトを着用する、⑤きちんと朝食をとるの5項目の健康に関わる行動様式を取り上げて、結婚している高齢者と単身者たちとを比較して、既婚者ほど社会的、心理的、身体的環境に対して「防御的に行動」していることを明らかにしたのである。

(片多　順)

■高齢者（65歳以上）の配偶関係

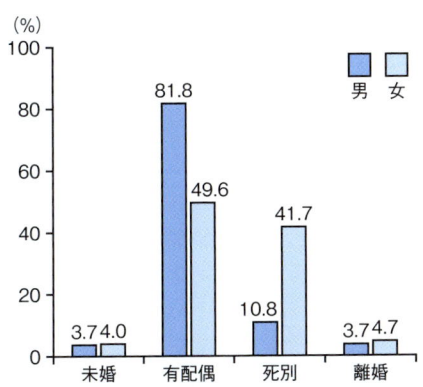

	男	女
未婚	3.7	4.0
有配偶	81.8	49.6
死別	10.8	41.7
離婚	3.7	4.7

出典：総務省統計局「平成22年国勢調査報告」．

■老婚率の国際比較

国名	男性(60歳以上)	女性(60歳以上)	年次
日本	17.0	8.1	2011
イギリス	41.4	21.7	2008
フランス	45.9	24.0	2010
デンマーク	58.6	34.7	2011
スウェーデン	49.8	29.6	2011
オーストラリア	34.2	16.5	2011

老婚率：その年に結婚した60歳以上の全婚姻数（新郎・新婦別）1,000人に対する比率

出典：「世界人口年鑑　2012年版」をもとに作成．

13　性・セクシュアリティ

13-7 在宅高齢者の性のケア
― その実態と対応 ―

Keywords ▶▶▶ 在宅高齢者／訪問介護員／性行動／セクシュアルハラスメント

●在宅高齢者の性の諸問題

在宅高齢者の性のケアで最も問題になっているのは、女性訪問介護員に対する男性高齢者からの性的な働きかけである。利用者の性的な行動によって介護員が利用者に対して否定的な感情をもち、業務に支障を来す状況が少なからず生じる。

性に関する問題はデリケートな問題であり、介護者や家族にとっては多大な戸惑いとストレスとなる。反面、介護される高齢者も介護者の対応によっては傷つき、孤立感を深めることになる。性に関わる問題はともすればタブー視されがちであるが、検討の俎上に載せるべき重要な課題であると言えよう。

●訪問介護員への性的行動の実態

女性訪問介護員で男性高齢者からの性的働きかけを経験した人は、いくつかの調査を勘案すると3〜4割だと推測される[1]。性的働きかけの内容は荒木ら（2008）の調査[2]でみると、「体について品評する」「性体験を聞く・話す」などの言葉によるものが最多だった。次いで、「介護の際に必要以上に体に接触」「抱きつく」「胸や尻などを触る」などのタッチや「好意を告白する」「性交渉を求める」などが続く。訪問介護員の受け止め方はさまざまで、比較的自然に受け止める人もいれば、対応に戸惑い、嫌悪感や怒り、逃げ出したい感情を抱いたという人もいる。

対応としては、「冗談で応じる」「さりげなく流す」「違う話に変える」「はぐらかす」といった対応が多いが、1、2割は「止めてくだ さいなどとはっきり伝えた」「とっさに逃げた」としている。その後、担当を辞めた人も1割ほどおり、訪問介護員にとって深刻な問題であることがわかる。

訪問介護員が所属する事業所のサポート体制はさまざまで、相談してよかったという人が多いが、適切な対応をしてもらえず、かえって傷ついたという人もいた。

訪問介護員によって受け止め方や対応が異なるのは、性的行動の内容だけではなく、利用者との関係性、訪問介護員自身の性についての理解や感性の違い、さらに事業所のサポート体制の有無が影響していることがうかがえる。

●性的行動についての理解

利用者の介護者に対する性的行動をセクハラ（セクシュアルハラスメント）と呼ぶことが少なくない。しかし本来、利用者が性的な表出をコントロールできないのはなぜなのか、対人援助者はその行動の意味を理解して対応を考えることが求められる。セクハラと呼ぶことで、問題の所在を高齢者個人に帰して行動の背景を理解しようとする視点が抜けるのではないかと危惧される。

まず、誘発要因の有無や認知症等の病気による影響を考える必要がある。認知症の場合、ホームヘルパーを妻と勘違いする場合があるし、着脱衣、排泄介助、入浴介助などを性的誘いと誤認することもある。その場合、誤認を防ぐ工夫や、誤認であることを伝える冷静な対応が必要になる。

さらに、背景要因としての心理面への理解が欠かせない。介護者への性的行動は、介護者に陽性の感情を抱き、介護者との関わりを求め、人の温もりを求める行為でもある。「不確かになった自分を確認したい」「自分を認めて受け入れて欲しい」「人間的な温もりのある関係をもちたい」「楽しいコミュニケーションをもちたい」というメッセージと受け止めることもできる（図参照）。さまざまな事例をみると、性的行動の背景には、不安や孤独感、疎外感があることが多い。しかし、中には背景に女性蔑視が透けて見える性的行動や強い性欲由来の行動もあり、見極めが必要である。

● 望まれる対応

性的行動に対して余裕をもった対応ができるためには、事前の心の準備が必要である。まず、要介護状態になっても性的な関心はあり、介護員への性的行動として表出されることもあると知っておくこと、そして、その場合、自分はどのように対応するか、自分の性に関する感じ方も勘案し、自分にできる対応を考えておくことである。

性的働きかけがあった場合は、誘発要因の有無を検討し、その後の対応に生かすことも大切である。訪問介護員自身は「服装や化粧に注意する」「女っぽい言葉遣い、態度をしない」など心がけているとのことである。

前述したように、性的行動であってもそのメッセージ、心理面を受け止めると柔軟な対応が可能である。ある訪問介護員はタッチしてきた利用者の手を取り、腕相撲に誘ったら、利用者に大変喜ばれたという。まずは「コミュニケーションの誘い」と受け止めてはどうだろうか。介護員への陽性の感情を媒介にして会話を深めて、良好な人間関係を築くことができれば、性的行動は収束する場合が多い。

もちろん、嫌悪感が強い場合は、「止めてください」と言い、その場を離れて気持ちを落ち着かせるなど無理のない対応をするとよい。介護者自身、守られる必要がある。しかし、できるならば、その後の関係修復を難しくしないためにも嫌悪感を顕わに示して、利用者に強い屈辱感を与えないようにしたい。

また、事業所は訪問介護員が相談しやすい体制をつくり、訪問介護員の感情を尊重して、ともに対応を検討することが望まれる。

（増田いづみ・荒木乳根子）

■訪問介護員の理解　性的働きかけの背景にある心理　　（複数回答）

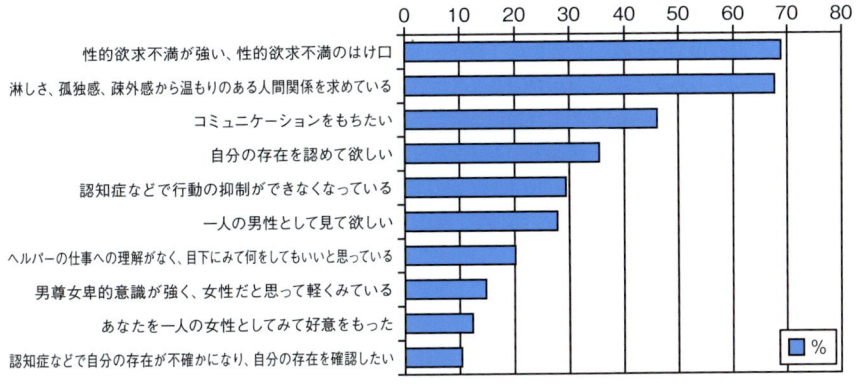

項目	%
性的欲求不満が強い、性的欲求不満のはけ口	約68
淋しさ、孤独感、疎外感から温もりのある人間関係を求めている	約65
コミュニケーションをもちたい	約45
自分の存在を認めて欲しい	約35
認知症などで行動の抑制ができなくなっている	約30
一人の男性として見て欲しい	約25
ヘルパーの仕事への理解がなく、目下にみて何をしてもいいと思っている	約20
男尊女卑的意識が強く、女性だと思って軽くみている	約15
あなたを一人の女性としてみて好意をもった	約12
認知症などで自分の存在が不確かになり、自分の存在を確認したい	約10

出典：荒木乳根子・大川一郎・井上勝也「訪問介護利用者（高齢者）の性行動に対する介護職員の意識と対応に関する研究」「財団法人フランスベッド・メディカルホームケア研究助成財団第18回研究助成・事業助成報告書」878頁，2008．をもとに作成．

13　性・セクシュアリティ

13-8 施設入居者の性とケア
― 性的行動の背景にあるこころ ―

Keywords ▶▶▶ 施設入居者／性的行動／行為の背景／性とケア

● 施設入居者の性とケア

　施設の環境は、心理的な孤独を誘いやすい。入居者は、家庭とまったく異なる居住空間で、心の葛藤と戦い、人の温もりを求めて集団生活に適応すべく努力する。人恋しい感情に駆られ、各種の問題行動が特に性的な形となって表出されるのは自然なことであろう。「性は人格の一部であり、性を含めて人間」[1] という言葉の重みを感じる。性的欲求に関する施設職員対象の調査[2)3)]では、性的欲求は男女とも保持されるが、特に男性に強い。また、いたわり・愛情・異性との交遊など心の触れ合いは、男女ともに望んでいる。性とQOL（Quality of Life）との関係は、70％の職員が「向上する」と考えており、「性は生きるエネルギー」と実感していることを示唆している。一方、アンドロゲンの経年的低下が、筋力などの身体機能や精神機能に影響することで、ADLや行動活性の低下に作用する可能性があるとの指摘もある[4)]。

　しかし、最も重要なのは、入居者の人間性に対する理解と共感である。施設職員は、入居前に本人、家族の居住様式、生活観に対する知識を得、家族との緊密な接触を保つことによって、施設内で起こり得るトラブル、特に「高齢者の性」について、十分な理解と協力を求めることが必要である。夫が、入居している女性と手をつないで歩く姿を見て、その妻や子どもが施設の対応に疑問を抱いて退所させてしまい、男性のADLが著しく低下したケースもある。荒木（2009）は、「性的言動は、"男として、女としての自分にしっかり向き合って欲しい"、"人間的な温もりのある関係が欲しい" というメッセージと受け止め、高齢者一人ひとりの性に対する感性、美意識、価値観を大切にしたい」と述べている[2)]。一般に、性について、男性は直接的、女性は情緒的行為として表出されることが多いが、個々の入居者の生活史から予想し得る行動への対応を予め考えておくことも必要である。

● 入居者の性的表出と対応

介護職員に向けられる行為

　多くは女性スタッフが対象となり、突発的行動もあるが、主に介護を受ける代償に、体に触ることを要求する、露骨に猥褻な言動をすることなどがある。排泄介助などでは、こうした行動が誘発されやすく、入居者が家族と誤認していることもある。温かみのなかにも冷静さを失わず、言葉遣い・態度・服装に気配りが必要であろう。特に男性は社会的に輝いていた自己（肩書きなど）を常に意識下にもっていることが多い。強い拒否の態度は人格の否定につながる恐れもあるので、明るく、時にユーモラスに接したい。いかなる場合にも、入居者の尊厳を守ることは最も基本的なことではあるが、介護者自身も傷ついてはならない。陰部へのタッチを求められた女性職員が、軽い笑みとともに、"当施設では、そのようなサービスはしておりません！" と言ったところ、"わかった" と素直になったという事例もある。女性入居者についての対応も同様ではあるが、"女ごころ" を大切にしたい。"月

経中だから"と入浴を拒否したり、職員を"恋人"と思うなど、「過去」が再現される「今」を、そっと包む思いやりが欲しい。ジェントルマンやレディに接する如くやさしい言葉やタッチングで応じたい。ケースによって単独ではなく、チームワークでの対応も必要である。

他の入居者に向けられる一方的行為

身体が不自由で無抵抗、高度の認知症などの女性が行為の対象になることが多い。対象にされた女性を守ることが第一であるが、行為の背景を重視したい。寝たきり女性の部屋で男性入居者が女性の陰部に顔を埋めるケースがあった。"自分の代に家業を傾け、子どもに十分な教育を受けさせられず、悔やまれる"という心の負担からの逃避的行動と推察し、会話の機会を増やした結果、性的行動は消失した。女性の場合は、いつも寄り添う、世話をやく、肌を触らせる、相手のベッドに入り込むなどの行為がみられることが多い。夫と誤認しているとも考えられる。無意識のうちにも"自分を認めて欲しい""愛して欲しい"など自己の確認を求めていると受け止め、肯定的な暖かい声かけ、手を握る、やさしく肌を擦るなどのスキンシップが望ましい。また、本人の気持ちを傷つけないように"相手が嫌がることはしない"ことを約束させる。施設内行事への参加や、家族の面会を増やすことなども重要な対応である。

入居者同士の恋情

家族と離れた生活には慣れたとしても、人恋しくなるのは当然のことで、入居者同士が好意をもち、抱き合う、居室に入り込むといったことが起こる。その時は、無理に引き離すのではなく、それによって起きる問題にどう対応するかである。基本的には、個人のプライバシーや人権は尊重されるべきであるが、他の入居者への配慮、家族への対応は細心になされねばならない。特に、配偶者が存在する場合は、理解力の程度にもよるが、本人に"自分には配偶者がいる"ことを認識してもらうよう努め、また家族には本人に否定的感情を持たぬよう理解を求める。互いに配偶者がいない場合は、他入居者から疎外されないよう、また、他入居者の心情にも配慮しつつ、温かく見守る姿勢が望まれる。しかし、カップル間でトラブルが起こるような場合は、原因を確かめたうえ双方が傷つかない的確な介入も必要である。

（石田雅巳）

■利用者の性的欲求

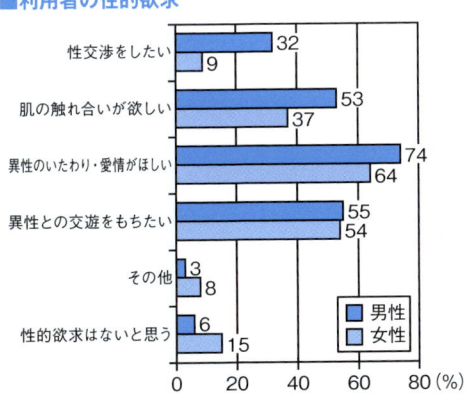

	男性	女性
性交渉をしたい	32	9
肌の触れ合いが欲しい	53	37
異性のいたわり・愛情がほしい	74	64
異性との交遊をもちたい	55	54
その他	3	8
性的欲求はないと思う	6	15

■性的欲求の実現とQOL

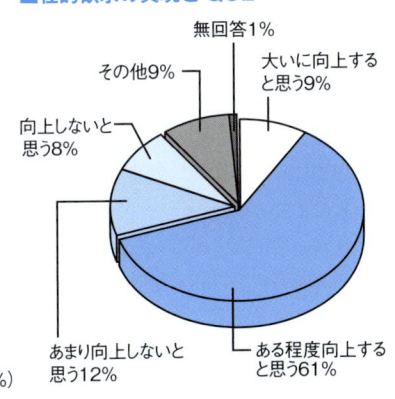

- 大いに向上すると思う 9%
- ある程度向上すると思う 61%
- あまり向上しないと思う 12%
- 向上しないと思う 8%
- その他 9%
- 無回答 1%

出典：荒木乳根子『Q&Aで学ぶ高齢者の性とその対応』中央法規出版、10-11頁、2008.

13 性・セクシュアリティ

13-9 女性性・男性性の尊重
― 女性性・男性性を支えるケア ―

Keywords ▶▶▶ 同性介護／おしゃれ／その人らしさ／介護者側の配慮

● **女性性・男性性とは**

『現代性科学・性教育事典』(1955)には「人間は本来、生物学的・遺伝学的には絶対的な男性や女性は存在せず、男性的要素と女性的要素の比によって、男性・女性に区別されているにすぎず…。」、あるいは、「人間は元来両性的な存在であるが、男性は男として男らしさを意識し、女性は女性としての意識を発達させる。」とある。

日本におけるこれまでの高齢者世代は、「男性は外で働き、女性は家庭を守る」という性別役割規範が強い時代を生きてきており、担ってきた役割が「男性性」「女性性」を強化してきたともいえるだろう。しかし、老年期に入りリタイヤすると、男性も家事や孫の相手など柔軟に性役割を修正することが必要になる。女性も夫に先立たれた後は自分で大きな決断を下すなど自立した行動が求められる。そのため、老年期は、男性は女性化、女性は男性化するともいわれ、男性性、女性性をともに多く備えた両性性が良い適応をもたらすことが多いという。

ただし、たとえ高齢であっても、女性として、男性としての意識、感情、こだわり、生き方などを大切にしたい。

● **女性性・男性性の尊重**

一般高齢者の場合も、髪形や化粧、服装といったおしゃれの仕方に対して、あるいは、恋愛や結婚に対して、「いい年して…」といった批判がなされがちである。人目や世間体を気にすれば、思いを表出できないことも出てくる。しかし、周りを気にせず自分の生き方を通そうと思えば、できなくはない。

一般高齢者と異なり、介護を要する高齢者の場合は、女性性・男性性の尊重が介護者の手に委ねられる。それだけに、介護者側の配慮がなければ、女性性・男性性が踏みにじられることになりかねない。

介護において女性性・男性性への配慮が特に厳しく求められるのは、排泄介助や入浴介助である。その他にも化粧、髪形、服装などについての本人の好みやこだわりへの配慮、人間関係における感情面への配慮など、さまざまな側面で配慮が求められるだろう。

● **女性性・男性性を支えるケア**

排泄や入浴の介助

障害者施設では同性介護が一般的だが、高齢者福祉施設ではほとんどのところで異性介助が行われている。少ない職員でのローテーションでそこまで配慮できないというのが現状だろう。しかし、「排泄・入浴介助を異性職員が行う」ことについて一般在宅高齢者に聞いた調査では、37%が「虐待／やや虐待だと思う」と回答していた。男女比ではやはり女性のほうが抵抗感は強い。

排泄介助はおそらく高齢者が最も受けたくない介助であり、羞恥心を伴う介助である。特に女性の場合、異性介護を嫌だけれど我慢している人もいることを忘れてはならない。介助拒否があった場合などは、同性と担当を代わるといった柔軟な対応が求められる。また時として、排泄介助の際に、多床室なのに

カーテンを閉めないで行う、他の職員と会話しながら介助する、下半身を裸にしたまま用事で場を外すといったことも見受けられる。また、入浴介助で早々に準備して裸やバスタオルのまま待たせるといったことも見受けられる。これらは利用者の羞恥心を無視した行為といえよう。日々の介護の繰り返しのなかで介護者側は慣れてしまいがちであるが、常に被介護者の立場に立ち、そのセクシュアリティへの配慮を忘れてはならない。

化粧、衣服などへの気遣い

介護施設では、「起きまき寝まき」との俗語が示すように、寝る時も起きている時もどちらにも共用するための独特のスタイルがある。男女ともに介護しやすいとの理由で髪は短く、着衣はもっぱら機能面優先との考え方である。しかし、内閣府発表の「平成21年度高齢者の日常生活に関する意識調査」の結果をみると、高齢者のおしゃれへの関心度は高まっており、「おしゃれをしたい」と回答した人の割合が6割を超えたという（図参照）。高齢者のおしゃれ心や「自分らしくありたい」という気持ちをも大切にしたケアが求められる。

特に、女性にとって「美しくあること」は大きな関心事であり、化粧をしたことで自信や活力を取り戻し、仲間と楽しくコミュニケーションが取れるようになったり、積極的に外出するようになったという事例もある。

男性も「自分の身だしなみ」に関するこだわりはもっている。あるパーキンソン症候群の高齢者は、外出時には必ず筋目の通ったズボンにブレザーをはおり、革靴を履いて外出した。介護者が歩行障害を気遣って「スニーカーを履いてください」とお願いしても応じてはくれない。この高齢者にとって「この身だしなみ」こそが、過去の社会的役割や立場から培ってきたものであり、自分らしさ、自分のプライドを表現できる唯一残されたものだったのではないだろうか。

その人らしさを支える

前述の男性の例をみても、女性性・男性性は過去の生き方と密接に結びついた、その人のアイデンティティそのものだといえよう。そう考えると、長い人生を生きてきた「その人らしさ」「その人らしい生き方」が保持できるよう支える援助が、女性性・男性性を支えるケアになるのではないかと思われる。

（米山淑子）

■おしゃれへの関心度

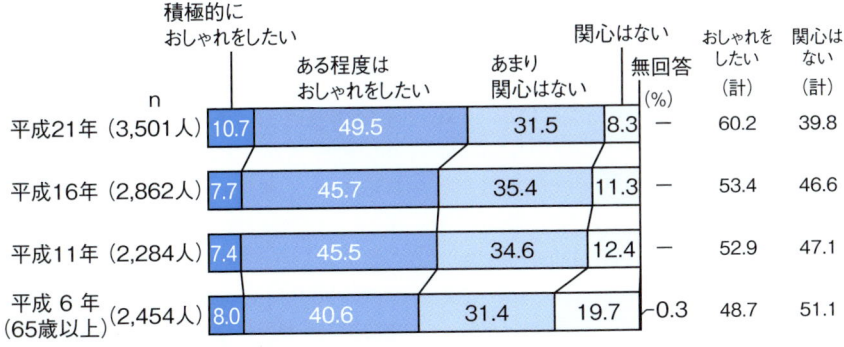

	n	積極的におしゃれをしたい	ある程度はおしゃれをしたい	あまり関心はない	関心はない	無回答(%)	おしゃれをしたい(計)	関心はない(計)
平成21年	(3,501人)	10.7	49.5	31.5	8.3	—	60.2	39.8
平成16年	(2,862人)	7.7	45.7	35.4	11.3	—	53.4	46.6
平成11年	(2,284人)	7.4	45.5	34.6	12.4	—	52.9	47.1
平成6年(65歳以上)	(2,454人)	8.0	40.6	31.4	19.7	0.3	48.7	51.1

（注）平成6年は65歳以上の者が対象。

出典：平成21年度「高齢者の日常生活に関する意識調査」内閣府.

13-10 性と死
― 看取りのなかの性 ―

Keywords ▶▶▶ 性と死／看取り／最後のセックス／死の超克

●死に際しての性に込められる心情とは

私たちに「死に際しての性」の意味について思索を促すものとして、歌人、吉野秀雄の歌が思い浮かぶ[1]。

「真命の極みに堪えてししむらを　敢えてゆだねしわぎも子あわれ」

「これやこの一期のいのち炎立ち　せよと迫りし吾妹よ吾妹」

吉野は妻の死後、百日忌が過ぎた年の暮れに、妻が死ぬ前日の夜のできごとを歌にした。そして、妻の行為を「人間愛の最後の大燃焼」と受け止めている。

妻は42歳の若さで亡くなっており、妻の夫への強い愛情、最後まで生きんとした生命の叫びが聞こえてくるような気がする。果たして、死に際して求める性にはどのような深い心情が秘められているのだろうか。

長年ホスピス・ケアに携わってきた医師柏木哲夫は、著書のなかで「自分の死がそれほど遠くないことを感じ始めたとき、患者さんは"最後の望み"を実現させたいと願うことがある。その望みの実現のなかに、自分はまだ生きているのだという証を見たいという気持ちがあるように思える」と述べている。そして、末期に最大限のエネルギーを収斂させて京都のお茶会に出席した患者の例を取り上げ、「それはまさに人生の総決算的行事であった。それなしには彼女が死ねなかったし、それが実現すれば死ねるような意味づけがあった」と述べている[2]。

この女性の最後の望みはお茶会に出ることであったが、愛するパートナーがいれば、これまでの人生でそうして歩んできたように、最後にその人と心身ともに結ばれたいと願い、それが生の証、あるいは人生の総決算的行事となることもあり得るのではないだろうか。

老年心理学者の井上勝也は、ワーグナーの楽劇「さまよえるオランダ人」について、「愛する者の存在が死の恐怖に負けず、死を受け入れさせ、死を超克させることをみごとに示した芸術作品」であると紹介する。そして、高齢者のセクシュアリティは、孤独の回避とその孤独の極みである死の超克に関連する、「セクシュアリティの真の赴くところは、実はこの『死の超克』にこそあるといってよいであろう」と述べている[3]。

●死に際しての性～高齢者の事例から

実際の事例から、その意味を考えてみよう。

癌末期の70代後半の男性。＜病院の医師から最後の外泊を許され、男性の妻は子や孫を呼び寄せ、みんなで過ごす準備をした。ところが病院に迎えに行くと、夫は何が何でも妻と二人でホテルに行くと言う。妻はやむなくホテルに同行し、もしものことがあったらどうしようと胃がきりきりする思いで夫の求めに応じた。2週間後、男性は亡くなった。＞

まさに「生の証」「人生の総決算」あるいは「死の超克」という意味を感じさせる事例である。

次は80代前半の認知症女性。＜老人福祉施設に入所後、帰宅願望が強く無断外出が続いていたが、入所してきた男性に「一緒になろう」と言われて以来、帰宅願望がなくな

り、男性のベッドに頻繁に通うようになった。いくら禁止してもきかず、同衾している姿がたびたび見出された。交際が始まって二人は明るく穏やかになるが、2か月余経ち、女性は亡くなった。＞この女性は肌の触れ合いのなかで、認知症からくる不安や死の不安を癒し、安心感を見出したのではないだろうか[4]。

次も老人福祉施設に入所していた男性。＜施設でボランティアをしていた20代の女性は、その男性から「乳房を触らせてほしい」と乞われた。障害をもち車いすだった女性は「馬鹿にされているのではないか」と不快な感じもあったものの何となく背中を押されるような気持ちで触らせてあげた。翌朝、施設に行くとその男性は亡くなっていた。＞女性は「最後にお母さんを求めたのだろうか。」と述懐している[5]。

● 看取りの中の性〜最後のセックス

老人福祉センターの保健師として高齢者の健康相談に関わってきた大工原秀子は高齢者の性についての先駆的な研究者であるが、「性と死を語る会」を主催した。そのなかで「看取りの中の性」を重視し、「最後のセックス」の大切さを説いている。大工原は夫の看取りをする妻からの相談に、「病人は1人にされると不安なので一つの布団で休んでください」と言う。また、「性器は若い頃からのいろいろな思い出がありましょうから、夫婦でしか触れられない性器への温もりは最後のセックスですよ」と勧めたと言う。「二人だけの性的な関わり合いこそ、死と闘う人に安らぎを与える」という思いからである。そして、助言を受け入れた妻から夫が喜んでくれたと感謝されている[6]。

重篤な病で死期が近い配偶者から性的に求められた場合、応えてよいかどうか迷うのが通常であろう。末期がんの妻を看取った男性は、自分の性器を触ろうとしてきた妻の手を、身体を案じて払いのけたが、「触り合うということ、…その温もりに支えられながら死に臨んでいける」とは考えが及ばなかったと後悔している。その行為の意味を知ることで死の淵に立った人の最後の望みを躊躇いなく受け止めることができるだろう。大工原は「最後のお別れは夫婦だけにしてあげよう。十分にお別れした後に、医療者は措置をすればいい」とも述べているが、この提唱は示唆に富んでいる。

（荒木乳根子）

■ 大工原秀子『性ぬきに老後は語れない』

出典：大工原秀子『性ぬきに老後は語れない』ミネルヴァ書房, 1991.

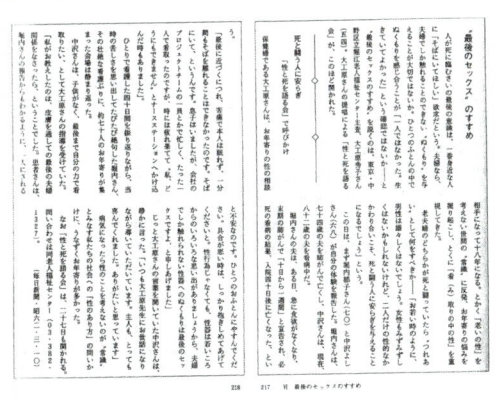

13　性・セクシュアリティ

511

14 終末期と死のケア

総論
1 高齢者にとっての死
2 どのように死を迎えるか
3 死にゆく人の心のケア 1
4 死にゆく人の心のケア 2
5 死への準備
6 配偶者の死
7 病いと向き合う
8 医療が向き合う死
9 在宅での死
10 施設におけるターミナルケア
11 孤立死
12 自死(自殺)
13 安楽死・尊厳死
14 エンゼルケア・死後のケア

14 終末期と死のケア

小池 眞規子

●終末期のケア

　高齢社会を迎え、老いと死について考える機会が増えている。近年、死について語ることは、以前ほどタブーではなくなってきているように思われる。安楽死や尊厳死、臓器移植、脳死など、死に関する問題は、社会的な関心となっている。哲学的な学問研究の対象としてのみならず、一般の人々が死について考えるようになってきたことは、死を「縁起でもないこと」として忌み嫌うのではなく、誰にもやがては必ず訪れることとして死を受け止め、自分自身の生き方についてより深く考えようとする、自律への探索といえるのではないだろうか。

　終末期医療のあり方については、1950年代に欧米ではターミナルケアということばが使われ、人が死に向かってゆく過程を理解して、医療のみでなく人間的な対応をすることが主張された。1960年代には、イギリスで始まったホスピスでの実践をふまえたホスピスケアの考え方が提唱され、死に行く人への全人的アプローチの必要性が主張された。1970年代からカナダで提唱された緩和ケアは、ホスピスケアの考え方を受け継ぎ、国や社会の違いを超えて人の死に向かう過程に焦点を当て、積極的なケアを提供することを主張し、WHOがその概念を次のように定式化している。「緩和ケアとは、生命を脅かす疾患による問題に直面している患者とその家族に対して、痛みやその他の身体的問題、心理社会的問題、スピリチュアルな問題を早期に発見し、的確なアセスメントと対処（治療・処置）を行うことによって、苦しみを予防し、和らげることで、クオリティ・オブ・ライフ（QOL：Quality of Life）を改善するアプローチである」。WHOは1989年の定義においては「治癒を目指した治療が有効でなくなった患者」を対象としていたが、2002年に示された定義では、「生命を脅かす疾患による問題に直面している患者」に対する早期の対応と、その考え方をあらためた。

　1990年代からアメリカやカナダで高齢者医療と緩和ケアを統合する考え方として提唱されてきたのが、エンドオブライフ・ケアである。北米では緩和ケアはがんやエイズを対象としたものという理解があり、エンドオブライフ・ケアはがんのみならず認知症や脳血管障害など広く高齢者の疾患を対象としたケアを指している。

●どのような病気で亡くなるか

　わが国における死亡率の年次推移を死因別に見ると、明治から昭和初期までは結核、肺

炎などの感染症による死亡が最も多い。第二次世界大戦後、公衆衛生の改善や医学の進歩により、感染症による死亡は急速に減少し、替わってがん（悪性新生物）、心疾患、脳血管疾患などの生活習慣病による死亡が約6割を占めるようになった。

がんは、1981（昭和56）年から死因の第1位を占め、2009（平成21）年には総死亡の3割にあたる34万4,105人ががんで亡くなっている。また、新たにがんに罹患する人は年間60万人を超え、2005（平成17）年には67万6,075人ががんの診断を受けている（がんの統計編集委員会, 2010）。

対象疾患をがんとHIVとしている緩和ケア病棟の届出受理施設は全国に215施設4,265床（2011年6月現在）である（日本ホスピス緩和ケア協会, 2010）。

● どこで最期を迎えるか

医療場面においてはインフォームド・コンセントの考え方が進み、例えばがんなどの病で残された時間が少ないと知らされた人が、その時間をどのように生きたいか、どのような最期を迎えたいか、意思を表明する機会が増えてきている。社会の変化とともに、人の死の迎え方もまた変化をみせている。

厚生労働省による人口動態調査によると、1970（昭和45）年には自宅で亡くなる人は総死亡の57％、病院・診療所で亡くなる人は37％と自宅で亡くなる人が半数を超えていた。1975（昭和50）年になると、自宅で亡くなる人48％に対して病院・診療所は47％と、その数が接近し、1980（昭和55）年には、自宅38％、病院・診療所57％と割合が逆転している。以後、病院・診療所で亡くなる傾向は年々増加し、2008（平成20）年には病院・診療所で亡くなる人が81％、自宅は13％となっている。特にがんの場合には90％を超える人が病院・診療所で亡くなっている。

一方、内閣府が2008（平成20）年に55歳以上を対象に行った高齢者の健康に関する意識調査で、「万一、あなたが治る見込みがない病気になった場合、最期はどこで迎えたいですか」の問いには、自宅で最期を迎えることを希望する人は54.6％（男性63.8％、女性46.3％）、「女性」よりも「男性」で「自宅」を希望する割合が高く、女性の3割は、病院などの医療施設での最期を希望している（図1参照）。

また、日本ホスピス・緩和ケア研究振興財団が2011（平成23）年に全国の20歳から89歳までの男女1,000人を対象に行った調査において、「もしあなたががんで余命が1～2か月に限られているようになったとしたら、自宅で最期を過ごしたいと思いますか」と尋ねたところ、70歳以上では82％が自宅で過ごしたいと考えていた。しかし、「自宅で過ごしたいし、実現可能だと思う」と考えている人は全体で18.3％、「自宅で過ごしたいが、実現は難しいと思う」と回答した人が63.1％と、多くの人は、実際には自宅では過ごすことが困難であると考えていることが明らかとなった。性別では、自宅で過ごしたいと思っている人（「自宅で過ごしたいが、実現は難しいと思う」＋「自宅で過ごしたいし、実現可能だと思う」）は男性で82.5％、女性で80.1％とどちらも8割を超えていたが、女性では「自宅で過ごしたいが、実現は難しいと思う」人が71.9％で、「自宅で過ごしたいし、実現可能だと思う」人は8.2％。男性では「自宅で過ごしたいし、実現可能だと思う」人が28.3％と、男女で20ポイント近い開きがあった（日本ホスピス・緩和ケア研究振興財団, 2011）。

以上のことから、「自宅で最期を迎えたい」と思っている人の割合は高いものの、現実の自己を取り巻く状況から、少しでも安心して、

気兼ねなく世話をしてもらえる現実的な場所を高齢者は求めているようである。

● どのように最期を迎えたいか

2011（平成23）年の日本ホスピス・緩和ケア研究振興財団による調査で、「もし自分で死に方を決められるとしたら、あなたはどちらが理想だと思いますか」と二者択一で尋ねたところ、「ある日、心臓病などで突然死ぬ」と回答した人が70.9％、「（寝込んでもいいので）病気などで徐々に弱って死ぬ」と回答した人は26.3％であった。性別では差異がなかったが、年齢層別では、年齢層が高い人で、「ある日、心臓病などで突然死ぬ」と回答した人が多い傾向にあり、多くの人が「ぽっくり願望」をもっているとの結果であった（日本ホスピス・緩和ケア研究振興財団，2012）。

理想の死に方に、「ある日、心臓病などで突然死ぬ」を選択した人は、その理由として挙げた項目で回答率が最も高かったものは「家族に迷惑をかけたくないから」（80.9％）であり、次いで「苦しみたくないから」が69.8％、「寝たきりなら生きていても仕方ないから」が49.3％であった。

一方、「（寝込んでもいいので）病気などで徐々に弱って死ぬ」ことが理想だと考える人は、「死の心づもりをしたいから」と回答した人が76.6％と顕著に高かった（図2参照）。同調査では、「ぽっくり死にたいか、あるいは徐々に弱って死に向かうか、どちらが理想かという意識の背景には、死を迎える際の考え方に大きな違いがある様子がうかがえる」とコメントしている。

どのように最期を迎えたいかについては、近年アドバンス・ケア・プランニング（ACP：Advance Care Planning）という概念が示されている。ACPとは、将来の状態変化に備えて、医療者などが患者・家族とケア全体の目標や具体的な治療・療養の方法を話し合うプロセスである。意思が確認できなくなった場合でも患者の意思を尊重できるように、今後起こることが予想される重要なことを含めて、患者の意向を、家族など患者の代理として決定していく人とともに、聞いていこうとするものである。プロセスを家族と医療者が共有することにより、患者だったらどう考えるかを想像できるようになり、代理意思決定が容易になると言われている。ACPには、延命治療や蘇生処置の有無など事前の意思表示を文書化したリビング・ウィル（Living Will）や、自分が意思決定できなくなったときの医療行為と代理意思決定者の選定をあらかじめ本人が示すアドバンス・ディレクティブ（Advance Directive）が含まれる。

厚生労働省の終末期医療に関する調査等検討会報告書（2008）によると、20歳以上の成人5,000人への調査で、治る見込みがないときに見通し（治療期間・余命）を知りたいと回答した人は77％、救命不能の末期状態（≦余命6か月）になった場合、延命処置はやめてほしいが71％、リビング・ウィル等により「患者の意思を尊重すること」に賛成は83.7％であった。

現実の死がどのように訪れるかはわからないが、「このように最期を迎えたい」という意思を伝えておくことが求められてきている。

● 看取る家族を支える

患者の家族は「第二の患者」（佐伯，2004）と言われるように、患者の病状や心理状態によって家族の心も大きく揺れ動く。愛する人との永遠の別れなど、喪失を予期して嘆き悲しむことを「予期的悲嘆」と言い、死別に対する心の準備を整え、死が現実になったとき、その衝撃や悲嘆を少しでも軽くするのに役立つといわれる。家族の予期的悲嘆を理解することは、現在の悲嘆、苦悩の緩和のみならず、死別後の悲嘆のプロセスを順調に経過

させるためにも非常に重要である。予期的悲嘆への援助は、看取る家族の不安や絶望感を和らげつつ、患者への援助力を引き出すとともに、残される人々が適切に喪の作業（グリーフワーク）を行い、死別後、その人らしい死であった、そして家族として最善が尽くせたと感じられるように、その後の生活をも視点において行われることが求められる。

ひとりの人間の死とそこに至るプロセスは、周囲の人にもさまざまな波紋を広げる。家族にとって、加齢による自然な死であっても、また、病気の状態や病状の変化を十分に理解していても、大切な肉親を失う体験は厳しい試練である。愛する人の死を体験したとき、残された人々は一連の情緒的反応を経験する。この反応は「悲嘆のプロセス」と呼ばれ、多くの人は立ち直りまでにおよそ1年を要すると言われている。

死別によって引き起こされる感情は悲しみが大半を占めるが、そればかりではなく、十分に看護できなかったという後悔や死者に対する罪意識など、さまざまな感情が交錯することが多い。死の直後の数週間から数か月にわたる大きな危機の時期を越えると、大部分の人はその後、悲しみを自分なりの解決の方向へと導いていく。

死別の悲しみは病気ではない。喪失に対する健全な反応である。しかし、身体的・精神的に病気になる人もいる。悲しみが正常な経過を辿らずに病的兆候となっていることを示す危険信号を見過ごし、早期に手当てがなされない場合に、重い抑うつや種々の精神症状、心気症症状などの「病的悲嘆」に陥ることがある。病的な悲嘆は遺族の約10％程度に生じると言われ、病的悲嘆の遺族では50％以上で自殺念慮が認められるとの報告がある（大西ほか，2011）。

死別後の家族に対する援助（ビリーブメント・ケア）を提供する機関は、わが国ではまだ多くはない。悲しみは時が癒してくれるものであるとの考え方が一般的である。しかし、死別体験者の語り合いの会や電話による死別後の相談、医療機関における遺族外来などの活動も行われ始めてきている。終末期におけるケアは患者のみならず、家族をも含めた認識に基づいている。死別後の家族の悲嘆のプロセスを理解し、援助をいかに行っていくかは、特に高齢社会において大きな課題である。

■図1：「万一、あなたが治る見込みがない病気になった場合、最期はどこで迎えたいですか」
＜男女別＞

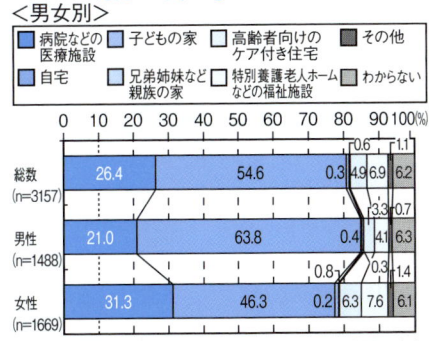

出典：内閣府「平成20年高齢者の健康に関する意識調査」2008.

■図2：理想だと思う理由（複数回答）

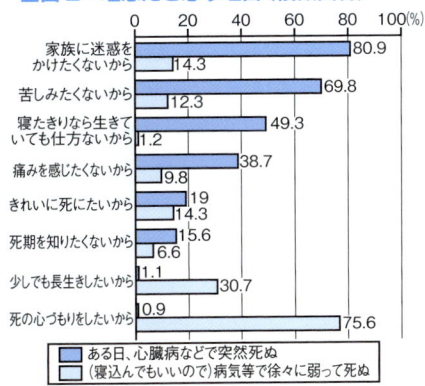

出典：日本ホスピス・緩和ケア研究振興財団「ホスピス・緩和ケアに関する意識調査」2012.

14-1 高齢者にとっての死
― 死生観と終末期医療 ―

Keywords ▶▶▶ 超高齢社会と少産多死／死のイメージ／孤立死／死生観／終末期医療

●**超高齢社会と少産多死**

高齢化率21.0％を超える超高齢社会である日本の特徴は、少産多死型であり、現在、死を迎える場も多様化している。

高齢者の死に場所は、約8割が「自宅で死にたい」と望むものの、約8割が医療施設、約1割が自宅である。最近では、「死の病院化」と言われた医療施設に加えて療養型病床群、介護老人福祉施設、介護老人保健施設での死が増加してきている。自宅死を望む高齢者は、「慣れ親しんだ環境(自宅)」「慣れ親しんだ家族」に看取られ死にたいという願いがあると考えられる。しかし、家族形態の変化とともに介護意識や介護力の変化、また地域から孤立した高齢者の孤立死も社会問題となっている。

●**高齢者の死のイメージ**

人間は、生物として存在しており、いくら現代医学の進歩により寿命は延びたとしても必ず死ぬ存在である。しかし、人は自分の死がいつどのように訪れるのかわからず、死の先に何があるかもわかっていない。このために人は、死に対して不安や恐怖をもち、生に執着する。しかし最近では、延命治療を目的とする生命維持装置の選択・決断や生命延長に伴う心身の苦痛などから倫理的問題も増え、また「自分らしい死に方」「納得のいく終わり」「まわりに迷惑をかけない死に方」を希望する人々も増加し、living will（生前に効力を発する遺言）やadvance directive（事前指定書）への関心も高まっている。このような状況から「死ぬ権利」「死の自己決定」について考えざるを得なくなり、「残された日々の生と死についての自分らしいあり方」を見出そうとする高齢者も増えてきている。

高齢者の死のイメージについては、長寿県と言われる長野県の健康高齢者1,956人を対象とした調査結果（奥野，1997）を見ると、前期高齢者は他者との別れから死への不安をもっているのに対して、後期高齢者の高年齢になるにしたがい冥土など死後の世界をイメージし、「安らぎ」「感謝」など死を穏やかに受け止めている傾向にあった。高齢者は、高年齢になるほど身近な者の死に直面する体験を積み重ね、これまでの人生を振り返る機会をもつ。高齢者は、歳を重ねるごとに人生の意味を考えながら、生物学的な生命体としての限界から命の燃え尽きることを悟り、よりよく燃え尽くして成熟した死を迎えようと望んでいると考えられる。

●**死生観**

宗教学者の岸本（1948）は、死生観を表のように4つに分類している。この4つの死生観は、①、②の死後の永遠性を信じるもの、③、④の自己の生命の継続や、現実生活に永遠の生命を感じ取り信じるものに分けられる。高齢者のなかには、「永遠の生命」「死後の霊魂」を信じながら、日々の生活に「死を超えた永遠性」を体験するなど、死生観を組み合わせて受け止めている者も少なくないと思われる。高齢者からは、「今、生きていることを最大の事実と受け止め、生きることに全力を尽くす」「よく生きることはよく死ぬことにつ

ながる」などよく聞かれる言葉である。

●高齢者の終末期医療

　厚生労働省は、回復の見込みのない患者の延命など治療の中止や不開始に関し、終末期医療およびケアのあり方についての「終末期医療の決定プロセスに関するガイドライン」を公表した（2007年6月7日）。このガイドラインでは、終末期医療およびケアの方針の決定手続にあたり「患者本人による決定を基本としたうえで、終末期医療を進めることが最も重要な原則である」と述べられている。

　日本は、今後も超高齢社会の進行に伴い、認知症高齢者の増加が予測されている。したがって認知症を含めた高齢者の終末期医療では、医療行為の開始・不開始、医療内容の変更、医療行為の中止などにあたり、高齢者本人の死生観や希望、意向を十分に受け止めることを根底におき、さらに家族と保健医療福祉ケアチームともに納得のできる総合的な医療・ケアを行うことが必要である。

●安らかに逝く

　PPK（ピンピンコロリの頭文字の略）という言葉が知られている。この言葉は、死ぬ前までピンピンして暮らし、コロリと逝きたいという願いを表している。これは、ぽっくり寺、ポックリ地蔵、ポックリ観音など、苦しまずにある日突然に死ぬことを願い、古来から引き継がれてきた信仰とも通じる用語である。この信仰の背景には、死を目の前に体験する苦痛から解放されたいという願いがあるといわれている。現在では、死を目の前に体験する苦痛として、イギリス近代ホスピスの創始者であるシシリー・ソンダース（Cicely Saunders, M.S.）が提唱した概念である、「身体的苦痛」「心理的苦痛」「社会的苦痛」「スピリチュアルペイン」の要素とこれら4つの要素が深く関わり合っているトータルペインの用語がよく知られている。

　安らかに逝くということは、トータルペインが除かれ、PPKで人生の幕引きができること、ぽっくり逝くことともいえる。しかし苦痛は、主観的なもので、すべての苦痛が取り除かれた死を保障することは難題である。

　保健医療福祉の従事者に可能なことは、家族とスタッフがチームを組み、高齢者の意向を理解し、苦痛を少しでも取り除き、最後まで生きる力を支え、QOL（Quality of Life：生活の質）を確保できるようサポートすることである。
　　　　　　　　　　　　　　　　（奥野茂代）

■死生観

死生観	解説
①肉体的生命の存続を希望するもの	現代医学の姿勢に見られるように肉体的生命の存続に絶対的価値を求めるような考えであり、不老不死を求めるタイプである。
②死後における生命の永存を信ずるもの	死ぬことの恐怖を克服し、死後の未知の世界の神秘性を解明する思想であり、多くの宗教の教えの中心になっている。例には、仏教の極楽浄土や輪廻思想、キリスト教の天国や復活など挙げられる。
③自己の生命を、それに代る限りなき生命に托するもの	自分の生命や人生と何らかのつながりのあるものに、自分の生命や精神が継承されることで心の安らぎを得、死を受容する姿勢である。優れた芸術家や文学者にも多く見られる。
④現実の生活のなかに永遠の生命を感得するもの	現在の生活のなかに永遠の生命を感受する、時間の場面より体験の場面に焦点を合わせた姿勢である。例には、キリスト教の"神の国"は死後に始まるのでなく、現在の生活に始まっている"や、仏教の"生の執着をすてることにより死の恐怖を克服する教え"など挙げられる。

出典：近藤裕『「自分の死」入門』春秋社，16-19頁，1982．をもとに作成．

14-2 どのように死を迎えるか
― 死にゆく人の心理 ―

Keywords ▶▶▶ 高齢者の健康に関する意識／延命治療／Kubler-Ross／死の心理的プロセス

● 延命治療に対する考え方

　内閣府が2008（平成20）年に55歳以上の人を対象に行った高齢者の健康に関する意識調査のなかに、65歳以上について「自分自身の病気が治る見込みがなく、死期が近くなった場合、延命のための治療を受ける」ことについての質問がある。その結果は、「延命のみを目的とした医療は行わず、自然にまかせてほしい」が87.7％を占め、「少しでも延命できるよう、あらゆる医療をしてほしい」は7.4％であった。

　2002（平成14）年調査と比較してみると、「延命のみを目的とした医療は行わず、自然にまかせてほしい」は81.1％から上昇し、「少しでも延命できるよう、あらゆる医療をしてほしい」は9.2％から低下している。また、「わからない」が8.9％から4.6％に低下しており、延命治療についての意思表示が明確になってきている。

　性別では、女性で「延命のみを目的とした医療は行わず、自然にまかせてほしい」が91.0％と、男性の85.4％と比べて高く、「少しでも延命できるよう、あらゆる医療をしてほしい」は5.2％と男性の9.4％に比べて低くなっている。年齢別にみると、80歳以上で「少しでも延命できるよう、あらゆる医療をしてほしい」が10.1％と高く、「延命のみを目的とした医療は行わず、自然にまかせてほしい」は82.7％と低くなっている。また、現在の健康状態が良い層では「延命のみを目的とした医療は行わず、自然にまかせてほしい」が90.9％と高くなっている。80歳を超え、あるいは健康状態に不安があり、現実として死を身近に感じるようになると、延命への意思は強まる傾向にあるのかもしれない。

● 死にゆく人の心理過程（キューブラー・ロス）

　現代医学の発展は、人が死を迎える過程を大きく変えてきた。日本人の約8割が病院で死を迎える。多くの機械に囲まれ、チューブにつながれることも少なくない。このような死のあり方に疑問を感じる人が増え、どのように最期を迎えるかに関心が示されている。治療しても治癒に導けない場合、その人がその人としての生を全うできるよう援助しようと、キュアからケアへという考えが重視されている。人は皆、やがては死を迎える。人が死を迎えるまでにどのような心理的プロセスを辿るのか、その基本的な概念を知っておくことは終末期のケアを考えていくときに必要であろう。ここでは、キューブラー・ロス（Kubler-Ross, 1969）が現代医学に対して行った大きな1つの提言を示す。

　キューブラー・ロスは、1960年代後半より、2年半の間に約200人の重い病気にかかっている患者にインタビューを行い、「死にゆく人から学びとったこと」として、終末期における心理的なメカニズムを、以下のような5つの段階として示した。

〔否認〕病気や余命について告げられた衝撃の後、「私にそのようなことはあり得ない」病気や死を認めようとしない段階。

〔怒り〕否認という行為が維持できなくなる

と、やがて自分が病気になったこと、死が間近であることに対する怒り、健康な人への羨望、恨みなどの感情が現われる段階。
〔取引〕神や運命などに対して何らかの申し出をして契約を結ぶ。自らがその申し出を忠実に守ることにより、死という出来事を避けたい、生き永らえさせてほしいと願う段階。
〔抑うつ〕怒りが静まり、否認や取引に失敗するにつれて、多くの患者は闘い続けるのに疲れ果て、抑うつや絶望感に見舞われる。
〔受容・デカセクシス〕苦痛との闘いが終わり、自分の死という運命に対して怒りも抑うつも感じない段階に到達する。長い旅路の前の最後の休息のときである。

キューブラー・ロスは、このような経過のすべての段階を通じて希望が維持されるものであることを強調している。

●死にゆく人の心を理解するために

キューブラー・ロスのこの「死にゆく人の心理過程」は、命を脅かされる病気にかかった人が死に向かう心理過程を示したものであるが、死に直面している人の心の内面を洞察する指針として役立つ。死に直面した人は、その心理過程において、さまざまな感情を呼び起こし、その感情の1つひとつがそれぞれの反応を生み出す。反応の仕方はまた、時によって変化するものである。人は同時にいくつもの感情をもっている。すべての人がキューブラー・ロスの示した段階を一歩一歩歩んで行くわけではない。ある段階から次の段階に進行したり、その後、再び前の段階に戻ったり、複数の段階が同時に存在したり、または飛び越すこともあり、通常は段階と段階を行ったり来たりしている場合が多いのではないだろうか。その現れ方は人によって異なるし、持続期間や感情の強さも人によって違っている。

死を意識するのは疾患末期に限らない。老いの過程においても老人は死と向き合っている。そこで、キューブラー・ロスの示した段階を1つひとつの反応として捉えると、死を意識したとき起こる複雑な心理的変化を理解する一助となる。しかし、同時に、人にはさまざまな感情が共存し、その感情により引き起こされる反応、それへの対処も一人ひとり大きく異なることを理解することもまた必要である。

（小池眞規子）

■ E. Kübler-Ross　死にゆく過程のチャート

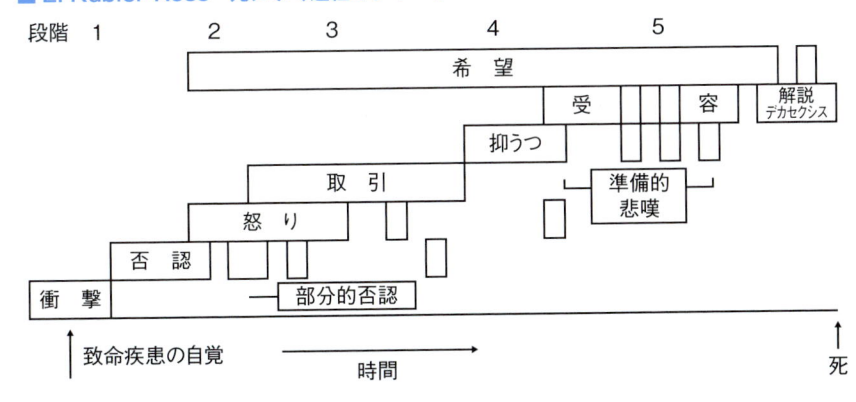

段階　1　　2　　3　　4　　5

希望／受容（解説 デカセクシス）／抑うつ／取引／怒り／否認／衝撃／部分的否認／準備的悲嘆

↑致命疾患の自覚　→時間　　↑死

出典：Kübler-Ross, E., 川口正吉訳『死ぬ瞬間』読売新聞社，290頁，1971.

14-3 死にゆく人の心のケア 1
— 最期まで "その人らしく" あるために —

Keywords ▶▶▶ スピリチュアルペイン／家族／死生観／ボランティア

●スピリチュアルペイン

スピリチュアリティとは、「生きるための意味や目的の源になる世界観」である。[1] 生命を脅かす疾患をもつ患者への緩和ケア、終末期ケアでは、スピリチュアルペインは患者の苦痛（全人的苦痛）の一側面として理解される。村田（2004）[2]は、スピリチュアルペインを「自己の存在と意味の消滅から生じる苦痛」と定義し、3次元（時間性・関係性・自律性）の構造を仮定している（図参照）。田村ら（2012）[3]は、村田の3次元からスピリチュアルペインをアセスメントするシート（Spiritual Pain Assessment Sheet：SpiPas／18項目）を開発し、SpiPasの具体的な質問例と患者の表現例[3]、各苦悩へのケアの工夫[4]を示している。終末期患者のスピリチュアルペインの把握、ケアの評価を行ううえで有用な視点である。

終末期の高齢者の場合、（自己と家族のあるはずの）未来を失わざるを得ない悔しさを抱く他の世代に比べ、「死にたくない」「寝るのが怖い（寝たら目を覚まさないのでは）」等で表現される "死の恐怖" は少ない。ただし高齢者でも、死に至る過程は未知の体験であり、「これからどうなっていくのか」という不安、「苦しまないで逝きたい」といった思いは強い。

死を目の前に、自己の人生を振り返り肯定的意味づけを行う高齢者がいるのと同様に、「なぜ、自分がこんなことになったのか」とこれまでの人生に「苦しみと後悔」等の負の感情しか持てない者も存在する。「生きてきたように死んでいく[5]」と言われるように、性格やそれまでの生き方の影響は大きく、人生の解釈や統合のあり方に正解はない。ケア提供者には「本人がその人なりに生きていけると思える状態[6]」を支えることが求められる。

●"共鳴し合う" 本人と家族の関係性

高齢者本人の意思を尊重し、主体性を支えるケアは本人の自律性につながる。特に食事や排泄は "人間としての尊厳" に関わる事柄である。自律性の喪失や家族への依存が増すことに伴い、「家族の迷惑になりたくない」「そこまでして生きたくない」と口にする高齢者は多い。ケア提供者は、家族の介護や負担をねぎらうと同時に、本人と家族の価値観や心情を察した言葉掛けやケア環境の調整を行う。

終末期に本人と家族が互いに伝えておきたい思い（感謝の気持ちやわだかまりについての和解等）を伝えることは、本人のスピリチュアルペインの緩和、遺族の癒しにつながる[7,8]。ただし日本では、終末期であっても本人と家族が相手に伝えたい思いを明確に言葉にしない日本特有のコミュニケーション "（以心伝心）" が存在する[9,10]。本人・家族は共鳴し合う1つの輪であり、ケア提供者は本人の尊厳の感覚や本人と家族の伝えたい思いを日常のケアのなかで支えることが重要となる。

高齢者の場合、介護に伴う配偶者の介護疲れや持病、成人した子どもの家庭とのバランス、世間体や相続等の問題が複雑に絡み合うケースは少なくない。死を目の前に、家族と対峙し関係修復を行うケースもあれば、最期

まで家族との不和を解消できないケースもある。ケア提供者は単に家族の有無だけではない状況と背景を総合した理解が必要となる。

●死生観と癒し

信仰や肯定的な死生観（生と死に対する見方や価値観）は、本人の精神的安らぎにつながることがある。終末期では、信仰の有無に関わらず、神や仏、霊魂、死後の世界を信じたり、「○○が先に逝っているから迷わないで逝ける」「○○が迎えにきた」と口にするケースがある。近親者との死別経験の多い高齢者にとって、死後世界の肯定は「倶会一処（仏語：浄土で皆が一緒に出会うこと）」に通じる。また、「死んだらどうなるのか」「あの世はどんな処か」と聞くケースもある。ケア提供者は、この誰も答えの知り得ぬ問いを投げかけられると逃げたくなる気持ちが起こる。ケア提供者が本人の信仰や死生観を尊重したうえで、高齢者と人間の生や死、死後の世界についてともに語り誠実に向き合うことは、本人の安心感につながる。それを支えるのがケア提供者自身の死生観（「生きる／死ぬ」とはどういうことか、死後の世界をどう捉えているのか等）であり、終末期ケア提供者の姿勢の根幹をなす。

●認知症とスピリチュアルペイン

認知症患者のスピリチュアルペインは、初期から中期の「将来が見えない、過去がわからなくなる」不安、「自分が自分でなくなる」恐怖等で表現される[11]。行動や心理徴候（BPSD）の個別性を理解するには、患者のスピリチュアリティ、その人らしさを知ることが重要である。患者への悪性の対応（だます、できることをさせない等）はスピリチュアルペインを助長させ、BPSDの引き金となる場合がある。ケア提供者には、患者本人の「自分がここにいること」を保障するパーソンセンタードケアの視点が求められる[11]。

●"社会の風"と日常性

病院や施設等のボランティアは、"社会の風"と呼ばれ、患者や利用者に普段の生活や社会とのつながりを感じさせる。終末期ケアのボランティアには高齢者も少なくない。同じ目線に立ったボランティアだからこそ共有できる思いがある。地域のボランティアは、本人・家族が住み慣れた場所で"その人らしく生きる"地域在宅医療において、高齢者の社会的孤立を防止する資源となる。　　　（中里和弘）

■スピリチュアルペインの構造

出典：村田久行「生涯教育シリーズ ホスピスケア (6) スピリチュアルケアの理念と実際」「月刊ナーシング」24(10). 74頁、2004. をもとに作成.

14-4 死にゆく人の心のケア 2
── QOL と尊厳ある死 ──

Keywords ▶▶▶ 尊厳ある死／QOL／個別性の尊重／全人的痛み

● 尊厳ある死

「尊厳ある死」を考えるとき、Quality of Life（QOL）という言葉がしばしば使われる。QOL ということばの概念は必ずしも明確ではないが、倫理学的に「生命の質」と訳されたり、がん治療などの医療現場では「（日常）生活の質」などと訳される。

QOL の尊重は、高度医療のなかで多くのチューブにつながれて「時間を生きる」ことへの疑問を提起し、死生観の変化にもつながっている。人間としての尊厳を保ちつつ、安らかで自然な死を求める傾向の社会的高まりは、日本尊厳死協会の会員数が増加を続けている結果にも示されている。そして、12 万 5,000 人を超える会員の 80％が 65 歳以上であると報告されている（2012 年現在）。

現代ホスピスの創始者ソンダース（Saunders, C.）は、病を得た人のもつ苦痛を全人的痛みの概念として示し、全人的ケア（Total Care）の必要性を説いた。終末期の QOL については、現代医療の追求目標であった治癒（cure）から、ケア（care）を根底として援助していこうとする方向にある。

具体的には、まず身体的な苦痛が十分にコントロールされることが第一に挙げられる。そのうえで、「日々の安楽」「その人にとっての生活の快適さ」をいかに提供していくかを考えることが求められる。それはもはや自力では行えなくなった日常的な行為、食事、排泄、洗面など基本的生活習慣を各個人に合わせ、いかに援助していくかといったことである。身体的苦痛から解放され、その人としての尊厳を保ちながら、人生の最後の日々を全うできるように、細やかな配慮をもった具体的なケアの提供により、人はその人らしさを維持し、QOL を高めることができると言える。生活の質の保証が生命の質の満足感、幸福感をもたらす結果となるのである。

● 個別性の尊重

ここで留意すべきことは、QOL を評価するのは、医療者や周囲の人間ではなく、あくまでも本人自身であるということである。一人ひとりの価値観は、その人の人生のなかで培われてきたものであり、個別性が強い。高齢者の価値観は、ときに家族や周囲の人には受け入れ難く思われることもある。しかし、高齢者の心の向きに添った価値観の尊重を心がけ、高齢者の生き方につき合っていくことが大切なのではないだろうか。

高齢者の半数は「自宅」を終の場所にと望んでいるが、自宅で亡くなる人の割合は十数パーセントに過ぎず、病気になったら病院への入院が一般化している。高齢者の場合、入院生活が長期化することにより、せん妄・認知症などの精神症状が現れてくることが少なくない。生活環境は物理的に変化し、個々に異なる日常の生活行動パターンも変えていかなければならない。このような新たな環境での病人としての生活は、高齢者にとって大きな心理的負担となる。

また、自力での行動が困難な高齢者は、寝たきり、寝かせきりの状態に置かれ、人との

ふれ合いが少なくなったり、日々の生活リズムのない、したがって刺激のない生活になりやすい。自宅にいれば、たとえ寝たきりであっても、家族の生活の動きがあり、また、自身を取り巻くものは、その人の生活になじみのあるものである。医療的処置が必要であったり、個々のさまざまな事情で多くの高齢者は希望するように自宅で死を迎えることができない。しかし、生活している、生きている実感が得られるような、その人の生活の延長での死を大切にしていくことが必要である。

身体的苦痛がなく、自身の生活のなかで死を迎えようとする高齢者は、過去と現在を行きつ戻りつしながら思い出などを語ることがよくある。たとえ周囲の人にはよくわからないことばや話の内容であっても、高齢者にとっては、何らかの重要な意味をもつことが多い。死へのプロセスのなかに、その人の生きてきた長い年月を辿り、その時々のハイライトを再体験し、死の準備をしているように思われる。高齢者の声に耳を傾ける、傾眠がちであっても目を開けたときに誰かの存在が目に入る、話をしたいときに話を聞いてくれる人がそこにいる、一人ぼっちの寂しさを感じさせないなどの配慮が大切と思われる。

●家族への支援

高齢者がその人の生活のなかで死を迎えるためには、それを見守る周囲の人、特に家族への支援が重要である。長期の看病、介護では家族の身体的、精神的負担が増し、核家族化により親子同居が少なくなっている。また、少子社会では介護力も限られている。訪問看護、ホームヘルパーなど、社会資源の活用により家族の負担を軽減することで、家族がゆとりをもって高齢者に接していくことができれば、そのことが高齢者の心理的安定につながっていく。

また、看取る家族の心理的支援においては、予期的悲嘆への対応が重要である。予期的悲嘆は、愛する人との永遠の別れなど、喪失を予期した悲嘆を言い、死別に対する心の準備を整え、死が現実となったとき、その衝撃や悲嘆を軽くするのに役立つといわれる。予期的悲嘆への支援は、看取る家族の不安を和らげつつ、高齢者への援助力を引き出すとともに、家族が適切に喪の作業（グリーフワーク）を行える視点をもつことが必要である。

（小池眞規子）

■全人的痛みの理解

身体的苦痛
痛み
他の身体症状
日常生活動作の支障

精神的苦痛
不安
いらだち
孤独感
恐れ
うつ状態
怒り

全人的痛み
(Total Pain)

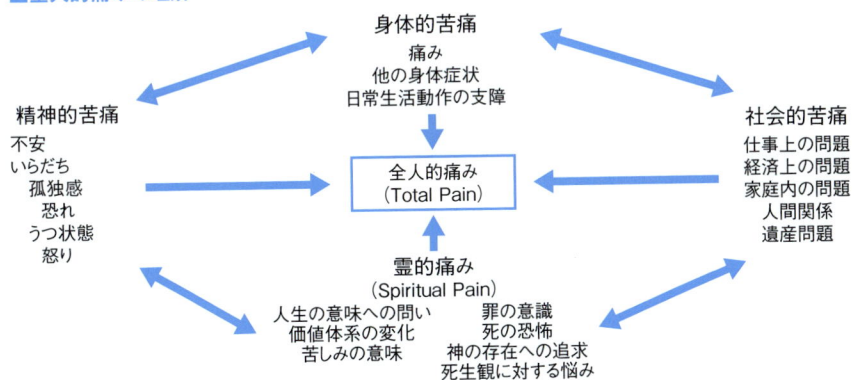

社会的苦痛
仕事上の問題
経済上の問題
家庭内の問題
人間関係
遺産問題

霊的痛み
(Spiritual Pain)
人生の意味への問い
価値体系の変化
苦しみの意味
罪の意識
死の恐怖
神の存在への追求
死生観に対する悩み

出典：淀川キリスト教病院ホスピス編、柏木哲夫監「全人的痛みの理解」『ターミナルケア マニュアル』最新医学社、23頁、1994.

14-5 死への準備
― 弔い、遺言 ―

Keywords ▶▶▶ 簡素化と多様化／死への準備／エンディングノート／自我の統合

● 弔い方の変化

　日本における弔いの情景は、家族、親族、友人、ご近所が集まって仏式での葬儀を行い、その後、先祖代々の墓に納骨するというのが、一昔前までは一般的であった。しかし、その形態が急速に変わりつつある。

　近年、葬儀が家族の私的な儀式として捉えられる傾向にあり、近親者のみで行う家族葬が主流となっている。また、葬祭業者や僧侶による形骸化した葬儀が敬遠され、生前葬、友人葬、無宗教葬（自由葬）といった伝統にとらわれない葬儀形態にも関心が集まっている。さらに、葬儀などの儀式を行わず、火葬のみを行う直葬という形態も一般に知られるようになってきた。

　墓（埋葬）についても、先祖代々引き継がれる家墓に代わって、跡継ぎを必要としない墓、自然志向の新たな形式の墓が登場している。例えば、寺院や民間霊園が管理・運営する合葬式の永代供養墓、砕いた遺骨を海や山にまく散骨（自然葬）、墓石の代わりに樹木を墓標とする樹木葬などがそうである。

　以上のように、現代日本における弔いの形態は、規模を縮小しコストをかけない簡素化と、個人（故人）やその家族（遺族）のニーズに応えるための多様化という大きな変化を迎えている。こういった背景には、負担（迷惑）をかけたくない、負担をしたくないという個人（故人）や家族（遺族）の思いを読み取ることができる。そこには、少子高齢化の問題だけではなく、人との関係性がうまく機能しない「無縁」という状態が以前社会的に注目されたように、弔いをするべき人間関係が崩れつつあることも1つの要因としてあると考えられる。

　弔い方の形態が変化するなか、死が現前化している高齢者にとって自分の葬儀や墓をどうするのかという問題は気になるところであろう。そこで、もしもの時に備えて、高齢者が心身ともに健康な時から、弔い方を含めた「死への準備」をしておくことが重要になってくる。

● 自らの死を準備する

　ピンクォートら（Pinquart, M. et al., 2002）やロビンス（Robbins, R.A., 1990-91）は、①葬儀の準備に加え、②自分の死について考える、③他者と死について話をする、④遺言書を作成する、⑤身の回りを整理する、⑥生命保険に加入する、⑦ドナーカードに同意のサインをするといった行動も死への準備として取りあげている。

　これら死への準備を行うことは、自らの人生を客観的に振り返り、死を見つめる機会にもなるため、その適応的な役割について検討がなされてきた。例えば、高齢者を対象に調査を行ったキャペライズら（Cappeliez, P. et al., 2005）によると、死への準備として過去を振り返ること（回想）が生活満足度と関連していたと報告している。また、大学生を対象に調査を行ったロビンスによって、死の準備行動が死に対するコーピングと関連していたと報告されている。

このように、生活満足度やコーピングといった心理的な要因とも関連が示されていることから、人間の精神的健康を考えるうえでも死への準備が重要な作業であることがうかがえる。

● 新しい遺言書

遺言書の作成は、死後に自分の意志を伝えるための代表的な死への準備である。一般的には、民法に規定された形式に従って作成され、主に財産、身分に関する事項に限り、遺言者の意志を実現することができる。

こういった法的に有効な遺言書に対して、より広い事柄を自由に記載できるエンディングノートというものがある。その内容は、自らの経歴や思い出、家族へのメッセージ、介護、終末期医療、葬儀、埋葬に対する希望、財産の記録など多岐にわたっており、それらを体系的に記述できるようになっている。法律的な拘束力はないが、環境的、心情的な整理にもなるため、死への準備としては最適な方法といえる。

● 誰のための弔いか

ここ数年、就活をもじった「終活」という造語が登場しており、人生の終焉、"エンディング"に注目が集まっている。このような主体的に自らのエンディングを選択し、決定しようという流れは、仏教寺院や一部の業者が長らく占有してきた葬儀やお墓といったものを市民の手に取り戻しつつあることを意味している。

しかし、弔い方の選択・決定が、「負担をかけたくない・したくない」といった他者との関係性の問題に左右されていることも事実である。一方で、それぞれに家庭の事情、経済的な問題もあるであろうが、身内だけでなく、生前より縁のあった人たちに、死を悼み悲しむための機会、お別れをする場を提供することも、個人（故人）と家族（遺族）の務めであることを忘れてはならない。

葬儀や墓が無用であるとする論調に安易に流されることなく、誰のための死への準備なのか、何のための弔いなのかをもう一度、よく考える必要がある。そのうえで、エリクソン（Erikson, E.H.）の言うところの自らの人生を受け入れ、死を受容していく自我の統合を目標として、"人生の棚卸し"である死に支度をするべきではないだろうか。（辻本　耐）

■ 高齢者の死への準備行動について

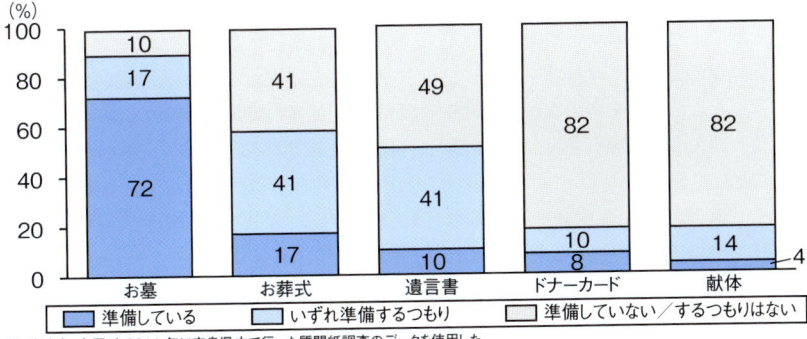

	お墓	お葬式	遺言書	ドナーカード	献体
準備している	72	17	10	8	14
いずれ準備するつもり	17	41	41	10	4
準備していない／するつもりはない	10	41	49	82	82

注1）辻本、中原が、2011年に広島県内で行った質問紙調査のデータを使用した。
注2）分析対象は、65歳から84歳までの高齢者116名（平均年齢：73.0, SD：5.1, 男性：57名, 女性：59名）、調査内容は、お墓・お葬式・遺言書・臓器提供の意思表示（ドナーカード）・献体について、どの程度準備しているのかを3択（準備している、いずれ準備するつもり、準備していない／準備するつもりはない）で回答を求めた。

14　終末期と死のケア

14-6 配偶者の死
― 喪失と回復の揺らぎ ―

Keywords ▶▶▶ 悲嘆／コーピング／ナラティブ／孤独感

●配偶者の死とその影響

　老年期においては、さまざまな喪失を経験する。喪失経験のなかでも長年付き添った伴侶との死別は重要な出来事である。配偶者の死を経験した割合（数字は平成17年度）は、70歳代の女性で44％、男性で11％であり、女性の方がかなり高い。ホームズとラーエ（Holmes, T.H., & Rahe, R.H., 1967）は、配偶者の死が人生のなかで最も強いストレスを感じる出来事であることを明らかにしている。

　遺族を対象としたこれまでの研究により、死別経験が心身に及ぼす影響として、自殺率や心血管系疾患の罹患率の上昇、健康問題の誘因となるアルコールやたばこの消費の増加などが明らかになっている。

　一方、環境面において、高齢者がいる世帯のうち約3分の1が夫婦だけで暮らす世帯であり、配偶者との死別の結果、日常生活を支える担い手の一方を失い、残された配偶者に重い負担がかかることになる。場合によっては、死別を機に子どもとの同居や施設への入所など生活基盤の変更をも余儀なくされることがある。こうした影響を考えると、配偶者の死は変化と喪失の連鎖を引き起こす出来事と捉えることもできる。

　配偶者との死別の対処に困難を抱える場合、遷延性悲嘆障害（複雑性悲嘆とも呼ばれる）の状態に陥ることが知られている。遷延性悲嘆障害とは、死別後1年を経過してもなお、急性悲嘆（死別後すぐにみられる心理的・身体的症状を含む情動反応）が継続し、日常生活に著しい支障が生じている状態を指し、中島・伊藤ら（2010）の調査によると、遺族の5〜10％に生じるとされている。特に配偶者を喪失した場合、兄弟に比べて発生率が高くなることが明らかになっている。

●配偶者との死別前のケア

　配偶者の死に対処し、配偶者のいない生活に適応するには、どうしたらよいのだろうか。ストローベとシェッツ（Stroebe & Schut, 2001）は、死別後に遺族が直面するストレッサーとして、大切な人の死そのものと、死によって生じる二次的な変化を挙げている。そして、それぞれのストレッサーに対処する「喪失志向」と「回復志向」のコーピングを設定し、2つのコーピングを振り子の揺らぎのように動的に行き来しながら、次第に「回復志向」のコーピングに軸足が移ることで適応が進んでいく二重過程モデル（Dual Process Model）を提唱した（図参照）。このモデルをもとに、配偶者と死別する前後で、老年期の配偶者が直面する問題とケアをみていくこととする。

　配偶者と死別する前から、病状の悪化につれて、配偶者の死を少しずつ意識することは自然なことである。むしろ、配偶者の死に対して心の準備がない、あるいは死を迎えることを受け入れ難いと強く感じていた人ほど悲嘆が遷延化しやすい。亡くなり方はさまざまあるが、病状の変化を比較的感じ取りやすい病死の場合、死別を意識することにより、死別後の情動反応に近い経験をすることがある。あらかじめ経験することが、死別後の

悲嘆を弱めることには必ずしもつながらないが、喪失志向のコーピングをとる心の準備として役立つことが期待できる。

しかし、遺される配偶者が高齢の場合、配偶者の認知や健康の問題、あるいは親への子どもの気づかいにより、医療者からの病状の説明を子どものみが受けることがある。その結果、配偶者は正確な情報を知らされず、喪失に向き合う機会を失う。大切な情報を共有できるようにする配慮が必要である。

また、死を直接的に語ることが好まれない場合もある。医療者が病状を説明することに集中し過ぎると、配偶者の死のみが焦点化されてしまい、死別に向かう体験を支援する糸口を失う。一方が死に近い夫婦に関わる援助者は、配偶者のナラティブに注目して、夫婦がどのような人生を歩んできたのか、配偶者の死がどのように意味づけられるのかに関心をもち、近づく死の意味を理解しようと心がけるならば、死について語ることも自然なものとなりやすいことを意識する必要がある。

● 配偶者の死別後のケア

高齢者の65％が心の支えとなる存在として配偶者を挙げているが、実際に死別を迎えてはじめて、配偶者がいない生活を実感する。

死別後に生じる悲嘆を中心とする情動反応は、遺された配偶者に関心をもち、かつ側にいることにより、反応の理解が可能となることが多い。しかし、高齢者の場合、核家族化により子どもや孫、兄弟などとの親密なつながりがない、仕事を退職し、身体や健康の問題などから地域とのつながりが薄いといった状況を抱えることにより、1人で悲嘆と向き合うという難しい作業を行わなければならず、孤独感に陥りやすい。

岡村（1997）は、配偶者と死別した高齢者の精神的健康を維持するには、生前の人間関係よりも、死別後に周囲の人たちから情緒的な社会支援を得られるかが重要であることを明らかにしている。

遺された配偶者に関わる援助者は、死別から日が浅いうちは特に、対象者の孤独感に注意を払い、情緒的なつながりが感じられるような支援の工夫が必要である。そうしたつながりに支えられることで、配偶者のいない生活への適応に向けた「喪失志向」と「回復志向」のコーピングの揺らぎが可能となるのである。

（中尾正寿）

■ 死別へのコーピングの二重過程モデル

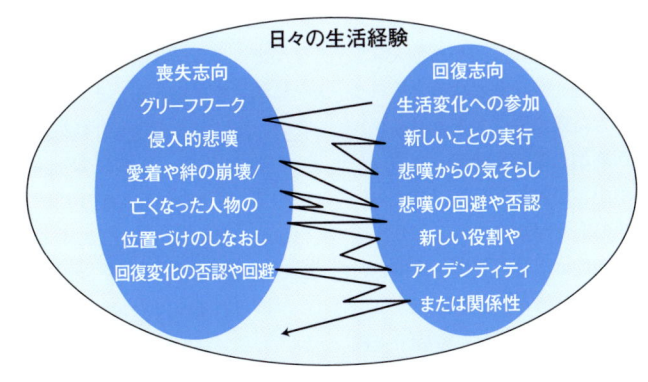

日々の生活経験

喪失志向
グリーフワーク
侵入的悲嘆
愛着や絆の崩壊/
亡くなった人物の
位置づけのしなおし
回復変化の否認や回避

回復志向
生活変化への参加
新しいことの実行
悲嘆からの気そらし
悲嘆の回避や否認
新しい役割や
アイデンティティ
または関係性

出典：富田拓郎・菊池安希子監訳『喪失と悲嘆の心理療法』金剛出版、71頁、2007.

14-7 病いと向き合う
― 苦悩と折り合う力 ―

Keywords ▶▶▶ 病いの体験／健康生成論／SOC／生きる意味

●病いの体験

　高齢期は、加齢に伴う身体機能の低下から疾病への罹患率が高まるほか、複数の疾病が並存する場合も多く、治療も長期化する傾向にある。また、日本の死因の上位を占める、がんや脳卒中に罹る割合も高くなる。疾病は、身体的な苦痛に加え、人の心と生活にさまざまな危機と課題を引き起こす。それは、日常生活動作の自立が困難になる悲しみ、自尊感情の低下、将来の不安、家族との関係の変化、受療に伴う経済的な負担、ライフスタイルの変更などさまざまである。

　親や配偶者など、近親者との死別や、退職に伴う収入基盤の脆弱化など、多くの変化と喪失とを体験するといわれる高齢期に、このような疾病を契機とするさまざまな課題と向き合うことは、心理的負荷が重複する過酷な体験である。特に、突然、手足が動かなくなり、身体に重度の障害が残るような疾病や、がんなどの死への接近を意識するような疾病である場合、自分の生命や存在に関わる重大な出来事であり、危機は一層深刻となる。それまで自分を支えてきた概念や、生きる目標が失われ、価値観が崩壊していく体験となる。がん患者や脳卒中患者を対象とした研究においては、抑うつとの関連が示唆されており、適切な対処や、個別性に応じた支援が提供されない場合、生きる気力を失いかねない。

　これらの苦悩や抑うつに対し、家族や支援者などによるソーシャルサポートの有効性が示唆されているが、高齢社会の現在は、高齢者の独居世帯や高齢夫婦世帯が増加傾向にあり、家族による支援基盤が脆弱な高齢者も少なくない。情緒的な支持のみならず、療養生活の継続に必要な諸手続きを行う親族もいない場合、患者本人にかかる負担は大きくなり、支援体制や支援者のあり方も、高齢者の心と暮らしに大きく影響することになる。

　クラインマン（Kleinman, A., 1988）は、医学的根拠に基づく疾病（disease）に対し、病者自身によって身体的・心理的・社会的に経験され意味づけされる病い（illness）は、病者が属する社会文化的背景に強く依存しており、多義的であるとした[1]。病いの体験は、個人の特性や人生における価値観、社会生活背景と不可分である。

●苦悩と折り合う力

　しかし、このようなさまざまな苦悩の重複する病いの体験のなかでも、他者に配慮の言葉をかけ、笑顔を見せながら、治療や諸課題に取り組む人がいる。また、他者との交流のなかで、自らの体験を語ることで、ストレスを軽減している人もいる。病いの苦悩との向き合い方は、人それぞれである。

　このような、苦悩に対処する力の概念として、医療社会学者のアントノフスキー（Antonovsky, A., 1987）による、健康生成論とストレス対処力（SOC: Sense of Coherence）が挙げられる[2]。アントノフスキーは、ストレスの高い状況のなかで個人が精神的な健康を保つ力に着目した。人間には、病気－健康の連続体のなかで、病気の側に傾いて精神を

破綻させることなく、自ら健康側に押し戻す力、健康を生成する力があるとしている。その中心概念であるSOCは、自分自身と環境との相互作用からなる現実の世界に対する、その人の感じ方や向き合い方であり、「把握可能感（自分の置かれている状況を理解できる）」「処理可能感（何とかなる、何とかやっていける）」「有意味感（自分の体験には意味がある、生きる意味が感じられる）」という3つの要素により構成される。人が逆境のなかで、人的資源や物的資源など、あらゆる資源を動員しながら、生き抜く基盤となる、内なる力の概念である。

近年の疾病を契機とするストレスの研究においては、SOCの有意味感のように、病いの体験に意味を与え、あるいは、意味を見出す力がストレスへの適応に関連することが示唆されている。また、実存主義心理学の観点から、ロゴセラピーを提唱したフランクル（Frankl, V.E.）は、人は相当な苦難にも耐えられるが、意味の喪失には耐えられないとしている。そして、生きる意味に重要な、人間が実現できる3つの価値として、「創造価値（行動することや何かをつくることで実現される価値）」「体験価値（他者や自然との交流を通して何かを体験することで実現される価値）」「態度価値（自分に与えられた運命に対してどのような態度をとるかにより実現される価値）」を示した。なかでも、フランクルは態度価値を重視し、病気や死の接近など、いかなる苦境に追い込まれ、さまざまな能力や可能性が奪われても、その運命を受け止める態度を決める自由、つまり、態度価値の実現の可能性が残されているとしている。

● 病いの苦悩を支える

人間の避けることのできない苦悩を、仏教の用語では、「生老病死」と表現しているが、高齢期の病いの体験は、時として、この4つの苦悩と同時に向き合うことを余儀なくされる経験となる。しかし、人は、苦悩のなかで、生きる意味を見出すことや、内的な統合に向けて変容する可能性を秘めている。支援者は、身体的ケアのみならず、個人の苦悩の背景にある心理社会的な課題への具体的な支援とともに、その人なりの病いとの向き合い方や苦悩への対処力に気づき、支持していく感性をもつことが必要である。　　　（佃　志津子）

■ ストレス対処力（SOC）を構成する3つの要素

把握可能感	生活をしていくなかで出会うさまざまな出来事について、ある程度予測でき、その出来事がどのようなものかについて説明できる感覚
処理可能感	日々の生活を送るなかで出会う出来事を乗り越えたりやり過ごしたりするときに必要な、自分の周りのモノや人、道具、立場、自分の内面にあるもの、等（汎抵抗資源）をタイムリーに引き出せる、というような自信あるいは確信の感覚
有意味感	人生や生活を送るなかで出会った出来事に対して、その出来事が自分にとってとても意義があり価値があるとみなせる、あるいは、挑戦とみなせる感覚

出典：山崎喜比古・戸ケ里泰典・坂野純子編『ストレス対処能力SOC』有信堂高文社, 61頁, 2008. をもとに作成.

14-8 医療が向き合う死
― 緩和ケアと望ましい死 ―

Keywords ▶▶▶ Good death（望ましい死）／終末期医療／緩和ケア／ホスピス

● 終末期医療、ホスピス

医療において「死」の問題は避けることのできない問題である。近年までは医療において「死」の問題は避けるべきトピックとして扱われてきたために、不治の病にある患者に対する治療やケアについてはその対策が遅れていた。しかし、1967 年にイギリスでシシリー・ソンダース（Cicely Saunders, M.S.）医師により、終末期にある患者に対して全人的ケアを提供するための施設であるホスピスがつくられた。日本でも 1981（昭和 56）年に浜松の聖隷三方原病院にホスピスがつくられ、ターミナルケアが取り組まれた。ターミナルケアとは、現代医療において可能な集学的治療の効果が期待できず、積極的な治療がむしろ患者にとって不適切であると考えられる状態で、生命予後が 6 か月以内と考えられる状態であると定義される[1]。

● 緩和ケア・緩和医療

ホスピスは、「緩和ケア（Palliative care）」「緩和医療（Palliative Medicine）」という概念の登場により、緩和ケア病棟と呼ばれる施設として整備されるようになった。緩和ケアとは、WHO によると、治癒を目指した治療が有効でなくなった患者に対する積極的な全人的ケアである。痛みやその他の症状のコントロール、精神的、社会的、そして霊的問題の解決が最も重要な課題となり、末期だけでなく、もっと早い病期の患者に対しても治療と同時に適用すべきとされている。つまり、終末期の患者だけでなく、すべての病期にある患者の苦痛に対応していこうという概念である（図参照）。

緩和ケア病棟は、1990（平成 2）年に厚生省（当時）が設置した「緩和ケア病棟」施設基準により、がん患者とエイズ患者を対象に医療保険によってカバーされるようになった。2013（平成 25）年現在で、295 施設が認可されている（日本ホスピス緩和ケア協会、2014）[2]。

また、2002（平成 14）年から、緩和ケア診療加算、いわゆる「緩和ケアチーム」と呼ばれる病棟をもたない医師、看護師らにより構成されるチームが緩和ケアを提供する活動に対して保険点数を加算することが認められるようになった。2013 年現在で、194 病院のチームが届出を受理されている（日本ホスピス緩和ケア協会、2014）。

2008（平成 20）年には、「がん対策基本法」が施行され、約 40 万人口規模の地域の医療圏（2 次医療圏）に 1 つ以上の地域がん診療拠点病院が指定された。この地域がん診療拠点病院の認可を受けるためには、前述の緩和ケアチームや相談支援センターなどの支援体制を整備することが義務づけられている。

● Good death（望ましい死）

緩和ケアや終末期医療において、死のあり方や死にゆく過程における全体的な質に関して概念化の試みが行われている。欧米の研究では、望ましい死（Good death）、死の質（Quality of Death）、死と死にゆく過程の質（Quality of Dying and Death）や終末期における改善されたケア（Improved care at the end of life) といった概念により検討されている。例えば、スタインハウザーら (Steinhauser, K.E. et al., 2000) は、患者、家族、医療従事者によるフォーカスグループ (focus group) によるディスカッションによって、「望ましい死」の構成概念を、①痛みや症状が緩和されていること、②自分の意志ですべての選択ができること、③自分の死期をあらかじめ知ったうえで、死に対する準備ができること、④自分の人生が完成したと思えること、⑤他者の役に立つこと、⑥最期まで人として尊重されることの6つの概念として抽出した[3]。

わが国でも、終末期がん患者・家族・医療者63人への質的研究が実施され、そこで終末期がん患者におけるQOL (Quality of Life：生活の質) の要素が抽出された[4]。さらに、全国の2,548人の一般市民および513人の緩和ケア病棟の遺族を対象とした量的研究が実施され、日本人における望ましい死は、多くの人が共通して望む事柄として、「身体的・心理的なつらさが和らげられている」「望んだ場所で過ごす」「希望や楽しみがある」「医師や看護師を信頼できる」「家族や他人の負担にならない」「家族や友人とよい関係でいる」「自立している」「落ち着いた環境で過ごす」「人として大切にされる」「人生を全うしたと感じる」という10の概念が確認された。また、人によって重要さは異なるものとして、「できるだけの治療を受ける」「自然なかたちで過ごす」「伝えたいことを伝えておける」「先々のことを自分で決められる」「病気や死を意識しないで過ごす」「他人に弱った姿をみせない」「生きていることに価値を感じられる」「信仰に支えられている」の8概念からなることが確認された[5]。

これらの概念の研究がなされるようになってきた背景には、QOLの概念が浸透し、消費者である患者の意向に応じた、より個別化された医療の提供が求められるようになってきたことが挙げられる。特に「死」という個別化された状況で医療を提供していくためには、Good death研究のように、患者やその家族、一般の人々の意向を体系的に調べることが重要である。

今後は、これらの概念が教育によってできるだけ多くの医療者によって共有され、実際の臨床現場で評価され、運用されることが必須である。 （平井　啓）

■がん治療と終末期医療・緩和ケアの関係

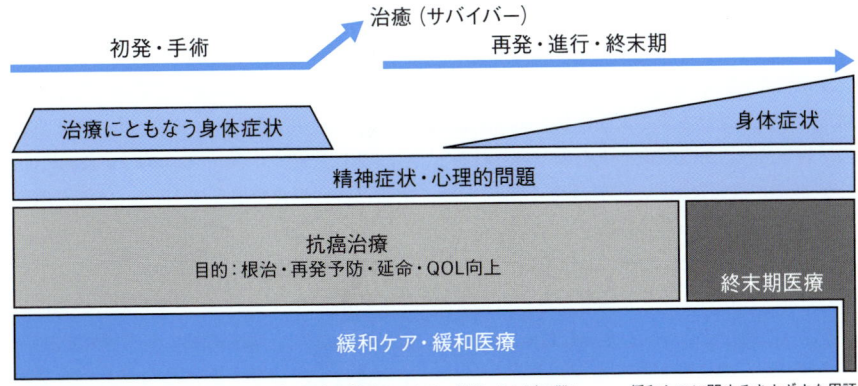

出典：平井啓「「緩和ケア」ということばと概念を整理してみる　特集 ことばは難しい ― 緩和ケアに関するさまざまな用語とその概念 ―」「緩和ケア」21(4), 397-398頁, 2011. をもとに作成.

14-9 在宅での死
― 穏やかな最期を迎えるために ―

Keywords ▶▶▶ 死を迎える場／家族の看取り／在宅死の条件／家族の支援／死の瞬間

●死を迎える場

古く日本の家族は大家族制で、世代間の交流があり、年をとって食べられなくなれば徐々に枯れていくというライフスタイルであった。そのため家族も老いや死をごく身近なものとして受け止められていたものと思われる。しかし、社会の変化により核家族化が進み、病院等の施設で死を迎える人が80％以上という現代、もはや在宅での死は遠い存在になってしまった。

しかし、高齢者のみならず、住み慣れた自宅で最期を迎えたいという人は少なくない。自宅で家族とともに最期を過ごすことは、その人の人生の集大成であり、人生の締めくくりとして、死に向かい心の準備をするにはごく自然な場所である。

●家族の看取り

家で死ぬということは、医療による侵襲がなく、より自然に近いかたちで死を迎えられるということである。しかし、医療に関わらない一般の人にとって、在宅で死を迎えるという発想は出にくいのが現状である。つまり、病気や老衰によりさまざまな症状が出ている人に対して、こんな状態の人を家でみられるのか、病院でないと無理なのではないかといった不安が大きいというのがその理由である。

確かに在宅の場合、家族の力が大切となり、その介護力、精神力などにより、在宅療養をどのように過ごせるかは大きく変わってくる。例えば、がんの末期で在宅を選んだ場合に、徐々に弱っていくなかで水分や栄養をどのように摂るのか、動けなくなった時には排尿や排便などはどうすればよいのか、呼吸が苦しくなったら、痛みが強い時はといった問題を家族だけで抱えるのはとても難しいことである。

そこで、チームアプローチとして往診医や訪問看護師、ヘルパーなどがそれぞれ役割分担をして、皆で支えていくチーム医療体制が必要になる。

また、在宅での看取りにおいては、穏やかに死を迎えるケースばかりではない。予測されない急変やハプニングが起こることも少なくない。その場合、家族が慌てて救急車を呼び、入院に至ることもある。一般的に病院では延命治療を施されるため、本人の意思に反して点滴や酸素、さらには人工呼吸器を装着されるという結果もあり得る。それは、尊厳をもって死を迎えたいという人の意向に反することである。家族はそのようなプロセスを念頭において、どのような事態にも慌てず、落ち着いて、まず在宅スタッフに連絡するなどの判断ができることが重要な点である。

そして、最期の時になって訪問した親戚などに、どうして病院に行かなかったのかと責められるなど、後でトラブルにならないためには、家族以外の親戚や知人などにも、本人の意思を普段から説明しておくことが大切である。

●在宅死の条件

在宅死を選ぶ時は、何よりも本人の強い希望があることと、家族の協力が不可欠である。本人は自宅で最期を迎えるのだという意志と、その家族は自宅で最期を看取るのだとい

う強い覚悟が必要である。もし、家族または本人が最後まで積極的な治療を望み、あるいは高度医療の病院に受診したいと希望するようであれば、もとより在宅死には向かないと考える方が妥当であろう。

次に、信頼できる主治医の往診と、訪問看護が受けられることが重要である。家族にとって医療チームが24時間いつでも相談に応じ、訪問してくれるという安心感は非常に大きい。医師や看護師の定期的な訪問を受け、病状の説明や今後の予想などもその都度聞いておくとよい。そうすることで、最期の段階ではほとんどの場合予想がつくため、家族も慌てることなく対応が可能となる。そして、呼吸の状態や意識の変化など、不安があればいつでも連絡を取れるようにしておく。さらに、本人への精神面での支えや対応の仕方なども相談し、家族の不安を取り除きたい。

●家族の支援

自宅での療養生活が長期間になると、家族の身体的、精神的疲れが蓄積されてくる。そのため、介護を1人で担うのは無理があり、交代してくれる要員が必要になる。家族全員や親戚の援助、ホームヘルパーや訪問入浴など、状況に合ったフォーマルやインフォーマルなサービスをその都度タイミングよく取り入れることが重要である。繰り返しになるが、在宅での死を選択する際には、いつも誰かに相談できること、逃げ道があることなどが、家族にとっても本人にとっても大切なのである。

在宅で死を迎えるための準備として、介護保険ではケアマネジャー、医療保険では病院のソーシャルワーカーなどがコーディネートしてくれるので、退院前からよく話し合っておくことが重要である。

●死の瞬間

最期の瞬間は、家族が傍にいて手や足をさすりながら声をかけ、昔の楽しかった思い出話などをして、ずっとそばにいるということを伝えることを忘れてはならない。意識がもうろうとしていても、目は開けられなくても、声が出せなくても、最後まで耳は聞こえている。そして、最後の一呼吸、最後の脈まで家族に見守られることで、どんなに安心して逝けることだろう。家族も精一杯添うことで思い残すことなく、亡くなってからもその死を穏やかに受け止めることができるかもしれない。

（神田直子）

■死亡場所の推移

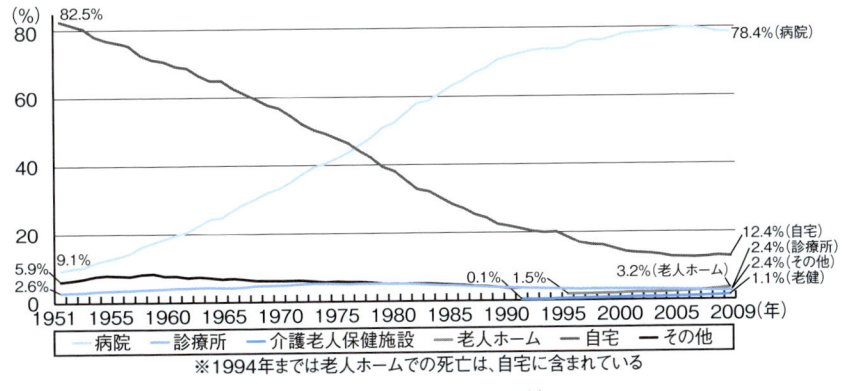

出典：厚生労働省「人口動態統計年報　主要統計表（最新データ、年次推移）」2011.

14 終末期と死のケア

535

14-10 施設におけるターミナルケア
— そのあり方と要件 —

Keywords ▶▶▶ 終末期／苦痛の軽減／介護老人福祉施設／看取り

●ターミナルケア（Terminal Care）とは

ターミナルケアとは、「回復の見込みのない疾患の末期に、苦痛を軽減し精神的な平安を与えるよう施される医療・介護（広辞苑第六版）」と定義されている。特に重篤な病状や疾患がなくとも、老衰により死期に面した高齢者の医療・介護を巡って、そのあり方について議論のなされる概念でもある。これは、終末（期）医療、終末（期）ケアともいわれる。

ターミナルケアは、主に延命を目的とするものではなく、身体的苦痛や精神的苦痛を軽減することによって、人生の質、すなわちクオリティ・オブ・ライフ（Quality of Life：QOL）を向上することに主眼が置かれ、医療的処置（緩和医療）に加え、精神的側面を重視した総合的な措置がとられる。ターミナルケアを専門に行う施設はホスピス（Hospice）とも呼ばれる。

現在、介護老人福祉施設（特別養護老人ホーム）においても、介護保険制度のなかで看取り加算などが創設され、ターミナルケアを実施している介護老人福祉施設も多くなっている。

●看取り介護加算とは

看取り介護加算が認められるのには、①医師により、回復の見込みがなく、近いうちに死が訪れるであろうと判断がされること、②看取り介護計画が作成され、その計画に対して、本人もしくは家族の同意がなされること、③施設における医療処置の限界を説明し、同意を得ておくこと、④各職種が緊密な連携をとり、介護を行っていくことなどの要件が挙げられる。

このような要件が満たされた利用者に対して、30日間を限度に加算が適用されるというものである。これはあくまで介護報酬上のことであり、看取り加算が認められなければターミナルケアを実施できないということではない。

●介護老人福祉施設での看取りが困難な理由

しかしながら、現実的には介護老人福祉施設での看取りは難しい状況にある。それは、①多くの介護老人福祉施設の医師が非常勤であること、②夜間に往診してくれる医師が少ないこと、③介護老人福祉施設に看護師が夜間勤務を想定とした基準配置がされていないこと、④夜間に医師・看護職等医療職がいないために、医療行為ができないこと、⑤施設長の「介護職が医療行為をしてはならない」ことへの知識が足りないこと、⑥スタッフの看取りへの不安・知識不足、⑦本人・家族の意思確認の不十分さ・情報の伝え方の偏りなどの点が挙げられる。

しかし、逆にいえば、夜間でも往診してくれる医師がいて、看護職の夜間勤務者がいれば、看取りは可能になる。法令違反の医療行為を介護職にさせての看取りは真の意味でのターミナルケアとは言えない。

●医療系と福祉系でのターミナルケア

医療系では、痛みの緩和のため、医療的処置が（例えばモルヒネなどの投与など）行えるが、福祉系ではほとんどのところが、医療的処置はできない。したがって、精神的に支え

ることを中心としたケアとなる。つまり、介護老人福祉施設では、痛みを伴うような症状での看取りは無理なので、ホスピス等に委ねることになる。それ以外での老衰的な症状でのターミナルケアは十分に適応可能であろう。

最近は、ホスピスや病院でのターミナルケア、介護老人福祉施設等でのターミナルケア、在宅でのターミナルケアといった言い方になってきている。在宅でのターミナルケアでは、医師の往診の問題、訪問看護等の関わり方の問題がクリアされることが必要である。

● ターミナルケアのあり方

ターミナルケアの目的は、その人がその人らしい生を全うするのを援助することである。如何に死を迎えるかではなく、如何に死を迎えるまで生きるかが問われているのである。

そのことを、ターミナルケアに関わる者（医師・看護師・施設長・生活相談員・介護職員・栄養士等）が、十分に認識しながらケア計画を作成する必要がある。そして、カンファレンスを随時もちながら、症状が変化するたびに看護、介護の対応を変えていかなければならない。つまり、ターミナルケアは、周りにいる者が、どのような考えで関わるかが大切である。

● 施設におけるターミナルケアの要件

介護老人福祉施設でのターミナルケアの要件として、次の7つを挙げることができる。

①常勤の医師または夜間往診してくれる嘱託医師の配置があること、②医療行為が必要な利用者がいる場合には、看護師が夜間も配置されていること、また、必要時医師の往診を可能としておくこと、③施設長がどの状態の利用者ならターミナルケアが可能かをしっかりと判断できること、④精神的ケアを主とするならば、死を迎える人間心理について職員に十分なる教育をすること、⑤各職種がそれぞれ何ができるかを話し合い、しっかりとした看取り計画を作成・実行すること、⑥利用者家族と十分な話し合いをもち、施設でのターミナルケアの限界について理解をしてもらうこと、⑦利用者家族とともにターミナルケアを行っていくこと、そのことへの家族の理解があることである。

これらの要件が整えば、ケアも可能となるが、多くの場合、いくつかの要件が満たされないこともあり、種々のリスクを伴うことを忘れてはならない。　　　　　（島村俊夫）

■ 看取り介護加算

- 死亡日以前30日を上限、ただし退所日の翌日から死亡日までは算定不可
- 24時間の連絡体制
- 看取り指針を定め、入所者・家族に説明と同意を得ている
- 看取りの際は、個室又は静養室の対応が必要
- 居宅や当該施設、入院先で死亡した場合にも算定可

福祉施設看取り介護加算1	80単位	1日につき 死亡日以前4〜30日
福祉施設看取り介護加算2	680単位	1日につき死亡日前日及び前々日
福祉施設看取り介護加算3	1,280単位	1日につき死亡日

出典：キャプス介護事業サポートセンター「2012年度版　ケアマネジャー・ケアクラークのための介護サービスコード表」.

14-11 孤立死
― コミュニティの重要性 ―

Keywords ▶▶▶ 孤立死／定義／社会的背景／対策

● 孤立死の定義と事例

孤立死の定義は多様であるが、「自宅で死亡し、発見までに一定期間経過していること」とした場合の、2009～2010年の孤立死の発生確率（死者100人当たり）と全国推計数を表に、年齢階級別の孤立死数を図に示す[1]。

厚生労働省は2008（平成20）年3月に「高齢者が一人でも安心して暮らせるコミュニティづくり推進会議（「孤立死」ゼロを目指して）」を立ち上げ、報告書を公表している[2]。

この報告書に従って、以下、事例と社会的背景を紹介する。

事例1：2001年春、59歳男性が3年間も誰にも気づかれず、白骨化して発見された。男性の家は電気がついたままで、電気のメーターも回っていたので、近所の人は何ら変わることなく普通に生活していると思っていたようだ。家賃の督促に訪れた者によって初めて発見されたのである。この男性は離婚してから一人暮らしであり、家族との交流を一切断っていたという。

事例2：2002年に50歳の男性の遺体が、死後4か月を過ぎてから発見された。男性はコタツに入ったままの状態で亡くなっていた。部屋は散らかしたままであり、コタツの電源も入ったままであった。男性はリストラや妻子との別居などにより、一人暮らしをしていた。そして周囲の人たちが、不審に思ったことから発見された。

● 孤立死の心理・社会的背景

孤立死の背景には、「無縁社会」がある。国が国民の老後を守るという福祉国家のイメージは崩壊し、格差社会が生み出され、人と人との関わりが希薄な社会になってしまった。そのような社会の変化の中で孤立死という事態が生じるに至った。

前述の例を典型として、今日に至るまで、各地でこのような事例が発見され、マスコミによって報道されてきている。

その発生の要因についていずれも共通しているのは、自分からなのか、あるいは否応なしにそのような状況に追い込まれたのか、個々人において事情が異なるかもしれないが、他者とのつながりが希薄となり、孤立してしまっているということが挙げられる。

上記の報告書では、①家族構成・人口構造の変化、②居住形態の変化、③経済状況・家族観の変化を指摘する。大家族制度が変容し、団塊の世代の若者たちが大量に都市部に流入し、その核家族が変質していき、子どもたちは自立してさらに離れていき、夫婦だけの生活となってしまう。さらに、別離あるいは離婚などのさまざまな要因がからんで孤立してしまう。高齢化した場合でも、健康なうちは都市部では比較的生活を続けることができるが、身体が弱くなり、病気を体験すると一気に困った事態が発生して、うつ状態から孤立死の方向に至ってしまう。これらの状況が、高齢者を取り巻いているのである。

● コミュニティを保つことの重要性

さらに、高齢者を取り巻くコミュニティの要因も極めて重要である。より重要な示唆を

与えてくれるのが1995年1月17日の阪神淡路大震災後に災害復興住宅で生じた孤立死であろう。自分たちの家や地域が崩壊し、学校などに避難をし、その後、復興住宅に入った住民が徐々に孤立していった。兵庫県内265か所の災害復興公営住宅における2000年からの経年的報告によれば、多かった年は2002年の77人、2012年までに778人の孤立死が発生している。

ここで重視すべきなのは、地震によって家族を失ったこともあるが、これまでの地域での人とのつながりが、復興住宅に入ることを契機に切れてしまったことから孤立化を招いたことである。2011年3月11日に発生した東日本大震災でも、現在、同様のことが起こっている。

逆の例として、2007年3月25日の能登半島地震での事例が挙げられる。輪島の近くの集落で地震により交通道路が分断されたことから、船で全住民が避難してきた。しかし、バラバラに避難所に入らずに、集落の全住民がひとつの避難所で過ごし、このことによってこれまでの集落の人間関係がそのまま維持されたのである。

● 対応について

震災を契機に、地震そのものの他に行政の対応も重なって、これまでの家庭や学校、そして地域の関係性が分断されてしまった。さらに、高齢者と若年者の価値観の相違も明らかになったのである。

このことは、震災に限らず、今、全国で起こっていることのように思われる。家族や近隣、そして学校や職場でさまざまな要因により、人と人との関わりが分断されてきており、さらに、各年代の価値観の相違がこの事態を増幅させているのではないだろうか。そして、この結果として、虐待や家庭内暴力、非行や犯罪、不登校やうつ病そして自殺などの社会問題が生じているのではないだろうか。

対策としては、自殺予防の（1次予防の）視点から「安心して生活できるまちづくり」を推進していくことが重要である。すなわち、住民同士で「この地域で安心して生活できているか」「困ったことは何か」、そして「どうしたらよいか」を話し合い、その中から地域や状況に見合った対策を一緒に作り出していくという取り組みが「孤立死」の予防には重要であると考える。

（渡邉直樹）

■表　孤立死発生確率と全国推計

		発生確率(%)	65-69歳	全国推計(人)
2日以上(上位推計)	全体	2.95	7.21	26,821.3
	男性	3.62	8.36	16,616.8
	女性	2.24	4.29	10,204.5
4日以上(中位推計)	全体	1.74	4.81	15,603.0
	男性	2.33	5.69	10,621.8
	女性	1.10	2.59	4,981.3
8日以上(下位推計)	全体	0.97	3.15	8,604.9
	男性	1.40	3.90	6,311.7
	女性	0.51	1.26	2,293.1

＊発生確率は東京都23区における孤立死発生確率
＊全国推計は全国の65歳以上高齢者の孤立死数推計結果

■図　年齢階級別の全国高齢者の孤立死数（中位推計）

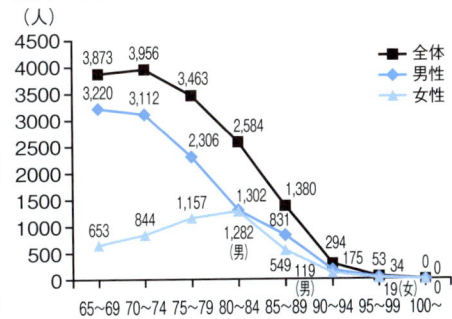

(人)
年齢	全体	男性	女性
65～69	3,873	3,220	653
70～74	3,956	3,112	844
75～79	3,463	2,306	1,157
80～84	2,584	1,302	1,282(男)
85～89	1,380	831	549
90～94	294	175	119
95～99	53	34	19(女)
100～	0	0	0

※東京都監察医務院から公表の2009年時点の「東京都23区における孤独死の発生数」と、2010年版の「人口動態統計（厚生労働省）」を用いて、「東京23区における性・年齢階級別の高齢者孤立死の発生確率」を算出し、全国市区町村の性・年齢階級別死亡数にあてはめ、得られた各市区町村の高齢者の孤立死数を全て合算して算出

出典：ニッセイ基礎研究所「セルフ・ネグレクトと孤立死に関する実態把握と地域支援のあり方に関する調査研究報告書」2頁, 2011.

14-12 自死（自殺）
― その背景と対応 ―

Keywords ▶▶▶ 自殺／自死／家族問題／健康問題／コミュニティ

●自殺者数の推移と動機

「自死」は、「自殺で身内を失い、遺された人や周囲の人たちが、その当事者の気持ちを尊重するために使用している」言葉として理解される。本稿では状況に応じて、「自死」「自殺」ということばを適宜使っていく。

1998（平成10）年以降、全国の自殺者数は2003（平成15）年までの15年間3万人を超えていた。しかし、2012（平成24）年27,858人、2013年27,283人と現在、減少する傾向にある。ただ、他の国と比べると日本の自殺率は高い水準にある。

図1に、1978（昭和53）年から2012（平成24）年までの自殺死亡率（人口10万対）の推移を年齢階級別に示す[1]。1998年以降、全年齢階級において自殺率が急増している。この年、それまで自殺率のトップであった60歳以上世代を抜き、50〜59歳がそれ以降、自殺率トップの世代となっている。

自殺の理由について、図2に各年齢階級別の原因、動機の割合を示す。60〜69歳の年代をみると、「経済・生活の問題」「家庭の問題」は一定程度あるものの、それ以前の年代よりも急激に「健康問題」が大きくなっている。この傾向は70歳以降も続き、80歳以上に至っては、「健康の問題」は自殺の理由の72.6％を占めるに至っている。

●事例：秋田県由利本荘市の調査

1995（平成7）年から行われている秋田県由利本荘市での調査を紹介する。

秋田県旧由利町の人口は1995年当時、およそ6,000名であった。1996年には11名の自殺者を出し、そのうち8割が65歳以上であった。町と保健所の保健師らがこの事態を重視し、自死遺族の訪問調査を行った。調査対象者は1992〜1994年の自殺者20名で、そのうち13名が65歳以上の高齢者であり、調査協力者は16名（80％）と高率であった。内訳は男性、女性ともに8名、50代2名、60代2名、70代3名、80代9名であった。

ほとんどが、3世代以上の同居であり、半数に配偶者がいた。健康状態は、9割近くがなんらかの病気を抱えており、外来治療中であった。13％がうつ病で治療中であった。

日常生活の様子では、「自発性はあった（81％）」「経済状況はよかった（81％）」「家族の目からみて生活に楽しみがあった（81％）」「家族交流や社会参加もよかった（56％）」であった。性格については「几帳面」「気をつかう」「我慢強い」が50％、「気分変動・派手好き・社交的」が25％、その他「自信欠乏・神経質で気に病む」「人づきあいが苦手・マイペース」が12.5％ずつであった。

自死遺族の70％近くの人が、「病気の再発を家族に知られ、入院させられることを恐れ、気にしていた」「自分も寝たきりになれば長くなり、家族に迷惑をかける」「世話になりたくない」「入院を繰り返し、どうにもならない」「友達や身内の自殺が相次ぎ落ち込んだ」「自分が死ねば保険金で借金が返せる」等の指摘をしていた。遺族調査に関わった保健師からは、「家族に迷惑をかけられないという思

い」「家族が忙しく、本人の気持ちを思いやる余裕がなかった」等の感想が寄せられた。

● 自死の背景

この調査に基づいて、自死の背景について考察していく。

うつ病について：高齢者はうつ病にかかりやすいといわれている。調査では、対象者の1～2割程度であった。「元気にしていたのになぜ？」という例が比較的多かった。

うつ病あるいは躁うつ病の存在を見逃していた可能性がある。実際7割がこれらの疾患の病前性格が当てはまっていた。几帳面でまじめで細かいことを気にしやすい人、また、外見的には明るくふるまうが、悩みを内に秘めている人が少なからずいたのである。

悩みについて：「自分の存在が家族に受け入れられているか」が大きな悩みとなっていた。それぞれの家族から嫌われたり、迷惑をかけたりすることを恐れており、このことが「健康問題」と複合的にかかわっていた。

自分の身体が病気で思うように動けなくなることの家族への影響、そのことや家族の反応への気遣いが、自死の大きな動機の一つとなるものと思われる。

● 自死と遺族への対応

1次予防（発生の予防）と2次予防（早期発見・早期治療）における基本的な対応が何をおいても重要となってくる。具体的には、1次予防的な視点からは、悩みがあったら誰かに早めに伝える、またそのような環境を整えること、2次予防的な視点からは、うつ病になった場合の早期発見と適切な医療的対応を行うことが重要となってくる。

このためには、「高齢者が一人でも安心して暮らせるコミュニティづくり推進会議」[2]でも検討されている「コミュニティ」の存在が改めてクローズアップされてくる。

自死遺族のサポートにあたっては、最近では内閣府の協力もあって、自死遺族の集いや会が全国にできつつある。そこに参加することで、これまで誰にも伝えることのできなかった思いを伝え、参加者に支えてもらうということができるようになった。遺族が初めに体験する感情は、自責の思いである。この思いを他の参加者と共有することで、より客観的に自己を見つめ直すことができるし、最終的には身内の死を受け入れ、遺された自分がいま何をするべきかが見えてくるのである。　（渡邉直樹）

■図1　年齢階級別の自殺死亡率の推移（昭和53年～平成24年）

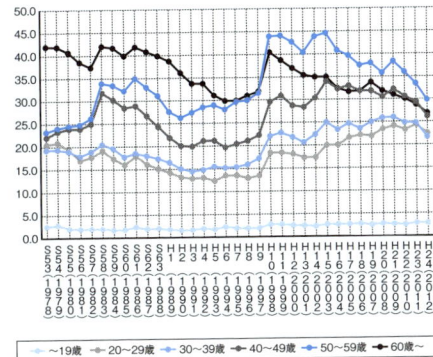

■図2　各年齢階級の合計に占める自殺の各原因・動機の割合（不詳を除く）（平成24年）

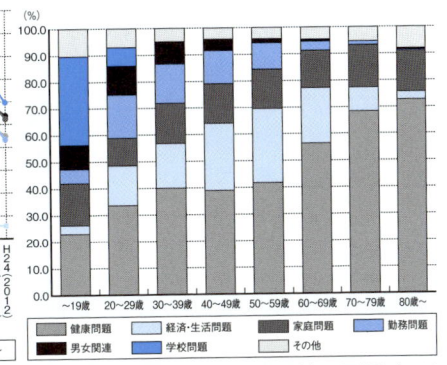

出典：内閣府・警察庁「平成24年中における自殺の状況」，内閣府「平成24年版自殺対策白書（概要）」14頁（図1），16頁（図2），2013.

14-13 安楽死・尊厳死
― 少子高齢社会における「死に方／死なせ方」の政治学 ―

Keywords ▶▶▶ 死の尊厳と生の尊厳／優生学的安楽死／ナチス「安楽死」政策／姥捨伝説

●医療化社会のなかの安楽死・尊厳死

「安楽死」「尊厳死」を文字通りに解釈すれば、「安らかな死」「尊厳ある死」という意味であり、人が健やかな生の締めくくりをこのように願うのは、誰もがもつごく素朴な願いであるといえる。ポックリ寺信仰やピンピンコロリ（PPK）運動はそんな願いが社会現象となって、表出したものといえよう。しかし、「安らかな死」「尊厳ある死」への素朴な希求も、医療化社会においていったん「安楽死」「尊厳死」というタームで主題化されるや、そんな素朴な願いとは別様の意味をもつことになる。

現在の日本においては、「安楽死」は概ね「致死薬の投与により肉体的苦痛を除去して直接死なせること」、これに対して「尊厳死」は「延命治療を拒否あるいは中断して自然な死にまかせること」と定義されており、それぞれは異なるものと理解されている。他方、アメリカのオレゴン州やワシントン州で死を直接的に引き起こすための致死薬の処方を医師に認める法律が「尊厳死法」と名づけられている。ここにみるように、欧米圏で好まれる「尊厳をもって死ぬ権利」が意味するところは、むしろ日本でいう「安楽死」に近い。

●安楽死・尊厳死論の歴史

「"死に勝る苦痛"から死をもって解放する」という、現在用いられているような意味での「安楽死」を法的に認めようとする動きは19世紀半ばから登場し、1930年代には英米で相次いで安楽死協会が設立された。「安楽死」は、死をもたらす行為に第三者の手を要することになると他殺の側面が、本人の意思に基づく場合には自殺の側面がある。したがって、「安楽死」は法、倫理、宗教において問題視されてきた。とりわけ、キリスト教文化圏では殺人と並んで自殺が大罪とみなされてきたために、逆にこれを宗教的「束縛」から解放された現代人の「権利」と主張せざるを得なかったという事情もある。

他方、安楽死・尊厳死論は、PVS（遷延性意識障害、俗に「植物状態」と称される）からの人工呼吸器の撤去の可否が争われたカレン・アン・クインラン事件（1975 − 76年）をはじめ、常に健康な若者に理不尽に降りかかった事故や不治の病をリーディング・ケース（典型的な事例）としてきた。それゆえに広い世代から関心を集めてきたが、逆に、安楽死・尊厳死論が、高齢者や難病者、重度障害者をターゲットにしてその処遇を図っていることを背景に押しやってもきた。

●優生学的安楽死の実行

「安楽死」論は、19世紀半ばの提案当初から、不治末期の病人や重傷者の死苦の緩和のためだけでなく、対象としてしばしば知的障害者や精神障害者、重度障害新生児、時には老人や虚弱者まで含む優生学的な安楽死を意味してきた。第二次世界大戦のナチス政権下では、ユダヤ人などの虐殺に先だって、20数万人に及ぶ心身障害者や難病者、アルコール依存症患者、老人などが「安楽死」の名の下に殺害されている。それゆえ、その後の「安楽死」運動は、「安楽死」の語を避け、「（尊厳

をもって）死ぬ権利」「死の援助」といった表現を戦略的に用いるとともに「自己決定」や「無駄な延命」を強調するようになっていった。現在の「日本尊厳死協会」が1983（昭和58）年に「日本安楽死協会」から会名改称したのも同様の理由からである。

「安楽死／尊厳死」という言葉の錯綜とは別に、宮川（1979）は、死を引き起こす行為と死との因果関係や本人の意思の有無だけでなく、安楽死論が、死に逝く人の生命と生存の意味や価値をも問題にしてきたことに着目し、①非理性的・非人格的な人間生命のあり方を無意味だとしてその生存を拒否しようとする場合を「尊厳死的安楽死」、②激しく、耐えがたい、しかも鎮静の可能性もない身体的苦痛に伴われた人間生命のあり方を無意味であるとして拒否しようとする場合を「厭苦死的安楽死」、③共同体にとって犠牲や負担が大きい生命を生存の意味なしと判断し、その生命を共同体から放棄し、あるいは本人が自ら死に向かって放棄する場合を「放棄死的安楽死」、④国家共同体の存立に無意味、あるいは有害と判断された人間生命を、価値なきものとして意識的に消去する場合を「淘汰死的安楽死」と分類している。

●姥捨伝説と安楽死・尊厳死論

ところで、日本の安楽死・尊厳死論においては、食い扶持を減らすために自ら死地に赴く老女の姿を描いた深沢七郎の『楢山節考』（1956）が日本人の美徳としてしばしば肯定的に引用されてきた。本来の姥捨伝説は、棄老でなく養老を説いているだけでなく、棄老の実態そのものにも疑義が出されているにもかかわらずである（大谷、2011）。これらのことを考えると、少子高齢社会のリスク言説、医療費・社会保障費削減が叫ばれる現状において、「尊厳死」は、宮川のいう尊厳死的安楽死のみならず、放棄死的安楽死や淘汰死的安楽死に連なっているといえなくもない。

他方、姥捨山の「その後」を逞しく生きる老女たちを描いた佐藤友哉の小説『デンデラ』（2009）とその映画化作品（2011）の登場は、「姥捨」小説の高齢者像に若い世代から新たな光が投げかけられたともいえる。

「安楽死・尊厳死」論は、老若を問わず人の死に方と生き方を問う実存的な問題であると同時に、親密圏・公共圏を貫いて、極めて政治的経済的な問題なのである。（大谷いづみ）

■ハダマーの「安楽死」施設
ナチス政権下に設置された「安楽死」のための施設のひとつ。毎日遺体を焼く煙が上がっていた。（写真は1941年頃）

出典：DAL (Diözesanarchiv Limburg), Nachlaß Pfr. Hans Becker.

14-14 エンゼルケア・死後のケア
― その人らしい死への旅立ちを装う ―

Keywords ▶▶▶ 人の死／エンゼルケアの定義／エンゼルケアの手順／家族の心を癒すエンゼルケア

● 人の死

　人が死ぬことはとても悲しいことである。ましてや愛する家族との永遠の別れはどんなにつらいことであろうか。長い闘病生活の果ての別れ。しかし、人は死ぬものであり、いつかは別れが来るものである。

　援助者は、死から目をそらさず、終末期から看取りまで、その人らしい生き方ができるように本人や家族を支え、誠実に対応していくことが大切である。

　死後も、援助者は単に死後の処置としての遺体の清潔や、医療の侵襲・痩せなどの外観の変化を目立たなくするだけではなく、生前からその人となりを理解し、家族とともにその人らしい姿にし、家族の看取りをねぎらい、満足して送り出せるようにすることが重要である。そのためにエンゼルケアがある。

● エンゼルケアの定義

　エンゼルケアとは「死亡確認後の一切のケアがエンゼルケアであり、そのなかで、エンゼルメイク、グリーフケア、および死後の身体部分の整えが重なり合い、連動しつつ存在する」[1]と定義づけられている（エンゼルケア研究会）。

　すなわち、エンゼルケアとは、遺体を清潔にし、生前の外観をできるだけ保ち、死によって起こる変化を目立たないようにするだけでなく、人生の最期にふさわしい姿に整えることである。また、エンゼルメイクとして、顔の整容に重きを置き、チューブなどの医療的侵襲により失われた面影を取り戻すために施す化粧や処置を行う場合もある。

　エンゼルケアは遺族の心のケアとしても重要である。つまり、死後の処置に家族が参加することで、「自分の手で最期のケアをしてあげられた」納得感や満足感が、その後の立ち直りにとって大切なプロセスになるからである（グリーフケア）。

　したがって、エンゼルケアは遺体の尊厳を守る処置であるとともに、残された家族のグリーフワークの1つとして重要なのである。

● エンゼルケアの手順

　エンゼルケアの手順として、以下の6つが挙げられる。

①家族との相談：どの程度までケアするか、葬儀社との兼ね合いもあり相談する。できれば生前から話し合っておくことも大切である。また、エンゼルケアの料金についても説明しておく必要がある。病院では細かく説明されないことが多いが、在宅では実費で徴収されることがほとんどで、5,000～10,000円程度。徴収しない事業所もある。

②死後入浴（湯灌）：入浴は在宅の場合はなかなか難しく、業者に任せることが多い。

③清潔の処置：清拭（洗髪、足浴、手浴）をして遺体を清潔にする。乾燥を防ぐために保湿クリームなどを塗布する。消化管の内容物を除去する。場合によっては綿やゼリーを詰めることもある。髭そりはカミソリの刃で皮膚を傷つけるので、クリームなどを使用し、十分注意して行う。褥瘡などの傷があれば、新しいガーゼなどを多めに当て、テープでと

めておく。髪をとかし、爪も切っておく。もし、瞼が開いた状態なら、軽く両手のひらを当てて閉じ、しばらくそのままにしておく。それでも開くようなら、ティッシュペーパーを小さく切って瞼の下に入れ、目を閉じる。手は普通、胸の上で両手指を交互に組ませて固定する。

④着替え：その地域の慣習や宗教的なものもあり、家族間でよく相談することが大切であるが、故人が生前に好んだ服装や、着物などに更衣したり、白い死装束を着用する場合もある。

⑤メイク（死化粧）：温かいタオルなどをあて、保湿クリームなどで顔のマッサージをする。口が閉じない時などに施すと効果がある。癌など闘病が長く痩せが激しい時などは、頬に綿などの詰め物をして、できるだけ健康時に近い状態にする。ファンデーションなどで顔色を整え、口紅を塗る。男性の場合は少し色のついたリップクリームなどを塗るとよい。

⑥クーリング：遺体は亡くなった瞬間から腐敗が始まる。腸内細菌が増加することで腐敗が進むため、細菌が発生しにくい20℃以下にクーリングする。皮膚温度は下げる必要がなく、主に腹腔と胸腔で、その部位に氷や保冷剤などを乗せる。しかし、遺体に氷を置いて冷やすなどの行為は、家族にとっては残酷だと感じることもあるので、よく説明して同意を得ることが重要である。

●家族の心を癒すエンゼルケア

最近では、葬儀業者が湯灌やエンバーミング（遺体の消毒と腐敗処理）など、さまざまなサービスを提供している。すべて業者に任せるという選択もあるが、家族が医療者とともにエンゼルケアをすることは重要である。

直接遺体に触れることは、実際に死を確認することでもある。例えば、体を拭きながら「つらかったね」「よく頑張ったね」と声をかけたり、昔のエピソードを話したりすることは、徐々に死を受け入れていくプロセスになる。

エンゼルケアを提供する側は、家族の介護をねぎらい、故人が喜んでおられるだろうことを伝え、笑顔で送ってあげられるように援助することが重要である。故人と遺族が埋葬までの最後の大切な時間をともにできるのがエンゼルケアの大きな目的の1つであり、グリーフケアにもつながっていく。（神田直子）

■クーリング施行・未施行遺体の比較

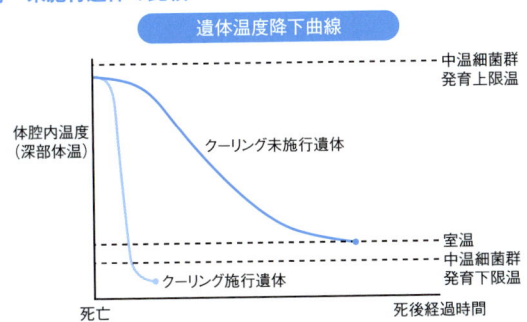

遺体温度降下曲線

体腔内温度（深部体温）

中温細菌群発育上限温

クーリング未施行遺体

室温

クーリング施行遺体

中温細菌群発育下限温

死亡　　　　　　　　　死後経過時間

クーリング未施行（未実施）では、遺体温度（体腔内温度および表皮温度）は、室温まで低下するが、室温以下にはなり得ない。
（例）28℃の室温下では遺体最低温度は28℃
死後できるだけ早く、急激に体腔内温度を、20℃以下（最低でも25℃）まで降下させることが重要である。

出典：角田直枝編『癒しのエンゼルケア』中央法規出版，20頁，2010.

文献一覧

1 こころの加齢

総論

- 佐藤眞一「高齢者と加齢をめぐる心理学的考察の歴史と展望」権藤恭之 編『高齢者心理学』朝倉書店，1‒22頁，2008．

1-1

- Atchley, R.C. Disengagement among Professors. *Journal of Gerontology*, 26, pp.476-480, 1971.
- Cumming, E. and Henry, W.H. *Growing Old: The Process of Disengagement*. New York: Basic Books, 1961.
- Havighurst, R.J. and Albrecht, R. *Older People*. New York: Longmans, 1953.
- Neugarten, B.L., Havighurst, R.J. and Tobin, S.S. Personality and patterns of aging. B. L. Neugarten (Ed.) *Middle Age and Aging*. Chicago: The University of Chicago Press, pp.173-177, 1968.
- 佐藤眞一「老人の人格」井上勝也・木村周 編『新版 老年心理学』朝倉書店，54‒71頁，68頁，1993．
- 佐藤眞一「ライフイベントと心の健康」東京都老人総合研究所心理学部門 編『ライフイベントと心の処方箋』14‒26頁，1995．
- 佐藤眞一「老いの生活への適応過程」佐藤眞一・大川一郎・谷口幸一 編著『老いとこころのケア ― 老年行動科学入門 ―』ミネルヴァ書房，115‒135頁，2010．

1-2

- 佐藤眞一・下仲順子・中里克治・河合千恵子「年齢アイデンティティのコホート差，性差，およびその規定要因：生涯発達の観点から」『発達心理学研究』8，88‒97頁，1997．

1-3

- 佐藤眞一「ご老人は謎だらけ」光文社，21頁，2011．
- 谷口幸一 編著「成熟と老化の心理学」コレール社，1997．
- 佐藤眞一 編「調査・事例研究から読み解く 高齢者の心と体 ケアに生かすQ&A」「コミュニティケア」150号（Vol.12 No.14），日本看護協会出版会，2010．
- Sato, S. Subjective Age and Aging: An Aspect of Psychological Gerontology. *DIJ*（*Deutsches Institut für Japanstudien*）*International Workshop: Consumption and Well-being in the Aging Society Advancing Research on Older Consumers*, Tokyo, Japan, 2011.

1-4

1) Baltes, P.B., Reese, H.B., & Lipsitt, L.P. Life-span developmental psychology, *Annual Review of Psychology*, 31, pp.65-110, 1980.
2) 佐藤眞一「生涯発達とその研究法」谷口幸一・佐藤眞一 編著『エイジング心理学 ― 老いについての理解と支援 ―』北大路書房，19‒35頁，2007．
- Baltes, P.B. On the incomplete architecture of human ontogeny: Selection, optimization, and compensation as foundation of developmental theory. *American Psychologist*, 52, pp.366-380, 1997.
- Baltes, P.B. and Baltes, M.M. *Successful Aging: Perspectives from the behavioral sciences*. P.B. Baltes and M.M. Baltes (Eds.), Cambridge: University Press, pp.1-34, 1990.
- 村田孝次『生涯発達心理学の課題』培風館，51頁，1989．（Baltes, P.B., et al. Life-span developmental psychology. Annual Review of Psychology, 31, p.77, 1980.）

1-5

- Baltes, P.B., Reese, H.B., & Lipsitt, L.P. Life-span developmental psychology, *Annual Review of Psychology*, 31, pp.65-110, 1980.
- 河合隼雄 監修・氏原寛 訳「ユング心理学概説4　個性化の過程」創元社，1993．（Meier,C.A. *Der Individuationsprozeß im Lichte der Typologie C.G.Jungs*. Olten: Walter-Verlag, 1972.）
- Baltes, P.B. and Linenberger, U.K. Emergence of powerful connection between sensory and cognitive function across the adult life span: A new window to the study of cognitive aging? Psychology and Aging, 12. p.15, 1997.
- Baltes, P.B. and Staudinger, U.M. Wisdom: A metaheuristic (pragmatic) to orchestrate mind and virtue toward excellence. *The American Psychologist*, 55, p.128, 2000.

1-6

1) Kosnik, W., Winslow, L., Kline, D., Rasinski, K., & Sekuler, R. 1988 Visual changes in daily life throughout adulthood. *Journal of Gerontology*, 43(3), pp.63-70.
2) Mangione, C. M., Lee, P. P., Pitts, J., Gutierrez, P., Berry, S., & Hays, R. D. 1998 Psychometric properties of the National Eye Institute visual Function Questionnaire (NEI-VFQ). *Archives of ophthalmology*, 116(11), pp.1496-1504.

3) Slawinski, E. B., Hartel, D. M., & Kline, D. W. 1993 Self-reported hearing problems in daily life throughout adulthood. *Psychology and aging*, 8(4), pp.552-561.
4) 一原由美子・實金栄・西岡慶子・太湯好子「地域在住の高齢者における聴覚機能障害と精神的健康との関連」「地域環境保健福祉研究」14(1), 1-7頁, 2011.
5) 安田健二・古河伋「聴力検診における高齢者の聴力の実態 — 金沢市聴力検診事業より (2000年〜2005年) —」「日本耳鼻咽喉科學會會報」112, 73-81頁, 2009..
6) 大島あゆみ・泉キヨ子・平松知子「老人性難聴をもつ高齢者における補聴器への順応のプロセス」「老年看護学」11(2), 93-102頁, 2007.
・Madden, D.J., Whiting, W.L., Cabeza, R., & Huettel, S.A. 2004 Age-Related Preservation of Top-Down Attentional Guidance During Visual Search. *Psychology and aging*, 19(2), pp.304-309.
・桐谷伸彦・井上秀朗・浅野容子・関 博之・本多芳男・池田義雄・堂満憲一「新 JIS オージオメータによる成人の年齢別聴力の検討 — 平均値、標準偏差、最頻値、中央値について —」「耳展」35(3), 221-228頁, 1992.
・柳井修一「第112・113回老年学公開講座 世界を広げる知覚 視る、聴く、味わう喜びをいつまでも」東京都健康長寿医療センター研究所, 3-16頁, 2010.
・立木孝・笹森史朗・南吉昇・一戸孝仁・村井和夫・村井盛子・河嶋寛「日本人聴力の加齢変化の研究」「Audiology Japan」45, 241-250頁, 2002.
・大島・泉・平松「老人性難聴をもつ高齢者における補聴器への順応のプロセス」「老年看護学」11(2), 98頁, 2007.

1-7
1) 浅賀英世「高齢者の嗅覚」亀山正邦 監修『別冊総合ケア 高齢者の日常生活と「ありふれた病気」』医歯薬出版, 18頁, 1994.
2) ・Cooper, R.M., Bilash. I. and Zubek, J.P.：The effect of age on taste sensitivity. *Journal of Gerontology*. 14, pp.55-58, 1959.
・Shiffman, S. and Pasternak, M.：Decreased discrimination of food odors in the elderly. *Journal of Gerontology*, 34, pp.73-79, 1971.
3) 川井元晴・根来清・神田隆「Alzheimer 病における嗅覚障害」「精神内科」66, 366-369頁, 2007.
4) Corso, J.F.：Sensory processes and age effects in normal adults, *Journal of Gerontology*, 26, pp.90-105, 1971.
・一番ヶ瀬康子監, 下仲順子・中里克治編著『高齢者心理学』建帛社, 62-63頁, 2004.

1-8
・子安増生・田村綾菜・溝川藍「感情の発生」藤田和生 編「感情科学」京都大学学術出版会, 171-143頁, 2007.
・Carstensen, L. L., Pasupathi, M., Mayr, U., & Nesselroade, J. R. Emotional experience in everyday life across the adult life span. Journal of Personality and Social Psychology, 79, pp.644-655, 2000.
・Carstensen, L. L. The influence of a sense of time on human development. Science, 312, pp.1913-1915, 2006.
・Charles, S. T., Mather, M., & Carstensen, L. L.. Aging and emotional memory: The forgettable nature of negative images for older adults. J Exp Psychol Gen, 132(2), pp.310-324, 2003.
・増本康平・上野大介「認知加齢と情動」「心理学評論」52, 326-339頁, 2009.
・Fung, H. H., Lu, A. Y., Goren, D., Isaacowitz, D. M., Wadlinger, H. A., & Wilson, H. R. Age-related positivity enhancement is not universal: Older Chinese look away from positive stimuli. Psychology and Aging, 23, pp.440-446, 2008.

1-9
1) 杉若弘子「性格」中島義明・安藤清志・子安増生・坂野雄二・繁桝数男・立花政夫・箱田裕司 編『心理学辞典』有斐閣, 480頁, 1999.
2) 神村栄一「パーソナリティ」中島義明・安藤清志・子安増生・坂野雄二・繁桝数男・立花政夫・箱田裕司 編『心理学辞典』有斐閣, 686-687頁, 1999.
3) 成田健一「感情・性格のエイジング」谷口幸一・佐藤眞一 編著「エイジング心理学 — 老いについての理解と支援 —」北大路書房, 121-139頁, 2007.
4) Mroczek, D. K., Spiro Ⅲ, A., & Griffin, W. Personality and aging. In J. E. Birren & K. W. Schaie (Eds.) *Handbook of the psychology of aging*. San Diego: Academic Press. pp.363-377, 2006.
5) 佐藤眞一「老いの生活への適応過程」佐藤眞一・大川一郎・谷口幸一 編著『老いとこころのケア — 老年行動科学入門 —』ミネルヴァ書房, 115-135頁, 2010.
6) Lachman, M. E. Personality and aging at the crossroads: Beyond stability versus change. In K.W.Shaie & C. Schooler(Eds.) *Social Structure and Aging: Psychological Process*. Hillsdale, NJ: Lawrence Erlbaum Associates. pp.167-189, 1989.
7) Costa, P. T. J., & McCrae, R. R. *The NEO Personality Inventory Manual*. Odessa: Psychological Assessment Resources.

1985.
8) Costa, P. T., Jr. & McCrae, R. R. *NEO Pi-R Professional Manual*. Odessa, FL: Psychological Assessment Resources, 1992.
9) Costa, P. T., Jr., Zonderman, A. B., & McCrae, R. R., Cormoni-Huntley, J., Locke, B. Z., & Barbano, H. E. Longitudinal analyses of psychological lwee-being in a national sample: Stability of mean levels. *Journal of Gerontology: Social Sciences*, 42, S50-S55, 1987.
10) Costa, P. T., Jr. & McCrae, R. R. Personality in adulthood: A six-year longitudinal study of self-repotrs and spouse ratings on the NEO personality inventory. *Journal of personality and Social Psychology*, 54, pp.853-863, 1988.
11) Costa, P. T., Jr., McCrae, R. R., Zonderman, A. B., Barbano, H. E., Lebowitz, B., & Larson, D. M. Cross-sectional studies of personality in a national sample: 2. Stability in neuroticism, extraversion, and openness. *Psychology and Aging*, 1, pp.144-149, 1986.
12) 増井幸恵「性格」権藤恭之 編『高齢者心理学』海保博之 監修「朝倉心理学講座15」朝倉書店，134-150頁，2008.
13) Roberts, B.W. & DelVecchio, W. F. The rank-order consistency of personality traits from childhood to old age: A quantative review of longitudinal studies. *Psychological Bulletin*, 126(1), pp.3-25, 2000.
14) Roberts, B. W., Walton, K. E., & Viechtbauer, W. Patterns of mean-level change in personality traits across the life course: A meta-analysis of longitudinal studies. *Psychological Bulletin*, 132(1), pp.1-25, 2006.
15) Richard, S., Livson, F., & Petersen, P. G. *Aging and personality*. NY: Wiley, 1962.
16) 下仲順子「高齢者の人格と加齢」下仲順子 編『高齢期の心理と臨床心理学』培風館，78-93頁，2007.
17) 下仲順子「超高齢者の人格特徴」『老年精神医学雑誌』13，912-920頁，2002.
・権藤恭之 編『高齢者心理学』海保博之 監修「朝倉心理学講座15」朝倉書店，2008.
・岡市洋子『元気に老いる』日本行動科学学会 編「行動科学ブックレットシリーズ4」二瓶社，2008.
・佐藤眞一・大川一郎・谷口幸一 編著『老いとこころのケア—老年行動科学入門—』ミネルヴァ書房，2010.
・下仲順子 編『高齢期の心理と臨床心理学』培風館，2007.
・谷口幸一・佐藤眞一 編著『エイジング心理学 — 老いについての理解と支援 —』北大路書房，2007.
・増井幸恵「性格」権藤恭之編『高齢者心理学』海保博之監『心理学講座15』朝倉書店，136頁の表8・1，2008．および 成田健一「感情・性格のエイジング」谷口幸一・佐藤眞一編『エイジング心理学 — 老いについての理解と支援 —』北大路書房，127頁の表8-2，2007.

1-10

1) http://www.world-masters-athletics.org/records/outdoor-men
2) How do we measure cognitive function in the oldest old? A new framework for questionnaire assessment of dementia prevalence in centenarians pp.97-109. Gondo, Masui, Inagaki, and Hirose in Demantia and memory Nilson LG &Ohta N (Edts) Psychological Press. NY, NY, 2014.
3) Gondo, Y., & Poon, L. W. Cognitive function of centenarians and its influence on longevity. In L. W. Poon, T. T. Perls, & K. W. Schaie (Eds.), Annual Review of Gerontology and Geriatrics, Volume 27, 2007: Biopsychosocial Approaches to Longevity (pp.129-149). New York: Springer, 2007.
4) Gondo, Y., Nakagawa, T., & Masui, Y. A new concept of successful aging in the oldest-old-Development of gerotranscendence and its influence on the psychological well-being. In J. M. Robine, C. Jagger, & E. Crimmins (Eds.) Annual review of gerontology and geriatrics. 33(1) pp.109-132. New York: Springer, 2013.
5) Evert, J., Lawler, E., Bogan, H., & Perls, T. Morbidity Profiles of Centenarians?: America, 58(3), pp.232-237, 2003.
6) 増井幸恵「老年的超越研究の動向と課題」『老年社会科学』35(3)，365-373頁，2013.
7) Bishop, A. J., Martin, P., MacDonald, M., Poon, L., Jazwinski, S. M., Green, R. C., Arnold, J. Predicting happiness among centenarians. Gerontology, 56(1), pp.88-92, 2010.
8) Margrett, J. A., Daugherty, K., Martin, P., MacDonald, M., Davey, A., Woodard, J. L., Poon, L. W. Affect and loneliness among centenarians and the oldest old: the role of individual and social resources. Aging & mental health, 15(3), pp.385-396, 2011.
・国立社会保障・人口問題研究所『人口統計資料集』.
・Y. Gondo, N. Hirose, Y. Arai, H. Inagaki, Y. Masui, K. Yamamura, K. Shimizu, M. Takayama, Y. Ebihara, S. Nakazawa, K. Kitagawa: Functional status of centenarians in Tokyo, Japan: developing better phenotypes of exceptional longevity. J Gerontol A Biol Sci Med Sci, 61(3), pp.305-310, 2006.

2 自己

総論
1) 佐藤眞一・東清和「中高年被雇用者および定年退職者の行動特徴と生きがい」「産業・組織心理学研究」11，95-106頁，1998.
2) 佐藤眞一「企業従業者の定年退職後の生きがい ― 集団面接による質的分析 ―」「明治学院大学心理学紀要」11,33-46頁，2001.
3) 佐藤眞一「団塊世代の退職と生きがい」「日本労働研究雑誌」48(5)，83-93頁，2006.
・佐藤眞一「老いの生活への適応過程」佐藤眞一・大川一郎・谷口幸一 編著『老いとこころのケア ― 老年行動科学入門 ―』ミネルヴァ書房，115-135頁，123頁，2010.
・Ryff, C.D. Happiness is everything, or is it?: Explorations on the meaning of psychological wellbeing. *Journal of Personality and Social Psychology*, 57, pp.1069-1081, 1989a.
・Ryff, C.D. In the eye of the beholder: Views of psychological well-being among middle aged and older adults. *Psychology and Aging*, 4, pp.195-210, 1989b.
・佐藤眞一「老年期における自己の発達」榎本博明 編『自己心理学2 生涯発達心理学へのアプローチ』金子書房，226-244頁，2008.

2-1
1) 佐藤眞一「心理学的超高齢者研究の視点 ― P. B. Baltes の第4世代と E. H. Erikson の第9段階の検討 ―」「明治学院大学心理学紀要」13，41-48頁，2003.
・Minois, G. *Histoire de la Vieillesse en Occident: de l'Anitiquité à la Renaissance*. Paris: Librairie Arthéme Fayard, 1987. (ジョルジュ・ミノワ（著）大野朗子・菅原恵美子（訳）『老いの歴史 ― 古代からルネサンスまで ―』筑摩書房，1996.)
・副田義也「主体的な老人像を求めて」「老年 ― 性愛・労働・学習」「現代のエスプリ」No.126，至文堂，5-24頁，1978.
・橘覚勝『老年学』誠信書房，1971.
・佐藤眞一「老人観」京極高宣・小田兼三編集委員代表『現代福祉学レキシコン』雄山閣，334頁，1993.
・佐藤眞一「老人の若者観／老人の家族観」國分康孝監修『現代カウンセリング事典』金子書房，376頁，2001.
・副田義也「主体的な老人像を求めて」「老年 ― 性愛・労働・学習」「現代のエスプリ」No.126，至文堂，11頁，1978.

2-2
1) 井上勝也「老年期と生きがい」井上勝也・木村周 編『新版老年心理学』朝倉書店，146-160頁，1993.
2) 下仲順子・中里克治・河合千恵子・佐藤眞一・石原　治・権藤恭之「中高年期におけるライフイベントとその影響に関する心理学的研究」「老年社会科学」17，40-56頁，1995.
3) 粟田主一「高齢者の自殺とその予防」「精神神経学雑誌」107，1099-1109頁，2005.
4) Baltes, P. B. Theoretical propositions of life-span developmental psychology: on the dynamics between growth and decline. *Developmental Psychology*, 23, pp.611-626, 1987.
5) Havighurst, R. J. Successful aging The Gerontologist, 1, pp.8-13, 1961.
6) Atchley A Continuity Theory of Normal Aging. *The Gerontologist*, 29, pp.183-190, 1989 .
7) 中嶋康之・小田利勝「サクセスフル・エイジングのもう一つの観点 ― ジェロトランセンデンス理論の考察 ―」「神戸大学発達科学部研究紀要」8，255-269頁，2001.
8) 冨澤公子「奄美群島超高齢者の日常から見る「老年的超越」形成意識 ― 超高齢者のサクセスフル・エイジングの付加要因 ―」「老年社会科学」30，477-488頁，2009.
9) Baltes, P. B., & Baltes, M. M. Psychological perspectives on successful aging:The model of selective optimization with compensation. In P. B.Baltes, & M. M. Baltes. (Eds.) *Successful aging: perspectives from the behavioral science*, pp.1-27, 1990.
10) Rowe, J. W., & Kahn, R. L. Successful aging. *The Gerontologist*, 37, pp.433-440, 1997.
11) Depp, C. A., & Jeste, D. V. Definitions and Predictors of Successful Aging:A Comprehensive Review of Larger Quantitative Studies. *The American Journal of Geriatric Psychiatry*. 14, pp.6-20, 2006.
12) Phelan, E. A., Anderson, L. A., LaCroix, A. Z., & Larson, E. B. Older adults' views of "successful aging"-How do they compare with researchers' definitions?　*Journal of American Geriatric Society*, 52, pp.211-216, 2004.
13) Rossen, E. K., Knafl, K. A., & Flood, M. Older women's perceptions of successful aging. *Activities, Adaptation & Aging*, 32, pp.73-88, 2008.
14) Tate, R. B., Lah, L., & Cuddy, T. E. Definition of successful aging by elderly Canadian males: The Manitoba follow-up study. *The Gerontologist*, 43, pp.735-744, 2003.

15) Crowther, M. R., Parker, M. W., Achenbaum, W. A., Larimore, W. L., & Koenig, H. G. Rowe and Kahn's Model of Successful Aging Revisited：Positive Spirituality-The Forgotten Factor. *The Gerontologist*, 42, pp.613-620, 2002.
16) 田中真理・大川一郎・新井邦二郎「日本人高齢者におけるサクセスフル・エイジングの構造 ― 半構造化面接を用いて ―」『高齢者のケアと行動科学』15, 23－33頁, 2010.
17) Minkler, M., & Fadem, P. "Successful Aging:"A Disability Perspective. *Journal of Disability Policy Studies*, 12, pp.229-235, 2002.
・小田利勝「サクセスフル・エイジングの概念と測定方法」『人間科学研究』11, 17－38頁, 2003.
・田中真理「サクセスフル・エイジング」佐藤泰正・渡邉映子・大川一郎編『高齢者の心理』おうふう, 140頁, 2011.

2-3
1) 内閣府「社会意識に関する世論調査」1983-2006. URL ＜ http://www8.cao.go.jp/survey/index-sha.html ＞
2) 労働政策研究・研修機構「高齢者の雇用・採用に関する調査」結果, 2010.
   URL ＜ http://www.jil.go.jp/press/documents/20100329.pdf ＞
3) Caro, F. G., Bass, S. A., & Chen, Y. Intoroduction: Achieving a Productive Aging Society. In F. G. Caro, S. A. Bass, & Y. Chen (Eds.), *Achieving a Productive Aging Society*. Auburn House Westport. pp.3-26, 1993．
4) Burr, J. A., Mutchler, J. E., & Caro, F. G. Productive activity clusters among middle-aged and older adults: Intersecting forms and time commitment. *Journal of Gerontology; Social Sciences*, 62B, S267-S275, 2007.
5) 岡本秀明「高齢者のプロダクティブ・アクティビティに関連する要因 ― 有償労働，家庭内および家庭外無償労働の3領域における男女別の検討 ―」『老年社会科学』29, 526－538頁, 2008.
・Butler, R. N. Why Survive?: Being Old in America. Happer & Row, 1975.
・Butler, R. N., & Gleason, H. P. (Eds.) *Productive aging: Enhancing vitality in later life*. Springer. 1985.
・中原純「役割欠如による心理的well-beingへの負の影響に対するボランティア活動の緩衝効果 ― 中高年者を対象とした横断的検討 ―」『高齢者のケアと行動科学』13, 15－22頁, 2007.

2-4
・World Health Organization（WHO）Active ageing: a policy framework, 2002.
・World Health Organization（WHO）*Global Age-Friendly Cities: A Guide*, 2007.（日本生活協同組合医療部会訳『WHO「アクティブ・エイジング」の提唱 ― 政策的枠組みと高齢者にやさしい都市ガイド』萌文社, 2007.）

2-5
1) 伊藤裕子・相良順子・池田雅子・川浦康至「主観的幸福感尺度の作成と信頼性・妥当性の検討」『心理学研究』74, 276－281頁, 2003.
2) Diener, E., Suh, E. M., Lucas, R. E., & Smith, H. L. Subjective well-being: Three decades of progress. *Psychological bulletin*, 125, pp.276-302, 1999.
3) Diener, E. Subjective well-being. *The science of well-being*. pp.11-58, Springer Netherlands, 2009.
4) Watson,D., Clark, L. A., & Tellegen, A. Development and validation of brief measures of positive and negative affect: The PANAS scales. *Journal of personality and social psychology*, 54, pp.1063-1070, 1988.
5) 佐藤徳・安田朝子「日本語版PANASの作成」『性格心理学研究』9, 138－139頁, 2001.
6) Neugarten, B. L., Havighurst, R. J., & Tobin, S. S. The measurement of life satisfaction. *Journal of Gerontology*, 16, pp.134-143, 1961.
7) 田原康友・植木章三・矢野宏光・畔地利枝・大西美智子・三木哲郎・中嶋和夫「日本版LSIAの因子構造モデルの検討」『東京保健科学学会誌』3, 33－37頁, 2000.
8) 古谷野亘, 柴田博, 芳賀博, 須山靖男「PGCモラール・スケールの構造 ― 最近の改訂作業がもたらしたもの ―」『社会老年学』29, 64－74頁, 1989.
9) 古谷野亘・柴田博・芳賀博・須山靖男「生活満足度尺度の構造 ― 因子構造の不変性 ―」『老年社会科学』12, 102－116頁, 1990.
10) Mroczek, D. K. & Kolarz, C. M. The effect of age on positive and negative affect: A developmental perspective on happiness. *Journal of Personality and Social Psychology*, 75, pp.1333-1349, 1998.
11) 菅知絵美・唐澤真弓「3つのWell-Being尺度の生涯発達的検討 ― 日本人中高年期の年齢および性別による相違の検討 ―」『日本社会心理学会第51回発表論文集』562－563頁, 2010.
12) 權藤恭之・古名丈人・小林江里香・岩佐 一・稲冨宏樹・増井幸恵・杉浦美穂・藺牟田洋美・本間昭・鈴木隆雄「超高齢期における身体的機能の低下と心理的適応 ― 板橋区超高齢者訪問悉皆調査の結果から ―」『老年社会科学』27, 327－338頁, 2005.
13) 内田由紀子「日本人の幸福感と幸福度指標」『心理学ワールド』60, 5－8頁, 2013.

2-6
1) George, L. K. Perceived quality of life. Binstock, R. H., & George, L. K. (eds.), Handbook of aging and the social sciences 6th edition. Elsevier. pp.320-336, 2006.
2) 福原俊一・鈴鴨よしみ「SF-36v2 日本語版マニュアル」NPO 健康医療評価研究機構, 2004.
3) 田崎美弥子・中根允文「WHOQOL26手引き 改訂版」金子書房, 1997.
4) 加藤芳朗・畑田けい子・田崎美弥子・石井八重子・海老原良典・高山美智代・広瀬信義・角間辰之・国吉緑・鈴木千智・長谷川恵美子・松田正巳「WHOQOL-OLD フィールド調査票による量的調査 ― 社会背景因子と既存 QOL 調査票との関連について ―」「老年精神医学雑誌」16(9), 1057-1067頁, 2005.
5) Lawton, M. P. The Philadelphia Geriatric Center Morale Scale: A revision. *Journal of Gerontology*, 30, pp.85-89, 1975.
6) Neugarten, B. L., Havighutst, R. J., & Tobin, S. S. The measurement of life satisfaction. *Journal of Gerontology*, 16, pp.134-143, 1961.
7) Laucus, R. E., & Diener, E. Chapter 32 Personality and Subjective Well-being. In John, O. P., Robins, R. W., & Pervin, L. A. (eds). Handbook of Personality; Theory and Research 3rd edition. New York: The Guilford Press. pp.795-814, 2008.

2-7
1) Baltes, P. B., & Smith, J. New frontiers in the future of aging: From successful aging of the young old to the dilemmas of the fourth age. *Gerontology*, 49(2), pp.123-135, 2003.
2) Tornstam, L. Gero-transcendence: A meta-theoretical reformulation of the disengagement theory. *Aging: Clinical and Experimental Research*, 1(1), pp.55-63, 1989.
3) Erikson, E. H., & Erikson, J. M. The life cycle completed expanded edition. WW Norton & Company, New York, 1997.(村瀬孝雄, 近藤邦夫 訳. ライフサイクル，その完結＜増補版＞. みすず書房, 2001.)
4) Tornstam, L. Gerotranscendence: The contemplative dimension of aging. Journal of Aging Studies, 11(2), pp.143-154, 1997.
5) Tornstam, L. Gerotranscendence from young old age to old old age. Online publication from The Social Gerontology Group, Uppsala, pp.1-20, 2003. [cited 2010 Nov 29] Available from: http://www.soc.uu.se/research/gerontology/pdf/gtransoldold.pdf.
6) Reed, S., Braam, A.W., Lyyra, T.M., Deeg, D.J.H., Do negative life events promote gerotranscendence in the second half of life? Aging & Mental Health, 18(1), pp.117-124, 2014.
・Christensen. K., Doblhammer. G., Rau. R., & Vaupel. J. W. Ageing populations: the challenges ahead. *Lancet*, 374, pp.1196-1208, 2009.
・増井幸恵，権藤恭之，河合千恵子，呉田陽一，髙山緑，中川威，高橋龍太郎「心理的 well-being が高い虚弱超高齢者における老年的超越の特徴 ― 新しく開発した日本版老年的超越質問紙を用いて ―」「老年社会科学」32(1), 33-47頁, 2010.
・Tornstam, L. The quo vadis of gerontology: on the scientific paradigm of gerontology. *The Gerontologist*, 32(3), pp.318-326, 1992.
・Tornstam L: Gerotranscendence: A developmental theory of positive aging. Springer Publishing Company, New York, 2005.

2-8
1) Baltes, P. B., & Baltes, M. M. Psychological perspectives on successful aging: The model of selective optimization with compensation. In P. B. Baltes & M. M. Baltes (Eds.), Successful aging: Perspectives from the behavioral sciences, New York: Cambridge University Press, pp.1–34, 1990.
2) Baltes, P. B. On the incomplete architecture of human ontogeny: Selection, optimization, and compensation as foundation of developmental theory. American Psychologist, 52, pp.366–380, 1997.
3) Freund, A. M., & Baltes, P. B. Life-management strategies of selection, optimization, and compensation: Measurement by self-report and construct validity. Journal of Personality and Social Psychology, 82, pp.642–662, 2002.
4) Chou, K. L., & Chi, I. Financial strain and life satisfaction in Hong Kong elderly Chinese: Moderating effect of life management strategies including selection, optimization, and compensation. Aging & Mental Health, 6, pp.172-177, 2002.
5) Li, K.Z., Lindenberger, U., Freund, A.M., & Baltes, P.B. Walking while memorizing: age-related differences in compensatory behavior. Psychological Science. 12, pp.230-237, 2001.

2-9
・Erikson, E. H. Childhood and society. New York: W. W. Norton, 1950.
・Cheng, S. T. Generativity in later life: Perceived respect from younger generations as a determinant of goal disengagement

and psychological well-being. *Journal of Gerontology*, 64B(1), pp.45-54, 2009.
・丸島令子『成人の心理学』ナカニシヤ出版，13頁，2009.
・McAdams, D. P. & Aubin, E. S. A theory of generativity and its assessment through self-report, behavioral acts, and narrative themes in autobiography. *Journal of Personality and Social Psychology*, 62(6), pp.1003-1015, 1992.
・McAdams, D. P. & Aubin, E. S. Generativity and adult development. Washington, D. C.: American Psychological Association. p.9 1998.

2-10
1) 槙洋一「ライフスパンを通じた自伝的記憶の分布」佐藤浩一・越智啓太・下島裕美編著『自伝的記憶の心理学』76-89頁，2008.
2) 神谷俊次「自伝的記憶の感情特性と再想起可能性」南山大学紀要「アカデミア」自然科学・保健体育編，6，1-11頁，1997.
3) Barntsen, D. & Rubin, D. D. Emotionally charged autobiographical memories across the life span: The recall of happy, sad, Traumatic, and involuntary memories. Psychology and Aging, 17, pp.636-652, 2002.
4) 佐藤浩一「自伝的記憶の機能」佐藤浩一・越智啓太・下島裕美 編著『自伝的記憶の心理学』60-75頁，2008.
5) Conway, M. A., & Holmes, A. Psychosocial stages and the accessibility of autobiographical memories across the life cycle. Journal of Personality, 72, pp.461-480, 2004.
6) 高橋雅延「記憶と自己」太田信夫・多鹿秀継 編著『記憶研究の最前線』227-248頁，2000.
7) Schlagman, S., Schulz, J., & Kvavilashvili, L. A content analysis of involuntary autobiographical memories: Examining the positivity effect in old age. Memory, 14, pp.161-175, 2006.
・Rubin, D.C., Rahhal, T.A., & Poon, L.W. Things learned in early adulthood are remembered best. Memory & Congnition, 26, pp.2-19, 1998.

3 知的機能

総論
1) Baltes, P.B., & Mayer, K.U., 1999 The Berlinaging study : Aging from 70 to 100. Cambridge University Press.
2) 髙山緑「高齢者の認知」高橋慶子・湯川良三・安藤寿康・秋山弘子 編『発達科学入門3 青年期～後期高齢期』東京大学出版会，2012.
3) Schneider, W., Dumais, S.T., & Shiffrin, R.M. Automatic and control processing and attention. In R. Parasuraman & D.R. Davis (Eds.), Variation of attention. Academic Press. pp.1-27, 1984.
・鈴木忠「生涯発達」高橋惠子・湯川良三・安藤康寿・秋山弘子 編『発達科学入門1 理論と方法』162-163頁，東京大学出版会，2012.

3-1
1) Raz N. Aging of the brain and its impact on cognitive performance:integration of structural and functional findings. In: Craik F, Salthouse TA, eds. The Handbook of Aging and Cognition. Mahwah, NJ: Erlbaum; pp.1-90, 2000.
2) Raz, N., & Rodrigue, K. M. Differential aging of the brain:patterns, cognitive correlates and modifiers. Neuroscience and biobehavioral reviews, 30(6), pp.730-748, 2006.
3) 権藤恭之「第2章 高齢者の脳とこころ」田中秀樹 編『高齢期の心を活かす— 衣・食・住・遊・眠・美と認知症・介護予防』2006.
4) Cabeza R. Hemispheric asymmetry reduction in older adults: the HAROLD model. Psychology and aging. 17(1): pp.85-100, 2002.
5) Davis SW, Dennis NA, Daselaar SM, Fleck MS, Cabeza R. Que PASA? The posterior-anterior shift in aging. Cerebral cortex. ;18(5): pp.1201-1209, 2008.
6) Backman L, Karlsson S, Fischer H, Karlsson P, Brehmer Y, Rieckmann A, MacDonald SW, Farde L, Nyberg, L. Dopamine D1 receptors and age differences in brain activation during working memory. Neurobiol Aging; 32(10): pp.1849-1856, 2011.
7) Seidman, S. N., & Weiser, M. Testosterone and mood in aging men. The Psychiatric clinics of North America, 36(1), pp.177-182, 2013.
8) Stern, Y. Cognitive reserve. Neuropsychologia, 47(10), pp.2015-2028, 2009.
・Cabeza R. Hemispheric asymmetry reduction in older adults: the HAROLD model. Psychology and aging. 17(1)：pp.85-100, 2002.

3-2

1) Salthouse, T. A. The processing-speed theory of adult age differences in cognition. *Psychological Review*, 103, pp.403-428, 1996.
2) Cerella, J. Information processing rate in the elderly. Psychological Bulletin, 98, pp.67-83, 1985.
3) Slawinski, M. J. & Hall, C. B. Constraints on general slowing: Using hierarchical liner model with random coefficients. *Psychology and Aging*, 13, pp.164-175, 1998.
4) Saltouse, T. A. Theoretical perspectives on cognitive aging. Hillsdale, NJ: Erlbaum. 1991.
5) Hasher, L., & Zacks, R. Working memory, comprehension, and aging :A review and a new review. In G. Brown (Ed.) ,*The psychology of learing and motivation*, pp.193-325, San Diego, CA: Academic Press, 1988.
・Briley, J. F. Cognitive sets, Speed and accuracy of performance in the elderly. In A. T. Welford and J. F. Birren (Eds.) Behavior, aging and the nervoius system, 1965.
・鈴木忠『生涯発達のダイナミクス 知の多様性 生きかたの可塑性』東京大学出版会、2008.
・Slawinski, M.J., & Hall, C.B. Constraints on general slowing: Using hierarchical liner model with random coefficients. *Psychology and Aging*, 13, p.169, 1998.

3-3

1) Goldman-Rakic, P. S. The frontal lobes:Uncharted provinces of the brain. *Trends Neuroscience*, 7, pp.425-429, 1984.
2) 3) Luria, A. R. *The working brain*. London : Penguin. 1973.
4) Iversen, S. D., & Mishkin, M. Perseveration interference in monkeys following selective lesions of the inferior prefrontal convexity. *Experimental Brain Research*,11, pp.376-386, 1970.
5) Sasaki, K., & Gemba, H. Electrical activity in the prefrontal cortex specific to no-go reaction of conditioned hand movement with color discrimination in the monkey. *Experimental Brain Research*, 64, pp.603-606, 1986.
6) Dupui, P., Guell, A., Bessoles, G., Geraud, G.,& Bes, A. Cerebral blood flow in aging:Decrease of hyperfrontal distribution. In M. M. Cohen (Ed.) ,*Monographs in Neural Science*, pp.131-138, Basel: Karger, 1984.
7) Hasher, L., & Zacks, R. 1988 Working memory, comprehension, and aging : A review and a new review. In G. Brown (Ed.) ,*The psychology of learing and motivation*, pp.193-325, San Diego, CA: Academic Press, 1988.
8) Dubois, B., Slachevsky, A., Litvan, I., Pillon, B. The FAB A frontal assessment battery at bedside, *Neurology*, 55, pp.1621-1625, 2000.
・Harlow, J. M. Recovery from the passage of an iron bar through the head. Massachusetts Medical Society Publication, 2, pp.329-347, 1868.
・亀山正邦「脳の老化」井村裕夫・尾形悦郎・高久史麿・垂井清一郎編「最新内科学大系 第65巻 脳の高次機能の障害」中山書店、12-21頁、1996.
・Kevin Walsh 著、河内十郎・相馬芳明監訳『神経心理学―臨床的アプローチ―』医学書院、109頁、1983.

3-4

1) Kramer, A. F. & Kray, J. Aging and attention. In E. Bialystok and F.I.M. Craik (Eds.) , *Lifespan cognition: Mechanisms of change*. New York: Oxford University Press, pp.57-69, 2006.
2) 石松一真・三浦利章「高齢者の視機能と視覚的注意」「光学」37, 518-525頁、2008.
3) Cabeza, R., Daselaar, S. M., Dolcos, F., Prince, S. E., Budde, M., & Nyberg, L. Task-independent and task-specific age effects on brain activity during working memory, visual attention and episodic retrieval. *Cerebral Cortex*, 14, pp.364-375, 2004.
4) 熊田孝恒「視覚探索」「心理学評論」46, 426-443頁、2003.
5) Plude, D. J. & Doussard-Roosevelt, J. A. Aging, selective attention, and feature integration. *Psychology and Aging*, 4, pp.98-105, 1989.
6) Whiting, W. L., Madden, D. J., Pierce, T. W., & Allen, P. A. Searching from the top down: Ageing and attentional guidance during singleton detection. *The Quarterly Journal of Experimental Psychology*, 58A, pp.72-97, 2005.
7) Madden, D. J., Whiting, W. L., Cabeza, R., & Huettle, S. A. Age-related preservation of top-down attentional guidance during visual search, *Psychology and Aging*, 19, pp.304-309, 2004.
8) Sekuler, A. B., Bennett, P. J., & Mamelak, M. Effects of aging on the useful field of view. *Experimental Aging Research*, 26, pp.103-120, 2000.
9) Ball, K., Owsley, C., Sloane, M. E., Roenker, D. L., & Bruni, J. R. Visual attention problems as a predictor of vehicle crashes in older drivers. *Investigative Ophthalmology & Visual Science*, 34, pp.3110-3123, 1993.
10) Sparrow, W. A., Bradshaw, E. J., Lamoureux, E. & Tirosh, O. Ageing effects on the attention demands of walking. *Human Movement Science*, 21, pp.961-972, 2002.

11) Guiney, H. & Machado, L. Benefits of regular aerobic exercise for executive functioning in healthy populations. *Psychological Bulletin & Review*, 20, pp.73-86, 2013.
12) Kramer, A. F., Hahn, S., Cohen, N. J., Banich, M. T., McAuley, E., Harrison, C. R., Chason, J., Vakil, E., Bardell, L., Boileau, R. A., & Colcombe, A. Ageing, fitness and neurocognitive function. *Nature*, 400, pp.418-419, 1999.
13) Colcombe, S.J., Erickson, K.I., Scalf, P.E., Kim, J.S., Prakash, R., McAuley, E., Elavsky, S., Marquez, D.X., Hu, L., & Kramer, A.F. Aerobic exercise training increases brain volume in aging humans. *Journal of Gerontology: Medical Sciences*, 61A, pp.1166-1170, 2006.
14) Green, C. S., & Bavelier, D. Action video game modifies visual selective attention. *Nature*, 423, pp.534-537, 2003.
・Craik, F. I. M., and Bialystok, E. Cognition through the lifespan: mechanisms of change. *Trends in Cognitive Sciences*, 10(3), p.133, 2006.

3-5

1) Denney, N. W. Everyday Problem-Solving: Methodological Issues, research findings and a model. In L.W. Poon, D. C. Rubin, & B. A. Wilson.(Eds.), *Everyday cognition in adulthood and later life*. New York.: Cambridge University Press, pp.330–351, 1989.
2) Baltes, P. B., & Baltes, M. M. Plasticity and variability in psychological aging: Methodological and theoretical issues. In G. E. Gurski, G. E., (Eds.), *Determining the effects of aging on the central nervous system*. Berlin: Schering. pp.41-66, 1980.
3) Baltes, P. B., & Willis, S. L. The critical importance of appropriate methodology in the study of aging: The sample case of psychometric intelligence. In Hoffmeister, F., Müller, C. & Krause, H. P. *Brain function in old age: evaluation of changes and disorders*. Heidelberg: Springer. pp.164-187, 1979.
4) Arenberg, D. Concept Problem Solving in Young and Old adults. *Journal of Gerontology*, 23, pp.279-282, 1968.
5) Denney, N.W., Pearce, K.A., & Palmer, A.M. A developmental study of adults' performance on traditional and practical problem-solving tasks. *Experimental Aging Research*, 8, pp.115–118, 1982.
6) Dixon, R. A., & Gould, O. N. Younger and older adults collaborating on retelling everyday stories. *Applied Developmental Science*, 2, pp.160-171, 1998.
7) Cavanaugh, J. C., Dunn, N. J., Mowery, D. et al. Problem-solving strategies in dementia patient-caregiver dyads. *The Gerntologist*, 29(2), pp.156-158, 1989.
8) Meegan, S.P., & Berg, C.A. Contexts, functions, forms, and processes of collaborative everyday problem solving in older adulthood. *International Journal of Behavioral Development*, 26(1), pp.6-15, 2002.
9) 鈴木忠『生涯発達のダイナミクス 知の多様性 生きかたの可塑性』東京大学出版会, 2008.
・Meacham, J.A., & Emont, N.C. The interpersonal basis of everyday problem solving. In J. D. Sinnott. (eds.). Everyday problem solving: Theory and applications. New York: Praeger. p.15, 1989.

3-6

1) Wechsler, D. "Hold"and "Don't Hold"tests. In S.M.Chown(Ed), Human aging. N.Y.Penguin, 1972.
2) Sands,L.P.,Teny,H.,&Meredith,W. Change and stability in adult intellectual functioning assessed by Wechsler item responses. Psychology and Aging,4, pp.79-87, 1989.
3) Cattell, R. B. Theory of fluid and crystallized intelligence: A critical experiment. Journal of Educational Psychology, 54, pp.1-22, 1963.
4) Horn, J. L. & Cattell, R. B. Refinement and test of the theory of fluid and crystallized intelligence. Journal of Educational Psychology, 57, pp.253-270, 1966.
5) Horn,J. L. Organization of data on life-span development of human abilities. In L.R.Goulet & P.B.Baltes (Eds.) Life-span developmental psychology: Research and theory. NewYork:Academic Press, 1970.
6) Horn, J. L. Measurement of intellectual capabilities: A review of theory. In K. S. McGrew, J. K. Werder, & R.W. Woodcock, WJ-R technical manual. Chicago: Riverside, pp.197-232, 1991.
7) Cattell, R. B. Intelligence: Its structure, growth and action. Amsterdam: North-Holland, 1987.
8) 岡林秀樹訳『成人発達とエイジング第 5 版』ブレーン出版, 2006.（Schaie, K. W., & Wills, Sherry, L., Adult development and Aging. 5th. ed. New Jersey; Person Education, 2002.）
9) 鈴木忠『生涯発達のダイナミクス 知の多様性 生きかたの可塑性』東京大学出版会, 2008.
10) Morse,C.K. Does variability increase with age? An archival study of cognitive measures. Psychology and Aging, 8, pp.156-164, 1993.
・McGrew, K. S. CHC theory and the human cognitive abilities project: Standing on the shoulders of the giants of psychometric intelligence research, Intelligence, 37, pp.1-10, 2009.

・Intelligence: Its structure, growth and action, Catell, p.206, 1987.

3-7
1) Lubart, T. I. Creativity In R.J. Sternberg (Ed.), Thinking and problem solving. New York: Academic Press, 1994.
2) Simonton, D. K. Cognitive, Personal, Developmental, and Social Aspects, American Psychologist, 55, 1, pp.151-158, 2000.
3) Simonton, D. K. Career Paths and Creative Lives: A Theoretical Perspective on Late Life Potential, In Adams-Price, C. (ed) Creativity and successful aging: theoretical and empirical approaches. Springer Publishing Company, Inc. 1998.
4) Sternberg, R. J., & Lubart, T. I Wisdom and Creativity, In J.E. Birren & K. W. Schaie (Eds.), Handbook of the psychology of aging (5th ed). San Diego, CA: Academic Press, 2001.
5) Simonton, D. K. Quality, quantity, and age: The careers of 10 distinguished psychologists. International Journal of Aging and Human Development, 21, pp.241-254, 1985.
6) Simonton, D. K. Creativity and wisdom in aging. In J.E. Birren & K. W. Schaie (Eds.), Handbook of the psychology of aging (3rd ed). San Diego, CA: Academic Press, 1990.
7) Fisher, B.J., & Specht,D.K. Successful aging and creativity in later life. Journal of Aging Studies, 13(4), pp.457-472, 1999.
8) Lorenger-Huber, L. Self-perceived creativity in the later years : Case studies of older Nebraskans. Educational gerontology 17, 4, pp.379-390, 1991.
9) Smith, G.J. & Van der Meer, G. Creativity in old age. Creativity research Journal 3, 4, pp.249-264, 1990.
10) 朝長正徳・朝長梨枝子訳『老年期―生き生きしたかかわりあい』(新装版) みすず書房, 1997. (Erikson, E.H., Erikson, J.M. & Kivinick, H.Q. Vital Involvment in Old Age. W.W. Norton, New York, 1989.)
・D,K Simonton, Developmental Psychology,1991,27,p.121.

3-8
1) Heckhausen, J., Dixon, R.A., & Baltes, P.B. Gains and losses in development throughout adulthood as perceived by different adult age pgorups. Developmental Psychology, 25, pp.109-121, 1989.
2) 高山緑「知恵―認知過程と感情過程の統合」「心理学評論」52, 348-358頁, 2009.
3) Kunzmann, U. & Baltes, P. B. The Psychology of wisdom: Theoretical and empirical challenges. In R. J. Sternberg & J. Jordan (Eds.) A handbook of wisdom - Psychological perspectives, New York: Cambridge University Press. pp.110-138, 2005.
4) Smith, J., & Baltes, P. B. Wisdom-related knowledge: Age/ cohort differences in responses to life planning problems. Developmental Psychology, 26, pp.494-505, 1990.
5) 仁科弥生訳『幼児期と社会 1』みすず書房, 1977. (Erikson, E. H. Childhood and society. New York: W. W. Norton, 1950.)
6) 村瀬孝雄・近藤邦夫訳『ライフサイクル―その完結』(増補版) みすず書房, 2001. (Erikson, E. H. The life cycle completed: Extended version. New York: W. W. Norton, 1997.)
7) Pasupathi, M., Staudinger, U., & Baltes, P. Seeds of wisdom: Adolescents' knowledge and judgment about difficult life problems. Developmental Psychology, 37, pp.351-361, 2001.
8) Bluck, S., & Glück, J. Making things better and learning a lesson: Experiencing wisdom across the lifespan. Journal of Personality, 72, pp.543-572, 2004.
9) Ardelt, M. Empirical assessment of a Three-Dimensional Wisdom Scale. Research on Aging, 25, pp.275-324, 2003.
10) Takayama, M. The social and experiential factors relevant to wisdom: Social support and coping. Poster presented at the 60th Annual Scientific Meeting of the Gerontological Society of America, San Francisco, 2007.
11) Kunzmann, U., & Baltes, P. B. Wisdom-related knowledge: Affective, motivational, and interpersonal correlates. Personality and Social Psychology Bulletin, pp.1104-1119, 2003.
・Kunzmann, U., & Baltes, P. B.. The Psychology of wisdom: Theoretical and empirical challenges. In R. J. Sternberg & J. Jordan (Eds.) A handbook of wisdom - Psychological perspectives, New York: Cambridge University Press. p.120, 2005.

3-9
・Kemper,S, Rush,S, Kyhette,D,&Norman,S: Telling stories: The structure of adults' narratives. European Journal of Cognitive Psychology, 2, pp.205-228,1990.
・Birren, JE & Schaie,KW ed: The handbook of aging 6th ed. Academic Press, 2006.
・Craik, FIM & Salthouse,TA ed: The handbook of aging and cognition. Lawrence Erlbaum associates, publishers, 2000.
・ピーター・デニシュ, エリオット・ピンソン 著, 切替一郎・藤村靖 監修『話しことばの科学：その物理学と生物学』東京大学出版会, 4頁, 1966.

3-10

1) Baltes, P.B., Reese, H.W., & Lipsitt, L.P. Life-span developmental psychology. Annual Review of Psychology, 31, pp.65-110, 1980.
2) Simon, H.A. The Sciences of the Artificial, 2nd Edition, MIT Press, 1981.
3) Krampe, R.H. & Charness, N. Aging and expertise. In K.A. Ericsson, N. Charness, P.J.Feltovich, & R.R.Hoffman (Eds.), The Cambridge handbook of expertise and expert performance. Cambridge University Press, 2006.
4) Hess, T.M. & Auman, C. Aging and social expertise: the impact of trait-diagnostic information on impressions of others. Psychology and Aging, 16,3, pp.497-510, 2001.
5) Schaie, K. W. Developmental influences on adult intelligence: The Seattle Longitudinal Study. New York: Oxford University Press, 2005.
6) Singer, T., Lindenberger, U., & Baltes, P.B. Plasticity of memory for new learning in very old age: a story of major loss? Berlin, Max Planck Institute for Human Development, 2001.
7) Colcombe, S., & Kramer,A.F. Fitness effects on the cognitive function of older adults: A meta-analytic study. Psychological Science, 14, pp.125-130, 2003.
8) Colcombe, S.J., Kramer, A.F., Erickson, K.I., Scalf, P.E. McAuley, E.,Cohen, N.J., Webb, A., Jerome,G.J.,Marquez,D.X., Elavsky, S. Cardiovascular fitness, cortical plasticity, and aging. Proceedings of the National Adademy od Sciences, 101, pp.3316-3321, 2004.
・Colcombe and Kramer(2003)Fitness effects on the cognitive function of older adults. Psychological Science, 14, 2, p.129.

3-11

1) Raz, N. The aging brain observed in vivo: differential changes and their modifiers. Cabeza, R. et al, Cognitive Neuroscience of Aging: Linking Cognitive and Cerebral Aging, pp.17-55, Oxford University Press, 2004.
2) Raz, N., Lindenberger, U., Rodrigue, K. M., Kennedy, K. M., Head, D., Williamson, A., Dahle, C., Gerstorf, D., & Acker, J. D. Regional brain changes in aging healthy adults: General trends, individual differences and modifiers. Cerebral Cortex, 15: pp.1676-1689, 2005.
3) Gabrieli, J. D. E. Cognitive neuroscience of human memory. Annual Review of Psychology, 49: pp.87-115, 1998.
4) Brickman, A. M., Zimmerman, M. E., Paul, R. H., Grieve, S. M., Tate, D. F., Cohen, R. A., Williams, L. M., Clark, C. R., & Gordon, E. Regional white matter and neuropsychological functioning across the adult lifespan. Biological Psychiatry, 60: pp.444-453, 2006.
5) Salthouse, T. A. Neuroanatomical Substrates of Age-Related Cognitive Decline. Psychological Bulletin, 137: pp.753-784, 2011.
6) Grady, C. L. & Craik, F. I. Changes in memory processing with age. Current Opinion Neurobiology, 10: pp.224-231, 2000.
7) 岩原照彦・八田武志『ライフスタイルと認知の予備力』「心理学評論」52, 416−429頁, 2009.
8) Lovden, M., Backman, L., Lindenberger, U., Schaefer, S., & Schmiedek, F. A Theoretical Framework for the Study of Adult Cognitive Plasticity. Psychological Bulletin, 136: pp.659-676, 2010.
・Bäckman, L., & Farde, L. The role o f dopamine systemsin cognitive aging. In R. Cabeza , L. Nyberg & D. Park (Eds.), Cognitive neuroscience o f aging. New York: Oxford, pp.58-84, 2005.

3-12

・Atkinson, R.C., & Shiffrin, R. M. The Control Processes of short-term Memory. Scientific American, 225, pp.82-90, 1971.
・森敏昭・井上毅・松井孝雄共著『グラフィック認知心理学』サイエンス社, 19頁, 1995.

3-13

・Cattell, R. B. Theory of fluid and crystallized intelligence: A critical experiment. Journal of Educational Psychology, 54, pp.1-22, 1963.
・河野理恵「高齢者における記憶の衰え感の検討 ― 過去比較, 1年前比較, 他者比較との観点から―」「日本心理学会第70回大会論文集」1152頁, 2006.
・Tulving, E. Episodic and Semantic Memory. In E. Tulving & W. Donaldson (Eds.), Organization of Memory. New York: Academic Press, pp.381-403, 1972.
・槙洋一「ライフスパンを通じた自伝的記憶の分布」佐藤浩一・越智啓太・下島裕美編『自伝的記憶の心理学』北大路書房, 76−89頁, 2008.
・Rubin, D. C., Wetzler, S. E., & Nebes, R. D.. Autobiographical memory across the life span. 1986.

3-14

1) 権藤恭之・石岡良子「高齢者の生活環境, ライフスタイルと認知機能」日本認知心理学会監修『現代の認知心理学7 認知

の個人差』北大路書房，221-252頁，2011．
- リーン・スターン & ジャネット・フォグラー著，三浦文夫監訳『ボケないための記憶術』中央法規出版，1992．（Stern, L., & Fogler, J. *Improving Your Memory: A Guide for Older Adults*, 1988.）
- 日本認知心理学会 監修『現代の認知心理学7 認知の個人差』北大路書房，241頁，2011．（Carlson, M.C., Saczynski, J.S., Rebok, G.W., Seeman, T., Glass, T.A., McGill, S., Tielsch, J., Frick, K., Hill, J., & Fried, L.P. Exploring the effects of an "everyday" activity program on executive function and memory in older adults: Experience Corps. *Gerontologist*, 48, p.795, 2008.）

3-15

1) Coley, N., Andrieu, S, Gardette, V., Gillette-Guyonnet, S, Sanz, C., Vellas, B., & Grand, A. Dementia Prevention: Methodological Explanations for Inconsistent Results. *Epidemiologic Reviews*, 30, pp.35-66. doi:10.1093/epirev/mxn010, 2008.
2) 「厚生労働省認知機能低下予防・支援マニュアル」< http://www.mhlw.go.jp/topics/2009/05/tp0501-1.html > 2012．
3) Kramer, A. F., Hahn, S., Cohen, N. J., Banich, M. T., McAuley, E., Harrison, C. R., Colcombe, A. Ageing, fitness and neurocognitive function. *Nature, 400*: pp.419. doi:10.1038/22682, 1999.
4) Colcombe, S. & Kramer, A. F. Fitness Effects on the Cognitive Function of Older Adults : A Meta-Analytic Study. *Psychological Science, 14*, pp.125-130. doi:10.1111/1467-9280.to1-1-01430, 2003.
5) Holtzman, E. R., Rebok, G. W., Saczynski, J. S., Kouzis, A. C., Doyle, K. W., & Eaton, W. W. Social Network Characteristics and Cognition in Middle-Aged and Older Adults. *Journal of Gerontology: Psychological Sciences, 59B*, pp.278-284, 2004.
6) Ghisletta, P., Bickel, J. F., Lövdén, M. Does activity engagement protect against cognitive decline in old age? Methodological and analytical considerations. Journal of Gerontology: Psychological Sciences, 61, pp.253-261, 2006.
7) Wang, J. Y. J., Zhou, D. H. D., Li, J., Zheng, M., Deng, J., Tang, M., Chen, M. Leisure activity and risk of cognitive impairment: The Chongqing aging study. *Neurology, 66*: pp.911-913. doi: 10.1212/01.wnl.0000192165.99963.2a, 2006.
8) Ball, K., Berch, D. B., Helmers, K. F., Jobe, J. B., Leveck, M. D., Marsiske, M., Willis, S. L. Effects of Cognitive Training Interventions With Older Adults: A Randomized Controlled Trial. *The Journal of the American Medical Association, 288*, pp.2271-2281. Retrieved January 6, 2008, from http://jama.ama-assn.org/, 2002.
9) Park, D. C., Gutchess, A. H., Meade, M. L., & Stine-Morrow, E. A. L. Improving Cognitive Function in Older Adults: Nontraditional Approaches. *Journals of Gerontology: Series B, 62B（Special Issue 1）*, pp.45-52, 2007.
10) Kawashima, R., Tajima, N., Yoshida, H., Taira, M., Yamazaki, R., Okita, K., Sugimoto, K. Neural Basis of Learning Therapy. In R. Kawashima, & H. Koizumi（Eds.）, *Learning Therapy：A Collection of lectures presented at 1st international symposium for Learning Therapy, Kyoto, Japan, December 14, 2002*. Sendai, Japan: Tohoku University Press, pp.111-124, 2003.
11) 学習療法研究会< http://www.gakushu-ryoho.jp/ >，2009．
12) Uchida, S., & Kawashima, R. Reading and solving arithmetic problems improves cognitive functions of normal aged people: a randomized controlled study. *AGE, 30*, pp.21-29. doi:10.1007/s11357-007-9044-x, 2008.
13) Bielak, A. A. M. How Can We Not 'Lose It' if We Still Don't Understand How to 'Use It'? Unanswered Questions about the Influence of Activity Participation on Cognitive Performance in Older Age–A Mini-Review, *Gerontology*, 56, pp.507-519. doi:10.1159/000264918, 2010.
14)「健康長寿ネット 栄養素」< http://www.tyojyu.or.jp/hp/menu000000300/hpg000000202.htm >
15) 厚生労働省「健康用語辞典」< http://www.e-healthnet.mhlw.go.jp/information/dictionary/food/ye-037.html >，2013．
16) 厚生労働省「健康用語辞典」< http://www.e-healthnet.mhlw.go.jp/information/dictionary/food/ye-009.html >，2013．
17) 厚生労働省「食生活改善指導担当者研修 （4）健康教育」< http://www.mhlw.go.jp/bunya/shakaihosho/iryouseido01/info03k.html >，2009．

4　こころの病

総論

- American Psychiatric Association：Diagnostic and Statistical Manual of Mental Disorders.4th ed.（DSM-Ⅳ），American Psychiatric Association, Washington DC, 1994.
- World Health Organization：The ICD-10 Classification of Mental and Behavioural Disorders;Clinical Descriptions and Diagnostic Guidelines. WHO, Geneva, 1993.
- 融道男ら訳『ICD-10 精神および行動の障害 ― 臨床記述と診断ガイドライン ―』医学書院，1993．

4-1
- 山鳥重『神経心理学入門』医学書院，1985．
- Mesulam MM, Principles of Behavioral and Cognitive Neurology Second Edition, Oxford University Press, 2000.
- 大山博史「第1章 精神医学概論」日本精神保健福祉士養成校協会編『新・精神保健福祉士養成講座1精神疾患とその治療』中央法規出版，2-25頁，2012．

4-2
1) Reichard,S.,Livson,F. & Petersen, P. G. Adjustment to retirement. In Neugarten, B. L.(ed). Middle age and aging. University of Chicago Press, 1973.
2) Erikson,E.H.,Erikson,J.M.,Kivnick,H.Q. Vital involvement in old age. New York, 1986.
3) 西園昌久 編『ライフサイクル精神医学』医学書院，262-263頁，1988．
- Trzepacz, P.T. & Backer, W.T. The Psychiatric Mental Status Examination. Oxford University Press. 1993, 田中訳．

4-3
1) 栗生修司・成清公弥ら『治療』91(1) 南山堂，6-9頁，2009．
2) Holmes & Rahe, Journal of Psychosomatic Research, Vol.11, pp.216, 1967.
3) Ell K, Katon W, Cabassa LJ. Depression and diabetes among low-income Hispanics: design elements of a socioculturally adapted collaborative care model randomized controlled trial. J Psychiatry Med. 39(2) pp.113-132, 2009.
4) Szczepanska-Sadowska E, Cudnoch-Jedrzejewsa A, Brain and cardiovascular diseases: common neurogenic background of cardiovascular, metabolic and inflammatory diseases. J Physiology and Pharmacology 61(5) pp.509-521, 2010.
5) 村松芳幸「慢性呼吸不全」『呼吸器疾患の心身医療』新興医学出版社，東京，82-118頁，2002．
6) 馬場元「日本抗加齢医学会雑誌」6(6)，818-822頁，2010．
- 村上正人「ストレスと心身医学」『運動とストレス科学』杏林書院，109-121頁，2003．

4-4
1) エーミール・クレペリン 著，伊達徹 訳「老年性精神病患」「精神医学」5) みすず書房，179-199頁，1992．
2) Conn,D.K, Herrmann,N, Kaye,A, Rewilak,D, Schogt,B. Practical Psychiatry in the Long-Term Care Home. Hogrefe & Huber Publishers, pp.183-202, 2007.
- 日本老年精神医学会 監訳，国際老年精神医学会 著『第2版 認知症の行動と心理症状』アルタ出版，69-70頁，2013．

4-5
1) Kane, R.L., Ouslander, J.G. and Abrass, L.B. : Diagnosis and Management of Depression. Essencials of Clinical Geriatrics, MacGraw-Hill, pp.115-144, 1994.
2) 木村真人・下田健吾「血管性うつ病」「老年精神医学雑誌」15，1256-1262頁，2004．
3) Kearney, T.R., : Parkinson's disease presenting as a depressive illness. J.Ir.Med.Assoc. ,54, pp.117-119, 1964.
4) 青木公義・原田大輔・永田智行・笠原洋勇「初老期・老年期うつ病の一般的な特徴」「精神科治療学」21(10)，1065-1073頁，2006．
5) Dobie,D.J.: Depression Dementia and Pseudodementia. Semin. Clin. Neuropsychiatry, 7, pp.170-186, 2002.
6) 一瀬邦弘・土井永史・中村満「痴呆と紛らわしい病態」「精神科治療学」14(増刊)，37-44頁，1999．
7) 内海久美子・深津亮・高畑直彦「老年期痴呆の周辺症状，うつ状態，老年期痴呆」7，171-178頁，1993．
8) 森秀樹・松木秀幸・岸泰宏・堀川直史・深津亮「認知症と鑑別すべき病態」20(10)，1013-1021頁，2005．

4-6
- 藍澤鎮雄「神経症・心身症・人格障害」長谷川和夫監『老年期精神疾患治療のためのストラテジー』ワールドプランニング，286-287頁，1994．

4-7
1) 原田憲一『器質性精神病』医学図書出版，1976．
2) 高次脳機能支援モデル事業地方拠点病院等連絡協議会 編「平成13年度高次脳機能障害者支援モデル事業実施報告」2002．

4-8
1) Wu YH, Swaab DF. Disturbance and strategies for reactivation of the circadian rhythm system in aging and Alzheimer's disease. Sleep Med. 2007 Sep;8(6): pp.623-636.
2) 厚生労働省「精神・神経疾患研究委託費：睡眠障害の診断・治療ガイドライン作成とその実証的研究班」平成13年度研究報告書」．
3) Chang CM, Chen MJ, Tsai CY, et al. Medical conditions and medications as risk factors of falls in the inpatient older people: a case-control study. Int J Geriatr Psychiatry. 2010 Dec 9. [Epub ahead of print]

4) Spiegel K, Tasali E, Leproult R, Van Cauter E. Effects of poor and short sleep on glucose metabolism and obesity risk. Nat Rev Endocrinol. 2009 May;5(5): pp.253-261.

4-9
・Magoun HW. An ascending reticular activating system in the brain stem. AMA Archives of Neurology and Psychiatry 67: pp.145-154, 1952.
・太田富雄・和賀志郎・半田肇ほか「急性期意識障害の新しいgradingとその表現法」(いわゆる3-3-9度方式)『第3回脳卒中の外科研究会講演集』61-69頁，1975.

4-10
1) So EL, Annegers JF, Hauser WA, O'Brien PC and Whisnant JP: Population-based study of seizure diosoders after cerebral infarction. Neurology, 46: pp.350-355,1996.
2) Ramsay RE, Rowan AJ and Pryor FM: Special considerations in treating the elderly patient with epilepsy. Neurology, 62 (Suppl 2) :SA24-S29, 2004.
3) Brodie MJ and Kwan P: Epilepsy in elderly people. BMJ,331: pp.1317-1323, 2005.
4) Leppik IE: Epilepsy in the elderly. Epilepsia,47(Suppl 1): pp.65-70, 2006.
5) Collins NS, Shapiro RA and Ramsay RE: Elders with epilepsy. Med Clin N Am, 90: pp.945-966, 2006.
6) Cloyd J, Hauser W, Towne A, Ramsay R, Mattson R, Gilliam F and Walczak T: Epidemiological and medical aspects of epilepsy in the elderly. Epilepsy Res., 68S:S39-S48, 2006.
7) Ramsay RE, Macias FM and Rowan AJ: Diagnosing epilepsy in the elderly. Int Rev Neurobiol, 81: pp.129-151, 2007.
8) Werhahn KJ: Epilepsy in the elderly. Dtsch Arztebl Int, 106(9): pp.135-142, 2009.
・Hauser. W.A.: Seizure Disorders: The Changes With Age. Epilepsia 33(Suppl.4) S6-S14, 1992.

5 こころのケア

総論
1) ・Maddox, G.L. (Ed. In-Chief) The Encyclopedia of Aging (2nd ed.). New York: Springer, 1995.
・柴田博「日本応用老年学会の使命」「応用老年学」1，2-8頁，2007.
・佐藤眞一「行動科学と高齢者ケア ― 行動科学の意義と役割 ―」「高齢者のケアと行動科学」16，4-15頁，2011.
・佐藤眞一「パーソナルケア(施設版)― 問題解決型高齢者ケアの方法 ―」「明治学院大学心理学部附属研究所紀要」3, 15-25頁，2005.
・佐藤眞一 編著『事例のまとめ方と発表のポイント』中央法規出版，2006.
・佐藤眞一「応用老年行動学の意義と目的」「応用老年学」4(1)，4-12頁，2010.
・佐藤眞一「老年行動科学と高齢者ケアの実践」「コミュニティケア」12(14)，5-9頁，2010.
・佐藤眞一「行動科学と高齢者ケア ― 行動科学の意義と役割」「高齢者のケアと行動科学」16，12頁，2011.

5-1
・福井圀彦・前田真治『老人のリハビリテーション 第5版』医学書院，271頁，1999.

5-2
1) 加藤伸勝「リエゾン精神医学のわが国への導入」「総合病院精神医学2」43-50頁，1990.
2) Mitchell AJ, Rao S, Vaze A. Do primary care physicians have particular difficulty identifying late-life depression? A meta-analysis stratified by age. Psychother Psychosom. ;79(5): pp.285-294, 2010.

5-3
・城ケ端初子 編著『看護理論と私 part.2』久美出版，2007.
・Anne Boykin & Savina O.Schoenhofer 著，多田敏子・谷岡哲也 監訳『ケアリングとしての看護』西日本法規出版，2005.
・大内尉義・秋山弘子 編『新老年学第3版』東京大学出版会，2010.

5-4
・中村隆一『入門リハビリテーション医学』医歯薬出版，1996.

5-5
1) Laidlaw, K. An empirical review of cognitive therapy for late life depression: does research suggest adaptations are necessary for cognitive therapy with older adults? Clinical Psychology and Psychotherapy. 8. pp.1-14, 2001.
2) Abeles, N., Cooley, S., Deitch, I. M., et. al. What practitioners should know about working with older adults. American Psychological Association. 1998.

3) Pinquart, M., Duberstein, P.R. & Lyness, J.M. Effects of Psychotherapy and Other Behavioral Interventions on Clinically Depressed older Adults: A Meta-analysis. Aging and Mental Health, 11(6), pp.645-657, 2007.
4) Yon, A. & Scogin, F. Procedures for identifying evidence-based psychological treatments for older adults. Psychology and Aging, 22(1), pp.4-7, 2007.
5) Dahl, R., Bathel, D. & Carreon, C. The use of solution-focused therapy with an elderly population. Journal of Systemic Therapies, 19(4), pp.44-55, 2000.
6) Cuijpers, P., Smit, F., van Straten, A. Psychological treatments of subthreshold depression: a meta-analytic review, The Acta Psychiatrica Scandinavia, 115, pp.434-441, 2007.
7) Laidlaw, K., Thompson, L. W., Gallagher-Thompson, D. Comprehensive conceptualization of cognitve behaviour therapy for late life depression. Behavioural and Cognitive Psychotherapy, 32(4), pp.89-399, 2004.
8) Gerdner, L. A., Buckwalter, K. C., & Reed, D. Impact of a psychoeducational intervention on caregiver response to behavioral problems. Nursing Research, 51, pp.363-374, 2002.
9) 藤田綾子・山本浩市『エイジング心理学ハンドブック』北大路書房，2007．(Knight, B.J., Kaskie, B., Shurgot, G.R. & Dave, J. Improving the mental health of older adults. in Birren, J.E. & Schaie, K.W., Handbook of the psychology of aging, Academic press. 2006.)

5-6
1) 國分康孝『カウンセリングの理論』誠信書房，5頁，1980．
2) 江川玫成『カウンセリング入門』北樹出版，13頁，2009．
・伊東博・村山正治 監訳「ロジャーズ選集（上）」，誠信書房，265-285頁，2001．(Rogers,C.R. The necessary and sufficient condition of therapeutic personality change. Jounal of Consulting Psychology, 21(2), pp.95-103, 1957.)
・『新版心理学事典』平凡社，74-79頁，1981．
・福島脩美『総説カウンセリング心理学』金子書房，1-44頁，2008．
・國分康孝 監『現代カウンセリング辞典』金子書房，13-61頁，2001．

5-7
・Baltes, M. M., Burgess, R. L., & Stewart, R. B. Independence and dependence in self-care behaviors in nursing home residents: An operant-observational study. International Journal of Behavioral Development, 3, pp.489-500, 1980.
・P.A. アルバート・A.C. トルートマン 著，佐久間徹・谷晋二 監訳『はじめての応用行動分析』二瓶社，1992．
・杉山尚子・島宗理・佐藤方哉・リチャードWマロット・マリアEマロット『行動分析学入門』産業図書，1998．

5-8
1) Erikson, E. H. Childhood and society. W. W. Norton & Company, 1950. 仁科弥生訳『幼児期と社会』1，2，みすず書房，1977．
2) Erikson, E. H., Erikson, J. M., & Kivnick, H. Q. Vital involvement in old age. W. W. Norton & Company, 1986. 朝長正徳・朝長梨枝子 訳『老年期：生き生きしたかかわりあい』みすず書房，1990．
3) ・Lewis, M. I., & Butler, R. N. Life review therapy: Putting memories to work in individual and group psychotherapy. Geriatrics, 29, pp.165-173, 1974.
　・Haight, B. K. The therapeutic role of a structured life review process in homebound elderly subjects. Journal of Gerontology, 43, pp.40-44, 1988.
　・野村信威『地域在住高齢者に対する個人回想法の自尊感情への効果の検討』「心理学研究」80，42-47頁，2009．
4) 遠藤英俊『いつでもどこでも「回想法」―高齢者介護予防プログラム』ごま書房，2005．
5) Kiërnat, J. M. The use of life review activity with confused nursing home residents. American Journal of Occupational Therapy, 33, pp.306-310, 1979.
6) Haight, B. K., & Burnside, I. Reminiscence and life review: Explaining the differences. Archives of Psychiatric Nursing, 7, pp.91-98, 1993.
7) Lewis, M. I., & Butler, R. N. Life review therapy: Putting memories to work in individual and group psychotherapy. Geriatrics, 29, pp.165-173, 1974.
・Butler, R.N. The life review: An interpretation of reminiscence in the aged. Psychiatry, 26, pp.65-76, 1963.
・黒川由紀子『回想法―高齢者の心理療法』誠信書房，2005．
・Ivey, A. E. Microcounseling: Innovations in Interviewing, Counseling, Psychotherapy and Psychoeducation, 1971. 福原真知子・椙山喜代子・國分久子・楡木満生 訳『マイクロカウンセリング"学ぶ・使う・教える"技法の統合：その理論と実際』川島書店，1985．
・野村豊子『回想法とライフレヴュー―その理論と技法』中央法規出版，9頁，1998．

5-9

1) 日本音楽療法学会「認定音楽療法士の輪唱に関するアンケート調査の報告」「日本音楽療法学会ニュース第7号」2004.
2) 髙橋多喜子「痴呆性老人における「なじみの歌」を使った歌唱セッションの効果」「日本バイオミュージック学会誌」15(2)：185-195頁，1996.
3) Takiko Takahashi , Hiroko Matsushita：Long-Term Effects of Music Therapy on Late Elderly with Moderate/Serious Dementia. Journal of Music Therapy. Winter, : pp.317-333, 2006.
4) Guetin S., Portet P., Picot M.C., Pommie C., Messaoudi M., Djabeikir L., Qisen A.L., Cano M.M., Lecourt E., Touchon J. : Effect of music therapy on anxiety and depression in patients with Alzheimer's type dementia: randomised, controlled study. Neuropsychiatr. 23(1) : pp.4-14, 2009.
5) Choi A.N., Lee M.S., Cheong K.J., Lee J.S.: Effects of group music intervention on behavioral and psychological symptoms in patients with dementia: a pilot-controlled trial. Int. J.Neurosci.119(4) : pp.471-481, 2009.
6) Raglio A., Bellelli G., Traficante D., Gianotti M., Ubezio M.C., Villani D., Trabucchi M.: Efficacy of music therapy in the treatment of behavioral and psychiatric symptoms of dementia. Alzheimer Dis Assoc. Disord.22(2) : pp.158-162, 2008.
7) Ziv N. , Granot A. , Hai S., Dassa A., Haimov I: The effect of background stimulative music on behavior in Alzheimer's patients. J. Music Ther.44(4) : pp.329-343, 2007.
8) 髙橋多喜子・髙野裕治「認知症予防に関する音楽療法の効果―ベル活動を中心として―」「日本音楽療法学会誌」10(2)：202-209頁，2010.
・髙橋多喜子『補完・代替医療 音楽療法 改訂2版』金芳堂，2010.
・髙橋多喜子『認知症予防の音楽療法 いきいき魅惑のベル』オンキョウ，2011.

5-10

1) Read, H. *Education through Art*. London, Faber and Faber, 1942.
2) Hill, A. *Art versus Illness*. London Allen and Unwin, 1941.
3) Naumburg, M. *Dynamically oriented art therapy; its principles and practices*. New York, NY. Grune and Stratton, 1966.
4) 関則雄「新しい芸術療法の流れ ― クリエイティブ・アーツセラピー ―」フィルムアート社，2008.
5) Miller, B. 'Art Therapy with the elderly and the terminally ill', in T. Dalley, T. (ed.) Art as Therapy: An Introduction to the Use of Art as a Therapeutic Technique. London: Routledge, 1996.
6) Case, C. A search for meaning: loss and transistion in art therapy with children in Dalley, T. et al (eds) *Images of Art Therapy* London: Tavistock Press, 1987.
7) 石崎淳一「コラージュに見る痴呆性高齢者の内的世界 ― 中等度アルツハイマー病患者の作品から」「心理臨床研究」19，278-289頁，2001.
8) 高江洲義英「絵画療法の展開と実践」『臨床精神医学』増刊，43-46頁，2001.
9) 松岡恵子・宇野正威・金子健二「アルツハイマー型認知症患者に対する臨床美術の効果」「老年精神医学雑誌」17(増刊号 I)，140頁，2006.
10) 今井真理「芸術療法の理論と実践」晃洋書房，2007.
11) 朝田隆・金子健二・宇野正威「アルツハイマー病の認知リハビリテーション：絵画療法」「Dementia Japan」17 (1)，77-83頁，2003.
12) 森本美奈子・柴田由起・中原純・前田潔「認知症患者に対する回想コラージュ療法の試み(1)― バウム画印象評定に着目して ―」「日本心理学会第73回大会論文集」2009.
13) 中原純・森本美奈子・柴田由起・前田潔「認知症患者に対する回想コラージュ療法の試み(2) ― 気分・開放性・QOLの変化に着目して ―」「日本心理学会第73回大会論文集」2009.

5-11

・中島健一『高齢者動作法』誠信書房，2012.
・川瀬里加子「病院でおこなう動作法の実際」「おはよう21」8月号，中央法規出版，60頁，2001.

5-12

1) 松尾英輔『社会園芸学のすすめ ― 環境・教育・福祉・まちづくり ―』農文協，2005.
2) ダイアン・レルフ，佐藤由已子 訳『しあわせをよぶ園芸社会学』マルモ出版，1998.
3) 松尾英輔『園芸療法を探る』グリーン情報，1998.
・松尾英輔『社会園芸学のすすめ』農文協，65頁，2005.

5-13

・Delta Society: Standards of practice for animal-assisted activities and therapy. 2nd ed, Renton, WA, 1996.
・横山章光『アニマル・セラピーとは何か』日本放送出版協会，53頁，1996.

6 認知症

総論
1) Sekita A, et al. Trends in prevalence of Alzheimer's disease and vascular dementia in a Japanese community: the Hisayama Study. Acta Psychiatr Scand. 2010; 122(4): pp.319-325.
2) 飯島裕一・佐古泰司『認知症の正体 ― 診断・治療・予防の最前線 ―』PHP研究所, 2011.
3) 地方独立行政法人東京都健康長寿医療センター研究所自立促進と介護予防研究チーム「認知症の総合アセスメント―認知症の早期発見, 診断につながるアセスメントツールの開発に関する調査研究事業」2012.

6-1
- 日本認知症学会編『認知症テキストブック』中外医学社, 222-251頁, 2008.
- Reisberg B. et al. Ann NY Acad Sci 435: pp.481-483, 1984.
- 日本臨床増刊号『認知症学（下）』日本臨牀社, 229-287頁, 2011.

6-2
- 日本認知症学会編『認知症テキストブック』中外医学社, 252-263頁, 2008.
- 長田乾「血管性認知症」『老年医学の基礎と臨床Ⅱ』ワールドプランニング, 79-102頁, 81頁, 2009.
- 日本臨床増刊号『認知症学（下）』日本臨牀社, 288-338頁, 2011.

6-3
1) Neary D,et al:Frontotemporal lober degeneration; A consensus on clinical diagnostic criteria.Neurology51: pp.1546-1554,1998.
2) Ikeda M, Shigenobu K, Fukuhara R, Hokoishi K, Maki N, et. al.: Efficacy of fluvoxamine as a treatment for behavioral symptoms in frontotemporal lober degeneration patient.Dement Geriatr Cogn Disord17: pp.117-121,2004.
3) Lebert F, Stekke W, Hasenbroekx C, Pasquier F:Frontotemporal dementia ; A randomized, controlled trial with trazodone. Dement Geriatr Cogn Disord,17(4): pp.355-359, 2004.
4) 池田学ほか「Pick病患者の短期入院による在宅介護支援」『精神神経誌98』822-829頁, 1996.
5) Tanabe H. et al.: Behavioral Symptomatorogy and care of patients with frontotemporal lobe degeneration; based on the aspects of the phylogenetic and on to genetic processes. Dement, Geriatr Cogn Disord 10 pp.50-54, 1999.
- 露口敦子・橋本衛・池田学「前頭側頭型認知症の症候学」Cognition and Dementia 9(1), pp.18-25, 2010.
- Tanabe H, et. al.: Dement Geriatr Cogn Disord 10 : p.50,1999.
- 繁信和恵・池田学「FTLD患者への対応」BRAIN and NERVE 61(11), pp.1337-1342, 2009.

6-4
- 小阪憲司・池田学『レビー小体型認知症の臨床』医学書院, 2010.
- 日本認知症学会編『認知症テキストブック』中外医学社, 264-289頁, 2008.
- Kosaka K, Oyanagi S, Matsushita M, et al : Presenile dementia with Alzheimer, Pick-and Lewy body changes. Acta Neuropathol 36 : pp.221-233, 1976.
- McKeith I, Galasko D, Kosaka K, et al : Consensus guidelines for the clinical and pathological diagnosis of dementia with Lewy bodies (DLB). Neurology 47 : pp.1113-1124, 1996.
- McKeith IG, Brun DJ, Ballard CG, et al : Dementia with Lewy bodies. Semin Clin Neuropsychiatry 8 : pp.46-57, 2003.
- McKeith IG, Dickson DW, Lowe J, et al : Diagnosis and management of dementia with Lewy bodies. Third report of the DLB Consortium. Neurology 65 : pp.1563-1572, 2005.
- Shimomura T, Mori E, Yamashita H, et al : Cognitive loss in dementia with Lewy bodies and Alzheimer disease. Arch Neurol 55: pp.1547-1552, 1998.
- Calderon J, Perry RJ, Erzinclioglu SW, et al : Perception, attention, and working memory are disproportionately impaired in dementia with Lewy bodies compared with Alzheimer's disease. J Neurol Neurosurg Psychiatry 70; pp.157-164, 2001.
- Hashimoto M, Kitagaki H, Imamura T, et al : Medial temporal and whole-brain atrophy in dementia with Lewy bodies: a volumetric MRI study. Neurology 51: pp.357-362, 1998.
- Lobotesis K, Fenwick JD, Phipps A, et al : Occipital hypoperfusion on SPECT in dementia with Lewy bodies but not AD. Neurology 56: pp.643-649, 2001.
- Yoshita M, Taki J, Yamada M : A clinical role of [(123)I] MIBG myocardial scintigraphy in the distinction between dementia of Alzheimer's-type and dementia with Lewy bodies. J Neurol Neurosurg Psychiatry 71: pp.583-588, 2001.
- Bajaj N, Hauser R, Grachev I : Clinical utility of dopamine transporter single photon emission CT (DaT-SPECT) with (^{123}I) ioflupane in diagnosis of parkinsonian syndromes. J Neurol Neurosurg Psychiatry 84: pp.1288-1295, 2013.

- Tiraboschi P, Hansen LA, Alford M, et al : Cholinergic dysfunction in dementia with Lewy bodies. Neurology 54 : pp.407-411, 2000.
- Mori S, Mori E, Kosaka K, et al : Efficacy and safety of donepezil in patients with dementia with Lewy bodies: Preliminary findings from an open-label study. Psychiatr Clin Neurosci 60: pp.190-195, 2006.
- Mori E, Ikeda M, Kosaka K : Denepezil-DLB Study Investigators. Donepezil for dementia with Lewy bodies : a randomized, placebo-controlled trial. Ann Neurol 72 : pp.41-52, 2012.
- Mizukami K, Asada T, Kinoshita T, et al : A randamised cross-over study of a traditional Japanese medicine (kampo), yokukansan, in the treatment of the behavioural and psychological symptoms of dementia. Int J Neuropsychopharmachol 12: pp.191-199, 2008.
- Haupt M, Cruz-Jentoft A, Jeste D : Mortality in elderly dementia patients treated with risperidone. J Clin Psychopharmacol 26 : pp.566-570, 2006.
- Williams MM, Xiong C, Morris JC, et al : Survival and mortality difference between dementia with Lewy bodies vs Alzheimer disease. Neurology 67: pp.1935-1941, 2006.

6-5
1) 朝田隆「若年性認知症の実態等に関する調査結果の概要及び厚生労働省の若年性認知症対策について」厚生労働省, 2009.

6-6
1) Clarfield AM: The reversible dementias; Do they reverse? Ann Intern Med, 109: pp.476-486, 1988.
2) Weytngh MD, Bossuyt PMM, van Crevel H: Reversible dementia; More than 10% or less than 1%; A quantitative review. J Neurol, 242: pp.466-471, 1995.
3) *Neuroinfo Japan* 日本脳神経外科学会, 2005.
4) 「特発性正常圧水頭症診療ガイドライン」日本正常圧水頭症研究会, 2004.
- 日本正常圧水頭症研究会『特発性正常圧水頭症診療ガイドライン』メディカルレビュー社, 2004.

6-7
1) Royall DR, Palmer R, Chiodo LK, Polk MJ. Declining executive control in normal aging predicts change in functional status: The Freedom House Study. J Am Geriatr Soc. 52: pp.346-352, 2004.

6-8
- 工藤喬・武田雅俊「BPSDの総論」「老年精神医学雑誌」16(1):9-25頁, 2005.
- Finkel S : Behavioral and psychological symptom of dementia. Clinics in geriatric medicine, 19(4): pp.799-824, 2003.
- International psychogeriatric Association : Clinical issues ; BPSD educational pack, module 2. Gardiner-Galdwell Communication, UK, 2000.
- 国際老年精神医学会・日本老年精神医学会監訳『BPSD痴呆の行動と心理症状』29, アルタ出版, 2005.
- 品川俊一郎・繁田雅弘「アルツハイマー病」「からだの科学」251:16-21頁, 2006.
- 北村伸「脳血管性認知症」「からだの科学」251:22-26頁, 2006.
- 鉾石和彦・田邉敬貴「前頭側頭型認知症」「からだの科学」251:32-34頁, 2006.
- 村山憲男・井関栄三「レビー小体型認知症におけるBPSDの特徴とケア・医療」「総合ケア」17(10):29-33頁, 2007.
- 小林敏子「BPSDへの対応」『臨床精神医学』29(10):1245-1248頁, 2000.
- 木之下徹・本間昭「行動障害への対応」「老年精神医学雑誌」17(5):510-516頁, 2006.
- 長田久雄「非薬物療法ガイドライン」「老年精神医学雑誌」16(増刊):92-109頁, 2005.
- 佐藤美和子「認知症の行動心理症状の捉え方と対応方法」博士論文, 2010.
- 日本老年精神医学会 監訳『BPSD痴呆の行動と心理症状』アルタ出版, 29頁, 2005.

6-9
1) McKhann G, Drachman D, Folstein M, Katzman R, Price D, Stadlan EM. Clinical diagnosis of Alzheimer's disease: report of the NINCDS-ADRDA Work Group under the auspices of Department of Health and Human Services Task Force on Alzheimer's Disease. Neurology. 34(7): pp.939-944, 1984.
2) Knopman DS, DeKosky ST, Cummings JL, Chui H, Corey–Bloom J, Relkin N, Small GW, Miller B, Stevens JC. Practice parameter : diagnosis of dementia(an evidence-based review). Report of the Quality Standards Subcommittee of the Academy of Neurology. Neurology 56(9): pp.1143-1153, 2001.
3) Dubois B, Feldman HH, Jacova C, Dekosky ST, Barberger-Gateau P, Cummings J, Delacourte A, Galasko D, Gauthier S, Jicha G, Meguro K, O'brien J, Pasquier F, Robert P, Rossor M, Salloway S, Stern Y, Visser PJ, Scheltens P. Research criteria for the diagnosis of Alzheimer's disease: revising the NINCDS-ADRDA criteria. Lancet Neurol. 6(8): pp.734-746, 2007.

4) Chui HC, Victoroff JI, Margolin D, Jagust W, Shankle R, Katzman R. Criteria for the diagnosis of ischemic vascular dementia proposed by the State of California Alzheimer's Disease Diagnostic and Treatment Centers. Neurology. 42(3 Pt 1): pp.473-480, 1992.
5) Roman GC, Tatemichi TK, Erkinjuntti T, Cummings JL, Masdeu JC, Garcia JH, Amaducci L, Orgogozo JM, Brun A, Hofman A, et al. Vascular dementia: diagnostic criteria for research studies. Report of the NINDS-AIREN International Workshop. Neurology. 43(2): pp.250-260, 1993.
6) 目黒謙一『血管性認知性』ワールドプランニング, 2008.
・博野信次『臨床認知症学入門 改訂 第二版』金芳堂, 74-75頁, 2007.

6-10

1) McKeith IG, Galasko D, Kosaka K, Perry EK, Dickson DW, Hansen LA, Salmon DP, Lowe J, Mirra SS, Byrne EJ, Lennox G, Quinn NP, Edwardson JA, Ince PG, Bergeron C, Burns A, Miller BL, Lovestone S, Collerton D, Jansen EN, Ballard C, de Vos RA, Wilcock GK, Jellinger KA, Perry RH. Consensus guidelines for the clinical and pathologic diagnosis of dementia with Lewy bodies (DLB): report of the consortium on DLB international workshop. Neurology. 47(5): pp.1113-1124, 1996.
2) Knopman DS, DeKosky ST, Cummings JL, Chui H, Corey-Bloom J, Relkin N, Small GW, Miller B, Stevens JC. Practice parameter: diagnosis of dementia (an evidence-based review). Report of the Quality Standards Subcommittee of the Academy of Neurology. Neurology 56(9): pp.1143-1153, 2001.
3) McKeith IG, Dickson DW, Lowe J, Emre M, O'Brien JT, Feldman H, Cummings J, Duda JE, Lippa C, Perry EK, Aarsland D, Arai H, Ballard CG, Boeve B, Burn DJ, Costa D, Del Ser T, Dubois B, Galasko D, Gauthier S, Goetz CG, Gomez-Tortosa E, Halliday G, Hansen LA, Hardy J, Iwatsubo T, Kalaria RN, Kaufer D, Kenny RA, Korczyn A, Kosaka K, Lee VM, Lees A, Litvan I, Londos E, Lopez OL, Minoshima S, Mizuno Y, Molina JA, Mukaetova-Ladinska EB, Pasquier F, Perry RH, Schulz JB, Trojanowski JQ, Yamada M. Consortium on DLB. Diagnosis and management of dementia with Lewy bodies: third report of the DLB Consortium. Neurology. 65(12): pp.1863-1872, 2005.
4) McKeith IG. Dementia with Lewy bodies. Br J Psychiatry. 180: pp.144-147, 2002.
5) Postuma RB, Gagnon JF, Vendette M, Fantini ML, Massicotte-Marquez J, Montplaisir J. Quantifying the risk of neurodegenerative disease in idiopathic REM sleep behavior disorder. Neurology. 72(15): pp.1296-1300, 2009.
6) Neary D, Snowden JS, Gustafson L, Passant U, Stuss D, Black S, Freedman M, Kertesz A, Robert PH, Albert M, Boone K, Miller BL, Cummings J, Benson DF. Frontotemporal lobar degeneration: a consensus on clinical diagnostic criteria. Neurology. 51(6): pp.1546-1554, 1998.
7) Knopman DS, Boeve BF, Parisi JE, Dickson DW, Smith GE, Ivnik RJ, Josephs KA, Petersen RC. Antemortem diagnosis of frontotemporal lobar degeneration. Ann Neurol. 57(4): pp.480-488, 2005.
8) Shinagawa S, Ikeda M, Fukuhara R, Tanabe H. Initial symptoms in frontotemporal dementia and semantic dementia compared with Alzheimer's disease. Dement Geriatr Cogn Disord. 21(2): pp.74-80, 2006.
9) Nyatsanza S, Shetty T, Gregory C, Lough S, Dawson K, Hodges JR. A study of stereotypic behaviours in Alzheimer's disease and frontal and temporal variant frontotemporal dementia. J Neurol Neurosurg Psychiatry. 74(10): pp.1398-1402, 2003.
・博野信次『臨床認知症学入門 改訂 第二版』金芳堂, 84-85頁, 2007.

6-11

・小林敏子・播口之助・西村健・武田雅俊ほか「行動観察による痴呆性患者の精神状態評価尺度 (NMスケール) および日常動作能力評価尺度 (N-ADL) の作成」『臨床精神医学』17(11): 1653-1668頁, 1988.
・Lawton MP, Brody EM: Assessment of older people: self-Meintaining and instrumental activities of daily living. Gerontologist 9(3): pp.179-186, 1969.
・Lowenthal, M.F. Lives in distress. New York: Basic Books, 1964.
・中野雅子「認知症高齢者の"その人らしさ"に関する一考察―コミュニケーション活動とADL評価から」「京都市立看護短期大学紀要32号」73-80頁, 2007.
・Gelinus E, Gauthier L, Mclntyre M, et al. Development of a functional measure for persons with Alzheimer's disease: The Desability Assewssment for Dementia. AM J Occupation al Ther. 53: pp.471-481, 1998.

6-12

・Reisberg B, Ferris SH, Anand R et al: Functional staging of dementia of the Alzheimer type. Ann N Y Acad Sci 435: pp.481-483, 1984.
・朝田隆「軽度認知障害 (Mild Cognitive Impairment) の定義, 病態, 治療, 予後」大内尉義ら編『日常診療に生かす老年病ガイドブック4 認知症・うつ・睡眠障害の診療の実際』メジカルビュー社, 27-33頁, 2006.

- Morris JC. The Clinical Dementia Rating (CDR): current version and scoring rules. Neurology 43(11), pp.2412-2414, 1993.
- 柄澤昭秀「行動評価による老人知能の臨床的判断基準」老年期痴呆 3, 81-85頁, 1989.
- 武田一「MCIにおける認知機能の評価」大内尉義ら編『日常診療に生かす老年病ガイドブック7　高齢者への包括的アプローチとリハビリテーション』メジカルビュー社, 79頁, 2006.

6-13
- 長谷川和夫『認知症ケアの心』中央法規出版, 19頁, 2010.

6-14
1) 松岡照之「第11章 老年期精神薬理学の原則」成本迅・福居顕二監訳『介護施設の精神科ハンドブック』新興医学出版社, 152-169頁, 2011. (Conn,D.K, Herrmann,N, Kaye,A, Rewilak,D, Schogt,B. Practical Psychiatry in the Long-Term Care Home. Hogrefe & Huber Publishers, 2007.)
2) Groulx,B. Assessment and Approach of Patients with Severe Dementia. The Canadian Review of Alzheimer's Disease and Other Dementias,8(3). pp.10-13, 2006.
3) Behavioral and Psychological Symptoms of Dementia (BPSD) Educational Pack-Module 6: Pharmacological management. International Psychogeriatric Association, pp.1-20, 2003.

6-15
1) 藤沢嘉勝・横田修「グループホームにおけるBPSDへの対応と課題」「老年精神医学雑誌」18, 1309-1317頁, 2007.
2) 飯島裕一・佐古泰司『認知症の正体』PHP研究所, 2011.
3) 原田和佳「クリニックにおけるBPSDへの対応と課題」「老齢精神医学雑誌」18, 1300-1308頁, 2007.
4) 加藤祐佳・武田圭祐・成本迅「高齢者ケアにおけるアセスメント：精神的側面」「高齢者のケアと行動科学」16, 16-30頁, 2011.

6-16
1) 室伏君士「認知症高齢者のメンタルケアの理念」「日本認知症ケア学会誌」5巻, 1号, 53頁, 2006.
2) 池田学『認知症』中公新書, 94頁, 2010.
3) Bourgeois, S, M.,「Dementia」Psycology Press, pp.133-165, 2009.
4) Clare, L.,「Neuropsychological Rehabilitation and People with Dementia」Psychology Press, pp.53-111, 2008.
5) 山口晴保『認知症の正しい理解と包括的医療・ケアのポイント (第2版)』協同医書出版社, 67-86頁, 2010.

6-17
1) 久江洋企・古茶大樹「老年期に特徴的に見られる幻覚・妄想 ―皮膚寄生虫妄想、Cotard症候群など―」『精神科』9(5), 397-402頁, 2006.
2) 平井峻策監, 荒井啓行・浦上克哉・武田雅俊・本間昭編『老年期認知症ナビゲーター』メディカルレビュー社, 178-179頁, 2006.
3) 小澤勲「痴呆老人にみられる物盗られ妄想について (2) 妄想生成の力動と構造」「精神神経学雑誌」99(9), 651-687頁, 1997.
4) 須貝佑一「特集　痴呆の精神症状と行動障害　痴呆に伴う幻覚と妄想」「老年精神医学雑誌」9(9), 1031-1037頁, 1998.
- 古茶大樹「高齢者の幻覚・妄想」「日老医誌」49巻5号, 556頁, 2012.

6-18
- 井上勝也著,『歳をとることが本当にわかる50の話―老後の心理学』中央法規出版, 132-136頁, 2007.
- 永田久美子・桑野康一・諏訪免典子 編『認知症の人の見守り・SOSネットワーク事例集 ― 安心・安全に暮らせるまちを目指して』中央法規出版, 107頁, 2011.

6-19
- 山口貴美子『夫が認知症になった』ライフサポート社, 69-72頁, 2009.
- 障害者福祉研究会編『国際生活機能分類』中央法規出版, 2002.
- 竹内孝仁「認知症のこころの科学―中核症状から周辺症状へ―」「りんくる」vol.13, 45-47頁, 2007.

6-20
1) 杉田完治・山梨医科大学小児科「異食症 (Pica) の病態とその対策」「日本臨床」59巻3号, 56頁, 2001.
2) 杉田完治・山梨医科大学小児科「異食症 (Pica) の病態とその対策」「日本臨床」59巻3号, 56頁, 2001.
3) 濱中淑彦　　名古屋市立大学病院精神科
　　原田浩美　　名古屋市立大学病院精神科
　　水谷浩明　　八事病院

奥田正夫　老人保健施設・しおがま
［痴呆患者の異食について］「老年精神医学雑誌」6(5) 622頁, 1995.
4) 高野喜久雄　総泉病院「異食一家族が驚く症状としての異食」日本老年行動科学会監『高齢者こころ事典』中央法規出版, 202頁, 2000.
5) 兵庫県立高齢者脳機能研究センター臨床研究科　西本和弘・池田学・安田寛二ほか「アルツハイマー型痴呆にみられる食行動の異常と味覚、嗅覚の障害について」「食行動の異常と味覚、嗅覚の研究」「老年精神医学雑誌」6(5) 622頁, 1995.
1) 菅山信子・川崎友嗣「痴呆症状と生活の障害Ⅱ」中央法規出版, 1 - 93頁, 1995.
2) 前頭側頭葉変性症 (FTLD) の問題行動に対するルーチン化療法の試み
　　・財団新居浜病院―坂根真弓, 大竹なほ代, 塩田一男
　　・樫林哲雄・小森憲二・園田亜希ほか「脳とこころの医学」愛知大学大学院医学研究科
・日本精神神経学会（日本語版用語監修), 高橋三郎・大野裕 監訳『DSM-5 精神疾患の診断・統計マニュアル』323頁, 医学書院, 2014.
・杉田完爾「異食症 (pica) の病態とその対策」日本臨牀, 59巻, 3号, 561-565頁, 2001.

6-21

1) 外林大作『心理学入門』誠信書房, 1963.
2) 日本老年精神医学会 監訳『認知症の行動と心理症状』アルタ出版, 2013. (International Psychogeriatric Association 2010 The BPSD Educational Pack)
3) Reisenberg, B., EranssenE., Sclan., et al. Stage specific incidence of potentially remediable behavioral symptoms in aging and Alzheimer's disease: a study of 120 patients using the BEHAVEAD, Bulltein of Clinical neurosciences.1989 ; 54 : pp.95-112.
4) 佐藤眞一・米山淑子 編『事例集高齢者のケア4巻 不安／訴え／心気症状』中央法規出版, 1996.
・日本老年精神医学会 監訳『第2版 認知症の行動と心理症状 BPSD』アルタ出版, 18頁, 2013.

6-22

・井上勝也 監, 菅山信子・川崎友嗣 編『事例集高齢者のケア2 痴呆症状と生活の障害Ⅱ』1995.

6-23

- Crook T, Bartus RT; Ferris SH, Whitehouse P, Cohen GD, and Gershon S. Age-associated memory impairment: Proposed diagnostic criteria and measures of clinical change ? report of a national institute of mental health work group. Developmental Neuropsychology, 2, pp.261-276, 1986.
- Fischer P, Jungwirth S, Zehetmayer S, Weissgram S, Hoenigschnabl S, Gelpi E, Krampla W, and Tragl, K. H. Conversion from subtypes of mild cognitive impairment to Alzheimer dementia. Neurology, 68(4), pp.288-291, 2007.
- Kral VA. Senescent Forgetfulness: Benign and Malignant. Canadian Medical Association Journal, 10, pp.257-260, 1962.
- Levy R. Aging-associated cognitive decline. Working Party of the International Psychogeriatric Association in collaboration with the World Health Organization.International Psychogeriatrics, 6, pp.63-68, 1994.
- Petersen RC, Smith GE, Waring SC, Ivnik RJ, Tangalos EG, Kokmen E. Mild cognitive impairment: clinical characterization and outcome. Archives of Neurology., 56, pp.303-308, 1999.
- Petersen RC, Morris JC. Mild cognitive impairment as a clinical entity and treatment target. Archives of Neurology, 62, pp.1160-1163, 2005.
- Reisberg B, Ferris SH, de Leon MJ, Crook T. The Global Deterioration Scale for assessment of primary degenerative dementia. American Journal of Psychiatry, 139, pp.1136-1139, 1982.
- 日本神経学会「認知症の前駆状態にあてはまる概念にはどのようなものがあるか」日本神経学会監修「認知症治療ガイドライン 2010」11-16頁, 2010.
- Smith, GE and Bondi, MW Mild Cognitive Impairment and Dementia : Definitions, Diagnosis, and Treatment. Oxford University Press Inc pp.1-14, 2013.
- Petersen et al, Arch Neurol, 62 , p.1161, 2005.

6-24

1) Laurin D, Verreault R, Lindsay J, et al. Physical activity and risk of cognitive impairment and dementia in elderly persons. *Archives of Neurology*, 58. 3. pp.498-504, 2001.
2) Wilson RS, Mendes De Leon CF, Barnes LL, et al. Participation in cognitively stimulating activities and risk of incident Alzheimer disease. *Journal of American Medical Association*, 287. 6. pp.742-748, 2002.
3) Verghese J, Lipton RB, Katz MJ, et al. Leisure activities and the risk of dementia in the elderly. *The New England Journal*

of Medicine, 348. 25. pp.2508-2516, 2003.
4) Kondo K, Niino M, Shido K. A case-control study of Alzheimer's disease in Japan-significance of life-styles. *Dementia*, 5. 6. pp.314-326, 1994.
5) Friedland R. Epidemiology, education, and the ecology of Alzheimer's disease. *Neurology*, 43. 2. pp.246-249, 1993.
6) 本間昭『認知症予防・支援マニュアル（改訂版）』厚生労働省，2009.
7) Folstein MF, Folstein SE, McHugh PR. Mini-mental state; a practical method for grading the cognitive state of patients for the clinician. *Journal of Psychiatric Research*, 12. pp.189-198, 1975.
8) 加藤伸司・下垣光・小野寺敦志ほか「改訂長谷川式簡易知能評価スケール（HDS-R）の作成」「老年精神医学雑誌」2. 1339-1347頁，1991.
9) 矢富直美「集団認知検査ファイブ・コグ（特集：軽度認知症をスクリーニングするための神経心理学的検査）」「老年精神医学雑誌」21. 2，215-220頁，2010.
10) 日本老年医学会編『健康・長寿診療ハンドブック』メジカルビュー社，137頁，2011.（Lawton MP, Brody EM. Assessment of older people ; self-maintaing and instrumental activities of daily living. The Gerontologist, 9. 3. pp.179-186, 1969.）
11) 厚生労働省「認知症になっても安心して暮らせる町づくり100人会議」http://www.mhlw.go.jp/topics/kaigo/dementia/c02.html
・本間昭『認知症予防・支援マニュアル（改訂版）』厚生労働省，15頁，2009.

6-25
1) 監修：日本老年行動科学会・井上勝也［1巻　痴呆症状と生活の障害Ⅰ（徘徊／帰宅願望／器物破損／記憶障害／見当識障害）編集：大川一郎・水上脩］［2巻　痴呆症状と生活の障害Ⅱ（異食、不潔行動、自発性欠如、食事を遊ぶ）編集：菅山信子・川崎友嗣］［3巻　暴力／孤立／入所時の適応困難　編集：野村豊子・箕浦とき子］［4巻　不安／訴え／心気症状　編集：佐藤眞一・米山叔子］［5巻　幻覚妄想／うつ／拒食　編集：木内清・そね田俊邦］［6巻　生と愛－セクシュアリティ　編集：荒木乳根子・井口数幸］［7巻　死と生きがい　編集：高橋真理・昼間眞］中央法規出版，1995-1997.
2) 日本老年行動科学会・事例研究（ACS）委員会「ACS報告：多機関多職種連携による事例検討の試み ― 連携・実践・実証」「日本老年行動科学会第16回大会　プログラム・抄録集」2013.
3) 大川一郎・田中真理・佃志津子・大島由之・Lin Shuzhen・成本迅・本田憲康・河田圭司・田邉真弓・新見令子・鈴木信恵・宮裕昭・山本哲也・佐藤眞一「レビー小体型認知症高齢者の介護抵抗への対応に関する実証的研究」「高齢者のケアと行動科学」16巻，64-81頁，2011.
4) 田中真理・大川一郎・滝澤秀児・花澤美枝子・安斎龍二・村上健太郎・鶴岡美由紀・山田樹・碧井猛・山下剛司・乾真由美・玉井智・榎本尚子・宮裕昭・Lin Shuzhen・佐藤眞一「認知症高齢者の痛みの訴え、食事拒否、義歯外し拒否への対応に関する実証的検討 ― 多職種連携・協働による仮説検証型事例検討の試み ―」「高齢者のケアと行動科学」18巻，2-34頁，2013.
・日本老年行動科学会事例検討委員会報告「多機関・多職種連携・協働による事例検討の試み ― 連携・実践・実行」日本老年行動科学会第16回大会，2013.

6-26
・「センター方式ガイド」地域生活サポートセンター，2012.
・『改訂　認知症の人のためのケアマネジメント　センター方式の使い方・活かし方』中央法規出版．

6-27
・相星さゆり・浜田博文・稲益由紀子・尾堂友予・森盛ゆか・猪鹿倉武「老年期地方患者に対して現実見当識訓練（RO）法と回想法を併用した心理的アプローチの結果」「老年精神医学雑誌」12(5)，505-512頁，2001.
・Butler R N. The life review：An interpretation of reminiscence in the aged. *Psychiatry*, 26, pp.65-76, 1963.
・Clare L, Wilson BA, Carter G, Hodges JR, Adams M : Long-term maintenance of treatment gains following a cognitive rehabilitation intervention in early dementia of Alzheimer type: a single case study. *Neuropsychological Rehabilitation*, 11, pp.477-494, 2001.
・川島隆太『高次機能のブレインイメージング』医学書院，2002.

6-28
1) 川島隆太・山崎律美『痴呆に挑む ― 学習療法の基礎知識』くもん出版，2004.
2) 川島隆太『高次機能のブレインイメージング』医学書院，2002.
3) 中村真理香「音読・計算活動の遂行期間の違いが高齢者の認知機能にもたらす影響：NIRSを用いた検討」立命館大学卒業論文，2009.
4) Yoshida, H., Furuhashi, K., Ookawa, I., Tsuchida, N., Takahashi, N., Ishikawa, M., Miyata, M., Hakoiwa, T. Effect of performing arithmetic and reading aloud on memory tasks in the elderly. 29th International Congress of Psychology,

July, Berlin, 2008.
5) 吉田　甫・玉井智・大川一郎ほか「音読と簡単な計算の遂行による介入が認知症高齢者の日常生活動作におよぼす影響」立命館人間科学研究, No.18, 23-32頁, 2009.

6-29
- Boehm, S., Whall, A. L., Cosgrove, K. L., Locke, J. D., & Schlenk, E. A. Behavioral analysis and nursing interventions for reducing disruptive behaviors of patients with dementia. *Applied Nursing Research*, 8(3), pp.118-122, 1995.
- Dwyer-Moore, K. J., & Dixon, M. R. Functional analysis and treatment of problem behavior of elderly adults in long-term care. *Journal of Applied Behavior Analysis*, 40(4), pp.679-683, 2007.
- Heard, K., Watson, T. S. Reducing wandering by persons with dementia using differential reinforcement. *Journal of Applied Behavior Analysis*, 32, pp.381-384, 1999.
- Mishara, B. L., Robertson, B., & Kastenbaum, R. Self-injurious behavior in the elderly. *The Gerontologist*, 13(3), pp.311-314, 1973.
- 芝野松次郎「特集 リハビリテーションと精神・心理 老人の問題行動に対する行動療法；Behavior modification approach to the problematic behaviors of the elderly」「総合リハビリテーション」20(3), 213-221頁, 1992.

7　健康と運動

総論
- ブレスローとエンストロム (Breslow,L&Enstrom,J.E) 1980.
- 森本兼曩 編『ライフスタイルと健康 ― 健康理論と実証研究』医学書院, 1991.
- 島井哲志・長田久雄・小玉正博 編『健康心理学・入門』有斐閣, 2011.
- 矢富直美「認知症をめぐる予防とケア－地域における取り組み」日本老年社会科学会第50回大会記念・公開フォーラム資料集, 2008.
- 公益財団法人・健康・体力づくり事業財団 編『健康づくり』425号, 2013.
- 公益財団法人・健康・体力づくり事業財団 編『健康運動実践指導者養成用テキスト』2012.
- 畑栄一・土井由利子 編『行動科学 ― 健康づくりのための理論と応用 (改訂第2版)』19-25頁, 南江堂, 2009.
- Prochaska,J.O.et al : In search of how people change. Application to addictive behavior. American Psychologist 47: pp.1102-1114, 1992.
- 健康・体力づくり事業財団 監修『第二次・健康日本21』サンライフ企画, 9頁, 2013.

7-1
1) Harvard Report on Cancer Prevention. Causes of human cancer. Cancer Causes Control;7 Suppl 1:S3-59. 1996.
2) 川田浩志 著『見た目が若いと長生きする カラダ管理の新常識！15のルール』筑摩書房, 85-93頁, 2010.
3) 川田浩志 著『サクセスフルエイジングのための3つの自己改革』保健同人社, 19-32頁, 2007.
- 厚生労働統計協会「図説 国民衛生の動向 2012/2013」.

7-2
- 折茂肇 編『新老年学第2版』東京大学出版会, 1999.
- 鬼頭昭三 編『老年期の健康科学 (改訂版)』放送大学教育振興会, 1996.
- 日本老年医学会 編『改訂版 老年医学テキスト』メジカルビュー社, 2002.

7-3
- 小坂井留美・小野寺昇・春日規克「運動と加齢」春日規克・竹倉宏明 編『運動生理学の基礎と発展』フリースペース, 2007.
- Lexell, J, Taylor, CC, and Sjostrom, M. What is the cause of the ageing atrophy? Total number, size and proportion of different fiber types studied in whole vastus lateralis muscle from 15- to 83-year-old men. J Neurol Sci 84: pp.275-294, 1988.
- 文部科学省「2009年度体力・運動能力調査」
- 国立長寿医療研究センター予防開発部第6次調査

7-4
1) 池上晴夫『新版 運動処方 理論と実際』朝倉書店, 1-54頁, 1990.
2) 谷口幸一 編著『成熟と老化の心理学』コレール社, 158頁, 1997.
3) 種田行男・荒尾孝・西嶋洋子・北畠義典・永松俊哉・一木昭男・江橋博・前田明「高齢者の身体的活動能力 (生活体力) の測定法の開発」「日本公衆衛生雑誌」第43巻, 196-208頁, 1999年.

4) Rikli R E, & Jones CJ. "Functional fitness normative scores for community-residing older adults, ages60-94", Journal of Aging and Physical Activity, 7, pp.162-181, 1999.
5) 谷口幸一・古谷学・井出本隆博「全米健康体育レクリエーション・ダンス連盟（AAHPERD）式の高年者用・機能的体力テストの紹介」「鹿屋体育大学学術研究紀要」第13巻，91-106頁，1995.
6) 西嶋尚彦「新体力テストとADL」「体育の科学」第50巻，杏林書院，880-888頁，2000.
7) 古名丈人・長崎浩・伊東元・橋詰謙・衣笠隆・丸山仁「都市および農村地域における高齢者の運動能力」「体力科学」第44巻，347-356頁，1995.
8) 杉浦美穂・長崎浩・古名丈人・奥住秀之「地域高齢者の歩行能力 ─ 4年間の縦断的変化 ─」「体力科学」第47巻，443-452頁，1998.

7-5

1) Schrock, M.M. Holistic assessment of the healthy aged. John Wiley & Sons. 1980.
2) Lawton, M.P. & Brody, E.M. Assessment of older people : self-maintaining and instrumental activities of daily Living. Gerontologist, 9 : pp.179-186, 1969.
3) 古谷野亘・柴田博・中里克治・芳賀博・須山靖男「地域老人における活動能力の測定 ─ 老研式活動指標の開発 ─」「日本公衆衛生学雑誌 34(3)」109-114頁，1987.
4) 安永明智「体力・筋骨格系機能のエイジング」55-67頁　谷口幸一・佐藤眞一編『エイジング心理学』北大路書房，2007.
5) 矢富直美『ファイブ・コグ検査マニュアル』東京都老人総合研究所認知症介入研究グループ，2006.
・柴田博ら「ADL研究の最近の動向」「社会老年学21」1984.
6) 柴田博・芳賀博・長田久雄・古野野亘編『老年学入門』川島書店，1993.
・谷口幸一 編『成熟と老化の心理学』コレール社，1997.
・三谷嘉明ほか 訳『虚弱な高齢者のQOL ─ その概念と測定』医歯薬出版，1998.
・生活・福祉環境づくり21・日本応用老年学会 編著『ジェロントロジー入門』社会保険出版社，19頁（Schrock, 1980のモデルを日本に合わせてアレンジ・柴田博），36頁（Lawton, M. P. 1969・柴田博），2013.

7-6

・厚生労働省「健康づくりのための運動基準2006～身体活動・運動・体力」平成18年.
　http://www.mhlw.go.jp/bunya/kenkou/undou01/pdf/data.pdf
・厚生労働省「健康づくりのための運動指針2006（エクササイズガイド2006）」平成18年.
　http://www.mhlw.go.jp/bunya/kenkou/undou01/pdf/data.pdf

7-7

1) Lexell, J, Taylor, CC, and Sjostrom, M. What is the cause of the ageing atrophy? Total number, size and proportion of different fiber types studied in whole vastus lateralis muscle from 15- to 83-year-old men. J Neurol Sci 84: pp.275-294, 1988.
2) Singh MA, Ding W, Manfredi TJ, Solares GS, O'Neill EF, Clements KM, Ryan ND, Kehayias JJ, Fielding RA, and Evans WJ. Insulin-like growth factor I in skeletal muscle after weight-lifting exercise in frail elders. Am J Physiol. 277: E135-143, 1999.
3) Borst SE. Interventions for sarcopenia and muscle weakness in older people. Age Ageing. 33: pp.548-555, 2004.
4) Esmarck B, Andersen JL, Olsen S, Richter EA, Mizuno M, and Kjaer M. Timing of postexercise protein intake is important for muscle hypertrophy with resistance training in elderly humans. J Physiol. 535: pp.301-311, 2001.
・町田修一「スポーツ選手の骨格筋機能」樋口満編『スポーツ現場に生かす運動生理・生化学』市村出版，56頁，2011.

7-8

1) 川田浩志 著『サクセスフルエイジングのための3つの自己改革』保健同人社，2-4頁，2007.
2) 石井直明・桑平一郎監『専門医がやさしく教える 老化判定＆アンチエイジング』PHP研究所，12-13頁，2007.
3) 坪田一男 著『長寿遺伝子を鍛える　カロリーリストリクションのすすめ』新潮社，47-73頁，2008.
・川田浩志著『サクセスフルエイジングのための3つの自己改革』保健同人社，132頁，2007.

7-9

1) 谷口幸一「高齢者と健康」島井哲志・長田久雄・小玉正博編『健康心理学・入門 ─ 健康なこころ・身体・社会づくり』有斐閣アルマ，169-186頁，2009.
2) 奥野修司『満足死 ─ 寝たきりゼロの思想』講談社，2007.
3) Berger, B.G. et al. Exercise,Aging and Psychological Well-being. Benkmark press,1989.
・島井哲志・長田久雄・小玉正博 編『健康心理学目入門』有斐閣アルマ，2009.

- 奥野修司『満足死 — 寝たきりゼロの思想』講談社，2007.
- 窪寺俊之『スピリチュアルケア入門』三輪書店，2000.
- 「厚生労働白書」ぎょうせい，2011.
- 柴田博・芳賀博・長田久雄・古谷野亘 編『老年学入門』川島書店，1993.
- 「国民福祉の動向，2011/2012」厚生労働省統計協会，2012.

7-10

1) World Health Organization. The uses of epidemiology in the elderly, reports of a WHO scientific group on the epidemiology of aging. WHO Technical Report Series, 706, pp.1-84, 1984.
2) 厚生労働省「介護予防マニュアル（改訂版）について」 http://www.mhlw.go.jp/topics/2009/05/tp0501-1.html
3) 財団法人 健康・体力づくり事業財団「健康日本21(21世紀における国民健康づくり運動について)健康日本21企画検討会・健康日本21計画策定検討会報告書」45頁，2000.
4) 財団法人厚生統計協会「厚生の指標・増刊　国民衛生の動向 2013／2014」第60巻9号，80-81頁，243頁，257-258頁，2013.
5) 内閣府「平成25年度版高齢社会白書」19-21頁，2013.
6) 内閣府「平成21年度版高齢社会白書」27頁，2009.
7) 厚生労働省「うつ予防・支援マニュアル（改訂版）」 http://www.mhlw.go.jp/topics/2009/05/dl/tp0501-1i.pdf

7-11

1) Chodzko-Zajko WJ. The world health organization issues guidelines for promoting physical activity among older person. Journal of Aging and Physical Activity, 5, pp.1-8, 1997.
2) Nelson ME, Rejeski WJ, Blair SN, Duncan PW, Judge JO, King AC, Macera CA, and Castaneda-Sceppa C. Physical activity and public health in older adults: recommendation from the American College of Sports Medicine and the American Heart Association. Medicine and Science in Sports and Exercise, 39, pp.1435-1445, 2007.
3) Nets Y, Wu MJ, Becker BJ, and Tenenbaum G. Physical activity and psychological well-being in advanced age; A meta-analysis of intervention studies. Psychology and Aging, 20, pp.272-284, 2005.
4) Yasunaga A, Togo F, Watanabe E, Park H, Shephard RJ and Aoyagi Y. Yearlong physical activity and health-related quality of life in older Japanese adults: The Nakanojo study. Journal of Aging and Physical Activity 14, pp.288-301, 2006.
5) Yoshiuchi K, Nakahara R, Kumano H, Kuboki T, Togo F, Watanabe E, Yasunaga A, Park H, Shephard RJ and Aoyagi Y. Yearlong physical activity and depressive symptoms in older Japanese adults: Cross-sectional data from the Nakanojo Study. American Journal of Geriatric Psychiatry, 14, pp.621-624, 2006.
6) 安永明智・木村憲「高齢者の認知機能と運動・身体活動の関係 — 前向き研究による検討 —」「第25回健康医科学研究助成論文集」129-136頁，2010.
7) Liu-Ambrose TYL, Khan KM, Eng JJ, Lord SR, Lentle B, and McKay H. A. Both resistance and agility training reduce back pain and improve health-related quality of life in older women with low bone mass. Osteoporosis International, 16, pp.1321-1329, 2005.
8) Ostrow AC. (Editor). "Aging and Motor Behavior." Brown & Benchmark Pub, pp.117-157, 1998.
9) 谷口幸一 編著『成熟と老化の心理学』コレール社，156頁，1997.

7-12

- 厚生労働省「健康づくりのための運動基準 2006〜身体活動・運動・体力」平成18年.
  http://www.mhlw.go.jp/bunya/kenkou/undou02/pdf/data.pdf
- 厚生労働省「健康づくりのための運動指針 2006(エクササイズガイド 2006)」平成18年.
  http://www.mhlw.go.jp/bunya/kenkou/undou01/pdf/data.pdf

7-13

1) 総務省統計局「平成23年社会生活基本調査」「調査票Aに基づく結果　生活時間編（全国）」.
   http://www.e-stat.go.jp/SG1/estat/List.do?bid=000001040666&cycode=0
2) 総務省統計局「平成18年社会生活基本調査」「スポーツ行動・時間及びスポーツ関係費の状況」.
   http://www.stat.go.jp/data/topics/topi31.htm
3) 笹川スポーツ財団「スポーツライフ・データ 2010 — スポーツライフに関する調査報告書 —」23頁，2010.
4) Larson EB, Wang L, Bowen JD, McCormick WC, Teri L, Crane P, Kukull W. Exercise is associated with reduced risk for incident dementia among persons 65 years of age and older.,Ann Intern Med. 144(2), pp.73-81, 2006.
5) 厚生労働省「健康づくりのための身体活動基準 2013」平成25年.

http://www.mhlw.go.jp/stf/houdou/2r9852000002xple-att/2r9852000002xpgt.pdf
6) 笹川スポーツ財団「スポーツライフ・データ 1996 ― スポーツライフに関する調査報告書 ―」76-83頁，1997．
7) 笹川スポーツ財団「スポーツライフ・データ 2010 ― スポーツライフに関する調査報告書 ―」89-100頁，2010．
8) 勝田茂「体力からみて高齢者にふさわしいスポーツ」「体育の科学」52巻10号，763-768頁，2002．
9) 原納明博・笠次良爾・岡本希・中谷敏昭・冨岡公子・羽崎完・車谷典男・田中康仁「中高齢者のスポーツ障害予防・治療のための実際　ウォーキング」「臨床スポーツ医学」27巻9号，951-956頁，2010．
10) NPO 不惑倶楽部 不惑ルール 安全対策　http://www.fuwaku.com
11) 渡會公治「高齢者のスポーツ外傷・障害とその対策：10カ条　スポーツ整形外科の立場から」「臨床スポーツ医学」18巻11号，1284-1288頁，2001．
12) 杉本和也「高齢者スポーツ活動と競技ルール ― ルール変更による安全性の向上 ―」「関節外科」27巻10号，136-140頁，2008．

8　身体の病

総論

- 大内尉義・井藤秀喜・三木哲郎・鳥羽研二 編『老年症候群の診かた』メジカルビュー社，2005．
- 中野昭一・吉岡利忠・田中越郎『図解生理学第2版』医学書院，1頁，2000．
- 積田亨・佐藤昭夫ほか『老化の科学』東京科学同人，158-159頁，1994．
- 山城守也・上田慶二・山田英夫ほか 編『ベッドサイド老年医学』1994．
- 大内尉義・井藤英喜・三木哲郎・鳥羽研二『老年症候群の診かた』序，メジカルビュー社，2005．
- 日野原重明監，道場信孝 著『臨床老年医学入門』医学書院，2005．
- 鳥羽研二「老年症候群」大内尉義 監『日常診療に活かす老年病ガイドブック1　老年症候群の診かた』メジカルビュー社，4頁，2005．

8-1

- 大西誠一郎「研究法としての観察法」依田新 監『観察―心理学実験演習6』金子書房，1981．
- 奥野茂代「高齢者のアセスメント技術」奥野茂代・大西和子編『老年看護技術アセスメントのポイントとその技術　第2版』ヌーヴェルヒロカワ，16-17頁，2013．
- 日本老年医学会 編『老年医学テキスト 改訂第3版』メジカルビュー社，67頁，2008．

8-2

1) 井出吉信 編『咀嚼の事典』朝倉書店，63頁，2007．
2) 新庄文明ほか 編著『介護予防と口腔機能の向上』医歯薬出版，66頁，2006．
3) 井出吉信 編『咀嚼の事典』朝倉書店，95頁，2007．
4) 那須郁夫・斎藤安彦「全国高齢者における健康状態別余命の推計，とくに咀嚼能力との関連について」「日本公衆衛生雑誌」53巻，6号，411-423頁，2006．
5) 井出吉信 編『咀嚼の事典』朝倉書店，143頁，2007．
6) 全国歯科衛生士教育協議会 監修『咀嚼障害・咬合異常1 歯科補綴』医歯薬出版，33頁，2009．

8-3

- 山田好秋 著『よくわかる摂食・嚥下のしくみ』医歯薬出版，1999．
- 鎌倉やよい 編『嚥下障害ナーシング』医学書院，2000．
- 才藤栄一・向井美恵 監修『摂食・嚥下リハビリテーション』医歯薬出版，2010．
- 加藤順一 監修『看護師のための摂食・嚥下アセスメントマニュアル』日総研，2003．

8-4

1) 田中マキ子 編著『老年看護学』医学芸術社，130頁，2006．
2) 日野原重明・井村裕夫 監修『看護のための最新医学講座［第2版］第17巻 老人の医療』中山書店，508頁，2005．
3) 奈良信雄・中村丁次『身体診察による栄養アセスメント―症状・身体徴候からみた栄養状態の評価・判定―』第一出版，34頁，2006．
4) 奈良信雄・中村丁次『身体診察による栄養アセスメント―症状・身体徴候からみた栄養状態の評価・判定―』第一出版，62頁，2006．
5) 高齢者ロングタームケア研究会 編集『高齢者における症状別緊急対応ガイドブック』中央法規出版，94頁，2009．
- 齋藤宣彦『改訂版 症状からみる病態生理の基本』照林社，2009．

8-5
・介護医療予防研究会編『高齢者を知る事典』厚生科学研究所，219頁，2000．

8-6
1）本間之夫ほか「下部尿路機能に関する用語基準」「日本排尿機能学会誌」14巻2号，278-289頁，2003．

8-7
・萩野悦子「脱水」北川公子 編『系統看護学講座 専門分野Ⅱ 老年看護学 第7版』医学書院，111頁，2010．

8-8
・望月論「Ⅴ．急性期状態の高齢者の特徴・鑑別・介入 3．発熱」葛谷雅文・秋下雅弘 編『ベッドサイドの高齢者の診かた』南山堂，171-176頁，2008．

8-9
・蝦名美智子『皮膚を介した看護の技術』「3章2 かゆみのある人への看護援助」中央法規出版，2003．
・大内尉義 監『日常診療に活かす老年病ガイドブック 高齢者に多い疾患の診療の実際より』メジカルビュー社，2005．
・種井良二「老人性乾皮症，皮膚掻痒症，湿疹，皮膚真菌症，帯状疱疹，疥癬」大内尉義監『日常診療に活かす老年病ガイドブック6 高齢者に多い疾患の診療の実際』メジカルビュー社，244頁，2005．

8-10
・浅見豊子「Ⅱ慢性疾患に付随する老年症候群 膝関節痛」大内尉義監修『日常診療に活かす老年病ガイドブック①老年症候群の診かた』メジカルビュー社，190-194頁，2005．
・細井孝之「Ⅱ慢性疾患に付随する老年症候群 腰痛」大内尉義監修『日常診療に活かす老年病ガイドブック①老年症候群の診かた』メジカルビュー社，195-198頁，2005．

8-11
・大熊輝雄『睡眠の臨床』医学書院，12頁，1977．

8-12
・『高齢難聴者のケア』長寿科学振興財団，2009．
・飯田順『高齢者のからだと病気シリーズ 耳鼻咽喉科の病気』18，日本医学館，19頁，2004．
・石井正則『よくわかる耳鳴り・難聴・めまい』主婦と生活社，18-19頁，32-37頁，2007．
・佐藤千史・井上智子『病態生理ビジュアルマップ5』医学書院，213-220頁，2010．

8-13
・戸張幾生『よくわかる緑内障・白内障と目の病気』主婦と生活社，78-107頁，2007．
・佐藤千史・井上智子『病態生理ビジュアルマップ5』医学書院，183-189頁，2010．

8-14
・Shock NW : The Biology of Aging. vedder CBed : Gerontology, A Book of Reading, p.277, spriagfield, 1963

8-15
1）篠原幸人ほか 編「脳出血」「脳卒中治療ガイドライン 2009」132．http://www.jsts.gr.jp/jss08.html
・田口芳雄・北原和子 編『脳卒中ケアブック 治療からリハビリまで』学研，2012．
・石鍋圭子 編『脳卒中リハビリテーション看護』「リハビリナース」2011年秋季増刊，メディカ出版．
・坂井郁子・金城利雄 編『リハビリテーション看護』南江堂，2010．
・「きょうの健康 脳卒中最新情報」NHKテレビテキスト，2012年7月号．
・中央社会保険医療協議会 診療報酬基本問題小委員会（2007年10月31日）資料．

8-16
1）赤石誠・古川佳子「高齢者ではどのような除脈がみられるか」「Geriatric Medicine」46，9，971頁，2008．
・「JRC（日本版）ガイドライン 2010」．

8-17
1）北岡裕章・高田淳・土居義典「高齢者虚血性心疾患─最近の治療の変遷と問題点─」「循環器専門医」12，2，241頁，2004．
2）高田淳・土居義典「高齢者によくみられる疾患とその特徴 2．虚血性心疾患」「日本内科学会雑誌」93，12，42頁，2004．
3）木村剛「高齢者冠動脈疾患の特徴と治療成績─CREDO-Kyoto（Coronary Revascularization Demonstrating Outcome Study in Kyoto）からの知見─」「Geriatric Medicine」46，12，1407頁，2008．
4）白鳥宣孝・上妻謙「高齢者虚血性心疾患治療の最近の進歩」「Geriatric Medicine」46，12，1415頁，2008．
・「虚血性心疾患の分類」ISFC/WHO，1979．

8-18
・滝澤始ほか 監修『病気が見える Vol.4 呼吸器』70-87頁，122-128頁，169頁，メディックメディア，2010．

- メアリー A. マテソンほか 著，石塚百合子ほか 訳『看護診断に基づく老人看護学』医学書院，100-101頁，2000.
- 大内尉義ほか 編『新老年学 第3版』東京大学出版会，927-940頁，2010.
- 日野原重明ほか 監修『看護のための最新医学講座［第2版］第17巻 老人の医療』中山書店，284-289頁，2005.

8-19
1) 青島正大 監修『病気が見える Vol.4 呼吸器』メディックメディア，88頁，2010.
2) 池松秀之「日本臨床」61，1926-1930頁，2003.
3) 厚生労働省 http://www.mhlw.go.jp/topics/bcg/tp1107-1h.html
- 大内尉義ほか 編『新老年学第3版』東京大学出版会，974-977頁，2010.
- 滝澤始ほか 監修『病気が見える Vol.4 呼吸器』メディックメディア，90-93頁，2010.
- 国立感染症研究所 http://idsc.nih.go.jp/disease/influenza/fluQA/H18inf-death.gif
- 厚生労働省「インフルエンザの基礎知識」平成19年12月に厚生労働省「人口動態調査」，平成19年～平成24年を追加．

8-20
- 河野公一ほか『症状からみた高齢者感染症介護マニュアル』金芳堂，3頁，2007.
- 東京都保健福祉局　社会福祉法人東京都社会福祉協議会編「社会福祉施設・事業者のためのノロウイルス対応標準マニュアル」77-79頁，2008.
- 厚生労働省「腸管出血性大腸菌Q&A，ノロウイルスに関するQ&A」http://wwwl.mhlw.go.jp
- 広島市ノロウイルス対策マニュアル http://citaikyo.jp
- 見藤隆子 編『看護学辞典』日本看護協会出版会，379頁，2006.
- 東京都保健福祉局　社会福祉法人東京都社会福祉協議会 編「社会福祉施設・事業者のためのノロウイルス対応標準マニュアル」2008.
- 見藤隆子 編『看護学辞典』日本看護協会出版会，379頁，2006.
- 竹田美文 監修『身近な感染症のケア―見えないものたちとのつきあい方』アイカム，22-31頁，22-35頁，44-45頁，2009.

8-21
1) Beckett NS et al. Treatment of hypertension in patients 80- years of age or older. NEJM 2008; 358: pp.1887-1898.
2) 日本高血圧学会高血圧治療ガイドライン作成委員会 編『高血圧治療ガイドライン2014』ライフサイエンス出版，2014.

8-22
- 鳥羽研二「腎・泌尿器系の疾患」『系統看護学講座　専門分野Ⅱ　老年看護 病態・疾患論　第3版』医学書院，175頁，2009.

8-23
1) 深井喜代子ほか 編『新・看護生理学テキスト　看護技術の根拠と臨床への応用』南江堂，290頁，2008.
2) 北川公子ほか『系統看護学講座　専門分野Ⅱ　老年看護学』医学書院，89-90頁，2011.
- 大内尉義 編著代表『新老年学 第3版』東京大学出版会，845-909頁，2010.
- 日野原重明 監修『看護のための最新医学講座［第2版］第17巻 老人の医療』中山書店，299-324頁，392-405頁，2005.
- 佐々木英忠 著者代表『系統看護学講座 専門分野Ⅱ 老年看護 病態・疾患論』医学書院，144-155頁，174-182頁，2009.
- 北川公子 著者代表『系統看護学講座 専門分野Ⅱ 老年看護学』医学書院，89-91頁，93-95頁，2010.
- 堀内ふき 編者「ナーシンググラフィカ26 老年看護学」「高齢者の健康と障害」メディカ出版，176-178頁，2009.
- 深井喜代子 編者『新・看護生理学テキスト 看護技術の根拠と臨床への応用』南江堂，290-318頁，340-353頁，407-417頁，2008.
- 株式会社エム・ピー・アイ「STOMA CARE PRODUCTS GUIDE Vol.4」．

8-24
- 日野原重明ほか 監修『看護のための最新医学講座［第2版］第17巻 老人の医療』中山書店，271-279頁，2005.
- 山脇功『呼吸器疾患ナーシング』学研，138-139頁，2000.
- 大内尉義ほか 編集『新老年学　第3版』東京大学出版会，911-915頁，2010.
- 後藤里江・木田専瑞「慢性呼吸不全」日野原重明ほか 監修『看護のための最新医学講座［第2版］第17巻 老人の医療』中山書店，275頁，2005.

8-25
1) American college of rheumatology subcommittee on rheumatoid arthritis guidelines : guidelines for the management of rheumatoid arthritis 2002 update. Arthritis Rheum,46: pp.328-346, 2002.

2) Mavragani CP, Moutsopoulos HM. : Rheumatoid arthritis in the elderly. *Exp Gerontol* 34 : pp.463-471, 1999.
3) Turkcapar N,et al. : Late onset rheumatoid arthritis : clinical and laboratory comparisons with younger onset patients. *Arch Gerontol Geriatr* 42 : pp.225-231, 2006.
4) 村上正人「内科医が診る不安・抑うつ―どこまで診るのか，どこから診ないのか《内科疾患における不安・抑うつの診方》リウマチ性疾患」「内科 Vol.105」No.2，231－234頁．
・ACR/EULAR RA 分類／診断基準 2009.
・Rheumatology；Diagnosis and Therapeutics. J.J.Cush 編．Williams & Wilkins. 1999.

8-26
・日本糖尿病療養指導士認定機構 編『糖尿病療養指導ガイドブック 2010―糖尿病療養指導士の学習目標と課題』メディカルレビュー社，11-16，30，36，91頁，2010.
・日本糖尿病学会 編『糖尿病治療ガイド 2010』文光堂，88頁，2010.
・厚生労働省「平成 21 年人口動態統計」「平成 19 年人口動態調査の結果の概要」http://wwwl.mhlw.go.jp
・厚生労働省「糖尿病」http://wwwl.mhlw.go.jp
・日本糖尿病学会 編『糖尿病治療ガイド 2010』文光堂，2010.
・日本糖尿病学会 編・著『糖尿病治療ガイド 2014-2015』文光堂，18頁，2014.

8-27
・泉キヨ子『エビデンスに基づく転倒・転落予防』中山書店，2006.
・三宅祥三『実践できる転倒・転落防止ガイド』学研，2007.
・北川公子『系統看護学講座　専門分野Ⅱ　老年看護学』医学書院，2010.
・泉キヨ子 編『エビデンスに基づく転倒・転落予防』中山書店，114頁，2006.

8-28
・北川公子『系統看護学講座 専門分野Ⅱ 老年看護学』医学書院，2010.
・長藤亜岐「褥瘡」北川公子 編『系統看護学講座 専門分野Ⅱ 老年看護学 第 7 版』医学書院，258頁，2010.
・宮地良樹『褥瘡治療・ケアトータルガイド』照林社，2009.
・高齢者施設における褥瘡ケアガイドライン作成委員会『高齢者介護施設の褥瘡ケアガイドライン』中央法規出版，2007.
・日本褥瘡学会『褥瘡予防・管理ガイドライン』照林社，2009.
・日本褥瘡学会ホームページ

8-29
1) 小泉幸毅「拘縮の実態」奈良勲・浜村明徳編『拘縮の予防と治療』医学書院，16－17頁，2008.
2) 半田一登「拘縮の評価」奈良勲・浜村明徳編『拘縮の予防と治療』医学書院，56頁，2008.
3) 小笠原正「拘縮の予防」奈良勲・浜村明徳編『拘縮の予防と治療』医学書院，68－69頁，2008.
4) 田中義行『写真で学ぶ拘縮予防・改善のための介護』中央法規出版，4－6頁，2012.
・太田仁史・三好春樹 著『新しい介護』講談社，230－235頁，2003.
・小泉幸毅ほか「拘縮の実態」奈良勲・浜村明徳編『拘縮の予防と治療 第 2 版』医学書院，17頁，2008.

8-30
1) 下仲順子 編『高齢期の心理と臨床心理学』培風館，45－46頁，2007.
・北川公子『系統看護学講座 専門分野Ⅱ 老年看護学』医学書院，143－147頁，2010.
・北村有香「廃用症候群のアセスメントと看護ケア」北川公子 編『系統看護学講座 専門分野Ⅱ 老年看護学 第7版』医学書院，144頁，2010.

8-31
1) 上田敏『リハビリテーションを考える』青木書店，1983.
2) 上田敏『ICF（国際生活分類）の理解と活用―人が「生きること」「生きることの困難（障害）」をどうとらえるか』きょうされん，35頁，2005.

8-32
・香川邦生「視覚障害とは」藤田和弘・福屋靖子 編『障害者の心理と援助』第 2 章Ⅲ A，32－35頁，2007.
・加倉優一「糖尿病性網膜症」『からだの科学』263，12－18頁，2009.
・中江公裕・増田寛次郎・妹尾正・澤充・金井淳・石橋達郎「長寿社会と眼疾患―最近の視覚障害原因の疫学調査から―」「Geriatric Medicine」44，9，1221－1224頁，2006.
・斉藤航・石田晋「加齢黄斑変性」『からだの科学』263，12－18頁，2009.
・高橋洋子「増えている目の病気」『からだの科学』263，12－18頁，2009.
・高柳泰世「高齢者の視覚管理」高柳泰世 編『視覚代行リハビリテーション』第 12 章，名古屋大学出版会，143－149頁，

2005.
- 山田幸男・小野賢治 編著『視覚障害者のリハビリテーション―とくに中途障害者の日常生活のために』日本メディカルセンター，1989.
- 山本哲也「緑内障」『からだの科学』263，56-59頁，2009.
- 高度障害者手帳新規交付者　対象：18歳以上の2043名　(調査年度：平成13年度―平成16年度)
  厚生労働科学研究費科学研究費補助金　難治性疾患克服研究事業網脈絡膜・視神経萎縮症に関する研究
  平成17年度総括・分担研究報告書，263-267頁，2006.

8-33
- 永渕正昭『聴覚と言語の世界』東北大学出版会，1998.
- 日本聴覚医学会 編『聴覚検査の実際』南山堂，2009.

8-34
1) 松山光生 著「肢体不自由児・者の心理特性」秋山美栄子・山本哲也 編著『新版老人・障害者の心理』11章，建帛社，2007.
2) 厚生労働省，厚生労働統計一覧，平成23年生活のしづらさなどに関する調査(全国在宅障害児・者等実態調査).
   http://www.mhlw.go.jp/toukei/list/seikatsu_chousa_c.html
- 日本聴覚医学会『聴覚検査の実際』南山堂，2009.

8-35
1) 木塚妙子 著「内部障害児・者の心理特性」秋山美栄子・山本哲也 編著『新版老人・障害者の心理』11章，建帛社，2007.
2) 土田隆・渡辺雅幸 編著『医学入門』建帛社，2008.
3) 厚生労働省，厚生労働統計一覧，平成23年生活のしづらさなどに関する調査(全国在宅障害児・者等実態調査)
   http://www.mhlw.go.jp/toukei/list/seikatsu_chousa_c.html
- 厚生労働省「平成23年生活のしづらさなどに関する調査(全国在宅障害児・者等実態調査)」第7表 身体障害者手帳所持者数，身体障害の種類・障害等級別 より作成.

8-36
1) 根岸敬矩・土澤健一『保健・医療・福祉系学生のための臨床精神医学』医学出版社，4頁，2003.
2) 松下正明「高齢者診療の基本姿勢」日本老年精神医学会『改訂・老年精神医学講座；総論』第3章，ワールドプランニング，49-56頁，2009.
- 日本老年精神医学会『改訂・老年精神医学講座；各論』ワールドプランニング，2009.
- 池末亨ほか『精神障害者が使える福祉制度のてびき 2005』全国精神障害者家族会連合会，2005.

8-37
1) American Association on Mental Retardation 編，栗田広・渡辺勧持訳『知的障害―定義，分類および支援体系』日本知的障害者福祉連盟，2002.
2) 前垣義弘・山本俊至「知的障害の原因」大野耕作・平山義人・松石豊次郎編著『知的障害者の健康管理マニュアル―身心ともに健康な成長・加齢のために』I 2，8-11頁，2007.
3) 岡田喜篤「障害児(者)施設体系等に関する総合研究(三村班高齢者の処遇に関する研究)」『平成8年度厚生省心身障害研究 総合教育科学系 第57集』481-494頁，1996.
4) 小川勝彦「重度知的障害者の高齢化と医療福祉的課題」『障害者問題研究第41巻第1号』18-26頁，2013.
5) 春日井宏彰・菅野敦・橋本創一・桜井和典・片瀬浩「成人期知的障害者の加齢変化の特性に関する研究　東京学芸大学紀要 総合教育科学系 第57集」481-494頁，2006.
6) 有馬正高「不平等な命―知的障害の人たちの健康調査から―」日本知的障害者福祉連盟，2010.
7) 大野耕策「知的障害のある人で起きやすい健康上の問題」大野耕策・平山義人・松石豊次郎 編『知的障害者の健康管理マニュアル』診断と治療社，2007.
8) 滋賀利一「知的障害者の高齢化に向けた対策が必要な時代に」「国立のぞみの園ニュースレター」2012.
9) 高林秀明「知的障害者と家族の老いと暮らし」『障害者問題研究第41巻第1号』10-17頁，2013.
- 春日井宏彰・菅野敦・橋本創一・桜井和典・片瀬浩「成人期知的障害者の加齢変化の特性に関する研究」「東京学芸大学紀要 総合教育科学系 第57集」492頁，2006. を改変.

8-38
1) 鳥羽研二・秋下雅弘・水野有三・江頭正人・金　承範・阿古潤哉・寺本信嗣・永瀬隆英・長野宏一朗・須藤紀子・吉栖正雄・難波吉雄・松瀬　健・大内尉義「4. 薬剤起因性疾患」『日本老年医学会医誌』36，181-185頁，1999.
- 山田康彦「高齢者における薬物療法の注意点―薬剤部の立場から―」大内尉義監修『日常診療に活かす老年病ガイドブック2　高齢者の薬の使い方』メジカルビュー社，2005.

・日本老年医学会 編『高齢者の安全な薬物療法ガイドライン 2005』メジカルビュー社，2005．
・秋山雅弘「高齢者の安全な薬物療法ガイドライン」「日本老年医学会医誌」44，31-34頁，2007．

8-39

1) 日本口腔ケア学会，2013．http://www.oralcare-jp.org/
2) 内宮洋一郎「日本摂食・嚥下リハビリテーション学会誌」14巻2号，116-122頁，2010．
3) 「平成23年人口動態統計 日報年計（概数）」厚生労働省．
4) 日下和代・麻生智子「高齢者肺炎の予防について—誤嚥性肺炎と口腔ケアの関連—」「千葉県立衛生短期大学紀要」25巻2号，79-83頁，2007．
5) 菊谷武 監修『基礎から学ぶ口腔ケア 第2版』学研メディカル秀潤社，87頁，2013．

8-41

1) Alberti KG et al. Harmonizing the metabolic syndrome. *Circulation* 2009; 120: pp.1640-1645.
2) Eckel RH et al. The metabolic syndrome. *Lancet* 2010; 375: pp.181-183.
3) Matsuzawa Y et al. Adiponectin and metabolic syndrome. *Arteriosclerosis, Thrombosis, and Vascular Biology.* 2004; 24: pp.29-33.
4) Kokubo Y et al. Impact of metabolic syndrome components on the incidence of cardiovascular disease in a general urban Japanese population: the Suita study. Hypertens Res 2008; 31: pp.2027-2035.

・厚生労働省「平成19年国民健康・栄養調査」．

9 高齢者を取り巻く環境

総論

・WHO (World Health Organization) 編著，日本生活協同組合連合会医療部会 翻訳・編集『WHO「アクティブ・エイジング」の提唱〜政策の枠組みと高齢者にやさしい街ガイド』萌文社，30頁，2007．

9-1

1) Clark, M. & Anderson, G.A., Culture and aging : An anthropological study of older Americans. Charles C Thomas. 1967.
2) Clark, M. & Anderson, G.A., Culture and aging : An anthropological study of older Americans. Charles C Thomas. pp.392-414, 1967.
3) 籏野脩一・大塚俊男・中山和之・NIRA・OUT・PUT「中高年者の健康に関する調査 — 我が国の高齢者の健康とその関連要因（大都市・地方都市・農村の比較）」総合研究開発機構，1985．

9-2

1) Koyano,W. Japanese attitudes toward the elderly : A review of research findings. Journal of Cross-Cultural Gerontology,4, pp.335-345, 1989.
2) 金田千賀子「子どもが抱く高齢者のイメージ」「医療福祉研究」第2巻，2006．
3) 桑原洋子・水戸美津子・飯吉令枝「"老人観"に関する研究の問題」「新潟県立看護短期大学紀要」第2巻，47-57頁，1997．
4) 渋谷昌三「Agingの社会心理学的考察」「山梨医大紀要」第15巻，87-96頁，1998．
5) 堀薫夫「老人イメージに関する調査研究」「大阪教育大学生涯教育計画論研究室報告」1995．
6) 福本安甫・田中睦英・押川武志「主観的高齢感とQOLとの関連」「川崎医療福祉学会誌」vol.18, no.2, 433-438頁，2009．

・内閣府 高齢社会対策に関する調査 —「平成15年度年齢・加齢に対する考え方に関する意識調査結果」．

9-3

1) Bem S.L., The measurement of psychological androgyny. Journal of Consulting and Clinical Psychology, 42, pp.155-162, 1974.
2) 下仲順子・中里克治・河合千恵子「老年期における性役割と心理的適応」「社会老年学」31号，3-11頁，1990．
3) 岡村清子「高齢期とジェンダー」坂田義教 編『現代のエスプリ-性の諸相-』第366号，34-44頁，1998．
4) 黒川順夫『主人在宅ストレス症候群』双葉社，1993．
5) 春日キスヨ『高齢者とジェンダー ひとりと家族の間』ひろしま女性学研究所，105頁，2009．
6) 厚生労働省「平成23年度高齢者虐待の防止，高齢者の養護者に対する支援等に関する法律に基づく対応状況等に関する調査結果」11-12頁，2009．
　　http://www.mhlw.go.jp/stf/houdou/2r9852000002rd8k-att/2r9852000002rda1.pdf

7) 厚生労働省「高齢者等が一人でも安心して暮らせるコミュニティづくり推進会議（「孤立死」ゼロを目指して）― 報告書 ―」2008．http://www.mhlw.go.jp/houdou/2008/03/h0328-8.html
8) 石田光規『孤立の社会学 ― 無縁社会の処方箋』勁草書房，2011．
9) 津止正敏・斎藤真緒『男性介護者白書 ― 家族介護者支援への提言』かもがわ出版，2007．
・総務省統計局「平成22年国勢調査」．

9-4
・Palmore, E.B. 著，奥山正司・秋葉聰・片多順・松村正直 訳『エイジズム ― 優遇と偏見・差別』法政大学出版局，188-190頁（上図），241-244頁（下表），1995．

9-5
1) 大橋謙策『地域福祉の展開と福祉教育』全国社会福祉協議会，1986．
2) 谷口幸一『老年学教育』大内尉義・秋山弘子 編『新老年学第3版』東京大学出版会，1929-1933頁，2010．
3) Pruski, L.A.「じぇろ 15」pp.32-35，2007．
4) Newman, B and Newman, P.R. Development through Life：A Psychological Approach. Drosey Publisher. 1975.
5) 堀薫夫『教育老年学の展開』学文社，2006．
6) 文部省『小学校学習指導要領』1998．
7) 文部省『中学校学習指導要領』1998．
8) 谷口幸一『高齢者への臨床社会学的アプローチ』谷口幸一・佐藤眞一 編『エイジング心理学』北大路書房，193-215頁，2007．
・堀薫夫『教育老年学の展開』学文社，2006．
・草野篤子・秋山博介「インタージェネレーション ― コミュニティを育てる世代間交流」「現代のエスプリ」444，至文堂，2004．
・谷口幸一『エイジング教育』東清和 編『エイジングの心理学』4章，早稲田大学出版部，89-130頁，1999．
・国際長寿社会日本リーダーシップセンター 監修「地域社会における高齢者に関する福祉教育の現状に関する調査研究」1995．
・谷口幸一「小中学校におけるエイジング教育（講演録）」「ジェロントロジー国際総合会議 2005 in Aichi Japan」「じぇろ Vol.13」，16-20頁，2005．
・国際長寿センター監修「地域社会における高齢者に関する福祉教育に関する調査研究」1995．

9-6
1) 小泉明・田中恒男『人間と健康』大修館書店，25-27頁，1973．
2) 小泉明・田中恒男『人間と健康』大修館書店，10-11頁，1973．
3) WHO (World Health Organization) 編著，日本生活協同組合連合会医療部会 翻訳・編集『WHO「アクティブ・エイジング」の提唱～政策的枠組みと高齢者にやさしい街ガイド』萌文社，2007．
・Age-Friendly Cities Project Methodology, Vancouver Protocol, Ageing And Life Course Programme, WHO, 2006.

9-7
・厚生労働省「心の健康問題の正しい理解のための普及啓発検討委員会報告書」2004．
・東大生活技能訓練研究会 編『わかりやすい生活技能訓練』金剛出版，1995．

9-8
1) 川内美彦『ユニバーサル・デザインの仕組みをつくる スパイラルアップを実現するために』学芸出版社，8頁，2007．(North Calolina State University, The Center for Universal Design, The Principles of Universal Design Ver.2.0, 1997.)
2) 関根千佳『ユニバーサルデザインの力 社会人のためのUD入門』生産性出版，140頁，2010．
3)・川内美彦『ユニバーサル・デザインの仕組みをつくる スパイラルアップを実現するために』学芸出版社，8頁，2007．(North Calolina State University, The Center for Universal Design, The Principles of Universal Design Ver.2.0, 1997.)
  ・川内美彦『ユニバーサル・デザイン バリアフリーへの問いかけ』学芸出版社，151頁，2001．(North Calolina State University, The Center for Universal Design, The Principles of Universal Design Ver.2.0, 1997.)
・川内美彦『ユニバーサル・デザイン バリアフリーへの問いかけ』学芸出版社，2001．
・ユニバーサルデザイン研究会 編『新・ユニバーサルデザイン』日本工業出版，2005．
・東京大学先端科学技術研究センターバリアフリープロジェクト 監『くらしの中のユニバーサルデザイン』あかね書房，2006．
・東京大学先端科学技術研究センターバリアフリープロジェクト 監『まちのユニバーサルデザイン』あかね書房，2006．
・村田純一 編『共生のための技術哲学 「ユニバーサルデザイン」という思想』未来社，2006．
・関根千佳『ユニバーサルデザインの力 社会人のためのUD入門』生産性出版，2010．
・North Calolina State University, The Center for Universal Design, The Principles of Universal Design Ver.2.0, 1997. 川内

美彦訳『ユニバーサル・デザイン　バリアフリーへの問いかけ』学芸出版社，151頁，2001．

9-9
- 上田敏・大川弥生 編『リハビリテーション医学大辞典』医歯薬出版，1996．
- 社団法人　日本作業療法士協会筆『自助具・生活機器』保健同人社，1995．

9-10
- 内閣府「高齢者の住宅と生活環境に関する意識調査」2010．

9-11
1) 嶺学 編著『高齢者の住まいとケア』御茶の水書房，5頁，2008．
2) 児玉桂子・鈴木昇・田村静子 HHHHH 著『高齢者が自立できる住まいづくり』彰国社，8-15頁，2003．
3) 嶺学 編著『高齢者の住まいとケア』御茶の水書房，176-177頁，2008．（一部改変）
4) 高齢者住環境研究所・バリアフリーデザイン研究会著『バリアフリー住宅読本』三和書籍，18-19頁，2009．（一部改変）
5) 児玉桂子・鈴木昇・田村静子 著『高齢者が自立できる住まいづくり』彰国社，75-82頁，2003．
6) 外山義『自宅でない在宅』医学書院，37頁，2003．
7) 外山義『自宅でない在宅』医学書院，40-51頁，2003．
8) 溝口千恵子・三宅玲子『定年前リフォーム』文藝春秋，95-111頁，2005．
- 高齢者住環境研究所・バリアフリーデザイン研究会著『バリアフリー住宅読本』三和書籍，2009．
- 児玉桂子・鈴木晃・田村静子編『高齢者が自立できる住まいづくり』彰国社，2003．
- 嶺学 編著『高齢者の住まいとケア』御茶の水書房，2008．
- 溝口千恵子・三宅玲子 著『定年前リフォーム』文藝春秋，2005．
- 外山義『自宅でない在宅』医学書院，2003．

9-12
1) 総務省『平成21年通信利用動向調査』http://www.soumu.go.jp/johotsusintokei/statistics/statistics05a.html，2010．
2) 小川まどか・稲垣宏樹・権藤恭之「高齢者におけるIT・電気機器の利用実態と特徴」電子情報通信学会技術研究報告，106(144)，71-76頁，2006．
3) 稲垣宏樹・増井幸恵・権藤恭之・小川まどか「高齢者のIT機器利用に及ぼす心理的特性の影響(1)― 認知機能および生活機能との関連の検討 ―」日本発達心理学会第22回大会抄録集，2011．
4) 原田悦子「「モノ」を使うということと記憶：人―モノ間相互作用と学習」太田信夫編『記憶の心理学と現代社会』有斐閣，61-70頁，2006．
5) 小川まどか・稲垣宏樹・権藤恭之「高齢者におけるIT・電気機器の利用実態と特徴」発表資料より，2006．
6) 増井幸恵・稲垣宏樹・権藤恭之・小川まどか「高齢者のIT機器利用に及ぼす心理的特性の影響(2)― 高齢期における携帯電話・ビデオ機器の利用開始と Big Five 性格特性との関連 ―」日本発達心理学会第22回大会抄録集』2011．
- 総務省　平成21年通信利用動向調査「過去1年間に利用した情報通信機器」2010．

10　家族

総論
- 厚生労働省「国民生活基礎調査」．
- 河合克義『大都市のひとり暮らし高齢者と社会的孤立』法律文化社，2009．
- G. P. Murdock 著，内藤英爾訳『新版　社会構造』新泉社，1949，2001．
- 厚生労働省「平成24年国民生活基礎調査概況」．

10-1
- 井上輝子・江原由美子 編『女性のデータブック〔第4版〕』有斐閣，3頁，2005．

10-2
1) 厚生労働省「平成24年国民生活基礎調査の概況」．
   http://www.mhlw.go.jp/toukei/saikin/hw/k-tyosa/k-tyosa12/
2) 「高齢者の生活と意識」「第6回国際比較調査結果（全体版）」平成17年度．
   http://www8.cao.go.jp/kourei/ishiki/h17_kiso/index2.html
3) 内閣府「平成22年版 高齢社会白書」13頁，2010．
   http://www8.cao.go.jp/kourei/whitepaper/w-2010/zenbun/22pdf_index.html

10-3
1) 内閣府「平成25年版 高齢社会白書」13頁，2013.
2) 厚生労働省「国民生活基礎調査」2010.
3) 直井道子『よくわかる高齢者福祉』ミネルヴァ書房，21頁，2010.
4) P・タウンゼント著，山室周平監訳『居宅老人の生活と親族網―戦後東ロンドンにおける実証的研究』垣内出版，298頁，1974.
5) Peter Townsend, The Structure of the Family", E. Shanas et al, Old People in Three Industrial Societies, p.171, 1968.
6) 佐藤宏子『家族の変遷・女性の変化』日本評論社，82-104頁，2007.
7) 嶋崎尚子『ライフコースの社会学』学文社，52-53頁，2008.
8) 斉藤亮一・大久保博則『にっぽん五世代家族』中央公論新社，1-17頁，2001.
9) 佐藤宏子『家族の変遷・女性の変化』日本評論社，126-199頁，2007.
10) 小笠原浩一『多世代家族と高齢化社会』季刊社会保障研究30(3)，220-227頁，1994.
・齋藤亮一・大久保博則『にっぽん五世代家族』中央公論新社，4頁，2001.

10-4
・小谷みどり「老い支度に関する意識と実態」「LifeDesign REPORT 173」4-15頁，2006.
・日本家族社会学会全国家族調査委員会「第3回家族についての全国調査(NFRJ08)」第一次報告書，2010.
・宍戸邦章「実親・義親への世代間援助にみる「家」の原理― JGSS-2006 に基づく分析―」「日本版 General Social Surveys 研究論文集」7，1-12頁，2008.
・日本家族社会学会全国家族調査委員会「第3回家族についての全国調査(NFRJ08) 第一次報告書」93頁，2010.

10-5
1) 内閣府「高齢者の生活と意識」「第6回国際比較調査結果」平成17年.
http://www8.cao.go.jp/kourei/ishiki/h16_nitizyou/index2.html
2) 長津美代子「変わりゆく夫婦関係」袖井孝子編『少子社会の家族と福祉』ミネルヴァ書房，18頁，2004.
3) 高齢者アンケートを読む会編『老いて都市に暮らす』亜紀書房，1995.
4) 岡本多喜子「痴呆性高齢者と家族」染谷俶子編『老いと家族』ミネルヴァ書房，245-246頁，2000.
5) 山崎幸子・藺牟田洋美・橋本美469・繁田雅弘・芳賀博・安村誠司「都市部在住高齢者における閉じこもりの家族および社会関係の特徴」『日本保健科学学会誌』，11(1)，20-27頁，2008.
6) タンストール著，光信隆夫訳『老いと孤独』垣内出版，53-57頁，1978.
7) 髙藤真弓「高齢期の孤独・孤立の要因分析とその解消にむけたソーシャルワークの接近方法」日本福祉大学社会福祉学部『日本福祉大学社会福祉論集』第122号，53-78頁，2010.
8) 橋本有理子「老年期の孤独感と子ども世代に対する主観的評価との関連性に関する研究」『家族関係学』20，65-73頁，2001.
・内閣府「第7回高齢者の生活と意識に関する国際比較調査結果」平成22年度.

10-6
・日本性科学会セクシュアリティ研究会編著『カラダと気持ち』三五館，2002.
・セクシュアリティ研究会 編『カラダと気持ち ミドル・シニア版』三五館，121頁，2002.

10-7
1) 厚生労働省「平成22年国民生活基礎調査」2010.
2) 厚生労働省「平成22年国民生活基礎調査」2010.
3) 内閣府「平成22年版高齢社会白書」2010.
4)「縁をつないで」『月刊福祉』94巻11号，2-7頁，2011.
・内閣府「高齢者の生活実態に関する調査」平成21年.

10-8
1) Kahn,R.L.,& Antonucci,T.C. Convoys over the life course : Attachment, roles, and social support.） Life-Span Development and Behavior , 3 pp.253-286, 1980.
2) 岡林秀樹「高齢期の人間関係―対人関係，社会生活とソーシャルサポート」下仲順子編『高齢期の心理と臨床心理学』培風館，121-130頁，2007.
3) Antonucci,,T.C. Social relations: An examination of social networks, social support,and sense of control. In J.E.Birren & K.W.Schaie (Eds.) Handbook of the Psychology of Aging, 5th ed. Academic press, pp.427-453, 2001.
4) 厚生省「厚生白書」1978.
5) 内閣府「平成22年度第7回高齢者の生活と意識に関する国際比較調査結果」2011.

6) 安達正嗣「高齢期の人間関係」吉田あけみ・山根真理・杉井潤子編『ネットワークとしての家族』ミネルヴァ書房，158-172頁，2005．
7) 石田光規『孤立の社会学―無縁社会の処方箋』勁草書房，2011．
8) Atchley ,R.C. & Barusch,A.S. Social Forces and Aging :An intoroduction to Social Gerontology, 10th ed. Wadsworth,a division of Thomson Learning Inc. (宮内康二編訳・(株)ニッセイ基礎研究所ジェロントロジーフォーラム監訳『ジェロントロジー 加齢の価値と社会の力学』きんざい，100頁，2005．)
9) 岡村清子「三世代交流が高齢者にもたらす生きがい」長寿社会開発センター「生きがい研究」第14号，26-54頁，2008．
10) 岡村清子「高齢社会の親子関係」有賀美和子・篠目清美・東京女子大学女性学研究所編『親子関係のゆくえ』勁草書房，107-147頁，2004．
11) 岡村清子「地域三世代統合ケア―小規模多機能ケアと居場所づくりの試み」「老年社会科学」27巻3号，351-358頁，2005．
12) Bengtson ,V.L.Beyond the Nuclear Family: The Increasing Importance of Multigenerational Bonds., Journal of Marriage and the Family 63, pp.1-16, 2001.
13) 山田 昌弘『パラサイト社会のゆくえ―データで読み解く日本の家族』筑摩書房，2004．
・内閣府「高齢者の生活と意識に関する国際比較調査結果（第1回、第7回）」昭和55年度，平成22年度．

10-9

1) 岩上真珠「「家」婚入者の家族役割遍歴―「嫁―姑関係」再考」比較家族史学会監修『縁組と女性』早稲田大学出版部，205-228頁，1994．
2) 中込睦子「若狭地方における里帰り慣行と主婦権」比較家族史学会監修『縁組と女性』早稲田大学出版部，86-108頁，1994．
3) 増田光吉「家族内のコンフリクト」那須宗一・増田光吉編『老人と家族の社会学』垣内出版，257-289頁．
4) 佐藤宏子「農村女性の変化」袖井孝子編著『少子化社会の家族と福祉』ミネルヴァ書房，40-53頁，2004．
5) 根笈美代子「嫁姑関係位置認知について両者の差異」『日本家政学雑誌』44(9)，713-722頁，1993．
・増田光吉「家族内のコンフリクト」那須宗一・増田光吉編『講座日本の老人 第3 老人と家族の社会学』垣内出版，277頁，1972．

10-10

1) E. エリクソンほか 著，朝長正徳ほか 訳『老年期 ― 生き生きしたかかわりあい』みすず書房，1990．
2) Smith. P. K., Cowie, H., & Baldes, M. Undersatanding children's development (4th ed), pp.116-118, Blackwell publishing, 2003．
3) 宮田正子・大川一郎・土田宣明「孫の存在の意味 ― 祖父母と孫の心理的関係からの分析 ―」「高齢者のケアと行動科学」18巻，61-73頁，2013．
4) Neugarten, B. L., & Weinstein, K. K. The changing American grandparent. Journal of Marriage and the Family, 26, pp.199-204, 1964.
5) Bengtson, V.L. Diversity and symbolism in grandparent roles. In V.L. Bengtson and J. Robertson(Eds.), Grandparenthood, pp.11-26. Beverly Hills, CA: Sage, 1985.
6) W. シャイエほか 著，岡林秀樹 訳『成人発達とエイジング〈第5版〉』ブレーン出版，2006．
7) 田畑治・星野和実・佐藤朗子・坪井さとみ・橋本剛・遠藤英俊「青年期における孫・祖父母関係評価尺度の作成」「心理学研究」第67巻，第5号，375-381頁，1996．
8) 前原武子・金城育子・稲谷ふみ枝「続柄の違う祖父母と孫の関係」「教育心理学研究」48，120-127頁，2000．
・宮田正子・大川一郎・土田宣明「孫の存在の意味 ― 祖父母と孫の心理的関係からの分析 ―」「高齢者のケアと行動科学」第18巻，70頁，日本老年行動科学会，2013．

10-11

1) 工亜紀「コンパニオンアニマル論」『畜産の研究』Vol.54(1)，169-170頁，2000．
2) ペットフード協会「犬猫飼育率全国調査」平成21年．http://www.petfood.or.jp/data/
3) 内閣府「動物愛護に関する世論調査」2010．http://www8.cao.go.jp/survey/h22-doubutu/2-1.html
4) 工亜紀「コンパニオンアニマル論」『畜産の研究』Vol.54(1)，169-170頁，2000．
5) 松田光恵「人とコンパニオン・アニマルに関する文献レビュー―犬との関係を視野にいれて―」「成城コミュニケーション学研究」Vol.6，61-87頁，2005．
6) 内閣府「動物愛護に関する世論調査」2010．http://www8.cao.go.jp/survey/h22-doubutu/2-1.html
7) 内閣府「動物愛護に関する世論調査」2010．http://www8.cao.go.jp/survey/h22-doubutu/2-1.html
8) 小杉正太郎「ペットロスに関する心理学的検討」『Animal Nursing』vol.7(2) 8-13頁，2002．

- B. ガンダー『ペットと生きる ― ペットと人の心理学 ―』安藤孝俊・種市康太郎・金児恵訳，北大路書房，2006．
- M. ゲング・D.C. ターナー『老後を動物と生きる』小竹澄栄訳，みすず書房，2006．
- 森裕司・奥野卓司『ペットと社会：ヒトと動物の関係学　第3巻』岩波書店，2008．
- 松田光恵「人とコンパニオン・アニマルに関する文献レビュー―犬との関係を視野にいれて―」「成城コミュニケーション学研究」Vol.6，61-85頁，2005．
- 尾崎裕子「飼育動物の選択には何が影響を与えるか―日本版総合社会調査を用いて―」『Animal Nursing』Vol.8　No.2，12-24頁，2004．

10-12

1) 野口祐二「老齢期の社会関係」柴田博・芳賀博・長田久雄・古谷野亘編著，『老年学入門』川島書店，185-194頁，1993．
2) 古谷野亘「在宅要援護老人のソーシャルサポートシステム―階層的補完モデルと課題特定モデル」「社会学論集」24，113-123頁，1990．
3) 湯沢雍彦・前田尚子「家族と社会のサポート」折茂肇編集代表『新老年学第2版』東京大学出版会，1110-1128頁，1999．
4) 藤崎宏子「高齢者介護と社会的ネットワーク」生活経営学研究(36)，6-11頁，2001．
- 岡林秀樹「高齢期の人間関係」下仲順子編『高齢期の心理と臨床心理学』培風館，123頁，2007．(Kahn, R. L., & Antonucci, T. C. Convoys over the life course : attachment, roles, and social support. *Life-Span Development and Behavior*, 3, pp.253-286, 1980.)

10-13

1) 総務庁「高齢者の生活と意識」「第4回国際比較調査結果報告書」209-210頁，1997．
2) 内閣府「高齢者の現状及び今後の動向分析についての調査報告書」「第2章 平成19年国民生活基礎調査」の分析」平成22年度．http://www8.cao.go.jp/kourei/ishiki/h22/bunseki/zentai/index.html
3) 内閣府「高齢者の生活と意識第7回国際比較調査結果(全体版)」平成17年度．
   http://www8.cao.go.jp/kourei/ishiki/h22_kiso/index.html
4) 内閣府「高齢者の健康に関する意識調査」平成19年度．
   http://www8.cao.go.jp/kourei/ishiki/h19/kenko/gaiyo/index.html
- 厚生労働省「国民生活基礎調査」平成13年，16年，19年，22年，25年．

10-14

- 厚生労働省「平成25年 国民生活基礎調査の概況」「主な介護者の状況」．

10-15

- 厚生労働省「国民生活基礎調査」2004年，2007年，2010年，2013年．

10-16

- 津止正敏・斉藤真緒『男性介護者白書』かもがわ出版，2007．
- 岡本多喜子「夫が妻を介護する理由」明治学院大学「社会学・社会福祉学研究」第133号，2010．
- 厚生労働省「国民生活基礎調査」2004，2007，2010．
- 内閣府「高齢者の健康に関する意識調査」2007．
- 内閣府「高齢者の健康に関する意識調査」平成14年，平成19年，平成24年．

10-17

- 内閣府「平成24年版 高齢社会白書」．

10-18

- 「高齢者虐待の防止」「高齢者の養護者に対する支援等の法律」2006．
- 厚生労働省「高齢者虐待の防止」「高齢者の養護者に対する支援等に関する法律に基づく対応状況等に関する調査結果」2007-2012．
- 日本高齢者虐待防止センター 編『高齢者虐待防止トレーニングブック』中央法規出版，2006．
- 「都道府県・市区町村高齢者虐待の防止マニュアル」をもとに作成．

11　生活と活動

総論
- 内閣府「高齢社会白書」．

11-1
- （一社）中高年齢者雇用福祉協会「ないすらいふ情報」2001-2002版．

11-2
1) Cumming, E., and W. E. Henry, Growing old ; The process of Disengagement. Basic Books, New York, 1961.
2) Friedmann, E. A. ,and R. J. Havighurst (eds.), The Meaning of Work and Retirement, Chicago: University of Chicago Press, 1954.
3) Atchley, R.C., A continuity theory of normal aging, The Gerontologist No.29, pp.183-190, 1989.
4) Atchley, R.C.,The Social Forces in Later Life: An Intorduction to Gelontology, Belmont, California : Wadsworth, 1972.
5) 小田利勝「社会老年学における適応理論再考」「神戸大学発達科学部研究紀要，11（2）」361-376頁，2004．
www.lib.kobe-u.ac.jp/repository/81000582.pdf
6) 岩田克彦「欧州の高齢者雇用対策と日本」海外労働情報，2006年11月独立行政法人労働政策研究・研修機構，2006年5月号． http://www.jil.go.jp/foreign/labor_system/2006_11/world_01.htm
7) 独立行政法人労働政策研究・研修機構「高年齢者の雇用・就業の実態に関する調査」結果，2010．
http://www.jil.go.jp/press/documents/20100705.pdf
8) 全国シルバー人材センター事業協会「平成24年度全国統計」．http://www.zsjc.or.jp./toukei/toukei_pdf?id=7
9) 岡村清子「定年退職と家族生活（特集「2007年問題」を検証する）」「日本労働研究雑誌」550号 May，67-82頁，2006．
- 川崎友嗣「解題 高齢者の雇用政策と雇用就業問題」日本労働研究機構編『リーディングス日本の労働①労働市場の制度と政策』日本労働研究機構，258-276頁，1997．
- 櫻庭涼子『年齢差別禁止の法理』信山社出版，2008．
- 関ふ佐子「高齢者雇用法制」清家篤・橘木俊昭・佐藤博樹監修『高齢者の働きかた（叢書・働くということ⑧）』ミネルヴァ書房，214-248頁，2009．
- 髙木朋代「高年齢者の多様な働きかた」清家篤 編，橘木俊昭・佐藤博樹 監『高齢者の働きかた（叢書・働くということ⑧）』ミネルヴァ書房，156-183頁，2009．
- 「高年齢者の雇用・就業の実態に関する調査」結果，独立行政法人労働政策研究・研修機構，2010．

11-3
1) 岡村清子・長谷川倫子 編『エイジングの社会学』日本評論社，1997．
2) 杉澤秀博・柴田博『職業からの引退への適応-定年退職に着目して』生きがい研究12，73-96頁，2006．
3) 武石恵美子『高齢期における就業からの引退過程と生活意識』ニッセイ基礎研所報 vol.30，26-57頁，2003．
4) 独立行政法人労働政策研究・研修機構「高年齢者の雇用・就業に関する実態調査」「JILPT 調査シリーズ No.75」14-15頁，2010．
5) 総務省統計局「平成22年国勢調査」（http://www.stat.go.jp/data/kokusei/2010/index.htm）
6) 厚生労働省「平成25年「高年齢者の雇用状況」集計結果」（http://www.mhlw.go.jp/stf/houdou/0000027435.html）
7) 独立行政法人労働政策研究・研修機構「高年齢者の雇用・就業に関する実態調査」「JILPT 調査シリーズ No.75」17-21頁，2010．

11-4
1) 内閣府「高齢者の生活実態に関する調査」2009．
2) 内閣府「高齢者の日常生活に関する意識調査」2010．
3) 総務省「平成23年社会生活基本調査・結果の概要・調査票Aに関する結果・生活行動に関する結果」2012．
- 大橋謙策『高齢者の生活と衣食住』中央法規出版，1999．
- 健康長寿ネット『高齢者の生活機能』財団法人長寿科学振興財団，2006．
- 総務省統計局「平成18年社会生活基本調査生活時間に関する結果」2007．
- 日本公衆衛生学会，2010年度開催．
- 若村智子『生体リズムと健康』京大人気講義シリーズ，丸善，2008．
- 総務省統計局「平成23年社会生活基本調査・結果の概要・調査票Aに関する結果・生活行動に関する結果」5頁，2012．

11-5
- 日本老年行動科学会 監修『高齢者の「こころ」事典』中央法規出版，296頁，2000．
- 谷口幸一・佐藤眞一 編著『エイジング心理学 老いについての理解と支援』北大路書房，2007．
- 内閣府 編著『平成22年版高齢社会白書』38-39頁，2010．
- 内閣府「高齢者の地域社会への参加に関する意識調査結果」，平成20年．

11-6
1) Lengrand, P. 著，波多野完治 訳「生涯教育について」日本ユネスコ国内委員会「社会教育の新しい方向―ユネスコの国際会議を中心として」73-101頁，1967.
2) 瀬沼克彰 著『高齢者の生涯学習と地域活動』学文社，45-53頁，2010.
3) 総務省統計局「平成23年度 社会生活基本調査結果の概要」（URL：http://www.stat.go.jp/data/shakai/2011/pdf/gaiyou2.pdf）
4) 総務省高齢社会対策室「高齢者の地域社会への参加に関する意識調査」（平成20年）．（URL：http://www8.cao.go.jp/kourei/ishiki/h20/sougou/zentai/index.html）
5) 内閣府「生涯学習に関する世論調査」（平成20年）．（URL：http://www8.cao.go.jp/survey/h20/h20-gakushu/index.html）
6) 平成23年度版文部科学白書．
7) 堀繁夫『教育老年学の構想―エイジングと生涯学習』学文社，207-225頁，1999.
8) 神谷恵美子『＜神谷恵美子著作集1＞生きがいについて』みすず書房，15頁，1980.
9) 国立教育会館社会教育研修所「高齢者の学習・社会参加活動の国際比較」「成人教育に関する国際比較調査報告書」270頁，1997.
・「高齢者の学習・社会参加活動の国際比較．成人教育に関する国際比較調査報告書」国立教育会館社会教育研修所，270頁，1997.

11-7
・朝倉祝治「大学院レベルのリフレッシュ教育」「日本生涯教育学会年報」16，48頁，1996.
・PATRICIA CRANTON 著，入江直子・三輪建二 監訳『大人の学びを創る』鳳書房，1-33頁，2004.
・M.Knowles 著，堀薫夫・三輪建二 監訳『成人教育の現代的実践』鳳書房，3-6頁，2002.

11-8
1) 福智盛『老人大学のMECCA いなみ学園 誕生と歩み』ミネルヴァ書房，20頁，1990.
2) 牧野篤「高齢者教育の課題と老人大学のあり方に関する一考察―福祉と教育のはざまで―」生涯学習・キャリア教育研究 第3号，32頁，2007.
3) 世田谷区ホームページ．http://www.city.setagaya.tokyo.jp
4) 堀薫夫「都市型老人大学の社会的機能に関する調査研究―教育行政系老人大学と福祉行政系老人大学の対比―」日本社会教育学会紀要 No.36，100頁，2000.
5) 「チャレンジコミュニティ大学 申し込みのしおり」港区，平成25年度．
・「都市型老人大学受講者の実態と意識に関する調査研究―大阪府老人大学を事例として―」大阪教育大学生涯教育計画論研究室，63頁，1999.

11-9
・日本老年行動科学会 監修『高齢者の「こころ」事典』中央法規出版，306-307頁，2000.
・財団法人長寿社会開発センター発行『生きがい研究』中央法規出版，14頁，2006.
1) 『岩波国語辞典 第七版』岩波書店，679頁．
2) 内閣府「生涯学習に関する世論調査」2012．
3) 総務庁統計局「社会生活基本調査」2006，2011．
4) 日本生活学会 編『生活学事典』TBSブリタニカ，1999．
5) 内閣府「高齢者の地域社会への参加に関する意識調査」2009．
6) 総務省統計局「社会生活基本調査」2001．

11-10
・田中義夫 著『高齢者の外出・旅行サポートガイドブック』中央法規出版，2007．
・国土交通省観光庁「旅行による効用の検証結果のとりまとめ」．http://www.mlit.go.jp/common/001032360.pdf
・一般社団法人日本旅行業協会「旅と健康シリーズ1」．
http://www.jata-net.or.jp/travel/info/safety/health/brochure/01/hakken.html
・内閣府「平成24年版 障害者白書」．

11-11
1) 高橋和敏 監修・山崎律子ほか 著『現代人とレジャー・レクリエーション』不昧堂出版，32-37頁，1997．
・内閣府「平成24年版 障害者白書」．
・高橋和敏 監修・山崎律子ほか 著『現代人とレジャー・レクリエーション』不昧堂出版，8-9頁，1997．

11-12
・全国老人クラブ連合会女性委員会「80歳以上の高齢者の外出」モニター調査報告書，28頁．

・全国老人クラブ連合会，2007.
・「80歳以上の高齢者の外出」全国老人クラブ連合会，2007.

11-13
1) 全国社会福祉協議会「概説社会福祉協議会」2009．
2) 全国社会福祉協議会「社会福祉学習双書2010 第8巻 地域福祉論 地域福祉の理論と方法」2010．
3) 厚生労働省『地域における「新たな支え合い」を求めて―住民と行政の協働による新しい福祉―』これからの地域福祉のあり方に関する研究会，2010．
4) 全国社会福祉協議会「小地域福祉活動の推進に関する検討委員会報告書」2007．
・「小地域福祉活動の推進に関する検討委員会報告書」全国社会福祉協議会，4頁，2007．

11-14
1) 総務省統計局 編「平成23年社会生活基本調査報告」第2巻．
2) 総務省統計局 編「平成23年社会生活基本調査報告」第2巻．
3) 総務省統計局 編「平成23年社会生活基本調査報告」第2巻．
4) 内閣府政策統括官（共生社会政策担当）「高齢者の生活と意識」「第7回国際比較調査結果報告書」平成23年11月．
・総務省統計局「社会生活基本調査報告」平成18年及び平成23年．

11-15
1)「ロングステイ調査統計2012」財団法人ロングステイ財団，21頁，2012．
2)「ロングステイ調査統計2012」財団法人ロングステイ財団，27頁，2012．
3) 厚生労働省「特別養護老人ホームの入所申込者の状況」2009．
・「ロングステイ調査統計2013」一般財団法人ロングステイ財団，28頁，2013．

11-16
1) 総務省統計研修所「日本の統計2013」総務省統計局，32頁，2013．
2) 厚生労働省「高齢社会白書＜平成24年度＞」ぎょうせい，3頁，2012．
3) 内閣府「国民生活白書＜平成18年度＞」ぎょうせい，112頁，2006．
4) 総務省統計局「家計調査年報（Ⅱ貯蓄・負債編）平成23年」25頁，2011．
5) 厚生労働省「平成22年度介護保険事業状況報告（年報）」2010．
　http://www.mhlw.go.jp/topics/kaigo/osirase/jigyo/10/dl/h22_point.pdf
6) 厚生労働省「厚生労働分野における新成長戦略について」2010．
　http://www.mhlw.go.jp/stf/houdou/2r9852000000077m9-img/2r9852000000077t9.pdf
7) 東京都「高齢者の消費者被害防止のための地域におけるしくみづくりガイドライン平成21年度版」8頁，2009．
・小澤吉徳 編著『高齢者の消費者被害Q&A』学陽書房，25頁，2008．

11-17
・井上勝也 ほか『高齢者の心理がわかるQ＆A』中央法規出版，140-147頁，2005．
・菊谷武，口腔・嚥下機能の評価と栄養ケアチーム「一般社団法人 日本健康システム学会 在宅高齢者の「食べること」を支援するための栄養ケアチーム研修科愛教材」67-80頁，2011．
・熊谷修 ほか「日本公衆衛生雑誌」46，1003-1012頁，1999．
・熊谷修也「自立高齢者の老化を遅らせるための介入研究 有料老人ホームにおける栄養状態改善によるこころみ」日本公衆衛生雑誌 46，11，1003-1012頁，1999．

11-18
・Cantor M.H. Neighbors and friends ; An overlooked resource in the informal support system. *Research on Aging*, 1, pp.434-463, 1979.
・藤田綾子『高齢者と適応』ナカニシヤ出版，2000．
・Kahn, R. L., & Antonucci, T. R. Conveys over the life course: Attachment, roles and social support Life Span. *Development and Behavior*, 13, pp.253-286, 1980.
・Litwak E. *Helping the Elderly ; The Complementary Roles of Informal Networks and Formal Systems*. Guilford Press, N.Y., 1985.
・前田尚子「非親族からのソーシャルサポート」折茂肇・今堀和友・前田大作・吉川政己・原沢道美編『新老年学』東京大学出版会，1116-1128頁，1992．
・内閣府政策統括官「(7) 社会とのかかわり，生きがい」「第6回高齢者の生活と意識に関する国際比較調査結果」2007．
・西村昌記・石橋智昭・山田ゆかり・古谷野亘「高齢者における親しい関係―「交遊」「相談」「信頼」の対象としての他者の選択」「老年社会科学」22，367-374頁，2000．

- 総務庁長官官房老人対策室「老人の生活と意識」「第3回国際比較調査結果報告書」1994.
- 丹野宏昭「高齢者の適応を促進する友人関係ネットワーク形成のための社会心理学的研究―接触頻度別のアプローチによる実態把握を中心とした探索的検討―」『日本興亜福祉財団ジェロントロジー研究助成報告』8，71-88頁，2008.
- 丹野宏昭「高齢者のQOLに果たす友人関係機能の検討」「対人社会心理学研究」10，125-129頁，2010.
- 内閣府生活統括官「第6回高齢者の生活と意識に関する国際比較調査」2007.
- 「老人の生活と意識」「第3回国際比較調査結果報告書」総務庁長官官房老人対策室，1994.

12 支援

総論
1) 古川孝順 編『生活支援の社会福祉学』有斐閣，i頁，2007.
2) 黒澤貞夫『人間学的生活支援論』ミネルヴァ書房，3-4頁，2010.
3) ミルトン・メイヤロフ，田村真・向野宣之訳『ケアの本質』ゆみる出版，13頁，2002.
- 障害者福祉研究会『国際生活機能分類―国際障害分類改訂版―』中央法規出版，2002.

12-1
- 中央法規出版部 編集『新版社会福祉用語辞典』中央法規出版，2001.
- 介護支援専門員テキスト編集委員会 編集『5訂介護支援専門員テキスト第3巻』財団法人長寿社会開発センター，2009.
- 白澤政和・橋本泰子・竹内孝仁 監修『ケアマネジメント講座1』中央法規出版，2000.
- 日本老年行動科学会監修『高齢者の「こころ」事典』中央法規出版，241頁，2000.

12-2
- 日医総研『介護支援専門員研修テキスト アセスメントからケアプラン作成まで』2002.
- 日本訪問看護振興財団『アセスメントとケアプラン』36頁，2001.

12-3
1) 狭間香代子『社会福祉の援助観―ストレングス視点・社会構成主義・エンパワメント』筒井書房，140頁，2001.
2) Charles Anthony Rapp.,Richard Joseph Goscha. 著，田中英樹 監訳『ストレングスモデル―精神障害者のためのケースマネジメント第2版』金剛出版，66頁，2008.
3) Weick, A., Rapp, C.A., Sullivan, W. P., Kisthardt, W. A Strengths Perspective for social work practice. Social Work, 34(4). p.353, 1989.
4) 安梅勅江『エンパワメントのケア科学 — 当事者主体チームワーク・ケアの技法』医歯薬出版，4-5頁，2004.

12-4
1) F.P.バイステック著，田代不二男・村越芳男 訳『ケースワークの原則 よりよき援助を与えるために』誠信書房，169-170頁，1965.

12-5
- 深田博己『インターパーソナルコミュニケーション』北大路書房，1-103頁，1998.
- Luft,J. Of human interaction. Palo Alto, CA : National Press Books, p.13, 1969.
- 國分康孝 監修『現代カウンセリング事典』金子書房，282頁，2001.

12-6
- 黒木保博・山辺朗子・倉石哲也 編著『〈福祉キーワードシリーズ〉ソーシャルワーク』中央法規出版，50-51頁，2002.

12-7
- 中島健一・中村孝一『ケアワーカーを育てる生活支援実践法』中央法規出版，2005.
- 厚生労働省「介護福祉士と介護福祉士国家試験の概要」．
- 厚生労働省「平成24年度高齢者虐待の防止、高齢者の養護者に対する支援等に関する法律に基づく状況等に関する調査結果」2013.

12-8
- ヴィクトールEフランクル・池田香代子訳『夜と霧』みすず書房，65頁，2002.
- A. H. マズロー著，小口忠彦訳『人間性の心理学』産業能率大学出版部，1987.
- フランク・コーブル 著，小口忠彦 監訳『マズローの心理学』産業能率大学出版部，1972.

12-9
1) 高崎絹子「介護技術と援助の本質」『介護技術』メヂカルフレンド社，1-2頁，2005.
- ペヤ・ハルヴォーレ・ルンデ著，中山幸代・幅田智也 監訳『移動・移乗技術の技術と知識』中央法規出版，2005.

・改訂版『介護福祉教育研究会方式　楽しく学ぶ介護過程』久美出版，42頁，2010．

12-10
1) 厚生労働省 社会・援護局「支援機器が拓く新たな可能性」2008．
2) 関根千佳「1. ユニバーサルデザイン概論」「映像情報メディア学会誌」Vol.60，2006．
・上田敏『ICF（国際生活機能分類）の理解と活用』萌文社，2005．
・澤村誠志編『最新介護福祉全書4 リハビリテーション論』メヂカルフレンド社，118頁，2006．

12-11
・澤村誠志 編『最新介護福祉全集4 リハビリテーション論』メヂカルフレンド社，118頁，2006．

12-12
・厚生労働省「2015年の高齢者介護―高齢者の尊厳を支えるケアの確立に向けて―」．
・米山淑子『認知症介護　困る場面の声掛けテクニック』日総研出版．
・平成25年3月 地域包括ケア研究会報告「地域包括ケアシステムの構築における今後の検討のための論点」．

12-13
・三菱UFJリサーチ&コンサルティング『地域包括ケア研究会 報告書』2010．
・平成25年3月 地域包括ケア研究会報告「地域包括ケアシステムの構築における今後の検討のための論点」．

12-14
・佐藤豊道 編著『新版 社会福祉援助技術』建帛社，1990．
・白石大介『対人援助技術の実際』創元社，151頁，1988．

12-15
・保田井進・硯川眞旬・黒木保博『福祉グループワークの理論と実際』ミネルヴァ書房，2007．
・大利一雄『グループワーク―理論とその導き方―』勁草書房，2005．

12-17
1) 生命保険文化センター「生命保険に関する全国実態調査 平成24年度」2012．
・厚生労働省「平成22年 国民生活基礎調査の概況」．

12-18
1) 平木典子「臨床心理学の訓練と今後の課題」平木典子・袰岩秀章 編『カウンセリングの基礎 ― 臨床の心理学を学ぶ』北樹出版，206-218頁，1997．
2) 社会福祉法人奈良県社会福祉協議会 編『ワーカーを育てるスーパービジョン』まえがき，中央法規出版，2000．

13　性・セクシュアリティ

総論
1) 大工原秀子『老年期の性』ミネルヴァ書房，1979．
2) 荒木乳根子ほか「中高年夫婦のセクシュアリティ　特にセックスレスについて ― 2000年調査と2012年調査の比較から ―」「日本性科学会雑誌」Vol.31，27-36頁，2013．
3) セクシュアリティ研究会 編著「2012年・中高年セクシュアリティ調査特集号」「日本性科学会雑誌」Vol.32. suppl. 103-107頁，2014．
4) 荒木乳根子『在宅ケアで出会う高齢者の性』中央法規出版，34-44頁，1999．
・日本性科学会セクシュアリティ研究会「中高年有配偶者セクシュアリティ調査」2012．

13-1
・内田一成 監訳『第14版 ヒルガードの心理学』ブレーン出版，596頁，2005．

13-2
1) 佐藤嘉一「3 EDの原因および危険因子」石井延久 監修『バイアグラ処方の新しい展望』メディカルレビュー社，59-71頁，2002．
2) 佐藤嘉一・加藤修爾・大西茂樹ほか「男性更年期外来受診患者の自覚症状および内分泌所見の分析」「日泌尿会誌」95，8-16頁，2004．
3) 日本泌尿器科学会・日本Men's Health医学会・LOH症候群診療ガイドライン検討ワーキング委員会 編『加齢男性性腺機能低下症候群診療の手引き』じほう，2007．
・三樹会病院データ（http://www.sanjukai.or.jp）

13-3
- 玉舎輝彦『性ステロイドホルモンがわかる』金芳堂，1999．
- 青野敏博 編『臨床医のためのホルモン補充療法マニュアル』医学書院，1999．
- 日本産科婦人科学会 編『産科婦人科用語集・用語解説集』金原出版，2003．
- 『更年期障害 これで安心（最新版）』小学館，2005．
- 『夫婦で読むセックスの本』「NHK生活人新書267」日本放送出版協会，2008．
- Block, E. Acta. Anat.(Basel) 14, 108(1952).

13-4
1) シモーヌ・ド・ボーヴォワール 著，朝吹三吉 訳『老い』人文書院，1972．
- Ausubel『思春期の理論と問題』グリューン＆シュタットン社，1975．
- 武田敏・川野雅資 著『看護と性 ヒューマンセクシュアリティの視点から』看護の科学社，1991．
- 日本性科学会セクシュアリティ研究会 編著『カラダと気持ち ミドル・シニア版』三五館，2002．
- 日本性科学会セクシュアリティ研究会 編著『カラダと気持ち シングル版』三五館，2007．
- 日本性科学会セクシュアリティ研究会「中高年有配偶者のセクシュアリティ調査」2012．

13-5
1) セクシュアリティ研究会 編著「2012年・中高年セクシュアリティ調査特集号」「日本性科学会雑誌」Vol.32. Suppl. 78-105頁，2014．
2) 井上勝也・木村周 編「新版老年心理学」朝倉書店，83-87頁，1993．
3) 荒木乳根子ほか「配偶者間のセックスレス化 ～ 2012年調査で際立った特徴 ～」「日本性科学会雑誌」Vol.32. Suppl. 7-21頁，2014．
4) 堀口貞夫・堀口雅子『夫婦で読むセックスの本』「NHK生活人新書267」日本放送出版協会，2008．
- 日本性科学会セクシュアリティ研究会「中高年セクシュアリティ調査」2012．

13-6
1) 1997年2月13日付朝日新聞．
2) Schone, B. S. & Weinick. R. M. Health-related behaviors and the benefits of marriage for elderly persons. The Gerontologist, 38(5). pp.618-627, 1998.
- 総務省統計局「平成22年国勢調査報告」．
- 「世界人口年鑑 2012年版」．

13-7
1) 篠崎良勝・滝波順子「利用者からのハラスメント」「おはよう21」Vol.202，中央法規出版，34-41頁，2006．
2) 荒木乳根子・大川一郎・井上勝也「訪問介護利用者（高齢者）の性行動に対する介護職員の意識と対応に関する研究」「財団法人フランスベッド・メディカルホームケア研究・助成財団 第18回研究助成事業助成報告書」862-891頁，2008．
- 荒木乳根子・大川一郎・井上勝也「訪問介護利用者（高齢者）の性行動に対する介護職員の意識と対応に関する研究」「財団法人フランスベッド・メディカルホームケア研究助成財団第18回研究助成・事業助成報告書」878頁，2008．

13-8
1) 奈良林祥『女50歳からのHOW TO SEX』リヨン社，二見書房，2001．
2) 荒木乳根子『Q&Aで学ぶ高齢者の性とその対応』中央法規出版，10-11頁，2008．
3) 荒木乳根子・大川一郎・井上勝也「訪問介護利用者（高齢者）の性行動に対する介護職員の意識と対応に関する研究」「財団法人フランスベッド・メディカルホームケア研究・助成財団 第18回研究助成事業助成報告書」862-891頁，2008．
4) 秋下雅弘・鳥羽研二「Aging Maleにおける生活力（行動活性）」「老年医学」Vol.43, No.2, 2005．
- 荒木乳根子『Q&Aで学ぶ高齢者の性とその対応』中央法規出版，10-11頁，2008．

13-9
- 荒木乳根子『Q&Aで学ぶ高齢者の性とその対応』中央法規出版，2008．
- 高齢者処遇研究会「高齢者虐待に関する意識調査」1999．
- 平成21年度「高齢者の日常生活に関する意識調査」内閣府．

13-10
1) 和歌文学会『和歌文学講座第11巻 秀歌鑑賞II』桜楓社，277-278頁，1984．
2) 柏木哲夫『愛する人の死を看取るとき』PHP研究所，111頁，1995．
3) 井上勝也『老人の性と死』「現代のエスプリ301老いと性」211-212頁，1992．
4) 井上勝也 監修，荒木乳根子・井口数幸 編著『『事例集』高齢者のケア6 性と愛 セクシュアリティ』中央法規出版，105-118頁，1995．

5) 堀口貞夫・堀口雅子『夫婦で読むセックスの本』「NHK 生活人新書 267」日本放送出版協会, 200頁, 2008.
6) 大工原香子『性ぬきに老後は語れない』ミネルヴァ書房, 217-218頁, 1991.

14 終末期と死のケア

総論
- 財団法人がん研究振興財団 がんの統計編集委員会 編「がんの統計 2010年版」2010.
- 厚生労働省「平成 20 年人口動態統計」2008. http://www.mhlw.go.jp/toukei
- 内閣府「高齢者の健康に関する意識調査」2008. http://www8.cao.go.jp/kourei/ishiki/
- 日本ホスピス・緩和ケア研究振興財団「ホスピス・緩和ケアに関する意識調査」2012. http://www.hospat.org
- 日本ホスピス緩和ケア協会 2010. http://www.hpcj.org/what/definition.html
- 大西秀樹・松原芽衣・石田真弓・多田幸雄「遺族ケア」「CANCER BOARD 乳癌」4(1) 84-87頁, 2011.
- 佐伯俊成「がん患者と家族に対する心理社会的介入」「心身医学」44巻 7号, 495-501頁, 2004.
- 柏木哲夫「生と死の医学 終末期医療をめぐる様々な言葉」「綜合臨床」56-59頁, 2007.
- 日本ホスピス緩和ケア協会「ホスピス緩和ケアの歴史と定義」2010. http://www.hpcj.org/what/definition.html
- 厚生労働省「終末期医療に関する調査等検討会報告書 2008」
- 内閣府「平成 20 年高齢者の健康に関する意識調査」2008.

14-1
- 近藤裕『自分の死」入門』春秋社, 16-19頁, 1982.
- 奥野茂代「農村地域における高齢者の死に対する認識」「日本看護科学学会誌」17(2), 224-235頁, 1997.

14-2
- Kubler-Ross, E., 川口正吉訳『死ぬ瞬間』読売新聞社, 1971.
- 内閣府「高齢者の健康に関する意識調査」2008.
- Kübler-Ross, E., 川口正吉訳『死ぬ瞬間』読売新聞社, 290頁, 1971.

14-3
1) Rumbold, B. Spiritual dimensions in palliative care. In Hodder, P. & Turley, A. (ed.). The creative option of palliative care; A manual for health professionals. Melbourne City mission. pp.110-127, 1989 .
2) 村田久行「生涯教育シリーズ ホスピスケア (6) スピリチュアルケアの理念と実際」「月刊ナーシング」24(10), 72-79頁, 2004.
3) 田村恵子・前滝栄子・今井堅吾・市原香「スピリチュアルペインのアセスメントとケア計画の立て方」田村恵子・河正子・森田達也 編『看護に活かすスピリチュアルケアの手引き』青海社, 27-52頁, 2012.
4) 井村千鶴・森田達也「スピリチュアルペインを和らげるための日常的なケアの工夫」田村恵子・河正子・森田達也 編『看護に活かすスピリチュアルケアの手引き』青海社, 53-73頁, 2012.
5) 柏木哲夫『人生の実力― 2500人の死をみとってわかったこと』幻冬舎, 52頁, 2006.
6) 田村恵子・前滝栄子・今井堅吾・市原香「スピリチュアルケアにおける医療者の構えとケアの視点」田村恵子・河正子・森田達也 編『看護に活かすスピリチュアルケアの手引き』青海社, 94頁, 2012.
7) Chochinov, H. M. Dignity-conserving care- A new model for palliative care. Journal of the American Medical Association, 287. pp.2253-2260, 2002.
8) 栗原幸江「ディグニティ・セラピー」Q&A,「緩和ケア」19(1), 67-72頁, 2008.
9) Akechi T, Akazawa T, Komori Y, Morita T, Otani H, Shinjo T, Okuyama T, Kobayashi M. Dignity therapy: Preliminary cross-cultural findings regarding implementation among Japanese advanced cancer patients. Palliative Medicine. 26(5): pp.768-769, 2012.
10) 中里和弘「ホスピス・緩和ケア病棟の患者―家族間で交わされる思い・言葉について―患者―家族が伝え合う「ありがとう」を支えるために―」日本ホスピス・緩和ケア研究振興財団 編『遺族によるホスピス・緩和ケアの質の評価に関する研究 2(J-HOPE2)』75-81頁, 2013.
11) 得居みのり「スピリチュアルペインとしての BPSD とそのケア」「緩和ケア」20(6), 582-586頁, 2010.
- 村田久行「生涯教育シリーズ ホスピスケア (6) スピリチュアルケアの理念と実際」「月刊ナーシング」24(10). 74頁, 2004.

14-4
- 日本尊厳死協会　http://www.songenshi-kyokai.com/

- 内閣府「平成25年版 高齢社会白書」2013．
- 淀川キリスト教病院ホスピス編，柏木哲夫監「全人的痛みの理解」『ターミナルケア マニュアル』最新医学社，23頁，1994．

14-5
- Cappeliez,P., O'Rourke,N., & Chaudhury,H., Functions of reminiscence and mental health in later life, Aging & Mental Health, 9-4, pp.295-301, 2005.
- Erikson,E.H., 仁科弥生 訳『幼児期と社会 1/2』みすず書房, 1977, 1980.
- Pinquart,M., Preparation for death and preparation for care in older community-dwelling adults, OEMGA, 45-1, pp.69-88, 2002.
- Robbins,R.A., Bugen's coping with death scale: Reliability and further validation, OMEGA, 22, pp.287-299, 1990-91.

14-6
- 富田拓郎・菊池安希子 監訳『喪失と悲嘆の心理療法』金剛出版, 71頁, 2007．
- 中島聡美・伊藤正哉・石丸径一郎・白井明美・伊藤大輔・小西聖子・金吉晴「遷延性悲嘆障害の実態と危険因子に関する研究 － 罪責間の与える影響及びソーシャルサポートの役割を中心に－」「明治安田こころの健康財団研究助成論文集」45, 119-126頁, 2010．
- 岡村秀樹・杉澤秀博・矢富直美・中谷陽明・高梨薫・深谷太郎・柴田博「配偶者の死別が高齢者の健康に及ぼす影響と社会的支援の緩衝効果」心理学研究, 68(3), 147-154頁, 1997．

14-7
1) 江口重幸・五木田紳・上野豪志 訳『病いの悟り―慢性の病いをめぐる臨床人類学』誠信書房, 1996．(Kleinman, A. The Illness Narratives : Suffering, Healing,and the Human Condition. Basic Books, 1988.)
2) 山崎喜比古・吉井清子 監訳『健康の謎を解く―ストレス対処と健康保持のメカニズム』有信堂高文社. 2001．(Antonovsky A. : Unraveling the mystery of health : How people manage stress and stay well. Jossey-Bass Publishers, San Francisco, 1987.)
3) 山崎喜比古・戸ケ里泰典・坂野純子 編『ストレス対処能力SOC』有信堂高文社, 61頁, 2008．

14-8
1) 柏木哲夫 監修「淀川キリスト教病院ホスピス編 緩和ケアマニュアル」第4版, 最新医学社, 2001．
2) 日本ホスピス緩和ケア協会「緩和ケア病棟入院料届出受理施設一覧」2011. http://www.hpcj.org/what/pcu_list.pdf
   日本ホスピス緩和ケア協会「緩和ケア診療加算届出受理施設一覧」2011, http://www.hpcj.org/what/pct_list.pdf
3) Steinhauser, K. E., Clipp, E. C., McNeilly, M., Christakis, N. A., McIntyre, L. M., & Tulsky, J. A. In search of a good death: observations of patients, families, and providers. Ann Intern Med, 132(10), pp.825-832, 2000.
4) Hirai, K., Miyashita, M., Morita, T., Sanjo, M., & Uchitomi, Y. Good death in Japanese cancer care: a qualitative study. J Pain Symptom Manage, 31(2), pp.140-147, 2006.
5) Miyashita, M., Sanjo, M., Morita, T., Hirai, K., & Uchitomi, Y. Good death in cancer care: a nationwide quantitative study. Ann Oncol, 18(6), pp.1090-1097, 2007.
- 平井啓「「緩和ケア」ということばと概念を整理してみる 特集 ことばは難しい － 緩和ケアに関するさまざまな用語とその概念 －」「緩和ケア」21(4), 397-398頁, 2011．

14-9
- 厚生労働省医政局指導課在宅医療推進室「在宅医療の最近の動向」．
- 厚生労働省「人口動態統計年報 主要統計表（最新データ、年次推移）」2011．

14-10
- キャプス介護事業サポートセンター「2012年度版「ケアマネジャー・ケアクラークのための介護サービスコード表」」．
- 系統看護学講座別巻10「ターミナルケア」医学書院, 9頁, 2000．
- 介護給付費分科会第84回（平成23年11月10日）「資料1 介護老人福祉施設の基準・報酬について」10頁, 2011．

14-11
1) ニッセイ基礎研究所「セルフ・ネグレクトと孤立死に関する実態把握と地域支援のあり方に関する調査研究報告書2011」2011．
2) 厚生労働省・高齢者が一人でも安心して暮らせるコミュニティづくり推進会議（「孤立死」ゼロを目指して）「高齢者が一人でも安心して暮らせるコミュニティづくり推進会議（「孤立死」ゼロを目指して）報告書」2008．

14-12
1) 内閣府「特集自殺統計の分析」「平成24年版自殺統計白書（概要）」14-26頁, 2013．
2) 厚生労働省・高齢者が一人でも安心して暮らせるコミュニティづくり推進会議（「孤立死」ゼロを目指して）「高齢者が一

人でも安心して暮らせるコミュニティづくり推進会議（「孤立死」ゼロを目指して）報告書」2008.
・内閣府・警察庁「平成 24 年中における自殺の状況」, 内閣府「平成 24 年版自殺対策白書（概要）」14 頁（図 1），16 頁（図 2），2013.

14-13

・宮川俊行『安楽死の論理と倫理』東京大学出版会，1979.
・大谷いづみ「「自分らしく、人間らしく」死にたい？－安楽死・尊厳死」玉井真理子・大谷いづみ 編『はじめて出会う生命倫理』有斐閣，187-208 頁，2011.
・DAL (Diözesanarchiv Limburg), Nachlaß Pfr. Hans Becker.

14-14

1) 小林光恵・エンゼルメイク研究会編 著『ケアとしての死化粧 ― エンゼルメイクから見えてくる最期のケア（改訂版）』日本看護協会出版会，28 頁，2007.
・厚生労働省「第 7 回「新たな看護のあり方に関する検討会」資料「在宅患者の死亡時における看護師等の関わり方について」2002.
・角田直枝 編『癒しのエンゼルケア』中央法規出版，20 頁，2010.

索引

あ

- 愛玩動物……386
- アイデンティティ……176, 509
- アイデンティティ喪失……176
- 愛と所属の欲求……29
- アウトリーチ……378
- 悪循環……306
- アクティブ・エイジング……38, 346
- アクティブ・エイジング運動……38
- ―の決定要因……335
- アクティブガイド……238, 239
- 悪徳商法被害……480
- アサーション……458, 459
- アセスメント……202, 452
- ―の意味……452
- ―の流れ……453
- ―の必要性……452
- ―のプロセス……453
- アセスメントシート……452
- アセスメントツール……300, 301
- アセチルコリン仮説……152, 153
- アドバンス・ケア・プランニング（ACP：Advance Care Planning）……516
- アドバンス・ディレクティブ（Advance Directive）……516
- アニマル・セラピー……144, 145
- アメリカ国立神経障害脳卒中研究所 アルツハイマー病関連障害協会……154
- アメリカ老年学会……4
- アルツハイマー病……19, 112, 148, 152, 154, 168
- ―の主な症状と診断……152
- ―の危険因子……153
- ―の治療薬……153
- ―の BPSD……166
- ―の予防……153
- ―の病期分類……174
- α予防……257
- 安全・快適……352
- 安全と尊厳を守る……190, 191
- 安全の欲求……28
- 安全への配慮……240
- アンチエイジング……230
- アンチエイジング医学（抗加齢医学）……213
- アンチエイジング活動……32
- アンチエイジング研究……231
- アンチエイジング・メディスン（抗加齢医学）……230
- アンドロゲン……498
- 安眠ケア……268
- 安眠のためのケア……269
- 安楽死……542, 543

い

- 「家」制度……372, 382, 390
- 「家」の意識……333
- 医学教育……122
- ―におけるこころのケア……122
- 医学的な対応（薬物療法）……178
- 医学モデル……308, 470
- 怒り……188
- 生きがい……419, 422, 424
- 生きがい感……418, 419
- 生きなおし……138
- 生きる意味……530
- 生きるエネルギーとしての性……490
- 意識……110, 492
- ―の概念……110
- ―を調節する神経系……111
- 意識混濁……110
- 意識障害……107, 110
- 維持期のリハビリテーション……120, 121, 277
- 異食……190
- ―の対応……191
- ―の内容……190
- 異食症（Pica）……190
- 異食症（Pica）診断基準―（DSM-Ⅴ）……191
- ―の危険因子……191
- 医師臨床研修制度……122
- 異性介護……508
- 遺族の癒し……522
- 痛み……266
- 1型糖尿病……298
- 1次活動……414
- 1次予防（発症の予防）……198
- 一包化……322, 323
- 一般的回想法……134
- イド……492
- 移動支援機器……468
- 移動手段……354
- 居場所……28
- 意味記憶……82

591

意味性認知症（semantic dementia：SD）	156, 171
イメージ	138
イメージマップ・テスト法	338
癒し	144
—としての性	490
意欲の低下	168, 496, 497
医療	244, 245
—が向き合う死	532
—との連携	190, 191
—におけるこころのケア	122
—の継続	316
医療系と福祉系でのターミナルケア	536
胃瘻	324
飲酒	216
インスリン	298
インスリン抵抗性	328
引退後の居場所	28
引退時期	413
引退年齢	412
インフォーマルサービス	535
インフォーマルサポート	388
インフォームド・コンセント	515
インフルエンザ	284

う

ウェルビーイング	38
ウォーキング	236
ウォーキング・散歩	240
うがい	324
う蝕	326
内からの自覚（内性自覚）	10
内なる偏見	348
宇宙的次元	44
うつ	102, 128
—と認知症の鑑別	102
うつ状態	102
訴え	192
—の背景にある要因	192
うつ熱	263
うつ病	113, 541
うつ病性仮性認知症	102, 103
うつ予防支援	235
姥捨伝説	542, 543
運動	86, 230
—がQOLに及ぼす影響	232
—の加齢サイクル	213
—の習慣化	212

運動器系の変化	246
運動機能障害	314
運動器の低下（ロコモティブシンドローム）	234
運動失語	312, 313
運動障害性構音障害（構音障害）	75
運動障害の分類	314
運動・スポーツ	240
—の心理社会的効果	236
運動・スポーツ・身体活動の生理的効果	238
運動・トレーニングの効果	238
運動変容ステージ	215
運動麻痺	314
運動療法	298, 299

え

エイジストの分類	343
エイジズム	342
—の解消	342
—の内容	342
—をもたらす要因	343
エイジング教育	344
エイジング研究	14
エイジング・パラドックス	20
栄養改善	254
栄養的な問題	440
栄養と食生活	86
エクスペリエンスコープス	84
エゴ	492
エストロゲン	221
エピソード	82
エピソード記憶	78, 82, 168, 182
エビデンス	200, 466
エリクソン（Erikson, E.H.）	44, 48, 50, 97, 366, 384
園芸療法	142
—の効果	142
—の歴史	142
園芸療法士資格認定	142
嚥下	250
—のメカニズム	252
嚥下訓練	252, 253
嚥下障害	252
—の原因	252
—の評価	252
嚥下性肺炎	282
嚥下反射	252
円熟型	97
援助	446

—方法・対応	258, 265	—する家族	483
援助技法	478	—における5つの段階	468
援助バランス	372	—にかかる負担	393
援助―被援助関係	372	—の質	395
援助―非援助関係	372	—の社会化	482
エンゼルケア	544	—のための海外での生活	437
エンゼルメイク	544	外向性	359
エンディング	527	介護家族に対する心理教育	399
エンディングノート	526, 527	介護過程	466
エンドオブライフ・ケア	514	—の構造	467
エンバーミング	545	介護技術の実践理念	466
エンパワメント	454	介護技術のポイント	466
—とストレングス視点	454	介護拒否・抵抗	208, 209
—の方向	454	介護サービス	472
延命治療	520	介護殺人	401
		介護支援	476, 477
お		介護支援専門員	450, 451, 472, 477
老い	2, 3	介護者	187, 392
—に関する教育	344	介護者・家族に対する心理教育プログラム	199
—のイメージ	32	介護者側の配慮	508
—の自覚	10	介護者支援の実際	482
—の自己観	32	介護者の会	482
—の心理・社会的影響	6	介護者の高齢化	394, 396
黄体ホルモン	497	介護の社会化	397
横断的方法	22	介護者の状況	482
応用行動分析	133, 208	介護者の対応	189
お薬手帳	322, 323	介護職員	506
おしゃれ	508, 509	介護ストレス	398
—への関心度	509	—の増大	399
親	369, 384, 392	介護負担	392
親子関係	380, 381	介護保険制度	319, 397, 450, 451, 472
—の変容	380	—とケアマネジメント	450
—の役割逆転	381	介護ボランティア実習	345
親同居未婚者	381	介護モデル	470
親役割からの離脱	366	介護予防	226, 228, 234, 235, 430
音楽療法	136	—と運動	228
—の効果	136	—としての筋力トレーニング	228
—の形態	136	介護予防施策	222
音読・計算	205	介護予防対策	232
		介護老人福祉施設	536
か		概日リズム	108, 268
外因性	318	概日リズム睡眠障害	268
外因性精神障害	91, 318	介助機器	352
海外での生活	436	介助用具	352
海外での留意点	437	疥癬	264
海外のボランティア活動	434	階層的補完モデル	389
介護	160, 392, 462	咳嗽反射	252

593

回想法	134, 204, 478	片麻痺	304, 305, 314
―の効果と分類	134	語り	44
外的記憶方略	84	価値観の多様化	367
介入	76, 77, 182	学校教育	420
海馬	182	葛藤	104
外罰型	97	活動性	172, 173
開発途上国	332	活動制限	308
回復期のリハビリテーション	120, 121, 277	活動低下	260
開放性	359	活動的平均余命	233
会話	374	活動の動機	416
カウンセラー	130	活動理論	6, 34, 410
カウンセリング	130	合併症	284
―の考え方	130	家父長制	333
―の種類	131	過眠	268
―の目的	130	噛む	250
過活動膀胱	258	かゆみ	264
かかりつけ医	188	―の原因	264
学習活動	419	―誘発因子の除去	264
学習療法	87, 204, 205, 206	通い婚	503
かぜ症候群（cold syndrome）	284	柄澤式「老人知能の臨床的判定基準」	175
仮説検証	200	からだ	244, 245, 246, 247
家族	187, 362, 374, 522	―（体）の加齢	2
―としてのペット	386	―に働きかける介護	466
―内コミュニケーション	374	―の病	244
―内の介護	397	身体の状態	
―による虐待	400	―拘縮	304
―の介護負担	482	―廃用症候群・生活不活発病	306
―のかたち	394	―褥瘡	302
―の心を癒すエンゼルケア	544, 545	―転倒・転落・骨折	300
―の支援	534	空の巣症候群	376
―の看取り	534	加齢	2, 78, 270, 272, 408
―のライフサイクル	366	―が食事に及ぼす影響	255
家族意識	372	―と疾病構造	232
―についての世代間比較	373	―と知恵	72
―の世代間比較	372	―と白内障	272
―の多様化	373	―に伴う心血管系の変化	218
―の揺らぎ	372	―に伴う身体的変化	245
家族意識（世間の違い）	372	―による性機能の変化	496
家族・介護ストレス	398	―による脳の萎縮	78
家族介護を取り巻く状況	398	―による便通の変化	256
家族機能の変化	363	―による良性の健忘（Age-associated memory impairment；AAMI）	174
家族形態	368	加齢黄斑変性症	310, 311
家族支援	450, 482	加齢関連認知低下（AACD）	196
家族内役割	374	加齢性筋肉減弱症（サルコペニア）	213
家族問題	320, 540	加齢性のサルコペニア（筋肉減弱症）	228
可塑性	60, 68, 76, 77, 78	加齢男性性腺機能低下（LOH）症候群	495
課題特定モデル	389, 443		

加齢パターン	68
加齢変化	22, 220, 320, 356
カレン・アン・クインラン事件	542
感音性難聴	312
感覚	16
感覚器系	275
感覚器の変化	245
感覚失語	312, 313
感覚遮断	100
感覚・知覚	16
―の加齢変化による影響	16
環境	96, 188, 469
―に働きかける介護	468
―の整備	190, 191
環境因子説	244
環境調整	167, 180, 182
関係性	464
関係を育てるコミュニケーションツール	203
看護過程	124
喚語困難	74
看護実践	124
―と患者	125
看護におけるこころのケア	124
看護理論	124
観察	248
―の基本	248
―の工夫	248, 249
―の視点	258
―の方法	248
―の目的	248
観察項目	248
観察方法	248
患者―看護師関係	125
感情	20, 176
感情・情緒	20
感情調整	20
感情的側面	40
感情の発達的変化	20
関節可動域	304
関節拘縮	314
関節の変形	296
関節リウマチ	296
―患者への対処	296
―の症状	296
感染症	286
―の集団発生	287
―の予防	262, 263

感染性呼吸疾患	282
感染性疾患	263
乾燥	260
肝臓機能障害	317
乾燥肌	264
浣腸	256
がん治療	533
冠動脈	280
冠動脈バイパス術（CABG）	280, 281
観念運動失行	107
間脳下垂体卵巣系	496
緘黙	106
緩和医療（Palliative Medicine）	532
緩和ケア（Palliative care）	514, 532
緩和ケア病棟	532

き

記憶	20, 55, 78
―と脳	78
―の過程（プロセス）	80
―の再構成	50
―の測定	80
―の分類	80
―の方法	84
―のメカニズム	78, 80
記憶機能向上方略	84
記憶訓練	204
記憶・見当識障害	182
―への具体的な対応	182
記憶障害	107, 164, 174, 176, 182, 186, 192
聴く技法	459
疑似家族	386
器質性・機能性尿失禁の分類	259
器質性便秘の分類と原因	257
器質的障害	314
義歯	326, 327
―の清掃	324
―の構造	326
―の清掃方法と管理	326
―の手入れのポイント	327
季節性インフルエンザ	285
喫煙	216
気道リモデリング	283
機能	308
―の回復	468
―の評価方法	63
機能・形態障害（Impairment）	308

機能障害	308
機能性便秘の分類と原因	257
機能的障害	314
機能的体力	213, 222
機能年齢	8, 9
規範意識	372
気分安定薬	178
気分障害	92, 101, 128, 129, 318
基本的人権	462, 463
基本的欲求	447
基本動作能力	304
義務教育課程	344
義務教育におけるエイジング教育	344
キャッテル-ホーンのGf-Gc理論	68
キャリア	408
キャリア・コンサルタント	408
キャリア・コンサルティング	408
嗅覚	18, 245
嗅覚障害	18
(旧・新)民法	390
急性期リハビリテーション	120
急性悲嘆	528
キューブラー・ロス	520
救命処置	279
教育システム	420
教育的な体験学習	345
教育老年学	344
強化	132, 209
共感	138
共感的理解	131
狭心症	280
共生	348
強制退職	410
胸痛	280
共同作業体験	140, 141
局所論	492
虚血性心疾患	280
―の治療	281
―の特徴	280, 281
虚弱	24
虚弱高齢者	35
筋萎縮	314
近時記憶	152
筋線維タイプ	228
筋肉	228
筋肉トレーニング	216
筋肉量	220, 228

筋力と総死亡リスク	227
筋力トレーニング	227, 228, 236
近隣との交流	378

く

空間失認	107
クーリング	545
薬の作用・副作用	322
苦痛の軽減	536
苦悩と折り合う力	530
くも膜下出血	276
―とその治療	277
クライエント	130, 484
―の自己決定	456
グリーフケア	544, 545
グリーフワーク	544
クリューバー-ビューシー症候群	94
グループ回想法	135
グループスーパービジョン	485
グループホーム	470, 471
グループワーク	476, 478
―の効果	479
―の実践原則	478
―の展開過程	479
車いす	352

け

ケア	116, 155
―と予防	281
―におけるエンパワメントの原則	455
―の提供の場(施設ケア)	470
―の提供の場(在宅ケア)	472
ケアマネジメント	450, 460, 476
―の展開過程	451
―のプロセス	451
―の目的	450
ケアマネジャー	460, 535
ケアワーク	462
ケアワーカー	462
経管栄養	324
経済状態	414
経済的虐待	400
経済的サポート	388
経済的扶養	390
経済モデル	470
経済問題	470
芸術療法	138, 204

—の効果	138
—の歴史	138
継続雇用制度	412
継続性理論	6, 7, 34, 410
傾聴	458
軽度意識障害	111
軽度認知障害（MCI）	174, 196, 225
啓発	198
経皮的冠動脈インターベンション	280, 281
敬老精神	32, 33
ケースワーク	476
—の技術	476
—の機能	476
外科的治療	276
化粧療法	499
血圧上昇	328
血圧のしくみ	288
血管性認知症	168, 198
結晶性知能	68
血糖値	298
下痢	256
—の援助方法	257
—・嘔吐	286
原因疾患別視覚障害者の現状（年齢別）	311
幻覚	100, 158, 178, 184
幻覚・妄想	100, 184
幻嗅	184
健康	216, 238
—の定義	346
—と運動	212
健康維持	240, 419
健康関連 QOL	42, 236
健康寿命	38, 214, 232, 234, 404
—の延伸	232
—の性差	232
健康状態	414
健康生成論	530
健康長寿	230
健康づくり	430
—のための運動基準 2013	238
—のための身体活動基準 2013	240
—のための身体活動指針	239
健康づくり・介護予防活動	430
健康日本 21	214, 216, 217
健康日本 21（第 2 次）	234, 236
健康フロンティア戦略	214
健康問題	540

健康余命	216, 217
言語	74
—の処理過程	74
—の表出	74
言語コミュニケーション	458
言語錯乱	106
言語能力	55, 74
言語・非言語コミュニケーション	458
顕在記憶	81
幻視	158, 170, 184
健常加齢	58
幻聴	184
見当識	182
見当識障害	110, 164, 182, 186
健忘失語	313

こ

語彙数	74
後遺症	276, 277
後遺障害	107
抗うつ薬	178
構音障害	106
口渇感	260
抗加齢医学	230
公共交通機関	333, 354
口腔衛生管理	327
口腔ケア	250, 251, 324, 325
—の用具	326
口腔内細菌	324
高血圧	288
—の合併症	288
—の診断	288
—の薬物治療	289
—の予防（生活習慣の改善）	289
後見人	480
口腔内の清潔保持	324
高次生活機能	359
高次大脳皮質機能	106
高次脳機能障害	106, 107, 154
拘縮	304
—の特徴	305
口臭予防	324, 325
抗重力筋	304, 305
拘縮予防	304
—のケア	305
甲状腺機能低下症	162
高照度光療法	129

構成失行	107	—と住まい	356
抗精神病薬	178	—と転倒・転落	300
構造論	492	—とリカレント教育	421
交代性(交替制)便通障害	256	—におけるこころの病の特徴	93
肯定的エイジズム	342	—における身体活動ガイドライン	236
肯定的自覚	10, 11	—における性の実態	488
抗てんかん薬	113	—に適した運動・スポーツ種目	240, 214
行動障害	128, 156	—に適用される心理的介入	129
行動・心理症状	166, 183	—にとってのペット	386
行動体力	222	—に必要な体力	222
行動的志向性	29	—にやさしい街	38, 39, 346
行動の理由	194	—のADLと生活自立	224
行動分析学(行動療法)	132, 208	—のQOL	42
行動変容	132	—の生きがい	424
—の原理	132	—の移動手段	354
行動変容理論	215	—の外出手段	355
後頭葉	78, 94	—の語り	44
行動療法	128	—のからだ	274
抗認知症薬	178, 179	—の経済状態	414
更年期	497	—の恋愛や結婚	342
更年期障害	496	—の健康	224, 234, 246
高年齢者雇用安定法	410, 412	—の健康概念	234
高年齢者の雇用・就業に関する実態	412	—の健康状態	414
高齢者のボランティア活動	435	—の健康づくり	235
幸福感	24	—の健康度	224
—のパラドックス	40, 41	—の健康に関する意識	520
幸福観の文化差	41	—の権利擁護	480
幸福な老い(successful aging)	3	—の高血圧	288
興奮	178	—の心の健康と運動・スポーツ	236
交流	442	—の疾患の特徴	275
高齢介護者	396	—の死のイメージ	518
高齢化率	394	—の死への準備行動	527
高齢化への支援	320	—の社会参加	416
高齢期	48	—の社会参加の現状	416
—とジェンダー	340	—の就業状況	412
—における口腔のケア	327	—の身体機能	357
—に起こる言語障害	75	—の睡眠の特徴	108
—の健康を支える運動	240	—のストレス	99
—の幸福感	40	—の性愛や結婚への偏見	342
—の創造性	71	—の生活	405
—の発達課題	237	—の生活圏	354
高齢者	332, 333, 334, 335	—の生活と社会	407
—と家族	362	—の生活ニーズ	423
—とジェンダー	340	—の性についての視点	489
—と自由時間	418	—の性をめぐる社会状況	488
—と趣味	424	—の世帯構成	368, 396
—と情報機器	358	—の世帯変化	368

598

―のソーシャルサポートネットワーク	389	―の利用に影響する要因	358
―の咀嚼嚥下機能	440	「高齢者の身体活動と健康」のガイドライン	236
―の尊厳	456	高齢者肺炎	324
―の体力	226	高齢者福祉施設	460
―の体力・身体機能の検査法	226	高齢者文化	336
―のための国連原則	38, 416	高齢者理解	452
―のための住環境	356	高齢者レクリエーション	428, 429
―の糖尿病	299	高齢者主要症候の評価方法	249
―の日常生活	406	高齢消費者被害の現状	438
―の発熱	262	高齢消費者被害の特徴	439
―の服薬	323	高齢消費者被害への対策と課題	439
―のボランティア	434	高齢初発てんかん	112
―のボランティア活動	434, 435	高齢発症関節リウマチ	296
―の友人関係	442	高齢夫婦世帯	396
―の余暇活動	425	高齢未亡人の文化	336
―の旅行	405, 426	高齢期における適応	34
―への偏見・差別	334, 342, 348	誤嚥性肺炎	252, 326, 327
―への臨床動作法	140	高齢者にとっての死	518
―に対するイメージ	345	コーディネーター	461
―を取り巻く環境	332	コーピング	528
高齢者イメージ	338, 339	呼吸器系	274
高齢者うつの特徴	103	―の変化	245
高齢者が一人でも安心して暮らせるコミュニティづくり推進会議(「孤立死」ゼロを目指して)	538, 541	―の疾患	294
高齢社会	344	呼吸機能障害	316
―の福祉教育	344	呼吸器の加齢変化	294
高齢社会白書	398	呼吸不全	294, 295
高齢者が暮らしやすい環境	333	国際高齢者年	38, 416
高齢者看護の特性	124	国際障害分類 ICIDH	308
高齢者関節リウマチ患者の特徴	296	国際生活機能分類・ICF	126, 308, 448
高齢者虐待	399, 400, 462, 463	国際老年学会	4
―対応の流れ	401	国際疾病分類(ICD-10)	126
―の実態	400	国民医療費	232, 234
―の防止	401	国立長寿医療センター	5
―の見極め	401	国連原則	416
―の理由	400	心・血管系の変化	245
高齢者虐待防止法	400, 463	こころに働きかける介護	464
高齢者ケア	462	こころの活性化	140
高齢者ケアとエンパワメント	455	こころの加齢	2
高齢者雇用政策	410	こころのケア	116, 120, 121, 122, 124
高齢者支援	452	心の構造モデル	493
高齢者市場	438	心のバリアフリー	348
高齢者人口	333	こころのバリアフリー宣言	349
高齢者政策	198	こころの病	90
高齢者世帯の変化	396	腰背部・腹部の温罨法	256
高齢者にやさしい街プロジェクト	346	個人間差	14
高齢者のICT機器の利用実態	358	個人差	14, 15, 22, 69, 70, 222, 240, 241, 358
		個人内差	14

個人の尊厳	456
個性記述的方法	14
5世代家族	370, 371
5世代同居	370
骨折	113
骨粗鬆症	300
骨盤底筋訓練	258
骨密度	220, 221
―の加齢変化	220
孤独	375
孤独感	528
孤独死	378
孤独不安	375
ことばの鎖	74, 75
子どもとの同居	368
子どもとの同居世帯	368
子どもによる介護への抵抗感	373
子どもの自立	366
誤認妄想	158
個別看護	124
個別性の尊重	374, 524
コホート	358
コミュニケーション	270, 271, 311, 348, 374, 458
―機能	206
―技法	458
―能力	124, 125
―の誘い	505
―の種類	458
コミュニティ	538, 540
コミュニティワーク	476
雇用継続	412
雇用の安定	412
コラボレーション	66
孤立	100, 375
孤立・孤独	193, 374
孤立死	518, 538
―の心理・社会的背景	538
―対策	538
―定義	538
『孤立死』予防型コミュニティづくり	341
孤立防止	430
コリンエステラーゼ阻害薬	159
根拠に基づく介護技術	466
コンサルテーション・リエゾン	122
コンパニオン・アニマル	386
コンボイ・モデル	380, 388, 442

さ

サーチュイン	230, 231
座位	141
サイコオンコロジー	122
災害復興住宅	539
最後のセックス	510, 511
財産管理	480
座位姿勢	305
在宅	460
―での死	534
―におけるチームケア	460
在宅介護	482
―の現状	472
在宅ケア	472
在宅高齢者	504
―の性	504
在宅酸素療法	294, 295
在宅持続陽圧呼吸療法	109
在宅死の条件	534
作業記憶（working memory）	61, 80
サクセスフル・エイジング（successful aging）	34, 70, 71, 76, 230
―との関係	37
―の構成要素	35
―評価基準	34
サービスコーディネート機関	474
作動記憶	80
サポート	442, 443
座薬	256
サルコペニア（筋肉減弱性）	228
サロン活動	430
三次活動	415
3次予防（機能の維持）	198
3世代同居	370, 380
酸素療法	295
三大合併症	298
残尿感	258

し

死	514, 515, 516, 517
―のイメージ	518
―の質	532
―の瞬間	534, 535
―の心理的プロセス	520
―の尊厳と生の尊厳	542
―の超克	510
―の四重奏	328

600

シアトル縦断研究	69	自助具	352, 353
支援	446, 448, 457	死生学	116
ジェンダー（gender）	340, 492	死生観	44, 518, 519, 522, 523
ジェンダー・役割の発達	493	次世代	48
ジェンダー・アイデンティティ	492, 493	施設	356
ジェンダーロール（gender role）	340, 341	肢節運動失行	106
支援のプロセス	447	施設ケア	470
視覚	16, 245	施設内への感染	287
―の加齢変化	16	施設における住環境	357
死学（Thanatology）	116	施設におけるターミナルケア	536, 537
視覚失認	107	施設におけるチームケア	461
視覚障害	310	施設入居者の性とケア	506
視覚探索	64	施設不適応	193
自我の統合	134, 526, 527	自然観察	248
事業所のサポート体制	504	事前指定書	518
事業主	408	自尊感情	176, 177
刺激伝導系	278	肢体不自由	314, 315
自己	28, 50	視覚的評価スケール（VAS：Visual Analogue Scale）	266
―の再構築	138, 139	市町村社会福祉協議会	379
―の次元	44	疾患	274
―の成熟	30	―（風邪・インフルエンザ）	284
―の内面	45	―（関節リウマチ）	296
自己一致	130	―（高血圧症）	288
自己開示	124, 125, 458, 459	―（呼吸器）	294
自己管理	316	―（呼吸器系：肺炎・肺気腫・ぜんそく）	282
自己決定	456	―（消化器・泌尿器）	292
―の支援	456, 457	―（食中毒）	286
自己効力感	131, 454	―（腎臓）	290
自己実現	29, 130, 420, 421, 424, 447, 464, 465	―（心臓：狭心症・心筋梗塞ほか）	280
―への支援	447	―（心臓：不整脈ほか）	278
自己治癒力	138	―（糖尿病）	298
仕事	412	―（脳：脳卒中ほか）	276
死後の処置	544	実験室の問題	66
自己表現（アサーション：assertion）	459	実験的観察	248
自殺	540	失語	94, 106, 165
―の理由	540	失行	94, 106, 165
自殺者数	540	実行機能	168
自殺死亡率	540	実行機能障害	164
自殺予防	539	失行症	106
自死	540	失語症	75, 106, 137, 312
―の背景	541	実践の原則	478
―と遺族への対応	541	嫉妬妄想	101
自死遺族	541	失認	94, 106, 165
事実婚	503	失認症	107
脂質代謝異常	328	疾病（disease）	530
歯周病	326	失明	310
視床	110		

601

質問形式による認知機能評価	174	社会老年学 (Social Gerontology)	3, 116
自伝的記憶	50, 82	若年性認知症	160
—の機能	50	—の介護	160
—の再構成	51	—の原因	160
—の特徴	50	—の早期の症状	160
自動化過程	56	—の有病率	160
死にゆく過程の質	532	—への取り組み	160
シニアアスリート	240	終活	527
死に際しての性	510	住環境	357, 468
死にゆく過程のチャート	521	自由記述法	338
死にゆく人の心のケア	522, 524	就業機会	411
死にゆく人の心理過程	520	就業状況	411
自分史・人生の受容	50	就業ニーズ	411
死後の家族に対する援助	517	住居改善のレベル	469
死別体験者の語り合い	517	自由時間	415, 418, 428
死別の悲しみ	517	住宅設備・リフォーム	469
死別へのコーピングの二重過程モデル	529	周辺症状	149
死への準備	526	熟達化と可塑性	76
脂肪量	220, 221	縦断的方法	22
社会学的年齢	9	姑	382
社会教育（成人教育）	420	終末期	522, 524, 536, 544
社会貢献	36, 422	終末期医療	518, 519, 532
社会貢献活動	430	終末期と死のケア	514, 522, 532
社会参加	38, 354, 406, 416, 417, 422	終末期のケア	514
—の現状	416	住民参加型在宅福祉サービス	433
—の動機	416	住民主体	432
社会参加活動	416, 418	住環境整備	356, 357
—の内容	416	主観的ウェルビーイング (well-being)	42, 43
社会死	233	主観的健康観	25
社会情動的選択性理論	20, 21, 51	主観的幸福感 (subjective well-being)	25, 40
社会的効果	144, 145	主観年齢 (Subjective Age)	9
社会的貢献	36	熟達化	72, 76
社会的行動障害	107	熟達者（エキスパート）	76
社会的孤立	100, 375, 378	熟年離婚	376
社会的障壁	308	手術後の暮らし	273
社会的植物人間化	375	手術治療	297
社会的適応理論	34	手術療法	272
社会的入院	470	主体的活動	140, 141
社会的不利 (Handicap)	308	主体的な老年観	33
社会的歴史的文脈	66, 67	手段的 ADL (Instrumental-ADL)	224
社会のなかにあるバリア	348	手段的サポート	380, 388
社会福祉援助活動	476	手段的日常生活動作 (Instrumental Activities of Daily Living ; IADL)	172
社会福祉士	476		
社会福祉法	432	主観年齢	8
社会文化的・生態学的文脈	66	術後のケア	272
社会保障経費	233	出産期間	367
社会モデル	308	終末期医療	518

602

趣味	406, 424
趣味活動	424
受容	130, 131, 176
循環器系	274
循環器・呼吸器系	218
障害	308
―の客観的次元	308
生涯学習	406, 418, 420, 422, 424
―活動	424
―の効果	419
障害年金制度	319
障害受容	120
障害・身体障害	308, 309
―（運動機能障害）	314
―（視覚障害）	310
―（聴覚障害・言語障害）	312
―（内部障害）	316
障害・知的障害	320
生涯発達	12, 30, 46, 47, 70, 72, 76
―と知的機能	76
―に影響を及ぼす要因	12
―の研究モデル	12, 13
生涯発達心理学（life-span developmental psychology）	3, 12
消化管の加齢変化	292
消化器	292
消化器系	274
消化器系ストーマ・人工肛門	292, 293
消化器系の変化	245
消化器疾患	292
小規模多機能ホーム	433
消去	132, 133
省察的実践	188, 189
少子高齢化	362, 394, 398
少子・高齢社会	423
症状性精神障害	91
症状性精神病	100
焦燥感	102
小地域ネットワーク活動	433
小地域福祉活動	432, 433
小腸機能障害	317
情緒的サポート	380, 388, 389
焦点発作	112
常同行為	170, 171
消費者市場	438
消費者契約法	438
消費者としての高齢者	407, 438
消費者被害	438
情報機器	358
情報共有シート	123
情報・コミュニケーション支援機器	468
情報通信（ICT）機器	358
食塩過剰摂取	289
食塊	250
職業からの引退	412
職業訓練	311
食事	254
―の工夫	251
食事サービス	433
食事療法	298, 299
食生活	230, 406, 440
褥瘡	302
―の早期発見	302
―の治療	302
―のリスクアセスメント	302
―リスクアセスメント	302
食中毒	286, 287
職場（企業）内教育	420
職務再設計	412, 413
食欲低下	262
食欲不振	254, 255
除脂肪重量	221
女性高齢者の生活問題	340
女性性・男性性	508
女性の生殖機能	496
女性訪問介護員	504
女性ホルモン	497
触覚	19
触覚失認	107
ジョハリの窓	458
処理資源	60
処理速度	60
処理能力	63
処理の容量	61
処理容量低下仮説	60
自立	24, 234, 352
自立支援	456
自律した生活	334
自立した生活	355
自律神経障害	158
自律性	38
自立性	38
自立生活	354
視力障害	272

603

シルバー人材センター	410, 411	身体幻覚	184
死を迎える場	534	身体疾患	98, 100
心因性	104, 318	身体失認	107
心因性精神障害	92, 318	身体障害者手帳	316
人格	22, 72, 176	身体障害者福祉法	314
人格障害、行動障害などを伴う認知症	156	身体症状	104
人格特性	96	―嚥下障害	252
人格の成熟	72	―かゆみ	264
人格変化	170	―下痢・便秘	256
腎・下部尿路疾患	290	―食欲不振・体重減少	254
腎機能	260	―咀嚼障害	250
心気妄想	102, 103	―脱水	260
心筋梗塞	280	―難聴	270
新近性効果	82	―白内障	272
神経筋疾患	252	―発熱	262
神経系の変化	245	―頻尿・排尿障害	258
神経細胞	58	―不眠	268
神経症	92, 104	―腰痛・膝関節痛	266
神経症型	96, 97	身体的ADL	224
神経心理検査	174	身体的ケア	110, 111
神経伝達物質	59	身体的サポート	388
神経変性	218	身体的特徴	220
新健康フロンティア戦略	214	身体的不定愁訴	102
人権の尊重と尊厳	447	身体的扶養	390
人工肛門	293	身体不安	193
人口高齢化	363	新体力テスト	225
進行性非流暢性失語	156, 171	身長	220, 221
人口の高齢化	332	心調律	278
人工膀胱(ウロストミー)	293	心電図	278
心疾患	278, 280	シンドロームX	328
腎障害	291	心肺蘇生法	279
身上監護	480	腎・泌尿器系	274
心身の機能変化	218	―の変化	246
心身のコミュニケーション	490	腎不全	290
人生	50, 51	新民法	382
―の共有	442	―下での老親扶養	390
―の受容	50	心理学的年齢	9
―の総決算的行事	510	心理教育	129, 399
人生プロセス	8	心理社会的ストレッサー	98
人生満足(life satisfaction)	40	心理社会的発達課題	48
心臓	278	心理的ウェルビーイング	46, 134
―のメカニズム	278	心理的虐待	400
―の役割	278	心理的効果	144, 145
心臓機能障害	316	心理的・性的発達	492
腎臓機能障害	317	心理的背景	184
身体管理	230	心理的反応	188
身体ケアモデル	462	心理療法	128

新老人……………………………………338

す

遂行…………………………………………62
遂行機能障害……………………………94, 107
水晶体………………………………………272
随伴関係……………………………………132
水分減少……………………………………260
睡眠構造……………………………………108
睡眠時無呼吸症候群………………………109
睡眠習慣……………………………………108
睡眠障害…………………………………108, 268
睡眠障害国際分類…………………………268
睡眠障害対処………………………………109
睡眠パターン………………………………268
睡眠薬…………………………108, 268, 269
スーパーエゴ………………………………492
スーパーバイザー（supervisor）………484
スーパーバイジー（supervisee）………484
スーパービジョン…………………………484
—とコンサルテーション…………………485
—におけるパラレルな関係………………485
—の意義……………………………………484
—の課題……………………………………485
—の機能……………………………………484
—の方法……………………………………485
スクリーニング……………………………172
—（日常生活）……………………………172
—（認知機能）……………………………174
ステップ式仮説検証型事例検討………200, 201
ストーマ（stoma）………………………293
ストーマケア…………………………292, 293
ストレス…………………………………98, 194
ストレス関連疾患………………………98, 99
ストレス対処行動…………………………359
ストレス対処能力（SOC）…………530, 531
ストレス耐性………………………………99
ストレスと病気……………………………98
ストレス反応………………………………98
ストレッサー………………………………98
ストレングス…………………………454, 455
スピリチュアルペイン……………………522
—の構造……………………………………523
スポーツ………………………………226, 241
スポーツ種目………………………………240

せ

性……………………………………………488
—の心理学…………………………………492
—の発達……………………………………492
性愛・結婚への偏見………………………342
性格…………………………………………22
—の加齢変化………………………………22
生活アセスメント…………………………307
生活活動………………………………238, 239
生活環境……………………………………354
生活機能………………………………164, 165
生活空間……………………………………356
生活圏………………………………………354
生活行動……………………………………233
生活史………………………………………181
生活支援……………………………………446
—の基本視点………………………………447
生活時間……………………………………414
—の配分……………………………………414
生活時間構造………………………………428
生活習慣………………………………288, 328
生活習慣病……………………212, 216, 494
生活重視型施設……………………………471
生活障害……………………………………172
生活自立度…………………………………172
生活体力……………………………………222
生活と活動…………………………………404
生活の志向性………………………………29
生活の質（QOL）………………18, 182, 452
生活の自律と自立…………………………224
生活への適応と課題………………………316
生活満足度（Life Satisfaction）………43
生活リズム…………………………………414
—の調整……………………………………307
21世紀における国民健康づくり運動（「健康日本21」）……………………………214, 217
性機能………………………………………494
—の加齢変化（女性）……………………496
—の加齢変化（男性）……………………494
—の低下……………………………………494
性機能低下と生活習慣病…………………494
性行為………………………………………342
成功確率一定モデル………………………71
性行動………………………………………504
性差…………………………………………498
生産性の発達曲線…………………………70
成熟型……………………………………96, 97

性障害	500	生理的欲求	28
正常圧水頭症	162	生理的老化	218
正常老化	196	世界保健機関（WHO）	38, 236
正常老化と異常老化	218	セクシュアリティ	488, 489, 498, 501
生殖性	48	―をめぐる男女差	498
生殖年齢	496	セクシュアル・コンタクト	501
精神機能の大脳半球側性化	95	セクシュアルハラスメント	504
精神的支援	389	世代間比較	372
成人教育	420	世代構造	370
精神腫瘍学（サイコオンコロジー）	122	世帯構造の変化	363, 398
精神障害	90, 318	世代性	48
―の原因	318	世代性概念構成図	48
―の分類	90	積極的余暇	418
精神症状	104, 156	セックス	492
精神的情緒不安	190	セルフ・マネジメント	129
精神的扶養	390, 391	世話の放棄	400
精神年齢（Mental Age）	8	遷延性悲嘆障害	528
成人肥満者	328	宣言的記憶	80, 81
精神病型	96, 97	全国老人クラブ連合会	430
精神分析理論	492	戦後の福祉教育	344
性心理の発達	498	戦後の嫁姑関係	382
精神療法	104, 105	潜在記憶	81
性生活	500	全失語	313
―の実際	500	全身倦怠感	262
―への対応	500	先進国	332
性腺刺激ホルモン	496	全人的痛み	524, 525
性的虐待	400	全人的苦痛	522
性的行動	505, 506, 507	全人的ケア（Total Care）	524
―についての理解	504	全人的視点	274
―に望まれる対応	505	ぜんそく（気管支喘息）	283
―の背景	505	センター方式シート	202
性的欲求	498	選択的注意	64
―の男女差	498	先天盲	310
性とケア	506	前頭前野	206
性と死	510	前頭側頭型認知症（frontotemporal dementia, FTD）	156, 170, 171
制度的バリア	348	―の臨床診断特徴	157
成年後見	480	―の症状	156
成年後見制度	318, 319, 438, 480	―の治療	156
生物学的観点からみる個人差	14	前頭側頭型認知症・ピック病	156, 170
生物学的製剤	297	前頭側頭葉変性症（fronto-temporal degeneration：FTLD）	156, 171
生物学的年齢	9	―の臨床診断基準	171
生物死	233	前頭葉	62, 78, 94, 206
生物心理社会モデル	100, 122, 123	前頭葉機能	55, 62
性ホルモン分泌低下	218	全般的な QOL	43
性役割（sex role）の社会化	340	全米精神遅滞協会	320
生理機能	275		
生理的効果	145		

せん妄	100, 108, 110, 111, 262
専門職チーム	304
前立腺がん	290, 291
前立腺肥大症	290, 291

そ

早期治療	276
臓器の老化	274
早期発見・早期治療	198
総合的介護予防システムについてのマニュアル（改訂版）	234
相互主観性	448
相互利用	478
操作的定義	34
喪失	44, 104, 517
喪失感	366
喪失体験	34, 104
総脂肪重量	221
創造性	56, 70, 138
創造的な活動	70, 71
増大的幸福像	41
相談調整窓口	433
ソーシャル・ケースワーク	476
ソーシャルサポート	388
ソーシャルサポートネットワーク	388
ソーシャルスキルトレーニング	349
ソーシャルネットワーク	388
ソーシャルワーカー	476, 535
ソーシャルワーク	450, 460, 476, 478, 484
―とケアマネジメント	450
側頭葉	78, 94, 182
咀嚼	250
―の刺激	251
咀嚼運動	250
咀嚼嚥下	440
咀嚼障害	250
速筋線維（タイプⅡ線維）	228
外からの自覚（外性自覚）	10
祖父母	384
―と親	384
―と孫の関係	384
―の機能的役割	385
―の行動スタイル	385
―の役割	385
尊厳	446
尊厳死	524, 542
尊厳死法	542
尊厳死論	543

た

ターミナルケア（Terminal Care）	514, 532, 536
ターミナルケアのあり方	537
第1次活動	126
体温調節	262
体格	220
体格指数	220
体験としての障害	308, 309
第3次活動	126, 127
体重	220, 221
体重減少	254, 255
対象者の多側面的理解	180
対象者理解	180, 181
代償手段	182
対象認知障害	107
退職者ビザ制度	436, 437
退職準備教育	408
退職準備プログラム	408, 409
対人関係	458
対人コミュニケーション	458
対人的ケア	167
対人的志向性	29
耐糖能異常	328
体内水分量	260
第2次活動	126
第二の患者	516
第二の自我	499
第二のハネムーン	376
大脳	78
大脳基底核	95
大脳の機能局在	95
大脳辺縁系	95
代理意思決定	516
体力	222, 226, 238
体力・運動能力の加齢変化	222
体力測定	226
体力年齢	9
体力評価	222
タウ	152
唾液	250, 324
―の分泌	324
他行動分化強化	208
多重介護	398
多職種協働モデル	123
多職種チーム	122, 123

多職種連携・協働	181, 200, 460
多世代家族	371
多世代同居	370
多世代の絆	381
多臓器障害	274
脱水	260
—の予防	261
—への対応策	261
脱水症	262
脱水症状	286, 287
タナトス	492
多発ラクナ梗塞	154
多様な家族形態	364
段階的援助方法	468
短期記憶（Short-term memory）	80
男女の生理的相違	498
単身高齢者	378
—の抱える問題	378
—への支援	379
—の男女交際	499
男性介護者	340, 396
男性更年期障害	494
男性性	499, 508
男性の性機能	494
男性ホルモン	494, 497, 498
たんぱく質・エネルギー低栄養状態	441

ち

地域ケア	474
地域ケア会議	474
地域社会への参加	416
地域生活	356, 357
地域生活モデル	471
地域ネットワーク	187
地域福祉活動	406, 432
—の担い手	432
地域福祉推進基礎組織	433
地域福祉を推進する活動	432
地域包括ケア	472, 474
地域包括ケアシステム	473, 474
地域包括支援センター	400, 472, 473, 474, 475
地域包括支援ネットワーク	474
地域密着型介護老人福祉施設	471
地域密着型介護老人保健施設	471
チームアプローチ	460, 461
チーム医療	534
チームケア	202, 460

知恵	56, 72
—の形成に関するモデル	73
—の形成プロセス	72, 73
知覚	16
知覚障害	314
遅筋線維（タイプⅠ線維）	228
知性と感情の熟達化	72
地中海食風食生活	216
知的活動	86
知的機能	54, 174, 320
—低下の補償	56
—の可塑性	57
—の加齢変化	54
知的障害	320
—と高齢化	320
—の原因疾患	320
知的障害（精神遅滞）	92
知的障害者と家族の問題	321
知的障害者の加齢に伴う変化	320
知的障害者への支援	321
知的能力	55, 68
着衣失行	107
茶のみ友達	502
注意	55, 64
注意機能	64
—の維持・改善	65
—の加齢変化	64
—の役割	64
注意資源の低下	60
注意障害	107
注意の転導性	156
中核症状	149
中高年のための結婚斡旋	502
中高齢者の疾病構造	232
中毒性	100
中毒性精神障害	91
中途失明	310
中途障害	120
中途障害者	120
中途障害のこころのケア	120
聴覚	16, 245
聴覚失認	107
聴覚障害	270, 312
聴覚の加齢変化	17
長期記憶（Long-term memory）	80, 81
超高齢期	44
超高齢者	35

608

超高齢社会…………………………………………332
　―と少産多死……………………………………518
　―における老年観………………………………32
　―の到来…………………………………………398
　―の老年観………………………………………32
長寿……………………………………………22, 23
　―と健康寿命……………………………………232
長寿遺伝子…………………………………………231
直系家族制…………………………………………372
治療可能な認知症（treatable dementia）…………162

つ

終の場所……………………………………………524
痛覚……………………………………………………19

て

低栄養………………………………………………254
低栄養状態（protein-energy malnutrition；PEM）
……………………………………………………440, 441
低栄養予防…………………………………………440
　―のための食生活………………………………441
　―のための食生活指針…………………………441
定期健診……………………………………………326, 327
定期的な運動・スポーツ…………………………237
定性的な観察………………………………………248
定年延長……………………………………………410
定年後の生活………………………………………436
定年制度……………………………………………410
定年退職……………………………………………376
定年・定年後の就労………………………………410
定年前教育…………………………………………408
定量的な観察………………………………………248
適応……………………………………22, 46, 96, 128
適応機制の階層……………………………………97
適応機制（防衛機制）……………………………96
適応障害……………………………………………92
適応と不適応………………………………………96
適応パターン………………………………………96
適応理論……………………………………………34
デジタル・デバイド………………………………33
デジタル・デバイド問題…………………………358
手続き記憶…………………………………………182
伝音性難聴…………………………………………312
伝音難聴……………………………………………17
てんかん……………………………………………112, 321
点眼方法……………………………………………273
電車…………………………………………………355

転倒・骨折…………………………………………113
転倒後不安症候群…………………………………300, 301
転倒した高齢者への対応…………………………301
転倒・転落…………………………………………300, 301
　―アセスメント…………………………………300
　―と薬物…………………………………………300
　―による骨折……………………………………301
　―の要因…………………………………………300
　―の予防…………………………………………301
展望的記憶…………………………………………82, 83

と

統覚型失認…………………………………………107
東京都老人総合研究所……………………………5
統合失調感情障害…………………………………92
統合失調症…………………………………………92, 101
統合と絶望…………………………………………50
動作課題……………………………………………140
洞察力………………………………………………124, 125
同性介護……………………………………………508
頭頂葉………………………………………………78, 94
常同行動……………………………………………156
糖尿病………………………………………………289
　―の診断…………………………………………298
糖尿病性神経障害…………………………………298
糖尿病性腎症………………………………………298
糖尿病性網膜症……………………………………298, 310
動物介在活動（AAA：animal assisted activity）…144
動物介在教育（AAE：animal assisted education）…
……………………………………………………144
動物介在療法（AAT：animal assisted therapy）…144
動物の癒しの効果…………………………………144
動脈硬化…………………………………155, 218, 219, 288
幻覚や特異な妄想（誤認妄想）…………………170
特性的な QOL……………………………………43
特定健康診査………………………………………329
特定保健指導………………………………………329
特別養護老人ホーム………………………………144, 470
独居（living alone）………………………………375
ドネペジル…………………………………………178
弔い…………………………………………………526
トレーナビリティー………………………………227
トレーニング………………………………………226
ドレッシング材……………………………………302, 303

な

内因性………………………………………………318

609

内因性精神障害……………………92, 318
内科的治療………………………………276
内臓機能障害……………………………316
内臓脂肪………………………328, 329
内臓性腰痛………………………………266
内罰型……………………………………97
内部障害…………………………………316
　―の分類と実態……………………316
内分泌系の変化………………………246
内分泌・代謝系……………………219, 274
ナチス「安楽死」政策………………542
7つの健康習慣…………………………212
悩み………………………………………541
ナラティブ……………………………528
難聴………………………………270, 271
　―の人への対応……………………270
難病………………………………………473

に

ニーズ……………………………………124
2型糖尿病………………………………298
2次活動…………………………………414
二次感染…………………………………286
2次予防（早期発見・早期治療）…198
2重貯蔵モデル……………………………80
日常生活…………………………………352
　―の状況……………………………414
　―の中の記憶…………………………82
日常生活動作（ADL：Activities of Daily Living）……172, 222, 304, 466
　―の評価法…………………………172
　―の維持・改善……………………85, 207
日常生活訓練……………………………311
日常生活動作能力（Physical Self-Maintenance Scale：PSMS）…………173
日常生活と記憶機能……………………84
日常生活不活発病……………………306
日常生活自立支援事業………………319
日常生活用具…………………………468
日常的問題………………………………66
日常の問題解決能力…………………225
日没症候群……………………………108
日和見感染……………………………327
日本安楽死協会………………………543
日本園芸療法学会……………………142
日本尊厳死協会………………………543
日本老年学会………………………………5

日本老年行動科学会…………………200
入浴介助………………………………509
尿失禁……………………………258, 292
尿路感染症………………………290, 291
尿路系ストーマ………………………292
任意後見………………………………480
任意後見人……………………………480
人間の可能性…………………………464
認知………………………………72, 184
認知機能……………24, 55, 60, 206, 359
　―に対するトレーニング……………85
　―の維持……………………………198
　―の改善………………………86, 206
　―の可塑性……………………………61
　―の障害……………………192, 193
　―の動揺性…………………………158
　―のトレーニング………………86, 87
認知訓練………………………………206
認知行動療法……………………128, 348
認知症………19, 100, 106, 107, 148, 166, 178, 182, 184, 190, 196, 208, 318, 398, 472
　―と ADL……………………………225
　―と異食……………………………190
　―と不適応行動……………………208
　―とスピリチュアルペイン………523
　―と ADL 低下………………………173
　―と薬………………………………178
　―のアセスメント…………………149
　―の経過……………………………149
　―の原因……………………………148
　―の幻覚・妄想に対する心理的ケア…185
　―の幻覚・妄想の種類と出現頻度…184
　―の行動障害への心理療法………129
　―の行動・心理症状（BPSD：behavioral and psychological symptoms of dementia）…166
　―の高齢者…………………………141
　―の周辺症状……………………166, 188
　―の症状……………………………149
　―のスクリーニング………………172
　―の早期発見・介入………………197
　―のための障害評価票（Disability Assessment for Dementia：DAD）……………173
　―の認知機能のスクリーニング…174
　―の人の心的世界…………………176
　―の人のためのケアマネジメント・センター方式…………………………202
　―の予防……………………………150

610

―への対応……………………………………150
認知症介護研究・研修センター ……………202
認知症ケアのセンター方式………………………202
認知症ケアモデル……………………………462, 470
認知症高齢者……………………………136, 207
認知症高齢者のための総合機能評価 ……………150
認知症疾患に特有な BPSD ……………………166
認知症者へのこころのケア ………………………118
認知症スクリーニングの ADL 評価法 …………172
認知症になっても安心して暮らせる町づくり …199
認知症の症状
　―異食…………………………………………190
　―記憶障害・見当識障害……………………182
　―幻覚・妄想状態……………………………184
　―徘徊…………………………………………186
　―不安・訴え…………………………………192
　―不潔行為……………………………………194
　―暴力…………………………………………188
認知症の診断
　―アルツハイマー病…………………………168
　―血管性認知症………………………………168
　―レビー小体を伴う認知症…………………170
　―前頭側頭型認知症（ピック病）……………170
　―診断基準……………………168, 169, 170, 171
　―中核的な特徴………………………………170
　―と治療………………………………………104
認知症の中核症状
　―記憶障害………………………………164, 166
　―見当識障害……………………………164, 166
　―実行機能障害…………………………164, 166
認知症発症の危険因子……………………………198
認知症や介護予防の学習会………………………431
認知症予防……………………………86, 136, 137, 198
認知症予防・支援におけるハイリスク・アプローチ
　………………………………………………199
認知症予防・支援におけるポピュレーション・アプローチ
　………………………………………………199
認知症予防・支援マニュアル（改訂版）…………198
認知的加齢……………………………………………64
認知の予備力…………………………58, 59, 78, 79
認知リハビリテーション………………………204

ぬ

濡れ落ち葉…………………………………………377

ね

ネガティビティ・バイアス…………………………20

ネガティブイメージ………………………………338
ネグレクト…………………………………………400
熱中症………………………………………………260
ネットワーク………………………………………474
眠気…………………………………………………268
年齢…………………………………………………8, 358
年齢アイデンティティ………………………………8, 9
年齢差別（ageism）…………………………………36
年齢と文化…………………………………………336
年齢による生理機能の変化………………………244

の

脳………………………………………………………78
脳幹網様体…………………………………………110
脳器質障害…………………………………………190
脳器質性精神障害……………………………………91
脳血管障害…………………………………………252
脳血管性認知症…………………………………148, 154
　―の BPSD ……………………………………166
　―の診断………………………………………154
　―の治療………………………………………155
脳梗塞……………………………………………154, 276
　―とその治療…………………………………276
脳細胞の賦活………………………………………206
脳出血……………………………………………154, 276
　―とその治療…………………………………276
脳障害………………………………………………164
脳・神経機能……………………………………56, 58
脳・神経系…………………………………………218
　―の加齢変化……………………………………58
　―の基礎…………………………………………58
　―の老化性変化………………………………218
脳性まひ……………………………………………140
脳卒中………………………………………………276
　―の予防………………………………………277
脳卒中片麻痺患者…………………………………305
脳卒中患者のケア…………………………………277
脳損傷…………………………………………107, 313
脳と精神機能の局在…………………………………94
脳の萎縮……………………………………………59
脳の可塑性…………………………………………79
能力障害（Disability）……………………………308
望ましい死…………………………………………532
望ましい性的関係…………………………………499
ノンレム睡眠………………………………………108

611

は

歯 326, 327
―の管理 326
―のケア・義歯のケア 326
―の喪失 250
―の役割 326
パーキンソン症候群 95, 170, 252
パーキンソン症状 158
パーキンソン病 19
パーキンソン病患者 137
パーソナリティ 22
パーソナリティ障害 92
パーソン・センタード・ケア 167
パートナーシップ 500
バイアグラ 495
肺炎 282
―の初期症状 282
―の分類 283
徘徊 186, 208
―の分類 186
―への対応 187
肺気腫 282
配偶者 376, 377
―の介護 396
―の死 366, 528
排泄介助 508
排泄ケア用品 265
排泄トラブル 290
排尿障害 258
排尿トラブル 290
排尿のアセスメント 258
排尿パターン 259
灰白質 78
廃用症候群 228, 267, 306
―の悪循環 306, 307
―の予防 306
廃用性低下 164, 165
ハイリスク・アプローチ 198
墓(埋葬) 526
白質 78
白内障 272, 273
―の治療 272
白内障手術 272
長谷川式認知症スケール (Hasegawa's Dementia Scale for Revised：HDS-R) 174
罰 132, 133
発達課題 44

発達性言語障害 106
発達段階モデル 13
発達段階理論 44
発熱 262
―に伴う随伴症状 262
―への対応 263
母―息子関係 382
パラサイトシングル 380, 381
パラレルな関係 484, 485
バランス志向的幸福像 41
バリアフリー 333, 350, 426
バリアフリー新法 314, 315
般化 84
半球側性化 94
半構成的面接法 338
半側空間無視 94
ハンディキャップ 426, 427
ハンドラー 144
伴侶性の拡大 501
伴侶動物 386

ひ

ピアスーパービジョン 485
被介護者 392
―の虐待 393
被害妄想 101, 184
非感染性疾患 263
非言語コミュニケーション 458
非言語の表現 138
膝関節痛 266
非指示的な態度 130
皮質下血管性認知症 169
非随伴性強化 208
非宣言的記憶 80, 81
ビタミンB12欠乏症 163
悲嘆 528
―のプロセス 517
ピック病 156
ビッグファイブ (Big Five：五因子説) 22
必要水分量 261, 262
非定型的症状 282
否定的エイジズム 342
否定的自覚 10, 11
非伝統的な多世代家族 370
非伝統的な多世代同居 370
人と環境の相互作用 454, 455
ヒトと動物のきずな 386

人とペットの関係	386
ヒト免疫不全ウイルスによる免疫機能障害	317
一人暮らし	368, 378
一人暮らし世帯	369
泌尿器	292
―の加齢変化	292
泌尿器疾患	292
否認	520
非標準的影響要因	12, 15
皮膚感覚	18, 19
皮膚の乾燥	264, 265
肥満	216, 289
百寿者	24
―研究の現状	24
―の感情	25
―の機能状態	24
―のこころ	24
―の生物学的側面	24
―の認知機能	24
非薬物療法	157, 166, 167, 180
ヒューマン・アニマルボンド	386
評価法	164, 172
標準年齢的要因	12
標準歴史的要因	12
病的加齢	58
病的悲嘆	517
病的老化（異常老化）	218
頻尿	258
―の援助方法	258
―の観察の視点	258
―の分類と原因	258
ピンピンコロリ	519

ふ

ファイブ・コグ・テスト（Five Cognitive Test：2006）	225
不安	104, 128, 188, 192
不安・うつ	236
不安・訴えへの対応	193
不安の背景	192
不眠	179
フィードバック	458
夫婦家族制	372
夫婦間介護	396
夫婦世帯	368
夫婦の課題	500
夫婦の性生活	500

夫婦のパートナーシップ	500
夫婦のパートナーシップとセクシュアリティ	500
夫婦のみ世帯	369
フォーマルサービス	535
フォーマルサポート	388
腹囲	328
福祉科教員	344
「福祉科」の専科教員の養成	345
福祉教育活動	344
福祉用具の活用	315
服薬管理	322, 323
服薬	322
不潔行為	194
―への対応	194
不顕性誤嚥	324
不実・嫉妬	184
不整脈	278
―の種類	278
物理的バリア	348
不定愁訴	102
不適応行動	208
普遍的遅延仮説	60
不眠	268
―の治療	109
扶養期間	367
プラグマティクス	56
ふれあい・いきいきサロン活動	433
プレイグランド・ムーブメント	428
ブレーデンスケール	302
フロイト（Freud, S.）	492
プログラム説	244
プロダクティブ・アクティビティ（Productive Activity）	36
プロダクティブ・エイジング（Productive Aging）	36
文化差	40
文化・情報バリア	348
分割的注意	64, 65
文化的プロセス	336
文章完成法（SCT：Sentence Completion Test）	338

へ

閉経期	496
閉塞性呼吸疾患	282
βアミロイド	152
別居伴侶	502, 503
ペット	386

ペット・ロス……………………………386, 387
ペニス…………………………………………499
ベル活動………………………………………136
ヘルシーピープル………………………216, 217
便………………………………………………194
ベンゾジアゼピン系薬…………………178, 179
便秘……………………………………………256
―の援助方法…………………………………257
―の予防………………………………………257
便利な自助具・補助具………………………352

ほ

防衛型…………………………………………97
防衛体力………………………………………222
包括的な適応理論………………………………47
膀胱・直腸機能障害…………………………317
法則定立的方法…………………………………14
法定後見…………………………………480, 481
法的支援制度…………………………………481
放尿……………………………………………194
訪問介護員への性的行動……………………504
訪問看護………………………………………535
訪問看護師……………………………………397
暴力……………………………………………188
―の原因………………………………………188
ホームヘルパー………………………………397
歩行器…………………………………………352
歩行（行動）訓練……………………………311
歩行失行………………………………………107
歩行補助具……………………………………352
ポジショニング………………………………305
保湿……………………………………………264
保湿剤…………………………………………265
ポジティビティ・エフェクト…………20, 21
ポジティブイメージ…………………………338
ポジティブ・エイジング………………………46
ポジティブ感情……………………………25, 46
補償………………………………………………58
補助具……………………………………352, 353
ホスピス………………………………………532
ホスピスケア…………………………………514
補装具………………………………314, 315, 353
補聴器……………………………………17, 270
―の種類………………………………………270
勃起能改善薬…………………………………495
勃起不全（ED：Erectile Dysfunction）……495
骨性腰痛………………………………………266

ポピュレーション・アプローチ……………198
ボランティア…………………406, 434, 522, 523
ボランティア活動………36, 423, 432, 433, 434
ホリスティック（holistic）…………………118
ホルモン………………………………………219
ホルモン補充療法……………………………497

ま

前意識…………………………………………492
孫…………………………………………384, 385
マズロー（Maslow, A.H.）……………………28
マズロー 5段階欲求階層モデル……………465
マズローの欲求階層説……………………464, 465
末期がん………………………………………473
「豆の木家族」（bean pole family structure）……381
慢性硬膜下血腫………………………………162

み

見合い結婚……………………………………372
味覚………………………………………18, 245
味覚障害………………………………………18
味覚低下………………………………………440
自らの死………………………………………526
身だしなみ……………………………………509
看取り…………………………510, 511, 536, 544
―の中の性……………………………………511
看取り介護加算………………………………536
看取る家族…………………………………516, 525
未亡人の文化…………………………………336
見守りネットワーク……………………378, 379
耳の構造………………………………………270

む

無意識…………………………………………492
無縁社会………………………………………538
無趣味…………………………………………424
―の高齢者への支援…………………………425
無条件の肯定的配慮…………………………130

め

メイク（死化粧）……………………………545
メカニクス………………………………………56
眼鏡……………………………………………273
メタ記憶…………………………………………82, 83
メタボリック症候群………………98, 289, 328
―の診断基準…………………………………328
―の病因・病態………………………………328

眼の疾患……………………………………16
メラトニン………………………………108
メロディック・イントネーション法………137
免疫系……………………………………275
免疫力の低下……………………………286
メンタル管理……………………………230
メンタルヘルス……………………234, 235

も

妄想…………………………100, 178, 184
妄想性人格障害…………………………101
妄想性障害…………………………92, 101
妄想的誤認症候群（カプグラ症候群）…184
網膜色素変性症…………………………310
喪の作業（グリーフワーク）………517, 525
物忘れ……………………………………176
モラール（Morale）………………………43
問題解決……………………………66, 130
問題解決型施設…………………………471
問題解決能力………………………55, 66

や

薬剤性腎障害……………………………290
薬剤に伴う認知機能障害………………163
薬剤の副作用……………………………296
薬物治療…………………………………112
薬物療法……………112, 166, 167, 178, 281, 299, 322
薬物療法とBPSD……………………178, 179
役割逆転……………………………380, 381
役割の喪失………………………………367
8つの健康習慣…………………………212
病い（illness）……………………………530
病いの苦悩………………………………531
病いの体験………………………………530

ゆ

遺言…………………………………518, 526
遺言書……………………………………527
友愛訪問…………………………………430
有酸素運動……………64, 65, 86, 216, 236
有酸素性トレーニング…………………238
友人関係……………………406, 418, 419, 442
—の機能…………………………………443
優生学的安楽死…………………………542
有訴者率…………………………………234
有病率………………………………148, 160
ゆとり……………………………………393

ユニバーサルデザイン…333, 350, 351, 353, 426, 427
—の7原則………………………………350
—の実践…………………………………350
ユネスコ…………………………………418

よ

よい聴き手…………………………134, 135
要介護……………………………………394
要介護高齢者……………………………398
要介護状態………………………………356
養護者……………………………………400
養護者支援………………………………400
養護老人ホーム…………………………470
幼児期健忘…………………………50, 82
腰痛…………………………………266, 267
—の原因……………………………266, 267
養老………………………………………543
養老院……………………………………470
養老施設…………………………………470
余暇活動…………………………………424
予期的社会化……………………………340
予期的悲嘆………………………………516
抑うつ……………………………………179
抑うつ症状………………………………170
抑制機能……………………………61, 62, 63, 64
抑制機能低下仮説……………………60, 61
欲求不満……………………………………96
予防……………………128, 155, 260, 285, 288, 306
予防具……………………………………300
予防対策…………………………………284
予防と治療………………………………329
嫁…………………………………………382
嫁姑関係…………………………………382
嫁姑の緊張関係…………………………383
嫁の悩み…………………………………383
4世代家族………………………………370
4世代同居………………………………370

ら

ライフイベント…………………6, 10, 15, 98
—のストレッサー…………………………98
ライフイベントモデル……………………13
ライフコース…………………………366, 380
—と親子関係……………………………380
ライフコース・パースペクティブ………367
ライフコースモデル………………………13
ライフサイクル………………8, 97, 366, 420

615

ライフサイクルモデル……………………13
ライブスーパービジョン………………485
ライフスタイル………………212, 216, 230
—と病気の関係……………………216
—の社会的インパクト……………217
—の多様化…………………………423
ライフヒストリー………………………181
ライフマネジメント……………………46
ライフレヴュー（Life Review）………134
ラクナ梗塞………………………………154
ラップ療法…………………………302, 303
卵巣………………………………………496
卵巣機能の低下…………………………496
—の老化……………………………496
卵胞………………………………………496
卵胞ホルモン………………………496, 497

り

リアリティ・オリエンテーション…129, 183, 204, 205
リカレント教育………………420, 406, 425
力動的アートセラピー…………………138
離脱理論…………………………6, 34, 410
立位課題…………………………………141
利尿剤……………………………………260
リハビリテーション…126, 276, 277, 296, 297, 310, 311
—におけるこころのケア………126
—の対象……………………………126
リハビリテーションモデル……………470
リビドー…………………………………492
リビング・ウィル（Living Will）……516
リフレッシュ…………………392, 393, 426
離別や死別………………………………11
リモデリング……………………………282
流動性知能………………………………68
両性性……………………………………340
旅客施設のバリアフリー化……………427
緑内障……………………………………310
旅行…………………………………426, 427
—の課題……………………………426
—の環境……………………………426
—の効能……………………………426
臨床動作法………………………………140
臨床認知症評価法（Clinical Dementia Rating：CDR）………………………175
倫理的配慮…………………………248, 249

れ

暦年齢（Chronological Age）……………8
—と機能年齢………………………8
—と現代社会………………………8
レクリエーション……………………405, 428
レクリエーション活動…………………428, 429
レクリエーション効果…………………139
レクリエーション・ムーブメント……428
レジスタンストレーニング……………227, 238
レストレスレッグス症候群……………109
レビー小体型認知症………148, 158, 166
—の臨床診断基準…………………159
レミニセンス・バンプ………………50, 82
レム睡眠…………………………………108
恋愛結婚…………………………………372
連携……………………………460, 472, 473
連合型失認………………………………107

ろ

老化………………………………………2
—に伴う臓器の変化………………218
—による機能………………………274
—による生理機能の変化…………244
—のプロセス………………………336
老化現象…………………………………272
老眼………………………………………16
老研式活動能力指標……………………225
老年行動科学研究会……………………200
老後適応…………………………………336
老婚…………………………………499, 502
—に対する障害……………………502
—の効用……………………………503
—の実態……………………………502
労作時呼吸困難…………………………294, 295
老親…………………………………392, 393
老人医療費………………………………232
老親介護…………………………………392
老人クラブ…………………………430, 431
老人性難聴………………17, 74, 270, 312
老人大学……………………406, 422, 425
—の意義……………………………422
—の活動内容………………………422
—の今後……………………………423
—の類型……………………………423
老人肺……………………………………218
老人福祉法………………………………416
老親扶養…………………………………390

616

老親扶養意識	391
老人保健施設	470
老性自覚	10
―と肯定的自覚	11
老年学（Gerontology）	3, 116
老年学・社会科学研究センター	5
老年観・老いの受容	32
老年観の変遷	32
老年期超越	366
老年期	32, 33
―の離婚	376
―の親子関係	380
―の介護	377
―の家族構成	368
―の気分障害	128
―の結婚	502
―の死別	377
―の神経症の特徴	104
―の心身の老化	377
―の心理療法	128
―の性格と適応	23
―の性	490
―の定年退職	376
―の適応と人格	96
―の夫婦関係	376
―への適応	6
老年行動科学	116
老年症候群	246, 274, 275
老年心理学	3
老年的超越	7, 44
老年夫婦	500
弄便（尿）	194
老老介護	394
ロールモデル	340
65歳現役社会	410, 411
ロコモティブシンドローム	223
ロッキングチェアー型	97

わ

ワーカー	484
ワーキングメモリ	74, 78
わが道を行く行動（going my way behavior）	156
ワクチン投与	263

A

AAMI	196
Activities of Daily Living	466

ADDTC（アルツハイマー病診断・治療センター）	169
ADL（Activities of Daily Living）	38, 224, 226, 305, 466
―の低下	262, 266
ADL スケール	224
advance directive（事前指定書）	518
AED（自動体外式除細動器）	278, 279
age-associated memory impairment（AAMI：加齢関連記憶低下）	196
AIREN（血管性認知症診断基準）	169
amnestic MCI（aMCI）	196, 197
Association for Case Studies of the Elderly	200

B

BMI	220, 221
BPSD（Behavioral and Psychological Symptoms of Dementia）	118, 149, 166, 178, 180, 186, 188
―の治療と対応	166
―へのケア的アプローチ	180

C

Compensation（補償）	46

D

DLB international workshop のレビー小体を伴う認知症の改正臨床診断基準	171
DSM-V	154, 169
―による異食症の診断基準	190
―の Mild Neurocognitive Disorder	197

E

ED	494
Erikson の第 9 段階	44
Experience Corps	85

F

FAB（Frontal Assessment Battery）	62, 63
FAST	152
FAST stage	152, 153

G

Generativity	48
Gf-Gc 理論	68
Global Deterioration Scale（GDS）	196
Godot 症候群	192
Go / No-Go 弁別学習	62

Good death（望ましい死）···532
GPS 機能···187

H

HAROLD（Hemispheric Asymmetry Reduction in OLDer adults：高齢者における半球の非対称性の減少）··56, 58, 64
home oxygen therapy；HOT······································295

I

IADL···38, 224
ICD-10··90, 104, 154, 169
ICF··448
　—と障害体験···309
　—の分類··308
ICT（Information and Communication Technology）··123, 358

J

Japan Coma Scale（3-3-9度方式）···················110, 111

K

Kubler-Ross··520

L

last in, first out の原理··62
living will（生前に効力を発する遺言）·················518

M

MCI（軽度認知障害；Mild Cognitive Impairment）
··174, 196
　—の4タイプ··197
　—の診断のためのフローチャート··················197
MIBG（123I -MetaIodoBenzylGuanidine）···········159
Mini-Mental State Examination（MMSE）···········174

N

NINCDS-ADRDA（アメリカ国立神経障害・脳卒中研究所 アルツハイマー病関連障害協会）···168
　—による臨床的確診アルツハイマー病の診断基準
··169
NINDS-AIREN·······························154, 168, 169
nonamnestic MCI（naMCI）································197
N式老年者用日常生活動作能力評価尺度
　（Nishimura's scale for rating of activities of daily living of the elderly；N-ADL）·························172

O

O157（腸管出血性大腸菌感染症）·························286
OH スケール···302
Optimization（最適化）···46

P

PASA（Posterior-Anterior Shift with Aging：加齢に伴う前後方向のシフト）······················56, 58, 64
PDE5阻害剤··495

Q

QOL（Quality of Life：生活の質）
··18, 30, 38, 42, 98, 524
　—の維持··296

R

RBD：REM sleep behavior disorder····················158
ROM··304

S

SD 法（Semantic Differential Method）··············338
Selection（選択）···46
SOC··530
social well-being··346
SOCの4つの方略··47
SOC 方略の機能···46
SOC モデル（selective optimization with compensation）···34
SOC 理論··46
SST（Social Skills Training）·································348
Successful Aging··6

T

TOT（tip-of-the-tongue）··74
TTM 理論···215

V

Visual Analogue Scale···266

W

WAIS··68
WHO··42, 346
WHOQOL··42
WHOQOL-OLD···42
WHO 健康の定義···346
WHO「高齢者にやさしい世界の都市ガイド」
　（Grobal age-friendly cities：a guide）·············347

編集代表・編集・執筆者一覧

(敬称略)

編集代表

大川一郎(おおかわ いちろう)
筑波大学大学院 人間総合科学研究科 教授

編集

佐藤眞一(さとう しんいち)
大阪大学大学院 人間科学研究科 臨床死生学・老年行動学研究分野 教授

岡本多喜子(おかもと たきこ)
明治学院大学 社会学部 教授

荒木乳根子(あらき ちねこ)
元田園調布学園大学 人間福祉学部 教授

箕浦とき子(みのうら ときこ)
三重県立看護大学 特別招聘特任教授

秋山美栄子(あきやま みえこ)
文教大学 人間科学部 教授

谷口幸一(やぐち こういち)
東海大学 健康科学部 特任教授

峯尾武巳(みねお たけみ)
神奈川県立保健福祉大学 保健福祉学部 教授

大山博史(おおやま ひろふみ)
青森県立保健大学 健康科学部 教授

小池眞規子(こいけ まきこ)
目白大学 人間学部 教授

成本迅(なるもと じん)
京都府立医科大学大学院 医学研究科 精神機能病態学 講師

安永明智(やすなが あきとも)
文化学園大学 現代文化学部 准教授

執筆者 (50音順)

秋山美栄子(あきやま みえこ)……………………………… 5-3, 8-総論・34・35, 9-2
(前掲)

浅海奈津美(あさみ なつみ)………………………………………………… 9-8・11
JICA日系社会シニア・ボランティア(在パラグアイ) 作業療法士

荒木乳根子(あらき ちねこ)……………………………………… 13-総論・4・7・10
(前掲)

安藤孝敏(あんどう たかとし)…………………………………………………… 5-13
横浜国立大学 教育人間科学部 教授

飯田良平(いいだ りょうへい)…………………………………………………… 8-40
鶴見大学 歯学部 高齢者歯科学講座 助教

石岡良子(いしおか よしこ)……………………………………………………… 1-6
東京都健康長寿医療センター研究所 非常勤研究員

619

石川眞理子（いしかわ まりこ）……………………………………………………11-9
立命館大学 衣笠総合研究機構 客員研究員

石川みち子（いしかわ みちこ）……………………………………………………8-15
常葉大学 健康科学部 教授

石田雅巳（いしだ まさみ）………………………………………………………13-8
介護老人保健施設 ハートランド ぐらんぱぐらんま 顧問

石松一真（いしまつ かずま）………………………………………………………3-4
滋慶医療科学大学院大学 医療管理学研究科 准教授

井関美咲（いせき みさき）……………………………………………………………6-3
一陽病院 医師

稲垣宏樹（いながき ひろき）……………………………………………………9-12
東京都健康長寿医療センター研究所 自立促進と介護予防研究チーム 研究員

植田恵（うえだ めぐみ）………………………………………………………………3-9
帝京平成大学 健康メディカル学部 准教授

宇都宮博（うつのみや ひろし）…………………………………………………10-4
立命館大学 文学部 准教授

大木和子（おおき かずこ）………………………………………………………11-17
椙山女学園大学 生活科学部 教授

大川一郎（おおかわ いちろう）…………………3-総論・6, 6-総論・25, 11-総論
（前掲）

大谷いづみ（おおたに いづみ）…………………………………………………14-13
立命館大学 産業社会学部 教授

大沼由香（おおぬま ゆか）………………………………………………………12-13
弘前医療福祉大学 保健学部 准教授

大山博史（おおやま ひろふみ）…………………………………………4-総論・1, 7-2
（前掲）

岡田尚子（おかだ ひさこ）………………………………………………………9-9, 10-15
三宿病院患者支援センター 医療連携室 室長

岡村清子（おかむら きよこ）……………………………………………9-3, 10-8, 11-2
東京女子大学 現代教養学部 教授

岡本多喜子（おかもと たきこ）…………………9-総論・10, 10-総論・16, 11-総論, 12-2
（前掲）

奥田泰子（おくだ やすこ）………………………………………………………8-18・24
四国大学 看護学部 教授

奥野茂代（おくの しげよ）………………………………………………………8-1, 14-1
長野県看護大学 名誉教授

尾崎純郎（おざき じゅんろう）………………………………………………………6-13
認知症ラボ 理事長

長田由紀子（おさだ ゆきこ）……………………………………………………10-1・6
聖徳大学 心理・福祉学部 教授

越智裕子（おち ゆうこ）……………………………………………………………10-11
高崎福祉医療カレッジ 専任講師

小野塚元子（おのづか もとこ）……………………………………………………8-8・9・10
京都橘大学 看護学部 専任講師

小野寺涼子（おのでら りょうこ）……………………………………………………3-5
オウル大学 教員養成学部 博士後期課程

小櫃芳江(おびつ よしえ)···12-9
聖徳大学短期大学部 教授

片多順(かたた じゅん)···9-1・4，13-6
福岡大学 名誉教授

加藤佑佳(かとう ゆか)···6-24
京都府立医科大学大学院 医学研究科 精神機能病態学 特任助教

上村直人(かみむら なおと)···6-3
高知大学 医学部 講師

川﨑友嗣(かわさき ともつぐ)···1-9
関西大学 社会学部 教授

川瀬里加子(かわせ りかこ)···5-11
新所沢清和病院 ライフ・セラピスト

川田浩志(かわだ ひろし)···7-1・8
東海大学 医学部内科学系 血液腫瘍内科 准教授

河野理恵(かわの りえ)···3-12・13
目白大学 人間学部 准教授

川本利恵子(かわもと りえこ)···8-22
日本看護協会 常任理事

神田直子(かんだ なおこ)···14-9・14
訪問看護ステーションいっぽ 所長

北川公路(きたがわ こうじ)···1-7
東北文化学園大学 医療福祉学部 准教授

木内千晶(きのうち ちあき)···8-16・17
イーハトーブ保健医療大学 設立準備室 室員

木下由美子(きのした ゆみこ)···8-25
九州大学大学院 医学研究院 保健学部門看護学分野 助教

君島菜菜(きみじま なな)···10-12
大正大学 教務部学修支援課 課長

木村周(きむら しゅう)···11-1
日本産業カウンセリング学会 特別顧問

金城徳明(きんじょう のりあき)···5-1・4
沖縄リハビリテーション福祉学院 作業療法学科 講師

日下菜穂子(くさか なほこ)···5-5
同志社女子大学 現代社会学部 教授

小池眞規子(こいけ まきこ)···14-総論・2・4
(前掲)

小嶋美沙子(こじま みさこ)···8-2・4・39
岩手県立大学 看護学部 講師

小梨晃(こなし あきら)···12-17
柴田町地域包括支援センター 社会福祉士

小林博子(こばやし ひろこ)···4-5
ひまわりメンタルクリニック 院長

近藤正樹(こんどう まさき)···6-4
京都府立医科大学大学院 医学研究科 神経内科学 学内講師

権藤恭之(ごんどう やすゆき)···1-10、3-1
大阪大学大学院 人間科学研究科 准教授

齋藤文男（さいとう ふみお）·· 4-10
聖康会病院 院長
齋藤泰子（さいとう やすこ）··· 8-20・26
武蔵野大学 看護学部 地域・在宅看護学 教授
坂口佳江（さかぐち よしえ）·· 11-4
立命館大学 衣笠総合研究機構 客員研究員
坂下智恵（さかした ともえ）·· 4-9
青森県立保健大学 健康科学部 講師
佐々木伸行（ささき のぶゆき）··· 6-18，12-6
特別養護老人ホーム やすらぎの園 副施設長
佐藤眞一（さとう しんいち）·· 1-総論・1・2，2-総論・1・4，5-総論
（前掲）
佐藤宏子（さとう ひろこ）·· 10-3
兵庫県立大学 環境人間学部 教授
佐藤美和子（さとう みわこ）··· 5-6，6-8，10-18，12-5
東海大学 課程資格教育センター 非常勤講師
佐藤嘉一（さとう よしかず）·· 13-2
三樹会病院 副院長
柴崎祐美（しばさき ますみ）·· 11-3
立教大学 コミュニティ福祉学部 助教
柴田敬祐（しばた けいすけ）·· 6-5
川越病院 医師
島内晶（しまのうち あき）·· 1-3・4・5，3-14
群馬医療福祉大学 社会福祉学部 准教授
島村糸子（しまむら いとこ）·· 11-12・13
中央共同募金会 事務局長
島村俊夫（しまむら としお）··· 6-22，14-10
介護の会まつなみ 理事長
菅山信子（すがやま のぶこ）·· 6-20
元日本老年行動科学会 評議員
孫琴（そんきん）·· 6-27
立命館大学 衣笠総合研究機構 客員研究員
高橋佳代（たかはし かよ）·· 9-6，11-14・15
大妻女子大学 人間関係学部 非常勤講師
高橋多喜子（たかはし たきこ）·· 5-9
淑徳大学 教育学部 教授
高橋伸子（たかはし のぶこ）·· 11-5
立命館大学 衣笠総合研究機構 人間科学研究所 客員研究員
髙山緑（たかやま みどり）·· 3-7・8・10
慶應義塾大学 理工学部 教授
武地一（たけち はじめ）·· 6-1・2
京都大学 医学部附属病院 神経内科 講師
田崎博一（たさき ひろいち）·· 4-6
弘前愛成会病院 院長
田中治（たなか おさむ）·· 4-2
青森県立精神保健福祉センター 所長

田中真理(たなか まり)···2-2・5, 6-15
東京成徳大学 応用心理学部 助教

田中義夫(たなか よしお)···11-10
タントン 代表取締役

棚崎由紀子(たなさき ゆきこ)···8-19・23
宇部フロンティア大学 人間健康学部 准教授

谷口将吾(たにぐち しょうご)···6-6
京都府立医科大学 精神機能病態学 研修員

田畑泉(たばた いずみ)···7-6・12
立命館大学 スポーツ健康科学部 教授

田渕恵(たぶち めぐみ)···2-9
関西学院大学大学院 文学研究科 博士研究員

玉井智(たまい さとし)···6-16
川崎市社会福祉事業団 言語聴覚士

田村陽子(たむら ようこ)···9-7
クッキングハウス会 精神保健福祉士

丹野宏昭(たんの ひろあき)···11-18
東京福祉大学 心理学部 専任講師

樗木晶子(ちしゃき あきこ)···8-14・21・41
九州大学大学院 医学研究院 保健学部門 教授

千田睦美(ちだ むつみ)···8-5・6
岩手県立大学 看護学部 講師

佃志津子(つくだ しづこ)···12-3・4, 14-7
神奈川県立がんセンター 患者支援室 ソーシャルワーカー

辻本耐(つじもと たい)···14-5
木島幼稚園 研究員

土田宣明(つちだ のりあき)···3-2・3
立命館大学 文学部心理学研究室 教授

津村麻紀(つむら まき)···6-17
筑波大学大学院 人間総合科学研究科 生涯発達科学専攻 博士後期課程

照井孫久(てるい まごひさ)···12-18
石巻専修大学 人間学部 教授

鳥羽美香(とば みか)···10-7, 11-8
文京学院大学 人間学部 教授

富永敏行(とみなが としゆき)···4-3
京都府 給与厚生課 健康管理室(精神保健担当)

鞆屋健治(ともや けんじ)···12-12
生き生き介護の会 居宅介護支援事業所 管理者

仲秋秀太郎(なかあき しゅうたろう)···6-9・10
慶應義塾大学 医学部精神・神経科学教室 寄附講座「加齢と行動認知」特任准教授

中尾久子(なかお ひさこ)···8-38
九州大学大学院 医学研究院 保健学部門 看護学部野 教授

中尾正寿(なかお まさとし)···14-6
NTT東日本関東病院 精神神経科病棟 看護主任

中川威(なかがわ たけし)···2-7
大阪大学 人間科学部 助教

中里和弘(なかざと かずひろ) ················· 14-3
東京都健康長寿医療センター研究所 研究員

長澤かほる(ながさわ かおる) ················· 6-26
ケアサークル恵愛 居宅介護支援事業所 介護支援専門員

中野雅子(なかの まさこ) ················· 6-11・12
大和大学 保健医療学部 教授

中原純(なかはら じゅん) ················· 2-3・6
日本学術振興会(東京女子大学) 特別研究員

中村淳子(なかむら じゅんこ) ················· 13-1
田中教育研究所 常務理事

成本迅(なるもと じん) ················· 4-8, 5-2, 6-総論・7
(前掲)

温水理佳(ぬくみず りか) ················· 8-27・28
岐阜大学 医学部 助教

野村信威(のむら のぶたけ) ················· 5-8
明治学院大学 心理学部 准教授

野本ひさ(のもと ひさ) ················· 8-12・13
愛媛大学 教育・学生支援機構 教授

萩原裕子(はぎわら ゆうこ) ················· 8-36
文教大学 人間科学部 非常勤講師

畑山知子(はたやま ともこ) ················· 7-13
南山大学 人文学部 講師

服部直子(はっとり なおこ) ················· 8-3
関西看護医療大学 看護学部 基礎看護学 講師

濱田圭之(はまだ よしゆき) ················· 12-1
ケイ・ティ・サービス 介護支援専門員

林隆司(はやし たかし) ················· 12-10
つくば国際大学 医療保健学部 教授

阪野公一(ばんの こういち) ················· 6-9・10
名古屋市立大学大学院 医学研究科 精神・認知・行動医学分野

平井啓(ひらい けい) ················· 14-8
大阪大学 未来戦略機構 准教授

古屋博子(ふるや ひろこ) ················· 11-16
内閣府 犯罪被害者等施策推進室 政策調査員

北條敬(ほうじょう けい) ················· 4-7
松平病院 院長

堀口貞夫(ほりぐち さだお) ················· 13-3・5
主婦会館クリニック 院長

増井幸恵(ますい ゆきえ) ················· 2-8
東京都健康長寿医療センター研究所 福祉と生活ケア研究チーム研究員

増田いづみ(ますだ いづみ) ················· 13-7
田園調布学園大学 人間福祉学部 講師

増本康平(ますもと こうへい) ················· 1-8, 2-10, 3-11
神戸大学大学院 人間発達環境学研究科 准教授

町田修一(まちだ しゅういち) ················· 7-3・7
順天堂大学大学院 スポーツ健康科学研究科 准教授

松石献治(まついし けんじ)··12-16
成年後見センターペアサポート 代表理事

松岡照之(まつおか てるゆき)··4-4, 6-14
京都府立医科大学 精神機能病態学 学内講師

松田修(まつだ おさむ)··10-17
東京学芸大学 総合教育科学系 准教授

松波美紀(まつなみ みき)··8-29・30
岐阜大学 医学部 教授

峯尾武巳(みねお たけみ)······················6-19, 12-総論・6・7・14・15
(前掲)

箕浦とき子(みのうら ときこ)····················5-12, 8-総論, 11-7
(前掲)

宮島渡(みやじま わたる)···12-11
高齢者総合福祉施設アザレアンさなだ 常務理事・総合施設長

宮園真美(みやぞの まみ)···8-11
福岡県立大学 看護学部 准教授

宮田正子(みやた まさこ)···10-10
京都保育福祉専門学院 非常勤講師

宮裕昭(みや ひろあき)···5-7, 6-29
市立福知山市民病院 精神神経科 臨床心理士

森本美奈子(もりもと みなこ)··5-10
梅花女子大学 心理こども学部 准教授

谷口清(やぐち きよし)···8-33
文教大学 人間科学部 教授

谷口幸一(やぐち こういち)··················7-総論・5・9, 9-5
(前掲)

安永明智(やすなが あきとも)·················7-総論・4・10・11
(前掲)

矢花光(やばな ひかる)···12-14
つくば国際大学 産業社会学部 講師

山崎律子(やまざき りつこ)···11-11
余暇問題研究所 代表取締役

山田万里(やまだ まり)··10-14
新宿区役所 健康部 保健師

山中克夫(やまなか かつお)··6-23
筑波大学大学院 人間総合科学研究科 准教授

山本哲也(やまもと てつや)··············8-31・32・37, 11-6
つくば国際大学 産業社会学部 准教授

横山博子(よこやま ひろこ)··················10-2・5・9・13
つくば国際大学 産業社会学部 教授

吉川美保(よしかわ みほ)···8-7
岐阜大学 医学部 助教

吉田甫(よしだ はじめ)···6-28
立命館大学 文学部 特任教授

米山淑子(よねやま としこ)·················6-21, 12-8, 13-9
生き生き介護の会 理事長

Lin Shuzhen（リン シュッジェン）……………………………………………………………… 3-15
筑波大学大学院 人間総合科学研究科 ヒューマン・ケア科学専攻
渡邉直樹（わたなべ なおき）……………………………………………………………… 14-11・12
聖マリアンナ医科大学 客員教授

日本老年行動科学会

http://www.jsbse.org/

　日本老年行動科学会は、日本学術会議認定の協力学術研究団体として、高齢者にかかわる心理・医療・看護・保健・社会福祉・栄養などの専門家（研究者）、高齢者ケアの実践者、そして高齢者のケアに関心をもつさまざまな人々が集い、交流して、高齢者のケアに行動科学的なアプローチを展開する全国組織の学会である。

　「ケアと研究の出会いと実践の場」をキャッチフレーズにして、「学会誌の発行」「全国での年次大会の開催」「学会員や一般に向けた講座の開催」「学会員に対する研究費助成」「多職種連携・協働によるステップ式仮説検証型の事例研究」「東日本大震災における気仙沼や岩手での継続的な支援」など、幅広い活動を行っている。

［事務局］〒166-0012　東京都杉並区和田 3-30-22
　　　　　　大学生協学会支援センター内
　　TEL 03-5307-1175／FAX 03-5307-1196／jsbse@univcoop.or.jp

高齢者のこころとからだ事典

2014年9月20日	初版発行
監修	日本老年行動科学会
編集代表	大川一郎
編集	佐藤眞一　岡本多喜子　荒木乳根子　箕浦とき子 秋山美栄子　谷口幸一　峯尾武巳　大山博史 小池眞規子　成本迅　安永明智
発行者	荘村明彦
発行所	中央法規出版株式会社 〒110-0016　東京都台東区台東 3-29-1 中央法規ビル 　営　業　　TEL 03-3834-5817　FAX 03-3837-8037 　書店窓口　TEL 03-3834-5815　FAX 03-3837-8035 　編　集　　TEL 03-3834-5812　FAX 03-3837-8032 　http://www.chuohoki.co.jp
印刷・製本	図書印刷株式会社
装幀・本文デザイン	株式会社ジャパンマテリアル

定価はカバーに表示してあります。
ISBN978-4-8058-5068-8

本書のコピー、スキャン、デジタル化等の無断複製は、著作権法上での例外を除き禁じられています。また、本書を代行業者等の第三者に依頼してコピー、スキャン、デジタル化することは、たとえ個人や家庭内での利用であっても著作権法違反です。

落丁本、乱丁本はお取り替えいたします。